南方医科大学南方医院肿瘤中心

中心简介

南方医科大学(原第一军医大学)南方医院是一所三级甲等医院，为全国百佳医院，是一所现代化的综合性大型医院，是广东省重点医院。

南方医院肿瘤中心是华南地区重要的肿瘤诊疗、科研和教学基地，设有三个病区（普通病区床位80张，层流病区床位5张和高级病区，即惠侨楼床位25张），三个专科中心（生物治疗研究中心、聚能刀治疗中心和光动力治疗中心）和一个校级重点实验室（临床生物技术研究室），拥有医护技各类专业技术人员52名，其中客座教授6名，教授4名，副教授3名，副研究员1名，副主任技师1名，主治医师11名，博士后2名，博士6名，硕士8名，现为内科（肿瘤学）博士学位和肿瘤学硕士学位授权点，是国家肿瘤药物临床试验基地。中心主任是罗荣城教授，主任医师、博士生导师，南方医院副院长。

技术特长

生物治疗研究中心： 全国成立最早、规模最大、治疗病例最多、疗效最好的生物治疗研究和临床基地。采用分子靶向治疗、放免导向治疗、体细胞治疗（DC/CTL、CIK、TIL、造血干细胞“鸡尾酒”疗法等）、肿瘤疫苗、细胞因子疗法等现代生物高技术手段，治疗胃肠道肿瘤、恶黑、肾癌、淋巴瘤、癌性胸腹水、乳腺癌、肺癌等肿瘤有较好疗效。

光动力治疗(PDT)中心： 肿瘤光动力疗法(PDT)是现代肿瘤微创或无创治疗领域的最新进展。2003年5月中国SFDA批准这一治疗系统进入临床应用。该疗法对体表肿瘤、消化道肿瘤、肝癌、肺癌、膀胱癌和妇科肿瘤有很好疗效,而且不影响体表容貌,器官完整和功能。

聚能刀治疗(RFA)中心： 引进美国最新微创外科射频技术，通过特制的针型电极，在CT或 B 超准确定位下，使靶区肿瘤细胞分子碰撞产热、凝固死亡，靶区内肿瘤细胞达到100%灭活，而靶区以外正常组织不受影响。该治疗无放射损伤，无化疗毒副作用，对靶器官功能影响少，对肺部肿瘤、肝脏肿瘤和体表肿瘤有很好疗效。

肿瘤的综合治疗： 目前最先进的肿瘤治疗模式，也是我中心的基本治疗原则。依托南方医院的硬件及软件优势，再加上雄厚的技术队伍，根据每一位患者的实际情况，制定个体化的治疗方案，综合应用现有的治疗手段以获得最佳的治疗效果是我中心最大的医疗特色。我中心在肿瘤的诊断、治疗、疗效评价及随访复查等方面均达到国内领先水平，多项高新技术为华南地区首家开展。

肿瘤标志物检测： 肿瘤标志物是肿瘤细胞产生并能反映肿瘤恶性生物学行为的生物活性物质，这类物质在正常组织和良性病变几乎不存在或产量甚微，肿瘤标志物反映了癌的发生和发展过程中癌基因的活化程度。可在肿瘤病人的肿瘤组织、 体液、血液、和各类排泄物中检出。所以检测肿瘤标志物可以早期发现亚临床病变，动态检测对监测治疗效果和估价预后有较高的临床价值。目前我中心已开展了常见的二十余种血清（体液）肿瘤标志物检测项目和几十项分子病理标志的检测。

肿瘤中西医结合治疗： 在先进的治疗方案和治疗手段的基础上，结合我国传统的中医中药，不但可增加疗效，且能减轻毒副反应。我中心多位教授在肿瘤的中西医结合治疗上具有很高的造诣，我中心是广东省中西医结合肿瘤专业委员会主任委员单位。

肿瘤大剂量化疗和造血干细胞移植专用病房（即层流病房）： 采用全环境净化技术，采用大剂量化疗，联合造血干细胞移植治疗肺癌、淋巴瘤、睾丸精原细胞癌和白血病等肿瘤。患者安全度过造血“荒芜期”，重建其造血免疫功能，并彻底根除肿瘤细胞，以期达到长期无瘤生存的目的。

生物芯片技术平台： 引进基因芯片和蛋白芯片技术和设备，建立国内一流水平的生物芯片技术平台。基因芯片技术是随着人类基因组计划实施而出现的一项新技术，通过基因芯片，人们可以同时研究成千上万条基因，破译生命密码；通过基因芯片，人们可以高效准确了解各种疾病的分子基础，最终实现远程医疗。我们引进国际上第一块用于肿瘤标志物检测的蛋白芯片，开展对肿瘤高危人群防癌普查体检，对10多种常见肿瘤的早期筛查取得较好效果。

哈尔滨血液病肿瘤研究所

哈尔滨血液病肿瘤研究所（哈尔滨市第一医院血研所）创建于1983年。已成为东北地区血液病、肿瘤基础研究、临床、教学、预防和继续教育为一体的三级甲等医院。

研究所现有床位220张，年收治患者4 000人次。分为血液内一科、血液内二科、儿科血液肿瘤中心、肿瘤内科、放疗介入科、骨髓移植科、血液外科、肿瘤外科。教授，主任医师21人，副主任医师15人、医护科研人员72人。

研究所的血液内科有120张床位，主要分为白血病组、再障贫血组、出血性疾病组、每年收治全国各地血液病2 000人次。急性早幼粒细胞白血病（APL）的治疗，在国际上首创砷剂诱导APL序贯治疗方法，使APL获73%临床治愈。已成为国际上公认的治疗APL的金标准方案。

肿瘤内科分为实体肿瘤组、恶性淋巴瘤组、骨髓瘤组共有50张床，其中应用CD20、CD52治疗恶性淋巴瘤（NHL）获84%完全缓解（CR），加以自体干细胞移植可使NHL获70%的无病长期生存。

儿科血液肿瘤中心，共有42张床，每年收治全国各地儿童白血病600人，全国70%的儿童APL在此中心治疗，已有720名儿童APL获7年无病生存，儿童APL治愈率已达80%。有620名儿童ALL获无病长期生存。本中心还有全国最大的血友病协作组，已有1200名血友病患者参加了在中心血友病俱乐部。

骨髓移植科，共有无菌层流病房8间，从1987年开始进行了自体造血干细胞移植、异基因造血干细胞移植、脐血移植、半相合异基因造血干细胞移植。重型再生障碍性贫血非清髓移植的7年长期生存已达到80%。

全所有国家级突出贡献专家3人，省级突出贡献专家4人，享受政府特殊津贴者6人。留学回国人员20人。

研究所实验室分为基础研究室和临床研究室，其中分子生物学实验室、细胞分离培养室、基因检测室共有世界先进设备40台，实验室固定资产有5 000万元。现有科研项目20项，建所20年获国家、省、市科研成果100项，发表论文1 100余篇。派出国留学生87人次，从1983年培养硕士研究生124名、博士生45名、进修生180人。每年举办全国性临床血液肿瘤学习班和进修班。每年承担国家继续教育项目四项。从二十世纪80年代后与美国斯坦福大学、哥伦比亚大学、日本东京大学建立了国际交流与合作。

2005年开始筹建哈尔滨血液病和肿瘤医院。一期工程床位400张，占地面积18万平方米，医院建筑面积6.5万平方米，将投资5个亿，建立东北地区最大的血液病肿瘤防治中心。

中国医学科学院肿瘤医院肿瘤研究所

国家级标志性专科医院

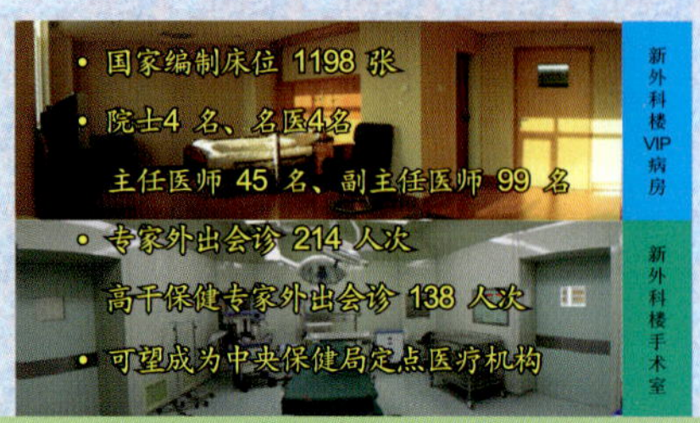

国家级标志性专科医院

• 挂靠单位

中国癌症研究基金会
全国肿瘤防治研究办公室
全国肿瘤登记中心
世界卫生组织合作中心
中华医院管理学会肿瘤专业委员会

• 杂志

《中华肿瘤杂志》
《中华放射肿瘤学杂志》
《中国肿瘤》
《中国肿瘤临床与康复》
《癌症进展》

方针

做好内部工作
拓展外部空间
用好政策余晖
谋求全面发展

医疗质量指标

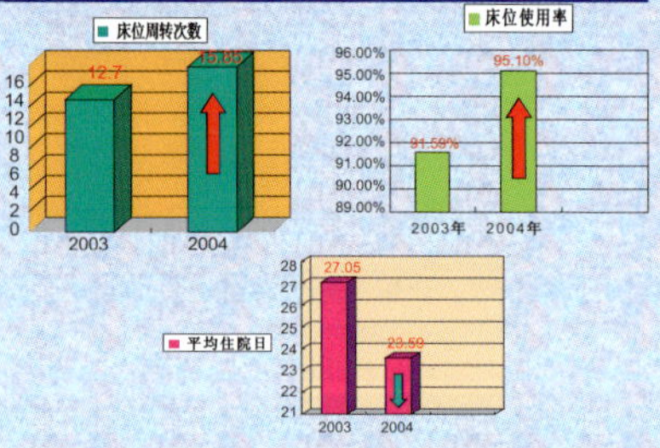

开展临床工作会与科研工作会

• 探索单病种管理办法
• 重建和调整各项规章制度
• 全面实施量化管理

• 科技体制改革
• 建立国家核心科研体系
• 开展国家肿瘤防治研究
• 组建高水平研究团队
• 团结、协作、创新

科研进展

• 申报基金课题已中标28项
• 在研项目78项，新立项24项将结题20项

• 程书钧院士担任首席科学家的973项目“癌变机理及恶性肿瘤防治的基础研究”通过立项，项目执行时间5年，预算控制数为3000万元

科研成果

刘芝华教授等
“食管癌癌变的分子机理研究”
获得2004年中华医学科技奖一等奖及2004北京市科学技术二等奖

放疗科肖泽芬教授等
“食管癌根治术后预防性放射治疗的临床前瞻性研究”
获中华医学科技奖二等奖

科研成就

	2000	2001	2002	2003	2004
论文	300	182	246	324	263
总影响因子	42.1	67.5	78.7	90.5	119.4
科研经费（万元）	1026.6	1699.6	1361.5	2767.1	2100

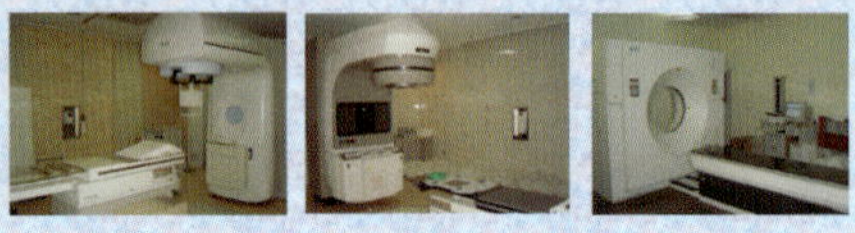

尖端技术：调强适形治疗和适形治疗
先进设备：直线加速器、CT模拟定位机、治疗计划系统等

2004年十件大事

※ 召开院所第一届党代会
※ 完成第五届工代会和第三届职代会换届选举
※ 成功举办国际肿瘤登记协会第26届年会
※ 接受国家审计署对我院进驻审计
※ 院所荣获北京市卫生工委文明创建活动“首都公共卫生文明单位”称号
※ 全院开展纠正行业不正之风

2004年十件大事

※ 新外科楼竣工并交付使用
※ 二期工程完成开工前的各种准备
※ 门诊量创新高 32万/全年 *>1400人次/日
※ 住院13573人次　手术7155例
※ 完成院所党政领导班子的更换

新外科楼

剪彩仪式

国际交流

- 国际会议、学术交流、考察访问等国际交流活动95人次
- 邀请和接待世界各国学术代表团、国外专家来访41批131人次

国际会议

- 主办国际肿瘤登记协会年会，39个国家210位代表参加了本次会议
- 会议的成功举办缩小了中国肿瘤登记工作与国际间的差距，促进了中国与国际肿瘤防治机构的协作，提高了院所在世界肿瘤防治领域中的地位及知名度

文莱卫生部代表团

埃及NCI代表团

美国诺贝尔奖获得者访问我院

意大利卫生部代表团

人　事

深化人事改革为院所人才战略提供保障

聘任

学科首席专家：储大同 邵永孚 殷蔚伯 余子豪
徐国镇 陈盛祖 胡逸民
学科特聘专家：吴爱如 刘复生 李　凌

科室发展

梯队建设
人才培养
竞争机制
理顺体制
制定科主任聘任规则

精神文明建设

院所荣获北京市卫生工委首次举办的文明创建活动“首都公共卫生文明单位”称号

赵平院所长当选中华医院管理学会“先声杯”全国优秀院长

行风建设

聘请行风监督员

李文华、刘希泉、徐鸿达、关春芳、王雪飞、孙桂兰、李素丽、王伍福

中国医学科学院肿瘤医院肿瘤研究所

中国医学科学院肿瘤医院肿瘤研究所
地址:北京市朝阳区潘家园南里17号
邮编:100021
http://www.cicams.ac.cn

▲ 2004年1月10日，在四届二次常务理事会上。左起杨贵、彭玉、何鲁丽、黄洁夫、孙燕。

◀ 2004年4月9日，《关爱生命科学抗癌科普宣传专家座谈会》在北京召开。出席人员：彭玉、董志伟、余瑶琴、张友会、陆士新、王建璋、李连弟、林洪生、李建生、周玲、宋三泰、袁钟、姚林琪、王汝宽、陈君石、李佩文、余宏迢、支修益、史安利、姚铭、魏丽惠、李杰。

▶ 2004年4月23日，在《宫颈癌防治协作组工作会议》上，彭玉理事长讲话。左1为卫生部疾病控制司齐小秋司长，右2为全国妇联赵绍华副主席。

▲ 2004年6月21日，中国癌症研究基金会鲜药学术委员会“关爱生命　科学抗癌”鲜药学术研究成果汇报会在北京召开，彭玉理事长在会上讲话。台上就座的有董志伟、谢海洲、张立平、李建生等。

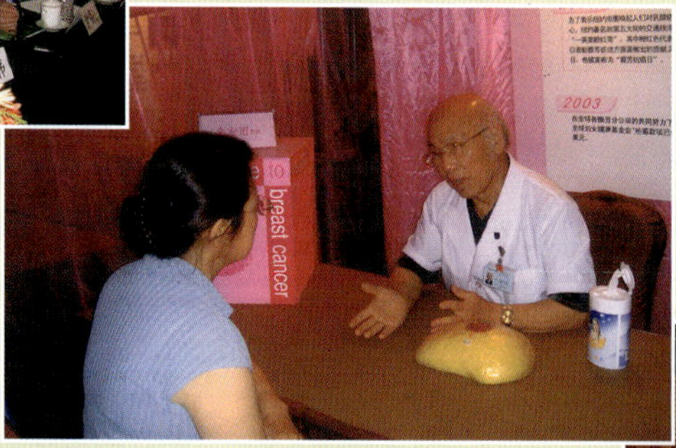

◀ 中国癌症研究基金会、雅芳（中国）有限公司联合创办“雅芳爱心基金”。2004年8月14日，在北京、广州、深圳、南京、上海、成都等大中城市举办“远离乳癌，健康一生，健康.珍爱.希望”巡回沙龙活动。中国医学科学院教授余宏迢在现场义诊。

▲ 中国癌症研究基金会、雅芳（中国）有限公司联合创办“雅芳爱心基金”。2004年8月29日，在成都举办“远离乳癌，健康一生，健康.珍爱.希望”巡回沙龙活动。中国医学科学院肿瘤医院教授邵永孚在现场接受媒体采访。

◀ WTO中国办事处项目官吴岩玮博士在2004年全国肿瘤预防与控制培训班主讲《发展中国家癌症的预防与控制》。乔友林博士做翻译。

中　国　癌　症

中国癌症研究基金会第五届理事会于2004年10月25日至26日在北京广西大厦召开。彭玉理事长主持会议。

中国癌症研究基金会成立20周年座谈会于2000年10年26日下午在北京广西大厦召开。基金会副主席吴孟超院士在座谈会上讲话。

中国癌症研究基金会成立20周年座谈会于2000年10年26日下午在北京广西大厦召开。基金会副主席吴孟超院士与彭玉理事长亲切交谈。

2004年12月28日，癌症早诊早治示范基地合同签订会议在北京广西大厦举行，彭玉理事长讲话。

2004年12月28日，子宫癌早诊早治示范基地合同签订仪式在北京广西大厦举行，彭玉理事长、刘植华教授在合同书上签字。

2004年12月28日，食管癌早诊早治示范基地合同签订仪式在北京广西大厦举行，彭玉理事长、连士勇院长（林州肿瘤医院）在合同书上签字。

研究基金会

中国抗癌协会临床肿瘤学协作专业委员会(CSCO)

大会共收到自由投稿和特约稿件1300多篇，举办学术大会和专题报告会20场，184篇论文进行了口头报告，262篇以壁报形式进行交流，充分反映了我国临床肿瘤学的宝贵经验和最新进展。

CSCO领袖代表团在2004年11月应邀参加第29届ESMO学术大会，与ESMO董事会全体领导人举行了友好的会谈。

大会同期评选出优秀论文10篇，以CSCO-康莱特基金进行奖励。

EORTC严谨的研究作风和严格的质量控制体系给CSCO各级领导留下了深刻的印象，具有极大的借鉴意义。

来自全国各地的44位专家教授不辞劳苦、连续牺牲周末休息时间，长途奔波，共进行了54场专题学术讲座，为广大基层会员带去了宝贵的临床经验和前沿新信息。

ESMO-CSCO Partnership

欢迎来到中国

European and Chinese oncologists establish formal ties

Patients may benefit with improved understanding of Traditional Chinese Medicine

Two of the world's major cancer societies, the European Society for Medical Oncology (ESMO) and the Chinese Society of Clinical Oncology (CSCO), have entered into a collaboration that could have a significant impact on improving cancer treatment worldwide in the future.

ESMO and CSCO have formally established reciprocal membership and plan to jointly promote oncology education, strengthen scientific exchange and develop international clinical trials.

For patients, one particular benefit will be a better understanding of how Traditional Chinese Medicine and Western treatments can be used together. Many cancer patients want to use Chinese medicines, but research into their interactions with chemotherapy and other drugs is not satisfactory.

"We believe through our common efforts, we will learn from each other and gain great benefit for our patients," said Dr. Da-Tong Chu, President of the Chinese Society of Clinical Oncology.

The alliance will also enhance the knowledge and training of oncologists in Europe and Asia. The societies plan to send delegations to one another's scientific conferences, and to jointly participate in clinical trials of cancer therapies.

"ESMO members have undertaken a lot of excellent clinical trials during recent years and CSCO is willing to learn from our European colleagues," Dr. Chu said. "We also plan to send some young fellows to Europe to do further study in clinical oncology."

Similarly, ESMO members may visit Chinese oncology hospitals to gain more experiences about the way treatment is delivered in China. "ESMO is an organization with representation throughout the world," said Dr. Paris A. Kosmidis, President of ESMO. "We are interested in the status of medical oncology, education, research, and patient care in all countries."

"China is a big country with great tradition and therefore it is natural that we will exchange experience and knowledge for the mutual benefit of both oncologists and patients," Dr. Kosmidis said.

Dr. Tony S.K. Mok, from the Chinese University of Hong Kong, and member of the CSCO Executive Standing Committee, is one clinician who can envisage immediate benefits from the partnership. He recently completed a study using Western research methods to look at Traditional Chinese Medicine in cancer.

"Greater collaboration will help demystify the way the West views Chinese medicine, and from the Chinese side we can adapt Western methods to look at traditional treatments," he said.

Dr. Mok, Chinese born but Western trained, is himself proof of the possibility of the two systems working side-by-side. "My trial is the beginning of the story, but integration of the two traditions is definitely feasible."

Da-Tong Chu and Paris A. Kosmidis

ESMO于2004年11月发布联合公报，正式宣布与CSCO结成互认互惠的姊妹学会。CSCO执委会主任储大同教授和ESMO主席Dr. paris A. Kosmidis的历史性握手开创了中国欧洲肿瘤学界友好合作的新局面。

MCMC会场上始终秩序井然，学术氛围浓厚，令每一位与会者感触深刻，受益良多。

2004年7月23日，"中国肿瘤专科医师培养方案及准入标准专家起草会"在广东韶关顺利召开。

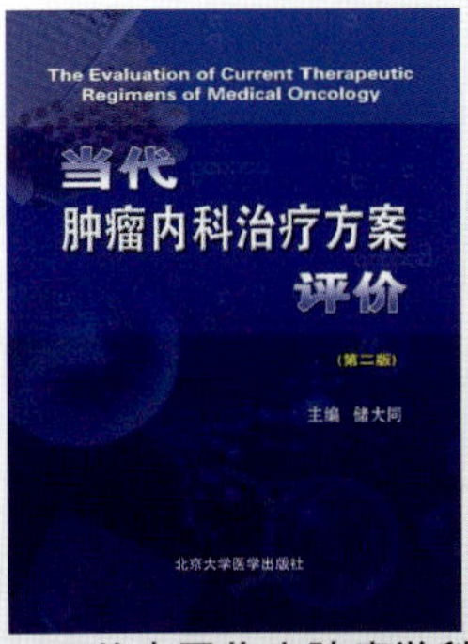

CSCO从中国临床肿瘤学科学基金（CSCO－康莱特基金）中出资购买新版《当代肿瘤内科治疗方案评价》，免费赠予经济欠发达的西部、东北各省市的广大会员。

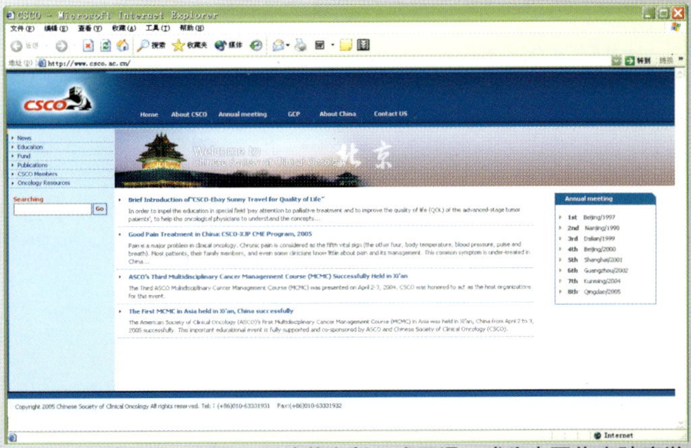

2005年5月，CSCO网站英文版正式开通，成为中国临床肿瘤学与国际交流的便捷通道。

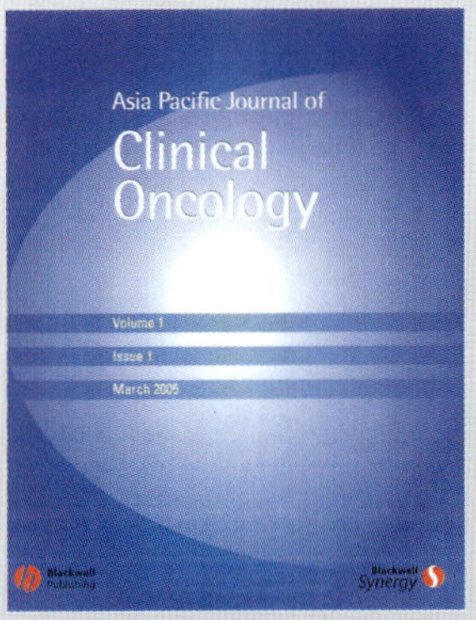

《亚太临床肿瘤学杂志》（APJCO）创刊于2005年3月，由国际著名学术出版公司Blackwell Publishing亚太分公司出版发行，是推进亚太地区肿瘤研究协作、传播肿瘤治疗资讯的多学科综合性杂志。

CSCO创立肿瘤大众网，面向广大肿瘤患者和家属，科学普及肿瘤防治常识。

2004年11月9日，CSCO/ASCO双边工作会议在北京举行。

第一个经国家药监局批准用于治疗肿瘤相关贫血的促红素
益比奥®
EPIAO®（rHuEPO）
重组人红细胞生成素
纠正贫血
提高患者生存质量
提高患者对放、化疗的耐受性、敏感性
凭执业医生处方购买和使用
10000 益比奥 EPIAO
10000国际单位/1毫升
重组人红细胞生成素注射液
沈阳三生制药股份有限公司
适应症：
1. 肾功能不全所致贫血，包括透析及非透析病人。
2. 外科围手术期的红细胞动员。
3. 治疗非骨髓恶性肿瘤应用化疗引起的贫血，不用于治疗肿瘤病人由其他因素（如：铁或叶酸盐缺乏，溶血或胃肠道出血）引起的贫血。
禁忌症：
高血压失控病人，哺乳动物细胞衍生物过敏及对人血清白蛋白过敏者禁用本品。
其他详见说明书。
批准文号 10000国际单位，国药准字S20010001号
沈阳
地址：沈阳经济技术开发区十号路1甲3号
邮政编码：110141
电话：024-25811820
传真：024-25811821
北京
地址：北京市朝阳区慧忠路5号远大中心13层
邮政编码：100101
电话：010-84892211
传真：010-84892951
公司网址：http://www.3sbio.com
辽药广审（文）第2005010009号
沈阳三生制药股份有限公司
SHENYANG SUNSHINE PHARMACEUTICAL CO.,LTD.

中国癌症研究基金会

《中国肿瘤临床年鉴》编辑委员会

《中国肿瘤临床年鉴》
肺癌专题编辑专家委员会

本卷年鉴作者名录

储大同　罗荣城　李　荣　夏建川　尤长宣　杨学宁

蒋国梁　支修益　张　缨　周清华　戎铁华　张国庆

韩宝惠　冯久贤　王思愚　朱志华　李金瀚　吕光明

杨　劼　林　辉　曲家骐　牛立志　党亚萍　赵　平

蔡三军　李德川　李　进　徐　烨　郑成竹　赵广法

李苏宜　马　军　张伯龙　周莉莉　刘文超　张军一

徐兵河　江泽飞　穆兰花　张保守　胡伟国　唐平章

李树春　田　军　韩苏军　陈　汶　隋丽华　曲芄芄

曾转萍　李　斌　吴瑞芳　廖革望　李　霓　王笑民

陈信义　杨宇飞　林洪生　李萍萍　刘鲁明　李佩文

曲宸绪　郑　树　张博恒　黄天壬　陈建国　刘卫东

刘植华　王华余　梁安民　程同吉　张向东　陆建邦

龚守良　柏　森　张贺龙　车国卫　何明生　杨　林

刘玉琴　李　杰　万冬桂　宋　萍　鲍世铨　高益民

李建生　叶玉坤

前　言

由中国癌症研究基金会《中国肿瘤临床年鉴》编辑委员会主编的第12卷《中国肿瘤临床年鉴》2004卷已正式出版了。

年鉴是纪录某一部门、单位、系统或专业在一年内发生的重大事件的一种记事体。《中国肿瘤临床年鉴》(以下简称《肿瘤年鉴》)不仅要纪录中国肿瘤临床所发生的事件、活动,而且还要反映出中国临床肿瘤学科在年内所取得的进展与成就。前10卷《肿瘤年鉴》主要通过收集当年发表的论文,浓缩成短文,以摘编加评论的形式编入《肿瘤年鉴》。第三届编委会在以上基础上组织国内相关的专家团队,对上一年有科学价值的工作,采用了循证医学的方法综合分析、提炼、并结合专家自己的经验,撰写出系统的总结性的文章。这些文章集中反映了我国肿瘤临床各专业在2004年的发展状况,客观、科学地给与评价和定位,使广大读者容易看到精华所在,容易明了先进之处,做到可读、可信、可用。《肿瘤年鉴》的宗旨是对我国肿瘤事业的推动、交流和提高。因此《肿瘤年鉴》一定要是一本科学的年鉴,一定要起到路标和标杆的作用,即衡量当年各专科的学术水平,指引前进的方向。

第三届《肿瘤年鉴》编委会经过一年的尝试,对本卷年鉴有做了大胆的改革,由编委直接组成各学科编写组,亲自看文献、分析研究学科的发展状况,亲自执笔写文章,从而保证年鉴文章的科学性、前沿性、先进性和实用性。编委会多次开会,研究年鉴的编写方向、方法和内容。有些专科,如肺癌专题,由国内最著名的一批专家组成专家委员会,共同商讨《肿瘤年鉴》肺癌专题的编写。这是一种积极而有效的组合形式,可以使年鉴中肺癌专题的文章具有更高的学术性和权威性。对提高《肿瘤年鉴》的科学性、真实性和指导性有重大的意义。

本卷《肿瘤年鉴》已由二次文献设计为主发展成一次文献设计的年鉴。2003卷《肿瘤年鉴》已售达3000余册，踊跃参加年鉴编纂工作的专家也令编委会感动。第三卷编委会在中国癌症研究基金会彭玉理事长的直接支持和领导下，在中国抗癌协会临床肿瘤学协作专业委员会（CSCO）和中华医院管理学会肿瘤专业委员会及中国医学科学院肿瘤医院肿瘤研究所的大力协助和参与下，不断努力提高年鉴的质量和学术水平，扩大影响力，增强权威性。已经出现了很好的势头。

本卷中所发表的有关肿瘤生物治疗、中医治疗以及肺癌、血液病等方面的临床与基础研究文章介绍了我国正在进行的一些新课题，其中部分已达到国际先进水平。广州中山大学肿瘤医院两篇《不可切除的Ⅲa－N_2期非小细胞肺癌的治疗与决策，反映了当前肺癌学界关注的热点，该文章介绍了自己的经验，又会吸引同行的注意力。

《肿瘤年鉴》旨在反映中国临床肿瘤的发展现状与成就，从问世以来，得到编委机关大同行的支持与关注。编委会真诚的希望更多的学者参与年鉴的编写。要提高编委会的工作能力，必须不断更新编委会成员，吸收在学术上有建树，关心中国肿瘤事业的专家进入编委会，要根据年鉴编写需要确定执行编委的队伍。要根据年鉴的学术水平、影响力以及发行状况评价《肿瘤年鉴》。编委会充分认识到《肿瘤年鉴》的重要价值，充分认识到目前存在的问题与今后的努力方向，准备以刻苦、有序地努力，团结肿瘤学界同仁们一起，脚踏实地，与时俱进地来推动我国肿瘤临床学术的发展。

赵平

2005年7月

目　录

❖ 肿瘤生物治疗 ❖

❖ 肺　癌 ❖

❖ 消化系统肿瘤 ❖

❖ 血液肿瘤 ❖

❖ 乳腺肿瘤 ❖

❖ 头颈肿瘤 ❖

❖ 泌尿生殖肿瘤 ❖

❖ 妇科肿瘤 ❖

❖ 中医药肿瘤 ❖

❖ 肿瘤现场研究 ❖

❖ 肿瘤其他 ❖

❖ 肿瘤规范（参考）❖

❖ 鲜药专栏 ❖

❖ 大事记、纪要、信息 ❖

❖ 肿瘤生物治疗 ❖

肿瘤分子靶向治疗的进展及思考

储大同

中国医学科学院肿瘤医院　北京　100021

肿瘤内科学50年来在药物研制中的发展都是集中在细胞毒性攻击性的药物。虽然继蒽环类(阿霉素、表阿霉素)、铂类(顺铂、卡铂)之后又有很多强有力的化疗药物如泰素、泰索蒂、开普拓、草酸铂、健择等问世并在各个不同的癌肿发挥重要的作用,但其性质仍然属于不能分辨肿瘤细胞和正常细胞的药物,受到诸多因素的限制。

进入二十一世纪的今天,分子靶向治疗(Molecular targeted therapy)已经不是一个新名词。科学家们在不断探索癌症的分子生物学发病机理时,就意识到如果能够针对癌症的特异性分子变化给予有力的打击,将会大大改善治疗效果,引发抗癌治疗理念的变革。最近几年,新型分子靶向药物在临床实践中取得了显著的疗效,实践已表明了分子靶向治疗理论的正确性与可行性。把癌症的治疗推向了一个前所未有的新阶段。

一、分子靶向治疗概述和种类

分子靶向治疗之所以受到密切关注,并引起研究者不断探究的兴趣,是因为它以肿瘤细胞的特性改变为作用靶点,在发挥更强的抗肿瘤活性的同时,减少对正常细胞的毒副作用。这种有的放矢的治疗方法为肿瘤治疗指明了新的方向。

根据药物的作用靶点和性质,可将主要分子靶向治疗的药物分为以下几类:

1. 小分子表皮生长因子受体(EGFR)酪氨酸激酶抑制剂　如吉非替尼(Gefitinib, Iressa,易瑞沙);埃罗替尼(Erlotinib, Tarceva);

2. 抗 EGFR 的单抗　如西妥昔单抗(Cetuximab, Erbitux);

3. 抗 HER-2 的单抗　如赫赛汀(Trastuzumab, Herceptin);

4. Bcr-Abl 酪氨酸激酶抑制剂　如伊马替尼(Imatinib);

5. 血管内皮生长因子受体抑制剂　如 Bevacizumab(Avastin);

6. 抗 CD_{20} 的单抗　如利妥昔单抗(Rituximab);

7. IGFR-1 激酶抑制剂　如 NVP-AEW541;

8. mTOR 激酶抑制剂　如 CCI－779;

9. 泛素-蛋白酶体抑制剂　如 Bortezomib;

10. 其他　如 Aurora 激酶抑制剂,组蛋白去乙酰化酶(HDACs)抑制剂等。

二、靶向治疗成功的范例

靶向治疗最成功的范例，甲磺酸伊马替尼（格列卫）是当之无愧的。它是 Bcr-Abl 酪氨酸激酶的选择性抑制剂，能够与 Abl 激酶上的 ATP 结合位点相互作用，从而阻止下游蛋白的磷酸化。无论在 CML 的慢性期、进展期还是急变期，伊马替尼都已显示出令人信服的治疗效果，给 CML 的治疗带来了强大的冲击。

Kantarjian 等对慢性期患者在 IFN 治疗失败后再给予伊马替尼补救治疗，所获近期结果细胞遗传学缓解率为 60%，其中完全缓解者达 40%，预计 18 个月的无进展生存率（PFS）和生存率分别是 89% 和 95%（N Engl J Med，2002；346：645～652）。经接近四年的随访后，对细胞遗传学缓解率（CyR）、4 年生存率、预后指标等问题进行了分析。在总计 261 例患者中，256 例可评价疗效。到最后一次随访结束，仍有 230 例（88%）患者存活，196 例（75%）仍处于慢性期。伊马替尼治疗的主要细胞遗传学缓解率是 73%，完全缓解率（CCyR）是 63%。即使是伊马替尼治疗两年后，累积的主要 CyR 和 CCyR 仍然保持继续上升的趋势。四年累计的主要和完全分子生物学缓解率分别是 43% 和 26%。预计的四年 PFS 为 80%，生存率为 86%。这一结果在 2004 年 10 月的《Blood》杂志中已做了详细的报道。

伊马替尼在胃肠间质肉瘤（GIST）这一高度化放疗抗拒的实体瘤中的作用也是令人瞩目的。Demetri GD 等在一多中心研究中报告：147 名晚期 GIST 经治疗后，在可评价的 140 名病人中有 79 名获得 PR（53.7%），41 名获得 SD（27.9%），共有 81.6% 的病人临床受益，88% 的病人已存活一年以上（N Eng J Med，2002；347：472～480）。这些结果均说明，由于以分子靶向性治疗为基础，伊马替尼在对软组织肉瘤的治疗上取得了以往历史上从未达到的优秀成绩。

Bevacizumab（Avastin）系针对血管内皮生长因子（VEGF）的人源化单克隆抗体。2003 年美国 Duke 大学 Herbert Hurwitz 等报告了 Bevacizumab 治疗晚期大肠癌疗效显著，引起高度关注。该随机Ⅲ期临床研究共入组晚期大肠癌 925 例，分别应用 IFL（CPT-11，5-Fu/LV）方案 + 安慰剂或 IFL + Bevacizumab 治疗。结果在 IFL 方案 + 安慰剂组可评价的 412 例中，RR 有 35%；而 IFL + Bevacizumab 组可评价的 403 例中，RR 有 45%（$P=0.0029$）；缓解持续时间为 7.1：10.4 个月（$P=0.0014$）；中位生存期为 15.6 个月：20.3 个月（$P=0.00003$）；TTP 为 6.24 个月：10.6 个月（$P<0.00001$）（Pro Am Soc Clin Oncol，2003；22：3646a）。Hurwitz 的这项研究被认为是自伊马替尼以来的又一分子靶向性治疗的重大进展，也是抗血管新生药物可以取得癌症患者生存期延长的首次报告。

西妥昔单抗是第一个也是目前唯一一个获准上市的特异性针对表皮生长因子受体（EGFR）的 IgG1 单克隆抗体，无论是单药治疗还是联合放、化疗，它在 EGFR 表达阳性的恶性肿瘤中均能发挥出色的抗肿瘤活性，显著增强化疗或放疗的疗效。而小分子化合物，如 Iressa 和 Tarceva 均无与化、放疗的相加或协同作用。正因为西妥昔单抗在多项临床研究中的良好疗效，FDA 于 2004 年 2 月批准西妥昔单抗联合伊立替康用于 EGFR 表达阳性、伊立替康治疗失败或耐药的复发或转移性结直肠癌,或单药治疗用于不能耐受化疗者。此外晚期头颈部鳞癌也是常见的EGFR阳性的恶性肿瘤,西妥昔单抗在其治疗中亦表现出较佳的抗肿瘤作用。

《新英格兰医学杂志》(2004;351: 337~345)报道了Cunningham等组织的一项关键性随机对照研究—BOND研究(Bowel Oncology with cetuximab antibody study),在伊立替康治疗失败的转移性结直肠癌患者中比较了西妥昔单抗联合伊立替康或只用西妥昔单抗的疗效。结果显示,联合治疗组的疗效明显优于单药组,两组的疾病控制率(完全缓解[CR]+部分缓解[PR]+病情稳定[SD])分别为55.5%和32.4%($P<0.001$),总缓解率分别为22.9%和10.8%,中位至疾病进展时间(TTP)也是联合组更长,分别为4.1个月和1.5个月($P<0.001$)。本项研究最值得重视的是西妥昔单抗可能逆转化疗的耐药。分层研究显示无论以往的化疗方案如何(如是否用过奥沙利铂),西妥昔单抗联合伊立替康组的缓解率和TTP均显著优于单药组,这提示西妥昔单抗联合伊立替康的治疗可作为伊立替康治疗失败后的首选方案。单药西妥昔单抗也表现出一定的活性,而且副反应轻微,不失为不能耐受化疗者的选择。

有关在与化疗同用的一线治疗中的作用,2004年10月的ESMO年会上,Van Cutsem报道了一项国际性Ⅱ期临床试验,评价西妥昔单抗联合FOLFOX-4(奥沙利铂/5-Fu/叶酸)的作用和安全性:在42例EGFR阳性的转移性结直肠癌患者中,总缓解率为81%,98%的患者病情得到控制,仅有1例发生肿瘤进展;9例(21%)患者还在化疗后接受了手术切除。加用西妥昔单抗并没有增加FOLFOX-4方案的副作用,研究中3/4度毒性反应的发生率分别为腹泻26%,痤疮样皮疹21%,中性粒细胞减少症14%。

关于联合放疗,Bonner等在美国临床肿瘤学会(ASCO)2004年年会上发表了一项比较单纯放疗或联合西妥昔单抗治疗EGFR阳性的局部晚期头颈部鳞癌的随机Ⅲ期临床试验,共有424例患者参加。结果显示,西妥昔单抗联合放疗组的1年和2年局部控制率均优于单纯放疗组,分别是69%比59%和56%比48%。联合治疗的优势在主要终点指标—中位生存期上反映得更明显:54个月比28个月。

三、多靶点联合阻断的发展方向

人类与严重威胁健康和生命的肿瘤,做着长期的艰苦卓绝的斗争。医生们为了扭转肿瘤的耐药,试图找出一种能抑制P-糖蛋白的调节剂,但无一成功。究其原因,绝大多数临床前的人造模型都试图针对单一因素来解决多药耐药的问题。而临床产生耐药的现实模式毫无例外地都是多因素综合作用的结果,仅仅阻断一个环节是不可能影响其耐药的发生,因此也难以成功。

我们今天的分子靶向治疗也面临着同样的问题。除了伊马替尼高度针对引起CML的Bcr-Abl基因改变从而疗效异常显著外,大部分靶向药物的有效率基本都在10%左右。其原因正是因为大多数实体肿瘤都是多靶点多环节的调控过程。仅以结肠癌为例,且不说众所周知的表皮细胞生长因子受体-1(EGFR-1)的调控,研究人员还发现很多他因子,如HER-2受体表达,蛋白酶激活的受体-2,胰岛素样生长因子-1和相应受体表达,Src非受体酪氨酸激酶,血管内皮生长因子(VEGF)过表达,转化生长因子-α受体,NAG-1(一种转化生长因子-β超家族成员)表达,Fas(CD_{95},APO-1)受体(一种诱导细胞凋亡的跨膜细胞表面受体)和A3腺苷受体等[1~4]。它们不是直接参与肿瘤的生长就是间接影响细胞周期或其他生物过程。应该认识到,细胞中信号转导机构是一个复合的、多因素交叉对话的蛋白网络系统。它能通过有效的联络将上游的发起性因子信息转化成下游的效应性结果。因此,只是看到单一因素的过表达就一定有肿瘤生长的功能性作用,显然是不全面的。同样,阻断一个受体就能阻断任何信息传导也是不客观的。

最近报道的多靶点成功范例给了我们极大的启发,值得我们深入思考。2004年ASCO年会上,Hainsworth JD及其同事[5]报道了联合运用VEGF和EGFR阻断剂Bevacizumab和Tarceva在晚期肾透明细胞癌的结果。患者在治疗中使用的剂量与单药试验相同:Bevacizumab 10mg/kg,1次/2周,静脉给药,同时每天口服Tarceva 150mg。63名患者参加了这项试验,57名患者可评价疗效。治疗开始两个月后根据RECIST标准进行评估,10名患者(25%)部分缓解,6名患者(15%)稍有缓解(缩小20%~30%),19名患者(47%)病情稳定,同时发现不同部位的转移灶都有客观缓解,包括肺、肝、骨、淋巴结和肾上腺。仅5名患者(12%)出现疾病进展。本试验的中位随访时间为11个月(5~16个月)。中位TTP超过12个月,81%的患者在治疗12个月后仍然存活。

试验中出现的毒性反应与单药试验相似,一般能够控制,主要表现为皮疹和腹泻。2名患者中断了治疗,其中1例是由于重度皮疹,另一例由于皮疹和血清样反应。研究人员认为这些药物副作用较轻,提示或许可以用于对患者的长期治疗。尽管这些靶向治疗方法还没有达到完全缓解,但是很多患者已经在几个月的治疗中获益。Hainsworth认为:即使这些药物的疗效还达不到部分缓解的既定标准,但证据表明与传统方法比较大多数患者在这种治疗中受益。此外,这种研究方法肯定了靶向治疗药物的联合应用将成为未来的发展方向,因为在多种肿瘤都存在其合理的治疗靶点。

另外一项肾癌的研究是由Memorial Sloan-Kettering癌症中心泌尿生殖系统肿瘤科的Robert J. Motzer医生[6]负责,干预药物是酪氨酸激酶抑制剂SU11248。它能阻断多种受体通路的信号转导,包括血管内皮生长因子(VEGF)受体和血小板源性生长因子(PDGF)受体,这些都与血管生成有关。有63名转移性肾细胞癌患者参加了Motzer医生的试验,之前他们在多中心单组试验中接受细胞因子治疗,但疾病发生了进展。患者的中位年龄为60岁(24~87岁),其中59名患者为透明细胞癌,43名患者为男性。Motzer医生试验的主要评价指标是总有效率(根据RECIST实体瘤疗效评价标准判定疗效)。SU11248给药方法:每天1次口服50mg,连续4周,然后停药2周。持续治疗直至疾病发生进展或因毒副作用不能耐受为止,中位治疗时间为9个月(<1~16个月)。

结果显示,有21名患者(33%)获得部分缓解,23名患者(37%)病情稳定超过3个月,19名患者在治疗中出现病情快速进展。中位至疾病进展时间(TTP)为8.3个月,95%可信区间为6.6~10.8个月。中位随访时间为10.5个月,43名患者仍然存活,预计1年存活率为65%。与以往Memorial Sloan-Kettering癌症中心Ⅱ期临床试验中的历史对照组相比,该药所取得的疗效更好:前者的中位TTP为2.9个月,而本次试验为8.3个月。Motzer认为这是近20年来对肾癌第一个真正有效的药物。需要减少用药剂量的有21名患者(33%),主要由于非胰腺炎所致的淀粉酶和脂肪酶升高,也有因乏力而减量者。常见的副作用为乏力、腹泻、消化不良和恶心。有5名患者发生皮炎,这种情况在其他靶向药物的治疗过程中也曾出现过。

同样在2004年ASCO年会上,维也纳大学附属医院的Johannes Drach教授报道了用Rituximab和Thalidomide同时阻断CD_{20}和VEGF在化疗后复发的套细胞淋巴瘤中取得了突出的疗效[7]。16名入组的病人均是CHOP(环磷酰胺、阿霉素、长春新碱、强的松)化疗失败而复发者,他们接受了Rituximab 375mg/m^2第1、8、15、22天静脉给药;Thalidomide,200mg每日口服,开始于第一天,逐渐增量,第15天达400mg,并长期维持,直到疾病进展或不能耐受毒副作用为止。16名病人中有13名有效,有效率为81%,其中完全缓解者5名(31%),1名稳定,2名进展。中位TTP为20个月。这一结果鼓舞研究人员在套细胞淋巴瘤中开展Rituximab-CHOP + Thalidomide的一线治疗。想信会有更好的结果出现。

四、靶向治疗尚需深入研究的问题

进入21世纪以来,肿瘤的靶向治疗已取得了长足的进步,使过去很多不能治疗的疾病得到了有效的控制。如,由于对HER-2表达的深入认识和相应药物赫赛汀(Herceptin)的使用,使约四分之一的顽固乳腺癌病人得到挽救和生命延长。又如,由于对胃肠间质肉瘤(GIST)支配性基因C-Kit的认识和相应靶向药物伊马替尼的应用,使这一放化疗高度抗拒的肿瘤获得60%的缓解率和80%的临床受益率。这些都是肿瘤治疗中划时代的进步。但是,我们仍然有很多东西不甚了解。如同样是EGFR阻断剂的单克隆抗体Cetuximab和小分子化合物Gefitinib和Tarceva在与化疗药物联合使用时表现出完全不一样的结果。前者在结肠癌和头颈部肿瘤中与化疗药表现出协同作用,甚至能逆转化疗的耐药;而后者在晚期非小细胞肺癌的治疗中却完全不能增加当前最好的化疗药物(如GC和TCb)的疗效,国际上四个大型Ⅲ期随机临床研究均以失望的结果而告终。

又如,同样是奎纳唑啉类小分子化合物的EGFR阻断剂Gefinitib和Tarceva在治疗同一种病,即晚期非小细胞肺癌中也有完全不同的表现。最近刚刚结束的0709 ISEL研究对1692名病人的总结,未看到Gefinitib与安慰剂组在中位生存和一年生存率上的差别,而同时期的BR21研究却肯定了Tarceva的疗效。

对于同一种药在治疗同一种病,如Gefinitib(易瑞沙)在非小细胞肺癌的ISEL研究中,对东方人和西方人的疗效就完全不同。对于女性和男性、吸烟与非吸烟者,腺癌和非腺癌的疗效也有所不同。中国医学科学院肿瘤医院自2002年初参加国际慈善供药(EAP)研究项目使用易瑞沙(阿斯利康公司生产)至今已有三年了。根据我们的EAP研究资料统计,截止到2004年12月的

91 例晚期（Ⅳ）患者随访结果，作为三线和二线治疗的有效率为 26.4%，稳定率为 27.5%，加在一起的临床受益率为 53.9%。与我国的临床注册研究和日本学者的研究结果大致相同。经我们随访 12 个月的 54 例病人，中位生存期为 11.7 个月，1 年存活率为 48%。这都是目前国际上少有的效果。中国其他单位的研究也证实了易瑞沙可能对亚洲人有独特的疗效，为什麽与西方人有这样的差别还需进一步做深入的分子生物学等方面的研究。

五、结论

进入二十一世纪后的抗肿瘤药物研发战略是在继续深入发展细胞毒性药物的基础上同时逐渐引入分子靶向性药物的开发。迄今为止，很多靶向药物已经在临床起了极其重要甚至是奇迹般的作用。有些已经按照循证医学的原则进入了国际肿瘤学界公认的标准治疗方案和规范。更多、更有希望的药物也在快马加鞭地研制和早期临床试验中。所有这些都使我们有理由相信，目前肿瘤的药物治疗正处于从单纯细胞毒性攻击到分子靶向性调节的过度时期，应是前程无量。

为达到这一目的，我们需更多地了解靶向药物极其治疗的分子生物学基础；了解大多数实体肿瘤都有多靶点、多环节调控过程的特点；了解目前的转化性研究还远远未能解释所发生的一切临床现象；了解各个民族、性别，各种环境、条件都可能对治疗有不同的反应…。希望不久的将来，随着对人类基因组学中功能性基因组和支配肿瘤的基因组的深入了解并结合高新技术如高通量药物筛选等手段的有效运用，肿瘤的治疗必将跨入一个全新的时代。

参考文献

1 Half E, Broaddus R, Danenberg KD, et al. HER-2 receptor expression, localization, and activation in colorectal cancer cell lines and human tumors. Int J Cancer, 2004; 108: 540 ~ 548

2 Sekharam M, Zhao H, Sun M, et al. Insulin-like growth factor 1 receptor enhances invasion and induces resistance to apoptosis of colon cancer cells through the Akt/Bcl-x (L) pathway. Cancer Res, 2003; 63: 7708 ~ 7716

3 Chun YJ, Park S, Yang SA, et al. Activation of Fas receptor modulates cytochrome P450 3A4 expression in human colon carcinoma cells. Toxicol Lett, 2003; 146: 75 ~ 81

4 Ohana G, Bar-Yehuda S, Arich A, et al. Inhibition of primary colon carcinoma growth and liver metastasis by the A3 adenosine receptor agonist CF101. Br J Cancer, 2003; 20; 89: 1552 ~ 1558

5 Hainsworth JD, Sosman JA, Spigel DR, et al. Phase II trial of bevacizumab and erlotinib in patients with metastatic renal carcinoma (RCC). Proc Am Soc Clin Oncol, 2004; 22: 382s (abstr 4502)

6 Motzer RJ, Rini BI, Michaelson MD, et al. SUO 11248, a novel tyrosine kinase inhibitor, shows antitumor activity in second-line therapy for patients with metastatic renal cell carcinoma: results of a phase 2 trial. Proc Am Soc Clin Oncol, 2004; 22: 382s (abstr 4500)

7 Drach J, Kaufmann H, Woehrer S, et al. Durable remissions after rituximab plus thalidomide for relapsed/refractory mantle cell lymphoma. Proc Am Soc Clin Oncol, 2004; 22: 578s (abstr 6583)

抗肿瘤新生血管靶向治疗进展

罗荣城　王晓光

南方医科大学南方医院肿瘤中心　广州　510515

肿瘤的生长和存活依赖于生成的血管为它所提供的氧气和营养物质,没有血管的生成,肿瘤最大直径也只能长至1mm～2mm大小。1971年,Folkman等提出可通过阻断肿瘤血管的生成来抑制肿瘤的生长,防止肿瘤的转移。

肿瘤新生血管的形成受血管生成调节因子的相互作用,这些调节因子主要由肿瘤细胞分泌,但某些正常细胞如血管内皮细胞也能分泌调节因子,共同影响肿瘤新生血管的形成。这些调节因子大致可以分为两类:①血管生成的促进因子:如血管生成素(Angiogenin)、内皮生长因子(EGFs)、成纤维细胞生长因子(aFGF和bFGF)、血管内皮生长因子(VEGF)和肿瘤坏死因子(TNF)等;②血管生成的抑制因子:如血管抑素、内皮抑素、干扰素(IFN)、金属蛋白酶组织抑制剂(TIMP)和纤溶酶原激活物抑制剂(PAI)等。在正常情况下,体内这两种调节因子处于平衡状态,一旦这种平衡被打破,促进血管生成的调节因子占优势,就启动了新生血管的生成。这就是"血管生成开关学说"。

正常情况下,内皮细胞处于一种静止状态,细胞倍增时间可长达7年。但在恶性肿瘤状态,内皮细胞生长明显加速,倍增时间仅7～10天。当实体肿瘤直径长至1mm～2mm时,就会起动"血管生成开关",促进新的血管生成,以保证肿瘤生长的血供需要。这些新的肿瘤血管不仅生长率与正常血管不同,而且它们的结构与正常血管完全不同。肿瘤血管常缺乏平滑肌,基底膜上有不规则漏孔,此种漏孔有助于肿瘤细胞进入血液循环,增加远处转移的潜能。

基于肿瘤血管生成机理,抑制肿瘤血管生成的策略包括:①利用小分子药物和内源性血管生成抑制因子直接抑制血管内皮细胞增殖、迁移,抑制细胞外基质形成,诱导血管内皮细胞凋亡;②利用中和抗体、可溶性受体、受体拮抗剂阻断血管生成因子传递;③利用反义核酸或生物因子抑制血管生成促进因子表达。到目前为止,有20多种血管生成抑制剂进入到临床试验。

一、内皮细胞增殖与肿瘤血管生成抑制剂(tumor angiogenesis inhibitor,TAI)

(一)沙利度胺(Thalidomide,反应停)

沙利度胺具有免疫调节剂及抗血管生成作用,并能抑制肿瘤坏死因子-α(TNF-α)的产生。在一项Ⅱ期临床试验中,12例激素耐药的前列腺癌病人接受了沙利度胺的治疗,4例中出现PSA水平明显下降,1例AIDS引起的Kaposi肉瘤病人肿瘤出现明显消退,同时病人外周血中病毒DNA消失。沙利度胺与卡铂/紫杉醇合用于晚期非小细胞肺癌（NSCLC）的Ⅲ期临床试验正在进行中，其主要毒性为嗜睡和轻微神经症状。对小细胞肺癌（SCLC）的Ⅱ期试验结果显示，卡铂加VP16和沙利度胺临床耐受良好，目前正在进行Ⅲ期随机双盲对照试验治疗SCLC，以评价反应停联合VP16、DDP的疗效，其结果有待发表。澳大利亚已同意沙利度胺在本国上市治疗复发性和顽固性的多发性骨髓瘤。沙利度胺药物制造商正申请该药在欧盟上市。

（二）TNP-470（AGM-1470）

TNP-470可抑制内皮细胞增殖、迁移，具有抗血管生成活性。在Ⅰ期临床试验中，TNP-470使1例头颈部鳞癌病人的肺转移灶完全消退（CR），停药8月无复发，3例病情稳定，14例进展。主要毒副反应为疲劳和恶心，剂量限制性毒性为神经综合征。Ⅱ期临床试验涉及乳腺癌、宫颈癌、神经母细胞瘤、胰腺癌、肾细胞癌等，其中1例晚期宫颈鳞癌病人完全缓解。一项TNP-470与放疗、5-Fu合用治疗无法切除的胰腺癌的Ⅲ期临床试验正在进行中。

（三）血管抑素（angiostatin）

血管抑素并非由肿瘤本身产生，而是肿瘤产生或活化某些蛋白酶，使纤溶酶原分解而成。大量实验结果表明血管抑素具有抗肿瘤血管生成作用，血管抑素的应用研究目前在大多数国家尚处于试验阶段。

（四）内皮抑素（endostatin）

内皮抑素可使肿瘤血管减少且抑制转移癌灶的发生，对正常细胞无毒性且不产生耐药性，其抑制活性随剂量的增大而增强。EntreMed公司进行的重组人血管内皮抑素的Ⅰ期临床试验，结果：1例患者达到部分缓解（PR），20%的患者达到轻度缓解（MR），30%的患者病情稳定（SD），有的患者稳定时间可长达1年之久。临床试验结果证明，15mg/m² ~600mg/m² 的重组人内皮抑素临床耐受性良好。

我国首家开发内皮抑素的厂家是山东麦得津生物工程股份有限公司。他们从1998年开始进行重组人血管内皮抑素（endostatin，YH-16）的研究。YH-16与美国EntreMed公司研发的产品有所不同：EntreMed公司采用的是酵母菌作为表达载体，而YH-16则是大肠杆菌，并对蛋白质的结构做了一些有意义的修饰。该产品于2001年7月通过国家药品监督管理局（FDA）的审批，开始进入临床试验研究。由中国医学科学院肿瘤医院从2001年8月开始对该药进行了Ⅰ、Ⅱ、Ⅲ期临床试验。Ⅰ期临床试验结果表明，YH-16注射液单次静脉滴注30mg/m² ~210 mg/m²、以及连续28天静脉滴注7.5mg/m² ~ 30 mg/m²，均没有产生明显的毒副反应。经放、化疗治疗无效的10名晚期肿瘤患者经过1个疗程28天的治疗，病情稳定、生活质量有明显提高的占大多数。其中1例恶性黑色素瘤并发全身多发骨转移的患者，在治疗两个疗程后其骨扫描显示原病灶有显著改善，肿瘤也明显缩小，停药后未经任何治疗病情稳定至今已达6个月，安全可靠。Ⅱ期临床研究采用NP方案（NVB + DDP）+ YH-16的生物化疗方案治疗9例晚期NSCLC，选用同期进行NP方案治疗的9例病人作为对照组，进行2~3周期治疗。结果：NP + YH-16组临床受益率（CR + PR + MR + SD）为100%，NP组为44.4%，两组疗效比较有统计学差异。而NP + YH-16组与NP组的不良事件发生率比较无明显差异。新近完成的Ⅲ期临床试验初步结果表明YH-16能有效提高临床疗效和延长病人的生存期。

（五）环氧化酶-2（cyclooxygenase-2，COX-2）抑制剂

COX-2是花生四烯酸转变为前列腺素产物的关键酶，在肿瘤血管形成、抑制肿瘤细胞凋亡和诱导放疗耐受中有重要作用。目前研究较多的COX-2抑制剂是塞来考昔（西乐葆，celecoxib）。西乐葆是第一个用于临床的特异性COX-2抑制剂，1999年FDA批准用于关节炎及骨关节病的治疗，次年又批准用于治疗家族性腺瘤样息肉。Ⅱ期临床试验结果证明COX-2抑制剂能增加紫杉醇联合卡铂行术前新辅助化疗作为Ⅰ期～$Ⅲ_A$期各期NSCLC的疗效。目前西乐葆用于治疗结肠癌的Ⅲ期临床试验已在进行中。但是在其他的试验中发现西乐葆使患者发生心血管事件的风险增加，一项旨在研究西乐葆预防结肠息肉这一新用途的临床试验已被美国国立癌症研究（NCI）所终止。因此使用应十分谨慎。

二、血管生成因子及其受体阻断活性的药物

（一）抗VEGF的单克隆抗体—Avastin（Bevacizumab）

目前的抑制血管生成的药物取得显著疗效的是Avastin。它是抗血管内皮生长因子的人源化单克隆抗体，无论是单独使用或与其它化疗药物联合使用，Avastin均可减少肿瘤血管生成。由美国基因技术公司（Genentech）研制的，现已完成结直肠癌Ⅲ期临床试验，并于2004年2月26日上市作为结直肠癌的一线用药。它是第一个被美国FDA批准通过抑制血管生成发挥抗癌作用的新药。

1. Avastin治疗晚期结直肠癌的临床研究　因为Ⅱ期临床试验取得了良好的治疗效果，人们又进行了Avastin加IFL（5-Fu加CF加CPT11）治疗晚期结直肠癌的Ⅲ期临床试验。Herbert Hurwitz等选择了813例未治疗过的晚期有转移的结直肠癌患者402例随机分配到IFL加Avastin组中，伊立替康（CPT11）125mg/m^2，5-Fu 500mg/m^2，CF 20mg/m^2，每周一次，共4周，每6周重复；Avastin 5mg/kg，每两周一次；411例随机分配到IFL加安慰剂组中。结果前者的中位生存期为20.3月，中位无进展生存时间为10.6月；而对照组的中位生存期为15.6月，中位无进展生存时间为6.2月（两者均$P<0.001$）。最显著的副作用是Avastin组的3级高血压的发生率明显高于对照组（11.3% vs 2.3%）。在Avastin组有6例病人发生肠穿孔，其中1例死亡。对照组则没有发生肠穿孔事件。试验结果表明，Avastin加入以5-Fu加CF为基础的化疗中可以显著延长晚期患者的生存期。南方医院肿瘤中心使用Avastin加CPT11单药治疗晚期结直肠癌患者15例，大部分病人（11/15）的病灶获得PR，其中1例肝转移病灶完全消失。治疗中过程中密切监测心电图和心肌酶谱，有1例发生轻度的心电图改变和肌酸激酶轻度升高。没有一例发生肠穿孔。病人的耐受性很好，没有发生化疗常见的骨髓抑制反应。

目前正在进行临床试验以验证Avastin联合FOLFOX4方案治疗晚期结直肠癌能否进一步提高疗效。

为什么Avastin联合IFL或CPT11单药治疗结直肠癌有如此好的效果？有人做了这样的研究，6个直肠腺癌病人使用Avastin治疗后再使用外科手术切除肿瘤，研究肿瘤局部的病理变化情况。发现Avastin改变了肿瘤的血液供应和血液灌注，显著降低了血管容量和毛细血管密度，以及肿瘤周围组织间隙液压，减少了循环内皮细胞的数量和对

血管内皮细胞氟脱氧葡萄糖的摄取能力。增加了周细胞(pericyte,紧贴于毛细血管壁外面的一种细胞)覆盖的血管的分支。通过以上的试验,人们认为 Avastin 除了直接的抗血管生成作用以外,还可以减少肿瘤压迫造成的细胞间质的液压,从而有利于化疗药物到达肿瘤部位发挥抗肿瘤作用。

2. Avastin 治疗 NSCLC 的临床研究 Avastin 治疗 NSCLC 效果如何呢?最近进行了一项 Avastin 的Ⅱ期试验。在标准的卡铂/紫杉醇化疗方案中加入 Avastin 用于治疗晚期 NSCLC,结果:与对照组相比,15 mg/kg 的 Avastin 加卡铂和紫杉醇组近期缓解率较高(31.5% vs 18.8%),中位进展时间(TTP)较长(7.4 vs 4.2 月),生存时间略延长(17.7 vs 14.9 月)。有 19 例对照组的病人疾病进展后每 3 周加一次 15 mg/kg 的 Avastin 治疗,其中 5 例达到 SD,1 年生存率为 47%。研究发现,Avastin 没有增加化疗的胃肠道副反应发生率和神经障碍及肾毒性的发生率。此项工作的结论是:Avastin 可延长晚期或复发 NSCLC 的 TTP,提高缓解率,特别在非鳞癌中治疗效果较好,风险较低。

3. Avastin 治疗其他肿瘤的临床研究

(1)Avastin 治疗乳腺癌的Ⅲ期试验中,Avastin 联合希罗达(capecitabine)单药化疗有很好的缓解率,但是不能延长 TTP。目前正在进行一个大规模的Ⅲ期临床试验以验证紫杉醇和 Avastin 作为一线用药治疗转移性疾病的效果。

(2)Avastin 治疗肾癌的Ⅱ期临床试验表明 Avastin 可显著延长转移性肾细胞癌(RCC)的疾病进展时间。但不能延长生存时间。Avastin 和干扰素(IFN)联合治疗转移性肾癌Ⅲ期试验也正在进行中。

(3)化疗后序贯 Avastin 治疗急性骨髓性白血病(AML)的Ⅱ期临床试验结果表明:细胞毒性药物化疗联合 Avastin 治疗 AML 可以提高 CR 率和缓解时间。

(4)除以上肿瘤外,正在进行 Avastin 治疗胰腺癌、多发性骨髓瘤、间皮瘤、前列腺癌、胃癌的一系列的临床研究。

南方医院肿瘤中心观察了分子靶向治疗药物 Avastin 联合健择(Gemzar)的生物化疗(biochemotherapy)方案治疗 5 例晚期鼻咽癌的近期疗效和毒副反应。给予 Avastin 4mg/kg,$d_{1,15}$,健择 1 000mg/m^2,$d_{2,16}$;均为静脉滴注,治疗经病理证实的 5 例转移的难治性鼻咽癌患者。结果:5 例患者中的 4 例转移病灶获得了 PR,症状明显缓解。主要毒副作用为治疗后轻度胃肠道反应及轻度头痛。

(二)抗血管内皮生长因子受体(VEGFR)抗体

由于肿瘤细胞和内皮细胞有自分泌 VEGF 的作用,抗体不能完全中和 VEGF,因此还可以加用抗 VEGFR 抗体。目前正在研究和临床试验的抗 VEGFR 抗体有抗 VEGFR-2 的单抗-抗 flk1 抗体、针对人 KDR 的单抗 IMC-1C11、抗 VEGFR-1 单抗、一种针对鼠型 VEGFR-3 的中和抗体 AFL4,但离临床应用还很远。

(三)VEGF 受体酪氨酸激酶抑制剂(TKIs)

选择性 VEGFR-TK 抑制剂(TKIs)可通过干扰对内皮细胞增殖和迁移的 VEGFR 信号应答而阻断 VEGF 的血管生成作用。已有许多选择性 VEGFR-TKIs 进入了临床试验。

1. BAY43-9006(sorafenib) BAY 43-9006 可阻断涉及血管生成的 4 条信号通路,

即 VEGF、PDGF、KIT 和 FLT3。在 2004 年 ASCO 年会上报道的Ⅱ期临床研究结果表明，晚期肾癌患者使用 BAY43-9006 治疗能够获得明显而持续的治疗作用。有 106 例肾癌患者接受了 BAY43-9006 治疗，其中有 37 例患者在最初开始治疗 12 周后，肿瘤至少缩小了 25%。在这部分患者中，又有超过一半的患者在 48 周后，仍然控制肿瘤的发展。BAY43-9006 目前已经进入Ⅲ期临床试验。拜耳制药公司和 Onyx 制药公司已宣布他们的实验性治疗肾细胞癌被 FDA 授予“快速通道”地位。“快速通道”地位意味着 FDA 可以在该药进行Ⅲ期临床试验和新药申报材料部分递交时就可以开始启动该药的审批程序。

2. SU11248　SU11248 亦可阻断涉及血管生成的四条信号通路，即 VEGF、PDGF、KIT 和 FLT3。一项Ⅱ期临床试验表明标准的 IL-2 免疫疗法或 IFN-α 无效的 63 例转移性肾细胞癌患者接受 SU11248 治疗，其中 15 例(24%)患者显示对药物至少部分有效。6 个月之后，SU11248 继续有效，其中 14 例患者的癌细胞停止生长。患者对药物的耐受性良好，大多数副作用的表现轻微。另一项Ⅱ期临床试验表明，SU11248 可以萎缩或减缓胃肠道间质细胞瘤，48 例对伊马替尼(Glivec, STI571，格列卫)耐药的胃肠道间质细胞瘤患者接受 SU11248 治疗。其中 26 例(54%)对治疗有效或在 6 个月至更长的时间内疾病没有发生进展；6 例患者部分有效。SU11248 的疗效依患者的特殊遗传突变而不同：有 KIT 外显子 9 突变的患者显示疗效(79%)大于 KIT 外显子 11 突变(33%)或者没有任何突变(50%)的患者。对于不同基因突变导致的伊马替尼耐药，SU11248 均能够控制肿瘤进展，使患者获得客观缓解。正在开展 SU11248 的Ⅲ期临床研究，是一个很有前途的抗血管生成新药。

3. PTK787/ZK22584 (Vatalanib) PTK787 是 Flt-1、KDR 受体酪氨酸激酶抑制剂。PTK787 与 FOLFOX 方案联合对 28 例结直肠癌(CRC)病人的Ⅰ期试验表明，4% 的病人达 CR，40% 为 PR，29% 为 SD。TTP 是 11 个月，中位生存时间是 16.6 个月。另外还有一项涉及 1 170 例转移性结直肠癌(CRC)病人使用 PTK787 加 FOLFOX 的临床试验已于 2004 年底完成，初步统计的结果没有预期的好。

4. SU6668　SU6668 是 KDR/FGFR1/PDGFRβ 的 ATP 竞争性小分子抑制剂。SU6668 的Ⅰ期临床试验在多种恶性肿瘤的患者中进行。已初步显示它对非小细胞肺癌有较好的疗效。目前正处于Ⅱ期临床研究阶段。

5. SU5416 (semaxinibTM)　SU5416 是 VEGF 受体 Flk-1 KDR 酪氨酸激酶的抑制物，对大规模Ⅲ期研究数据中期分析发现无临床益处。目前已停止 SU5416 治疗晚期结肠直肠癌、肺癌、kaposi 肉瘤患者Ⅲ期临床试验。

三、抑制基底膜降解的肿瘤血管生成抑制剂

基质金属蛋白酶(MMP)和金属蛋白酶抑制剂(TIMP)是细胞外基质合成和降解代谢平衡调节中两个重要的因素。MMP 与其抑制剂调节失衡则促使肿瘤血管生成和转移。金属蛋白酶抑制剂能阻断这一过程，从而抑制肿瘤的转移和新生血管的产生。MMP 的活力需要锌离子参与，能使基底膜降解。MMP、TIMP 调节失衡则促使肿瘤血管生成和转移。一般在早期认为有开发价值的几个 MMP 抑制剂如：marimastat、prinomastat、batimastat、BMS-275291、Bay12-9956、neovastat 和 metastat 在Ⅲ期临床试验中的结果显示不能改善生存。这些药物的Ⅲ期临床试验都已停止。

根据传统的观点,抗肿瘤药物首先是在晚期患者中进行试验,但许多癌症专家认为基质金属蛋白酶抑制剂可能在癌症早期使用最有效,因为它们能抑制血管生成,后者对于早期肿瘤生长十分重要。基质金属蛋白酶抑制剂的药物试验可能要调整试验方法。

四、抗肿瘤血管生成的基因治疗

抗肿瘤血管生成基因治疗目前仍以实验研究为主。某些与血管生成相关的促血管生成因子及受体、血管生成抑制因子、癌基因及抑癌基因产物等分子是基因治疗的靶分子,根据不同的靶分子选择不同的靶基因,用靶基因、反义靶基因子或突变靶基因进行抗血管生成的基因治疗,以促使或增加血管生成抑制因子的表达,封闭或抑制促血管生成因子及受体的表达,实现抗血管生成治疗的目的。常选用的基因有:①反义VEGF 基因及突变型 VEGF 受体基因;②EGF、TNF-β、IFN-γ、IL-8、GM-CSF,血管抑素及内皮抑素基因;③p53 基因及反义 c-myc,crbB-2 基因等。常用腺病毒为载体及直接感染或注射法,其常选用的受体细胞是肿瘤细胞、血管内皮细胞及免疫效应细胞。

VEGF 是肿瘤诱导血管生成过程中一个主要的调节因子,除了采用直接抑制内皮细胞增殖的 TAI 以外,还可以通过抑制 VEGF 的产生达到抗血管生成的目的。VEGF 可选择性刺激内皮细胞分裂,增加微血管的通透性。通过阻断 VEGF 的翻译和转录过程可使它的产生受到抑制。一种治疗方法就是引入一段反义 VEGF 的 cDNA 基因,通过与 VEGF 的 mRNA 结合,来抑制 VEGF 蛋白的翻译。

研究表明,缺氧、肿瘤抑制基因的突变丢失、某些细胞因子、高酸或低糖环境可能对 VEGF 表达分泌及血管生成有调节作用。缺氧是最重要的调节因素。缺氧诱导因子 1(hypoxia-inducible factor 1,HIF1)与缺氧的敏感基因有密切联系,在 VEGF,EPO 基因 5’和 3’末端都发现了 HIF1 的结合位点。以 $HIF_{1-\alpha}$ 相关的信号转导为靶点的新的治疗药物也具有抗血管生成效应,这种效应的产生部分是由抑制信号通路导致的 $HIF_{1-\alpha}$ 降低引起的。

癌基因突变活化也间接或直接参与介导了 VEGF 表达和肿瘤血管生成。野生型 p53 抑制 VEGF 表达和分泌,促进抑制因子 thrombospondin(TSP-1)分泌。表达活化 ras、src、erbB2/neu 等癌基因也能上调 VEGF 的表达,增强体内血管生成。另外,EGF、TGF、KGF、PGE2、IL-1a 等细胞因子或激素都可不同程度地调节 VEGF 的表达与分泌。

除了 VEGF 外,血管抑素和内皮抑素基因也是基因治疗研究的靶基因。

从目前的临床试验结果来看,抗血管生成治疗与其他治疗手段联合应用才有可能取得较好疗效。除了与化疗联合使用治疗肿瘤以外,还有与放疗联合使用治疗肿瘤。

上述列举的这些药物中只有 Avastin 和 YH-16 取得了较好的疗效,其他药物的临床试验效果仍不令人满意。传统的“血管生成开关学说”认为新生血管的形成受两类作用不同的血管生成调节因子的相互作用,这个学说没有考虑到肿瘤血管和正常组织血管是有区别的,肿瘤新生血管与正常组织血管有明显的区别:①肿瘤组织内缺乏控制血管生成的调节机制,肿瘤血管的10%~20%的内皮细胞在任何时候都处于DNA合成状态;②肿瘤血管形成后不再进一步分化或改建成小静脉和小动脉,肿瘤血管无平滑肌成分,不具有收缩功能;③肿瘤内血管缺乏神经支配和对血管活性物质反应的结构;④肿瘤内微血管的形态结构表现出很大的差异,常出现不规则的狭窄、扩张及扭曲,壁薄,仅排列一层内皮细胞,基底膜缺乏或变薄,内皮细胞之间联接常开放,出现裂隙。肿瘤血管基底膜上有不规则漏孔,此种漏孔有助于肿瘤细胞进入血液循环,增加远处转移的潜能;⑤肿瘤内微血管网丰富,但肿瘤组织特别是中心部位常常因为缺血缺氧而坏死。这是因为肿瘤细胞的更新速度超过内皮细胞2倍,因而血管生成的速度远不能满足肿瘤生长的需要。此外,肿瘤内微血管渗透性高,有很多大分子物质漏出,而肿瘤内缺乏淋巴管,组织间液不能及时排出以及肿瘤细胞的迅速增生等使组织间隙流体静压增高,压迫小血管,血流阻力加大,导致肿瘤组织供血供氧不足。而缺氧通过缺氧诱导因子1(HIF1)的作用促进了VEGF的表达。由此可见,新的肿瘤血管生长速率与正常血管不同,结构与正常血管也不同。

不仅如此,正常血管和肿瘤血管在基因水平上也有差异。Brad St Croix在结肠组织血管内皮细胞中,找到79个在正常和与肿瘤有关的血管中表达程度不同的基因。尽管这些基因中的大多数的功能现在还不清楚,但几个已知的基因大概与新生血管的生长有关。他们用SAGE(serial analysis of gene expression)查出93个存在于内皮细胞的蛋白质,在其他种类的细胞中,这些蛋白质少了20倍之多。在这个基础上,他们在肿瘤内皮细胞里发现了46个比正常内皮细胞含量高出10倍的蛋白质,这些说明肿瘤内皮细胞和正常组织内皮细胞确实不同。他们认为:肿瘤血管与一般的血管确实具有不同的特异标志。

正常血管和肿瘤血管在生成速率和结构生成机理上的差异可以解释:①为什么VEGF既可促进正常血管的生成,也可促进肿瘤血管的生成;②为什么在冠心病和心肌梗死的治疗中,增加VEGF的表达可促进正常组织结构血管的生成,而不会导致肿瘤的血管生成;③为什么在肿瘤病人VEGF的高表达常常导致肿瘤新生血管的生成;④也可以解释为什么针对VEGF的单抗Avastin有显著的治疗效果,而其他抗血管生成药物效果不佳。因为VEGF仅仅只是一个血管生成促进分子,它对正常血管和肿瘤血管内皮细胞都有促进增殖作用,Avastin阻断VEGF与VEGFR结合后对正常血管和肿瘤血管生成都有抑制作用,因而具有一定的疗效。以前开发的针对血管内皮细胞或者基质的血管生成抑制剂只能抑制正常血管生成,而不能抑制肿瘤的血管生成,因而疗效欠佳。

在“VEGF→VEGFR→多种信号传导通路→血管内皮细胞增殖→血管生成”的过程中,可能在VEGFR及其以后的信号传导通路中存在肿瘤血管内皮细胞与正常血管内皮细胞的差异(基因的差异或者基因表达的差异),这中差异是前述几种血管生成抑制剂疗效欠佳的重要原因之一。所以,许多学者认为从正常血管和肿瘤血管的信号传导差异上寻找抗血管生成的治疗靶点,针对肿瘤血管生成的信号传导设计更加特异的药物,以切断肿瘤的血液供应,而不影响正常的血管功能,很可能会取得更好的疗效和临床应用价值。

恶性肿瘤的体细胞治疗和细胞因子治疗

李　荣　罗荣城

南方医科大学南方医院肿瘤中心　广州　510515

随着肿瘤学在基础研究及临床研究等方面的重大进展，近年来，生物治疗在恶性肿瘤的治疗中已占有了重要的一席之地，已同手术、放疗以及化疗等经典疗法一起并称谓恶性肿瘤治疗的四大支柱。体细胞及细胞因子治疗是生物治疗的一个重要组成部分，也是发展历史最悠久、应用最广，并且从清除体内残留肿瘤细胞的角度出发，可能是最有希望根治肿瘤的手段之一。这种治疗方法具有以下优点：①只对肿瘤细胞产生细胞毒性，对正常细胞无影响或影响轻微；②基本无毒副作用；③不依赖荷瘤者免疫功能；④可与化疗、放疗等其他疗法合用，不影响其他疗法的应用；⑤无免疫抑制作用。本文就恶性肿瘤的体细胞治疗及细胞因子治疗现状作一综述，重点在近年来的一些进展，同时，结合我们的一些经验谈谈在治疗中的一点体会。

一、概述

体细胞治疗（cellular transfer therapy，CTT）可以纳入过继性细胞免疫治疗（adoptive cellular immunotherapy，ACI）的范畴，是指在对抗肿瘤效应细胞的体外活化扩增的基础上，回输至患者体内达到杀伤肿瘤的目的。应该指出，在这个角度上与肿瘤疫苗疗法是有所区别的。肿瘤疫苗疗法需要在患者体内直接活化扩增效应细胞，从而达到杀伤瘤细胞目的。但是，这两条技术路线比较起来，在技术方法以及临床疗效上，体细胞治疗具有比较明显的优势。2004 年 Rosenberg 在《新英格兰杂志》上发表的文章中就认为，“在适当的时机下采用过继性体细胞治疗，可能是将来恶性肿瘤得到根治的重要治疗方式”[1]。

临床上相对成熟的体细胞治疗方法已有多种，包括：LAK、a-LAK、TIL、CD_3AK、CIK、DC 以及 CTL 等治疗。这些疗法按照治疗的靶向性特点可以大致分做两大类：一类是肿瘤组织靶向性不是很强的如 LAK、CD_3AK、CIK 疗法，或仅具有相对靶向性的 a-LAK 及 TIL 疗法，均统称为肿瘤组织非特异性体细胞治疗（tumor non-specific cellular transfer therapy，tnCTT）。这些疗法发展的比较早，临床治疗经验相对较丰富，但是由于肿瘤细胞的靶向性不是非常明显，因此，临床疗效不是非常理想。另一类是具有一定肿瘤组织靶向性，或具有较强肿瘤组织靶向性的体细胞治疗（tumor specific cellular transfer therapy，tsCTT），主要是 CTL 疗法。CTL 治疗分两种：肿瘤特异性细胞毒性 T 淋巴细胞（tumor specific cytotoxic T lymphocyte，tsCTL）以及肽段特异性 CTL（peptide specific cytotoxic T lymphocyte，psCTL）。其中,psCTL 的瘤细胞靶向性最强,代表着体细胞治疗的发展方向。

二、体细胞治疗

（一）肿瘤组织非特异性体细胞治疗

肿瘤组织非特异体细胞治疗（tnCTT）中包括 LAK、CD_3AK、CIK 及 a-LAK、TIL 五大类,前 4 种在制备方法上有相当的共性,不同之处在于细胞因子的需要性不同:LAK 及 a-LAK 的扩增以 IL-2 为主,CD_3AK 的扩增需要抗 CD_3 单抗,而 CIK 扩增则需要 ILs 及 IFNs 等多种细胞因子的协同作用。LAK 出现最早,曾经是临床上应用最为广泛的肿瘤过继性免疫治疗方法,此后出现的异体 LAK 细胞治疗、a-LAK、CD_3AK 的治疗均是在此基础上的发展,这几类细胞均在体外研究取得很好的研究结果,但随后进行的大规模、国际多中心协作的临床试验研究表明,实际有效率与预计的相差很远,并没有收到预期的疗效,目前临床已不再应用。

1. 细胞因子诱导的杀伤细胞（cytokine-induced killer cells, CIK 细胞） CIK 细胞能在体外大量地扩增,同时表达 CD_3 和 CD_{56},具有 T 细胞的抗肿瘤活性和 NK 细胞的非 MHC 限制性杀瘤特点[2]。目前,CIK 疗法是 tnCTT 中最具前景的细胞疗法。根据我们中心多年来的治疗体会,CIK 细胞过继性免疫治疗疗效与治疗方案和病例选择有直接关系。肿瘤负荷、治疗剂量与疗程,个体差异以及是否放疗、化疗联合应用或同时使用 CIK 活性增强剂等因素,都与疗效有关。由于影响因素众多,所以不同患者的疗效差异也很大。总的看来,CIK 细胞全身输入的过继性免疫治疗方案对恶性肿瘤的总有效率平均 20% 左右。其中对恶性程度较高的一些实体瘤如骨肉瘤、肝癌,直肠癌等疗效较差。但 CIK 细胞疗法对于这类肿瘤引起的胸（腹）水的控制能够起到较好的作用。在应用 CIK/IL-2 进行全身治疗的同时,联合其他途径的应用方式能够提高疗效:①腔内应用治疗癌性浆膜转移,如癌性胸（腹）水、心包积液。总有效率可达 70% 左右;②肿瘤内或瘤周局部应用治疗表浅的肿瘤如宫颈癌、黑色素瘤、淋巴肉瘤、乳腺癌等,总有效率 60%,肝癌、肺癌等总有效率约 35%;③全身与局部联合应用治疗脑胶质瘤,膀胱癌等总有效率 50% 左右。

2. 肿瘤浸润淋巴细胞（TIL 细胞） 具有相对的瘤组织特异性和比 LAK 细胞更强的抗瘤效果。可特异性的渗入到肿瘤组织中,对宿主肿瘤具有高效、特异性的杀瘤活性。近 20 年来,随着 TIL 分离制备技术和体外扩增培养方法的建立,TIL 在免疫生物学及功能研究方面有了较大的发展,并很快从实验室研究进入临床应用研究,显示了一定临床治疗肿瘤的前景。由于 TIL 分离操作复杂,容易造成污染,而且多数肿瘤组织中 TIL 含量很少,所以 TIL 分离培养成功率只有 20% 左右,难以成为常规治疗方法。另外,TIL 的“归巢”能力和杀瘤能力也并不比 LAK 细胞显示明显的优越性。所以,TIL 的临床应用还有待技术方法上的改进[3~5]。

（二）具较强肿瘤组织靶向性的体细胞治疗（tsCTT）

1. 肿瘤特异性细胞毒性 T 淋巴细胞（tsCTL） 细胞毒 T 淋巴细胞（CTL）是机体特异性抗肿瘤免疫的主要效应细胞,也是肿瘤免疫治疗中较为理想的细胞群体。近年来体细胞治疗的研究重点主要在这个方面,并已取得了可喜的成绩,使 CTL 的过继性免疫疗法进入临床应用阶段。其研究进展主要体现在如何使 CTL 更具活性和特异性。目前主要从三个层面开展研究工作:①通过基因转导增强 CTL 细胞活性；②采用抗原肽段和蛋白负载瘤细胞刺激特异性 CTL 产生；③通过 DC 诱导特异性 CTL 反应。

目前常用的诱生肿瘤特异性 CTL 的方法是自身肿瘤细胞和自身淋巴细胞混合培养法。这种方法产生的 CTL 的活性和靶向性均较差。为获得高活性的 CTL，一种引入共刺激分子 B7 基因修饰刺激细胞的混合淋巴细胞培养方案正进入临床试用。动物试验和少量的临床试验均证明用这种方法制备的 CTL 其活性较常规方法制备出的 CTL 有特异性高、杀伤活性高和 CTL 扩增迅速的优点。Duval 等将识别黑色素瘤相关抗原 MART-1 和 HLA-A2 复合体基因转染 CTL 细胞，对 13 例转移性恶性黑色素瘤患者进行免疫治疗，虽然没有一例达到 CR，但是有 3 例患者达到 PR，只表现出低到中度的副反应[6]。

2. 肽段特异性 CTL　肿瘤特异性 CTL 是以细胞为识别对象，因此特异性不强，作用有限。如何增强其识别能力，提高治疗效果就促进了肽段特异性 CTL 的产生。最方便常用的诱导肽特异性 CTL 的方法是从癌细胞中先获取抗原肽，再利用其激活免疫细胞。但是，表达于癌细胞表面的抗原肽数量极少，分子量仅在 1 000dp ~ 2 000dp 之间，在体内代谢速度快，抗原性相对较弱等缺点，很难有效地诱导特异性免疫应答。体外将免疫佐剂同肿瘤细胞抗原肽结合构建蛋白-肽复合物可以显著增强抗原肽的抗原性，诱导较强的特异性 CTL 反应，克服了上述缺点。Singh 等发展了一种称为 ProtExä 的新技术，它将抗原肽段和抗生物素蛋白链菌素核心序列结合，嵌合成共刺激蛋白，修饰肿瘤细胞疫苗，治疗 10 例肺癌患者和 6 例结肠癌患者，结果诱导出 5% ~70% 的 CTL 特异性杀伤效应[7]。

随着人们对 CTL 杀瘤作用机制了解的深入和分子生物学技术的发展，已能方便地合成所设计的多肽，且合成的肽纯度高、数量大、特异性高等优点，因而得到广泛使用。利用合成肽刺激淋巴细胞，诱导特异性 CTL 反应，是产生 MHC-Ⅰ类分子限制的 CD_8^+ 特异性 CTL 的另一种方法。有报道利用合成的 2 个具有小鼠特定分子结合基序的 HER2/neu 肽作为肿瘤排斥抗原，在体外刺激小鼠脾淋巴细胞以及皮下免疫小鼠。HER2 /neu 肽在体内和体外对 BALB/C 小鼠淋巴细胞的增殖都有明显的促进作用。HER2 /neu 肽免疫 BALB/C 小鼠后，可以从小鼠淋巴细胞中诱导出肽特异性 CTL，这些 CTL 可以特异地杀伤 HER2 /neu 阳性 SP2/0 细胞，而对 HER2 /neu 阴性 SP2/0 细胞却无明显的杀伤活性。SP2/0 HER2 细胞在 HER2 /neu 肽免疫小鼠体内的生长受到抑制。研究结果表明 HER2 /neu 肽可以起到一定的抑瘤保护作用。这一结果提示，肿瘤特异性抗原来源的 MHC-Ⅰ类分子肽表达作为疫苗进行肿瘤免疫治疗是可行的。Peethambaram 等进行了一项细胞疫苗治疗的Ⅰ期临床试验，即体外将 HER2 胞外和胞内段重组抗原 BA7072 和 GM-CSF 融合后负载 APC 细胞，通过修饰后的抗原提呈细胞（APC）刺激 HER2 阳性的肿瘤患者产生出特异性的 T 细胞免疫反应[8]。大多数临床试验结果显示，合成的肿瘤抗原肽接种既无特异性 CTL 反应，又无临床效果。但是有一些例外，如来源于 MAGE-3 的 EVDPIGHLY 多肽尽管没有诱导出特异性 CTL 反应，但其临床反应尚令人满意。

近年来开展了一种新的技术，通过 DC 细胞作为中介提呈抗原肽，诱导特异性 CTL 的产生。这样既可以通过 DC 强大的抗原提呈作用，有效激活 CD_8^+T 细胞，又可利用活的 DC 细胞产生持续的刺激，诱导特异性 CTL 生成,更适合于临床应用。由于DC细胞递呈抗原时,有MHC限制性,因此要求DC细胞和CTL来自同一个体或者是HLA相匹配。通过肽特异性DC激活CTL主要有三种方法:

(1)是体外抗原肽直接刺激DC,然后诱导特异性CTL反应。郭爱林等合成了一段$HLA-A_2$递呈的肝癌特异性抗原肽(丝-亮-异亮-颉-组-亮-天门酰胺-谷氨酸-颉,即SLIVHLNEV),在体外构建HSP70-肝癌抗原肽复合物,刺激直接从$HLA-A_2$表型志愿者外周血中培养出的DC,DC激活同源的T淋巴细胞产生细胞毒性T淋巴细胞,检测其杀伤T_2细胞和肝癌细胞系的能力。结果HSP70-抗原肽诱导CD_8^+的抗原肽特异性CTL的能力提高了近百倍[9]。

(2)是体外对DC进行肿瘤抗原肽负载修饰后,活化特异性CTL,是目前研究较多的方式。Hao等从25例$MAGE-3-HLA-A_2/A_{24}$或$CEA-HLA-A_{24}$表达阳性的胃肠肿瘤患者体内分离出DC细胞,体外负载MAGE-3/CEA肽段,在CM-CSF和IL-4存在下进行扩增,并同T淋巴细胞共同孵育,诱导特异性CTL。这些特异性CTL对$MAGE-3-HLA-A_2$表达阳性的Me1526或$CEA-HLA-A_{24}$表达阳性的803细胞株的细胞毒作用明显增强,而对于这两种肽段表达阴性的细胞无细胞毒活性[10]。Yotnda等鉴定了一个与$HLA-A_{2.1}$、$HLA-A_3$、$HLA-A_{11}$及HLA_{-B}结合的BCR-ABL融合区9肽,他能在体外诱导健康供者和CML患者外周血来源的特异性CTL反应,在21例CML患者中5例发现了这种特异性CTL反应,提示这个肽段对于CML患者的特异性免疫治疗是有用的。

(3)是将编码抗原肽的基因转导DC细胞,通过DC细胞表达抗原肽,然后将修饰后的DC接种注射机体,活化肽特异性CTL[11]。Linette等从$HLA-A_{2.1}$转基因小鼠体内分离出DC细胞,通过腺病毒转染人编码gp100蛋白的基因到DC细胞,将表达gp100蛋白的DC细胞免疫转基因小鼠,诱导特异性CTL反应,获取肽特异性的MHC限制性CTL,这些CTL可特异性识别并杀伤$HLA-A_{2.1}$(+)/gp100(+)的人黑色素瘤细胞[12]。南方医院肿瘤中心与美国阿肯色大学医学院合作,以重组腺相关病毒(rAAV)载体,将BA46、HER-2、E6、E7、PSA、PSMA等抗原基因转染DC,均能成功诱导特异的CTL反应,对相应抗原阳性的肿瘤细胞具有强大的特异杀伤[13]。所有这些结果均证实了转基因DC细胞诱导肽特异性CTL是可行的。

然而,以DC为中介的肿瘤合成抗原肽的接种尽管在大多数情形下诱导出特异性T淋巴细胞应答,但其临床反应并不理想。究其原因,可能与病例选择和免疫监测方法有关。目前专家们倾向于用多种肿瘤抗原肽联合接种来克服肿瘤选择或突变所造成的免疫逃逸。与合成抗原肽相比,肿瘤细胞经过酸性处理获得的天然处理的肿瘤多肽(naturally processed tumor peptides,NPTPs)由于包含多种肿瘤抗原而受到一些研究者的重视。同时在黑色素瘤和肾癌的负载DC接种治疗的临床试验中取得了令人鼓舞的初步结果。随着新的肿瘤特异性抗原肽被不断的发现,人们对肿瘤免疫机制的进一步了解,肽特异性CTL将在肿瘤细胞治疗中扮演更重要的作用。

(三)新型细胞治疗

除了上述体细胞治疗外,一些新的细胞治疗模式正被探讨或进行Ⅰ、Ⅱ期的临床试验。Schuetz等发现乳腺癌患者骨髓中有66%的肿瘤特异的自体记忆性T淋巴细胞,经肿瘤相关抗原重新活化后,可以表现出一定的抗肿瘤活性[14]。近年来采用 CD_3/CD_{28} 活化的 T 细胞(Xcellerated T Cells)做细胞治疗,可以使淋巴细胞数迅速恢复和稳定增加。Glode 等治疗了 19 例激素抵抗的前列腺癌患者,PSA 均降低,其中 2 例 PSA 降低 50% 以上[15]。Borrello 等治疗了 36 例移植后的多发性骨髓瘤患者,取得了较好的淋巴细胞的恢复。对于晚期和有转移的患者,化疗和放疗的效果是有限的[16]。Muta 等采用非清髓性的异基因骨髓移植治疗晚期前列腺癌和肾癌以及其他实体瘤,取得了较好的疗效[17]。

三、小结

细胞因子是一类机体内的各种细胞合成和分泌的小分子多肽,他们能调节机体的生理功能,参与自身免疫病、肿瘤、移植排斥、休克等疾病的发生和发展。由于细胞因子含量低,纯化困难,限制了对其的研究。随着分子克隆技术的发展,细胞因子能在体外重组表达。克隆成功的细胞因子有数百种,有数十种重组细胞因子在进行临床研究,其中 10 多种重组细胞因子已被批准作为药物正式上市,包括 IFNα、IFNγ、IFNβ、G-CSF、GM-CSF、EPO、IL-2、IL-11、SCF、EGF、FGF、TPO 等。此外,IL-10、IL-12、IL-18、TGFβ 等正在进行临床试验。可以说,细胞因子药物的研究与开发是医药生物领域最为成功和最引起重视的领域。其中大部分的细胞因子与肿瘤治疗有关:IFN_{α} 用于治疗毛细胞白血病、恶性黑色素瘤、滤泡性淋巴瘤和卡波西肉瘤。IL-2 在免疫系统的激活中扮演了重要的角色,美国 FDA 批准其用于转移性肾癌、恶性黑色素瘤,在 5% ~10% 的病人中可产生肿瘤的持久完全消退。值得一提的是 IL-18,它可以诱导 Th-1 细胞,在临床前期的多种肿瘤模型中已证实具有抗肿瘤活性。Robertson 等采用 rhIL-18 每天 1 000 μg/kg 共 5 天治疗了 21 例转移性肾癌患者,4 例晚期黑色素瘤患者和 1 例霍奇金淋巴瘤患者,结果所有患者的 GM-CFS 和内源性 IL-18 增加,22 例和 15 例患者的 sFas/L 和 IFN-γ 分别升高,NK 细胞、CD_4 和 CD_8 表面的 sFasL 上调。治疗过程中仅表现出 1 到 2 级的副反应。显示出 IL-18 具有较好的耐受性,并表现出免疫调节活性和临床活性[18]。细胞因子治疗往往具有比较强的针对性,单用疗效肯定,不过临床上常常与体细胞治疗联用达到相辅相成提高疗效。

总的来说,体细胞治疗和细胞因子治疗在肿瘤治疗中取得可喜的成绩,已成为部分肿瘤的治疗常规。随着人们对肿瘤免疫机制的深入认识,必将发挥更大的作用,成为根治肿瘤的有效手段。

参考文献

1 Rosenberg SA. Shedding light on immunotherapy for cancer. N Engl J Med, 2004; 350(14): 1461 ~ 1463

2 潘春华, 罗荣城. CIK 细胞的表型分析及生物学活性研究. 解放军医学杂志, 2003; 28(11): 1030 ~ 1032

3 罗海涛, 郑航, 罗荣城. 生物化疗方法治疗恶性胸腹腔积液 192 例临床分析. 临床肿瘤学杂志, 2004; 9(1): 55 ~ 57

4 李爱民, 罗荣城, 丁雪梅, 等, 血清 IL-2 水平对胸水 TIL 细胞体外扩增及活性的影响. 肿瘤, 2004; 24(2): 182 ~ 183

5 李爱民, 罗荣城, 丁雪梅, 等. 恶性胸水中 IL-2 水平与 TIL 细胞体外扩增及活性的关系. 肿瘤防治研究, 2003; 30(4): 276 ~ 277

6 Duval L, Schmidt H, Jensen JJ, et al. A phase I study of adoptive immunotherapy in melanoma using allogeneic cytotoxic T-lymphocytes transfected with a MART-1 receptor-encoding gene. Journal of Clinical Oncology, 2004; 22(14S): 2587

7 Singh N, Yolcu ES, Miller RW, et al. Primary tumor cells from cancer patients "decorated" with a novel form of CD80 protein effectively induce autologous T-cell responses ex-vi-

vo. Journal of Clinical Oncology, 2004;22(14S), 2004: 2580

8 Peethambaram P, Alberts S, Rinn K, et al. Antigen presenting cell based immunotherapy targeting HER2/Neu positive solid tumors: Results of a phase 1 study of APC8024. Journal of Clinical Oncology, 2004; 22 (July 15 Supplement): 2528

9 郭爱林,隋延仿,曲萍,等. 体外构建的HSP70-肝癌抗原肽诱导抗原肽特异性免疫反应. 中国免疫学杂志,2001;17(11): 584~587

10 Hao X, Shao Y, Ren X, et al. Induction of specific CTL by MAGE-3/CEA peptide-pulsed dendritic cells from HLA-A2/A24(+) gastrointestinal cancer patients. J Cancer Res Clin Oncol,2002;128(9): 507~515

11 Yotnda P, Firat H, Garcia-Pons F, et al. Cytotoxic T cell response against the chimeric p210 BCR-ABL protein in patients with chronic myelogenous leukemia. J Clin Invest, 1998;101(10): 2290~2296

12 Yang S, Linette GP, Longerich S, et al. HLA-A2.1/K(b) transgenic murine dendritic cells transduced with an adenovirus encoding human gp100 process the same A2.1-restricted peptide epitopes as human antigen-presenting cells and elicit A2.1-restricted peptide-specific CTL. Cell Immunol, 2000; 204(1): 29~37

13 尤长宣,罗荣城,苏瑾,等. 腺相关病毒载体介导乳腺癌BA46基因转移的实验研究. 中华微生物学和免疫学杂志, 2004;24(9): 724~727

14 Schuetz F, Ehlert K, Bastert G, A. et al. Cellular immunotherapy in late stage breast cancer patients with reactivated autologous Memory T-cells (MTC) derived from bone marrow (BM). Journal of Clinical Oncology, 2004; 22 (July 15 Supplement): 2612

15 Glode ML, Pantuck A, Higano CS, et al. A phase Ⅰ/Ⅱ trial of CD3/CD28 activated T cells (Xcellerated T Cells) in patients with hormone refractory prostate cancer. Journal of Clinical Oncology, 2004; 22 (July 15 Supplement): 2549

16 Caligiuri MA, Velardi A, Borrello IM. Immunotherapeutic approaches for hematologic malignancies. Hematology (Am Soc Hematol Educ Program), 2004: 337~53

17 Muta K, Ito T, Abe Y, et al. Nonmyeloablative allogeneic stem cell transplantation as immunotherapy for pancreatic cancer and other solid tumors. Journal of Clinical Oncology, 2004;22 (July 15 Supplement): 2539

18 Robertson MJ, Mier J, Logan T, et al. Tolerability and anti-tumor activity of recombinant human IL-18 (rhIL-18) administered as five daily intravenous infusions in patients with solid tumors. Journal of Clinical Oncology, 2004; 22 (July 15 Supplement): 2553

《治肿瘤有新招》出版

在肿瘤临床工作中,患者常常会有很多的问题要问医生,内容包罗万象,涉及癌症的病因、诊断、治疗方法、治疗的副作用和饮食及体检预防等等。给患者及其家属解释这些问题成为医生护士日常工作的必不可少的一部分,满意合理的解释能让患者更好的树立战胜疾病的信心,更好地配合医生护士的工作接受治疗,也能更加密切医患关系。由南方医科大学(原第一军医大学)南方医院肿瘤中心张军一大夫编写的《治肿瘤有新招》这本书正是出于上述的考虑而为临床一线的医护人员、肿瘤患者及其家属编写的。本书主要介绍目前临床上常用的治疗肿瘤的各种方法、治疗的原则、可能的疗效、可能出现的副作用、治疗期间的自我照料、如何配合治疗以及饮食和预防等多方面内容。该书已于2004年10月由人民军医出版社在全国正式出版发行。

免疫治疗的过去，现在与未来

夏建川　曾益新

中山大学附属肿瘤医院　广州　510060

通过控制免疫系统来治疗慢性感染性疾病或癌症是免疫治疗的主要目的。其中，阻碍这一目标实现的主要因素包括宿主不能识别病原体或肿瘤抗原、自身耐受和负性免疫调控机制。随着基础免疫学和肿瘤生物学研究的迅速发展，使我们对免疫系统和肿瘤细胞之间相互作用的机制有了更深入的理解。目前，肿瘤的免疫治疗，无论在临床前期还是在临床水平上，都正在进入一个活跃研究的新时期。临床上出现了许多肿瘤免疫治疗的新观点，临床方法多种多样，获得的一些临床结果令人振奋，尽管有许多问题仍有待解决，但是我们可以乐观的认为主动免疫治疗和被动免疫治疗都将以一种更加有效的方式来对抗肿瘤。

主动免疫治疗能够通过引起免疫反应有效地抑制通常引起急性自限性感染性疾病的病原体。然而，慢性感染性疾病或癌症的有效地免疫治疗需要应用合适的靶抗原，优化抗原肽、抗原提呈细胞（APC）和T细胞之间的相互作用，以及同时抑制影响免疫治疗效果的负性调节机制。而且，应用单克隆抗体和Fc受体融合蛋白的被动免疫治疗已应用多年，并在临床上获得巨大成功。有11种单克隆抗体（包括未经修饰的抗体和结合了毒素或放射性核素的抗体）已经被证明能够抑制同种异体移植排斥或者能够治疗自身免疫病和肿瘤。另外还有400种单克隆抗体正在进行临床试验。肿瘤的免疫治疗通过激发和增强机体的免疫机能，以达到控制和杀灭肿瘤细胞的目的。在临床应用过程中，通常用常规治疗方法如手术、化疗和放疗清扫大量的肿瘤细胞后，用免疫治疗清除少量的、残存的肿瘤细胞，提高肿瘤治疗效果，有可能达到治愈恶性肿瘤的目的。

Jenner医生发现有意感染牛痘病毒能够引起轻微的疾病并继而引起对天花感染的免疫，从而开始了医学干涉最伟大的革命（见表1）。预防性疫苗在对抗感染性病原体（例如病毒）方面非常成功，这些病原体能引起自限性疾病并且通常伴随着长效免疫。然而最近人们开始关注与正和负性免疫调节有关的细胞、细胞因子和信号转导途径的本质，以求在慢性感染的病原体（例如逆转录病毒、结核杆菌和寄生虫）和癌症的免疫预防和免疫治疗方面取得突破。引人注目的免疫治疗进展最初是应用包含抗毒素的抗血清的被动方法，但是在过去的25年中已经开始应用未修饰的单克隆抗体和结合了毒素或者放射性核素的抗体[1~5]。在传统方法的基础上取得了一些非同寻常的令人兴奋的新进展，这些都提示了感染性疾病和肿瘤有效免疫治疗发展的主要策略。

一、预防性与治疗性疫苗

两个多世纪以来，主动免疫治疗一直处

在努力预防困扰人类感染性疾病研究的最前沿。在18世纪的欧洲，由天花引起的死亡占到总数的10%。然而，在1796年，Edward Jenner用牛痘进行免疫接种从而诱导对天花的免疫(见表1)。这些努力使得自然天花感染在180年以后得到根除。应用类似的方法包括灭活的或减毒的病原体，为急性自限性感染性疾病的治疗研制出有效的疫苗，例如狂犬病、伤寒、霍乱、鼠疫、麻疹、水痘、腮腺炎、脊髓灰质炎、乙型肝炎、破伤风以及白喉毒素。主动免疫治疗在治疗癌症或慢性感染性疾病方面并不十分有效，因为它们有办法逃脱正常的免疫反应。

二、治疗慢性疾病的疫苗

癌症可以通过主动免疫进行治疗的想法是在1890年由Paul Ehrlich和William Coley提出来的。虽然主动免疫治疗人类慢性感染性疾病或肿瘤仅取得了有限的成功，但最近的免疫学进展有助于应对这一挑战。一是通过限定刺激T细胞反应的肿瘤相关抗原确定了肿瘤排斥抗原(见表2)[6~9]。这些包括肿瘤特异性抗原、突变抗原、病毒相关肿瘤的病毒抗原和肿瘤特异性分化抗原，和肿瘤形成相关的致瘤病毒包括乙型肝炎病毒、丙型肝炎病毒(肝癌)、人类乳头瘤病毒(宫颈癌)、EB病毒(Burkitt淋巴瘤、Hodgkin病)、和人类T细胞淋巴瘤病毒-1(T细胞白血病和淋巴瘤)，它们均被证明能够诱导宿主的免疫反应。每一种均被用作疫苗或正在进行研究。免疫球蛋白独特型是另一种提呈在B细胞淋巴瘤表面的抗原靶。Eisen等[10]证明了作为肿瘤特异性抗原的骨髓瘤免疫球蛋白独特型能被用来进行免疫从而选取对抗形成完整骨髓瘤蛋白的骨髓瘤细胞后，Stevenson在小鼠模型中证明了这种靶点的有效性[11]。1982年，Levy和他的同事应用抗独特型单克隆抗体诱导B细胞淋巴瘤病人的缓解，第一次有效地利用单克隆抗体治疗人类肿瘤[12,13]。Levy小组继而应用免疫球蛋白独特型作为靶点对B细胞淋巴瘤进行免疫治疗，包括用独特型与GM-CSF融合蛋白以及裸DNA进行免疫接种。最近，在19个接受独特型直接免疫接种的B细胞淋巴瘤病人当中有17个诱导出有效的抗肿瘤反应。

定义肿瘤相关抗原的另一种替代方法是确定被肿瘤宿主识别的抗原。例如重组表达克隆血清鉴定技术(SEREX)被用来鉴定肿瘤病人的肿瘤抗原特异性循环IgG[6]。应用来自肿瘤病人的肿瘤反应T细胞系和克隆对肿瘤组织的cDNA文库进行筛选是另一种能导致细胞肿瘤免疫而不是体液免疫反应的方法[14]。一种替代方法是通过质谱分析确定和MHC-Ⅰ分子结合的肿瘤相关肽。而且，应用黑色素细胞特异性靶点，包括MAGE、MART-1/melan A，酪氨酸酶、酪氨酸相关蛋白-1和gp100，不仅与抗肿瘤临床反应有关，而且与恶性和正常黑色素细胞进行免疫攻击导致的白斑有关[15]。目前对肿瘤分子谱的研究应该为免疫治疗提供更多的有用的抗原靶。

三、疫苗载体

近来，随着肿瘤抗原研究的不断深入，产生了一系列不同的疫苗形式，包括肽或蛋白加佐剂、体外负载抗原的树突状细胞、重组病毒或细菌和DNA疫苗。单独应用基因疫苗(通常是DNA)其诱导的抗肿瘤免疫相对较弱。然而应用一种新的启动-放大策略能引起非常强的细胞介导免疫，这种方法包括用DNA疫苗进行起始启动，然后用编码相似的异源的抗原的痘病毒或腺病毒载体进行放大[14]。

四、增强APC的功能

增强疫苗效果的研究主要集中在加强DC等APC的功能以及T细胞的激活。树突状细胞通过多个阶段达到成熟，涉及 GM-CSF、flt3 配体和 IL-4 对细胞的诱导达到中期，这时它们能够有效地摄取抗原，但如果应用可能会诱导耐受或激活负性调节 T 细胞而不是引起有效地免疫反应[16]。树突状细胞的进一步分化是通过 toll-like 受体(例如酯多糖或非甲基化的 CpG DNA 序列)或肿瘤坏死因子受体家族的成员的刺激而诱导的。成熟的 DC 能够有效的将抗原-MHC 复合物提呈给 T 细胞，这和负载抗原未成熟的 DC 相反，后者能导致抗原特异性反应的抑制[16]。另一种有潜力的免疫试剂 IFN-γ 能被用来产生成熟的 DC 以用于疫苗，可望获得长期记忆 CD_8^+ T 细胞反应。这一发现源自 Tagaya 等的工作，他们最近证明 IFN-γ 和酯多糖诱导单核细胞和 DC 协调表达 IL-15 受体 α 亚单位(IL-15Rα)和 IL-15[17]。他们进一步发现 DC 表面产生的 IL-15Rα 反式向邻近的细胞(包括 CD_8^+ 细胞)提呈 IL-15，参与免疫识别。IL-15Rα 提呈的 IL-15 和 IL-2R、IL-15Rβ 以及相互作用 T 细胞表达的普通 γ 链相互作用，以促进记忆性 DC_8^+ T 细胞表达，这对于维持对某种疫苗的免疫反应非常重要[17]。

免疫治疗的方法之一是结合应用细胞因子，例如 GM-CSF，它能诱导 DC 分化[18]。在一些方法中，通过应用抗原-GM-CSF 融合蛋白或免疫球蛋白 Fc 段-抗原融合蛋白使抗原被 DC 的特异性受体所识别。然而，在另一种方法中，抗原和热休克蛋白家族的成员形成复合物，使其通过 CD_{91}(α2-巨球蛋白受体)进入 DC。这种方法通过激活 APC 增强抗原的免疫原性，并促使其进入 MHC 处理途径[19]。

五、加强 T 细胞激活

有效的 T 细胞激活需要两套信号。第一信号是通过将抗原肽 - MHC 分子复合物提呈给 T 细胞受体；第二信号是由 APC 表达的共刺激分子和 T 细胞表达的相应受体相互作用。用于免疫治疗的许多不同抗原对 MHC 分子的亲和力相当低。因此可以通过表位工程修饰抗原表位来加强免疫治疗的效果。这包括更改抗原增加其与 MHC 分子的亲和力，这可以通过利用肽和 MHC 锚定残基结合的已知序列摸序[20]。在一种方法中应用一个组合文库来筛选序列以提高和 MHC 结合的能力[21]。一种互补表位加强方法可以增加肽-MHC 复合物与 TCR 的亲和力[22]；第二种免疫治疗增强方法集中在表达在 APC 表面的 B7 和 TNF 家族大量的共刺激分子，(例如 CD_{40}L)向 T 细胞提供的刺激信号。这种集中在 B7(CD_{80})在 APC 表达的方法是基于这样的观点：即刺激最初是由 APC 而不是肿瘤细胞自身介导的。而且，表达在 DC、单核细胞、NK 细胞和 T 细胞表面的 CD_{137}(4-IBB)的结合可以诱导对以前认为没有免疫原性肿瘤的 CTL 免疫。

六、细胞过继免疫治疗

在过继转移中选择的效应细胞被注入病人的体内，可以全身应用也可以应用于肿瘤的局部。效应细胞已经在体外进行扩增，以逃避体内抑制扩增的机制。效应细胞可以是特异性的(如 CTL)也可以是非特异性的 CIK 细胞等。通常必须用自体的淋巴细胞，因为异体细胞能够很快被宿主排斥掉。而且异体细胞会攻击正常的细胞，导致移植物抗宿主型反应。但是同时也发现移植的异体免疫细胞能够识别肿瘤细胞为非自己的成分，并引起治疗性反应即移植物抗疾病反应。

细胞过继免疫治疗至今已在黑色素瘤、肾癌、淋巴瘤等肿瘤治疗中取得一定疗效。近年来，细胞过继免疫的临床治疗取得令人鼓舞的成果，如：应用特异性的肿瘤抗原筛选特异性的 T 淋巴细胞；应用细胞因子获得足够的特异性 T 细胞；应用一些方法消除免疫耐受,延长免疫效应的时间。细胞过继免疫治疗的关键是如何在体外获得足够数量的具有肿瘤杀伤效应的特异性淋巴细胞。应用特异性抗原进行刺激、特殊的细胞因子去支持细胞在体外的增殖是解决问题的关键。根据肿瘤抗原组织特异性,可以把肿瘤抗原分为:①肿瘤特异性共有抗原;②肿瘤特异性分化抗原;③肿瘤特异性惟一抗原;④癌基因变异或过度表达的肿瘤抗原;⑤病毒来源的肿瘤抗原。这些抗原不但可以用来激活 CD_8^+ T 细胞,而且可以激活 CD_4^+ T 细胞,为体外扩增特异性 T 细胞提供了基础。传统体外刺激 T 细胞增殖的细胞因子是白细胞介素-2(IL-2)和抗 OKD_3、抗-CD_{28},现在发现 IL-12、IL-7、IL-15、CD_{40} 等细胞因子也在 T 淋巴细胞的特异性扩增中起重要作用。经体外培养得到的大量特异性淋巴细胞输入给患者后,要面临体内更加复杂的微环境。目前研究人员正在尝试应用 CD_4^+ 和 CD_8^+ T 细胞的协同作用、改变 T 细胞的抗原性、OX-40R 的应用等新方法来延长效应细胞在体内的持续时间和功能,通过清除 CD_4^+、CD_{25}^+ T 细胞、不成熟髓样细胞来清除免疫耐受细胞。

表 1　免疫治疗的历史

1796	Jenner 提出免疫接种牛痘来预防天花感染
1879 ~ 1886	Louis Pasteur 第一次制备出实验室减毒性感染性病原体(鸡霍乱菌),并在不久以后研制出减毒狂犬病病毒用于主动免疫接种
1888	Emile Rous 和 Alexandre Yersin 分离出白喉毒素
1890	Emil von Behring 和 Shibasabo Kitasato 在 Kich 的实验室发现将白喉毒素注射到动物体内可以产生包含抗毒素的血清,后者能为人们提供被动抗白喉免疫
1900	Paul Ehrlich 提出和肿瘤相互作用的分子可能在肿瘤治疗中起关键作用,预言了抗体介导的被动免疫治疗
1954 ~ 1955	Jonas Salk 和 Albert Sabin 制备了灭活的和活的减毒脊髓灰质炎疫苗,这很快导致脊髓灰质炎的根除
1965	IgG 抗 RH 抗体被用来抑制 RH 免疫反应从而预防新生儿溶血,这是对被动应用特异性 IgG 抗体抑制该抗体的主动产生这一基础理论进展的应用
1975	George Kohler 和 Cesar Milstein 发明了杂交瘤技术用于单克隆抗体的制备
1977	天花被宣布通过免疫接种彻底根除
1982	首次报道了单克隆抗体成功用于治疗人类肿瘤(病人特异性抗独特型抗体治疗 B 细胞淋巴瘤)
1986	FDA 审批通过了第一种单克隆抗体,鼠单克隆抗体 CD_3(Orthoclone OKT)
1986	通过将人类抗体的互补性决定区置换成老鼠的制备出第一种人源化抗体
1986 ~ 2000	IL-2、IFN-α、IFN-β、IFN-γ 被批准用于肿瘤、肝炎和多发性硬化症
1988 ~ 1991	建立了分离被 CTL 识别的肿瘤抗原的方法;从黑色素瘤病人分离出第一种被 CTL 识别的人类抗原
1997	第一种人源化单克隆抗体(达珠单抗,赛尼哌)被 FDA 批准
1997	第一种治疗肿瘤的单克隆抗体(美罗华,B 细胞单克隆抗体)被审批通过
1998	一种 TNF-α 抗体(英夫利昔单抗,Remicade),和 IgG1 Fc 结合的 p75TNF 受体(依那西普,Enbrel)被批准用于风湿性关节炎和克隆病的治疗
2000	第一种结合毒素的单克隆抗体(吉姆单抗 奥佐米星 Mylotarg)被 FDA 批准
2002	第一种结合放射性核素的单克隆抗体(ebritumomab tiuxetan,Zevalin)被 FDA 批准

七、细胞因子免疫治疗

从一个部位产生和远隔部位细胞表达的受体相互作用的激素长期以来一直被认为是重要的治疗药物。相反,通常由免疫系统产生的用于细胞之间信息传递的细胞因子却没有得到广泛的应用。这反应出一个事实,细胞因子通常在免疫接触局部以自分泌或旁分泌的形式作用于一个非常局限的免疫微环境。近来一些细胞因子已被批准用于临床免疫治疗。IFN-γ被用于骨硬化症和慢性肉芽肿,IFN-β 制品被批准用于多发性硬化症。IFN-α 被用于治疗毛细胞白血病、恶性黑色素瘤、滤泡淋巴瘤、艾滋病相关 Kaposi 肉瘤和乙型、丙型肝炎。

T 细胞协同刺激细胞因子的另一个应用是将它们的基因整合到病毒疫苗中。作用于 DC 的 GM-CSF 可以引起最广泛的 T 细胞反应,包括 Th1、Th2 和 CTL。而且,将编码 IL-12 的基因整合到 DNA 疫苗可引起 Th1 占优势的抗原特异性反应,但如果用 IL-4 或 IL-10 则诱导 Th2 反应[23]。IL-2 已经获得美国 FDA 的批准用于转移性肾癌和恶性黑色素瘤的治疗,并在 5% ~10% 的病人引起持续完全缓解[24]。然而,IL-2 的应用受到一定的限制。就免疫反应而言,IL-2 除了具有激活 T 细胞和 NK 细胞的作用外,还在维持外周耐受中起重要作用[25]。就这一独特的功能而言,IL-2 在激活 - 诱导细胞死亡(AICD,一种清除自身反应性 T 细胞的过程)中起核心作用[25]。由于 IL-2 在 AICD 中所起的关键作用,T 细胞对肿瘤疫苗反应如果产生 IL-2,肿瘤细胞可能被识别为自身成分,而肿瘤反应 T 细胞可能通过 AICD 诱导凋亡途径而被杀死。而且,IL-2 维持 CD_4^+、CD_{25}^+ 负性调节 T 细胞反应,并被报道能终止 CD_8^+ 记忆 T 细胞存在[26]。和 IL-2 相似,IL-15 能有效地激活 T、NK、NK-T 细胞。和 IL-2 相反,IL-15 呈现出抗凋亡作用,抑制 IL-2 介导的 AICD 并刺激 CD_8^+ 记忆 T 细胞的存在[27~29]。根据这些有价值的特点,IL-15 在治疗癌症方面可能优于 IL-2,尤其当期望获得长期的免疫反应时,可将其作为疫苗的成分之一[29]。

表 2 肿瘤预防性和治疗性疫苗的发展

- ●通过定义被宿主抗体识别的肿瘤抗原(SEREX 技术),以及通过应用来自肿瘤病人的肿瘤反应 T 细胞来筛选肿瘤组织文库或通过 MHC 结合肽洗脱加质谱分析来确定肿瘤排斥抗原
- ●通过应用 GM-CSF、IL-4、TNF-α、CpG 和 CD_{40}L 等细胞因子诱导 DC 的成熟以加强 APC 的功能。应用体外负载的 DC,用抗原或 DNA 疫苗启动,加上减毒病毒作为增强剂或者加上热休克蛋白以加强疫苗的效能
- ●通过加强抗原肽的表位,增加其与 MHC 和 TCR 的结合能力,从而放大信号 I
- ●通过将一种 B7 家族的成员或 CD_{40}L 或 CD_{137} 抗体基因整合到用于免疫接种的重组 DNA 或病毒载体,从而放大信号 II
- ●细胞因子(如 GM-CSF、IL-2、IL-12 或 IL-15)或编码它们的基因被引入疫苗制备
- ●开发出疫苗效能检测分析技术,包括细胞毒性、四聚体结合分析以及 ELISPOT 技术(酶联免疫斑点技术)检测细胞因子分泌

八、影响有效免疫治疗的机制

有许多影响肿瘤有效免疫治疗的因素,它们可以限制对患有最低限度疾病的个体的成功治疗或者仅产生短暂的肿瘤反应。其中的一些影响因素是和肿瘤相关的,包括 MHC Ⅰ类分子表达的丢失,没有表达协同刺激分子 B7,以及肿瘤细胞产生的因子如 TGF-β、可溶性细胞因子或受体类似物抑制了有效的免疫应答。然而,有效免疫反应的

主要障碍是一系列负性免疫调控机制，他们通常情况下主要是抑制自身性免疫反应导致的自身免疫病（见表3）。在免疫系统的这些“刹车”中研究的最好的例子是细胞毒性T淋巴细胞抗原-4（CTLA-4），一种负性协同刺激分子。B7家族成员与CD_{28}协同刺激受体的相互作用在T细胞免疫反应的起始中发挥关键的作用。然而在T细胞反应之后，与B7有更高亲和力的第二种受体CTLA-4表达增加。CTLA-4抑制T细胞的激活和IL-2的产生[30]。Allison等发现用抗体中和CTLA-4能够加强GM-CSF转导疫苗的引起的抗肿瘤免疫反应，结果导致建立的移植同源肿瘤的消退[30]。

表3 影响免疫治疗的负性免疫调控机制的阻断

宿主负性免疫调节机制	可能的介入解除免疫反应“刹车”
在和APC上的B7家族相互作用后，由负性T细胞协同刺激分子CTLA-4介导的信号发出抑制信号，终止T细胞激活	抗体介导的CTLA-4阻断加强疫苗诱导的抗肿瘤免疫，最终导致建立肿瘤的消退
IL-2介导的AICD引起自身耐受，并导致肿瘤特异性T细胞凋亡	在肿瘤治疗中应用能抑制AICD的IL-15而不是IL-2作为疫苗的组分
CD_4^+ CD_{25}^+负性调节T细胞抑制抗肿瘤免疫反应	CD_{25}抗体治疗清除抑制细胞
CD_4^+ NK T细胞产生IL-13间接（通过TGF-β的作用）抑制CD_8^+ 细胞介导的抗肿瘤反应	应用IL-13Rγ2Fc或IL-13特异性单克隆抗体清除IL-13效应
CIS/SOCS（可诱导细胞因子的包含SH2结构域蛋白/细胞因子信号抑制剂）家族和磷酸酶（如SHP-1）通过Jak-STAT途径终止细胞因子信号。通过前列腺素E_2和氮氧化物合酶抑制免疫反应	小分子靶定T细胞受体和细胞因子信号等负性调节因素

如上所述，免疫系统中另一种起负性调节作用维持自身耐受的控制因素是AICD。避免免疫反应终止的另一种方法是应用IL-15而不是IL-2作为疫苗的组分[27]。

妨碍对肿瘤抗原有效免疫反应的第三种系统是CD_4^+、CD_{25}^+负性调节T细胞。不同的针对CD_{25}的单克隆抗体对这种细胞呈现出不同的效应。针对在一些人类白血病细胞上表达CD_{25}而制备的人源化单克隆抗体能够有效地治疗表达CD_{25}的成人T细胞白血病、眼葡萄膜炎和多发性硬化症。当这种抗体给自身免疫紊乱的病人应用1～4年后，它并不导致循环CD_4^+、CD_{25}^+负性调节T细胞的减少。相反，给小鼠应用鼠CD_{25}特异性单克隆抗体导致CD_4^+、CD_{25}^+负性调节T细胞的消失，从而可以引起对某种同源肿瘤的有效地免疫反应，这导致CTL和NK细胞毒效应的产生，结果导致肿瘤排斥[31]。

然而另一种抑制免疫监视的模式是由CD_4^+、NK T细胞产物IL-13介导的，后者导致TGF-β的表达，从而抑制CD_8^+、CTL介导的抗肿瘤细胞毒作用。通过应用IL-13受体–免疫球蛋白融合蛋白抑制IL-13的作用阻断这一负性调节途径，从而加强抗肿瘤反应，增强疫苗的效果。总之，为慢性疾病开发有效的免疫治疗和免疫预防疫苗需要确定恰当的肿瘤排斥抗原，优化肽、APC和T细胞之间的相互作用，以及阻断影响免疫治疗效果的抑制性负性调节机制。

九、被动免疫治疗

1888年，Emil Roux和Alexandre从白喉

杆菌分离出毒素。这为 Emil von Behring 和 Shibasaburo Kitasato 在 Robert Koch' 实验室的工作提供了科学基础。他们将小剂量的白喉毒素注射到动物的体内产生包含抗体(抗毒素)的血清,后者可以为病人提供被动免疫治疗白喉。

十、单克隆抗体用作被动免疫治疗

1975 年,Kohler 和 Milstein 开发的单克隆抗体抓住了医学委员会的想象力。然而,单克隆抗体只是刚开始显现它的特异性免疫治疗前景,它可以选择性地结合不正常的细胞。尽管广泛努力,从 Ehrlich 时期开始流行地"魔幻子弹"抗体治疗被证明是难以实现的。然而,Levy 等应用免疫球蛋白特异性独特型单克隆抗体在选择的 B 细胞淋巴瘤病人引起病情减轻。长期以来只有一种单克隆抗体 – 鼠单克隆抗体-CD_3 被 FDA 批准[32]。未修饰的鼠单克隆抗体对人类具有免疫原性,在体内存在时间很短,通常不能有效地杀死靶细胞,因为它们不能结合人类补体或引起人类单核细胞的抗体依赖细胞介导的细胞毒作用(ADCC)。最后,在大多数情况下,抗体并不直接针对一种重要的细胞表面结构,如肿瘤生存和增殖所必须的生长因子受体,为了躲开这些问题,研究者们开发了人类或人源化抗体(见表 4)[33]。而且发现细胞表面的抗原靶尤其是细胞因子受体提供更有效的单克隆抗体作用。而且,通过结合毒素或放射性核素放大了单克隆抗体的细胞毒作用。由于这些进展,11 种单克隆抗体获得 FDA 批准(见表 5)。至少 400 多种单克隆抗体正在进行临床试验。

早期的成功包括单克隆抗体被用来抑制器官同种异体移植排斥。最早批准的单克隆抗体鼠单克隆抗体-CD_3 特异性结合 T 细胞抗原受体复合物成分 CD_3。随后批准的抗体包括一种嵌合抗体-巴利昔单抗和第一种被 FDA 批准的人源化抗体抗-Tac 抗体-达(克)珠单抗。它们都是针对 IL-2 受体 α 亚单位(CD_{25}),干扰其与 IL-2 的相互作用。Queen 等修饰的人源化单克隆抗体仅保留了与抗原抗体相互作用有关的 5% ~10% 鼠源成分[33]。这种人源化的单克隆抗体的免疫原性显著降低,提高了药代动力学和人类单核细胞的 ADCC 作用。最近的临床试验主要集中在阻断 TNF-α 用于自身免疫紊乱如风湿性关节炎和炎性肠病的免疫治疗[34]。两种获得批准的针对 TNF-α 的生物制剂分别为嵌合单克隆抗-TNF-α 抗体-英夫利昔单抗和一种和 IgG_1 Fc 段结合的基因工程 p75TNF 受体二聚体-依那西普。这种方法的科学基础是 TNF-α 处在炎症因子金字塔的顶端,所以它的抑制会同时导致下游炎症因子如 IL-1β、IL-6 和趋化因子的抑制。两种抑制 TNF-α 与其受体结合的制剂均引起风湿性关节炎和炎性肠病症状和体征的快速改善。然而将 TNF-α 作为免疫治疗靶点的一个限制是没有包括免疫记忆的调节。因此,当这种治疗停药后,临床症状紊乱很有可能复发。一些研究者建议在这些病的治疗中将 IL-15 作为靶点,因为它也包括在炎症级联反应中作为 TNF-α 合成的主要刺激剂。而且 IL-15 的异常也存在于自身免疫性疾病。然而和 TNF-α 相反,IL-15 是记忆性 CD_8^+ 细胞增生与维持所必需的[29]。因此,中断 IL-15 的作用可能减少记忆和效应 CD_8^+ 自身反应淋巴细胞的存在时间。提出的直接针对 IL-15 的方法包括 IL-15 抗体、IL-15 受体 α 亚单位与 IgG Fc 段结合的融合蛋白的应用以及一种具有拮抗作用的突变形式的 IL-15[29]。我们自己的方法是应用一种抗 IL-2 和 IL-15 共有的 IL-2 和 IL-15Rβ 受体的抗体,可以阻断所有的 IL-15 活性。应该注意的是这些直接针对 IL-15 的方法干扰了记忆性 T 细胞的存在,具有增加复发率和慢性感染性疾病如结核病的危险。

在应用直接针对肿瘤细胞的单克隆抗体方面也有许多重要的进展，其中单克隆抗体美罗华是第一个被批准用于临床治疗肿瘤。给复发低度非霍奇金淋巴瘤的个体应用 CD_{20} 特异性抗体美罗华，接受 8 周注射的病人的总体反应率为 57%，其中 14% 呈现完全缓解，43% 部分缓解。而且一种人源化抗 HER/neu 酪氨酸激酶受体抗体-Herceptin，在 222 个患有高表达 HER/neu 乳腺癌的病人当中，引起 15% 的总体反应率[35]。在随机试验中，标准化疗加上美罗华和 Herceptin 均能提高恰当的病人的整体生存率[36]。而且，观察到接受直接针对 IL-2Rα 单克隆抗体治疗的 HTLV-1 相关成人 T 细胞白血病病人当中有三分之一出现病情减轻[37]。许多方法被用来增加这些抗体的治疗效果，包括应用基因工程改变抗体与靶配体的亲和力或者修饰与 Fc 受体结合有关的恒定区。Ravetch 等发现，虽然提出许多机制来解释治疗性抗体的抗肿瘤活性（例如阻断信号通路，激活凋亡和细胞因子剥夺介导的细胞死亡），但是和效应细胞上 Fcγ 受体的衔接是它们体内抗肿瘤活性的主要部分[38]。应用不能表达 FcγRⅢ（刺激性 Fc 受体）的 Fcγ 缺陷鼠，他们阐明在鼠异种移植模型中，trastuzumab 和 rituximab 等治疗药物的治疗效果的产生需要抗体与这种受体的连接。而且，他们发现抑制性 FcγRⅡB 受体是体内 ADCC 作用的有力的负性调节因素[38]。这些研究为应用基因工程技术提高单克隆抗体与 FcγRⅢ刺激性受体的结合同时抑制与 FcγRⅡB 抑制性 Fc 受体的结合奠定了科学基础。许多公司已经开始致力于达到这一目标。

表 4　单克隆抗体发展的进程

修饰	优点	缺点
鼠单克隆抗体的人源化。抗体在人源化鼠中的生产	降低了免疫原性，改善了药代动力学，提高了作用效果（如 ADCC）	高生产成本。未重构的抗体对靶细胞的细胞毒作用相对较低
生产单克隆抗体的新方法（如噬菌体或在植物中生产）	能够大量生产针对靶点抗体，这在完整的动物很难做到	通过噬菌体最初可能产生低亲和力抗体
通过基因工程改变单克隆抗体的亲和力和存在时间	CDR 可以被改变增加其亲和力。免疫球蛋白的 CH2 区可以被删除，或 Fab1F（ab'）2 或者 Fv 部分可以被用来减少结合放射性核素抗体在体内的存在时间	
改变 Fc 区减少结合抑制性 FcγRⅡB，增加结合激活受体	通过增加与宿主单核细胞 FcγRⅢ受体的连接增加 ADCC 介导的靶细胞杀伤	
用毒素（如假单胞菌外毒素、蓖麻毒或白喉毒素）结合单克隆抗体（如 CD_{22}^{-}，CD_{25}^{-} 和 CD_{33} 特异性）	与未修饰的抗体相比，提高了细胞毒性	高度的免疫原性限制了疗程的数量
完整的抗体结合放射性核素。	增加细胞毒性。	完整单克隆抗体长期体内存在引起骨髓毒性。
预先用非放射性 Fv-抗生物素蛋白链菌素融合蛋白靶定放射性核素，使放射性核素和生物素连结成螯合物	显著地提高肿瘤组织和正常组织放射性核素的比率，和完整抗体相比，使增加肿瘤中的剂量成为可能	抗生物素蛋白链菌素的免疫原性限制了疗程的数量

表5　被美国 FDA 批准的单克隆抗体

产品	类型	作用靶点	情况	批准(年份)
Muronomab-CD_3 (Orthoclone OKT3)	鼠	T 细胞 CD_3	同种异体移植排斥	1986
Abciximac(ReoPro)	嵌合	激活淋巴细胞表达的糖蛋白 Ⅱb 和Ⅲa	心血管疾病	1994
Daclizumab	人化	激活淋巴细胞表达的 CD_{25} (IL-2Rα,Tac)	同种异体移植排斥	1997
Rituximab(Rituxan)	嵌合	B 细胞表达的 CD_{20}	非霍奇金淋巴瘤	1997
Basiliximab(Simulect)	嵌合	激活淋巴细胞表达的 CD_{25} (IL-2Rα)	同种异体移植排斥	1998
Palivizumab(Synagis)	人化	呼吸道合胞体病毒的 F 蛋白	呼吸道合胞病毒	1998
Infliximab(Remicade)	嵌合	TNF-α	风湿性关节炎,克罗恩氏病	1998
Trastuxumab(Herceptin)	人化	HER2 癌基因蛋白	转移性乳腺癌	1998
Gemtuzumab ozogmicin (Mylotarg)	人化,结合毒素	白血病细胞表达的 CD_{33}	急性髓细胞白血病	2000
Alemzutumab(Campath 1H)	人化	B,T, NK 和单核细胞表达的 CD_{52}	慢性淋巴细胞白血病	2001
Ibritumomab(Zevalin)	嵌合,结合放射性核素	B 细胞表达的 CD_{20}	非霍奇金淋巴瘤	2002

十一、带有毒素和放射性核素的抗体

应用单克隆抗体治疗肿瘤的一个主要限制因素是它们大多是较弱的细胞毒物质。为了做到这一点,单克隆抗体需要和一种细胞毒物质结合,例如毒素、放射性核素,它们再通过抗体靶定肿瘤细胞。抗体结合毒素得到了第一种免疫毒素结合抗体吉姆单抗奥佐米星的认证,后者将毒素刺孢霉素结合到 CD_{33} 特异性抗体用于骨髓性白血病的治疗。而且,蛋白毒素结合物——截断的假单胞菌内毒素结合 CD_{25}^- 或 CD_{22}^- 特异性抗体可以诱导毛细胞白血病病人的病情减轻[39]。

十二、放射免疫结合物

肿瘤毒素具有免疫原性,并且对正常组织具有毒性,因此在产生抗毒素抗体以前仅有一个很窄的治疗窗口。放射标记的单克隆抗体已经成为细胞毒性免疫结合物的替代品[40]。设计一种最佳的系统的反射免疫治疗试剂必须考虑许多因素,包括①选择单克隆抗体以及抗原靶;②选择用来将放射性核素定位在肿瘤细胞的递送系统;③选择放射性核素。CD_{20} 作为治疗 B 细胞白血病和淋巴瘤的主要靶仅表达在 B 细胞。单独未修饰的抗体美罗华或和 ^{90}Y 结合已经被批准用于非霍奇金淋巴瘤的治疗[40]。通过抗 Tac 单克隆抗体确定的 IL-2Rα 亚单位 (CD_{25}) 也已被用作 T 细胞白血病和淋巴瘤治疗的靶点[40]。这一选择的科学基础是 IL-2Rα 在大多数处在静止的细胞不表达,而在分裂状态的淋巴瘤的异常细胞中表达。设计最佳放射免疫治疗试剂的第二个问题是选择用于将放射性核素递送到肿瘤细胞的方法。大多数临床试验应用完整的单克隆抗体来递送放射性核素。虽然这种方法可产生显著的治疗效果,但完整单克隆抗体较长的血清半衰期延长了对正常组织的放射,这限制了可以安全实施的放射剂量。为了绕过这些障碍,想出了各种方法,包括预先靶定策略,后者将抗体靶定与放射性核素递送分开,这最初是由 Axworthy 等开发的,后来得到其他研究组的证实[41]。在最近的研究中，应用一种抗 Tac(CD_{25})单链 Fv-抗生物素蛋白链菌素融合蛋白(scFvSA)将抗生物素蛋白链菌素靶定到选择性表达在肿瘤细胞表面的 IL-2Rα 受体。接着开始应用结合放射性核素的螯合生物素。这种低分子量的细胞毒分子很快到达肿瘤，并被局部的 scFvSA 俘获或者随尿排出。应用这种预先靶定策略大量的放射活性被递送到肿瘤，显著地提高了治疗效果。设计最佳的放射免疫治疗方案第三个需要考虑的问题是应用的放射性核素的特性。大多数发表的临床研究应用 β-发射放射性核素^{90}Y 或^{131}I。这种 β-发射放射性核素作用于大的组织块时主要依赖于交叉辐射效应。然而，随着肿瘤体积的缩小，交叉辐射效应的优势也降低。对于各种小肿瘤包括白血病，高能量 β-发射放射性核素的治疗效果是有限的，因为 β 射线的射程比较长，使得肿瘤组织外部受到高剂量得放射。对于这种形式的肿瘤，预先靶定策略的发展主要集中在 α-发射放射性核素，后者能够有效地杀伤肿瘤细胞而不损伤相邻的正常组织。

十三、结束语

在几十年的失望和困惑以后，出现了用疫苗进行主动免疫治疗以及用未修饰的和构建的单克隆抗体进行被动免疫治疗等有用的免疫治疗方法。要想使免疫治疗成为预防或治疗慢性感染性疾病或肿瘤的常规方法，还有许多障碍摆在我们面前。然而我们正不断的朝着 Paul Ehrlich 的梦想前进，正如他在一个世纪以前向伦敦皇家协会提交的文章《On Immunity with Special Reference to Cell Life》中写到的：

"希望诸如此类具有重大理论意义的免疫学方法将来能在临床上应用，通过特异性的抗上皮免疫血清等免疫学方法就能攻击上皮形成的异物尤其是肿瘤。我相信我的君主和人民，我们不会再发现自己迷失在无边的大海，我们已经看到了我们希望彼岸的清晰曙光，不仅如此，我们所期望的将能为生物学和治疗学创造丰富的财富。"

参考文献

1 Milstein C. et al. Continuous cultures of fused cells secreting antibody of predefined specificity. Nature,1975;256: 495~497

2 Jones PT, et al. Replacing the complementarity determining regions in a human antibody with those from a mouse. Nature,1986;321: 522~525

3 Waldmann TA, Monoclonal antibodies in diagnosis and therapy. Science,1991;252: 1657~1662

4 Carter P. Improving the efficacy of antibody-based cancer therapies. Nat Rev Cancer,2001;1: 118~129

5 Gura T. Magic bullets hit the target. Nature,2002;417: 584~586

6 Krackhardt AM, et al. Identification of tumor-associated antigens in chronic lymphocytic leukemia by SEREX. Blood,2002;100: 2123~2131

7 Hunt DF, et al. Characterization of peptides bound to the class I MHC mole- cule HLA-A2. 1 by mass spectrometry. Science,1992;255: 1261~1263

8 Gilboa E. The makings of a tumor rejection antigen. Immunity,1999;11: 263~270

9 Robbins PF, & Kawakami Y. Human tumor antigens recognized by T cells. Curr Opin Immunol,1996; 8: 626~636

10 Lynch RG, et al. Myeloma proteins as tumor-specific transplantation antigens. Proc Natl Acad Sci USA,1972; 69: 1540~1544

11 Stevenson GT, et al. Idiotypic determinants on the surface of immunoglobulin of neoplastic lymphocytes; a therapeutic target. Fed Proc,1977;36: 2268~2271

12 Miller RA, et al. Treatment of B cell lymphoma with monoclonal antiidiotype antibody. N Engl J Med,1982; 306: 517~522

13 Syrengelas A, et al. DNA immunization induces protective immunity against B-cell lymphoma. Nat, Med, 1996;2: 1038~1041

14 Ramshaw IA, & Ramsey, A. J. The primeboost strategy: exciting prospects for improved vaccination. Trends Immunol Today,2000;21: 163~165

15 Rosenberg SA, et al. Vitiligo in patients with melanoma: normal tissue antigens can be targets for immunotherapy.

J Immunother,1996;19: 8 ~ 14

16 Banchereau J & Steinman RM. Dendritic cells and the control of immunity. Nature,1999;392: 245 ~ 252

17 Dubois S, et al. IL-15Rα recycles and presents IL-15 in trans to neighboring cells. Immunity,2002;17: 537 ~ 547

18 Shimizu K, et al. Enhancement of tumor lysate and peptide-pulsed dendritic cell-based vaccines by the addition of for-eign helper protein. Cancer Res, 2001;61: 2618 ~ 2624

19 Srivastava PK, Roles of heat-shock proteins in innate and adaptive immunity. Nat Rev Immunol,2002;2: 185 ~ 194

20 Sarobe P, et al. Enhanced in vitro potency and in vivo immunogenicity of a CTL epitope from hepatitis C virus core protein following amino acid replacement at secondary HLA-A2 binding positions. J Clin Invest,1998;102: 1239 ~ 1248

21 La Rosa, et al. Enhanced immune activity cytotoxic T-lymphocyte epitope analogs derived from positional scanning synthetic combinatorial libraries. Blood,2001;97: 1776 ~ 1786

22 Slansky JE, et al. Enhanced antigen-specific antitumor immunity with altered peptide ligands that stabilize the MITC-peptide-TCR complex. Immunity,2000;13: 529 ~ 538

23 Ahlers JD, et al. Cytokine-in-adjuvant steering of the immune response phenotype to HIV-1 vaccine constructs: GM-CSF and TNFα synergize with IL-12 to enhance induction of CTL. J Immunol,1997;158: 3947 ~ 3958

24 Atkins MD, et al. High dose recombinant interleukin-2 therapy for patients with metastatic melanoma analysis of 270 patients treated between 1985 and 1993. J Clin Oncol,1999:17: 2105 ~ 2116

25 Lenardo MJ, Fas and the art of lymphocyte maintenance. J Exp Med,1996;183: 721 ~ 724

26 Shevach EM, Regulatory T cells in autoimmunity. Ann Rev Immunol,2000;18: 423 ~ 449

27 Waldmann TA, & Tagaya Y. The multifaceted regulation of interleukin-15 expression and the role of this cytokine in NK cell differentiation and host re-sponse to intracellular pathogens. Ann. Rev. Immunol,1999;17: 19 ~ 49

28 Ku, C. C. et al. Control of homeostasis of CD_8^+ memory T cells by opposing cytokines. Science,2000;288: 675 ~ 678

29 Waldmann TA, Dubois S, Tagaya Y. Contrasting roles of IL-2 and IL-15 in the life and death of lymphocytes: implications for immunotherapy. Immunity,2001;14: 105 ~ 110

30 Chambers CA, et al. CTLA-4 mediated inhibition in regulation of T-cell responses: mechanisms and manipulation in tumor immunotherapy. Ann Rev Immunol,2001; 19: 565 ~ 594

31 Sutmuller RPM, et al. Synergism of cytotoxic T lymphocyte - associated antigen 4 blockade and depletion of CD_2^+5 regulatory T cells in antitumor therapy reveals alternative pathways for suppression of autoreactive cytotoxic T lym-phocyte responses. J Exp Med,2001;194 : 823 ~ 832

32 Ortho Multicenter Transplant Study Group. A randomized clinical trial of OKT_3 monoclonal antibody for acute rejection of cadaveric renal transplants. N Engl J Med, 1985;313 : 337 ~ 342

33 Queen C, et al. A humanized antibody that binds to the interleukin-2 receptor. Proc Natl Acad Sci USA,1989; 86 : 10029 ~ 10033

34 Feldmann M, Brennan FM, Maini RN, Role of cytokines in rheumatoid arthritis. Ann Rev Immunol,1996;14: 397 ~ 440

35 Baselga J, et al. Recombinant humanized anti-HER2 antibody (Herceptin?) enhances the antitumor activity of paclitaxel and doxorubicin against HER2/neu overexpressing human breast cancer xenografts. Cancer Res, 1998;58: 2825 ~ 2831

36 Coiffier B. Rituximab in combination with CHOP improves survival in elderly patients with aggressive non-Hodgkin's lymphoma. N Engl J Med,2002;346: 235 ~ 242

37 Waldmann TA, et al. The interleukin-2 receptor: a target for monoclonal antibody treatment of human T-cell lymphotrophic virus I-induced adult T-cell leukemia. Blood, 1993;82: 1701 ~ 1712

38 Clynes RA, et al. Inhibitory Fc receptors modulate in vivo cytotoxicity against tumor targets. Nat Med,2000;6: 443 ~ 446

39 Kreitman RJ, et al. Phase I trial of recombinant immunotoxin anti-Tac (Fv) - PE38 (LMB-2) in patients with hematologic malignancies. J Clin Oncol,2000;18: 1622 ~ 1636

40 Waldmann TA, et al. Radioimmunotherapy of interleukin-2Rα expressing adult T-cell leukemia with yttrium-90-labeled anti-Tac. Blood,1995;86: 4063 ~ 4075

41 Zhang M, et al. Pretargeting radioimmunotherapy of a murine model of adult T-cell leukemia with the α-emitting radionuclide, bismuth 213. Blood,2002;100: 208 ~ 216

肿瘤树突状细胞疫苗治疗的临床研究进展

尤长宣 罗荣城

南方医科大学附属南方医院肿瘤科 广州 510515

树突状细胞(Dendritic cell,DC)是人体内功能最强大的抗原递呈细胞,具有摄取、加工抗原,以MHC-Ⅰ、Ⅱ类肽结合物的形式递呈抗原并促进T、B淋巴细胞增殖的能力,在天然免疫和获得性免疫中都发挥着极其重要的作用。其参与抗肿瘤的主要机制是通过DC对肿瘤抗原的摄取,发育成熟后在膜上高表达MHC-Ⅰ、Ⅱ类分子,并提呈大量的肿瘤抗原给T细胞受体(TCR)。同时,DC提高协同刺激分子B_{7-1}、B_{7-2}和CD_{40}等的表达,并使T细胞被激活。而且DC与T细胞结合后可分泌大量的IL-12,IL-12可强有力地诱导T、NK、LAK细胞产生大量IFN-γ、穿孔素和颗粒酶,增强CTL、NK对靶细胞的溶解作用。自从1991年Steinman首次发现DC这一强大的抗原递呈功能以来,DC就被广泛用于肿瘤的免疫治疗研究。前期的体外实验和动物实验表明,以适当形式的肿瘤抗原,不论是蛋白质、多肽、还是核酸加载的DC疫苗都能够激活可识别、杀伤肿瘤细胞的抗原特异性T细胞,并可产生免疫记忆效应。这些结果极大地增强了人们的信心,将抗原负载的DC作为肿瘤疫苗应用于临床治疗。近年来,大量的临床试验也取得令人鼓舞的结果,显示了DC疫苗抗肿瘤免疫治疗的巨大应用前景。

目前,DC疫苗主要有三大类:①细胞性肿瘤抗原修饰的DC;②肿瘤抗原肽修饰的DC;③肿瘤抗原及细胞因子基因转染的DC。现概述如下:

一、细胞性肿瘤抗原修饰的DC

由于目前肿瘤特异性抗原或相关抗原得到明确鉴定的为数甚少,因而予以肿瘤细胞全部抗原信息,如肿瘤细胞裂解物、肿瘤细胞提取物、肿瘤细胞的总RNA或经过灭活的完整的肿瘤细胞、肿瘤细胞与树突状细胞的融合体等来修饰DC成为最直接的一种方法。基于细胞性肿瘤抗原易于获取和制备,因而应用全细胞性肿瘤抗原冲击致敏DC的方法来制备DC疫苗,不失为一种简便而有实效的方法,有较大的临床应用潜力,它也是目前临床研究应用最广泛的方法之一。目前主要用于肾癌、前列腺癌、恶性胶质瘤和恶性黑色素瘤等肿瘤的临床研究。

1. 前列腺癌和肾癌 在Pandha HS等进行Ⅰ/Ⅱ期的临床研究中,11例激素治疗失败的前列腺癌患者和5例转移性肾癌患者接受DC疫苗治疗,疫苗制备采用自体肿瘤细胞裂解物刺激DC,$(1\sim3)\times10^6$个DC,皮内注射,每2周1次,共进行6次,而后每月1次,直到疾病进展,结果证实该疗法是安全可靠的,所有的患者体内均可检测到Th1型细胞因子明显升高,有1例前列腺癌患者的 PSA 明显降低，2 例肾癌患者评价为病灶稳定（SD）；Gitlitz BJ 等亦进行了一项以 DC 疫苗治疗转移肾癌的临床研究，DC 疫苗通过自体肿瘤细胞裂解物冲击外周血 CD_{14}^{+}单个核细胞诱导成熟的 DC 制备，10 例患者接受免疫，结果有 1 例患者出现部分缓解（PR）。

2. 脑胶质瘤　在 Yu JS 等进行的另一项Ⅰ期的临床研究中，14 例恶性胶质瘤患者接受了 DC 疫苗治疗，采用自体肿瘤细胞裂解物冲击 DC 制备疫苗，每 2 周免疫 1 次，结果亦证实该疗法是安全的，没有自身免疫情况的发生。10 例患者中有 6 例显示出系统细胞免疫的增强，并可以检测到针对一种或多种肿瘤相关抗原如：MAGE-1、gp100 和 HER-2 的特异 CTL 效应，中位复发时间为 133 周。Yamanaka R 等亦进行了一项以 DC 疫苗治疗恶性胶质瘤的Ⅰ/Ⅱ期的临床研究，10 例患者接受了采用自体肿瘤细胞裂解物冲击 DC 制备的疫苗免疫，平均接受 6.9 次，结果：影像学评价有 2 例 MR（微小缓解），4 例 SD。通过检测，5 例患者中有 2 例出现 T 细胞介导的抗肿瘤效应。而在 Caruso D 等进行的一项 DC 疫苗治疗小儿脑癌的Ⅰ期临床研究中，通过自体肿瘤细胞总 RNA 冲击外周血单个核细胞并诱导成熟制备 DC 疫苗。9 例患者至少接受 3 次免疫，结果：可评价的 7 例患者中，有 1 例 PR，2 例 SD，而且安全性极高。

3. 乳腺癌，等　在 Avigan D 等进行的一项 DC 疫苗治疗转移性肾癌和乳腺癌的Ⅰ期临床研究中，通过自体肿瘤细胞与 DC 细胞融合制备疫苗，23 例患者接受 1×10^{5} 至 4×10^{6} 融合细胞免疫，每 3 周 1 次，结果没有治疗相关不良反应的发生，分泌 IFN-γ 的 CD_4^{+} 和 CD_8^{+} T 细胞的比例明显升高，2 例乳腺癌患者出现病情缓解，5 例肾癌患者和 1 例乳癌患者病情稳定，提示该方法是肾癌和乳腺癌的一种安全合理的疗法。

4. 黑色素瘤　Nagayama H 等进行了一项 DC 疫苗联合白介素-2（IL-2）治疗Ⅳ期恶性黑色素瘤的Ⅰ期临床研究，DC 疫苗制备以自体肿瘤细胞裂解物刺激外周血单个核细胞，并在细胞因子 GM-CSF、IL-4 和 TNF-α 作用下诱导成熟，10 例Ⅳ期恶性黑色素瘤患者接受免疫，1×10^{7} DC，每周 1 次，共进行 10 次，同时给予 IL-2，剂量为 3.5～7.0 MU，每周 3 次，结果证实无明显不良反应，2 例有效（PR + MR），1 例 SD。而在 Trefzer U 等进行的一项 DC 疫苗治疗Ⅲ、Ⅳ期恶性黑色素瘤临床研究中，通过自体肿瘤细胞与 DC 细胞融合制备疫苗，17 例患者接受免疫和评价，结果 1 例 CR（完全缓解），1 例 PR，6 例 SD，生存期显著延长，14 例患者中有 11 例能从外周血中检测到针对特异肿瘤抗原表位的 T 细胞反应，而无效病例存在肿瘤抗原表位的缺失。

5. 甲状腺癌　Stift A 等进行了 DC 疫治疗甲状腺髓样癌的临床研究，通过 CD_{14}磁珠分离外周血单个核细胞（DC 前体细胞），以自体肿瘤细胞裂解物冲击并诱导成熟制备 DC 疫苗，此项Ⅰ期的临床研究中，10 例晚期甲状腺髓样癌患者接受免疫，结果亦证实患者容易耐受，10 名患者均可检测出细胞免疫的增强，其中 2 例 PR，1 例 MR，3 例 SD，结果提示该 DC 疫苗是治疗晚期甲状腺髓样癌的理想手段。

选择以细胞性肿瘤抗原修饰的 DC 方法简便，容易实施，但仍有其不足之处：①所需要的瘤细胞数量多；②非相关抗原量大且种类多，易诱发自身免疫病；③所用的抗原多肽不一定能诱导最佳的抗肿瘤免疫反应，如因抗原调变、抗原脱失或抗原的低免疫原性等原因;⑤刺激剂量难以确定等。

二、肿瘤抗原肽修饰的DC

动物模型及人体临床试验已证明,肿瘤抗原肽(包括合成肽)或肿瘤细胞相关抗原与自身或同种异体的DC共育,DC与肿瘤表位肽结合之后可激发抗肿瘤CTL效应,从而产生有效的抗肿瘤免疫,将DC回输给机体,可预防肿瘤播散、复发及治疗肿瘤。可用作瘤苗的抗原肽有肿瘤抗原、分化抗原、肿瘤独特型抗体、癌基因及抑癌基因产物、黏蛋白等。用负载肿瘤表位肽的DC免疫小鼠,可使具有同表位肽的肿瘤消退及抵抗致死剂量肿瘤细胞的攻击。另外,应用肿瘤抗原MHC-Ⅰ类多肽冲击树突状细胞,可提高肿瘤抗原浓度及其靶向性。利用弱酸洗脱法可获得肿瘤细胞表面的MHC-Ⅰ类抗原肽,试用于临床也收到较好疗效。由于弱酸可以洗脱绝大部分肿瘤细胞表面与MHC-Ⅰ类分子结合的多肽,对于那些MHC-Ⅰ类分子表达阳性的肿瘤,提供了一个较好的肿瘤抗原肽的来源,有望用于临床。随着对肿瘤抗原认识的不断深入,以肿瘤抗原肽刺激DC制备DC疫苗用于肿瘤治疗的研究已从实验室走向临床,不少临床研究取得了令人满意的结果:

1. 结直肠癌　Liu KJ等进行了一项DC疫苗治疗转移性结直肠癌的临床研究,外周血单个核细胞以细胞因子GM-CSF、IL-4和TNF-α诱导为成熟DC,成熟DC经过癌胚抗原(CEA)多肽物冲击制备DC疫苗,10例HLA-A_2阳性的转移性结直肠癌患者接受免疫,结果没出现Ⅱ级以上毒性,70%的患者可以检测到针对癌胚抗原(CEA)的特异细胞免疫,2例患者病情稳定至少12周,其中1例患者出现CEA一过性下降。Ueda Y等亦选择CEA多肽物冲击DC制备疫苗,用于治疗表达CEA且HLA-A_2阳性的转移性胃肠道腺癌和肺腺癌患者,共有18例患者接受治疗,没有发生明显毒副作用,绝大多数患者出现对CEA的特异细胞免疫,部分患者表现疾病长期稳定和CEA的下降。

2. 乳腺癌　Svane IM等进行了一项以野生型p53多肽物冲击DC制备疫苗,用于治疗HLA-A_2阳性的晚期乳腺癌患者的Ⅰ期临床研究,6例者接受治疗,结果证实患者均容易耐受,无毒副作用发生,1例出现转移淋巴结缩小,1例有效,2例SD。ELISpot分析显示:免疫后可诱导针对野生型p53的特异T淋巴细胞反应。

3. 前列腺癌　在Barrou B等采用PSA多肽物冲击DC制备的疫苗治疗前列腺根治术后复发,且生物化疗治疗失败的前列腺癌患者,共有24例患者接受治疗,结果没有出现严重的毒副作用,有6例患者出现血清PSA明显下降超过12月,有11例患者出现PSA的暂时下降,最大的PSA降低幅度在6%～39%。

4. 非小细胞肺癌　Hirschowitz EA等进行一项DC疫苗治疗非小细胞肺癌的临床研究,其抗原肽选择高表达Her2/neu、CEA、WT1、Mage2肺癌细胞株的凋亡小体,以其冲击成熟DC制备疫苗,治疗了16例$Ⅰ_A$到$Ⅲ_B$期的非小细胞肺癌患者。结果:没有出现严重的毒副作用,有5例患者可检测到肿瘤特异的细胞免疫,6例患者可检测到抗原特异的细胞免疫,5例患者无特异的细胞免疫产生。

5. 黑色素瘤　在针对恶性黑色素瘤的临床研究中,Hersey P进行一项治疗Ⅳ期恶性黑色素瘤的Ⅰ/Ⅱ期临床研究,以两种不同方法制备 DC 疫苗，①以自体肿瘤细胞裂解物冲击；②MAGE-3. A2、酪氨酸激酶和 gp100 三种抗原肽联合冲击或 MART-1 和 KLH 二种抗原肽联合冲击。33 例患者接受治疗，19 例接受肿瘤细胞裂解物冲击组治疗的患者中有 4 例有效，14 例接受抗原肽联合冲击组治疗的患者中有 9 例表现出病情稳定。所有患者均容易耐受，无明显毒副作用。

6. 多发性骨髓瘤　Reichardt VL 等以多发性骨髓瘤独特型蛋白肽冲击成熟 DC 制备疫苗用于治疗多发性骨髓瘤，有 12 例患者接受治疗，结果有 2 例患者表现出 PR，且缓解时间分别达 25 个月和 29 个月，所有者均容易耐受，无明显毒副作用。

肿瘤抗原肽致敏的 DC 疫苗虽存在抗原比较特异、可多次免疫等优点，但也存在如下不足之处：难以确定最佳刺激剂量，抗原成分复杂，含有自身正常抗原，仍可能诱发自身免疫性疾病等危险。

三、肿瘤抗原基因转染的 DC 疫苗

基于 DC 的基因疫苗有：转染肿瘤抗原 RNA 的 DC 疫苗；转染肿瘤抗原 DNA 的 DC 疫苗以及转染细胞因子基因的 DC 疫苗等。由于大部分肿瘤患者的瘤细胞抗原的全部基因信息及其编码的抗原尚不明确，或缺乏足够的瘤组织而无法用抗原肽负载 DC 的方法制备 DC 疫苗，而使患者失去治疗机会。分子生物学的发展使核酸扩增成为可能，肿瘤抗原 RNA 或相应的 cDNA 文库为肿瘤抗原的来源提供了方法。通过核酸扩增、差异筛选等方法获得足够的肿瘤细胞特异性 mRNA，从而解决疫苗制备时肿瘤细胞来源困难及其特异性问题，避免诱发自身免疫性疾病的危险。同时经基因转染树突状细胞可持续表达肿瘤抗原，避免了前两种疫苗因抗原解离或降解而影响其功能的不足。Nair 等发现用编码 CEA 抗原的 RNA 转染的人 DC 在体外能诱发强有力的 CTL 反应。但是目前这种技术尚不成熟。尽管基因转导的结果令人鼓舞，但基于花费高及缺乏方便性，其商业可行性值得考虑，安全性是更不容忽视的问题。因此，此方法制备 DC 疫苗用于肿瘤治疗的研究进入临床试验的为数不多，但他仍是目前 DC 疫苗研究的热点。

Nikitina EY 等用腺病毒介导将野生型 p53 基因转染 DC，并用该 DC 刺激 T 淋巴细胞（T 淋巴细胞来自 9 例 HLA-A_2^+ 的癌症患者，3 例 HLA-A_2^+ 的健康人），观察到该 DC 对 p53 过表达的 HLA-A_2^+ 的瘤细胞有强的细胞毒作用，而对 p53 非表达的瘤细胞及 HLA-A_2^- 瘤细胞却无细胞毒作用，该作用由特异的 CD_8^+ CTL 介导。说明野生型 p53 转染 DC 可诱导特异性的抗肿瘤免疫。Ishida 等亦研究了用腺病毒介导野生型 p53 基因转染 DC，发现 DC 感染腺病毒 48h 后转染效率可达 50 %，转染后 DC 可有效诱导活化特异性的 CTL，用其免疫表达人突变型 p53 基因的小鼠，85% 可产生完全性免疫保护。

Ranieri 等用重组腺病毒载体 AdEGFP 可编码一种强化的绿色荧光蛋白（EGFP）转染 DC，使其表达 EB 病毒抗原（如潜在膜蛋白 2 B，LMP2 B），并与 EB 病毒血清学阳性的健康供者的 HLA-A_2^+ 的 CTL 共育，95% 的 DC 于 48h 后可检测到绿色荧光蛋白（EGFP）的表达，AdLMP2 转染的 DC 用来激活 CD_8^+ T 细胞，观察针对 LMP2 329-337 肽的 T 淋巴细胞反应，第 14 天与第 0 天相比，从 0.003 上升至 0.3（$P < 0.001$）。第 21 天后可以观察到针对自体 EB 病毒 - B 淋巴瘤系

细胞的特异性细胞溶解反应，提示EB病毒抗原基因转染DC可用于EB病毒相关肿瘤的免疫治疗，如鼻咽癌。另外，为其它与病毒感染有关的肿瘤的免疫治疗提供借鉴。

南方医院肿瘤中心罗荣城教授等与美国阿肯色大学医学院的Hermonat Paul L教授合作，以重组腺相关病毒（rAAV）为载体，将人乳头状瘤病毒（HPV）的E6、E7基因和BA46、Her-2/neu基因转染DC，均成功诱导出特异的CTL效应，该CTL对抗原阳性的靶细胞具有明显的杀伤作用。研究同时发现，AAV转染DC具有很高的转染效率（>90%），是一种安全、高效的转染DC的理想载体。相应的临床研究正在进行之中，并取得非常理想的初步结果。

Di Nicola M等进行一项以基因转染DC治疗Ⅳ期恶性黑色素瘤的Ⅰ期临床研究，采用安卡拉病毒为载体，以人酪氨酸激酶（TK）基因转染，6例Ⅳ期恶性黑色素瘤接受免疫，无明显毒副作用，1例疗效评价PR，5例$HLA\text{-}A_2^+$的患者中有4例能检测出特异针对TK的免疫反应。

Morse MA等进行一项以CEA基因转染DC治疗结肠癌肝转移切除后患者的Ⅱ期临床研究，24例患者接受治疗，患者容易耐受，无明显毒副作用，疗效评价：1例CR，2例MR，3例SD，可证据显示有针对CEA的特异细胞免疫产生。这些结果均提示该疗法是安全可行的。

四、展望

综上所述，肿瘤DC细胞疫苗的研究近年来取得了很大进展，临床应用效果有所提高。但由于肿瘤抗原一般是自身抗原在结构上的微妙改变甚至只是数量上的改变或重新表达的胚胎抗原、患同类肿瘤的不同个体可表达不同的肿瘤抗原、肿瘤发展过程中又存在抗原调变现象、荷瘤机体内多存在各种干扰和抑制特异性抗肿瘤免疫产生的因素等原因，因此要使DC疫苗真正成为临床上的肿瘤疫苗，尚面临着其它许多的挑战：①如何解决某些肿瘤抗原性较弱的问题；②如何建立评价DC疫苗特异性免疫效果的指标；③如何制定规范的制备流程；④如何做到质量监控，DC疫苗注射剂量、应用方法、途径、时间的优化；⑤如何简化体外DC疫苗的制备以及降低制备成本；以上等等都有待深入探索。潜在的自身免疫反应也是一个不容忽视的问题。理论上来讲，目前已分离的大多数肿瘤抗原都是自体抗原，而在肿瘤细胞上也存在正常细胞表面的抗原，DC疫苗的应用会导致严重的自身免疫性反应。但到目前为止，没有相关的严重自身免疫反应的论文报道，对于临床应用来说，是否会引发严重的自身免疫反应还需要进一步的深入探讨。因而，DC疫苗成为真正意义上的“肿瘤疫苗”尚任重道远。

参考文献（略）

出 版 新 书

《现代头颈肿瘤外科学》 屠规益 科学出版社 2004-4-12

《口腔颌面部肿瘤学-现代理论与临床实践》 温玉明 人民卫生出版社 2004-7-18

《口腔颌面肿瘤学》 邱蔚六主审，张志愿主编 山东科学技术出版社 2004-3-28

❖ 肺癌 ❖

“首届中国肺癌南北高峰论坛”纪要

由首都医科大学肺癌诊疗中心、中国人民解放军肿瘤研究中心、广东省人民医院肺癌研究所和中国癌症研究基金会联合发起主办,由中国人民解放军南京军区八一医院全军肿瘤研究中心和江苏省肿瘤医院共同承办的“2004’首届中国肺癌南北高峰论坛”2004年9月24日～26日在南京金陵饭店举行。出席并十分关注此次肺癌高峰论坛的有国家卫生部朱庆生副部长、中国癌症研究基金会彭玉理事长,以及全国肿瘤防治研究办公室李连弟主任等政府卫生行政主管部门的高层领导;中华肿瘤医院管理学会主任委员赵平教授;我国著名胸外科老前辈黄国俊教授、辛育龄教授、黄偶麟教授;我国著名肿瘤学专家吴孟超院士、孙燕院士、廖美琳教授、管忠震教授;我国各大地区的胸心外科学会和肺癌专业委员会主任委员、肺癌内外科和放疗科专家等,集全国20多个省、市、自治区和香港、台湾及韩国等国家和地区肺癌领域顶尖级肺癌专家教授近百人。与会专家教授就本次肺癌高峰论坛的三大主题——重视我国肺癌的早期预防、早诊早治工作;推进我国肺癌诊疗规范化进程;建立并加强我国肺癌临床多中心多学科南北方合作机制等,从肺癌的控烟预防等国家相关宏观调控政策到肺癌的发病、早期诊断、多学科综合治疗和南北方多中心合作等重大事项,就当今世界肺癌研究领域的热点问题,深层研讨,畅所欲言,各抒已见,争取共识。此次高端峰会达到了预期的目标,取得了圆满成功。

(一)关于肺癌的发病、早期预防和早诊早治

着人口老龄化、农村城市化、城镇工业进程加快,以及人类生活环境污染与破坏和人们不良生活方式等因素,肺癌的高发病率和高死亡率已成为全球关注的大问题。全世界肺癌发病率逐年快速上升。“肺癌是我国的第一大癌症”,这是国家卫生部全国肿瘤防办在“国家癌症控制策略研究报告”中发布的最新警示信号。肺癌的发病率和死亡率在男性均占第一位,2000年全世界肺癌新发病例120万,死亡110万。美国是肺癌高发国家,每年约有17万新发肺癌病人,近16万人死于肺癌,占总癌症死亡人数的28%。我国1992年全国肿瘤防办调查公布,在中国肺癌死亡率占全部恶性肿瘤的第一位(24.43%),上海市男性肺癌发病率1996年74.70/10万,2000年为83.43/10万;2000年男性肺癌世界调整人口发病率全国为36.7/10万,上海市为53.0/10万,均占全部恶性肿瘤的第一位。因此,倍加关注我国肺癌的发病、早期预防和早诊早治十分之重要。

肺癌发病相关危险因素主要有环境污染、吸烟、职业接触、精神因素以及遗传易感性等。吸烟是目前公认的肺癌最重要的致病因素之一。吸烟者患肺癌死亡约为不吸烟者的10倍以上。美国约20%～30%的恶性肿瘤死亡是由吸烟所致,每年有40.07万人由于吸烟而死亡;其中50%死亡年龄为35～69岁,平均损失期望寿命20～25岁。美英发达国家自上世纪60

年代开始实施控烟及改善大气环境等,男性肺癌发病率由1984年的102.10/10万下降到1999年的81.10/10万,肺癌死亡率由92/10万下降到80/10万,说明肺癌是可控的。有资料称我国有烟民3亿多,如不加强控烟预防,到2020年其中1/3的人将死于肺癌等因吸烟所致的病患。为此,积极倡导全民控烟和改善室内外大气环境,是预防和减少肺癌发病、降低肺癌死亡人数最有效的措施,国家卫生行政部门将更多地关注这方面的公共卫生指导以及相关法律法规的建立。

国内外资料表明,肺癌病人一经病理确诊,80%已属晚期,失去手术治疗的机会,肺癌早期诊断至今很难做到。随着医学模式从“经验医学”模式向“循证医学”模式转变,此次高峰论坛可喜的是有更多的专家学者十分注意到肺癌的病理学诊断和治疗前的临床分期工作,特别是注意到治疗前的组织病理学或细胞病理学诊断,一致认为这是为肺癌患者制定科学合理的治疗方案必须遵循的最重要的医学证据,既利于使不同诊疗方案的疗效评估和预后判断更具可比性,也更便于国内外学术交流和学术界同行的认可。目前获取病理学诊断的途径可以有痰细胞学检查、纤维支气管镜(BF)检查、经皮穿刺肺活检(TTNA,PALB)、电视纵隔镜、电视胸腔镜等。特别是那些经痰检和纤维支气管镜检查都不能或无法得到病理学诊断的周围型或中心型肺癌,更多的专家主张CT引导下经皮肺穿刺活检(TTNA,PALB),还是不失为一种实用性很强的肺癌病理学诊断技术,同时也可试行经纤维支气管镜跨壁穿刺活检(TBNA)诊断或电视胸腔镜肺活检病理学诊断等。至于其它非病理学诊断手段,包括目前临床常用的影像学方法低剂量螺旋CT、PET、CT-PET,和肺癌相关肿瘤标志物及基因检测诊断(CEA、NSE、CA125、CYFRA21-1、VEGF、p16、Rb、p53、Telomerase端粒酶等),以及生物芯片(固态芯片、液态芯片)诊断技术等都尚在探索研究之中,期待更多务实研究遴选确定和不断完善,以求更好地应用于肺癌早期诊断和指导临床治疗。

(二)关于肺癌的规范化治疗

肺癌的治疗与其他任何肿瘤的治疗一样,其基本目的都在于力求做到局部控制(Local Control)和转移控制(Metastasis Control),最佳的方案还是多种手段的综合治疗和规范化治疗,任何单一的、不规范的治疗都难以实现这“两个控制”的目标。肺癌治疗总的说来疗效不尽人满意,五年生存率不高,我国肺癌治疗总的五年生存率8%~14%,究其原因,一是能够获得早诊早治的病例太少,二是临床治疗至今不够规范化。

1.外科手术治疗　肺癌手术治疗的5年生存率约为30%~42%,手术、放疗、化疗仍是肺癌的三大支柱性治疗。原则上凡有可能手术切除原发病灶者,均应力争首选外科手术治疗,同时注重手术前后的综合治疗才能提高疗效。肺癌的常规手术适应证为:国际TNM分期中的Ⅰ、Ⅱ、Ⅲa期非小细胞肺癌(NSCLC)及I、II期小细胞肺癌(SCLC);肺癌的扩大手术适应证包括:有心脏大血管受侵犯累及的局部中晚期非小细胞肺癌NSCLC($T_{3,4}N_{1,2,3}M_0$),此类手术可在体外循环或非体外循环下施行,包括合并上腔静脉切除重建术、合并部分左心房切除、合并部分胸主动脉切除重建、合并肺动脉圆锥和左右肺动脉干切除重建术等,主张结合手术前后综合治疗随访有5年生存率提高的报告,也有认为尚需结合国情综合考虑治疗获益与风险成本的关系。

2. 癌的多学科治疗　近年来，国际上陆续推出局部中晚期非小细胞肺癌手术前新辅助诱导治疗、术后辅助化疗以及同步放化疗等肿瘤多学科综合治疗方案，并且需要有肿瘤内科、胸外科、呼吸科、放射科、病理科等组成的联合专家组，共同为肺癌病人制定最科学合理、最完整、疗效最好的综合治疗方案，充分体现出多学科治疗的优势，已逐步被更多的专家同行认同为肺癌的重要治疗原则。具体分为：

（1）手术多学科治疗：象为Ⅰ、Ⅱ、Ⅲ期适于手术治疗的NSCLC和Ⅰ、Ⅱ期SCLC。根据围术期时间又分为：①术前诱导化疗（新辅助化疗）：用于估计不可手术切除的Ⅱ、Ⅲ期SCLC和Ⅱ期NSCLC，以两药联合、两个周期为宜。国外许多肺癌研究中心的Ⅱ期研究资料表明含有铂类的两药联合术前化疗可以提高手术的切除率，提高肺癌病人的五年生存率；有30项有关Ⅲa期N_2NSCLC新辅助化疗的II期临床研究，累计病例>1 500例，5年生存率30%，较单纯手术组提高了10%。提示术前新辅助化疗能够明显改善Ⅲ期NSCLC患者的生存。有效的术前新辅助化疗可以降低T分期、提高根治性手术切除率，同时也使肺功能保留性手术增加，充分体现肺癌外科手术中的两个"最大限度"；可以消除微小转移灶、减少术中癌细胞种植的机会；可以进一步指导和修正术后辅助化疗方案，使其更有针对性，更科学、更合理。从各组新辅助化疗II期临床研究资料中可以得出：两药联合、两个周期短程新辅助化疗并不增加手术的风险及手术死亡率和并发症的发生率；用卡铂替代顺铂，既增加了患者的依从性、能够配合完成足疗程的化疗，又可避免顺铂的毒副作用，提高手术的安全性。目前国内的几组新辅助化疗协作研究NC（诺维本+卡铂）、TC（泰素+卡铂）和GC（健择+卡铂）正在进行中，初步的结果提示术前化疗可以提高手术的切除率，并没有增加手术的死亡率和致死性的并发症发生率。当然，尚待积累更多的病例研究来说明。②术后辅助治疗：第三代化疗药物辅助化疗最新资料显示：CALGB9633（2004）泰素+卡铂方案作为Ib期NSCLC术后辅助化疗提高了12%的五年生存率，JBR. 10（2004）诺维本+顺铂作为Ib-Ⅱ期NSCLC术后辅助化疗可以提高15%的五年生存率。为此美国NCCN在2004年就NSCLC诊疗指南建议对Ib-Ⅲ期NSCLC患者术后进行辅助化疗，争取达到消除残留癌细胞和微小转移灶，减少术后复发和转移的目的。术后辅助化疗可提高肺癌的生存率，国内外基本达成共识，术后用4~6周期含铂方案较为合适。③术前放化疗：术前放化疗用于Ⅲ期不能手术的患者可望提高生存率，但手术难度大、并发症多，放化疗联合的毒性较单化疗更大、术后并发症更多，死于非癌率高于单放化疗，目前国内临床研究病例尚少；④术前、术后放疗：未见有益于生存率，单术后放疗只能减少局部复发率。

（2）非手术多学科治疗：主要为不适合手术切除的中晚期肺癌。①化放疗联合治疗的对象为局限性晚期肺癌，可望提高疗效，倾向于同步应用化放疗为好（大多数化疗药物作用于S期癌细胞，而放疗作用于G_1、M、G_2期癌细胞，而对活跃的S期无作用）；②目前主要为含铂类为主的两药化疗方案，最新的循证医学数据表明：两药化疗优于三药联合和单药化疗，最常用的化疗方案多为诺维本、泰素、泰索帝和健择+铂类的两药化疗方案，化疗周期以4~6个周期为最佳选择。增加周期数并不增加反应率，也不提高生存率，相反可能增加累加毒性。不含铂类的泰索帝+健择方案也在临床研究中。

3. 肺癌的分子靶向治疗　最具代表性的肺癌靶分子药物吉非尼替(Gefinitib),商品名:易瑞沙 Iressa,是一种选择性表皮生长因子受体(EGFR)酪氨酸激酶抑制剂,其阻断表皮生长因子受体(EGFR)通路的信号传导,40%有症状改善,对女性、腺癌、细支气管肺泡癌、非弥漫性粟粒样转移灶及不吸烟者效果较好。对于耐药或者化疗无效的局部晚期非小细胞肺癌的病人具有较大的疗效优势。但是,易瑞沙并不能完全取代化疗和放疗等传统的肿瘤治疗模式,而是肿瘤综合治疗手段的一个重要补充。

4. 肺癌的精确放疗技术:近几年研究推荐的精确放疗技术(立体定向放射治疗 SRT 和三维适形放射治疗 3DCRT)克服了一直困扰放疗界的难题,较好地实现了肺癌放疗中肿瘤靶区高剂量照射,而同时又最大限度减少肿瘤周围正常组织的放射性损伤。

5. 肺癌的其他综合治疗　除手术、放疗、化疗三大支柱治疗以外,肺癌的治疗尚有血管介入栓塞化疗、光动力治疗、电化学治疗、微波热疗、射频消融、超声聚焦刀、氩氦刀(先冷冻后热疗)和全身热疗等,以及免疫治疗(DC、CIK、CTL 等)、基因治疗(重组人 p53 腺病毒注射液,商品名:今又生)、中医中药等。

(三)关于建立我国肺癌临床多中心多学科的南北方合作机制

近年来,国内外肺癌学术领域的交流不断加强,许多国外肺癌研究的最新进展和最新资料能够及时介绍到国内肺癌学术界。这样的"洋为中用"对于推动我国肺癌的诊疗水平固然是有益的,但是在国际肺癌学术舞台上却很少看到中国的临床多中心研究资料,而单中心、单学科的回顾性研究资料至今仍然占据着我国肺癌学术会议学术交流的重要位置,其根本的问题就在于国内各地区之间、各学科之间缺乏一种行之有效的合作与协作运行机制。作为国际上的肺癌大国,我们必须要尽快改变"美国人怎么说的""欧洲人怎么做的"这种抄袭式"国际接轨"的局面,必须尽快建立起我们自己的国内多学科之间、区域之间、南北地区之间的肺癌临床研究的协作与合作机制。只有这样,才能有更多、更科学、更有学术权威性的多中心临床研究成果在国际肺癌学术舞台上介绍交流。不论是中国的南方、还是北方做的,内科完成的、还是外科完成的,也不论是军界还是民界做的,站到国际大演讲台上都是中国人做的。只有这样,才有可能让欧美肺癌学术界称颂中国学者在肺癌领域的科学研究成果,才有可能让国际上更多地遵循"中国人是怎么说的""中国人是怎么做的"。中国人的聪明才智是不可低估的,中国能有古代的"四大发明"称师于世,我们有理由相信,只要坚持不懈这个现代"目标"也是一定能够达到的。研讨和建立肺癌领域南北方合作机制,也正是我们这次"首届中国肺癌南北高峰论坛"的三大主题之一,参加论坛研讨的领导和专家教授们十分重视,一致认同。论坛期间,来自国内十几家肿瘤中心的肺癌专家就我国首项局部中晚期非小细胞肺癌术前新辅助化疗南北多学科合作科研项目进行了讨论,并就加强相互合作与协作达到了共识。

会议决定第二届中国肺癌南北高峰论坛定于 2005 年 9 月在北京人民大会堂举行。

叶玉坤　支修益　执笔整理

2003～2004年度国内值得一读的肺癌文献[1]

杨学宁 谢松喜 黄玉娟 乔贵宾[2] 王 震 徐崇锐[3] 周 清[3]
廖日强 聂 强 林嘉颖 李伟雄 陈 刚 吴一龙

广东省人民医院肿瘤中心、广东省循证医学科研中心 广州 510080

本文对2003年度和2004年度国内中文生物医学期刊发表的肺癌相关论文进行检索和筛选,文献的检索和筛选方法以及评选标准如前所述[1]。检索结果经多学科组成的评选小组对检索文章进行筛选评价,最后推荐具有较高质量且代表了目前国内肺癌基础和临床科研最新进展的文献每年10篇。

一、2003年度

(一)肺癌的诊断和分期临床指引

作者:中国抗癌协会肺癌专业委员会(吴一龙,张明和,廖美琳,等)

出处:中国肺癌杂志,2003;6(5):330～334

自中国抗癌协会肺癌专业委员会于2002年发表第一个临床共识以后[2],得到广大肿瘤临床医师的欢迎。本指引运用循证医学方法,基于当前的最佳证据,经中国抗癌协会肺癌专业委员会专家组的提炼和讨论形成一个适合中国国情的对肺癌的诊断和分期的临床指引,对于合理运用现有的诊断方法,提高临床诊断的准确率和效率有重要意义。

(二)应用蛋白质芯片技术从血清中筛选肺癌标志蛋白

作者:肖雪媛,卫秀平,何大澄,等

出处:中国科学·C辑,2003;33(4):323～328

随着人类基因组草图的完成,蛋白组学的研究成为后基因组时代的研究热点之一。表面增强激光解附电离-飞行时间(SELDI-TOF)是近年来出现的一种蛋白质芯片技术,肖雪媛等率先在国内应用该技术筛选肺癌病人血清中的特异性标志蛋白,研究了肺癌患者和正常人血清蛋白谱的差异,探讨了SELDI-TOF方法在早期诊断肺癌中的可行性。研究显示,与正常人血清相比,肺癌病人有15个差异蛋白表达(其中6个高表达,9个低表达)。采用单一标志分子检测时,敏感性为44.82%～93.1%,特异性为85%～94.4%。实验证明蛋白质芯片技术对于发现和筛选血清中的肺癌标志蛋白是一种有效、快速的工具。

(三)围手术期化疗在非小细胞肺癌中的应用探讨

作者:廖美琳,周允中,丁嘉安,等

出处:中华医学杂志,2003;83(11):962～966

该研究可能是国内胸部肿瘤外科首个

多中心随机对照临床试验,是首个比较术前和术后化疗的研究。研究入组包括Ⅰ、Ⅱ、Ⅲa期非小细胞肺癌患者,研究结果令人意外:对于Ⅰ、Ⅱ期和完全性切除的Ⅲa期NSCLC术前化疗未能提高生存率,而Ⅱ期术前化疗组生存率反低于先手术组,术后化疗(尤其是≥3周期者)可提高Ⅱ、Ⅲ期NSCLC的生存率。该研究存在的缺陷是入组包括了Ⅰ~Ⅲa期的患者,差异较大,且入组例数仅211例,分层分析时显得例数不足。

(四)442例局限期小细胞肺癌综合治疗分析

作者:陈东福, 殷蔚伯, 王绿化,等

出处:中华放射肿瘤学杂志,2003;12(1): 14~16

国内发表有关小细胞肺癌的高质量临床研究很少,放射治疗的研究则更少。因此本文作者报道的大样本量随机对照临床试验就更显得珍贵了。该研究共入组局限期小细胞肺癌442例,随机分为先化后放组和化放化组。先化后放组为化疗4周期后放射治疗,化放化组为化疗2周期后放射治疗1个疗程再化疗2周期。研究结果显示两组的近期疗效、长期生存、局部复发率和远处转移率差异均无统计学意义。

(五)非小细胞肺癌三维适形放射治疗临床Ⅰ和Ⅱ期剂量递增试验结果分析

作者:吴开良, 蒋国樑, 廖 源, 等

出处:中华放射肿瘤学杂志,2003;12(1): 10~13

三维适形放疗是目前肺癌放疗的一种新技术,它的优点是可以提高照射靶区的剂量,减少正常组织如肺、食管、心脏和脊髓的受量。该研究通过剂量递增试验试图获得非小细胞肺癌三维适形放射治疗的最大耐受剂量并观察其疗效。50例Ⅱ~Ⅲb期非小细胞肺癌病例常规分割放射治疗后再用三维适形放射治疗进行肿瘤加量,肿瘤总剂量递增水平分别为69、72、75和78 Gy。随访15~31个月。结果,近期疗效中完全缓解率为16%,部分缓解率为70%。3级急性放射性食管炎和急性放射性肺炎发生率分别为10%和2%。中位生存时间22个月,1、2年生存率分别为70%、47%,1、2年局部控制率分别为80%、62%。显示该剂量递增的方法和剂量能为大多数患者所耐受。国内外报道Ⅰ、Ⅱ期临床试验的结果多显示三维适形放疗与常规放疗相比,近期疗效令人鼓舞,但尚缺乏证据水平较高的临床试验,远期疗效有待进一步观察。需进行进一步的随机对照研究,分析其远期疗效和晚期放射反应。

(六)应用基因芯片技术筛查肺癌变相关基因的研究

作者:吕嘉春, 陈家堃, 纪卫东,等

出处:中华医学杂志,2003;83(24): 2146~2151

cDNA基因芯片技术具有高通量的特点,可以更为系统地研究癌细胞基因表达谱的改变,揭示基因间的相互作用和调控网络,是肿瘤研究的强大工具。该研究运用cDNA基因芯片技术研究肺鳞癌及化学致癌物诱导人气管上皮细胞恶性转化的癌变相关基因,具有较全面和高效的特点。该研究以含4 096条人类全长基因的cDNA芯片分别检测6例肺鳞癌和6例正常肺组织的基因表达谱,发现89条与肺癌变相关的共同基因。研究显示cDNA基因芯片技术可用于筛选肺癌变相关基因。

(七)非小细胞肺癌同时合并脑转移治疗方案的临床研究

作者:孙新东, 范晓丽,梁超前, 等

出处：肿瘤防治杂志，2003；10（12）：1310 ～ 1312

这个随机对照临床试验比较了非小细胞肺癌同时脑转移患者先化疗后放疗、同时化放疗和先放疗后化疗三种模式的生存率和局控率。结果显示同时化放疗治疗能显著提高胸部病灶的局部控制时间和生存率。

（八）肺癌危险度与室内氡关系研究：中国两项研究的汇总分析结果

作者：Lubin JH，王作元，Boice JD，等

出处：中国辐射卫生，2003；12（4）：193 ～195

流行病学研究显示，居室氡暴露是导致肺癌死亡的第二位重要原因。本研究通过对在我国进行的两项居室氡暴露肺癌病例－对照研究的数据进行汇总分析。结果显示，我国居室中普遍存在氡浓度长期暴露，可能增加肺癌危险度。研究结果与北美和欧洲的室内氡研究结果相似。

目前，我国的卫生部门将主要的资金投资于治疗领域的研究，而对于预防领域的研究重视不足。本文对于我国的预防工作和研究应有一定的指引作用。

（九）肺癌转移相关蛋白的比较蛋白质组分析与鉴定

作者：蒋代凤，应万涛，万晶宏，等

出处：生物化学与生物物理进展，2003；30（4）：586 ～593

基质辅助激光解附电离-飞行时间（MALDI-TOF）技术是蛋白组学研究的主要方法之一，该研究通过对肺巨细胞癌高、低转移株的蛋白质表达谱进行双向电泳分离和 MALDI-TOF 分析，并在蛋白质和 mRNA 水平进行进一步验证，初步鉴定出与肺癌转移相关的蛋白。本研究方法先进，设计科学，但需要进一步研究以探讨在临床样本中检测的可行性。

（十）耐药人肺癌细胞模型 D6/MVP 的建立及其生物学特性

作者：马胜林，冯建国，顾琳惠，等

出处：中华肿瘤杂志，2003；25（2）：134 ～136

肿瘤细胞耐药是化疗失败的主要原因，耐药机制的研究具有重要的意义，耐药细胞模型可以为有关耐药机制和逆转耐药的研究提供基础。本研究构建了耐药人肺癌细胞模型 D6/MVP，并通过一系列方法证明该模型是一个明确的多药耐药细胞模型，具有耐药细胞的基本生物学特性。

二、2004 年度

（一）各期非小细胞肺癌外科治疗临床指引

作者：中国抗癌协会肺癌专业委员会（吴一龙，周清华，廖美琳，等）

出处：中国肺癌杂志，2004；7（5）：399 ～403

中国抗癌协会肺癌专业委员会专家组经对当前最佳证据进行评价、提炼和达成共识后制定的一个各期非小细胞肺癌外科治疗临床指引。

（二）非小细胞肺癌术后辅助治疗共识

作者：中国抗癌协会肺癌专业委员会

出处：循证医学，2004；4（4）：236 ～238

针对 2003 年和 2004 年在非小细胞肺癌术后辅助化疗方面的进展，中国抗癌协会肺癌专业委员会专家组及时对当前最佳证据进行评价和提炼，并对该问题达成共识。该共识是中国抗癌协会肺癌专业委员会对我国非小细胞肺癌临床指引的进一步完善。

（三）上海市区男性吸烟与恶性肿瘤死亡的前瞻性研究

作者:王 俊,高玉堂,王学励,等

出处:中华流行病学杂志,2004;25(10): 837~840

上海市一直是我国肿瘤流行病学调查和研究的主要基地,为我国制定总体肿瘤防治策略提供了宝贵的数据。本研究经过了近二十年的研究,结果显示,一直吸烟者相对于从不吸烟者的肺癌死亡相对危险度(RR)为8.77,戒烟5年以上者恶性肿瘤死亡有明显降低,戒烟满10年者肺癌死亡RR已接近从未吸烟者(RR=1.71)。

(四)后程X线立体定向放射治疗局部晚期非小细胞肺癌的研究

作者:李建彬,马志芳,郭守芳,等

出处:中华放射肿瘤学杂志,2004;13(3): 169~172

局部晚期非小细胞肺癌主要的治疗手段为放射治疗,国内进行了较多大分割放射治疗的研究,其中包括立体定向放射治疗,国外则较多行加速超分割放疗的研究。本随机对照临床试验探讨了后程大分割X线立体定向放射治疗(LCHSRT)在局部晚期非小细胞肺癌放射治疗中的作用。研究显示,与单纯常规放射治疗组(CRT)相比,LCHSRT组提高了1年生存率,但2年生存率两组无显著差异,急性放射性肺炎发生率相似。

(五)RNA干扰技术抑制非小细胞肺癌表皮生长因子受体的表达

作者:张 敏,张 新,白春学,等

出处:中华内科杂志,2004;43(5): 345~348

RNA干扰技术是基因功能研究的重要手段,是近年发展起来的新技术。表皮生长因子受体是目前肺癌领域研究的热点,它对肺癌的发生发展具有重要的意义,以RNA干扰技术抑制非小细胞肺癌表皮生长因子受体的表达,可能为NSCLC基因治疗提供新策略。

(六)中国的非小细胞肺癌Gefitinib分子靶向治疗

作者:吴一龙,杨学宁,杨衿记,等

出处:中国肺癌杂志,2004;7(4): 318~320

吉非替尼(Gefitinib)分子靶向治疗是目前的研究热点,但我国尚缺乏大样本的临床研究报道。本研究收集国内7家医院吉非替尼分子靶向治疗非小细胞肺癌的经验,结果显示有效率为22.2%~47.7%,疾病控制率为62.6%~81.8%,毒副作用可耐受。提示吉非替尼可安全有效地用于国内的晚期非小细胞肺癌。

(七)(Iressa)在晚期非小细胞肺癌治疗中的应用

作者:张晓彤,李龙芸,穆新林,等

出处:中国肺癌杂志,2004;7(4): 309~312

本研究的前瞻性收集了接受吉非替尼靶向治疗非小细胞肺癌患者的生命质量资料,采用生活质量调查核心问卷QLQ2C30和肺癌专用问卷QLQ2LC13对患者的生活质量进行评价。结果显示,吉非替尼治疗后患者的综合生活质量改善率为34.8%,功能状态改善率为65.2%。研究显示ZD1839治疗晚期非小细胞肺癌疗效确切,同时可改善生活质量。

对于晚期非小细胞肺癌患者治疗(尤其是二线治疗)疗效的评价,生存期和生命质量均非常重要,而国内的研究几乎没有进行生命质量方面的评价。本研究的研究者工作细致,值得我们学习。

(八)人肺腺癌吉西他滨耐药细胞系的

耐药机制

作者:董 梅, 冯奉仪, 林 晨,等

出处:中华医学杂志,2004;84(4): 323 ~328

本研究利用基因芯片技术探讨了人肺腺癌吉西他滨耐药细胞系 A549Gem 的耐药机制,结果显示,肺腺癌细胞对吉西他滨的耐药既与脱氧胞苷激酶缺乏相关,也有多药耐药基因、P 糖蛋白高表达的参与。在肺腺癌细胞对吉西他滨产生耐药的过程中发生了多种基因表达的变化,提示耐药的产生是多因素参与的复杂生化过程。

(九)吉西他滨联合顺铂与吉西他滨联合诺维本治疗晚期非小细胞肺癌的临床研究

作者:张 力,张 阳,李 宁,等

出处:癌症, 2004;23(11S): 1455 ~ 1458

顺铂是晚期非小细胞肺癌一线化疗的主力,但存在毒性较大的缺陷,耐受性不佳。那么非含铂方案能否在毒性更低的情况下获得相似的疗效呢? 这是一个样本量不大(82 例)的随机对照研究,比较非含铂(吉西他滨 + 顺铂, GP)与含铂(吉西他滨 + 诺维本, GN)方案治疗晚期非小细胞肺癌的生存期和毒性。结果显示, GN 与 GP 方案相比,疗效相似,但 GN 方案的毒副反应小于 GP,而且 GN 方案在 1 年以上的生存曲线有更优于 GP 方案的趋势。作者认为非含铂(GN)方案与含铂(GP)方案在生存上的差异与毒性可能有关。

(十)XRCC1 单核苷酸多态与晚期非小细胞肺癌对铂类药物化疗敏感性的相关性

作者:王中华,缪小平,谭文,等

出处:癌症,2004;23(8): 865 ~868

本研究通过 PCR-RFLP 法检测治疗前晚期非小细胞肺癌患者外周血中 XRCC-1 Arg194 Trp 和 Arg399Gln 多态的基因分型,比较不同基因型对化疗敏感性的影响。结果显示,同时携带 194Arg/Trp 和 399Arg/Arg 两个基因型的患者,含铂方案化疗有效率达到 66.7%。而携带 Arg/Arg 基因型患者化疗失败的风险是至少携带 1 个 Trp 等位基因患者的 3 倍。研究提示, DNA 修复基因 XRCC-1 单核苷酸多态性(SNP)有可能作为检测指标预测顺铂或卡铂的化疗效果。

三、小结

与 2000 年度至 2002 年度相比[1,3,4], 2003 年度和 2004 年度我国发表的肺癌相关论文质量有所提高。

从这两年评选出的基础研究论文中可以发现,肺癌基础研究与国际研究的“时差”有所缩短,如肺癌相关基因组学和蛋白质组学研究与国际几乎同步。虽然我国在基础研究方面的投入和深度上与发达国家国家相比有很大的差距,但有关国家重点实验室已开始有所突破,相信在未来的几年内我们可以看到更多达到国际领先水平的成果。

中国抗癌协会肺癌专业委员会在过去的 3 年里发表了 4 个肺癌临床指引/共识。在肿瘤界反响很大。由于我国专业肿瘤科医师仍然是少数,因此在肿瘤治疗上很不规范,即使是在拥有肿瘤科的医院,规范诊治率也不超过 50%[5,6]。肺癌规范诊治的推广和普及任重道远,制定临床指引和共识只是迈出了第一步。

在 2003 ~ 2004 年度的论文中,我们欣喜地发现有关随机对照临床试验的研究有所增加。但与此同时,我们也注意到有些临床试验存在设计上的不足。一个从 1999 年开始的 RCT[7] 比较了非标准方案异环磷酰胺+吡喃阿霉素+顺铂(ITP)与第三代标准方案之一的长春瑞宾+顺铂(NP)方案的疗效,结论是NP优于ITP。另一个从1998年底开始的RCT[8]比较了丝裂霉素+长春花碱酰胺+顺铂(MVP)和吡喃阿霉素+长春花碱酰胺+顺铂(TVP),结论是MVP方案更优。这两个研究均在选择对照组方面有所不足。含蒽环类的ITP和TVP方案均非公认的第二代标准化疗方案,与第二代化疗方案的标准方案—依托泊甙+顺铂(EP)方案相比,在疗效和生存率方面并无优势,而毒性和价格则更高。因此,对照组最好选择EP方案。由于RCT在设计和实施时已开始落后,故这些RCT在完成后并不能为我们今天的实践带来更多的帮助。

总之,我国肺癌研究虽有长足进步,但与国外同行仍存在很大的差距,我国尚缺乏在国际上有影响的研究[9]。针对我们存在的不足,应该在全国普及循证医学知识,提高科研设计的水平,这既是对病人的保护,也有助于我国在医疗科研方面投入不足情况下更有效地利用有限的资源。

参考文献

1 吴一龙,杨学宁,王思愚,等.2000年度国内值得一读的10篇肺癌文献.循证医学,2002;2(1): 9~12

2 吴一龙,廖美琳,蒋国樑,等.局部晚期非小细胞肺癌诊断治疗之共识.中华肿瘤杂志,2002;24(6): 576~578

3 杨学宁,吴一龙,王思愚,等.2001年度国内值得一读的10篇肺癌文献.循证医学,2003;2(1): 9~12

4 吴一龙,李伟雄,陈刚,等.2002年度国内值得一读的10篇肺癌文献.循证医学,2004;4(2): 78~82

5 赵岩,董卫,孙丽华,等.辽宁省执行肿瘤诊治规范抽样调查结果评估.中国肿瘤,2004;13(1): 12~14

6 李德録,郑莹,陈浩泉,等.上海市推行肿瘤诊治规范的效果评估.中国肿瘤,2001;10(4): 192~194

7 鄢希,侯梅,勾红峰,等.ITP与NP方案治疗晚期非小细胞肺癌的随机对照临床研究.中国肺癌杂志,2004;7(1): 64~66

8 胡艳萍,于丁,范玉华,等.MVP和TVP治疗晚期非小细胞肺癌的前瞻随机研究.中国肺癌杂志,2003;6(3): 195~197

9 杨学宁,周清,徐崇锐,等.1994~2004年度最有影响的肺癌文献.循证医学,2005;5(3): 54~63

1 广东省科技厅重点科技项目(2KM05801S);广东省卫生厅"五个一科教兴医工程"重点项目(粤卫科[2000]15号)

2 广州军区陆军总医院　广州　510010

3 中山大学附属第三医院　广州　510060

肺癌专业网站 www.nflungca.com 开通

肺癌专业网站 www.nflungca.com 由南方医科大学南方医院肿瘤中心创办,并于2005年1月28日正式开通。本网站集创新性、实用性、科学性为一体,旨在让更多的肺癌患者得到及时、规范的医治,提高诊疗效果。并为社会各界人士和广大的医务工作者提供一个认识肺癌、了解肺癌、预防肺癌和进行肺癌多中心协作研究及学术交流的平台。网站开设《中心介绍》、《新闻动态》、《学术交流》、《肺癌知识》、《名家名医》、《典型病例》、《网上咨询》、《患者家园》等8个主要栏目。同时开设能及时反映肺癌最新研究成果的热门专栏。网站搭建起肿瘤中心与广大网民联络的桥梁,使患者了解最新的诊疗信息,及时与专家面对面地进行交流。

局部晚期非小细胞肺癌综合治疗进展

蒋国梁　吴开良

复旦大学附属肿瘤医院放疗科　上海　200032

非小细胞肺癌（NSCLC）在确诊时约1/4～1/3病人的肿瘤处于Ⅰ、Ⅱ和部分Ⅲa期，有手术可能。另1/3的病人属局部晚期，局部肿瘤较大不适合手术。最后1/3的病人已发生远处转移（Ⅳ期）。对不能手术的Ⅲa～b期，放疗联合化疗是主要的治疗手段。

1. 化疗的重要性　对局部肿瘤晚期，手术切不掉的Ⅲa～b期，过去采用常规放疗，即60Gy/30次6周，治疗后的中位生存期小于10个月，1、3、5年生存率分别为40%，10%和5%左右。治疗失败的原因是肿瘤局部未控和远处转移。随着化疗研究的进展，以顺铂为基础的化疗已被公认为有效的治疗。因而对局部晚期的病人一般采用化疗加放疗的综合疗法，此方法显著优于单纯放疗。Dillman作了随机对照试验。试验组用DDP十长春花碱2个疗程后照射60Gy（78例）。治疗后中位生存期13.6月，2年和4年生存率是26%和19%。而单纯放疗60Gy组（77例）的上述三个值分别是9.7月，13%和7%（$P=0.006$）。对局部晚期的手术不能切除的NSCLC，放疗合并化疗是主要的治疗方法，循征医学的研究已反复证实，单用放疗的疗效不佳，必须采用放化综合治疗才能达到更好的结果。2000年韩国Kim的资料再次证实了化疗在局部晚期NSCLC放疗中重要性。101例NSCLC随机分成两组：放疗组（RT）6065cGy/6～7周，放化组（CT）DDP + VP16 + VBL共3个疗程，每3周一疗程，然后放疗60～65Gy/6～7周。中位生存期RT组8.5月，CT组13.8月，特别对Ⅲb期和非鳞癌的病人，化疗的应用价值更大。

2. 化放联合治疗的模式　化疗和放疗综合治疗的模式有如下三种：①诱导化疗→放疗→辅助化疗；②化放同时→辅助化疗；③诱导化疗→放化同时→辅助化疗。诱导化疗和辅助化疗一般以每3周为一疗程，而化放同时进行的化疗一般是每周1次。究竟哪一种联合治疗的模式更好，至今还没有定论。Komaki在2002年总结了RTOG 9204肺癌的化放疗研究课题，病人随机分为：①诱导化疗组：DDP + VBL ×2疗程，63Gy/34次/7周；②同时放化组：DDP + VP16 + 69.6Gy/58次，6周。共有163例NSCLC进入研究，结果显示，同时放化组的放射野内4年复发率为30%，而诱导化疗组为49%。野内的复发时间（TTP）也是同时放化组更长。然而在生存率上两组间无明显差别。该研究提示，同时放化疗能使胸部肿瘤的控制率提高。对失败原因的分析也提示,同时放化疗失败原因中远处转移更多,在化疗后放疗的序贯治疗中以局部未控更为多见。换言之,放化同时进行对局部肿瘤的抑制更明显,而诱导化疗对远处转移的抑制更甚。在上述三种化放联合治疗模式中,以化放同时进行的疗效更好些,但治疗毒性和副作用也最严重,特别是放射性食管炎和肺炎。

3.化放同时进行的药物及剂量　既然化放同时进行对 NSCLC 的治疗效果最好,因此不少医院在摸索这种联合治疗中的化疗以什么药最好,什么是最大耐受剂量(MTD),药物的选择一般挑选那些从药理机制上分析有可能成为放射增敏剂的化疗。健择与常规分割放疗(50.4Gy)同时应用,健择每周一次,MTD 为 350cm/m^2;素素 + DDP 与常规分割放疗(60Gy)同时应用,化疗每4周一次,MTD 为泰素 135mg/m^2,DDP 75mg/m^2;素素 + DDP 与常规分割放疗(63Gy)同时应用,化疗每周一次,MTD 为泰素 20mg/m^2,DDP 20mg/m^2;泰素和连续加速超分割放疗(CHART)(54G/36 次,12天),泰素每周一次,60mg/m^2 的泰素能耐受。

2.非常规分割放疗

(1)超分割放疗:1980 年代美国 RTOG 研究了超分割放疗,方法为每次 1.2Gy,每日照2次。间隔≥6h,试验组的照射总剂量从 60Gy 到 79.2Gy。他们发现提高照射总剂量,生存率随之提高,但当剂量超过 69.6G 后,没有看到生存率继续升高。同时也发现这方法仅对“有利型病人”有改善生存率的益处(KPS≥70;体重下降<5%;病期≤Ⅲa)。在 69.6Gy 组,治后的中位生存 14.8 月,2 年生存率 33%。我院在 1980 年代亦作了超分割的临床Ⅱ期试验。共治疗 96 例。2 年生存率在Ⅰ~Ⅱ期,Ⅲa 期和Ⅲb 期分别为 39%,33% 和 25%。在 1990 年代我们又作了随机对照的临床Ⅲ期试验,方法为1.2Gy/次,每日 2 次,总剂量 69.6Gy,共治105 例。Ⅰ~Ⅲa 期和Ⅲb 期 2 年生存率分别是 32% 和 7%。而对照的常规放疗(60Gy)组的 2 年生存率是:Ⅰ~Ⅲa 期,12%,Ⅲb 期 7%。上述结果再次证实起分割放疗似对“有利型”病人有益。

(2)加速超分割放疗:NSCLC 是一个增殖较快的肿瘤,从理论上推测,缩短放疗总疗程,仍保持较高的总剂量就能提高肿瘤杀灭效应,然而对正常组织的损伤也增加,因而必需减少每次剂量,一天多次照射以保护正常组织。临床上的加速超分割放疗方法是依据上述理论设计。其中最著名的就是由英国 Mount Vernoon 医院创导的连续加速超分割放疗(CHART 方案):1.4~1.5Gy/次,每日照射 3 次,间隔 4h,每周照射 7 天,总量为 50.4~54Gy/36 次,12 天。共治疗 563 例 NSCLC,2 年生存率用 30%,而对照的常规放疗为 20%($P=0.006$)。

我院也进行了加速超分割放疗的临床Ⅰ/Ⅱ期试验,方法为 1.1Gy/次,每日 3 次,间隔 4h,照射总量为 72.6~75.9Gy/66~69 次、31~33 天,共治疗 60 例Ⅱ~Ⅲ期 NSCLC(其中 2/3 合并化疗)。主要的急性放射副作用是放射性食管炎,发生率为 87%。全组中位生存期 22 个月。1、2、3 年生存率分别为 72%,46% 和 28%。此结果明显优于同期进行的常规放疗。我院从 1997~2001 年对局部晚期 NSCLC(Ⅲb)进行逐步递量加速超分割放疗(EHART)和化疗综合治疗的临床Ⅰ/Ⅱ期试验,放疗方法是:1.2Gy,bid,

照2周;1.3Gy,bid,照1周;1.4Gy,bid, 照1周;1.5Gy,bid, 照1周。总剂量达到66Gy/50次,5周,化疗为MVP方案,每4周一次,共有73例Ⅲ期NSCLC进入研究,治疗主要的毒副作用是放射性食管炎(RTOG 2级)。1年和2年局部控制率分别为对71%和34%,1年和2年生存率分别为51%和10%,1年和2年远处转移率分别为57%和84%。虽然EHART对胸腔内肿瘤的局部控制率有提高,但没有明显提高生存率,因为Ⅲb NSCLC病人的主要死亡原因是远处转移,因而EHART在更早期的NSCLC中的价值还值得进一步研究。

3.适形放疗　适形放疗(3 dimensional conformal radiation therapy, 3DCRT)和束流调强立体适形放疗(intensity Modulated Radiotherapy,iMRT)于1980年代在美国和欧州开始研究,1980年代末进入临床试验。该技术使用多野不同方向的立体照射,根据肿瘤及其周围正常组织的相对位置,用多叶光栏形成不同形状的照射野并使用束流调强技术实行不均匀照射,即对肿瘤照射高剂量,而对周围正常组织尽可能减少照射。由于这种技术显著减少正常组织剂量,因而大大提高了肿瘤照射量。造形放疗的实施全部依靠计算机技术,整个放疗计划的设计、实施、监督、记录都在计算机控制之下。目前美国和欧州放疗界都认为,适形放疗是一个重大革新,肯定将大大提高放射治疗肿瘤的疗效。

适形放疗用于NSCLC有以下三个主要的报告。1994年,纽约纪念医院Armstroag用适形放疗治疗NSCLC 45例,照射剂量70.2Gy,每次1.8Gy,每周5次。全组中位生存期16.5月,2年生存率33%,肺后期并发症发主率9%。1995年乏加哥大学Sibley用适形放疗照射了37例NSCLC,中位剂量66Gy,每次1.8~2.0Gy。全组中位生存期19.5月,1和2年生存率75%和37%。圣路易斯的华盛顿大学Graham报告了101例NSCLC,用适形放疗照射肿瘤量74Gy。全组中位生存期20.3月,1、2、3年生存率分别为58%,45%和23%。上述三个临床试结果都表明,由于适形放疗提高了对肿瘤照射量,所以显著改善了NSCLC的放疗效用。

我院用3DCRT治疗了50例NSCLC,联合使用MVP化疗,其中Ⅱ期4例,Ⅲa31例,Ⅲb15例,中位照射剂量为75Gy(69~78Gy),2年生存率、局部控制率和远处转移率分别为44%,40%和41%。主要的毒副作用是RTOG1~2级急性放射性食管炎(56%),3级为8%;放射性肺炎1~2级36%,3级2%,后期放射性肺纤维化为1~2级30%。

中美联手建立亚洲最大肿瘤组织库

天津市肿瘤医院与美国癌症研究基金会(NFCR)合作建立亚洲规模最大的肿瘤组织库的签字仪式在津举行。

中美合作建立肿瘤组织库,将充分发挥其在储存人类肿瘤标本方面的系统功能,建立封闭而安全可靠的数据库,保存和跟踪患者病理学、流行病学、家族史、治疗类型和治疗结果等所有相关信息。我国的肿瘤临床和科研人员将可利用其资源开展细胞生物学、分子生物学、遗传学、基因组学和蛋白组学等高新技术研究,探讨新的肿瘤分类、诊断和预后标准,开发肿瘤早期检测的实验技术和新型的治疗策略。

非小细胞肺癌术后辅助化疗现状与展望

支修益　张　毅

首都医科大学肺癌诊疗中心　首都医科大学宣武医院胸外科　北京　100053

肺癌的发病与死亡在我国仍然保持着上升的趋势，据卫生部全国肿瘤防治研究办公室数字统计，我国男性肺癌估计与预测死亡数从1991年134 748，2000年251 839，上升到2005年的332 286；女性肺癌估计与预测死亡数从1991年56 468，2000年119 648，上升到2005年的165 622。随着我国人口自然增长和人口老龄化进程加剧，肺癌的发病与死亡在相当一段时间内居我国恶性肿瘤的首位。北京市肿瘤防办提供的数据显示：1974～2003年间肺癌的死亡人数增加了250%，死亡率增加了167%。由于诸多因素，肺癌到临床就诊时已多属晚期，失去了手术治疗的最佳时间，使我国肺癌总的五年生存率在8%～10%左右。肺癌外科手术总的五年生存率在35%～45%之间，肺癌的多学科综合治疗已经成为各国研究的重点。

非小细胞肺癌术后辅助治疗的概念最早出现于上世纪70年代，Schabel(1977)利用小鼠进行的一项临床前研究表明肺癌术后辅助化疗可以提高远期治愈率并可以显著延长治疗失败后的生存时间。近30多年来进行了50多项随机临床试验，共有一万多患者参与其中，但NSCLC术后辅助化疗的作用同术后辅助放疗一样仍存在着争议。从理论上来讲，术后辅助化疗应该是有效的，因为此时是瘤负荷最小的时期。许多其他上皮发生的恶性肿瘤在手术切除后进行辅助化疗只能极轻微的延长其无瘤期。据Cullen(1995a，1995b)报道，在大规模病人中分别应用异环磷酰胺、丝裂霉素、卡铂、长春花碱及长春酰胺这五种药物作为单药化疗时，总体有效率可达15%或更高。MVP和CAP曾经是治疗NSCLC化疗方案中的经典方案。MVP化疗方案最早是在1990年由Gralla提出的，Bonomi(1998)和Spain(1993)分别报道MVP的有效率为20%～65%。CAP方案避免了丝裂霉素引起的毒性反应，但有效缓解率不高。二十世纪80年代前NSCLC术后辅助化疗的临床试验存在许多缺陷，经常小细胞肺癌与非小细胞肺癌方案区别不大。在CT广泛应用前很少评估纵隔淋巴结转归情况和治疗前的临床分期，仅很少的临床试验是随机对照和适当的设计。

NSCLC术后双药联合辅助化疗出现于上世纪50年代之后，在60及70年代以烷化剂为主的三药联合辅助化疗基本无效。直到80年代早期，从LCSG得出的经验显示，以铂类为基础的化疗方案治疗NSCLC更为有效。尽管一些新药如紫杉醇、吉西他滨、依立替康和长春瑞滨都显示出相似的有效率，铂类的药物可能仍是治疗 NSCLC 最为有效的单药。研究表明，含卡铂的联合化疗有效率可达 20% ~60%，并且在初治患者应用高剂量化疗有效率会更高。

目前对于非小细胞肺癌，何种化疗方案最为有效，需做几个周期，这是国内外学者一直探讨的问题。2001 年 Smith 报道应用 MVP 方案治疗晚期 NSCLC，分为 3 周期和 6 周期两个组。结果临床缓解率、平均生存期和 1 年生存率均无明显差异。说明化疗周期长并不能延长患者的生存期，且副作用加重。Mkrzakowski（CECOG，2004）研究健择+顺铂治疗非小细胞肺癌 352 例，与对照组相比，其中 251 名患者达到 CR、PR 和 SD。试验组生存期高于对照组。GP 化疗后继续用 Gemzar 单药维持化疗，能显著提高 TTP，延迟肿瘤的复发进展。2002 年 Sederholm 报道了健择联合卡铂与单药相比，疾病无进展期两组无明显差异。就临床受益、TTP、MST 和 1 年生存率来说，G 单药同 GCb 相似，但毒性较小。

2004 年 ECOG 1599 显示紫杉醇/卡铂比健择/顺铂，在 PS =2 的患者中随机 II 期临床研究表明适当减量的二药方案化疗对 PS =2 的患者是可行的。TC 和 GP 两组在：疾病控制率（RR and SD），TTP，PFS，和生存结果相似，GP 组数值上略有优势。TC 组有较多的中性粒细胞减少，神经病变，乏力，肌肉关节疼痛等。

Saijo（1998）在探讨新化疗药物时提出，是否联合化疗的疗效会有不同，这是显而易见的。Meta 分析表明联合化疗可以提高 3、6、9 个月的生存率，但对一年生存率没有影响。Bonomi（1998）和 Natale（1998）报道的 ECOG 的实验研究表明，铂类药物和长春花碱或依托泊甙的两药联合化疗可以改善总生存率而其毒性是可以耐受的。近来更多的是铂类与紫杉类药物的联合化疗，有效率相似。在广泛应用紫杉类药物以前，顺铂和依托泊甙联合化疗与其他几种联合化疗相比其一年生存率是最高的（25%，19%），因此一直到 1997 年卡铂和依托泊甙联合化疗被 ECOG 定为标准治疗方案。但是治疗指南中没有明确指出是否顺铂剂量为 100 ~ 120mg/m^2 的方案比 50 ~60mg/m^2 低剂量更为有效。Trodella（1997）和 Paccagnella（1996）及他们的同事指出联合化疗时顺铂剂量高于 100 ~ 120mg/m^2 并不能进一步提高有效率。

近年来研发了一些第三代治疗 NSCLC 的化疗药物，如：紫杉醇及含紫杉醇的联合化疗。一些多中心的 I 期和 II 期研究表明这些药物有显著的抗非小细胞肺癌活性和可接受的毒性。关于这些药物和其他一些单药（长春瑞滨、吉西他滨、多西紫杉醇、依立替康和拓扑替康）及他们的联合方案的Ⅲ期临床研究资料刚刚完成。

至 80 年代中期多个术后辅助化疗的随机研究均显示无明显差异。自 1986 年 Mountain 介绍 TNM 分期和铂类药物的应用，改变了辅助化疗的方向。国外学者 Holmes 报告了 772 例 II 期和Ⅲ期的随机试验，病理为腺癌和大细胞未分化癌，分为 CAP 辅助化疗组和免疫治疗对照组，平均复发时间试验组为 15 个月，对照组为 8 个月，平均生存期试验组 23 个月，对照组 16 个月，2 年生存率试验组 42%，对照组 32%，均有显著差异，术后辅助化疗组明显好于免疫治疗组。COM、CAP 多药联合方案成为这个时代最常用的非小细胞肺癌术后辅助化疗方案。

术后辅助化疗多针对非小细胞肺癌而

言，在临床上一直存在着不同的看法。不列颠医学杂志（British Medical Journal）在1995年的一篇荟萃分析提出相对于单纯手术，进行以铂类为基础的术后辅助化疗可以提高Ⅰ~Ⅲa期可手术非小细胞肺癌的生存率，即术后辅助化疗可以使Ⅰ~Ⅲa期非小细胞肺癌患者的死亡风险减少13%，生存率上升5%。这样的结果无疑很有临床意义，但遗憾的是统计学差异不显著（$P=0.08$）。即便如此，追求更佳预后的目标，使得世界范围内的医师对辅助化疗倾注很大的热情。以往多给予6~8个周期的术后辅助化疗，但近来研究表明增加术后辅助化疗周期并不能改善生存期。Socinski的研究230例均为Ⅲb和Ⅳ期患者，随机分为两组，A组114例，接受4个周期的泰素帝和卡铂化疗；B组116例接受同样方案反复周期性化疗直至病变恶化。B组中42 %的患者至少作了5个周期化疗，18 %至少为8周期。化疗有效率A组和B组分别为22%和24%，中位生存期分别为6.6个月和8.5个月，1年生存率分别为28%和34% ，均没有统计学意义。但化疗4个周期的2~4度的神经毒性反应发生率仅为19.9%，而8周期时增加到43%。另一篇多中心前瞻性随机研究也提示增加化疗周期并不能提高晚期NSCLC的生存期。一组为150例，另一组147例，分别接受3个和6个周期的诺维本和卡铂化疗，观察两组病人生存期和生活质量上的差异。结果显示中位生存期两组分别为28周和32周（$P=0.58$），1年生存率均为25%，但6周期组的2~3度骨髓抑制发生率明显增高。这项研究的另一篇报道表明两组在生活质量上没有明显差异，而6周期治疗组的症状缓解有提高趋势。为进一步验证1995年荟萃分析的可靠性，2003年国外学者完成了非小细胞肺癌术后辅助化疗IALT和ALPI多中心临床试验，IALT即国际肺癌辅助治疗试验，总计1 867名肺癌患者（Ⅰ、Ⅱ、Ⅲ期）随机分入单纯手术组和手术+辅助化疗组，辅助化疗组以顺铂为基础，其中顺铂+VM26占56.5%，顺铂+诺维本占26.8%，顺铂+长春地辛占5.8%，顺铂+长春花碱为11%。结果辅助化疗组的5年生存率44.5%较单纯手术组40.4%高4.1%。ALPI即意大利肺癌辅助治疗项目，这项研究共有1 209名病人入组，1 088人资料可供评价，病人随机分入手术+辅助化疗组和单纯手术组，使用的方案为当时的标准方案MVP，虽然辅助治疗组效果有提高趋势，但是总生存率和无疾病进展生存率在两组之间的差异没有统计学意义。此外只有56%的患者化疗药物计量能达到要求，说明MVP方案耐受性欠佳。综合ALPI和IALT分析认为，以铂类为基础的两药方案比三药方案更容易耐受，且长春碱类药物在非小细胞肺癌的辅助治疗中作用值得关注。但是如此少的收益人群使非小细胞肺癌术后辅助化疗的临床研究一度受到质疑，IALT的资料显示，每治疗23个非小细胞肺癌术后的病人，只有一个病人受益，$P<0.03$。日本6个研究中心2003例Ⅰ期非小细胞肺癌单药UFT辅助化疗的结果显示术后辅助化疗较对照组七年生存率高7%。

2004年三组最具有影响的非小细胞肺癌术后辅助化疗的多中心研究资料显示出，术后新辅助化疗能够明显延长非小细胞肺癌术后远期生存率，引起了全世界同行的关注。其中美国的CALGB9633研究显示344例Ib期NSCLC术后予泰素+卡铂辅助化疗（n=173例）与对照组（n=171例）相比，5年生存率71%，较对照组的59%提高12%，且耐受性好，得出的结论：泰素 + 卡铂方案作为术后辅助化疗可以显著延长 Ib 期非小细胞肺癌的生存率。加拿大 JBR. 10 研究进一步明确了诺维本和铂类联合辅助化疗的有效性。该研究由加拿大国立癌症中心主持进行，入组病人为 Ib 期或除了 T_3N_0 以外的Ⅱ期病人，根据淋巴转移情况和有无 ras 基因突变分层，随机接受 4 个周期的诺维本和顺铂化疗（n = 243）或单纯手术（n = 239）。结果显示实验组 5 年无复发生存率和 5 年总生存率较对照组，前者提高了 13%，后者提高了 15%。

附表　非小细胞肺癌术后辅助化疗临川研究资料 IALT

	IALT (ASCO 2003 #2)	CALGB (ASCO 2004 #7019)	JBR 10 (ASCO 2004 #7018)
n =	1 867	344	482
Stage	Ⅰ, Ⅱ and Ⅲ	Ib	Ib and Ⅱ
Adjuvant chemother.	Different CDDP-based CT ± RT	PCT + CBDCA without RT	NVB + CDDP without RT
5-Y RFS	39.4% vs 34.3%	61% vs 50% Follow-up until 4 yrs	61% vs 48%
5-YS	44.5% vs 40.4%	71% vs 59% Follow-up until 4 yrs	69% vs 54%

2005 年 ASCO 会议上报告了 ANITA 一组 840 例Ⅰb、Ⅱ和Ⅲa 期非小细胞辅助化疗研究资料：407 例诺维本 + 顺铂方案新辅助化疗组较对照组 433 例五年生存率和七年生存率高出 8.6% 和 8.4%，进一步的分析显示诺维本 + 顺铂方案对于Ⅱ、Ⅲa 期非小细胞肺癌术后辅助化疗有明显效果，而对于Ⅰb 期非小细胞肺癌术后辅助化疗没有帮助。

作为一种全身性疾病，多学科综合治疗已成为非小细胞肺癌治疗的基本方案，化疗在其中占据了极为重要的位置。越来越多的证据显示术后辅助化疗能提高 NSCLC 的生存期和生活质量，但是也同时有许多问题需要进一步思考，例如，到底是哪些非小细胞肺癌病人能够从术后辅助化疗中受益？是Ⅰa 期、Ⅰb 期、Ⅱa 期、Ⅱb 期，还是Ⅲa 期非小细胞肺癌？到底选择哪个药物组合方案最能使病人受益？今后如何更合理的设计和组织多中心非小细胞肺癌术后辅助化疗临床研究方案？针对全世界各个研究中心开展的多中心研究得出不同的结果，中国的肺癌医生如何去做？如何改善我们的临床设计使病人更加受益？胸外科医生应该在今后多中心非小细胞肺癌术后辅助化疗临床研究工作中发挥更多的作用！特别是在治疗前充分利用 PET-CT 扫描、电视纵隔镜和前哨淋巴结活检等手段技术进行准确的临床分期，术中必须规范的清扫肺门和纵隔淋巴结，使之入组的临床病例具有可比性。胸外科医生应联合肿瘤内科和呼吸科医师共同研究制定术前新辅助化疗和术后辅助化疗策略和个体化实施的方案，避免给病人带来过重或过轻的辅助治疗。有条件的肺癌研究中心应继续组织和开展全国多中心大样本的随机对照研究来回答临床的问题，提高 NSCLC 患者的长期生存率和生活质量。

参考文献（从略）

图像处理和人工神经网络在肺癌细胞病理诊断中的应用[1]

张　缨　叶玉坤　李祥周　汪　栋　王春淑　陆新泉[2]　杨育彬[2]
李　宁[2]　陈世福[2]　张卫兵　季洪爱[3]　聂进军[4]　刘东利[5]

南京军区八一医院全军肿瘤研究中心　南京　210002

肺癌是我国的第一大癌症[1]。我们在“肺癌早期诊断立体定位仪”[2]的基础上，利用其能对肺部1 cm左右小病灶快速、三维立体定位穿刺取检标本的优势，与南京大学计算机系国家软件新技术重点实验室联合研制了基于图像处理和人工神经网络的“肺癌早期细胞病理电脑诊断系统”（lung cancer diagnosing system，LCDS）[3~6]，并应用于临床对512例经皮肺穿刺标本的细胞学涂片进行诊断。现就LCDS的工作原理及其在肺癌临床细胞病理诊断中的价值介绍如下。

一、对象与方法

（一）研究对象

全部受检512例细胞学涂片，为1996年1月~2002年6月顺序经皮肺穿刺活检标本均采用LCDS进行检测诊断；为更客观的验证研究本系统在肺癌识别诊断中的价值，对其中接受手术治疗术后组织病理学明确诊断的362例，采用双盲法作进一步对比检测验证。

（二）研究方法

1. 涂片制备　512例患者均采用“肺癌早期诊断立体定位仪”对肺部病灶实行三维立体定位穿刺取检标本，并迅速制成细胞学涂片，采用湿固定法固定，HE染色，常规脱水封片。

2. 系统硬件配置　主要有显微镜、彩色摄像镜头、图像采集卡和计算机系统等。实时获取涂片上的视频信号，经图像采集卡处理后转化为红（R）绿（G）蓝（B）真彩色图像，供计算机诊断系统处理。

3. 系统软件框架

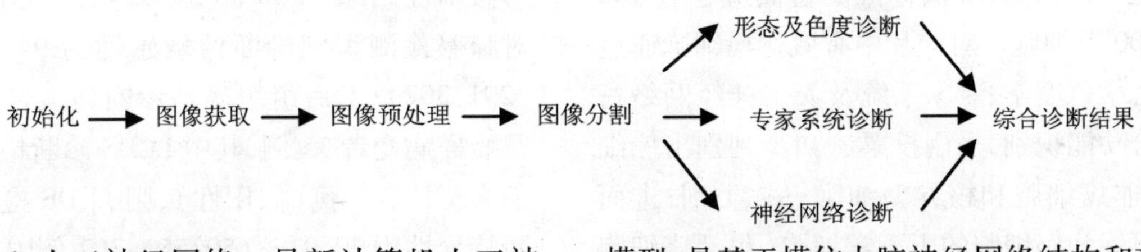

4. 人工神经网络　最新计算机人工神经网络技术系理论化的人脑神经网络数字模型，是基于模仿大脑神经网络结构和功能而建立的一种信息处理系统[7,8]。通过采集

数据并进行学习的方法来建立数据模型为系统提供样本，再依靠样本不断学习训练出计算模型，从而建立网络结构。由此，神经网络系统可以用大量的样本来不断学习训练，从而实现研究对象特定类别的识别，并达到错误识别率的最小化，因而特别适合于解决模式信息分类问题。

5. LCDS 系统形成与工作原理　本系统通过图像采集选择优质细胞学涂片的原始彩色图像，预处理并实施灰度转换。采用基于图像灰度梯度的直方图和双阈值快速分割法，筛除不满意的细胞区选定有效待检细胞。根据我们建立的肺癌细胞病理专家知识库将已知的正常细胞和肺癌细胞在核、浆、核浆比、排列及背景等方面的特征以八链码表示法提取并作为参照，利用形态学色度学特征对有效待检细胞进行初步识别，完成系统对癌细胞和非癌细胞的分辨判断；再通过计算机内构的专家系统将细胞核的形态、位置及染色质分布等知识依据产生式规则进行推理诊断，进一步确定对癌细胞和非癌细胞的判断；最后采用人工神经网络模拟人脑结构和信息传导方式建立数据模型，通过特征提取有效待检细胞的 14 个特征向量（包括 6 个形态特征、6 个色度特征、整幅图像的红色分量平均值和细胞区域的灰度平均值），模拟人脑思维对样本进行学习和训练。如此，本系统识别诊断工作程序为：首先全片扫描，一次标准的检测应检查 100 ~200 个细胞。对涂片中有效待检细胞通过形态学色度学、专家系统及人工神经网络三部分功能识别，采用投票法初步判别出癌细胞、非癌细胞和核异型细胞三大类别；进而将可疑为癌细胞的不正常细胞（包括癌细胞和核异型细胞）通过人工神经网络的再学习再训练识别判定出癌细胞，最后再分辨出鳞癌、腺癌、小细胞癌三种临床多见的肺癌细胞类型，对仍然难以确认分辨者判定为核异型细胞。如此层层识别评判，得出最终诊断结果，显著提高了本系统对细胞病理诊断的特异性和准确度。

（三）统计学处理

采用恶性、核异型、正常三级细胞学分级标准，以秩和检验比较 LCDS 检测诊断与手术切除标本的组织病理诊断两种方法细胞学分级诊断有无程序上的差别，$P<0.05$ 为差异有显著性。

二、结果

512 例经皮肺穿刺标本涂片经 LCDS 检测判定为癌细胞者 389 例（鳞癌 199 例，腺癌 121 例，小细胞癌 69 例），判定为正常细胞（非癌细胞）者 36 例，难以确认分辨的病例判定为核异型细胞者 87 例。经与同组对应的细胞病理诊断结果对比发现，470 例（其中判定为癌细胞者 378 例，正常细胞者 36 例，核异型细胞 56 例）经 LCDS 的诊断结果与对应细胞病理诊断结果相符合，诊断总符合率 91.8%。

接受手术治疗的 362 例，术后组织病理诊断与 LCDS 检测结果见表 1 及表 2。362 例术后组织病理确诊为肺癌肺恶性肿瘤 307 例，经 LCDS 检测诊断为癌细胞者 296 例，其中又有 5 例术后组织病理诊断为良性病变，为假阳性结果 1.38%（5/362），因此 LCDS 对肺癌检测识别诊断的敏感性为 94.79%（291/307）；术后组织病理诊断为良性肿瘤及瘤样病变者 55 例，其中 LCDS 诊断检测诊断为恶性者 5 例（假阳性），则 LCDS 检测诊断特异性为 90.91%（50/55）；307 例中有 16 例经 LCDS 未能检测出恶性诊断，为假阴性结果 4.42%（16/362），去除假阳性假阴性者21例,则LCDS对肺癌检测诊断准确性为94.20%(341/362)。应用SPSS10.0统计分析软件经秩和检验,LCDS检测诊断与手术切除标本的组织病理诊断两种方法分级诊断的结果无程度上的差别(P =0.0782, P >0.05)。

表1　362例LCDS检测与术后组织病理诊断结果对照

诊断类目	病例数	%
LCDS与组织学均诊断恶性	291	80.39
LCDS诊断恶性而组织学阴性	5	1.38
LCDS诊断核异型而组织学诊断恶	16	4.42
LCDS诊断核异型而组织学阴性	38	10.50
LCDS诊断正常细胞而组织学阴性	12	3.31

表2　LCDS检测诊断与术后组织病理诊断比较

检测方法		术后组织病理诊断		
		恶性	良性肿瘤及瘤样病变	合计
LCDS检测诊断	恶性	291	5	296
	核异型及正常细胞	16	50	66
	合计	307	55	362

三、讨论

国内外文献表明,肺癌患者一经病理确诊80%已属晚期,失去手术治疗的机会[9]。任何肿瘤的早期诊断都不是靠完全单一的方法来完成的,肺癌早期诊断更是如此,需要多种诊断方法的互补。我们将计算机图像处理和人工神经网络技术应用于肺癌临床细胞病理诊断,历经数年探索研究[3~6],逐步建成“肺癌早期细胞病理电脑诊断系统(LCDS)”。本系统借助计算机对细胞学涂片的图像信息智能化处理,较之单凭病理专家的肉眼和知识进行判别诊断,能更为快速、客观、准确地提供检验诊断结果。本组512例经皮肺穿刺标本的细胞学涂片运用LCDS检测诊断,与细胞病理诊断结果总符合率达91.8%。本系统采用图像处理能完成对肺癌细胞和非癌细胞的判别诊断,进而运用人工神经网络能完成鳞癌、腺癌、小细胞癌等不同病理类型的肺癌细胞的识别诊断。为了更客观地验证LCDS的肺癌细胞病理学诊断价值,本组512例中接受手术治疗的362例采用本LCDS进行检测并与术后组织病理诊断结果比较,去除假阳性1.38%(5例)、假阴性4.42%(16例),系统诊断总符合率为94.20%(341/362),敏感性94.79%、准确性94.20%、特异性90.91%,提示该系统在肺部球形病灶肺癌早期诊断方面有较好的实际应用价值。

与肿瘤细胞学诊断受到自身局限、细胞病理医师专家知识的把握程度不一而导致某些假阳性假阴性结果存在一样,LCDS依然存在着部分假阳性假阴性结果。究其原因则与多方面因素影响有关,有如炎性巨噬细胞的误判、涂片染色质量及细胞病理医师的诊断标准和尺度把握等。关于核异型细胞的界定,依然是临床细胞病理诊断及LCDS诊断中共同存在的一大难点,是癌与非癌界定过程中的灰色地带。本组手术362例经LCDS检测有54例判定为核异型细胞14.92%(54/362),其中假阴性16例,另38例术后组织病理确诊为良性病变。我们认为,对这部分更多可疑恶性的核异型细胞涂片,必要时可由有经验的病理医师复核以免误差,亦可通过系统的不断训练学习校正,多数可使检测判别诊断更加尽可能地接近实值。

在本LCDS中,将计算机图像处理、模式识别、专家系统和人工神经网络等最新技术与肺癌细胞病理诊断、组织学诊断有机结合,特别是人工神经网络的强大学习功能和再学习经验累积功能,有可能不断完善和丰富识别逐步实现正确判定诊断，不断提高本系统识别诊断的特异性和准确度。因此，本LCDS具有诊断准确率高、易于操作培训等优势，在肺癌临床细胞病理诊断中具有较好的实用价值，有可能为肺小病灶肺癌早期诊断提供又一实用有效的手段。

参考文献

1 董志伟，乔友林，李连弟，等. 中国癌症控制策略研究报告. 中国肿瘤，2002；11：250～256

2 叶玉坤，邵冲，葛效忠，等. 肺癌早期诊断双相立体定位仪的研制及临床应用. 中华外科杂志，1992；5：303～305

3 陆新泉，李宁，叶玉坤. 基于图像处理和知识的肺癌早期诊断系统. 微型计算机，1997；17：89～90

4 杨育彬，李宁，陆新泉，等. 肺癌早期诊断系统中色度学识别的研究与实现. 计算机工程与应用，2000；3：44～46

5 陆新泉，李宁，陈世福，等. 形态学和色度学在肺癌早期诊断系统中的研究与实现. 模式识别与人工智能，2000；13：116～120

6 陆新泉，李宁，陈世福，等. 肺癌早期诊断系统的设计与实现. 小型微型计算机系统，2000；21：70～74

7 Biganzoli E，Boracchi P，Mariani L，et al. Feed forward neural networks for the analysis of censored survival data: a partial logistic regression approach. Statistics in medicine，1998；17：1169～86

8 Faraggi D，Simon RA，neural network model for survival data. Statistics in medicine，1995；14：73～82

9 叶玉坤. 肺癌发生发展中的分子事件与肺癌早期诊断. 中华外科杂志，2000；38：485～487

---

1 国家“九五”攻关课题（96-906-01-18）、国家“十五”攻关课题（2001BA703811）、江苏省应用基础课题（BJ97035）共同资助

2 南京大学计算机系软件新技术国家重点实验室

3 南京军区总医院病理科

4 南京市鼓楼医院病理科

5 江苏省肿瘤医院细胞室

大连医科大学发现肺鳞癌治疗新靶点

大连医科大学唐建武教授领导的课题组历时7年对肺癌不同亚型的蛋白表型、抑癌基因缺失与肿瘤转移等生物学行为进行了研究，并新发现了2个肺鳞癌组织基因的高频缺失位点，为肺癌的靶向治疗提供了理论依据。

课题组的研究人员综合采用免疫组化技术、免疫组化双标记技术及微卫星多态性分析技术，以近400例不同类型肺癌患者标本为研究对象，选择了近20种研究指标，系统地研究了肺癌不同亚型的基因结构和蛋白质表型的差异及抑癌基因缺失等与肿瘤起源、分化、侵袭、转移等肿瘤生物学行为的关系，并与预后随访资料相比较。

研究者发现了肺鳞癌组织2个高频缺失区域为D9S1782及D9S1870；同时发现D9S1782为喉鳞癌组织高频缺失位点，为鳞癌候选抑癌基因的定位及克隆提供了新的有力依据。

该系列研究还发现，碱性成纤维细胞生长因子（bFGF）及其受体1（FGFR-1）、血管内皮生长因子C（VEGF-C）及其受体FLT-4在不同肺癌组织类型中表达有显著差异；bFGF和FGFR-1、VEGF-C、FLT-4、经典的蛋白激酶C（CPKC）与肿瘤转移相关；VEGF-C和血型抗原四聚糖（Slex）可作为肺癌预后的指标。

该研究全面剖析了肺癌亚型的异质性及其生物学行为特征，从分子水平解释了肺癌分化、侵袭、转移诸方面的重要问题，为肺癌的生物治疗、免疫治疗和基因治疗以及新药研发提供了实验基础及可能的有效途径。

肺癌侵袭转移的逆转研究进展[1]

周清华

四川大学华西医院肿瘤中心、四川省肺癌分子重点实验室　成都　610041

肺癌转移是肺癌的恶性标志和生物学特征,也是导致肺癌病人治疗失败和死亡的主要原因。肺癌侵袭转移是一个极其复杂的多基因、多因子共同调控的多阶段、多步骤过程。阐明肺癌侵袭转移的分子机理,寻找逆转或/和阻止肺癌侵袭转移的分子靶点,是21世纪肺癌研究的热点和前沿,也是人类战胜肺癌的希望所在。本文拟就近年来肺癌侵袭转移的逆转研究进展介绍如下。

一、以肺癌侵袭转移相关分子为靶点的逆转

意大利学者Sacchi等报告制备出一种鼠肺癌相关抗原单抗35-13c,用该单抗处理高转移和低转移潜能的Lewis肺癌细胞株,以研究该抗体对Lewis肺癌生长和转移扩散能力的影响。研究结果发现蕾期35-13c处理Lewis肺癌后,其扩散转移潜能的改变与肺癌细胞表面MHC抗原和TSP-180蛋白表达有密切关系。给Lewis肺癌荷瘤鼠注射135-13c单抗或在接种Lewis肺癌细胞株前注射135-13c单抗可逆转高转移潜能Lewis肺癌的转移扩散能力。

尿激酶纤溶酶原激活酶(uPA)和尿激酶纤溶酶原激活酶受体(UPAR)在肿瘤侵袭转移中的作用近年来受到关注。抑制肿瘤细胞膜表面的尿激酶-尿激酶纤溶酶原激活酶受体可能具有抗肿瘤侵袭转移的作用。Zhu等应用Western blot和RT-PCR检测人高转移肺大细胞癌细胞株(PG),发现该细胞株高表达uPA和UPAR。于是合成人尿激酶纤溶酶原激活酶氨基端片段(ATF),并将该片段转染PG肺癌细胞株。ATF为一包含有完整的UPAR结合位点序列,但不具催化功能。应用3H-胸苷掺合实验和细胞生长曲线实验显示ATF表达并不影响转染细胞株的细胞增殖分裂。扫描电镜结果显示ATF转染细胞株从典型的侵袭表型转变为非侵袭表型。Boyden小室实验结果显示ATF转染细胞株的侵袭转移能力显示降低。

体内实验结果显示ATF转染PG肺细胞株移植瘤的肺转移率显著降低。因此,靶向阻断肺癌细胞膜表面的尿激酶纤溶酶原激活酶受体可逆转肺癌细胞的侵袭转移潜能。

转录因子核因子KappaB(NFKappaB)是另一个受关注的与肺癌侵袭转移有关的细胞靶点。Andela等建立一株鼠肺泡细胞癌细胞株。通过逆转录病毒将显性负性NFKappaB抑制因子转染该细胞株,使该细胞株缺乏NFKappaB信号。实验结果发现阻断NFKappaB信号可导致MMP-9,尿激酶样纤溶酶原激活因子、肝素酶下调,TIMP-1、TIMP-2和纤溶酶原激酶因子抑制因子-2上调。阻断NFKappaB信号在体内外均不影

响肿瘤细胞的增殖分裂,但在体内能阻止肿瘤细胞向血管的侵袭、鸡绒毛膜囊转移和动物体内的自发转移。NFKappaB 在调控肺癌侵袭转移中起特殊的关键作用,作为抗肺癌侵袭转移的靶点具有临床前景。

二、以"肺癌转移抑制级联"为靶点的逆转

周清华等在研究 nm23-H1 基因表达、突变和缺失与肺癌侵袭转移和预后关系时发现,该基因蛋白、mRNA 的低表达,等位基因缺失与肺癌的高转移和预后不良有密切关系,发现伴有 nm23-H1 等位基因缺失的肺癌常伴有肺癌侵袭转移相关分子的表达异常,并提出了"肺癌转移抑制级联"的新概念和"肺癌转移抑制级联"是一个基因家族群,其中一些基因在这个"级联"中起正向调节作用,而另一些则起负向调节作用,正常这种正向和负向调节平衡的维持,肺癌才不发生远处转移,nm23-H1 基因在"肺癌转移抑制级联"中起关键和上游调节作用,nm23-H1 基因通过调控"肺癌转移抑制级联"表型的平衡,实现其肺癌转移抑制基因功能的新理论。

1. nm23-H1 等位基因缺失人肺癌细胞株的筛选及鉴定　周清华等应用四川省重点实验室四川大学华西医院肺癌分子实验室构建的高转移人大细胞肺癌细胞株 L9981 和低转移人大细胞肺癌细胞株 L9980 研究,不同转移潜能人肺癌细胞中"肺癌转移抑制级联"的存在状态,nm23-H1 基因在"肺癌转移抑制级联"中的作用和地位,调控"肺癌转移抑制级联"的分子机理;以及以"肺癌转移抑制级联"为靶点的肺癌靶向治疗的可能性。

周清华等从株人肺癌细胞株中筛选出高转移人大细胞肺癌细胞株 L9981 具有 nm23-H1 基因等位基因缺失,mRNA 转录表达和蛋白表达缺失(图 1 ~3)。

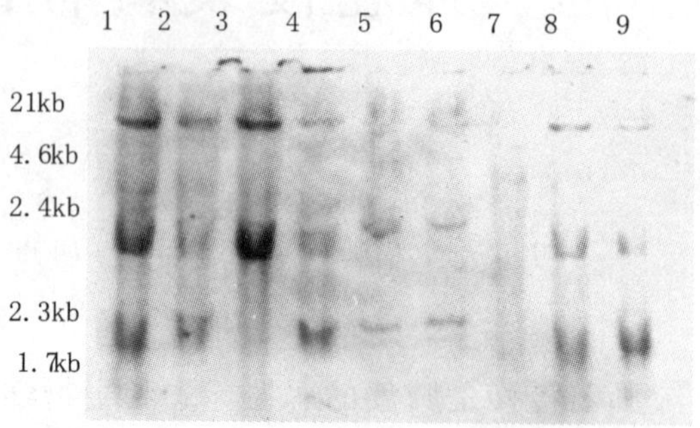

图 1 人肺癌细胞株细胞DNA 经 EcoRI 酶切后 nm23 -H1 基因限制性片段长度多态性

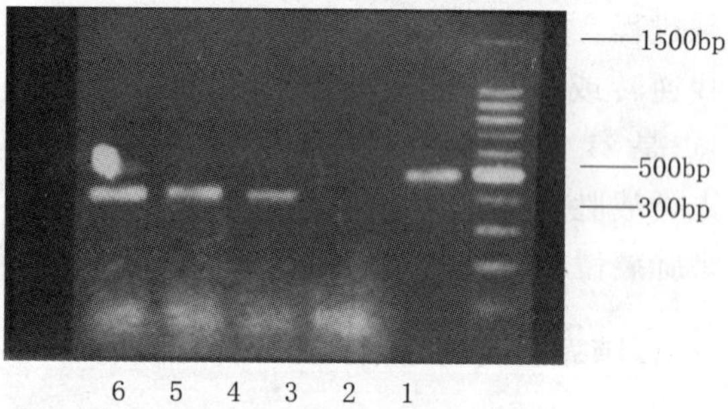

图 2 人肺癌细胞株 nm23 - H1mRNA 基因转录表达电泳图

1、DNA MavKer ; 2、β -actin ; 3 、L9981 ; 4、NL9980 ; 5、SpacA -1 ; 6、A2

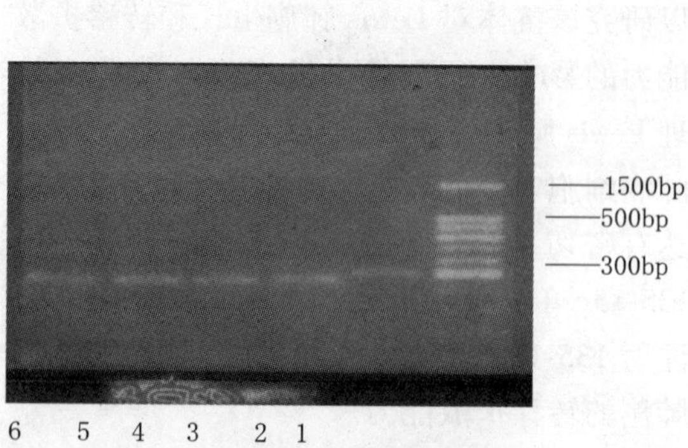

图3　人肺癌细胞株nm23-H1 mRNA 基因转录表达电泳图

1、DNA MavKer; 2、β -actin; 3、YMLC; 4、A549; 5、LTEP-A-1; 6、NCIH446

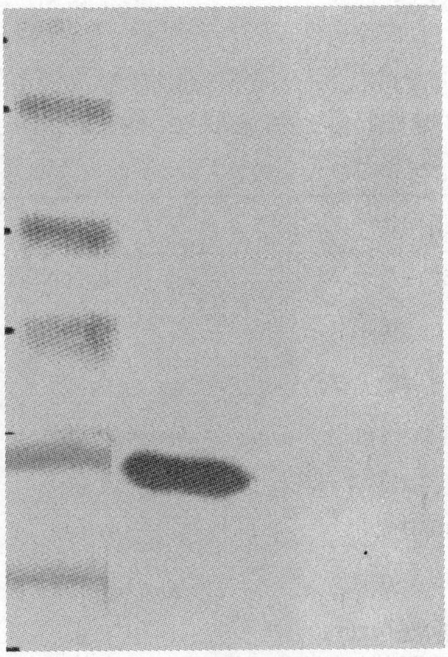

图4　人肺癌细胞株中nm23-H1蛋白表达
1、Prtein MarKer；2、NL9980；3、L9981

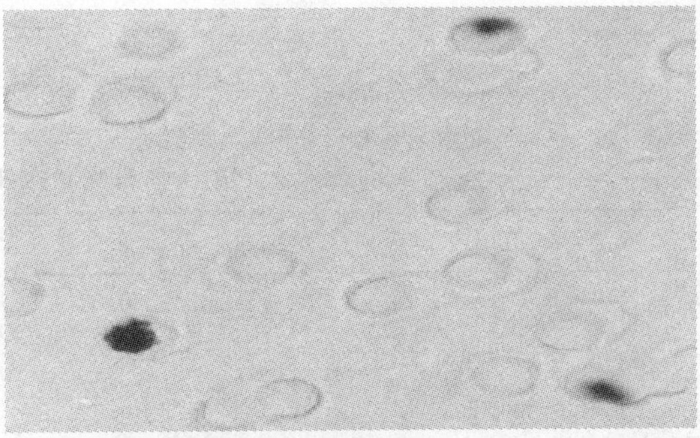

A

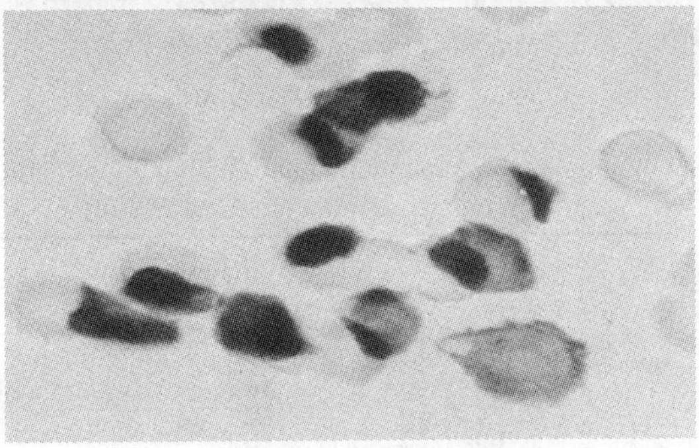

B

图5　L9981和NL9980细胞株体外侵袭力
（Boyden小室）
A、 NL9980；　B、L9981

2. 人高转移大细胞肺癌细胞株 L9981 的体外侵袭力和远处转移能力　应用改良 Boyden 小室法检测人高转移大细胞肺癌细胞株 L9981 和人低转移大细胞肺癌细胞株 NL9980 的体外侵袭力，发现 L9981 的体外侵袭力显著高于 NL9980 细胞株（图 5）。

应用裸鼠移植瘤动物模型观察 L9981 和 NL9980 移植瘤远处转移能力发现 L9981 组裸鼠均有肺部复发转移，而 NL9980 组只有一只裸鼠在肺部出现一个转移灶。

3. 人高转移大细胞肺癌细胞株 L9981 转染 nm23-H1 基因前后“肺癌转移抑制级联”相关基因转录表达水平的改变　应用 DNA 重组技术构建 nm23-H1-EGFP 重组质粒，应用脂质体法将 nm23-H1-EGFP 质粒转染人高转移大细胞肺癌细胞株 L9981，获得 L9981-nm23-H1 转基因细胞株。该转基因细胞株能持续、稳定，高效地表达野生型 nm23-H1 基因。

应用巢式 RT-PCR，检测 L9981 细胞株转染 nm23-H1 基因前后“肺癌转移抑制级联”相关基因 VEGF、CD_{44S}、MMP-2、CD_{44V6}、E-Cadherin、β-catenin、TIMP-1、C-Met 等基因的转录表达水平改变。观察到 nm23-H1 基因转染 L9981 细胞株后能显著上调“肺癌转移抑制级联”正性相关基因 β-catenin、E-Cadherin、TIMP-1 和 CD_{44S}基因的转录表达水平，显著下调“肺癌转移抑制级联”负性相关基因 VEGF、CD_{44V6}、MMP-2 和 C-Met 基因的转录表达水平（表 8、图 6、7）。

应用流式细胞术检测 L9981 细胞株转染 nm23-H1 基因前后“肺癌转移抑制级联”相关基因蛋白表达水平的改变，发现 nm23-H1 转染能显著上调“肺癌转移抑制级联”正性相关基因 β-catenic、E-cadherin、TIMP-1 和 CD_{44S}蛋白的表达水平，显著下调“肺癌转移抑制级联”负性相关基因 MMP-2、VEGF、CD_{44V6}和 C-Met 蛋白的表达水平（表 9，图 7、

8)。

表8　L9981细胞株转染nm23-H1基因前后"肺癌转移抑制级联"相关基因mRNA转录表达水平改变(OD)

基因	L9981($\bar{x}\pm S$)	L9981-nm23-H1-GGFP($\bar{x}\pm S$)	*P*
β-Catenin	0.4239±0.02	1.1521±0.01	0.000
E-Cadherin	0.000	1.3214±0.011	0.000
MMP-2	0.4623±0.02	0.1087±0.07	0.000
TIMP-1	0.4060±0.09	0.8903±0.04	0.001
CD_{44S}	0.3856±0.03	0.8732±0.03	0.000
CD_{44V6}	0.5128±0.06	0.2496±0.05	0.004
VEGF	0.7659±0.08	0.2154±0.04	0.001
C-Met	0.5347±0.04	0.4698±0.03	0.038

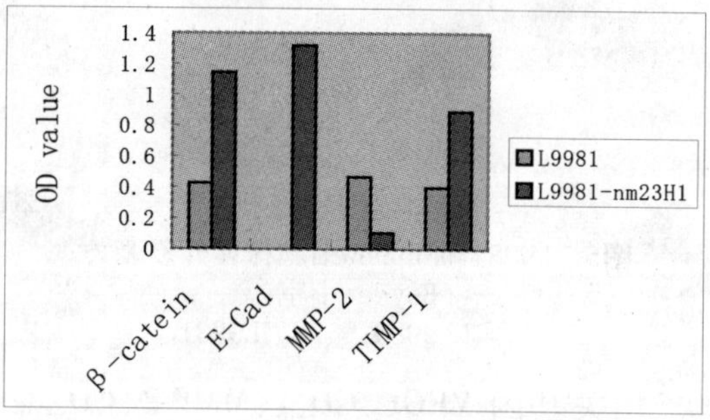

图6　L9981细胞朱转染nm23-H1基因前后"肺癌转移抑制级联"相关基因mRNA转录表达改变

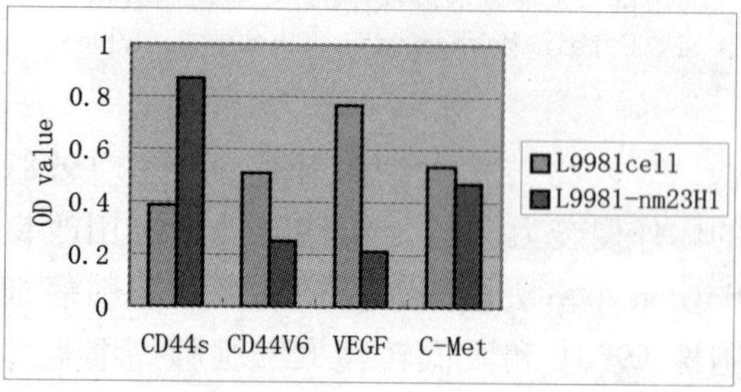

图7　L9981细胞朱转染nm23-H1基因前后"肺癌转移抑制级联"相关基因mRNA转录表达改变

表9　L9981细胞株转染nm23-H1基因前后"肺癌转移抑制级联"相关基因蛋白表达水平改变

基因	细胞株			*P*
	L9981($\bar{x}\pm S$)	L9981-pLXSN($\bar{x}\pm S$)	L9981-nm23-H1($\bar{x}\pm S$)	
β-Catenin	3.51±0.61	4.20±0.39	5.93±0.26	0.002
E-Cadherin	3.48±0.42	4.20±0.71	6.48±0.35	0.001
TIMP-1	3.32±0.01	3.44±0.04	5.97±0.12	0.000
CD_{44S}	3.36±0.01	4.81±0.12	5.94±0.23	0.002
MMP-2	6.14±0.14	5.96±0.03	4.22±0.31	0.000
VEGF	6.51±0.29	5.22±0.26	3.09±0.51	0.005
CD_{44V6}	5.81±0.20	5.77±0.24	3.01±0.37	0.001
C-Met	6.84±0.00	6.14±0.14	3.66±0.29	0.000

4.人高转移大细胞肺癌细胞株L9981转染nm23-H1基因前后移植瘤组织中"肺癌转移抑制级联"相关基因蛋白表达水平的改变。

周清华等将人高转移大细胞肺癌细胞

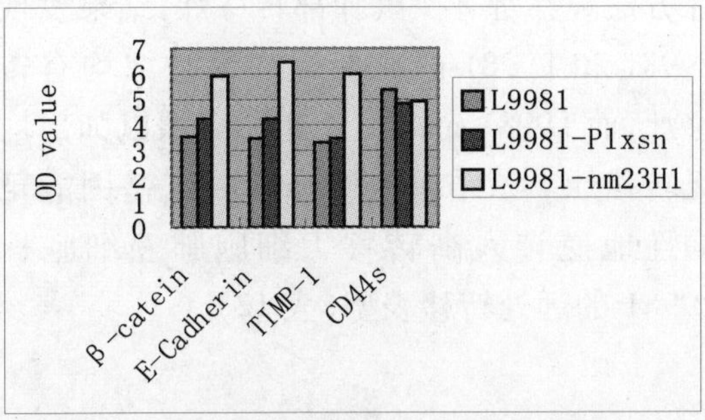

图7　L9981肺癌细胞株转染nm23-H1基因前后“肺癌转移抑制级联”正性相关基因β-caterin、E-Cadherin、TIMP-1和CD44S蛋白表达水平比较

株L9981、空载体转染细胞株L9981-pLXSN和nm23-H1基因转染细胞株L9981-nm23-H1分别接种到裸鼠体内，6周后处死裸鼠收集移瘤组织应用流式细胞术检测肿瘤组织中“肺癌转移抑制级联”相关基因表达水平，并比较三种细胞株“肺癌转移抑制级联”相关基因表达的差异。该实验观察到L9981-nm23-H1（转基因细胞株）、L9981-pLXSN（空载体转染细胞株）和L9981细胞株（母代细胞株）移植瘤组织中“肺癌转移抑制级联”相关基因蛋白表达水平在三组间比较有非常显著性差异（$P<0.001$），L9981与L9981-pLXSN细胞株间“肺癌转移抑制级联”正性相关基因（β-catenin、E-cadherin、TIMP-1和CD_{44S}）和负性相关基因（MMP-2、VEGF、CD_{44V6}和C-Met）蛋白表达水平均无显著性差异，而nm23-H1转染能显著上调L9981-nm23-H1细胞株移植瘤组织中“肺癌转移抑制级联”正性相关基因（β-catenin、E-cadherin、TIMP-1和CD44S）蛋白表达水平，显著下调“肺癌转移抑制级联”负性相关基因（MMP-2、VEGF、CD_{44V6}和C-Met）蛋白表达水平（表10）。

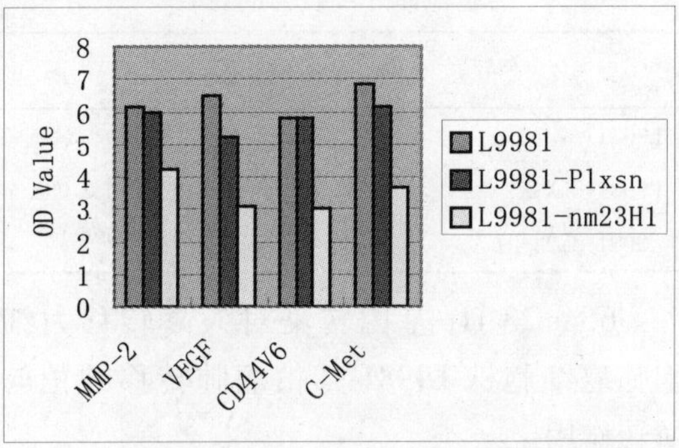

图8　L9881肺癌细胞株转染nm23-H1基因前后“肺癌转移抑制级联”负性相关基因MMP-2、VEGF、CDV6、C-Met蛋白表达水平的比较

表10　L9981、L9981-pLXSN、L9981-nm23-H1细胞株移植瘤组织中“肺癌转移抑制级联”相关蛋白表达水平的比较

Genes	L9981（$\bar{x}\pm S$）	L9981-pLXSN（$\bar{x}\pm S$）	L9981-nm23-H1（$\bar{x}\pm S$）	*P*
β-Catenin	3.81±0.17	3.94±0.32	4.93±0.21	0.002
E-Cadherin	3.31±0.08	3.68±0.23	4.94±0.12	0.000
TIMP-1	2.44±0.23	2.56±0.44	4.56±0.02	0.000
CD_{44S}	6.48±0.06	5.36±0.21	8.82±0.09	0.000
MMP-2	5.51±0.80	6.31±0.10	3.74±0.61	0.001
VEGF	5.51±0.64	5.08±0.04	3.14±0.05	0.000
CD_{44V6}	6.84±0.12	6.20±0.32	3.38±0.64	0.000
C-Met	6.14±0.87	5.51±0.32	4.21±0.34	0.008

5. 人高转移大细胞肺癌细胞株L9981转染nm23-H1基因前后体外侵袭力的改变

周清华等应用改良Boyden法观察L9981-nm23-H1（转基因细胞株）、L9981-pLXSN（空载体转染细胞株）和L9981（原代细胞株）体外侵袭力，以探讨nm23-H1基因

是否能靶向逆转人高转移大细胞肺癌细胞株 L9981 的体外侵袭能力。结果观察到 L9981-nm23-H1 细胞株的体外侵袭力显著降低，而 L9981-pLXSN 和 L9981 细胞株间体外侵袭力无显著性差异。L9981-nm23-H1 细胞株体外侵袭力较原代细胞株（L9981）和空载体转染细胞株（L9981-pLXSN）下降了 5 倍（表 11、图 9）。表明 nm23-H1 基因能靶向逆转人高转移大细胞肺癌细胞株 L9981 的体外侵袭力。

表11　L9981、L9981-pLXSN和L9981-nm23-H1 细胞株体外侵袭力的比较

细胞株	外侵细胞数（$\bar{x} \pm S$）	*P*
L9981	157.00±6.33	
L9981-pLXSN	152.33±5.33	0.008
L9981-nm23-H1	31.00±3.00	

6. nm23-H1 基因转染对人高转移大细胞肺癌细胞株 L9981 移植瘤肺转移的靶向逆转作用

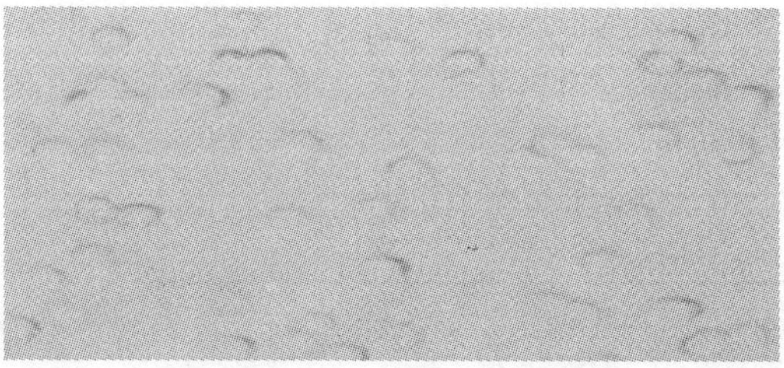

A

B

周清华等分别将 L9981-nm23-H1、L9981-pLXSN 和 L9981 细胞株分别给三组裸鼠腋下接种，每组 21 只裸鼠，接种细胞株 60 天后处死全部裸鼠，采用平板法和组织切片方法观察所有裸鼠肺部转移灶，结果发现 L9981 和 L9981-pLXSN 组裸鼠肺部均有转移灶，而 L9981-nm23-H1 组所有裸鼠肺部均无转移灶。该结果表明 nm23-H1 基因能靶向性地逆转人高转移大细胞肺癌细胞株 L9981 的远处转移表型（表 12）。

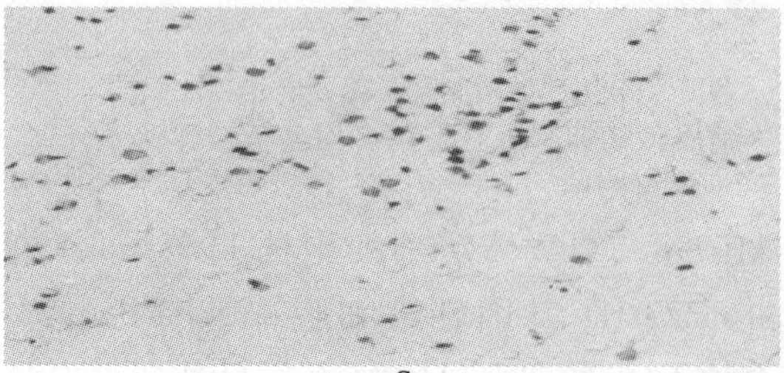

C

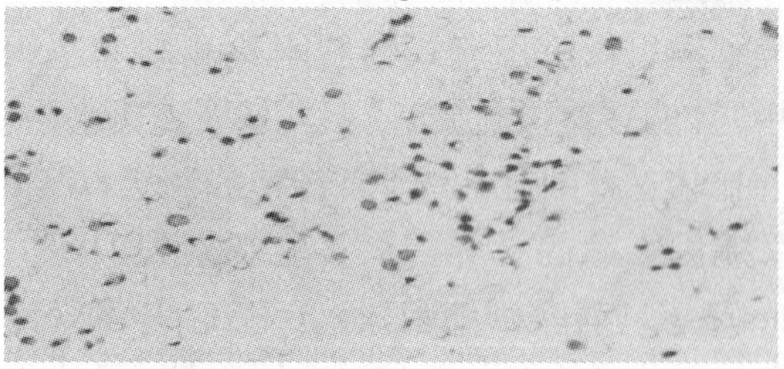

D

图9　L9981-nm23-H1、L9981-pLXSN和L9981细胞株体外侵袭力比较图

表12　L9981-nm23-H1、L9981-pLXSN和L9981细胞株移植瘤肺转移比较

细胞株	移植瘤发生肺部转移裸鼠数	肺转移率（%）
L9981	21	100
L-9981-pLXSN	21	100
L9981-nm23-H1	0	0
P	0.000	0.002

综上，针对肺癌侵袭转移的不同靶点，逆转肺癌侵袭转移表型的研究已逐渐受到人们的重视，成为 21 世纪肺癌靶向治疗研究的热点和前沿。相信随着人们对肺癌侵袭转移分子机理的更深入了解，更多的肺癌侵袭转移靶点的发现，以肺癌侵袭转移为靶点的肺癌靶向治疗，必将取得更大的进展，并会给人类最终战胜肺癌带来新的希望。

1　基金项目：国家自然科学基金重点项目（NO:30430300）

基于循证医学的非小细胞肺癌治疗决策[1]

戎铁华 王思愚 黄植藩 徐光川[2] 林鹏 龙浩
付剑华 王欣 区伟 李小东 苏小东 林勇斌

中山医科大学肺癌研究中心、肿瘤医院胸科

近20年来原发性肺癌的发病率每年以高达111.85%速度不断增长,是恶性肿瘤谱中的主要肿瘤之一。据卫生部全国肿瘤防治办公室的资料,在中国居民癌症死亡率排位中,城市居民癌症死亡率肺癌为第一位(21.76/10万),农村居第四位(12.63/10万),总体居第三位(15.19/10万)。肺癌的病程发展较快,而预后较差,约80%病者自确诊后1年内死亡。所以对我们临床工作者,肺癌的治疗仍存在很大的挑战性。

一、非小细胞肺癌治疗的状况

非小细胞肺癌治疗方案的制定主要依据分期和病者的一般情况,大多数局部晚期或M_1期患者采取姑息性治疗,对于较早期的病者(包括Ⅰ、Ⅱ期及部分可手术的Ⅲ期患者)首选外科治疗,外科治疗被认为是非小细胞肺癌根治的唯一希望,而肺叶或全肺切除被认为是标准术式。5年生存率约40%,表1为GOLDSTRAW P.在1998年肺癌国际会议上报告肺癌外科术后5年生存率。表2为吴一龙教授1999年报道1 757例非小细胞肺癌基于97分期的术后累积生存率[1]。

表1 肺癌外科术后5年生存率

TNM分期	5年生存率(临床分期)		5年生存率(病理分期)	
$T_1N_0M_0$	n=687	61%	n=511	67%
$T_2N_0M_0$	n=1189	38%	n=549	57%
$T_1N_1M_0$	n=29	34%	n=76	55%
$T_2N_1M_0$	n=250	24%	n=288	39%
$T_3N_0M_0$	n=107	22%	n=87	38%
$T_3N_1M_0$	n=40	9%	n=55	25%
$T_{1\sim3}N_2M_0$	n=471	13%	n=344	23%
$T_4N_{0\sim2}M_0$	n=458	7%	?	?
任何T N_3M_0	n=572	3%	?	?
任何T任何N M_1	n=1427	1%	?	?

表2　1 757 例非细胞肺癌基于97分期的术后累积生存率(%)

分期	例数	5年	10年	15年	20年
I_A	25	88.00	72.25	72.25	72.25
I_B	403	53.88	46.24	32.44	27.39
总$_\mathrm{I}$	428	55.90	47.63	33.82	28.99
II_A	2	50.00			
II_B	417	34.23	18.96	17.59	17.59
总$_\mathrm{II}$	419	33.47	23.08	17.59	17.59
III_A	613	14.65	9.75	7.52	7.52
III_B	130	5.47	0		
Ⅳ	167	6.96	0		

来自 IALT[2] 和2004年 Meta 分析的结果[3]证明早期非小细胞肺癌患者术后含铂类药物的化疗可提高5%的5年生存率,目前还有2个Ⅲ期临床试验的初步结果提示第三代的化疗药物能进一步的提高早期非小细胞肺癌术后的疗效[4,5]。至于早期非细胞肺癌的新辅助化疗疗效仍未被肯定,法国胸部协作组Ⅲ期临床试验的结果[6]只提示新辅助化疗有延长Ⅰ、Ⅱ期非小细胞肺癌生存率的趋势。

对于局部晚期的非小细胞肺癌患者(包括Ⅲa-N_2 及部分Ⅲb期)的治疗是目前争论的热点,是采用外科治疗,或诱导化疗后手术,还是放化疗仍未定论。

二、系统性纵隔淋巴结清扫术在非小细胞肺癌手术治疗中的重要性

就目前的治疗状况而言,有不少的观点认为,外科在非小细胞肺癌的治疗中已基本发展到极限,生存率难于有进一步的提高,失败的原因主要不在于手术技术而在于肺癌的生物学问题即术后短期间内的复发和转移。实际上,从外科本身的角度看,仍然有许多需待改进的问题,术中如何处理肺引流区域淋巴结就是其中之一。因为纵隔淋巴结转移率在非小细胞肺癌的患者中约占20%~40%,是预测病人预后的重要因素之一[7],那么在切除肺的原发肿瘤的同时行系统性肺门纵隔淋巴结清扫术是否可取得更好的生存率?这一问题一直是肿瘤外科界上争论的焦点,有些学者认为在所有肺癌患者的外科手术中应行系统性肺门纵隔淋巴结清扫术;亦有些学者认为为减少围手术期的合并症和死亡率应选择纵隔淋巴结摘除术。产生这些不统一的主要原因,在于所获得的结果多来自于对手术病例回顾性的总结。

为探讨非小细胞肺癌外科治疗中系统性纵隔淋巴结清扫术的作用,我们医院1989年~1995年期间,采用随机分组法,前瞻性研究了320例Ⅰ~Ⅲa非小细胞肺癌淋巴结清扫范围对长期生存率的影响[7]。本组资料提示,肺门纵隔淋巴结清扫术(研究组)相对于仅行肺门淋巴结清扫(对照组)而言,提高了整组的长期生存率,最明显的是,提高了Ⅰ期病人的术后生存率,两者的生存曲线的差异在统计学上有显著性意义(Log Rank 6.04, P =0.0140)。因此有益的提示是,越是早期的肺癌病例,越是需要进行纵隔淋巴结的清扫术。已有纵隔淋巴结转移的 N_2 病例,实际上是进入了一种全身疾病的状态,纵隔淋巴结清扫的意义就没有早期局限性疾病的意义那么大了。肺门纵隔淋巴结清扫术提高肺癌病人外科治疗的术后生存率,

一个重要的原因是减少了肺癌术后的复发和转移。研究组在整体上降低了肺癌术后的复发转移率,其中尤以胸腔内的淋巴结转移减少为明显。这意味着这种术式在肿瘤局部控制上的成功。因此,肺叶或全肺切除加系统纵隔淋巴结清扫术应列为非小细胞肺癌的规范性手术,该手术方式并没有增加围手术期的合并症和死亡率。

为进一步证实系统纵隔淋巴结清扫术在非小细胞肺癌外科治疗中的作用,我们对非小细胞肺癌纵隔淋巴结跳跃性转移(即没有伴肺门淋巴结转移的 N_2)的意义作了研究[8],结果如下:

1982~1994 年我院行外科手术的非小细胞肺癌患者共 1 125 例,其中基于 1997 年非小细胞肺癌分期Ⅲa-N_2 者 176 例,术后病理诊断证实无肺门淋巴结转移即跳跃性转移者 53 例。所有患者均行肺叶切除或全肺切除术,加肺门、纵隔淋巴结清扫术,达到 R_0 或 R_1 根治术标准患者在跳跃组为 47 例(占 88.6%),非跳跃组为 106 例(86.2%),其他病人由于有肿瘤残留而列为非完全切除(R_2)。根据肺癌纵隔淋巴结分布图,将纵隔淋巴结分为三区:①上区包括最上纵隔、气管旁、气管前、气管后和气管支气管拐角淋巴结;②主动脉区:包括主动脉窗及主动脉旁淋巴结;③下区包括隆突下,食管旁和下肺韧带旁淋巴结。纵隔淋巴结转移的范围分为三个水平:①L_1 指任一区转移;②L_2 指任二区转移;③L_3 指三区均有转移。两组病人中纵隔淋巴结的转移区域相似,跳跃组和非跳跃组总的 5 年生存率为 29% 及 12%,(P =0.038)两组之间有显著性差别,两组共 176 例患者中 L_1 水平转移 127 例的 5 年生存率为 23.5%,L_2 及 L_3 水平转移 49 例 5 年生存率为 10.5%(P =0.034)。两组病例中 L_1 水平转移者 5 年分别为 32% 比 15%(跳跃组比非跳跃组,P =0,042)。跳跃组的预后与非跳跃组的相比有显著性差别(P =0.038),这可能与跳跃组纵隔淋巴结转移的范围较非跳跃组者小有关,前者纵隔淋巴结转移多局限于某一区域,(即 L_1 水平,占 92.4%)。揭示了跳跃性纵隔淋巴结转移,可作为 NSCLC N_2 期的亚组,支持即使在肺门淋巴结没有转移也要完整的行纵隔淋巴结清扫术的观点。

系统纵隔淋巴结清扫术不仅能延长非小细胞肺癌病者的生存率,而且能提供准确分期,以便进一步制定更为合适、更为个体化的多学科综合治疗方案。

非小细胞肺癌术后根据病者手术病理分期制定术后辅助治疗方案。因 N 状态是最有意义的预后因素,所以术后辅助治疗方案制定很大程度取决于 N 状态。为探讨非小细胞肺癌患者中 N_1 的临床意义及与 N_0 和 N_2 的异同,以 1982 年 1 月至 1994 年 12 月我院 138 例行根治性手术(肺叶或全肺切除加系统性肺门纵隔淋巴结清扫术)N_1 期 NSCLC 患者为研究对象,依据肺癌淋巴结分布图将 N_1 分为叶内 N_1 与叶外 N_2 两亚组,与同期 N_0 期 307 例、N_2 期 176 例行根治性手术 NSCLC 患者作比较,分析术后 5 年生存率[10],结果如下。

138 例 N_1 期 NSCLC 患者 5 年生存率为 30.4%,而同期 N_0、N_2 患者 5 年生存率分别为 51.4%、17.3%,N_2 中 L_1N_2、L_2-N_2 患者 5 年生存率分别为 23.5%、10.5%。N_0 期与叶内 N_1 期、N_2-L_1期与叶外 N_1 期患者 5 年生存率无显著性差别;N_0 期与叶外 N_1 期、叶内 N_1 期与 N_2(L_1)期患者 5 年生存率比较有显著性差别(P =0.001)。本研究的结果提示 N_1 期 NSCLC 包含着两种类型淋巴结转移的情况,即叶内 N_1 临床特点与 N_0 相似,而叶外 N_1 临床特点与局限于单一区域 L_1-N_2 相似,国外学者已有这方面类似的结果报道:Yano 等报告 N_1 期 NSCLC 患者中叶

内 N_1 的 5 年生存率明显高于叶外 N_1 期患者，这一结果与 Van Velzen 等[11]最近报道的结果一致。本文所提示 N_1 期 NSCLC 两种不同临床特点亚组的研究结果，可为制定术后治疗方案提供新的思路。

所以，我们认为非小细胞肺癌完全切除的金标准应包括系统纵隔淋巴结清扫术，它不仅能延长非小细胞肺癌病者的生存率，而且能提供准确分期，以便进一步制定更为合适、更为个体化的多学科综合治疗方案。

三、外科分期的重要性

分期是选择非小细胞肺癌的治疗决策的重要依据，Ⅰ、Ⅱ期非小细胞肺癌的治疗首选外科治疗，对于局部晚期非小细胞肺癌，外科手术仍然是最有效的局控手段。现代分期的方法包括基于影像学的 CT、PET-CT、经皮或经食管或经气管细针穿刺，和基于外科手术的纵隔镜、胸腔镜。经颈纵隔镜由于对第 8、9、5、6 组淋巴结的评估较难，其对 N_2 分期的准确性约为 81% ~89%，我院纵隔镜诊断纵隔淋巴结转移的灵敏度为 87.5%，特异度为 100%。对于熟练掌握经颈纵隔镜技术的外科医生来说，纵隔镜手术的死亡率及并发症极低。可切除的非小细胞肺癌只要纵隔淋巴结大于 1cm，均推荐行纵隔镜检查。随着胸腔镜的技术越来越成熟，目前胸腔镜作为一种新的分期手段越来越广泛地应用于临床，与其他方法相比，具有一定的优势：对第 8、9、5、6 组淋巴结的评估较易；确诊同侧或对侧肺是否有肺内转移；是否有胸膜转移；还可判断是否能完全切除肿瘤（包括原发灶及淋巴结），对于临床疑为Ⅲb 期的患者，进一步分期的准确率可达 90% 以上。

外科分期具有较高的准确率及安全性，而分期是选择非小细胞肺癌的治疗决策的重要依据，因此，对于可切除的非小细胞肺癌患者治疗前推荐行外科分期。

四、术后放疗的证据

1998 年英国 Stewart 等发表了非小细胞肺癌术后放射治疗的 Meta 分析报告。结果是，术后放射治疗对生存率有负面影响，死亡危险性增加了 21%，等于 2 年生存率下降了 7%，即从 55% 降为 48%。进一步的亚组分析，负影响最大的为 N_0、N_1 的Ⅰ、Ⅱ期病人，N_2 病人的负影响则不明显，死亡危险性增加并非来自肿瘤本身，而是术后放射治疗的远期毒副作用，而且多数患者系采用钴^{60}放射源以及旧的放射野设计。那么，新的放疗技术改进能否减少术后放射治疗的远期毒副作用，从而提高患者的生存率？在 2001 年美国临床肿瘤会上，Stella P. 等[12]报道了Ⅲ期 NSCLC 化疗与常规或超分割（AHTRT）放疗前瞻性随机对照Ⅲ期临床试验结果，246 例患者随机分为两组，一组接受常规放疗（60Gy/30 次/6 周），另一组接受 AHTRT（30Gy/20 次 Bid/6 周），在放疗期间的第 1 ~3 天及第 28 ~30 天，两组病例都接受 VP-16（100mg/m^2）和 DDP（30mg/m^2），两组病例的非血液系统毒副作用包括食管炎、肺炎、呼吸困难等发生率相似（54% vs61%），血液系统毒副作用包括血小板减少症、粒细胞减少症等发生率相似（30% vs19%），两组各有 2 例患者死于急性毒副作用，远期毒副作用、TTP（9.4 月 vs9.6 月，P =0.85）、生存率（14 月 vs15 月，P =0.057）、2 年局部复发率（45% vs50%，P =0.63）无显著性差异，得出 AHTRT 与常规放疗相比，在减少毒副作用上并无优势可言。距离 1988 年非小细胞肺癌术后放射治疗的 Meta 分析报告发表已 6 年过去了，其留下的悬念——NSCLC 完全切除术后患者是否行放疗怎样呢？1999 年，GETCB 发表了 728 例前瞻性随机对照研究的结果[13]：其中Ⅰ期221例，Ⅱ期221例，Ⅲ期327例。5年生存率术后放疗组30%，单纯手术组43%（RR值1.33，$P=0.002$）。放疗对局部复发和远处转移没有统计学意义上的影响。看来，1998年提出的N_2期NSCLC是否需要术后辅助放疗的悬念，经过6年的时间仍未得到解决。因此，术后放射治疗目前仍无证据适合于完全切除的非小细胞肺癌病人，不应列为常规使用。

五、术后化疗的证据

在1995年非小细胞肺癌协作组在BMJ杂志上发表了该问题的Meta分析报告以后，先后发表了多篇术后辅助化疗的随机对照研究，以2000年发表在NEJM，以及2003年第十届国际肺癌会议上的意大利ALPI（Ajuvant Lung Project Italy），法国的IALT（International Adjuvant Lung Cancer Trail），英国的BLT（The Big Lung Trail）最引人注目，可谓“各路英雄”齐心奋战，但绝多数都以“战败”而告终，只有法国的IALT[2]让人们在失望中看到希望，术后辅助化疗使非小细胞肺癌患者5年生存率提高5%（$P<0.03$，RR=0.83），5年生存率提高5%确实不容易，正如美国Dana-Farber癌症研究所的Johnson教授所说，这相当于每年有7 000例肺癌患者因术后化疗而免于死亡。

我院1998年报道了70例Ⅰ～Ⅲ期非小细胞肺癌完全切除术后辅助化疗随机研究的结果[14]，辅助化疗组和单纯手术组5年总的生存率分别为48.6%、31.4%无显著性差异，但Ⅲ期的患者5年总生存率分别为44.0%、20.8%，差异有显著性。本研究虽然病例数较少，但在对Ⅲ期非小细胞肺癌患者的术后化疗缺乏证据的条件下提出了我们的观点。

2004年10月份JOC杂志，发表了距1995年后一篇新的Meta分析[4]，总结了2000年后发表的11篇文献，共有5 716例非小细胞肺癌患者术后化疗和单一手术的比较，含铂类化疗使死亡危险降低了11%。

目前还有两个Ⅲ期临床试验（加拿大的JBR10和美国的CALGB9633）的初步结果提示第三代的化疗药物能进一步的提高早期非小细胞肺癌术后的疗效[4,5]。JBL10把患者定位在Ib～Ⅱ期的患者，接受长春瑞滨加顺铂化疗组5年总生存率提高了15%（69% vs54% $P<0.05$），CALGB9633更是把患者定位在Ib，接受紫杉醇加卡铂化疗组4年总生存率提高了12%（71% vs59% $P<0.05$）。这两个使用的三代化疗放案作为非小细胞肺癌术后辅助化疗的随机对照研究的结果令人信服，可作为早期肺癌术后的治疗标准。

六、新辅助化疗的证据

1994年Rosell和Rose报道了两个非小细胞肺癌新辅助化疗前瞻性随机研究结果，掀起了非小细胞肺癌新辅助化疗热潮，尽管前景相当诱人，但目前仍没有令人信服的结果。法国胸部协作组Ⅲ期临床试验的结果[6]只提示新辅助化疗有延长Ⅰ、Ⅱ期非小细胞肺癌生存率的趋势，对Ⅲ期非小细胞肺癌没有得益。2003年国际肺癌大会上，有3个较大病例数的有关术前化疗的报道[15~17]，可喜的是其中2个随机试验来之中国，遗憾的是其中两个试验的结果显示术前化疗并不能提高长期生存率，廖美淋等的研究结果还表明Ⅱ期患者的术前化疗更带来不利的影响。

基于目前的证据达到的共识，术前化疗不宜常规用于Ⅰ、Ⅱ期的非小细胞肺癌，对于Ⅲa-N_2期者的作用在2001年美国临床肿瘤会上已得到倾向性的承认，特别是对“T降期”的作用已得到共识。另外认为术前化疗期间出现“T”进展的发生率仅有3%～5%。有关新辅助化疗对手术安全性的影响，包括患者的耐受性的及手术安全性的分析，认为并没有增加手术的并发症及死亡率，但来自法国的经验是新辅助化疗在一定程度上提高了围手术期合并症如支气管残端瘘和脓胸，提高了右全肺叶切除的死亡率。我院[18]2000年报道了100例Ⅲa非小细胞肺癌患者术前行MVP（MMC、VDS、DDP）方案化疗，评价新辅助化疗对手术安全性的影响，我们的经验是新辅助化疗增加了术后心律失常的发生率。

七、Ⅲa-N_2期非小细胞肺癌的治疗

Ⅲ期N_2非小细胞肺癌（NSCLC）居临床就诊的肺癌患者的1/3以上，其外科治疗5年生存率仅有15%左右，从治疗学的观点看，Ⅲa-N_2 NSCLC可分为可切除和不可切除两大类，可切除的Ⅲa-N_2 NSCLC包括了影像学上单站或多站纵隔淋巴结转移但估计能完全切除的病例，称为偶然性的Ⅲa-N_2，不可切除的Ⅲa-N_2 NSCLC包括了影像学上有纵隔的团块状阴影，纵隔镜检查阳性的患者，称为边缘性的Ⅲa-N_2。对于临床分期已确定为Ⅲ期N_2 NSCLC患者，关键问题是要确定哪一部分的患者是属于有潜在可能治愈的病例，哪一部分的患者对外科治疗可能无效。术前怎样根据众多已知的预后因素评估手术治疗可行性？各有说法。

（一）偶然性的Ⅲa-N_2期非小细胞肺癌的外科治疗　我院1982～1996年266可手术Ⅲ期N_2 NSCLC为研究对象，探讨Ⅲa-N_2 NSCL外科治疗的可行性及影响预后的因素。266例患者均行肺叶切除或全肺切除，加肺门、纵隔淋巴结清扫术。达到R_0或R_1根治术标准患者为231例（86.9%），其他病人由于有肿瘤残留而列为不完全切除（R_2）。266例N_2期NSCLC患者5年生存率为17.3%，而同期N_0、N_1患者5年生存率分别为51.4%、30.4%。

本研究结果表明266例Ⅲ期N_2的非小细胞肺癌患者手术治疗后5年生存率为17.3%，明显低于同期N_0、N_1的患者，提示纵隔淋巴结转移为影响非小细胞肺癌患者手术疗效的重要因素，而且多因素分析结果提示纵隔淋巴结转移数目与非小细胞肺癌患者术后生存率成正相关，为影响预后的独立因素之一。

依纵隔淋巴结转移区域而分，上纵隔区、主动脉区、下纵隔区淋巴结转移三组患者术后5年生存率无明显差别（22.5% vs14.2% vs20.% $P=0.256$），但有两个以上区域纵隔淋巴结转移患者5年生存率比单个区域纵隔淋巴结转移者差（10.5% vs23.5%，$P=0.032$）。手术性质是影响生存率最大的变量，当手术性质从完全切除变为不完全切除时死亡的危险性增加58%。影响Ⅲa-N_2 NSCLC预后的因素很多，从外科角度看，我们的经验是：①系统纵隔淋巴结清扫术、②纵隔淋巴结转移数目、转移程度、③肿瘤完全切除，为影响NSCLC患者预后的三大重要因素。因此，我们认为对于单区域纵隔淋巴结转移估计能完全切除Ⅲ期N_2 NSCLC的病例为外科手术的适应证，术中应该做到原发肿瘤及纵隔淋巴结完全切除，对于两个以上区域纵隔淋巴结转移的患者由于外科手术的5年生存率较低可考虑术前化疗，至于术前化疗是否能提高所有可切除Ⅲ期N_2 NSCLC患者5年生存率目前仍没有足够的证据。

（二）同时化放疗能否代替手术治疗Ⅲ-N_2期的非小细胞肺癌？

Ⅲa-N_2期非小细胞肺癌外科手术的效果一直不尽人意，就是行完全切除术后的患者，也很容易发生局部复发及远处转移，特别是脑转移的发生率高达40%，5年生存率

15%～20%。因此，在Ⅲa-N_2期非小细胞肺癌的治疗中，外科手术的地位日益受到挑战，到底是否有另外一种治疗模式能替代外科手术呢？在2003年国际肺癌会议上，来自北美（RTOG93-09）Ⅲ期临床试验[20]回答了这一问题。该研究共有429例患者，PS评分0～1，分期$T_{1\sim3}$，pN_2，M_0，均为可切除，在接受两个疗程的化疗（DDP 50mg/m^2，$d_{1,8}$；Etoposide 50mg/m^2，$d_{1\sim5}$）及同时放疗（45Gy）后随机分成两组，一组接受手术，另一组继续放疗至总剂量达61Gy后，再行2疗程EP方案的化疗，结果如表3。

Tab.3　Phase Ⅲ results from North American intergroup trail（RTOG93-09）

Group	NO. Patients	$G_{3\sim4}$, Esophagitis(%)	MST(M)	3yr PFS(%)	3yr OS(%)
Surgery	201	9	14.0	29	38
R+T	191	20	11.7	19	33
		$P=0.001$	$P=0.02$	$P=0.02$	$P=0.51$

该试验的结果告诉我们，Ⅲa-N_2期非小细胞肺癌的患者，同时化放疗诱导治疗后行手术的3年无瘤生存率优于行放化疗，但还需要更长的随访时间证实外科手术参与治疗的优势。

（三）边缘性Ⅲ期N_2非小细胞肺癌治疗的现状　可切除的NSCLC的病例，治疗重点是手术切除，术前化疗能否提高生存率目前仍没有令人信服的证据。不可切除的局部晚期非小细胞肺癌目前标准的治疗模式为含铂方案的化疗与放射治疗的联合，而且同时化放疗优于序贯化放疗模式。来自20世纪90年代的6个Ⅱ期临床试验[21～26]表明，如采用诱导化疗出现分期下调，病变转化为技术上可切除的非小细胞肺癌，建议手术，其效果是否优于序贯化放疗模式，有待Ⅲ期临床的研究结果的回答。1999年1月～2002年12月，我院76例不可切除Ⅲa-N_2期非小细胞肺癌经过两个疗程的NVB+卡铂的诱导化疗后，84%（64/76）的患者可转化为手术切除，其中56例患者获得完全切除（肺叶和全肺切除加纵隔淋巴结清扫扫术），8例为不完全切除，进一步说明术前诱导化疗提高了非小细胞肺癌的切除率，而并没有增加围手术期的合并症及死亡率。完全切除后的56例患者中位生存期为28.2月，1年、2年、3年生存率分别为70%、52%、38%；为不可切除的Ⅲa-N_2期非小细胞肺癌的治疗提供了新的思路，为今后的Ⅲ期临床试验奠定了理论基础。

八、基于循证医学非小细胞肺癌的治疗决策

非小细胞肺癌患者治疗前的分期决定其治疗决策，Ⅰ、Ⅱ期及部分Ⅲa的患者首选外科治疗（完全切除加纵隔淋巴结清扫手术），除Ia患者外术后建议含铂类的药物化疗；局部晚期非小细胞肺癌患者选择联合化放疗，诱导化疗或化放疗后手术的治疗模式仍未被充分肯定，有待Ⅲ期临床试验的结果进一步证实。

参考文献

1　吴一龙，黄植藩，戎铁华，等．基于1997年分期的非小细胞肺癌术后分期和生存分析．中华肿瘤杂志，1999；21(5)：363～365

2　The International Adjuvant Lung Cancer Trail Collaborative Group. Cisplatin-based adjuvant chemotherapy in patients with completed resected non-small cell lung cancer. N Engl J Med, 2004; 22: 351～360

3　Hotta k, Matsuo K, Ueoka H, et al. Role of adjuvant chemotherapy in patients with resected non-small cell lung cancer: reappraisal with a meta-analysis of randomized controlled trails. J Clin Oncol, 2004; 22(19): 3860～3867

4　Winton T, Livingston R, Johnson D, et al. Aprospective randomized trail of adjuvant vinorelbine and cisplatin in completely resected stage Ⅰb and Ⅱ non-small cell lung cancer intergroup JBR. 10 (c). Proc Am Soc Clin Oncol,2004;23 (suppl): 7018a

5 Strauss G,Herndon J,Maddaus M,et al. Randomized clinical trail of adjuvant chemotherapy with paclitaxel and carboplatin following resection in stage I b non-small cell lung cancer:Report of Cancer and Leukemia Group B Protocol 9633 (c) Proc Am Soc Clin Oncol,2004,23(suppl): 7019a

6 French Thoracic Cooperative Group,Preoperative chemotherapy followed by surgery compared with primary surgery in respectable stage I (expet T_1N_0), Ⅱ, and Ⅲa non-small cell lung cancer. J Clin Oncol,2002;20(1): 247~253

7 Martini N,Flehiger BJ,Zaman MB. Results of resection in non-oat cell carcinoma of the lung With medastinal lymph node metastases. Ann Surg,1983;198: 386~397

8 吴一龙,王思愚,黄植藩,等. Ⅰ~Ⅲa 非小细胞肺癌淋巴结清扫范围的前瞻性研究. 中华肿瘤杂志,2001;23(1):43~45

9 王思愚,吴一龙,区伟,等. 非小细胞肺癌纵隔淋巴结跳跃性转移的研究. 中华肿瘤杂志,2001;23(5): 259~261

10 王思愚,吴一龙,黄植藩. N_1 期非小细胞肺癌预后分析. 肿瘤, 2001;21(3):117~119

11 Van Velzen E,Snijder RJ,Brutel de la Riviere A,et al Lymph node type as a prognostic factor for survival in $T_2N_1M_0$ non small cell lung cancer. Ann Thorac Surg, 1997;63: 1436

12 Stella P, Marks R, Schild S,Phase Ⅲ trail of chemotherapy plus erther standerd radiotherapy (QD-RT) or accelerated hyperfractionated thoracic radiotherapy (AHTRT) for staged Ⅲ non-small cell lung cancer. Proceedings of ASCO,2001;20: 312a

13 Dautenberg B,Arriagada R,Chammard AB,et al. A controlled study of postoperative radiotherapy for patients with completed resected nonsmall cell lung cancer. Cancer, 1999;86: 265~273

14 徐光川,戎铁华,林鹏. 非小细胞肺癌术后辅助化疗随机研究. 中华肿瘤杂志,1998;20(3): 228~230

15 Alain Depierre. 5-year results of the French randomized study comparing preoperative chemotherapy followed by surgery and primary surgery in stage I(except T_1N_0), Ⅱ and Ⅲ non-small cell lung cancer. Lung cancer,2003;41 (supp 2): s62

16 MeiLin Liao. The study of preoperative chemotherapy in stage Ⅰ~$Ⅲ_A$ NSCLC. Lung cancer,2003;41(supp 2) : s63

17 Qinghua Zhou A ramdomized clinical trail of preoperative neoadjuvant chemotherapy followed by surgery in the treatment of stage Ⅲ non-small lung cancer. Lung cancer,2003;41(supp 2): s45

18 王思愚,吴一龙,黄植藩,等. 新辅助化疗对$Ⅲ_A$ 非小细胞肺癌手术安全性的影响. 肿瘤,2000;20(5):346~348

19 王思愚,吴一龙,戎铁华,等. Ⅲ期 N_2 非小细胞肺癌外科治疗. 中华肿瘤杂志,2002;24(6): 605~608

20 M. Wolf,H. Muler,U. Seifart, et al. Ramdomized phase Ⅲ trail of adjuvant radiotherapy vs adjuvant chemotherapy in patient with N_2 positive non-small cell lung cancer. Proceedings of ASCO,2001;20: 311a

21 Albain KS,Rusch VW,Crowley JJ,et al. Concurrent Cisplantin-etoposide plus radiotherapy followed by surgery for stages Ⅲa(N_2) and Ⅲb non-small cell lung cancer: mature results of Southwest Oncology Group Phase Ⅱ Study 8805. J Clin Oncol,1995;13: 1880~1892

22 Choi NC,Carey RW,Daly W,et al. Potential impact on survival of improved tumor downstaging and resection rate by preoperative twice-daily radiation and concurrent chemotherapy in stage Ⅲa non-small cell lung cancer. J Clin Oncol,1997;15: 712~722

23 Martini N, Kris MG, Flehinger BJ, et al. Preoperative chemotherapy for stage Ⅲa(N_2) lung cancer:the Sloan-Kettering experience with 136 patients. Ann Thorac Surg, 1993;55: 1365~1374

24 Thoms M,Rube C,Semik M,et al. Impact of preoperative bimodality induction including twice-daily radiation on tumor regression and survival in stage Ⅲ non-small cell lung cancer. J Clin Oncol,1997;17: 1185~1193

25 Burkes RL, Ginsberg RJ, Shepherd FA, et al. Induction chemotherapy with mitomycin, Vindesine, and ciplation for stage Ⅲ unresectable non-small cell lung cancer: results of the Toronto phase Ⅱ trail. J Clin Oncol,1992;10 : 580~586

26 Sugarbaker DJ,Herndon J ,Kohman LJ,et al. Results of Cancer and Leukemia Group B protocol 8935. A multiinstitutional phase Ⅱ trimodality trail for stage Ⅲa(N_2) non-small lung cancer. J Thorac Cardiovasc Surg,1995; 109: 473~485

---

1 广东省科技厅重点科技项目(2KM04402S)

2 肿瘤医院内科

局部晚期非小细胞肺癌完全性切除术后预后因素的Cox回归分析

张国庆 孙 伟 庞作良 高胜利 阿迪力 王伯庆

新疆医科大学附属肿瘤医院肺癌诊疗中心 新疆乌鲁木齐市 830011

肺癌的发病率及死亡率在世界范围内仍比较高，其恶性程度高，预后差。60%非小细胞肺癌患者确诊时病变已属局部晚期。Ⅲa（$T_{1\sim2}N_2M_0$，$T_3N_{1\sim2}M_0$）或Ⅲb（任何TN_3M_0，T4任何NM_0）期的非小细胞肺癌（non-small cell lung cancer，NSCLC）完全性手术切除仍为其主要的治疗手段。对其预后因素的研究，对于判断预后，指导合理的临床治疗，提高生存率均非常重要。局部晚期非小细胞肺癌（locally advanced non-small cell lung cancer，LANSCLC，Ⅲa、Ⅲb期）术后患者，其生存率参差不一，造成这种差异的因素包括手术方法、病理类型、原发肿瘤的范围、淋巴结转移的个数等。本文回顾性地总结了52例后病理分期为Ⅲa、Ⅲb患者的临床、病理及治疗方法，分析其与生存率的相关性，试图了解其影响预后的因素。

一、材料和方法

1.研究对象 2002年1月～2004年2月52例行肺原发肿瘤完全性切除及系统淋巴结清扫术、经手术后病理证实为Ⅲa、Ⅲb非小细胞肺癌的患者。中位年龄为54岁（42～72岁），其中男性33例（占63.5%）、女性10例（占36.5%），男女之比为1.7:1，肺鳞癌33例，肺腺癌12例，腺鳞癌2例，大细胞肺癌2例，类癌3例，所有病变均为中央型肺癌。完整的病史及随访资料包括年龄、性别、Karnofsky评分、原发肿瘤部位、病理类型、病理TNM分期、淋巴结转移的个数、手术清除的淋巴结个数、术后化疗周期数、存活状态及生存期。病理分期按UICC1997年国际肺癌分期标准，淋巴结分组依据1997年公布的标准。

2.统计处理 生存期计算自治疗日至死亡或末次随访日（2004年2月），随访期内存活者以截尾数据计算，死亡者以完全数据计算。用SPSS12.0.1软件进行统计分析，用Kaplan Meier曲线绘制生存率曲线、Logrank检验生存率差异，用Cox单、多因素分析评价各因素对生存率的影响。

二、结果

1.生存率 本组1、2、3年生存率分别为96.5%、77.7%、24.9%。

2.单因素分析 运用Cox回归模型对10项临床因素进行单因素分析，在$\alpha=0.05$水平，筛选出对LANSCLC完全性切除术后预后有影响的 4 项因素（$P < 0.05$）（见表 1）。

表 1　Cox 单因素分析有显著意义的 4 项因素

因素代号	因素名称	赋值
X3	Karnofsky 评分	1，>80 分；2，60～80 分；3，<60 分
X8	T 分期	1，T_3；2，T_4
X9	转移淋巴结数	1，0；2，1～3；3，4～7；4，>8
X10	手术清除淋巴结数	，<10；2，10～15；3，>15

3. 多因素分析　对 10 个因素进行多因素 Cox 回归模型分析，用前进法挑选因子，在 $\alpha = 0.05$ 水平，筛选出 Karnofsky 评分、淋巴结转移数、清除淋巴结数等 3 项为影响 LANSCLC 完全性切除术后预后的主要因素（见表 2）。

表 2　Cox 多因素分析结果

	Covariables	B	Exp（B）	Sig.
X1	性别	0.629	1.825	0.362
X2	年龄	0.540	1.715	0.404
X3	Karnofsky 评分	2.241	3.572	0.049
X4	咳血	0.577	1.781	0.346
X5	肿瘤部位	0.910	0.566	0.877
X6	术后化疗	0.798	0.877	0.566
X7	病理类型	1.636	5.314	0.143
X8	T 分期	0.825	1.984	0.438
X9	淋巴结转移数	1.393	4.112	0.016
X10	清除淋巴结数	2.034	4.071	0.048

三、讨论

Ⅲa 期非小细胞肺癌术后患者的预后较差，国外文献对影响其预后的因素各个报告不尽相同，本文就本组资料结合文献报道来探讨影响其预后的素及其可能的原因。

1. 本组资料随访　截止为 2004 年 2 月，因此，1 年生存率（96.5%）较高与本组资料尚需要进一步随访有关。3 年生存率为 24.9% 与国内报道基本相似[1]。

2. 临床特点与预后　本组资料显示，年龄、性别、病变部位、有无咳血等与长期生存率无显著相性，与 Vansteenkiste 等[2]的报道相仿。有关非小细胞肺癌（NSCLC）老年人（规定大于 70 岁）的治疗文献总结表明，单个的年龄因素并不能成为治疗结果和耐受性的预后标准[3]，因此认为 NSCLC 患者的治疗方案应根据综合因素制定，而不应仅取决于年龄。与男性相比，女性腺癌的比例高为其特征，但很多研究证实女性具有较好的预后生存期，而且病情改善率也比较高，且 Wolf 发现这仅限于小于 60 岁的女性。因此上述临因素不能作为判断预后的独立指标。临床各因素中年龄越大预后越差早已被临床证实，将 Karnofsky 评分列为一个预后因素进行分析，报道不多[4]，本组单因素 Cox 回归分析发现 Karnofsky 评分为 LANSCLC 患者预后的影响因素之一，提示临床工作中不能忽略对患者一般状态的评估。

3. 病理特点与预后　在很多文献报道中，鳞癌的长生存率均高于其他病理类型，Vansteenkiste[2]在多因素分析中亦证实鳞癌的预后较好，腺癌预后较差与其易向淋巴道和血道转移有关。但本组料中，鳞癌、腺癌与其他类型的非小细胞肺癌的生存率差异无统计学意义。

4. 淋巴结转移与预后　Izbicki 等[5]的一项前瞻性机研究证实，预后因素可能受手术方法特别是纵隔淋巴结切除方法的影响，系统的淋巴结清扫常能发现更多个及更多组转移的淋巴结。本组研究均采取系统淋巴结清扫术，经 Cox 回归分析结果显示，淋巴结转移数分别为0,1～3与4～7,>8的预后差异有统计学意义($P<0.05$),而4～7,>8的预后差异无统计学意义($P>0.05$);手术清除的淋巴结个数三组间的(<10,10～15,>15)预后差异有统计学意义($P<0.05$),说明系统性淋巴清扫及手术后病理证实淋巴结转移的数量为预后的影响因素。Andre[6]、宋福杰等[7]也报道此因素被确认为重要的预后因素之一。

5.化疗与预后　多学科综合治疗已成为非小细胞肺癌治疗的基本方案,化疗在其中占了重要的位置。虽然越来越多的证据显示术后辅助化疗、新辅助化疗能提高NSCLC的生存期和生活质量,但仍存在很多的争议,Ⅰ、Ⅱ、Ⅲ期非小细胞肺癌完全切除术后辅助化疗不能延长生存和PFS[8,9]。本组资料中虽单因素及多因素分析,均未显示化疗周期对术后长期生存率的提高。而且关于LANSCLC完全性切除术后是否化疗及化疗周期数临床上一直存在不同的看法。ALPI Scagliotti GV[210]报道的多中心随机对照研究显示,与4个周期相比,延长化疗周期并不能改善生存期,但却增加了化疗毒性、影响了生活质量。本组研究经多因素分析证实,术后化疗4个周期与化疗小于4周期的患者生存率相比,经单、多因素分析,差异无统计学意义。化疗方案的选择及化疗的周期,目前尚需进一步探索中。

四、结 论

综上所述,我们发现LANSCLC Karnofsky评分、T分期、淋巴结转移的个数、手术清除淋巴结的个数是影响LANSCLC预后的重要因素。

参考文献

1　吴一龙,等.基于97分期的非小细胞肺癌的术后分期和生存研究.中华肿瘤杂志,199;21(5):363～365

2　Vansteenkiste JF, De Leyn PR, Deneffe GJ, et al. Survival and progostic factors in resected N2 non-small cell lung cancer: a study of 140 cases. Ann Thorac Surg,1997;63(5):1441～1450

3　Weinmann M, Jeremic B, Bamberg M, et al. Treatment of lung cancer in elderly part Ⅱ:small celllung cancer. Lung Cancer, 2003;40(1):1～16

4　高卫,王宝成,狄剑时,等.非小细胞肺癌预后因素的Cox回归分析.肿瘤研究与临床,2003;15(2):91～93

5　Izbicki JR, Passlick B, Karg O, et al. Impact of radical systemic mediastinal lymph adenectomy on tumor staging in lung cancer . Ann Thorac Surg,1995;59(1):209～214

6　Andre F, Grunenwald D, Pignon J P, et al. Survival of patients with resected N2 non small cell lung cancer: evidence for a subclassification and implications . J Clin Oncol, 2000;18(16): 2981～2989

7　宋福杰,王洲,刘凡英,等.纵隔淋巴结受累程度对Ⅲ期非小细胞肺癌预后的影响.中国癌症杂志,2004;14(3):469～471

8　Non-small cell lung cancer collaborative group. Chemotherapy in non-small cell lung cancer: a meta-analysis using updated data on individual patients from 52 randomised clinical trails. BMJ,1995;322: 899～909

9　吴一龙,杨学宁.非小细胞肺癌完全切除术后辅助化疗不能提高生存—来自ALPI的报告.循证医学,2004;4(2):91～93

10　Scagliotti GV, Foassati R ,Torri V, et al. Randomized study if adjuvant chemotherapy for completely resected Ⅰ, Ⅲ or ⅣA non-small cell lung cancer . J Natl Cancer Inst, 2003;95: 1453～1461

肺癌内科治疗的新进展

韩宝惠

上海市胸科医院　肺内科　上海　200030

肺癌作为严重威胁人类健康的头号恶性肿瘤其发病率和死亡率在我国大中城市均处于上升阶段,尽管人们的健康意识在不断提高,但由于我国庞大的绝对吸烟人数以及环境污染影响在短期内仍无明显改善趋势,因而,摆在临床医师特别是肿瘤治疗医师面前的任务是极其繁重和艰巨的。近年来,肺癌治疗领域取得了较大的进展,以多学科综合治疗和靶向治疗为代表的新治疗方法,为肺癌的治疗开启了一扇希望之窗,也极大地丰富了肺癌治疗的手段和方法,为提高肺癌的长期生存率和改善晚期肺癌患者的生存奠定了基础,本文就有关肺癌内科治疗领域的新进展作出综述。

一、完全切除的 NSCLC 术后辅助治疗(Ⅰ、Ⅱ、Ⅲ期)问题

完全切除的非小细胞肺癌手术后是否采用辅助化疗一直存在很大争议,从上世纪七十年代末到直到本世纪初,人们对完全切除的 NSCLC 采用术后辅助化疗能否提高长期生存率始终存有疑虑,而以往的研究大多是阴性结论。最具代表的文章是 1995 年英国医学杂志 BMJ 报告的 52 个随机对照研究(9387 例)汇萃分析结论:根治性 NSCLC 术后无须辅助化疗。这项评价汇集了全球有关非小细胞肺癌术后化疗随机对照研究的所有已发表论文和一部分未发表论文,是对此前 20 年治疗的总结,认为用当时的药物和方案(CAP、MAP、MOP、CAO 等)进行术后辅助化疗,对于大多数 NSCLC 病人的生存期没有明显影响,也无助于防止肿瘤的复发、转移。直到 2003 年之后,几篇有关 NSCLC 术后辅助化疗的重要文献结果发表后,奠定了 NSCLC 术后辅助化疗不可动摇的地位。这些极具影响的多中心随机对照研究包括:

1. Le Chevalier 负责的 IALT 研究　该研究共 1867 例完全切除的 NSCLC,其中Ⅰ期为 36%、Ⅱ期为 25%、Ⅲ期为 39%。术后辅助化疗方案采用以铂类为主的二联化疗方案。结果:术后化疗患者 2 年和 5 年生存率为 70%、44.5%,单纯手术为 67%、40.4%。5 年无病生存率辅助化疗组 39.4%,而单纯手术组为 34.3%。结论为术后辅助化疗有助于提高肺癌患者的长期生存率(5%)。

2. 2003 年及 2004 年 ASCO 会上日本报告了类似的研究结果　东京医科大学研究人员对 979 例早期肺癌($T_{1\sim2}N_0$ 肺腺癌)患者进行术后化疗的随机临床试验,化疗组术后口服“UFT”每天 $250mg/m^2$,连续二年。化疗组 5 年存活率达到 87.9%,与之相比,手术治疗组的 5 年存活率为 85.4%。分层分析 T1(Ia 期)术后辅助化疗与否对生存期无影响,二组 87.9% 比 85.4%,$P=0.876$。

T2 术后辅助化疗组 5 年生存率 84.9%,对照组 73.5%, P =0.05。术后化疗组毒副反应极低,Ⅲ度以上为 2.9%。上述研究报告提示除 Ia 期外的早期 NSCLC 术后辅助化疗能够提高长期生存率,对术后辅助化疗持肯定态度。

3. 加拿大和美国 JBR.10 对完全切除 Ib~Ⅱ期 NSCLC 术后辅助化疗研究　该研究共有 482 例 NSCLC 入组,方案为 NVB + DDP(诺维本 + 顺铂)结果 5 年生存率术后化疗组为 61%,而对照组仅为 48%(P <0.01)。术后辅助化疗提高 13% 的长期生存率。

4. 美国 GALGB 9633 研究　344 例完全切除的 I_B 期 NSCLC 术后采用泰素 + 卡铂方案,与对照组相比提高了 12% 术后长期生存率(5 年生存率化疗组 71%;对照组 59% P <0.01)。

上述随机研究结果提供了 NSCLC 术后辅助化疗最新的循证医学依据,成为今后一段时间指导我们临床术后辅助化疗的客观参考。然而循证医学的精髓是“与时俱进”的,令人充满希望的术后辅助治疗方法应当是靶向治疗。2003 年及 2004 年有数项 NSCLC 术后靶向及化疗后靶向辅助治疗进入临床研究阶段,其结果人们正拭目以待。

二、早期可切除 NSCLC 术前化疗问题

Ⅰ~Ⅱ期可切除的 NSCLC 患者术后出现远道转移是影响生存的最主要因素。Ⅰ期远道转移是局部复发的 3 倍,Ⅱ期 NSCLC 远道转移是局部复发的 4 倍。术前化疗潜在的作用是通过化疗消除术前和术中远道转移的隐患。从Ⅲa 期 NSCLC 新辅助化疗研究中得出的证据提示:新辅助治疗可能具有以下的好处。①新辅助治疗可减少原发肿瘤的肿瘤负荷,使随后进行的局部(手术)治疗更有可能获得成功。②新辅助治疗能够控制原本通过局部治疗所不能控制的病灶。③通过术前减少癌细胞的数量,可相应减少耐药细胞株的数量,减少手术过程中的血源播散和局部种植的发生率。④动物实验证实,术前给予全身化疗可以大大减少术后潜在转移灶的发生率。⑤新辅助治疗的治疗效果可通过手术从病理上得到验证,并能对随后的治疗提供指导性的指标(如分期、耐药、预后等相关的指标)。⑥对新辅助治疗有效的病例,由于病灶的缩小,能够使手术范围相对缩小,有利于在手术中最大保留正常肺组织的原则。而国外近年来的研究结果证实Ⅲ期 NSCLC 的新辅助化疗能够缩短肿瘤分期、提高手术完全切除率,尤其是化疗有效病员的手术完全切除率有明显提高。为此, Bimodality Lung Oncology Team (BLOT)设计了一项多中心Ⅱ期研究,对象为早期 T_2N_0、$T_{1\sim2}N_1$、$T_{1\sim3}N_{0\sim1}$纵隔镜检查阴性的 NSCLC,接受二个疗程的诱导化疗(TAX + CBP),随后手术,术后再接受同样方案三个疗程的化疗;诱导化疗的缓解率为 56%,86% 获完全切除,6% 病理学完全缓解。一年生存率为 85%,MST 正在随访中。2002 年美国 NIH 开展了术前化疗(新辅助化疗)在早期Ⅰ~Ⅱ期 NSCLC 与单纯手术的临床试验研究,以了解新辅助化疗在早期 NSCLC 中的作用和地位。目前 4 个临床随机对照研究中,有 3 个得出结论,认为术前化疗有助于提高手术切除率,减少转移,从而延长病人生存时间。2004 年 ASCO 年会中 Gery 教授发表了 Ib 期 NSCLC 术前给予泰素 + 卡铂的临床随机对照研究,结果术前化疗组术后 4 年生存率为 71%,转移率为 15%;而单纯手术组生存率仅为 51%,转移率为 26%。这些术前辅助化疗的临床研究结果无疑对开展类似研究具有参考和借鉴作用。

三、未完全切除的局部晚期 NSCLC 术后处理

未完全切除的局部晚期 NSCLC 定义为:术后病理切端阳性、术中有未切除的肿瘤或术后仍有肉眼可见肿瘤,淋巴结残留和最高纵隔淋巴结阳性等临床情况。临床随机试验结果提示:对该组患者采用局部与全身治疗相结合的术后化放疗可显著提高生存率和减少复发率。

2005 年 NCCN 对 NSCLC 治疗指南中术后切(残)端阳性的病人建议如能够行再次手术者可采用再次手术切除,不具手术条件者应在术后首先给予局部放疗或支气管腔内后装置放疗结合外照射放疗,然后再辅以全身化疗。对病灶切除不完全的病人,术后首先采用放疗或在全身化疗一个疗程后即开始给予早期放疗,而后辅以化疗,疗程以4~6个疗程为宜。同时,基于循证医学的最新证据,2005 年的 NSCLC 治疗指南对Ⅱ~Ⅲa 期术后存在以下情况者定为高危因素①不恰当的纵隔淋巴结切除;②肿瘤侵犯淋巴结包膜外;③多发肺门淋巴结转移;④正常组织距肿瘤切缘近。除建议给予术后辅助化疗外,还可根据情况加术后放疗。

四、局部晚期非小细胞肺癌治疗

局部晚期(NSCLC)定义为肺癌伴有纵隔淋巴结 N_2 转移或侵犯纵隔重要脏器的结构(T_4)或有锁骨上淋巴结转移的 N_3 患者(UICC 肺癌分期为Ⅲa 或 Ⅲb)。这组病人是肺癌多学科治疗中最为复杂,治疗方案最多也是最具争议的一组。其临床治疗效果不佳,Ⅲa 期 5 年生存率为 15%~23%,Ⅲb 期 5 年生存率仅为 6%~7%。近年来,国际上数个多中心随机临床试验结果对该组病人的治疗提供了新的循证医学证据。许多治疗观点上有了一些初步的共识,但还未成为推荐的治疗的方案。其中Ⅲa 期中包括了可切除或边缘切除的 N_2 局部晚期 NSCLC,对该组建议采用新辅助化疗+手术切除的治疗方法。国际上有超过 10 个随机临床试验研究显示术前新辅助化疗能够提高 N_2 患者的长期生存率,术前化疗患者的 5 年生存率为 28%,单独手术患者的 5 年生存率为 16%。上述研究(近期及长期生存率)结果提示新辅助化疗对控制Ⅲ期 NSCLC 的局部复发及远道转移均可起到有益的帮助。新辅助化疗一般术前以 2~3 个周期为宜,手术可在化疗后 20 天进行,手术方式强调肺叶切除加规范的系统性淋巴结清扫术。新辅助化疗自 90 年代开始应用至今虽取得了广泛的认可,但在具体应用上仍有可改进之处,如化疗方案、剂量的组合,最佳的入选病人等。目前所报告的新辅助化疗基本采用的是 MVP,NP,MNP 等方案所获得的研究结果,而对于近年来新化疗方案如泰素+顺铂(TP),健择+顺铂(GP),泰素帝+顺铂(DP),泰素帝+卡铂(DCP)在新辅助化疗中的疗效和地位仍有待进一步研究,2004 年 ASCO 年会中 EORTC Manegold 教授组织的Ⅱ期临床研究(08984),共有 46 例纵隔镜检查证实为 N_2 的Ⅲa 期 NSCLC 作为诱导化疗入选研究课题,方案:DOC $85mg/m^2$, d_1; DDP $40mg/m^2$ $d_{2,3}$;每三周为一疗程。初步结果耐受性较好,87% 完成三个疗程,RR 45%,MST 16.7 个月,一年生存率 64.6%。该研究是泰索帝联合顺铂作为Ⅲa 期 NSCLC 诱导化疗的新的尝试值得关注。2004 年欧洲肿瘤年会中法国 Maya Gottfried 教授报告了一项Ⅲ期临床试验结果,他采用改良的 NIP 方案作为新辅助化疗方案,其中 NVB 第 1 和第 5 天给药(NVB $25mg/m^2$ d_1、d_5, IFO $3g/m^2$ d_1, MESNA $3g/m^2$ d_1, DDP $80mg/m^2$ d_1,3 周为一疗程)作为Ⅱb(只包括 T_3N_0)、Ⅲa 和Ⅲb 期(只包括 T_4N_0)非小

细胞肺癌新辅助化疗方案。完成3个疗程NIP方案新辅助化疗的155例NSCLC患者中化疗有效率(RR)达到58.7%(84/143),仅3%的患者出现3～4度白细胞减少。化疗后平均30天患者能够接受手术治疗,手术的完全切除率达到74%,有28%的患者术后分期得到了有效的下降,手术死亡率仅为2.8%。该结果显示改良的NIP方案是局部进展NSCLC有效的新辅助化疗方案,NVB第1和第5天给药可以减少白细胞减低的发生率,而不会造成手术延期,是值得推荐的给药方式。

五、不可手术局部晚期NSCLC的化放疗问题

临床约70%的肺癌患者在确诊时已不能手术,对这部分的患者的治疗原则是采用全身+局部的多学科治疗。如何达到放疗和化疗的最佳结合仍有不同观点。联合化放疗的方法有序贯治疗(sequential)、同步治疗(concurrent)和交替治疗(alternation)3种模式,Marino分析自1980年到1994年间14个联合放化疗与单用放疗随机临床试验(共1887例,Meta分析)结果显示:与单用放疗相比,含铂类的放化疗方案1、2年病死率分别降低24%和30%。结论为联合放化疗1、2年生存率更佳。Pritchard所作的综合分析(2589例)显示:联合化放疗降低了1年和3年的死亡率。2003年David在J Clin Oncology(Vol 21 No10)发表了"Ⅲb期NSCLC同步放化疗后泰索帝巩固治疗:SWOG 9504 Ⅱ期临床研究结果"对Ⅲb期NSCLC同步放化疗的多学科治疗提出了新的见解。该组共有83位Ⅲb期NSCLC患者进入研究,化疗方案DDP 50mg/m^2 $d_{1,8,29,36}$; VP-16 50mg/m^2 $d_{1\sim5}$,$d_{29\sim36}$;放疗剂量为(61Gy),巩固治疗在放化疗结果后4～6周开始,DOC 75mg/m^2 ×3疗程。该组中位生存期(MST)为26个月,1、2、3年生存率为76%、54%、34%。放化疗及巩固化疗的毒副反应是可接受的。这篇文章第一次以全新的概念对同步放化疗后的巩固治疗进行了有益的探索,而其可贵之处在于,对Ⅲb期这一相对晚期的NSCLC在治疗策略上,不仅加强病灶的局控率,而且在同步放化疗结束后,后续的巩固治疗采用了近年来在临床上已被证实有效的单药泰索帝强化后期治疗,初步结果是令人鼓舞的。值得注意的是在SWOT 9504试验的45例治疗失败病例中有53%的死于远道转移,而脑转移又占其中的62.5%。目前美国SWOG对这一新方案进行了进一步的修正,在同步放化疗及后续泰索帝巩固治疗后再随机分成ZD1839组和安慰剂组,以进一步减少远道复发,提高长期生存率。同时提出在Ⅲb期经多学科治疗缓解后是否应用预防性脑照射降低脑转移发生率。这对今后探索Ⅲb期NSCLC多学科治疗具有借鉴作用。Ⅲ期NSCLC多学科治疗新辅助化疗基础上加用放疗或同步放化疗是近年来Ⅲ期NSCLC多学科治疗中新的动态。这些初步报告的结果是令人满意得,值得扩大研究样本进一步评估。今后随着有效低毒化疗药物的临床应用,标准剂量化疗(诱导)加同步放化疗或同步放化疗加巩固化疗(CT→ Concurrent CT/RT or Concurrent CT/RT→ CT)有可能在Ⅲ期不可手术的NSCLC治疗中成为最佳治疗方法之一。

六、进展期NSCLC铂类与非铂类化疗方案(一线治疗与二线治疗)

进展期NSCLC定义为Ⅲb～Ⅳ期NSCLC,80年代后期以铂类为主的联合化疗在肺癌的治疗中具有里程碑式的作用,无论从改善局部晚期肺癌患者的生活质量,延长生存期,还是肺癌手术治疗后的辅助化疗及无法手术的放化疗均发挥了良好的作用,但

在临床实践中也观察到,各种铂类化疗方案总的有效率在30% ~60%,同时也存在铂类化疗方案原发性和继发性耐药,尤其是多次铂类化疗耐药后的复治问题临床难以处理。荟萃分析显示Ⅳ期NSCLC以铂类为主的化疗较单用最佳支持疗法,死亡危险减少27%。进入本世纪随着新的有效抗癌药物临床应用,非铂类化疗方案又逐渐引起人们的注意。近年来不断有非铂类化疗方案的报告,总体来讲二药联合的方案中,非铂类的化疗方案的疗效要低于铂类化疗方案,如泰素 + 健择化疗方案治疗252例晚期NSCLC,有效率35%,中位生存期9.8个月,一年生存率为41.5%。非铂类化疗方案的耐受性好,毒副作用尤其是骨髓抑制和胃肠道反应方面要低于铂类方案。对部分二线化疗方案耐药者也有一定的疗效。三药联合的非铂类化疗方案(如GEM + IFO + NVB, GEM + TAX + NVB, DOC + NVB + IFO等)疗效要优于二药非铂类化疗疗效。如意大利报告TGN方案(TAX + GEM + NVB)治疗41例Ⅲb、Ⅳ期NSCLC的疗效缓解率(RR)达到66%,其中10%达到完全缓解(CR),中位生存期为13个月。2004年另一项DOC + NVB的非铂化疗方案治疗进展期NSCLC, NVB 45 mg/m^2, DOC 60 mg/m^2 d_1,每二周一次;共8个疗程。61例入选,RR为42%,中位疾病进展时间为160,预测的MST 14.1个月,一年生存率57%。

尽管化疗对局部晚期NSCLC的治疗有效性得到了充分的证实,但需要强调的是到目前为止化疗远非根治性治疗方法,化疗对肺癌治疗所获得的治疗益处仅以周来计算。另外,对于NSCLC联合化疗的短期疗效(缓解率)并不意味着长期生存率的提高。因此,化疗剂量并非愈高愈好,近年来,铂类化疗剂量已由原来最高的80mg ~ 100mg/m^2,逐渐采用70mg ~ 80mg/m^2。不少研究显示:新化疗方案如健择 + 顺铂方案等与第二代化疗方案相比(MVP、EP、MAP等)在短期疗效上未见统计学意义上的差别,但在改善生活质量、中位生存时间、肿瘤进展时间、1年及2年生存率上优于老方案。美国东部肿瘤协作组(ECOG)发表了4种化疗方案治疗晚期NSCLC的比较结果。这4种化疗方案为泰素 + 顺铂(TP),健择 + 顺铂(GP),泰素帝 + 顺铂(DDP),泰素帝 + 卡铂(DCP),即所谓的第3代含铂类化疗方案,研究结果上述4种化疗方案较以往的MIP和EP方案(1年生存率20% ~25%)能中度改善晚期肺癌的1年生存率达33%,2年生存率11%。

对于化疗疗效的进一步提高,CALGB9741有关乳腺癌治疗方案给我们很好的启示,该方案按照"剂量密度疗法(Dose-dense schedule)"的原理根据肿瘤生长动力学的数学模型(Norton-Simon 理论)将三周方案改为二周方案,结果使乳腺癌的复发风险减少了26% (P =0.01),3年死亡率减少了31%(P =0.012)。而单纯提高化疗剂量包括骨髓移植及干细胞支持下的高剂量化疗均未能有效的提高疗效。这些事实说明,掌握和深入了解肿瘤细胞生长的生物学行为,结合细胞毒化疗药物的特点能够最大程度的杀伤肿瘤细胞,最大限度的减少耐药细胞株进入细胞周期,从而有可能使化疗疗效进一步提高。

七、肺癌治疗的种族差异

循证医学的进步使我们能够在第一时间充分利用的先进、发达国家有关肿瘤的Ⅰ~Ⅲ期临床资料指导我们的临床实践。目前占大多数循证医学的依据来源于欧美国家的资料,在多数情况下这些临床循证医学的证据对亚洲包括中国人种的肺癌治疗具有较好的借鉴作用。但不可否认肿瘤化疗在其药代动力学、疗效、毒副反应等诸多方面存在明显的差异。这些差异也愈来愈受到临床肿瘤医师的重视，如 ZD1839 靶向治疗在日本人种和欧美国家在毒副反应尤其是治疗导致高于欧美国家的间质性肺炎的倾向引起了各国的高度重视。2004 年 ASCO 会议中比较了泰素 + 卡铂治疗 NSCLC 在美国及日本人种之间的种族差异，结果发现在相同剂量的情况下，日本人化疗后 IV 度血液毒性的发生率为 69%；而美国人仅为 26%；一年生存率日本人为 51%；而美国人则为 37%。在日本进行的 ALIMTA I 期临床试验中推荐的最佳剂量较欧美国家 500mg 高出近一倍达的 1 100mg。

八、肺癌靶向治疗

靶向治疗是肺癌治疗中新的研究和应用的热点，靶向治疗包括许多的内容，大体可分为

1. 受体靶向治疗　如抗 EGFR (ZD1839、C225、OSI-774) 等。其中以受体靶向治疗和抗肿瘤新生血管抑制剂的靶向治疗研究较为深入，已有多项研究进入临床 I ~ Ⅲ 期试验。仅在 2004 年美国 ASCO 年会中有关靶向治疗的文章就有 12 116 篇。其中主要有作用于 EGFR 酪氨酸激酶跨膜受体细胞内部分的抑制剂（ZD1839、Iressa），综合目前临床应用酪氨酸激酶抑制剂 Iressa 治疗在全球超过 20 万例的应用经验。总体有效率在 10% ~ 19%，症状改善率：35% ~ 43%，肺癌症状的缓解 85% 在 10 天内，毒副反应较轻（主要为皮疹、腹泻），对铂类耐药者也有效果。2004 年 ASCO 年会中法国 Gatineau 教授报告了 ZD1839 联合泰索帝治疗 NSCLC 的初步结果；治疗前检测血清可溶性 EGFR、HER-2 水平，ZD1839 250 mg 每日口服；DOC 75 mg/ m^2，每三周一疗程。共有 43 例入组，结果显示：总有效率（RR）为 21%，治疗前检测血清可溶性 EGFR、HER-2 水平并不能预测靶向治疗效果；治疗有效者可溶性 EGFR 水平维持稳定，而无效组 EGFR 水平显著升高。而 2004 年 ESMO（欧洲肿瘤年会）报告，非小细胞肺癌 EGFR 突变与 Iressa 治疗疗效相关。检测 NSCLC 的 EGFR 突变可作为用药的指标。2004 年 12 月 ASTRIZENED 一项进展期非小细胞肺癌 Iressa 随机双盲对照 1 692 例研究结果显示，与安慰剂相比 Iressa 未能夠延長 NSCLC 患者的生存。在所有患者中，HR 0.89，P =0.11，中位生存期分别為 5.6 個月 vs 5.1 個月；在腺癌患者中，HR 0.83，P =0.07，中位生存期分别為 6.3 個月 vs 5.4 個月。虽然研究显示在肿瘤的缩小方面 Iressa 有优势，但並未能转化为有统计学差异的生存期延长。但分层分析发现即使是随机入选，Iressa 对亚裔女性腺癌也有较高的缓解率。

INTACT I 和 INTACT Ⅱ 二项研究提示 Iressa 与 GEM + DDP 及 TAX + CBP 方案联合治疗并未显示有任何协同或相加作用，因而人们对化疗药物与靶向治疗联合仍存有疑虑。2004 年 ESMO 会议上法国肺部肿瘤研究组对泰素帝单药或联合 Iressa 作为 NSCLC 二线方案进行了Ⅱ期随机对照研究，该试验以一线化疗失败的进展期 NSCLC 为研究对象，有 44 例入组，男性 37 例，女性 7 例，平均年龄 62 岁，分两组，A 组：Iressa 250mg 口服一天一次 + 泰素帝：75 mg/m^2 d_1，21 天一个周期。B 组：泰素帝：75 mg/m^2 d_1，21 天一个疗程。其中期报告见下表。该结果使我们有理由相信泰素帝 联合 Iressa 是一种有前途的治疗方法。

针对 Eerb-1/EGFR 的酪氨酸激酶抑制剂（OSI-774）商品名 Erlotinib/Tarceva，根据Ⅱ期临床 127 例研究的结果显示 Tarceva 对从不吸烟或较少吸烟的腺癌、肺泡细胞癌敏感。另一项 488 例进展期 NSCLC Tarceva 二线或三线治疗的研究提示：Tarceva 可延长 NSCLC

复发患者的生存期,2004 年已获美国 FDA 批准作为二线及三线 NSCLC 治疗用药。

另一 EGFR 的单克隆抗体 C225 也进入非小细胞肺癌Ⅲ期试验。C225 作用于酪氨酸激酶受体的细胞外部分,作用机理上二者均不是细胞毒性药物,而是细胞稳定性药物,使细胞信号传导途径受阻,细胞不再生长。

附表　泰素帝 Iressa 与泰素帝单药治疗反应比较

	A(泰素帝 联合 Iressa)	B(泰素帝单药)
3-4 度白细胞下降	13 例(56.5%)	9 例(42.9%)
3-4 度贫血	2 例(8.7%)	1 例(4.8%)
3-4 度非血液毒性	厌食症、衰弱、皮疹、恶心、胸痛	腹泻、感染性休克
PR	4 例(12.8%)	2(10.5%)
SD	10 例(45%)	4(21.1%)

2. 肿瘤新生血管抑制剂　如 VEGF 抗体、IFN-α/2β、ZD6474、TNP-470、Endostatian/angiostatin 等。2004 年 ZD6474 已经进入临床 I-Ⅱ期研究,初步结果耐受性良好,疗效正在随访中。而另一项倍受人们关注的肿瘤新生血管抑制剂 AVSTIN 在大肠癌中被证实与化疗合用有助于提高疗效。2005 年一项 878 例随机对照研究证实了 Avastin 联合化疗(泰素 + 卡铂)能够延长进展期 NSCLC 长期生存,在此之前 Avastin 由于在 NSCLC 尤其是鳞癌患者治疗中导致致命肺部出血而暂停研究。因而,该研究剔除了肺鳞癌和有明显痰血患者。这项随机临床试验第一次证实对初治 NSCLC 接受 Avastin 和联合化疗能够显著延长生存(MST 12.5 月 比 10.2 月)。NCI 的 Eschenach 博士评论此项研究:该研究证实了肿瘤新生血管抑制剂在改善肿瘤患者生存中的作用,这对靶向分子治疗在肿瘤联合治疗中的作用具有重要意义。

3. Bortezomib(VELCADE,VC)　是一种选择性可逆的蛋白酶抑制剂,Ⅰ期临床试验显示对 NSCLC 有疗效。Michael Fanucci 等报告了一项Ⅰ期临床试验显示联合 Bortezomib 和泰素帝比其单药治疗有效且没有增加副作用。该研究中,Bortezomib 单药组有 3 例 PR,5 例病灶稳定,Bortezomib 和泰素帝联合治疗组有 5 例 PR,14 例病灶稳定,明显优于 Bortezomib 单药组。Bortezomib 和泰素帝联合治疗的主要副作用为恶心、中性粒细胞减少和疲劳。

生物靶向治疗虽然为肿瘤治疗增添了新的治疗手段并带来了新的革命,但要充分发挥靶向治疗的最大效果仍存在许多亟待解决的问题,包括治疗前靶点表达活性的检测,那些情况适合单一靶向治疗,那些需要多靶向联合治疗,多靶点联合治疗的顺序问题,肿瘤靶向异质性问题,靶向治疗与传统治疗如化疗和放疗如何达到最佳配合等临床现实问题。不可否认靶向治疗必将成为本世纪肿瘤治疗中最具潜力、最有希望带来突破的新疗法。

肺癌肿瘤标志物和蛋白质组学研究

冯久贤　李春海[1]

上海市胸科医院　上海　200030

肺癌作为威胁全世界人类健康的重大疾病,其死亡率高达13%,且呈逐渐上升趋势。肿瘤标志物通常是指肿瘤组织自身特有的可反映肿瘤存在和生长的物质,可在肿瘤患者组织、体液和排泄物中检出。现已发现的肿瘤标志物包括肿瘤特异性抗原及相关抗原、激素类受体、酶类、癌基因、抗癌基因及其产物等。虽然在常见肿瘤标志物中肺癌标记物最多,例如细胞角质片段21-1(CYFRA21-1)在各种细胞类型的肺癌中,阳性率为57.5%。早期患者阳性率低,有远处转移的患者可以明显增高,但CYFRA21-1无助于NSCLC的早期诊断。癌胚抗原(CEA,)首先发现于结肠癌组织,但并无组织特异型,肺癌、乳腺癌均有表达。CEA对NSCLE的敏感性为40%~62%,CEA与肺癌的分期有关,随着恶性程度的增加CEA表达量增加。单独使用CEA无助于早期诊断和良恶性疾病的鉴别诊断。另外谷胱甘肽-S-转移酶、血清CA125等标志物与肺癌预后相关。NSE与小细胞肺癌关系密切,敏感性为55%~57%,特异性为75%~95%目前作为诊断SCLC的首选标志物,但总的来说上述标志物均缺乏特异性,只能作为观察病情变化的参考指标。因此寻找和研究肺癌特异性强、敏感度高的标志物分子作为肺癌的疗效观察和早期复发转移的预警指标尤为重要。许多年来肿瘤研究工作者意识到仅依靠原有传统免疫检测技术:如免疫荧光、免疫酶标、免疫印迹以及分子原位杂交等技术,检测癌组织和细胞中的微量表达的组织特异性抗原\细胞系抗原或糖链异常合成的糖蛋白以及肿瘤相关的癌基因、抑癌基因等,已远远不能满足目前临床需要。

随着人类基因组测序的完成,基因组研究的重点已从结构基因学转向功能基因组学,而蛋白质组学正是功能基因组学的重要支柱。蛋白质组学是通过全局性研究基因组所表达的所有蛋白质在不同时间与空间的表达谱和功能谱,全景式地揭示生命活动的本质,也是发现疾病预防,预警的新的生物标记群和开发治疗药物靶标和创新药库的最有希望的研究,已成为21世纪生命科学的重要研究方向和领域[1]。蛋白质组学研究包括蛋白质表达和功能联系。高通量的蛋白质表达研究技术主要有蛋白质的分离、鉴定技术和生物信息学。蛋白质的鉴定技术主要为质谱法(MS),即利用样品离子化后,离子间的质荷比(m/z)的差异来分析确定样品的分子质量。常用的有两种,即电喷雾质谱(ESI-MS)和基质辅助激光解吸/电离飞行时间质谱(MALDI-TOF-MS)。生物技术的发展对新的肿瘤标志物的发现起了非常的作用,2D电泳结合MS、高压液相分析(HPLC)、表面增强激光解吸/电离飞行时间质谱(SELDI-TOF-MS),LC-MS-MS等技术使人们可以从蛋白质水平分析潜在的肿瘤标志物。蛋白组学技术可以高通量快速的筛选肿瘤不同发生阶段基因表达的蛋白质表达谱,尤其是组织与体液中所含有的与肿瘤相关的低丰度蛋白,从而发现大量有诊断价值的蛋白标志分子,而这些蛋白能够为肿瘤治疗提供新的靶点,为早期诊断提供有效肿瘤标志。联合多种标志物进行肿瘤的筛查将有望提高筛查的特异性与敏感性。

蛋白质芯片-飞行质谱技术(SELDI-TOF-MS)是近年发展起来的一种新的蛋白质分离技术,其原理是利用激光脉冲辐射使芯池中的分析物解析形成荷电离子,根据不同质荷比这些离子在仪器场中飞行时间长短不一,由此绘制出一张质谱图,经计算及软件处理可形成拟谱图,并可显示各种蛋白质的相对分子量和含量[2]。蛋白质芯片具有快速、简便易行、标本用量少和高通量分析的优点,它可直接检测各种体液或细胞裂解液。飞行时间质谱这一技术目前已应用于多种疾病标志的筛选,如癌症、老年病、感染性疾病、心血管病和神经系统疾病,认为可以提高多种疾病的阳性率,其中应用于癌症的最多。Patricia A等应用SELDI检测了转移性黑色素瘤、肉瘤和肾癌,敏感性达87%。他们认为,该方法根据独特的8~24条蛋白指纹图可以用于多种癌症的诊断,如肝癌、前列腺癌、乳腺癌、膀胱癌、卵巢癌、食道癌,其检测限为fmol/L。2003年举行的第94界肿瘤研究年会上,有48家著名医院作了这方面研究报告:伊利沙白女皇医院检测了肺癌,敏感性98%,特异性97%;据国内直肠癌研究,其报告敏感性为97.3%,特异性为92%;霍普金斯医学院、美国国立癌症研究所合作检测乳腺癌,敏感性93%,特异性91%;肝癌的敏感性为91%,特异性为89%;前列腺癌测定结果,敏感性85%,特异性85%;卵巢癌敏感性82%,特异性98%。上述的结果表明,其检测的灵敏度和特异性均高于传统的肿瘤标志。

国内肖雪媛等[3]运用这种技术分析了30名肺癌患者和20名健康人的血清样品,结果表明在肺癌患者血清中有15个差异表达的蛋白质。其中6个在肺癌患者血液中高表达,9个在肺癌患者血液中低表达。这些蛋白质有可能作为早期诊断的蛋白标记。Yanagisawa等[4]通过对非小细胞肺癌的蛋白质组图谱研究,在一组42例肺癌和8例正常的样品中建立了用蛋白质组型差异表达峰进行分类预测的模式。然后用37例肺癌6例正常肺样品进行盲查实验,结果提示上述模式能用于术后NSCLC病人精确的分类,预测转移和预后。

我们应用蛋白质芯片-飞行质谱技术检测肺癌患者手术前后血液标本,并以健康人群和非癌性肺部疾患为对照组。将肺癌组与对照组血液标本结果相比较,肺癌患者无论在术前或术后均具有多个高表达差异蛋白质,其中个别小分子蛋白质的表达在统计学上有显著性差异。其表达水平与病理类型和临床分期无关,手术前后的血液中均有表达,而在健康人和非癌性的肺部疾病患者中均无高表达。因此通过SEIDI-TOF-MS技术可以快速获得血液蛋白质表达图谱和含量,能够发现癌变状态下的差异表达蛋白质,同时通过盲筛进行敏感性和特异性分析。

肺癌的早期诊断,尤其是从人类血液中上万种蛋白质里筛选特异蛋白分子,予以确认并发展成临床肿瘤学标志物这仍然是肿瘤诊断研究领域中的难题,我们从肿瘤患者血液中寻找到个别特异蛋白质为肺癌的早期诊断提供了一个有价值的蛋白分子。同时肺癌及其术后复发已经成为进一步改善肺癌病人预后的主要障碍,急需相对特异的预测指标,预测哪些病人易复发,并及时采取理想的预防措施。总之积极开展基于体液分析的肺癌及其复发转移标志物研究和建立预测及诊断体系,达到简便快速、微创、实时和高通量;才能对疾病进行全程的观察和监视,及时发现和了解肺癌及其转移复发的发生、发展、治疗效果和疾病转归。这样对于降低死亡率,延长生存期和改善肿瘤病人的生活质量将有重大影响,会产生巨大的社会效益和经济效益。

参考文献

1 Hanash SM, Bobek MP, Rickman DS, et al. Integrating cancer genomics and proteomics in the post-genome era. Proteomics,2002; 2: 69~75

2 Merchant M, Wenderger SR. Recent advancements in surfacen hanced laser desorption/ionization-time of flight-mass spectrometry. Electrophpresis,2000;21: 1164~1177

3 肖雪媛,卫秀平,何大澄. 应用蛋白质芯片技术从血清中筛选肺癌标志蛋白. 中国科学,C 缉,2003;33(4): 323~328

4 Yanagisawa K, Shyr Y, Xu BJ, et al. Proteomic patterns of tumor subsets in non-small cell lung cancer. Lancet, 2003; 362(9382): 433~439

1 军事医学科学院附属医院

二军大免疫新成果治疗晚期肿瘤

第二军医大学免疫学研究所所长曹雪涛教授领衔的研究项目《树突状细胞的抗原提呈、功能调控及其来源的新基因的功能研究》2004 年 3 月初获得国家自然科学奖二等奖。

树突状细胞是一类非常重要的免疫细胞,它能及时发现病原微生物的入侵,并为人体建立起一套完善的免疫学“防御机制”,一旦遇到对机体有害的信号,便会启动机体免疫应答系统,达到防治疾病的效果。近 10 年来,第二军医大学免疫学研究所曹雪涛教授课题组从人树突状细胞中克隆了多条新基因,率先揭示了多种新基因的功能,有的新分子获得了国际组织的命名;发现了增强树突状细胞抗原提呈功能的新方式,可显著提高它的抗原提呈能力及激发免疫功能的效果;提出并证实了树突状细胞还具有杀伤活化的 T 细胞和支持造血这两种新的生物学功能。研究成果丰富了人们对树突状细胞免疫生物学特性的认识,为人们通过调节树突状细胞的功能来调节机体的免疫功能提供了新方法,从而对肿瘤、病毒感染、器官移植排斥、自身免疫病等重要免疫性疾病的防治措施的制定具有重要意义。

目前,该基础研究成果正与临床工作紧密结合,“肿瘤抗原触发的树突状细胞”已应用于临床试治晚期肿瘤患者。

不可切除Ⅲ期 N_2 非小细胞肺癌治疗[1]

王思愚　区　伟　曾智凡[2]　林勇斌　叶　雄　戎铁华

中山大学附属肿瘤医院　胸科　广州　510060

Ⅲ期 N_2 非小细胞肺癌(NSCLC)居临床就诊的肺癌患者的1/3以上,其外科治疗5年生存率仅有15%左右[1],从治疗学的观点看,Ⅲa-N_2 NSCLC可分为可切除和不可切除两大类,可切除的Ⅲa-N_2 NSCLC包括了影像学上单站或多站纵隔淋巴结转移但估计能完全切除的病例,称为偶然性的Ⅲa-N_2,不可切除的Ⅲa-N_2 NSCLC包括了影像学上有纵隔的团块状阴影,纵隔镜检查阳性的患者,称为边缘性的Ⅲa-N_2。根据我们医院的经验[2],由于多区域纵隔淋巴结转移的患者其单一外科治疗的生存率低,我们将纵隔淋巴结转移范围超过2个区域以上者,纳入边缘性的Ⅲa-N_2。对于这部分患者的治疗目前达成的共识是化疗加放疗优于单纯的放疗,同步化放疗优于序贯化放疗,但前者放射性的食管炎的发生率明显高于后者。但争议的问题是:①化放疗后是否用泰素蒂"固化治疗",②化放疗前是否诱导化疗,③外科手术是否参与,什么时候参与。至今仍没有Ⅲ期临床研究的结果可回答这些问题。

一、不可切除Ⅲa-N_2 期NSCLC诱导化疗后手术的Ⅱ期临床研究结果

于1999年1月,至2002年12月,我院对76例不可切除Ⅲa-N_2 期NSCLC诱导化疗后进行手术。76例Ⅲa-N_2 期NSCLC患者中,男54例,女22例,中位年龄位56岁(表1)。所有患者经胸片、胸腹部加脑部CT、支纤镜,21例(27%)行纵隔镜检查,确诊为不可切除Ⅲa-N_2 期NSCLC。不可切除指的是技术上的原因导致不能完全切除(包括影像学上有纵隔的团块状阴影,或纵隔淋巴结转移范围超过2个区域以上,纵隔镜检查阳性的患者),经过包括胸外科、放疗科、化疗科、影像科在内的专家会诊后确定。病例入选标准:年龄≤70岁;病理确诊后的不可切除Ⅲa-N_2 期NSCLC;KPS评分≥70;月内体重指数下降<5%;预计生存期超过6个月;患者及家属知情后同意。所有患者均接受诺维苯(NVB,25mg/m^2,第1天、第5天)加卡铂(300 mg/m^2,第1天)化疗两个周期,第二周期化疗后3周行胸部CT检查,经专家组会诊,重新评估能否手术切除,对化疗效果达到PR或CR,估计能完全切除可能性大者共64例行剖胸探查术,化疗后评价为SD或PD者12例行化放疗。完全切除(肺叶或全肺切除加纵隔淋巴结清扫术,至少达到R1)56例术后继续给予诺维苯加卡铂化疗两个周期,不完全切除8例另加局部放疗后再行两周期化疗,所有入选患者均按期完成治疗计划。随访截至时间为2003年5月31日,随访率为100%。结果如下:

1. 术前诱导化疗对手术安全性的影响

所有手术的病例平均手术时间为3.2h，术中平均出血量为425ml；平均ICU留观、术后住院时间为3天、12天。64例手术的患者围手术期中，1例发生肺感染，5例出现心律失常，1例术后第八天出现支气管残端瘘，经治疗后治愈，故无围手术期死亡率。

2. 术前诱导化疗疗效评价　见表2，76例患者中，CR + PR者64例(84%)，其中1例患者化疗后达到临床CR，但术后组织学仍见癌残留(包括纵隔淋巴结)。SD + PD者12例(16%)。

3. 生存率　76例不可切除的Ⅲa-N_2期NSCLC经诱导化疗后手术或放疗，中位生存期为18.6月，1年、2年、3年生存率分别为64%、39%、25%。其中，完全切除后的56例患者中位生存期为28.2月，1年、2年、3年生存率分别为70%、52%、38%；不完全切除的8例患者中位生存期为12.4月；诱导化疗后放疗的12例患者，中位生存期为10.2月。

表1　76例患者的临床特征

	化疗前例数(%)	化疗后例数(%)
性别		
男：	54(71%)	
女：	22(29%)	
中位年龄(岁)	56 病理类型	
鳞癌	32(42)	
腺癌	28(37)	
大细胞	11(14)	
其他	5(7)	
N因素(大小)		
<1.5cm	0	42(55)
1.5～2.5cm	32(42)	22(29)
>2.5CM	44(58)	12(16)
T因数		
T1	6(8)	29(38)
T2	32(42)	35(46)
T3	35(46)	10(14)
T4	3(4)	2(2)
治疗		
手术	64(84)	
完全切除	56(73)	
不完全切除	8(11)	
放疗	12(16)	

表2　术前化疗疗效评价

化疗反应	例数(%)
CR	1(1)
PR	63(83)
SD	10(14)
PD	2(2)

表3　影响生存的因数分析

影响因数	单因数分析 P 值	多因数分析 P 值	95% CI
年龄	0.15		
性别	0.7		
组织类型	0.55		
N_2 大小	0.01	0.54	
T 因数	0.05	0.56	
对化疗的反应	0.0001	0.0001	2.26～4.79
手术性质	0.01	0.01	1.98～3.12

4. 影响生存的因数分析结果　见表3，单因数分析结果中 N_2 大小、T 因数、对化疗的反应、手术性质对生存率有显著性的影响，但多因数分析结果提示只有对化疗的反应、手术性质两个因数对生存率的影响具有显著性的差别。

本文结果提示不可切除的ⅢaN₂ 期非小细胞肺癌经过两个疗程的 NVB + 卡铂的诱导化疗后，84%（64/76）的患者可转化为手术切除，其中56例患者获得完全切除（肺叶和全肺切除加纵隔淋巴结清扫术），8例为不完全切除，进一步说明术前诱导化疗提高了非小细胞肺癌的切除率，而并没有增加围手术期的合并症及死亡率。完全切除后的56例患者中位生存期为28.2月，1年、2年、3年生存率分别为70%、52%、38%；为不可切除的Ⅲa-N_2 期非小细胞肺癌的治疗提供了新的思路，为今后的Ⅲ期临床试验奠定了理论基础。

影响生存的多因数分析结果提示，手术的性质和患者术前诱导化疗时对化疗的反应为明显影响生存率的两个因素，手术性质对生存率的影响与我们既往报道的可切除Ⅲa-N_2 期非小细胞肺癌患者的结果[2]相似，说明术中做到原发肿瘤及纵隔淋巴结完全切除的重要性，术前对化疗敏感的程度为术后进一步的化疗提供了参考。

影响生存的单因数分析结果表明，肿瘤大小、纵隔淋巴结大小对生存率有负性作用，但多因数分析结果提示两者对生存率没有影响，与本组病例已有广泛性的纵隔淋巴结转移有关，实际上是进入了一种全身疾病的状态，肿瘤大小、纵隔淋巴结大小对生存率影响的意义就没有早期局限性疾病的意义那么大了。

事实上从治疗学的观点看，Ⅲ期 N_2 NSCLC 分为可切除和不可切除两大类，我们的经验是在目前术前化疗是否能提高所有可切除Ⅲ期 N_2 NSCLC 患者5年生存率仍没有足够的证据的前提下，对于单区域纵隔淋巴结转移估计能完全切除Ⅲ期 N_2 NSCLC 的病例为外科手术的适应证，术中应该做到原发肿瘤及纵隔淋巴结完全切除，对于两个以上区域纵隔淋巴结转移估计不能完全切除的患者，本研究的结果支持先术前诱导化疗。

分期对非小细胞肺癌患者的治疗方案的确定有着重要的指导意义，由于受主观因数的影响，判断某一患者是否能完全切除时没有唯一金标准，所以，我们主张应该经过包括胸外科、放疗科、化疗科、影像科在内的专家会诊后确定。

不可切除的局部晚期非小细胞肺癌目前标准的治疗模式为含铂方案的化疗与放射治疗的联合，而且同时化放疗优于序贯化放疗模式。来自20世纪90年代的6个Ⅱ期临床试验[3,4,5,6,7,8]及本研究的结果表明，如采用诱导化疗出现分期下调，病变转化为技术上可切除的非小细胞肺癌，建议手术，其效果是否优于序贯化放疗模式，有待Ⅲ期临床的研究结果的回答。

至今为止,仍然没有Ⅲ期临床研究的结果证明局部晚期非小细胞肺癌患者的治疗是选择诱导化疗后手术、还是诱导化疗后同步化放疗,来自北美(RTOG93-09)Ⅲ期临床试验 初步结果提示,可切除Ⅲa^2 期非小细胞肺癌的患者,同时化放疗诱导治疗后行手术的3年无瘤生存率优于行放化疗,但还需要更长的随访时间证实外科手术参与治疗的优势。对于局部晚期非小细胞肺癌患者,我们应该提供他们治愈的机会,外科手术是实现这一目标唯一的希望,因此,一般情况较好的患者,特别是临床上没有症状或体重没有减少,在诱导化疗后出现明显T或N降期者,应该争取完全性手术切除。

二、不可切除Ⅲa-N_2 期非小细胞肺癌预后预测指标

不可切除Ⅲa-N_2 期非小细胞肺癌患者经诱导化疗后,部分患者从不可完全切除转化成可完全切除,由于外科手术的参与,取得了一定的疗效,我们的研究结果提示诱导化疗后出现T降期的患者效果较好。2003年12份国际肺癌研究协会(IASLC)达成了预测Ⅲa-N_2 期非小细胞肺癌诱导化疗后预后的共识[9]:

1. 组织类型对预后没有影响;

2. 术前CT特别是PET-CT检查对诱导化疗有反应者效果较好;

3. 出现N降期者,效果更好;

4. 出现病理性CR者效果最好;

5. 诱导化疗后手术的性质直接影响治疗效果。

三、诱导化疗后化放疗或化放疗后巩固化疗的随机试验结果

2002年ASCO会上,报道了LAMP(Locally Advanced Multimodality Protocol)II期临床研究[10],以每周卡铂、紫杉醇、放疗为基础,比较了诱导化疗后同步化放疗、诱导化疗后单纯放疗、同步化放疗后巩固化疗的三种不同的治疗模式,三种治疗模式的中位生存时间分别为12.8月、13.1月、16.1月,可见巩固化疗比诱导化疗有益。

2004年ASCO会上报道的GALGB3908Ⅲ期临床的研究[11],比较了卡铂、紫杉醇联合同步的放疗(66Gy)与先用2周期全量的卡铂、紫杉醇诱导化疗后再用同步化放疗的治疗模式,同步化放疗组的中位生存时间为11.4月,3年生存率为17%;而诱导化疗组的中位生存时间为13.7月,3年生存率为25%。诱导化疗组的效果较好。

由此可见,对于局部晚期非小细胞肺癌同步化放疗是基本的治疗模式,而诱导化疗后同步化放疗和同步放疗后巩固化疗哪种模式更好,目前还无法定论。但有一点必须强调,同步化放疗的特点是全剂量的化疗与放疗的联合应用、化疗方案的及时和不延期使用,其毒副作用较大,这就要求患者必须有好的身体状况,否则宁可选择序贯化放疗的模式,也并非不明智的选择。

四、预防性脑放射是否应该参与综合治疗

非小细胞肺癌行根治术后的患者,其脑转移的发生率约为10%～15%,但局部晚期患者脑转移的发生率于术后二年内约为30%,且腺癌发生率高于鳞癌。一旦出现脑转移,自然生存中位数约为1个月。全脑放射治疗后患者平均中位生存期方可提高至6月,治疗效果不尽人意。如何减少脑转移的发生率成为临床上提高非小细胞肺癌患者生存率的关键。在我们对前面76例Ⅲa-N_2期非小细胞肺癌治疗后的随诊中,3年内出现脑转移的患者有17例。

虽然近年来非小细胞肺癌的化疗药物

有了较大的发展,在一定程度上减少了术后患者远处转移的发生率,但不管是术后化疗还是术前化疗,对减少脑转移的效果较差。预防性脑放射在小细胞肺癌化疗后达到 CR 的患者取得了较好的治疗效果,不但能减少脑转移的发生率,而且提高了生存率。所以近年来人们开始尝试将预防性脑放射用于非小细胞肺癌术后患者。至 2004 年为止全世界有 3 个随机临床试验,共 800 例患者的研究结果,初步提示能减少局部晚期非小细胞肺癌患者 50% 的脑转移发生率。但有三个问题有待解决:

1. 能否延长生存率?

2. 预防性脑放射的指征?是否所有局部晚期非小细胞肺癌患者术后都需要预防性的脑放射?

3. 预防性脑放射的最佳剂量?为解决这些问题,我们医院正在进行局部晚期非小细胞肺癌患者术后脑转移高危患者预防性脑放射的随机临床研究,预计 2008 年完成该临床研究。基于目前的证据,预防性脑放射还不能用于局部晚期非小细胞肺癌患者常规治疗。

五、不可切除Ⅲa-N_2 期非小细胞肺癌治疗决策

基于目前的证据,不可切除Ⅲa-N_2 期非小细胞肺癌治疗决策是:化放疗联合优于单纯放疗,对于一般体质好的患者,同步化放疗优于序贯化放疗。至今仍没有足够证据证实那些患者得益于诱导化疗后手术或化放疗,几个 II 期临床试验的结果和我们医院的经验提示,不可切除Ⅲa-N_2 期非小细胞肺癌患者如诱导化疗后出现 T 或 N 降期,病变转化为技术上可切除者,应争取手术以得到较好的治疗效果。

参考文献

1 Naruke T, Goya T, Tsuchiya R. Progrosis and survival in resected lung carcinoma based on the new internation staging system. J Thorac Cardiovasc Surg, 1988;96: 440 ~ 447

2 王思愚,吴一龙,戎铁华,等. Ⅲ期 N_2 非小细胞肺癌的外科治疗. 中华肿瘤杂志, 2002;11(6):605 ~ 607

3 Albain KS, Rusch VW, Crowley JJ, et al. Concurrent Cisplantin-etoposide plus radiotherapy followed by surgery for stages Ⅲa(N_2) and Ⅲb non-small cell lung cancer: mature results of Southwest Oncology Group Phase II Study 8805. J Clin Oncol, 1995;13: 1880 ~ 1892

4 Choi NC, Carey RW, Daly W, et al. Potential impact on survival of improved tumor downstaging and resection rate by preoperative twice-daily radiation and concurrent chemotherapy in stage Ⅲa non-small cell lung cancer. J Clin Oncol, 1997;15: 712 ~ 722

5 Martini N, Kris MG, Flehinger BJ, et al. Preoperative chemotherapy for stage Ⅲa(N_2) lung cancer: the Sloan-Kettering experience with 136 patients. Ann Thorac Surg, 1993; 55: 1365 ~ 1374

6 Thoms M, Rube C, Semik M, et al. Impact of preoperative bimodality induction including twice-daily radiation on tumor regression and survival in stage Ⅲ non-small cell lung cancer. J Clin Oncol, 1997;17: 1185 ~ 1193

7 Burkes RL, Ginsberg RJ, Shepherd FA, et al. Induction chemotherapy with mitomycin, Vindesine, and ciplation for stage Ⅲ unresectable non-small cell lung cancer: results of the Toronto phase II trail. J Clin Oncol, 1992;10: 580 ~ 586

8 Sugarbaker DJ, Herndon J, Kohman LJ, et al. Results of Cancer and Leukemia Group B protocol 8935. A multiinstitutional phase Ⅱ trimodality trail for stage $Ⅲ_A$ (N_2) non-small lung cancer. J Thorac Cardiovasc Surg, 1995; 109: 473 ~ 485

9 Eberhardt WE, Albain KS, Pass H, et al. Induction treatment before surgery for non-small cell lung cancer. Lung Cancer, 2003;42, s9 ~ s14

10 Choy H, Curran W, Scott CB, et al. Preliminary report of locally Advanced multimodality protocol (LAMP): A randomized phase Ⅱ study of three chmo-radiotherapy regimens with paclitaxel, carboplatin, and thoracic radiotherapy for patients with locally advanced non-small cell lung cancer. Proc Am Soc Clin Onc, 2002;21: 291a

11 Vokes E, Herndon J, Kelly M, et al. Induction chemotherapy followed by concomtant chemoradiotherapy (CT/XRT) versus CT/XRT alone for regionally advanced unresectable non- small cell lung cancer: Initial analysis of a randomized phase Ⅲ trail. Proc Am Soc Clin Onc, 2004; 23: 7005a

1 广东省科技厅重点科技项目(2KM04402S)

2 放疗科

基于组织芯片和数据挖掘技术的 Ⅰ期非小细胞肺癌预后研究

朱志华　戎铁华　曾灿光　吴秋良[1]　马　芸[2]　赵进明　傅剑华　张兰军　龙　浩

中山大学肿瘤防治中心胸外科　广东广州　510060

Ⅰ期非小细胞肺癌(non-small cell lung cancer,NSCLC)患者根治术后的5年生存率仅在55%~72%之间[1,2],TNM分期不能准确地预测NSCLC患者的预后,也无法实现个体化的预后预测。本研究利用组织芯片技术,通过免疫组化方法,检测了Ⅰ期NSCLC癌组织中32种相关基因的表达,结合临床资料探讨Ⅰ期NSCLC预后因素,并利用极端学习机(Extreme Learning Machine)、支持向量机(support vector machine,SVM)方法,建立Ⅰ期NSCLC个体化预后预测的数学模型。

一、资料与方法

1. 临床资料

从我院收治的4859例肺癌患者数据库(1986年7月至2003年9月)中,按以下标准收集非小细胞肺癌患者。入选标准:①按国际抗癌联盟1997年TNM分期标准,分期为Ⅰ期(Ⅰa期和Ⅰb期)患者;②术前接受胸部CT扫描,脑CT或MR、腹部B超或CT排除脑、肝、肾上腺转移,骨痛患者行ECT检查排除骨转移;③术前未接受放疗、化疗等抗癌治疗;④接受根治性手术及肺门纵隔淋巴结清扫;⑤病理确诊为鳞癌、腺癌、腺鳞癌或大细胞癌;⑥术后随访至死亡或至少5年以上。入选者须符合以上全部条件。

排除标准:①既往患其它恶性肿瘤者;②术后病理标本遗失缺乏者;③术前接受过放疗、化疗等治疗者;④姑息性手术者,如支气管残端镜下见癌、术中置银夹标记等;⑤纵隔淋巴结清扫范围不够者;⑥病理类型为小细胞癌或混有小细胞癌者。有上述条件之一即排除。

2. 试剂与方法

利用存档的石蜡标本,参考Kononen[3]等的方法制作完成组织芯片,并进行免疫组化染色。免疫组化染色步骤略。阳性对照采用已知阳性标本,PBS代替一抗作阴性对照。免疫组化实验试剂购自福州迈新生物技术开发有限公司,详见表1。

3. 免疫组化结果判断

根据阳性细胞占全部细胞的比例,将无阳性细胞者记录为“0”;阳性细胞数<10%记录为“1”;阳性细胞数10%~25%记录为“2”;阳性细胞数26%~50%记录为“3”;阳性细胞数56%~75%记录为“4”;阳性细胞数>75%记录为“5”。染色强度分为3级:弱(浅黄色)记录为“1”;中(棕黄色)记录

表1　免疫组实验试剂

第一抗体 Antibody	克隆号 Clone	阳性定位 Positive	稀释度 Dilution	抗原修复方法 Pretreatment	购买公司 Source
bax	rab polyclone	浆	1:50	柠檬酸高压	福州迈新
Bcl-2	100/D5	浆、膜	1:100	柠檬酸高压	Labvision
caspase-9	rab polyclone	浆	1:100	柠檬酸高压	Labvision
CD44v6	2F10	膜	1:100	柠檬酸高压	R&D
CEA	ZCEA1	浆	1:100	No	福州迈新
Cytokeratin(Low MW)	35βH11	浆	1:100	柠檬酸高压	福州迈新
Cytokeratin(High MW)	34βH12	浆	1:40	柠檬酸高压	福州迈新
c-Myc	9E/11	浆、核	1:30	柠檬酸高压	Labvision
cyclinD1	DCS/6	核	1:100	柠檬酸高压	福州迈新
cyclooxygenase-2	SP21	浆	1:100	EDTA	Labvision
E-cadherin	4A2	浆、膜	1:100	柠檬酸高压	福州迈新
EGFR	EGFR/113	浆、膜	1:100	胃蛋白酶消化	福州迈新
EMA	GP1.4	浆	1:100	No	福州迈新
fas	rab polyclone	浆、膜	1:100	柠檬酸高压	Santa Cruz
HER2/c-erbB-2	CB11	浆、膜	1:100	柠檬酸高压	Labvision
MMP-2	AP20	浆	1:25	No	Oncogene
MMP-9	GE-213	浆	1:30	No	Oncogene
NM23-H1	rab polyclone	浆	1:80	No	Labvision
P16	ZJ11	胞核为主	1:100	柠檬酸高压	Santa Cruz
p21ras	F132	浆	1:25	No	福州迈新
p21waf-1	4D10	浆	1:50	柠檬酸高压	Labvision
P27kip1	DCS-72. F6	胞核为主	1:50	柠檬酸高压	Labvision
p53	DO-7	胞核为主	1:150	柠檬酸高压	Labvision
P63	4A4 +63P02	核	1:200	No	Labvision
PCNA	PC10	核	1:100	柠檬酸水煮	Sigma
PTEN	17. A	浆	1:80	柠檬酸高压	Labvision
Survivin	rab polyclone	浆	1:200	柠檬酸高压	Labvision
TGF-beta	rab polyclone	浆	1:100	No	Santa Cruz
TIMP-1	102D1	浆	1:40	柠檬酸高压	Labvision
TIMP-2	2TMp04	浆	1:50	柠檬酸高压	Labvision
VEGF	JH121	浆	1:50	EDTA	Labvision
β-Catenin	CAT-5H10	膜、核	1:100	柠檬酸高压	福州迈新

为“2”;强(棕褐色)记录为“3”。两位病理学专家独立阅片,确定免疫组化结果,不一致处协商后取得共识。

4.数理统计方法

采用SPSS11.0统计软件进行数据处理。生存率的计算用Life Tables法,单因素生存分析用Kaplan-Meier法,Log rank法检验;Cox比例风险模型进行多因素分析。极端学习机[4]和支持向量机[5]两种算法,利用Metlab6.5软件编程实现。

二、结果

1.一般情况　经严格筛选,1989年12月至2000年12月收治的共156例Ⅰ期NSCLC患者进入本研究。包括男性115例,女性41例。年龄16~79岁,中位年龄57岁。ABO血型:A型53例,B型33例,AB型6例,O型54例。TNM分期:Ⅰa期($T_1N_0M_0$)20例,Ⅰb期($T_2N_0M_0$)136例。病理类型:鳞癌56例,腺癌79例,腺鳞癌18例,大细胞癌3例。术后局部放疗者4例;全身化疗者16例,包括单纯口服FT207者7例,用含铂类药物的化疗方案静脉化疗者9例。

156例患者随访至2004年12月31日或死亡,随访时间最短为80天,最长为5 383天,中位随访时间1 737天。随访期间97人生存,死亡59人,其中死于肿瘤者58例,死于其他原因1例(死于脑溢血)。156例患者均无失访,随访率100%。

2.临床病理因素与预后　本组156例Ⅰ期NSCLC患者第1、3、5年的累计生存率分别是79.6%、57.6%和40.7%。Kaplan-Meier法单因素分析结果显示性别(P = 0.742,>0.05)、年龄(分为<60岁和≥60岁两组,P = 0.983,>0.05)、ABO血型(P = 0.812,>0.05)、病理类型(分为鳞癌VS非鳞癌两组,P = 0.457,>0.05)等均与患者的预后无显著意义。

3.分子生物学因素与预后　我们发现Kaplan-Meier生存曲线不交叉,单因素分析有意义(P <0.05)的指标为Bax、Cytokeratin(Low MW)、p21waf-1、Bcl-2、c-erbB-2等5个指标;Kaplan-Meier法生存曲线不交叉,可能有分类意义的,但统计学单因素分析尚无意义(P >0.05)的指标为P27kip1、survivin、PTEN、p53等4个指标。其它的23个指标Kaplan-Meier法生存曲线交叉,无统计学意义。

进一步分析多基因联合表达(Synchronous expression of multiple genes,SEMG)与病人预后之间的关系,将分子生物学指标分为:促进肿瘤发展的和阻碍肿瘤发展的两大类。以上9个指标中,按目前已知的生物学特性,可分为促进肿瘤发展的,提示预后差的指标有Bcl-2、c-erbB-2、p53 、survivin;阻碍肿瘤发展的,提示预后好的指标有Bax、Cytokeratin (Low MW)、PTEN、p21waf-1、P27kip1两类。将各个指标分为高表达组和低表达组分别计分,高表达组计分为“2”,低表达组计分为“1”。这样我们可以得到SEMG的计分,即:每位患者SEMG的计分 = Bax + Cytokeratin(Low MW) + PTEN + p21waf-1 + P27kip1-Bcl-2-survivin-c-erbB-2-p53。

根据SEMG的计分情况,我们将1分及以上者分为A组(92例),0分及以下者分为B组(64例),进行比较。理论上,A组中阻碍肿瘤发展的力量强于促进肿瘤发展的力量,A组患者预后好,B组中促进肿瘤发展的力量强于阻碍肿瘤发展的力量,B 组患者预后差。A 组与 B 组第 1、3、5 年的累计生存率分别是 85.7%、65.7%、45.7%和 70.8%、45.8%、33.3%,Kaplan-Meier 单因素显示 SEMG 与预后相关,差异有统计学意义($P=0.044$, <0.05),生存曲线见图 1。进一步利用 Cox 比例风险模型,进行多因素分析,也发现 SEMG 对预后的影响有统计学意义($P=0.042$, <0.05)。

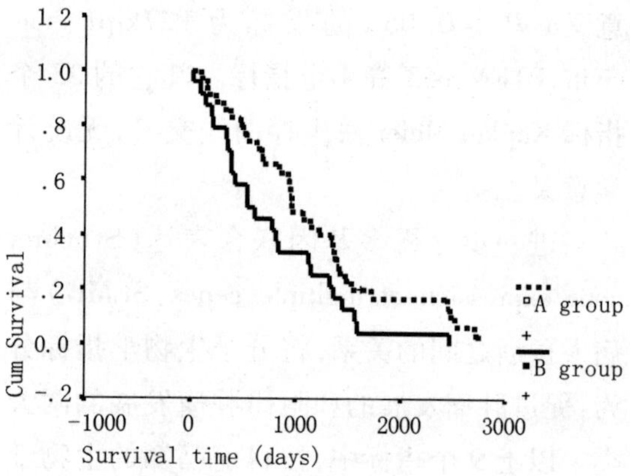

图1 156例Ⅰ期NSCLC中多基因联合表达分组的Kaplan-Meier生存曲线

4. 极端学习机和支持向量机两种个体化预后预测模型的建立　采用了数据挖掘中极端学习机和支持向量机两种算法进行训练。输入项选用 11 个特征,包括 NSCLC 病人的性别、TNM 分期、Bax、Cytokeratin(Low MW)、PTEN、p21waf-1、P27kip1、Bcl-2、CEA、c-erbB-2、p53 等 9 个基因的表达情况。网络的输出项为术后的生存时间。利用 Metlab6.5 软件编程实现。

实验分为两部分,第一部分以术后生存 3 年为界,分为术后生存 3 年以上及 3 年以下两类;第二部分验以 5 年为界,分为术后生存 5 年以上及 5 年以下两类。将已知数据随机分为训练集和检验集两部分,两部分的病例数据不重复。然后利用训练集中病人的生存资料进行训练,建立极端学习机和支持向量机两种个体化预后预测模型。再利用此模型对检验集中的每一个具体病例进行预后预测,观察预测结果与病人实际生存状况是否符合。第一部分实验中,随机选取训练样本数目为 100、110 和 120,对应的测试样本数分别为56、46和36。第二部分

表 2　极端学习机和支持向量机两种预后模型比较(以术后生存 3 年为界)

训练样本数	测试样本数	极端学习机		支持向量机	
		训练准确率	预测准确率	训练准确率	预测准确率
100	56	73.22%	73.06%	100%	72.41%
110	46	74.05%	73.11%	100%	73.13%
120	36	75.05%	80.02%	99.05%	75.68%

表 3　极端学习机和支持向量机两种预后模型比较(以术后生存 5 年为界)

训练样本数	测试样本数	极端学习机		支持向量机	
		训练准确率	预测准确率	训练准确率	预测准确率
90	66	65.05%	64.25%	85.14%	66.67%
100	56	65.08%	69.11%	83.36%	68.09%
110	46	61.05%	70.52%	95.50%	70.23%

实验中,随机选取训练样本数目为 90、100 和 110,对应的测试样本数分别为 66、56 和

46。为了使实验结果更具有说服力，每个实验都做 50 次，取其均值。实验结果如上表 2，3 所示。

三、讨论

目前 NSCLC 预后研究至少存在三大问题：其一，从整体来看，NSCLC 预后相关因子非常广泛、复杂（截至 2001 年 6 月涉及的因子已达到 169 种以上），主要包括肿瘤本身、宿主和环境因素等三方面。但目前单个研究涉及的预后因子个数有限，与整体研究中预后因子涉及的广泛性很不协调。其二，不均一性现象广泛存在，即研究结果常相互矛盾，争议较大，除了 TNM 分期系统以外，到目前尚无一种被大家所公认的肿瘤分子标记物能在实践中应用于 NSCLC 的分子分期及预后预测。第三个问题涉及研究所使用的数理统计方法。目前研究所用的统计学方法大多为单因素分析（如 Life Tables 法、Kaplan-Meier 法等）和多因素分析（如 Logistic 回归、Cox 比例风险模型等），得出的结论只能是指标对预后有意义或无意义。常规统计方法常要求指标满足正态性、独立性等条件，在处理复杂非线性问题时，存在局限性。而临床医学的资料非常复杂，大部分变量之间的关系为非线性关系，而且临床获取的信息不完整、不确定，又大量存在共线性和异常值，常规统计学方法分析的结果常常在医学上无法解释、相互矛盾。而且常规统计方法无法实现 NSCLC 的个体化预后预测。

单个分子指标研究结果不一致可能有如下原因：①研究样本量的问题，样本量太少则不能反映总体的实际状况，导致统计偏倚。②许多研究对 NSCLC 病人没有分期分层分析，导致研究结果存在差异。③免疫组化研究中的抗体来源不同，如 Bcl-2 有 Clone 100 和 Clone 124 两种单克隆抗体，c-erbB-2 有鼠的单克隆抗体和兔的多克隆抗体等，导致不同研究结果存在差异。④常规免疫组化实验时，不同实验条件造成免疫组化结果出现很大差异。而本实验利用组织芯片高通量、平行性的优点减少了实验误差，有利于染色结果的质量控制。⑤免疫组化结果判断时，所定义的免疫组化分界点（cut off point），存在差异，导致不同的研究缺乏可比性。⑥病理学家的判断在一定程度上受主观因素影响，也可能导致误差。

越来越多的研究发现多基因联合表达对预后的影响，在这点上本组研究结果与 Szelachowska[6]、Muller-Tidow[7]、Swinson[8]、Arinaga[9]、Han[10]等多个研究相似。但在单个研究中同时检测癌组织中 32 种基因表达，并探讨预后，如此大的规模国内外尚属首次报道。我们的结果提示对于相同 TNM 分期的 NSCLC 而言，多基因联合表达可以实现进一步的分子分期和预后预测。

极端学习机和支持向量机的方法，能够处理生存时间与各影响因素间复杂的非线性关系。利用以上方法，建立两种Ⅰ期 NSCLC 个体化的预后预测模型，以术后生存 3 年为界的预测准确率最高达到了 80% 以上，研究结果为Ⅰ期 NSCLC 患者个体化预后预测提供新的思路。我们发现①两种方法的预测准确率相似；②对于每一大类实验，随着训练样本数的增加测试样本数的减少，预测准确率呈升高趋势；③以术后生存 3 年为界的预测准确率高于以术后生存 5 年为界的预测准确率，即随着患者生存时间的延长，预测准确率呈下降的趋势。

多基因联合来进行预后预测是发展的必然趋势，但是究竟至少需要多少个预后指标才能对患者的预后做出在可接受误差以内的较正确的判断；用何种适当的数学模型将多个基因的表达联合起来，这些都需要进一步的深入研究。

参考文献

1 Mountain CF. Revisions in the International System for Staging Lung Cancer. Chest, 1997; 111(6): 1710～7

2 Naruke T, Tsuchiya R, Kondo H, et al. Implications of staging in lung cancer. Chest, 1997; 112(4 Suppl): 242S～248S

3 Kononen J, Bubendorf L, Kallioniemi A, et al. Tissue microarrays for high-throughput molecular profiling of tumor specimens. Nat Med, 1998; 4(7): 844～7

4 Huang GB, Zhu QY, Siew CK. Extreme Learning Machine: A New Learning Scheme of Feedforward Neural Networks. 2004 International Joint Conference on Neural Networks (IJCNN 2004), Budapest, Hungary, 2004; 25～29

5 张学工. 关于统计学习理论与支持向量机. 自动化学报, 2000(01)

6 Szelachowska J, Jelen M. Laminin, Her2/neu and Ki-67 as prognostic factors in non-small cell lung cancer. Rocz Akad Med Bialymst, 2004; 49: 256～61

7 Muller-Tidow C, Diederichs S, Thomas M, et al. Genome-wide screening for prognosis-predicting genes in early-stage non-small-cell lung cancer. Lung Cancer, 2004; 45 Suppl 2: S145～50

8 Swinson DE, Cox G, O'Byrne KJ. Coexpression of epidermal growth factor receptor with related factors is associated with a poor prognosis in non-small-cell lung cancer. Br J Cancer, 2004; 91(7): 1301～7

9 Arinaga M, Noguchi T, Takeno S, et al. Clinical significance of vascular endothelial growth faetor C and vascular endothelial growth factor receptor 3 in patients with nonsmall cell lung carcinoma. Cancer, 2003; 97(2): 457～64

10 Han H, Landreneau RJ, Santucci TS, et al. Prognostic value of immunohistochemical expressions of p53, HER-2/neu, and bcl-2 in stage I non-small-cell lung cancer. Hum Pathol, 2002; 33(1): 105～10

1　中山大学肿瘤防治中心病理科　广东广州　510060

2　中山大学实验动物中心　广东广州　510060

中医药肿瘤动物模型建立

美国韦恩州立大学肿瘤研究所吕恕博士等人，通过转基因技术获得 A－T 突变基因（简称 ATM）小鼠，并对 ATM 突变型小鼠的自发肿瘤过程进行了中医辨证分析，建立了中西医研究中可交叉应用的新型肿瘤动物模型。

研究人员采用 ATM 突变型小鼠 11 只与同胎野生型小鼠作对照，参照《中医实验病理学》诊断标准，认为 ATM 小鼠在 3.5～4.5 个月时为肿瘤初期，以气血不足表现为主（72%），4.5 个月后为后期，病鼠相继发生肿瘤，辨证以肾阳虚为主，占 81%，兼有血瘀者占 64%，兼脾虚者占 18%。

研究人员认为，ATM 突变型小鼠肿瘤模型与一般中医肿瘤模型比较，未施加任何人为因素，自发形成中医"证"，并 100% 发生肿瘤，其机制较为清楚，且可控制，可遗传给后代，该模型适合于辨证论治防治肿瘤研究，尤其是"证"与肿瘤有因果关系的研究。研究人员认为通过应用 ATM 杂合型小鼠以不同的诱发方法或诱发剂，还能建立更多其他肿瘤的动物模型，为中医药实验研究所用。

肺癌脑转移的预防及中西医治疗进展

李金瀚

南方医科大学南方医院肿瘤中心 广州 510515

肺癌脑转移是临床常见而严重的病情，也是肺癌治疗失败的常见原因之一。小细胞肺癌在作出诊断时约有20%的患者已有脑转移，而在小细胞肺癌患者的死亡病例尸检中脑转移发生率高达80%[1]。非小细胞肺癌患者在病程中约有30%左右发生脑转移，其中以大细胞未分化癌和腺癌较多见，鳞癌次之。据近年文献记载，脑转移瘤不作治疗者中位生存期只有4周，全脑放疗中位生存期3~6个月，单纯外科手术治疗中位生存期约为5个月[2]。自20世纪60年代起，肺癌脑转移的主要治疗手段就是手术或全脑放射治疗。40年后的今天，肺癌脑转移在预防和治疗方面又有什么进展呢？本文就此内容作一文献复习及试谈我们自己的经验。

一、肺癌脑转移的预防

脑转移的预防比治疗更重要。医生在肺癌患者作出诊断制订综合治疗计划时，如果当时尚未发生脑转移就应注意到脑转移的预防。现分别就小细胞肺癌及非小细胞肺癌在预防脑转移方面的进展情况作一概述。

1. 小细胞肺癌脑转移的预防　早在1985年，Seydel HG等[3]对局限期小细胞肺癌患者应用预防性脑照射（prophylactic cranial irradiation；PCI）及不进行PCI作对照性临床观察，结果：在107例接受PCI和112例未接受PCI的患者中，脑转移的发生率分别为5%和20%，而两组的平均生存期均为9.4个月，提示PCI可减少小细胞肺癌脑转移的发生率，但未能改善生存期。1997年，Gregor等人[4]进行多中心随机对照研究及Meta分析，认为局限期小细胞肺癌经过化疗达到完全缓解（CR）后再进行PCI除减少脑转移发生率外，也能明显延长生存期。国内在这方面的研究报告也存在这不同结果的情况，在延长生存期方面偏向于有好处，但尚缺乏足够的证据达到共识。至于小细胞肺癌PCI的应用指征，目前多主张：局限期小细胞肺癌；诱导化疗或化疗与胸部放疗结合达到CR，有希望获得治愈者。关于PCI的放射剂量及时机：①放射剂量24Gy（12次分割）；30Gy（15次分割）；36Gy（18次分割）；②放射治疗时机在完成全部化疗计划后进行[5,6]。但丹麦著名肺癌专家Hansen HH在2000年出版的肺癌专著中认为：小细胞肺癌PCI的最佳照射时机及最佳照射剂量尚未确定。看来还需要进行更深入的研究。关于PCI的副作用，Pedersen等[7]综合8个临床研究资料结果分析：45%小细胞肺癌在PCI后有不同程度的放射性脑病，其中以识别力减退和共济失调二症状最为常见。此外，还可引起痴呆症、白质脑病或视网膜萎缩等后遗症。

2. 非小细胞肺癌脑转移的预防　有关非小细胞肺癌脑转移的预防国内外研究报告甚少。李金瀚等[8]报道在治疗非小细胞肺癌的 MVP 方案中，用卫萌（Teniposide；VM-26）取代长春碱酰胺（VDS），并加入环己亚硝脲（CCNU），即由 MMC，VM-26，DDP，CCNU 组成的联合化疗，连续 4 个周期（其中 CCNU 只在第 1 和第 3 周期用），随访 4 个月至 1 年，与对照组（未用 VM-26 及 CCNU）相比，结果：试验组（34 例）均未发生脑转移，而对照组（34 例）在随访期内有 7 例发生脑转移，两组脑转移发生率分别为 0.0% 和 20.5%，经统计学处理，两组比较有显著性差异（$P<0.05$），初步提示含有 VM-26 和 CCNU 的联合化疗方案对肺癌脑转移有一定预防作用。但病例数少，随访时间短，尚难得出可靠结论。Stuschke M，等[9]报告 7 例局部晚期非小细胞肺癌在完成多学科综合治疗计划之后，进行 PCI 对照性临床观察。试验组 47 例进行预防性脑照射：30Gy/15 次，对照组 28 例未作 PCI。结果提示 PCI 对局部晚期非小细胞肺癌脑转移有一定预防作用。加拿大学者 Alexander S 等[10]对 88 例Ⅲa 期或Ⅲb 期已接受化疗、放疗，加或不加手术的非小细胞肺癌患者在病程观察中有 29 例（33%）发生脑转移。其中有 15 例（17%）的脑转移作为治疗失败的第一个转移部位，可见在这些人群中进行 PCI 的必要性。PCI 可能对总生存期产生明显的影响，应该通过前瞻性随机对照试验（RTOG 0214）来进一步证实其预防效果。德国学者 Pottgen C 等人[11]认为，PCI 对非小细胞肺癌脑转移的预防作用仍存在争论，但同时指出，脑转移常常是治疗失败的首发原因，降低生存质量及中位生存期，对于可望有治愈机会的非小细胞肺癌是否把 PCI 列入治疗计划值得深入研究。法国学者 Westeel V 等[12]于 2003 年在第 10 届世界肺癌会议上报告 305 例非小细胞肺癌临床观察，认为年龄≤62 岁，T_4，$N_{2\sim3}$和（或）腺癌患者以脑转移作为病情进展的首发部位具有高度危险，研究预防性脑照射应以非小细胞肺癌这一人群列为重点。

二、肺癌脑转移的治疗

1. 肺癌脑转移单个病灶的治疗　手术切除加全脑照射（WBRT）优于单用 WBRT，前者中位生存期 9 个月～10 个月，而后者只有 3 个月～6 个月。Smalley SR 等人[13]报告对单病灶脑转移瘤手术切除后进行术后辅助放疗与单纯手术切除组相对照，结果前者中位生存时间（MST）为 21 个月，而后者 11.5 个月，提示术后加用脑放疗为优。Wronski 等综合 5 项研究报告共 230 例，肺部和脑部都是单个病灶，肺、脑两个病灶均能完全切除时，其 5 年生存率为 10%～30%。美国 Kelly 等[14]报告脑部孤立性转移灶，而胸部疾病又属Ⅰ期或Ⅱ期病灶者，两个病灶分别完全切除后再作术后辅助治疗，可望获得长期存活。也就是说，肺癌脑转移虽属Ⅳ期病人，但在肺、脑两个病灶可以完全切除又无其他部位转移这种特定情况下，手术治疗的加入是可取的。立体定向放射外科（SRS）是近 10 多年来出现的放射治疗新技术。1997 年综合 8 份国际研究报告应用 SRS 治疗肺癌孤立性脑转移瘤时的结果分析：①中位生存期 6 个月～11 个月；②1 年生存率 75%～88%；③提示放射外科 RS 与 WBRT 相结合是优化选择。目前对肺癌脑转移的患者脑部手术切除指征可以归纳为：单个脑转移病灶；两个以上的脑转移病灶集中在一区域，且手术切除不直接带来生命危险者；病人全身情况较好，可以耐受开颅手术者；④脑部和肺部都是单个病灶，手术均能完全切除，且全身无其他转移灶者，宜积极分别手术切除治疗。至于肺癌孤立性脑转移灶是选择手术加全脑放疗或立体定向放射外科加全脑照射，目前尚无充分资料证明何者为优。可以因人而异来选择治疗。Bindal AK 等人报道放射外科与手术切除治疗脑转移[15]的对照性临床研究，结果显示手术切除组的中位生存时间（MST）比放射外科（RS）组要长，前者为16.4个月，而后者7.5个月，但尚难得出确切结论。

2.肺癌脑转移多发病灶的治疗　肺癌脑转移属多发病灶者治疗比较困难，限制了手术切除的可能性及RS的应用。Minotti 等认为VM-26，VP-16等鬼臼类药物可透过血脑屏障，对脑转移灶的治疗效果和其他器官的有效率相似，并报告了应用鬼臼噻吩甙（VM-26）和顺铂（DDP）联合化疗对脑转移的有效率达到35%。李金瀚等[16]报告VM-26和CCNU联合治疗肺癌脑转移，神经症状改善率达到82.6%，脑转移灶客观有效率（RR）达19.6%，中位生存期5个月。法国学者 Quantin 等于1999年应用 WBRT（18Gy/10次）与长春瑞滨（NVB）+异环磷酰胺（IFO）+DDP联合化疗同时进行治疗非小细胞肺癌脑转移。结果：①脑部转移灶客观有效率56%；②中位生存期（从脑转移治疗开始计算）7.6个月；③血液学毒性较大，IV度粒细胞减少性发热占61%。Quy CN 等[17]于1999年报告早期应用 WBRT 30Gy与化疗第一周期同步，化疗方案用VP-16+DDP，12例可评价病例中，脑转移灶有3例达到CR，3例PR，5例NC，1例PD，认为此疗法取得令人鼓舞的效果。刘俊玲等[18]于2003年报告同期WBRT和脱氧氟尿苷（FUDR）+VM-26+DDP化疗方案治疗非小细胞肺癌脑转移近期疗效：脑部病灶总有效率为60.0%，其中CR 8例（26.7%），PR 10例（33.3%）；24例治疗前有神经系统症状和体征均获得不同程度的改善，从而认为同期全脑放疗和FUDR+VM-26+DDP方案治疗非小细胞肺癌脑转移有较好的近期效果，且毒副反应可以接受。陈丽昆等[19]应用COAPC方案联合脑部放射治疗非小细胞肺癌脑转移，COAPC方案：CTX 0.3g/m^2 第1天静推，VCR 1.4mg/m^2 第1天静推，ADM 50mg/m^2 第1天静滴，DDP 20mg/m^2 第1～5天静滴，CNNU 80mg/m^2 第1天口服，每3～4周为1疗程。脑部放射治疗于化疗第1疗程的第6天开始，每次2Gy，每天1次，每周5次。脑转移灶1～3个者，全脑放疗40Gy后，缩野放疗至总量60Gy；脑转移灶>3个者，全脑放疗至总量40Gy。结果：治疗后80%患者神经症状改善，对脑转移灶的客观有效率为64.4%，对肺原发灶的有效率为40%。主要毒副反应为骨髓抑制（3/4级占35%）。中位生存期10个月，1年生存率44.1%，5年生产率6.7%。

结论：化疗联合脑部放射治疗非小细胞肺癌脑转移患者有效率与生存率较高，且耐受性较好。李金瀚，等报告[20]化疗与放射外科结合治疗非小细胞肺癌脑转移。入选病例24例，肺癌病理组织学类型：腺癌16例，鳞癌7例，腺鳞癌1例。经头颅CT或MRI证实脑转移单个病灶1例，两个病灶3例，3个或3个以上病灶20例。放疗设备包括 Varian 2100C 直线加速器、Leskell 9型脑立体定位仪、Siemenz Smatom Plus 螺旋CT扫描机和 Brain Scan X 刀治疗计划系统。放射治疗主要参数：①病灶体积范围1.9～26.2cm^3；②等中心数目中位数为3（范围1～7）；③周边剂量为13.6Gy～22.0Gy。放射治疗期间每日应用20%甘露醇125ml～250ml快速静脉滴注，每日2次～3次，并静脉注射地塞米松10mg以减轻脑水肿和保护脑组织，化疗方案VM-26+CCNU+卡铂（CBP）组成：VM-26 100mg，静脉滴注，第1～3天（需密切观察过敏反应!）；CCNU

80mg，口服，第 1 天；CBP 300mg/m^2，静滴，第1天。每4周重复1个周期，连用2～4个周期（其中 CCNU 只在第1和第3周期应用）。结果：①神经症状改善率达90%；②脑转移灶客观有效率61.9%；③随访3个月～6个月期间复发率76.2%；④中位生存期10个月；⑤1年生存率38.1%。综上所述，肺癌脑转移多发性病灶以放射治疗与化学治疗相结合为主，既对脑部病灶有好处，而且兼顾到肺癌的全身治疗。

3. 肺癌脑及脑膜转移的治疗　偶尔见到肺癌转移的患者合并有脑膜转移，其临床特征可以归纳为[21]：①肺癌患者出现顽固性头痛、呕吐、颅神经或脊神经功能障碍，伴有不同程度的脑膜刺激征；②颅或脊髓部位的磁共振成像（MRI）除脑部有病灶外，尚可见到柔脑膜有不规则占位性病变；③脑脊液中可能找到癌细胞，且癌细胞病理类型与患者的肺癌病理相同；④脑脊液中与肺癌相关的肿瘤标志物升高；⑤脑脊液细菌培养阴性，能排除其他原因引起的脑脊膜病变；⑥用20%甘露醇静脉快速滴注难以缓解头痛症状。关于肺癌脑/脑膜转移的治疗更加复杂，除脑转移灶的治疗外，还要兼顾到脑膜病灶的治疗。鞘内化疗是脑膜转移的主要治疗办法，但大多效果较差。治疗方法包括[21,22,23]：①鞘内注射常用药物有：MTX、Ara-c 和噻替哌。氨甲喋呤（MTX）按 7mg/(m^2 · w)，或每次 10mg，每周两次，连用4周。4周后腰穿复查，如有效可维持治疗，每月1次。如无效也可换用阿糖胞苷（Ara-c）或噻替派（TSPA）治疗；②有脑积水者可经颅安置奥马耶（Ommaya）分流减压装置，或根据情况用此通路给予适量的化疗药物，密切观察；③根据病变部位作局部放射治疗；WBRT 不宜作常规应用，因 WBRT 后再应用 MTX 时容易发生白质脑病。

4. 肺癌脑转移的生物治疗及中医药治疗　肺癌脑转移除手术、放射治疗、化学治疗的传统治疗方法外，尚有近年来值得重视的生物治疗和中医药治疗。

（1）生物治疗：王思愚等报道[24] Iressa 治疗非小细胞肺癌脑转移。入选病例为8例Ⅲ$_A$-N$_2$ 期的非小细胞肺癌术后发生脑转移的患者，均行姑息性全脑放疗（30Gy），同时每天口服 Iressa 250mg，结果5例患者脑部病灶达到 CR，生存期超过1年，2例患者达到 PR，1例伴有骨转移者服 Iressa 2个月后病情恶化。8例患者有7例为肺腺癌脑转移。初步提示非小细胞肺癌脑转移尤其是肺腺癌者，全脑放射治疗联合口服 Iressa 可能有较好效果，值得深入研究。

（2）中医药治疗：据研究[25]，中药鸦胆子静脉乳剂和榄香烯注射剂既具有一定的抗癌活性又能迅速通过血脑屏障，用于治疗肺癌脑转移有效。苏守元等[26]在1985年报道“10%鸦胆子油静脉乳剂治疗肺癌脑转移16例临床疗效观察”，用法：10%鸦胆子油静脉乳剂 10～40ml 加入5%葡萄糖液 500ml 静脉滴注，每日1次，30次为1疗程，或交替应用鸦胆子注射剂肌肉注射或口服液，用药时间1个月～19个月，用药总量 70mg～740mg。结果（从应用鸦胆子油乳剂治疗起计算）平均生存期为5.97±5.38个月。毒副作用除偶有静脉炎外，无其他严重反应。1989年，鸦胆子乳抗肿瘤研究协作组报告《鸦胆子油静脉乳剂治疗肺癌脑转移100例临床疗效观察》[27]。用药方法：①静脉滴注法：10% O/W 型鸦胆子油静脉乳剂 20ml～30ml 加入5%葡萄糖液或生理盐水 250ml～500ml 中，每日1次，静滴，连用30日为1疗程；②静注法：10%鸦胆子油静脉乳剂 20ml～30ml 加生理盐水或25%～50%葡萄糖糖 20ml～40ml 中静脉注入（此法只用在不宜大量静脉输液的病人）；③口服法：10%鸦胆子油口服乳液 10ml～20ml，每日3

次（常与静脉给药交替使用）。治疗结果：平均生存期8.27±5.55个月，1年生存率26.19%。张灿珍，等[28]1999年报道β-榄香烯治疗脑转移有效率达35%～50%，对术后病例，应用榄香烯治疗与脑部放射治疗其1年生存率两者相似。近年来，笔者对于肺癌脑转移的不接受手术，化疗或放射治疗的患者，按辨证施治与辨病论治的原则，应用中药煎剂，亦可看到在减轻症状和延长生存期方面有一定裨益。

5.肺癌脑转移的介入性化疗　近年来，也有学者应用介入性颈内动脉灌注法来治疗肺癌脑转移[29]。目的是提高局部肿瘤的药物浓度。常用化疗药物有卡氮芥（BCNU）100mg/次，或每次尼莫司汀（ACNU）2 mg/kg～3mg/kg，每4～6周1次，有效率均在20%～50%。也有人应用鬼臼噻吩甙（VM-26）。但由于颈内动脉灌注化疗药物可能出现严重的脑部不良反应，包括同侧视觉丧失或大脑坏死，注射药物也可能引起基底动脉痉挛、缺血或晕厥。由于此法在疗效上无特别优势，且风险较大，难以推广使用。

6.肺癌脑转移的对症处理　由于脑转移除引起病灶相应部位的神经损伤外，还会因颅内压聚升而导致脑疝死亡。对症处理上需注意以下几点：①合理的营养支持，静脉输液要适度限制，以免加重脑水肿。静脉补充白蛋白，由于多数肺癌脑转移病人已属晚期，营养不良，血浆白蛋白浓度降低而影响到血管内胶质渗透压。适当补充血浆白蛋白有助于提高血液内胶质渗透压，减少液体外渗，减轻脑水肿。②对于没有对皮质类固醇治疗禁忌的患者，应用适量的皮质激素有利于减轻脑水肿，保护脑组织。地塞米松标准起始剂量是每天10mg，根据病情可适当增量。较长时间应用时需同时应用甲氰咪胍或雷尼替丁，以防止发生消化性溃疡。对于患有糖尿病、高血压、溃疡病、结核病等患者，应注意不用或短期慎用。同时还需注意维持水、电解质平衡；③高渗利尿剂：常用20%甘露醇注射液静脉快速滴注，以降低颅内压。每次每公斤体重按1g计算，每隔6h～8h重复使用。常用量：20%甘露醇250ml，每8小时1次。对于存在左心室功能不全倾向的患者，每次应用20%甘露醇以125ml为宜，并严密观察，以防止在快速滴注过程中发生肺水肿；④对于有“癫痫”症状者亦应根据具体情况应用抗癫痫药物预防和治疗，防止发生意外。

三、小结

肺癌脑转移的预防及治疗近年来有一定进展，归纳如下：①小细胞肺癌患者局限期获得完全缓解（CR）或术后可望治愈者，宜作PCI，对减少脑部转移的发生有肯定效果，对延长总生存期倾向于可能有裨益，但仍未完全证实；②非小细胞肺癌脑转移的预防研究较少，应用含有VM-26及CCNU的联合化疗方案或应用PCI可能有一定好处，但未能得到大样本多中心随机对照所证实，难以确定；③局部晚期（Ⅲa、Ⅲb）非小细胞肺癌患者，尤其是T_4、$N_{2\sim3}$和（或）腺癌患者存在发生脑转移的高度危险，应在PCI方面深入研究；④孤立性脑转移灶的患者以手术+WBRT或SRS+WBRT为规范性治疗；⑤多发性脑转移的患者以放疗和化疗为主，可以选用全身化疗与WBRT相结合，也可选择化疗与SRS相结合；⑥对于特定情况下的肺癌脑转移患者（肺部和脑部均为单个病灶，外科手术可能完全切除者）应积极主张分别手术治疗，然后再给予术后辅助治疗，可望长期生存；⑦中药及Iressa对肺癌脑转移有一定疗效，值得重视；⑧对症处理方面要注意到用好20%甘露醇，皮质激素及补充白蛋白，减轻症状，防止脑疝。

参考文献

1 Hansen HH. Textbook of Lung Cancer. London: Martin Dunitz, 2000: 253~254

2 Patehell RA. Clinical oncology. New York: Churchill Linving Stine, 1995: 629~638

3 Seydel HG, Greech R, Pagano M, et al. Prophylactic versus no brain irradiation in regional small cell lung carcinoma. Am J Clin Oncol, 1985; 8 (3): 218~223

4 Greagor A, Cull A, Stephens R J, et al. Prophylactic crainial irradiation is indicated following complete response to induction therapy is small cell lung cancer: results of a multicentre randomized trial. United kingdom Coordinating Committee for cancer research (UKCCCR) and the European Organization for research and treatment of cancer (EORTC). Eur J cancer,1997; 33 (11): 1752~1758

5 李卫东，李金瀚. 肺癌的脑部问题. 中国肺癌杂志, 2004; 7 (4): 377~378

6 吴海鹰，见吴一龙主编. 肺癌多学科综合治疗的理论与实践. 北京：人民卫生出版社, 2000: 236~237

7 Pedersen AG, Kristjansen PE, Hansen HH. Prophylactic cranial irradiation and small cell lung cancer. Cancer Treat Rev,1988;15 (2): 85~103

8 李金瀚，李黎波，康世均. 鬼臼噻吩甙和环己亚硝脲对肺癌脑转移的预防作用. 中华肿瘤杂志, 1995; 17 (4): 314~315

9 Stuschke M, Eberhardt W, Pottgen C, et al. Prophylactic cranial irradiation in locally advanced non-small cell lung cancer after multimodality treatment: long-term follow-up and investigations of late neuropsychologic effects. J Clin Oncol, 1999; 17 (9): 2700~2709

10 Alexander S, Hannah C, Andrea B, et al. Brain metastases as the initial site of failure in locally advanced non-small cell lung cancer treated with combined modality therapy: implications for prophylactic cranial irradiation. Lung cancer, 2003; 41 (suppl 2): S21

11 Pottgen C, Stuschke M. The role of prophylactic cranial irradiation in the treatment of lung cancer. Lung Cancer, 2001; 33 (suppl 1): S153~S158

12 Westeel V, Bajard A, Jacoulet P, et al. Risk of Brain metastases in nonmetastatic non-small cell lung cancer. Lung cancer, 2003; 41 (suppl 2): S21

13 Smalley SR, Schray MF, Laws ER, et al. Adjuvant radiation therapy after surgical resection of solitary brain metastasis: association with pattern of failure and survival. Int J Radiat Oncol Biol Phys, 1987; 13 (11): 1611~1616

14 Kelly K, Bunn PA. Is it time to reevaluate our approach to the treatment of brain metastases in patients with non-small cell lung cancer? Lung cancer, 1998; 20 (2): 85~91

15 Bindal AK, Bindal RK, Hess KR, et al. Surgery versus radiosurgery in the treatment of brain metastasis. J Neurosurg, 1996; 84 (5): 748~754

16 Li JH (李金瀚), Kang SJ (康世钧), Zheng H(郑航). Teniposide plus Lomustinl in treatment of brain metastases in lung cancer. Lung Cancer, 1997; 18 (Suppl 1): S15

17 Quy CN, Haller MA, Darut-jouve A ,et al. Early whole brain concurrent radiochemotherapy for non-small cell lung cancer brain metastases. A phase Ⅱ study. Lung Cancer, 1999; 25 (suppl 1): S21

18 刘俊玲，刘国贞，徐光川，等. 同期全脑照射和FUDR+VM-26+DDP方案化疗治疗非小细胞肺癌脑转移近期疗效报告. 中国肺癌杂志, 2003; 6(5): 371~374

19 陈丽昆，徐光川，刘国贞，等. COAPC方案联合脑部放射治疗非小细胞肺癌脑转移. 癌症, 2003; 22(4): 407~410

20 李金瀚，杨开军，陈永清. 化疗与放射外科结合治疗非小细胞肺癌脑转移. 中国肺癌杂志, 2002;5(1): 41~43

21 李卫东，李金瀚. 肺癌的脑部问题. 中国肺癌杂志, 2004;7(4): 377~378

22 Abeloff MD, Armitage JO, Lichter AS, et al. Clinical oncology. 2nd Edition. Singapore Churchill Livingstone, 2000: 820~832

23 王惠杰，张湘茹. 恶性肿瘤的脑膜转移，癌症进展杂志, 2004; 2(1): 56~59

24 王思愚，区伟，洪文善，等. Iressa治疗非小细胞肺癌脑转移. 中国肺癌杂志, 2004; 7(4): 329~330

25 徐振晔. 见：徐振晔，杨宇飞主编. 肺癌中西医综合治疗. 北京：人民卫生出版社, 2002: 588~593

26 苏守元，刘景华，吴蕴真，等. 10%鸦胆子油静脉乳剂治疗肺癌脑转移16例临床疗效观察. 中西医结合杂志, 1985;5(2): 86~88

27 苏守元，吴松昌. 应用抗肿瘤中药新剂型——鸦胆子油静脉乳剂治疗肺癌脑转移100例临床疗效观察. 实用肿瘤学杂志, 1989; 3(3): 33~35

28 张灿珍，任宏轩，赵玲，等. 榄香烯治疗脑转移的临床疗效观察，中国肿瘤临床, 1999;(7): 18~20

29 杨学宁，吴一龙，见：吴一龙主编，肺癌多学科综合治疗的理论与实践，北京：人民卫生出版社, 2000: 249~259

全身热疗联合化疗治疗晚期非小细胞肺癌

吕光明　王远东[1]　徐丽君[2]　陈冬波[3]　丁向东[4]　管　静[5]

合肥105 医院　合肥　230031

人们很早就注意到部分肿瘤病人在发热后其肿瘤发生自行消退的现象,这促进了医学界对热疗用于肿瘤治疗的研究。经过几十年的发展,全身热疗已广泛用于各种晚期或复发性肿瘤的治疗。有报道认为,全身热疗还能逆转卵巢癌对鉑类的耐药性[1]。本研究主要观察全身热疗联合顺铂和依立替康治疗非小细胞肺癌病人的疗效和安全性。研究资料主要来源于深圳海斯泰投资公司分布在全国的21 个全身热疗中心,对符合本研究要求的6 个中心提供的154 例非小细胞肺癌病例做一报告和分析。

一、临床资料

(一)患者一般资料

从2002 年4 月至2004 年11 月经病理确诊的154 例非小细胞肺癌患者。入选病人要求:KPS 评分在70 分以上,曾经接受过化疗的,化疗周期最多不超过3 个,不愿意接受手术治疗或有手术禁忌症。按随机表分配法分治疗组和对照组,治疗组77 例病人做全身热疗加化疗;对照组77 例仅用与治疗组相同的化疗方案化疗。两组病人的年龄、病理类型、病灶大小情况如(表1)所示,具有可比性。

表1　两组病人的一般临床资料

分组	例数	年龄(平均)	病理类型				病灶大小			
			鳞状细胞癌	腺癌	腺鳞癌	其他类型	≤3cm	3～5cm	6～10cm	≥10cm
治疗组	77	64.2	29	22	14	12	12	26	22	17
对照组	77	62.3	26	27	15	9	15	23	20	19

(二)方法

1. 治疗组全身热疗方法

(1)全身热疗前系统检查心、肺功能、肝肾功能、骨髓造血功能凝血机制正常,颅内无转移灶,无颅内压增高的临床症状。能耐受全身麻醉或深度镇静。热疗前签署知情同意书。

(2)利用深圳一体医疗科技公司生产的A 波段近红外全身热疗系统(ET-SPACE-Ⅱ)在深度镇静方案(氯丙嗪、异丙嗪、派替啶、东莨菪碱)下治疗 23 例,常规气管插管全身麻醉下治疗 15 例。利用远红外全身热疗系统(深圳一体医疗科技公司生产,ET-SPACE-Ⅰ)在深度镇静下治疗 18 例,气管插管全身麻醉下治疗 21 例。

(3)深度镇静或全身麻醉成功后,放置食管测温探头距门齿 30-35cm 处,直肠测温探头距肛门括约肌 15cm 处动态监测食管和直肠温度。启动全身热疗系统升温。

(4)食管温度升至 39℃时输注顺铂 60 mg/m²,达到 41. ℃时給予依立替康 50 mg/㎡。热疗后第 8 和第 15 天分别给与依立替康 50mg/㎡化疗。每 28 天为 1 周期.

(5)维持食管和直肠温度在 41.8℃-42.0℃之间 60min。

(6)恒温结束后,给予全身降温,当食管温度降到 38℃时,给予麻醉复苏后送入 ICU 监护治疗。

(7)第一次治疗后 3 周,如果病人恢复良好,骨髓造血功能正常,CR、PR、SD 的病人接受第二次热化疗;如果出现进展(PD)则停止第二次治疗,从治疗组中排除。

(8)患者全身热疗联合化疗 3 周期后评估疗效和毒性反应。

(9)记录深度镇静组和气管插管全身麻醉组食管温度达到 41.8℃时所用的时间、恒温时间和完成整个治疗过程的时间。

2. 对照组

对照组第 1 天给予顺铂 60mg/m²,常规水化;于第 1 天,第 8 天,第 15 天分别给予依立替康 50mg/m²。28 天为 1 周期。化疗 3 周期后评估疗效。

3. 评价方法

(1)治疗组和对照组治疗 3 个周期后行胸部 CT 检查评估疗效。

(2)按 WHO 实体瘤客观疗效评价标准(1981)进行评价。

①完全缓解(CR):所有可见病变完全消失并维持 4 周以上

②部分缓解(PR):肿瘤病灶内最大直径及最大直径的乘积减少 50% 以上,并维持 4 周以上。

③病变稳定(SD):肿瘤病灶的最大直径及最大直径的乘积减少小于 50% 或增大小于 25%,无新病灶出现。

④病变进展(PD):肿瘤病灶内最大直径及最大直径的乘积增大大于 45%,或有新病灶出现。

(3)毒副作用按 WHO 抗癌药毒性反应分级(0-Ⅳ)标准评价。

4. 统计方法

计数资料采用 x^2 检验,计量资料采用 t 检验。数据输入采用 SPSS10.0 统计软件进行统计分析。

二、结果

1. 全身麻醉方案的升温速度　远红外全身热疗系统(ET-SPACE-Ⅰ)食管温度达 41.8℃时需要 133 ± 10.2min,A 波段近红外全身热疗系统(ET-SPACE-Ⅱ)食管温度达到 41.8℃时需要 96 ±7.1min,A 波段近红外全身热疗系统(ET-SPACE-Ⅱ)在全身麻醉下升温比远红外全身热疗系统(ET-SPACE-Ⅰ)平均减少 37min($P<0.05$)。

2. 深度镇静方案的升温速度　远红外全身热疗系统(ET-SPACE-Ⅰ)食管温度达 41.8℃时需要 153 ± 10.2min,A 波段近红外全身热疗系统(ET-SPACE-Ⅱ)食管温度达到 41.8℃时需要 107 ±11.2min,A 波段近红外全身热疗系统(ET-SPACE-Ⅱ)在深度镇静下升温比远红外全身热疗系统(ET-SPACE-Ⅰ)平均减少 46min($P<0.05$)。

3. 治疗温度41.8℃时的平均维持时间　远红外全身热疗系统（ET-SPACE-Ⅰ）的维持时间为80±6.1min，A波段近红外全身热疗系统（ET-SPACE-Ⅱ）的维持时间为60±5.3min，A波段近红外全身热疗系统（ET-SPACE-Ⅱ）的平均维持时间比远红外全身热疗系统（ET-SPACE-Ⅰ）的维持时间平均减少20min（$P<0.05$）。

4. 总过程所用时间　深度镇静下总治疗过程包括几个时间段：食管温度升至41.8℃所用时间，食管温度在41.8℃的维持时间，治疗结束后降温所用时间。全身麻醉下总治疗过程包括几个时间段：麻醉诱导、各种穿刺、置管所用时间，食管温度升至41.8℃所用时间，食管温度在41.8℃的维持时间，治疗结束后麻醉复苏，食管温度降至正常所用时间。远红外全身热疗系统（ET-SPACE-Ⅰ）在深度镇静下完成整个治疗过程平均需要273min，全身麻醉下完成治疗平均需要316min；A波段近红外全身热疗系统（ET-SPACE-Ⅱ）在深度镇静下完成整个治疗过程只需要209min，全身麻醉下完成治疗需要258min。A波段近红外全身热疗系统（ET-SPACE-Ⅱ）在深度镇静下完成整个治疗过程比远红外全身热疗系统（ET-SPACE-Ⅰ）平均减少64min，在全身麻醉下完成整个治疗过程平均减少58min。

5. 疗效　治疗组77例患者中有9例患者因第一次热化疗后2周出现PD而退出第二次治疗；其余患者均完成了3个周期的治疗，治疗完成后随访时间均在2个月以上，最长达13个月。病灶直径≤3cm的12例患者中，有5例病灶完全消失（CR），病灶直径3～6cm的26例患者中，有7例病灶完全消失（CR）；有35例病灶的最大直径与最大直径乘积减少50%以上，达到部分缓解（PR）；21例病变稳定（SD）；总有效率（CR＋PR）47/77为61.04%（95% CI 0.5015-0.7193）。

对照组77例完成了3个周期的化疗，随时间也在2个月以上，最长随访时间15个月。病灶直径≤3cm的15例患者中，有3例病灶完全消失（CR），病灶直径3～6cm的23例患者中，有6例病灶完全消失（CR）；有22例病灶的最大直径与最大直径乘积减少50%以上，达到部分缓解（PR）；34例病变稳定（SD），12例病变有进展（PD），对照组总有效率（CR＋PR）31/77为40.26%（95% CI 0.2931～0.5121）。治疗组和对照组的疗效有明显差异（$P=0.0156$）。治疗组有效率明显高于对照组。

6. 毒副反应　化疗毒副反应 治疗组中有9例患者因第一次热化疗后2周出现PD而退出第二次治疗；骨髓抑制是主要的毒副作用，Ⅱ～Ⅲ度的白细胞下降59例，发生率（59/77）为76.62%，其中52例出现Ⅱ～Ⅲ中性粒细胞下降，发生率（52/77）为67.53%，Ⅱ～Ⅲ恶心、呕吐比较常见，用止吐剂后症状明显缓解；对照组病人也出现不同程度的毒性反应，Ⅱ～Ⅲ度白细胞下降62例，发生率（62/77）为80.52%，其中54例Ⅱ～Ⅲ度的中性粒细胞减少，发生率（54/77）为70.13%；两组毒副反应的发生率无显著差异$P>0.05$。可见全身热疗没有明显增加化疗药的毒副反应。两组病人均有腹泻发生，给予对症支持治疗后缓解。

全身热疗相关的副作用 最先治疗的几例中，有7例出现股内侧皮肤轻度灼伤，表现为直径大小约2.0cm～4.5cm的皮肤红斑；4例骶尾部皮肤浅Ⅱ度烫伤，表现为直径大小约2.2cm～4.0cm水疱、经保持创面清洁，预防感染等治疗后好转，无疤痕形成。

经改进对热疗机的操作，用厚纱布覆盖容易烫伤的部位（如骶尾部、股内侧、双上臂、双脚跟）后，没有再次出现烫伤。治疗过程中没有出现明显的危及生命的心血管系统，呼吸系统、中枢神经系统严重受损伤的现象。

三、讨论

体外实验已证明，热疗后肌体细胞膜流动性和通透性均发生了改变，细胞内 Ca^{2+} 升高以及线粒体膜流动性的改变，使细胞膜上的酶复合体、RNA、DNA 合成和修复的有关酶被破坏而导致细胞凋亡。如温度在 43℃ 以上使细胞膜和细胞内蛋白质发生损伤是直接造成细胞死亡的主要原因[2]。

全身热疗除直接杀伤对热敏感的肿瘤细胞外，还能刺激机体产生一些细胞因子和激活 T 细胞，增加对肿瘤细胞的杀伤效应，这些细胞因子包括白介素 IL-6、IL-8、IL-10、IL-B 和肿瘤坏死因子[3,4]；在骨髓水水平有 IL-3 和 GM-CSF[5]。有报道全身热疗后，发现了 CD69 和可溶性 IL-2 受体增加，提示 T 细胞的激活延长以及细胞毒性 T 细胞增多[3]。但目前还不清楚这些因子是否对研究结果起作用或起多大作用。

化疗药依立替康（CPT-Ⅱ）属于 DNA 拓扑异构酶Ⅰ抑制剂，影响 DNA 的复制过程，使 DNA 链断裂，以致细胞分离停止而死亡。铂类药物是肺癌化疗的基础药物，与 CPT-Ⅱ联合应用有协同或相加作用[6]，有报道 CPT-Ⅱ + DDP 对晚期非细胞肺癌的有效率高达 43.7%[7]. 体外实验证实热疗对铂类有增敏作用[8]. 本试验治疗组有效率为 70.37%（95% CI0.4982-0.8625），对照组有效率为 34.62%（95% CI 0.1721-0.5567），治疗组的有效率高于对照组（$P = 0.0135$）。推测这一结果可能与全身热疗导致的多种抗肿瘤机制的激活有关。

整个实验中没有发现热疗引起或加重了已知化疗药物相关的血液和胃肠毒性反应增加的临床证据，两组毒副反应相比无明显的差异 $P > 0.05$。推测这一观察结果可能是由于 WBH 诱导的不同细胞因子的产生短暂增加从而减轻了对骨髓的抑制，这些因子包括粒细胞集落刺激因子和粒细胞-巨噬细胞集落刺激因子（GM-CSF）[9,10]

整个热疗过程中没有出现与全身热疗相关的严重的并发症，开始治疗时仅少数患者出现皮肤的轻度灼伤和浅Ⅱ度烫伤，经过改进操作方法和对容易烫伤的部位采取防护措施后，没有再次出现烫伤，这表明 ET-SPACE 全身热疗系统是安全的。治疗过程中没有出现危及生命的心血管系统、呼吸系统和中枢神经系统的严重并发症，这主要与术前对病人的严格筛选有关。

A 波段近红外全身热疗系统（ET-SPACE-Ⅱ）采用的 A 波段近红外线（波长 760-1 400nm）具有穿透性强，升温迅速，不损伤皮肤和皮下组织的特点。能将热能较快地传递到皮下毛细血管网，经血液循环均匀地升高人体温度。

本研究发现 A 波段近红外全身热疗系统（ET-SPACE-Ⅱ）在全身麻醉下升到治疗温度 41.8℃ 比远红外全身热疗系统（ET-SPACE-Ⅰ）平均减少 37min（$P < 0.05$），在深度镇静下升到治疗温度 41.8℃ 平均减少 46min（$P < 0.05$）。在深度镇静下 ET-SPACE-Ⅱ的整个治疗过程比 ET-SPACE-Ⅰ平均减少 64min，在全身麻醉下 ET-SPACE-Ⅱ的整个治疗过程平比 ET-SPACE-Ⅰ平均减少 58min。在治疗温度 41.8℃ 时的维持时间 ET-SPACE-Ⅱ比 ET-SPACE-Ⅰ平均缩短了 20min。因此，A 波段近红外全身热疗

系统(ET-SPACE-Ⅱ)可以在深度镇静下安全地进行全身热疗。Berry[11]等报道深度镇静下进行红外线全身热疗时心血管系统更稳定。国内夏冬[12]等报道应用1号冬眠~东莨菪碱镇静方法,利用ET-SPACE全身热疗系统能够安全地进行全身热疗,并能维持血液动力学和内环境的稳定。随着临床经验的不断积累,整个治疗过程所用时间大幅度减少,深度镇静下利用ET-SPACE系统进行全身热疗将会在更多的全身热疗中心得到推广应用。

初步的临床研究结果表明:全身热疗联合顺铂和依立替康对晚期非小细胞肺癌有明显疗效,其疗效明显优于单纯使用化疗的疗效;热疗联合化疗的毒副反应也没有明显增加,也没有出现严重的并发症。ET-SPACE系统可以在深度镇静或全身麻醉下安全地进行全身热疗。

(深圳海斯泰投资有限公司医学部汤学林执笔整理)

参考文献

1 Westermann AM, Gosen EA , Katschinski DM , et al. A pilot study of whole body hyperthermia and carboplatin in platinum-resistant ovarian cancer . European Journal of Cancer,2001;37: 1111~1117

2 马景铿,王丽雅.全身热疗的临床要则,见:林世寅、李瑞英主编,现代肿瘤热学,第一版,北京:学苑出版社,1997.1~3643~74

3 Katschinski DM , Wiedemann GJ, Longo W , et al. Whole body hyperthermia cytokine induction: a review and unifying hypothesis for myeloprotection in the setting of cytotoxic therapy . Cytokine Growth Factor Rev ,1999;10: 93~97

4 Oleire F, Robins HI, Cohen JD, et al. Cytokine induction in humans by 41.8 ℃ whole body hyperthermia. J Natl Cancer Inst,1993; 85: 833~834

5 tanackovic D, Hegewisch ~ Becker S, Faltz C, et al. Whole body hyperthermia induces expression of the activation antigen CD69 on peripheral lymphocytes of cancer patients. Blood. 2000;96: 619

6 孙燕.周际昌.临床肿瘤内科手册.第4版.北京:人民卫生出版社,2003;578

7 Negoro S, Masuda N, Takada Y, et al. Randomised phase Ⅱ trial of irinotecan combined with cisplatin for advanced non small cell lung cancer , Br J Cancer,2003;88(3): 335~341

8 Zwischenberger JB, Vertrees RA, Woodson LC, et al. Percutaneous venovenous perfusion-induced systemic hyperthermia for advanced non-small cell lung cancer :initial clinical experience, Ann Thorac Surg,2001;72(1): 234~42

9 Robins HI , Kutz M , Wiedemann , et al. Cytokine introduction by 41.8℃ whole body hyperthermia . Cancer Lett, 1995;97: 195~201

10 Katschinski DM , Wiedemann GJ, Longo W, et al. Whole body hyperthermia cytokine induction: a review and unifying hypothesis for myeloprotection in the setting of cytotoxic therapy . Cytokine Growth Factor Rev,1999; 10: 93~97

11 Beery JM , Michallsen A , Nagle V, et al. The use of esmolol in whole body hyperthermia: cardiovascular effects. Int J Hyperthermia,1997;13: 261~268

12 夏冬,祝胜美,章岳山,冯智英.在晚期肿瘤患者红外线全身热疗联合化疗中冬眠1号-冬莨菪碱镇静的可行性.中华麻醉学杂志,2004;24(11): 868~869

---

2 广州市肿瘤医院 广东广州 510059

3 杭州市肿瘤医院 浙江杭州 310004

4 徐州矿务集团总医院 江苏徐州 221006

5 山东大学第二医院 山东 250033

6 广东江门市人民医院 广东江门 529000

电视纵隔镜术诊治胸部肿瘤

杨　劼　谭家驹　叶国麟　古卫权

广东省佛山市第一人民医院胸外科　佛山　528000

纵隔镜作为一种诊断性技术已被广泛应用于临床，并逐渐成为和肺癌术前病理分期和纵隔疑难疾病诊断最重要的手段之一[1]。近年来，随着电视纵隔镜在临床中的成功应用，显著增加了纵隔镜手术视野的范围和清晰度。这不仅大大提高了这一技术的安全性和准确性，同时也使得这一技术成为部分胸部疾病的一种更加微创的治疗手段。自2001年11月~2005年3月，我们为106例拟诊肺癌、纵隔肿物、恶性胸腔积液患者进行了电视纵隔镜术（Video-mediastinoscopy，VMS），现总结分析如下。

一、资料与方法

1. 临床资料

本组106例，男72例，女34例。年龄36~76岁，平均年龄53.75岁。均经临床查体、胸部X线、CT、痰细菌、细胞学检查和纤维支气管镜检查，其中16例行正电子发射断层扫描（PET）检查，28例行CT -PET检查。104例术前未能明确病理诊断，其中临床诊断肺癌纵隔淋巴结转移49例（4例合并脑转移、4例合并上腔静脉综合征、6例合并双肺转移），恶性胸腔积液35例，淋巴瘤未除外结节病7例，恶性胸腺瘤6（其中合并上腔静脉综合征3例，合并心包积液2例），恶性后中纵隔肿瘤5例，胸膜间皮瘤1例，良性后中纵隔肿瘤1例。术前纤支镜病理确诊肺鳞癌2例。

2. 手术 方法

（1）颈部纵隔镜术（（Cervical Mediastinoscopy ，CM）：采用全麻，单腔螺纹气管插管，病人取仰卧位，头过度后仰，在胸骨切迹上一横指处作2~3cm横切口。本组43例行颈部纵隔镜术其中5例行右前斜角肌淋巴结活检。

（2）胸骨旁纵隔镜术（Parasternal Mediastinoscopy ，PSM）：仰卧位，于胸骨旁2cm第2肋间或第3肋间作一长4~6cm切口。本组21例行胸骨旁纵隔镜术，16例肿物近切口，直接取活检行检查术，2例行心包开窗术，3例行胸腺瘤切除术。

（3）经肋间纵隔镜术：本组42例行经肋间纵隔镜术：35例术前诊断为恶性胸腔积液，1例诊断为胸膜间皮瘤，采用单腔气管内插管，侧卧位，腋中线第7肋间作2~3cm小切口，插入纵隔镜，放出胸液后进行探查，从镜管内伸入活检钳钳取胸膜组织，送冰冻病理检查，撒入滑石粉行胸膜固定。5例术前诊断恶性后中纵隔肿瘤，1例良性后中纵隔肿瘤，采用双腔气管内插管，侧卧位，腋中线第5肋间小切口，插入纵隔镜进行活检，其中1例胸膜广泛粘连,用电凝吸引器逐步分离,也达到肿瘤部位,术毕均在原切口置细管接负压合引流。

二、结果

本组104例术前未能获得病理诊断,经电视纵隔镜术后确诊103例,确诊率为99%。确诊为腺癌31例,转移性低分化鳞癌27例,结核12例,胸腺鳞状细胞癌6例,非霍奇金淋巴瘤5例,小细胞癌5例,胸腺瘤4例,神经母细胞瘤3例,霍奇金淋巴瘤3例,胸膜间皮瘤3例,神经鞘瘤1例,胸腺增生1例,原始神经外胚叶肿瘤1例,炎症1例,1例PET显示左下肺癌右上纵隔淋巴结转移,经检查纵隔淋巴结为反应性增生,行左下肺叶切除,病理为鳞癌。2例术前纤维支气管镜病理确诊左下肺鳞癌,电视纵隔镜检查右气管旁淋巴结转移。本组术前新辅助化疗41例,单纯化疗27例,转肿瘤医院放疗17例,同期放化疗14例,抗痨治疗6例,消炎治疗1例。81例得到随访,时间为1月至2年4月,死亡25例,其余健在。

三、讨论

1.肺癌的术前分期　肺癌的术前分期,尤其是纵隔淋巴结的病理分期(N_2或N_3)对于制定合理的治疗方案十分重要。Ⅲa期(N_2)肺癌已属于典型的全身性疾病。左肺下叶癌50%可发生对侧纵隔淋巴结转移(通过隆突下淋巴管引流到对侧),左肺上叶癌对侧纵隔淋巴结转移占35%。发生对侧纵隔肺门淋巴结转移(N_3)已属Ⅲb期。Ⅲa期肺癌单纯手术的5年生存率通常<10%,术后辅助放疗、化疗、生物学治疗等,预后也不好[2,3]。Ⅲb期(N_3)预后更差,5年生存率为5.5%~7.0%。术前新辅助化疗能明显提高患者的术后长期生存率,使得Ⅲa期肺癌的5年生存率提高1倍以上,也能使Ⅲb期肺癌降级,为手术创造机会。本组58例肺癌患者,其中$N_2$31例,$N_3$27例,$N_0$2例,行术前新辅助化疗41例,其中31例术后转肿瘤医院继续化疗或放疗。

2.纵隔肿物的诊治　气管旁纵隔淋巴结肿大和纵隔肿物有许多疾病,治疗及预后截然不同,有报道[4]对胸部疑难病例行纵隔镜检查术,总确诊率为85.71%。本组有1例胸部CT检查诊断为恶性淋巴瘤,化疗一疗程,肿块有所增大,行电视纵隔镜检查,确诊为淋巴结核。本组5例术前诊断恶性后中纵隔肿瘤,采用腋中线第5肋间小切口,插入电视纵隔镜活检,其中有1例胸膜粘连,通过电视纵隔镜,用电凝吸引器逐步分离胸膜,形成一隧道达肿瘤部位,均得到确诊。电视纵隔镜除了检查外,还可对纵隔肿物进行治疗,本组3例术前诊断为恶性胸腺瘤,探查发现肿瘤包膜完整,行肿瘤切除,病理报告为上皮细胞型胸腺瘤。

3.恶性胸腔积液的诊治　以往恶性胸腔积液的诊治靠胸腔穿刺和胸腔镜手术,胸腔穿刺胸液化验诊断率不高,电视胸腔镜因其视野清晰,可在直视下对胸膜可疑病灶进行多处取样活检,具有很高的组织学诊断率,是目前确诊胸膜疾病最为可靠的方法,但胸腔镜手术需作2~3个小切口,并且都需要在全麻双腔气管内插管下进行手术,而电视纵隔镜只需1个小切口[5],可以在单腔气管内插管进行手术,由于电视纵隔镜具有阴道窥镜样的可开合镜管,术中能够方便地推开通气膨胀的肺组织显露胸膜等处的病灶,并进行标本取样。本组35例术前诊断为恶性胸腔积液，胸膜间皮瘤 1 例，经检查 21 例确诊为肺腺癌胸膜转移，9 例确诊为肺鳞癌胸膜转移，胸膜间皮瘤 3 例，撒入滑石粉行胸膜固定。3 例确诊为胸膜结核。

我们体会行电视纵隔镜术创伤小，不但是肺癌术前病理分期的重要检查方法，还可作为纵隔和胸膜疾病、恶性胸腔积液诊治的方法之一。

参考文献

1 王俊，赵辉，刘军，等. 电视纵隔镜在临床应用中的初步体会．中华外科杂志，200；40(11)：840～842

2 Funatsu T, Matsubaru Y, Hatakenaka R, et al . The role of mediastinoscopic biopsy in preoperative assessment of lung cancer. J Thorac Cardiovasc Surg , 1992；104(12)：1688～1695

3 赵辉，王俊，刘军，等. 纵隔镜检查在胸部疾病诊断及肺癌分期中的价值. 中国胸心血管外科临床杂志，2000；10(2)：131～133

4 吴一龙，黄植番，戎铁华．胸部疑难疾病纵隔镜检查的纵隔镜检查．中华胸心血管外科杂志，1998；14(1)：26～28

5 杨劼，王俊，谭家驹，等. 经肋间电视纵隔镜手术的临床应用. 中华胸心血管外科杂志，2004；20(3)：148～150

适形调强放疗联合化疗治疗中、晚期非小细胞肺癌

林　辉　冯国生　陈甲信　韦　波[1]　陆合明　吴丹玲

卢志平　袁贤彬　张　军　李善观　谢嫣嫣

广西壮族自治区人民医院肿瘤科　南宁　530021

肺癌是当前世界各地最常见的恶性肿瘤之一，近年在我国发病率明显上升。其主要的治疗方法包括手术、放疗和化疗，一般来说，外科手术的 5 年生存率 22.9%～47.3%，放射治疗为 5%～10%，化学治疗的缓解期在 4～8 个月。近年来三维适形调强放疗的迅速发展，为提高肺癌的疗效带来更大的希望。为了探讨三维适形调强放疗在肺癌治疗中的作用，我们在前期进行了剂量学及临床观察的基础上[1,2]，进行了更为系统、深入和科学的与常规放疗的对比研究，结果报道如下。

一、材料与方法

1. 病例入选标准　经病理学或细胞学和影像学确诊初次治疗的非小细胞肺癌患者，年龄 25～75 岁，临床分期为Ⅱa～Ⅲb，KPS 评分 60 分以上，血白细胞正常，既往无其他肿瘤病史，医学原因不能手术或在技术上手术不能切除者。排除标准：有明显心、肺、肝、肾功能不全者；可能影响治疗计划按期完成的内科疾病；因肺不张、阻塞性肺炎或肺实变，导致肿瘤边界在放射治疗计划 CT 上无法确认者。本研究对我院 2002 年 5 月～2004 年 10 月符合上述条件的 72 例中、

晚期非小细胞肺癌采用分组治疗。A组采用常规放疗加化疗,共30例,其中男21例,女9例,年龄范围25~75岁,中位年龄61岁,鳞状细胞癌19例,腺癌10例,腺鳞癌1例;按1997年UICC分期标准,Ⅱa期2例,Ⅱb期6例,Ⅲa期19例,Ⅲb期3例;KPS评分60~90分。B组采用三维适形放疗加化疗,共30例,其中男19例,女11例,年龄范围27~72岁,中位年龄62岁,鳞状细胞癌18例,腺癌10例,腺鳞癌2例;Ⅱa期1例,Ⅱb期8例,Ⅲa期19例,Ⅲb期2例;KPS评分60~90分;C组采用三维适形调强放疗加化疗,共12例,其中男9例,女3例,年龄范围31~72岁,中位年龄59岁,鳞状细胞癌10例,腺癌2例;Ⅱa期1例,Ⅱb期3例,Ⅲa期6例;KPS评分60~90分。三组病人在性别、年龄、临床分期、病理类型、PKS评分等方面均无显著性差异($P>0.05$)。

2. 治疗

(1)化疗:三组病人均在放疗前1星期用顺铂联合盖诺方案(DDP100mg/m^2,d_1,盖诺25mg/m^2,$d_{1,8}$。21天一周期。)全身化疗1周期,放疗结束后再化疗3~5周期。化疗期间常规给予水化、利尿、保护胃肠道功能、保护骨髓及保护肝肾功能等治疗。

(2)常规放疗:放疗靶区包括肺部原发灶、同侧肺门、纵隔淋巴引流区,采用常规分割方式,总剂量60~66Gy。

(3)三维适形与适形调强放疗:胸部CT扫描模拟定位,层厚3~5mm,扫描范围从胸廓入口至膈肌。图像经光盘刻录输入拓能三维治疗计划系统,进行图像重建,勾画原发灶的肿瘤靶区(GTV1),区域转移淋巴结(GTV2),将GTV1和GTV2在三维方向上均匀外放5~10mm作为临床靶区CTV,计划靶区则根据摆位误差、器官移动由CTV外放5~15m而成;勾画邻近组织和器官轮廓,包括食道、脊髓、心脏及肺。通过计划系统制定治疗计划,根据剂量-体积直方图(DVH)和横断面等剂量线图选择最佳的治疗计划,90%等剂量线包括PTV,靶区几何中心为剂量归一点;处方剂量2Gy/次,常规分割,三维适形放疗总剂量为64~70Gy,适形调强放疗总剂量为70~76Gy。

3. 评价指标 治疗前后采用CT观察肿瘤局部控制情况,治疗结束后每1~3个月随访1次,并全部进行随访,随访时间3~29个月。观察治疗效果及毒副反应;自治疗开始之日起计算生存期。近期疗效在全部治疗结束后1个月按实体瘤的近期疗效标准客观评分[3],化疗不良反应按WHO统一标准评定,放射治疗毒副反应按美国肿瘤放射治疗协作组(RTOG)标准评价[4]。

4. 统计学处理 构成比、有效率和生存率用x^2检验;治疗副作用评价用秩和检验。利用SPSS10.0统计包进行统计分析。

二、结果

1. 剂量学 A、B、C三组放射剂量分别为63.6±2.12Gy,65.8±1.85Gy,72.7±2.31Gy,各组剂量存在显著差异(F=84.5,$P=0.00$,各组间q值均大于5.9,$P<0.01$)。

2. 近期疗效 A组有效率(CR+PR)43.3%(CR2例、PR11例),B有效率70%(CR4例,PR17例),C有效率83.3%(CR4例,PR6例),经统计学处理:A组与B组,$x^2=4.34$,$P=0.037$;A组与C组,$x^2=5.54$,$P=0.0186$。

3. 1年生存率 A组1年生存率40%(8/20),B组为66.67%(12/18),C组为100%(4/4)。三组之间无显著性差异,但

B、C组合并后的1年生存率与A组有显著性差异(x^2 =4.58, P =0.03)。

4. 在毒性反应方面,两组的骨髓抑制等基本相同。放射性食管炎 A组1+2级50%,3级6.6%,有9例为1级,6例为2级,2例为3级;B组1+2级40%,3级3.3%,有7例为1级,5例为2级,1例为3级;C组有2例为1级,1例为2级,C组无3级以上的放射性食道炎,经统计学处理x^2 =3.71, P =0.16。急性放射性肺炎:A组有8例为1级,6例为2级,3例为3级;B组有7例为1级,2例为2级,1例为3级;C组有1例为1级,1例为2级,无3级以上的放射性肺炎发生。统计学处理:A组与B组, t =1.89, P =0.06;A组与C组, t =2.21, P =0.031;B组与C组, t =0.78, P =0.44

三、讨论

肺癌的主要治疗手段有手术、放疗和化疗,但肺癌发现时多已失去手术机会,所以中晚期非小细胞肺癌主要治疗手段是放疗、化疗综合治疗,而化学治疗的缓解期在4~8个月,所以放疗在局部晚期肺癌的治疗中占有重要的地位。然而,常规放射治疗效果并不理想,5年生存率只有5%~10%,且反应重。局部病灶未控或复发是肺癌治疗失败和生存率低的重要原因之一,究其原因为正常肺组织放射耐受性以及肺癌放射敏感性相对较差,而造成放疗量多为60~66Gy,无法至肿瘤根治量有关。有学者认为消灭一个5cm直径的肺癌病灶,需要80~90Gy,甚至100Gy的剂量,显然这是常规放射治疗难以达到的。三维适形、调强放疗通过共面、非共面多野照射,使它们与常规放疗相比具有明显剂量学优势,主要表现在高剂量分布与肿瘤靶区形状一致,使肿瘤靶区受到最大剂量照射的同时周围正常组织、器官少受或不受照射,从而为肺癌放疗提高靶区剂量、减少正常组织受量提供了物理学基础[5],我们前期研究也证实了这一优势[1]。为提高肺癌放疗效果,已有学者或组织进行临床Ⅰ/Ⅱ期剂量递增试验,普遍认为3DCRT的疗效明显好于常规放疗,1995年Grogery等[6]率先报道了37例Ⅲ期NSCLC的3DCRT的结果,中位总剂量66Gy(60~70Gy),中位生存期19.5个月,1、2年生存率分别为75%和37%。Armstrong等[7]用3DCRT治疗45例NSCLC(含87%的Ⅲ期病例),中位放疗剂量为70.2Gy,中位生存期为15.7个月,2年生存率为32%,Ⅲ级以上的肺毒性发生率为9%。Armstrong还对比了3DCRT和常规放疗对肺癌的疗效,认为3DCRT降低了肺组织和食管的放疗并发症,明显提高了肺癌高剂量治疗的治疗比。John等[8]报道了45例NSCLC,常规分割照射1.88Cy/次,总剂量70.2Gy(52.2~72Gy),全组中位生存期15.7个月,2年生存率为39%,4.9年生存率为12%,局部控制率为54%。Graham等[9]报道99例,常规分割照射,总剂量74Cy,1、2、3年生存率分别为54%、45%和23%。上述临床试验结果都表明用3DCRT后,中位生存期均高于常规放射治疗技术治疗后的10个月左右,其放射治疗并发症并不明显增加。有关调强放疗报道不多,本研究结果显示随着放疗剂量增加疗效增高,三维适形及调强放疗组有效率比常规放疗组高,三维适形加调强组1年生存率比常规放疗高,统计学差异有显著意义,而放射性食管炎并没有增加,急性放射性肺炎调强组反而下降。因此,三维适形调强放疗可适当增加剂量,而不增加放疗副作用。

放化疗联合是治疗中、晚期 NSCLC 公认的治疗模式，化疗除了治疗可能存在的亚临床微小转移病灶外，还可以通过多途径增敏效应提高放疗的疗效。铂类则通过缺氧细胞再氧化作用、阻止亚致死性和潜在致死性放射损伤修复作用提高细胞放射敏感性。Sang Sim[10] 等通过对 152 例Ⅲ期 NSCLC 病人采用诱导化疗联合三维适形放疗，结果发现，单纯放疗组中位生存期 11.7 月，综合治疗组中位生存期 18.1 月；2 年局部控制率在单纯放疗组和综合治疗组分别为 35.4% 和 43.1%；3 级以上非血液学毒性在两组分别为 20% 和 16%；发生 3 级以上食道炎共 4 例。指出为了提高肿瘤局部控制率，需要增加放疗剂量。Socinski 等[11] 在一项Ⅰ/Ⅱ期临床试验中，用剂量递增的适形胸部放疗伴序贯和同时 CBP/PTL 治疗不能手术切除的Ⅲa/b 期 NSCLC，共入组 62 例，患者接受两个周期的诱导 CBP（AUG = 6）和 PTL（225mg/m^2，大于 3h），每周期为 21 天。从第 43 天开始同时使用胸部适形放疗，剂量按 60、66、70、74Gy 四级逐步递增。结果统计显示，诱导 CBP/PTL 化疗的缓解率为 40%，8 例（13%）在诱导化疗期间出现疾病进展。在 TCRT 剂量从 60Gy 到 74Gy 逐步递增过程中，未观测到限制性毒性反应。主要毒性反应为食管炎，然而只有 8% 属于 RTOG3/4 级食管毒性反应。总缓解率为 52%，第 1、2、3 和 4 年生存率分别为 71%、52%、40% 和 36%，中位生存期为 26 月。

在进行放疗与化疗综合治疗时，应注意化疗药物增加肺及心脏的放射损伤，本研究化疗采用 NP 方案，结果显示疗效与文献报道相似，采用适形、调强放疗技术时，可以增加放疗剂量而放疗反应却没有增加，从而提高疗效，是一个比较好的综合治疗方案。

参考文献

1 陈甲信，冯国生，张军，等. 肺癌不同放疗技术剂量学比较研究. 广西医科大学报，2004；21（2）：230～231

2 冯国生. 精确放疗联合化疗治疗中晚期非小细胞肺癌，广西医科大学报，2004；21（2）：177～178

3 孙燕. 肺癌，附录见：孙燕. 内科肿瘤学，北京：人民卫生出版社，2001；640，673，994，997

4 Cox JD, Stetz J, Pajak TF, Toxicity criteria of the Radiation Therapy Oncology Group（RGOT）and European Organization for Research and Treatment of Cancer（EORTC）. Int J Ridiat Oncol Boil Phys，1995；31（5）：1341～1346

5 韩波，邓晓琴，李瑾. 调强适形放射治疗肺癌临床研究，实用肿瘤学杂志，2001；15（2）：120～121

6 Grogery SS, Amo JM, Charles S, et al. The treatment of stage Ⅱ non-small cell lung cancer using high dose conformal radiotherapy . Int J Radial Oncol Biol Phys，1995；33：1001～1007

7 Armstrong JG, Raben A, Zelefsky M, et al. Promising survival with three-dimensional conformal radiation therapy for non-small cell lung cancer. Radiother. Oncol，1997；44：17～22

8 John GA, Chandra B, Steve L, et al. Three dimensional conformal radiation therapy may improver the therapeutic ratio of high dose radiation therapy for lung cancer. Int J Ratiat Oncol Biol Phys，1993；26：685～689

9 Graham MV, Purdy JA, Emami B, et al. Preliminary results of a prospective trial using three dimensional radiotherapy for lung cancer. Int J Radial Oncol Biol Phys，1995；33：993～1000.

10 Sang Sim, Kenneth E. Rosenzweig, Rachel Schindelheim, et al. Induction chemotherapy plus three-dimensional conformal radiation therapy in the definitive treatment of locally advanced non-small-cell lung cancer. Int. J. Radiation Oncology Biol. Phys, 2001；51（3）：660～665

11 Socinski MA, Rosen man JG, Halle J, et al. Dose escalating conformal thoracic radiation therapy with induction and concurrent carbplatin/paclitaxelin unresectable stage Ⅲa/b non-small cell lung carcinoma ：a modified phase Ⅱ trial. Cancer, 2001；92（5）：1213～1223

1 广西壮族自治区卫生厅　南宁　530021

肺癌手术淋巴结清扫范围的探讨

曲家骐　高　昕　侯维平　滕　洪　刘　博

沈阳军区总医院胸外科　沈阳　110015

近年来肺癌手术进行淋巴结清扫的必要性已经被广泛接受,但术中淋巴结清扫范围仍在研究和探讨之中[1,2]。1987 年 1 月 ~2000 年 12 月我院为 740 例肺癌患者施行了根治性肺或肺叶切除,术中按 Naruke 等[3]肺癌淋巴结分布图进行了系统淋巴结清扫。本文回顾性总结肺癌淋巴结转移规律和分布特点,为倡导肺癌手术淋巴结系统清扫提供依据。

一、资料和方法

本组 740 例中,男 581 例,女 159 例,年龄 32 ~ 78 岁,平均 57. 7 岁。中心型肺癌 402 例,周围型肺癌 338 例。术式:一侧肺切除 128 例,肺叶或双肺叶切除 612 例。术后病理类型:鳞癌 416 例,腺癌 255 例,大细胞癌 22 例,小细胞癌 30 例,其它类型 17 例。肿瘤部位右肺上叶 205 例,中叶 37 例,下叶 166 例;左肺上叶 217 例、下叶 115 例。

手术 按 Naruke 等肺癌淋巴结分布图进行系统清扫。肺叶切除淋巴结清扫: 首先清扫肺门淋巴结,病肺切除后再剪开上下纵隔胸膜,进行第 1 ~ 9 组纵隔淋巴结清扫;一侧肺切除:游离肺门血管同时清扫第 7 ~ 11 组淋巴结,肺切除后进行上纵隔淋巴结清扫。清除的淋巴结分装在有标记的小瓶中送病理切片检查,判定是否转移。(第 12 ~ 14 组淋巴结与病肺一并切除,没有单独做病理检查). 结果按肺癌国际 TNM 分期分类标记[4]。

统计学处理采用 χ^2 检验。

二、结果

740 例肺癌手术共清除淋巴结 3492 组,每例平均清除淋巴结 4. 72 组。362 例存在淋巴结转移,转移率 48. 9% (362 / 740);其中纵隔淋巴结转移 276 例,N_2 转移率 37. 3%;清除纵隔淋巴结 2401 组,$N_2$524 组,纵隔淋巴结转移度 21. 8%。原发肿瘤部位与 N_2 分布关系见表 1。276 例 N_2 肺癌有 524 组淋巴结转移,其中右上叶肺癌转移主要分布在第 2、3、4、7 组淋巴结,占右上叶 N_2 总数的 88. 5% (131/148);右下叶肺癌 N_2 主要分布在第 4、7、8、9 组,占 83. 1% (118 / 142);左上叶肺癌主要分布在第 4、5、6、7 组淋巴结,占 84% (105/125);左下叶肺癌 N_2 主要分布于第 5、7、8、9 组,占 84. 1% (69/ 82)。第 7 组和第 4 组是各部位肺癌淋巴结转移最活跃区域,分别占 N_2 肺癌总组数的 27. 1% (142/524) 和 20. 2% 9(106/524)。

表1 肺癌部位与纵隔淋巴结转移

肿瘤部位	例数	转移 纵隔淋巴结分布(组数)									
		1	2	3	4	5	6	7	8	9	小计
右上叶	79	7	25	31	49	1	0	26	5	4	148
右中叶	14	1	3	3	5	0	0	12	3	0	27
右下叶	63	3	8	12	35	1	0	45	21	17	142
左上叶	77	1	2	6	13	44	17	31	8	3	125
左下叶	43	0	3	1	4	14	5	28	9	18	82
总计	276	12	41	53	106	60	22	142	46	42	524

肺癌病理类型与 N_2 的关系见表2

表2　病理类型与淋巴结转移

肿瘤类型	例数	N_0 例数(%)	N_1 例数(%)	N_2 例数(%)	N_1+N_2 例数(%)
鳞癌	416	230(55.29)	51(12.26)	78(18.75)	57(13.70)
腺癌	255	122(47.84)	25(9.8)	30(11.76)	78(30.59)
大细胞癌	22	9(40.91)	4(18.18)	2(9.09)	7(31.82)
小细胞癌	30	6(20)	5(16.67)	11(36.67)	8(26.67)
其他	17	11(64.71)	1(5.88)	2(11.76)	3(17.65)
总计	740	378(51.08)	86(11.62)	123(16.62)	153(20.68)

本组 N_2 肺癌(包括单纯 N_2 和 N_1+N_2)276 例。各种病理类型 N_2 比较(包括 N_1+N_2),小细胞肺癌 N_2 转移率(63.34%)明显高于鳞癌(32.45%),腺癌(42.35%),大细胞癌(40.91%)和其他类型肺癌(29.41%) $P<0.05$,腺癌 N_2 转移率高于鳞癌($P<0.05$),而与大细胞癌,其他细胞类型比较差异无显著性($P>0.05$)。

肿瘤 T 分期与淋巴结转移关系见表3。

表3　肺癌 T 分期与淋巴结转移

T 分级	例数	N_0 例数(%)	N_1 例数(%)	N_2(包括 N_1+N_2) 例数(%)
T_1	97	67(69.1)	7(7.2)	23(23.7)
T_2	437	219(50.1)	52(11.9)	166(38.0)
T_3	157	73(46.6)	20(12.7)	64(40.8)
T_4	49	19(38.8)	7(14.3)	23(46.9)

肺癌淋巴结转移率随肿瘤 T 分级增高而增高,$T_1 \sim T_4$ 分别为 30.9%、49.9%、53.5% 和 61.2%,经 x^2 检验 T_1 淋巴结转移率与 T_2、T_3、T_4 差异有显著性($P<0.05$)而 T_2、T_3、T_4 之间差异无显著性($P>0.05$)。

416 例鳞癌和 255 例腺癌共 671 例细胞分化程度与淋巴结转移关系见表4。随细胞分化程度下降,淋巴结转移率增高,高,中,低分化组分别为 34.8%、47.1% 和 73.9%。差异均有显著意义($P<0.05$)。

表 4　细胞分化程度与淋巴结转移

分化程度	例数	N_0 例数(%)	N_1 例数(%)	N_2(包括 N_1+N_2) 例数(%)
高分化	221	144(65.2)	17(7.7)	60(27.1)
中分化	335	177(58.2)	39(11.6)	119(35.5)
低分化	115	30(26.1)	29(25.2)	56(48.7)
总 计	671	351(52.3)	85(12.7)	235(35.0)

三、讨论

目前肺癌手术淋巴结清扫有 2 种方法：一种根据术前影像学和术中所见选择性淋巴结清除(sampling mediastinal lymph node dissection)；另一种为系统或全部淋巴结清除(systemic or complete mediastinal lymph node dissection)。近年来有人采用 PET 和核素标记方法判断淋巴结有无转移，决定术中淋巴结清除范围，已引起人们广泛关注[5,6]，但尚未得到推广应用。本文对 740 例根治性肺癌手术系统清除的 3 492 组淋巴结进行分析，总结了肺癌淋巴结转移规律和分布特点，为肺癌手术淋巴结清扫必要性和清扫范围提供依据。本组 740 例肺癌手术，326 例存在淋巴结转移，转移率 48.9%，其中 N_2 转移 276 例，占 37.3%，表明肺癌淋巴结转移是活跃的。我们也观察到一些肺癌术前影像学并未发现纵隔淋巴结肿大，术中清除的淋巴结病理切片检查有癌细胞存在；也有术中肉眼所见淋巴结很小，似乎不像转移，而病理结果是转移。凭借淋巴结大小判定有无转移是困难的，病理学检查是判定淋巴结有无转移的更可靠依据[7]。本组资料还表明肺癌淋巴结转移可以发生在某一组淋巴结，也可以几组淋巴结同时发生转移。276 例 N_2 肺癌中有 88 例是多组纵隔淋巴结转移，还有 36 例出现“跳跃式”纵隔淋巴结转移。我们认为肺癌淋巴结转移是活跃的，从根治目的出发，在施行肺癌手术时，应当重视淋巴结系统清扫。

肺癌淋巴结转移与肿瘤部位、病理类型及淋巴引流方向密切相关，转移的淋巴结多发生于肿瘤附近的淋巴结。上叶肺癌主要向上纵隔淋巴引流方向转移；下叶肺癌向下纵隔淋巴结转移；第 7 组淋巴结是上下纵隔淋巴汇集的地方，淋巴结转移活跃。本组 276 例 N_2 肺癌中有 142 例(51.4%)存在隆突下淋巴结转移。淋巴结转移也与肺癌病理类型相关。本组资料小细胞肺癌、腺癌 N2 发生率明显高于其他类型肺癌。并且除鳞癌外，其他几种类型肺癌淋巴结转移多为 N_1+N_2，提示不同病理类型肺癌淋巴结转移差异较大。本组小细胞肺癌尽管术前影像学存在 N_2 者不列为手术适应证，但术中清除淋巴结转移率仍居各种类型之首。可见小细胞肺癌不仅血行转移早，淋巴路转移也是活跃的。

本组资料还表明肺癌细胞分化程度与纵隔淋巴结转移密切相关。细胞分化程度愈低，转移的几率愈高。高、中、低分化鳞癌和腺癌淋巴结转移率分别为 34.8%、47.1% 和 73.9%($P<0.05$)。而本组 T_1、T_2、T_3、T_4 期肺癌淋巴结转移率分别为 30.9%、49.9%、53.5%、61.2%。除 T_1 期肺癌外，肿瘤大小与纵隔淋巴结转移差异无统计学意义

($P>0.05$),说明肺癌手术淋巴结清除时重视肺癌细胞分化程度,比 T 分期更重要。

肺癌淋巴结转移与淋巴汇流密切相关,也受肿瘤部位、细胞分型和分化程度等多种因素影响。在术前尚不能准确制定淋巴结有无转移的今天,从肺癌根治目的出发,术中系统淋巴结清除应视为肺癌手术淋巴结清除首选方法。

参考文献

1 Granham ANJ, Chank JM, Pastoniro V, et al. Systemic nodal dissection in the intrathoracic staging of pationt with non-small cell lung cancer. J Thorac Cardiovasc Surg, 1999;117: 246

2 Izbicki JR, Passlick B, Pantel K, et al. Effectiveness of radical systemic mediastinal lymphadenectomy in non-small cell lung cancer: result of a randomized trail. Ann Surg, 1998;227: 138～144

3 Naruke T, Suemasu K, Ishikawa S. lymph node mapping and curability at various levels of metastasis in resected lung cancer. J Thorac Cardiovasc 1978;76: 832

4 Hermenek P, Sobin LH. TNM classification of malignant tumors. Berlin: Springer-Verlag,1997: 69～73

5 Liptay MJ, Masters GA, Freed BH, et al. Intraoperative radioisotope sentinel lymph node mapping in non-small cell lung cancer. Lung Cancer,2000;29(suppl 1): 138

6 Saunders CAB, Dussek JE. Evaluation of Fluorine-18-fluoro-deoxyglucose whole body position emission tomograph imaging in staging of lung cancer. J Thorac Surg,1999;67: 790

7 曲家骐,马富锦,黄文臣,等. 肺癌纵隔淋巴结转移及清除的必要性. 中华胸心血管外科杂志, 1995;11: 151

孙燕院士谈临床肿瘤学的现状和发展趋向

我常说,我们所看到的肿瘤病人的情况实际上是一场戏的后两幕或尾声,应当从序幕就开始看,才能看到全过程。如果定期开展适当、必要的检查,就可以早期发现其他相关疾病或肿瘤发生的趋向。这就是祖国医学"上工治未病"的思路。定期进行健康检查,我们不但可以早期发现肿瘤,而且可以发现癌前病变。

引起癌症的因素有些已经确定,有些则未确定。在已确定的因素中最重要的是吸烟。一般说来,肺癌、结直肠癌、乳腺癌和前列腺癌的增多与经济的发展平行,而胃癌的发病率则随经济的发展而下降。目前世界各国均十分重视治理环境和改善人群的饮食习惯。

在北美和欧洲等发达地区,儿童肿瘤的治愈率已经超过70%,成人肿瘤一般也在50%以上。我院收治病人的总体5年生存率在上世纪90年代就已经超过50%。"不治之症"的概念早已成为历史。

恶性肿瘤治疗目前已进入综合治疗的时代。如何制定各种常见肿瘤的诊治规范并且加以推广是学术界的当务之急。治疗的关键之一是早期发现、早期诊断和早期治疗,也就是我们所说的"三早"。所以,如何提高全民族对肿瘤防治的认识十分重要。

目前,临床肿瘤学处于一个重大变革时期。21世纪,循证医学、诊疗规范化和个体化已经成为学术界公认的趋向。因此,肿瘤的预防、诊断和治疗将会发生巨大变革。

我认为,做好以下三方面工作,可以对广大患者和临床肿瘤学作出应有的贡献。(1)规范化治疗。(2)个体化治疗。(3)中西医结合治疗。我认为中医的"证"多数是疾病发生的病理基础和疾病发展导致的病理生理异常。如果我们从内分泌、免疫学、细胞因子和抑癌基因入手,对中医的"证"的认识就有可能更深入一步。而通过对气虚、阴虚和气阴两虚的中药治疗,可以认识到这些中药对内分泌、细胞免疫功能、细胞因子及肿瘤相关基因的调控具有重要作用。这就是为什么我一直主张在高于目前临床水平的基础上从事中西医结合研究和探索的原因。

氩氦刀冷冻治疗肺癌的 508 例经验总结

牛立志　何卫兵　贺轶松　李燕红　叶玉坤　徐克成

广州复大肿瘤医院　广州市复大肺癌研究所　广州　510030

氩氦刀靶向冷冻损毁实质性肿瘤组织是近年来开展外科治疗新技术,也是冷冻治疗技术的一次飞跃。肺癌被发现时大多已属于中晚期,或因为身体条件差,不能耐受手术,往往不能行手术切除,对于 508 例不能手术切除的肺癌病人我们采取氩氦刀冷冻消融术来毁损大部分肿瘤组织同时采取综合治疗,取得了较好的疗效。

一、资料和方法

1. 一般资料　2001 年 2 月至 2005 年 2 月间,我院共行 1816 例氩氦刀治疗手术,肺癌患者共 508 例其中 385 例为原发性肺癌,362 例有病理诊断,其中小细胞癌 35 例,非小细胞癌 327 例,23 例依据临床诊断;123 例为转移性肺癌,其中 107 例有病理诊断,16 例依据临床诊断。年龄为 12 岁至 95 岁,平均 64 岁,肿块直径在 1cm 至 25cm 之间,平均 6.3cm。36 例行全麻气管插管开胸术中冷冻,其余均在局麻下 CT 或(和)B 超引导穿刺行氩氦刀冷冻治疗。穿刺点在 1 至 16 个,平均 4.6 个。术中测血压、脉搏、血氧饱和度、呼吸心电图。所有病人按常规给予放化疗等综合治疗。

2. 治疗方法　使用 Cryocare Surgical System (CRYO-20 型)冷冻外科系统。治疗刀直径分别为 2mm、3mm、5mm、8mm,依据瘤体大小、形状、部位等分别予单独或组合使用。术前基础麻醉为度冷丁 75mg 和非那根 25mg 肌肉注射,116 例需静脉用镇静药或麻醉药,早期在 CT 或(和)B 型超声引导下进带芯穿刺针,将针尖穿刺进入肿瘤底部后拔除内芯,引入金属导丝后再拔除穿刺针,通过导丝经皮引入鞘管套后抽出内芯,将氩氦刀顺着穿刺鞘插入肿瘤固定,根据肿瘤区域将穿刺鞘外拔 3 ~ 5cm,不同角度的进针均依以上顺序操作,后期直接用 2mm 刀直接穿刺,CT 扫描或 B 超证实刀头位置正确后,开启氩氦刀冷冻系统电脑主机,持续冷冻 15 ~ 60min,平均 23min 术中复查 CT,观察冰球范围,冰球没有覆盖肿瘤组织时要“补刀”,复温后重复一次冷-热循环,结束后复查 CT。

3. 随访　定期随访经过氩氦刀治疗患者,随访时间为 1 个月至 3 年疗效测定通过本人症状改善,影像学观察肿瘤大小变化、近远期并发症。

二、结 果

1. 疗效

①冰球大小:CT 即时扫描 5cm 以下肿块冰球覆盖 95% ~ 100% 肿瘤,平均 98%;5cm 以上肿块冰球覆盖 80% ~ 95% 肿瘤,平均 90%;②肿块大小:在治疗后 1 ~ 3 个月复

查CT肿瘤有缩小者56%，没变化者占23%，进展者16%；③生活质量改善：原有严重胸痛者101例多为周围型肺癌侵犯胸壁经过氩氦刀治疗，完全止痛20例，减轻者24例，无效者7例；④生存期：随访到206例患者，一年生存率，其中原发性肺癌Ⅰ期100%（8/8例），Ⅱ期82.1%（23/28例），Ⅲ期35.3%（24/68例），Ⅳ期18.4%（9/49例），转移肿瘤47.2%（25/53例）。平均一年生存率43.2%，一年半生存率23.3%，二年生存率16.8%。

2. 并发症

①心血管系统并发症

心动过缓62例，室性早搏13例，房颤3例，心跳骤停1例，低血压86例。一般予对症治疗均恢复。心跳骤停行心脏按压、电击除颤、气管插管抢救成功，康复出院。

②呼吸系统

哮喘发作9例，7例予药物控制；2例气管插管，行呼吸机治疗康复出院；咯血158例，其中6例大咯血，保守治疗成功；血气胸84例，23例胸穿，13例闭式引流。137例病人术后有不同程度发热，持续1天至10天左右。一般为38℃左右，少数达到39至40℃，多为午后发热。

三、讨论

目前，肺癌的治疗仍然以手术切除为首选治疗手段，但由于85%的肺癌患者在确诊时已属于晚期而失去手术机会。对于不能手术切除肺癌的治疗效果目前尚不理想，1年生存率<30%，对不能手术切除的实质性肿瘤，氩氦刀可以使其迅速冷冻消融，起到类似或接近手术效果的作用[1,2]。我们认为对病变位于周围直径小于5cm不能手术切除的肺癌氩氦刀治疗追求的目的是“局部根治”而对其他大多数不能手术的肺癌，氩氦刀治疗的目的是迅速减少瘤负荷，提高综合治疗的疗效。我们这组病例随访结果显示一年生存率达43.2%，说明氩氦刀对不能手术切除的肺癌患者的治疗是有一定效果的。

氩氦刀是冷冻技术上的一次飞跃，早期使用带鞘穿刺针方法使用2~8mm刀头穿刺操作复杂、定位不准、损伤大，后来全部采用2mm尖刀头直接穿刺，用CT和B超定位更直接、准确、损伤小，而且更容易多刀组合，做到“适行冷冻”同时减少了并发症[2,3]。新型的2mm单刀就可以产生3~5mm大小冰球范围（如图1、2示）。但是不像肝脏等实质性器官，肺肿瘤周围肺组织含气存在，不可能形成超过肿瘤边缘1cm以上的冰球。因此，我们认为“根治性冷冻”的概念在肺癌冷冻治疗中需要进一步研究和重新定义。对小于5cm的肿瘤，我们的观点是当“大肿瘤”来治疗，在技术上可行的条件下采用2cm1刀、3cm2刀、4cm3刀、5cm4刀的组合，目的是为了局部彻底消融，追求100%冰球覆盖肿瘤。而对大于5cm的肺癌往往因为肿瘤邻近侵犯的肺门等重要器官及全身情况差以及冷冻范围等，氩氦刀很难做到局部根治。但我们认为姑息性冷冻一次冷冻范围应在80~90%以上，因为消融肿瘤组织越多，疗效越好。

侵犯胸壁的肺癌患者常伴有顽固性疼痛，在我们所做的病例中氩氦刀能够非常有效的止痛明显改善病人的生存质量。这是因为冷冻本身可以止痛。冷冻可以迅速消融肿瘤组织减少对神经的压迫及肿瘤炎性物质的刺激，冷冻还可以迅速麻痹感觉神经，减少疼痛[4]，所以术中病人很少有痛疼不适，应激反应很少。

氩氦刀冷冻治疗总体是安全的，没有1

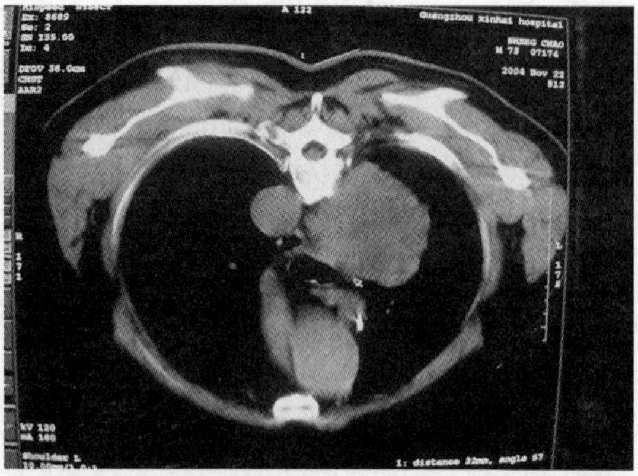

图1：治疗前

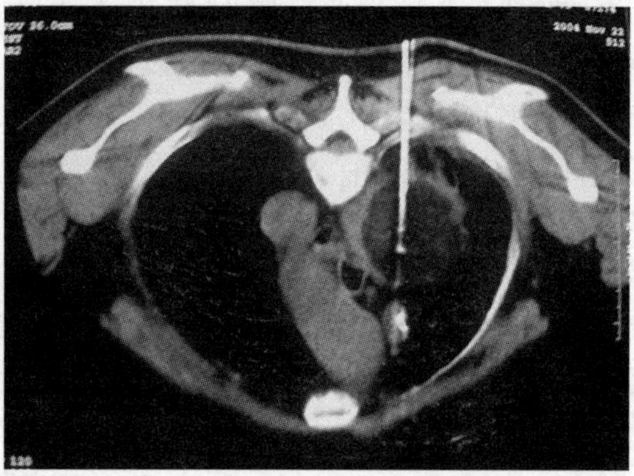

图2：治疗中

例术中死亡，常见的并发症主要为血气胸发生率在16%，绝大多数为轻度，不需处理；中重度病人行胸穿闭式引流即可[5,6]。冷冻过程中哮喘发作是严重的并发症，对有哮喘病史或慢阻肺患者应提前给予激素等预防用药，并备好抢救措施。1例肺癌患者伴老慢支，冷冻后出现并发感染、肿瘤坏死，形成肺脓腔，出现呼吸衰竭，使用呼吸机一月后死亡。我们认为与术前存在肺部感染，术后肿瘤组织坏死后容易继发感染有关，加强抗生素治疗是十分必要的。氩氦冷冻术后咳血，主要与穿刺及冷消融后肿瘤坏死有关，6例为大量咳血，其中3例有癌性空洞，因此，空洞可能是术后咳血的一个主要影响因素。对中心型肺癌靠近心脏大血管肺门的肿瘤，低温会引起心率减慢，心肌收缩力降低，血压下降，引起休克，甚至心脏停跳，应尽量避开大的血管、支气管，以减少并发症的发生[7]。

肺癌的治疗效果好坏，取决于综合治疗，不能手术治疗的肺癌患者行氩氦刀冷冻治疗可以迅速减轻瘤负荷。无骨髓抑制及其他严重副作用，不影响放、化疗等其他治疗[8,9,10]。本组病例采取氩氦刀冷冻治疗肺癌联合传统治疗的综合方法取得了较好的效果，为肺癌的治疗提供了一个新方法。

参考文献

1 History of Cryosurgery. Gage AA SURG Oncol. 1998 Mar：14(2)：129～55. Review

2 张积仁. 氩氦靶向肿瘤治疗技术. Pioneer Bioscience Publishing Co，2003；1～31，71～99

3 王洪武，张燕群，罗晶，等. CT引导下经皮穿刺氩氦靶向治疗肺癌的临床应用. 中华结核和呼吸杂志，2004；27(5)：311～314

4 Maiwand MO，Evans JM，Beeson JE. The application of cryosurgery in the treatment of lung cancer. Cryobiology，2004；48(1)：55～61

5 钱国军，陈汉，吴胜佩，等. CT引导经皮穿刺氩氦刀冷冻治疗肺部恶性肿瘤. 临床外科杂志，2003；11(5)：299～301

6 张宗城，李凯滨，蒋剑霄，等. 氩氦刀治疗晚期肺癌的临床观察. 临床肿瘤学杂志，2003；8(3)：193～197

7 Wu Qing，Wu Xueyong，Feng Jianping et al. The Clinical Analysis on 30 cases of Patients with Non-small Cell Lung Cancer Treated by Percutaneous Targeted Cryoablation Therapy. International Journal of Modern Cancer Therapy，2002；5(1)：23～25

8 Mooyaart EL，Vaalburg W，Koeter GH，et al. Preoperative staging of non-small-cell lung cancer with positron-emission tomography. N Engl JM，2000；343(4)：254～261

9 Maiwand MO，Asimakopoulos G. Cryosurgery for lung cancer：clinical results and technical aspects. Technol Cancer Res Treat，2004；3(2)：143～50

10 Maiwand MO，Evans JM，Beeson JE. The application of cryosurgery in the treatment of lung cancer. Cryobiology，2004；48(1)：55～6

非小细胞肺癌以外科治疗为主的多学科综合治疗的临床意义

张国庆　王洪江　王伯庆　庞作良　孙伟　高胜利　阿迪力

新疆医科大学附属肿瘤医院胸外科　830011

肺癌是临床常见的恶性肿瘤之一,其发病率近年一直呈上升趋势。非小细胞肺癌占80%,预后较差,总5年生存率在10%以下,患者死亡的主要原因为局部复发或远处转移。我院自1999年1月~2004年6月对210例非小细胞肺癌在常规肺叶切除术的基础上,注重应用术中快速冰冻切片病理检查和系统性纵隔淋巴结清扫术,以确保支气管切缘阴性,以及纵隔淋巴结清扫的彻底性;同时在术前、术后给予相应的化、放疗,免疫治疗,取得了较好的临床疗效。

一、材料与方法

1. 临床资料　本组病例中男性147例,女性63例;年龄31~78岁,平均59.4岁。其中鳞癌124例,腺癌67例,大细胞癌7例,腺鳞癌12例。P-TNM分期依照UICC1997年新的修订标准:Ⅰa期17例,Ⅰb期28例,Ⅱa期33例,Ⅱb期65例,Ⅲa期49例,Ⅲb期18例。

2. 手术方式　全肺切除术4例;肺叶切除术206例,其中支气管袖状成形肺叶切除术32例;支气管肺动脉袖状成形肺叶切除术15例;心包部分切除+肺叶切除5例,肺叶切除+隆突成形术4例,肺叶切除+上腔静脉切除人造血管置换术3例,双肺叶切除术18例。所有病例均在术中行快速冰冻切片病理检查,以确保支气管切缘阴性,无癌细胞残留,从而达到显微镜下的完全性切除;所有病例均行系统性纵隔淋巴结清扫术,以保证纵隔淋巴结清扫的彻底性。

3. 围手术期处理　所有患者入院后均行术前积极的肺功能锻炼,常规雾化吸入,正确的咳嗽排痰等呼吸道准备。术前、术后均给予胸腺肽等免疫支持治疗。

4. 术后化疗　术前未行新辅助化疗者,术后均行4周期化疗。术前已行1~2个周期新辅助化疗者,术后再行2~3个周期化疗。化疗以顺铂(DDP)+诺维苯(NVB)为主要的化疗方案。对Ⅲa期,Ⅲb期患者术后均需行一疗程放疗(40~60Gy)。

二、结果

1. 围手术期并发症　全组无手术死亡,术后无支气管残端瘘、支气管吻合口瘘、支气管狭窄、喉返神经麻痹、乳糜胸等严重并发症发生。术后并发症发生14例,发生率为6.7%(14/210),其中肺部感染5例,肺不张2例,心律失常7例。

2. 支气管切缘　本组病例均经术中快速冰冻切片病理检查,以确保支气管切缘阴性。有15例按常规标准(距离肿瘤边缘1.

0cm)切除的支气管切缘,经术中快速冰冻切片病理检查证实为支气管切缘阳性,阳性率为7.1%(15/210例),其中11例为袖状成形肺叶切除术,4例为中心型肺癌肺叶切除术。

3.纵隔淋巴结　本组210例肺癌在术中共清扫淋巴结1839枚,平均每例肺癌清扫淋巴结8.8枚,经病理证实的N_1、N_2总转移率分别为15.9%(140/878枚)、16.4%(158/961枚)。本组病例中N_2转移率为22.9%(48/210例),其中N_1+N_2转移占11.9%(25/210例),单纯性N_2转移占11.0%(23/210例)。不同部位肺癌跳跃性纵隔淋巴结转移率为8.1%(17/210例)。

4.随访结果　本组非小细胞肺癌术后随访均已满1年以上,失访15例,失访率7.1%,3次失访按死亡计算。术后1年生存率为Ⅰ期:93.2%,Ⅱ期:84.2%,Ⅲ期77.5%;3年生存率为Ⅰ期:84.2%,Ⅱ期:60.3%,Ⅲ期47.4%;5年生存率为Ⅰ期:78.1%,Ⅱ期:49.6%,Ⅲ期20.6%。

三、讨论

目前非小细胞肺癌采取以外科治疗为主的多学科综合治疗的重点在于如何有效地防治局部复发和远处转移,从而有效地提高术后生存率,改善病人的生存质量。大量的文献表明,单纯行标准的肺叶切除术,其术后生存率较低,原因在于局部复发率较高,包括支气管切缘阳性和胸内纵隔淋巴结的转移[1]。肺癌沿支气管壁向近端浸润,部分肺癌可沿支气管黏膜下扩散。在术中术者以肉眼观察或用手触摸往往不能确定支气管切缘是否有癌侵及,可靠的方法是术中行冰冻切片病理检查,以决定支气管切除的长度。显微镜下支气管切缘受肿瘤侵犯,表明预后不良,其生存率明显低于根治性切除术者[1~2]。另外,相当一部分病人在就诊时已经有胸内纵隔淋巴结的转移,因此行肺叶切除时,必须加上系统性纵隔淋巴结清扫术。纵隔淋巴结清扫的彻底程度直接关系到术后的局部复发及远处转移[3~4]。

目前国内对Ⅲa期,Ⅲb期非小细胞肺癌的外科治疗偏重于行局部扩大切除术,包括支气管袖状成形肺叶切除术,支气管肺动脉双袖状成形肺叶切除术,扩大的心包切除术,上腔静脉切除人造血管置换术等[5~6]。这种手术方式上的改进虽然提高了肺癌的手术切除率,与全肺切除术相比降低了手术后的并发症,但是术后的长期生存率统计却并不乐观,原因是:上述手术方式往往由于病变部位、范围所限导致支气管切缘阳性,而切缘阳性的患者,5年生存率为0;胸内纵隔淋巴结清扫不彻底,导致术后转移较为常见。

我院近年来偏重于对非小细胞肺癌采取以外科手术为主的多学科综合治疗,以期减少肺癌术后局部复发和远处转移的发生,提高疗效,改善患者预后。为降低肺癌术后局部复发,本组病例在术中充分利用快速冰冻病理检查,对所有病例均要求支气管切缘在显微镜下的完全性切除,以确保支气管切缘阴性,无癌细胞残留。这样既避免了术中无谓的扩大切除,同时也避免了切除范围不够引起的切缘阳性。本组病例中有15例按常规标准(距离肿瘤边缘1.0cm)切除的支气管切缘,经术中快速冰冻切片病理检查证实为支气管切缘阳性,阳性率为7.1%(15/210例),其中11例为支气管袖状成形肺叶切除术,4例为中心型肺癌肺叶切除术。根据病理结果扩大了支气管切除范围后,达到了显微镜下的彻底性切除。

本组所有病例均行系统性纵隔淋巴结清扫术，以达到根治目的和标准的术后分期。术中对切除的胸内相关引流的纵隔淋巴结、其他区域肿大的淋巴结以及纵隔内脂肪组织进行病理检查，以保证纵隔淋巴结清扫的彻底性，最大限度地降低术后纵隔淋巴结转移的可能性。本组病例中N2转移率为22.9%(48/210例)，其中N1+N2转移占11.9%(25/210例)，单纯性N2转移占11.0%(23/210例)。不同部位肺癌跳跃性纵隔淋巴结转移率为8.1%(17/210例)。这一结果提示了非小细胞肺癌手术中行系统性纵隔淋巴结清扫术的必要性。

为降低肺癌术后的局部复发或远处转移，本组病例常规在术前给予1~2个周期的新辅助化疗，化疗周期结束后4周再行手术治疗。术后4周再行术后化疗2~3个周期即可。术前未行新辅助化疗者，术后均行4周期化疗。化疗以顺铂(DDP)+诺维苯(NVB)为主要的化疗方案。对术后是否放疗，本组病例采取了慎重的态度，仅对Ⅲa期，Ⅲb期患者行一疗程放疗，避免放疗引起的肺纤维化，病人生存质量下降等副作用。本组病例在术前、术后充分给予免疫支持治疗，以提高围手术期病人的免疫功能；并且在化疗的同时也给予免疫支持治疗，以改善病人的免疫能力及生活质量。

通过随访发现本组病例术后1年生存率为Ⅰ期：93.2%，Ⅱ期：84.2%，Ⅲ期77.5%；3年生存率为Ⅰ期：84.2%，Ⅱ期：60.3%，Ⅲ期47.4%；5年生存率为Ⅰ期：78.1%，Ⅱ期：49.6%，Ⅲ期20.6%。这一结果提示非小细胞肺癌以外科治疗为主的多学科综合治疗的疗效比较满意，术后的局部复发率明显下降，表现在术后1年，3年生存率较以往有较大的提高，对比国内外的同期病例资料也有很大的改观[7,8]。

通过随访也发现，本组病人的5年生存率与国内的同期病例资料比较无明显改善，提示本组肺癌病例术后的远处转移是导致患者术后死亡的主要原因。考虑原因为：相当一部分肺癌病人在就诊时已经有亚临床的远处转移，包括目前影像学检查不能发现的远处微转移灶，虽然经过术前、术后的多周期化疗，放疗，以及免疫治疗，但是由于肿瘤的多药耐药性，对化、放疗不敏感；免疫治疗缺乏敏感性和特异性等原因，导致本组病例术后5年生存率不高。

因此，提高非小细胞肺癌外科治疗后的远期生存率，在于有效地早期发现、预防和治疗肺癌的亚临床转移和全身的远处转移。充分认识到肺癌外科治疗加术前、后化疗、放疗、免疫治疗的多学科综合治疗的重要性，合理地综合利用现有的治疗手段，以期较大幅度地提高治愈率和生存率。

参考文献

1 Ghiribelli C, Voltolini L, Paladini P, et al. Treatment and survival after lung resection for non-small cell lung cancer in patients with microscopic residual disease at the bronchial stump. Eur J Cardiothorac Surg, 1999; 16(5): 555 ~ 559

2 Kara M, Dikmen E, Kilic D, et al. Prognostic implications of microscopic proximal bronchial extension in non-small cell lung cancer. Ann Thorac Surg, 2002; 74(2): 348 ~ 354

3 Wu YL, Huang ZF, Wang SY, et al. A randomized trial of systematic nodal dissection in resectable non small cell lung cancer. Lung Cancer, 2002; 36(1): 1 ~ 6

4 Keller SM, Adak S, Wagner K, et al. Mediastinal lymph node dissection improves survival in patients with stages Ⅱ and Ⅲ a non-small cell lung cancer. Ann Thorac Sury, 2000; 70: 358 ~ 366

5 Lwquagle C, Conti BP, Brega PM, et al. Unsuspected residual disease at the resection margin after surgery for lung

cancer. European Journal of Cardio thoracic Surgery, 2003;23(2): 231 ~ 235

6 周清华. 局部晚期肺癌扩大性手术的应用指征及进展. 中国癌症杂志, 2003;13(5): 411 ~ 425

7 Tronc F, Rouleau J, Deslauriers J, et al. Long term results of sleeve lobectomy for lung cancer. Eur J Cardiothorac Surg, 2000;17(5): 550 ~ 556

8 Ghiribelli, Voltolini L, Paladini PL, et al. Treatment and survival after lung resection for non-small cell lung cancer in patients with microscopic residual disease at the bronchial stump. European Journal of Cardio thoracic Surgery, 1999;16(5): 558 ~ 563

PET/CT 对肺内结节诊断及治疗的临床价值

党亚萍 刘 刚 王 红 李 苗

长安医院 西安 710016

20 世纪 80 年代 CT 技术的出现,使肺部疾病的诊断有了提高。90 年代,PET(Position emission tomography)技术的应用使肺部疾病的良恶性鉴别诊断进一步提高。21 世纪 PET/CT 技术的问世使肺部疾病的诊断和治疗上了一个新台阶。分析我院 20 例肺内结节患者 PET/CT 检查的临床资料,旨在探讨其在肺内结节临床诊断和治疗中的应用价值。

一、资料与方法

1. 临床资料 2002 年 9 月 ~ 2003 年 3 月间,因肺内结节在我院行 PET/CT 检查且获临床或病理证实的共 20 例。其中男 13 例,女 7 例;年龄 30 ~ 78 岁,平均 57 岁。20 例 CT 检查均显示肺内有结节病灶,其中结节性质不明者 15 例(单发 13 例,多发 2 例),临床或病理确诊为肺癌者 5 例(单发 4 例,多发 1 例),为明确诊断和确定治疗方案行 PET/CT 检查。

2. 显像剂与仪器 显像剂又为^{18}F-Fluorodeoxglucose(^{18}F-FDG)自行生产合成,符合质量控制要求。成像仪器为美国 GE 公司 Discovery LS-PET/CT。

3. 检查方法 患者禁食 6h 以上,检查当日禁止剧烈运动。检查前查血糖,测身高、体重。显像剂注射剂量 5.55MBq/kg,注射后 40 ~ 60min 进行全身扫描。

CT:球管电压 140kV,电流 90mA,层厚 5mm,矩阵 512 × 512,球管旋转速度 0.5s/周,扫描方式 HQ 模式,扫描视野 50cm。

PET:层厚 4.25mm,矩阵 128 × 128,采集时间 4 ~ 6min/床位。

重建条件:迭代重建,子集 28,迭代次数 2。重建层厚 4.25mm。PET/CT 三维图像重建通过 Entegra 工作站完成。

二、结果

1. PET/CT 诊断结果 15 例结节性质不明患者经 PET/CT 检查诊断为良性 7 例,恶性 8 例;5 例确诊患者 PET/CT 检查 FDG 均阳性。20 例 PET/CT 诊断结果与临床随访或病理诊断结果符合,总诊断符合率 100%(表 1)。7 例良性病变中,FDG 阳性 4 例,阴性 3 例,CT 显示单结节病灶 6 例,多发结节 1 例。13 例恶性病变患者 FDG 均阳

表1　20例肺内结节患CT检查与PET/CT检查诊断结果比较(例)

CT检查	PET/CT						合计
	良性			恶性			
	FDG(+)		FDG(-)	FDG(+)		FDG(-)	
	单发	多发		单发	多发		
未确诊							
单发	3	1	2	1	6	0	13
多发	0	0	1	1	0	0	2
确认							
单发	0	0	0	2	2	0	4
多发	0	0	0	0	1	0	1
合计	3	1	3	4	9	0	20

性,其中11例CT显示单结节病灶,PET/CT单病灶显影3例,8例除肺内病灶显影外,还见肺外其他组织显影,6例确诊有骨、淋巴结、脑及肝转移,另2例肺内单结节病灶系转移灶;2例CT显示多发病灶,其中1例PET/CT仅见肺门1个结节显影。

2. PET/CT检查辅助确定正确的治疗方案　20例患者中,最初考虑16例手术治疗,2例抗炎治疗,2例化疗。PET/CT检查后,根据检查提供的信息,将原考虑手术治疗的16例患者改为继续观察2例,抗炎治疗3例,手术2例,局部放疗4例,单纯化疗1例,综合治疗(放疗+化疗、手术+放疗或化疗)4例。临床随访及病理结果均证实治疗方案正确。本组中7例良性病变患者中,5例抗炎治疗,现临床随访5个月以上,一般情况好转,复查CT病灶消失或好转,其中1例因临床不能排除肿瘤行手术治疗,术后病理证实为支气管扩张;2例临床观察者随访5个月以上,复查CT病灶未见变化。13例恶性肿瘤患者临床随访效果满意。

3. PET/CT融合图像为患者的治疗提供依据　对8例拟行放射治疗的患者应用PET/CT融合图像指导放疗定位,其中1例MM50适形调强放射治疗1个疗程后1.5个月复查PET/CT,原左侧肺门块状软组织影消失,葡萄糖代谢恢复正常。根据2例拟行手术治疗患者的PET/CT融合图像所显示的肿瘤大小、边界及与周围组织结构的关系,确定了手术的路径及切除范围,术后病理显示,手术切口边缘或切除淋巴结均未见癌细胞累及和侵袭。

三、讨论

(一)PET/CT在肺内结节鉴别诊断中的临床意义

目前PET或PET/CT所用的示踪剂^{18}F-FDG并非肿瘤特异性显像剂。临床上只要能引起葡萄糖代谢增高的疾病都可表现出FDG的高摄取,大量的临床病例也证实了这一事实,肺部结节或包块更是如此。尽管FDG在肺内良性病变中有相当高的阳性率,但本组15例肺内结节性质不明者PET/CT检查诊断结果均与临床随访或病理诊断结果符合。其主要原因是PET/CT能够同时提供功能和解剖信息,同步显示病灶FDG代谢和CT表现特征,所提供信息丰富并相互补充,较单纯CT或PET更容易做出鉴别诊断。我们体会:

(1)根据临床表现及相关检查,诊断倾向于一般感染性肺部病变者,建议正规抗炎治疗一段时间后,如病变无改变,再行PET/CT检查,可以提高诊断准确性。由于许多炎症、感染性病灶都可表现FDG高摄取,对于临床高度怀疑炎症者,在未行抗炎治疗的情况下,FDG表现为阳性,此时很难诊断。

(2)对感染和炎症等良性病变的诊断,在PET/CT图像上既要看到PET的影像特点,又要注意CT的图像表现,同时还要结合实验室检查,了解感染、炎症疾病的发生发展规律、疾病表现形式及特征。本组4例FDG呈高代谢、诊断为良性病变,PET图像表现为放射性核素呈大片状或树枝状分布[1],CT表现为渗出性病变、肺不张、阻塞性炎症及淋巴结内有钙化,结合其实验室检查结果,综合分析临床诊断为良性病变。

(3)全身检查(包括头颅)对于肺内结节的鉴别诊断至关重要。PET 或 PET/CT 全身检查,可以发现意想不到的胸外转移。我们的资料显示,13 例恶性病变中,11 例 CT 显示单结节病灶,PET/CT 仅见单病灶显影 3 例;8 例除肺内病灶显影外,还见肺外组织显影,其中 6 例确诊有骨、淋巴结、脑及肝转移,另 2 例肺内单结节病灶系转移灶,原发肿瘤分别为肝癌和升结肠癌。

(二)PET/CT 在肺癌临床治疗中的作用

1.为拟订治疗方案提供依据　由于 PET/CT 显像利用功能代谢图像与解剖图像融合功能,通过全身一次检查,临床医生较容易对发生于全身任何部位、任何脏器、任何组织的原发肿瘤、转移灶情况作出诊断。同时,PET/CT 显像还能提供准确的肿瘤部位、大小以及与周围正常组织和器官的关系等信息[2,3],从而帮助临床医生制定合理的治疗方案。本组患者,根据其 PET/CT 检查提供的信息医生均提出了合理可行的治疗方案。肺内单结节孤立病灶,外科处理原则是手术切除。CT 显示,本组 17 例为肺内孤立病灶,3 例为多发病灶;原考虑 16 例手术治疗,2 例抗炎治疗,2 例化疗。经 PET/CT 检查后,16 例改变了原治疗方案,仅 2 例适合手术治疗,3 例抗炎治疗,2 例继续观察,11 例行局部放疗或化疗或综合治疗,其中 2 例 PET 显示为单发病灶显影,PET/CT 融合图像明确显示病灶侵及周围气管、血管和局部肋骨、胸壁,不宜手术,改为局部放疗。

2.为治疗方案提供精确的生物靶区部位及解剖关系　放射治疗的关键在于生物靶区定位。由于肿瘤的生长过程往往是代谢变化早于解剖结构变化,且 CT 常无法准确鉴别肿瘤残留、复发和放疗后的坏死、疤痕等。本组病例中常常见到 PET 与 CT 显像结果不一,充分证明了这一事实。因此,应用 PET/CT 定位能够使适形调强放射治疗这一目前最新放疗技术的疗效得到最大发挥,真正达到生物靶区水平定位。我们应用 PET/CT 指导 MM50 放射治疗定位的患者,临床随访和 PET/CT 复查效果满意。

由于 PET/CT 融合图像提供了精确的解剖位置和病变与正常组织之间的相互关系,外科医生在术前利用 PET/CT 融合图像能够明确手术路径以及病变切除范围。本组有 4 例患者 CT 和 PET/CT 均显示为单发病灶,但 PET/CT 融合图像明确显示 2 例可以手术治疗,根据 PET/CT 融合图像确定手术范围。术后病理结果显示,手术切口边缘和切除之淋巴结均未见癌细胞。

综上所述,尽管 PET/CT 投入临床应用不久,但我们应用的初步结果表明,它不仅使肿瘤的准确诊断有了明显提高,更重要的是在指导肿瘤治疗方面有着更广泛的实用价值,从这个意义上讲,其优于单纯应用 PET 或 CT。如果能够将 PET/CT 作为肿瘤患者治疗前后确定治疗方案和指导方案实施的一项常规检查手段,势必将推动肿瘤的治疗迈上一个新台阶,使更多的肿瘤患者从中受益。

参考文献

1 朱朝晖.良性肺门和纵隔淋巴结^{18}F-FDG 摄取增高三例.见:丁虹,赵军,管一晖,主编.PET 临床病例精选.香港:雅艺出版设计公司,2002: 22~24

2 Cohade C, Osman M, Leal J, et al. Direct comparison of ^{18}F-FDG PET and PET/CT in patients with colorectal carinoma. J Nucl Med,2003;44: 1797~1803

3 Bar-Shalom R, Yefremov N, Guralnik L, et al. Clinical performance of PET/CT in evaluation of cancer: additional value for diagnostic imaging and patient management. J Nucl Med,2003;44: 1200~1209

❖ 消化系统肿瘤 ❖

2004 年我国肝胆胰肿瘤诊治的回顾

赵 平

中国医学科学院肿瘤医院肿瘤研究所 北京 100021

肝脏、胆道和胰腺的肿瘤仍是我国危害性极大的疾病。肝癌、胰腺癌在我国恶性肿瘤发病率中位居前列,在死亡率中排位更是前移。据北京、上海的统计,胰腺癌在所有肿瘤的发病率中位于第八,而死亡率排行榜中居第五位。归因于胰腺癌自然病程短,又很难早期发现,治疗缺乏有效手段,导致年死亡人数几乎接近新发病例数。因此,人们对肝胆胰肿瘤日益加强关注。2004 年我国共发表了 500 余篇有关原发性肝癌诊治的论文,胆道肿瘤的论文 62 篇,胰腺癌论文 129 篇。说明 2004 年我国在肝胆胰肿瘤诊治的研究中花费了很大的气力,做了大量的工作,也取得了一些进展,现归纳如下。

一、肝脏肿瘤

(一)原发性肝癌的病因学研究

人们已经证实乙型肝炎病毒(Hepatitis B Virus, HBV)和丙型肝炎病毒(Hepatitis C Virus, HCV)感染、黄曲霉毒素 B1(Aflatoxin B1, AFB1)与原发性肝癌(HCC)的发生相关。但哪种因素对肝癌的发生起更大的影响作用?高纪东、孙宗棠[1]报道中国北方地区 119 例连续系列的 HCC 病例,采用血清学、免疫组化分析、巢式 PCR 和 DNA 测序等方法对 HBV 标志进行鉴定,发现在 119 例 HCC 中,HBV 感染的阳性率达到 99.2%(118/119),提示北方地区 HCC 与 HBV 感染的关联极为紧密。明立华[2]分析了江苏启东地区 181 例连续系列肝细胞肝癌病例。除 1 例无血清外,发现在其余的 180 例样本中 170 例(94.4%)为 HBsAg 阳性,进一步检测血清乙肝病毒核心抗体,并鉴定癌组织 HBV X 基因的存在状况,结果显示这 181 例均有乙肝病毒感染标志,在病理上也都有典型的慢性肝炎改变,证明乙肝病毒感染是启东地区肝细胞肝癌最重要的病因学因素。

上述研究以充分的数据证明,在中国 HCC 发生的主要病因是乙肝病毒感染,此结论在病因学上具有非常重要的意义,因为乙型肝炎已经可以通过疫苗得到有效的控制,换句话说,HCC 的发病率通过乙肝的控制有望明显降低,此工作正在进行之中。

(二)原发性肝癌的诊断

由于 HCC 早期症状和体征不典型,很难引起患者及医生的重视,大部分患者确诊时已进入终末期。目前尚无能够替代 α-FP 的血清检测标志物,因此对有肝脏不良背景的患者仍应监测该标志物。B 超声检查是肝脏肿瘤简单易行,非侵袭性的检查方法,多普勒超声测量血管的开放程度相当可靠,可以提高检测血管受侵的精确性。强回声多普勒超声(注射造影剂后用强力多普勒超声扫描)的应用可以使诊断的敏感性和特异性增加到 87% 和 94%。CT 及核磁共振(MRI)在肝癌的诊断,尤其是判断可切除性方面,仍然是最重要的手段,无论是薄层、三维重建或增强磁共振造影均可显示受侵的肝内管道系统,可以帮助外科医生选择治疗方案,同时使肝癌手术的探查率明显下降。

(三)原发性肝癌的治疗

外科治疗仍然是 HCC 的首选治疗手段,在肝脏局部切除方面,以段为本的规则性肝切除已被我国广大外科医生所采用,并用此方法进行了肝脏尾叶肿瘤的切除。彭淑牖和王义[3,4]报道用该法进行肝尾叶肿瘤的切除,并取得 1、3、5 年生存率分别为 53.1%、50%、39%,和 89%、59%、43% 的良好结果。

在中国绝大多数 HCC 病人合并有慢性肝炎、肝硬化。肝功能往往已处于不全状态。肝癌切除手术后,一部分病人死于肝功能衰竭。如何在手术前评估 HCC 病人的肝功能情况,是减少术后因肝衰而死亡重要的措施。周才明[5]采用计算机辅助数字图像分析法定量检测 37 例肝癌病人肝切除标本的纤维化程度,根据术后 1 个月内恢复情况将病人分为手术耐受组和不耐受组,分析肝纤维化程度与手术耐受之间的关系。结果显示手术耐受组肝纤维化面积百分比显著低于不耐受组,分别为 16.0 9.5 和 28.7 4.8 ($P<0.001$),若以肝纤维化面积百分比≤24.5 作为预测可耐受手术的标准,其敏感性、特异性和准确性分别为 82.6%,85.7% 和 83.8%。提出肝纤维化定量评估是预测肝癌病人肝储备功能的一项有价值的指标。能否在手术前准备测定肝纤维化面积仍是需要进一步探讨的课题。

肝癌病人是否应该行肝脏移植是争论多年的问题。陈规划[6]报道了一组 41 例大肝癌行肝移植,中位存活期为 18.4 个月,1、2、3 年生存率分别为 63.1%、46.7% 及 37.4%。19 例小肝癌平均存活 29.6 月,1、2、3 年生存率分别为 76.6%、65.6% 及 47.4%。上述临床结果表明,肝移植可以适用于原发性肝癌合并肝硬化的病人报告,对明确合并有肝硬化、门脉高压的小肝癌应提倡肝移植治疗。宋世兵等[7]43 例肝癌行肝移植治疗 1、2、3 年生存率分别为 85.5%、65.5% 及 65.5%,提出肝移植对于无远处转移的中晚期肝癌的治疗结果是可以肯定的。但是对于中晚期肝癌如何准确判定是否有远处转移,对无远处转移的中晚期肝癌行手术切除与行肝移植的疗效的比较,以及肝癌行肝移植后如何预测复发转移,如何预防与治疗仍是需要研究解决的问题。

肝癌的微创治疗在我国已逐渐发展成规模并取得了一些令人满意的效果。夏景林、叶胜龙等[8]报道单次经皮射频消融(RFA)治疗小肝癌,其 1 年及 2 年累计生存率分别为 85.5% 及 75.6%,1 年及 2 年累计无瘤生存率为 31.3% 及 10.4%。并提出直径≤3cm,不邻近肝内血管,非包膜下肿块是肝肿瘤 RFA 治疗的适应证。张智坚、吴孟超等[9]报道采用射频消融方法对第一肝门区小肝癌治疗取得了良好的效果,1、2 年总生存率分别为 89.2% 及 55.2%。其他方法如肝动脉化疗栓塞(TACE)、激光治疗(LJTT)、微波凝固治疗(MCT)、冷冻治疗等亦取得较好疗效。与肝癌的微创治疗应限于深部的肿瘤,微创治疗的疗效仍然应与术后的介入、化疗相结合,减少复发和转移率。

关于肝癌的放射治疗,我国已开展了三维适形放疗(3DCRT)技术对Ⅲ期及Ⅳ期肝癌进行治疗。国内一组报道对119例(Ⅲ期75例及Ⅳa期42例)进行适形放疗,结果CR:11.9%、PR:64.2%、NC:18.3%、PD:5.5%。合并门脉癌栓的中晚期肝癌其1、2年生存率分别为52.1%及19.7%[10]。HCC单纯放射治疗的效果仍不尽人意,如何采用综合手段提高放疗的效果是人们正在考虑的问题。

在药物治疗方面,李立等[11]报道希罗达联合TACE治疗中晚期肝癌取得满意的临床效果。该组资料显示:TACE 7天后,服用希罗达2 500mg/m^2.d^{-1}分两次,口服14天,停7天,为一疗程,连续两个疗程,总有效率达62.2%,肿瘤缩小率为73.9%,AFP下降率为68.8%,中位生存率为11.9月,明显高于对照组。

在基因治疗方面,李根从、杨甲梅课题组取得令人鼓舞的实验结果。课题组对病毒治疗系统CNHK 300mE,在治疗肝癌实验中发现CNHK 300mE是一种能在端粒酶阳性的肝癌细胞中特异性增值并杀灭肿瘤细胞的基因。它既具有肿瘤增值病毒在肿瘤细胞内特异性增值的能力又具有高效表达抗癌基因的能力,对肝癌生长具有很强的抑制作用,是一种具备治疗肝癌潜力的新型基因[12]。许杨[13]报道利用装载靶向c-myc基因小干扰性RNA(siRNA)的表达载体,用脂质体法将此表达载体转染HepG2细胞株,结果显示转染siRNA的表达载体可以抑制内源c-myc基因在转录和转译上的表达,抑制率达67%,并伴有细胞的凋亡,有望成为肝癌基因治疗的新途径。

在实验研究方面,毛一雷[14]报告阻断细胞因子的信号传递在极限肝切除大鼠中的作用及机理显示:应用AG490后,肝脏中白介素6(IL-6)表达,IL-6/ IL-10比值下降,而IL-10的表达增高,提示阻断细胞因子信号通路能提高极限肝切除术后大鼠的生存率。将这种术后肝脏损害同过度的炎症应激反应相关联,为临床应用提供了一定的实验依据。刘连新等[15]报道三氧化二砷(As_2O_3)对肝癌细胞系BEL-7402的影响及其作用机理的实验研究和临床初步应用结果表明:As_2O_3可明显抑制肝癌细胞生长,其机理主要是诱导肝癌细胞凋亡。应用As_2O_3连续区域性化疗对原发性肝癌有很好的治疗效果。

在过去的一年中,人们还是很重视肝癌的研究,做了大量的工作,也取得了一些进展,但是尚无突破性的业绩,仍需继续不懈的努力。

二、胆道肿瘤-胆管癌

起源于整个胆道的肿瘤叫胆道肿瘤,临床上将起源于肝内胆管的肿瘤-胆管细胞性肝癌划为原发性肝癌。原发性胆管癌一般是指原发于左右肝管到胆总管下段的肝外胆管癌,不包括肝内胆管细胞癌、胆囊癌和壶腹部癌。从部位上分为:高位胆管癌(肝门部胆管癌、Klatskin's瘤)、中位胆管癌和低位胆管癌,其中高位胆管癌最多见,占58%~75%。亦可将其分为外周性胆管癌(胆管细胞性肝癌)、肝门部胆管癌(起源于肝门部较大的肝内胆管和分叉部肝管)、肝外胆管癌(肝管癌、胆囊管癌、胆总管癌)和壶腹部胆管癌(胆总管末端和壶腹部)。胆管癌大体上可分为弥漫型(浸润型):最多见;结节型和乳头型。组织学分为:腺癌(多为分化较好的腺癌,未分化癌、黏液腺癌和乳头状癌少见),更少见的有:鳞癌、类癌、肉瘤等。

胆管癌起病隐匿、临床表现不典型,确诊时多为中晚期。胆管癌很容易侵及相邻的血管，所以手术切除率低。胆管癌又因其特有的病理生理学特点，易发生淋巴结转移和神经浸润，术后易复发和转移，因此预后很差。

（一）胆囊癌

胆囊癌缺乏典型的症状与体征，常常发现已晚。但是随着人们对该癌的认识，在B超声显示胆囊内肿物大于1cm时，则建议手术切除，一部分胆囊癌可以早期发现，另外在胆囊结石手术切除中发现了一部分已发生胆囊癌。

对胆囊癌来讲，积极的治疗，包括：受累及肝脏和胆管的整块切除、区域淋巴结的清扫、尤其是肝十二指肠韧带淋巴结、胰头周围淋巴结的清扫、必要时联合行胰十二指肠切除术。手术是决定胆囊癌最重要的预后因素。

（二）胆管癌

胆管癌的病因仍在研究中，最近的研究发现：肝内胆管结石与胆管癌关系密切，胆管上皮癌变的过程从单纯增生、非典型增生发展到胆管癌，非典型增生是胆管癌的癌前病变；病程大于10年、伴发黄疸的肝内结石，胆管癌的发生几率增高；细胞凋亡抑制和细胞异常增生在胆管癌的发生发展中起重要作用，PCNA和BCL-2蛋白表达可部分反应胆管癌的恶性程度；肝内胆管结石伴发周围型胆管癌的几率为5.1%[16、17]。新近研究还发现：HBV感染及基因整合在胆管癌的发生中也有一定的意义，胆管癌组织中HBx mRNA的表达明显高于癌旁和正常组织[18]；丙型肝炎病毒核心基因（hepatic C virus core gene，HCV C）转染上调端粒酶逆转录（human telomerase transcriptase，hTERT）基因的表达可能是BCV C诱发胆管癌的一种途径[19]。研究胆管癌的病因学，对于早期发现胆管癌有重要的意义，考虑到肝内胆管往往对于胆管癌发生的影响，对高危人群实行主动的医疗监测是一项很重要的策略。

有关胆管癌的基础研究多集中在相关基因、蛋白的表达、对复发转移的影响等方面，且研究和阐述的还非常不充分。研究发现TGF-β_2过度表达可能与胆管癌的进展有关，而Smad4蛋白的高表达主要发生在高位胆管癌，中低位胆管癌的表达明显降低[20]；VEGF和c-myc在胆管癌组织中的阳性率为84.2%和65.8%，而正常组织中则为50%和20%（$P<0.05$），说明VEGF可能在胆管癌的形成、发展和转移中与c-myc基因有协同作用，而且与胆管癌的淋巴结转移有关[21]；抑癌基因MMAC1/PTEN蛋白、MMAC1/PTEN mRNA、p16基因及其蛋白在胆管癌组织中有较高的阴性率，而且与胆管癌的发生、浸润、转移相关[22、23]；MMP-9在胆管癌组织、癌旁组织和正常组织中的阳性率分别为84.6%、22.6%和0，而且其阳性率与病理分级、临床分期、浸润转移有关，阳性率高者预后差；MMP-7与临床病理参数相关，可用来评估预后；在胆管不典型增生、腺瘤和胆管癌组织中，TGF-α、EGF、EGFR的表达阳性率逐渐升高，导致细胞的异常增生及肿瘤的形成[24]；细胞周期相关基因在胆管癌组织和慢性胆管炎组织中的阳性率分别是58.3%和12.5%，而且与肿瘤的分化和淋巴结转移相关[25]；胆管癌及癌旁组织中端粒酶逆转录酶hTERT蛋白和基因的阳性表达率分别为78.9%、67.6%和35.9%、23.1%，提示hTERT基因转录和蛋白表达可能参与了胆管癌的发生、发展[26]。

目前较常用的胆管癌肿瘤标志物有：CA19-9、CA50、CA242等，但由于敏感性、特异性低，临床应用受限。塔西乌报道，检测胆汁和胆管刷取物中的K-ras基因突变，对胆管癌的术前定性诊断有一定的使用价值(阳性率分别达54.6%和60.0%)[27]。

胆管癌的诊断主要基于影像学手段，包括：B-US、CT、MRI/MRCP等和有创的ERCP、PTC等。

表1 临床常用影像手段的主要影像学特点[28~31]

	直接征象	间接征象	准确率
B-US	胆管内单个或多个孤立的乳头或息肉状突起肿物，边缘不规则，无包膜、等回声或减弱回声，无声影，浸润型或结节型管壁增厚、管腔逐渐变窄或突然截断	梗阻近端胆管扩张	58%~74%
IDUS	同上	同上	近100%
CT	管壁不规则性增厚、管腔闭塞，腔外或腔内肿物、宽基地与管壁相连，可以有轻中度强化，外侵明显时，局部形成肿块和肝门结构或周围组织浸润、难以区分来源	梗阻近端胆管扩张	77%~90%
MRI	胆管壁局限性增厚、>5mm，病变处胆管软组织肿物、管腔消失，病变可向胆管外侵犯，增强时小部分在动脉期不规则中等强化、大部分在门脉相延迟强化	梗阻近端胆管扩张	近100%
MRCP	胆管节段性中断，呈截断状、圆锥状、或鼠尾状改变，范围较短，胆管腔不规则狭窄，多呈偏心性；腔内不规则缺损	梗阻近端胆管扩张	近100%
ERCP	副性充盈缺损、恶性截断、如鼠尾征、鼠咬征、线样征或锥型、鸟嘴征、杯口征或U型	梗阻近端胆管扩张、迂曲呈"软藤征"、"垂柳征"	95.2%
PTC	同上	同上	

新技术和多种影像技术的联合应用，对提高诊断的准确性和术前可切除性评估有重要的临床意义。一体化MRI检查技术：包括MR平扫、MRCP、MR动态增强、MR动态增强血管成像(3D-DCE-MRA)，其优点是MR平扫和增强可以显示肿瘤侵犯的范围和肿大淋巴结，MRCP显示胆管受侵的程度和范围，3D-DCE-MRA显示血管受侵的情况，结合应用可充分进行术前评估，对手术可切除性的是与否预测分别为95%和78.6%。

术前经PTC置管或术中行胆道钳夹或刷取物活检，具有操作简单、成功率高、创伤小、并发症少、病理诊断的准确高等特点，可考虑应用[32,33]。

手术切除治愈胆管癌的唯一有效手段，但是对于胆管癌、尤其是高位胆管癌，由于其特殊的解剖关系，手术切除率低、并发症多、效果不满意。随着麻醉、围手术期处理和手术技巧的提高、联合脏器(联合肝脏切除、肝十二指肠韧带骨骼化清扫、肝脏血管切除重建、胰十二指肠切除等)切除的开展，高位胆管癌的手术切除率已明显增高(10%提高到67%)、但达到R0切除的比率要低的多。术后5年生存率达25%~35%、术后并发症发生率20%左右、术后死亡率5%[34~36]。

放疗对于晚期无法切除或术后复发的患者增益有限，但对于辅助手术后的放疗，尤其是R1或R2切除的患者，对改善患者的生存期和生存质量是有益的。放疗时间可以在术前、术中或术后进行，而新的、提高疗效的放疗技术包括：近距离放射治疗、高线性能量转换射线的应用、CT定位下的精确放射治疗和术中放射治疗等。放射治疗失败的主要原因是肿瘤未控和局部复发。

化疗对于胆管癌临床应用较少，成熟的经验不多，疗效也欠佳。健择结合氟尿嘧啶治疗晚期胆管癌，部分缓解23.8%、稳定38.1%、疼痛缓解率57.1%，说明具有较好的近期疗效[37]。如结合新的制药工艺、新的给药途径及采用个性化的化疗方案，渴望进一步提高胆管癌的化疗效果。

对无法手术切除或患者无法耐受手术，胆道内支架置入可以恢复胆汁的流向、减少感染的机会、减轻患者的心理和生理负担、易于护理、提高生活质量；而且安全、有效、痛苦小、住院时间短，是手术和放、化疗的最佳补充[38,39]。

手术切除、尤其是根治性切除是影响胆管癌预后的最主要的指标[40~43]。VEGF的表达和肿瘤血管密度是胆管癌预后不佳的指标[42]。

三、胰腺肿瘤-胰腺癌

众所周知，胰腺癌的早期诊断是提高胰腺癌治疗效果的关键性措施之一。通过对胰腺癌高危人群的普查，可以发现早期胰腺癌，及时给予切除，可明显的提高疗效、延长患者的生存期。胰腺癌的高危人群包括：(1)慢性胰腺炎(尤其是慢性家族性胰腺炎和慢性钙化性胰腺炎)、(2)糖尿病(尤其是短期内突然出现的、不典型性、短时间形成胰岛素抵抗型糖尿病)、(3)肿瘤家族史(特别是胰腺癌家族史)、(4)短期内不明原因的消瘦、无法解释的上腹和或腰背部疼痛、(5)长期吸烟和酗酒者、(6)胰腺良性肿瘤(包括：导管内乳头状黏液瘤、胰腺囊肿等)。

使胰腺解剖位置深在、胰腺癌临床表现不典型、缺乏高特异性和敏感性的肿瘤标志物。在我国、临床诊断的胰腺只有10%～20%可行切除手术(包括姑息性切除)、40%为局部进展期、40%为晚期。

胰腺癌的标志物包括CA19-9、CA242、CEA、CA1-53、CA125、AFP、PSA、F-PSA、NSE、β-HCG、HGH、Fer等。蛋白芯片的应用可使敏感性提高至93.3%[44]。联合检测胰液中K-ras基因突变和端粒酶，对胰腺癌诊断的敏感性和特异性可达85.5%和85.7%[45]。K-ras+DCP4基因变异，其敏感性、特异性和阳性预测值为78.3%、100%和82%[46]。利用基因芯片技术为阐述胰腺癌特异基因表达谱的研究提供了强有力的工具。研究认为：Cyclin D1、rasp21、Erβ、核因子-kBp65(NF-kBp65)和bcl-xL、Her-2/neu和MMP2在胰腺癌发生过程中有协同作用[47-49]；MMP2、VEGF、p53蛋白、5-LOX的表达与胰腺癌的侵袭、转移相关[50-52]；Bark蛋白可作为胰腺癌预后的一项评估指标和一种抗癌基因用于胰腺癌的基因治疗[53,54]；TFPI-2、高迁移率族蛋白1(HMGB1)可作为胰腺癌的预后指标并用于其基因治疗[55,56]；COX-2反义ODNs有可能起到胰腺癌基因治疗的效果[57]；过氧化物酶增殖物活化受体-γ(PPAR-γ)的活化可通过下调促血管生成因子(VEGF)的表达、抑制胰腺肿瘤新生血管的形成，提示PPAR-γ可作为抗胰腺癌新生血管生成治疗的一个新靶点[58]。

内镜相关实验室检查对胰腺癌的诊断包括：①胰液细胞学检查对胰腺癌诊断的阳性率为27%～76%；②肿瘤标志物的检查：CA19-9的诊断价值并不优于血清，而胰液中CEA、组织蛋白酶E(CTSE)、胰腺炎相关蛋白(PAP)基质金属蛋白酶2(MMP2)的检测对胰腺癌的诊断有一定的价值；③基因检测：胰液中端粒酶活性、端粒酶逆转录酶hTERTmRNA、K-ras在胰腺癌中阳性率为

83.3%、87.5%和87.5%，明显高于慢性胰腺炎（$P<0.001$），另外K-ras、CD_{44v}、染色体改变的检测等可用于胰腺癌的诊断[59~63]。

随着科学技术的不断进步，胰腺癌的辅助诊断手段也日趋完善。US（BUS、EUS、CDFI、胰管内超声、血管内超声等）；CT（HCT、CTA）；MRI、MRCP；PET、PET-CT；ERCP、PCT/PTCD等技术越来越广泛的应用于临床，协助诊断并指导治疗，但其固有的局限性（敏感性、特异性不满意等），或多或少的暴露了临床应用的局限性。影像诊断胰腺癌的情况详见表1。

表2 胰腺癌的辅助诊断概况[62~69]：

影像手段	直接征象	间接征象	准确率
BUS	胰腺局限性肿大，轮廓不整齐或不清晰；肿瘤内部回声呈多样性、多呈低回声；肿瘤后方回声减弱或消失；胰管挤压征、扩张串珠样改变	周围脏器受挤压移位；胰胆管扩张；转移征象 腹水征	准确率 83%~92%
EUS	低回声的实性肿块伴周围正常层次结构的破坏，内可见不规则斑点，呈类圆形或结节状，边缘粗糙不规则，典型者为火焰状		敏感性 95%~100% 准确率 90%
CDFI	通过检测血管走向、血流速度和方向诊断胰腺癌；鉴别血管和扩张的胆管或胰管；区分丰富血流型和少血流型胰腺癌		
CT：	平扫：轮廓异常、比例失调、无明显异常。 增强扫描：动脉期：20~30s，胰周动脉的显示非常清楚，胰腺实质的增强不明显，肿瘤-胰腺的密度差较小，该期最利于CTA成像。 胰腺期：30~45s，胰腺实质明显强化，胰腺癌相对乏血，增大了胰腺-肿瘤的密度差，肿瘤易于显示 门静脉期：60~70s，易于发现静脉受侵和肝脏的转移肝脏期：75s后，比门静脉期稍晚，同门静脉期低密度肿块，伴或不伴胰腺轮廓的改变 继发的胰胆管扩张、毗邻血管脏器的侵犯远处脏器的转移等		
MRI/MRCP：	肿瘤的信号特点：T1W1略低于肝脏实质、T2W1则高于肝脏实质，胰胆管的扩张，周围血管的推压、移位、包绕等，转移征象。		
^{18}F-FDG PET	主要用于胰腺良恶性的鉴别诊断，复发和转移灶的诊断，临床分期，疗效和预后评估，		敏感度89% 特异性86% 阳性预测值 89% 阴性预测值 79% 85%~90%
ERCP：	主胰管狭窄、中断、不规则弯曲，支胰管阻塞、扩张，主胰管和胆管呈双管征早期胰腺癌主要是主胰管扩张、狭窄，或胰管内充盈缺损		

在胰腺癌的鉴别诊断中，最常见和最困难的是局限性慢性胰腺炎，术前甚至在术中若冰冻或穿刺细胞学都未发现癌细胞，如何判断是胰腺癌还是慢性胰腺炎，是一个世界级的难题，常常使外科医生进退维谷无法决定下一步的治疗方案。有关胰腺癌和慢性局限性胰腺炎的鉴别祥见表2。

表3　胰腺癌与慢性胰腺炎的鉴别诊断[62~69]

鉴别要点	胰腺癌	慢性胰腺炎
临床表现	病程短、局部及全身症状重	病程长、症状相对较轻
标志物	CA19-9 多升高、且幅度大	CA19-9 多不升高，或幅度小
肿瘤液	肿瘤局限、局部肿大、多位于胰头，边缘不整，液化坏死多见	病变区体积可增大、正常或缩小，液化坏死率低
血管	胰周血管增粗、移位、有癌栓、被包埋	无胰周血管受侵
胆管进	肝内外胆管扩张率高且重，胆总管呈突然截断	肝内外胆管扩张率低且轻，胆管渐截断
胰管	病变部位胰管或/和胆管完全梗阻，呈截断状阻塞，胰胆管扩大多光滑和规则	胰管不规则扩张及狭窄，呈容珠样、线状、迂曲改变，胰管穿透征阳性
双管征	多见	少见
钙化	钙化灶罕见	钙化发生率较高，沿胰管走向的钙是其特点之一
囊性变腺	发生率低，位于肿瘤的胰尾侧，多不超出胰腺的轮廓	发生率高，位置不固定，多超出胰轮廓
转移灶	可以出现	无

胰腺癌主要治疗手段包括：手术治疗（包括根治性切除、姑息性切除、减症治疗等）、放疗（包括术前放疗、术中放疗、术后放疗）、化疗（包括全身化疗、经动脉介入化疗、局部注射药物化疗等）、免疫治疗、中医中药治疗等。

胰腺癌的外科治疗进展缓慢，手术切除率有所提高，可达27.1%，但5年生存率仍低于10%，可喜的是手术并发症率尤其是胰漏的发生率明显下降(2.11%)[70]。最近20年，包括联合脏器切除和血管切除重建的扩大术式相继推出，但由于手术复杂、并发症发生率和死亡率提高、预后改善不明显而应用受限。目前临床上胰腺癌的术式有：标准的胰十二指肠切除术、保留幽门的胰十二指肠切除术、扩大的胰十二指肠切除术、全胰切除术、区域性的胰腺切除术、联合脏器扩大切除术、胰体尾切除术等[71]。胰腺癌手术的指征和禁忌证报道不一，有作者认为胰腺癌不可切除的指征为：肿瘤包绕多根主要血管尤其是肠系膜上动脉、腹腔干及其分支；肿瘤侵犯门静脉及其属支、狭窄血管长度>5cm或内膜破坏者；血管腔闭塞、肿瘤有广泛的新生血管或门静脉海绵样变；远处脏器转移或血管周围淋巴结融合[72]。在实施根治性手术中，要保证根治性手术的规范和标准，同时要明确手术的目的是为了提高疗效[73]。高APACHE II评分，中度以上营养不良、联合脏器和(或)血管切除者，具有高并发症发生率和死亡率危险[74]。胰腺癌术后胰漏是主要和最严重的并发症，正确认识和研究胰漏，区分单纯胰漏和吻合口漏，采取不同的处理方式，十分必要的[75]。

对不能手术切除的中晚期胰腺癌患者行区域性化疗疗效优于全身化疗，经META分析显示：1年生存率和临床受益率之间差异有显著性($P<0.05$)[76~81]。同时对可手术切除的胰腺癌术前、术后区域化疗有助

于延长生存期、改善疾病的相关症状[82~84]。而介入治疗所用的药物多以健择(吉西他宾)和5-Fu为主,所用的血管以腹腔干动脉(CAI)和或肠系膜上动脉(SMAI)为多,经门静脉、非血管途径(其它管腔、CT、EUS引导下穿刺等)应用较少[76~84]。

胰腺癌的放射治疗分为:术前、术中和术后放射治疗。也可分为体外放射治疗(术前、术后放射治疗)、术中放射治疗、组织间放射治疗与粒子植入组织间隙放射治疗、立体定向三维适形放射治疗等[85]。有学者报道适形放射治疗14例晚期胰腺癌,1年生存率35.8%,中位生存时间11.5个月[86]。有关^{125}I粒子植入结合化疗(静脉化疗和/或缓释化疗粒子植入)治疗局部进展期胰腺癌报道的病例数少且均无病理证实,一组38例^{125}I粒子植入+静脉吉西他宾化疗较单纯125I粒子植入1、2年生存率为67.1%、38.7%和29.8%、14.4%(P =0.04),中位生存期为174.87个月和8.70.97个月[87]。

虽然胰腺癌的治疗有了较大的进步、手段众多,但治疗效果并无实质性突破。正如Duke大学Rebekah教授所言:Pancreatic cancer Since Halsted How Far Have We Come and Where Are We Going? 真实反应了胰腺癌目前所处的境地。因此,以手术为主的综合治疗应是可行的选择[88]。但真正的出路还在于如何尽早发现胰腺癌,早诊与早治是提高胰腺癌疗效最重要的途径。

参考文献

1 高纪东,邵永孚,许杨,等. 中国北方肝细胞癌与乙肝病毒感染的紧密关联性. 中华肝胆外科杂志, 2004;(06): 363~365

2 Ming L, Thorgeirsson SS, Gail MH, et al. Dominant role of hepatitis B virus and cofactor role of aflatoxin in hepatocarcinogenesis in Qidong, China. Hepatology,2002;36: 1214~1220

3 彭淑牖, 冯雪冬, 刘颖斌, 等. 肝尾状叶原发性肝细胞肝癌的外科治疗. 中华外科杂志,2005;43(1): 49~52

4 王义,陈汉,孙延富,等. 肝尾叶肿瘤手术切除方法的探讨. 中华普通外科杂志,2005;(01): 39~42

5 周才明, 吕明德, 殷晓煜. 肝纤维化定量评估肝癌病人肝功能储备力的临床研究. 中华肝胆外科杂志, 2004;10(9): 583~585

6 陈规划, 杨扬, 陆敏强, 等. 肝移植治疗原发性肝癌60例. 中华外科杂志,2004;42(7): 413~416

7 宋世兵,张同琳,修典荣,等. 原发性肝癌行同种异体原位肝移植治疗的疗效评价. 中华医学杂志,2004;(18): 41~43

8 夏景林,叶胜龙,邹静怀,等. 单次经皮射频消融治疗小肝癌的预后及复发危险因素分析. 癌症,2004;(09): 2~5

9 张智坚,吴孟超,陈汉,等. 第一肝门区小肝癌的经皮肝穿刺射频消融治疗. 中华外科杂志,2004;(05): 12~15

10 陆海杰, 杨云利,朱小东, 等. 原发性肝癌三维适形放射治疗疗效观察. 中华放射肿瘤学杂志,2005;14(1): 35~38

11 李立, 孙锋, 陈爱军, 等. 希罗达联合TACE在中晚期肝癌中的临床应用. 中华肿瘤杂志, 2004;26(9): 565~566

12 李根丛, 聂明明, 杨甲梅, 等. 基因-病毒治疗系统CNHK300-murine endostatin治疗肝癌的实验研究. 中华医学杂志, 2004;84(11): 943~948

13 许杨,王益华,高纪东,等. 干扰RNA对HepG2肝癌细胞内源性c-myc表达的抑制作用. 中华肿瘤杂志, 2004;(08): 458~460

14 毛一雷, 于卓, 桑新亭, 等. 阻断炎症介质的信号转导对极限肝切除术后大鼠肝内细胞因子表达的影响. 中华外科杂志,2005;43(1): 6~9

15 刘连新,朱安龙,陈炜, 等. 三氧化二砷对原发性肝癌的作用及其机理研究. 中华外科杂志,2005;43(1): 33~36

16 吴海雄,余小舫,刘嘉林. 肝内胆管结石病胆管上皮细胞PCNA和BCL-2的表达及意义. 中华实用中西医杂志,2004;4(17): 2923~2927

17 林汉庭,楼健颖,吴丹. 肝内胆管结石并发周围型胆管癌11例分析. 中华普通外科杂志,2004;19(6): 343~345

18 屈振亮、邹声泉、魏国红,等. 肝外胆管癌组织中HBx mRNA的原位检测和临床病理意义. 中华外科杂志, 2004;42(2): 88~91

19 陈汝福,李志华,陈积圣. 丙型肝炎病毒核心基因转染对胆管癌细胞中端粒酶mRNA逆转录表达的调控. 中华普通外科杂志,2004;19(7): 426~428

20 朱卫东，汤恢焕，欧阳迪平，等. Smad4 蛋白和 TGF-β_2 及 TβRII 在胆管癌中表达的研究. 中国普通外科杂志，2004；13(7)： 502 ~ 505

21 刘智敏，严律南，赵永恒，等. 胆管癌组织中 VEGF 和 c-myc 的表达及其意义. 中国普外基础与临床杂志，2004；11(2)： 139 ~ 141

22 谷化平，尚培中，周翠玲. 胆管癌中 PENT 和 p16 抑癌基因蛋白的表达及临床意义. 中国普通外科杂志，2004；13(2)： 101 ~ 103

23 高戈，韦军民，邹声泉，等. 胆管癌中 p16 基因突变及蛋白表达异常的研究. 中国普通外科杂志，2004；13(2)： 98 ~ 100

24 庄大勇，梁平，范西红，等. 肝内胆管癌形成过程中表皮生长因子及其受体与转化生长因子-α 的表达意义. 中华肿瘤杂志，2004；12(1)： 55

25 徐晓军，罗昆仑，杨熬林，等. 细胞周期相关基因在胆管癌中表达及其临床意义. 中华普通外科杂志，2004；13(2)： 138 ~ 139

26 屈振亮，邹声泉，孙智才，等. 胆管癌及癌旁组织中端粒酶逆转录酶蛋白和基因的表达意义. 中华肿瘤杂志，2004；26(2)： 98 ~ 101

27 塔西乌，王炳生，刘银坤，等. 检测胆汁和胆管刷取物中 K-ras 基因突变诊断胆管癌. 中华实验外科杂志，2004；21(3)： 319 ~ 320

28 周奉学，王建安，周毅. 恶性梗阻性黄疸的 CT 征象分析. 实用放射学杂志，2004；20(7)： 605 ~ 607

29 任克，孙文革，田雨霖，等. 单次激发傅立叶 FSE 序列 MRCP 的应用. 中华肝胆外科杂志，2004；10(2)： 86 ~ 88

30 汤志刚，王春友，熊炯昕，等. 磁共振多种显像在肝门部胆管癌术前肿瘤切除可行性的评估. 中国普通外科杂志，2004；13(7)： 481 ~ 484

31 周经兴，梁碧玲，许凌云，等. 肝外胆管癌常规磁共振和磁共振胆胰管造影的诊断价值. 中华肿瘤杂志，2004；26(7)： 421 ~ 423

32 韩新巍，李永东，马波，等. 对阻塞性黄疸行胆道活检的临床研究. 中华消化杂志，2004；24(6)： 341 ~ 343

33 刘宇斌，冼志勇，王卫东. 术中胆道镜在胆道疾病诊断和术式选择中的价值. 实用医学杂志，2004；20(3)： 279 ~ 280

34 李汉贤，唐超明，秦春宏，等. 联合肝叶和肝门血管切除治疗肝门部胆管癌. 中国普通外科杂志，2004；13(7)： 485 ~ 488

35 姜小清，张柏和，易滨，等. 肝部分切除联合肝十二指肠韧带骨骼化治疗肝门部胆管癌. 中华外科杂志，2004；42(4)： 210 ~ 212

36 舒晓钢，王国斌，郑启昌. 肝门部胆管癌扩大根治术中肝动脉重建九例分析. 临床外科杂志，2004；12(7)： 430 ~ 431

37 王梅，龚彪，姜斌，等. 吉西他滨联合氟尿嘧啶治疗晚期肝外胆管癌. 中国癌症杂志，2004；(3)： 282 ~ 283

38 胡曙东，吕维富，张行明，等. 金属内支架在治疗恶性胆道梗阻中的应用. 医学影象学杂志，2004；14(1)： 38 ~ 40

39 王天飞，戴晓宇，叶文. 钛镍记忆合金支架辅助姑息性切除治疗胆管癌. 肝胆胰外科杂志，2004；16(2)： 132 ~ 134

40 孙立臣，张柏和，张永杰，等. 远端胆管癌预后因素分析. 中华外科杂志，2004；42(9)： 528 ~ 531

41 于海文，李桂英，吴泰璜. 肝内胆管癌 30 例临床病理特征及预后分析. 肿瘤防治杂志，2004；11(1)： 87 ~ 88

42 杨福全，戴显伟，徐进，等. 胆管癌 VEGF 表达及肿瘤微血管密度与肿瘤浸润和预后的关系. 肿瘤防治杂志，2004；11(1)： 49 ~ 51

43 王鹤令，郭仁宣，周勇，等. 肝外胆管癌预后因素分析. 肿瘤，2004；24(4)： 313 ~ 317，328

44 陈君，高光云，徐少勇，等. 多肿瘤标志物蛋白芯片诊断系统对胰腺癌的诊断价值. 临床内科杂志，2004；5(21)： 305 ~ 307

45 万赤丹，周峰，刘涛，等. 胰液端粒酶活性与 K-ras 检测对胰腺癌的诊断价值. 临床外科杂志，2004；12(4)： 208 ~ 209

46 陈兴玲，朱萱，张琨和. K-ras 基因、胰腺癌缺失基因 4 变异诊断胰腺癌的价值. 中华消化杂志，2004；24(1)： 53 ~ 54

47 高君，赵丽珍，孔广忠，等. 胰腺癌组织中 Cyclin D1 和 rasp21 表达的研究. 肿瘤防治杂志，2004；11(1)： 71 ~ 72

48 李胜，薛雁，王春英，等. 胰腺癌中雌激素受体 α 与 β 的表达. 肝胆胰外科杂志，2004；16(2)： 100 ~ 102

49 史朝晖，姜希宏，刘建民. 核因子-kBp65 及 bcl-xL 基因在胰腺癌组织中的表达及意义. 中国现代普通外科进展，2004；7(3)： 159 ~ 161

50 花瞻，孙百顺，张远春，等. Her-2/neu 和 MMP2 在胰腺癌中的表达及其意义. 中国普通外科杂志，2004；13(1)： 57 ~ 59

51 刘进，薛新波. VEGF 和 p53 在胰腺癌中的表达及意义. 临床外科杂志，2004，12(4)： 210 ~ 211

52 张波，石学涛，衣龙海，等. 胰腺癌组织中 5-LOX 的表达及临床意义. 肿瘤防治杂志，2004；11(1)： 68 ~ 70

53 李立，戴显伟，富永明，等. Bark 和 Bcl-XL 蛋白在胰腺

癌中表达的临床病理学意义. 中国现代普通外科进展,2004;7(1): 46~49,52
54 张元,郑美蓉,曾宏,等. 胰腺癌组织中 Bark 基因和蛋白的过度表达. 中国现代医学杂志,2004;14(6): 34~36
55 俞建雄,王春友,陈立波,等. 组织因子途径抑制物 2 (TFPI) 在胰腺癌中表达的实验研究. 中国现代医学杂志,2004;14(4): 72~74
56 黄庆先,孙念峰,王国斌,等. 高迁移率族蛋白 1 基因在胰腺癌组织中的表达及临床意义. 实用癌症杂志,2004;19(1): 19~20,23
57 谢传高,王兴鹏,杜勤,等. COX-2 反义寡核苷酸对胰腺癌 PC-3 细胞株 COX-2mRNA 和蛋白表达的影响. 肿瘤,2004;24(1): 25~27
58 董育玮,王兴鹏,吴恺,等. 过氧化物酶增殖物活化受体-γ 在胰腺癌新生血管生成中的调节作用及其可能机制. 中华消化杂志,2004;24(5): 293~296
59 刘涛,王春友,万赤丹,等胰液端粒酶及亚单位检测对胰腺癌的诊断价值中国普通外科杂志,2004;13(7): 527~530
60 万赤丹,周峰,刘涛,等胰液端粒酶活性与 K-ras 检测对胰腺癌的诊断价值临床外科杂志,2004;12(4): 208~209
61 李兆申,刘枫内镜相关实验室检查对胰腺癌的诊断价值中华肝胆外科杂志,2004;10(4): 221~224
62 李国杰. 胰腺癌的超声改变. 中国新药与临床杂志,2004;23(1): 51~54
63 杨秀疆,陈士葆. 内镜超声对胰腺癌的诊断价值. 中国新药与临床杂志,2004;23(1): 54~56
64 王冬青,戴俏武,夏成芳,等. 多层螺旋 CT 三期扫描在胰腺癌诊断中的价值. 实用放射学杂志,2004;20(2): 133~135
65 陈翼,许乙凯,方挺松. MRI 多种成像技术在胰腺癌诊断中的价值. 中国医学影象学技术,2004;20(6): 886~888
66 高军,李基根,周全. 中晚期胰腺癌的 MRI 诊断. 中国 CT 和 MRI 杂志,2004;2(2): 43~45
67 刘永昌. 正电子发射断层显像对胰腺癌的诊断及其价值. 中国新药与临床杂志,2004;23(1): 122~123
68 刘健,吴金陵,吕杰,等. 18F-FDG PET 显像在胰腺癌诊断中的临床应用. 放射学实践,2004;19(4): 295~297
69 李兆申,刘枫. 内镜逆行性胰胆管造影检查对胰腺癌的诊断价值. 中国新药与临床杂志,2004;23(1): 123~125
70 张群华,倪泉兴. 胰腺癌 2340 例临床病例分析. 中华医学杂志,2004;84(3): 214~218
71 张圣道,雷若庆. 胰腺癌外科治疗中应注意的几个问题. 临床外科杂志,2004;12(4): 193~194
72 王春友,陶京. 胰腺癌血管浸润的评估及血管切除的问题. 临床外科杂志,2004;12(4): 198~199
73 秦仁义. 胰腺癌术式的合理选择. 临床外科杂志,2004;12(4): 197~198
74 陶京,王春友,杨智勇,等. 胰腺癌切除术后并发症及其危险性预测. 临床外科杂志,2004;12(4): 217~219
75 彭淑牖,刘颖斌. 胰腺癌根治性切除的有关问题. 中国实用外科杂志,2004;24(5): 266~268
76 洪国斌,周经兴,许林锋,等. 中晚期胰腺癌介入治疗与外周静脉化疗疗效比较的 META 分析. 实用放射学杂志,2004;20(4): 350~358
77 倪泉兴,傅德良. 区域化疗在胰腺癌综合治疗中的意义和疗效. 中国实用外科杂志,2004;24(5): 271~272
78 寇志平,张志军,黄琳. 动脉灌注健则治疗中晚期胰腺癌. 现代肿瘤医学,2004;12(3): 193~194
79 吴建兵,黄平,王顺金,等. 经 PCS 区域动脉灌注健则和 5-氟尿嘧啶治疗中晚期胰腺癌的疗效观察. 肿瘤防治研究,2004;31(5): 298~300
80 徐永泉,林艳. 胰腺癌介入治疗. 中国新药与临床杂志,2004;23(5): 311~313
81 吕平,王春友,熊炯昕,等. 吉西他滨对进展期胰腺癌的治疗作用. 中华肝胆外科杂志,2004;238~241
82 龙江,傅德良,徐近,等. 胰腺癌术前介入化疗作用的探讨. 中国实用外科杂志,2004;24(5): 281~284
83 傅德良,倪泉兴,虞先浚,等. 局部进展期胰腺癌术前介入治疗新方法的应用. 消化外科,2004;18~22
84 徐近,倪泉兴,傅德良,等. 胰腺癌术后介入化疗作用的探讨. 中国实用外科杂志,2004;24(5): 285~287
85 李光,张晓萌. 胰腺癌的放射治疗. 中国实用外科杂志,2004;24(5): 273~275
86 牟建国,张风秀,赵海燕,等. 适形放射治疗晚期胰腺癌的疗效及临床受益反应观察. 实用癌症杂志,2004;19(3): 326
87 丁昂,童赛雄,靳大勇,等. 125I 粒子和 125I +吉西他滨在治疗局部进展期胰腺癌中的比较. 肝胆胰外科杂志,2004;16(1): 19~22
88 王春友. 重视胰腺癌分期评估及综合治疗的科学选择. 中国实用外科杂志,2004;24(5): 259~261

遗传性大肠癌

蔡三军　徐　烨

复旦大学附属肿瘤医院　上海　200032

在大肠癌患者中，约有15%～25%的患者有大肠癌家族史，其中5%～10%的患者的家族史符合孟德尔定律，亦即符合常染色体显性遗传的特征。临床上依据有无多发性息肉病，可将遗传性大肠癌分为遗传性息肉病和遗传性非息肉病性结直肠癌二大类。遗传性息肉病又可细分遗传性腺瘤性息肉病和遗传性错构瘤性息肉病，前者包括家族性腺瘤病、Turcot综合征等，后者包括：Peutz-Jeghers综合征、家族性幼年性息肉病、Cowden综合征、Bannayan-Ruvalcaba-Riley综合征等[1,2]。

一、家族性腺瘤病

家族性腺瘤病（FAP）是一组以结直肠多发腺瘤特征的常染色体显性遗传的综合征，发病率为1/8 000至1/10 000，约占大肠癌的1%[3,4]。

（一）临床特征

1. 结直肠病变　典型的FAP的定义为：以遍布整个大肠、数目超过100个以上的腺瘤性息肉和微腺瘤为临床表现的常染色体显性遗传综合征。患者十几岁时开始出现腺瘤，如不治疗，至40岁时100%的患者会转变为结直肠癌[4,5]。

2. 上消化道病变　超过80%的FAP患者上消化道受累。胃体、胃底区域的腺瘤称为胃底腺息肉，病理上为增生性息肉，癌变的报道罕见，因此通常不需特殊处理。与胃底腺息肉不同，胃窦近幽门处息肉大多为腺瘤，属癌前病变，活检证实后应给予完整切除，以防癌变[6,7]。

十二指肠息肉为腺瘤性息肉，好发于十二指肠乳头处，腺瘤有时可以很小而难以发现，有时可很大，以致覆盖一部分十二指肠肠段。十二指肠腺瘤容易癌变，文献报道FAP患者十二指肠癌的危险为4%；如果十二指肠腺瘤严重或为高危腺瘤，其癌变率更可高达25%。因此，即便十二指肠乳头外观正常，也应定期对十二指肠乳头以及较大的或疑有癌变的十二指肠息肉进行活检[6~8]。

3. 消化道外病变　FAP患者可发生甲状腺癌、腹壁韧带样瘤（又称纤维瘤病）等；或皮肤、骨和眼的非肿瘤性生长如骨瘤病、皮脂囊肿、先天性视网膜色素上皮肥大症等非消化道病变[3~5]。肿瘤性病变以韧带样瘤最常见，发生率为4%～13%[9~12]。Gurbuz报道，FAP患者伴发肠系膜或腹壁韧带样瘤的相对危险度为普通人群的852倍[10]。

Gardner综合征1953年首先由Gardner和Richard描述，患者除大肠腺瘤病外合并有多发性骨瘤病、皮肤间叶细胞源性肿瘤，为常染色体显性遗传综合征。患者突变基因位于APC基因，因此该病属FAP的一个变异型。对于Gardner综合征文献报道中没有明确的定义,上述的 FAP 消化道外病变(包括肿瘤性的和非肿瘤性的病变)、以及胃和小肠的多发性腺瘤都被认为是 Gardner 综合征的不同表现,并且肠外病变的发生和症状出现常先于大肠腺瘤病。超过 50% 的 Gardner 综合征患者有多发性骨瘤病,以下颌骨最多见、最具特征性,亦可发生于颅骨或长骨。表皮样囊肿是最常见的皮肤软组织病变(50% ~65%),多位于面部、头皮和肢端;其他皮肤软组织病变包括纤维瘤、脂肪瘤、平滑肌瘤、神经纤维瘤、皮肤色素沉着等。肠系膜韧带样瘤是这 Gardner 综合征患者主要的死亡原因[3~5,9~12]。

(二)发病机理

FAP 由 APC 基因突变造成,该基因位于位于 5q21-22,属抑癌基因,突变方式繁多。最常见的 APC 基因突变为基因序列的变化而导致终止密码提前出现,产生无功能的截缩蛋白。超过 80% 的 FAP 患者可检测到突变的 APC 基因,但约 20% 的患者应用现有的基因检测技术未能发现 APC 基因的突变[3~5]。

(三)诊断

1. 症状　常见的症状包括便血、大便习惯改变、腹痛、贫血、消瘦等。30% 的 FAP 患者为无家族史的新发病例,这部分患者往往直到出现息肉或癌变症状后才被发现是 FAP 患者[5]。

2. 检查　当肠镜或钡剂灌肠检查发现结直肠内有成百上千的息肉时,应当首先考虑患者患有 FAP 的可能性。通过纤维肠镜了解息肉分布范围、对息肉和可疑癌变病灶取活检、以及切除一些息肉,可以在明确诊断的同时减轻部分患者的症状。

3. 家族史　60% ~70% 的家族性腺瘤病患者有明确的结直肠癌或息肉家族史,携带有从上辈遗传而来的基因突变;另约有 30% 的 FAP 患者为没有家族史的新发病例。但是,无论新发病例还是有家族史的患者,其后代都可能通过遗传而携带突变的基因,因此对 FAP 患者的后代定期肠道检查是必要的[3~5]。

(四)治疗

1. 外科手术　由于 FAP 患者腺瘤数目众多,不可能通过肠镜将腺瘤一一切除,而 100% 的患者最终将转变为结直肠癌,因此,外科手术切除整个结肠是预防 FAP 患者腺瘤癌变的唯一手段。常用的外科术式包括[5]:①全结肠切除、回直肠吻合术。②全结肠切除、回肠肛管吻合术。③结肠直肠切除术、回肠造瘘术。

2. 药物治疗　上世纪 80 年代起,NSAID 在大肠癌和大肠腺瘤,尤其 FAP 腺瘤防治中的地位逐渐为人们所重视。其调控肿瘤生长的分子机理主要在于抑制了环氧化酶-2(Cyclooxygenase-2, COX-2)的活性。但是传统的 NSAIDs 药物如舒林酸等因对消化道正常细胞中持续表达的 COX-1 也有抑制作用,故副作用较多,包括消化道不适、溃疡等。新一代 NSAIDs 药物 coxib 类药物能选择性抑制 COX-2,因此胃肠道副作用小,病人耐受性好,1999 年 12 月,美国 FDA 已批准将一种 coxib 类药物 Celecoxib(西乐葆)用于 FAP。经 6 个月西乐葆治疗后,患者结直肠腺瘤数目明显减少[13~14]。但是,西乐葆价格较昂贵,国内患者常难以承受,因此,舒林酸仍为不错的选择。复旦大学肿瘤医院蔡三军教授曾用舒林酸治疗 7 例 FAP 患者,3 例腺瘤完全消退、2 例明显减少、2 例症状改善,没有患者因副作用而退出治疗。

(五)FAP 患者及其家族成员的疾病监控

1. 结直肠检查　FAP 患者的家族成员发生 FAP 的危险性高,自 12 岁起应每年行肠镜检查,肠镜检查的频度根据发现的腺瘤数目、大小而定,一般为 3 ~12 个月。若 24

岁后仍未发生息肉,肠镜检查可改为每二年一次,直到34岁,然后每3年一次直到44岁。由于几乎所有家族性腺瘤病患者将发生结直肠癌,因此肠镜检查不是有效的防治手段。一旦诊断为FAP,应当考虑行结肠次全切除术,以减低发生结直肠癌的风险。对残留的直肠,至少每年行一次肠镜检查,手术或电灼切除息肉[3~5]。

2. 胃十二指肠检查　当通过外科手术减低了结直肠癌的危险后,壶腹部周围癌等其他部位肿瘤成为FAP患者主要死亡原因。因此定期检查胃十二指肠,尤其是十二指肠乳头十分重要。一般建议患者在行结肠手术后或自20岁开始做上消化道内窥镜检查,必须强调,即便十二指肠乳头外观正常,也应定期对十二指肠乳头以及较大的或疑有癌变的十二指肠息肉进行活检。如果检查结果正常或患者为典型的FAP,则每3年做一次检查;若发现有高危腺瘤,检查间隔应缩短[6~8]。

二、衰减型家族性腺瘤病(AFAP)

1988年,Lynch报道了一个大肠腺瘤较少、易发生结肠癌的家族,由于腺瘤形态上与扁平腺瘤相似,故取名为遗传性扁平腺瘤综合征[15]。90年代初,Leppert和Spirio发现遗传性扁平腺瘤综合征患者的基因突变也位于APC基因,因此该病实际是FAP的变异型,由此又将其改名为衰减型FAP,以更符合其临床特征和基因学基础[16]。

(一)临床特征

1. 结直肠病变　典型的FAP患者腺瘤数大于100个,往往超过1 000个,并遍布整个结直肠;而大多数报道中AFAP患者的腺瘤数少于100个[17]。在Soravia报道的一组11个AFAP家族74名患者中,平均腺瘤数为44个,数目从1~580个不等[18]。

AFAP患者发病年龄晚于FAP。Scott发现AFAP患者平均发病年龄(42岁)较FAP患者(26岁)晚15年;Kuwada报道AFAP患者腺瘤发病平均年龄为44岁(16岁~79岁)[19]。虽然理论上AFAP患者结直肠癌发生率应与FAP相近,但实际的发生率和累计危险度尚不清楚。已有的研究显示,与FAP不同,并不是所有的AFAP患者会发生肠癌,Soravia报道的79名患者中仅24人发生肠癌[18];Spirio报道90名AFAP患者44人发生肠癌[20]。

2. 上消化道病变　如同FAP,AFAP患者好发胃和十二指肠腺瘤,是最常见的肠外病变,但发生率各家报道差异颇大。如Soravia曾报道AFAP患者上消化道病变以胃、十二指肠腺瘤相对较多[18];而DiSario和Kuwada报道65名AFAP患者,胃十二指肠病变发生率为66%(43/65),并且其中大多数为胃底腺息肉[21]。

3. 消化道外病变　迄今为止,关于AFAP肠外病变的报道较少见。可能为疾病本身就缺乏肠外病变,也可能为忽视肠外病变的记录的结果[22]。尽管如此,有报道显示携带APC基因3′端突变的AFAP患者肠外病变的危险性增加,尤其是1444密码子以后的突变与韧带样瘤的发生关系密切[23]。

(二)发病机理

典型的FAP没有突变热点,突变位点分散;然而多数AFAP的突变位点集中于APC基因的5′端、9号外显子或3′端[26]。

(三)诊断

迄今为止,对AFAP确切诊断标准尚没有形成共识。目前大多数学者认为大肠腺瘤的数目必须少于100个,才能诊断为AFAP。由于没有明确的诊断标准,AFAP的发病率不明[19~22]。Vansen估计小于10%的FAP患者为AFAP[24];Friedle对680个FAP家系研究中,有15%(101/680)的家系结直肠腺瘤数少于100个[25]。但在芬兰的一组报道中,65名FAP患者中只有4名(<3%)患者腺瘤数在50~200个之间[22]。

三、Turcot综合征

Turcot综合征(Turcot Syndrome, TS)是少见的常染色体遗传综合征,表现为伴有原发性中枢神经系统肿瘤的结直肠腺瘤性息肉病。相关的中枢神经系统肿瘤主要为神经胶质母瘤和髓母细胞瘤,颅内肿瘤较椎管内肿瘤多见[27~28]。

关于TS的遗传模式至今存在很大分歧,部分学者支持常染色体显性遗传模式,而另一部分学者则坚持常染色体隐性遗传模式[28~29]。

1995年Hamiltonz等人研究发现,根据TS发病机理,可将其分为二类。一类由APC基因种系突变造成,约占TS病例的2/3,属FAP的变异型,患者所患脑肿瘤多为髓母细胞瘤;另一类为MMR基因种系突变造成,属HNPCC的变异型,患者脑肿瘤多为胶质母细胞瘤[30]。错配修复基因hMSH2、hMLH1和PMS2的种系突变在Turcot综合征中都有报道,[29~31]。

给予TS患者恰当的基因学诊断,明确患者属那一类TS,有助于为患者及其家族成员确定是选择FAP监控模式,还是HNPCC监控模式,因此十分重要[28]。

四、遗传性非息肉病性结直肠癌

遗传性非息肉病性结直肠癌(Hereditary Nonpolyposis Colorectal Cancer, HNPCC)是一种常染色体显性遗传的综合征,该病又被称为Lynch综合征,占总的结直肠癌的1%~6%。依据有无肠外肿瘤HNPCC又分为Lynch I型(无肠外肿瘤)和Lynch II型(有肠外肿瘤)[32]。

(一)临床特征

HNPCC在临床上有不同于散发性大肠癌的特有表现,对该病的诊断和治疗有指导意义。

1. 结直肠病变　HNPCC患者发生CRC年龄较散发性CRC早20岁,中位确诊年龄约45岁。约70%的CRC发生于近端结肠至脾曲部分大肠。

HNPCC患者同时或异时多原发CRC发生率高,Lynch等人报道,分别有18%和24%的病人发生同时和异时CRC。第一次癌切除后10年内再发生CRC的机会达40%~45%。复旦大学附属肿瘤医院报道HNPCC患者同时和异时CRC发生率为19.5%[33]。

组织病理学上90%以上HNPCC肿瘤为二倍体或近似二倍体。肿瘤多呈外向型、膨胀型生长,分化差,尤黏液腺癌、印戒细胞癌常见,肿瘤组织中常有多量淋巴细胞浸润和Crohn's样反应。与散发性患者相比,HNPCC患者的腺瘤发生早、多含有更多绒毛结构和不典型增生,癌变速度可能更快[34~35]。

2. 肠外病变　肠外恶性肿瘤如子宫内膜癌、卵巢癌、胃癌、小肠癌、肝胆系统癌、胰腺癌、泌尿系统癌、乳房癌和皮肤肿瘤在HNPCC家族成员中发病率高,发生年龄较普通人群早20年以上,以子宫内膜癌最常见。Aarnio等人报道HNPCC家族中女性成员发生子宫内膜癌的累计危险度为43%,因此建议对女性HNPCC患者尤其是已育或已绝经者,应考虑行预防性子宫及附件切除术[33~35]。复旦大学附属肿瘤医院对41个HNPCC家族的调查发现,其女性家族成员在0~80岁发生子宫内膜癌的累计危险度为29.6%,且大多数发病在50~80岁年龄段。

3. 预后及化疗敏感性　多组研究发现与同病期病人相比HNPCC患者较散发性CRC生存率高。Sankila等人对芬兰的人口普查研究显示，HNPCC 患者 5 年生存率达 65%，而散发性 CRC 为 40%，推测原因可能与肿瘤具有显著的局部淋巴细胞浸润和 Crohn's 样反应有关[32]。

体外实验表明，MMR 基因缺陷的肿瘤细胞株对一些常用化疗药如 5-Fu、DDP、氮芥等耐药，对 γ 射线敏感。提示 HNPCC 病人需要不同的外科辅助治疗手段[36]。

（二）发病机理

90% 以上的 HNPCC 肿瘤表现为微卫星不稳。HNPCC 肿瘤高频率的微卫星不稳使一些研究者很快联想到在细菌和酵母中发现的错配修复基因（MMR）。1993 年 12 月 Fishel 等对细菌 Mut S 蛋白及酵母菌 MSH 最保守区域以衰减 PCR 方法克隆出人类同源基因 hMSH2，定位于染色体 2q21-22。1994 年 3 月 Bronner 等又报道克隆出细菌 Mut L 基因的人类同源基因 hMLH1 位于 3p21[35]。此后，另八个 Mut L 的人类同源基因 hPMS1 ~8 及两个 Mut S 同源基因 hMSH3 和 hMSH6/GTBP 相继被发现。已发现的 MMR 基因种系突变约有 90% 位于 hMLH1 和 hMSH2 基因，hMSH6 的突变约占 10%，其他 MMR 基因突变较少见[32]。

由于 MMR 基因突变失活，造成错配修复缺陷，在 DNA 简单重复序列上积累成千上万的体细胞突变。HNPCC 肿瘤中调控细胞生长的 TGFβRII 基因编码区中 Poly（A）序列，IGF β IIR 基因编码区中 Poly（G）序列，控制细胞凋亡的原凋亡基因 BAX 基因中 Poly（G）序列，以及免疫系统产生抗体有关的基因如 $β_2$ 微球蛋白基因等常有移码突变。MMR 基因家族中 hMSH3 基因编码区 Poly（A）和 hMSH6 基因编码区 Poly（G）序列也是 MIN 肿瘤移码突变的热点[39]。

（三）诊断

1991 年，国际 HNPCC 合作小组建立了临床诊断 HNPCC 的 Amsterdam 标准：（1）三个以上亲属患有病理证实的 CRC，其中一人为另二人的一级亲属。（2）连续二代人受累。（3）其中一人以上发病年龄小于 50 岁。（4）除外家族性腺瘤病。

Amsterdam 标准强调特异性，因而作为一个临床标准过于严格，存在许多缺陷：（1）没有认识到子宫内膜癌及其他肠外恶性肿瘤对诊断的价值，部分 HNPCC 患者可能因此而漏诊；（2）无法发现发生新突变的新发病例；（3）对小家庭和家族史不详者因无法达到足够病例数而漏诊；（4）可能错误地将由于生活方式或地理环境因素造成的好发 CRC 的家族诊断为 HNPCC[32]。为了弥补这些缺陷，国际 HNPCC 合作小组制定了 Bethesda 指导标准，符合标准的患者建议检测其肿瘤是否存在微卫星不稳，以便为进一步基因检查提供依据。一些国家或机构制定了不同的 HNPCC 诊断标准，例如，日本 HNPCC 诊断标准包括：（1）一级亲属中三个以上患 CRC。（2）一级亲属二个以上患 CRC，和符合以下任何一条①发病年龄小于 50 岁。②右半结肠癌。③同时或异时多原发 CRC 和或肠外肿瘤[33]。

1998 年国际 HNPCC 合作小组对 Amsterdam 标准做了修改，保留原标准为标准 I，修改后的标准为标准 II，内容如下：（1）亲属中三个以上患有病理证实的 HNPCC 相关肿瘤（包括结直肠癌、子宫内膜癌、小肠癌、输尿管癌/肾盂癌），其中一人为另二人的一级亲属。（2）肿瘤累及连续的二代人。（3）其中至少一人发病年龄小于 50 岁。（4）除外家族性腺瘤病[37]。Syngal 报道，Amsterdam 标准的敏感性和特异性分别为 61% 和 67%；Amsterdam 标准 II 的敏感性和特异性分别为 78% 和 61%[38]。

Amsterdam 标准 II 提高了部分肠外肿瘤在 HNPCC 诊断中的价值，但该标准未顾及中国等亚洲国家 HNPCC 肿瘤的发病状况,可能不完全适合中国 HNPCC 的发现及诊断需求。因此,建立符合我国 HNPCC 发病状况的诊断标准,不仅是大肠癌临床工作的迫切需要,也是我国 HNPCC 分子生物学研究的重要基础[33]。复旦大学附属肿瘤医院基于中国 HNPCC 患者和可疑 HNPCC 患者的临床特征总结、微卫星不稳分析以及错配修复蛋白表达检测,提出了中国 HNPCC 的临床诊断标准,暂名为复旦推荐标准,内容如下:(1)符合 Amsterdam 标准Ⅱ;或(2)符合①三个以上亲属患有病理证实的 HNPCC 相关肿瘤包括(结直肠癌、子宫内膜癌、小肠癌、输尿管癌、肾盂癌、胃癌),其中至少一人患有病理证实的结直肠癌。亲属中一人为另二人的一级亲属。② 连续二代人受累。③ 其中至少一人发病年龄 <50 岁。④ 排除家族性腺瘤病。实际上,复旦推荐标准是 Amsterdam 标准Ⅱ的补充标准,其目的在于将胃癌纳入 HNPCC 诊断标准,希望使之更符合我国 HNPCC 的发病状况,但是该标准的特异性和敏感性尚有待于进一步的研究证实[33,40]。

(四)HNPCC 患者及其家庭成员的疾病监控

1. 结直肠检查　HNPCC 患者的腺瘤和癌灶多发生于脾曲以上的近端结肠。20 岁起发生结直肠癌的危险性开始增加,至 60 岁时,57% ~80% 的患者将发生结直肠癌。定期纤维肠镜检查整个结直肠是有效的监控手段。由于癌变可能发生于肠镜下不明显的平坦病灶并且进展迅速,因此 HNPCC 患者肠镜检查的间隔时间应较一般人群短。

目前,多数学者建议对 HNPCC 家族成员多主张自 25 岁起,每 1 ~3 年做一次肠镜检查,但是否应行预防性结肠次全切除尚有争议[32,33]。Syngal 分析了定期肠镜检查和选择预防性结肠切除术二种预防肠癌模式对 HNPCC 患者在死亡率和生活质量上的影响,发现 HNPCC 患者一生中发生结直肠癌的累计危险度为 88.2%。定期肠镜检查能使累计危险度降至 52%,而肠镜检查死亡率仅为 0.02%。虽然,行预防性结肠切除术者较定期肠镜检查者平均寿命延长 2.1 年。但当分析中加入生活质量评估后,定期肠镜检查成为预防肠癌的最佳模式[40]。

2. 基因诊断　HNPCC 诊断的确立以往大多通过获得尽可能详尽的家族史。但得到客观准确的记录往往很困难,而且小家庭限制了信息的获得。通过分子生物学方法识别患者 MMR 基因缺陷,使准确诊断 HNPCC 成为可能。对缺乏家族史但高度怀疑为 HNPCC 的患者,若通过检测发现有 MMR 基因缺陷,就能确诊为 HNPCC,进而对其家属进行筛查和干预。

考虑到约 90% 以上的 HNPCC 肿瘤和仅 12% ~15% 的散发性 CRC 显示 MIN,故 MIN 存在与否,可以作为估计 HNPCC 可能性的有价值的指针。此外,错配修复基因缺陷使得相应基因蛋白表达缺失或降低,可通过免疫组化方法发现。因此,目前多将 MIN 分析和免疫组化方法检测错配修复基因 hMLH1 和 hMSH2 的蛋白表达作为进行 MMR 基因突变检测前的初步筛查手段。随后再通过 DNA 连锁分析或直接 DNA 测序等方法进行 MMR 基因突变分析[42,42]。

五、Muir-Torre 综合征

(一)临床特征与诊断

Muir-Torre 综合征(Muir-Torre syndrome, MTS)是 HNPCC 的变异型。患者好发皮脂腺腺瘤和皮脂腺癌以及各种体内恶性肿瘤。临床诊断标准为:同时或异时的至少一处皮脂腺肿瘤(包括腺瘤、上皮瘤和癌),和至少一处体内肿瘤。41% 的 MTS 患者皮脂腺肿瘤发生早于或与体内肿瘤同时发生。由于单纯的皮脂腺肿瘤罕见,当患者诊断为皮脂腺肿瘤,尤其是皮脂囊肿瘤时,应警惕 MTS 的可能性。MTS 的体内肿瘤谱与 HNPCC 的肠外肿瘤谱相似,而结直肠癌是 MTS 患者最常见的体内肿瘤[43,44]。

(二)发病机理

大多数 MTS 患者存在 MMR 基因的种系突变,提示 MTS 是 HNPCC 的一个变异表型。目前,MTS 患者 hMLH1 和 hMSH2 基因突变都有报道,但是,典型的 HNPCC 患者中 hMLH1 和 hMSH2 基因突变的几率相似,而 MTS 患者的 MMR 基因突变主要集中于 hMSH2 基因[45,46]。Mangold 检测了 41 个 MTS 患者的 MMR 基因,发现 93% 的 MMR 基因种系突变位于 hMSH2 基因。显示 HNPCC 患者中 MTS 表型与基因型相关[46]。

(三)MTS 患者及其家庭成员的疾病监控

携带有 MMR 基因突变的 MTS 患者及其家族成员易发生 HNPCC 相关的各种恶性肿瘤,需给予定期检查以防癌肿发生[46]。检查内容和方式与 HNPCC 相同,在此不一一赘述。

六、Peutz-Jeghers 综合征

Peutz-Jeghers 综合征(Peutz-Jeghers Syndrome,PJS)是一种较少见的染色体显性遗传的综合征,发病率为 1/20 000。80 年前由 Peutz 首先描述,随后 Jeghers' 于 1944 年报道了 2 名类似患者。1954 年 Bruwer 首次将这类症状称作为 Peutz-Jeghers 综合征[47~48]。

(一) 临床特征

1. 皮肤黑斑　皮肤黑斑是 PJS 患者最显著的特征。黑斑通常位于口唇、眼鼻周围以及肛周、指(趾)等处。至今尚没有报道显示 PJS 黑斑会癌变。

2. 胃肠道息肉　胃肠道息肉通常发生于小肠,结肠、胃相对较少,镜下可见黏膜肌增生呈树枝状穿插于腺管之间,是病理诊断 PJS 的重要依据(PJS 息肉)。患者常因小肠息肉而腹痛,严重者可发生梗阻。半数 PJS 患者 20 岁前会出现相应症状,需要通过外科手术解决肠梗阻。尽管 PJS 患者一生中可能发生不同部位的肠道肿瘤,但多数学者认为只有在息肉出现症状时才需要进行治疗[47,48]。

3. PJS 与恶性肿瘤　近 20 年来的研究发现,PJS 患者发生肿瘤的风险增加,肿瘤可发生于肠道内,也可发生于肠道外。Giardiello 于 1987 年报道 13 个 PJS 家系 31 名患者中 15 人(48%)发生肿瘤,其中 4 例为肠内肿瘤,10 例为肠外肿瘤,1 例为多发性骨髓瘤[49]。Boardman 总结 Mayo Clinic 收集的 34 例 PJS,10 例发生消化道肿瘤,16 例发生肠外肿瘤[50]。2000 年 Giardiello 总结 6 篇有关 PJS 的临床报道,210 名患者发生各种肿瘤的相对危险度为普通人群的 15.2 倍,其中,食管癌的相对危险度为 57;胃癌为 213;小肠癌为 520;结肠癌为 84;胰腺癌为 132;肺癌为 17;乳房癌为 15.2;子宫癌为 16;卵巢癌为 27。15～64 岁间 PJS 患者发生各种肿瘤的累计危险度为 94%[51]。

PJS 患者常发生一些十分罕见的肿瘤。如环管状性索瘤(Sex Cord Tumors with Annular Tubules,SCTAT)在生殖系统肿瘤中非常少见,但是已报道的 SCTAT 中有一半发生于 PJS 患者。此外,PJS 女性患者还可患较罕见的宫颈恶性腺瘤,由于腺体形态与正常宫颈上皮很相似,多次活检仍易漏诊而延误治疗[49~51]。

(二)发病机理

1997 年 Hemminki 等人发现 PJS 由 LKB1/STK11 基因突变造成,该基因位于 19p,编码一种蛋白激酶,是肿瘤抑制基因。约 50% 的 PJS 家系通过基因检测可发现该基因突变[52,53]。

（三）诊断

PJS 诊断标准为：①胃肠道内有 2 个以上 PJS 腺瘤；②胃肠道内有一个 PJS 腺瘤，伴典型的黑斑或有 PJS 家族史。符合以上任何一条标准，即可诊断为 PJS。对有 PJS 家族史伴典型的黑斑者应高度怀疑 PJS 可能性。

一旦诊断为 PJS，应当对患者家族成员进行检查以了解是否患有 PJS。理论上，PJS 患者将异常基因遗传给后代的概率为 50%，但基因的外显率各家报道差别较大。此外，约 10% ~20% 病例为无家族史的新发病例[48]。

（四）患者及其家族成员的疾病监控

为预防腹痛、肠梗阻、肠套叠等症状发生，患者应定期行全消化道检查，包括肠镜、胃镜和小肠 X 线检查。初次检查的年龄根据家族成员出现症状的年龄而定，检查间隔一般为每 1 ~3 年一次。

女性 PJS 家族成员还应自 12 岁起每年行宫颈涂片和盆腔、子宫附件检查。20 岁起定期乳房检查，30 岁起每年摄乳房钼靶片。男性 PJS 家族成员自 20 岁起定期检查睾丸[47,48]。

七、幼年性息肉病

幼年性息肉病是常染色体显性遗传的胃肠道上皮具有恶变倾向综合征。发病率 1/100 000。典型的幼年性息肉表面覆盖以正常的肠黏膜，因而外表光滑，息肉间质成分占优、有大小不一的囊腔、中心索内无平滑肌，为血管纤维组织[53,54]。

（一）临床特征

1. 胃肠道息肉　幼年性息肉在小于 21 岁的人群中发病率约为 1%，多为单发、偶尔可有数个，属自限性的良性病变，与遗传无关。幼年性息肉病以累及结直肠（98%）、胃（14%）和小肠（9%）的多发性、错构瘤性息肉为特征，常伴幼年性息肉病家族史。10 岁前儿童便血是幼年性息肉病典型的临床症状[53,54]。Sachatello 等进一步将 JP 细分为：婴儿幼年性息肉病、大肠幼年性息肉病和普通型 JP，临床上有时也会遇到二种亚型同时出现在一个家族的现象[54,55]。

2. JP 与恶性肿瘤　幼年性息肉病的消化道息肉具有恶变倾向。随着年龄的增长，JP 患者发生结直肠癌及其他消化道肿瘤如胃、十二指肠、胰腺癌的危险性不同程度增加。已有的报道提示 JP 患者一生患结直肠癌的累计危险度为 9% ~65%[56]。Jass 等人报道 84 名 JP 患者 18 人（21%）发生大肠癌，平均发病年龄 34 岁[57]。1998 年 Howe 报道一个 JP 家系中 29 名患者，11 人（38%）发生结肠癌，另有 6 人（21%）患上消化道癌，上、下消化道癌的总累计危险度为 55%；同时，他对有关 JP 的文献回顾后发现 46%（75/163）的 JP 患者患消化道肿瘤，其中结直肠癌 36%（58/163），胃癌 10%（16/163），2 例（1%）胰腺癌，1 例（<1%）十二指肠癌[58]。

2. 肠外病变　约有 11% ~20% 的 JP 患者伴肠外病变，如：先天性心脏病、先天性肌弛缓、兔唇或颚裂、脑积水等[53]。

（二）发病机理

1998 年 Howe 等人发现部分幼年性息肉病患者携带 MADH4 基因的种系突变[59]，但随后的研究显示 MADH4 基因突变仅占 JP 患者的 20%[60,61]。2001 年 Howe 等人又发现，部分没有 MADH4 基因突变的 JP 患者存在 BMPR1A 基因的种系突变[62]，就目前所知，BMPR1A 突变者也约占 JP 患者的 20%。MADH4 和 BMPR1A 基因都属于生长因子 TGF-β 超家族的成员，基因突变导致生长因子调控缺陷[62,63]。

（三）诊断标准

某些遗传性肿瘤综合征如 Cowden 综合

征、Bannayan-Riley-Ruvalcaba 综合征的部分患者也存在幼年性息肉，诊断中易与 JP 混淆，因此 JP 的诊断是一个排除性诊断过程，只有当其他诊断被一一排除后，符合以下任何一条，患者方可诊断为 JP：①5 个以上结直肠幼年性息肉；②遍布整个胃肠道的幼年性息肉；③幼年性息肉伴幼年性息肉病家族史[57~59]。

（四）患者及其家族成员的疾病监控

幼年性息肉病的消化道息肉具有恶变倾向，一旦 JP 诊断确立，应对患者家族成员做肠镜和胃镜检查，以了解是否为 JP。若发现息肉，则同时切除大肠息肉和较大的上消化道息肉；如无息肉，则每 1 ~3 年做一次检查。检查中若发现①息肉数目太多，无法通过内窥镜摘除；②为有症状的息肉；③息肉已有癌变，须给予外科手术治疗。小于 10 岁的高危亲属，应在 10 岁前开始定期检查[56~59]。

八、Cowden 综合征和 Bannayan-Riley-Ruvalcaba 综合征

（一）临床特征

Cowden 综合征于 1963 年首先由 Lloyd 和 Dennis 报道，并依照患者的姓氏将其命名为 Cowden 综合征。以后陆续发表的报道证实该综合征是以多发性错构瘤为特征的常染色体显性遗传综合征，部分 Cowden 综合征患者好发恶性肿瘤，以乳房癌、甲状腺癌、子宫内膜癌最多见，据报道，患者一生中发生乳房癌和甲状腺癌的危险度分别为 3% ~12% 和 25% ~50%。但是患者发生大肠癌的危险度尚不确定，至今仅有 4 例肠癌报道[64~65]。其常见症状详见表 1。

表1 Cowden综合征临床表现

黏膜和皮肤（90%～100%）	毛根鞘瘤
	肢体末端过度角化
	多发性乳头状瘤丘疹
甲状腺（50%～67%）	甲状腺肿
	甲状腺腺瘤
	甲状腺癌
乳房	乳房纤维腺瘤/纤维囊性病变（76%女性患者）
	乳腺癌（25%～50%）
胃肠道（40%）	错构瘤性息肉
巨头畸形（38%）	
生殖泌尿系统（44%女性患者）	子宫平滑肌瘤（多发性，发病早）

1960 年 Riley 和 Smith 首先描述了合并巨头畸形、视神经乳头水肿和血管瘤的病例，1971 年 Bannayan 又报道了合并巨头畸形、多发性脂肪瘤和血管瘤的患者，1980 年，Ruvalcaba 报道二例男性患者合并巨头畸形、肠道错构瘤性息肉、阴茎色素沉着和精神发育迟缓。由于这些病例的临床特征十分相似，1990 年在 Cohen 的建议下，上述三者被合并称为 Bannayan-Riley-Ruvalcaba 综合征[66]。

Bannayan-Riley-Ruvalcaba 综合征属常染色体显性遗传综合征，其常见症状包括：巨头畸形、发育迟缓（包括动作、智力、语言）、脂性肌病、脂肪瘤、血管脂肪混合瘤、龟头色素沉着、肠道错构瘤性息肉（幼年性息肉）、第一掌骨、第二和第三节指（趾）骨超长等。以阴茎龟头色素斑是最具特征性，部分患者出生时可没有龟头色素沉着，但随着年龄增长而色素沉着逐渐出现；约 35% ~40% 的患者伴肠道错构瘤性息肉，可出现贫血、腹泻、梗阻等症状[67~70]。对于这一综合征是否具有发生恶性肿瘤的倾向目前尚有争议[69,70]。

Cowden 综合征和 Bannayan-Riley-Ruvalcaba 综合征与大肠癌的关系虽然都不密切，但由于患者好发幼年性息肉，因此极易与幼年性息肉病混淆诊断，了解这二个综合征及其诊断将有助于幼年性息肉病的鉴别诊断。

（二）诊断标准

Cowden 综合征临床症状多种多样，因此诊断标准比较复杂。由国际 Cowden 综合征协会制定最新的 2000 版内容已在国际综合癌症网络（NCCN）推广[71]，内容见表2。

表2 2000版国际Cowden综合协会Cowden综合征诊断执行标准

特殊病征（黏膜与皮肤病变）	面部毛根鞘瘤 肢体末端角化过度 多发性乳头状瘤丘疹 黏膜病变
主要病征	乳房癌 甲状腺癌（除外髓样癌） 巨头畸形 Lhermitte-duclos 病 子宫内膜癌
次要病征	其他甲状腺疾病（如腺瘤、甲状腺肿） 智力发育迟缓（IQ≤75） 胃肠道错构瘤 乳房纤维囊性病变 脂肪瘤 纤维瘤 生殖泌尿系统肿瘤（如肾细胞癌、子宫肌瘤）或畸形
无家族史者的诊断	①黏膜与皮肤病变伴有：≥6 个面部丘疹、其中≥3 个是毛根鞘瘤；或面部皮肤丘疹和口腔黏膜多发性乳头状瘤；或口腔粘膜多发性乳头状瘤和肢体末端角化过度；或≥6 个掌、足底角化过度。 ②符合二项主要病征，其中一项为巨头畸形或 LDD ③符合一项主要病征和三项次要病征 符合四项次要病征
有 Cowden 综合征家族史者的诊断	①符合任何一项主要病征伴或不伴次要病征 ②符合二项次要病征

目前为止，全球关于 Bannayan-Riley-Ruvalcaba 综合征的报道虽然已超过 50 例，但至今尚未建立明确的疾病诊断标准[69~70]。一些学者认为，当患者同时具有巨头畸形和生长发育和精神发育迟缓时即应考虑为 BRRS，男性患者应检查龟头以帮助鉴别诊断。

（三）发病机理

1996 年，Nelen 等人通过对 12 个 Cowden 综合征家族的基因连锁分析发现，该综合征患者的基因突变位于 10q22-q23[71]；十个月后，Liaw 等人证实 Cowden 综合征由位于 10q23 的 PTEN 基因的种系突变造成。该基因为与 Tensin 同源的磷酸化激酶，故而得名，参与调控细胞生长，属抑癌基因[72]。1998 年，Marsh 对 37 个 Cowden 综合征先证者的基因分析结果显示，约 80% 的 Cowden 综合征患者存在 PTEN 基因种系突变[72]。

同一期间，Marsh 等人于 1997 年通过对二个 Bannayan-Riley-Ruvalcaba 综合征家族的基因分析首先发现该病的生物学基础也为位于 10q23 的 PTEN 基因的种系突变。他在随后对 43 个 Bannayan-Riley-Ruvalcaba 综合症先证者的研究中进一步证实，约 60% 的患者存在 PTEN 基因的种系突变[72]。

鉴于上述基因学发现、以及在二者在临床特征上本身就有许多相似之处，近年来越来越多的学者认为，至少部分 Cowden 综合征和 Bannayan-Riley-Ruvalcaba 综合征是“等位疾病”，亦即为同一种疾病的不同表现，并建议将其统称为 PTEN 错构瘤性肿瘤综合征（PTEN Hamartoma Tumor Syndrome，PHTS）。尽管如此，对现有的文献回顾显示，65% 的 Cowden 综合征患者突变位于 PTEN 基因最初的 5 个外显子及启动子区域，而 60% 的 Bannayan-Riley-Ruvalcaba 综合症患者的突变位于 PTEN 第 6 至第 9 号外显子区域[69~72]。

目前尚不清楚没有 PTEN 基因突变的 20% 的 Cowden 综合征患者和 40% 的 Bannayan-Riley-Ruvalcaba 综合征患者的发病机理，但 2003 年 Zhou 等人对 95 个无 PTEN 基因突变的患者的研究发现，部分患者存在PTEN基因启动子的种系突变[72]。

参考文献

1 Lynch HT, Shaw TG, Lynch JF. Inherited predisposition to cancer: a historical overview. Am J Med Genet C Semin Med Genet,200415;129(1): 5～22

2 Lynch HT, de la Chapelle A. Hereditary colorectal cancer. N Engl J Med,2003;348(10): 919～32

3 Baglioni S, Genuardi M. Simple and complex genetics of colorectal cancer susceptibility. Am J Med Genet C Semin Med Genet,2004;129(1): 35～43

4 Jo WS, Chung DC. Genetics of hereditary colorectal cancer. Semin Oncol. 2005;32(1): 11～23

5 Vasen HFA, Bülow S. The Leeds Castle Polyposis Group. Guidelines for the surveillance and management of familial adenomatous polyposis (FAP): a world wide survey among 41 registries. Colorectal Dis,1999; 1: 214～21

6 Church JM, McGannon E, Hull～Boiner S, et al. Gastroduodenal polyps in patients with familial adenomatous polyposis. Dis Colon Rectum,1992; 35: 1170～3

7 Lynch HT, Smyrk TC, Lanspa SJ, et al. Upper gastrointestinal manifestations in families with hereditary flat adenoma syndrome. Cancer,1993; 2709～14

8 Bülow S, Alm T, Fausa O, et al. Duodenal adenomatosis in familial adenomatous polyposis. Int J Colorect Dis, 1995; 10: 43～6

9 Järvinen HJ. Desmoid disease as a part of familial adenomatous polyposis coli. Acta Chir Scand,1997; 153: 379～83

10 Gurbuz AK, Giardiello FM, Petersen GM, et al. Desmoid tumors in familial adenomatous polyposis. Gut, 1994; 35: 377～81

11 Berk T, Cohen Z, McLeod RS, et al. Management of mesenteric desmoid tumors in familial adenimatous polyposis. C J S,1992; 35(4): 393～5

12 Church JM, Mcgannon E, Ozuner G. The clinincal course of intra-abdominal desmoidtumors in patients with familial adenomatous polyposis. Colorectal Disease, 1999; 1: 168～73

13 Sinicrope FA, Half E, Morris JS,et al. Familial Adenomatous Polyposis Study Group. Cell proliferation and apoptotic indices predict adenoma regression in a placebo-controlled trial of celecoxib in familial adenomatous polyposis patients. Cancer Epidemiol Biomarkers Prev, 2004;13(6): 920～7

14 Huls G, Koornstra JJ, Kleibeuker JH. Non-steroidal anti-inflammatory drugs and molecular carcinogenesis of colorectal carcinomas. Lancet,2003;362(9379): 230～2

15 Lynch HT, Smyrk T, Lanspa SJ, et al. Flat adenomas in a colon cancerprone kindred. J Natl Cancer Inst,1988; 80: 278～282

16 Spirio L, Olschwang S, Groden J, et al. Alleles of the APC gene: an attenuated form of familial polyposis. Cell,1993;75: 951～957

17 Lynch HT, Smyrk TC. Classification of familial adenomatous polyposis: a diagnostic nightmare. Am J Hum Genet,1998; 62: 1288～9

18 Soravia C, Berk T, Madlensky L, et al. Genotype-phenotype correlations in attenuated adenomatous polyposis coli. Am J Hum Genet,1998; 62: 1290～301

19 Kuwada SK, Burt RW, Kerber R, et al. The unique phenotype of the attenuated adenomatous polyposis coli syndrome. Poster/LCPG-meeting,2001;Venice, Italy

20 Spirio L, Samowitz W, Robertson J, et al. Alleles of APC modulate the frequency and classes of mutations that lead to colon polyps. Nat Genet,1998; 20: 385～8

21 DiSario J, Kuwada S, Samowitz W, et al. Upper gastrointestinal lesions in the attenuated adenomatous polyposis coli syndrome (*AAPC*). Oral presentation/LCPG-meeting,2001;Venice, Italy

22 Moisio A-L, Järvinen H, Peltomäki P. Genetic and clinical characterization of familial adenomatous polyposis: a population based study. Gut,2002; 50: 845～50

23 Davies DR, Armstrong JG, Thakker N, et al. Severe Gardner syndrome in families with mutations restricted to a specific region of the *APC* gene. Am J Hum Genet, 1995; 57: 1151～8

24 Bertario L, Russo A, Sala P, et al. Genotype and phenotype factors as determinants of desmoid tumors in patients with familial adenomatous polyposis. Int J Cancer,2001; 95: 102～7

25 Vasen HFA. Clinical diagnosis and management of hereditary colorectal cancer syndromes. J Clin Oncol,2000; Suppl 18: 81～92

26 Friedl W, Caspari R, Sengteller M, et al. Can *APC* mutation analysis contribute to therapeutic decisions in familial adenomatous polyposis? Experience from 680 FAP families. Gut,2001; 48: 515～21

27 Hampel H, Peltomaki P. Hereditary colorectal cancer: risk assessment and management. Clin Genet,2000;58:

89～97
28 Qualman SJ, Bowen J, Erdman SH. Molecular basis of the brain tumor-polyposis (Turcot) syndrome. Pediatr Dev Pathol,2003;6(6): 574～6
29 De Rosa M, Fasano C, Panariello L, et al. Evidence for a recessive inheritance of Turcot's syndrome caused by compound heterozygous mutations within the PMS2 gene. Oncogene,2000;19(13): 1719～23
30 Hamilton SR, Liu B, Parsons RE, et al. The molecular basis of Turcot's syndrome. N Engl J Med,1995;332: 839～47
31 Tops CM, Vasen HF, van Berge Henegouwen G, et al. Genetic evidence that Turcot syndrome is not allelic to familial adenomatous polyposis. Am J Med Genet,1992;43(5): 888～93
32 Lynch HT, Riley BD, Weissman SM, et al. Hereditary nonpolyposis colorectal carcinoma (HNPCC) and HNPCC-like families: Problems in diagnosis, surveillance, and management. Cancer,2004;100(1): 53～64
33 Cai SJ, Xu Y, Cai GX, et al. Clinical characteristics and diagnosis of patients with hereditary nonpolyposis colorectal cancer. World J Gastroenterol,2003;9(2): 284～7
34 Lucci-Cordisco E, Zito I, et al. Hereditary Nonpolyposis Colorectal Cancer and Related Conditions. Am J Med Gene,2003; 122A: 325～334
35 Marra G, Boland CR. Hereditary nonpolyposis colorectal cancer: the syndrome, the genes, and historical perspectives. J Natl Cancer Inst,1995;87(15): 1114～25
36 Tajima A, Hess MT, Cabrera BL, et al. The mismatch repair complex hMutS alpha recognizes 5-fluorouracil-modified DNA: implications for chemosensitivity and resistance. Gastroenterology,2004;127(6): 1678～84
37 Vasen HF, Watson P, Meckliner J-P, et al. New clinical criteria for hereditary nonpolyposis colorectal cancer (HNPCC Lynch syndrome) proposed by the international collaborative group on HNPCC. Gastroenterology,1999;116(7): 1453～56
38 Syngal S, Fox EA, Eng C, et al. Sensitivity and specificity of clinical criteria for hereditary non-polyposis colorectal cancer associated mutations in MSH2 and MLH1. J Med Genet,2000;37(9): 641～5
39 Malkhosyan S, Rampino N, Yamamoto H, et al. Frameshift mutator mutation. Nature,1996;382(6591): 499～500
40 蔡三军，徐烨，陆洪芬，等. hMLH1 和 hMSH2 蛋白表达在遗传性非息肉病性大肠癌诊断中的应用. 中华消化杂志,2004;24(3): 143～146
41 Syngal S, Weeks JC, Schrag D, et al. Benefits of colonoscopic surveillance and prophylactic colectomy in patients with hereditary nonpolyposis colorectal cancer mutations. Ann Intern Med,1998;129(10): 787～96
42 Kievit W, de Bruin JH, Adang EM, et al. Cost effectiveness of a new strategy to identify HNPCC patients. Gut, 2005;54(1): 97～102
43 Cohen PR, Kohn SR, Davis DA, et al. Muir-Torre syndrome. Dermatol Clin,1995;13: 79～89
44 Lynch HT, Leibowitz R, Smyrk T, et al. Colorectal cancer and the Muir-Torre syndrome in a Gypsy family: a review. Am J Gastroenterol,1999;94(3): 575～80
45 Kruse R, Rutten A, Lamberti C, et al. Muir-Torre phenotype has a frequency of DNA mismatch-repair-gene mutations similar to that in hereditary nonpolyposis colorectal cancer families defined by the Amsterdam criteria. Am J Hum Genet,1998;63(1): 63～70
46 Lucci-Cordisco E, Zito I, et al, Genuardi M. Hereditary nonpolyposis colorectal cancer and related conditions. Am J Med Genet,2003;122A(4): 325～34
47 Phillips RKS, Spigelman AD, Thompson JPS (eds). Familial Adenomatous Polyposis and other polyposis syndromes. London: Edward Arnold, 1994
48 McGarrity TJ, Kulin HE, Zaino RJ. Peutz-Jeghers syndrome. Am J Gastroenterol,2000; 95(3): 596～604
49 Giardiello FM, Welsh SB, Hamilton SR, et al. Increased risk of cancer in the Peutz-Jeghers syndrome. New Engl J Med,1987; 316: 1511～4
50 Boardman LA, Thibodeau SN, Schiad DJ, et al. Increased risk for cancer in patients with the Peutz-Jeghers syndrome. Ann Intern Med,1998; 128: 896～9
51 Giardiello FM, Brensinger JD, Tersmette AC, et al. Very high risk of cancer in Familial Peutz-Jeghers syndrome. Gastroenterol,2000; 119: 1447～53
52 Boardman LA, Couch FJ, Burgart LJ, et al. Genetic heterogeneity in Peutz-Jeghers syndrome. Hum Mutat,2000; 16: 23～30
53 Coffin CM, Dehner LP. What is a juvenile polyp? An analysis based on 21 patients with solitary and multiple polyps. Arch Pathol Lab Med,1996; 120: 1032～38
54 Desai DC, Neal KF, Talbot IC, et al. Juvenile polyposis. Br J Surg,1995; 82: 14～17
55 Sachatello CR, Hahn IL, Carrington CB. Juvenile gastro-

intestinal polyposis in a female infant: Report of a case and review of the literature of a recently recognized syndrome. Surgery, 1974; 75: 107 ~ 114

56 Jarvinen HJ, Franssila KO. Familial juvenile polyposis coli: Increased risk of colorectal cancer. Gut, 1984; 25: 792 ~ 800

57 Jass JR, Williams CB, Bussey HJ, et al. Juvenile polyposis: a precancerous condition. Histopathology, 1988; 13: 619 ~ 30

58 Howe JR, Mitros FA, Summers RW. The risk of gastrointestinal carcinoma in familial juvenile polyposis. Ann Surg Oncol, 1998; 5: 751 ~ 756

59 Scott-Conner CEH, Hausmann M, Hall TJ, et al. Familial juvenile polyposis: pattern of recurrence and implication for surgical management. J Am Coll Surg, 1995; 181: 407 ~ 413

60 Howe JR, Roth S, Ringold JC, et a. Mutations in the SMAD4/DPC4 gene in juvenile polyposis. Science, 1998; 280: 1086 ~ 1088

61 Burger B, Uhlhaas S, Mangold E, et al. Novel de novo mutation of MADH4/SMAD4 in a patient with juvenile polyposis. Am J Med Genet, 2002; 110: 289 ~ 91

62 Howe JR, Bair JL, Sayed MG, et al. Germline mutations of the gene encoding bone morphogenetic protein receptor 1A in juvenile polyposis. Nat Genet, 2001; 28: 184 ~ 187

63 Sayed MG, Ahmed AF, Ringold JC, et al. Germline SMAD4 or BMPR1A mutations and phenotype of juvenile polyposis. Ann Surg Oncol, 2002; 9(9): 901 ~ 906

64 Haggitt RC, Reid BJ. Hereditary gastrointestinal polyposis syndromes. Am J Surg Pathol, 1986; 10(12): 871 ~ 87

65 Eng C. Cowden syndrome. J Genet Counsel, 1997; 6: 181 ~ 91. 20

66 Cohen MM. Bannayan-Riley-Ruvalcaba syndrome: renaming three formerly recognized syndromes as one etiologic entity. Am J Med Genet, 1990; 35(2): 291 ~ 2

67 Zori RT, Marsh DJ, Graham GE, et al. Germline PTEN mutation in a family with Cowden syndrome and Bannayan - Riley - Ruvalcaba syndrome. Am J Med Genet, 1998; 80(4): 399 ~ 402

68 Hendriks YMC, Verhallen JTCM, van der Smagt JJ, et al. Bannayan - Riley - Ruvalcaba syndrome: further delineation of the phenotype and management of PTEN mutation-positive cases. Familial Cancer, 2003; 2: 79 ~ 85

69 Liaw D, Marsh DJ, Li J, et al. Germline mutations of the PTEN gene in Cowden disease, an inherited breast and thyroid cancer syndrome. Nat Genet, 1997; 16(1): 64 ~ 7

70 Marsh DJ, Coulon V, Lunetta KL, et al. Mutation spectrum and genotype-phenotype analyses in Cowden disease and Bannayan-Zonana syndrome, two hamartoma syndromes with germline PTEN mutation. Hum Mol Genet, 1998; 7(3): 507 ~ 15

71 Marsh DJ, Kum JB, Lunetta KL, et al. PTEN mutation spectrum and genotype-phenotype correlations in Bannayan-Riley-Ruvalcaba syndrome suggest a single entity with Cowden syndrome. Hum Mol Genet, 1999; 8(8): 1461 ~ 72

72 Zhou XP, Loukola A, Salovaara R, et al. Germline PTEN promoter mutation and deletions in Cowden/Bannayan - Riley - Ruvalcaba syndrome results in aberrant PTEN protein and dysregulation of the phosphoinositol - 3-kinase/Akt pathway. Am J Hum Gene, 2003

直肠癌外科治疗进展

李德川　冯海洋

浙江省肿瘤医院　杭州　310022

近二十年来，直肠癌外科治疗取得很大进展。已从传统的直肠肿瘤切除模式转变为现代外科治疗模式。从单纯“根治肿瘤、挽救生命”为预后的最终目标，逐渐转变为强调整体治疗，以幸福结局为治疗目标。直肠癌的外科治疗不但要提高肿瘤的切除率，降低局部复发率，还要最大限度地降低并发症，保存肛门、泌尿和生殖功能。从临床来说，直肠癌的外科治疗主要可归纳为以下几方面的进展。

一、全系膜切除术（total mesorectal excision，TME）

TME的概念首先由Heald[1]于1982年提出，其发展来源于众多学者对于直肠系膜的解剖学和临床病理的研究。解剖学研究发现：包绕直肠的脏层盆筋膜与其内的脂肪、淋巴及血管、神经组织共同构成直肠系膜。直肠脏层筋膜与后方的骶前筋膜之间疏松的组织间隙称为直肠后间隙。在直肠乙状结肠交界处，直肠系膜由乙状结肠系膜移行而来。随着直肠走向低位，直肠系膜从后方及两侧包绕直肠，向前与Denenvilliers筋膜融合。直肠系膜是一个独立的解剖结构，直肠癌浸润常局限于此单元[2]。临床病理研究发现：传统的直肠癌手术后复发常发生于系膜，一般位于吻合口周围，而单纯的吻合口复发并不多见。肿瘤向远端系膜播散可达4cm。直肠系膜切除不足常导致术后局部复发[3]。TME要求在直视下沿着直肠后间隙锐性解剖，完整切除整个直肠系膜。全直肠系膜切除的概念包括了两方面的要求：一是直肠肿瘤远近端系膜的长度必须足够，尤其是远端系膜全部或不少于5cm，即直肠远端系膜切缘（Distal Mesorectal Margin，DMM）阴性；二是必须保证直肠系膜周切缘（Cirumferential Resection Margin，CRM）阴性。Hall等[4]对152例直肠癌术后患者随访41个月，CRM（+）者局部复发率为50%，而CRM（-）者仅为24%，且CRM与生存率相关。TME同时要求保留盆腔自主神经（Pelvic Autonomic Nerve Preservation，PANP），保护泌尿生殖功能。交感神经主要起源于T_{11}～L_2，通过上腹下丛及骶交感干二条途径到达盆神经丛。副交感神经纤维来自S_2～S_4，构成骨盆内脏神经，与腹下神经及交感神经节后纤维共同构成盆神经丛。盆神经的交感神经使精囊及输精管收缩，完成射精；使逼尿肌松弛，内括约肌收缩，完成储尿。副交感神经使阴茎勃起，使膀胱逼尿肌收缩，内括约肌松弛导致排尿。PANP要求在根治肿瘤的基础上，尽可能保留盆腔自主神经。Sugihara 等[5]将 PANP 分为 4 型，I 型：保留完全的盆腔自主神经；Ⅱ型：切除下腹下神经，保留双侧盆神经丛；Ⅲ型：切除下腹下神经，保留单侧盆神经丛；Ⅳ型：完全切除盆神经丛。临床实践告诉我们，在行 TME 时应靠近直肠侧韧带的内侧进行，避免过度牵拉直肠，将盆丛保护于盆壁筋膜一侧。对于 PANP 的手术指征尚有争议，多数学者认为应根据病变部位、肿瘤局部浸润和淋巴结转移情况采用不同类型的 PANP 术，而当侧韧带淋巴结阳性时，应放弃 PANP[6]。PANP 术后排尿障碍率为 1.8% ~28%，术后 63% ~96% 的男性保留性功能，勃起障碍率为 12.3% ~13.3%，射精障碍率为 12% ~33.1%[7]，男性性功能改善较为明显。Pocard 等[8]认为采用 PANP，性活跃的患者平均 3 ~12 个月能恢复性生活，对于术后阳痿患者，推荐使用 Vigra[9]。一般认为，当肿瘤局限于直肠系膜时，采用 TME 结合 PANP 是理想的。

严格地说，TME 只是直肠癌外科手术应遵循的一种原则而采取的技术，而非一种手术方式。不同的研究机构报道采用 TME 技术，直肠癌局部复发率小于 10%[10,11]。在斯德哥尔摩和新西兰进行的研究表明，可切除的直肠癌术后 2 年局部复发率分别为 6% 和 5.3%[12,13]。目前认为对直肠上段癌（距肛缘 > 10cm），只需切除肿瘤下缘 5cm 系膜，而对中低位直肠癌则需行 TME。对病变较固定的 T_4 期肿瘤，应行扩大切除，必要时行多脏器联合切除，争取达到 DMM 和 CRM 均阴性的 R_0 切除[14]。

二、保肛手术

Schirouzu 等[15]研究了 610 例直肠癌手术切除标本，发现 I 期和Ⅱ期的肿瘤远端肠管浸润仅为 1%，且浸润的距离小于 1cm，而Ⅲ期的肿瘤远端肠管浸润为 10%，仅 3% 肿瘤远端浸润距离达 2cm。研究表明，直肠癌主要向上方和侧方转移，逆行转移罕见，肿瘤向远侧肠管壁浸润超过 2cm 者仅 1% ~3%。在远端无浸润的前提下，远切缘的长短与局部复发率和 5 年生存率无明显相关[16]。尽管有少数学者提出远端切缘只需 1cm[17,18]，中国抗癌协会大肠癌专业委员会则建议远端切除 3cm。这些研究为低位直肠癌的保肛手术提供了理论依据，同时由于吻合技术的提高和吻合器械的应用使低位直肠癌的保肛手术提供保障。然而，保肛手术必须遵循以下原则：①确保肿瘤切除的彻底性，降低术后复发率，提高生存率；②保留肛门正常的排便控制功能，提高患者的生存质量。

低位直肠癌保肛术后，由于残留直肠过少，直肠壶腹部的切除以及盆腔的植物神经部分损伤，很多患者出现了排便功能障碍。表现为腹泻或便频等“前切除综合征”，因此人们设计不同的贮袋，以改善保肛术后的控便能力。1986 年，法国的两个外科小组提出 J-Pouch 贮袋手术[19]可以改善保肛术后的控便问题。经过多年实践，J-Pouch 已成为应用最广泛、最为成熟的贮袋方式。多中心的随机研究显示，J-Pouch 的吻合口瘘发生率为 2.5%，术后 1 年内排便功能改善明显，但 1 年后的贮便作用尚有争议[19,20]。当患者比较肥胖或盆腔狭小，J-Pouch 操作困难，可采用结肠成型术（横形结肠贮袋，T-Pouch），即对近端结肠行“纵切横缝”。Ho 等[21]认为 T-Pouch 除吻合口瘘略高于 J-Pouch 外，其控便能力无差异。贮袋长度以 5 ~6cm 为宜，太长易发生便秘及贮袋炎，太短则失去贮袋作用[22]。

欧美学者认为直肠癌行 TME 保肛术后吻合口瘘的发生率增加,如吻合口距肛缘低于 5cm,则吻合口瘘的发生率可达20%[23,24]。由于担心吻合口瘘所带来的严重后果,必须行粪便改道,即行保护性造口。需要指出的是,保护性造口并不减少吻合口瘘的发生率,但是减轻了吻合口瘘所引起的后果。Moran 和 Heald[25]认为低位吻合口应常规行保护性造口。由于末段回肠襻式造口具有操作简单,术后回纳肠功能恢复较快,造口疝发生率低的优点,常被用于保护性造口术。

三、直肠癌术前新辅助治疗的进展

目前认为,直肠癌术前放化疗优于术后放化疗。最近德国完成的一项多中心随机对照研究初步证实了这个结论[26]。直肠癌术前新辅助治疗可降低肿瘤分期,使本来不能切除的肿瘤达到根治性切除,还能提高保肛率。部分原来需要行腹会阴联合切除术的患者,经术前新辅助治疗后,分期降低,得以行保肛手术。部分研究报告,对可切除的低位 T_3 期直肠癌,术前放疗 45 ~50.4Gy,加或不加同步化疗(5-Fu + CF),放疗结束后 4 ~8 周,59% ~89% 的患者获保留肛门的根治手术,3 年生存率为 95%[27]。美国安德森癌症中心回顾了 1998 年至 2000 年期间 238 例低位进展期直肠癌经新辅助治疗后,保肛率为 49%,保肛手术后 5 年盆腔复发率仅为 13%[28]。

虽然新辅助治疗的疗效令人鼓舞,仍有部分学者关注其过度治疗的问题,并建议新辅助治疗只适用于某些即使行 TME 术远端系膜周切缘仍可能小于 1cm 的"高危患者"[29,30]。浙江省肿瘤医院报道[31],对 35 例低位局部进展期直肠癌采用新辅助治疗,65.7 % 的病例 T 分期下降,淋巴结阴转率为 55.6%,病理完全缓解为 7 例,保肛率为 45.7%。根治切除术后无 1 例局部复发。

四、直肠癌的腹腔镜手术

自 1991 年 Jacobs 首次报告用腹腔镜行结肠癌手术后,直肠癌的腹腔镜手术逐渐开展。腹腔镜手术的传统优势在于:切口小、术后肠功能恢复快、术后疼痛轻、住院时间短等。但这些优势对于直肠癌手术来说,都是第二位的,人们更关心直肠癌的手术切除效果和局部复发率。因此,直肠癌的腹腔镜手术一直进展缓慢。近年来,随着腹腔镜技术的成熟,经验的积累以及器械的发展,尽管人们对于直肠癌的腹腔镜手术仍有争议,但也取得了很多共识。

1. 中转开腹率　早期中转开腹率达 11% ~18%,近年来有所下降,平均为 5.1% ~15.7%。一般认为直肠癌前切除中转开腹率明显高于腹会阴联合切除术。中转开腹的主要原因是肥胖、肿瘤较固定、肿瘤位置较低等[32]。通过术前充分评估,选择适当的病人可明显降低中转开腹率。

2. 手术损伤　腹腔镜直肠癌手术输尿管损伤较多见,明显高于开腹术,Yong 统计术中输尿管损伤达 5%[33],这可能与肿瘤固定、操作者手术经验和技术有关。

3. 手术并发症　腹腔镜手术后吻合口漏的发生率各家报道不一,Yong 等[33]认为与开腹术相当,约 4.6%。而来自德国的一项研究则认为中低位直肠癌腹腔镜手术吻合口漏发生率高达 22%,上段直肠则为 14%[34]。在术后膀胱功能的影响方面,腹腔镜组和开腹组无差异,男性患者阳痿和不射精比例腹腔镜组明显高于开腹组[35]。

4. 手术　对于腹腔镜手术的切缘问题,

多数文献报道开腹手术和腹腔镜手术的切缘长度无明显差别[36]。而在腹腔镜下淋巴结清扫问题上,已明确腹腔镜下可行肠系膜下动脉根部淋巴结清扫术,清扫的淋巴结数和开腹术无明显差别。

5. 转移　对于腹壁穿刺孔的转移问题,早期曾高达21%的报道令人关注。经过多年的研究,其转移机制尚未清楚,估计与气腹和组织接触有关,通过塑料袖套隔离和化疗药物局部冲洗,转移率逐渐下降。Zmora等[37]报告其发生率为1%。

6. 局部复发率　Scheidbach 等[34]报告380 例直肠癌腹腔镜手术,局部复发率为6.6%。国内郑民华[38]认为与开腹术相比,腹腔镜行 TME 更具有优势。

7. 远期生存率　由于开展时间的缘故,报道甚少。

由于腹腔镜手术尚处于探索阶段,现有的很多报道均为回顾性研究,缺少多中心随机对照。对于腹腔镜下直肠癌的 R_0 切除,尚缺乏病理学的客观评估[39]。对中低位直肠癌腹腔镜下 TME 术保肛的安全性仍有较多争议[34]。

五、直肠癌相关的重建手术

腹会阴联合切除术后如何避免永久性结肠造口,恢复患者的排便控制能力确实引起人们的关注。自20 世纪 80 年代初,我国不少学者如席忠义、曹浩明等先后探索腹会阴联合切除术后采用臀大肌、股薄肌行肛门括约肌成形,结果并不尽如人意。会阴部结肠造口由于缺乏随意控制能力、容易引起造口狭窄排便困难,尤其是会阴部造口护理困难,到20 世纪 90 年代已被国人所废弃。然而,近几年这一问题再次成为一个研究的热点。电刺激股薄肌成形术(Electrostimulatic Gralilоplasty)为腹会阴联合切除术后的患者提供了一种肛门重建方式[40]。其原理是通过长时间、低频电刺激股薄肌,使其从Ⅱ型快速易疲劳肌肉转变为Ⅰ型慢速不易疲劳的肌肉。肌肉转型常需历时数周的刺激,术后对固体和液体大便或仅对固体大便控制力可达 55.5%[41]。当然,该手术的缺点也很明显,手术时间较长,术后并发症如感染发生率较高,。且由于直肠黏膜切除后便意敏感性的缺乏,可接受的大便控制仅为一半左右,多数患者需长期灌肠来提高生活质量。故此术式仅适用于少数需行腹会阴联合切除术但无法忍受腹部结肠造口的患者。部分学者建议行臀大肌转移和神经移植术重建肛门,但技术操作非常困难,重复性较差[42]。总之,腹会阴联合切除术后的肛门重建仍处于探索之中。

20 世纪 90 年代初,国内肿瘤专家曾就女性进展期直肠下段癌扩大切除的问题召开圆桌会议[43],直肠下段癌累及阴道后壁需行直肠癌合并阴道后壁切除,或阴道后壁、子宫及双附件切除,但对于后盆腔清除术后巨大的手术创伤,无法进行保留肛门手术,会阴部伤口不愈,子宫脱垂,膀胱尿潴留和性生活功能的丧失等。浙江省肿瘤医院曹浩明[44]、李德川[45]等采用带血管蒂子宫浆肌瓣、带血管蒂小肠片阴道后壁重建术,取得了较为满意的效果。在彻底切除病灶的同时,重建阴道不仅恢复术后性生活的功能,减少术后并发症,促进康复,还为保留肛门手术提供必要的条件。

六、结论

总之,近 20 多年来在直肠癌外科临床方面取得了显著的进展,概括起来主要有以下几方面:①“TME”理论和实践,使得直肠癌外科治疗规范化、标准化,是外科技术的一次飞跃。加上各种吻合器械的应用,其结果有效地提高直肠癌手术的彻底性,降低局部复发率,同时大大增加了低位直肠癌的保肛率;②腹腔镜技术在直肠癌手术中的应用,是21世纪外科的一个亮点,然而目前还处于逐渐成熟的过程;③进展期直肠癌的外科手术的扩大切除和相关的手术重建,是肿瘤外科面临的重要课题,国内外学者虽进行了一定的探索,但仍未取得理想的效果;④综合治疗在进展期直肠癌的治疗中发挥极为重要的作用,新的有效药物如乐沙定、伊立替康、希罗达等的开发和应用,放疗技术的提高和放疗设备的发展,尤其是近几年术前新辅助治疗(直肠癌术前放化疗)的开展取得了举世公认的疗效;⑤随着外科分子生物学研究的不断深入,可以预见人们将尝试在分子水平的崭新领域对直肠癌的生物学行为、治疗的有效性作出更为客观的诠释和评价。

参考文献

1 Heald RJ, Husband EM, Ryall Dh. The mesorectum in rectal cancer surgery. The clue to pelvic recurrence? Br J Surg, 1982; 69(9): 613 ~ 616

2 Lopez-kostner F, lavery IC, Hool GR, et al. Total mesorectal excision is not necessary for cancers of the upper rectum. Surgery, 1998; 124(4): 612 ~ 617

3 Reynolds JV, Joyce WP, Dolan J, et al. Pathological evidence in support of total mesorectal excision in the management of rectal cancer. Br J Surg, 1996; 83(8): 1112 ~ 1115

4 Hall NR, Finan PJ, Al-Jaberi T, et al. Circumferential margin involvement after mesorectal excision of rectal cancer with curative intent. Predictor of survival but not local recurrence? Dis Colon Rectum, 1998; 41(8): 979 ~ 983

5 Sugihara k, Moriya Y, Akasu T, et al. Pelvic autonomic nerve preservation for patients with rectal carcinoma. Oncologic and functional outcome. Cancer, 1996; 78(9): 1871 ~ 1880

6 Moriya Y, Sugihara K, Akasu T, et al. Importance of extended lymphadenectomy with lateral node dissection for advanced lower rectal cancer. World J Surg, 1997; 21(7): 728 ~ 732

7 顾晋. 直肠癌手术中盆腔植物神经的保护与术后功能的关系. 中国普外基础与临床杂志, 2003; 3(10): 98 ~ 99

8 Pocard M, Zinzindohue F, Haab F, et al. A prospective study of sexual and urinary function before and after total mesorectal excision with autonomic nerve preservation for rectal cancer. Surgery, 2002; 131(4): 368 ~ 372

9 Linsey I, George B, Kettlewell M, et al. Randomized, double-blind, placebo-controlled trial of sildenafil (Viagra) for erectile dysfunction after rectal excision for cancer and inflammatory bowel disease. Dis Colon Rectum, 2002; 45(6): 727 ~ 732

10 MacFarlane JK, Ryall RD, Heald RJ. Mesorectal excision for rectal cancer. Lancet, 1993; 341(8843): 457 ~ 460

11 Enker WE, Thaler HT, Cranor ML, et al. Total mesorectal excision in the operative treatment of carcinoma of the rectum. J Am Coll Surg, 1995; 181(4): 335 ~ 346

12 Martling AL, Holm T, Rutqvist LE, et al. Effect of a surgical training programme on outcome of rectal cancer in the County of Stockholm. Stockholm Colorectal Cancer Study Group, Basingstoke Bowel Cancer Research Project. Lancet, 2000; 356(9224): 93 ~ 96

13 Kapiteijn E, Marijnen C, Nagtegaal I, et al. Preoperative radiotherapy combined with total mesorectal excision for resectable rectal cancer. N Engl J Med, 2001; 345(9): 638 ~ 646

14 Nelson H, Petreli, Carlin A, et al. Guidelines 2000 for colon and rectal cancer surgery. J Natl cancer Inst, 2001; 93: 583 ~ 596

15 Shirouzu K, Isomoto H, Kakegawa T, et al. Distal spread of rectal cancer and optimal distal margin of resection for sphincter-preserving surgery. Cancer, 1995; 76(3): 388 ~ 392

16 Ruiller E, Laurente C, Cartes S, et al. Local recurrence of low rectal cancer after abdominoperineal and anterior resection. Br J Surg, 1997; 84(4): 525 ~ 528

17 Law WL, Chu KW. Impact of total mesorectal excision on the results of surgery of distal rectal cancer. Br J Surg, 2001; 88(12): 1607 ~ 1612

18 Leo E, Belli F, Andreola S, et al. Total rectal resection and complete mesorectum excision followed by coloendoanal anastomosis as the optimal treatment for low rectal cancer: the experience of the National Cancer Institute of Milano. Ann Surg Oncol, 2000; 7(2): 125 ~ 132

19 Ruiller E. Towards the end of abdominoperineal resection for cancer. Ann Chir, 2002; 127(8): 589 ~ 590

20 Hallbook O, Pahlman L, Krog M, et al. Randomized comparison of straight and colonic J-pouch anastomosis after low anterior resection. Ann Surg, 1996; 224(1): 58 ~ 65

21 Ho YH, Brown S, Heah SM, et al. Comparison of J-pouch

and coloplasty pouch for low rectal cancers: a randomized, controlled trial investigating functional results and comparative anastomotic leak rates. Ann Surg,2002 ;236(1): 49 ~ 55

22 Lazorthes F, Gamagami R, Chiotasso P, et al. Prospective, randomized study comparing clinical results between small and large colonic J-pouch following coloanal anastomosis. Dis Colon Rectum,1997;40(12): 1409 ~ 1413

23 Karanjia ND, Corder AP, Bearn P, et al. Leakage from stapled low anastomosis after total mesorectal excision for carcinoma of the rectum. Br J Surg,1994;81(8): 1224 ~ 1226

24 Ruiller E, Laurent C, Garrelon JL, et al. Risk factors for anastomotic leakage after resection of rectal cancer. Br J Surg,1998;85(3): 355 ~ 358

25 Moran BJ, Heald RJ. Risk factctors, and management of anastomotic leakage in rectal surgery. Colorectal Dis, 2001;3: 135 ~ 137

26 Sauer R. Adjuvant versus neoadjuvant combined modality treatment for locally advanced rectal cancer; first results of the German rectal cancer study (CAO/ARO/AIO-94). INT J Radiat Oncol Biol Phys,2003;57(2Suppl): S124 ~ 125

27 朱远综述. 直肠癌术前放疗进展. 国外医学肿瘤学分册,2004;1(31): 74 ~ 80

28 Crane CH, Skibber JM, Feig BW, et al. Response to preoperative chemoradiation increases the use of sphincter - preserving surgery in patients with locally advanced low rectal carcinoma. Cancer,2003;97(20): 517 ~ 524

29 Horgan AF, Finlay IG. Preoperative staging of rectal cancer allows selection of patients for preoperative radiotherapy. Br J Surg,2000;87(5): 575 ~ 579

30 Horgan AF, Finlay IG. Preoperative staging of rectal cancer allows selection of patients for preoperative radiotherapy. Br J Surg,2000;87(5): 575 ~ 579

31 冯海洋,李德川,楼荣灿,等. 新辅助治疗低位局部进展期直肠癌 35 例结果分析. 中华胃肠外科杂志, 2005;2(8): 125 ~ 128

32 Poulin EC, Schlachta CM, Gregoire R, et al. Local recurrence and survival after laparoscopic mesorectal resection forrectal adenocarcinoma. Surg Endosc,2002 ;16(6): 989 ~ 995

33 Yong L, Deane M, Monson JRT, et al. Systematic review of laparoscopic surgery for colorectal malignancy. Surg Endosc,2001;15(12): 1431 ~ 1439

34 Scheidbach H, Schneider C, Konradt J, et al. Laparoscopic abdominoperineal resection and anterior resection with curative intent for carcinoma of the rectum. Surg Endosc, 2002 ;16(1): 7 ~ 13

35 Quah HM, Jayne DG, Eu KW, et al. Bladder and sexual dysfunction following laparoscopically assisted and conventional open mesorectal resection for cancer. Br J Surg, 2002;89(12): 1551 ~ 1556

36 Hong D, Tabet J, Anvari M, et al. Laparoscopic vs. open resection for colorectal adenocarcinoma. Dis Colon Rectum,2001;44(1): 10 ~ 19

37 Zmora O, Gervaz P, Wexner SD. Trocar site recurrence in laparoscopic surgery for colorectal cancer. Surg Endosc, 2001;15(8): 788 ~ 793

38 郑民华. 从肿瘤根治原则谈腹腔镜消化道肿瘤外科的发展. 中国普外基础与临床杂志. 2004;3(11): 189 ~ 191

39 Pikarsky AJ, Rosenthal R, Weiss EG, et al. Laparoscopic total mesorectal excision. Surg Endosc, 2002; 16(4): 558 ~ 562

40 Cavina E. Outcome of restorative perineal graciloplasty with simultaneous excision of the anus and rectum for cancer. A ten-year experience with 81 patients. Dis Colon Rectum,1996;39(2): 182 ~ 190

41 Rosen HR, Novi G, Zoech G, et al. Restoration of anal sphincter function by single-stage dynamic graciloplasty with a modified (split sling) technique. Am J Surg, 1998;175(3): 187 ~ 193

42 Sato T, Konish F, Ueda K, et al. Physiological anorectal reconstruction with pudendal nerve anastomosis and a colonic s-pouch after abdominoperineal resection; report of 2 sucessful cases. Surgery,2000;128: 116 ~ 120

43 张圣道. 女性直肠癌后盆腔清除术圆桌讨论会. 中国实用外科杂志,1994;14(8): 505 ~ 509

44 曹浩明,张学栋,楼荣灿,等. 直肠癌阴道后壁切除后子宫肌瓣即时修复的探讨. 中国重建修复杂志,1999;(2): 88 ~ 90

45 李德川,陈贤贵,楼荣灿,等. 女性后盆腔清除术后阴道后壁重建. 中国肿瘤,2003;12(9): 544 ~ 546

广州抗癌网 www. gaca. org. cn 开通

广州抗癌协会的门户网站 —— 广州抗癌网(www. gaca. org. cn)于 2004 年 12 月 28 日正式开通。广州抗癌网是由南方医院肿瘤中心和广州抗癌协会共同组办的广州市重点医学网站。它以南方医科大学(原第一军医大学)南方医院肿瘤中心、中山大学肿瘤医院、广州市肿瘤医院为依托,发挥沿海地区信息资源优势,面向全国,为广大医务工作者及肿瘤患者提供全方位的肿瘤资讯服务。网站设有《最新进展》、《规范治疗》、《专家专稿》、《最新评论》、《抗癌新招》、《防癌知识》、《患者园地》、《肿瘤新闻》、《网上资源》、《网上咨询》等栏目。网站紧跟现代肿瘤医学的进展和广大患者关注的热点问题而设立各种专题论坛,并为临床医生提供最新的肿瘤学进展和高新技术知识,使患者得到最先进、最合理的诊疗。

复发转移大肠癌的内科治疗进展

李　进

复旦大学肿瘤医院　上海　200032

大肠癌是发生于消化系统的一种常见恶性肿瘤。随着生活水平提高伴随的生活方式的改变,大肠癌的发病率不断升高,在中国成为第四位恶性肿瘤,部分发达地区已经位居第二、三位,严重威胁人类健康。目前治疗大肠癌的主要手段包括手术治疗、放射治疗、化学治疗和免疫治疗。对于早期病人,首选的治疗措施为手术切除,中晚期可切除病灶的病人,治疗措施为手术切除加辅助化疗,而对不能切除病灶的晚期病人则主要采用化疗,能延长晚期大肠癌病人的生存以及改善生活质量。近年来,在大肠癌内科治疗方面,不仅进一步研究了新一代的细胞毒性药物,还研究了分子靶向药物,及单克隆抗体与化疗药物联合治疗的新策略,得到了许多令人鼓舞的成果。大肠癌的治疗已经进入了多学科多种药物联合的新时代。本文就近年来复发转移大肠癌内科治疗方面的进展作一简要介绍。

前瞻性研究证实,复发转移性结直肠癌病人使用化疗与单纯姑息治疗相比可延长生存期和提高生活质量。对13项这种临床研究的荟萃分析显示,新一代全身化疗可使中位生存期延长到20个月。近来应用单克隆抗体与化疗联合的方案使中位生存期延长到24个月左右,这是大肠癌治疗史上了不起的进步。

一、氟尿嘧啶及其衍生物

几十年来,氟尿嘧啶(5-Fu)一直是结直肠癌治疗最主要的药物,最初与左旋咪唑联合用药,后来发现通过与醛氢叶酸(LV)联合用药可以明显提高疗效;醛氢叶酸已经完全取代了左旋咪唑用于氟尿嘧啶的联合化疗。醛氢叶酸是一种还原型叶酸,可以稳定氟尿嘧啶与胸苷酸合成酶的结合,三者紧密结合形成三联体,从而增强了氟尿嘧啶对DNA合成的抑制。在晚期结直肠癌病人中,氟尿嘧啶与醛氢叶酸的治疗的有效率大约在20%左右,并使中位生存期从最佳支持的约6个月延长至11个月。为了克服氟尿嘧啶的毒副反应,特别是氟尿嘧啶的骨髓毒性,de Gramont[1]采用部分连续静脉滴注氟尿嘧啶的方式(氟尿嘧啶400 mg/m^2 推注 + LV200 mg/m^2 静脉滴注,继之以氟尿嘧啶600 mg/m^2 22小时持续静脉滴注 第1,2天),除了手足综合征的发生率有增加外,血液系统和胃肠道系统毒性反应明显减少。此外,研究还发现,持续静脉滴注的方式比快速注射更为有效,不管是单独应用还是后来的与新一代抗癌药物的联合的方中都已得到了证实。因此,以Mayo Clinic方案为代表的静脉推注氟尿嘧啶的方式已不在临床上使用。鉴于持续静脉滴注的方式的优越性，de Gramont 又对其方案进行了改良，取消了第二天氟尿嘧啶 400 mg/m² 推注及醛氢叶酸的滴注，增加第一天醛氢叶酸的使用量，以及增加持续两天滴注的 5-Fu 量 [2]。最近更有趋势，将氟尿嘧啶全部采用持续静脉滴注的方式，如 AIO 方案为醛氢叶酸 500 mg/m² 2 小时静脉滴注，d1；随后 5-Fu（2.0/m²）持续静脉滴注 24 小时，每周一次 ×4，中位生存期达到 16.9 个月，比以往的 Mayo Clinic 方案延长了近 6 个月[3,4]。

卡培他滨是一种经过 3 步酶代谢后转化为氟尿嘧啶的前体药物。卡培他滨的不良反应情况与长时间持续静脉滴注氟尿嘧啶时相似，但手足综合征更为突出；其他不良反应包括腹泻、恶心、呕吐和骨髓抑制。有 2 项对卡培他滨与 Mayo Clinic 方案进行比较的随机临床试验报告接受卡培他滨治疗病人的客观有效率有中等程度的提高（19% ~25% 对 15%），两种治疗方案的总生存期中位数相似（12 ~13 个月）。接受静脉使用氟尿嘧啶负荷方案治疗的病人更可能发生口腔溃疡和骨髓抑制，而被分配接受卡培他滨治疗病人的手足综合征发生率升高[5.6]。后来的研究发现，从治疗疗效上来说，卡培他滨并没有超过 de Gramont 方案[7]。Arkenau 等对比研究了 FUFOX（奥沙利铂联合 AIO 方案）和 CAPOX（奥沙利铂联合卡培他滨）的疗效，不管在无进展生存时间还是有效率方面，FUFOX 均优于 CAPOX（35 周对 30 周和 45% 比 42%），虽然统计学上的差异无显著性。卡培他滨与氟尿嘧啶在副作用方面的比较，3/4 毒性的的发生率一致，但血液学毒性方面有一定优势，对于老年病人或体质较差的病人，可以替代氟尿嘧啶/醛氢叶酸[8]。

管忠震[9]等评价希罗达一线治疗中国人晚期或复发性结直肠癌的疗效及安全性。60 例晚期或复发性结直肠癌患者均给予希罗达口服，每日 2 次，餐后服用，1 250 mg/m²/次，连续服用 14 天后停药 7 天。治疗周期为 21 天 ，至少治疗 2 个周期。结果显示 PR 14 例，SD 24 例，PD 15 例，RR 23. 3 % ，中位生存期为 14. 7 个月，1 年生存率为 63. 9 % ，2 年生存率为 33. 4 %。Ⅲ、Ⅳ级不良反应主要为腹泻 4 例，贫血 2 例，手足综合征 1 例。Ⅰ、Ⅱ级不良反应为皮肤色素沉着 20 例，手足综合征 18 例，腹泻 10 例。该研究表明希罗达治疗中国人晚期或复发性结直肠癌疗效肯定，患者耐受性良好。谢晓冬等[10]观察希罗达对老年晚期结直肠癌的作用。采用前瞻性随机对照研究方法将沈阳军区总医院肿瘤科和辽宁省肿瘤医院内一科收治的 60 岁以上老年晚期结直肠癌 61 例，随机分为两组，治疗组 30 例，应用希罗达加艾迪注射液治疗；对照组 31 例% 单用艾迪注射液治疗。两周期结束后对客观疗效和不良反应进行评价。结果治疗组可评价疗效 25 例，RR 36. 0%；对照组可评价疗效 24 例 RR 16. 7%（ $P < 0.05$）。治疗组出现 1 度以上腹泻 5 例，2/3 度恶心呕吐 3 例，1 度骨髓抑制 2 例，1/2 度手足综合征 4 例，对症处理后症状均可消失，无 1 例因药物不良反应而中止治疗。对照组出现 1 度以上胃肠道反应 2 例，未出现明显腹泻、手足综合征及骨髓抑制。两组均未发生与治疗相关性死亡。老年晚期结直肠癌患者用希罗达有效安全。

二、伊立替康

伊立替康(Irinotecan,CPT-11)是喜树碱的半合成衍生物,通过与拓扑异构酶Ⅰ的相互作用而起细胞毒作用。伊立替康是近年来发现的对转移性结直肠癌有非常明显治疗作用的化疗药物之一。

伊立替康联合5-Fu/LV治疗晚期大肠癌的研究是在有明确的二线治疗结果的基础上进行的,二项随机分组临床研究的结果显示,伊立替康单药用于氟尿嘧啶治疗失败的晚期结直肠癌病人,总生存期中位数比单纯最佳支持治疗提高了2~3个月。这些试验包括Saltz的临床试验[11]、Douillard[12](V303试验),比较了LV/5-Fu +/- 伊立替康作为一线治疗晚期大肠癌的疗效,结果发现,不管是Slatz的静脉推注5-FU的方式,还是Douillard的持续静脉滴注5-Fu的方式,其疗效、中位无进展生存和总生存期的差距均有明显的统计学意义。

Douillard[12]等用伊立替康联合5-Fu静脉推注和滴注(de Gramont方案)用于一线治疗晚期结直肠癌获得了很好的效果,有效率41%,中位无进展生存期6.7个月,中位生存期17.4个月;对照组应用LV/5-Fu方案有效率23%,中位无进展生存期4.4个月,中位生存期14.1个月。显示了伊立替康联合LV/5-FU在生存期方面的优势。

在最新的临床研究EORTC 40986试验中,Köhne [13]采用了持续静脉滴注5-Fu/LV的AIO方案(每周方案)联合伊立替康治疗晚期大肠癌,研究分为两组,试验组为伊立替康80mg/m^2 + 5-Fu/LV(AIO),对照组为5-Fu/LV(AIO),入组病人数为试验组179人,对照组188,试验的观察终点为无进展生存及总生存,试验的结果为试验组无进展生存8.8月,对照组6.3(P =0.000 1),试验组中位生存20.1月,对照组16.9月(P = 0.2779)。这个试验说明含伊立替康的单周联合方案能够明显延长病人的中位无进展生存。虽然在总生存期的差异上没有明显的统计学意义,考虑到二组病人数均不足200人,如果增加入组病人数,有可能会出现统计学上的差距。另一方面也说明,改良的5-Fu输注方法(5-Fu 2g/m^2 + LV500mg/m^2)明显提高了疗效,延长了中位生存。

香港Queen Mary医院和Queen Elizabeth医院进行了前瞻性Ⅱ期研究[14],用FOLFIRI方案(CPT-11 180mg/m^2 d_1, LV 200mg/m^2 $d_{1,2}$ q_2h 和5-Fu 400mg/m^{2}推注$d_{1,2}$, 5-Fu滴注600mg/m^2 q20h $d_{1,2}$)一线治疗晚期结直肠癌患者。在2000年8月至2001年6月期间,共入组67例患者,其中可评价疗效63例,CR 6.3%, PR 33.3%(ORR 39.6%), SD 35%, PD17.4%, NE 8%。Queen Mary医院33例患者进行了毒性评价:9%的患者有发热,70.6%的患者有1~2度腹泻,没有3~4度血小板减少、贫血、恶心、呕吐和腹泻。这一研究的初步结果表明,依立替康联合5-Fu滴注的方案在中国人群中有效,毒性可耐受、可控制。

樊青霞[15]用CPT-11联合5-Fu/LV一线治疗晚期结直肠癌患者,观察疗效和不良反应。入组21例患者,17例患者可评价疗效,RR 35%,SD 52.9%,中位缓解时间7.5个月,中位稳定时间5个月。主要毒性为迟发性腹泻和中性粒细胞减少。

吴欣爱等[16]用CPT-11联合5-Fu/LV二线治疗晚期结直肠癌患者。18例患者RR 27.8%,SD 55.6%。主要毒性为乙酰胆碱能综合征、迟发性腹泻和中性粒细胞减少。

复旦大学附属肿瘤医院等[17]也采用了CPT-11联合5Fu/LV治疗奥沙利铂失败的转移性或局部晚期结直肠癌，探讨FOLFIRI方案（CPT-11 180mg/m^2 iv gtt 90min d_1，LV200mg/m^2 iv gtt 2h d_1，5-Fu 400 mg/m^2 iv，5-Fu 2.4g/m^2 civ 46h，每14天重复）在中国人群中的疗效和安全性。共入组83例患者，其中80例患者可评价疗效，PR 12.5%，SD 63.7%，PD 23.8%，中位TTP 96天(95% CI：68 -120)。3～4度毒性为3～4中性粒细胞减少（24.1%），恶心呕吐（8.4%）和腹泻（2.4%）。说明CPT-11联合5Fu/LV治疗奥沙利铂失败的转移性或局部晚期结直肠癌有效，安全。

国内管忠震等[18]报道单药CPT-11治疗晚期大肠癌有效率16%，有48%患者病情稳定，而且一些既往用5-Fu治疗无效者仍可获得20%缓解率。

中国医学科学院肿瘤医院的研究李玉升等采用CPT-11联合5-Fu/LV2治疗晚期胃肠道肿瘤[19]，20例病人中包括9例大肠癌，此试验采用了双周方案，并且对CPT-11进行了剂量爬坡试验以证明国人的耐受性，CPT-11分为4个剂量水平组，分别为120 mg/m^2、150 mg/m^2、180 mg/m^2及200 mg/m^2，研究初步认定CPT-11的DLT为腹泻，MTD为200mg/m^2。推荐CPT-11 180mg/m^2联合LV5-Fu 2方案（LV 200mg/m^2 iv 2h $d_{1,2}$；5-Fu 400mg/m^2 iv bolus followed by 600mg/m^2 civ 22h $d_{1,2}$）每2周为1周期，连续6周期以上，用于有化疗适应证、PS 0～1的胃肠道癌，包括晚期病变和根治术后高危患者。

三、羟基喜树碱

雷妍玮等[20]观察羟基喜树碱与5-Fu/CF持续滴注联合顺铂腹腔灌注双途径化疗35例复发性大肠癌的疗效。35例复发性大肠癌患者应用羟基喜树碱4～6 mg/ m^2，静脉滴注 $d_{1\sim5}$，5-Fu 2.5 g经微量泵持续滴注120 h，CF 50 mg静脉滴注2 h，5-Fu 250 mg静脉冲入 $d_{1\sim5}$，顺铂50 mg/ m^2生理盐水1 500～2 000 ml腹腔灌注 d_1，d_7，常规水化处理。对照组35例应用羟基喜树碱5 mg/ m^2静脉滴注 $d_{1\sim5}$。5-Fu 2.5 g经微量泵持续滴注120 h，CF 50 mg静脉滴注2 h，5-Fu 250 mg静脉冲入 $d_{1\sim5}$。每3周重复，2疗程后评价疗效。CR 3/ 35，PR 15/ 35，SD 7/ 35，PD 10/ 35，有效率（CR + PR）51.4 %。对照组CR 2/ 35，PR 10/ 35，SD 8/ 35，PD 15/ 35，有效率（CR + PR）34.3 %。作者认为双途径化疗治疗复发性大肠癌有效且副反应小。

李志彪等[21]观察以羟基喜树碱冻干粉剂（拓僖）方案治疗晚期大肠癌的治疗效果。采用拓僖方案（拓僖 + 5-Fu + CF + 顺铂）对32例晚期大肠癌进行化疗，拓僖8mg/ d，静脉滴注，第1～5天；5-Fu 500mg/m^2/d，静脉滴注，第1～5天；CF 200mg/ d，静脉滴注，第1～5天；顺铂100mg，静脉滴注，第1天。每28天为一周期，每例共化疗4个周期。结果32例晚期大肠癌中，CR：1例，PR：13例，SD：11例，PD：7例。总有效率43.8 %，未出现严重毒副反应。拓僖对治疗晚期大肠癌有较好的治疗作用。

陈向阳等[22]评价大剂量醛氢叶酸（CF）加氟尿嘧啶（5 - Fu）持续48 h静脉滴注联合羟基喜树碱（HCPT）治疗大肠癌的疗效

和毒副作用。采用 HCPT 10mg/ d,连用 5 天;CF 200mg/ m^{2}静脉滴注 2 h ;5 - Fu 0.5g 静脉推注 10min,然后 5 - Fu 3.0 g/ m^{2}用输液泵持续泵入 48 h,21 天 为 1 周期,连用 2 周期进行评价。CR 2 例(4.35 %),PR 24 例(52.17 %),SD 18 例(39.13 %),PD 2 例(4.35 %),RR 56.52 %。恶心呕吐、口腔粘膜炎、骨髓抑制、脱发为主要不良反应。上述毒副作用除恶心呕吐、白细胞下降较明显外,其余大多为 1 ~ 2 度反应,经对症处理后好转。作者认为大剂量 CF + 5-Fu 持续 48 h 静脉滴注联合羟基喜树碱(HCPT)治疗大肠癌疗效好,毒副反应轻。

宋立强等[23]观察羟基喜树碱联合 5-Fu 及 CF 治疗晚期大肠癌 16 例,RR 为 37.5%。缓解期 5 ~ 30 个月,中位缓解期 10 个月。不良反应以恶心、呕吐、骨髓抑制、腹泻、口腔炎、静脉炎多见,其中 3 度以上口腔炎 2 例、恶心呕吐 1 例、骨髓抑制 3 例、腹泻 1 例,对症处理后好转。

四、奥沙利铂

奥沙利铂(Oxaliplatin, L-OHP)在晚期大肠癌的治疗疗效已经基本得到肯定,特别是联合应用 5-Fu/LV 后,疗效更是得到明显的提高。

De Gramont、Giachetta、Grothey 的研究已经证实,奥沙利铂 + LV/5-Fu 的联合化疗方案与 LV/5-Fu 的联合化疗相比较,能够增加有效率,延长患者的无病生存,提高 PFS,改善患者的生存质量,但这几项研究均发现,在延长病人的总生存率的差异上无明显统计学意义。De Gramont 等[24]比较了奥沙利铂 + 静脉推注和滴注 LV/5-Fu2 (FOLFOX4)与单用 LV/5-Fu2 的疗效,有效率分别为 50% 和 22%,中位无进展生存期分别为 9.0 个月和 6.2 个月,显示奥沙利铂联合方案组明显优于对照组,但总的生存期无改善(16.2 个月和 14.7 个月,P =0.12)。Grothey 等[25]报道了奥沙利铂 + 静脉推注 LV/5-Fu2 的联合方案的随机临床试验,联合组采用每周 LV/5-Fu 24 小时滴注加奥沙利铂的方案,对照组单用 LV/5-Fu。联合治疗组的有效率和无进展生存期均优于对照组(49% 和 22%)和(7.8 个月和 5.3 个月)。同样,总生存期的差异无统计学上的显著意义(19.7 个月和 16.1 个月,P =0.17)。

氟尿嘧啶、奥沙利铂和伊立替康这三种药物都是对晚期大肠癌有效的药物,而且作用机制却各不相同。为了探讨奥沙利铂或伊立替康联合 LV/5-Fu 以及奥沙利铂和伊立替康联合治疗晚期大肠癌的效果,美国的组间研究 N9741 设计了一个临床试验[26],对比三种方案的疗效,分别是 IFL、FOLFOX4 和 IROX,这三种方案兼顾了三种药物最经典的用法。包括 5-Fu 的推注和 DeGramont 方案,具体的用法为 IFL(伊立替康 125 mg/m^2、5-Fu 500 mg/m^2 推注 + LV 20 mg/m^2 第 1,8,15,22 天,每六周重复)、FOLFOX4(奥沙利铂 85 mg/m^{2}第 1 天、5-Fu 400 mg/m^2 推注 + LV 200 mg/m^2 继之以 5-Fu 600 mg/m^{2}22 小时持续滴注 第 1,2 天,每 2 周重复)、IROX(伊立替康 200 mg/m^2、奥沙利铂 85 mg/m^2,每三周重复)。研究的主要观察终点是 FOLFOX4 和 IROX 与 IFL 的疾病进展时间相比较。试验结果发现,FOLFOX 方案的疾病进展时间 8.7 月、缓解率为 45%,中位生存时间为 19.5 月;相比之下 IFL 分别为 6.9 月、31% 和 15.0 月;IROX 则为 6.5

月、35% 和 17.4 月，其中与 IFL 相比较，FOLFOX4 方案无论从 TTP，还是缓解率和中位生存时间的差距均有统计学意义，IROX 方案的中位生存时间延长有差距，而且有统计学意义。在治疗相关的毒性方面，IFL 的发热性中性粒细胞减少和腹泻的发生率皆高于其他两组，而 FOLFOX 的毒性较其他两组均低，但是感觉性神经毒性的发生率以 FOLFOX4 组高。虽然试验结果认为奥沙利铂联合滴注 LV/5-Fu 方案可作为晚期大肠癌的标准治疗，但是 N9741 实验的设计倍受争议，其实验结果的可靠性也受到质疑。这主要是因为采用了疗效较高的静脉持续滴注 5-Fu 的方法，而对照的 IFL 方案中却采用了疗效较差的静脉推注射 5-Fu 的方法，使二组间出现了不均衡性。此外，由于在最初美国 FDA 并没有批准奥沙利铂进入市场晚于伊立替康，因此在接受 FOLFOX 治疗的病人中，60% 的病人后来接受了伊立替康的治疗，而在 IFL 组中只有 24% 的病人后来接受了奥沙利铂的治疗，这也加大了二组间的不均衡性。最新的研究报告来自于 2005 年 ASCO 年会上的报告。Pitot HC 主持的 N9841 的研究结果[27]，对比伊立替康单药与 FOLFOX4 治疗 5-Fu 治疗失败的病人。结果显示，虽然 FOLFOX4 显示出疗效上的优势（15%∶27%；$P<0.01$），伊立替康单药在中位生存时间上略好，但二组间无统计学上差异的显著性（14.7∶13.5 个月；$P=0.63$）。

康昭洵等[28]进行晚期结直肠癌时辰化疗与常规化疗临床比较分析。作者认为人体正常细胞对 5-Fu 的敏感性在凌晨 4 点最低，而对 L-OHP 的敏感性在下午 4 点最低。2000 年 10 月～2001 年 5 月分别开始应用 5-Fu、CF、L-OHP 进行常规和时辰化疗晚期结直肠癌共 40 例，初治 12 例，复治 28 例。时辰化疗组（CF 200 mg/m^2，静脉点滴，10∶00PM 至 12∶00PM，第 1～5 天，5-Fu 750 mg/m^2，静脉点滴，12∶00PM 至 10∶00AM，其中 75 % 的剂量在 3∶00AM 至 5∶00AM 内滴入，第 1～5 天。L-OHP 25 mg/m^2，静脉点滴，10∶00AM 至 10∶00PM，其中 75 % 剂量在 3∶00PM 至 5∶00PM 内滴入，第 1～4 天）19 例，常规治疗组 21 例。时辰化疗组 RR 47.4 %，常规化疗组 RR 38.1 %（$P>0.05$）。时辰化疗组感觉神经异常、腹泻、口腔溃疡发生率分别为 42.1 %、15.8 % 和 21 %，与常规化疗组 57.1 %、28.5 %、33.3 % 相比较，差异有显著性（$P<0.05$），而白细胞下降、恶心、呕吐发生率两组差异无显著性（$P>0.05$）。两组感觉神经异常等毒副作用发生率差异有显著性，作者认为与在人体正常细胞对 5-Fu、L-OHP 的敏感性最低时间给药有关。由于临床观察时间尚短，长期生存率及中位生存期有待进一步随访观察。

王远东等[29]探讨全身热疗联合奥沙利铂方案治疗晚期结直肠癌。实验组 22 例既往单纯化疗方案治疗效果不佳的晚期结直肠癌患者采用全身热疗联合奥沙利铂、5-Fu、CF 进行治疗 1 周期后，再采用奥沙利铂联合 5-Fu、CF 化疗 1 周期；对照组 27 例为同时期就诊患者中随机抽取的未经治疗的晚期结直肠癌患者，采用奥沙利铂联合 5-Fu 和 CF 化疗 2 周期。3 周为一个周期，完成 2 周期化疗后 4 周评价疗效。实验组有效率为 63.6%，对照组有效率为 33.3%；常见毒副反应为胃肠道反应、神经毒性及白细胞减少。该研究表明全身热疗联合奥沙利铂、5-Fu、CF 治疗晚期结直肠癌具有显著的治疗效果，并且毒性可耐受。

孙清等[30]观察了奥沙利铂/5-Fu/LV 联合羟基喜树碱(OLF-H)治疗晚期结直肠癌的疗效，并与奥沙利铂/LV/5-Fu(OLF)比较。OLF-H 组和 OLF 组 RR 分别为 53.3% 和 36.7%($P > 0.05$)，TTP 34 周和 25 周($P < .05$)。不良反应主要为消化系统、血液系统，两组差异无显著性。该研究表明 OLF-H 治疗晚期结直肠癌可能可提高疗效延缓疾病进展。

另外一个研究是对 FOLFOX6 和 FOLFIRI 方案相互序贯应用，确定哪一种方案的优先应用更有利于病人，这个试验又名 GERCOR[31]。试验的设计思路主要为先用 FOLFIRI，为伊立替康 + 简化的 LV/5-Fu2，然后到疾病进展，换用 FOLFOX6，为 L-OHP + 简化的 LV/5-Fu2，直至疾病进展，另外一组的病人则采用相反的顺序。试验结果显示先用 FOLFIRI 的中位生存期为 21.5 月，另一组为 20.6 月，二线 PFS 先用 FOLFIRI 组为 14.2 月，相反组为 10.9 月，先用 FOLFIRI 组一线缓解率为 56%，二线缓解率为 15%，采用相反的顺序则一线缓解率为 54%，而二线缓解率只有 4%，以上差异均无统计学意义。在药物毒性方面，则显示出不同之处，先用 FOLFIRI 组 3～4 度黏膜炎、恶心/呕吐和 2 度脱发较多见，而在先用 FOLFIX6 组 3～4 度中性粒细胞减少和感觉神经异常多见。因此试验的结论为无论采用哪一种为先的顺序，最后总生存期是相似的，但是在毒性层面存在着不同，但都是可以接受的。在具体的临床实践中，以上二种化疗药物联合方案的用药顺序并无定论。初始治疗的选择可能取决于特定病人的具体情况。考虑到可能的神经毒性反应，对于已患有基础神经病变的病人，应选择以伊立替康为主的联合方案。而对于有基础肠道功能障碍的病人，特别是术后肠功能紊乱的病人，则应以奥沙利铂为主的联合方案更为安全。

考虑到奥沙利铂和 CPT-11 在治疗晚期大肠癌的可靠疗效，不少研究试图进行联合的方式以的到更好的疗效，以往已经有几项获得研究报告的效果并不令人满意，在 2005 年 ASCO 年会上，Schalhorn A 代表德国的一项多中心临床研究小组，报告了联合奥沙利铂和 CPT-11 的一线治疗大肠癌的效果[32]。该试验应用奥沙利铂和 CPT-11(IROX 方案)与 FOLFIRI 方案进行对照。具体的用法为 IROX(L-OHP 85 mg/m^2 第 1,15,29 天；CPT-11 80 mg/m^2、1/周 ×6)；FOLFIRI(5-FU2000 mg/m^2 24h 持续静脉滴注 + LV 500 mg/m^2 + CPT-11 80 mg/m^2、1/周 ×6)。一共入组了 488 例病人，到目前为止，可以进行疗效评价的病例 299 例。结果发现，不管在疗效方面还是在生存方面，二组几乎一致，联合应用奥沙利铂和 CPT-11，并不比 FOLFIRI 的方案更有优势。

耿丽等[33]观察希罗达联合奥沙利铂治疗转移性结直肠癌的疗效。希罗达 1 000 mg/ m^2，口服，2 次/ d，第 1～14 天；奥沙利铂 130 mg/ m^2 静脉滴注，第 1 天。每 3 周为 1 个周期，每例接受 2～5 个周期化疗。PR 10 例(55. 6 %)，其中初治 PR 7 例(70 %)，复治 PR 3 例(37. 5 %)；SD 5 例(27. 8 %)；PD 3 例(16. 7 %)。毒副反应主要为手足综合征(44. 4%)、腹泻(66. 7%)、恶心呕吐(72.2%)及骨髓抑制。3～4 度腹泻 3 例，对症处理后好转。作者认为该方案因投药方式方便，患者易于接受。

双跃荣等[34]研究卡培他滨联合奥沙利铂治疗晚期结直肠癌的近期疗效和毒副反应。希罗达1 250 mg/ m^2,口服,2 次/ d,第1 ~14 天 ;奥沙利铂130 mg/ m^2 静脉滴注,第1天。每3 周为1 个周期,至少接受2 周期化疗。CR 3 例(8.1 %),PR 16 例(43.2 %),SD 13 例(35.1 %) ,PD 5 例(13.5 %)。主要毒副反应为恶心呕吐、腹泻、血白细胞减少、手足综合征、末梢神经异常、口腔黏膜炎。作者认为卡培他滨联合奥沙利铂化疗晚期结直肠癌的疗效确切,并可提高患者的生活质量,毒副反应小,患者可以耐受。

五、西妥昔单抗

表皮生长因子受体是一种跨膜糖蛋白,涉及影响细胞生长、分化、增殖和程序化细胞死亡的信号传导通路。该受体存在于正常上皮的表面,并在某些肿瘤上过度表达。这种过度表达与结直肠癌的预后较差相关。通过直接作用于受体细胞外区或可溶性配基的抗体、受体所需二聚体化的抑制剂、阻止受体被细胞内酪氨酸激酶磷酸化的小分子,可以实现对该靶分子的抑制。西妥昔单抗(Erbitux,也称为 C-225)是一种抗受体细胞外结合区的单克隆抗体,最近已经成为美国这类抑制剂中第一种获准用于治疗转移性结直肠癌的药物。

临床前研究已经证实,在西妥昔单抗与化疗药物之间不仅存在治疗协同作用,而且这种协同作用可以发生于已经对伊立替康耐药的肿瘤细胞中,该研究结果表明,抑制剂可以克服肿瘤细胞对伊立替康的耐药性。照此,Saltz 和同事给 121 例其肿瘤在伊立替康治疗后无效的晚期结直肠癌病人中联合使用了西妥昔单抗和伊立替康;19% 的病人出现了有放射学客观证据的肿瘤缩小。为了确定这种抗肿瘤效果是否由两药之间的协同作用所致或由单独西妥昔单抗的活性所致,60 例相似病人接受了单纯抗体的治疗;其中 10% 的病人出现有放射学意义的肿瘤缩小[35]。

这些经验得到 Cunningham 和同事研究的证实和拓展,他们将 329 例对伊立替康耐药的晚期结直肠癌病人随机分组,分别接受西妥昔单抗加伊立替康或单纯西妥昔单抗治疗。这项更大规模的临床研究得出了几乎完全相同的结果,联合治疗组病人的肿瘤好转率为 23% ,而接受西妥昔单抗单药治疗者为 11% [36]。

西妥昔单抗的不良反应相当轻微,以痤疮样皮疹和皮肤干燥和皲裂最常见;过敏性输液反应不太常见(发生率为 3% ,死亡率 <1/1 000 例)。虽然大多数病人都发生一定程度的痤疮样皮疹,但罕见发生引起明显疼痛、瘙痒或感染后遗症的严重皮疹破溃。值得注意的是,皮疹的发生和严重程度与客观有效发生概率的提高相关,这种相关性的基础机制当前尚不清楚。

	Saltz 2001	Saltz 2002	Cunningham 2003	
	Ⅱ期	Ⅱ 期	Ⅱ 期(随机)	
	开普托 +西妥昔单抗	西妥昔单抗	开普托 +西妥昔单抗	西妥昔单抗
N	121	57	218	111
RR (%)	22.5	11	23 *	11
RR + SD (%)	46	35	56 *	32
中位 TTP (月)	–	-	4.1 *	1.5
中位 OS (月)	-	> 4	8.6	6.9

这些数据表明,西妥昔单抗对一部分晚期结直肠癌病人有效。Rubio ED 最近报道了 62 例联合西妥昔单抗和 FOLFOX4 化疗

方案一线治疗表达 EGFR 的晚期大肠癌病人,有效率 72%(包括 9% 的 CR 和 63% PR),另有 23% 稳定率,总体疾病控制率达到 95%。在毒性方面并没有明显增加。这项研究是 Cutsem EV 的继续,2004 年 ESMO 会议上他们报道了 43 例病人的研究结果总体疾病控制率为 98%。

但是,有许多研究发现,EGFR 表达的程度(EGFR 阳性的细胞比率或表达的强度)似乎与临床上的治疗疗效无直接关联。

	开普托 + 西妥昔单抗		西妥昔单抗	
指标	RR(%)	OS(月)	RR(%)	OS(月)
皮肤反应				
无	6.3	3.0	0	2.5
有	25.8	9.1	12.9	8.1
2 度以上	33.6	10.8	20.0	9.6
痤疮样皮疹				
无	16.7	5.8	7.4	5.3
有	24.7	8.9	11.9	7.5
2 度以上	30.9	10.8	17.4	9.4

	开普托 + 西妥昔单抗		西妥昔单抗	
	n/N	RR (%)	n/N	RR (%)
EGF-R + 细胞				
<10	25/109	22.9	4/56	7.1
10-20	4/20	20.0	5/16	31.3
20-35	6/27	22.2	0/7	0
>35	15/62	24.2	3/32	9.4
EGF-R 强度				
弱	11/53	20.8	1/21	4.8
中	22/89	24.7	7/55	12.7
强	17/75	22.7	4/34	11.8

这一情况提出了下列疑问:受体过度表达是否为西妥昔单抗治疗的一个先决条件?该药物是否与其他分子靶发生相互作用?

六、贝伐单抗

肿瘤诱导血管形成,使血管扩大超过数毫米,这种研究的发现激发人们尝试抑制这种类型的血管发生,以此作为控制癌细胞生长和播散的一种手段。迄今这方面的最成功尝试都集中在中和血管内皮生长因子上,该生长因子是一种在血管发生中起作用的可溶性蛋白。贝伐单抗(Avastin),一种直接作用于血管内皮生长因子的人化抗体,已经纳入晚期结直肠癌病人的多项临床研究中,接受了与化疗药物联合使用的检验。一项在以前未接受转移性结直肠癌治疗病人的小规模、随机、2 期临床研究显示,与单纯氟尿嘧啶和醛氢叶酸相比,贝伐单抗可提高肿瘤应答的可能性。这种尝试导致了 2 项同期进行的随机分组的 3 期研究的进行。

Hurwitz[37] 及其同事将 815 例病人随机分组接受 IFL 加贝伐单抗或 IFL 加安慰剂治疗。加用贝伐单抗使有效率出现令人难忘的具统计学意义的提高,以及总生存期中位数延长 4,7 个月(延长至 20.3 个月,而 IFL 加安慰剂组为 15.6 个月)。在一项纳入那些被视为不能耐受伊立替康病人的研究中,Kabbinavar[38] 等发现,在氟尿嘧啶和醛氢叶酸治疗的基础上加用贝伐单抗可提高有效率,并推迟肿瘤进展的发生时间,但不能显著延长生存期中位数。在这 2 项研究中,贝伐单抗治疗都与可逆性高血压和蛋白尿相关,都能被病人相对良好耐受。最近有人报告,在既往接受过伊立替康为主疗法治疗的晚期结直肠癌病人中,在 FOLFOX 基础上加用贝伐单抗,与单纯 FOLFOX 相比,前者的生存期中位数可出现一个具统计学意义的延长。

美国食品与药物管理局批准贝伐单抗联用任何含静脉使用氟尿嘧啶的化疗方案,作为晚期结直肠癌病人的初始治疗。虽然加用这一药物显然代表了该病治疗的一大进步，但尚需要更深入研究来确定临床应用范围。贝伐单抗似乎在单药使用时无效，在非静脉使用氟尿嘧啶治疗方案的基础上加用该药的疗效当前尚不清楚。目前也不清楚其活性是否主要通过抗血管发生机制而产生，或其作用是否通过改变肿瘤血管结构，从而增强化疗药物进入细胞内而发挥。

最近的一项Ⅲ期随机对照研究（ECOG-E3200）显示[39]，高剂量贝伐单抗（10mg/m²）联合 FOLFOX4 对于伊立替康/氟尿嘧啶治疗失败的结直肠癌病人可获得较好的疗效。Giantonio BJ. 等采用10mg/m²，1～2 周，单独应用或联合 FOLFOX4 化疗方案（L-OHP 85 mg/m²第 1 天、5-Fu 400 mg/m² 推注 + LV 200 mg/m² 继之以 5-Fu 600 mg/m²22 小时持续滴注 第1，2 天，每2 周重复），并与单独应用 FOLFOX4 化疗方案进行对照。一共入组 829 例病人，由于贝伐单药组的疗效不理想，于 2003 年 3 月被提前终止，另二组继续进行。结果发现，中位无进展生存时间联合组为 7.4 个月，FOLFOX4 组只有 5.5 个月（$P=0.0003$），这和 Tournigand-Trial 中二线治疗的 4.2 个月的 PSF 是一致的。而总体生存率，在联合组为 12.5 个月，FOLFOX4 组只有 10.7 个月（$P=0.0024$）。在毒副反应方面 FOLFOX4 组略有优势，但无统计学上的差异显著性。

除了在二线治疗方面的联合效果，贝伐单抗联合化疗在一线治疗晚期大肠癌效果同样显著提高。2005 年 ASCO 大会上 Hochster HS 报告了一项联合奥沙利铂方案的临床研究结果[40]。研究采用了三种化疗方案与贝伐单抗联合，FOLFOX（（L-OHP 85 mg/m² 第 1 天 + LV 350 mg，5-Fu 400 静脉推注然后持续静脉滴注 2 400 mg/m² 46h，二周一次）、bFOL（L-OHP 85 mg/m² 第 1，15 天 + LV 20 mg，5-Fu 500mg 静脉推注 $d_{1,8,15}$；每 4 周一次）和 CapOx（（L-OHP 130 mg/m² 第 1 天，卡培他滨 1 000 mg/m² 口服第 1-14 天，每三周一次）。贝伐单抗联合的剂量为 5mg/kg 二周一次，或 7.5 mg/kg 每三周一次。该试验虽然尚未到达中位无进展时间的统计时间点，但初步的结果已经显示出联合用药的优势，在任何一个联合化疗组，联合应用贝伐单抗均可在治疗疗效上有明显的改善。

七、未来发展方向

最近在氟尿嘧啶基础上加用细胞毒药物疗法的临床应用和分子靶药物的开发，使晚期结直肠癌的治疗取得了巨大进展。晚期结直肠癌病人的预期寿命中位数，在没有采用任何形式治疗的情况下为 6 个月内，在使用氟尿嘧啶单药治疗时或氟尿嘧啶加醛氢叶酸联合治疗时可延长至 10～12 个月，而在以氟尿嘧啶为主治疗基础上加用伊立替康或奥沙利铂时，生存期中位数可提高到 14～16 个月。如果在一种分子靶向治疗（例如贝伐单抗）的基础上联用一种细胞毒药物联合化疗方案，则生存期似乎可以进一步延长至 20 个月以上。数据表明，在这些联合治疗方案中，至少有一部分方案在手术后作为辅助治疗时，可以进一步提高治愈率。因此，分子靶向药物的涌现，推动了临床治疗水平的进步，延长了病人的生存，提高了病人的生活质量，如何更加有效地将分子靶向治疗和传统的细胞毒性化疗结合起来，将是未来几年的发展方向。

参考文献

1 de Gramont A, Bosset JF, Milan C, et al. Randomized trial comparing monthly low-dose leucovorin and fluorouracil bolus with bimonthly high-dose leucovorin and fluorouracil bolus plus continuous infusion for advanced colorectal cancer: A French intergroup study. J Clin Oncol, 1997; 15: 808～815

2 de Gramont A, Louvet C, André T, et al. A simplified bimonthly regimen with leucovorin and 5-fluorouracil for metastatic colorectal cancer. Proc Am Soc Clin Oncol,1997; 16: abstr 1019

3 Weh HJ, Wilke HJ, Dierlamm J, et al. Weekly therapy with folinic acid (FA) and high-dose 5-fluorouracil (5-Fu) 24-hour infusion in pretreated patients with metastatic colorectal carcinoma. A multicenter study by the Association of Medical Oncology of the German Cancer Society (AIO). Ann Oncol,1994;5(3): 233～237

4 Link K, Happich K, Schirner I, et al. Palliative second-line treatment with weekly high-dose 5-fluorouracil as 24-hour infusion and folinic acid (AIO) plus oxaliplatin after pre-treatment with the AIO-regimen in colorectal cancer (CRC). Anticancer Res,2004;24: 385～391

5 Van Cutsem E, Twelves C, Cassidy J, et al. Oral capecitabine compared with intravenous 5-fluorouracil plus leucovorin (Mayo Clinic regimen) in patients with metastatic colorectal cancer: results of a large phase Ⅲ study. J Clin Oncol,2001;19;4097～4106

6 Hoff PM, Ansari R, Batist G, et al. Comparison of oral capecitabine versus intravenous fluorouracil plus leucovorin as first-line treatment in 605 patients with metastatic colorectal cancer: results of a randomized phase Ⅲ study. J Clin Oncol,2001;19: 2282～2292

7 Goldberg RM, Sargent DJ, Morton RF, et al. A randomized controlled trial of fluorouracil plus leucovorin, irinotecan, and oxaliplatin combinations in patients with previously untreated metastatic colorectal cancer. J Clin Oncol, 2004;22: 23～30

8 Arkenau H, Schmoll H, Kubicka S et al. Infusional 5-fluorouracil/folinic acid plus oxaliplatin (FUFOX) versus capecitabine plus oxaliplatin (CAPOX) as first line treatment of metastatic colorectal cancer (MCRC): Results of the safety and efficacy analysis. Proc Am Soc Clin Oncol, 2004;23: abstr 3507

9 管忠震,刘冬耕,郁宝铭,等.希罗达一线治疗晚期或复发性结直肠癌. 中华肿瘤杂志,2004 ;26(2): 119～121

10 谢晓冬,郑振东,高雅苓,等.卡培他滨治疗老年晚期结直肠癌的临床探讨.中国肿瘤临床,2004;31(14): 817～819

11 Saltz LB, Cox JV, Blanke C et al. Irinotecan plus Fluorouracil and Leucovorin for Metastatic Colorectal Cancer. N Engl J Med,2000;343: 905～914

12 Douillard JY, Cunningham D, Roth AD, et al. Irinotecan combined with fluorouracil compared with fluorouracil alone as first-line treatment for metastatic colorectal cancer: A multicentre randomised trial. Lancet, 2000;355 : 1041～1047

13 Köhne CH, Cutsem VE. Wils JA et al. Irinotecan improves the activity of the AIO regimen in metastatic colorectal cancer: Results of EORTC GI Group study 40986. Proc Am Soc Clin Oncol,2004;23: abstr 1018

14 Chan Ray T, Au Gordon K, Kwok Carol C et al. Fornightly CPT-11 plus 5Fu and leucovorin as first-line therapy in Chinese patients with advanced colorectal cancer (ACRC): efficacy and toxicity data from CPT. HK1. 602, a prospective phase II study. Proc Am Soc Clin Oncol, 2002;21: abstr 2329

15 樊青霞,吴欣爱,王留兴,等. CPT-11 联合 5-Fu/FA 方案治疗局部晚期或转移性结直肠癌的临床研究. 癌症进展,2004;2: 478～481

16 吴欣爱,樊青霞,王瑞林,等. CPT-11 联合 5-Fu/FA 治疗复发转移性结直肠癌 18 例. 郑州大学学报(医学版),2004 ;39: 325～326

17 Zhang W, Zhao Z Y, Wu Q, et al. Multicenter phase II study of modified FOLFIRI in patients in a Chinese population with advanced colorectal cancer (CRC) refractory to fluoropyrimidine and oxaliplatin. Proc Am Soc Clin Oncol,2005; 24: abstr 3686

18 管忠震,孙晓非,冯奉仪,等.依立替康(Irinotecan, CPT-11)治疗晚期大肠癌临床研究. 癌症,1999;8: 686～690

19 李玉升,黄镜,张弘钢,等. CPT-11 联合 CF/5-Fu 方案治疗胃肠道癌的 I 期临床研究. 癌症进展,2004; 2: 99～101

20 雷妍玮,赵秀升. HCPT252Fu/ CF 持续滴注与 DDP 腹

腔灌注治疗复发大肠癌. 河南肿瘤学杂志,2004;17: 50～51

21 李志彪,陈文晟,马磊等. 以拓僖方案治疗晚期大肠癌的临床观察. 现代肿瘤医学,2004;12: 356～357

22 陈向阳,杜志强,吴兰,等. 醛氢叶酸加5-Fu 持续静脉滴注联合羟基喜树碱治疗大肠癌临床观察. 现代医院,2004;4: 55～56

23 宋立强,盖娟娟. 羟基喜树碱联合5-氟尿嘧啶及甲酰四氢叶酸钙治疗晚期大肠癌16 例临床观察. 山东医药,2004;44: 56～57

24 de Gramont A, Figer A, Seymour M, et al. Leucovorin and fluorouracil with or without oxaliplatin as first-line treatment in advanced colorectal cancer. J Clin Oncol, 2000;18: 2938～2947

25 Grothey A, Deschler B, Kroening H, et al. Phase Ⅲ study of bolus 5-fluorouracil (5-Fu)/folinic acid (FA) (Mayo) vs weekly high-dose 24h 5-Fu infusion/FA + oxaliplatin (OXA) (FOLFOX) in advanced colorectal cancer (ACRC). Proc Am Soc Clin Oncol,2002;21: abstr 512

26 Goldberg RM, Sargent DJ, Morton RF et al. A randomized controlled trial of fluorouracil plus leucovorin, irinotecan, and oxaliplatin combinations in patients with previously untreated metastatic colorectal cancer. J Clin Oncol,2004;22: 23～30

27 Pitot HC, Rowland KM, Sargent DJ, et al. N9841: A randomized phase Ⅲ equivalence trial of irinotecan (CPT-11) versus oxaliplatin/5-fluorouracil (5Fu)/leucovorin (FOLFOX4) in patients (pts) with advanced colorectal cancer (CRC) previously treated with 5Fu. Proc Am Soc Clin Oncol,2005; 24: abstr 3506

28 康昭洵,曾红学,郭守俊. 晚期结直肠癌时辰化疗与常规化疗临床比较分析. 中国肿瘤临床与康复,2004;1: 252～253

29 王远东,徐岗,周明. 全身热疗联合奥沙利铂方案治疗晚期结直肠癌. 中国肿瘤,2005;14: 65～67

30 孙清,赵伟,毛永杰,等. OLF 方案联合羟基喜树碱治疗30 例晚期大肠癌疗效观察. 中国肿瘤临床与康复,2004;11: 171～173

31 Tournigand C, Andre T, Achille E et al. FOLFIRI followed by FOLFOX6 or the reverse sequence in advanced colorectal cancer: a randomized GERCOR study. J Clin Oncol,2004;22: 229～237

32 Schalhorn A, Ludwig F, Quietzsch D et al. Phase Ⅲ Trial of Irinotecan Plus Oxalipatin (IROX) Versus Irinotecan Plus 5-Fu/Folinic Acid (FOLFIRI) as First-Line Treatment of Metastatic Colorectal Cancer (CRC): The FIRE-Trial. Proc Am Soc Clin Oncol,2005;24: abstr 3516

33 耿丽,樊青霞,张浩. 希罗达联合草酸铂治疗转移性结直肠癌18 例疗效观察. 郑州大学学报(医学版),2004;39: 705～706

34 双跃荣,黄兆明,万莉娟,等. 卡培他滨联合草酸铂治疗晚期结直肠癌36 例的临床研究. 肿瘤研究与临床,2004;16: 314～316

35 Saltz LB, Rubin M, Hochster H et al. Cetuximab (IMC-C225) Plus Irinotecan (CPT-11) is Active in CPT-11-Refractory Colorectal Cancer (CRC) that Expresses Epidermal Growth Factor Receptor (EGFR). Proc Am Soc Clin Oncol,2001;20: abstr7

36 Cunningham D, Humblet Y, Siena S et al. Cetuximab monotherapy and cetuximab plus irinotecan in irinotecan-refractory metastatic colorectal cancer. N Engl J Med, 2004 Jul 22;351(4): 337～45

37 Hurwitz H, Fehrenbacher L, Novotny W et al. Bevacizumab plus irinotecan, fluorouracil, and leucovorin for metastatic colorectal cancer. N Engl J Med,2004;350: 2335～2342

38 Kabbinavar F, Hurwitz HI, Fehrenbacher L et al. Phase II, randomized trial comparing bevacizumab plus fluorouracil (Fu)/leucovorin (LV) with FU/LV alone in patients with metastatic colorectal cancer. J Clin Oncol, 2003;21: 60～65

39 Giantonio BJ, Catalano PJ, Meropol NJ, et al. High-dose bevacizumab improves survival when combined with FOLFOX4 in previously treated advanced colorectal cancer: Results from the Eastern Cooperative Oncology Group (ECOG) study E3200. Proc Am Soc Clin Oncol,2005; 24: abstr2

40 Hochster HS, Welles L, Hart L, et al. Safety and efficacy of bevacizumab (Bev) when added to oxaliplatin/fluoropyrimidine (O/F) regimens as first-line treatment of metastatic colorectal cancer (mCRC): TREE 1 & 2 Studies. Proc Am Soc Clin Oncol,2005;24: abstr3515

非甾体类抗炎药物与大肠癌

徐　烨　蔡三军

复旦大学附属肿瘤医院　上海　200032

大肠癌是常见的恶性肿瘤，是欧美国家仅次于肺癌的第二大肿瘤死亡原因。在我国大肠癌的发病呈逐年上升的趋势，并已居常见肿瘤的第 2～4 位。上世纪 80 年代起一系列流行病学研究表明非甾体类抗炎药物有防治大肠肿瘤的作用，长期服用阿司匹林等非甾体类抗炎药物（Non-steriodal Anti-inflammatory Drugs，NSAIDs）的人群中大肠癌的危险度下降约 40%～50%，甚至胃癌（50%）、食管癌（50%）、乳房癌（43%）的危险度也有显著下降[2～4]。与此同时，Waddell 等人首先报道了 NSAIDs 药物舒林酸能显著减少 FAP 者大肠腺瘤发生，随后一系列对照研究进一步证实，舒林酸不仅能使 FAP 患者已有的大肠腺瘤在治疗后显著退缩，而且能预防新腺瘤的发生[1,5～7]。自此以后 NSAIDs 在大肠癌和大肠腺瘤，尤其家族性腺瘤病（FAP）腺瘤预防、治疗中的地位逐渐为人们所重视。

一、NSAIDs 药物防治肿瘤的机理

NSAID 类药物包括阿斯匹林、消炎痛、布洛芬、舒林酸以及近年来推出的 Coxib 类药物如考来昔布（Celecoxib）、罗非昔布（Rofecoxib）等，该类药物均有抑制环氧化酶活性，减少前列腺素合成的作用，能使体温中枢恢复正常调节，起到解热、镇痛、消炎的作用。临床上一般用于解热镇痛、治疗风湿性关节炎和类风湿性关节炎，亦用于防治动脉血栓形成、心肌梗死。NSAIDs 调控肿瘤生长的分子机理尚未完全阐明。大致可分为环氧化酶依赖途径和环氧化酶非依赖途径。

环氧化酶（cyclooxygenase，COX），又称前列腺素 H 合成酶（prostaglandin H synthase），是将花生四烯酸转换成前列腺素的关键酶，它以花生四烯酸作为底物催化生成各种前列腺素家族成员。环氧化酶有两个同工酶：环氧化酶-1（COX-1）和环氧化酶-2（COX-2），二者的差异在于他们在组织中的表达及其调控方式。COX-1 在许多正常细胞中持续表达，尤其在血小板、内皮细胞、胃肠道上皮细胞、肾脏微脉管系统、肾小球等，某些条件下 COX-1 表达可增加 2～4 倍；相反，除了肾脏、脑、骨和软骨外，COX-2 在多数正常组织中无表达，炎症或肿瘤时，由炎性物质和促有丝分裂因子如生长因子、细胞因子等诱导产生，其表达可增加 10～80 倍。COX-2 过度表达与肿瘤的增殖、侵袭和转移密切相关，某些癌基因或抑癌基因突变也可上调 COX-2 的表达[9～11]。在结直肠肿瘤中，80%～90% 的原发性结直肠癌和 50% 的结直肠腺瘤 COX-2 过度表达[12]。Eberhart

等报道COX-2在正常肠黏膜上皮中没有表达,在腺瘤样息肉中表达率为43%,在结直肠癌中达到86%,而COX-1的表达无改变[13]。Einspahr等报道108例散发性结直肠腺瘤中COX-2的表达水平和腺瘤部位、大小显著相关[14]。除结直肠肿瘤外,COX-2在胃癌、卵巢癌、宫颈癌、膀胱癌、前列腺癌和乳腺癌等肿瘤及其癌前病变中也均有过度表达,如在食管病变中,91%的Barrett食管组织、78%的食管腺癌和鳞癌、79%的Barrett肠化生COX-2过多表达[15~16]。90%的肺癌有COX-2过度表达,其中腺癌COX-2过度表达较鳞癌更常见[17]。鉴于上述发现,选择性抑制COX-2成为防治肿瘤,尤其是治疗大肠腺瘤、预防大肠腺瘤癌变和治疗大肠癌的新方向。

然而,NSAID抑制肿瘤生长、诱导凋亡的能力并不与抑制前列腺素合成能力呈正相关。如砜基舒林酸对前列腺素合成抑制能力比硫化舒林酸低5 000倍,但其抑制生长和诱导凋亡的能力仅比硫化舒林酸低3~5倍[18]。在肿瘤细胞中加入前列腺素并不能预防舒林酸诱发的生长抑制和凋亡[19]。因此存在抑制前列腺素合成以外的作用途径。目前所知,除了在酶水平上抑制环氧化酶-2(cyclooxygenase-2, COX-2)外,其他可能的分子机理包括以下几个方面:

1. 抑制血管生成　当实体肿瘤直径超过2~3mm或发生种植转移时,必须通过诱导新生血管的形成以保证生长所需的血液供给。1997年Seed等人首先观察到非选择性COX抑制剂扶他林能够通过阻断新生血管形成而抑制种植在裸鼠体内的COX-2表达阳性结肠癌细胞的生长[20]。为了解COX-2与血管形成的关系,Tsujii等人将结肠癌细胞与血管内皮细胞混合培养,进一步证实COX-2通过直接和间接的途径促进血管形成。首先COX-2高表达导致前列腺素生成增加,而前列腺素本身对于血管形成具有促进作用;其次,COX-2高表达刺激细胞产生血管生成相关的因子,促使细胞大量分泌VEGF、PDGF、bFGF和TGF-β等,通过这些介质及其在内皮细胞上的受体,增加血管通透性、诱导内皮细胞增殖和迁移[21]。实验证实,应用COX-2特异性抑制剂NS398和非特异性抑制剂Aspirin可以阻断上述血管形成的通路[22]。

一些研究发现,COX抑制剂对不表达COX-2的肿瘤仍具有抑制其血管形成的作用;而且非选择性COX-2抑制剂比选择性COX-2抑制剂更有效地抑制肿瘤血管形成[21,23]。Van Straaten等发现,用反义寡核甘酸封闭COX-1基因,能降低与结肠癌细胞混合培养的内皮细胞形成管状结构的能力,提示COX酶对于维持内皮细胞的迁移和粘附至关重要[23]。

2. 诱导细胞调亡　1995年,Tsujii和DuBois发现持续表达COX-2的鼠肠上皮细胞株能通过提高抗凋亡因子BCL-2和TGF-β的表达抵抗丁酸盐诱导的细胞凋亡;非选择性COX抑制剂舒林酸能够逆转这一现象所,从而诱导细胞凋亡[24]。以后更多的体外实验和动物实验证实,COX-2具有促进细胞在不良的环境下生长的能力。一些研究还发现,COX-1高表达或仅在培养液中加入PGE_2能增强细胞抵抗凋亡的能力,提示前列腺素本身可能与细胞抵抗凋亡有关[25,26]。

除此以外,越来越多的研究发现选择性和非选择性COX-2抑制剂本身可能具有诱导凋亡的作用。Song等人报道,缺乏COX-1

和 COX-2 编码基因的细胞仍能被选择性 COX-2 抑制剂 Celecoxib 诱导凋亡;而且发现,一种 Celecoxib 的衍生物虽然本身对 COX-2 已无抑制作用,但仍能在同样的浓度下诱导细胞的调亡[27]。

3. 其他可能的机理　包括影响细胞周期调控,延迟细胞进入合成和分裂期,造成细胞周期停顿;通过调控基质金属蛋白酶(MMP)的表达量和酶活性而拮抗肿瘤细胞侵袭转移;提高肿瘤组织中 IL-12 和 γ 干扰素浓度,激发有效的抗肿瘤免疫;降低 IL-10 浓度,减少肿瘤介导的细胞免疫抑制,起到抗肿瘤瘤免疫调节的作用等[8]。

二、NSAIDs 药物与肿瘤防治

NSAIDs 与家族性腺瘤病(FAP)　1983 年,Waddell 等人率先报道了舒林酸能减少 FAP 者大肠腺瘤发生。以后的一系列对照研究进一步证实,舒林酸不仅能使 FAP 患者已有的大肠腺瘤在治疗后 2～12 个月内显著退缩,而且能预防新腺瘤的发生。Winde 等人用舒林酸栓剂治疗一组 28 个 FAP 患者,显效后以低剂量维持。所有病人在 6 个月内腺瘤显著减少,平均随访 48 个月,86% 的病人达到并保持腺瘤完全消退[6,7]。一项随机双盲对照研究发现,服用舒林酸 9 个月后, FAP 患者腺瘤的数目和大小显著减少,停药 3 个月后患者腺瘤数目和大小仍低于用药前[28]。然而,舒林酸虽然对 FAP 大肠腺瘤十分有效,但对 FAP 患者常伴有的上消化道腺瘤无明显疗效[7～9]。因此舒林酸主要用于 FAP 患者行结肠次全切除术后直肠腺瘤复发和 FAP 患者大肠腺瘤的治疗。

舒林酸治疗有效并不意味着治愈,一旦停药多数肿瘤将复发,因此需要给予维持治疗。但舒林酸等传统的 NSAIDs 药物对消化道正常细胞中持续表达的 COX-1 也有抑制作用,故长期服用副作用较多,主要为消化道不适、胃十二指肠溃疡及其并发症如穿孔、出血等。新一代 NSAIDs 药物 coxib 类药物能选择性抑制 COX-2,因此胃肠道副作用小,病人耐受性较好。1999 年 12 月,美国 FDA 已批准将一种 coxib 类药物 Celecoxib 用于 FAP。经 6 个月 Celecoxib 治疗后,患者结直肠腺瘤数目明显减少[29]。但是,Celecoxib 价格较昂贵,国内患者常难以承受,因此,舒林酸仍为不错的选择。复旦大学肿瘤医院蔡三军教授曾用舒林酸治疗 7 例 FAP 患者,3 例腺瘤完全消退、2 例明显减少、2 例症状改善,没有患者因副作用而退出治疗。

NSAIDs 与结直肠癌　动物实验和一些 I/II 期临床试验发现 NSAID 摄取与肿瘤转移呈负相关。Fenwick 报道,在一项 COX-2 特异性抑制剂 Rofecoxib 用于结直肠癌肝转移患者术前治疗(2 周)的随机双盲对照临床试验中,治疗组肝转移标本微血管密度较对照组低 25%[30]。Yao 等人利用小鼠模型证实在相当于成人治疗关节炎的剂量下,Rofecoxib(罗非昔布)单药及协同标准大肠癌化疗药物 5-Fu 和 CPT-11 可明显抑制大肠肿瘤的生长和肝转移结节形成,Rofecoxib 与 CPT-11 联合用药可使肿瘤负荷下降为对照的 90%,部分出现原发肿瘤消失,并肉眼检测不到肝转移结节[8]。

结直肠癌常用的化疗药 CPT-11 诱导的腹泻一直令临床医生头痛的问题,一些研究发现腹泻的原因在于 CPT-11 无活性的代谢产物 SN38-G 经肠道菌群转化后成为能对肠黏膜直接造成损害的 SN38,而 COX-2 抑制剂可减轻 SN38 对肠黏膜的损害。因此

Celecoxib 与 CPT-11 合用能减轻化疗引起的副作用[31]。一项 Celecoxib 联合 CPT-11 +5-Fu + CF 治疗原发灶不能切除或肝转移的结直肠癌患者的 II 期临床试验显示,部分反应率为 28%,56% 的患者疾病无进展;而且 3 ~4 度中性粒细胞减少发生率(27%)较单用该化疗方案(54%)明显减少。显示 Celecoxib 不仅能增加疗效而且能减少化疗副作用的发生[32]。

NSAIDs 与其他肿瘤 由于 COX-2 过度表达在食管癌、肺癌、胃癌等许多肿瘤中常见,NSAIDs 在上述肿瘤治疗中的应用愈来愈受到重视。体外实验、动物模型研究及一些临床试验已显示出 NSAIDs 令人振奋的应用前景。

Tanaka 报道,用低剂量 Rofecoxib 辅助治疗减负荷手术后的鼠非小细胞肺癌,治疗组小鼠术后复发明显减少[33]。Lipton 报道用健择 + CPT-11 + Celecoxib 联合治疗无法手术的胰腺癌,患者疼痛减轻、一般情况改善、CA199 和 CEA 水平降低[34]。一项 CPT-11 与 Celecoxib 合用治疗复发性恶性胶质瘤的临床 II 期试验显示,患者对 CPT-11 与 Celecoxib 合用耐受性好,16% 患者病灶缩小,35% 患者疾病无进展,平均疾病无进展中位时间为 11 周,中位生存时间为 31.5 周[35]。在一项可切除的食道癌术前放化疗 + Celecoxib 的临床 II 期试验中,22% 的患者肿瘤完全消退,而患者毒副作用的发生率没有增加[36]。而美国 MD Anderson 肿瘤中心最近报道的一项以 Celecoxib + 放疗治疗局部晚期伴肺部并发症、或已接受过诱导化疗但不适合同时放化疗、或不能手术切除的非小细胞肺癌的临床 I 期试验显示,治疗的主要毒副作用为 1 ~2 度的呕吐和食道炎,且毒副作用发生与 Celecoxib 剂量、放疗计划无关;患者 1 年无进展生存为 66%,2 年无进展生存为 42.2%,而以往的研究显示该类患者单独放疗的 2 年生存率仅有 13%,可见 Celecoxib + 放疗治疗食道癌不仅安全,而且疗效较好。进一步的临床 II/ Ⅲ 期试验正在筹划之中[37]。

三、展望

目前多数临床研究中 NSAIDs 的使用剂量是参照 COX-2 抑制剂治疗炎症时的剂量而设计的,其血浆浓度一般为 0.5 ~5μmol/L,但是体外试验表明,COX-2 抑制剂的最佳肿瘤治疗浓度为 35μmol/L,二者差距甚远[38 ~40]。如何调整药物浓度,从而在人体中达到最佳的肿瘤治疗效果浓度将是今后研究的重要内容。

不同的 NSAIDs 药物在肿瘤治疗中的作用强度、涉及的机理有所不同;同时,NSAIDs 药物还具有不依赖于 COX-2 途径的抗肿瘤作用,未来更多的、更深入的研究将为我们进一步明晰 COX 抑制剂的作用机理,为合理用药提供依据。

近来的一些研究认为 COX-2 抑制剂可能存在心血管系统副作用。Mukherjee 等比较了 VIGOR、CLASS 试验中 COX-2 抑制剂组与后分析中的安慰剂组间的心肌梗死年发生率,发现 COX-2 抑制剂组患者心肌梗死发生率明显较高:Rofecoxib 组 0.74%(与安慰剂组相比 $P=0.04$),Celecoxib 组 0.8%($P=0.02$),安慰剂组 0.52%。此外,他们回顾了 FDA 药物副作用反馈系统的相关资料:血栓或栓塞疾患中 99 例与 Rofecoxib 相关,102 例与 Celecoxib 相关;但一些专家对这些研究的准确性有疑义。因此,COX-2 抑制剂的危险程度尚需进一步的前瞻性试验进行评价。

参考文献

1 Kune GA, et al. Colorectal cancer risk, chronic illnesses, operation and medications: case control from the Melbourne colorectal cancer study. Cancer Res, 1988; 48: 4399 ~ 4004

2 Gann PH, et al. Low-dose aspirin and incidence of colorectal tumors in a radomized trial. J Natl Cancer Inst, 1993; 85: 1220 ~ 1224

3 Gridley G, et al. Incidence of cancer among patients with rheumatoid arthritis. J Nat Cancer Inst, 1993; 85: 307 ~ 310

4 Farrow DC, Vaughan TL, Hansten PD, et al. Use of aspirin and other nonsteroidal anti-inflammatory drugs and risk of esophageal and gastric cancer. Cancer Epidemiol Biomarkers Prev, 1998; 7: 97 ~ 102

5 Hirota C, et al. Effect of indomethacin suppositories on rectal polyposis in patients with familial adenomatous polyposis. Caner, 1996; 78(8): 1660 ~ 1665

6 Winde G, Schmid kw, Muller O, et al Chemoprevention of colorectal adenomas in familial adenomatous polyposis with low-dose sulindac: Clinical outcome, influence on oncogenes and growth factors: interim results of a five-year study course. Familial Cancer and Prevention, 1999

7 Hallak A, Alon-Baron L, Shamir R, et al. Rofecoxib reduces polyp recurrence in familial polyposis. Dig Dis Sci, 2003; 48(10): 1998 ~ 2002

8 Yao M, Kargman S, Lam EC, et al. Inhibition of cyclooxygenase-2 by rofecoxib attenuates the growth and metastatic potential of colorectal carcinoma in mice. Cancer Res, 2003; 63(3): 586 ~ 92

9 Smith WL, DeWitt DL, Garavito RM. Cyclooxygenases: structural, cellular, and molecular biology. Annu Rev Biochem, 2000; 69: 145 ~ 82

10 Smith WL, Garavito RM, DeWitt DL. Prostaglandin endoperoxide H synthases (cyclooxygenases)-1 and -2. J Biol Chem, 1996; 271: 33157 ~ 60.

11 Fosslien E. Molecular pathology of cyclooxygenase-2 in neoplasia. Ann Clin Lab Sci, 2000; 30: 3 ~ 21

12 Koki AT, Leahy KM, Masferrer JL. Potential utility of COX-2 inhibitors in chemoprevention and chemotherapy. Expert Opin Investig Drugs, 1999; 8: 1623 ~ 38

13 Eberhart CE, Coffey RJ, Radhika A, et al. Up-regulation of cyclooxygenase 2 gene expression in human colorectal adenomas and adenocarcinomas. Gastroenterology, 1994; 107(4): 1183 ~ 8

14 Einspahr JG, Krouse RS, Yochim JM, et al. Association between Cyclooxygenase expression and colorectal adenoma characteristics. Cancer Res, 2003; 15; 63(14): 3891 ~ 3

15 Zimmermann KC, Sarbia M, Weber AA, et al. Cyclooxygenase-2 expression in human esophageal carcinoma. Cancer Res, 1999; 59: 198 ~ 204

16 Aggarwal S, Taneja N, Lin L, et al. Indomethacin-induced apoptosis in esophageal adenocarcinoma cells involves upregulation of Bax and translocation of mitochondrial cytochrome C independent of COX-2 expression. Neoplasia, 2000; 2: 346 ~ 56

17 Masferrer JL, Leahy KM, Koki AT, et al. Antiangiogenic and antitumor activities of cyclooxygenase-2 inhibitors. Cancer Res, 2000; 60: 1306 ~ 11

18 Ahnen DJ, et al. Colon cancer prevention by NSAIDs: what is the mechanism of action? Eur J Surg, 1998; Suppl 582: 111 ~ 114

19 Piazza GA, et al. Apoptosis fully accounts for the growth inhibitory properties of sulinduc metabolites by a mechanism independent of cyclooxygenase inhibition, cell cycle arrest or p53 mediation. Cancer Res, 1997; 57: 2452 ~ 2459

20 MP Seed, JR Brown, CN Freemantle, et al. The inhibition of colon-26 adenocarcinoma development and angiogenesis by topical diclofenac in 2.5% hyaluronan, Cancer Res, 1997; 57: 1625 ~ 1629

21 Tsujii M, Kawano S, Tsuji S, et al. Cyclooxygenase regulates angiogenesis induced by colon cancer cells. Cell, 1998; 93(5): 705 ~ 16

22 Takahashi Y, Kawahara F, Noguchi M, et al. Activation of matrix metalloproteinase-2 in human breast cancer cells overexpressing cyclooxygenase-1 or -2. FEBS Lett, 1999; 460(1): 145 ~ 8

23 Dormond O, Foletti A, Paroz C, et al. NSAIDs inhibit alpha V beta 3 integrin-mediated and Cdc42/Rac-dependent endothelial-cell spreading, migration and angiogenesis. Nat Med, 2001; 7(9): 1041 ~ 7

24 Tsujii M, DuBois RN. Alterations in cellular adhesion and apoptosis in epithelial cells overexpressing prostaglandin endoperoxide synthase 2. Cell, 1995; 83(3): 493 ~ 501

25 Sheng H, Shao J, Morrow JD, et al. Modulation of apoptosis and Bcl-2 expression by prostaglandin E_2 in human colon cancer cells. Cancer Res, 1998; 58(2): 362 ~ 6

26 Narko K, Ristimaki A, MacPhee M, et al. Tumorigenic transformation of immortalized ECV endothelial cells by cyclooxygenase-1 overexpression. J Biol Chem, 1997; 272(34): 21455 ~ 60

27 Song X, Lin HP, Johnson AJ, et al. Cyclooxygenase-2, player or spectator in cyclooxygenase-2 inhibitor-induced apoptosis in prostate cancer cells. J Natl Cancer Inst, 2002; 94(8): 585 ~ 91

28 Giardiello FM, Hamilton SR, Krush AJ, et al. Treatment of colonic and rectal adenomas with sulindac in familial adenomatous polyposis. N Engl J Med, 1993; 328: 1313 ~ 16

29 Steinbach G, Lynch PM, Phillips RK, et al. The effect of celecoxib, a cyclooxygenase-2 inhibitor, in familial adenomatous polyposis. N Engl J Med, 2000; 342: 1946 ~ 52

30 Fenwick SW, Toogood GJ, Lodge JP, et al. The effect of the selective cyclooxygenase-2 inhibitor rofecoxib on human colorectal cancer liver metastases. Gastroenterology, 2003; 125(3): 716 ~ 29

31 Alimonti A, Gelibter A, Pavese I, et al. New approaches to prevent intestinal toxicity of irinotecan-based regimens. Cancer Treat Rev, 2004; 30(6): 555 ~ 62

32 Blanke C, Benson A Ⅲ, Dragovich T. A phase Ⅱ trial of celecoxib (CX), irinotecan (I), 5-fluorouracil (5Fu), and leucovorin (LCV) in patients (pts) with unresectable or metastatic colorectal cancer (CRC) [abstr]. Presented at the 38th annual meeting of the American Society of Clinical Oncology, Orlando, 2002; 18 ~ 21

33 Tanaka T, Delong PA, Amin K, et al. Treatment of lung cancer using clinically relevant oral doses of the cyclooxygenase-2 inhibitor rofecoxib: potential value as adjuvant therapy after surgery. Ann Surg, 2005; 241(1): 168 ~ 78

34 Lipton A, Harvey H, Witters L, et al. Gemcitabine/Irinotecan/celecoxib in pancreatic cancer. Oncology (Huntingt), 2004; 18(14 Suppl 14): 43 ~ 5

35 Reardon DA, Quinn JA, Vredenburgh J, et al. Phase Ⅱ trial of irinotecan plus celecoxib in adults with recurrent malignant glioma. Cancer, 2005; 103(2): 329 ~ 38

36 Govindan R, McLeod H, Mantravadi P, et al. Cisplatin, fluorouracil, celecoxib, and RT in resectable esophageal cancer: preliminary results. Oncology (Huntingt), 2004; 18(14 Suppl 14): 18 ~ 21

37 Liao Z, Komaki R, Milas L, et al. A phase I clinical trial of thoracic radiotherapy and concurrent celecoxib for patients with unfavorable performance status inoperable/unresectable non-small cell lung cancer. Clin Cancer Res, 2005; 11(9): 3342 ~ 8

38 Hawk ET, Viner JL, Dannenberg A, et al. COX-2 in cancer: a player that's defining the rules. J Natl Cancer Inst, 2002; 94: 545 ~ 6

39 Song X, Lin HP, Johnson AJ, et al. Cyclooxygenase-2, player or spectator in cyclooxygenase-2 inhibitor-induced apoptosis in prostate cancer cells. J Natl Cancer Inst, 2002; 94: 585 ~ 91

40 Waskewich C, Blumenthal RD, Li H Stein R, et al. Celecoxib exhibits the greatest potency amongst cyclooxygenase (COX) inhibitors for growth inhibition of COX-2-negative hematopoietic and epithelial cell lines. Cancer Res, 2002; 62: 2029 ~ 33

血栓与癌症—第 11 届国际血栓栓塞会议

第 11 届国际血栓栓塞会议于 2004 年 9 月 10 ~ 11 日在西班牙巴塞罗纳召开，本届会议的主题是血栓与癌症。会议总结了抗血栓治疗的发展过程和最新的研究进展，并提出了今后的研究方向。特别是在肿瘤领域的研究成果令人瞩目，其中最重要的部分是阐述了低分子肝素在治疗和预防癌症血栓形成方面的临床观察和基础研究，提出低分子肝素延长癌症患者生存期除了直接的抗血栓作用外，可能对肿瘤细胞还有直接的生物学效应。这无疑是肿瘤治疗的新突破。

腹腔镜结直肠手术

2004年回顾

郑成竹　刘洪涛

第二军医大学长海医院　上海　200433

本年度共收集论文78篇,纳入回顾36篇,占46%。

一、基础研究

张楷等[1]总结应用超声刀实施腹部外科57例腹腔镜手术的经验。其中阑尾切除术13例,肠粘连松解术6例,Dixon术8例,Miles术10例,直肠部分切除2例,左半结肠切除3例,右半结肠切除1例,LS 12例,LC 2例。结果发现:手术时间45~180min,平均出血量<100ml,术后恢复良好。直、结肠癌患者随访2~44个月,无局部复发或转移。从而认为超声刀的应用有助于腹腔镜手术的实施。

徐小群等[2]通过随机地选取同期手术的腹腔镜辅助下巨结肠根治术和传统剖腹手术巨结肠根治术婴儿各15例,比较腹腔镜和剖腹行巨结肠根治术后二组婴儿在临床各方面的特点。分别于手术前后测定免疫功能,观察术后肠功能恢复情况,术后随访情况逐一比较。结果:术后肠功能恢复腹腔镜组较手术组早2~3天。手术组术后CD_3、CD_4较术前明显下降,CD_4/CD_8比值较术前降低,补体C_3值显著升高。腹腔镜组CD_3、CD_4及G补体均较术前无明显变化。术后随访两组患儿排便功能无明显的差异,但腹腔镜组腹部瘢痕明显美观。提示:腹腔镜巨结肠根治术对患儿免疫干扰小,肠功能恢复早,美观,远期排便功能两组无差异。

冯继峰[3]通过对腹腔镜下婴幼儿巨结肠根治术采用气管内插管全麻(Ⅰ组)、气管内插管全麻复合连续硬膜外麻醉(Ⅱ组)进行对比观察,探讨两种不同的麻醉方法对婴幼儿的影响。监测心率(HR)、平均动脉压(MAP)、经皮血氧饱和度(SpO_2)和呼气末二氧化碳分压(Pet-CO_2),记录术中所用麻醉药的量、术毕至拔除气管导管所用的时间。结果:MAP和Pet-CO_2的变化:两组在气腹后均较气腹前明显升高,Ⅱ组与Ⅰ组相比MAP的变化小、术中所用麻醉药量少、术毕苏醒快。结论:采用气管内插管全麻复合连续硬膜外麻醉能减轻CO_2气腹对循环的影响,且苏醒快。

蔡景理等[4]比较腹腔镜结直肠癌手术和开腹结直肠癌手术对结直肠癌肿瘤细胞的播散种植的影响。收集2001~2003年腹腔镜结直肠癌手术36例和开腹结直肠癌手术45例,收集两组手术术前、术后腹腔冲洗液100ml,在腹腔镜组术后用100ml生理盐水冲洗腹腔镜手术特有器械,在腹腔镜组,气腹后通过套管针侧孔引出CO_2气体,经过100ml生理盐水的滤过后,收集过滤液,所有液体经离心后，涂片固定染色，观察肿瘤细胞。结果：腹腔镜气腹 CO_2 气体滤过液中未观察到肿瘤细胞，腹腔镜器械冲洗液发现1例阳性，阳性率为2.8%。两组术前腹腔冲洗液中肿瘤细胞的阳性率均为33.3%，术后肿瘤细胞阳性率分别为8.3%和11.1%。在两种手术方式中无明显差别。结论：CO_2 气腹不会引起肿瘤细胞的播散。腹腔镜术中器械污染是引起切口转移的主要原因之一。腹腔镜手术不增加肿瘤细胞播散种植的机会。

胡建昆等[5]比较经腹腔镜和开腹行直肠癌全直肠系膜切除保留肛门手术对患者免疫功能的影响。方法将37例行直肠癌全直肠系膜切除保肛术患者分为开腹组（n = 21）和腹腔镜组（n = 16），于术前1天、术后第1天、术后第5天检测血清IL-2、IL-6、TNF值。术前1天和术后第5天检测全血 CD_3、CD_{56} T细胞和 CD_3、CD_{56} NK细胞的百分比，血清免疫球蛋白IgG，IgM，IgA值。IL-2，IL-6，TNF值的检测用酶联免疫吸附法（ELISA），Ig的测定用免疫散射比浊法，CD_3、CD_{56} T细胞和 CD_3、CD_{56} NK细胞用流式细胞仪进行检测。结果两组手术对 CD_3、CD_{56} T细胞，CD_3、CD_{56} NK细胞，IL-2，IL-6，TNF和免疫球蛋白的影响差异无显著性意义（$P > 0.05$）。结论：腹腔镜和开腹直肠癌全直肠系膜切除术对患者免疫功能的影响差异无显著性意义。

二、临床研究

（一）良性结直肠疾病的腔镜治疗

李际辉等[16]回顾了2001年9月至2003年6月间对4例顽固性便秘患者进行了手术治疗，3例为经腹腔镜直肠悬吊加经阴道直肠前突修补术，1例为经腹腔镜次全结肠切除术，取得了满意的疗效。张连阳等[7]评价经腹腔镜行次/全结肠切除术的安全性和可行性方法：回顾性分析该院经腹腔镜手术治疗的4例结肠慢传输性便秘病例，均为女性，平均50.4岁，均行结肠传输试验证实全胃肠道传输时间在4天以上，均行排粪造影检查，3例合并直肠内脱垂，1例合并盆底痉挛综合征。结果：4例均完成腹腔镜次全或全结肠切除术，3例回肠直肠吻合器吻合，1例经下腹正中6cm切口行回肠乙状结肠手法吻合。手术时间平均323min，术中出血量平均138ml，以肛门排气为标志术后肠道功能，平均3天恢复，术后平均住院10.2天。1例出现左侧胸腔血性积液。术后1~16月随访，平均排便2.5次/日。结论：腹腔镜次/全结肠切除术治疗结肠慢传输性便秘是安全、有效的方法，美容效果好，但手术时间长。张连阳等[8]另外还回顾性、对比分析2000年10月至2004年1月该院手术治疗的23例结肠慢传输性便秘患者，分为传统开腹手术（开放组，12例）和经腹腔镜手术（腹腔镜组，11例）两组，比较两组病人的临床表现、结肠传输试验、排粪造影、手术时间、术中出血量、术后肛门排气时间、术后平均住院日和术后早期并发症。评价了经腹腔镜行全结肠切除术的安全性和可行性。结果：23例均行结肠全切除术，开放组中附加直肠功能性悬吊和子宫前倾位固定7例，附加直肠功能性悬吊、子宫前倾位固定和直肠前突修补2例；腹腔镜组11例：全腹腔镜手术3例、手助腹腔镜手术8例，附加直肠功能性悬吊和子宫前倾位固定2例，开放组手术时间明显短于腹腔镜组（3.78 h比4.79 h），两组的术中出血（158.6ml比107.1ml）、术后肛门排气时间（3.71天比2.86天）和术后平均住院天数（10.14天比14

天)无明显差别,开腹组1例发生切口裂开。腹腔镜组1例发生左侧胸腔血性积液。术后1~16月随访,平均排便2.45次/日。结论:开腹或腹腔镜全结肠切除术均安全、有效,腹腔镜手术外观好,切口并发症少,但手术时间长。

李新宁等[9]通过对37例先天性巨结肠症患儿在腹腔镜下行改良Soave巨结肠根治术,术后随访观察4~28月;探讨小儿腹腔镜应用于巨结肠根治术的临床效果。结果:本组腹腔镜腹内操作时间为45~85min,平均65min;出现7例手术并发症,其中术中腹腔出血1例,部分结肠回缩1例,小肠结肠炎3例,肛周湿疹2例;术后1~3天恢复饮食,平均术后7天出院,术后10~14天开始扩肛,平均扩肛时间6~8周。结论:该术式手术创伤轻、手术疤痕小、术后恢复快,可有效预防结肠回缩或吻合口漏的发生。姚干等[10]介绍了他们行腹腔镜辅助下改良Swenson术治疗先天性巨结肠的经验。他们从1999年10月起,应用腹腔镜为42例先天性巨结肠作改良Swenson术。所有病例均在全麻下,运用超声刀游离腹腔内病变结肠,结合拖出式直肠肛管背侧纵切,心形斜吻合术。结果:全部患者均经腹腔镜辅助成功完成手术,平均手术时间190min(20~310min),术后平均住院8天(7~9天)。随访3~48个月。无严重并发症。排便基本正常。结论:腹腔镜辅助下改良Swenson治疗先天性巨结肠具有伤口小、痛苦小、恢复快,减少术后腹腔内粘连。安全可靠,值得推广。

李龙等[11]探讨了腹腔镜辅助下对高位肛门闭锁患儿行Ⅰ期肛门成形术的价值。结果:10例患儿均在腹腔镜辅助下Ⅰ期完成肛门成形术,腹腔镜手术操作时间平均67.8min(45~90min),出血量平均8.3ml(5~20ml),无需输血。未出现明显的术中并发症,所有患儿术后恢复顺利,于术后11天去除尿管和膀胱造瘘管,无尿道瘘、憩室发生,1例乙状结肠造瘘手术后的患儿发生腹部切口感染。术后随访3至26个月,1例患儿手术后1个月出现肛门狭窄,于术后3个月行狭窄段切除术治愈。另外9例无并发症发生,目前患儿排便控制功能良好。结论:腹腔镜辅助肛门成形术是治疗高位肛门闭锁有效方法,有手术打击小、处理直肠泌尿系瘘方便、辨认盆底肌中心准确、对肌肉损伤小等优点,免除患儿分期手术之苦。

(二)结直肠恶性肿瘤的腹腔镜手术

丁卫星等[12]通过对1999年8月至2003年8月施行腹腔镜辅助右半结肠切除术的35例患者的临床资料和随访情况进行回顾性分析,探讨了腹腔镜外科技术在右半结肠切除手术中的应用。结果:33例在腹腔镜下完成右半结肠分离,辅助小切口,于腹腔外行肠系膜上动静脉周围淋巴清扫、右半结肠切除和吻合。无手术死亡,中转开腹2例,中转率5.7%(2/35)。平均手术时间181min。平均出血量94ml,辅助切口平均长5cm,平均术后住院9天,术后早期肠梗阻1例。33例患者术后随访1~48个月,1例Dukes C 2期中分化腺癌患者,术后4个月发现双肺及左锁骨上淋巴结转移。全组患者的Trocar穿刺孔及腹壁切口无肿瘤种植转移。从而认为:腹腔镜辅助右半结肠切除术是安全可行的,适合于各期的回盲部和升结肠肿瘤。只要手术医师遵守肿瘤处理原则、熟练掌握腹腔镜技术。就能顺利地完成此类手术。

冯波等[13]通过对3例家族性肿瘤性息肉病(FAP)伴癌变病例施行腹腔镜辅助全

结直肠切除手术，总结手术经验，观察手术安全性、术后恢复情况以及短期随访结果，与同期开腹全结肠切除手术8例相应对比；来探讨腹腔镜辅助全结直肠切除手术在FAP伴癌变中的安全性、可行性。结果：腹腔镜组3例均顺利施行腹腔镜辅助全结肠、直肠切除术，无中转开腹手术病例，平均手术时间243.33(200～310)min，显著长于开腹组($P=0.028$)。平均术中出血量146.66(90～200)ml，肛门排气时间为术后1.33天，住院时间14天，略短于开腹组，尚未达统计学差异；平均手术切口长度腹腔镜组为4.33 cm，显著短于开腹组19.38cm($P<0.01$)。腹腔镜组3例术后无严重并发症，术后均证实为FAP伴癌变，随访时间分别为25、15、10个月，无肿瘤局部复发与远处转移。结论：由具丰富腹腔镜外科经验的医师施行腹腔镜辅助全结直肠切除术治疗FAP安全、可行、有效，但需要进一步的手术病例积累及随机对照研究。

杜燕夫等[14]探讨了纤维结肠镜在腹腔镜辅助下结直肠手术中的应用价值。选自1999年11月以来共行腹腔镜辅助下结直肠手术78例，其中15例腹腔镜结直肠手术应用纤维结肠镜辅助定位完成。结果：4例乙状结肠腔内行单纯息肉切除术；5例乙状结肠息肉恶性变行乙状结肠切除术；2例乙状结肠癌合并息肉行乙状结肠癌根治术(切除范围包括息肉在内的肠管)；4例直肠上段息肉恶变行直肠癌根治术(TME)。术中出血量10～50ml，手术时间2～3.5h，术后24～48h开始进食。术后2～3天拔除尿管下床活动，术后3～5天正常排便术后住院天数(不包括术后化疗时间)7～10天。15例病人术后随访5～46个月，未发现复发及转移。结论：术中采用纤维结肠镜定位操作安全、准确，在掌握好适应证的情况下，对于结直肠小病灶的手术能降低因定位不准确而导致的手术失败，提高此类腹腔镜结直肠手术的成功率。

王剑等[15]探讨了腹腔镜和手助腹腔镜技术在结直肠手术中的应用价值。作者选择性进行腹腔镜和手助腹腔镜下结直肠手术18例，其中右半结肠切除术4例。横结肠乙状结肠吻合术1例，左半结肠切除术4例，直肠前切除术6例，腹会阴联合根治术3例。结果：18例手术全部成功。平均手术时间154min，其中腹腔镜组165min，手助腹腔镜组115min；平均出血量约170ml。平均肛门排气时间36h全组病例无邻近脏器损伤，无吻合口漏。恶性肿瘤13例，随访1～18个月，未见肝转移、切口种植及吻合口复发。结论：腹腔镜和手助腹腔镜结直肠手术在应用技术上可行，手助腹腔镜技术架起了开腹手术和腹腔镜手术之间的桥梁，扩大了腹腔镜手术的范围和适应证；选择适当的病例，微创结直肠手术有良好的应用前景。

裘正军等[16]探讨腹腔镜结肠直肠手术的手术方法、安全性、并发症及肿瘤复发等问题。作者总结了腹腔镜行结肠直肠手术43例的经验，其中包括右半结肠切除11例，左半结肠切除2例，乙状结肠癌根治术5例，乙状结肠癌姑息性切除术1例，乙状结肠部分切除术2例，Dixon手术15例，Miles手术7例。结果：40例成功地完成手术，3例因肿瘤侵及邻近器官或肥胖而中转开腹手术。平均手术时间为(178.5±50.7)min，结肠癌切除标本上下切缘长度分别为(12.6±2.8)cm和(10.2±3.4)cm；直肠癌分别为(10.2±2.6)cm和(4.3±2.2)cm，清扫淋巴结数目为(10.4±3.9)枚，其中14例有淋巴结转移，有4例(10%)术后出现并发症。术后随访(13.2±8.1)个月,根治性切除的病例中有2例(6.4%)发生局部复发,1例(3.2%)出现肝转移,无切口和穿刺孔种植转移的发生。结论:腹腔镜结肠直肠手术在技术上是安全可行的,并能达到与开腹手术相同的疗效。

孙跃明等[17]运用腹腔镜技术,按开放手术原则治疗结直肠癌42例,其中右半结肠切除术2例,乙状结肠切除术3例,直肠癌行直肠前切除(Dixon术式)28例,Mile′s术式9例。结果:41例手术成功,1例因侵及膀胱后壁转开腹手术。平均手术时间50min,术中平均失血140ml。术后肠蠕动恢复平均1.6天,2例术后性功能障碍,2例术后早期排尿障碍。无术后出血、吻合口瘘等并发症。随访1~26个月,1例腹腔内广泛转移,1例肝脏转移。认为:腹腔镜结直肠手术安全可行。严格掌握手术适应证、熟练的腹腔镜手术技术和丰富的开腹结直肠手术经验是完成此类手术的关键。

武彪等[18]于2002~2003年对6例患者采用了腹腔镜下结直肠肿瘤切除术。其中乙状结肠癌1例,直肠癌4例,乙状结肠息肉1例。行乙状结肠癌根治术1例,Dixon术3例,Mile′s术1例,乙状结肠切除1例。结果中转开腹手术2例。1例术后出现肠瘘。无手术死亡发生。腹腔镜手术4例,手术时间平均3h,术中出血平均100ml。2例中转手术原因:1例因超声刀故障,另1例盆腔前壁出现活跃性出血。结论:腹腔镜辅助下结直肠肿瘤手术既达到手术效果,又具有微创外科特点。

王瑜等[19]探讨了腹腔镜联合电子结肠镜治疗结肠多发性腺瘤性息肉的临床应用价值。作者为9例结肠多发性腺瘤息肉患者,通过在电子结肠镜引导下对息肉多发结肠肠段定位,运用腹腔镜游离肠段,在体外施行切除吻合。结果:平均切除1~2个肠段,每个肠段解剖出2~14枚腺瘤性息肉,共解剖出103枚息肉;术后平均6天出院;随访8个月无复发。结论:联合腹腔镜电子肠镜肠段切除术,定位准确,切除彻底,住院时间短,手术创伤轻,是结肠多发性腺瘤息肉有效、安全可行的治疗方法。

吴浩荣等[20]总结了28例结直肠癌进行腹腔镜左半结肠切除术或腹腔镜直肠癌手术经验(Mile′s、Dixon)。结果:19例手术成功,1例中转开腹;手术时间直肠癌平均为205min,结肠癌平均为140min;术中出血量<150ml;术后平均2天肠功能恢复,并进流质,术后第2天下床活动;术后平均住院时间为10天。认为腹腔镜结直肠癌手术与传统手术比,创伤小,痛苦少,优点多且能够达到根治效果;可在严格掌握手术适应证的情况下,积极推广。

王为忠等[21]回顾性研究了于2001~2004年行35例腹腔镜结肠直肠癌根治术病历资料,得出如下结论:对在腹腔镜下能否完成结肠直肠癌根治性切除及腹壁种植复发存有疑虑和争议。目前认为肿瘤部位、大小、病理类型、Dukes分期等特性才是影响预后的重要因素,开腹手术与否并不是主要因素。

李业华等[22]回顾总结2004年3月至2004年8月用开腹腹腔镜辅助行结直肠恶性肿瘤手术10例的临床资料。结果:10例均在腹腔镜辅助下顺利完成手术,无中转及手术死亡病例。手术平均时间175min,术中平均失血83ml,术后肠功能恢复肘间平均为2.3天。手术切除淋巴结平均为18个。随访1~6个月,未见切口种植及吻合口复发。结论:腹腔镜辅助结直肠恶性肿瘤手术具有创伤小，术后恢复快等优点，可以取得与开腹手术同样的根治效果。

陈炜等[23]将腹腔镜应用于结肠癌的手术治疗，是近年来开展的一项较新的技术手段，其手术适应证、手术方式、术中的无瘤技术等尚未统一规范，其远期疗效亦未得到一致的认可。我科自1998年起开始选择早中期结肠癌，且腹腔内无广泛粘连的病例开展该项手术。术中采用蒸馏水和5-氟尿嘧啶对手术野进行浸泡及冲洗，减少术中对肿块的操作，肿块取出腹外时用塑料薄膜隔开切口等方法，尽量应用术中无瘤技术，减少Trocar穿刺部位及切口种植转移，减少术后肿瘤转移及复发的机率，提高该项手术的治疗效果。同时将同期开展的传统开腹手术与腹腔镜辅助手术进行了对比，我们发现，该手术方式除具有创伤小、切口美观、痛苦小、恢复快、病程短、并发症发生率低、胃肠功能恢复快等特点外，其远期疗效亦达到了传统开腹手术的水平，本组生存率与传统手术组比较差异无显著意义。

陆爱国等[24]对2000年9月至2003年10月41例右半结肠癌病人所行的腹腔镜右半结肠切除术患者进行随访，以研究其手术安全性、术后恢复情况及肿瘤的根治性效果。结果：无术中严重并发症和手术死亡病例，2例（4.9%）中转开腹手术；手术时间为（152.65±28.29）min、术中出血平均（112.94±96.36）ml、病人排气时间、下床时间、住院天数分别为（2.24±0.56）天、（3.94±1.64）天、（13.94±6.5）天。清扫淋巴结总数[（11.24±8.02）枚，结肠上旁淋巴结（6.82±4.72）枚，系膜间淋巴结（2.59±2.43）枚，血管根部淋巴结（1.82±2.52）枚]，手术切除标本长度（20.88±5.28）cm；除2例肺部感染、1例术后肠梗阻外余病人未见术后并发症；所有病人均获随访（12~46）个月，平均（29.15±7.95）个月，2例（4.9%）局部复发，3例（7.3%）发生肝转移，短期（46个月）累计生存率为74.50%。结论：腹腔镜右半结肠切除术治疗右半结肠癌是安全有效的，符合肿瘤根治原则。

陈军等[25]按照TME治疗原则，在腹腔镜辅助下，对14例低位直肠癌患者实施TME腹会阴联合切除术。结果14例患者均手术顺利。手术时间120~240min，平均180min。术中出血30~180ml，平均50ml；术后1~2天恢复胃肠功能并下床活动，住院5~14天，平均为6天。术后6例应用镇痛剂，无术中及术后并发症发生。认为腹腔镜腹会阴联合切除术治疗低位直肠癌，能完全达到TME要求，且创伤小、术后疼痛轻、恢复快。

刘展等[26]对6例术前确诊为乙状结肠、直肠癌，经CT发现肝脏有实性占位的患者，行腹腔镜下乙状结肠、直肠癌切除，吻合器吻合肠段后，再在腹腔镜直视下行肝脏肿瘤穿刺病理学检查，确诊为肝转移癌后，即经皮多电极针穿刺进入肝肿瘤进行射频消融治疗。结果：6例患者治疗中未发生严重并发症，术后肠道功能恢复时间24~72 h。术后3个月CT复查发现肿瘤明显液化并完全坏死；存活4例，其中1例又再做肝移植至今；2例死于全身衰竭。认为：腹腔镜下应用多电极射频消融治疗乙状结肠、直肠癌伴肝转移癌是安全有效的，避免了二期手术的创伤和不良预后。

田文等[27]采用腹腔镜辅助对32例直肠癌患者进行前切除术。结果：手术均获成功，无并发症发生。病理检查显示标本边缘均无肿瘤，切除范围满意，淋巴结清扫彻底，平均淋巴结数为9枚。术后患者疼痛轻，肠功能恢复早,术后排便、排气时间平均为31h,术后平均住院天数为7.5天。术后随诊均无操作孔种植。认为:腹腔镜下行直肠癌前切除术是一种损伤少、恢复快的新技术,具有创伤小及肿瘤切除彻底的优点,会有很好的推广前景。

田文等[28]还通过对38例直肠腺癌患者采用腹腔镜下联合应用超声刀循盆筋膜壁层和脏层的间隙行锐性游离全直肠系膜,并对全组病例随访2年余;探讨了腹腔镜下行直肠癌全直肠系膜切除根治术的临床效果。结果:38例患者手术顺利无中转开腹,术后排便、排气时间平均为32h,术后平均住院天数为7.5天。术后随访至今,38例患者均无腹部穿刺口种植,其中2例出现局部复发(1例伴肝转移)。38例患者均无排尿困难,6例患者有性功能减退。结论腹腔镜下行直肠癌全直肠系膜切除术手术既能有效降低术后局部复发率和保护盆腔自主神经功能,又具有微创优点,值得临床推广。

汤志平等[29]探讨了腹腔镜各种直肠癌根治术的可行性、方法以及并发症的预防。作者自2001年9月~2003年8月,共施行了腹腔镜直肠癌根治术13例,其中Dixon手术8例,结肠肛管拖出术(改良Bacon手术)2例,Mile's手术3例。结果:手术均获成功,无中转开腹。手术平均时间210(180~240)min,术中平均出血量80(10~500)ml,无输尿管损伤,无吻合口瘘,住院时间10~18天。仅1例术后1年发现取标本切口处肿瘤种植。结论:腹腔镜直肠癌根治术有创伤小、术后肠道功能恢复早、免疫干扰轻、术后活动早、住院时间短、手术并发症少等优点。术后化疗时间亦可相应提前。有理由认为腹腔镜直肠癌根治术具有微创效果,在彻底切除肿瘤和保存功能、提高生活质量方面发展空间广阔。

汤志平等[30]还总结了自2001年7月~2003年10月行腹腔镜结肠肿瘤根治术21例,其中右半结肠切除5例,横结肠切除4例,左半结肠切除2例,乙状结肠切除6例,腹腔镜手辅助结肠癌根治术4例。结果:21例成功完成腹腔镜手术,无中转开腹。平均手术时间150min。术中平均出血10~50ml。术后肠功能恢复时间平均31h。术后平均住院12天。1例手辅助腹腔镜手术发生切口感染。无吻合口瘘。切口及Troear孔无肿瘤种植。无死亡病例。得出结论:腹腔镜手术治疗结肠肿瘤具有创伤小、并发症少、出血少,肠功能恢复快,平均住院时间短等优点。通过腹腔镜结肠肿瘤手术的学习曲线、具备丰富的手术经验与娴熟的专业技能是腹腔镜结肠癌手术到达根治的保证。

耿协强等[31]评价总结了在完全腹腔镜下行结直肠癌根治术的优点、特点、技巧及方法。作者通过对收住的23例采用全腹腔镜下结直肠癌根治手术的大肠癌患者的临床资料、手术方式及随访结果进行总结。其中11例行直肠癌全直肠系膜切除(TME),结直肠/或结肛对端吻合术;7例行乙状结肠切除、结直肠吻合术;5例行右半结肠切除,回结肠吻合术。术中平均出血86.5ml,平均手术时间150min。病人全部康复出院,最长随访11个月,生活质量良好。认为:全腹腔镜子结直肠癌根治手术,安全可靠,出血量少,手术时间短、肠功能恢复快。

吴君辉等[32]对7例结、直肠癌患者采用手助腹腔镜(HALS)行结直肠癌根治术,探讨了HALS行结直肠癌切除术的可行性和疗效。结果:该组7例结直肠癌患者,采用HALS手术均获成功,其中左半结肠癌1例,右半结肠癌2例,均行结肠癌根治术。

直肠癌 4 例,2 例行直肠前切除根治术,2 例行腹会阴直肠癌根治术。平均手术时间 160 min,出血量 70ml,平均检出淋巴结 13 个,肠道恢复通气时间平均 42 h,术后平均住院天数 8.1 天。认为:采用 HALS 行大肠癌根治,切实可行。可达到开腹根治的要求,操作上保留了术者手的灵活性与触觉,同时兼有腹腔镜的优点,因而简单安全,患者恢复快。但远期疗效待进一步观察。

高洁贤等[33]总结了完全腹腔镜下结直肠癌根治切除术 11 例,其中右半结肠癌根治性切除术 2 例,Dixon 5 例,Mile′s 4 例,合并腹腔镜胆囊切除术 2 例。结果:全组手术过程顺利,无术中并发症,出血量平均 290ml。手术时间平均 290min,前 5 例手术时间均超过 4h,后期病例平均手术时间约 3h。术后病理报告的平均淋巴结数 14.3 个。术后恢复良好,无术后并发症,平均住院时间 14.2 天。11 例均获得随访 3 ~ 20 个月。病人一般情况好,未发现肿瘤复发,无腹壁套管穿刺孔的癌种植,全组至今无死亡。结论:完全腹腔镜结直肠癌根治切除术安全可靠,术后并发症少,恢复快,肿瘤的根治性与开腹手术相似。近期疗效满意。

唐卫中等[34]报告了应用腹腔镜技术行大肠肿瘤切除术 19 例,探讨腹腔镜外科技术在大肠肿瘤手术中的应用。结果:息肉肠段切除术 4 例,右半结肠切除术 1 例,左半结肠切除术 3 例,直肠前切除术 5 例,Mile′s 术 5 例。中转手术 1 例。无手术死亡及吻合口漏病例。伤口液化 1 例。平均手术时间 196min,平均术中出血量 135ml,平均术后住院 9.5 天。17 例大肠肿瘤患者术后随访 4 ~ 36 个月,无术后复发。结论:只要严格掌握腹腔镜的手术指征、无瘤原则,熟练地掌握腹腔镜的操作技术,熟悉腹腔镜下的解剖层次,经腹腔镜大肠肿瘤切除完全能达到与传统开腹术相同的根治效果,而且腹腔镜手术具有手术视野更广、损伤更小、病人恢复更快的优越性。

另外,张雪峰等[35]总结腹腔镜辅助胃肠重复癌联合根治切除的手术经验。作者利用腹腔镜完成 1 例胃和乙状结肠重复癌患者的联合根治切除术。手术历时 5.5h,出血量 200ml,未输血。术后恢复良好,7 天出院。随访 6 个月未见肿瘤复发。认为:腹腔镜辅助胃肠重复癌联合根治术创伤小,恢复快,显示了腹腔镜在处理腹内多发病变上的优越性。

凌斌等[36]探讨了腹腔镜下进行乙状结肠代阴道成形术的方法及其临床应用效果。作者施行腹腔镜辅助下乙状结肠代阴道成形术 4 例,于腹腔镜下采用直线切割缝合器切断乙状结肠的远端后,在左下腹做一辅助切口,经此切口牵拉出近端乙状结肠,再次切断乙状结肠,缝合关闭移植乙状结肠段近端开口,将吻合器底座置入保留的乙状结肠段近端,并行荷包缝合后,将肠管还纳腹腔。经肛门置入管状吻合器,腹腔镜下将保留的乙状结肠段行端端吻合,下牵移植的乙状结肠段入阴道穴道。施行全腹腔镜下乙状结肠代阴道成形术 5 例,上述手术操作均于腹腔镜下完成。结果:9 例手术均获成功,患者平均手术时间 312min,平均出血量 308ml;随访时间 1 ~ 19 个月,腹部切口美观,人工阴道生长良好,5 例性生活满意。从而得出结论:腹腔镜下乙状结肠代阴道成形术创伤小,患者恢复快,能够达到开腹手术的效果。

三、小结

汇总所有文献报道,2004 年度国内共报道各类腹腔镜结直肠手术371例,其中包括因结肠息肉行腹腔镜肠段切除术4例(占1.1%);腹腔镜右半结肠切除术91例(占24.5%);腹腔镜左半结肠及乙状结肠切除术91例(占24.5%);腹腔镜直肠癌前切除术—即Dixon术129例(占34.8%);腹腔镜直肠癌经腹会阴根治术—即Mile′s术74例(占19.9%);中转开腹7例(占1.9%),中转的主要原因为肿瘤已经浸润至周围脏器或肝脏广泛转移,腔镜下无法完成手术(4例),超声刀等机械故障无法排除(2例),损伤输尿管而中转开腹(1例);术后出现并发症8例(占2.2%),主要为肠梗阻及肠瘘;术后局部复发或肝转移4例(占1.1%)。

手术采用四孔法操作,手术时间平均为:210min,术中出血量平均为:80ml,术后排气时间平均为:2.4天,术后随访时间年均为:18.6月;术中切除肿瘤直径绝大多数在6cm以下,一例直径达8cm,经手助器械完成腔镜下手术。

参考文献

1 张　楷,等.苏州大学学报(医学版),2004;24(5):728
2 徐小群,等.中华小儿外科杂志,2004;25(4):307
3 冯继峰.广西医学,2004;26(8):1119
4 蔡景理,等.温州医学院学报,2004;34(4):274
5 胡建昆,等.中华普通外科杂志,2004;19(2):88
6 李际辉,等.中华普通外科杂志,2004;19(10):647
7 张连阳,等.世界华人消化杂志,2004;12(2):480
8 张连阳,等.第三军医大学学报,2004;26(12):1039
9 李新宁,等.广西医学,2004;26(11):1605
10 姚　干,等.实用临床医学,2004;5(3):1
11 李　龙,等.中华小儿外科杂志,2004;25(5):420
12 丁卫星,等.中华胃肠外科杂志,2004;7(3):192
13 冯　波,等.中华消化内镜杂志,2004;21(1):9
14 杜燕尤,等.中华腹部疾病杂志,2004;4(2):79
15 王　剑,等.中国普外基础与临床杂志,2004;11(3):206
16 裘正军,等.外科理论与实践,2004;9(6):467
17 孙跃明,等.江苏医药,2004;30(7):502
18 武　彪,等.中华临床医学实践杂志;2004,3(3):211
19 王　瑜,等.医学新知杂志,2004;14(2):92
20 吴浩荣,等.苏州大学学报(医学版),2004;24(4):450
21 王为忠,筹.外科理论与实践,2004;9(6):505
22 李业华,等.腹腔镜外科杂志,2004;9(4):200
23 陈　炜,等.贵州医学杂志,2004;28(7):658
24 陆爱国,等.外科理论与实践,2004;9(6):464
25 陈　军,等.山东医药杂志,2004;44(18):11
26 刘　展,等.中华胃肠外科杂志,2004;7(3):189
27 田　文,等.军医进修学院学报,2004;25(4):303
28 田　文,等.中华外科杂志,2004;42(15):911
29 汤志平,等.中国内镜杂志,2004;10(3):29
30 汤志平,等.中国内镜杂志,2004;10(4):44
31 耿协强,等.西南军医,2004;6(5):10
32 汤志平,等.中国内镜杂志,2004;10(4):54
33 高洁贤,等.中国内镜杂志,2004;10(3):101
34 唐卫电,等.大肠肛门病外科杂志,2004;10(1):51
35 张雪峰,等.腹腔镜外科杂志,2004;9(1):5
36 凌　斌,等.中华妇产科杂志,2004,39(5):319

南方罗氏乳腺癌专业网简介

为规范乳腺癌各种信息资源及宣传乳腺疾病科学防治的技术和知识,由南方医院肿瘤中心和上海罗氏(Roche)公司共同创办的“南方罗氏乳腺癌专业网”(www.nfbrestca.com 或 www.nrbc.cn),于2004年12月28日正式开通。“南方罗氏乳腺癌专业网”是乳腺癌患者求医问药的好去处及诊治过程医患交流的好天地,同时也为乳腺癌专业医护工作者提供学术交流的平台。为满足乳腺癌患者及广大医学工作者的要求,“南方罗氏乳腺癌专业网”全面整合了国内和国际乳腺癌相关信息资源,着力建设中国乳腺癌专病信息交流平台,为此,“南方罗氏乳腺癌专业网”开设了《乳腺癌百科知识》、《专家园地》、《会议信息》、《病友家园》、《乳腺癌论坛》、《乳腺癌诊治中心》、《新闻中心》、《文章中心》、《图片中心》等一系列信息资讯栏目。

术前选择性门静脉栓塞术在肝肿瘤切除中的应用

赵广法　蔡三军　师英强

复旦大学附属肿瘤医院腹部外科　上海　200032

虽然肝脏手术的安全性已大为提高,但是切除术后残留肝脏(future liver remnant,FLR)的功能不足是手术的一个主要危险因素。术前选择性门静脉栓塞术(preoperative portal vein embolization,PVE)是近年来肝脏外科的新进展,它使同侧肝脏(拟切除侧)萎缩和对侧将来残留肝脏代偿性增生肥大,增加切除后残留肝脏的体积,进而降低术后肝功能衰竭的发生率,提高肿瘤的切除率和降低术后并发症。这一技术首先由 Makunchi 等[1]于 1984 年应用于肝门胆管癌,1986 年 Knoshita[2]将其用于原发性肝癌,后来被逐渐用于大肠癌肝转移[3]和胆囊癌[4]等。目前它已被接受作为肝脏大手术前一个有用的辅助技术,临床应用逐渐增多。

一、PVE 的适应证和禁忌证

PVE 可用于肝脏原发和转移性恶性肿瘤。原发性肝癌常合并肝实质病变,如肝硬化、慢性肝炎、脂肪肝等,术后并发症和死亡率均显著增加,虽然有些癌从技术角度是可以切除的,但是由于肝功能储备功能不足而不能施行较大范围的肝切除手术。转移性肝癌的病灶常累及多个肝段,PVE 可以通过使 FLR 增生肥大来增加肝脏的储备功能,从而可以切除更多的带瘤肝组织,扩大了手术适应证。虽然 PVE 的适应证目前仍有争议,很多情况下是基于临床判断,基本对象是估计那些肝切除手术后残留肝脏太小的病例。是否需要行 PVE 目前认为可根据以下因素决定:①FLR 占全肝的评估体积(total estimated liver volume,TELV)的比值(FLR/TELV)和有无肝脏潜在病变。FLR 和 TELV 根据 CT 结果用体积程序计算。肝脏质量决定需要多少 FLR 才能避免术后肝衰。维持术后肝功能的最小 FLR 尚未精确界定,研究表明,若正常肝组织的 FLR 小于 25%,病理肝脏的 FLR 小于 40%,则手术的风险很大,这些患者应行 PVE。②计划的手术方式,手术越大,需要有功能的肝脏越多[5,6],Belghiti[7]报告无肝硬化患者择期右半肝切除术前行 PVE 后虽然左半肝体积增加 45%,但与非 PVE 组比较,术后并发症二组相似,但对扩大半肝切除及同时行其他大手术者,PVE 降低了并发症。

综上所述,PVE 的适应证归纳如下:①慢性肝损伤病人(如肝硬化,慢性肝炎、脂肪肝以及近期肝脏局部化疗等)需行半肝切除者;②肝实质正常的病人需行扩大半肝切除而 FLR 小于 25% 者;③肝脏多发性转移癌病人适合行 2 期切除者。

PVE 的禁忌证均为相对的有　肝外远处转移灶、门静脉主干癌栓、肝门有不能切除的淋巴转移、肝内肿瘤累及右肝和第Ⅰ、Ⅱ或Ⅲ肝段、累及左肝和第Ⅵ、Ⅶ肝段者及伴有严重全身疾病等。中重度肝损害者不宜行PVE,因为未栓塞的肝叶增生受限,PVE术后有肝衰的危险[8]。有FLR胆管扩张者需先行胆道引流术[6]。

二、PVE技术方法

PVE常用途径有二个:①经皮经肝门静脉穿刺途径:局麻后在B型超声和(或)X线的引导下穿刺置入5-Fr导管,一般经栓塞的同一侧门静脉分支进入,如果经FLR侧门静脉穿刺则可能导致血管损伤和血栓形成。②开腹经回结肠静脉途径:开腹后经回结肠静脉插入7-Fr导管,特别适用于结肠癌肝转移灶的病人,即第1次手术可以在切除原发灶的同时行经回结肠静脉栓塞病灶所在肝叶的门静脉或行门静脉结扎术[9],第2次再手术切除肝转移灶。Broering等[10]发现门静脉结扎与PVE的效果相当,但门静脉结扎容易形成侧枝循环和第1次肝门解剖所形成的瘢痕组织可能影响第2次手术操作。

多数外科医生倾向于经皮经肝门静脉穿刺途径,因其不需麻醉和开腹,但开腹经回结肠静脉途径的优点是术前可对肿瘤范围进行评估[11]。导管插入至门静脉主干后立即行门静脉造影了解肝内门静脉解剖,将导管置入拟栓塞的门静脉干,然后用混有造影剂的明胶海绵栓塞门静脉,最后用钢圈栓塞门静脉主干[8]。使用带气囊的导管可以防止栓塞剂返流到对侧门静脉支。文献使用的栓塞剂种类较多,效果相似,常用的有明胶海绵、钢圈、无水酒精、氰基丙烯酸脂、聚乙烯乙醇、碘油以及纤维蛋白等,明胶海绵和钢圈常与其他栓塞剂配合使用,用于栓塞较大的门静脉分支[12,13]。无水乙醇不仅是一个良好的门静脉栓塞剂,且具有杀肿瘤作用,但无水酒精和氰基丙烯酸脂均可可导致门静脉食管静脉支系统周围的炎症和纤维化,有可能增加手术时肝门解剖的难度[5,14]。纤维蛋白由于栓塞效果差,价格比较昂贵,现在很少用于PVE。最近Ko等[15]使用一种新型的栓塞剂Embol-78行PVE,效果较好,它是由醋酸聚乙烯的半水解产物、乙醇以及非离子水溶性显影剂组成的混合液体,易于注射。碘油是常用的肝动脉栓塞剂,常与氰基丙烯酸脂制成混合剂可用于PVE,效果肯定[13,16,17]。目前尚不清楚需要多少栓塞剂才能取得预定程度的肝脏增生,一般栓塞至血流停滞为止。对栓塞剂颗粒最佳大小亦有待深入研究[6]。

PVE的成功率较高,Wu等[18]报告B超引导下成功率为94%(47/50),Stefano等[19]的成功率为99.5%(187/188)。

三、PVE的并发症

PVE是一个安全的技术,不良反应轻微短暂,反应较经肝动脉栓塞化疗(transcatheter arterial chemoembolization,TACE)为轻,50%的患者无明显自觉症状,术后1~3天转氨酶升高不超过基础值3倍,并且多在7~10天内恢复正常,黄疸指数可轻微升高,凝血酶元时间一般无影响。Stefano等[19]报告188例患者的PVE经验,24例发生了不良事件,包括有12例(6.4%)并发症和12例意外影像发现,值得注意的是有肝硬化者PVE术后短暂肝功能衰竭发生率显著高于无肝硬化者,分别为16.7%和0.6%。总的并发症发生率约为0~10%,与一般经皮肝穿刺相似,包括血肿、胆道出血、腹腔内出血和栓塞剂返流到对侧肝叶等[6,20]。Jaeck等[21]报道了1例因门静脉主干血栓形成导致小肠部分坏死的病例。

四、PVE 后肝脏的病理生理学变化

PVE 能够实施是由于肝脏具有再生能力，它是肝脏对创伤的反应。早在 1920 年 Rous 等即观察到结扎兔子门静脉分支后，结扎侧肝脏萎缩而对侧肝脏肥大。肝脏大量切除后的再生基本条件是有 2 ~ 3 个相邻肝段的完整保留[22]。再生的机制有二点：①肝细胞有能力去分化和克隆样扩张；②肝内和肝外的肝细胞再生因子刺激作用。肝细胞生长因子（hepatocyte growth factor，HGF）是肝脏最重要的细胞再生因子，动物实验显示门静脉结扎 6 ~ 24h 后，非结扎侧肝叶 HGF-mRNA 表达显著增加，其他如 EGF（epidermal growth factor）、TNF-α 和 IL-6 等促分裂因子的增加亦发挥作用。门静脉血中含有多种刺激肝细胞再生的因子，PVE 后门静脉血流动力学发生改变[23,24]，原先流向拟切除侧的门静脉血重新分配，流向 FLR 血流显著增加，对侧肝组织从门静脉血中获得的肝外肝细胞再生因子如胰岛素和胰高糖素增多。胰岛素和 HGF 有协同促肝细胞分裂作用，但糖尿病病人肝脏的增长速度较正常肝脏慢。

PVE 后栓塞侧肝细胞凋亡而非坏死，未栓塞侧肝细胞 2 周内进入增生活跃期，导致肝细胞增多和肝叶肥大，非硬化肝脏 2 周时肝细胞增生（12 ~ 21）cm^3/d，4 周时增生 11 cm^3/d，32 天时增生 $6cm^3/d$，而硬化肝组织再生的速度较慢，2 周时约增生 $9cm^3/d$。PVE 后 2 ~ 8 周 FLR 体积可以增加 20% ~ 46%[13,16,21]，可从占全肝体积的 19% ~ 36% 增加至 31% ~ 59%[20]。

五、PVE 的疗效

临床上一般在 PVE 后 2 ~ 4 周左右行 CT 检查，假如有肝脏增生且无影响手术的新转移病灶，则可以施行肝切除术[5,12,13]。硬化者 FLR 增生速度显著低于正常肝脏，门静脉与体静脉交通支之间的分流及肝细胞再生能力下降均可能是其效果差的原因[16]。70% ~ 100% 的病人 PVE 后可以实施半肝或扩大半肝切除术[16,21,25]。Abdalla 等[20]总结文献中 250 例 PVE 后行肝切除术的结果，围手术期死亡率无肝硬化者为 0 ~ 6.5%，有肝硬化者为 6% ~ 7%，并发症发生率等于或略低于未行术前 PVE 的肝切除术。PVE 可缩短手术后 ICU 监护的时间和住院时间[16,25]。原发性肝癌患者为了控制肿瘤生长和阻断可能的门静脉-肝动脉短路，PVE 前 2 ~ 3 周应常规行 TACE。虽然初期认为 PVE 有直接抗肿瘤作用，特别是控制门静脉癌栓的作用，但目前尚无证据支持这一观点，而且有报告显示 PVE 后肝动脉血流代偿性增加有可能加速肿瘤生长[26]，与 TACE 相结合后，PVE 能显著抑制肿瘤的生长[8]。PVE 的远期疗效报道较少，Tanaka 等[27]报告虽然原发性肝癌患者术前行 PVE 和不行 PVE 组无瘤生存率相似，但 PVE 组累计生存率显著提高，推测可能与 PVE 组术后残肝功能较好，因而能够耐受进一步治疗，包括再次肝切除术有关。但 Wakabayashi 等[26]和 Azoulay 等[28]却报告 PVE 和非 PVE 组长期生存率相似。PVE 虽然不一定能提高远期疗效，但可以使不能切除肿瘤转变为能切除。

PVE 用于大肠癌肝转移患者适合于术后 FLR 小于 25% 或需要行右半肝切除加左半肝部分切除者，PVE 不仅可以提高半肝内大肠癌多发转移灶的切除率，它还可以使大肠癌左右肝叶的多发性转移灶得以 2 期切除。即第 1 次局部切除 FLR 中的转移灶，

PVE 后再第 2 次手术行根治性的半肝或扩大半肝切除。具体方法是:①第 1 次手术切除 FLR 中的小癌灶,但癌灶的数目一般不能多于 3 个,最大直径不能大于 3cm;②第 1 次开腹手术中同时行 PVE,也可以在手术后经皮穿刺完成;③数周后行 CT 检查,排除肝外转移,了解是否肝内有新的病灶出现以及评估 FLR 的体积;④第 2 次行根治性半肝或扩大半肝切除。Jaeck 等[21]报道 PVE 后 70% 的病人可以完成肝癌 2 期手术切除,而 2 期手术后病人的 3 年生存率达到 53%,与单纯手术组及 PVE 后 1 期手术组的疗效相似。另一组 27 例大肠癌肝转移 PVE 后取得了 29% 的 5 年生存率,而这些患者如果不行 PVE 则无手术切除机会[20]。

PVE 如果用于肝门胆管癌,则必须先解除阻塞性黄疸,先行 PLR 侧胆道减压,当黄疸指数低于 51 ~ 85.5μmol/L 时可行 PVE,黄疸指数低于 34μmol/L 时则可行包括胆道肿瘤在内的扩大半肝切除术,Seyama 等[29]按此策略连续治疗 68 例肝门胆管癌,无一例死亡。

六、PVE 存在的主要问题

诱导产生足够的 FLR 增加肝功能储备是 PVE 的目的。但是,PVE 有二个问题:①部分有肝实质病变的患者不能生长足够的 FLR[16];②PVE 刺激对侧的癌灶生长。有研究显示 PVE 后 FLR 中的转移灶生长加速[25,30,31]。Kokudo 等[30]发现大肠癌肝转移 PVE 后切除者无瘤生存时间缩短,他检查了 18 例 PVE 后栓塞肝叶和未栓塞肝叶中肿瘤在 PVE 和切除手术之间的生长速度,发现都有加速迹象。肝转移癌的主要血液供应来自肝动脉,一侧们静脉栓塞后,同侧肝动脉代偿性增多[32]。Wakabayashi 等[26]报告原发性肝癌术前行 PVE 者肝外转移增加。虽然这些研究需要进一步证实,PVE 后对侧肝脏肿瘤可能生长加速的危险值得关注。原发性肝癌和继发性肝癌的血液供应主要来自肝动脉,因此 PVE 结合 TACE 可能获得 FLR 增生肥大和抑制肿瘤生长的双重目的。Inaba 等[33]和 Sugawara 等[34]进行了门静脉和肝动脉双栓塞的临床研究。发现所有的病人都可生长足够的 FLR 和实施肝切除术,这些结果令人鼓舞,值得进一步深入研究。

参考文献

1 Makunchi M, Takayasu K, Takuma T, et al. Preoperative transcatheter embollization of the portal venous branch for patients receiving extended lobectomy due to the bile duct carcinoma. Nihon Rinshogeka Gakkai Zasshi, 1984;45: 1558 ~ 64[Japanese]

2 Kinoshita H, Sakai K, Hirohashi K, et al. Preoperative portal embolization for hepatocellular carcinoma. World J Surg, 1986;10: 803 ~ 8

3 Kawasaki S, Makuuchi M, Kakazu T, et al. Resection for multiple metastatic liver tumors after portal embolization. Surgery, 1994;115: 674 ~ 7

4 Uesaka K, Nimura Y, Nagino M. Changes in hepatic lobar function after right portal vein embolization. An appraisal by biliary indocyanine green excretion, Ann Surg, 1996; 223: 77 ~ 83

5 Elias D, Ouellet JF, De Baere T, et al. Preoperative selective portal vein embolization before hepatectomy for liver metastases: long-term results and impact on survival. Surgery, 2002;131: 294 ~ 9

6 Madoff DC, Hicks ME, Vauthy JN, et al. Transhepatic portal vein embolization: anatomy, indications, and technical considerations. Radiographics, 2002;22: 1063 ~ 76

7 Belghiti J. Arguments for a selective approach of preoperative portal vein embolization before major hepatic resection. J Hepatobiliary Pancreat Surg, 2004;11: 21 ~ 4

8 Kokudo N, Makuuchi M. Current role of portal vein embolization/hepatic artery chemoembolization. Surg Clin N Am, 2004;84: 643 ~ 57

9 Kianmanesh R, Farges O, Abdakka EK, et al. Right portal vein ligation: a new planned two-step all-surgical approach for complete resection of primary gastrointertinal

tumors with multiple liver metastases. J Am Coll Surg, 2003;197: 164 ~ 70

10 Broering DC, Hillert C, Krupski G, et al. Portal vein embolization vs. portal vein ligation for induction of hypertrophy of the future liver remnant. J Gastrointest Surg, 2002;6: 905 ~ 13

11 Imamura H Shimada R, Kubota M, et al. Preoperative portal vein embolization: an audit of 84 patients. Hepatology, 1999;29: 1099 ~ 105

12 Madoff DC, Hicks ME, Abdalla EK, et al. Portal vein embolization with polyvinyl alcohol particles and coils in preparation for major liver resection for hepatobiliary malignancy: Safety and effectiveness study in 26 patients. Radiol,2003;227: 251 ~ 60

13 Kaneko T, Nakao A, Takagi H. Clinical studies of new material for portal vein embolization: comparison of embolic effect with different agents. Hepatogastroenterol, 2002;49: 472 ~ 7

14 Shimamura T, Nakajima Y, Une, et al. Efficacy and safety of preoperative percutaneous transhepatic portal embolization with absolute ethanol: a clinical study. Surgery,1997;121: 135 ~ 41

15 Ko GY, Sung KB, Yoon HK, etal. Preoperative portal vein embolization with a new liquid embolic agent. Radiol,2003;227: 407 ~ 13

16 Farges O, Belghiti J, Kianmanesh R, et al. Portal vein embolization before eight hepatectomy. Ann Surg,2003; 237: 208 ~ 47

17 刘海,彭永红,扬作衡,等.术前门静脉栓提高肝癌手术切除率.中华普通外科杂志,2004;19: 582 ~ 3

18 Wu J, Li JS, Li LT, et al. Role of preoperative selective portal vein embolization in two-step curative hepatectomy for hepatocellular carcinoma. World J Gastroenterol, 2003;9: 1702 ~ 6

19 Stefano DRD, de Baere Y, Denys A, et al. Preoperative percutaneous portal vein embolization: Evaluation of adverse events in 188 patients. Radiology,2005;234: 625 ~ 30

20 Abdalla EK, Hicks ME, Vauthey JN,Portal vein embolization: rationale technique and future prospects. Br J Surg,2001; 88: 165 ~ 75

21 Jack D, Bachelier P, Nakano H, et al. One or two-stage hepatectomy combined with portal vein emboliation for initially nonresectable colorectal liver metastases. Am J Surg,2003;185: 221 ~ 9

22 Nagino M, Kamiya J, Kanai M, et al. Right trisegment portal vein embolization for biliary tract carcinoma: technique and clinical utility. Surgery, 2000;127: 155 ~ 60

23 Shimada R Imamura H, Nakayama A, et al. Changes in blood flow and function of the liver after right portal vein embolization. Arch Surg,2002;137: 1384 ~ 8

24 Goto Y, Nagino M, Nimura Y, et al. Doppler estimation of portal blood flow after percutaneous transhepatic portal vein embolization. Ann Surg,1998;228: 209 ~ 13

25 Hemming AW, Reed AI, Howard RJ, et al. Preoperative portal vein embolization for extended hepatectomy. Ann Surg, 2003;237: 686 ~ 93

26 Wakabayashi H, Ishimura K, Okano K, et al. Is preoperative portal vein embolizationn effective in improving prognosis after major hepatic resection in patient with advanced-stage hepatocellular carcinoma? Cancer,2001;92 : 2384 ~ 90

27 Tanaka H, Hirohashi K, Kubo S, et al. Preoperative portal vein embolization improves prognosis after right hepatectomy for hepatocellular carcinoma in patients with impaired hepatic function. Br J Surg,2000; 87: 879 ~ 82

28 Azoulay D, Castaing D, Krissat J, et al. Percutaneous portal vein embolization increases the feasibility and safety of major liver resection for hepatocellular carcinoma in injured liver. Ann Surg, 2000;232: 665 ~ 72

29 Seyama Y, Kubota K, sano K, et al. Long-term outcome of extended hemihepatectomy for hilar bile duct cancer with no mortality and high survival rate. Ann Surg,2003; 238: 73 ~ 83

30 Kokudo N, Tada K, Seki M, et al. Proliferative activity of intrahepatic colorectal metastases after preoperative hemihepatic portal vein embolization. Hepatol, 2001;34 : 267 ~ 72

31 Elias D, De Baere T, Rroche A, et al. During liver regeneration following right portal embolization the growth rate of liver metastases is more rapid than that of the liver parenchyma. Br J Surg,1999;6: 784 ~ 788

32 Barbaro B, Distasi C, Nuzzo G, et al. Preoperative right portal vein embolization in patients with metastatic liver disease. Acta Radiologica. 2003;44: 98 ~ 102

33 Inaba S, Takada Combination of preoperative embolization of the right portal vein and hepatic artery prior to major hepatectomy in high-risk patients: a preliminary report. Hepatogastroenterol, 2000;47: 1077 ~ 81

34 Sugawara Y, Yamamoto J, Higashi H, et al. Preoperative portal embolization in patients with hepatocellular carcinoma. World J Surg, 2002;26: 105 ~ 10

食管癌综合治疗进展

李苏宜　孙新臣

东南大学附属中大医院临床肿瘤中心　南京　210009

食管癌是一种常见恶性肿瘤，其发生率和死亡率在我国居第四位。由于早期诊断不易，就诊时70%～80%的病人已经进入临床中晚期。目前，食管癌总的5年生存期约30%左右，疗效有待提高[1,2]。近年来，随着临床肿瘤学的快速学科发展，包括乳腺癌、非小细胞肺癌等一些常见恶性肿瘤在治疗领域的长足进步，食管癌综合治疗方法完善和快速发展的必要性日渐突出。

一、单纯化疗

食管癌的单纯化疗目前仍停留在细胞毒药物治疗水平上。在传统化疗方案基础上的新化疗药物的引入，对新辅助化疗的认识和辅助性化疗的再认识，是该领域近年来发展的表现特点。

1. 单药化疗　40多年以来，在临床报告的20多种药物中，有效率较高的包括5-Fu（41.7%）、顺铂（CDDP）（31.7%）、MTX（35%）、MMC（26%）、长春地辛（VDS）（22%）[3]、洛铂（lobaplatin）（17%～21%）[4]、紫杉醇（paclitaxel，Taxol）（33%）[5]、长春瑞宾（vinorelbine）（25%）[6]；近年来随着对各种药物毒副作用、疗效认识的不断深入，目前已不再用于食管癌治疗的药物包括丝裂霉素（MMC）、环己亚硝脲（CCNU）、丙脒腙（MeGAG）、环磷酰胺（CTX）、氨甲喋呤（MTX）等。单药化疗存在低疗效的共性特点，多用于晚期食管癌的姑息治疗中。

2. 联合化疗　食管癌联合化疗优于单药化疗。CDDP与5-Fu联合治疗方案，即DF方案曾经是食管癌化疗较成功的方案。Vignowd[7]报告，DF方案治疗食管癌的有效率高达67%，这种联合化疗所观察到的毒性反应主要为黏膜炎和骨髓抑制。近十年以来含紫衫类药物、长春瑞宾（NVB）、奈达铂（NAP）、希罗达（Xeloda）、双氟胞苷（GEM）和依立替康（CPT-11）联合化疗在食管癌治疗中显示出较高活力[8]。

（1）含紫杉类的联合化疗方案：含紫杉类联合方案经过十余年的临床应用，已显示出确切的效果。Rayes等使用紫杉醇（PTX）200mg/m^2，连续3小时静滴，卡铂静脉滴注（血浆浓度时间）曲线下面积为5mg·h^{-1}·ml^{-1}，经过总数达166个治疗周期（平均每例5个周期），在可评估的33例患者中客观看效率为43%，中位缓解期2.8月，中位生存期为9月，一年生存率43%，主要毒性反应：52%患者出现Ⅲ～Ⅳ度中性粒细胞减少，未见治疗相关性死亡，其有效率高于单用紫杉醇（17%～21%）[9] Polee等对51例晚期食管癌患者使用PTX 80mg/m^2 连续3小时静滴，结束后予以CDDP 60mg/m^2 连续3小时滴注，每2周一次重复，在接受3～8周期化疗后，完全缓解（CR）4%，部分缓解（PR）39%，稳定（SD）43%，恶化（PD）14%，中位缓解期8.0月，中位生存期9.0月，1年生存率为43%，主要毒性为骨髓抑制，分别有39%、31%患者出现Ⅲ～Ⅳ度中性粒细胞减少。非血液系统毒性主要表现为：分别有84%、20%患者出现Ⅰ、Ⅱ度感觉异常。该方案对晚期食管癌患者疗效肯定，且毒副作用低于以紫杉醇和顺铂为基础的其他联合治疗方案[10]。高峰等[11]对46例晚期食管癌患者予以紫杉醇60mg/m^2，静滴3小时，每周1次，连用3周，5-Fu 20mg/m^2·d^{-1}使用微量输液泵持续静脉输注，连用21天，CDDP 6mg/m^2·d^{-1}，每周5天，连用3周，全组近期疗效CR 0例，PR 1例，总有效率67%，9例稳定（SD）患者肿瘤虽无明显缩小，但吞咽困难有所改善，患者对毒性反应均可耐受，可见周剂量紫杉醇联合低剂量FP生化修饰方案对晚期患者疗效肯定且毒性反应小。较多的Ⅱ期临床研究认为[12～14]，含紫杉类的三药联合的疗效不高于二药联合（PTX + CDDP），增加5-Fu只增加了毒性。杨义明等[15]报道紫杉醇联合顺铂方案治疗难治性晚期食管癌的研究，64例无手术指征或手术后复发转移的患者，均曾接受DF方案化疗2周期后无效或缓解后再次进展，应用TP方案化疗，剂量为紫杉醇175mg/m^2 + 顺铂30mg/d，28天为一个周期，连用3个周期后评价近期疗效及不良反应，结果显示64例患者CR 9例，PR 29例，SD 12例，PD 14例。有效率59.4%，中位缓解期4.8月，中位生存期9.8月（4～28月），主要不良反应为骨髓抑制。

（2）含长春瑞宾的联合化疗方案：这是近十年来另一类用于食管癌治疗的方案，同样疗效确切，耐受性较好。Conroy T[6]等对71例既往未经治疗的晚期转移性食管鳞癌患者予以NVB 25mg/m^2（第1、8天）+ CDDP 180mg/m^2（第1天）联合治疗，结果33.8%（24例）具有肯定的部分缓解，无病生存期3.6月，总中位生存期6.8月，主要毒性：41%出现短时间Ⅲ～Ⅳ度中性粒细胞减少，经过第2周期化疗，43%、25%的患者出现中度及明显生存质量提高，该方案显示出比5-Fu + CDDP方案更好的耐受和疗效，可作为食管鳞癌的一线化疗药物。樊青霞等[16]报道诺维本（NVB）联合顺铂（CDDP）治疗食管鳞癌的疗效，33例食管鳞癌的患者应NVB 30mg/m^2，$d_{1、8}$；CDDP总量80mg/m^2，$d_{1\sim3}$，28天为一周期，结果显示33例患者有效率44.79%（15/33），CR 1例、PR 14例、SD 12例、PH 6例，中位生存期9.6个月，主要毒副反应为骨髓抑制。

（3）紫杉类联合长春瑞宾的化疗方案：Airoldi等[17]报道一项泰索帝联合诺维本方案对复发食道癌的疗效，20例曾经放化疗、单独手术或联合模式治疗后复发的食管鳞癌患者，给予泰索帝80mg/m^2 d_1 + 诺维本20mg/m^2 d_1，21天为一周期，结果显示有效率60%（3例CR，9例PR），中位生存期10.5月，81%的患者吞咽困难得到改善，主要的毒副反应是较严重的白细胞降低。

（4）含新药的联合化疗方案：Urba SG等[18]对转移性或复发的食管癌患者设计了一项Ⅱ期试验测试联合化疗的疗效，来自37个医院的64例患者使用双氟胞苷（gemcitabine）1 000 mg/m^{2}在1、8、15天，顺铂100mg/m^{2}在第15天使用，结果3月生存率81%，1年生存率20%，中位生存期7.3月，患者对该剂量有很好的耐受。Oettle H[19]等选择19例无法手术的$Ⅱ_A$、Ⅲ、Ⅳ期患者予以CDDP + 5-Fu + 双氟胞苷方案，其中对CDDP采用0级（20mg/m^2）、1级（2 5mg/

m^2)、2 级($30mg/m^2$)三种剂量,显示 CDDP 最大耐受剂量(MTD)为 $30mg/m^2$,剂量限制性毒性为白细胞减少、血小板减少。

Hirao M 等[10]等对晚期鳞癌联合化疗奈达铂 NED 60 ~ $80mg/m^2$(第 1 天)ADM $30mg/m^2$(第 1 天)5-Fu $700mg/m^2$(1 ~ 5 天),Ⅰ期研究中,NED $60mg/m^2$ 时,12 例中 1 例出现剂量限制毒性(Ⅳ度中性粒细胞减少);NED $70mg/m^2$ 时,2 例出现剂量限制毒性(Ⅳ度中性粒细胞减少和Ⅲ度腹泻),认为 $70mg/m^2$ 为最大耐受剂量(MTD),$60mg/m^2$ 为推荐剂量(RD),Ⅱ期研究中总反应率为 57.1%,中位生存时间还未获得。

有报告[21]显示 CPT-11 + CDDP 联合化疗的有效率超过 30% ~ 50%。新的化疗方案包括依立替康(CPT-11) + 丝裂霉素/紫杉醇/5-Fu。Assersohn L 等[22]报道 33 例对 5-Fu + 奥沙利铂联合方案耐受的晚期、转移性食管癌患者给予 CPT-11($180mg/m^2$) + 5-Fu($400mg/m^2$),随后予以 5-Fu(1 $200mg/m^2$)48h 灌注,该研究总反应率 29%,总中位生存期 6.4 月,常见副反应包括 64.3% 食欲减退、72.7% 体重减轻、54.5% 疼痛、26.4% 出现中性粒细胞减少、13.2% 患者出现 3 ~ 4 度贫血。

Khushalani NI 等[23]对 38 例早期食管癌予以草酸铂(OXP)85 mg/m^2(1、15、29 天)与 5-Fu 联合化疗,5-Fu 采用 $180mg/m^2$ 35 天 24 小时持续滴注,第 8 天开始外照射,36 人完成第 1 周期化疗后,81% 食管黏膜未见肿瘤,24 人完成第 2 周期化疗,未出现 4 级血液方面毒性,13 人接受治愈性切除术,5 人达到病理完全缓解,试验显示该方案对早期食管癌有效,且患者有很好的耐受。

二、新辅助治疗

在确诊为食管癌的患者中,大多属于局部晚期或播散期,由于食管黏膜下独特的淋巴管系统,即使早期的食管癌应该认为有淋巴转移。事实上所有的 T_3、T_4 期患者已经发生了局部区域的淋巴转移。伴有淋巴结转移的患者行单纯手术治疗,其 5 年生存率很低,罕见超过 20%。

目前临床应用的新辅助治疗方式有三种:①新辅助化疗,②新辅助放疗,③新辅助放化疗。一般而言,这些治疗方式适用于局部晚期肿瘤,即 $T_{3\sim4}N_{0\sim1}M_0$。确诊病灶时应有超声内镜、胸部及腹部 CT 检查,位于气管支气管附近的患者还应有支气管镜检查结果。

1. 新辅助化疗 1998 年美国 0113 协作组[24]报告了包括 440 例食管癌患者的临床研究,术前行三周期的顺铂和 5-Fu 化疗与单纯手术比较,在两年生存期上无差异。而在 2002 年英国医学研究组临床试验[25]结果中,术前行两周期的顺铂和 5-Fu 化疗与单纯手术比较,其两年生存期具有显著性差异(分别为 16.8 月、13.3 月)。虽然英国方案化疗周期数少,但 92% 的患者在化疗后顺利地接受了外科手术治疗,而接受美国方案的患者仅有 80% 行手术切除。这表明给予总化疗剂量大的美国方案,其毒性潜在地缩短了生存期。在这两个研究中,新辅助化疗的病理反应比未行化疗没有病理反应对生存期具有益处。含有 2 051 名患者的 11 个随机研究结果显示,行术前化疗(顺铂和 5-Fu)的患者在 3、4、5 年生存率上优于单纯手术者,但只有 5 年生存率具有显著性差异,研究还显示病理类型与生存率无关。

英国医学研究组同时还报告了一项多中心随机对照研究结果[25],比较术前化疗与单纯手术的疗效。400 例患者接受两个周期的 CDDP + 5-Fu 的化疗,然后手术(CS 组);402 例患者单纯手术(S 组)。中位生存期CS组16.8月,S组13.3月;二年生存率CS组43%,S组34%,二组数字的差异均存在显著性。表明术前化疗在改善生存方面优于单纯手术。Darnton等[26]报道一项二期临床评价M1C方案作为新辅助化疗的疗效。共66例患者给予MMC 6mg/m²、IFO 3g/m²、CDDP 50mg/m²。每三周为一周期,给予2~4周期。化疗有效率61%(18例R,22例PR),79%得到根治性切除。总的中位生存期12.4月,达到CR并且淋巴结阴性的患者比淋巴结阳性或未能切除的患者有明显长的生存期(22.0月vs9.4月)。Kelsen等报告的一项Ⅲ期实验比较了新辅助化疗合并手术方案同单纯手术治疗方案,前一组是先给予3个疗程的化疗后(顺铂、氟脲嘧啶)再接受手术治疗。如果患者病情稳定,或者对新辅助化疗反应敏感,那么手术后再接受2个疗程化疗,这项大样本的实验共包括467名患者,结果显示,接受术前化疗的病例组的手术并发症与死亡率没有改善。通过分析,术前化疗无益于提高手术切除率、无复发存活率及总存活率[27]。2002年Urschel[28]等报道一项Meta分析的结果比较新辅助化疗加手术与单纯手术,共分析11项随机对照试验,1976例患者,结果没有证明两者在生存方面有差异。

对食管癌的新辅助化疗有不同的看法,一般认为化疗后达到CR的患者术后有较长的生存期。既往的新辅助化疗方案仍以CDDP+5-Fu为基础,目前包含紫杉类药物的新的方案已开始用于新辅助化疗,相信会有不同的结果。

2.新辅助放疗　过去大家认为新辅助放疗可以提高手术的切除率,消除局部区域的淋巴结转移,降低局部复发和术中种植。但有关新辅助放疗的价值一直没有定论,国内外文献报道的结果也不一致。1998年英国一项Meta分析[29]评价术前放疗的疗效。文献综合了英、法、丹麦、挪威和中国的5组共1 147例随机研究资料,与单纯手术组比较,术前放疗组的死亡危险度下降11%,二年绝对生存率受益3%,五年受益4%,$P=0.062$,该分析的结论是没有明显的证据表明术前放疗对长期生存有益[34]。

国内汪楣等[30]分析随诊满5年以上的418例食管癌随机分组临床研究结果,评估术前放射治疗和外科手术综合治疗食管癌的近远期疗效。术前放射治疗组[(R+S)195例],单纯手术组[(S)223例]手术切除率分别为90.3%和85.7%($P=0.08$),术后病理淋巴结转移率分别为22.2%和40.8%($P<0.01$),局部和区域复发率分别为22.7%和41.4%($P<0.01$)。R+S组与S组1、3、5年生存率分别为72.0%、47.6%、42.8%和64.2%、40.0%、33.1%,R+S组生存率优于S组($P=0.024$)。表明术前放射治疗能降低术后病理淋巴结转移率,缩小肿瘤起到降期作用,能降低局部和区域复发率提高长期生存率,能提高手术切除率但不增加术后并发症。不同的术前放疗技术也是影响治疗疗效的关键之一。赵玉林等报道224例食管癌术前放疗随机研究结果,108例行术前加速放疗,每日照射2次,每次2Gy,总量40Gy/20次/2周,五年生存率45.3%,明显高于术前常规放疗40Gy/20次/4周组的五年生存率28.8%($P=0.001$)[31]。

3.新辅助放化疗　近几年为了延长食管癌生存期和减少复发率,新辅助放化疗成为甚感兴趣的焦点。晚期食管癌的长期生存状态很差,部分由于局部复发和远处转移率高的缘故。进一步提高诱导治疗的病理反应和总的结果,国外学者提出了新颖的三步骤新辅助治疗方案,即化学诱导治疗、同步放化疗和手术依次施行,获得了显著的临床疗效。早在 1996 年 Walsh 等[32]应用顺铂和 5-Fu + 40Gy + 手术治疗了 113 例食管腺癌病人,行新辅助放化疗的患者 3 年生存率为 32%,与单纯手术(6%)相比具有显著性差异。

近来,Lawrence K 等[33]对食管癌术前顺铂、延长静滴 5-氟尿嘧啶和同步放疗评估的长期生存结果,在对 92 例食管癌(65 例腺癌和 27 例鳞癌):A 组,50 例患者放化疗治疗包括每天 5-氟尿嘧啶(5-fluorouracil)300mg/m^{2}长时间的静滴,用 30 天,顺铂(cisplatin)26mg/m^2 分别在第 1 ~5 天和 26 ~30 天;B 组:42 例患者,放化疗治疗包括每天 5-氟尿嘧啶 225mg/m^2 和顺铂 20mg/m^2 分别在第 1 ~5 天和 16 ~30 天和术后紫杉醇(paclitaxel)135mg/m^2 和顺铂 75mg/m^2 三个周期的化疗,同时行 44Gy/30 天的放疗。5 年 Kaplan-Meier 生存结果为 40%,中位生存期 35 个月,但腺癌和鳞癌生存结果相同,5 年生存率为 49%,在组织类型上没有区别。值得注意的是,生存 >5 年的患者仅一例死于肿瘤,其余均无疾病生存。病理反应的患者 5 年生存率为 67%(中位生存期未得到),其余患者 5 年生存率为 27%(中位生存期为 11 月,$P<0.001$);完全病理反应的患者,5 年无疾病生存率为 65%,有残留疾病,生存率为22%(中位生存期为11 月)。预期5 年生存结果和晚期癌相关的死亡表明了强化的辅助化疗有可能改善总体的治愈率。另外,Noah C 等[34]也报道新辅助化疗对晚期食管癌具有显著效果。化疗包括两个周期的顺铂、5-氟尿嘧啶和紫杉醇。同步放疗用两个不同水平的剂量,肿瘤区行 58. 5Gy/34f/5w 放疗和临床靶区为 45Gy/25f/5w;在化疗周期的第 1 ~5 天和 29 ~32 天,增加剂量达 13.5Gy(1.5Gy/次)分作 9 天的超分割照射。结果显示中位生存期为 34 月,Kaplan-Meler 分析 2、3、5 年总的生存率分别为 57%、50%和 37%。具有病理反应的患者 5 年生存率为 55%,残留病灶者(residual disease)为 32%;5 年无疾病生存率为 48%,5 年无远处转移率为 67%。比较两组临床研究,二者均具有较好的临床效果,但在对于放疗剂量方面,二者有不同建议,前者表明超分割放疗或增大剂量的放疗限制改善结果的潜力,这些方式可能增加治疗相关疾病的发病率和全身治疗忍受度的下降[33]。后者[34]提出,为了更好地提高病理反应率,增加放疗剂量是必要的。另外 2003 年 Mc Donell 等[35]报道,对新辅助放化疗在食管癌血管生成影响进行评价,结果表明术前放化疗对食管癌患者的肿瘤病灶的局部血管生成很少影响,同时提出在食管癌患者的治疗中,加入抗血管生成药物是有利的。Jin J 等[36]报道一项回顾性研究,比较同期放化疗(CHT/RT:5-Fu 和铂类 + 放疗)后手术(S)(CHT/RT + S 组)和先给予诱导化疗(CHT: 5-Fu + CDDP + PTX)再加同期放化疗后手术(CHT + CHT/RT + S 组),结果五年生存率(71. 1% vs22. 8%)、五年无病生存率(56. 6% vs27. 6%),表明 CHT + CHT/RT + S 方案明显优于 CHT/RT + S 方案。Urba 等[37]报道一项术前放化疗后手术的二期临床报道。69 例患者术前接受 CDDP 75mg/m^2 d_1 + PTX 60mg/m^2,$d_{1、8、15、22}$ + 放疗 1.5Gy 2 次/日 $d_{1\sim5、8\sim12、15\sim19}$。90% 的患者可以完全切除,19% 达到 CR,1、2、3 年生存率分别为 75%,50%,34%。

三、辅助治疗

1.辅助化疗新认识　在食管癌术后辅助化疗中,以往的基本化疗方案是 CDDP + 5-Fu 方案。近年来随着新药物(如紫杉醇、长春瑞滨、双氟胞苷等)的应用,已初步显示出比较优越的效果。Ando 等[38]报道一项多中心随机对照研究中，评价食道癌的术后辅助化疗的意义，研究包括 242 例患者，122 例单独手术，120 例手术加术后化疗（CDDP $80mg/m^2$ d_1 + 5-Fu $800mg/m^2$ $d_{1\sim5}$）。结果表明单独手术组与术后化疗组 5 年无病生存率分别为 45% 和 55%（$P=0.037$），五年生存率 52% 和 61%（$P=0.13$），结论表明该方案的术后化疗对降低术后复发是有益的。Armanios 等[39]评价术后给予紫杉醇（PTX）联合顺铂（CDDP）方案对食管、贲门腺癌的疗效，59 例患者术后予 PTX $175mg/m^2$ d_1，CDDP $75mg/m^2$ $d_{1、21}$天为一周期，结果二年生存率 60%，显示出较好疗效。国内郑育举等[40]报道双氟胞苷联合顺铂方案在Ⅲ期食管癌术后辅助化疗的应用，36 例均行食管次全切除、颈部吻合术。术后第 2～4 周视情况开始辅助化疗，具体方案是双氟胞苷 $1000mg/m^2$，$d_{1、8}$，顺铂总量 $75mg/m^2$，分 2 次于 $d_{2、3}$应用，每 21 天重复。结果表明 36 例 1 年生存率 84%，同期 28 例Ⅲ期食管癌单纯手术 1 年生存率 60.6%，有显著差异（$P<0.05$），耐受性良好，表明双氟胞苷联合顺铂方案在Ⅲ期食管癌术后辅助化疗方面值得进一步研究。

2. 辅助性放疗价值的再探讨　外科手术治疗依据其目的不同分为根治性手术和姑息性手术两种。根治性术后预防性放疗的目的是杀灭亚肿瘤灶以提高生存率；姑息性手术后放疗的目的是控制肿瘤病灶，以改善其预后。过去认为术后放疗对根治术后淋巴结阴性的病人有好处，对淋巴结阳性的病人没有好处。国内资料显示，术后放疗对姑息手术（胸腹内转移淋巴结残存、大血管壁有肿瘤残存、临近器官残存）有好处；在吻合口有残存的浸润性癌的术后放疗有好处；而吻合口仅有原位癌残存术后放疗无好处。但这些多是回顾性资料获得的结果，其可靠性有待进一步证实。

近来一些随机研究表明，在根治术后行预防性放疗对于Ⅰ、Ⅱ期的食管癌患者 5 年生存率没有益处，即使是术后病理淋巴结阳性的患者，行术后放疗也不能提高其预后。但根治术后放疗对于Ⅲ期的食管癌患者①可提高生存率，尤其是淋巴结阳性的患者，应考虑术后放疗；②能降低放疗部位的复发率；③不增加吻合口狭窄的发生率。对于姑息术后的放疗可以明显改善其预后，局部复发率也明显下降，也应考虑放射治疗。肖泽芬等[41]报道 495 例食管癌根治性术后，随机分为单一手术组（275 例）和术后放疗组（220 例）。术后 3～4 周开始放射治疗。全组 5 年生存率为 39.4%。单一手术组和术后放疗组的 5 年生存率差异无显著性（$P=0.447\ 4$）。单一手术组和术后放疗组的Ⅲ期患者，其 5 年生存率分别为 13.1% 和 35.1%（$P=0.002\ 7$）。术后放疗组的胸内淋巴结、锁骨上淋巴结转移率和吻合口复发率分别为 16.2%、3.1% 和 0.5%，单一手术组分别为 25.9%、13.2% 和 5.8%（$P<0.05$）。吻合口狭窄的发生率单一手术组为 1.8%，术后放疗组为 4.1%（$P>0.05$）。表明术后预防性放疗可提高Ⅲ期食管癌根治术后的生存率，降低放疗部位淋巴结转移率和吻合口的复发率；术后放疗也不增加吻合口狭窄等并发症。

四、手术方法综合治疗价值探讨

在过去 40 年中，常规分割放疗单独治疗食管癌，5 年生存率仅为 10% 左右。为此，放射治疗肿瘤协作组（RTOG）三期临床 RTOG85-01 研究确立用氟尿嘧啶、顺铂的同步放化疗作为局部晚期食管癌非手术治疗的标准治疗方案[42]，但 5-氟尿嘧啶和顺铂联合的同步放化疗伴有严重的治疗相关性毒性，因而其它的化疗药物如 Nedaplatin、Irinotecan、紫杉醇和呋喃氟尿嘧啶先后用于临床，但其治疗疗效又如何呢?

对于晚期不能手术的患者，化、放疗的结合要优于单纯放疗。一般认为，同步放化疗在提高局部控制和降低远处转移方面优于序贯放化疗，但毒副反应较大。另外有报道表明放化疗结合的疗效与单纯手术近似。Hironaka 等[43]报道放化疗与单纯手术治疗食管癌的疗效，53 例放化疗（5-Fu + CDDP + 60Gy 放疗），45 例行手术治疗，5 年生存率放化疗组 46%，手术组 51%，二组无明显差异（$P = 0.47$），研究显示放化疗的效果近似于单纯手术。Reddy SP 等[44]比较放化疗与单纯放疗的效果，42 例单纯放疗，35 例放疗结合化疗（CDDP + 5-Fu），结果 2 年的局部控制率、无病生存率、生存率，放化疗组比放疗组分别为 26% vs5%，20% vs2% 和 29% vs7%，中位生存期 14 月 vs7.5 月，表明放化疗结合明显优于单纯放疗。

Chan A 等[45]回顾性比较同期放化疗与单纯手术的疗效，82 例患者接受同期放化疗（MMC + 5-Fu + CF + 50 ~ 60Gy 放疗），81 例患者接受单纯手术，放化疗组比手术组有更多的Ⅲ期病例（30% vs16%），结果表明 5 年无病生存率和生存率放化疗组 23% 和 25%，手术组 21% 和 23%，两组无明显差别。Rebecca KS 等[46]对 MEDLINE（1966 ~ 2000）、Cancerlit（1983 ~ 2001）和 Cochrane Library（2001，4 期）有关食管癌放化疗随诊临床研究进行分析后推荐：优于单独放疗的同步放疗和以顺铂为基础的化疗作为标准治疗方案。由于无证据证实比序贯放化疗在生存或局部控制有益，相反显示比序贯放化疗相关的副反应增多，因而此方法不作为推荐。Crosby 等[47]在对 1995 ~ 2002 年期间明确的放化疗治疗非手术食管癌的 90 例临床研究进行回顾性的分析。放疗 50Gy，化疗为每天顺铂 60mg/m^2，持续静脉每天 5-氟尿嘧啶 300mg/m^2 每三周为 1 个周期，在放疗期间，5-氟尿嘧啶减少至每天 225mg/m^2。结果发现中位总的生存期为 26 月（15 人，> 96 人），2 年（41 人，64 人）及 5 年（13 人，52 人）生存率分别为 51%、26%。对于晚期食管癌尤其 T_4 期具有显著较好的结果，中位生存期 40（26，> 96）月，2 年和 5 年生存率分别为 67% 和 32%，（$P < 0.001$）。

日本 Heitetsu 等[48]进行间断标准剂量顺铂和 5-氟尿嘧啶（ISD-FD）与每天低剂量顺铂和持续静滴 5-氟尿嘧啶（CLD-FP）化疗方式不同的同步放化疗方案的 I 期临床研究比较，虽然与 ISD-FP 相比，CLD-FP 在并发症及安全性方面没有明显优势，但有较多患者没有如吞咽困难症状。而吞咽困难的症状缓解可能与较好生存率相关。

近来含新药的联合化疗方案也尝试临床研究，从而尽可能达到最优化放化疗。2003 年 Nemoto 等[49]用铂的衍生物 Nedaplatin（80 ~ 120mg/body）代替顺铂，5-氟尿嘧啶（500 ~ 1 000mg/body/24h）及同步用高剂量放疗（总剂量 60 ~ 70Gy），毒性反应少，Ⅲ级白细胞减少为 25%，Ⅲ、Ⅳ级血小板减少症仅出现于 1 例患者。同年美国 By David H 等[50]用顺铂 30mg/m^2，每周 4 次，连续 5 周和新化疗药 irinotecan 65mg/m^2 化疗诱导，而后用 50.4Gy 的放疗，在放疗 1，8，22，29 天时用顺铂 30mg/m^2 和逐步增加剂量 irinotecan（40，50，65，80mg/m^2），结果发现在放化疗过程中毒性作用较小，没有 3 ~ 4 级食管炎、腹泻或口炎，同时确定Ⅱ期新化疗药 irinotecan 剂量为 65mg/m^2。2004 年 Baruch 等[51]报道新的组合方案对晚期食管癌治疗具有显著效果，放化疗的治疗包括每周紫杉醇不同剂量水平(10,20,30,40,60 和 80mg/m^2),持续 96 小时静滴,顺铂 30mg/m^2,分别在 1~6 周的第 1 天使用,同时用 50.4Gy 放疗,结果发现 64% 患者有临床反应,包括 35% 患者临床缓解(clinical complete response),病理缓解(pathologic complete response)高达 24%;全部患者 3 年生存率为 43%;8 例已达 CR 的患者未进行手术治疗,其中 3 例至今仍生存,无疾病生存超过 4 年;毒性≥3 级少见;同时又对所有患者紫杉醇血浆稳态水平的测定,确定紫杉醇最大耐受剂量(maximum-tolerated dose)每周 60mg/m^2,但以上结果处于Ⅰ期临床研究阶段,仍需进一步验证。

五、三步骤治疗

食管癌尤其是晚期患者治疗失败或复发的原因主要是局部病灶未控和远处转移率高。为了提高诱导治疗的病理缓解率,进而提高总的疗效,国外学者提出了新颖的三步骤新辅助治疗策略,并已报道了Ⅱ期临床研究结果,其临床试验治疗方案是,化疗药物诱导治疗,放化疗联合治疗和手术依次施行三步骤治疗方案。

Jaffer A. Ajani 等[52]2004 年报道,该研究包括 43 例患者(其中 T_3 为 84%,N_1 为 63%),所有患者先接受 2~6 周 CPT-11 和顺铂化学诱导治疗,而后接受同步化疗治疗(放疗 45Gy 和 5-Fu、紫杉醇化疗),5~6 周后接受手术治疗,切除率为 91%,病理缓解率达 26%,通过内窥镜超声检查治疗后 T 和 N 分类和手术时 T 和 N 分类,显示出明显的分期下降(down-staging)($P<0.01$)。所有患者中位生存期为 22.1 月。2003 年 Stephen 等[53]有类似局部晚期食管癌三步骤治疗Ⅱ期临床研究的报道,所不同的是采用紫杉醇(200mg/m^2),5-Fu(750mg/m^2 · d^{-1},5 天)共两个疗程的化学诱导,后进行放化疗治疗(放疗 45Gy/5W + 5-Fu 300mg/m^2 · d^{-1} 和顺铂 15mg/m^2 · d^{-1})。放化疗结束后 4~6 周进行手术切除,所有 38 例患者治疗后中位随诊时间为 58 月,3 年和 5 年生存率分别为 63% 和 39%。前者化疗诱导的毒性为疲劳、粒细胞减少症状,放化疗的毒性为Ⅲ~Ⅳ度疲劳和粒细胞减少,手术相关死亡 2 例;后者 46% 患者手术后出现各种并发症,2 例患者由于进展性肺炎和多脏器衰竭死于围手术期间,30% 患者出现Ⅲ~Ⅳ度化疗诱导的毒性,主要为粒细胞减少症。这两个临床研究表明,化学诱导、同步放化疗治疗和手术依次的三步骤治疗方案,在治疗有局部活动的晚期食管癌是安全和可靠的。

三步骤治疗方案的另外一种治疗模式是术前应用放化疗,然后行手术治疗和术后化疗。赞成该治疗方案的学者认为术前放化疗可降低分期,并提高手术切除率和长期生存率。Heath 等[54]报道一项Ⅱ期临床试验评价术前放化疗结合术后化疗对食管癌的疗效。研究包括 42 例患者,术前给予放化(CDDP + 5-Fu + 44Gy 放疗),手术后给予化疗(PTX + CDDP)。结果表明 39 例患者接受手术,其中 29 例获得了益处(11 例达到 CR,18 例得到降期),总的 2 年生存率 62%,达到 pCR 的 2 年生存率 91%,未达到者 2 年生存率 51%。Ajani 等[55]报道一项诱导化疗(CPT-11 + CDDP)后接术前的放化疗(45Gy 放疗和 5-Fu + PTX)然后手术。共 43 例患者,结果表明 CR26%,PR37%,中位生存期 22.1 月,达到 CR 或 PR 的患者比未达到者有更长的生存期(25.6 月 vs18.5 月)。

据 Reutershealth 报道,根据一项Ⅱ期试验的结果,在食管癌患者中,食管切除术前用 5-氟尿嘧啶、顺铂、α-干扰素加外部电子束放疗可使某些患者的存活时间延长 3 年或3年以上。芝加哥大学医院的研究人员，研究了44位切除前接受化放疗的非转移性食管癌患者。研究人员在7月份的《外科学文献》上报道说，44位患者中的17位平均随访50个月后仍存活。这些存活的患者中，15位没有复发疾病的证据，14位存活3年或以上。在本文完稿后（平均随访54个月），一位长期存活患者死于癌症，一位疾病复发，12位没有疾病。6位患者存活超过4年，3位超过5年。两位患者后来发生原发性肿瘤。很明显，诱导化放疗和食管切除术的治疗好处仍需要在较大规模的多研究所Ⅲ期试验中进行评估。同时，手术仍是局限性食管癌患者的标准治疗。然而人们不能不考虑的问题是，不同组合模式的三步骤治疗食管癌方法是否应成为近期值得临床专家积极探讨的努力方向？

六、结语

食管癌患者术前的放疗、化疗或者同时放化疗可以提高切除率、降期和减少局部复发，对生存期延长的价值还有待最终确认。放疗、化疗、手术三者的结合是食管癌综合治疗的趋势，三步骤治疗方法有可能充分挖掘三种治疗方法合理应用的潜力。无法手术的晚期患者，放化疗结合明显优于单纯放疗，部分资料显示放化疗结合疗效不亚于手术+化疗。新的化疗药物（如紫杉醇、长春瑞滨、双氟胞苷等）的应用，使食管癌化疗的疗效也进一步得到提高。总之，合理而有效的综合治疗，已取得较单一方法更为满意的疗效，提高了患者的长期生存率。

参考文献

1 中国肿瘤防治研究办公室. 中国试点市、县恶性肿瘤的发病与死亡，第一版. 北京：中国医药科技出版社，2002：28～34

2 汤钊猷. 现代肿瘤学，第一版. 上海：上海医科大学出版社，1993：478

3 Kelsen DP, Ilson DH. Chenotherapy and combined-modality therapy for esophageal cancer. Chest, 1995; 107: 224

4 Schmoll HJ, Kohne CH, Papageorglou E, et al. Single agent lobaplatin is active in patients with esophageal carcinoma: a phase 2 evaluatian (Abstract 483). Proc Am Soc Clin Oncol, 1995; 14: 201

5 李醒亚，申淑景. 紫杉醇治疗食管癌疗效分析. 癌症，1999；18（3）：327～329

6 Conroy T, Etienne PL. Vinorelbine and cisplatin in metastatic squamous cell carcinoma of the oesophagus: response, toxicity, quality of life and survival. Ann Oncol. 2002; 13(5): 721～9

7 Vignoud J, Visset J, Paineau J et al. Preoperative chemotherapy in squamous cell carcinoma of the esophagus: clinical and pathological analysis, 48cases (Absract). Ann Oncol, 1990; 1 (Suppl): 45

8 Richel DJ, Vervenne WL. Systemic treatment of oesophageal cancer. Eur Gastroenterol Hepatol, 2004; 16(3): 249～54

9 Rayes BF, Shields A, et al. A phase Ⅱ study of carboplatin and paclitaxel in esophageal cancer, Ann-Oncol, 2004; 15(6): 960～5

10 Polee MB. Phase Ⅱ study of bi-weekly administration of paclitaxel and cisplatin in patients with advanced oesophageal cancer. Br Cancer, 2002; 86(5): 669～73

11 高峰，朱春平. 周剂量紫杉醇联合低剂量FP方案治疗晚期食管癌46例临床观察. 河南肿瘤学杂志，2003；16（2）：103～105

12 Weiner LM. Paclitaxel in the treatment of esophagus cancer. SeminOncol, 1999; 26(1 suppl 2): 106～108

13 Urba SG, Orringer B, Ianettonni M, et al. Concurrent cisplatin, paclitaxel, and radiotherapy as preoperative treatment for patients with locoregional esophageal carcinoma. Cancer, 2003 ;98: 2177～2183

14 Polee MB, Tilanus HW, Eskens FA, et al. Phase Ⅱ study of neoadjuvant chemotherapy with paclitaxel and cisplatin given every 2 weeks for patients with a resectadle squamous cell carcinoma of the esophagus. Ann Oncol, 2003; 14: 1253～1257

15 杨义明，张水兰，宋华勇. TP方案治疗难治性晚期食管鳞癌的临床观察. 第一军医大学学报，2004；24（9）：1042～1045

16 樊青霞,李鑫,吴欣爱,等.诺维本联合顺铂治疗食管鳞癌的临床观察.癌症进展杂志，2004；2（2）：109～111

17 Airoldi M, Cortesina G, Giordano C, et al. Docetaxel and vinorelbine: an effective regimen in recurrent squamous cell esophageal carcinoma. Med Oncol, 2003; 20(1): 19～24

18 Urba SC, Chansky K, et al. Gemcitabine and cisplatin for patients with metastatic or recurrent esophageal carcinoma: a Southwest Oncology Group Study. Invest New Drugs, 2004; 22(1): 91～7

19 Oettle H, Arnold D, Kern M. Phase I study of gemcitabine in combination with cisplatin, 5-fiuorouracil and folinic acid in patients with advanced esophageal cancer. Anticancer Drugs, 2002; 13(8): 833～8

20 Hirao M, Fujitani K, Tsujinaka T. Phase I study of the combination of nedaplatin (NED), adriamycin (ADM), and 5-fiuorouracil (5-Fu) (NAF) for treatment of unresectable advanced esophageal cancer. Gan To Kagaku Ryoho, 2005 ;32(1): 53～6

21 Ilson DH, Minsky B. Irinotecan in esophageal cancer. Oncology, 2003; 17(9): 32～6

22 Assersohn L, Brown G, Cunningham D, et al. Phase Ⅱ study of irinotecan and 5-fiuorouracil/leucovorin in patients with primary refractory or relapsed advanced oesophageal and gastric carcinoma. Ann Oncol, 2004; 15(1): 64～9

23 Khushalani NI, Leichman CG, Proulx G. Oxaliplatin in-combination with protracted-infusion fiuorouracil and radiation: report of a clinical trial for patients with esophageal cancer. Clin Oncol,2002;20(12): 2844～50

24 Kelsen DP, Ginsberg R, Pajak TF, et al. Chemotherapy followed by surgery compared with surgery alone for localized esophageal cancer. N Engl J Med, 1998; 339: 1979～84

25 Medical Research Council Esophageal Cancer Working Group. Surgical resection with or without preoperative chemotherapy in oesophageal cancer: a randomised controlled trial. Lancet, 2002 ;359(9319): 1727～33

26 Damton SJ, Archer VR, Stocken DD. Preoperative mitomycin, ifosfamide, and cisplatin followed by esophagectomy in squamous cell carcinoma of the esophagus: pathologic complete response induced by chemotherapy leads to long-term survival. Clin Oncol, 2003; 21(21): 4009～15

27 Kelsen DP, Ginsberg R, Qian C, et al. Chemotherapy followed by operation versus operation in the treatment of patients with localized esophageal cancer. Proc Ann Soc Clin Oncol, 1997; 16: 276

28 Urschel JD, Vasan H, Blewett CJ. A meta-analysis of randomized controlled trials that compared neoadjuvant chemotherapy and surgery to surgery alone for resectable esophageal cancer. Am J Surg, 2002;183(3): 274～9

29 Arnot SJ, Duncan W, Gignooux M, et al. Preoperative radiotherapy in esophageal carcinoma: a Meta-analysis using individual patient data (Esophageal Cancer Collaborative Group). Int J Radiat Oncol Biol Phys, 1998;41(3): 579～584

30 汪楣,谷铣之,黄国俊.食管癌术前放射治疗的前瞻性临床研究.中华射肿瘤学杂志,2001:10(3): 168～171

31 赵玉林,刘海龙,徐建华.食管癌术前加速超分割放射治疗临床研究.中华放射肿瘤杂志,1999;8(3): 168～171

32 Walsh TN, Noonan N, Hollywood D, et al. A comparison of multimodal therapy and surgery for esophageal adenocarcinoma. N Engl J Med, 1996; 335: 462～7

33 Lawrence Kleinberg, Jonathan PS. Knisely, Richard Heitmiller, et al. Mature survival results with preoperative cisplatin protracted onfusion 5-fluorouracil, and 44-Gy radiotherapy for esophageal cancer. Int J Radiation Oncology Biol Phys, 2003;56(2): 328～334

34 Noah Choi, Sung D Park, Thomas Lynch, et al. Twice-daily radiotherapy as concurrent boost technique during two chemotherapy cycles un neoadjuvant chemoradiotherapy for respectable esophageal carcinoma: mature results of phase Ⅱ study. Int J Radiation Oncology Biol Phys, 2004;60(1): 111～122

35 McDonnell CO, Bouchier HDJ, Toomey D, et al. Effect of neoadjuvant chemoradiotherapy on angiogenesis in oesophageal cancer. Br J Surg,2003;90: 1373～1378

36 Jin J, Liao Z, Zhang Z. Induction chemotherapy improved outcomes of patients with resectable esophageal cancer who received chemoradiotherapy followed by surgery. Int J Radiat Oncol Biol Phys,2004;60 (2): 427～36

37 Urba SG, Orringer MB, Ianettonni M. Concurrent cisplatin, paclitaxel, and radiotherapy as preoperative treat-

ment for patients with locoregional esophageal carcinoma. Cancer, 2003; 98(10): 2177 ~ 83

38 Ando N, Ⅱzuka T, lde H , et al. Surgery plus chemotherapy compared with surgery alone for localized squamous cell carcinoma of the thoracic esophagus: a Japan Clinical Oncology Group Study-JCOG9204. J Clin Oncol, 2003 ;21 (24): 4592 ~ 6

39 Armanios M, Xu R, Forastiere AA, et al. Adjuvant chemotherapy for resected adenocarcinoma of the esophagus, gastro-esophageal junction, and cardia: phase Ⅱ trial (E8296) of the Eastern Cooperative Oncology Group. J Clin Oncol, 2004;22 (22): 4495 ~ 9

40 郑育举，肖大伟，郑毓武等，36 例Ⅲ期食管癌术后辅助化疗中的应用. 福建医药杂志，2004;26(3): 14 ~ 16

41 肖泽芬，杨宗贻，梁军. 食管癌根治术后预防性放射治疗的临床价值. 中华肿瘤杂志，2002;24(6): 608 ~ 611

42 Swisher SG, Ajani JA, Komaki R, et al. Long-term outcome of phase Ⅱ troal evaluating chemotherapy, chemoradiotheraopy, and surgery for locoregionally advanced esophageal cancer. Int J Radiation Oncology Biol Phys, 2003;57(1): 120 ~ 127

43 Hironaka S, Ohtsu A, Boku N, et al. Nonrandomized comparison between definitive chemoradiotherapy and radical surgery in patients with T(2-3) N(any) M(0) squamous cell carcinoma of the esophagus. Int J Radiat Oncol Biol Phys, 2003;57 (2): 425 ~ 33

44 Reddy SP, Lad T, Mullane M. Radiotherapy alone compared with radiotherapy and chemotherapy in patients with squamous cell carcinoma of the esophagus. Am J Clin Oncol, 1995;18(5): 376 ~ 81

45 Chan A, Wong A, et al. Is combined chemotherapy and radiation therapy equally effective as surgical resection in localized esophageal carcinoma? Int J Radiat Oncol Biol Phys, 1999;45(2): 265 ~ 70

46 Rebecca KS, Wong MB, et al. Combined modality radiotherapy and chemotherapy in nonsurgical management of localized carcinoma of the esophagus: a practice guideline Int J Radiation Oncology Biol Phys, 2003;55(4): 930 ~ 942

47 Crosby TDL, Brewster AE, Borley A, et al. Definitive chemoradiation in patients with inoperable oesophageal carcinoma. Cancer, 2004;90: 70 ~ 75

48 Sai H, Mitsumori M, Yamauchi C, et al. Concurrent chemoradiotherapy for esophageal cancer: comparison between intermittent standard-dose cisplatin with 5-fluorouracil and daily low-dose cisplatin with continuous infusion of 5-fluorouracil. Int J Clin Oncol, 2004;9: 149 ~ 153

49 Nemoto K, Matsushita H, Ogawa Y, et al. Radiation therapy combined with Cis-Diammine-Glycolatoplatinum (Nedaplatin) and 5-fluorouracil for untreated and recurrent esophageal cancer. Am J Clin Oncol(CCT), 2003; 26(1): 46 ~ 49

50 Hilson BD, Bains M, Kelsen DP, et al. Phase I trial of escalating-dose irinotecan given weekly with cisplatin and concurrent radiotherapy in locally advanced esophageal cancer. J Clin Oncol, 2003;21 (15): 2926 ~ 2932

51 Brenner B, Ilson DH, Minsky BD, et al. Phase I trial of combined-modality therapy for localized esophageal cancer: escalating doses of continuous-infusion paclitaxel with cisplatin and concurrent radiation therapy J Clin Oncol, 2004;22(1): 45 ~ 52

52 Ajani JA, Walsh G, Komaki R, et al. Preoperative induction of CPT-ll and cisplatin chemotherapy followed by chemoradiotherapy in patients with locoregional carcinoma of the esophagus or gastroesophageal junction. Cancer, 2004; 100(11): 2347 ~ 2354

53 Swisher SG, Ajani JA, Komaki R, et al. Long-term outcome of phase Ⅱ troal evaluating chemotherapy, chemoradiotheraopy, and surgery for locoregionally advanced esophageal cancer. Int J Radiation Oncology Biol Phys, 2003;57(1): 120 ~ 127

54 Heath EI, Burtness BA, Heitmiller RF, et al. Phase Ⅱ evaluation of preoperative chemoradiation and postoperative adjuvant chemotherapy for squamous cell and adenocarcinoma of the esophagus. J Clin Oncol, 2000;18(4) : 868 ~ 76

55 Ajani JA, Walsh G, Komaki R, et al. Preoperative induction of CPT-11 and cisplatin chemotherapy followed by chemoradiotherapy in patients with locoregional carcinoma of the esophagus or gastroesophageal junction. Cancer, 2004;100(11): 2347 ~ 2354

❖ 血液肿瘤 ❖

2004 年白血病的治疗进展

马　军

哈尔滨血液病肿瘤研究所　哈尔滨　150010

白血病是一种异质性疾病,通过对白血病发病的分子基础研究已发现了很多的致病基因。白血病全世界年发病例数为 40 万人左右,占各种恶性肿瘤发病率的第六位。中国年发病人数大约为 12 万人左右,占中国恶性肿瘤发病率的第八位。严重危害着人类身体健康的恶性肿瘤疾病之一。

白血病一般是一种以上的基因突变的恶性肿瘤,一般可出现基因点突变,基因重排或染色体易位。近年动物体外试验及动物白血病模型提示白血病的发病是多基因变异及复杂的基因突变。在急性早幼粒细胞白血病(APL)转基因鼠中 PML-RARα 基因的表达大约达 25% 左右可发病,一般需要第二种基因突变的发生方可致病。由此推断白血病的发生需要二种以上的基因突变。

一、白血病基础研究进展

(一)针对白血病干细胞的治疗

通过细胞培养和动物白血病模型的基因学研究已经发现了多种白血病致病基因,由而形成了针对白血病干细胞为靶向治疗的新的基因及基因产物药物。

2001 年美国学者通过胚胎及卵生兄弟姐妹及细胞培养的方法证实了人白血病干细胞(LSC)的存在。已成功的分离出急性髓细胞白血病(AML)和慢性髓细胞白血病(CML)的恶性克隆干细胞。这些研究表明 LSC 在造血中也有一系列的组织等级,小部分 LSC 有自我更新的功能。大部分 LSC 细胞群处于静止期,所以化疗对大部分 LSC 无作用,这也是影响白血病的治疗疗效的主要原因。

关于 LSC 起源一般认为是从多能造血干细胞(HSC)或祖细胞,这些 LSC 一般在干细胞水平或祖细胞水平发生基因突变而影响细胞的生存、凋亡和分化,由此导致细胞的恶性增殖而发生白血病的发生。

1. 针对 LSC 的靶向治疗　由于分子生物学研究进展,应用免疫细胞反应表达发现 AML 的 LSC 恶性细胞群 CD_{34}^{+}、CD_{38}^{-}、CD_{71}^{-}、HLA-DR^{-}、CD_{90}^{-}、CD_{117}^{-}、CD_{123}^{+}。但只有 CD_{90}、CD_{117}、CD_{123} 这三种分化抗原的单克隆抗体进行靶向治疗。另外发现 AML 的 LSC 上调编码 1RF-1 和 DAP 激酶的基因,所以根据 LSC 特殊分子生物学特点定出分子靶向治疗。

2. 针对 LSC 表面分子的靶向治疗　现已上市的单克隆抗体药物如 CD_{20}、CD_{25}、CD_{33} 均是根据细胞表面免疫表型作为靶点的肿瘤分子靶向治疗方法。抗 CD_{33} 是治疗 AML 最有效的单克隆抗体,在 AML 中由于 CD_{33} 可以高表达,而部分增殖的 LSC 也表达 CD_{33},所以 CD_{33} 可针对 AML 的 LSC 表达进行抑制性治疗使 AML 得到缓解。2004 年美国学者又采用了细胞因子与细胞毒药物融合的方法来治疗 AML。特别应用 IL-3 融合到白喉毒素，可以针对 AML 的 LSC 靶点进行治疗取得了体外抑制的好疗效。因此确定 LSC 细胞群的表面靶抗原是今后的治疗研究方向。

在 APL 主要是造血祖细胞向下分化出现了分化凋亡障碍而致病。应用全反式维甲酸(ATRA)和三氧化二砷(ATO)的靶向治疗可使 APL 患者 CR。另外:ATRA 和 ATO 对 APL 的 LSC 也有诱导正常和分化凋亡作用，所以临床在应用 ATRA 和 ATO 双诱导治疗可使 75% APL 获得临床治愈。

3. 靶向 LSC 特异分子的靶向治疗 2004 年全世界已经有 20 个实验室分析出了 LSC 的分子特点。各国学者均考虑针对某种特殊特异的诱导可使 LSC 凋亡、死亡，已在体外设计出了 13 种针对 LSC 细胞群的分子药物。主要是应用抑制酪氨酸激酶(FLT3)小分子抑制剂可使大部分的 LSC 受到抑制而凋亡死亡。

另外采用针对 LSC 的蛋白酶抑制剂可杀伤 LSC 细胞群。采用蛋白酶抑制剂 + 蒽环类药物可抑制 LSC 的 NF-KB，可使 LSC 高敏感达到杀伤作用。蛋白酶抑制剂可以阻断 LSC 的生存传导信号而抑制 P13 激酶的信号传导通路，从而抑制阻断 LSC 的增殖分化使白血病发展停止。

虽然对 LSC 的研究已取得了较多进展，使白血病的治疗又有了新飞跃，但是由于 LSC 独特的生物学特色还不完全清楚，LSC 是怎样演变和转化白血病的机制还有很多的谜，所以必须开展对 LSC 的分子生物学机制的细致深入研究，由而研究出针对 LSC 特异性的药物治疗使白血病得到根本的治愈。

二、白血病的临床治疗进展

(一)AML 临床治疗进展

急性髓细胞白血病(AML)是一种异质性疾病，通过对白血病发病的分子基础研究，已发现了近 200 种 AML 的致病基因。AML 基因表型研究的深入可使我们针对每一个变异基因来发展相应的基因分子靶向治疗。

AML 占全部急性白血病的 70% 左右，发病率大约为 4.0/10 万人。美国 2004 年中发病病例为 10000 例左右，每年死亡病例为 7100 例左右，死亡率占 70% 左右，是恶性肿瘤死亡率较高的疾病之一。AML 一般是一种以上的基因突变的恶性肿瘤，一般可出现基因点突变，基因重排或染色体易位。近年动物试验及白血病模型提示了白血病发病是多基因变异及复杂的基因突变。在急性早幼粒细胞的白血病(APL)转基因鼠中 PML-RARα 的表达大约达 25% 左右可发病，一般需要第二种基因突变发生方可发病。实验证明白血病的发生需要二种以上的基因突变。

AML 是急性白血病的主要类型，随着 AML 突变基因研究进展，为了改善疗效，减少毒性，可以建立全部对每一变异基因的相应基因治疗办法，也可采用干扰细胞增殖、生存途径，针对突变造血转录因子，而研发新的药物进行 AML 的分子靶向治疗，从而提高 AML 的生存期，使 AML 得到治愈的可能。

1. 高剂量化疗 + 自体造血干细胞移植或异基因造血干细胞移植　可使相当一部分 AML 患者获得根治性治疗，长期无病生存率可达 60% 左右。

2. 耐药逆转剂　AML 易发生耐药，尤其 60 岁以上老年人的 AML 或 MDS 转化的 AML 耐药基因可呈高表达。除环孢菌素 A，p53 蛋白。近年来应用对抗抗凋亡 bcl-2 基因蛋白来治疗老年性 AML，现正行 I 期临床观察。

3. 免疫治疗　抗-CD_{33} 单克隆抗体、抗

GM-CSF 受体治疗已经进入临床观察，化疗+IL-2、GM-CSF、树突状细胞（DC）治疗仍在临床观察中。

4. 分化凋亡治疗

（1）ATRA 治疗 APL 已获成功，CR 率达 90%。

（2）AS_2O_3 治疗 APL 和 MM 已获成功，特别是对复发的 APL 可获得 85% 的 CR 率。

（3）DNA 甲基化抑制剂的临床应用：DNA 甲基化抑制剂主要是促细胞分化、凋亡药物。在白血病及 MDS 时异常的甲基化基因主要有 p16/Ink4a、p15/Ink4b、p57/kip2、p73、RARβ 等 15 种左右。

2000 年欧洲应用 DNA 甲基化抑制剂 Decitabine 对 66 例老年 MDS-AML 转化病人进行Ⅱ期临床观察。每天 Decitabine 45mg/m^2 共用 3 天。有效率为 64%，完全缓解率 20%。美国 MD. 安德森应用 Decitabine 治疗了 CML-AML 急性变病人，CR+PR 28%，有 5% 病人转回 CML 慢性期。2002 年又对 35 例 AML 进行了治疗，有效率为 32%。主要毒副作用为骨髓抑制。2003 年美国学者，应用 DNA 甲基化抑制剂联合其它药物治疗了复发无耐药性的 AML 6 例，6 例 AML 全部 CR。也有学者联合去甲氧柔红霉素（IDA）治疗了复发的 AML 33 例，15 例 CR（45%）。总结各国资料表明，DNA 去甲基抑制剂联合化疗或联合 FLT3 抑制剂，可使复发难治性 AML 有 19%～70% 的 CR 率。现正在扩大临床观察。

（4）去乙酰基酶抑制剂（HDAC）：组蛋白去乙酰化酶（Chistone deacetylase inbibitor HDACs）是锌依赖性酶，它可以将组蛋白氨基酸末端的赖氨酸残基去乙酰化，从而影响基因转录。到 2005 年 5 月已发现了 3 类共 96 种 HDACs。

英国 Topo Targe 的 Nessa Carey 博士报道了利用化学原理设计合成了一种最新的 HDAC 抑制剂 PXD-101，它主要抑制 HDAC 的酶活性，对种植了 P388 白血病细胞后的裸鼠接受了 PXD-101 治疗，生存期从 9 天延长到 16 天。随机临床Ⅰ期研究应用 PXD-101 150mg/m^2，逐渐增量连用 5 天，静脉给药，每 3 周重复 1 次治疗。主要治疗各种晚期恶性肿瘤，部份病人生存期延长。

HDAC 抑制剂具有广谱抗肿瘤作用，与化疗存在潜在的协同效应，当前共有 6 类，800 多种 HDAC 抑制剂正在研究中。

①Suberoylanilide hydroxamic acid（SAHA）：SAHA 主要是选择性抑制 class Ⅰ，class Ⅱ。它主要有诱导细胞分化，抑制肿瘤细胞增殖作用。现在已对 AML 及 MM 进行了临床研究。主要是治疗复发晚期 AML、MM 和晚期恶性肿瘤。

②FK228（Depsipeptide）：对 10 例 AML 应用 FK228 进行了临床Ⅰ期治疗观察。FK228 13mg/m^2 静脉注射，第 1、8、15 日给予，AML10 例中，有 3 例血液原始幼稚细胞下降，但未见到 CR 病例。副作用主要是消化道症状。

③MS-275：应用 MS-275 在体外对白血病细胞株 CU9347，HL-60，K562）进行实验发现低浓度 1μmol 有抑制肿瘤增殖作用，同时有部份诱导分化作用。高浓度 5μmol 时可诱导细胞程序化死亡。临床Ⅰ期对 4 例晚期 AML 进行了治疗，有 2 例病人血液原始幼稚细胞下降，但未见 PR、CR 病例。

④NVP-LAQ824：主要作用有诱导细胞分化作用。阻断 p21 基因蛋白转录，在体外试验表明可抑制肿瘤细胞增殖，副作用可出现骨髓抑制。

HDAC 抑制剂还有 AN-9，MS277，FR901228，丙戊酸，丁酸盐衍生物也进行了临床Ⅰ期和Ⅱ期试验。总体认为 HDAC 抑制剂具有广谱抗肿瘤效应，与化疗存在协同效应。主要治疗复发耐药的 AML、CLL、

CML 及晚期恶性肿瘤。

(5)尼酰基转移酶抑制剂(Fms-like tyrosinease inhibitor, FTI):从20世纪开始FTI单独应用和联合应用主要对复发难治性AML、MDS-AML病人有一定的疗效。从2000年到2005年全世界已经对近1 000例复发难治性AML和MDS-AML进行了治疗,有效率为38%~70%左右,是一种治疗复发AML的新的药物之一。

①115777:2001年Karp首选应用R115777进行临床Ⅰ试验。治疗复发AML34例10 0~1 200mg/d口服,一般从100mg逐渐增量。全部病例均有不同疗效。2例CR、8例PR,CR+PR率为30%。一般以每日600mg为佳,大剂量时可出现神经毒性。

2003年他们又对复发难治性AML 98例进行临床Ⅱ期试验。R115777 600mg/d口服,CR 21例、PR 14例,血液学好转14例。CR+PR为44%。

2003年又用R115777对252例复发难治性AML进行临床Ⅱ期试验,仅11例CR,CR率仅为4%,PR20例,PR率为6%,总有效率仅为10%。CR和PR者可获较长时间无病生存。

②CH66336:2002年美国首先应用SCH66336对预后不良的AML进行了临床Ⅰ期试验。SCH66336 200~300mg/d一天二次口服,共治疗了16例AML,其中有6例CR,CR率38%。主要副作用为腹泻。骨髓抑制较R115777为轻。临床Ⅱ期试验采用SCH66336 200mg/d口服。治疗复发难治性AML14例,CR+PR为42%,副作用较轻。

③BMS-214662:BMS-214662开始研制剂型为口服制剂,但口服后病人出现严重的消化道中毒,所以改为静脉注射,病例选择了复发耐药AML和MDS-AML转化病人。BMS-214662 42~157mg/m^{2}每周一次静点。21例中有5例PR占24%。其中10例骨髓原始细胞减少到5%以下。一般在BMS-214662 118mg/m^{2}时病人可耐受。但到157mg/m^{2}时,可出现心律不齐、腹泻、低钾血症等副作用。

5.信号传导抑制剂治疗AML进展 造血细胞接受和传导有丝分裂信号机制极其复杂,包括非常多的蛋白的协调运转,即信号传导通路。

在AML细胞中有260多种不同染色体易位和基因突变。酪氨酸激酶(TK)是当前AML靶向治疗的重要靶点。TK是催化酪氨酸激酶上蛋白磷酸化的酶,在信号传导中起重要作用,近年来研究表明应用小分子TK抑制剂选择性抑制突变的TK,中断促使肿瘤生存或生长的信号传递,是白血病治疗的新途径。例如格列卫(STI571)已是治疗CML的主要靶向基因产物药物。

下面侧重介绍Fms-like tyrosine kinase 3酪氨酸激酶-3(FLT_3),其主要表达于不成熟的造血细胞及正常骨髓中早期前体细胞。FLT_3高水平表达主要存在于AML所有的亚型,约占70%~100%。FLT_3配体可刺激表达FLT_3的AML原始细胞增殖。自1996年发现FLT_3在AML高表达后,至2005年,已采用14种FLT_3抑制剂进行了针对AML的临床实验,成为AML基因产物治疗的最热门话题。

(1)MN518(CT53518)呱嗪喹唑啉:是一种具有抗FLT_3、PDGFR、C-KIT活性的piperazinyl quanzoline的小分子抑制剂。体外实验证明它可阻断FLT_3-ITD突变的BAl F_3细胞学中LL-3的细胞生长和FLT_3-ITD自身磷酸化。Ⅰ期临床选择了复发难治的AML 20例和高危MDS-AML变患者,患者中有高表达FLT_3的14例、6例不表达FLT_3。经治疗后4个病例有反应。副作用主要是乏力,恶心呕吐。现在准备Ⅱ期临床。

(2)PKC-412(Benzoy lstaurosporine):对苯甲酰星形孢菌素主要作用是细胞中很强的 FLT_3-ITD 抑制剂,同时也是可抑制 VEGFR 和蛋白激酶细胞(PKC)活性的阻断剂。临床Ⅱ期共选择了 20 例复发难治 AML,全部病例 FLT_3 均为高表达。PKC-412 75mg/d,一天三次口服。20 例患者中有 17 例 AML 中的原始细胞减少(占 70%)。骨髓中的原始细胞有 6 例明显减少(占 50%)。1 例获 CR,一般应用 PKC-412 后可持续抑制原始细胞平均为 13 周左右。副作用主要是恶心、呕吐、乏力,部分患者有腹泻,一例病人出现了肺水肿死亡。

(3)CEP-701(LndoLocarbazole 吲哚咔唑):CEP-701 主要抑制 FLT_3、TRKA、KDR、PKC、PDGFR、EGFR 的活性。其为一种新型吲哚咔唑衍生剂,可在 IC_{50}为 2~3nmol 时在体外阻断野生株的自身磷酸化并激活 FLT_3。临床Ⅱ期选择了有 FLT_3 突变的复发难治性 AML 5 例,CEP-701 60mg/d,分二次口服,1 例 CR,2 例 PR,增大剂量后其中达 PR 的 2 例中,1 例达 CR。最近Ⅱ期扩大临床研究,对 6 例复发难治 AML,协同使用去甲氧柔红霉素化疗,有 2 例达 CR,2 例 PR,有效率为 60%。副作用为乏力、恶心、呕吐。

2004 年Ⅱ期中对有 FLT_3 变异的难治性 AML 17 例(PLT/ITD 阳性 16 例,1 例 FLT_3/ALM),每天给予 CEP701 40mg,60mg,80mg ×2(TWD)三个不同量进行观察,其中应用 60mg 14 例中,有 5 例(36%)末梢血中原始细胞消失,恢复了正常造血。CEP-701 一般抑制原始细胞时间从 2 周~3 个月之间。如加阿糖胞苷有明显协同作用,其中 2 例获得了 CR。

(4)SU5416(Lndo Linone 吲哚酮):SU5416 主要抑制 FMS、FLT_3、KDR、KIT 的活性。其为一种新型的吲哚酮。可以在 IC_{50} 为 250n mol 时于体外阻断野生型的自身磷酸化并激活 FLT_3。临床Ⅱ期主要选择了复发难治性 AML、MDS/AML、MM、MDP 等疾病。单用对 C-KIT 阳性的 AML 疗效不佳,现在正对其与其它 FLT_3 抑制剂合用进行临床研究,其中对于部分 AML 有效,副作用除恶心、呕吐、乏力外,还可出现骨痛。临床Ⅱ期实验应用 SU5416 治疗了 33 例难治复发 AML,虽仅 2 例有效,但有 50% AML 病例中 FLT_3 磷酸化受抑制。

(5)SU11248:主要抑制 FLT_3 活性,SU11248 化学结构上有 indolone 骨胳。对 KIT、VEGF、PDGTR 也有抑制作用。临床Ⅰ期共选择了 5 例复发难治 AML,5 例中 FLT_3 突变,3 例为 ITD,2 例为活性环突变,单次用药后 3 例 AML 患者原始幼稚细胞下降,证明有效,Ⅰ期临床实验扩大为复发难治性 AML15 例,SU11248 50~75mg/d 连用 41 周休 2 周。其中有 4 例病人有效并且 PR。但用药达到 75mg/d 时有 2 例出现脑出血和肺出血死亡。体外实验发现合用阿糖胞苷可增加对 AML 的疗效。

(6)U5416(SU6668):TK 中的 C-Kit 基因在造血细胞迁移成熟中起重要作用。TK 基因突变可见于 AML、CML、胃肠道间质瘤等。U5416 主要能抑制 C-Kit,VEGFR、FLT_3 和 PDGFR。临床Ⅱ期应用 C-Kit 基因突变的 38 例 AML,1 例达 CR、7 例 PR,缓解期 1~5 个月。

(7)STl571:2004 年美国学者应用 ST1571 治疗了 65 岁以上难治复发的老年 AML18 例,有效率仅 24%。同年美国学者还采用化疗+ST1571 治疗了 Ph(+)AML16 例,有效率达 57%,4 例血液学完全缓解。FLT_3 抑制剂是改善 AML 预后的一个重要分子靶向药物之一。虽然现在已经有近 14 种 FLT_3 抑制剂,但遗憾的是这些 FLT_3 抑制剂均为选择性抑制,而非特异性的。故有以下缺点:①由于典型 AML 细胞具有多种遗传学损伤异常,单独应用一种药物疗效不肯定:②药物分子动力学表明要求药物有效浓度维持较长时间,并能靶向作用于白血病干细胞;③同时作用于不同的酶和传导通路。因此今后应采用多药联合分子靶向治疗方能使AML获得根本治愈。2005年4月份已有学者组合了抗FLT_3单克隆抗体,体外实验表明,它可抑制TK有关的三个基因,FLT_3、C-Kit和PDGFRβ产物。这将是今后研究的重点。

AML是一组克隆性造血干细胞异常的恶性疾病,占成人白血病70%左右,是治疗及预后较差的恶性疾病。在1980~2000年间AML治疗手段主要为化疗和造血干细胞移植。最近几年来随着分子生物学研究进展,已经发现了AML的基因突变型,特别是发现在AML分子靶向治疗中FLT_3抑制剂是一种新的治疗方法。FLT_3是一种跨膜酪氨酸激酶。在AML中FLT_3高突变率约40%,预后极差。突变可能在近膜区3~60个氨基酸的复制,较少见的是激活环路的点突变。临床Ⅱ期研究表明,FLT_3抑制剂治疗AML潜力极大,是AML的最主要分子靶向治疗药物。由于AML是多重打击(multi-hit)致病,因而FLT_3选择小分子抑制分子靶向针对激活的激酶治疗,可使AML细胞消失以达到治愈目的。

由于AML中其他附加酪氨酸激酶突变也可同时存在,所以今后应采用FLT_3抑制剂加其它药物如ATRA、AS_2O_3、分子化学药物、耐药调节剂联合可使更多的AML获得较好的疗效及长期无病生存。2005年又有CHIR258(Chiron公司),GTPl464(东京大学),KRN383(日本KR公司)。还有FLT_3中和抗体作用的抗FLT_3单克隆抗体(NC7,EB10)已研制成功。

近年由于通过DNA分析酪氨酸激酶组90种酪氨酸激酶完全编码序列已完成,可应用基因分子靶向治疗,来阻断造成异常造血干细胞分化潜能的小分子,以克服耐药而达到彻底治愈AML之目的。

(二)急性早幼粒细胞白血病(APL)的靶向治疗进展

APL的靶向治疗是我国上海及哈尔滨对人类的重要贡献。全世界以ATRA和ATO治疗初治和复发的APL获得了惊人的治疗。上海瑞金医院王振义在2004年中国第八届血液学会议上报道,全世界已应用ATRA治疗APL超过1万例,CR率高达92%,综合全世界报道5年存活率已达84%。已成为可以治愈的白血病之一。

ATRA和ATO作用于APL的机制不同,但都是通过泛素—蛋白体酶、caspast和其它机制将PML-RARα融合蛋白降解,而该融合基因和蛋白是APL的主要致病基因,由而产生了APL最成功的分子靶向治疗。

王振义2004年总结了423例APL CR后长期生存病例,化疗与ATRA合用组5年生存率为69%,ATRA+强化+维持组5年生存率为71.6%,单用ATRA组5年生存率为48%。2004年哈尔滨血液病肿瘤病研究所报道应用ATO治疗复发难治性APL388例,CR+PP89%,7年无病生存率为70%。

2004年哈尔滨血液病肿瘤研究所与上海瑞金医院报道应用ATRA和ATO双诱导治疗APL,提高了APL的分子生物学的缓解率。临床经验表明ATRA、ATO双诱导可能是治愈APL的最好方法。

2004第八届全国血液学会上哈尔滨血液病肿瘤研究所应用三诱导即ATO、ATRA和去甲氧柔红霉素(IDA)治疗了46例复发难治性APL,37例获CR、CR率80.4%,5年无病生存率为70%的好疗效,但本组病例中感染机率较高,有5例患者死于败血症。

(三)AML-M2b亚型的研究进展

AML-M2b发病占AMI,的12%左右,是

有特异性染色体异常t(8;21)(q22;q22)的AML亚型,同时它的发病原理也是有多个基因突变而致病。M2b存在着AML1-ETO融合基因,该基因募集共抑制物(COR),复合物抑制中幼粒的分化。AML1基因编码CBFα2蛋白,构成核心结合因子杂化二聚体的一部分。这种AML-M2b可在子宫内发生突变,但幼儿患病非常罕见。

近年来研究人员努力来找有效的组蛋白乙酰化抑制剂,企图通过组蛋白乙酰化重新打开分化的通路,达到治疗M2b白血病。近年应用组蛋白乙酰化酶抑制剂中的曲古酶素、苯乙酸治疗M2b白血病,临床疗效不理想。上海瑞金医院血研所证实M2b白血病中44.4%有C-Kit基因突变。体外实验证实格列卫可抑制M2b白血病细胞增殖,促进凋亡。这也证实了单一AMLl-ETO融合基因突变不足以诱发白血病,需要C-Kit的第二次打击,在M2b中只有二个基因突变才能致病。

天津血研所杨崇礼早年就对M2b白血病进行了形态学、发病机制研究,认为M2b白血病发生于中幼粒阶段的分化障碍恶性疾病。天津血研所王健祥应用HMA+大剂量阿糖胞苷治疗AML-M2b,可使CR率达到90%,5年长期生存达到71%的好疗效。

(四)成人急性淋巴细胞白血病的治疗进展

成人急性淋巴细胞白血病(ALL)是一种预后较差的异质恶性疾病。虽然成人ALL和儿童ALL的诱导完全缓解均可达到90%以上,但总体长期生存成人ALL仅为25%,较儿童ALL 80%明显低,这主要是成人ALL分子遗传学标志与儿童ALL完全不同。成人ALL组75%均为高危组,无病生存(DFS)低于25%,仅有20%左右的成人ALL为标危组,DFS也仅为50%。随着分子生物学及分子靶向治疗进展,使成人ALL治疗疗效有了显著提高。

天津血研所邱录贵总结了181例成人ALL临床治疗病例,他将ALL分三组,化疗组(CT)、自体干细胞移植(auto-SCT)组、异基因造血干细胞移植(allo-SCT)组、CT组,CR者5年生存率为12.1%。ASCT组5年生存率为60.2%,allo-SCT组5年生存率为50.9%。他们提出对于成人ALL应规范诱导化疗争取4周达到CR,CR后进行早期连续强化巩固治疗6个疗程,进行造血干细胞移植,可提高长期生存及减少复发,这一组病例也是全世界成人ALL的最好疗效。

南方医院孟凡义应用氟达拉滨(Flu)联合Ara-C治疗了成人复发ALL 17例,CR率为23.5%。

美国应用大剂量脂质体阿霉素+PEG-左旋门冬酰胺酶(PEG-Lasp)治疗了56例成人ALL,CR率为90%,由其是对老年人ALL更加有效。

上海瑞金医院沈志祥应用检测成人ALL微小残留病(MRD)提示预后作用进行了分析,成人ALL MRD持续阳性的发生率明显高于儿童,这就表明成人ALL可能更容易高耐药。

美国欧洲小组应用抗CD_{20}单克隆抗体+CVAD方案治疗成熟B细胞成人ALL也取得了较好疗效,复发率较低。

近年由于FTL_3小分子抑制剂研究的进展,对于Ph^+ ALL进行了临床观察,Ph^+ ALL占成人ALL的20%~25%,5年生存率较低。GALGB小组研究应用hyper-CVAD治疗,CR率可达79%。但长期生存仅为8%,建议对Ph^+ ALL-CR后应进行SCT。

伊马替尼是一种对BCR-ABL酪氨酸激酶的强有力的高效抑制剂Waxsmann报道应用格列卫治疗68例复发耐药Ph^+ ALL在治疗后骨髓原始细胞低于5%的病例中92%获CR,大于5%病例则对格列卫耐药。CR

后马上进行SCT治疗,可使Ph^+ ALL DSF达到62% MD. Anderson中心对于初发Ph^+ ALL格列卫600mg/d/口服+hype-CVAD,然后应用CVAD和大剂量MTX和Ara-C交替治疗,每个疗程第14天给予格列卫。8个疗程后应用格列卫600mg/d/口服维持治疗一年,CR率较高,现正等待DSF结果。

日本学者应用法尼基转移酶抑制剂(R115777)治疗17例难治性成人ALL,其中6例出现了CR和PR,但肝损害较重。还有应用抗CD_{19}、抗CD_{52}、抗CD_7单克隆抗体治疗成人ALL的经验,但未见较好的临床报道。现在认为成人ALL一旦CR后应考虑进行SCT。

(五)慢性髓细胞白血病的治疗进展

慢性髓细胞白血病(CML),属于造血干细胞恶性增殖性疾病占白血病的20%左右,主要是有特异性ph染色体t(9;22)(q34;q11),病因是Bcr-Abl融合基因分子发病基础。结构性酪氨酸激酶活性主导Bcr-Abl融合蛋白在体内或体外转导造血细胞。在BCR-ABL转化细胞中多条信号传导途径被激活,导致细胞增殖加快,生长因子依赖性减低,凋亡细胞减少,细胞外基质与基质细胞的相反作用受到干扰。因此,Bcr-Abl KT活性被认为是目前为止最具有前途的分子靶向疗法。

1. 格列卫(Gleevec)耐药机制　格列卫是近年来治疗CML的最有效的药物之一,它可使CML慢性期患者90%获血液学CR,8%获分子生物学CR。对CML加速期也可获80%血液学CR,但对CML急性变者只有20%的有效率,近年随CML患者对格列卫的广泛应用,CML患者对格列卫的耐药病例也越来越多。主要耐药性分为BCR-ABL非依赖性,是指驱使白血病细胞增殖的动力不再来自于BCR-ABL,而是一系列其他致癌基因,所以格列卫治疗无效。

(1)点突变也是格列卫主要耐药原因:到2004年末已发现了点突变大约有T315I、E255K、F317L、M351T、E255K、M244V等32个点突变。Branford报道应用格列卫治疗了144例CML患者27例共有17个不同氨基酸突变,点突变位于ATP结合环的13例患者中有12例死亡占92%,中位生存期为4.5个月。相反突变位于P环外的14例点突变仅3例死亡,中位生存期为11个月。也有人报道点突变的发生与应用格列卫时间有关,超过4年以上者点突变可达40%~50%左右。另外报道中CML急性变期许多基因发生突变,大约点突变基因有近50种,而格列卫对这些点突变基因治疗无效。

另一类为BCR-ABL依赖性a-1酸糖蛋白(AGP)是由肝脏合成的急性期蛋白。它可以中和血浆中的格列卫的药物浓度从而抑制其活性,一旦格列卫活性减低即对CML细胞无抑制作用。

(2)多耐药(MDR1)基因编码170KD的P-糖蛋白:该糖蛋白位于细胞膜,是一种依赖能量的转换泵,能将细胞内药物转运出去,使药物浓度降低,无法移到基因靶位点,同时MDR1可抑制格列卫的药物浓度降低使治疗无效而发生耐药。

(3)BCR-ABL基因扩增:体外实验表明低剂量的格列卫混合培养K562细胞株4个月,然后逐渐升高其剂量至1μmol,对格列卫敏感的细胞在格列卫0.5μmol死亡,而对格列卫耐药的细胞仍然存活。耐药的K562细胞的BCR-ABL表达高于敏感细胞的3~5倍。

(4)Src家族中LYN激酶高表达LYN激酶是细胞中信号传导途径的一种重要成分:主要调节细胞生长和凋亡。其高表达可抑制格列卫从ABL酪氨酸激酶旁路激活下的信号的传导途径、从而出现耐药。

(5)Bruton酪氨酸激酶(BTK)及ATP

合成酶高表达在应用格列卫治疗 CML-ALL 变和 ph^+ ALL 时有些病例未检出点突变，MDR1 基因高表达却发现 BTK 及 ATP 合成酶（ATP5A1 和 ARP5C1）的基因高表达。由而减低了格列卫对 BCR-ABL 阳性细胞的抑制作用，由而出现了继发性耐药。

2. 克服格列卫耐药的进展 ATO 也是一种酪氨酸激酶的抑制剂，主要抑制核转录因子 NF-KB 的活性、诱导细胞凋亡。哈尔滨血液病肿瘤研究所应用 ATO + 格列卫联合治疗耐药的 CML 患者 12 例，其中有 3 例患者 BCR-ABL 蛋白水平下调，三例均获血液学 CR，提示 AS_2O_3 + 格列卫可起到协同细胞凋亡作用。

Flavopiridol 是一种周期蛋白依赖性激酶（CDK）抑制剂，它可诱导肿瘤细胞凋亡。Flavopiridol 药物浓度降低，从而提高药物高浓度以杀灭 BCR-ABL 阳性细胞。

还有学者对格列卫耐药的 CML、CML 急性变患者联合 Ara-C、DNR、HHT 化疗可使部分病例获临时血液学 CR。

由于体外对格列卫耐药机制研究有了很多了解，但仍有一些重要耐药机制不清，所以研究新的 TK 抑制剂是今后的方向。

3. 新的酪氨酸激酶的研究进展及临床应用 由于格列卫的耐药病例的出现，使我们不得不研究新的酪氨酸激酶的抑制剂。

（1）AMN107：是一种新型的酪氨酸激酶的小分子抑制剂，主要下调 BCR-ABL 蛋白水平，它可对格列卫耐药的 CML、CML-BC 的病例有效。欧美协作组应用 AMN107 治疗了 CML-BC，格列卫耐药患者 9 例，其中有 3 例血液学 CR。AMN107 是通过对 STI571 与 Abl 激酶结合区晶体结构的研究，发明的一种选择性酪氨酸激酶抑制剂。AMNl07 结合 Abl 激酶的位置与 STI 571 相同，也是竞争性结合到非活化构型的 Abl 激酶。但其与 Abl 激酶结合的亲和力比 STI571 更强。体内和体外实验表明，AMN107 对 Bcr-Abl 阳性细胞株和病人细胞的作用比 STl571 强 10～50 倍。AMN107 降低 Bcr-Abl 磷酸化的活性比 STI571 强 10～20 倍。在低于 100nmol 剂量下 AMN107 对正常造血祖细胞无抑制作用。服用高剂量 AMN10714 天，未见小鼠造血系统的毒性反应。与 STI571 相同，AMN107 也是选择性抑制 Bcr-Abl，PDGF，和 c-Kit 受体三种酪氨酸激酶，其亲和力大小依次为 Bcr-Abl > PDGF > c-Kit（而 STI571 依次为 PDGF > c-Kit > Bcr-Abl）。AMN107 对其他蛋白激酶在 3μmol 剂量以下无作用。更重要的是，除了 T3151I，AMN107 对 15 种 Bcr-Ab1 点突变细胞有明显的抑制作用，IC_{50} 在 10～1 000nmol 之间。目前，AMN10 已进入Ⅰ期临床试验。

（2）BMS-354825：是作用于 ABL 和 src 酪氨酸激酶的新的酪氨酸激酶的小分子抑制物，它可使 CML 多位点突变患者有很好的疗效。临床观察表明在 CML 耐药（STI571）的 36 例病例中，应用 BMS354825 治疗后 29 例达 CR，其中血液学及遗传学 CR 达 73%。其对 Bcr/Abl、C-Kit、PDGFRβ、FGFR-1、VEGFR-2、Src、YES、p38 等各种 TK 基因突变均有明显抑制作用。仅对 MEK 无抑制作用。临床试验表明 BMS354825 对绝大多数因 BCR/ABL 基因突变产生对格列卫耐药的 CML 有显著疗效。2005 年英国学者采用 BMS354825 + 格列卫对 CML-AML 变及 Ph^+ 的急性白血病也取得了显著的疗效，现正在期待着更大规模的临床应用。

（4）ON012380：也是一种酪氨酸激酶的抑制剂，但其与 AMN107 和 BMS354825 不同，它不是竞争性结合 Bcr-Abl 的 ATP 位点，而是竞争性结合到 Bcr-Abl 的基质。因此，ON012380 百分之百的抑制 Bcr-Abl 点突变细胞，包括 T315I。体外实验表明，ON012380 抑制酪氨酸激酶活性和抑制 Bcr-

Abl阳性细胞株的能力比STI571强10倍。其抑制Bcr-Abl突变细胞株生长的IC_{50},包括T315I,均小于10nmol,与STI571相比,强10 000倍。体内实验表明,ON012380抑制T315I突变细胞生长的能力比STI571强五倍以上。小鼠口服ON012380,每日300mg/kg,连续14天,未见任何造血系统毒副作用。

(六)慢性淋巴细胞白血病(CLL)治疗进展

CLL是欧美国家最常见的慢性白血病之一,每年美国大约有6 800例CLL出现,大约占各种白血病的35%左右。我国在20世纪80年代前CLL是一种较少见的慢性白血病,80年代后有逐年增多的趋势,大约占各种白血病的12%左右,较欧美国家发病率明显为低。

多年以来CLL作为一种长期自然病程而无有效的治愈办法的疾病。20世纪末以来发现了CLLVH基因突变,ZAP-70过度表达,p53功能紊乱,染色体异常等致病原因逐渐明了,使CLL的治疗有了很大的进展,使CLL可以得以长期无病生存。

1. CLL的分类及分型和预后　CLL多见于老年人,但近年开始年轻化,30%病人为中年人。CLL临床表现,病程差别较大,总体生存期从数月至数十年不等。传统上一般对早期CLL不做任何治疗,晚期才治疗。一般临床应用Rai和Binet分期,CLL早期(Raio, BinetA);中期(Rai Ⅰ/Ⅱ, Binet B);晚期(Rai Ⅲ/Ⅳ, Binet C)。平均生存期分别为早期>10年,中期5~7年,晚期数月~3年。近年由于分子生物学及基因学进展,使CLL的发病有了明显进展。

VH基因的突变是CLL各亚型预后的一个重要的分子生物学标记。CLL大约50%体细胞发生VH基因突变。有VH基因突变的CLL病人生存期较长,治疗疗效较好。无VH基因突变的生存期较短,治疗反应也差。CD_{38}表达和ZAP-70表达与VH基因突变呈负相关关系。这些标志与CLL预后有着密切关系。

CLL染色体异常大约占全部病例的80%。重要的染色体异常为17p13:p53;11q22-q23:ATM,119-,+129,17p等。主要是VH突变和染色体异常有关。CLL不良染色体为119-,17p-,有此染色体异常的CLL预后不佳而无HV突变的肿瘤。良性染色体异常13q-,13q-single则主要见于HV基因突变组。

CLL病例中p53突变者易发生对烷化剂的耐药。德国学者在100例CLL中发现17例有p53缺失,生存期明显缩短,对治疗无效。

2. CLL的治疗的进展

(1)氟达拉滨:是一种核苷类似物,主要抑制DNA聚合酶和核糖核苷还原酶,促进细胞凋亡。氟达拉滨已成为治疗CLL的主要药物,单药治疗CLL有效率63%(CR20%, PR43%)。平均无病生存为25个月。如氟达拉滨+其它有蒽环类药物联合治疗,CR+PR可达90%。

(2)克拉曲宾(Cladribine, 2-cdA):也是一种核苷类似物,作用机制与氟达拉滨相似。单药治疗CLL有效率为54%左右。如2-cdA联合烷化剂和蒽环类药物治疗CLL,有效率大约为89%,CR可达62%。由于核苷类药物之间存在交叉耐药,所以序贯治疗易发生耐药而失去疗效。

(3)喷妥司汀(Pentostatin, dcF):dcF是一种腺苷脱氨酶(ADA)的抑制剂,dcF治疗原理主要是ADA在血浆中积聚,随后被细胞摄入从而导致细胞死亡。欧美国家应用dcF治疗了125例CLL病人,单药有效率为42%左右,副作用主要恶心、呕吐等消化道反应。

(4) Alemtuzumab：德国 CLL 观察组应用 Alemtuzumab 30mg/次，每周三次静脉注射，共用 4 ~ 12 周，共治疗 50 例 B 细胞 CLL，74% 为 Rai Ⅲ/Ⅳ晚期病人，73% 有不良高危基因突变（11q，12q 和 13q 缺乏）未突变的 HV 基因病人。CR + PR 为 38%，病情稳定者为 44%，病情发展为 18%。生存期延长至 16 个月，较氟达拉宾组 10 个月为长，二组有统计学意义。由于 Alemtuzumab 治疗 CLL 后可使巨细胞病毒活化，可在 Alemtuzumab 治疗前应用抗病毒药物预防治疗。主要的副作用为血液学毒性。经临床Ⅲ期试验表明 Alemtuzumab 可作为 CLL 一线治疗，特别是对有分子生物标记预后差的 CLL 更有效。美国 FDA 已批准了治疗难治预后不佳的 CLL 病人。

(5)抗 CD_{20}单克隆抗体：抗 CD_{20}单抗治疗 B 细胞 NHL 取得了令人振奋的好疗效。近年来应用 1 000 ~ 2 250mg/m^2 每周 2 ~ 4 次的大剂量抗 CD_{20}单抗治疗了 CLL 病人，大约有 75% CLL 病人出现了疗效。有人联合氟达拉滨治疗复发耐药 CLL 可获 62% 的有效率。

(6)阿来组单克隆抗体（抗 CD_{52}单抗）：CD_{52}主要表达正常和白血病的 B、T 淋巴细胞和单核巨噬细胞上。主要治疗晚期 CLL，总有效率大约为 30% ~ 90% 左右。欧美对晚期 B-CLL 应用抗 CD_{52}单抗来组单药治疗了 124 例病人，CR 率为 19%，PR 率为 68%，CR + PR 率为 97%。一般在治疗三周后 95% CLL 病人白血病淋巴细胞下降及消失。66% 病人出现 CR 和 PR。副作用主要是发热、恶心、少部分病人出现呼吸困难和低血压。在阿来组单抗治疗中易发生合并感染。

(7) CLL 造血干细胞移植：主要应用异基因造血干细胞移植，由于 CLL 大部分病人为老年人可采用小移植，7 年长期生存率为 48% 左右。

(8)细胞周期蛋白激酶抑制剂（flavopiridol）：细胞周期蛋白激酶抑制剂主要作用于 Bcl-2 家族成员的 BAX 功能，从而解除其对 Caspase-8 的抑制，从而细胞发出凋亡信号，使细胞凋亡。体外已证明 flavopiridol 在体外可对 HL-60，CLL 细胞株产生凋亡。2003 年开始进行了Ⅰ期临床实验，15 例晚期 CLL 有 7 例 PR，取得了临床较好疗效。

(9) IL-2 受体配体免疫毒性药物治疗 CLL：2004 年美国学者应用 IL-2 受体配体免疫毒性的 Ontak 药物治疗了 18 例难治复发性 CLL，2 例病人出现了 PR，6 例病人获得了短程疗效。

(10) Depsipeptide（FK228）：Depsipeptide 为去乙酰酶抑制剂，主要是诱导细胞程序化死亡，和抑制细胞增殖作用。欧美国家进行了临床Ⅰ期试验，对 CLL 10 例病人采用 FK228 13mg/m^2 静脉注射，第 1，8，15 天给药。其中有 3 例 CLL 出现了淋巴细胞下降，但未见 CR 病例。副作用主要是全身无力、恶心。

CLL 的新药研究在 2004 年有了较多进展，除抗 CD_{20}单抗和抗 CD_{52}单抗外，近年抗 CD_{37}单抗、抗 CD_{40}单抗、抗 HLA-DR 单抗、TRAL 受体 CR4 和 DR5 单抗已进入了临床Ⅰ期试验。

参考文献

1 中华医学会第第八次全国血液学学术会议论文汇编，2004 年 11 月北京

2 Gilliand DG, Griffin JD, The roles of FLT_3 in hematopoiesis and leukemia[review]. Blood, 2002; 100: 1532

3 Griffin JD, Point mutations in the FLT_3 gene in AML. Blood, 2001 ;97: 2193

4 Kelly LM, Liu Q, Kutok JL, et al. FLT_3 internal tandem duplication mutations associated with human acute myeloid leukemias induce myeloproliferative disease in a murine bone marrow transplant model. Blood, 2002;99: 310

5 Fiedler W, Serve H, Dohner H, et al. A phase I study of

SU11248 in the treatment of patients with refractory or resistant acute myeloid leukemia (AML) or not amenable to conventional therapy for the disease. Blood, 2004; 30 [Wpubahead of print]. PMID: 15459012

6 Clark JJ, Cools J, Curley DP, et al. Variable sensitivity of FLT_3 activation loop mutations to the small molecule tyrosine kinase inhibitor MLN518. Blood,2004;104: 2867

7 Kim KT, Baird K, Ahn JY, et al. Pim-l is upregulated by constitutively activated FLT_3 AND PLAYS A ROLE IN flt_3-MEDIATED CELL SURVIVAL. blood, 2004; 21 [Epub ahead of print]

8 Katakami N, Kaneto H, Hao H, et al. Role of Pim-l in smooth muscle cell proliferation. J Biol Chem, 2004; 7 [Epub ahead of print]

9 Zheng R, Fredman AD, Levis M, et al. Internal tandem duplication mutation of FLT_3 locks myeloid differentiation through suppression of C/EBPalpha expression. Blood, 2004; 103: 1883

10 Taketani T, Taki T, Sugita K, et al. FLT_3 mutations in the activation loop of tyrosine kinase domain are frequently found in infant ALL with MLL rearrangements and pediatric ALL with hyperdiploidy. Blood,2004; 103: 1085

11 Stone RM, DeAngelo DJ, Klimek V, et al. Acute myeloid leukemia patients with an activating mutation in FLT_3 respond to a small molecule FLT_3 tyrosine kinase inhibitor, PKC412. Blood,2004 ;2[Epub ahead of print]

12 Smith BD, Levis M, Beran M, et al. Single-agent CEP-701, a novel FLT_3 inhibitor, shows biologic and clinicalactivity in patients with relapsed or refractory acute myeloid leukemia. Blood,2004;103: 3669

13 Clark JJ, Cools J, Curley DP, et al. Variable sensitivity of FLT_3 activation loop mutations to the small molecule tyrosine kinase inhibitor MLN518. Blood, 2004; 104: 2867

14 Griswold IJ, Shen LJ, La Rosee P, et al. Effects of MLN518, a dual FLT_3 and KIT inhibitor, on normal and malignant hematopoiesis. Blood,2004;104: 2912

15 Furukawa Y, Sutheesophon K, Wada T, et al. Methylation silencing of the Apaf-l gene in acute leukemia. Mol Cancer Res. In press, 2004

16 Cheng JC, Yoo CB, Weisenberger DJ. et al. Preferential response of cancer cells to zebularine. Cancer Cell,2004; 6: 151

17 Murata K, Kumagai H, Kawashima T, et al. Selective cytotoxic mechanism of GTP-14564, a novel tyrosine kinase inhibitor in leukemia cells expressing a constitutively active Fms-like tyrosine kinase 3(FLT_3). J Biol Chem, 2003;278: 32892

18 Grundler R, Thiede C, Miething C, et al. Sensitivity toward tyrosine kinase inhibitors varies between different activating mutations of the FLT3 receptor. Blood,2003; 102: 646

19 Vannini A,Volpari C, Filocamo G, et al. Crystal structure of a eukaryotic zinc-dependent histone deacetylase, human HDAC8,complexed with a hydroxamic acid inhibitor. Proc Natl Acad Sci USA,2004;101: 15064

20 Roychowdhury S, Baiocchi RA,Vouganti S, et al. Selective efficacy of depsipeptide in a xenograft model of Epstein-Barr virus-positive lymphoproliferative disorder. J Natl Cancer Inst,2004;96: 1447

21 George P, Bali P, Annavarapu S, et al. Combination of histone deacetylase inhibitor LBH589 and the hsp90 inhibitor 17-AAG is highly active against human CML-BC cells and AML cells with activating mutation of FLT_3. Blood,2004;28 [Epub ahead of print]

22 Camphausen K, Scott T, Sproull M, et al. Enhancement of xenograft tumor radiosensitivity by the histone deacetylase inhibitor MS-275 and correlation with histone hyperacetylation. Clin Cancer Res,2004; 10(18 Pt 1): 6066

23 de Ruijter AJ Kemp S, Kramer G, et al. The novel histone deacetylase inhibitor BL1521 inhibits proliferation and induces apoptosis in neuroblastoma cells. Biochem Pharmacol,2004;68: 1279

24 Herman JG, Baylin SB. Gene silencing in cancer in association with promoter hypgrmethylation. N Engl J Med, 2003;349: 2042

25 Kinoshita T. Epigenetic inactivation of tumor suppressor genes in hematologic malignancies. Int J Hematol,2004; 80: 108

26 Kantarjian HM, O'Brien S, Cortes L et al. Results of decitabine (5-aza-2'deoxycytidine) therapy in 130 patients with chronic myelogenous leukemia. Cancer,2003; 98: 522

2004年有关自体造血干细胞移植治疗恶性肿瘤的新信息

张伯龙 哈尔滨血液病肿瘤研究所 哈尔滨 150010
高春纪 解放军总医院 北京 100853

一、来自国际性权威机构的指导性信息

2004年中来自国际性权威机构的最重要指导性信息莫过于来自欧洲血液及骨髓移植组织（EBMT）的最新版指导性手册（The EBMT Handbook）。造血干细胞移植（Haematopoietic stem cell transplantation）[1]，以及来自国际骨髓移植登记处及自体血液及骨髓移植登记处（IBMTR/ABMTR）发表的统计资料[2]。以下对两者分别予以介绍：

（一）EBMT的有关造血干细胞移植的最新版手册[1]

EBMT的有关造血干细胞移植（HSCT）的指导手册先后已有三版，分别出版于1998年[3]、2000年[4]及2004年，后两版属修订版，内容日趋全面、完整，包括了有关EBMT组织中最新的与造血干细胞移植相关的多项重要统计资料，使读者对届时在HSCT领域中的进展趋势有一总体了解，同时还推荐出诸多方面与HSCT相关的最新诊断治疗常规方案，供读者参照使用，以期提高HSCT的整体治疗水平，故当属目前国际上最有权威性和实用增值的有关HSCT的出版物。

从先后三版手册中了解到，于1973年EBMT成立时仅有5个国家中的8支移植队伍，年内完成异基因造血干细胞移植（Allo-HSCT）16例，未开展自体造血干细胞移植（AHSCT）。10年后至1983年，整个欧洲已有来自17个国家的97支移植队伍，年内完成Allo-HSCT 880例，AHSCT 473例（仅为Allo-HSCT数量的一多半），两者总计1 353例。1990年，移植队伍扩大至143支，1991年内完成AIlo-HSCT 2 175例，AHSCT 2 786例（已超过Allo-HSCT数量），总计4 961例。1997年内452支移植队伍完成Allo-HSCT 4 751例，AHSCT 12 199例，总计16 950例。2004版手册总结2002年内EBMT组织中总计586支队伍，完成AIlo-HSCT 6 915例，AHSCT 13 292例，总计20 207例。说明随着时间的推移，造血干细胞移植技术日益得到推广，其中AHSCT得到较Allo-HSCT更为广泛的使用，其疗效也已得到移植界同道们的认可。

AHSCT日益广泛使用，在某些疾病治疗中尤为突出，但在另一些疾病的使用中，随着对其疗效认识的进一步深入，出现了使用更为慎重，适应证更为严格，数量有急速下降的趋势。具体见下表（根据2004和2000版手册提供数字列出）。

从表中可看出，对于AML患者，于CR1时行HSCT后疗效好，故无论是allo-HSCT，还是AHSCT均可采用，因此两组中数量同时几乎同比例增长，而在非CR1时因复发率高，当前趋势为更多考虑使用Allo-HSCT，虽然AHSCT也尚有一定的价值。对于ALL患者，因其治疗中的高复发率，故多考虑行Allo-HSCT，尤其是对于非 CR1 期患者更为如此。对于 CML 患者目前更多采用 Allo-HSCT，1997 年时尚正在试行 AHSCT 治疗 CP1 期患者，但因疗效不佳，至 2002 年已为大多数同道所放弃。对于 MDS 患者则更多倾向使用 Allo-HSCT。而对于 CLL 患者，AHSCT 仍有一定的使用价值，不过 Allo-HSCT 使用比例有明显上升趋势。对于 MM，HL 及 NHL 患者 AHSCT 仍是移植所采用的主要方法。绝大多数实体瘤患者中仍以 AHSCT 为主要移植方式，但其中引人关注的是肾癌与黑色素瘤及大肠癌患者使用 allo-HSCT 的比例大幅增加，其原因为所使用的 allo-HSCT 以非清髓性异基因造血干细胞移植（NST）为主，减少了传统 allo-HSCT 的高移植相关死亡率，同时最终可达到较好疗效，不过目前尚在实验研究阶段，远期疗效仍有待观察。实体瘤中最值得强调的应属乳腺癌，从表中可以看到自 1997 年至 2002 年 AHSCT 的病例数量大幅度下降，其中原因与此期间所得出的多个重要的前瞻性对照疗效研究的结果有关，其中包括：①由 NCI、NIH 和美国卫生部支持的费城骨髓移植组于 2000 年发表的 553 例入组转移性乳癌患者中，199 例经随机分为自体造血干细胞移植组和标准化疗组，中位随访 37 个月，其无事件存活（EFS）期和总体存活（DS）期均无显著差异[5]。②斯堪的纳维亚乳癌研究组（9 401）于 2000 年发表的 525 位高危原发性乳癌患者的随机研究，中位随访 34.3 个月，化疗组患者的 EFS 优于 AHSCT 组，且治疗中 Ⅲ ~ Ⅳ 度的毒副反应少[6]。③于 2000 年发表的由美国 NCI 和美国健康保险业支持的 M. D. Anderson 癌症中心的研究结果显示 78 位患者严格随机平均分配到 AHSCT 组和标准化疗组，其 3 年的 EFS 和 OS 均无显著差异[7]。其后又有由美国 NCI 和美国健康保险业支持的由 ECOG 组织的美国 10 所大学或研究所联合于 2003 年发表的研究结果显示：540 位患者随机分组，与标准化疗组相比，AHSCT 对高危原发乳癌患者并不能改善预后[8]。由荷兰健康保险委员会支持的荷兰实体瘤自体造血干细胞移植工作组也于 2003 年发表的研究结果显示 885 位患者随机分组，中位随访 57 个月，实际 5 年 EFS 在 AHSCT 组与标准化疗组分别为 65% 与 59%，无统计学显著差异。但在有 10 个及更多阳性淋巴结的患者中实际 5 年 EFS，在 AHSCT 组与标准化疗组分别为 61% 与 51%，有统计学显著差异（P = 0.05）。这些研究结果同时促使美国和欧洲的保险业不再对 AHSCT 治疗乳癌保险，从而导致乳癌患者的 AHSCT 数量急剧下降。

AHSCT 治疗中越来越多采用自体外周血造血干细胞移植（APBSCT），而自体骨髓移植（ABMT）的数量日渐减少。以上趋势可从表 2 得到反映（根据 2004 和 2000 版手册提供数字列出）。

从表 2 可以看出各类病种中采用 AHSCT 治疗时，均以 APBSCT 为主，且这种趋势日益明显，即使在过去一度对使用 APBSCT 有顾虑的 AML 病例中，也不违背这一趋势。

除了以上从 2004 版 EBMT 指导手册的相关统计数字所分析揭示的目前 AHSCT 的应用地位和使用的主要方式变化趋势以外，该最新版手册还提出了一些新的重要的有关 AHSCT 的指导性建议，其中主要有以下几个方面：

1. 提出了为 AHSCT 而动员和采集外周血造血干细胞（PBSC）的"金标准"　即从 0 天开始每日给予 rhG-CSF 5 μg/kg 皮下注射，1 ~ 2 次或环磷酰胺（CY）1 ~ 4g/m^2，iv，一次，+ rhG-CSF 10 μg/kg，皮下注射，每天一次。单用 G-CSF 组至第 3 或 4 天，CY + G-CSF 组至第 10 或 11 天时测定对外周血

表1 1997年与2002年中多种疾病移植例数比较

适应证	1997 年例数（452 个单位）		2002 年例数（586 个单位）	
	Allo	Auto	Allo	Auto
AML				
CR1	641	641	986	837
非 CR1	522	201	914	154
ALL				
CR1	365	218	606	206
非 CR1	586	130	709	76
CML				
CP1	924	180	687	6
非 CP1	276	73	299	22
MDS	321	33	607	46
CLL	32	110	176	192
MM	151	2 237	297	4 376
HL	33	1 066	85	1 390
NHL	228	3 058	478	4 134
实体瘤				
神经母细胞瘤	5	206	4	274
神经胶质瘤	0	67	1	50
软组织肉瘤	0	160	7	119
精原细胞瘤	1	349	2	321
乳癌	3	2 626	14	316
Ewing 瘤	2	798	5	256
肺癌	0	82	0	25
卵巢癌	0	171	10	102
肾癌			80	10
黑色素瘤			3	1
结肠癌			9	2
其他	4		24	278

注：allo：allo-HSCT，auto：AHSCT，AML：急性髓细胞白血病，CRl：第一次完全缓解，ALL：急性淋巴细胞白血病，CML：慢性髓细胞白血病，CP1：第一次慢性期，MDS：骨髓增生异常综合征，CLL：慢性淋巴细胞白血病，MM：多发性骨髓瘤，HL：霍奇金淋巴瘤，NHL：非霍奇金淋巴瘤。

中 CD_{34}^{+}细胞水平，如 >10 ~ 20/ μl 时，则可于次日进行 PBSC 采集。单用组于第 4 天至 7 天间，联合组于第 11 至 14 天间进行采集，要求采集的 CD_{34}^{+}细胞最低总数达到 2×10^{6}/kg。在联合组中如患者于第 14 天外周血中 CD_{34}^{+}细胞仍不能达到 >10 ~ 20 μl 水平，则此患者即属“动员效果差”，此时应考虑或改用采集骨髓，其中 CD_{34}^{+} 细胞数应达到 1×10^{6}/kg，用以行 ABMT，或在下一次动员方案中将 G – CSF 量加倍，或在联合组中 VP16 替代环磷酰胺，不过最推荐的方法仍是采取骨髓，行 ABMT，即便如此，此类患者于 AHSCT 时仍存在在移植后植活不完全的危险。

2. 推荐出了不同疾病的针对性预处理方案　以前 EBMT 所推荐的方案并无特殊针对性，随着应用经验的积累，对方案的适应证有了更深入的认识，故对方案有了更新和更合理的推荐方式，具体如下：2004 版手册将预处理方案新分成了几大类：一类为传统的老方案，包括①CY/TBI：环磷酰胺（CY）：60mg/kg/d，iv（1h 内），用于-6，-5 天；全身放疗（TBl）：2 ~ 2.4Gy/次，每天 2 次，用于-3，-2，-1 天。②BU/CY：马利兰（BU）：1mg/kg，口服，q6h，用于-9，-8，-7，-6 天；CY：50mg/kg/d，iv（1h 内），用于-5，-4，-3，-2 天。③BACT：卡氮芥（BCNU）：200mg/m^2，iv（2h 内），-6 天；阿糖胞苷（Ara-C）：200mg/m^2/d，iv（2h 内），-5，-4，-3，-2 天；CY：50mg/kg/d，iv（1h 内），-5，-4，-3，-2 天；6 硫鸟嘌呤（6-TG）：200mg/m^2/d，口服，-5，-4，-3，-2 天。第二类为其他可使用的“标准”方案，包括①TBI/VP：TBI：2 ~ 2.5Gy/次，每天二次，-7，-6，-5，-4 天，但总量为 12 ~ 13.2Gy；VP16：60mg/kg/d，iv（2h 内），-3 天。②AC/TBI：Ara-C：3g/m^2，iv（2h 内），q12h，-9，-8，-7，-6，-5，-4 天；TBI：2Gy/次，每天二次，-3，-2，-1 天。③MEL/TBI：马法兰（MEL）：110 ~ 140mg/m^2，iv（1h 内），-3 天；TBI：2Gy/次，每天二次，-2，-1，0 天，但总量为 10 ~ 14.85Gy。④BU/CY（Tushka）：BU：1mg/kg，po，q6h，-7，-6，-5，-4 天；CY：60mg/kg/d，iv（1h

内),-3,-2 天。⑤BU/MEL:BU:1mg/kg,po,q6h,-5,-4,-3,-2 天;MEL:140mg/m^2,iv(1h 内),-1 天。第三类为强化剂量方案,包括①CY/VP/TBI:CY:60mg/kg/d,iV(1h 内),-6,-5 天;VP16:30~60mg/kg/d,iv(2h 内),-4 天;TBI:2~2.25Gy/次,每天二次,-3,-2,-1 天,但总量为 12~13.75Gy。②TBI/TT/CY/ATG:TBI:1.25Gy/次,每天三次,-9,-8,-7,-6 天,但总量为 13.75Gy;噻替派:5mg/kg/d,iv(1~2h 内),-5,-4 天;CY:60mg/kg/d,iv(1h 内),-3,-2 天;ATG:30mg/kg/d,iv(5~6h 内),-5,-4,-3,-2 天。③BU/CY/MEL:BU:1mg/kg,口服,q6h,-7,-6,-5,-4 天;CY:60mg/kg/d,iv(1h 内),-3,-2 天;MEL:140mg/m^2,iv(1h 内),-1 天。第四类为减低强度的方案(用于非清髓性异基因造血干细胞移植),包括①TBI/Fluda:TBI:2Gy,一次,0 天;福达拉滨(Fluda):30mg/m^2/d,iv(30min 内),-4,-3,-2 天。②Fluda/BU/ATG:Fluda:30mg/m^2/d,iv(30min 内),-10~-5 天;BU:1mg/kg,口服,q6h,-6,-5 天 ±ATG:10mg/kg/d,iv(8~10h 内),-4,-3,-2,-1 天。第五类为专为恶性淋巴瘤设计的方案,包括①BEAM:BCNU:300mg/m^2,iv(2h 内),-6 天;VP16:150~200mg/m^2/d,iv(2h 内),-5,-4,-3,-2;Ara-C:200~400mg/m^2/d,iv(2h 内),-5,-4,-3,-2 天;MEL:140mg/m^2,iv(1h 内),-1 天。②CBV:BCNU:100~200mg/m^2/d,iv(2h 内),-8,-7,-6 天;VP16:250~800mg/m^2/d,iv(2h 内),-8,-7,-6 天;CY:1.2~1.8g/m^2/d,iv(1h 内),-5,-4,-3,-2 天。第六类为专为实体瘤设计的方案,包括①LACE:环己亚硝脲(CCNU):200mg/m^2,口服,-7 天;VP16:1g/m^2,iv(2h 内),-7 天;Ara-C:2g/m^2/d,iv(2h 内),-6,-5 天;CY:1.8g/m^2/d,iv(1h 内),-4,-3,-2 天。②CCB:CY:1406.3mg/m^2/d,iv(1h 内),-6,-5,-4,-3 天;顺铂:41.2mg/m^2/d,iv(24h 持续),-6,-5,-4,-3 天;BCNU:600mg/m^2,iv(2h 内),-3 天;③CTCb(Stamp):噻替派:125mg/m^2/d,iv(24h 持续),-7,-6,-5,-4 天;CY:1.5g/m^2/d,iv(24h 持续),-7,-6,-5,-4 天;卡铂:200mg/m^2/d,iv(24h 持续),-7,-6,-5,-4 天。④ICE(大剂量):异环磷酰胺:4g/m^2/d,iv(2h 内),-6,-5,-4,-3 天;卡铂:600mg/m^2/d,iv(24h 持续),-6,-5,-4 天;VP16:250mg/m^2,iv(2h 内),每天二次,-6,-5,-4 天。⑤CY/Fluda/ATG:CY:60mg/kg/d,iv(1h 内),-7,-6 天;Fluda:25mg/m^2/d,iv(30min),-5,-4,-3,-2,-1 天;ATG:40mg/kg/d),iv(8~10h 内),-5,-4,-3,-2,-1 天。

方案中减低强度的预处理方案是首次出现在 2004 版手册中的,不过其只适用于 Allo-HSCT 而非 AHSCT。

3 明确肯定并重视了一些有关 HSCT 早期并发症的新概念　包括肝脏窦隙阻塞综合征(sinusoidal obstruction syndrom,SOS)[10],取代旧名词肝静脉闭塞病(VOD),其诊断标准仍采用既往的西雅图或巴尔的摩标准[11,12]。明确了毛细血管渗漏综合征(Capillary leak syndrome)的诊断标准:HSCT 后 15 天内出现①24h 中体重增加 >3%,②全身均水肿(腹水、胸膜渗出、心包炎),且对速尿治疗无效,并可伴有心动过速、低血压、肾前性肾功能不全、低蛋白血症等。治疗选用甲基强地松龙[13]。特别介绍了植入综合征(Engraftment syndrome)[14],指出其临床诊断标准为:在中性粒细胞出现于外周血前 24 至 48h 内出现①非感染性高热,②皮疹,③肺浸润或低氧症,并可伴有腹泻、体重增加以及一些器官(肝、肾、中枢神经)功能障碍。提出其发生的高危因素可能与对非血液系统疾病进行 AHSCT 有关,还可能与 HSCT 中使用 G-CSF 及输入细胞数量大有关。建议使用甲基强地松龙 1mg/kg,q12h ×3 天,后在一周内减量至停用,可使 80%

表2 1997年与2002年中多种疾病中不同AHSCT方式例数比较

适应证	1997 年例数（452 个单位）		2002 年例数（586 个单位）	
	ABMT	APBSCT	ABMT	APBSCT
AML				
CR1	198	389	93	721
非 CR1	61	120	27	122
ALL				
CR1	61	145	35	167
非 CR1	36	88	10	64
CML				
CP1	10	164	0	6
非 CP1	8	63	0	22
MDS	3	28	5	39
CLL	5	103	3	183
MM	69	2 125	15	4 336
HL	103	909	57	1 294
NHL	143	2 823	63	4 023
实体瘤				
神经母细胞瘤	35	165	30	242
神经胶质瘤	10	55	1	48
软组织肉瘤	7	146	1	115
精原细胞瘤	20	326	2	316
乳癌	32	2 576	0	315
Ewing 瘤	0	195	5	246
肺癌	0	81	0	25
卵巢癌	4	165	0	99
肾癌			0	10
黑色素瘤			0	1
结肠癌			0	2
其他	14	256	8	263

注：尚有少数同时使用 BM 和 PBSC 的 AHSCT 例数未列出

以上病例在 1 ~ 5 天内治愈。此外对弥漫性肺泡出血（Diffuse alveolar haemorrhage, DAH）[15]、与 HSCT 相伴的血栓性微血管病（Thrombotic microangiopathy, TMA）[16]、特发性肺炎综合征（Idiopathic pneumonia syndrome, IPS）[17] 及多器官功能障碍综合征（Multiple-organ dysfunction syndrome MODS）[18] 等均做了甚为清晰的介绍。

4 对多种疾病包括恶性肿瘤中应用 AHSCT 的适应证进行了建议　具体如下，AML：现有的共识为急性早幼粒细胞白血病患者除非在初始化疗后复发者以外，不宜进行 HSCT。按细胞遗传学将 AML 患者分为预后良好、中度危险和高度危险三组：预后良好组仅需给予化疗，中度危险组被推荐进行 AHSCT，但并非适用于所有病例，也可行以 HLA 完全相合的同胞为供者的 Allo-HSCT。高度危险组则应进行 Allo-HSCT。ALL：目前 AHSCT 疗效是否优于化疗尚不确定。但对不愿进行长期维持治疗者，也可考虑行 AHSCT。CML：以往 AHSCT 仅用于延缓疾病进展及恢复其对干扰素的敏感性的目的，并不能达到治愈的目的。MDS：AHSCT 多用于以化疗已达到完全缓解的患者，其目的在于延长此缓解期。MM：AHSCT 疗效优于传统化疗，其无事件存活时间较化疗显著延长，但不能达到治愈的目的。CLL：AHSCT 用于 CLL 时有很低的移植相关死亡率（$<10\%$），而且有患者因此达到分子生物学的完全缓解。最新研究结果表明，AHSCT 后 3 年总体生存率甚至高于 Allo-HSCT。恶性淋巴瘤：在欧洲恶性淋巴瘤是 HSCT 的最大适应证，其中 AHSCT 占总 HSCT 的 90% 以上。套细胞淋巴瘤、T 细胞淋巴瘤、巨球蛋白血症、黏膜相关淋巴瘤、边缘带淋巴瘤或 HIV 相关淋巴瘤均为 AHSCT 的适应证。实体瘤：在成人中乳腺癌、卵巢癌可试行 AHSCT，其疗效是否优于传统化疗尚无定论。但不推荐对精原细胞瘤、肺癌及脑瘤进行 HSCT，包括 AHSCT。在儿童患者，神经母细胞瘤、Ewing 瘤、软组织内瘤、脑瘤、Wilms 瘤、精原细胞瘤及骨肉瘤均可为 AHSCT 的适应证。

（二）IBMTR/ABMTR

2004年发表了2003年有关部分疾病的HSCT疗效的统计资料[2]。该资料是继2000年发表的有关资料后的最新资料，其反映出现阶段国际范围内HSCT疗效的普遍水平，具有代表性。因EBMT指导手册中并未涉及HSCT的疗效问题，故这一资料的发表也成为对包括AHSCT在内的整个HSCT更深入的了解的一个重要补充。根据2004年公布的资料显示如下。

1. AML 在不同疾病状态下，接受AHSCT的处于CR1期的≤20岁和>20岁的两组患者的3年预期存活率分别为(62±5)%及(48±2)%；处于≥CR2期的相应两组患者的3年预期存活率分别为(48±8)%及(37±4)%。处于未缓解期的相应两组患者的3年预期存活率差，仅在20%左右。而以HLA完全相合的同胞兄弟姐妹为供者的Allo-HSCT治疗处于CR1期及≥CR2期的患者的3年预期存活率分别为(61±2)%及(48±2)%，疗效略高于AHSCT。以无关供者的Allo-HSCT治疗处于CR1期及≥CR2期的患者3年预期存活率分别为(41±2)%及(42±2)%，疗效与AHSCT相仿，说明AHSCT确是AML患者治疗中应给予充分重视的一种治疗方式。

2. ALL 接受AHSCT的处于CR1期、≥CR2期及未缓解期的ALL患者的3年预期存活率分别为(51±4)%、(44±7)%及(10±6)%，相对比，接受以HLA完全相合的同胞兄弟姐妹为供者的Allo-HSCT的≤20岁和>20岁的两组处于CR1期及≥CR2期的患者，其3年预期存活率则分别为(62±2)%和(48±2)%，与(52±2)%和(38±2)%。而CRl期接受无关供者的Allo-HSCT的相应3年预期存活率则分别为(46±3)%和(42±3)%，说明AHSCT是ALL患者治疗中也应给予重视的一种治疗方法。

3. CLL 接受AHSCT和以HLA完全相合的同胞为供者的Allo-HSCT的3年预期存活率分别为(83±4)%和(50±3)%，以AHSCT疗效为优。但应考虑到接受Allo-HSCT患者多具有更多的预后不良因素。

4. HD 该资料强调虽然绝大多数HD患者可经传统的正规化疗得以治愈，但仍有20%～30%的患者经上述治疗后效果不佳，而此时进行AHSCT对这类患者是甚为有效的。接受AHSCT的处于CR1期、≥CR2期、从未缓解以及复发期的患者，其3年预期存活率分别为(82±3)%、(77±2)%、(58±2)%和(65±1)%。HD患者一般不推荐进行Allo-HSCT，因移植相关死亡率高，故统计资料中未包括Allo-HSCT的结果。

5. NHL 2000年的统计资料中尚沿用旧的NHL分型方法(低、中、高恶性)。此次统计资料，则首次对WHO新的分型中两种主要类型的移植疗效进行了介绍，其中滤泡性淋巴瘤患者，在CR1期、≥CR2期、复发期与从未达到缓解期接受AHSCT后，其3年预期存活率分别为(85±4)%，(70±3)%、(69±2)%及(67±3)%。而在相应疾病状态下，接受以HLA完全相合的同胞为供者的Allo-HSCT的3年预期存活率则均在60%左右，低于AHSCT的疗效。在弥漫大B细胞淋巴瘤患者，于相应疾病状态下接受AHSCT，其3年预期存活率分别为(66±3)%、(54±3)%、(41±2)%及(49±2)%。而在相应疾病状态下，接受以HLA完全相合的同胞为供者的Allo-HSCT的3年预期存活率则分别在23%～33%之间，不过该组患者普遍具有高危特点。由此可以看出，AHSCT较Allo-HSCT的疗效，在NHL不同阶段的患者中均更为佳，故在NHL患者中，如条件允许，适于进行HSCT时，尤其在骨髓无明显浸润条件下，应首先考虑进行AHSCT而不是Allo-HSCT。

6. MM　接受 AHSCT 的病程在 18 个月以内及 18 个月以上的 MM 患者的 3 年预期存活率分别为(63 ±1)% 及(54 ±2)%。而以 HLA 完全相合的同胞兄弟姐妹为供者的传统 Allo-HSCT 治疗的 MM 患者其相应 3 年预期存活率分别为(52 ±2)% 及(43 ±4)%。AHSCT 的疗效之所以优于 Allo-HSCT 应主要归功于 AHSCT 时的低移植相关死亡率。

7. CML 与 MDS　与 HD 相反,在此次统计资料中未包括其 AHSCT 的结果,而只有以 Allo-HSCT 治疗的结果,说明对此两种疾病 AHSCT 的使用日趋减少,而这一减少系由于在以往使用中其疗效欠佳,并不能达到治愈的目的原因。

二、部分重要的与 HSCT 相关的文章

使用互联网从 Medline 上找到 2004 年间发表的与 AHSCT 相关的重要文章共百余篇,有一定的代表性,分类介绍如下。

(一) AML

有代表性的 8 篇　以色列 Soroka 大学医学中心的 Levi 等[19] 以互联网从 Medline 上找到 1966 ~2003 年间的共 6 组随机对照 ABMT 与化疗疗效比较的文章,进一步以 Meta-analysis 法分析了可入组的 835 例 CR1 期 AML 成人患者(360 例 AHSCT,475 例化疗),结果显示 ABMT 可延长处于 CR1 期的 AML 成人患者的无事件存活期,但不能改善其总体存活。不过连该文作者都承认,此研究有多项局限性。此外 3 篇重要的有关 AHSCT 治疗 AML 的文章,包括:法国马赛 Paoli-Calmettes 研究所的 Vey 等[20] 总结了该所 101 例处于 CR1 其它的 AML 患者,接受 AHSCT 后 6 年总体存活(OS)率、无病存活(DFS)率及复发率分别为 44%、38% 及 54%。其中 APBSCT 组疗效较 ABMT 组为佳,按细胞遗传学分组,低危组患者的疗效优于中危及高危组。韩国天主教大学韩国医学院的 Kim 等[21]。总结了该处 174 例处于 CR1 期的 AML 患者,以 TBI + Ara-C + Mel 或 Bu + Mel + Thio 两种预处理方案行 AHSCT,其 5 年 DFS、EFS 分别为 68% 及 59%。其中低危与高危组的 DFS 分别为 76% 与 33%。移植相关死亡(TRM)率仅为 4%。加拿大多伦多大学的 Mollee 等[22] 报道了 145 例 AML 患者,其中分 CR1 期(117 例)及≥CR2 期(28 例)两组接受以 TBI + Mel + VP16 为预处理方案的 ABMT,其 8 年 DFS 及 OS 分别为 55% 及 62% 与 30% 及 36%。尤其是 CR2 期患者的 8 年 DFS 在 30% 左右,甚至比同期的 Allo-HSCT 略胜一筹。还有两篇有关 60 岁以上老年 AML 患者接受 AHSCT 的文章,包括:西班牙 CETLAM 协作组[23] 总结的 135 例接受强化疗后分组,其中继续接受 AHSCT 组患者的 2 年 DFS 为 39%,而对照组则为 22%。意大利的 Ferrara 等[24] 报道了 14 例 >60 岁 AML 患者接受以去甲氧柔红霉素 + Bu 为预处理方案的 AHSCT,无 TRM 发生,无心脏毒副作用。9 例患者于 9 个月后仍处于 CR 期。除此之外,西班牙 CETLAM 协作组[25] 对 200 例 60 岁以下的初治 AML 患者,分三组进行了比较:其中 4 年 OS 与 DFS 在具有预后良好核型的只给予化疗组患者分别为(62 ±9)% 及(41 ±10)%;在年龄≤50 岁且有 HLA 完全的同胞供者的接受了 Allo-HSCT 组患者与接受 AHSCT 组患者的 4 年 OS 与 DFS 分别为(41 ±9)% 及(48 ±8)%(P =0.22),而年龄 >50 岁的接受 AHSCT 的患者的 4 年 DFS 只有(17 ±9)%。而韩国 Chonnam 国家大学医学院的 Lee 等[26] 应用树突状细胞(DC)对 AHSCT 后复发患者进行按种治疗,结果是令人失望的,因其不能降低骨髓中白血病细胞数量。

(二) ALL

有代表性的共 3 篇,篇数较少的原因也说明了在 ALL 患者中应用 AHSCT 的疗效较 AML 为差,故应用范围较小。法国里昂的 Thomas 等[27]对 922 例 ALL 成人患者进行了分组研究,结果显示 Allo-HSCT 可改善 CR1 期高危 ALL 的 DFS,而 AHSCT 与标准化疗对高危 ALL 患者的疗效无显著差别。意大利米兰大学的 Annaloro 等[28]比较了该院 40 例接受 Allo-HSCT 和 39 例接受 AHSCT 的成人 ALL,以 Ara-C + Cy + TBI 为预处理方案的两组患者的 10 年预期 EFS 分别为 78.3% 和 44.4%,两者间有显著差异。法国 GOEL-AMS 协作组[29]将 198 例 CR1 期成人 ALL 进行强化治疗后分成早期进行 Allo-BMT 及延迟(再加额外一疗程化疗)非净化的 AH-SCT 两组,其 6 年预期 OS 分别为 75% 及 40%(P =0.027),有显著差异。而 AHSCT 后是否使用干扰素对复发及生存情况无影响。

（三）CML

有代表性的 2 篇。美国 Hope 城国家医学中心的 Bhatia 与 McGlave[30]对有关 CML 进行 AHSCT 的多个报道进行了有价值的综述。而德国柏林的 Kreuzer 等[31]报道在格列卫治疗中使用 G-CSF(惠尔血)后可采集到 ph(-),及至 BCR/ABL(-)的移植用细胞,用以进行 AHSCT,其临床 18 例患者的研究结果表明,此方法是完全可行的。

（四）CLL

有重要文献 3 篇。美国 Dana-Farber 癌研究所的 Rizouli 与 Gribben[32]综述了有关以包括 AHSCT 在内的 HSCT 治疗 CLL 的研究,有一定的价值。法国巴黎的 Toumilhac 等[33]报道了 38 例 B-CLL 患者经氟达拉滨 + 环磷酰胺化疗后,使用 G-CSF 动员 PBSC,32 例取得成功。分析了不成功动员与动员前血小板计数低有关,而与年龄、与化疗的间歇期长短、初始疾病分期、缓解程度或其他血常规指标无关。德国汉堡的 Dreger 等[34]总结分析了 66 例接受包括 AHSCT 在内的系统大剂量化疗(SHDT)与 291 例接受经典化疗的两组 CLL 患者,结果显示预后不良的 CLL 患者中接受 SHDT 组有显著改善的存活情况。

（五）NHL

NHL 患者接受 AHSCT 的数量在 1997 年一度在各类疾病的 AHSCT 中居第一位,约占 1/4(3 056 例/1 2199 例),故其相关文献相当丰富。其中重要的有 30 余篇,涉及多个方面,具体如下:

1. 关于 NHL 的 AHSCT 中预处理方案

共有 8 篇,其中 4 篇与 EBMT 指导手册中推荐的 BEAM 方案有关:美国加利福尼亚大学的 Wang 等[35]比较了 52 例以 CEB(Cy + VPl6 + BCNU) 和 20 例以 BEAM(BCNU + VPl6 + Ara-C + Mel)为预处理方案的 AHSCT 治疗 NHL 的疗效,结果显示接受 BEAM 方案组患者不仅黏膜炎发生率较 CEB 组略轻(75% vs79%),而且 OS 率也较 CEB 组为高(84% vs60%)。西班牙的 Martin 等[36]比较了 67 例使用标准 BEAM 预处理方案及 64 例增大 VPl6 剂量的 BEAM 预处理方案的 AHSCT 治疗隋性淋巴瘤(IL)及 HD,结果表明增大标准 BEAM 方案中 VP16 的剂量(从 800mg/m^2 增到 1 600mg/m^2)不能改善患者的预后。美国 James P. Wilmot 癌中心的 Phillips 等[37]对通过增大马法兰的剂量和使用阿米福汀降低其副作用而改良 BEAM 方案,并将其用于预后不良的恶性淋巴瘤患者进行了 I 期临床研究,其中将马法兰剂量从 200mg/m^2 增至 280mg/m^2 + 阿米福汀,结果显示未出现严重的治疗相关的毒副反应。法国巴黎圣安东尼医院的 Gorin 领导的研究组[38]发表了在 1994 ~ 2000 年间以 BEAM 方案化疗,未进行 AHSCT,仅给予 Epo、G-CSF 和 GM-CSF 治疗的 33 例 NHL 患者,5

例患者死于治疗相关毒性，20 例患者仍存活（61%），16 例仍处 CR 状态（49%），其 5 年预期 DFS 为（52 ± 9）%，5 年预期 OS 为（61 ± 10）%。说明 BEAM 方案并非清髓性方案。以其他预处理方案行 AHSCT 的也有 4 篇；土耳其安卡拉大学医学院的 Demirer 等[39]以预处理方案为 TMCb 噻替派 + 马法兰 + 卡铂）的 AHSCT 治疗 42 例包括 NHL 在内的恶性瘤患者，其中噻替派 500mg/m²，马法兰 100mg/m²，卡铂 1 050 ~ 1350mg/m²，其 2 年预期 OS 率、EFS 率及复发率分别为 65%、60% 及 21%，且可被患者所耐受。意大利拿波里的 Pocali 等[40]以 IEV（异环磷酰胺 + 表阿霉素 + VPl6）为预处理方案的 AHSCT 治疗 25 例难治或复发的高度恶性的 NHL，18 月后 21 位患者仍存活，其中 18 例仍处于完全缓解。意大利安可那大学的 Olivieri 等[41]以 DHAP（地塞米松 + 阿糖胞苷 + 顺铂）为预处理方案的 AHSCT 治疗 60 例包括 NHL 在内的恶性淋巴瘤患者，其移植相关死亡率为 3.8%，5 年 OS 为 57.6%，6 年 DFS 为 42%。德国的 Koenigsmann 等[42]报道了 21 例原发难治或早期复发的 NHL 患者接受了以大剂量 treosulfan（30mg/m²）与马法兰（140mg/m²）为预处理方案的 AHSCT，结果显示此方案是可以耐受的，其 CR 率为 43%。

2. 关于 AHSCT 中移植物净化　美国 Dana-Farber 癌研究所的 Jacobsen 与 Freedman[43]综述了过去 5 年间在体外应用 B 细胞抗体净化 B 细胞淋巴瘤中的肿瘤细胞以及应用美罗华体内净化 B 细胞瘤中的肿瘤细胞，有一定参考价值。美国伊利诺斯大学的 Van Besien 等[44]对 56 例复发或难治的 NHL 患者以白细胞介素 2（IL-2）进行移植物的体外培养净化，并在移植后给予间断 IL-2 皮下注射，持续 4 个月，结果显示其 OS 和 DFS 与既往非净化组及未用 IL-2 进行移植后治疗组相比无显著差异。

3. 移植前后应用美罗华　美国华盛顿大学的 Hoerr 等[45]回顾性分析比较了该中心 127 例 AHSCT 前应用了美罗华组与 146 例未用美罗华组治疗 NHL 患者的疗效，结果显示移植前应用美罗华对干细胞动员效果、移植后早期并发症、住院时间或 30 天及 100 天内死亡率均无影响。移植前应用美罗华可改善中度恶性的 NHL 的生存情况，但对移植后血小板的恢复造成一定的延迟。德国土宾根大学的 Bragger 等[46]总结 30 例接受纯化的以 CD_{34}^{+} 细胞进行的 AHSCT 后 8 周时又接受美罗华巩固治疗一疗程的 NHL 患者（2 例滤泡性淋巴瘤，10 例套细胞淋巴瘤）的多中心协作研究。PCR 检测微小残留病结果显示 AHSCT 前只有 22% 患者呈阴性，移植后 53% 呈阴性，在接受美罗华后 72% 呈阴性，移植后 6 个月时 100% 呈阴性。其 4 ~ 5 年的实际 EFS 可高达 81%。

4. T-NHL　韩国汉城亚洲医学中心的 Kim 等[47]报道 33 例高危 T 细胞 NHL 接受 APBSCT 后，其绝对淋巴细胞计数在移植后 25 日内恢复到 1 000/μl 者与更好的 OS 及 EFS 相关，提示免疫恢复快可利于长生存。日本的 Kouzaki 等[48]报告一例复发的鼻腔 T-NHL 经 APBSCT 后 30 个月仍均无病存活。

5. B-NHL　德国 Albert-Ludwigs 大学医学中心的 Bertz 等[49]报道了经中位数 122 个月的随访，33 例高危 B-NHL 经该中心行 APBSCT 后，届时其 OS 达 79%。法国 Mounier 等[50]代表成人淋巴瘤协作组（GELA）发表了对 330 例 NHL 患者行 AHSCT 后疗效的观察。其中 52 例 T-NHL 显示 AHSCT 组与既往化疗组的 5 年 OS 及 DFS 分别为 49% 与 44%（$P = 0.87$），及 45% 与 38%（$P = 0.89$），无统计学显著差异。而 249 例 B-NHL 的 AHSCT 组与既往化疗组的 5 年

OS 及 DFS 则分别为 79% 与 77%（P =0.64），及 72% 与 67%（P =0.13），也无统计学显著差异。但其中对化疗敏感的进展期 B-NHL 以一线 AHSCT 治疗后，疗效与化疗组有显著差异。

6. 滤泡性淋巴瘤（FL） 意大利米兰国家肿瘤研究所的 Corradini 等[51]介绍了 70 例惰性淋巴瘤患者接受 AHSCT 后临床与分子生物学缓解情况的研究，其中 40 例为 FL，30 例为非 FL（14 例小淋巴细胞淋巴瘤，16 例套细胞淋巴瘤），结果显示 FL 较非 FL 组患者有更高的分子生物学缓解（MR）率及其 AHSCT 后的 MR 可作为长 DFS 的预测指标，而持续存在相应 PCR 阳性者伴有复发的高风险。

7. 弥漫大 B 细胞淋巴瘤（DLBCL） 西班牙的 Rodriguez 等[52]代表 GEL/TAMO 协作组发表其于 1990 ~ 1999 年间 114 例经化疗未达 CR 的 DLBCL 患者经 AHSCT 后可评价的 105 例中 57 例（54%）达 CR，16 例（15%）达部分缓解（PR），32 例（30%）未缓解（NR）。其 5 年 OS 为 43%，5 年 DS 为 36%，提示 1/3 的此类患者有可能获治愈。

8. 套细胞淋巴瘤（MCL） 美国 Dana-Farber 癌研究所的 Jacobsen 与 Freedman[53]对 MCL 的 Allo-HSCT 及 AHSCT 的进展作了非常全面的综述，强调了在 CR1 期行 AHSCT 的可行性及分析了美罗华体内净化效果在 MCL 患者的 AHSCT 中的作用。

9. 外周 T 细胞淋巴瘤（PTCL） 芬兰的 Jantunen 与 D' Amore[54]对 PTCL 的 AHSCT 及 All-HSCT 作了介绍。Jantunen 等[55]还报道了 1990 ~ 2001 年间芬兰全国范围内 37 例 PTCL 患者的 AHSCT 疗效观察。预处理方案以 BEAC 或 BEAM。其预期 5 年 OS 为 54%。德国沃尔茨堡大学的 Reimer 等[56]总结该院 21 例 PTCL 患者在经过 4 ~ 6 个疗程 CHOP 方案化疗后，又给予 DexaBEAM 或 ESHAP 方案一疗程，如达到 CR 或 PR 后，则以 TBI/CY 为预处理方案行 APBSCT，在中位数 5 个月的随访期时，16 位患者（76%）仍处于 CR 中。

10. NK/T 细胞淋巴瘤 日本扎幌的 Koizumi 等[57]介绍了该院一例伴皮肤广泛浸润的鼻 NK/T 细胞淋巴瘤。在经过 6 个疗程化疗，皮肤放疗后患者达 CR，以预处理方案为 VP16 750mg/m^2 ×2d + Cy 60mg/kg ×2d + TBl 12Gy 3d 内分 6 次照射，并以纯化的 APBSC 中 CD_{34}^+ 细胞进行移植，患者于 34 个月时仍处于 CR。

11. ALK-性的间变大细胞淋巴瘤（ALK-negative ALCL） 美国南卡罗来纳州的 Zamkoff 等[58]总结该院 1990 ~ 2002 年间 16 例本病患者，在复发后行 AHSCT，其中位 OS 为 72 周，由此看出对复发的该类患者行 AHSCT 不易取得长生存。

12. HIV 相伴原发渗出淋巴瘤 美国西雅图的 Waddington 与 Aboulafia[59]报道了首例该病患者经 AHSCT 治疗的过程，最终死于疾病的进展。法国巴黎的 Gabarre 等[60]总结了 14 例 AIDS 相关淋巴瘤（ARL）在复发或耐药情况下接受了 AHSCT，10 例患者达 CR，4 例患者分别在移植后 14、19、32 和 49 个月时仍 CR，另 1 例患者在移植后 36 个月时处于复发状态，正在接受治疗，其余患者均死亡。

13. 侵袭性 NHL 美国 Nebraska 大学医学中心的 Vose 等[61]总结了 1989 ~ 1996 年间在 ABMTR 登记的美国 93 个中心所做的 429 例接受 AHSCT 的处于第一次复发或 CR2 期侵袭性 NHL 的疗效结果，显示其预期 3 年存活率为 44%，3 年 EFS 为 31%，其中处于 CR2 期组和第一次复发组的 3 年 EFS 分别为 38% 及 28%。多变量分析表明耐药、初诊时 LDH 增高、从初诊到复发时间 <12 个月、年龄 ≥40 岁以及移植中使用 G-

CSF 是影响移植后长生存的不利因素。法国南蒂斯大学医院的 Milpied 等[62]将 197 例初治的侵袭性 NHL 患者前瞻性随机分为 CHOP 化疗组(99 例)与 AHSCT 组(98 例),结果显示两组 5 年预期 EFS 分别为(37 ±5)%及(55 ±50% (P =0.037),以 AHSCT 组为优。法国巴黎圣路易医院的 Mounier 等[63]代表成人淋巴瘤协作组发表了 60 岁以下的 330 例经 CHOP 方案达 CR 后又接受了 AHSCT 的侵袭性淋巴病患者疗效结果,其5 年 OS 和 DFS 分别为(75 ±5)%及(67 ±5)%。预后结果与国际预后指数(IPI)无关,但骨髓侵犯、1 个以上结外部位受累、病理示非间变性 T 细胞型、以及所使用的蒽环类药物为米托蒽醌则与预后不良相关。美国斯坦福大学医学中心的 Horwitz 等[64]对 29 例经过 AHSCT 后 42 天及 6 个月时的侵袭性 NHL 患者先后给予美罗华一疗程($375mg/m^2$ 1/周 ×4 周),其 2 年 DFS 及 OS 分别为 83% 及 88%。目前正在进行美国国内协作治疗复发或难治的 DLCL 患者的Ⅲ期临床试验。

14. 神经淋巴瘤(Neurolymphomatosis, NL)　美国 Mayo 诊所的 Ghobrial 等[65]报道了一例以坐骨神经痛为复发表现的 NL 患者,经过静脉点滴大剂量甲氨喋呤及进行 AHSCT,患者得以康复。文中并对 NL 进行了有参考价值的综述。

15. 预后不良的 NHL　韩国天主教大学医学院的 Shim 等[66]分析了该院对 50 例预后不良的 NHL 以 BEAM 或 CMT(CY + Mel + Thio)或 Fluda + TBI 为预处理方案的 AHSCT 后的疗效,结果表明其 2 年 OS 及 EFS 分别为 52% 及 36.8%,50 例原发高危组与对化疗仍敏感的复发组预后较好,而难治及耐药复发组则预后差。

16. 移植后免疫恢复　意大利的 Laurenti 等[67]对 149 例淋巴系统增殖性疾病(NHL、HD、MM)患者的 AHSCT 6 年内淋巴细胞总数及亚群之变化进行了检测,发现 NHL、HD 及 MM 组中免疫恢复情况类似,且各淋巴细胞亚群恢复情况也类似。

17. AHSCT 后继发肿瘤　德国的 Lenz 等[68]发表了德国低度恶性淋巴瘤协作组对 AHSCT 组与干扰素组出现继发肿瘤的前瞻性随机对照研究,结果显示接受 AHSCT 的 195 例隋性淋巴瘤(IL)中 5 例出现继发性肿瘤,包括 2 例 AML,故其 5 年预期发生率为 3.8%,而 236 例使用干扰素的同病患者无一例出现继发肿瘤。但因 AHSCT 组较干扰素组有显著好的 DFS,故使用 AHSCT 总体对隋性淋巴瘤是否有利尚无定论。

(六)HL

HL 患者接受 AHSCT 的数量在 EBMT 协作组中居第三位,仅次于 MM 及 NHL,故其相关文献也较丰富,其中代表性重要文献有 5 篇,因前瞻性随机对照研究已经指出对于化疗敏感的复发的 HL,AHSCT 已成为标准的治疗,但对原发难治的和复发难治的 HL,AHSCT 的地位仍存在不同意见,故相关文献多集中在此类患者中。美国 Memorial Sloan Kettering 癌中心的 Moskowitz 等[69]总结该院 75 例原发难治的 HL 患者接受 AHSCT 后经中位 10 年的随访,其 EFS、PFS 与 OS 分别为 45%、49% 及 48%。其中对二线标准剂量化疗(SDSC)敏感者相应分别为 60%、62% 及 66%,优于对 SDSC 不敏感者的相应 19%,23% 及 17% 比率。说明对 SDSC 敏感的原发性难治患者应多考虑行 AHSCT。波兰革但斯克的 Czyz 等[70]回顾性总结了来自波兰 17 个中心的 76 例成人原发耐药 HL 接受 AHSCT 后疗效,并与同期 76 例同类患者对照分析,两组 5 年 OS 分别为 33.7% 与 35.6% (P =0.92),无统计学显著差异。Czyz 等[71]还代表波兰淋巴瘤研究组总结自 1990 ~2000 年间 341 例进展期 HL

患者接受 AHSCT 后疗效,其 5 年实际 OS 及 EFS 分别为 64% 及 45%。多变量分析表明不良预后因素为 AHSCT 前未达到 CR 或 PR,以及移植前接受了至少三线的化疗。5 年累积继发肿瘤发生率为 8.4%。认为 AHSCT 应在病程早期患者对标准化疗有反应后即考虑进行。美国马里兰大学的 Rapoport 等[72]对 37 例复发或难治的 HL 进行 AHSCT 后,又先后给予两种方案的巩固化疗。其 2.5 年的预期 EFS 及 OS 分别为 59% 及 86%。说明移植后巩固化疗是可以耐受的。Moskowitz[73]预期还对复发与原发难治的 HL 的 AHSCT 做了有参考价值的综述。

(七)MM

NHL 患者接受 AHSCT 的数量从 1997 年在各类疾病中居第三位,仅次于 NHL 及乳腺癌,至 2002 年跃居第一位,占 AHSCT 总数的 1/3 强(4 376 例/13 292 例),故其有关文献日渐丰富,包括重要文章 8 篇及相关 POEMS 文章 2 篇,具体如下:日本的 Nakamura 等[74]报道该院在三个疗程 VAD 后,使用 VP 16 或 CY + G-CSF 动员并采集 APBSC,再以 Mel 200mg/m^2 或 Mel 140mg/m^2 + TBl 10Gy 以预处理方案行单次或双次 APBSCT,其实际 3 年 OS 及 EFS 分别为 65.6% 及 22.0%。澳大利亚墨尔本 Alfred 医院的 Spencer 等[75]对 35 例 MM 患者行以 Mel 200mg/m^2 为预处理方案的 AHSCT,其预期 4 年 OS 为 77%。日本的 Murakami 等[76]对 60 例接受 AHSCT 的与 90 例接受传统化疗的 MM 患者进行了比较研究,结论为无论是高危还是低危组的 MM 患者,均应进行 AHSCT。意大利的 Cavo 等[77]对 71 例 MM 患者给予地塞米松(DEX) + 反应停(Thali)治疗 4 个月,每个月中持续给予反应停 200mg/d,Dex 在奇数月时 40mg/d,于 1 ~4,9 ~12,17 ~20 天时使用,偶数月中 40mg/d,用于 1 ~4 天时使用。49% 的患者达到 PR,17% 患者达到 CR。59 位患者最终进行了 APBSC 的动员及采集,中位数 CD_{34}^{+} 细胞达到 7.1 × 10^6/kg,用于 APBSCT。瑞典的 Wahlin 等[78]对 104 位接受 APBSCT 的 MM 患者的移植前各因素指标进行了分析,发现只有采集的 CD_{34}^{+} 细胞数与 OS 有关,没有任何因素与 EFS 有固定相关性。意大利的 Ferrara 等[79]在门诊配合患者住家中对 28 位 MM 患者进行了以马法兰为预处理方案的 APBSCT,60% 的患者在家中完成了移植,10 例患者最终住院,故认为在门诊对 MM 患者进行 APBSCT 是可行和安全的。澳大利亚的 To 带领的研究组[80]对 15 例 MM 患者进行了双次 APBSCT,两次预处理方案分别为环磷酰胺 + 表阿霉素与马利兰 + 马法兰。移植相关死亡为 6%。两次移植间间隔 2 个月以内者预后更好些。Krivanova 等[81]代表捷克骨髓瘤协作组总结其在 1997 ~2003 年间 32 例在第一次 APBSCT 后复发又进行第二次 APBSCT 治疗 MM 的疗效,两次移植间使用了 IL-2 或反应停或巩固化疗等治疗手段,结果显示其中位 OS 为 79.1 个月,只有一例患者死于移植相关原因,两次移植中毒副作用相似。美国 Mayo 诊所的 Dispenzieri 等[82]及日本新泻的 Takai 等[83]分别报道了 15 例和 1 例 POEMS 患者行 APBSCT 的结果。移植疗效显著,除 1 例(15 例中)死于移植相关原因外,其余患者病情均得到改善或稳定,但前 15 例中 5 例需辅助呼吸,说明移植中存在较大风险。

(八)成人实体瘤

近年来 AHSCT 在各类实体瘤治疗中进展不大,但从 EBMT 所公布的统计数字来看,即可见一斑,尤其在乳癌中更呈大幅度下降趋势。美国科罗拉多大学的 Nieto 等[84]对此方面的进展及目前的现状做了较全面的综述,值得一读。

1. 乳腺癌　前半部分中已简单介绍了有关乳腺癌行 AHSCT 疗效方面的争论及观念的变化，从 2004 年发表文章看，有关数量已大幅减少，仅见到 4 篇较重要的，其中一篇由意大利的 Lalle 等[85]所做的综述篇幅较大，但可惜为意大利文，难以参考。德国埃森大学医学院的 Bojke 等[86]介绍了 40 例经 AHSCT 治疗的转移性乳癌患者，也只是客观的陈述了其安全性及 5 年 EFS 为27%。意大利的 Guarneri 等[87]分析了该院 44 例经 AHSCT 治疗的转移性乳癌患者资料，显示其中 HER2 过度表达组尽管有高的 CR 率(9/13)，但其 PFS 与 OS 均较 HER2 阴性组显著缩短，提示预后不良。德国海德堡大学的 Schneeweiss 等[88]分析了 91 例腋下淋巴结广泛受累的原发性乳癌患者，接受 AHSCT 后疗效与初诊时骨髓有否微量转移(MMC)的关系，指出 MMC 对此类患者的生存预后并无不良影响。

2. 卵巢癌　美国 MD Anderson 癌中心的 Donato 等[89]分析了 96 例接受了以紫杉醇、卡铂(PC 组)或拓扑替康、马法兰、环磷酰胺(TMC 组)或环磷酰胺、卡氮芥、噻替派(CBT 组)为预处理方案的 AHSCT 的进展期卵巢癌患者疗效，显示 TMC 组优于 PC 及 CBT 组，同时表明在处于 CR 期进行移植的患者疗效更佳。西班牙的 Ikeba 等[90]以 2 个疗程的半大剂量化疗(VPl6 + 卡铂)，其后以 APBSC 支持，随之行外科手术切除及化疗等综合手段治疗进展期卵巢癌患者 17 例，总缓解率达70.6%，5 年 DFS 为52.9%。英国伦敦的 Barlow 等[91]对 17 例进展期卵巢癌患者进行 6 个疗程的健择 + 卡铂 + 紫杉醇的化疗，化疗后给予提前采集的 450ml 全血，(认为含有 APBSC)及 G-CSF，6 例达 CR，7 例 PR。

3. 骨或软组织肉瘤　德国海德堡大学的 Kasper 等[92]总结多种骨或软组织肉瘤共 27 例，接受了以多种不同的预处理方案进行的 AHSCT，中位 PFS 时间为 12 个月，在 9 例 CR 患者中，中位 PFS 为 25.8 个月，提示在移植前达 CR 的患者，移植后可获较好疗效。

4. 精原细胞瘤　日本 Tanji 等[93]以 CEI (卡铂 1 250mg/m^2 + VP16 1 500mg/m^2 + 异环磷酰胺 7.5g/m^2)或 CCT(卡铂 800mg/m^2 + 环磷酰胺 6g/m^2 + 噻替派 720mg/m^2)为预处理方案对 3 例难治耐药的精原细胞瘤患者进行 AHSCT，一例达到病理学 CR，且在 68 个月后仍处于 DFS。其余 2 例则死于疾病进展。

(九)儿童肿瘤

1. AML　美国 Godder 等[94]代表 ABMTR 及美国健康政策研究所发表了对 219 例处于 CR1 期与 73 例处于 CR2 期后接受了 AHSCT 的 AML 患儿的研究资料，结果显示 3 年预期 DFS 率在 CR1 组、经过较短 CRl 期复发后又达 CR2 组及经过较长 CR1 期复发后又达 CR2 组中分别为 54%、23% 及 60%。提示 CR1 的持续时间与 AHSCT 的疗效有关，并支持对 CR2 患儿进行 AHSCT。

2. HL　美国斯坦福大学的 Lieskovsky 等[95]总结了该院 1989 ~ 2001 年间 41 例复发或原发难治的 HL 患者，经 AHSCT 后疗效情况，结果显示 5 年 OS、EFS 及 PFS 率分别为 68%、53% 及 63%。证实了 AHSCT 在治疗 HL 患者中的作用。

3. 神经母细胞瘤　Verdeguer 等[96]代表西班牙儿童骨髓移植工作组总结分析了 1984 ~ 1998 年间 67 例 1 岁以上的高危神经母细胞瘤患儿在接受以马法兰 + 卡氮芥 + VM 26 为主的预处理方案的 AHSCT 后的疗效情况，结果表明 5 年 EFS 为 30%。其中对移植物进行净化处理组患儿疗效并未优于对照组。移植后又给予 IL-2 或 13-顺式维甲酸组患儿有更好的 OS 及 EFS。

4. 成神经管细胞瘤与神经外胚层瘤

美国 Broniscer 等[97]代表儿童癌协作组总结了以 AHSCT 治疗 17 例复发的神经外胚层瘤，预处理方案包括卡铂、噻替派、VP 16 与 TBI。移植相关死亡 11%。中位随访 8.3 年时仍有 5 例无病存活。美国纽约大学医学中心的 Chi 等[98]总结了 1997～2003 年间 21 例初治高危弥散性成神经管细胞瘤患儿，经 5 个疗程由长春新碱、顺铂、VP 16、环磷酰胺及甲氨喋呤组成的强烈化疗后，进行 AHSCT，其 3 年 EFS 和 OS 分别为 49% 和 60%，结果令人鼓舞。西班牙的 Perez-Martinez 等[99]7 例 4 岁以上的成神经管细胞瘤与神经外胚层瘤患儿以 APBSCT 做为一线治疗，预处理方案为马利兰＋马法兰，其中 3 例加用了噻替派，2 例加用了拓扑替康，无移植相关死亡，2 年 EFS 为(71.4 ±17)%，避免了使用放疗的长期不利后果。

5. 脑瘤与中枢神经系统肿瘤　美国纽约大学的 Gardner[100]对以 AHSCT 治疗儿童脑瘤作了有价值的综述。西班牙的 perez-Martinez 等[101]总结了 34 例接受 AHSCT 的高危及复发的脑瘤患儿的疗效，2 年 EFS 为(37.6 ± 8.7)%，且避免了进行颅脑放疗。美国纽约医学院的 Ozkaynak 等[102]总结对 12 例高危中枢神经系统肿瘤患儿进行了两次乃至部分(4 例)三次的 APBSCT，其远期疗效未予公布，但证明此方法在临床上是可行及可耐受的。

6. Wilms 瘤　美国西北大学的 Campbell 等[103]总结 12 例复发的 Wilms 瘤患儿在接受 AHSCT 后，其中接受了两次 AHSCT，4 年预期 EFS 和 OS 分别为 60% 和 73%。

7. 肉瘤　美国 Memorial Sloan-kettering 癌中心的 Meyers[104]对包括 Ewing 肉瘤、横纹肌肉瘤及骨肉瘤在内的儿童肉瘤进行 AHSCT 的文献作了较全面的综述，阐明目前 AHSCT 在上述肿瘤的治疗中的地位尚未完全确定，有待进一步研究。

(十)国内相关文献

从互联网 Medline 上查到国内同道很有意义的文献也有数篇。北京朝阳医院的陈文明[105]对多发性骨髓瘤的造血干细胞治疗，包括以 AHSCT 治疗作了较为详尽的综述，有参考价值。医科院血研所的王荷花等[106]发表了 94 例以 AHSCT 与 46 例 HLA 相合同胞供者的 Allo-HSCT 治疗 CRl 期急性白血病的回顾性比较研究，结果显示 AHSCT 组与 Allo-HSCT 组的 5 年 DFS 分别为(51.5 ±5.4)% 与(52.8 ±7.6)%(P >0.05)，累积移植相关死亡率分别为(14.4 ±4.1)% 与(37.6 ±7.8)%(P <0.05)，累积复发率分别为(52.0 ± 5.5)% 与(26.3 ± 6.9)%(P >0.05)。说明 CR1 期急性白血病患者经 AHSCT 的长期 DFS 率与经 HLA 相合同胞供者 Allo-HSCT 的相当。医科院肿瘤医院石远凯等[107]对 30 列恶性肿瘤患者随机分为两组，分别以 VP 16 1 000mg/m^2 与 1 500mg/m^2 + G-CSF 进行 APBSC 的动员，结果显示 VP 16 联系 G-CSF 是一种安全、高效的 APBSC 动员方法，1 500mg/m^2 与 1 000mg/m^2 的 VP16 均可获得满意的 APBSC 动员采集效果。上海新华医院陈静等[108]对 27 例晚期恶性实体肿瘤患儿进行了主要以 VP16 + 卡铂 + 马法兰为预处理方案的 AHSCT，在平均随访 13 个月时，21 例仍处于 DFS。

参考文献

1　Apperley J, Carreras E, Gluckman, et al. Haematopoietic stem Cell Transplantation (2004 revised edition). Forum Service Editore, Genoa, 2004

2　Loberiza F. Summary slides 2003-part Ⅱ. IBMTR/ABMTR newsletter, 2004; 10(2): 6～9

3　Apperley J, Gluckman E, Gratwohl A. Blood and Marrow France. 1998. Transplantation. Art Direction/Lavout

4　Apperley J, Gluckman E, Gratwohl A, Blood and Marrow Transplantation(2000 revised edition). European School of Haematology. France, 2000

5　Edward A, Stadtmauer M, Anne O' Neill M, et al. Con-

ventional-dose Chemotherapy plus autologous Hemato-poietic stem-cell transplantation for metastatic breast cancer. N Engl J Med,2000;342(15): 1069 ~1076
6 Bergh J, Wilklund J, Erikstein B, et al. Tailored fluorouracil, epirubicin and cyclophosphamide compared with marrow supported high-dose chemotherapy as adjuvant treatment for high-risk breast cancer: a randomized trial. Lancet,2000;356: 1384 ~1391
7 Honobagyi GN, Buzdar Au, Theriault RL, et al. Randomized trial of high-dose chemotherapy and blood cell autografts for high-risk primary breast carcinoma. J Natl Can Inst,2000;92(3): 225 ~233
8 Tallman MS, Gray R, Robert NJ, et al . Conventional adjuvant chemotherapy with or without high-dose chemotherapy and autologous stem-cell transplantation in high-risk beast cancer. N Engl J Med,2002;349: 17 ~26
9 Rodenhuis S, Bontenbal M, Beex L, et al. High-dose chemotherapy with hematopoietic stem cell rescue for high-risk breast cancer. N Engl J Med,2003;349: 7 ~16
10 Deleve LD, Schulman HM, Mc Donald GB, Toxic injury to hepatic sinusoids: Sinusoidal obstruction syndrom (veno-occlusive disease). Semin Liver Dis,2002;22: 27 ~42
11 McDonald GB, Hinds MS, Fisher LD, et al. Veno-occlusive disease of the liver and multiorgan failure after bone marrow transplantation: A cohort study of 355 patients. Ann Intern Med,1993;118: 255 ~267
12 Carreras E, Veno-occlusive disease of the liver after haematopoietic cell trans plantation. Eur J Haematol, 2000;64: 281 ~291
13 Nurnberger W, Willers R, Burdach S, et al. Risk factors for capillary leakage syndrome after bone marrow transplantation. Ann Hematol,1997;74: 221 ~224
14 Spitger TR, Engraftment syndrome following haematopoietic stem cell transplantation. Bone Marrow Transplant, 2001;27: 893 ~898
15 Afessa B, Tefferi A, Litzow MR, et al. Diffuse alveolar hemorrhage in hematopoietic stem cell transplant recipients. Am J Respir Crit Care Med,2001;166: 641 ~645
16 aly AS, Xenocostas A, Lipton JH, Transplantation-associated thrombotic microangiopathy: Twenty-two years later. Bone MarrowTransplant,2002;30: 709 ~715
17 raw fon SW, Critical care and respiratorv failure. In: Hematopoietic cell transplantation. Thomas ED, BlumeKG-Forman SJ, (eds), Malden(MA), Blackwell Science Inc, 1999;712 ~722
18 ordon B, Lyden E, Lynch J, et al. Central nervous system dysfunction as the first manifestation of multiple organ dysfunction syndrome in stem cell transplant patients. Bone Marrow Transplant,2000;25: 78 ~83
19 Levi I, Grotto I, Yerushalmi R, et al. Meta-analysis of autologous bone marrow transplantation versus chemotherapy in adult patients with acute myeloid leukemia in first remission. Lenk Res,2004;28(6): 605 ~612
20 Vey N, Bourabdallah R, Stoppa A, et al. Autologous stem cell transplantation for acute myelogenous leukemia in first complete remission: a 6-year follow-up study of 101 patients form a single institution. Bone Marrow Transplant,2004;33(2): 177 ~182
21 Kim Hj, Min WS, Eom KS, et al. Autologous stem cell transplantation using modified TAM or combination of triple-alkylating agents conditioning regimens as one of the post-remission treatment in patients with adult acute myeloid leukemia in first complete remission. Bone Marrow Tranplant,2004;34(3): 215 ~220
22 Mollee P, Gupta V, Song K, et al. Long-term outcome after intensive therapy with etoposide, melphalan, total body irradiation and autotransplant for acute myeloid leukemia. Bone Marrow Transplant,2004;33(2): 1201 ~1208
23 Oriol A, Ribera JM, Esteve J, et al. Feasibility and results of autologous stem cell transplantation in de nove acute myeloid leukemia in patients over 60 years old. results of the CETLAM AML-99 protocal. Haematologica,2004;89 (7): 791 ~800
24 Ferrara F, Palmieri S, Annunziata M, et al. Continuous infusion idarubicin and oral busulfan as conditioning for patients with acute myeloid leukemia aged over 60 years undergoing autologous stem cell transplantation. Bone Marrow Transplant,2004;34(7): 573 ~576
25 Brunet S, Esteve J, Berlanga J, et al. Treatment of primary acute myeloid leukemia: results of a prospective multicenter trial including high-dose cytarabine or stem cell transplantation as post-remission strategy. Haematologica, 2004;89(8): 940 ~949
26 Lee JJ, kook H, Park MS, et al. Immunotherapy using autologous monocyte-derived dendritic cells pulsed with leukemic cell lysates for acute myeloid leukemia relapse after autologous peripheral blood stem cell transplantation. J Clin Apheresis,2004;19(2): 66 ~70
27 Thomas X, Boiron JM, Huguet F, et al. Outcome of treatment in adults with acute lymphoblastic leukemia: analysis of the LALA-94 trial. J Clin Oncol,2004;22(20): 4075 ~4086

28 Annaloro C, Curioni AC, Molteni M, et al. Hematopoietic stem cell transplantation in adult acute lymphoblastic leukemia: a single-centre analysis. Leuk Lymphoma, 2004; 45 (6): 1175 ~ 1180

29 Hunault M, Harousseau JL, Delain M, et al Better outcome of adult acute lymphoblastic lenkemia after early genoidentical allogeneic bone marrow transplantation (BMT) than after late high-dose therapy and autologous BMT: a GOELAMS trial. Blood, 2004; 104(10): 3028 ~ 3037

30 Bhatia R, McGlave PB, Autologous hematopoietic cell transplantation for chronic myelogenous leukemia. Hematol Oncol Clin NorthAm, 2004; 18(3): 715 ~ 732

31 Kreuzer KA, Kluhs c, Baskaynak G, et al. Filgrastim-induced stem cell mobilization in chronic myeloid leukaemia patients during imatinib therapy: safety, feasibility and evidence for an efficient in vivo purging. Br J Haematol, 2004; 124(2): 195 ~ 199

32 Rizouli V, Gribben JG J, The role of stem cell transplantation in chronic lymphocytic leukemia. Semin Hematol, 2004; 41 (3): 246 ~ 253

33 Tournilhac O, Cazin B, Lepretre S, et al. Impact of frontline fludarabine and cyclophosphamide combined treatment on peripheral blood stem cell mobilization in B-cell chronic lymphocytic leukemia. Blood, 2004; 103 (1): 363 ~ 365

34 Dreger P, Stilgenbauer S, Benner A, et al. Ther prognostic impact of autologous stem cell transplantation in patients with chronic lymphocytic leukemia: a risk-matched analysis based on the VH gene mutational status. Blood, 2004; 103(7): 2850 ~ 2858

35 Wang EH, Chen YA, Corringhams, et al. High-dose CEB vs BEAM with autologous stem cell transplant in lymphoma. Bone MarrowTransplant, 2004; 34(7): 581 ~ 587

36 Martin A, Caballero MD, Perez-Simon JA, et al. Results of autologous transplantation in lymphoma are not improved by increasing the dose of etoposide in the BEAM regimen: a single-centre sequential-cohort study. Bone Marrow Transplant, 2004; 34(8): 675 ~ 682

37 Phillips GL, Abboud CN, Bemstein SH, et al. Phase I study for poor-prognosis lymphoma: augmentation of the "BEAM" regimen with escalating dose melphalan using amifostine cytoprotection and autologous hematopoietic stem cell transplantation-a preliminary report. Semin Oncol, 2004; 31 (6 suppl 18): 59 ~ 61

38 Loporte JP, Yeshurun M, Fouillard L, et al. A long-term follow-up of 33 patients with non-Hodgkin's lymphoma who received the BEAM high-dose intensification regimen with cytokine support only and no transplant. Leukemia, 2004; 18(10): 1717 ~ 1721

39 Demirer T, Aylim M, Fen T, et al. High-dose thiotepa, melphalan and carboplatin (TMCb) followed by autologous peripheral blood stem cell transplantation in patients with lymphoma-a retrospective evaluation. Bone Marrow Transplants, 2004; 34(9): 781 ~ 786

40 Pocali B, De Simone M, Annunziata M, et al. Ifosfamide, epirubicin and etoposide (IEV) regimen as salvage and mobilizating therapy for refractory or early relapsing patients with aggressive non-Hodgkin's lymphoma. Leuk Lymphoma, 2004; 45 (8): 1605 ~ 1609

41 Olivieri A, Brunori M, Capelli D, et al. Salvage therapy with an outpatient DHAP schedule followed by PBSC transplantation in 79 lymaphoma patients: an intention to mobilize and transplant analysis, Eur J Haematol, 2004; 72(1): 10 ~ 17

42 Koenigsmann M, Mohren M, Jentsch-Ullrich K, et al. High-dose treosulfan in patients with relapsed or refractory high-grade lymphoma receiving tandem autologous blood stem cell transplantation. Bone Marrow Transplant, 2004; 34(6): 477 ~ 483

43 Jacobsen E, Freedman A. B-cell purging in autologous stem-cell transplantation for non-Hodgkin lymphoma. Lancet Oncol, 2004; 5(12): 711 ~ 717

44 Van Besien K, Mehra R, Wadhra N, et al. Phase Ⅱ study of autologous transplantation with interleukin-2-incubated peripheral blood stem cells and post transplantation interleukin-2 in relapsed or refractory non-Hodgkin lymphoma. Biol Blood Marrow Transplant, 2004; 10(6): 386 ~ 394

45 Hoerr AL, Gao F, Hidalgo J, et al. Effects of pretransplantation treatment with rituximab on outcomes of autologous stem-cell transplantation for non-Hodgkin's lymphoma. J Clin Oncol, 2004; 22(22): 4561 ~ 4566

46 Brugger W, Hirsch J, Grunebach F, et al. Rituximab conslidation after high-dose chemotherapy and autologous blood stem cell transplantation in follicular and mantle cell lymphoma: a prospective, multicenter phase Ⅱ sutdy. Ann Oncol, 2004; 15(11): 1691 ~ 1698

47 kim H, sohn HJ, Kim SE, et al. Lymphocyte recovery as a positive predictor of prolonged survival after autologous peripheral blood stem cell transplantation in T-cell non-Hodgkin's lymphoma. Bone Marrow Transplant, 2004; 34

(1): 43 ~ 49

48 Kouzaki H, kitanishi T, kitano H, et al. Successful treatment of disseminated nasal T-cell lymphoma using high-dose chemotherapy and autologous peripheral blood stem cell transplantation: a case report. Auris Nasus Larynx, 2004; 31(1): 79 ~ 83

49 Bertz H, zeiser R, Lange W, et al. Long-term follow-up after high-dose chemotherapy and autologous stem-cell transplantation for high-grade B-cell lymphoma suggests an improved outcome for high-risk patients with respect to the age-adjusted International Prognostic Index. Ann Oncol, 2004; 15(9): 1419 ~ 1424

50 Mounier N, Gisselbrecht C, Briere J, et al. All aggressive lymphoma subtypes do not share similar outcome after front-line autotransplantation: a matched-control analysis by the groupe d'Etude des Lymphomes de l'Adulte (GELA). Ann Oncol, 2004; 15(12): 1790 ~ 1797

51 Corradini P, Ladetto M, Zallio F, et al. Long-term follow-up of indolent lymphoma patients treated with high-dose sequential chemotherapy and autografting: evidence that durable molecular and clinical remission frequently can be attained only in follicular subtypes. J Clin Oncol, 2004; 22(8): 1460 ~ 1468

52 Rodriguez J, Caballero MD, Gutierrez A, et al. Autologous stem-cell transplantation in diffuse large B-cell non-Hodgkin's lymphoma not achieving complete response after induction chemotherapy: the GEL/TAMO experience. Ann Oncol, 2004; 15(10): 1504 ~ 1509

53 Jacobsen E, Freedman A. An update on the role of high-dose therapy with autologous or allogeneic stem cell transplantation in mantle cell lymphoma. Curr Opin Oncol, 2004; 16(2): 106 ~ 113

54 Jantunen E, D'Amore F, Stem cell transplantation for peripheral T-cell lymphomas. Leuk Lymphoma, 2004; 45(3): 441 ~ 446

55 Jantunen E, Wiklund T, Juvonen E, et al. Autologous stem cell transplantation in adult patients with peripheral T-cell lymphoma: a nation-wide survey. Bone Marrow Transplant, 2004; 33(4): 405 ~ 410

56 Reimer P, Schertlin T, Rudiger T, et al. Myeloablative radiochemotherapy followed by autologous peripheral blood stem cell transplantation as first-line therapy in peripheral T-cell lymphomas: first results of a prospective multicenter study. Hematol J, 2004; 5(4): 304 ~ 311

57 Koizumi K, Fujimoto K, Haseyama Y, et al. Effective high-dose chemotherapy combined with CD_{34}^{+}-selected peripheral blood stem cell transplantation in a patient with cutaneous involvement of nasal NK/T-cell lymphoma. Eur J Haematol, 2004; 72(2): 140 ~ 144

58 Zamkoff kw, Matulis MD, Mehta AC, et al. High-dose therapy and autologous stem cell transplant does not result in long-term disease-free survival in patients with recurrent chemotherapy-sensitive ALK-negative anaplastic large-cell lymphoma. Bone Marrow Transplant, 2004; 33(6): 635 ~ 638

59 Waddington TW, Aboulafia DM, Failure to eradicate AIDS-associated primary effusion lymphoma with high-dose chemotherapy and autologous stem cell reinfusion: case report and literature review. AIDS Patient care STDS, 2004; 18(2): 67 ~ 73

60 Gabarre J, Marcelin AG; Azar N, et al. High-dose therapy plus autologous hematopoietic stem cell transplantation for human immunodeficiency virus (HIV)-related lymphoma: results and impact on HIV disease. Haematologica, 2004; 89(9): 1100 ~ 1108

61 Vose JM, Rizzo DJ, Tao-Wu J, et al. Autologous transplantation for diffuse aggressive non-Hodgkin lymphoma in first relapse or second remission, Biol Blood Marrow Transplant, 2004; 10(2): 116 ~ 127

62 Milpied N, Deconinck E, Gaillard F, et al. Initial treatment of aggressive lymphoma with high-dose chemotherapy and autologous stem-cell support. N Engl J Med, 2004; 350(13): 1287 ~ 1295

63 Mounier N, Gisselbrecht C, Briere J, et al. Prognostic factors in patients with aggressive non-Hodgkin's lymphoma treated by front-line autotransplantation after complete remission: a cohort study by the Groupe d'Etude des Lymphomes de I'Adulte. J Clin Oncol, 2004; 22(14): 2826 ~ 2834

64 Horwitz SM, Negrin RS, Blume KG, et al. Rituximab as adjuvant to high-dose therapy and autologous hematopoietic cell transplantation for aggressive non-Hodgkin lymphoma. Blood, 2004; 103(3): 777 ~ 783

65 Ghobrial IM, Buadi F, Spinner RJ, et al. High-dose intravenous methotrexate followed by autologous stem cell transplantation as a potentially effective therapy for neurolymphomatosis. Cancer, 2004; 100(11): 2403 ~ 2407

66 Shim BY, Lee MA, Bynn JH, et al. High-dose chemotherapy and autologous stem cell transplantation for poor-risk and recurrent non-Hodgkin's lymphoma: a single-center experience of 50 patients. Korean J Intern Med, 2004; 19(2): 114 ~ 120

67 Laurenti L, Piccioni P, Piccirillo N, et al. Immune recovery of lymphocyte subsets 6 years after autologous peripheral blood stem cell transplantation(PBSCT) for lymphoproliferative diseases. A comparison between NHL, HD and MM in group of 149 patients. Leuk Lymphoma, 2004;45(10): 2063~2070

68 Lenz G, Dreyling M, Schiegnitz E, et al. Moderate increase of secondary hematologic malignancies after myeloablative radiochemotherapy and autologous stem - cell transplantation in patients with indolent lymphoma: results of a prospective randomized trial of the German Low Grade Lymphoma Study Group. J Clin Oncol, 2004;22(24): 4926~4933

69 Moskowitz CH, kewalramani T, Nimer SD, et al. Effectiveness of high dose chemoradiotherapy and autologous stem cell transplantation for patients with biopsy - proven primary refractory Hodgkin's disease. Br J Haematol, 2004;124(5): 645~652

70 Czyz J, Szydlo R, Knopinska-Posluszuy W, et al. Treatment for primary refractory Hodgkin's disease: a comparison of high-dose chemotherapy followed by ASCT with conventional therapy. Bone Marrow Transplant, 2004;33(12): 1225~1229

71 Czyz J, Dziadziuszko R, knopinska - Dosluszuy W, et al. Outcome and prognostic factors in advanced Hodgkin's disease treated with high - dose chemotherapy and autologous stem cell transplantation: a study of 341 patients. Ann Oncol, 2004; 15(8): 1222~1230

72 Rapoport AP, Guo C, Badros A, et al. Autologous stem cell transplantation followed by consolidation chemotherapy for relapsed or refractory Hodgkin's lymphoma. Bone Marrow Transplant, 2004;34(10): 883~890

73 Moskowitz C, An update on the managenment of relapsed and primary refractory Hodgkin's disease. Semin Oncol, 2004;31(2 suppl 4): 54~59

74 Nakamura Y, Sakamaki H, Mukai H, et al. Autologous peripheral blood stem cell transplantation for Japanese multiple myeloma patients: results of a feasibility study. Rinsho ketsueki, 2004;45(7): 524~529

75 Spencer A, Seldon M, Deveridge S, et al. Induction with oral chemotherapy (CID) followed by early autologous stem cell transplantation for de novo multiple myeloma patients. Hematol J, 2004;5(3): 216~221

76 Murakami H, Fujii H, Inaba T, et al. High-dose chemotherapy and autologous peripheral blood stem cell transplantation in high-risk multiple myeloma. Eur J Haematol, 2004;73 (3): 169~173

77 Cavo M, Zamagni E, Tosi P, et al. First - line therapy with thalidomide and dexamethasone in preparation for autologous stem cell transplantation for multiple myeloma. Haematologica, 2004;89(7): 826~831

78 Wahlin A, Eriksson M, Hultdin M, Relation between harvest success and outcome after autologous peripheral blood stem cell transplantation in multiple myeloma. Eur J Haematol, 2004;73(4): 263~26

79 Ferrara F, Palmieri S, Viola A, et al. Outpatient - based peripheral blood stem cell transplantation for patients with multiple myeloma. Hematol J, 2004;5(3): 222~226

80 Horvath N, Hahn U, Joshua D, et al. Long - term follow up of sequential mobilization and autologous transplantation with CD_{34}^{-} slelected cells in multiple myeloma: a multimodality approach. Intern Med, 2004;34(4): 167~175

81 Krivanova A, Hajek R, krejci M, et al. Second autologous transplantation for multiple myeloma patients relapsing after the first autograft-a pilot study for the evaluation of experimental maintenance therapies. Report of the prospective non-randomized pilot study of the Czech Myeloma Group. Onkologie, 2004;27(3): 275~279

82 Dispenzieri A, Moreno-Aspitia A, Suarez GA, et al. Peripheral blood stem cell transplantation in 16 patients with POEMS Syndrome, and a riview of the literature. Blood, 2004; 104(10): 3400~3407

83 Takai K, Niikuni K, kurasaki T. Successful treatment of POEMS syndrome with high-dose chemotherapy and autologous peripheral blood stem cell transplantation. Rinsho ketsueki, 2004;45(10): 1111~1114

84 Nieto Y, Jones RB, Shpall EJ. Stem-cell transplantation for the treatment of advanced solid tumors. Springer Semin Immunopathol, 2004;26(1~2): 31~56

85 Lalle M, De Rosa L, Perillo A, et al. High-dose chemotherapy for metastatic breast cancer. Clin Ter, 2004; 155(74): 305~315

86 Bojko P, Welt A, Schleucher R, et al. High-dose chemotherapy with autologous stem cell transplantation in patients with oligometastatic breast cancer. Bone Marrow Transplant, 2004;34(7): 637~643

87 Guarneri V, Bengala C, Orlandini C, et al. HER2 overexpression as a prognostic factor in metastatic breast cancer patients treated with high-dose chemotherapy and autologous stem cell support. Bone Marrow Transplant, 2004; 34(5): 413~417

88 Schneeweiss A, Diel I, Hensel M, et al. Micrometastatic bone marrow cells at diagnosis have no impact on survival of primary breast cancer patients with extensive axillary lymph node involvement treated with stem cell-supported high-dose chemotherapy. Ann Oncol,2004; 15(11): 1627～1632

89 Donato ML, Aleman A, Champlin RE, et al. Analysis of 96 patients with advanced orarian carcinoma treated with high-dose chemotherapy and autologous stem cell transplantation . Bone Marrow Transplant,2004;33(12): 1219～1224

90 Ikeba K, Okubo M, Takeda S,et al. Five-year results of cyclic semi-high dose neoadjuvant chemotherapy supported by autologous peripheral blood stem-cell transplantation in patients with advanced ovarian cancer. Int J Clin Oncol,2004;9(2): 113～119

91 Barlow C, Nystrom M, Oestefiing C, et al. Dose intense triplet chemotherapy with gemcitabine, carboplatin ,paclitaxel with peripheral blood progenitor cell support for six cycles in advanced epithelial ovarian cancer. Br J Cancer,2004;90(7): 1318～1322

92 Kasper B, Lehnert T, Bemd L, et al. High-dose chemotherapy with autologous peripheral blood stem cell transplantation for bone and soft-tissue sarcomas. Bone Marrow Transplant,2004;34(1): 37～41

93 Tanji S,Obara W, Sugimura J,et al. Refractory germ cell cancer of testis treated by salvage high-dose chemotherapy:report of three cases. Hinyokika kiyo,2004;50(2): 77～80

94 Godder K, Kapen M, Laver JH, et al. Autologous hematopoietic stem cell transplantation for children with acute myeloid leukemia in first or second complete remission:a prognostic factor analysis. J Clin Oncol,2004 ;22(18): 3798～3804

95 Lieskovsky YE, Donaldson SS,Torres MA, et al. High-dose therapy and autologous hematopoietic stem-cell transplantation for recurrent or refractory pediatric Hodgkins disease: results and prognostic indices. J Clin Oncol,2004;22(22): 4532～4540

96 Verdeguer A, Munoz A, Canete A, et al. Long-term results of high-dose chemotherapy and autologous stem cell rescue for high-risk neuroblastoma patients:a report of the Spanish Working Party for BMT in children (Getmon). pediatr Hematol Oncol,2004;21(6): 495～504

97 Broniscer A,Nicolaides TP, Dunkel IJ,et al. High-dose chemotherapy with autologous stem-cell rescue in the treatment of patients with recurrent non-cerebellar primitive neuroectodermal tumors. Pediatr Blood Camcer, 2004;42(3): 261～267

98 Chi SN, Gardner SL, Levy AS, et al. Feasibility and response to induction chemotherapy intensified with high-dose methotrexate for young children with newly diagnosed high-risk disseminated medlloblastoma. J Clin Oncol, 2004;22(24): 4881～4887

99 Perez-Martinez A, Quintero V, Vicent Mg, et al. High-dose chemotherapy with autologous stem cell rescue as first line of treatment in young children with medulloblastoma and supratentorial primitive neuroectodermal tumors. J Neurooncol,2004;67(1～2): 101～106

100 Gardner SL, Application of stem cell transplant for brain tumors. Pediatr Transplant,2004;Suppl15: 28～32

101 Perez-Martinez A, Quintero Calcano V, Gonzalez Vicent M,et al. High-dose chemotherapy with autologous stem cell rescue in children with high-risk and recurrent brain tumors. An Pediatr (Barc),2004;61(1): 8～15

102 Ozkaynak MF, Sandoval C, Levendoglu-Tugal O,et al. A pilot trial of tandem autologous peripheral blood progenitor cell transplantation following high-dose thiotepa and carboplation in children with poor-risk central nevous system tumors. Pediatr Hematol Oncol,2004;21(7): 635～645

103 Campbell AD, Cohn SL, Reynolds M, et al. Treatment of relapsed wilms´tumor with high-dose therapy and autologous hematopoietic stem-cell rescue: the experience at children´s Memorial Hospital. J Clin Oncol, 2004; 22(14): 2885～2890

104 Meyers PA. High-dose therapy with autologous stem cell rescue for pediatric sarcomas. Curr Opin Oncol,2004;16(2): 120～125

105 陈文明.造血干细胞移植治疗多发性骨髓瘤的研究.中国实验血液学杂志,2004;12(4): 546～552

106 王荷花,冯四洲,王玟,等.急性白血病患者第一次完全缓解期自体和异基因造血干细胞移植疗效的比较.中华血液学杂志,2004;25(7): 389～392

107 石远凯,何小惠,韩晓红,等.足叶乙甙联合重组人粒细胞集落刺激因子动员自体外周血干细胞的临床研究.中华肿瘤杂志,2004;26(6): 360～363

108 陈静,顾龙君,汤静燕,等.自身造血干细胞移植治疗儿童晚期恶性实体肿瘤.中华儿科杂志,2004;42(12): 924～927

多发性骨髓瘤靶向性药物治疗进展

周莉莉 侯 健

第二军医大学长征医院 上海 200003

多发性骨髓瘤(MM)是一种以浆细胞异常增殖伴单克隆免疫球蛋白增多为特征的血液系统恶性肿瘤,目前包括化疗及移植在内的各种方法均无法实现治愈。近年来,随着生物学的进一步发展,越来越多的靶向治疗药物显示出了令人鼓舞的临床效果。目前已进入临床应用的靶向药物主要包括沙利度胺(Thalidomide, thal)及其类似物、蛋白酶体抑制剂 bortezomib(也称 PS-341, Velcade)及三氧化二砷(As_2O_3)等。此外,还有一些其他针对骨髓瘤细胞和或骨髓基质细胞靶向性的药物,如法尼基转移酶抑制剂、血管内皮生长因子及其受体抑制剂、二甲氧基雌二醇(2ME2)、组蛋白去乙酰化酶抑制剂、热休克蛋白抑制剂、胰岛素样生长因子抑制剂以及增生/抗凋亡受体抑制剂等。本文主要对骨髓瘤靶向药物治疗的进展进行小结。

(一)沙利度胺(Thalidomide, thal)及其类似物

沙利度胺最初于 1952 年用于镇静止吐,因其严重致畸性而被停用。后来意外中被发现可降低麻风病患者外周血及皮肤病变区 TNF-α 水平,实现免疫调节,因而被广泛用于 Behcet 病等结缔组织病、慢性移植物抗宿主病的治疗,并逐渐开始尝试用于肿瘤等的治疗。其对骨髓瘤惊人的疗效又促使人们不断开发出抗肿瘤效应更强、毒性更小的类似物。其中最有应用前景的两种类似物为 CC-5013(Revimid)和 CC-4047(Actimid),它们在具备沙利度胺基本结构的基础上,对 TNF-α 的抑制作用以及对 T 细胞的共刺激作用更强,副作用更小。作用机制主要包括:①通过促进 mRNA 降解、抑制单核细胞分泌降低 TNF-α 水平[1];②促进童贞 T 细胞表达共刺激分子并使之活化增殖[1];③促进 T 细胞分泌 IL-2、IFN-γ,放大 NK 细胞毒效应[2];④通过阻断 NF-κB 与 DNA 结合,或抑制 IκB 激酶活性,干扰 NF-κB 作用,减少正常免疫细胞因子的产生[3],选择性的调节细胞表面粘附分子的密度。此外,还包括抗血管生成4,直接诱导酶依赖性凋亡,促使骨髓瘤细胞停滞于 G_1 期[5]等其它机制。

1999 年,Singhal[6]等报道以初始剂量 200mg/d,最大剂量 800mg/d 沙利度胺治疗 84 例难治性骨髓瘤患者的 II 期临床试验研究结果。这些患者大部分有自体干细胞移植史,服用沙利度胺后有效率达到了 32%,10% 完全缓解或接近完全缓解。副作用较轻,主要包括便秘,乏力及嗜睡。1~2 度白细胞减少不超过 5%。随访 12 个月,无事件生存率 22%,总体生存率 58%。一项包括

169 例患者的更新试验进一步验证了该结果[7]，并提示瘤细胞染色体正常、低浆细胞水平及 β_2 微球蛋白水平低于 3mg/L 的患者有更好的疗效。

受到上述结果的鼓舞，人们又对沙利度胺治疗初发、无症状性骨髓瘤患者进行了研究。Mayo 中心的 Rajkumar 及其同事报道[8]以 200 mg/d 初始剂量的沙利度胺治疗 29 例初发冒烟型骨髓瘤，10 例（34%）部分缓解（血清或尿中 M 蛋白水平降低 50% 以上），若将 M 蛋白减少 25% ~49% 的患者也包括在内，有效率达 66%。预计 1 年和 2 年的无进展生存率分别达到 80% 和 63%。Weber 及其同事设计的试验中，对有进展危险的无症状骨髓瘤患者采用沙利度胺单药治疗，而对有症状的初发骨髓瘤患者采用沙利度胺 + 地塞米松治疗，结果总有效率分别为 36% 和 73%，联合治疗效果显著。一些研究组又相继报道了联合用药用于前期单药治疗无效的难治性患者，最高疗效达到了 57%，报道最快起效时间仅 0.7 月[9]。ECOG[10]一项最近完成的 III 期临床随机实验研究报道，以沙利度胺 200 mg/d 加地塞米松 40 mg，或单用地塞米松 40 mg 连续治疗 109 例新发骨髓瘤患者四个疗程（每个疗程 28 天），结果 Thal/地塞米松联合治疗组总有效率（80%）显著高于地塞米松单药治疗组（53%）。常见副作用为深静脉血栓（包括肺部栓塞），出现比例分别为 16% 和 3%。这些结果使沙利度胺联合地塞米松成为初发骨髓瘤患者的首选治疗方案[7]。

沙利度胺联合美法仑或美法仑加地塞米松治疗复发难治性骨髓瘤患者的有效率为 82%，但骨髓毒性也较明显，分别有 87% 及 62% 的患者出现了白细胞减少和粒缺。安德森肿瘤中心（MDACC）的 II 期临床试验中，以沙利度胺 100 mg/d 加量至 400 mg/d 加地塞米松 20mg 治疗后，63% 的患者部分或完全缓解，3 度毒性反应包括感染（23%），栓塞事件（15%），便秘（3%）及乏力（3%）[11]。在另一项沙利度胺联合脂质体阿霉素、长春新碱及地塞米松（DVd-T）治疗复发/难治性多发性骨髓瘤的研究中，总体有效率达 74%，但白细胞减少、细菌及病毒感染及深静脉栓塞的发生率也相应较高。可见，方案的联合需要进一步修改以减少毒副作用[10]。

在沙利度胺类似物 CC-5013（也称 lenalidomide 或 Revlimid）的 I 期临床试验研究中，有 27 例复发难治性骨髓瘤患者接受了不同剂量（5 mg/d，10 mg/d，25 mg/d 及 50 mg/d）CC-5013 的治疗[12]。这些患者前期中位治疗 3 次（2 ~6 次），包括自体干细胞移植 15 例，沙利度胺治疗 16 例。结果显示，CC-5013 的耐受性好，用药开始 28 天内各剂量组均无剂量依赖性毒性反应，但 28 天后 13 例接受 50 mg/d CC-5013 治疗的患者发生了 3 度骨髓抑制。12 例给药剂量为 25mg/d 的患者耐受可。因此考虑最大耐受剂量为 25mg/d。与服用沙利度胺不同，服用 CC-5013 的入组患者均无明显嗜睡、便秘及神经病变发生。治疗有效率（M 蛋白减少 $>25\%$）为 17/ 24（71%），其中 11 例（46%）为前期沙利度胺治疗无效者。2 例（8%）处于疾病稳定状态（M 蛋白减少 $<25\%$）[13]。Zangari 等[14]的 I 期试验研究再次印证了该结果，进而促进了单用 CC-5013 及其联合地塞米松治疗首次、复发或难治性骨髓瘤患者的 II 期临床实验。一项去年刚完成的多中心大样本试验研究结果再次证

实了 CC-5013 良好的疗效和耐受性。二代类似物(CC-4047,也称为 Actimid®)的 I 期临床试验研究显示其与第一代相似,但毒性更低,缓解率更高[7]。

(二)蛋白酶体抑制剂(bortezomib)

蛋白酶体是存在于所有真核细胞中的多功能催化蛋白酶,是细胞蛋白质降解通路中最主要的组成部分,通过降解调节蛋白和(或)他们的抑制剂,可以快速而不可逆的清除靶蛋白质,成为激活或抑制细胞分化包括细胞周期进行及凋亡的关键。现已发现在血液系统肿瘤中,蛋白体酶活性增高,因此可作为药物作用的靶点。

PS-341 作为第一个蛋白酶体抑制剂类新药,已于 2003 年 5 月 13 日通过 FDA 注册用于治疗复发或耐药的多发性骨髓瘤。国外一项使用多中心非随机 II 期临床试验报道[15]:以 1.3 mg/m^2 bortezomib(每周两次连续 2 周及停药随访 1 周为一个疗程,共 8 个疗程 24 周)治疗 202 例难治复发骨髓瘤患者,未达最大缓解(欧洲血液骨髓移植组标准)患者加地塞米松 20mg/d 口服。最后评估的 93 例患者(92% 有 3 次有过治疗史且 91% 无效)治疗总有效率(MR + PR + CR)为 35% ,其中 27.5% 部分缓解,7.5% 产生微弱治疗反应。7 例 M 蛋白检测阴性,12 例仅可通过免疫固定检出。24% 处于疾病稳定状态,中位总体生存 16 个月,中位持续缓解时间 12 个月,与最近一次化疗相比,bortezomib 治疗后疾病进展时间延长了 2 ~ 4 倍,效果明显。严重副作用相对少见,3 级副反应事件包括血小板减少(28%),乏力(12%),周围神经病变(12%)和白细胞减少(11%),4 级 14%。临床前研究发现地塞米松联合 bortezomib 应用可增强疗效[16],因此对 bortezomib 单药治疗后发生进展或保持疾病稳定状态的患者可加用地塞米松。

总的来说,PS-341 (bortezomib, Velcade)无论是单药还是联合化疗药物对于进展期骨髓瘤都有良好的应用前景。单药治疗尚没有完全缓解的报道,但其仍不失为一种安全有效的辅助治疗[17]。

(三)三氧化二砷(Arsentic trioxide, ATO)

三氧化二砷作为一种古老的药物在亚洲的应用已有上千年,它能特异地引起 PML-RARa 融合蛋白降解,恢复其对靶基因的转录活性,而促进急性早幼粒细胞白血病的凋亡和分化。三氧化二砷也可直接作用于肿瘤细胞发挥抗肿瘤活性,或通过抑制骨髓微环境中细胞因子的产生间接调节抗肿瘤活性,从而达到治疗骨髓瘤的效果。这些作用机制包括:通过产生 p21 周期依赖酶抑制蛋白抑制骨髓瘤细胞的增殖;促进 capase-3 活性,诱导骨髓瘤细胞凋亡、促进产生淋巴因子激活杀伤细胞等[18]。进一步的研究表明,根据不同细胞的 p53 状态,ATO 通过两种不同的途径诱导凋亡。在 p53 正常的 MM 细胞中,ATO 通过促进线粒体释放细胞色素 C、激活 capasase-9 等内源性途径诱导凋亡,而在 p53 突变的 MM 细胞中,ATO 通过激活 capasase-8、capasase-10 触发凋亡[19]。

临床有 3 个小组[20~22]对 ATO 单药治疗传统治疗无效的复发难治性骨髓瘤患者进行了 II 期临床试验研究。综合其结果,ATO 单药治疗效果一般,48 例入组患者中仅 2 例 M 蛋白降低大于 50%,12/48 例 M 蛋白降低在 25% ~ 49%。大部分患者出现了 3 级以上的白细胞减少,无法耐受 2 个月以上的治疗。目前仍无法确定最佳剂量方案:持续用药疗效较好但毒性也较强,间断用药耐受性可但疗效较差。总体看来,前期治疗效果不佳的骨髓瘤患者,对 ATO 的治疗反应也有限。

（四）法尼基转移酶抑制剂（farnesyl transferase inhibitor,FTI）

约 39% 的初发骨髓瘤患者有 Ras 基因突变,而复发患者达 81%。IL-6 正是通过 Ras 依赖的 MAPK 途径触发骨髓瘤细胞的产生。Ras 蛋白在合成后,需要经过一系列的加工修饰,才可定位于细胞膜内侧,其中尤以第一步法尼基化最为重要。在第一步中,通过法尼基转移酶在 Ras 的羧基端的 CAAx 四肽结构中的 Cys 残基上加上一个类异戊二烯基团-法尼基,法尼基化 cys 发生羧甲基化,使 Ras 蛋白定位于细胞膜,才能发挥促进增殖的作用。

法尼基转移酶抑制剂如 FTI-277,R115777 已被证实可以剂量和时间依赖的方式诱导传统化疗无效的骨髓瘤细胞凋亡。在一项对难治复发性骨髓瘤患者的 II 期临床试验研究中,患者口服 R115777 300mg 2/d,每周 2 次,持续 3 周休息 1 周。43 例入组患者中,一半以上患者对既往的大剂量化疗、沙利度胺或 tipifarnib 单药治疗无效。虽然结果仅有 4 例实现了 M 蛋白减少 25%~49%,但有 64% 处于疾病稳定状态（M 蛋白减少 0~25%）,中位疾病进展时间 4 个月。治疗耐受性好,最常见症状为乏力。结果表明该药可有效抑制法尼基转移酶的活性以实现抗肿瘤效应,同时对正常细胞无明显毒副作用,具有良好的耐受性[23]。

（五）血管内皮生长因子抑制剂

近期研究发现[24],除了已知的 IL-6/gp130/STAT3 途径外,许多骨髓来源的细胞因子如 LIF,VEGF,bFGF,MIP-1alpha,SDF-1alpha,IL-1beta,SCF 及 IL-3 等可激活 MAPK 途径并诱导 MM 细胞的增生,并可通过 PI3-K/AKT 途径引起 FKHR 磷酸化从而促进骨髓瘤细胞的存活。通过对这些细胞因子及其产生信号的抑制,可促进骨髓瘤细胞凋亡,形成一种有效的新型靶向治疗。其中血管内皮生长因子（VEGF）抑制剂（包括 PTK787/ZK222584）研究较多,是一种具有良好应用前景的治疗药物。其受体酪氨酸激酶抑制剂 PTK787/ZK222584 可阻断 VEGF 介导的 Flt-1 酪氨酸磷酸化、MEK/MAPK 作用及蛋白激酶 C（PKC）依赖性传导途径,从而实现抗肿瘤作用[25]。

在一项对小分子 VEGF 受体 2 抑制剂 SU5416 的多中心 II 期临床试验研究中[26],27 例中位年龄 69 岁（39~79 岁）,前期中位治疗 4 次（0~10 次）的患者（其中 14 例前期接受沙利度胺治疗）接受了 145mg/m^2 SU5416 静推每周 2 次、中位治疗 4 个疗程（0.2~9）,7 例疾病稳定状态患者中位血浆 VEGF 水平低于疾病进展的 5 例患者,总体中位生存时间 42 周（3~92$^+$）,治疗耐受性好,极少出现 3、4 级毒性反应。因此,虽然血管内皮生长因子抑制剂目前的临床疗效尚不显著,但它可引起血浆 VEGF 水平的降低提示其在骨髓瘤治疗中具有一定价值。

（六）二甲氧基雌二醇

二甲氧基雌二醇（2-Methoxyestradiol,2ME2）是雌二醇的天然代谢产物,具有潜在的抗肿瘤及抗血管生成作用。它雌二醇受体结合的量很少,不依赖于雌激素受体途径。它能克服 IL-6 及 IFG-1 的保护效应,减少 VEGF 及 IL-6 在骨髓细胞的分泌。也可诱导骨髓瘤细胞凋亡,并增强地塞米松的凋亡效应。我室的研究结果表明,2ME2 不仅可以诱导骨髓瘤细胞的凋亡,而且在较低浓度时(0.1～0.5mμmol/L)还能诱导骨髓瘤细胞系和原代骨髓瘤细胞的分化,表现为核浆比例减小、分泌 M 蛋白增多和 CD_{49} 表达增高[27]。

在一项 2ME 单药治疗 51 例复发及高负荷状态骨髓瘤患者的临床研究中[28],治疗耐受性好,毒性多为 1～2 级,1 年总体无病生存率为 24%,复发及高负荷患者 1 年无病生存率分别为 10% 及 51%。但未能获得部分缓解。

(七)热休克蛋白-90 抑制剂

热休克蛋白-90(hsp90)是一种分子伴侣,可促进分子内交互作用和构象成熟及多种增生、存活、耐药相关蛋白的三维折叠。hsp90 水平上调可促进肿瘤细胞逃逸蛋白酶体抑制。hsp90 的选择抑制剂,如 ansamycin antibiotic geldanamycin (GA) 及其类似物(如 17-丙烯氨酸-17-demethoxy-geldanamycin 或 17-AAG),对促进 MM 细胞凋亡具有重要意义。通过基因芯片技术研究表明,GA 或 17AAG 可促进介导 MM 细胞凋亡. 17-AAG 单药治疗复发难治性 MM 患者的 I 期临床试验研究正在进行中,进一步结果仍有待后续报道。

(八)其他

组蛋白乙酰化可调节基因表达、细胞分化及存活,这一过程受到组蛋白乙酰转移酶及组蛋白去乙酰化酶 (HDACs) 的反向调节。异羟肟酸极性化合物如 suberoylanilide hydroxamic acid (SAHA),是一种口服的组蛋白去乙酰酶抑制剂,可选择性诱导转化的肿瘤浆细胞分化和(或)凋亡,在体外可诱导耐药的骨髓瘤细胞生长停滞。其他肿瘤的 I 期试验研究证实了 SAHA 具有良好的耐受性,其作为复发 MM 有效治疗的 I 期临床研究正在进行中。

HM1.24 是新发现的浆细胞特异抗原,为Ⅱ型跨膜糖蛋白,选择性表达于终末分化的正常和肿瘤性 B 细胞。研究证实,人源性抗 HM1.24 单克隆抗体在效应细胞(PBMCS)存在条件下可介导针对 MM 细胞株和 MM 肿瘤细胞的抗体依赖性细胞毒活性(ADCC),从而有效杀灭 MM 细胞,是 MM 免疫治疗的理想靶分子。其优点包括:① MM 细胞主要定位于骨髓,易与 MoAb 接触。②血清中无可溶性 HM1.24 抗原,不会阻断人源性抗 HM1.24 单抗与瘤细胞的结合。③人源性抗 HM1.24 单抗不会诱发补体活性,可避免严重副作用。④ MM 病人 B 细胞功能短暂受抑,不易产生二抗,在体内疗效可较持久。所以,人源性抗 HM1.24 单抗是 MM 很有希望的免疫治疗新方法。

P38a MAPK 可介导多种因子如 IL-1B, IL-6 及肿瘤坏死因子 α (TNFα)的免疫效应。P38a MAPK 的靶向治疗可抑制 MM 细胞在骨髓环境的生长与存活[29]。一种口服 P38a MAPK 抑制物(SCIO-469)目前已进入 II 期临床试验研究,用于和 bortezomib 联合治疗复发难治性 MM。

总之,目前骨髓瘤仍为不可治愈的疾病,靶向药物可能是其未来治疗的重点,具好良好的应用前景。目前虽然只有沙利度胺及蛋白酶体抑制剂被证实对骨髓瘤有确切的客观疗效,但其他新药在稳定疾病状态,减少治疗毒性方面也是卓有成效。未来选择的多样性使得我们在决定最佳方案时更加困难,一般来讲,可考虑不同作用机制的药物联用以促进疗效并减少耐药。随着靶向治疗药物的进一步发展,有望在毒性最小的情况下实现骨髓瘤的根治。

参考文献

1 Dredge K, Marriott JB, Dalgleish AG. Immunological effects of thalidomide and its chemical and functional analogs. Crit Rev Immunol,2002;22: 425～437

2. Davies FE, Raje N, Hideshima T, et al. Thalidomide and immunomodulatory derivatives augment natural killer cell cytotoxicity in multiple myeloma. Blood,2001;98: 210～216

3 Juliusson G, Ceishing F, Turesson l, et al. Frequent good partial remissions from thalidomide including best response ever in patients with advanced refractory and relapsed myeloma. Br I Haematol,2000;109: 89～96

4 D Amato RJ, Loughnan MS, Flynn E, et al. Thalidomide is an inhibitor of angiogenesis. Proc Natl Acad Sci USA, 1994;91: 4082～4085

5 Hideshima T, Chauhan D, Shima Y, et al. Thalidomide and its analogs overcome drug resistance of human multiple myeloma cells to conventional therapy. Blood,2000; 96: 2943～2950

6. Singhal S, Mehta J, Desikan R, et al. Antitumor activity of thalidomide in refractory multiple myeloma. N Engl J Med,1999;341: 1565～71

7 Barlogie B, Desikan R, Eddlemon P, et al. Extended survival in advanced and refractory multiple myeloma after single-agent thalidomide: identification of prognostic factor in a phase 2 study of 169 patients. Blood,2001;98: 492～94

8 Rajkumar SV, Gertz MA, Lacy MQ, et al. Thalidomide as initial therapy for early stage myeloma. Leukemia,2003; 17: 775～779

9 Weber D, Rankin K, Gavino M, et al. Thalidomide alone or with dexamethasone for preciously untreated multiple myeloma. J Clin Oncol,2003;21: 16～19

10 Rajkumar SV, Blood E, Vesole DH, Shepard R, Greipp PR. A randomised phase Ⅲ trial of thalidomide plus dexamethasone versus dexamethasone in newly diagnosed multiple myeloma (E1A00): a trial coordinated by the Eastern Cooperative Oncology Group. Proc Am Soc Clin Oncol,2004: 558

11 Rajkumar SV, Hayman S, Gertz MA, et al. Combination therapy with thalidomide plus dexamethasone for newly diagnosed myeloma. J Clin Oncol,2002;20: 4319～4323

12 Richardson PG, Schlossman RL, Weller E, et al. Immunomodulatory drug CC-5013 overcomes drug resistance and is well tolerated in patients with relapsed multiple myeloma. Blood,2002;100: 3063～3067

13 Mitsiades N, Mitsiades CS, Poulaki V, et al. Molecular sequelae of proteasome inhibition in human multiple myeloma cells. Proc Natl Acad Sci U S A,2002;99: 14374～14379

14 Zangari M, Tricot G, Zeldis J, et al. Results of a phase I study of CC-5013 for the treatment of multiple myeloma (MM) patients who relapse after high dose chemotherapy (HDCT) [abstract]. Blood,2001: 3226a

15 Richardson PG, Barlogie B, Berenson J,et al. A phase 2 study of bortezomib in relapsed, refractory myeloma. N-Engl J Med, 2003; 348(26): 2609～17

16 Rajkumar SV, Blood E, Vesole DH, et al. A randomised phase III trial of thalidomide plus dexamethasone versus dexamethasone in newly diagnosed multiple myeloma (E1A00): a trial coordinated by the Eastern Cooperative Oncology Group. Proc Am Soc Clin Oncol,2004: 558

17 Hideshima T, Chauhan D, Ishitsuka K, et al. Molecular characterization of PS-341 (bortezomib) resistance: implications for overcoming resistance using lysophosphatidic acid acyltransferase (LPAAT)-beta inhibitors. Oncogene, 2005 Feb: 21

18 Park WH, Seol JG, Kim ES, et al. Arsenic trioxide mediated growth inhibition in MC/CAR myeloma cells via cell cycle arrest in association with induction of cyclin-dependent kinase inhibitor, p21, and apoptosis. Cancer Res,2000;60: 3065～3071

19 Liu Q, Hilsenbeck S, Gazitt Y. Arsentic trioxide induced apoptosis in myeloma cells?: p53-dependent G_1 or G_2/M cell cycle arrest, activation of casapase-8 or casapase-9, and synergy with APO2/TRAIL. Blood,2003;101: 4078～87

20 Munshi NC, Tricot G, Desikan R, et al. Clinical activity of arsentic trioxide for the treatment of multiple myeloma. Leukemia,2002;16: 1835~1837
21 Rousselot P, Larghero J, Labaume S, et al. A Clinical and pharmacological study of arsenic trioxide in advanced multiple myeloma patients. Leukemia,2004; 18: 1518~1521
22 Hussein MA,Saieh M,Ravandi F, et al. Phase 2 study of arsenic trioxide in patients with relapsed or refractory multiple myeloma. Br J Haematol,2004; 125: 470~476
23 Alsina M, Fonseca R, Wilson EF, et al. Farnesyltransferase inhibitor tripifamib is well tolerated, induces stabilization of disease, and inhibits famesylation and oncogenetic tumor survival pathways in patients with advanced multiple myeloma. Blood,2004;103: 3271~3277
24 Lentzsch S, Chatterjee M, Gries M, et al. PI3-K/AKT/FKHR and MAPK signaling cascades are redundantly stimulated by a variety of cytokines and contribute independently to proliferation and survival of multiple myeloma cells. Leukemia,2004;18(11): 1883~1890
25 Podar K, Tai YT, Davises FE, et al. Vascular emdothelial grow factor triggers signaling cascades mediating multiple myeloma cell growth and migration. Blood,2001;98: 428~435
26 Zangari M, Anaissie E, Stopeck A, et al. Phase II study of SU5416, a small molecule vascular endothelial growth factor tyrosine kinase receptor inhibitor, in patients with refractory multiple myeloma. Clin Cancer Res,2004;10: 88~95
27 高巍然,侯健.2-甲氧基雌二醇对骨髓瘤细胞系 CZ-1 分化作用初探.中华血液学杂志,2005; 26(4): 197~199
28 Chauhan S, Li G, Auclair D, et al. Identification of genes regulated by 2-Methoxyestradiol overcomes drug resistance in multiple myeloma cells using oligonucleotide arrays. Blood,2003; 101: 3603~14
29 Hideshima T, Akiyama M, Hayashi T, et al. Targeting p38 MAPK inhibits multiple myeloma cell growth in the bone marrow milieu. Blood, 2003;101: 703~705

造血系统恶性肿瘤与转移性实体瘤的免疫治疗

刘文超 刘宝瑞[1] 薛 妍 陈 衍

第四军医大学西京医院肿瘤中心 西安 710032

近年来,肿瘤的综合治疗取得了相当的进步,但总体而言,仍然缺乏针对恶性肿瘤的特异性的治疗方法,随着剂量—强度这一概念的提出,发展了造血干细胞支持下的清髓性放、化疗,以期能最大程度地清除肿瘤细胞,防止肿瘤复发,延长患者生存期。然而,肿瘤的复发和耐药一直是肿瘤治疗的难点,特别是高侵袭性及易耐药的恶性肿瘤[1]。另一方面,随着骨髓移植或造血干细胞移植治疗过程中药物剂量强度的不断增强,毒性相关死亡率和各种并发症的发生率也相应增高[2],严重影响患者的生存质量,因而成为肿瘤治疗的另一个重要问题。因此,需要引入新的治疗方法,以期能够在提高治愈率的同时提高患者的生存质量。免疫治疗是一种合理的选择。但是目前免疫治疗存在两方面问题:一是缺乏肿瘤特异性抗原或免疫系统不能有效识别肿瘤抗原[3];二是细胞疫苗的研究尚未在动物实验模型中发现具有控制肿瘤的特异性效果。通过受者自身免疫系统的有效治疗,不仅能够清除肿瘤细胞,而且跨过主要与次要 MHC 屏障,引发淋巴细胞的过继免疫治疗,由此引入并发展了供者淋巴细胞输注(donor lymphocytes infusion,DLI)疗法,在骨髓移植过程中诱导对供者异体抗原的移植耐受,确保供者淋巴细胞的永久植入,同时,在现有抗肿瘤治疗方法中被认为是不可治的患者,在预防接受最大耐受剂量化放疗后的复发中发挥重要的作用。

一、异体淋巴细胞在联合骨髓移植治疗恶性血液系统肿瘤及实体瘤中的作用

随着抗生素、集落刺激因子等的发展和应用,自上世纪 70 年代以来 Thomas 等在自体或异体骨髓移植的支持下对恶性血液病患者进行清髓性化疗[4]。随后骨髓移植亦成功地用于治疗遗传性疾病和其它威胁生命的疾病。传统认为,大剂量化、放疗是骨髓移植过程中的主要步骤,基因型或表型匹配的干细胞移植主要用于对致死性治疗的挽救。因此人们将注意力集中在通过最大耐受剂量的化放疗上,以期达到最大杀伤肿瘤的效果。

然而,多年后人们认识到,与同种自体移植相比,同种异体移植的移植物抗宿主病(graft versus host disease,GVHD)发生率虽高,但白血病复发率却相对低。其可能机制是异体淋巴细胞介导的移植物抗白血病(graft versus leukemia,GVL)效应,这在清除逃逸化疗的残存肿瘤细胞中起着重要作用[5,6]。GVHD 与白血病复发率的降低之间具有直接关系,这也在鼠自发性肉瘤的实验模型[5],人乳腺癌实验以及多项临床实验[9,10]中得到证实。研究发现,当患者因接受环胞菌素 A(cyclosporine A,CsA)治疗后因免疫抑制出现肿瘤复发时,部分会因免疫抑制的解除而使肿瘤消退[7]。同样,文献报道,CsA 的治疗剂量在低于最佳剂量时,其肿瘤复发率减低[12]。鼠白血病模型在接受不相合骨髓移植后其 GVL 效应,在给予 CsA10 天后全部消失[13]。所有的发现均表明,同种异体骨髓移植中,供者 T 淋巴细胞可以清除宿主体内残存的肿瘤细胞。因此,骨髓移植优于常规化疗之处在于,移植前清髓剂量的化放疗、异体基因供者免疫活性 T 细胞诱导 GVL 和 GVT 清除残存肿瘤细胞以及移植物抗宿主干祖细胞的反应,包括遗传学异常的干细胞及子系细胞的综合效应[14]。有意义的是,在动物模型研究中[6]发现,GVL 效应独立于 GVHD 存在,这在临床实践中也进一步得到证实,在骨髓移植后给予 DLI,可诱导 GVL 效应,预防或治疗肿瘤复发[15,16]。因此设想,移植后输入供者淋巴细胞,特别是当患者未出现自发的 GVHD 也未再继续进行预防 GVHD 治疗者,可能会产生有效的抗肿瘤反应,可用于预防高危病例的复发。

(一)供者淋巴细胞输注诱导的 GVL 效应用于治疗骨髓移植后复发

首例治疗成功的是一名两岁男孩,1986 年 11 月因急性淋巴细胞性(前 B 细胞)白血病两次治疗后复发,于 12 月在 Jersualem Hadassah 大学医院接受了其胞姐全相合骨髓移植术,预处理方案为全身放疗(total body irradiation,TBI)1 200cGy(-6d,-5d,-4d,200cGy,bid),环磷酰胺 600mg/kg(-3d,-2d),马法兰 60 mg/m^2(-1d)[10,11],患者未出现急性 GVHD 症状。移植后一个月,出现全血液学复发以及几处髓外包块,包括急速进

展的气管内包块。施行紧急气管切开术,并给予增量的供者外周血淋巴细胞输注,以期诱导GVL效应。患者出现了累及皮肤和肝脏的Ⅱ级GVHD,短期给予皮质类固醇,两周内包块缩小,外周血和骨髓形态学正常,细胞学分析为100%正常女性染色体核型。直至患者15岁后第三次复发,经PCR分析检测未发现男性细胞残存及Y染色体特殊标记。

继该例成功后,DLI开始用于多个骨髓移植后复发的病例。世界多个研究中心证实,DLI可作为对那些应用已知的抗肿瘤治疗失败的恶性血液病治疗的第二种选择[16],完全缓解率CML为70%~80%,ALL为20%~30%。DLI治疗的患者约60%出现临床显著的GVHD,约40%无临床显著GVHD。特别是对于需要治疗微小残余病灶的患者,可能仅需要较小剂量的供者淋巴细胞者,表明GVL效应可不依赖于GVHD而存在[15]。但是伴随DLI的抗宿主反应也不可避免,偶尔会发生不可预测的严重的甚至是致命的并发症,并且,与GVHD类似,DLI的多次实施,约30%的患者存在一定程度的骨髓抑制,轻者可以逆转,但也偶有严重并发症危及生命者。骨髓功能障碍可给予造血生长因子治疗,或给予血液制品输注,严重的造血功能障碍可予同一供者的骨髓输入而不需进一步处理。特别有意义的是EB病毒阳性的淋巴瘤,恶性程度高,治疗效果差。有研究表明,所有移植后的淋巴瘤对DLI均有反应,并且由EB病毒所引起的移植后淋巴瘤可被体外培养的EB病毒特异性细胞毒细胞所根除[17]。

经国际多中心累积研究证实,用具有免疫活性的供者外周血淋巴细胞进行移植后的免疫治疗,对于认为是不可治的、移植后复发的、具有抗性的急、慢性白血病,是有效可行的。问题是与DLI有关的急慢性GVHD,如果DLI给予过早,可能使GVHD更加严重。

异体激活的供者淋巴细胞诱导对宿主肿瘤细胞的反应,但GVHD并不是移植后逆转复发的必要和充分条件。由于GVHD是由供者具有免疫活性的T淋巴细胞所诱导,显然也与GVL有关,因此剔除T细胞的骨髓移植较非T细胞清除的骨髓移植,可能对DLI的反应更为明显。非T细胞清除的骨髓移植后,不可避免地要预防或治疗GVHD,由于免疫抑制剂的应用,GVL效应可能也随之受到抑制[18]。成人与儿童对常规化疗的反应可能有所不同,但是,对DLI的反应却是相同的。供者免疫活性T淋巴细胞通过识别宿主肿瘤细胞表面的次要组织相容性抗原决定簇而发挥GVL效应,其作用主要依赖于供者外周血淋巴细胞异体激活的能力,而不是依赖于宿主的年龄。供者骨髓提取物中免疫活性T淋巴细胞所介导的GVL效应,在给予诸如CsA等免疫抑制剂时可能已不足以预防复发,说明了DLI的免疫治疗要在未进行GVHD防治,特别是要在无GVHD发生时进行。

基于早期动物实验资料所提示的,GVHD的发生率随着从骨髓移植与DLI的间隔时间长短呈反比[19],控制GVHD的发生率和发生强度的简单有效方法是,以逐级增量的方式实施DLI。因为可能每个患者所需的T细胞剂量会有所不同,以预防复发[20]为目的DLI,在初始时给予低剂量,亚最佳剂量,如10^5 T细胞/kg,间隔2~4周,对未接受GVHD预防性治疗的患者,剂量可增至10倍。实验表明,DLI不论是对细胞学还是分子水平复发患者的微小残余病灶都非常有效,而且不会发生骨髓功能不全,逐级增量给予供者外周血淋巴细胞也不需要再接受进一步的免疫治疗,但最佳剂量仍需进一步调整。

非异体激活的或反应性供者淋巴细胞,或肿瘤特异性 T 淋巴细胞,即众所周知的肿瘤浸润性淋巴细胞(tumor infiltrating lymphocytes,TIL),在体内具有选择性的抗肿瘤反应而无 GVHD[21]。原则上讲,没有 GVHD 存在的肿瘤特异性 GVL 效应,可能是由于来源于供者的 TIL 样的对肿瘤细胞所特有的或肿瘤反应性细胞毒 T 淋巴细胞(cytotoxic T lymphocytes, CTL)的细胞反应[22],甚至,足量的非特异活性的淋巴细胞与大剂量重组 IL-2[23],或者同种异体骨髓移植后激活的淋巴细胞也可以使无反应的淋巴细胞转变为 GVL 样细胞而不产生临床显著的 GVDH。因此 MHC 匹配的供者外周血淋巴细胞理论上讲也可以诱导产生类似的 GVL 效应。

同种异体骨髓移植无 GVL 反应,可能是由于供者 T 细胞对宿主肿瘤细胞的耐受,通过阻断 T 细胞受体,或用于预防 GVHD 的免疫抑制剂活化了对异体激活的抑制因子。缺乏 GVHD 或 GVL 可能是由于低剂量的 CTL 前体细胞不足以引起供者细胞的异体激活,当供者与受者配型相合以及 MHA、mHags(minor histocompatibility antigens)均相合时,mHags 在 GVHD 与 GVL 中起着重要作用。

对高危复发患者的最佳治疗选择应该包括两个步骤。首先,最理想的肿瘤清除,通过清髓性或非清髓性化、放疗(如果需要,包括自体骨髓移植支持),继以 DLI 细胞治疗,同时,如果可能,避免长期或强化的骨髓移植后的免疫抑制,它可能会抑制 GVL 或 GVT 效应,第二步,在骨髓移植后,患者的造血生成功能恢复与稳定后,以逐级增量的方式实施 DLI,为预防 GVHD,需要及时调整 DLI 剂量[20],DLI 可在门诊进行,初始剂量 10^5/kg,之后 10^6、10^7、10^8/kg,或按指示剂量重复给予,直至肿瘤细胞标志物或残余肿瘤细胞完全清除,或直至即将出现 GVHD。DLI 可与 IL-2、IFN-α,或二者联合给予。

(二)供者免疫淋巴细胞诱导的 GVL 效应的临床前动物模型

由于 DLI 用于治疗微小残余病灶,特别是当与 IL-2 和 γ-IFN 共同给予时,可扩大由 DLI 诱导的抗肿瘤效应[15,23]。通过接种同种异体脾细胞,在接种了 BCLl 的 BALB/c 鼠中观察到了由供者免疫 T 淋巴细胞所诱导的 GVL 效应[24],与同种系的正常细胞相比,经异基因肿瘤细胞免疫的供者脾细胞中检测到 IL-10 分泌上调,γ-IFN、TNF-α 和 IL-2 分泌下调。表明用宿主细胞免疫的供者淋巴细胞优先于肿瘤细胞作用于脾细胞,提高其抗肿瘤的能力。与来自 Thl、Th2 的细胞因子的转换相比,抗宿主的反应下调,从而减少了 GVHD,增加了 GVL。这一类型的免疫治疗涉及到特异免疫的供者淋巴细胞的应用,并可能成为白血病/肿瘤治疗的研究方向。

(三)供者免疫淋巴细胞诱导 GVL 效应的临床实践

首例成功的病例是一个患慢粒的 7 岁女孩,在接受了其 6 个月胞弟的全相合骨髓移植 9 个月后复发,体内、体外反复多次给予 IL-2 激活的 DLI 治疗均无效,患者未出现任何的 GVHD。随后供者的淋巴细胞与经过照射的其父母的 PBL 混合,应用 α-IFN 上调细胞表面 MHC 抗原免疫原性,以激发供者淋巴细胞抗异体抗原的能力。结果该患者血液学、细胞学及分子学检 查首次出现正常。该病例以动物鼠模型为依据,表明了完全根除具有抗性的肿瘤细胞的超 GVL 效应。这可能由供者免疫 PBL 所诱导,甚至可能不完全依赖 GVHD 而存在[25]，因此过继转移供者淋巴细胞可能成为抗肿瘤的免疫治疗的一个新的发展方向。

总之，骨髓移植后给予 DLI 治疗已使更多复发的患者获得良好疗效，表明在同种异体骨髓移植后进行同种异体的细胞治疗，可能成为对放化疗抵抗的恶性肿瘤的有效治疗方法。免疫介导存在于供者 T 细胞与残余肿瘤细胞之间的相互作用，可能被 IL-2 或其他细胞因子进一步增强。用特异免疫的供者淋巴细胞治疗那些对单独 DLI 治疗无效的患者，进一步的研究将集中在发展并完善其方法，以获得更为安全有效的免疫治疗，以改善血液系恶性肿瘤以及实体瘤的无病、无复发生存；进一步发展并完善 DLI 临床应用方法，以期获得更强的 GVL、GVT，同时降低宿主的 GVHD，有些方法已经达到了一些这样的目标，如应用转染自杀基因的 T 细胞，可能会极大地改善难以控制的 GVHD。应用异基因 NK 细胞的抗肿瘤活性而避免抗宿主活性，以及对具有 TSA 或 TAA 的肿瘤组织的特异性 T 细胞的克隆活化，诱导异体激活的 T 细胞凋亡，在清除肿瘤细胞后控制 GVHD。

二、鼠与人 GVL 的效应细胞

GVHD 与 GVL、GVT 一样均由 T 细胞介导，且主要是 CD_8^+ T 细胞，GVL 和 GVT 也同样与 GVHD 有关，因此其临床应用的潜能受到限制，有没有既可以诱发 GVL 而不诱发 GVHD 的 T 细胞亚群？在诱导 GVL 效应中起重要作用的 T 细胞亚群，其表型可有多种变化，这主要决定于宿主、肿瘤及环境。GVL 的效应细胞具有多变的性质，决定于宿主的遗传学背景、供者针对于肿瘤细胞的 MHC Ⅰ、Ⅱ类分子的表达。当肿瘤细胞作为供者效应细胞的靶细胞时，其二者之间的遗传学有异质性，通常，CD_4^+ 效应细胞针对 MHC Ⅱ 类分子阳性的肿瘤细胞起作用，而 CD_8^+ 效应细胞针对 MHC Ⅰ 类分子阳性的肿瘤细胞起作用。在 GVHD 过程中异体激活的供者淋巴细胞是包含了各种效应细胞的混合物，有些可能是肿瘤特异性的，因此，借助简单的克隆技术，从起源于供者的 T 细胞克隆中可以分离出识别与杀伤肿瘤细胞但对正常细胞无杀伤作用的 CTL、针对宿主正常细胞但对肿瘤细胞不起作用的 CTL、以及既针对宿主细胞也针对肿瘤细胞或者二者均不反应的 CTL。由此得以充分解释有 GVL 存在但无 GVHD，或 GVL 与 GVHD 相关联，或发生 GVHD 但肿瘤进展。

在对鼠 B 细胞、白血病的同种异体细胞治疗中，研究 CD_4^+、CD_8^+ 在 GVL 中的作用[26]。亚致死剂量照射 F1（C57BL/6 × BALB/c）鼠，静脉注射接种 10^5 BCL1 细胞，再给予未处理的或 IL-2 活化的 C57BL/6 脾细胞，证实该过继转移的脾细胞具有清除肿瘤细胞克隆的作用。GVL 效应一直维持到用抗 CD_4 单抗钝化 CD_4^+ 细胞活性后，同时用 CD_8 单抗钝化 CD_8^+ 细胞活性，使其完全失去由静止或 IL-2 活化的异体脾淋巴细胞诱导的 GVL 效应。效应细胞也呈现 IL-2 受体阳性，对 CsA 和脱氧精胍菌素敏感，抵抗皮质类固醇[13]。这些研究结果表明，Th_{y-1}^+，CD_8^+ T 细胞在诱导 GVL 效应中起主要作用，对 IL-2 反应的 NK 细胞可能也起了重要的作用，特别是 CD_8、NK 双阳性细胞，基于目前的研究资料，发现宿主肿瘤决定了其所涉及的 GVL 效应细胞的特性，这依赖于决定性抗原的表达、共刺激分子和黏附分子、主要和次要组织相容性决定簇、TSA 或 TAA，及其他许多未知的因子诸如 Th1、Th2 细胞因子、APC 和单核细胞等[27]。

除 T 细胞外，其他细胞亚群可能与骨髓

移植后 GVL 效应的诱导和维持有关，NK 细胞甚至单核、巨核细胞[28]也以 MHC 非限制形式作用于肿瘤细胞。由于肿瘤细胞特别是转移性肿瘤细胞通常下调 MHC 分子，NK 细胞可能在低表达的 MHCI 类分子抗肿瘤效应中起关键作用[29]。有一些识别 I 类分子的 NK 细胞抑制受体分布于 NK 细胞中，其中有些受体识别特异的 I 类等位基因所特有的决定簇。在人类，异体激活的 NK 细胞作为杀伤白血病特别是 AML、CML 的效应细胞，这些白血病细胞特别是 AML、CML 表达 LFA-1，而对细胞介导的免疫治疗抵抗的细胞不表达 LFA-1，因而对 NK 细胞介导的细胞杀伤也不敏感[29]。

人慢性髓性白血病 II 类分子阳性的恶性克隆前体细胞，可能是 CD_4^+ 效应细胞的理想靶细胞，决定于肿瘤种类以及供者与宿主之间的异质性，效应细胞的性质不能预测，可能与免疫系统的一些成分有关，可能是结合了针对肿瘤的特异性或非特异性抗肿瘤作用。另一种情形，非前述机理所包括的，即尽管一直使用 CsA 但出现严重甚至致死性的 GVHD 的病例，也会出现肿瘤复发以及进展[30]。

GVL 的存在不依赖于 GVHD 的现象表明，无应答的供者 T 细胞可能仍然识别肿瘤特异性或肿瘤相关性抗原，因为不同的 T 细胞克隆可能是高度特异的，或者在一定的条件下，耐受或逆转无应答状态而对肿瘤抗原发生反应。的确，大剂量 IL-2 可以增强肿瘤受者的 GVL 效应，甚至是在同基因的骨髓移植，与宿主正常细胞相比，CTL 更具有抗肿瘤活性，而且不依赖于 GVHD 而存在。除了以 MHC 非限制性形式存在的肿瘤特异性的效应细胞或靶向肿瘤的细胞外，也存在有特异的 GVL 相关的效应细胞，可能也存在针对造血生成细胞之外的特异抗原如 mHags[31]特异性效应细胞。组织特异性抗原可能予 GVL 不依赖于 GVHD 以理论上的解释。同样，肿瘤细胞特异反应的或富含肿瘤特异反应性供者淋巴细胞的选择性 T 细胞克隆将会被用于肿瘤的选择性免疫治疗。

总之，尽管各种恶性血液系肿瘤特别是 CML 在骨髓移植后会复发，但是可成功地采用异体激活的供者淋巴细胞进行治疗，可能为供者 T 细胞或 NK 细胞介导。即使患者抵抗供者细胞治疗，但仍然对体外或体内或二者结合的以 IL-2 非特异活化的供者淋巴细胞产生反应。同种免疫介导的存在于免疫活性供者 T 细胞和残留肿瘤细胞之间的相互作用，对于为了不降低由供者淋巴细胞介导的 GVL 或 GVT 效应而不使用免疫抑制剂的患者将非常有益。免疫治疗的功效与移植后复发治疗安全性的缺乏，使得采用供者外周血淋巴细胞输注的治疗成为血液系恶性肿瘤、转移性实体瘤的重要治疗手段。

三、不依赖于 GVHD 的 GVL 效应的临床前动物实验

临床实践中，GVL 效应常常伴随 GVHD，如何在临床骨髓移植后获得了治愈性的 GVL 效应同时不出现严重的 GVHD，一直是该领域的重大挑战。许多移植中心采用剔除 T 细胞的方法以预防 GVHD，然而剔除 T 淋巴细胞仅仅是克服与预防 GVHD 的一个步骤。剔除 T 细胞，可能会控制供者干细胞所致的移植排斥[32]，但是缺乏足够的 GVL 效应却成了继之以后的问题，特别是对浸润进展性淋巴细胞性白血病患者。当 T 细胞耗竭后，从耗竭的 T 细胞再生的 T 淋巴细胞，不能期望其能够使供者干细胞转化成为宿主正常组织耐受的细胞，以及使肿瘤细胞再获得免疫原性。由于中枢克隆的清除，免疫系统建立免疫耐受。宿主细胞重建后

成功诱导 GVL 效应,移植相关毒性减低,患者生活质量也改善。

一些实验的设计试图回答这样两个问题,第一,对于无 GVHD 的嵌合体,剔除 T 细胞的同种骨髓移植能否完全重建,尽管对宿主同种抗原完全耐受,供者细胞能否识别并且能够抗来源于宿主的无免疫原性的肿瘤细胞;第二,剔除 T 细胞的同种移植后,在无 GVHD 反应时是否在以下情况下放大 GVL 效应:IL-2 过继转移的免疫活性自然供者淋巴细胞或体外淋巴因子激活的或特异的过继免疫疗法、或特异的免疫供者淋巴细胞。将 BALB/c 鼠接种 BCL1 细胞,然后接受致死剂量的照射(TBl 10Gy)后,用剔除 T 细胞的 C57BL/6 骨髓细胞移植重建骨髓,在移植后不久及移植后 3 个月检测外周血淋巴细胞的嵌合情况。结果发现仅 10^2 个 BCL1 细胞数为嵌合体,血液中供者类型的细胞比例为 74% ~100%,嵌合体未发生临床 GVHD,体重也与正常对照者相当。正常 BALB/c 鼠与 C57BL/6-BALB/c 嵌合体鼠静脉注射 BCL1 细胞 10^6,所有的正常 BALB/c 鼠发展成白血病并于 21 ~ 58 天内死亡,而嵌合体的 10 只鼠均无病存活 6 个月以上。正如正常预期所期望的,C57BL/6-BALB/c 无任何 GVHD 反应。在 BCL1 细胞输注给 C57BL/6-BALB/c 嵌合体的过继转移实验中,第二受者 BALB/c 鼠在接种了 10^6BCL1 细胞后的第 7、14、21 天输注嵌合体的脾细胞 10^5。输注 BALB/c 脾细胞的受者在接种 BCL1 的第 1 ~ 3 周发展成白血病并于 37 天内死亡,接种 BCL1、1 周后输注嵌合体脾细胞的受者于 44 天发展为白血病;而于接种 BCL1 第 14、21 天输注嵌合体的脾细胞者无一发病直至监测 6 个月以上。试验发现完全清除 10^6BCL1 细胞至少需要 14 天[3]。

在剔除 T 细胞的同种移植中,研究无 GVHD 发生的稳定嵌合体 GVL 效应的放大。给正常的 BALB/c 和 C57BL/6-BALB/c 嵌合体鼠注射 10^6 的 BCL1 细胞。将注射 BCL1 的嵌合体鼠分为四组:A 组作为对照不接受任何的进一步治疗;B 组从接种白血病细胞后第 1 天开始接受 IL-2 治疗;C 组接受 10^7 的正常免疫活性 C57BL/6 脾细胞治疗;D 组接受正常免疫活性 C57BL/6 脾细胞加 IL-2 的联合治疗。为便于对照,还设了数个对照组,包括 E 组,正常 BALB/c 接种 BCL1 不接受任何进一步治疗;F 组,正常 BALB/c 接种 BCL1 加 IL-2;G 组,接受同种 C57BL/6 脾细胞;H 组,接受 IL-2 加脾细胞联合治疗。一周后,将所有鼠处死,取脾细胞作过继转移实验,分析其 BCL1 克隆基因情况。第二受体 BALB/c 鼠分别接受来源于三个 BALB/c 对照组(F、G、H)或三个嵌合体实验组(B、C、D)的 10^5 脾细胞。结果,接受 E 组脾细胞者在第 32 ~ 37 天均发展为白血病,接受 A 组嵌合体脾细胞者 70% 不发生白血病并维持 6 个月以上,30% 在第 44 ~ 52 天发病。IL-2 治疗的 B 组、同种免疫活性供者淋巴细胞的 C 组和 D 组中,B、D 组不发病持续 6 个月以上,C 组 20% 发病。而在 F、G、H 组则均无抗白血病效应。只输脾细胞与脾细胞联合 IL-2 之间差别不显著。

研究发现,尽管没有临床 GVHD 发生,完全无 T 细胞的重建骨髓的稳定嵌合体具有完全 GVL 作用,且这种 GVL 效应可以在体内被细胞介导的或细胞因子激活的免疫治疗所放大。尽管无 GVHD,与宿主 MHC 类型相比,嵌合体更能识别肿瘤相关或肿瘤特异的细胞表面标志物,换言之,GVL 效应可被 MHC 非限制性的免疫细胞所介导,这些诸如 NK 细胞、IL-2 激活的 NK 细胞或 MHC 非限制性 γδ 阳性的 T 细胞等免疫细胞可由完全重建的嵌合体所提供,在同种异体骨髓移植后，由细胞治疗所诱导的 GVL 或与 IL-2 联合，对微小残存病灶起作用，同时却可避免骨髓移植早期 GVHD[33]。

四、DLI 的同种异体细胞介导的免疫治疗预防移植后恶性肿瘤的复发

尽管 DLI 可以逆转骨髓移植后血液病的复发，但与对微小残余病灶的治疗相比，对增长迅速的巨大肿瘤的治愈机会却远小得多[15]，因此建议，DLI 用于预防远比治疗复发更为有效，特别是对于高危患者。而且，即使是对 DLI 具有良好反应的 CML，要达到分子水平的彻底清除，也至少要几个月出[34]，对于肿瘤迅速增长的患者，如骨髓移植后复发的 ALL，肿瘤细胞生长过快而不适应于供者异体激活的 T 细胞反应，从而导致疾病进展是不可避免的[16]。临床为预防骨髓移植括后 GVHD 采用的 CsA 及与 CsA 合用的其他免疫抑制剂所产生的免疫抑制作用也影响 GVL 效应的产生[12,13]。另一方面，由 DLI 所诱导的 GVL 效应，尽管具有显著的抗肿瘤效应，但其不可避免的 GVHD 风险成为同种异体移植治疗的主要死亡原因，因此，考虑到最佳的 GVL 与 GVT 效应应该是抗微小残余病灶的同时，承担最小的 GVHD 风险，因为小量的异体激活的供者淋巴细胞需要足够的时间才能达到分子意义上的病灶消除，特别当要避免急性 GVHD 时。

接种 BCL1 的 BALB/c 小鼠在剔除 T 细胞的同种异体骨髓移植中，无 GVHD 反应但仍具有有效的 GVL 效应。同样，如果无瘤受者接受剔除 T 细胞的同种异体骨髓移植，也可以建立对白血病的抵抗[3]。考虑到骨髓移植与 DLI 的间隔时间越长，其 GVHD 反应越强，因此控制复发及 GVHD 的一个可能的策略是，剔除 T 淋巴细胞以预防早期因强化治疗导致细胞因子释放所致的 GVHD；然后在骨髓移植后稍晚些时候，通过逐级增量的方式给予 DLI 以诱导 GVL 或 GVT 效应，同时避免了 GVHD。基于这些研究结果，试图通过剔除 T 细胞改良血液系统恶性肿瘤患者的骨髓移植，同时为避免移植后的免疫抑制，继之以逐级增量的方式在移植后给予 DLI 的免疫治疗，即控制了 GVHD 又避免了复发并通过过继转移供者的免疫活性细胞促进和改善受者免疫重建。

总之，白血病治疗中予以 DLI 者其无病生存优于未给予者，DLI 于骨髓移植后 8 周内实施对微小残余病灶更有效。但是，即使采用逐级增量的方式给予 DLI，其晚期 GVHD 也不可避免，若患者一般状况稳定，没有全血细胞减少以及感染的易感性，这种 GVHD 是不具有危险性的。

五、异体激活的淋巴细胞对转移性实体瘤的免疫治疗

在鼠的 4T1 乳腺癌模型研究[35]中：给予荷瘤 BALB/c 鼠 mHag 不相合的 DBA/2 来源的脾细胞，将来源于第一受者的脾细胞过继转移给第二受者，检测其 GVT 效应，第一受者预先静脉接种 4T1，随机分为 4 组。第 1 组：同时给予天然 BALB/c 鼠的脾细胞；第 2 组：同时给予天然 DBA/2 的脾细胞；第 3 组：给予 4T1 免疫的 DBA/2 脾细胞；第 4 组：给予宿主 BALB/c 鼠脾细胞免疫后的 DBA/2 脾细胞。与第 1 期相比，天然 DBA/2 脾细胞仅轻度抑制仲瘤生长，且难以延长第二受者的生存；预先以肿瘤细胞或 BALB/c 鼠脾细胞致敏 mHag 不相合的 DBA/2 脾细胞组在体内外均观察到了 GVT 效应，过继接种预先致敏的第一受者的肺细胞者无瘤生存 250 天以上，而对照组则于第 33 ~ 46 天死于肿瘤转移。以 mHag 不相合

的肿瘤或脾细胞预先免疫的活性效应细胞诱导了抗肿瘤反应,提示以预先免疫的效应细胞的细胞治疗,可用于当临床中异体细胞不能根除残余的肿瘤细胞时。

在自体干细胞移植支持下的清髓性化疗后,继以输入全相合供者淋巴细胞,可使乳腺癌肝转移病灶迅速消失[19,10],表明 DLI 诱导 GVT 效应同样可以治疗实体瘤。由于清髓性治疗的相关毒性和死亡率较高,非清髓性异基因干细胞移植显示出了其在恶性肿瘤治疗中的优越性。非清髓性干细胞移植对转移性肾细胞癌包括抵抗各种抗拒治疗的患者有效[36],也支持了既往研究中对 IL-2 活化的自体淋巴细胞反应良好的研究结果[21],也为抵抗化疗的其它实体瘤的治疗提供了新思路。

许多对肾细胞癌的研究发现,GVL 与 GVHD 之间具有一定的联系,提示供者淋巴细胞介导的抗肿瘤效应至少部分是通过对受者肿瘤细胞的组织相容性抗原的免疫反应所介导的。然而,临床前研究[3]表明,GVL 与 GVT 效应都可出现于无显著 GVHD 发生的情况下[36],疾病的退行延迟于 GVHD 发生的数月之后出现,进一步表明了抗肿瘤作用的机理可能不同于抗宿主 GVHD 的机理。

研究者正致力于研究既能消除或减轻严重 GVHD 又具有显著 GVT 效应的方法,即应用供者特异性而非天然的 T 淋巴细胞,这种免疫 T 细胞可在体外扩增,应用肿瘤特异性肽或患者肿瘤细胞,只要肿瘤抗原能够被抗原提呈细胞提呈。体外培养供者细胞毒细胞和辅助 T 细胞,使针对宿主组织相容性抗原的细胞群失活而保留肿瘤特异性的细胞群。另一种研究是,提供给患者的无需组织相容的同胞兄弟姐妹,应用剔除 T 细胞的造血干细胞,使受者不排斥移植物,继之遂级增量地给予供者 T 细胞或肿瘤特异 T 细胞,直至肿瘤细胞清除或 GVHD 出现,也可在体外将供者淋巴细胞插入自杀基因,如 HSV-TK,而免于终生输注淋巴细胞又一次性清除肿瘤细胞,同时也降低了不可控制的 GVHD 的风险。实体瘤治疗的进展一方面是通过同种异体细胞介导的过继免疫治疗,改善诱导抗肿瘤免疫治疗;另一方面,更好地控制移植相关并发症,特别是 GVHD。显然,应用免疫特异的供者淋巴细胞或对肿瘤细胞表面标记靶向杀伤的供者细胞,针对性地抗肿瘤而不损伤宿主正常体细胞,将是不依赖于 GVHD 诱导 GVT 效应的进一步研究课题。

六、总结与未来研究方向

同种异体干细胞移植或联合细胞因子的治疗,为抵抗化、放疗的患者提供了一个有效的治疗手段。在患者天然免疫系统无视肿瘤细胞的存在或者免疫系统难以有效清除自身肿瘤细胞的情况下,过继异体细胞(adoptive allogeneic cell)免疫治疗有可能成为安全有效的治疗方法。供者淋巴细胞的植入是其持久抗肿瘤作用的基础。然而,直至目前,清髓性治疗仍被视为骨髓移植或造血干细胞移植治疗恶性肿瘤的原则。新近研究表明,减少剂量强度的治疗是有效的,由于供者干细胞的植入可以诱导宿主抗移植物反应的耐受,从而使得供者具有免疫活性的淋巴细胞得以存在于受者体内,从而介导 GVL 和 GVT 效应。经过短暂的嵌合体混合状态,宿主造血干细胞被供者造血干细胞迅速取代。由于细胞毒制剂用量的减少,非清髓性骨髓移植不仅能被良好耐受,且相关毒性和死亡率都降到最低。总体上讲,非清髓性骨髓移植复发率并不比清髓性骨髓移植高。15 年的 DLI 的经验以及 8 年的 NST

的经验，表明了其对于不可治患者是一种有效的治疗方法。异体激活的供者淋巴细胞继诱导宿主抗移植物反应的耐受后，通过免疫活性淋巴细胞诱导的GVL、GVT或GVM效应，而实现其有效而持久的清除恶性肿瘤及宿主异常造血干细胞的作用，同时降低了治疗相关毒性和死亡率，扩大了移植适应证，对于晚期高龄患者，也能够接受该种治疗。最终目标是达到最大程度的抗肿瘤效应而最小限度的抗宿主反应。

参考文献

1 Gratwohl A, Hermans J, Goldman JM, et al. Chronic leukemia working party of the EBMT. Lancet, 1998;352: 1087

2 Passweg JR, Rowlings PA, Armitage JO, et al. Report from the international bone marrow transplant registry and autologous blood and marrow transplant registry. Clinical Transplants, 1995;117~27

3 Weiss L, Lubin I, Factorowicl Y, et al., Effective graft vs leukemia effects independent of graft vs host disease after T-cell depleted allogeneic bone marrow transplantation in a murine model of B cell leukemia/lymphoma. Role of cell therapy and rIL-2. J Immunol, 1994;153: 2562~7

4 Thomas. ED. The role of marrow transplantation in the eradication of malignant disease. Cancer. 1963, 49:1963~8

5 Sullivan KM, Weiden PL, Storb R, et al. Influence of acute and chronic graft-versus-host disease on relapse and survival after bone marrow transplantation from HLA-identical siblings as treatment of acute and chronic leukemia. Blood, 1989;73: 1720~6

6 Bortin MM, Truitt RL, Rimm AA, et al. Graft-versus-leukaemia reactivity induced by alloimmunization without augmentation of graft-versus-host reactivity. Nature, 1979;281: 490~1

7 Moscovitch M, Slavia S, Anti-tumor effects of allogeneic bone marrow transplantation in (NZB×NZW) F1 hybrids with spontaneous lymphosarcoma. J Immunol, 1984;132: 997~1 000

8 Morecki S, Yacovlev E, Diab A, et al. Allogeneic cell therapy for a murine mammary carcinoma. Cancer Res, 1998;58: 3891~5

9 Eibl B, Schwaighofer H, Nachbaur D, et al. Evidence for a graft-versus-tumor effect in a patient treated with marrow ablative chemotherapy and allogeneic bone marrow transplantation for breast cancer, Blood, 1996; 88: 1501~8

10 Ueno NT, Rondón G, Mirza NQ, et al. Allogeneic peripheral-blood progenitor-cell transplantation for poor-risk patients with metastatic breast cancer. J Clin Oncol, 1998;16: 986~93

11 Higano CS, Brixey M, Bryant EM, et al. Durable complete remission of acute nonlymphocytic leukemia associated with discontinuation of immunosuppression following relapse after allogeneic bone marrow tranplantation. A case report of a probable graft versus leukemia effect. Transfusion, 1990;50: 175~8

12 Bacigalupo A, Van Lint MT, Occhini D, et al. Increased risk of leukemia relapse with high dose cyclosporine A after allogeneic marrow transplantation for acute leukemia. Blood, 1991;77: 1423

13 Weiss L, Reich s, Slavin S, et al. Effect of cyclosporine A and methylprednisolone on the GVL effect across major histocompatibility barriers in mice following allogeneic bone marrow transplantation. Bone Marrow Transplant, 1990; 6: 229~33

14 Slavin S, Nagler A, naparstek E, et al. Minitransplants and cell-based therapies for malignant and non-malignant disorders. Curt Opin Organ Transplant, 1999;43: 184~8

15 Slavin S, Naparstek E, Nagler A, et aI. Allogeneic cell therapy with donor peripheral blood cells and recombinant human interleukin-2 to treat leukemia relapse post allogeneic bone marrow transplantation. Blood, 1996;87: 2195~2204

16 Collins RH, Shpilberg O, Drobyski WR, et al. Donor leukocyte infusions in 140 patients with relapsed malignancy after allogeneic bone marrow transplantation. J Clin Oncol, 1997;15: 433~44

17 Kuzushima k, Yamamoto M, kimura H, et al. Establishment of anti-Epstein-Barr virus (EBV) cellular immunity by adoptive transfer of virus specific cytotoxic T lymphocytes from an HLA matched sibling to a patient with severe chronic active EBV infection. Clin ExpImmunol, 1996; 103: 192~8

18 Stockschlaeder M, Storb R, Pepe M, et al. A pilot study of low-dose cyclosporin for graft-versus-host prophylaxis in marrow transplantation. Br J Haemato, 1992; 80: 49 ~ 54

19 Johnson BD, Drobyski WR, Truitt RL, et al. Delayed infusion of normal donor cells after MHC-matched bone marrow transplantation provides an antileukemia reaction without graft-versus-host disease. Bone Marrow Transplant, 1993; 11: 329 ~ 36

20 Naparstek E, Or R, Nagler A, et al. T-cell-depleted allogeneic bone marrow transplantation for acute leukaemia using Campath-1 antibodies and post-transplant administration of donor's peripheral blood lymphocytes for prevention of relapse. Br J Haematol, 1995; 89: 506 ~ 15

21 Rosenberg SA, The immunotherapy and gene therapy of cancer. J Clin Onco, 1992; 10: 180 ~ 92

22 Falkenburg JHF, Faber LM, van den Elshout M, et al. Generation of donor derived antileukemic cytotoxic T lymphocyte responses for treatment of relapsed leukemia after allogeneic HLA identical bone marrow transplantation. J lmmunother, 1993; 14: 305

23 Nagler A, Ackerstein A, Or E, et al. Immunotherapy with recombinant human interleukin-2 (rlL-2) and recombinant α-interferon in lymphoma patients post autologous marrow or stem cell transplantation. Blood, 1997; 89: 3951 ~ 9

24 Weiss L, Weigensberg M, Morecki S, et al. Characterization of effector cells of graft vs leukemia (GVL) following allogeneic bone marrow transplantation in mice inoculated with murine B-cell leukemia (BCL1). Cancer Immunol. lmmunother, 1990; 31: 236 ~ 42

25 Slavin S, Ackerstein A, Morecki S, et al. Immunotherapy of relapsed resistant chronic myelogenous leukemia post allogeneic bone marrow transplantation with alloantigen pulsed donor lymphocytes, Bone Marrow Transplant, 2001; 28: 795 ~ 8

26 Weiss L, Reich S, Slavin s, et al. The role of non-activated and rlL-2 activated CD_4^+ and CD_8^+ T cells in immunotherapy for leukemia. Cytokinesd Cell Mol Therapy, 1999; 5: 153 ~ 8

27 Zeis M, uharek L, Glsaa B, et al. Aliogeneic MHC-mismatched activated natural killer cells administered after bone marrow transplantation provide a strong graft-versus-leukemia effect in mice. Br J Haematol, 1997; 96: 757

28 Ruggeri L, Capanni M, Casucci M, et al. Role of natural killer cell alloreactivity in HLA-mismatched hematopoietic stem cell transplantation. Blood, 1999; 94: 333 ~ 9

29 Giralt S, Hester J, Huh Y, et al. CD_8^- depleted donor lymphocyte infusions as treatment for relapsed chronic myelogenous leukemia after allogeneic bone marrow transplantation. Blood, 1995; 86: 4337 ~ 43

30 Goulmy E, Human minor histocompatibility antigens: new concepts for marrow transplantation and adoptive immunotherapy. Immunol J Rev, 1997; 157: 125 ~ 40

31 Mutis T, verdijk R, Schrama E, et al. Feasibility of immunotherapy of relapsed leukemia with ex vivo-generated cytotoxic T lymphocytes specific for hematopoietic system-restricted minor histocompatibility antigens. Blood, 1999; 93: 2336 ~ 41

32 Aversa F, Tabilio A, Velardi A, et al. Treatment of high-risk acute leukemia with T-cell-depleted stem cells from related donors with one fully mismatched HLA haplotype. New Engl J Med, 1998; 339: 1186 ~ 93

33 Raanani P, Dazzi F, Sohal J, et al. The rate and kinetics of molecular response to donor leucocyte transfusions in chronic myeloid leukaemia patients treated for relapse after allogeneic bone marrow transplantation. Br J Haematol, 1997; 99 (4): 945 ~ 50

34 Hill GR, Crawford JM, Cooke KR, et al. Total body irradiation and acute graft-vd-host disease; the role of gastrointestinal damage and inflammatory cytokines. Blood, 1997(90): 3204 ~ 13

35 Morecki S, Yacovlev E, Gelfand Y, et al. Cell therapy with pre-immunized effector cells mismatched for minor histocompatible antigens, in the treatment of a murine mammary carcinoma. J Immunother, 2001; 24(2): 144 ~ 21

36 Childs R, Chernoff A, Contentin N, et al. Regression of metastatic renal-cell carcinoma after nonmyeloablative allogeneic peripheral-blood stem-cell transplantation. New Engl J Med, 2000; 343(11): 750 ~ 8

---

1 南京大学医学院附属鼓楼医院肿瘤中心

非霍奇金B细胞淋巴瘤的放射免疫治疗进展

张军一　罗荣城

南方医科大学南方医院肿瘤中心　广州　510515

非霍奇金淋巴瘤(Non-Hodgkins' lymphoma,NHL)对常规放化疗较敏感,但传统的标准化疗方案治愈率不到40%[1]。大部分中低度恶性淋巴瘤患者在接受化疗后会复发,且转化为高度恶性淋巴瘤。自上世纪60年代以来,惰性淋巴瘤的中位生存期只有7年~8年,成为难治性淋巴瘤[2,3]。在化疗无效的难治性复发性NHL中,15%~50%使用大剂量化疗联合自体外周血造血干细胞移植(ASCT)可达长期无瘤生存[4]。使用全身外照射(TBI)作为移植预处理,放射剂量则必须限制在12Gy~15.75Gy以下,否则会对正常器官产生毒性,达不到理想的杀瘤效果[5]。自从单克隆抗体(McAb)的成功临床应用,使肿瘤的放射免疫治疗(radioimmunotherapy,RIT)成为可能。利用抗体的导向作用,引导放射性核素到达靶位点杀伤肿瘤细胞的放免靶向治疗,成为近年来在对放射线敏感的淋巴瘤治疗方面的一个亮点,临床研究显示对难治和复发的B细胞淋巴瘤有较好的疗效及耐受性。美国FDA已批准两个此类的药物进入临床:^{90}Y-ibritumomab tiuxetan (Zevalin; Biogen Idec Inc, San Diego, CA, and Schering AG, Berlin, Germany)和^{131}I-tositumomab (Bexxar; Corixa Corp, Seattle, WA)。将具有细胞毒性的放射性核素标记的特异性抗CD_{20} McAb,注入体内后可实现对肿瘤细胞的大剂量内照射,而正常组织损伤较小,大大提高治疗的缓解率,延长缓解期。

一、淋巴瘤放射免疫治疗概述

放射免疫治疗即利用放射能与肿瘤细胞表面抗原特异性相结合的抗体作载体,将产生β射线或α粒子的放射性核素靶向肿瘤细胞,实现对瘤体的内照射治疗。这种治疗多为静脉给药,也可局部给药。它对于淋巴瘤治疗有许多优点:①首先,淋巴瘤的放射敏感性好,而使它成为放射免疫治疗的良好靶细胞;②其次,放射免疫治疗杀灭肿瘤细胞主要是通过有效的内照射而发挥杀瘤效应,因此即使是由于机体免疫缺陷、抗原表达不良或肿瘤免疫逃避等导致抗体及免疫毒素无效时,这种内照射仍可发挥作用[6]。放射性核素释放的β射线,能穿透多个细胞直径的距离,并通过特异性结合抗原表达阳性的肿瘤细胞,发挥交叉火力作用杀伤附近抗原表达阴性的肿瘤细胞,并且可以作用到淋巴结深部,单抗难以穿透到达的肿瘤细胞。

二、放射性核素的选择

核素用于放射免疫治疗主要考虑β射

线(也有用γ射线)的最大能量、半衰期、体内分布、代谢及毒性等。目前还没有最佳的适用于放射免疫治疗的核素,归纳下来,可用于治疗的核素有以下几种:^{131}I,^{90}Y,^{111}In,^{125}I,^{99}mTc,^{212}Bi,^{153}Sm,^{177}Lu,^{211}At,^{32}P,^{186}Re,^{67}Cu。目前临床上在非霍奇金淋巴瘤治疗中最为常用的核素是^{131}I、^{90}Y、^{111}In。

^{131}I因其来源方便、价格低廉、标记容易、在体内代谢及毒性了解较充分,成为应用最广泛的放射性核素,可同时用于治疗和显像。然而^{131}I螯合物进入肿瘤细胞易被分解而向血液中释放出^{131}I酪氨酸酶和游离碘[7],可能损伤甲状腺功能。同时^{131}I半衰期为8天,因能释放γ射线又给患者家庭成员及护理人员带来危害而需要住院治疗。

近来^{90}Y吸引了广泛的注意,其单纯发射β射线,发射的能量是^{131}I的5倍,射程为5~10mm,半衰期为2.5天,且理化性质稳定,甚至在被肿瘤细胞吞饮后仍然能够稳定存留,病人可以接受门诊治疗[8]。由于^{90}Y发射γ射线极少,采用传统方法不能进行放射免疫成像。^{111}In的放射化学性质和放射生物学特点类似于^{90}Y,可以代替其作为放免显像。但^{90}Y相对昂贵,不易获得,因而限制了它的使用。另外,^{90}Y还有聚集于肝脏及骨的趋势,并可稳定结合,也会增加这两个器官的毒副作用。

其他释放β射线的放射性核素如^{67}Cu亦显示良好的临床疗效,甚至可能优于^{131}I[5],但存在获得困难的问题。产生α射线的核素如^{211}At、^{212}Bi和^{213}Bi,可以提供高线性能量传递到达肿瘤细胞,但由于其半衰期短(1~7小时),放射化学性质复杂及不易获取等特点而限制了其临床的使用。尽管如此,有结果显示抗体和释放α射线的核素结合在髓系白血病中的应用值得探讨[10]。其它核素如^{125}I的使用亦因为各种原因未能广泛使用。

三、放免治疗靶抗原的选择

放射免疫结合物靶向B淋巴细胞表面多种表面抗原,发挥诱导临床缓解的作用。放射免疫治疗中的靶抗原的选择要考虑多种因素,如在B细胞膜表面分布密度、血流中抗原的数量、抗体结合后产生内在化的几率、细胞间抗原表达的同源性及抗原抗体之间的亲和力等。

B细胞淋巴瘤可以表达多种抗原,包括CD_{19}、CD_{20}、CD_{22}、CD_{37}、独特型免疫球蛋白、组织相容性抗原DR等。其中由于CD_{20}抗原的多个特性而受到了高度重视。CD_{20}是B淋巴细胞表面跨膜蛋白,分布密度为50 000~200 000位点/个细胞,可能对Ca^{2+}的跨膜传导、B淋巴细胞的增殖和分化具有调节作用[11]。CD_{20}广泛表达于前B淋巴细胞、未成熟和成熟B淋巴细胞、激活B淋巴细胞及超过90%的B细胞性NHL中(泛B细胞抗原),而在造血干细胞、浆细胞、淋巴祖细胞以及其他组织均无表达,人体血清中亦无游离CD_{20}的存在。CD_{20}不会轻易从细胞膜上脱落,也不会因与抗体的结合发生抗原调变,发生内在化[3]。CD_{20}不同于肿瘤特异性抗原,在淋巴瘤侵犯的器官如脾、淋巴结中存在大量的正常淋巴细胞,也可以与标记核素的CD_{20}抗体结合,从而可以放大杀伤侵犯这些器官的肿瘤细胞的作用,因此CD_{20}可作为B淋巴细胞瘤治疗的最佳靶点。

其他B细胞表面抗原,如CD_{19}也普遍表达于B淋巴细胞,由于他与抗体结合后迅速发生内在化,而成为免疫毒素治疗急性淋巴细胞白血病和B细胞淋巴瘤的靶分子。核

素标记抗 CD_{19} 单抗的应用较少[12]。CD_{22} 表达于 75% ~80% 的 B 细胞淋巴瘤，与 CD_{20} 或 CD_{19} 相比，细胞间表达差异较大，在与抗体结合后会迅速内在化[13]。高质量的抗 CD_{22} 单抗正被开发并在靶向 B 细胞淋巴瘤的治疗中显示出抗肿瘤的效果。CD_{37} 在大部分 B 细胞淋巴瘤细胞上分布密度较高，T 淋巴细胞和粒细胞上分布少，与抗体结合后发生中等程度的内在化。HLA Ⅱ 类分子能够选择性表达于肿瘤性 B 细胞和 Lym-1、HulD10 抗体，能靶向作用于这些淋巴瘤相关的 HLA 分子。

四、放免治疗抗体的选择

临床使用最多、最成功的抗 CD_{20} 抗体 Rituxan（美罗华）是第一个通过 FDA 批准临床应用的 McAb，它的部分可变区（V 区）为鼠源，其他部分和稳定区（C 区）为人源的人鼠嵌合型 McAb。Rituxan 与 B 淋巴细胞上 CD_{20} 结合并引发 B 细胞溶解的免疫反应[14]。细胞溶解的可能机制包括补体依赖性细胞毒性（CDC）和抗体依赖性细胞毒性（ADCC）作用，并且在体外可诱导淋巴瘤细胞凋亡。

大部分的 B 细胞淋巴瘤治疗都应用放射性核素标记的抗 CD_{20} 抗体，一般用鼠源性抗体作为核素的载体，原因是其从体内清除的速度较人鼠嵌合抗体快，避免了正常器官及骨髓受到过量长期的放射性照射[15]。较为成熟并用于临床试验的核素标记抗 CD_{20} 抗体包括：Zevalin（须同时联用 ^{111}In-ibritumomab tiuxetan 以帮助显像）和 Bexxar。

其它能够标记核素的抗体包括：LL2（抗 CD_{22}，Immunomedics Inc. Belleville，NJ）[16]、MB1（抗 CD_{37}）[17]、Lym1 抗体（鼠源性抗恶性 B 细胞 HLA-DR 抗体，Alpha Therapeutics Inc. Los Angeles，CA）[18]，亦显示较为满意的疗效。

五、Bexxar

Bexxar（^{131}I 标记的 tositumomab Coulter Pharmaceuticals，Palo Alto，CA）是单纯鼠源性抗 B1 抗体。

（一）Bexxar 临床应用

Mark Kaminski[19] 报道，116 例没有骨髓侵犯的淋巴瘤病人接受 ^{131}I-抗 B1 抗体治疗的情况。首先患者接受 450mg/m^2 非标记抗 B1 抗体，接着输注 35mg ^{131}I-抗 B1 抗体作为示踪剂，于第二周全身 γ 照相确定其代谢率和排泄率。根据剂量测定结果，于第 7 天、第 14 天输入同等剂量的抗体，螯合的 ^{131}I 的剂量增大到全身射线受量 75cGy（100mCi ~150mCi）。该组病例最后疗效为 ORR 78%，CR46%。Kaminski MS 等报道了用 Bexxar 治疗的 76 例初治惰性淋巴瘤患者中，有 72 例患者获得 ORR（95%），有 56 例患者获得 CR（74%），获得 CR 的患者中，45 例患者维持了 30 个月 ~66 个月的缓解期。在进行 43 个月的追踪后，目前中位缓解时间和中位无病生存期尚没有获得。治疗后 5 年，62% 的患者仍维持无病生存[20]。根据国际预后指标（IPI），高危因素包括年龄 >60 岁、KPS 评分 <70 分、乳酸脱氢酶（LDH）升高、多组淋巴结侵犯及结外器官的侵犯，符合以上任何一项得 1 分，当得分≥4 分时为高危患者。Gregory SA 等报道了用 Bexxar 治疗 70 例高危的惰性淋巴瘤患者，获得了 60% 的 ORR，追踪了 15 个月后中位缓解时间尚未获得[21]。Kaminski MS 等报道了用 Bexxar 治疗的 76 例以前曾接受过多次化疗后复发的惰性淋巴瘤患者，ORR 为 65%，中位缓解期为 6.5 个月，30% 的患者获得 CR，与化疗后

28%的CR,中位缓解期3.4个月相比有较高的缓解率和较长的缓解期[22]。对Tositumomab无效或治疗后复发的惰性淋巴瘤患者,Bexxar也显示了其疗效。Horning SJ等报道了40例惰性淋巴瘤患者,包括Tositumomab治疗无效的24例患者,Bexxar治疗后为68%,平均的疾病缓解时间是14.7个月,其中30%患者达到CR,CR中位缓解时间尚未获得[23]。Kaminski MS等报道用一周单次Bexxar治疗晚期滤泡淋巴瘤(FL)取得较长期的临床和分子水平的缓解期[24]。

2005年1月3日,美国FDA扩大了Bexxar的适应证,删去其只能针对Rituximab抵抗而且化疗后复发的NHL的限制,修正为:有CD_{20}抗原表达的复发性或抵抗性、低度、恶性、滤泡性或转换性NHL,包括对Rituximab抵抗的NHL患者。

(二)患者个体化的放射剂量

不同患者有不同的Bexxar生物学清除率,这意味着即使给予相同的药量,每个患者总的放射剂量吸收不同。为使患者全身达到最大放射耐受剂量(TBD)75cGy[25],患者的给药剂量要与患者特异性的清除率相匹配,清除率快的患者需要给予较高的剂量,而那些清除率慢予相对较低的剂量。患者的给药剂量按以下的公式计算[26]:

放射活度={活度(mCi/h)÷滞留时间(h)}×{预期TBD(cGy)÷75cGy}

1.活度的计算　人体的脂肪组织不易吸收Bexxar,因此Bexxar的生物学清除率要考虑患者的有效体重。用患者的身高查表获得有效体重,再以此为基础查表得到活度,此外活度也可以用以下的公式计算[26]:

活度(mCi/h)=14 287+(88.74)(有效体重-140)

2.滞留时间的计算　首先输入450mg未标记放射性核素的Tositumomab,之后输入^{131}I -Tositumomab(5mci/35mg)。接着在以下3个时间点通过全身同位素扫描获得患者体内尚存在的放射性剂量:输液后的第1个小时之内,第2天、第3天或第4天,以及第6或天第7天。当患者体内存在的放射剂量衰变至开始总的吸收剂量的37%左右的时间就是滞留时间[25]。亦可用以下公式计算[26]:

滞留时间(h)=$\{T_2(1-C_2/C_1)\div\log_e(C_1/C_2)\}+\{C_2/C_1(T_3-T_2)\div\log_e(C_2/C_3)\}$

3.预期TBD的计算　预期TBD与血小板(PLT)有关,当PLT波动于100G/L-150G/L之间时,预期TBD为65cGy;当PLT>150G/L时,预期TBD为75cGy;当PLT<波动于100G/L时,不宜进行放免治疗[26]。

Bexxar治疗的毒副作用首先是骨髓抑制,一种可逆性的骨髓抑制。骨髓抑制的最低点在4周~6周,之后逐渐恢复。Bexxar治疗后出现的骨髓抑制有剂量限制性。初治患者没有发生Ⅳ级血小板减少或者贫血,仅有5%的患者出现Ⅳ级白细胞减少。其它毒副作用包括甲状腺功能紊乱、产生人抗鼠抗体(HAMA)和继发肿瘤,有一些患者可能出现流感样症状。

六、Zevalin

Zevalin包括^{111}Indium-Ibritumomab Tiuxetan和^{90}Yitrium-Ibritumomab Tiuxetan。其中Ibritumomab为抗体,他是CD_{20}抗原的鼠原性IgG1 Kappa单克隆抗体,Tiuxetan为螯合剂,能与^{90}Yitrium和^{111}Indium形成稳定的络合物。Zevalin的治疗方案有两部分组成,第一步为^{111}Indium-Ibritumomab Tiuxetan的输注,目的为观察肿瘤部位能否摄取Zevalin,

第二步在第一步后 7 天 ~9 天输注^{90}Yitrium-Ibritumomab Tiuxetan，具体治疗计划：首先 Rituximab 250mg/m^2，iv，d_0；接着^{111}In-Ibritumomab Tiuxetan 5.5mCi，iv，$d_{0,6}$，并予全身扫描检测肿瘤和正常器官吸收的剂量，如果正常器官剂量低于 2 000cGy，骨髓低于 300 cGy，即于第 7 日输注 Zevalin。提前输注 Rituximab 可以清除血液中的正常 B 淋巴细胞，从而使 Zevalin 能够更加有效地与恶性细胞的 CD_{20}位点结合。Alcindor T[27]的研究（IDEC 106-04 和 IDEC 106-06）结果显示：143 例复发的淋巴瘤患者随机分为两个治疗组分别接受 rituximab 或 Zevalin 治疗，Zevalin 组的总有效率 80%，rituximab 组为 56%（$P=0.002$）。用 Zevalin 对曾接受 rituximab 治疗复发的患者仍然有较高的缓解率，总显效率为 74%。Zevalin 治疗剂量为 14.8MBq/kg，0.4mCi/kg，治疗的最大剂量为 1 184 MBq，32mCi。长期的随访结果：Zevalin 治疗复发难治 CD_{20}阳性的 B 细胞淋巴瘤是安全有效 CR、CRu（CR unconfirmed）和 PR 为 29%，、22% 和 22%，在显效的患者中 TTP 和 DR（duration of response）为 12.6 月、11.7 月，在 CR 的患者中的 TTP 和 DR 为 28.3 月、27.5 月，9 个病人的 TTP 超过 3 年[28]。Witzig[29]报道用 Zevalin 治疗 51 例病人，ORR 67%，其中 CR 26%。在低度恶性 NHL，其 ORR 甚至高达 82%（CR 26%）。而且比较 Zevalin 联合 Rituximab 与单用 Rituximab 的作用后显示前者有更高的 ORR（80% 对 44%，$P<0.05$），CR（21% 对 7%，$P=0.06$）。

Zevalin 在体内能与骨、淋巴结、脾脏、扁桃体等器官的淋巴样细胞结合，主要通过肾脏排泄，血中的半衰期为 30h。其毒副反应主要为剂量相关的可逆的骨髓抑制，出现Ⅲ度或Ⅳ度血小板减少或粒细胞减少者平均于 12 ~ 14 天恢复。治疗前常规需要检查血象，特别是血小板的数量，血小板在 150G/L 以上时，可予以标准治疗剂量 0.4 mCi/kg，当血小板在 100 ~ 149G/L 之间时，减量为 0.3 mCi/kg，低于 100G/L 时不用[24]。^{90}Y 剂量超过 50 mCi 可出现严重骨髓抑制。

七、放射免疫治疗在干细胞移植中的应用

西雅图的 Press 等近十年内探讨了在干细胞移植治疗复发性淋巴瘤中靶向抗 CD_{20} 放射免疫治疗代替 TBI 的可行性[30,31]。最初Ⅰ/Ⅱ期研究中，选用 29 例多次复发的 B 细胞淋巴瘤患者，给予大剂量^{131}I 标记的 tositumomab 抗体，生物学分布观察表明：tositumomab 比其他检测的抗体生物学分布更佳[32]，1.7mg/kg ~ 2.5mg/kg 是达到最佳生物学分布所需的剂量。为减少内照射的心肺毒性和对正常组织的其他剂量依赖性副作用，放射剂量限制在 27Gy 以下。28/29 例患者需通过骨髓或外周血干细胞移植来重建造血功能。25 例（86%）取得客观缓解表现，23 例（79%）达 CR，11 例（39%）缓解达 5 ~ 10 年，期间未再接受其他治疗。

但过半数的病例出现复发。Press 又进行 Bexxar 抗体联合大剂量环磷酰胺（CTX）、足叶乙甙（VP16）和造血干细胞移植的Ⅰ/Ⅱ期研究[31]。52 例患者采用该治疗，最大耐受剂量为 25Gy 的 Bexxar 抗体（1.7mg/kg），60mg/kg 的 VP16，100mg/kg 的 CTX。其间 4 例死于机会感染。随访两年，总生存率（OS）为 85%，无进展生存率（PFS）为 73%。

最近 Vose 等提出 Bexxar 治疗作为移植前预处理，给予 23 例复发的淋巴瘤进行自体造血干细胞移植，在 BEAM（卡氮介、

VP16、阿糖胞苷、马法兰)预处理后,再给予30～75cGy的Bexxar[33]。结果提示:标准BEAM后加用Bexxar不增加毒副作用,并可见CR率随^{131}I-tositumomab的剂量增加而有所提高:30cGy时25% CR;45cGy时50% CR;60cGy时83% CR;75cGy时56% CR。目前正在进行75cGy的Bexxar与BEAM联用的Ⅱ期试验。

八、小结

肿瘤的放射免疫治疗的发展已为低度恶性及难治复发性B细胞NHL的治疗开辟了崭新的天地,尤其在放射免疫治疗联合大剂量化疗和造血干细胞移植中展现出诱人的前景。南方医院肿瘤中心的工作[34]提示^{131}I标记的Rituxan对难治性复发性B细胞NHL具有肯定疗效,而且缓解率高,疗效维持时间长久,毒副作用较轻,且医疗费用大大降低。改用核素标记的人源化单抗可以减少HAMA的产生,但由于代谢减慢是否会延长核素内照射时间,尚需要进一步的实验进行对比评价。作为一个全新的治疗方法,还需观察其长期效应,并制订规范的治疗及护理方案,尤其是对于核素的放射性防护问题。

参考文献

1 Vose JM. Current approaches to the management of non-Hodgkin's lymphoma. Semin Oncol,1998;25: 483～490

2 Chen MG, Prosnitz LR, Gonzalez-Serva A, Fisher DB. Results of radiotherapy in control of stage Ⅰ and Ⅱ non-Hodgkins lymphoma. Cancer, 1979;43: 1245～1254

3 Hubbard SM, Chabner BA, DeVita VT Jr, et al. Histologic progression in non-Hodgkins lymphoma. Blood, 1982;59: 258～264

4 Philip T, Guglielmi C, Hagenbeek A, et al. Autologous bone marrow transplantation as compared with salvage chemotherapy in relapses of chemotherapy-sensitive non-Hodgkin's lymphoma. N Engl J Med,1995;333: 1540～1545

5 Clift RA, Buckner CD, Appelbaum FR, Sullivan KM, Storb R, Thomas ED. Long-term follow-up of a randomized trial of two irradiation regimens for patients receiving allogeneic marrow transplants during first remission of acute myeloid leukemia. Blood,1998;92: 1455～1456

6 Press OW, Rasey J. Principles of radioimmunotherapy for hematologists and oncologists. Semin Oncol,2000;27: 62～73

7 Press OW, Howell-Clark J, Anderson SK, et al: Retention of B-cell specific monoclonal antibodies targeting human lymphoma cells. Blood,1994; 83: 1390～7

8 Press OW, Shan D, Howell-Clark J, et al: Comparative metabolism and retention of iodine-125, yttrium-90, and indium-111 radioimmunoconjugates by cancer cells. Cancer Res,1996; 56: 2123～9

9 DeNardo GL, Kukis DL, Shen S, DeNardo DA, Meares CF, DeNardo SJ. 67Cu-versus 131I-labeled Lym-1 antibody: comparative pharmacokinetics and dosimetry in patients with non-Hodgkin's lymphoma. Clin Cancer Res, 1999;5: 533～41

10 Sgouros G, Ballangrud AM, Jurcic JG, et al. Pharmacokinetics and dosimetry of an alpha-particle emitter labeled antibody: 213Bi-HuM195 (anti-CD33) in patients with leukemia. J Nucl Med,1999;40: 1935～46

11 Tedder TF, Engel P: CD20: A regulator of cell-cycle progression of B lymphocytes. Immunol Today ,1994;15: 450～4

12 Vervoordeldonk SF, Heikens J, Goedemans WT, et al. 99mTc-CD19 monoclonal antibody is not useful for imaging of B cell non-Hodgkin's lymphoma. Cancer Immunol Immunother,1996;42: 291～6

13 Shan D, Press OW: Constitutive endocytosis and degradation of CD22 by human B cells. J Immunol,1995;154: 4466～75

14 Lobuglio AF, Saleh MN: Monoclonal antibody therapy of cancer. Crit Rev Oncol Hematol,1992;13: 271～82

15 Oliver W, Press. Radiolabeled antibody therapy of B-cell lymphomas. Seminars in Oncology, 1999(suppl 14);26: 58～65

16 Goldenberg DM, Horowitz JA, Sharkev RM, et al: Targeting, dosimetry, and radioimmunotherapy of B-cell lymphomas with iodine-131-labeled LL2 monoclonal antibody. J Clin Oncol,1991;9: 548～64

17 Press OW, Eary JF, Appelbaum F, et al: Radiolabeled

antibody therapy of B-cell lymphoma with autologous bone marrow support. N Engl J Med,1993;329: 1219 ~ 24

18 DeNardo GL, DeNardo SJ, Lamborn KR, et al: Low-dose, fractionated radioimmunotherapy for B-cell malignancies using 131I-LYM-1 antibody. Cancer Biother Radiopharm,1998;13: 239 ~ 54

19 Kaminski MS, Zelenetz AD, Press OW, et al. Pivotal study of iodine I 131 tositumomab for chemotherapy-refractory low-grade or transformed low-grade B-cell non-Hodgkin's lymphomas. J Clin Oncol,2001;19 (19): 3908 ~ 11

20 Kaminski MS, Estes J, Zasadny KR, et al. Radioimmunotherapy with iodine (131)I tositumomab for relapsed or refractory B-cell non-Hodgkin lymphoma: updated results and long-term follow-up of the University of Michigan experience. Blood,2000;96: 1259 ~ 66

21 Gregory SA, Zelenetz A, Knox S et al. Bexxar is an effective and well tolerated therapy in elderly patients with non-Hodgkin lymphoma (NHL). Proc Am Soc Clin Oncol,2001;20: 285a

22 Kaminski MS, Zelenetz AD, Press OW et al. Pivotal study of iodine I 131 tositumomab for chemotherapy-refractory low-grade or transformed low-grade B-cell non-Hodgkin's lymphomas. J Clin Oncol,2001;19: 3918 ~ 39

23 Horning SJ, Younes A, Lucas J et al. Rituximab treatment failures: tositumomab and iodine 131I tositumomab [Bexxar] can produce meaningful durable responses. Blood,2002;98(suppl): 357a. 28

24 Kaminski MS, Tuck M, Estes J, et al. 131I-tositumomab therapy as initial treatment for follicular lymphoma. N Engl J Med, 2005;352(5): 496 ~ 8

25 David W. Seldin et al. Techniques for Using Bexxar for the Treatment of Non-Hodgkin's Lymphoma. Journal of Nuclear Medicine Technology,2002;30: 109 ~ 114

26 Richard L, Wahl, Stewart Kroll, Kenneth R et al. Zasadny. Patuent-Specific Whole-Body Dosimetry: Principles and Simplified Method for Clinical Implementation. J Nnul Med,1998;39(Supple): 14s ~ 20s

27 Alcindor T, Witzig TE. Radioimmunotherapy with yttrium-90 ibritumomab tiuxetan for patients with relapsed CD_{20} + B-cell non-Hodgkin's lymphoma. Curr Treat Options Oncol, 2002;3(4): 275 ~ 82

28 Leo I. Gordon, Arturo Molina, et al. Durable responses after ibritumomab tiuxetan radioimmunotherapy for CD_{20} + B-cell lymphoma: long-term follow-up of a phase 1/2 study. Blood,2004;103: 4429 ~ 4431

29 Witzig TE, White CA, Wiseman GA, et al: Phase I/II trial of IDEC-Y2B8 radioimmunotherapy for treatment of relapsed or refractory CD20-positive B-cell non-Hodgkin's lymphoma. J Clin Oncol,1999;17: 3793 ~ 803

30 Press OW, Eary JF, Appelbaum FR, et al. Phase II trial of 131I-B1 (anti-CD20) antibody therapy with autologous stem cell transplantation for relapsed B cell lymphomas. Lancet,1995;346: 336 ~ 40

31 Press OW, Eary JF, Gooley T, et al. A phase I/II trial of iodine-131-tositumomab (anti-CD20), etoposide, cyclophosphamide, and autologous stem cell transplantation for relapsed B-cell lymphomas. Blood,2000;96: 2934 ~ 42

32 Liu SY, Eary JF, Petersdorf SH, et al. Follow-up of relapsed B-cell lymphoma patients treated with iodine-131-labeled anti-CD20 antibody and autologous stem-cell rescue. J Clin Oncol,1998;16: 3270 ~ 8

33 Vose JM, Bierman PJ, Lynch JC, et al. Radioimmunotherapy with Bexxar combined with high dose chemotherapy followed by autologous hematopoietic stem cell transplantation for refractory non-Hodgkin's lymphoma: synergistic results with no added toxicity. Proc Am Soc Clin Oncol,2001;20: 6a

34 张军一, 罗海涛, 李爱民, 等. ^{131}I-美罗华治疗 9 例难治性复发性 B 细胞非何杰金淋巴瘤的初步报告, 解放军医学杂志, 2003;28: 190

沪脐带血造血干细胞库成立

2004 年 2 月 12 日，由上海市红十字会、上海市血液中心、上海市干细胞技术有限公司共同组建的上海市首家具有资质的上海市脐带血造血干细胞库正式挂牌。这标志着上海市一家集干细胞库、干细胞研发和应用的“生命银行”正式问世。

为了满足广大市民了解脐带血造血干细胞储存的相关知识，同时办理市民捐赠和自体脐带血干细胞储存等有关手续，“生命银行”还开通了咨询热线:62957788。

❖ 乳腺肿瘤 ❖

改变乳腺癌临床实践的重要临床试验的回顾与评述

徐兵河

中国医学科学院、中国协和医科大学肿瘤医院肿瘤研究所内科　北京　100021

乳腺癌是女性最常见的恶性肿瘤之一，在西方国家，乳腺癌的发病率占女性恶性肿瘤的第一位。在我国，近年来乳腺癌的发生率迅速上升，部分大城市的发病率占女性恶性肿瘤的第一或第二位，死亡率占第四或第五位。

自从上个世纪 90 年代以来，美国、英国、加拿大等国家乳腺癌患者的死亡率呈逐年下降趋势。其原因一方面与乳腺癌的筛查，从而发现了越来越多的早期乳腺癌；另一方面，应归功于乳腺癌的综合治疗，特别是辅助治疗。

一、Bonadonna 的 CMF 方案

乳腺癌的辅助化疗始于二十世纪 70 年代。意大利医生 Bonadonna 于 1976 年首次发表了 CMF(环磷酰胺 + 氨甲蝶呤 + 氟尿嘧啶)方案的辅助治疗结果[1]，并于 1989 年和 1995 年先后发表了随访 14 年和 20 年的结果[2]。辅助化疗组与单纯手术组病人的 20 年总生存率分别为 35.7% 与 26.8%（$P<0.001$）；无病生存率分别为 33.8% 与 24.6%（$P=0.03$）。该研究确立了乳腺癌辅助治疗的作用和地位。

2005 年初英国医学杂志（BMJ）报道了 Bonadonna 等[3]对 1973 年至 1980 年期间的 4 项 CMF 临床试验随访 30 年的结果。4 项临床试验的设计如下：①对淋巴结阳性的绝经前、后患者，比较单纯手术以及术后 CMF 方案化疗 12 周期的疗效；②对淋巴结阳性的绝经前患者，比较 CMF12 周期与 6 周期的疗效；③对淋巴结阳性的绝经前患者，手术应用 CMF 方案化疗 12 周期；④对淋巴结阴性、雌激素受体阴性的绝经前、后患者，比较单纯手术与术后 CMF 方案化疗 12 周期的疗效。

在第一项试验随访 28.5 年后，辅助 CMF 能分别使复发和死亡风险降低 34%（$P=0.005$）与 22%（$P=0.04$）。在多变量分析中唯一能显著影响治疗效果的变量是腋窝淋巴结数目。有 3 个以上腋窝淋巴结转移的患者肿瘤复发和死亡风险显著升高（$P=0.0001$）。12 个周期的 CMF 并不优于 6 个周期。在中位随访 20 年时，静脉用 CMF 方案能使淋巴结和雌激素受体阴性乳腺癌病人的复发风险降低 35%（$P=0.009$），死亡风险亦降低 35%（$P=0.01$）。

二、含蒽环类药的系列临床试验

进入上世纪 80 年代，蒽环类药物广泛进入乳腺癌的辅助治疗。NSABP B-15 试验发现 4 周期 AC 方案的疗效与 6 周期 CMF 方案的疗效相等[4]。EBCTCG 对 16 组试验（14000 例）的分析表明，与 CMF 方案比较，使用蒽环类方案能使复发和死亡危险分别进一步降低 11% 与 16%，5 年和 10 年死亡

率分别降低 3.5%(80.2% 比 76.7% 与 4.6%(68% 比 63.4%)[5]。INT 0102 对 2 691 例淋巴结阴性的高危病人评价了 6 周期 CAF 与 CMF 方案的疗效,结果表明,CAF 稍优于 CMF,5 年无病生存率(DFS)和总生存率(OS)分别为 85% 比 82%(P =0.03)与 93% 比 90%(P =0.03)[6]。综合 11 项临床试验,结果显示,与 CMF 方案相比,含蒽环类药(阿霉素或表阿霉素)方案能使年复发风险进一步降低 12%、死亡风险降低 11%;绝对受益分别增加 3.2% 与 2.7%。以上研究奠定了蒽环类药在乳腺癌辅助化疗中的地位,使蒽环类药物成为乳腺癌治疗的“基石”药物。

三、含紫杉类药物的辅助临床试验

(一) CALGB9344 (Cancer and Leukemia Group B Trial 9344)与 NSABP B-28(National Surgical Adjuvant Breast and Bowel Project B-28)

这两项都是有关紫杉醇辅助治疗的临床试验。CALGB9344 试验对淋巴结阳性病人先以 AC 方案化疗 4 周期,然后分两组,一组加 4 个周期紫杉醇,另一组则不用紫杉醇。2003 年发表了最终结果,在 AC 方案的基础上,加用紫杉醇能使复发率和死亡率分别降低 17% 与 18%[7]。NSABP B-28 试验对 3 060 例淋巴结阳性病人随机分为 4 周期 AC 或 4 周期 AC 加 4 周期紫杉醇,2003 年美国 ASCO 会议上报道了中位随访 64 个月的结果,加或不加紫杉醇组病人的事件数分别为 400 与 461 个,风险比为 0.83(0.73 ~ 0.95),P =0.008;死亡数分别为 243 例与 255 例,风险比为 0.94(0.78 ~ 1.12),P = 0.46[8]。然而,上述两项临床试验对雌激素受体阳性病人的结果不完全一致。另外,是否能够提高总生存率也无定论,也没有淋巴结、Her-2 等的亚组分析结果。但无论如何,上述试验结果表明了对受体阴性、淋巴结阳性乳腺癌患者,在 AC 方案的基础上,加用紫杉醇能够显著提高疗效,这一方案业已成为许多国家的标准辅助治疗方案。

(二)BCIRG 001(Breast Cancer International Research Group 001)

BCIRG 001 比较了含多西紫杉醇的 TAC (75/50/50mg/m^2,q3w ×6)与不含多西紫杉醇的 FAC(500/50/500mg/m^2,q3w ×6)方案辅助治疗淋巴结阳性乳腺癌的疗效[9]。其中 745 例随机分入 TAC 组,746 例分入 FAC 组,2003 年圣安东尼奥乳腺癌会议报道了 BCIRG001 试验中位随访 55 个月的结果,TAC 组病人的 4 年和 5 年 DFS 分别为 80% 与 75%,而 FAC 方案则分别为 71% 与 68%。TAC 组病人 4 年和 5 年总生存率(OS)分别为 89% 与 87%,FAC 方案分别为 85% 与 81%。在 HER2 阳性和阴性病人,TAC/FAC DFS 风险比分别是 0.61(0.42 ~ 0.90;P =0.0118)与 0.76(0.58 ~ 0.99;P =0.0380)。这一临床试验奠定了多西紫杉醇在乳腺癌辅助治疗中的地位。

四、CALGB 9741 (Cancer and Leukemia Group B Trial 9741)试验

CALGB 9741 试验[10]依据 Norton-Simon 理论设计,即肿瘤生长动力学的数学模型显示每 2 周给药较常规 3 周给药对肿瘤细胞的杀伤作用最大,且肿瘤细胞不易恢复正常生长。

共有 2 005 例患者入组。入组患者被随机分配到四组:①阿霉素 60mg/m^2,q3w,4 周期,随后紫杉醇 175mg/m^2,q3w,4 周期;最后环磷酰胺 600mg/m^2,q3w,4 周期。②药物及给药顺序同上,每 2 周给药 1 次。③阿霉素 60mg/m^2 加环磷酰胺 600mg/m^2,q3w,4 周期;随后紫杉醇 175mg/m^2,q3w,4 周期。④药物及给药顺序同上,每 2 周给药 1 次;每周期于第 3 ~ 10 天应用粒细胞集落

刺激因子5μg/kg。

在中位随访36个月时，已有315例复发或死亡。在标准AC方案中加入紫杉醇时，与标准的3周给药方法相比，2周剂量密度方案患者的无病生存率(DFS)(危险比=0.74，P=0.0072)与总生存率(OS)(危险比=0.69，P=0.014)显著提高，4年DFS和OS分别为75%比82%与90%比92%，复发率和死亡率分别降低26%(P=0.010)与31%(P=0.013)，而每3周同时给药与序贯给药方案患者的DFS和OS无显著差异。以上结果提示，21天周期的标准方案一旦变成14天周期(剂量密度方案)再用G-CFS支持，就能显著提高疗效，且未增加副作用。由于使用了G-CSF支持，中性粒细胞下降等反而较对照组更低。

然而，本试验的最长随访时间为5年，中位随访时间仅为3年，其远期疗效尚有待于进一步随访观察。由于在2周方案中常规预防性使用G-CSF，因此增加了药费。但无论如何，CALGB9741试验仍是一个具有里程碑式的随机分组临床试验，正如Piccart教授在2003年的St. Gallen国际乳腺癌会议上所言，其研究结果已经动摇了"对淋巴结阳性的乳腺癌患者，术后辅助化疗应采用每3周为一个周期"的观点。

五、他莫昔芬(Tamoxifen，TAM)系列临床试验

TAM是辅助治疗应用最为广泛的内分泌药物。第一个证实TAM辅助治疗能提高患者生存率的试验由NATO(Nolvadex Adjuvant Trial Organization)于1983年发表。1 100余例淋巴结阳性或阴性患者在术后随机分为观察组及TAM治疗组(每天20mg，共2年)，中位随访66个月，结果表明，与对照组相比，TAM能使复发率和死亡率分别降低36%与29%。

EBCTCG(Early Breast Cancer Trialists' Collaborative Group)于1998年发表了55组共37 000例随机临床试验的荟萃分析结果[11]。口服TAM 5年能显著提高患者的10年无病生存率(DFS)和总生存率(OS)。对淋巴结阳性和阴性患者，能使绝对复发率和死亡率分别降低15.2%与10.9%以及14.9%与5.6%(P值均<0.00001)，并能使对侧乳腺癌发生风险降低一半。口服TAM 2年的疗效优于1年，5年优于2年。

NSABP-14试验进一步证实了口服TAM能提高ER阳性、淋巴结阴性患者的疗效，治疗组和对照组患者的4年DFS分别为83%与77%(P<0.00001)，而NATO试验则表明TAM能提高淋巴结阳性患者的DFS和OS。

关于TAM的给药时间，EBCTCG已经证实5年的效果明显优于1年和2年，但是否5年以上更好呢？在NSABP-14试验中，对无病生存5年的淋巴结阴性、ER阳性患者，再随机分为继续使用TAM或安慰剂5年，结果显示，继续口服TAM并未增加疗效。然而，尚缺乏淋巴结阳性患者使用TAM 5年以上的临床试验结果，但目前一般认为TAM的最佳给药时间是连用5年。

以上系列临床试验确立了TAM在乳腺癌辅助内分泌治疗中20余年的"金标准"地位。

六 芳香化酶抑制剂临床试验

TAM一直是乳腺癌术后辅助内分泌治疗的主要药物。但该药长期使用有可能产生耐药，并有引起血栓栓塞以及子宫内膜癌等副作用的危险性。近年来，新一代芳香化酶抑制剂阿那曲唑、来曲唑、依西美坦进入临床试验，试验结果对TAM的"金标准"地位提出了挑战。

(一) ATAC(Arimidex，Tamoxifen Alone or in Combination)试验

本试验共入组9366例[12]，是目前有正式结论的最大样本数的乳腺癌临床试验。该试验比较了阿那曲唑与TAM用于乳腺癌辅助治疗的疗效。在中位随访33个月时，两组患者的DFS分别为89.4%与87.4%；阿那曲唑在DFS、复发时间和原发性对侧乳腺癌的发生都要优于TAM，这三点在中位随访47个月时得到了进一步的证实。阿那曲唑(3125例)、TAM(3116例)和阿那曲唑+TAM(3125例)组的无复发死亡例数分别为108、109与100例，首发事件数分别为413、472、488例，局部复发分别为84、101、107例，远处转移分别为195、222、246例，对侧浸润性乳腺癌分别为20、25、30例，对侧导管原位癌分别为5、5、5例。DFS分别为86.9%与84.5%。绝对差异从第一次分析时的2%增加到第二次分析时的2.4%，其中受体阳性患者的差异为2.9%(89.0%比86.1%)。另外，阿那曲唑组患者子宫内膜癌和血管栓塞性疾病的发生率显著低于TAM组。

中位随访68个月，与TAM相比，阿那曲唑可明显延长无病生存(阿那曲唑组事件数575个，TAM组651个，$P=0.01$)和复发时间(402比498，$P=0.05$)，而且显著减少了远处转移(324比375，$P=0.04$)和对侧乳腺癌的发生(35比59，$P=0.01$)[13]。

(二)MA.17与Big 1-98(Breast International Group 1-98)

MA.17[14]是一组多个国家参加的随机双盲安慰剂对照临床试验。5187例绝经后早期乳腺癌术后病人，先口服TAM 5年，然后随机分为两组，一组病人改服来曲唑，另一组病人服用安慰剂。中位随访时间2.4年，结果显示，两组乳腺癌事件数(局部区域复发、远处转移与新发乳腺癌)分别为75例与132例，4年无病生存率分别为93%与87%($P=0.000077$)。这一结果表明，在给予标准TAM治疗5年后，再用来曲唑5年能进一步提高疗效。

国际乳腺组(BIG)1-98试验[15]是关于来曲唑作为绝经后早期乳腺癌辅助治疗与TAM单药或序贯用药对比的Ⅲ期临床试验，入组患者8028例，随机分为4组：A组TAM；B组来曲唑；C组TAM 2年序贯来曲唑3年；D组来曲唑2年序贯TAM 3年。经过26个月的中位随访，无病生存事件风险来曲唑组比TAM组降低19%。当统计中去除非癌死亡时，其结果更加显著(21%)。

(三)IES 031(Intergroup Exemestane Study 031)

依西美坦的结构与天热雄烯二酮相似，是一种不可逆的芳香化酶抑制剂。在最近一期的《新英格兰医学杂志》上，发表了IES 031的研究结果[16]。与TAM 5年标准治疗相比，在TAM治疗2~3年后改用依西美坦治疗可显著提高绝经后乳腺癌患者的无瘤生存率。

IES 031随机、双盲的对照试验共纳入4742例绝经后受体阳性的乳腺癌患者，在手术后先用TAM 2~3年(每日口服20mg)，然后随机分为两组，一组(2362例)改用依西美坦治疗(每日口服25mg)，另一组(2380例)继续接受TAM治疗2~3年。主要研究终点为无瘤生存期。

中位随访30.6个月后，结果显示，依西美坦和TAM组事件数(局部复发或远处转移、对侧乳腺癌或死亡)分别为183与266。与TAM组相比，依西美坦组未经校正的风险比为0.68($P<0.001$)，表明在随机分组后3年时，患者的乳腺癌复发风险下降了32%。两组无瘤生存率分别为91.5%与86.8%，表明依西美坦组患者绝对受益增加了4.7%；以无乳腺癌生存进行分析，显示两组的风险比为0.63(95%可信区间为0.51~0.77，$P=0.00001$)；此外，依西美坦组无

远处转移的生存率也高于 TAM（风险比 0.66，$P=0.0004$）。共有 199 例患者死亡，其中依西美坦组 93 例，TAM 组 106 例。两组之间在总生存率上没有显著差异。依西美坦组的严重毒性反应罕见。依西美坦和 TAM 组分别有 9 例与 29 例发生对侧乳腺癌（$P=0.04$）。本研究随访时间较短，有待进一步随访观察以确定依西美坦的最终疗效。

上述结果对受体阳性的绝经后乳腺癌术后用 TAM 5 年的标准疗法提出了挑战，提示芳香化酶抑制剂可成为乳腺癌辅助治疗的有效药物。

参考文献

1 Bonadonna G, Brusamolion E, Valagussa P, et al. Combination chemotherapy as an adjuvant treatment in operable breast cancer. N Engl J Med, 1976;294: 405~410

2 Bonadonna G, Valagussa P, Molitemi A, et al. Adjuvant cyclophoshamide, methotrexate, and fluorouracil in node-positive breast cancer: the results of 20 years of follow-up. N Engl J Med, 1995;332: 901~906

3 Bonadonna G, Moliterni A, Zambetti M, et al. 30 years' follow up of randomized studies of adjuvant CMF in operable breast cancer: cohort study. BMJ, 2005;330: 217~220

4 Fisher B, Brown AM, Dimitrov NV, et al. Two months of doxorubicin-cyclophosphamide with and without interval reinduction therapy compared with 6 months of cyclophosphamide, methotrexate, and fluorouracil in positive-node breast cancer patients with tamoxifen-nonresponsive tumors: results from the National Surgical Adjuvant Breast and Bowel Project B-15. J Clin Oncol,1990;8: 1483~1496

5 Early Breast Cancer Trialist's Collaborative Group. Polychemotherapy for early breast cancer. An overview of the randomized trials. Lancet, 1998;352(9132): 930~932

6 Hutchins L, Green S, Ravdin P, et al. CMF versus CAF with and without tamoxifen in high risk node negative breast cancer patients and a natural history follow-up study in low risk node negative patients: first results of Intergroup trial in 0102. Proc Am Soc Clin Oncol, 1998;17: Abst 2

7 Henderson IC, Berry DA, Demetri GD, et al. Improved outcomes from adding sequential paclitaxel but not from escalating doxorubicin dose in an adjuvant chemotherapy regimen for patients with node-positive primary breast cancer. J Clin Oncol, 2003;21(6): 976~983

8 Mamounas EP, Bryant J, Lembersky BC, et al. paclitaxel (T) following doxorubicin/cyclophosphamide (AC) as adjuvant chemotherapy for node-positive breast cancer: Results from NSABP B-28. Proc Am Soc Clin Oncol, 2003;22: 12A (Abstr 12)

9 Jean-Marc Nabholtz, Tadeuz Pienkowski, John Mackey, et al. Phase Ⅲ trial comparing TAC (docetaxel, doxorubicin, cyclophsphamide) with FAC (5-fluorouracil, doxorubicin, cyclophosphamide) in the adjuvant treatment of node positive breast cancer (BC) patients: interim analysis of the BCIRG 001 study. Proc Am Soc Clin Oncol, 2002;21: 36a (Abstr 141)

10 Randomized trial of dose-dense versus conventionally scheduled and sequential versus concurrent combination chemotherapy as postoperative adjuvant treatment of node-positive primary breast cancer; first report of intergroup trail C9741/Cancer and leukemia Group B trial 9741. J Clin oncol, 2003;218: 1431~1439

11 Early Breast Cancer Trialists' Collaborative Group. Tamoxifen for early breast cancer: an overview of the randomized trials. Lancet 1998;351: 1451~1467

12 Baum M, Budzar AU, Cuzick J, et al. Anastrozole alone or in combination with tamoxifen versus tamoxifen alone for adjuvant treatment of postmenopausal women with early breast cancer: first results of the ATAC randomized trial. Lancet , 2002;359: 2131~2139

13 ATAC Trialists' Group. Results of the ATAC (Arimidex, Tamoxifen, Alone or in Combination) trail after completion of 5 years' adjuvant treatment for breast cancer. Lancet, 2005;365: 60~62

14 Goss PE, Ingle JN, Martino S, et al. Randomized placebo-controlled trial of letrozole in postmenopausal women with early breast cancer completing five years of tamoxifen. Breast Cancer Res Treat, 2003;82(supple 1): abstr 42

15 Fricker J. Letrozole better than tamoxifen in postmenopausal women. Lancet Oncol, 2005, 6: 137.

16 Coombes RC, Hall E, Gibson LJ, et al. A randomized trial of exmestane after two to three years of tamoxifen therapy in postmenopausal women with primary breast cancer. New Engl J Med, 2004;350(11): 1081~1092

乳腺癌内分泌药物治疗中的循证医学和临床实践

江泽飞　宋三泰

军事医学科学院307医院乳癌科　北京　100039

乳腺癌内分泌治疗的历史可以追溯到1896年Beatson用卵巢切除术治疗复发转移乳腺癌[1]。乳腺癌的内分泌治疗可以用手术治疗和药物治疗。手术包括卵巢切除术、肾上腺切除术和垂体切除术。卵巢切除术在过去是内分泌治疗的主要手段,目前仍作为绝经前乳腺癌术后辅助治疗和复发转移的治疗手段之一。而肾上腺切除术和垂体切除术,由于手术本身的复杂及风险,现已被众多的内分泌治疗药物所取代。

乳腺癌内分泌治疗的机理和作用途径有:①阻断雌激素合成,降低雌激素水平,绝经前可用卵巢切除或LH-RH类似物的药物去势,绝经后用芳香化酶抑制剂或失活剂:②部分阻断雌激素受体活性,药物有以三苯氧胺(Tamoxifen,TAM)为代表的抗雌激素药物;③全部阻断雌激素受体活性的纯雌激素激动剂;④另外还有其他作用机制的药物,如孕激素、雌激素和雄激素。

常用的乳腺癌内分泌药物有抗雌激素类,芳香化酶抑制剂,孕激素类和促黄体生成素释放激素类似物(LHRHa)。二十世纪70年代三苯氧胺的问世成为乳腺癌内分泌药物治疗的里程碑,90年代第三代芳香化酶抑制剂的问世则使乳腺癌内分泌治疗进入一个新时代。在激素依赖性复发转移乳腺癌的治疗中,内分泌治疗在改善晚期病人的生存、提高病人生活质量方面起非常重要的作用。在预防术后复发转移的辅助内分泌治疗中,内分泌治疗同样起到重要的作用。三苯氧胺是最常用的辅助内分泌治疗药物,近年来在辅助治疗领域,新的芳香化酶抑制剂也取得重要进展。

一、三苯氧胺在乳腺癌辅助治疗中的地位

三苯氧胺目前仍然是最基本的内分泌治疗药物,可以用于复发转移乳腺癌的解救治疗,术后辅助治疗和高危健康妇女预防乳腺癌[2]。目前关于三苯氧胺在乳腺癌辅助治疗中应用基本共识[3~5]有:

①辅助内分泌治疗的决定因素为激素受体(ER/PR)状况,ER阳性的效果最好,部分ER阴性PR阳性的患者也可以使用三苯氧胺,但ER阴性患者辅助治疗用三苯氧胺不能改善生存。

②二苯氧胺合适的服药时间为5年,再延长用药时间不能提高疗效。

③三苯氧胺的疗效与患者年龄关系不大。

④服用三苯氧胺能显著降低对侧乳腺癌的发生,但只能预防那些雌激素受体阳性的乳腺癌。

⑤长期服用三苯氧胺明显增加子宫内膜癌的发生风险。

⑥ER 阳性患者化疗后加三苯氧胺，比单用化疗和单用三苯氧胺效果都好。而且化疗后序贯合用三苯氧胺的效果优于同时合用。

⑦早期乳腺癌术后辅助治疗，完成化疗后接受放疗的患者可以同时使用内分泌治疗。

作为乳腺癌内分泌治疗的代表性药物，三苯氧胺的不良反应比化疗药物明显轻，大多数患者和健康妇女可以耐受 5 年甚至更长时间的连续治疗。但也有些常见的不良反应如乏力、颜面潮红、皮疹、阴道干燥、阴道流血，和少见的不良反应有纳差、恶心、腹泻、出汗、体重增加和静脉血栓，影响其临床应用。且鉴于三苯氧胺已广泛用于临床，且有健康妇女作为预防用药，所以还是要警惕长期用药可能出现的少见不良反应。如：眼毒性和子宫内膜癌风险[6~8]。

二、芳香化酶抑制剂的作用和地位

绝经后妇女的雌激素主要来自卵巢以外的组织，由雄烯二酮及睾酮经芳香化作用而成为雌激素，而芳香化酶是这一环节所必需的。芳香化酶抑制剂就是通过抑制该酶的活性，阻断雌激素的合成，达到抑制乳腺癌细胞生长，治疗肿瘤的目的。芳香化酶抑制剂（Aromatase inhibitors，AI）适用于绝经后，据作用机制不同分为两类：①非甾体类药物，通过与亚铁血红素中的铁原子结合，和内源性底物竞争芳香化酶的活性位点，从而可逆性地抑制酶的活性。有第一代的氨基导眠能（AG）、第二代的 fadrozole、第三代的阿那曲唑和来曲唑。②甾体类药物，与芳香化酶内源性作用底物雄烯二酮和睾酮结构相似，可作为假底物竞争占领酶的活性位点，并以共价键形式与其不可逆结合，形成中间产物，引起永久性的酶灭活，从而抑制雌激素的合成，有第一代的 Testolactone、第二代的福美司坦、第三代的依西美坦。

氨鲁米特（氨基导眠能，AG）是最传统的芳香化酶抑制剂，疗效高于三苯氧胺，由于 AG 非特异性阻断肾上腺功能，从而导致较多的不良反应[9]。兰他隆是第二代选择性芳香化酶抑制剂，复发、转移乳腺癌一线治疗疗效与三苯氧胺相当。三苯氧胺失败的复发、转移乳腺癌，兰他隆与甲地孕铜（MA）客观缓解率，临床获益率和缓解期均无差异，不良反应更轻。由于兰他隆肌肉注射会引起局部疼痛、炎症和硬结。尽管这些反应并不严重，但长期注射还是有诸多不便，况且每 2 周注射 1 次，也不如其他口服剂型方便[10~12]。

二十世纪 90 年代相继上市的第三代芳香化酶抑制剂，阿那曲唑、来曲唑、依西美坦问世，对三苯氧胺在乳腺癌内分泌治疗各阶段的地位提出了挑战。在三苯氧胺治疗失败的复发转移乳腺癌的二线治疗中，第三代芳香化酶抑制剂比甲地孕酮治疗更有效[13~16]。在复发转移乳腺癌的一线内分泌治疗中，新一代的芳香化酶抑制剂的疗效明显优于三苯氧胺[17~19]，因此，美国 FDA 批准阿那曲唑、来曲唑用于绝经后、ER 阳性的复发、转移乳腺癌患者之一线治疗。

第三代芳香化酶抑制剂在绝经后早期乳腺癌术后辅助治疗中，疗效超过三苯氧胺。ATAC 试验结果显示在早期乳腺癌术后辅助治疗中，5 年阿那曲唑比 5 年三苯氧胺疗效更好而不良 反应更低。BIG1-98 试验结果显示，5 年来曲唑比 5 年三苯氧胺疗效更好。IES-031 试验结果表明，乳腺癌术后辅助治疗，三苯氧胺服用 2 ~ 3 年后，再序贯使用依西美坦 2 ~ 3 年，疗效明显优于服用三苯氧胺 5 年。HA-17 临床试验结果证明，乳腺癌术后辅助治疗三苯氧胺 5 年后，再加用来曲唑5年的疗效明显优于三苯氧胺5年[20~24]。上述临床研究结果已经表明,第三代芳香化酶抑制剂已经在辅助治疗领域疗效超过三苯氧胺。

三、卵巢去势在绝经前乳腺癌内分泌治疗中的作用

在分析我国乳腺癌内分泌药物市场份额与其他国家、地区差别时,我们认为医患者双方对内分泌治疗信心不足是一个主要原因。但客观上讲,我国妇女乳腺癌发病年龄比西方妇女轻,因而绝经前患者比例较高,也是影响内分泌治疗临床推广应用的原因之一[25]。

事实上,卵巢去势术治疗绝经前晚期乳腺癌早有成功经验。在各种卵巢去势方法中,卵巢切除术的优点是彻底阻断卵巢来源的雌激素,缺点是手术创伤及不可逆性;而放疗卵巢去势的缺点是所需时间较长,阻断卵巢功能可能不完全,也有造成毗邻器官的放射损伤的可能。

卵巢分泌雌激素,受垂体产生的促性腺激素(GH),包括对泡刺激素(FSH)和黄体生成素(LH)的调控,LH的产生又受下丘脑的促性腺激素释放激素(GnRH)或促黄体激素释放素(LH-R)所控制。人工合成的GnRH或LU-RH激动剂或拮抗剂能通过负反馈作用下于丘脑,从而抑制下丘脑产生GnRH或LH-RH;同时还能竞争性地与垂体细胞膜上的促性腺激素释放激素受体(GnRH-R或LHRH-R)结合,阻止垂体产生FSH和LH,从而减少卵巢分泌雌激素。

这类产品用于绝经前妇女,其代表药物为Zoladex(诺雷德),可以代替卵巢切除术,用来治疗绝经前复发转移乳腺癌。欧美多中心随机临床研究,绝经前ER或PR阳性的复发转移乳腺癌一线治疗,比较诺雷德与卵巢切除术的疗效,有效率分别为31%和27%,中位生存时间分别为37个月和33个月,两组治疗效果相当。但用诺雷德仅需每月注射一次,而无需手术。综合4项研究共500多例的临床研究结果,证明诺雷德加用三苯氧胺比单用诺雷德治疗复发转移乳腺癌能提高有效率,延长生存期[26,27]。有关诺雷德作为乳腺癌辅助治疗的临床研究已经有结果,ER阳性患者诺雷德辅助治疗的效果等于CMF化疗,诺雷德加用三苯氧胺辅助治疗的效果优于CMF化疗,CAF基础加诺雷德的疗效优于单纯CAF化疗,而在CAF+诺雷德的基础上再加三苯氧胺也有进一步提高疗效的趋势[28,29]。

欧美乳腺癌内分泌治疗的临床研究偏重于绝经后患者,但我国乳腺癌患者发病年龄较轻,绝经前较多。以诺雷德(Zoladex)为代表的药物性卵巢去势,克服了手术和放疗去势的缺点,在提倡关注生活质量的今天,更能为众多年轻患者所接受。2001年10月,从患者生活质量考虑,我们在国内最早提出,药物性卵巢去势联合第三代芳香化酶抑制剂治疗绝经前ER/PR阳性乳腺癌的新思路,并开展临床研究,创新性的治疗思路已经在部分患者中显示了良好的治疗效果[30~33]。

四、重新认识孕激素在乳腺癌内分泌治疗中的地位

孕激素通过改变体内内分泌环境,经负反馈作用抑制垂体产生LU和ACTH,或通过孕激素受体作用乳腺癌细胞。常用的药品有甲孕酮(MPA,安宫黄体酮)和甲地孕酮(MA,美可治)。甲地孕酮40mg 4/d和甲孕酮500mg 2/d治疗既往三苯氧胺失败的复发转移乳腺癌,有效率分别为25%和43%,其中骨转移的有效率分别为12%和45%,

总生存期为20个月和16个月($P>0.05$). 甲地孕酮40mg 4/d 三苯氧胺10mg 2/d 一线治疗复发转移乳腺癌,有效率分别为28%(17/61)和31%(20/64),差异无显著意义。作为一线治疗,与三苯氧胺合用并不提高疗效[34]。

孕激素疗效与激素受体状态和月经状况有关,但似乎不象三苯氧胺那么明显,ER和PR阳性者有效率可达50% ~70%,但ER阴性者也会有20% ~30%的有效率,意大利研究组报告一线治疗绝经前患者,有效率55%,高于卵巢切除术(33%),我们的研究结果也表明绝经前患者有效[35,36]。

孕激素除了用于复发转移乳腺癌的解救治疗,还有用于辅助治疗的文献报道,但鉴于长期服用的不良反应以及疗效并不明显优于三苯氧胺,所以目前孕激素还是作为三苯氧胺和其他内分泌药物治疗失败病人的二线或三线治疗。

长期服用孕激素类药物可引起阴道流血、水钠潴留、柯兴氏综合征、过度肥胖以及血糖升高等不良反应。但孕激素提高食欲和增加体重的作用,却可以用来改善晚期癌症病人和爱滋病(AIDS)患者的一般情况,治疗恶液质。孕激素还可以用于治疗其他晚期肿瘤,如肝癌、肺癌、胰腺癌[37]。

孕激素类药物与化疗合用可以增加疗效,减轻化疗副反应。文献报道142例ER阴性患者复发转移乳腺癌,化疗+MPA比单用化疗的有效率高(73%/46%),生存期长(13月/9月),差异有显著意义($P<0.05$)。另有报道168例复发转移乳腺癌分别采用CAF和CAF+MPA治疗,客观缓解率分别为36.6%和53.5%,差异也有显著意义($P<0.05$)[38,39]。所以在晚期病人,即使孕激素作为抗癌治疗失败后,仍然可以与肿瘤化疗合用减轻化疗不良反应。

所以目前第三代芳香化酶抑制剂越来越多用于一线治疗时,我们应该重新思考孕激素作为芳香化酶抑制剂治疗失败病人的二线治疗地位。

五、考虑晚期乳腺癌治疗目的,合理选择内分泌治疗的时机

复发转移晚期乳腺癌的治疗目的应该是改善生活质量,延长生存。而复发转移乳腺癌的解救治疗时是否选择内分泌治疗,要考虑患者受体,年龄和月经状态,以及疾病进展是否缓慢。一般认为进展缓慢的复发、转移乳腺癌有以下特点:原发肿瘤ER阳性,术后2年以后复发。转移,转移部位在软组织和(或)骨,单发的肺转移病灶或不危及生命的肝转移,肿瘤负荷不大。原则上进展迅速的病人选择化疗,而进展缓慢的考虑使用内分泌治疗。所以在复发转移乳腺癌选择内分泌治疗时,应该考虑以下几点[25~40]:

①复发转移乳腺癌的治疗原则应该是控制疾病和保证生活质量,所以要尽量避免不必要的强烈化疗。

②在化疗无效或肿瘤未控的化疗间隙,或病人不能耐受化疗时,及时给予内分泌治疗。

③在疾病相对缓慢阶段可以采用序贯的内分泌治疗。

④内分泌治疗起效相对较慢,所以治疗应该连续。

⑤治疗后疾病持续稳定应视为临床获益,因为持续稳定6月以上的病人生存期与CR+PR相同。

总之,三苯氧胺仍然是乳腺癌内分泌治疗中最主要的药物。绝经后患者第三代芳香化酶抑制剂在新辅助、辅助和晚期解救治疗各个阶段疗效都优于三苯氧胺。药物性卵巢去势联合芳香化酶抑制剂在绝经前乳

腺癌内分泌治疗中发挥重要作用。科学技术的进步给予新的抗肿瘤药物设计、肿瘤分类和治疗带来巨大的影响,人类在攻克乳腺癌的方向又迈进了大步。新一代的乳腺癌内分泌药物,如选择性雌激素受体调节剂和新的芳香化酶抑制剂向更有效、更安全和个体化的方向发展。

参考文献

1 1. Beatson GT. On the treatment of inoperable of carcinoma of the mamma: suggestions for a new method of treatment with illustrative cases. Lancet, 1896;2: 104 ~ 107

2 Fisher B, Costantino JP, Wickerham DL, et al. Tamoxifen for prevention of breast cancer: report of the National Surgical Adjuvant Breast and Bowel Project P-1 Study. J Natl Cancer Inst , 1998 ;90 (18): 1371 ~ 1388

3 National Institues of Health Consensus Development Conference Statement: Adjuvant Therapy for Breast Cancer. Cancer November 1-3 2000. J Natl Cancer Inst, 2001;93 : 979 ~ 89

4 江泽飞,宋三泰. 乳腺癌术后辅助治疗最新指导原则. 临床肿瘤研究,2001;13(5): 293 ~ 295

5 江泽飞,宋三泰. 乳腺癌辅助内分泌治疗若干问题的新认识. 中华肿瘤杂志,2001;23(1): 81 ~ 82

6 Hendrick A, Subraminian V. Tamoxifen and thromboembolism. JAMA,1980;243: 514 ~ 515

7 Fisher B, Costantino JP, Redmond CK. Endometrial cancer in Tamoxifen-treated breast cancer patients: finding from the National Surgical Adjuvant Breast and Bowel Project (NABSP) B-14. Natl Cancer Inst, 1994;86(7): 527 ~ 537

8 Bernstein L, Deapen D, Cerhan JR, et al. Tamoxifen threapy for breast cancer and endometrial cancer risk. J Natl Cancer Inst 1999;91: 1654 ~ 1662

9 Smith IE, Harris AL, Morgan M, et al Tamoxifen versus aminoglutethimide versus combined Tamoxifen and aminoglutethimide in the treatment of advanced breast cancer. Cancer Res , 1982;42(8 Suppl): 3430s ~ 3433s

10 Perez Carrion R, Alberola Candel V, Calabresi F, et al. Comparison of the selective aromatase inhibitor formestane with Tamoxifen as first-line hormonal therapy in postmenopausal women with advanced breast cancer. Ann Oncol ,1994;5 Suppl 7: S19 ~ 24

11 Thurlimann B, Castiglione M, Hsu-Schmitz SF, et al. Formestane versus megestrol acetate in postmenopausal breast cancer patients after failure of Tamoxifen: a phase Ⅲ prospective randomised cross over trial of second line hormonal treatment (SAKK 20/90). Swiss Group for Clinical Cancer Research (SAKK). Eur J Cancer, 1997;33 (7): 1017 ~ 24

12 刘晓晴,宋三泰,江泽飞,等. 兰他隆治疗绝经后晚期乳腺癌临床观察. 中华肿瘤杂志,2002;24(5): 511 ~ 513

13 冯奉仪,徐兵河,江泽飞,等. 瑞宁得治疗绝经后妇女晚期乳腺癌临床研究. 中华肿瘤杂志,1999;21: 376 ~ 378

14 Buzdar AU, Jonat W, Howell A, et al. Anastrozole versus megestrol acetate in the treatment of postmenopausal women with advanced breast carcinoma: results of a survival update based on a combined analysis of data from two nature phase Ⅲ trials. Arimidex Study Group. Cancer ,1998;83(6): 1142 ~ 52

15 Dombernowsky P, Smith I, Falkson G, et al. Letrozole a new oral aromatase inhibitor for advanced breast cancer: double-blind randomized trial showing a dose effect and improved efficacy and tolerability compared with megestrol acetate. J Clin 0nco1 ,1998;16(2): 453 ~ 461

16 Kaufmann M, Bajetta E, Dirix LY, et al. Exemestane is superior to megestrol acetate after Tamoxifen failure in postmenopausal women with advanced breast cancer: results of a phase Ⅲ randomized double-blind trial. The Exemestane Study Group. J Clin Oncol, 2000;18(7): 1399 ~ 1411

17 Nabholtz JM, Buzdar A, Pollak M, et al. Anastrozole is superior to Tamoxifen as first-line therapy for advanced breast cancer in postmenopausal women: results of a North American multicenter randomized trial. J Clin Oncol, 2000;18(22): 3758 ~ 3767

18 Bonneterre J, Thurlimann B, Robertson JF, et al. Anastrozole versus Tamoxifen as first-line therapy for advanced breast cancer in 668 postmenopausal women: results of the Tamoxifen or Arimidex Randomized Group Efficacy and Tolerability study. J Clin Oncol, 2000;18(22): 3748 ~ 3757

19 Mouridsen H, Gershanovich M, Sun Y, et al. Superior efficacy of Letrozole versus Tamoxifen as first-line therapy

for postmenopausal women with advanced breast cancer: results of a phase Ⅲ study of the international Letrozole breast cancer group. J Clin Oncol,2001;19(10): 2596 ~2606

20 Baum M, Buzdar AU, Cuzik J, et al. Anastrozole alone or in combination with Tamoxifen versus Tamoxifen alone for adjuvant treatment of postmenopausal women with early breast cancer: first results of the ATAC randomised trial. Lancet,2002;359: 2131

21 Coombes RC, Hall E, Gibson LJ, et al. A randomized trial of exemestane after two to three years of Tamoxifen therapy in postmenopausal women with primary breast cancer. N Engl J Med,2004;350: 1081

22 Goss PE,Ingle JN,Martino S,et al. A randomized trial of letrozole in postmenopausal women after five years of Tamoxifen therapy for early-stage breast cancer. N Engl J Med,2003;349: 1793

23 宋三泰,江泽飞.弗隆临床研究及其对乳腺癌内分泌治疗的启示.中华肿瘤杂志,2003;25(3): 307 ~308

24 江泽飞,廖宁,早期乳腺癌术后辅助内分泌治疗的基本需求和更追求,循证医学,2005;5(1): 22 ~24

25 宋三泰,江泽飞.乳腺癌内分泌治疗的现状及应用策略.中华肿瘤杂志,1999;21(4): 312 ~313

26 Taylor CW, Green S, Dalton WS, et al. Multicenter randomized clinical trial of goserelin versus surgical ovariectomy in premenopausal patients with receptor-positive metastatic breast cancer: an intergroup study. J Clin 0ncl, 1998;16(3): 994 ~999

27 Boccardo F, Rubagotti A, and Perrotta A, et al. Ovarian ablation versus goserelin with or without Tamoxifen in pre-perimenopausal patients with advanced breast cancer: results of a multicentric Italian study. Ann Oncol,1994;5 (4): 337 ~42

28 Jakesz R,Hausmaninger H,Kubista E,et al. Randomized adjuvant trial of Tamoxifen and goserelin versuscyclophosphamide, methotrexate, and fluorouracil: evidence for the superiority of treatment with endocrine blockade in premenopausal patients with hormone- responsive breast cancer-Austrian Breast and Colorectal Cancer Study Group Trial 5. J Clin Oncol, 2002;20(24): 4621 ~ 4627

29 Boccardo F, Rubagotti A, Amoroso D, et al. Cyclophosphamide, methotrexate, and fluorouracil versus Tamoxifen plus ovarian suppression as adjuvant treatment of estrogen receptor-positive pre-/perimenopausal breast cancer patients: results of the Italian Breast Cancer Adjuvant Study Group 02 randomized trial. J Clin Oncol,2000;18 (14): 2718 ~2727

30 闫敏,江泽飞,宋三泰,等.诺雷德加瑞宁得治疗绝经前晚期乳腺癌获部分缓解.中华医学杂志,2003;83 (13): 1121

31 张志强,江泽飞,宋三泰,等.诺雷德联合瑞宁得治疗绝经前复发转移性乳腺癌的临床研究.癌症进展. 2004;2(2): 127 ~130

32 江泽飞,宋三泰.乳腺癌内分泌药物治疗.中华肿瘤杂志,1999;21(5): 399 ~400

33 江泽飞,宋三泰,姚开泰.乳癌选择性靶向药物治疗临床应用进展.癌症进展杂志,2004;2(4): 251

34 Willemse PH, van der Ploeg E, Sleijfer DT, et al. A randomized comparison of megestrol acetate (MA) an medroxyprogesterone acetate (MPA) in patients with advanced breast cancer. Eur J Cancer,1990;26(3): 337 ~343

35 江泽飞,宋三泰,李家益,等.大剂量甲孕酮治疗复发转移乳腺癌,中华肿瘤杂志,1995;1(17): 71 ~73

36 Martoni A, Longhi A, Canova N, et al. High-dose medroxyprogesterone acetate versus oophorectomy as first-line therapy of advanced breast cancer in premenopausal patients. Oncology ,1991;48(1): 1 ~6

37 Novak J,Barkin JS. Megace for AIDS cachexia:food for thought. Am J Gastroenterol, Jul;90 (7): 1180 ~1181

38 Gundersen S, Kvinnsland S, Klepp O, et al. Chemotherapy with or without high-dose medroxyprogesterone acetate in oestrogen-receptor-negative advanced breast cancer. Norwegian Breast Cancer Group. Eur J Cancer,1992;28 (203): 390 ~394

39 Tominaga T, Abe O, Ohshima A, et al. Comparison of chemotherapy with or without medroxyprogesterone acetate for advanced or recurrent breast cancer. Eur J Cancer, 1994;30A(7): 959 ~964

40 江泽飞,宋三泰.乳腺癌的内分泌治疗,见韩锐,孙燕主编,新世纪癌的化学预防和药物治疗,人民军医出版社,北京:2005: 840 ~857

保乳术后乳房部分缺损的修复

穆兰花

中国医学科学院中国协和医科大学 整形外科医院乳房整形美容中心 北京 100041

保乳手术的目的是在取得同根治手术相同的生存率和较好的局部控制率之外，获得最佳的乳房形态、减少心理创伤、提高生活质量。而诸多因素：如与病人相关的，与肿瘤相关的，以及与治疗相关的，将可能影响保乳术后乳房形态。其中患者的年龄、体重指数、绝经状况、乳房大小、肿物直径、肿物位于外上象限时的切口数量、切除次数、总的放疗剂量、纤维化、手术方式等诸多因素对保乳术后乳房形态有明显影响。

文献报道，保乳术后患者对乳房形态的评价中，患者的满意率很不一致。可见，大部分保乳术后患者及医生对乳房的形态是满意的，或者说不需要手术来修整的。但仍有相当一部分患者乳房形态存在严重畸形，需要手术来修复。

(一)保乳术后乳房部分缺损的临床表现

有皮肤和腺体缺损、乳头-乳晕移位、双侧乳房不对称、腋窝凹陷、切口瘢痕、乳房纤维化、色素沉着等。

修复时间　可分为即刻和延期修复。即刻修复是指于乳房部分切除的同时进行修复。它具有以下不可忽视的优点：①切除与修复一次完成，减少住院时间与费用；②使病人不必经历乳房畸形的心理痛苦；③乳房的形态会更好。它不会推迟辅助的放射治疗或化疗，也不会增加局部的复发。而延迟修复可于乳房部分切除术后，完成放疗及化疗以后进行。

修复方法　由于保乳术后乳房部分缺损最根本的问题是组织缺损，需要根据所需组织量进行组织移植，同时解决切口瘢痕、乳房纤维化、色素沉着等问题。由于保乳术后往往要辅助放射治疗，因此不主张采用乳房假体进行修复，因为放射治疗无疑会增加假体包膜挛缩的几率。

自体组织移植修复乳房，效果持久、外形逼真。具有以下几方面的优点：①可充分利用病人的自体组织；②避免假体可能带来的一系列并发症；③质地好、易于塑形，下垂感好，同时可矫正腋窝凹陷畸形；④不仅可耐受术后的放射治疗，而且可应用于曾经接受过放射治疗又因复发而行广泛切除的患者；⑤具有良好血运的自体组织能够促进不良创面及溃疡的愈合。

依其组织来源可分为局部、背部、腹部皮瓣等。依其转移方式可分为带蒂转移及游离移植。

局部皮瓣或邻位皮瓣　根据乳腺部分切除后的缺损情况及原乳房大小，利用局部皮瓣进行创面闭合及塑形。也可根据需要用邻位皮瓣,如侧胸、上腹部皮瓣进行修复。

背阔肌肌皮瓣　以胸背血管为蒂,可形成肌皮瓣或肌瓣,向前带蒂转移至胸部,简单易行,最为常用。由于其组织量有限,对乳房不是很大的局部缺损不甚大的较适合。也可形成部分肌皮瓣修复乳房缺损、部分肌瓣修复腋窝缺损。内窥镜技术的应用,使得应用腋部一个小切口同时完成乳腺部分切除、腋窝清扫、背阔肌肌瓣的切取及转移成为可能。

如果修复乳房缺损所组织量较大,可根据患者全身情况选择供区。

横形腹直肌肌皮瓣　以其组织量大、血运良好,且同时有腹壁整形的效果,特别适合于中年、腹部已膨隆的患者。

对侧乳房的矫正　如果对侧乳房过大、过小或下垂,双侧乳房严重不对称,则需要对对侧乳房施行巨乳缩小术、隆乳术或乳房上提术。

总之,保乳手术是乳腺癌外科治疗划时代的进步,带给患者的是划时代的解放,而整形外科顺应患者的要求,提供相应的修复手段,最终保证了保乳手术的初衷,体现了乳腺癌多学科综合治疗的优势和必要性。

乳腺微小钙化灶的定位切除和病理活检

张保守　张　涛　胡伟国　宣立学　周纯武[1]　李　槐[1]　蒋力明　孙耘田[1]　杨红鹰[1]

中国医学科学院肿病医院肿瘤研究所　腹外科　北京　100021

随着乳腺钼靶照相设备和技术的更新与改进,临床触诊阴性的乳腺内微小钙化灶的显像率逐渐提高。乳腺钙化灶可由乳腺良性病变、乳腺发育异常及某些类型的乳腺癌形成,故定性诊断非常重要,是确定治疗方案的依据。中国医学科学院中国协和医科大学肿瘤医院自1998年3月至2003年3月共完成102例临床触诊阴性的乳腺内微小钙化灶的定位切除和病理活检,明确了诊断,提高了乳腺癌的早诊率。

(一)资料与方法

1. 临床资料　102例均为女性,年龄29～76岁,中位年龄47岁。单侧93例,双侧9例,共111侧,其中左侧57例,右侧54例。乳腺内微小钙化灶2粒至多粒成簇不等,乳腺内2粒钙化者1例,3粒者3例,4粒者4例,5粒者4例,6粒者5例,7粒者7例,8粒者6例,9粒者8例,≥10粒者64例。钙化灶的位置各异,以外上象限居多。

2. 钙化灶的定位与切除　应用PHILIPS MAMMO DIAGNOST 3000 X线钼靶乳腺机检测并定位乳腺内钙化灶。患者取立位,将乳腺固定在乳腺机夹板上,使之处于压迫状态。常规消毒,将内装金属定位线的穿刺针,沿平行于胸壁的方向经皮肤慢慢刺人,当针尖到达并略超过钙化灶时停止进针,若位置满意,摄X线片。拔出穿刺针,将带有“倒钩”的金属定位线留置在乳腺内,再摄片供术者参考。本组每例放置1～2根定位线。随后将患者送至手术室,患者取仰卧位或侧卧位，参考定位线位置设计手术切口的位置。钙化点少且较集中、切除范围不大者采用局麻；若钙化点位置较深，并且散在，切除范围较大或患者过于紧张，采用局麻加强化。本组良性病例中 52 例仅采用了局麻，24 例采用了局麻加强化；乳腺癌病例活检手术 15 例局麻，11 例局麻加强化，确诊为乳腺癌后再手术均为全麻。全组麻醉效果满意，无主诉不适，手术顺利。常规消毒，铺巾，借助金属定位线的引导切除钙化灶。标本先送影像科照相，在证实预定切除的钙化灶已全部切除后，标本再送病理科。医生将根据定位切除标本的冰冻切片病理结果决定是否再手术。

（二）结果

本组 102 例临床触诊阴性乳腺内微小钙化均一次性切除，无 1 例残留钙化灶或需再行补切。全组无 1 例出现定位及手术并发症。术中冰冻切片病理诊断乳腺癌者 26 例（27 侧），占全组 25.5%，其中 1 例为双侧乳腺癌（左侧为单纯癌，右侧为导管内癌）；单纯癌 10 例，导管内癌 9 例，浸润性导管癌 7 例，大汗腺癌 1 例；15 例行保乳手术，11 例行改良根治术。余 76 例均为良性疾病，其中乳腺纤维腺瘤或呈纤维腺瘤形成趋势者 31 例，导管乳头状瘤 10 例，乳腺腺病 29 例，乳腺炎症 6 例。

（三）讨论

行乳腺 X 线钼靶照相的妇女约 1/3 可以发现乳腺钙化灶。乳腺癌细胞含钙磷较多，代谢旺盛，容易形成钙盐。乳腺癌患者乳腺钙化灶的发生率高达 30% ~48%，若采用放大摄影技术，乳腺钙化灶的显像率可提高到 53%[1]。乳腺钙化灶中良性疾病与乳腺癌的比例曾预言为 4∶ 1[2]。目前国外对临床触诊阴性的乳腺钙化灶开展了 X 线引导下的粗针穿刺活检[3]、B 超引导下的粗针穿刺活检和 X 线引导下金属线定位的外科切除活检技术[4]。相比之下微小钙化灶的显像率 X 线优于 B 超，在钙化灶活检的完整性上手术切除优于粗针穿刺。

触诊阴性的乳腺内微小钙化灶给常规外科活检带来困难。以往的大块组织切除活检或 1/4 乳房切除，均带有盲目性；暂时不处理或行全乳房切除也令人对其可行性持怀疑态度。在 X 线显像下放置金属定位线，在定位线的引导下切除钙化灶送病理学检查，是临床触诊阴性乳腺微小钙化灶的可靠诊断方法[5]。首先要在钙化灶部位准确放置定位线。穿刺针孔内的金属定位线带有“倒钩”，起固定作用。当拔出穿刺针后其定位线将留置在乳腺组织内，一般不会脱出，只有通过手术才能取出，故定位线放置到位非常重要。在 X 线显影下穿刺过程中应不断根据钙化灶的位置来调整穿刺针的进入方向，穿刺针刺入过深，超过了钙化区域，易造成切除范围过大或术中切断定位线，导致残留金属异物；穿刺针进入太浅，尚未到达钙化区域，若钙化灶位于乳腺浅层，拔出穿刺针后定位线留置太浅固定不牢，容易脱出。我们的体会是：穿刺针应达到并略超过钙化区域，拔出后留置的定位线最理想，既有利于完整切除钙化灶，又不易移位或脱出。

在定位线的指引下准确、完整地切除钙化灶是本项技术的关键。影像科定位时患者采用立位或坐位，手术时采用平卧位或侧卧位，由于患者体位的变化，给手术操作带来一定的干扰。我们的体会是：根据金属定位线进入乳腺皮肤的角度与深度，轻轻提拉一下定位线,确定定位线前端即倒钩处的位置,同时参考穿刺针和定位线放置时的X线片,确定出该体位时钙化灶的分布区域,设计出理想的切除范围和切口位置,可在皮肤上标记。切口设计原则上应有利于切除钙化灶,同时也要考虑术后乳房的形体美容。我们的做法是:钙化灶若分布在乳头上方,多采用平行于乳晕的弧形切口;钙化灶若位于乳头下方,多采用以乳头为中心的放射状切口。该活检手术虽小但应认真细致,使用高频电刀时应注意避免接触到金属定位线,否则会导致金属定位线术中折断和组织损伤。切除后带有定位线的标本首先送影像科照相,对照术前X线片,确定钙化灶是否切除,如有原计划切除的钙化灶残留,则还应补切。本组病例均一次切除成功,无1例再需补切。

本组乳腺癌26例,共27侧,均为乳腺实质内成簇的针尖样或沙粒样钙化灶,钙化点的密度均匀一致,深浅适中。从钙化点的数目来看,9粒或9粒以下者7例,占26.9%,余19例均多于9粒。而76例良性病变钙化点在9粒或9粒以下者31例,占40.7%;多于9粒者45例。显示钙化点数目较少的病例中以良性居多。形态学上良性与恶性钙化灶有所不同,良性钙化灶常呈现小点状,小杆状,大小不一,密度不均,可以同时分布在乳腺实质和间质中。乳腺癌钙化点的分布较集中,有13例呈现沿乳腺导管走行排列,其中有9例为导管内癌,余17例中单纯癌10例,导管浸润癌7例,大汗腺癌1例,其中1例为双侧乳腺癌。以上特点仅供临床参考,良、恶性的最后确诊还要依据病理组织学检查。

本组26例乳腺癌中15例进行了保乳手术,11例行改良根治术。26例乳腺癌治疗后随诊至今,全部无瘤生存。

乳腺钙化灶沿金属定位线切除活检,据国外文献报道[6]:可发生血管迷走神经反应(0.2%~7.4%),定位线末端失踪,定位线残留,及术后出血,血肿,感染等。本组102例(111侧),手术顺利,无1例发生并发症。

本项活检技术安全可靠,但需影像诊断科、外科、病理科的密切协作。准确的"立体"定位,完整的手术切除,正确的病理诊断,是活检成功的保证。作者认为,金属定位线引导外科切除活检是临床触诊阴性乳腺微小钙化灶定性诊断的理想方法,便于推广应用。

参考文献

1 张天泽,徐光炜. 肿瘤学. 第1版. 天津:科学技术出版社,1998: 1370~1371

2 Rovere GQ, Benin JR, Morgan M, et al. Localization of impalpable breast lesions a surgical approach. Euorpean J of Surg Oncol,1996;22(5): 478~482

3 Parker SH, Lovin JD, jobe WE, et al. Stereotactic breast biopsy with a biopsy gun. Radiol,1990;176(3): 741~747

4 Homer MI, Smith TJ, Safaii H. Prebiopsy needle localization: methods, problems, and expected results. Radiol Clin North Am,1992;30(1): 139~153

5 Layfield L J, Parkison B, Wong j, et al. Mammographically guided fine-needle aspiration biopsy of nonpalpable breast lesions. Cancer, 1991;68(9): 2007~2011

6 Rissanen TJ, Makarainen HP, Mattila SI, et al. Wire localized biopsy of breast lesions: a review of 425 cases found in screening or clinical mammography. Clin Radial, 1993;47(1): 14~22

1 影像科

2 病理科

原发性单纯乳腺鳞状细胞的临床病理分析

胡伟国　张保宁　宣立学

中国医学科学院肿瘤医院腹部外科　北京　100021

原发性单纯乳腺鳞状细胞癌属少见的乳腺恶性肿瘤。Lafreniere 等和 Eggers 等报道,其发病率为0.002% ~0.18%,国内文献报道其发病率为0.07% ~0.26%。我们对12例原发性单纯乳腺鳞状细胞癌患者的临床病理资料进行回顾性分析,以总结其临床病理学特点、诊断和治疗经验。

(一)资料与方法

1.临床资料　我院自1958年至2002年12月共收治乳腺癌患者11 576例,其中病理诊断为原发性单纯乳腺鳞状细胞癌12例,占0.1%。本组患者全为女性,年龄44~76岁,中位年龄50岁。临床病理资料见表1。全部患者均以乳腺单发肿块为首发症状就诊。有4例曾于外院治疗,其中1例按乳腺炎治疗,3例行手术治疗。全部患者均未发现其他脏器的癌灶。

2.手术方式及诊断方法　手术治疗方式分行区段切除术;行根治术。术后所有患者均经我院病理科切片诊断或外院会诊病理标本确诊为乳腺原发性鳞状细胞癌。诊断标准:①乳腺癌组织中必须是典型的鳞状细胞癌结构,即可见细胞间桥和或角化;②癌组织必须与皮肤无关;③无其他脏器或组织的原发性鳞状细胞癌。

3.临床分期　按照美国癌症联合委员会(AJCC)与国际抗癌联盟(UICC)联合制定的TNM分期标准对患者进行分期,$Ⅱ_a$期6例,$Ⅱ_b$期2例,$Ⅲ_a$期2例,$Ⅲ_b$期2例。

4.随访　本组患者有10例进行了随访,随访时间为4~189个月,平均54.2个月,2例无随访资料。随访结束时,4例死亡,平均生存51.5个月,其中1例患者76岁随访32个月后死亡,死因不祥,3例分别随访9.40和125个月,因复发或转移死亡,6例在随访结束时均存活,平均随访56个月,无复发和转移征象。

(二)结果

1.临床特征　本组患者发病年龄<50岁5例,占41.7%,≥50岁者7例,占58.3%;均以乳腺单发肿块为首发症状就诊。肿块直径2.5~10cm平均5.7cm,肿块直径>5 cm者有6例。其中8例(66.7%)有较明显的局部表现,包括双乳不对称,患侧乳房明显大于健侧,表面皮肤发红,肿瘤菜花状,破溃,出血,肿块与皮肤或胸壁粘连固定,乳头下陷等。体格检查有腋窝淋巴结肿大5例,直径0.3~5.0cm。

2.术前诊断　①本组有6例行乳腺钼靶照相,诊断为乳腺癌。6例均可见明显的肿块影或结节影,其密度高,分布无规律性,边缘不整齐,其中2例有明显的毛刺征,3例可见钙化灶,1 例可见皮肤增厚,乳头回缩,1 例可见增粗的血管影进入肿块内。②本组有 3 例行 B 超检查,均诊断为乳腺癌。B 超表现为不均匀的低回声区,边缘不整齐。③本组有 5 例行术前穿刺细胞学检查,均诊断为乳腺癌,其中 2 例见鳞癌细胞。

3. 病理学特点 ①7 例患者有大体标本病理检查的资料,肿瘤均位于乳腺实质。其中 3 例肿瘤为囊性,内含黄色囊液,囊壁不平,2 例囊壁上有乳头状结节。肿瘤质地较软,切面多为灰白色,坏死组织较常见。②显微镜下鳞癌特征明显,细胞分化程度不均,分级多为Ⅰ～Ⅱ级,癌旁导管上皮有不同程度的不典型增生或呈囊肿病改变。③本组有 8 例行腋窝淋巴结清扫,其中 1 例为外院资料,淋巴结为 0/1 可信度不高;7 例中有 2 例可见淋巴结转移性鳞癌,分别为 3/21 和 2/25。这 2 例术前查体时均能触及腋窝淋巴结肿大,且其原发性灶体积均较大,分别为 8cm×9cm 和 8.5cm×8.5cm。④本组有 2 例行免疫组化染色,ER 和 C-erbB-2 均为阴性,PR 阳性、阴性各 1 例;增殖细胞核抗原和 p53 表达均为阳性。

表 1 12 例原发性单纯乳腺鳞状细胞癌的临床病理资料

序号	年龄(岁)	发现时间	肿瘤部位	肿块大小	TNM 分期	临床分期	治疗	淋巴结清扫
1	46	3 个月	右侧内上	5.0cm×5.5cm	$T_3N_0M_0$	$Ⅱ_b$ 期	手术	0/11
2	76	8 年	右侧内上	4.0cm×4.4cm	$T_2N_0M_0$	$Ⅱ_a$ 期	手术+放疗	未清扫
3	68	4 个月	左乳头下	3.5cm×3.5cm	$T_2N_0M_0$	$Ⅱ_a$ 期	手术+放疗	未清扫
4	44	1 年	右侧内上	4.0cm×4.0cm	$T_2N_0M_0$	$Ⅱ_a$ 期	手术	0/21
5	44	1 年半	右乳头	5.0cm×4.0cm	$T_2N_0M_0$	$Ⅱ_a$ 期	手术+放疗	0/43
6	50	1 年	右内侧	5.0cm×7.5cm	$T_3N_1M_0$	$Ⅱ_a$ 期	手术+化疗+放疗	未清扫
7	57	6 个月	右乳头上	8.0cm×9.0cm	$T_3N_1M_0$	$Ⅱ_a$ 期	手术	3/21
8	47	1 个月	左乳头上	3.0cm×2.0cm	$T_2N_0M_0$	$Ⅱ_a$ 期	手术+化疗+放疗+TAM	0/1
9	50	2 年	左乳	8.5cm×8.5cm	$T_4N_2M_0$	$Ⅱ_b$ 期	手术+放疗	2/25
10	61	自幼发现	左侧外上	10cm×10cm	$T_4N_1M_0$	$Ⅱ_b$ 期	手术+放疗	未清扫
11	47	1 个月	左侧外下	2.5cm×2.5cm	$T_2N_0M_0$	$Ⅱ_a$ 期	手术+化疗+放疗+TAM	0/5
12	56	6 个月	右侧内上	6.0cm×6.0cm	$T_3N_0M_0$	$Ⅱ_b$ 期	手术+化疗	0/31

4. 治疗情况 ①本组患者均接受了手术治疗,其中 3 例在外院手术,其余 9 例均在我院手术。区段切除术 2 例;区段+腋窝清扫术 1 例;单纯切除术 3 例,其中 1 例术后腋窝复行腋窝淋巴结清扫术,改良根治术 3 例;根治术 3 例。②4 例行术后化疗,其中 1 例因胸壁复发灶放疗未控,改用氟尿嘧啶口服化疗,效果不佳;1 例在外院手术后行 CMF 方案化疗 2 周期,剂量不详,2 年后发现锁骨上淋巴结转来我院化疗(DDP+ADM+VDS);另 2 例为近年的病例,术后均采用蒽环类为主的方案行常规化疗。③8 例行不同程度的放疗,其中 1 例行术前放疗,肿瘤未缩小;1 例对腋窝复发灶行术前放疗,病灶也未缩小;对腋窝复发灶行术前放疗,病灶也未缩小;1 例对胸壁复发灶行放疗,肿瘤对放疗不敏感,破溃进展,但腋窝肿块放疗后缩小;另 5 例均为常规术后放疗。④2 例曾行内分泌治疗,1 例术后免疫组织化学检查 ER 阴性,PR 阳性,给予 TAM 治疗;1 例亦给予 TAM 治疗,但原因不详。

5. 既往史 3 例有患侧乳腺急性乳腺炎

病史，提示乳腺炎性病变在乳腺鳞癌的发生中可能起一定的作用。

6. 月经哺育史　本组患者月经初潮年龄 13～17 岁，绝经年龄 40～53 岁，平均 48 岁。绝经前患病 5 例，绝经后 6 例，1 例资料不详。10 例有生育和母乳喂养的经历。生产≥3 胎者 6 例，其中 2 例生育了 6 胎。

7. 肿瘤家族史　3 例有肿瘤家族史，均为患者的一、二级亲属，所患肿瘤分别为白血病、胃癌和乳腺癌。

（三）讨论

原发性单纯乳腺鳞状细胞癌非常少见，其组织发生学尚不清楚，目前争论较多。Lafreniere 等认为，乳腺鳞状细胞癌来源于导管上皮化生，化生的原因不明，可能是乳腺导管阻塞后形成囊肿，继而化生的乳腺导管上皮进展成原位癌，或者浸润性鳞状细胞癌。然而也有人认为，其鳞状化生来源于内腔上皮细胞或肌上皮细胞，因为其免疫组化染色肌动蛋白和 S-100 蛋白有表达。

原发性单纯乳腺鳞状细胞癌的诊断在大多数情况下采用排除其他癌的方法。可能从穿刺细胞学诊断中得到提示。要想完全排除导管癌伴有局灶性鳞状分化的可能性，必须对整个肿瘤做充分的组织病理学检查。另外，应该仔细检查经常发生鳞癌的部位，如口腔、肺、食管、子宫颈等。本组患者表现比较典型，乳腺钼靶照相、乳腺 B 超检查和肿块穿刺细胞学检查虽能作出相应的诊断，但要确诊为鳞状细胞癌则比较困难。

乳腺单纯性鳞状细胞癌大体标本的病理特点为肿块较大，常有坏死和囊肿形成，可能是肿瘤生长速度较快造成的。光学显微镜下均可见边界清晰的鳞癌细胞，有角化现象和细胞间桥。在病理上易与乳腺导管癌伴有鳞状化生、梭形细胞癌、转移性鳞状细胞癌、来源泉于乳腺皮肤的鳞状细胞癌混淆。极少数情况下，其他部位如皮肤、宫颈、食管和肺等，发生的鳞状细胞癌可以转移到乳腺实质内形成孤立的肿瘤。全面系统的检查有助于鉴别。

原发性单纯乳膛鳞状细胞癌治疗方案尚未统一。Rostock 等认为，该病对 CTX、MTX、5-Fu、ADM 等常用的化疗药物不敏感，但对放疗敏感。因此，对原发性乳腺鳞状细胞癌应联合应用多种治疗手段，包括以顺铂为主的化疗方案，有助于提高生存率。

Lafreniere 等认为，对原发性单纯乳腺鳞状细胞癌行腺单纯切除加腋窝淋巴结清扫是有效的局部控制手段，淋巴结状况是决定其他治疗手段的指标。目前对腋窝淋巴结是否该清扫存在争论。Weigel 等总结其区域淋巴结受累的发生率为 40%。张连郁认为，虽然乳腺鳞状细胞癌的原发肿瘤体积较大，但淋巴结的转移率并没有预期的那么高。本组 7 例中有 2 例可见淋巴结转移性鳞状细胞癌。

对原发性单纯乳腺鳞状细胞癌的预后评价不一。Rostock 等认为，其预后明显比浸润性导管癌差。Wargotz 等报道 22 例乳腺单纯性鳞状细胞癌 5 年生存率为 63%，类似浸润性非特殊癌。

由于对原发性单纯乳腺鳞状细胞癌的组织学来源、诊断和治疗方法以及预后评估还没有充分依据，其生物学行为还不十分清楚，我们在这方面积累的经验也很少，尤其是治疗还没有形成规范化，因此对本病有待进一步研究。

参考文献（略）

❖ 头颈肿瘤 ❖

头颈外科进展

唐平章

中国医学科学院肿瘤医院头颈外科 北京 100021

我国的肿瘤事业经过40多年的发展已取得了很大的成就，肿瘤的正规治疗越来越普及，生存率也有了较大的提高，肿瘤科医师的临床能力也得到了很大的提高。尤其是近10年来，肿瘤治疗取得了很大的进展。头颈外科因为修复手段的进步而使大量晚期的患者得到了治愈，每年都有大量的可应用、推广的新技术及经验，经各种形式公开于世。

一、功能保全性外科治疗

功能保全性肿瘤根治手术是指在一定条件下，以根治肿瘤为目的，缩小手术范围，提高患者生存质量的根治性手术。大范围的“根治术”或“超根治术”不仅未能提高生存率，反而造成患者在功能和外形上的残疾，严重影响生存质量，导致严重的生理与心理障碍。功能保全性外科不是姑息手术。随着多学科多手段综合治疗的应用；对外科解剖学认识和手术及修复技术的提高；肿瘤生物学行为研究的深入；现代影像诊断技术对肿瘤侵犯的范围的更精确的判断；以及手术后康复治疗的应用，使功能保全性肿瘤根治手术成为可能。

对于喉癌，保留喉功能的喉部分切除术，只要准确的掌握手术适应证可以取得与全喉切除相同的生存率。因而，不仅部分喉手术的比例正在不断提高，而且喉部分切除术的种类日益繁多。喉垂直部分切除术治疗T_1、T_2声门型喉癌5年生存率达90%左右，拔管率达80% ~100%，发音功能多比较满意；喉水平部分切除术治疗T_1、T_2、T_3(累及会厌前间隙)、T_4(累及舌根的病变)术后局部复发并无增加；喉水平垂直部分切除术(喉3/4切除)治疗晚期(T_3,T_4)喉癌3年生存率为70%(40/57)，5年生存率为64%(32/50)，拔管率为93%、环状软骨上喉部分切除术(CHEP和CHP)CHEP治疗T_2、T_3声门型喉癌5年生存率达88% ~90%，拔管率高达98% ~100%，发音效果基本满意，一般交流无困难。CHP治疗声门上型晚期喉癌3年生存率为89.7%，5年生存率为75.9%，拔管率为93.1%。；喉近全切除术，对无上述部分喉手术指征的部分晚期喉癌病例，只要能保留病变较轻一侧的杓状软骨和部分声带缝合成一个发音管(Pearson手术)，仍然能保留患者的发音功能。

下咽癌$T_{1\sim2}$和部分T_3的下咽癌，在术前放疗配合下，行下咽部分切除，加或不加喉部分切除，不仅取得了与喉全切除术相同的治疗效果，还保留了喉功能，提高了患者的生存质量。目前，中国医学科学院肿瘤医院正在进行一项前瞻性随机对照试验—头颈部鳞癌的同步放化疗研究。利用同步放化疗的手段进一步提高喉癌和下咽癌的喉功能保留率，从而提高患者生存质量。

这些治疗上变化的特点是在保证生存率不下降的前提下，利用综合治疗，合理缩小手术切除范围，辅以修复手段和康复措施，保全患者的器官功能。

二、颈部淋巴结转移的处理

2004 年 7 月 15 日至 18 日在大连召开了全国颈部淋巴结转移病变处理策略研讨会，大会由屠规益教授主持，唐平章、李树春、马大权、季文樾等教授作了大会中心发言，有来自全国几十家的 150 余位代表参加了会议，并就以喉癌、口腔癌、甲状腺癌、鼻咽癌为主的头颈部肿瘤的淋巴结转移治疗的策略、术式以及命名进行了讨论。

在颈部淋巴结转移性病变的治疗策略上各治疗单位基本达成了共识，即：N_2 病例应考虑应用全颈清扫手术。N_3 病例，行经典性颈清扫术或扩大颈清扫术；$N_{2\sim3}$ 病例，或病理证实颈部多区或多个淋巴结转移、淋巴结包膜外侵犯的需行放疗与颈清扫结合的综合治疗；N_1 病变（3cm 以下淋巴结）一般施行改良性颈清扫术。cN_0 病变行择区性(selective neck dissection，SND)清扫术，不应再用全颈经典性清扫术。择区性颈清扫能否用于 cN_1 患者目前缺乏前瞻性随机对照研究，尚需进一步研究。择区性颈清扫手术包括：肩胛舌骨肌上清扫术（Ⅰ～Ⅱ区清扫），适用于口腔鳞癌和口咽鳞癌；颈侧清扫（Ⅱ～Ⅳ区清扫），适用于声门上喉癌和下咽癌（如已行术前放疗 50Gy，对 N_0 病例可不做颈清扫）。其他尚有：颈前区清扫术和颈后侧清扫术。在根治肿瘤的同时减少不必要的手术创伤，更有效地在术后保留患者外观和功能，使患者治疗后顺利恢复工作，保证生存质量。从治疗效果上看：N_0 颈部的择区性颈清扫术后，生存率和全颈清扫相同。术后颈部复发率与传统的根治性清扫也类似。

三、修复与功能重建

头颈肿瘤外科基本上是一个组织破坏性手术，要切除肿瘤及其周围相当范围的正常组织，创伤较大。头颈部各类重要器官密集，恶性肿瘤患者，尤其是Ⅲ～Ⅳ期的患者，在外科手术后，常造成严重的残废及毁容。手术后解剖结构缺损需要用正常健康组织来恢复器官的外形和功能。各种带蒂肌皮瓣、骨肌皮瓣及游离移植小血管吻合的各种组织瓣在临床的应用，使一期修复的功能由过去的单纯组织充填和缺损覆盖逐渐向结构、外形和功能的恢复转变。最大变化体现在：由于显微外科技术进步和各种游离组织瓣应用的优点，使它们在头颈部肿瘤术后缺损的修复中起到越来越重要的作用。

各种游离组织瓣修复方法占所有修复手段的比重日益上升，成功率高，可供选择的种类多。而且与头颈缺损组织更加匹配，可以到达头颈任何缺损部位，不影响肿瘤根治效果，从而更好地恢复患者的功能和外形。此外，游离组织瓣血运丰富，术后并发症少，缩短了住院时间。

国内头颈部常用的游离组织瓣种类有：游离髂骨或腓骨骨皮瓣或肌皮瓣重建下颌骨及修复相应的口腔软组织缺损；游离前臂皮瓣及股前外侧皮瓣，因其较薄、质较软、易造形，所以可修复口腔、软腭、口咽、下咽后壁等缺损；游离空肠重建下咽食管缺损及口咽后壁缺损，符合消化道的生理功能，并发症少;游离腹直肌肌皮瓣,适应于舌、舌根、口咽侧壁、上颌骨及颅底缺损等。其他常用的血管带蒂皮瓣有:胸大肌肌皮瓣、背阔肌肌皮瓣、下斜方肌岛状肌皮瓣、帽状腱膜瓣、颏下岛状皮瓣等。

四、甲状腺肿瘤

甲状腺癌是一种预后非常好的恶性肿瘤,10 年生存率在 90% 以上。小儿甲状腺癌的病理类型与成人一样以乳头状癌为主,滤泡状癌与髓样癌少见。淋巴结转移率高,即使是包膜外浸润的患者 5 年生存率仍为 100%,而成人同样条件下仅为 60.9%。原发性甲状腺鳞状细胞癌是一种非常少见的病理类型,以往将它归于未分化癌,其 1 年生存率为 40.7%,2 年生存率为 18.5%,中位生存期为 9.8 个月。该病的死亡原因主要是局部病灶难以控制,往往在未发现远处转移时患者已经死于局部病灶复发,因而有否转移并非是决定预后的独立因素,广泛切除并辅以术后放疗可以提高生存率。甲状腺癌颈淋巴结清扫术颈丛神经保留在不影响治疗效果的基础上保留了患者颈部的感觉功能,提高了生存质量,该种改良颈清扫术现已应用得越来越多了。侵及气道和消化道的晚期甲状腺癌的外科治疗水平也得到了推广,挽救了很多晚期的甲状腺癌患者,其 5 年生存率达到了 61.5%。胸骨劈开进路甲状腺癌上纵隔淋巴结清扫术是一种处理甲状腺癌上纵隔淋巴结转移安全可靠的手术方法,并使我们能够正确认识甲状腺癌的转移途经,对于存在气管食管沟或颈部淋巴结转移的患者,在必要的情况下应行上纵隔 CT。

五、鼻咽及颅底肿瘤

鼻咽癌放疗后失败的挽救性手术治疗是头颈外科对鼻咽癌放射治疗的补充,手术的方式有上颌骨掀翻、下颌骨裂开、经硬腭倒 U 形切开、鼻侧壁切除等入路切除复发灶,可同期用帽状腱膜瓣、胸大肌肌皮瓣及颌下腺进行局部的修复,对于颈部未控或复发,单个淋巴结切除或颈清扫是较理想的术式,使鼻咽癌的复发性可切除者达到了 40% 的 5 年生存率。颅底外科学是耳鼻咽喉-头颈外科的一个较为年轻的分支,侧颅底肿瘤的手术入路根据肿瘤的侵犯情况有颞下窝入路、上颌骨掀翻、颈－下颌入路等,能充分地暴露肿瘤,切除干净,保护好周围的正常结构,均可取得较好的疗效。对于侵犯或贴近颅底骨的鼻腔鼻窦癌、侵犯岩锥的复发性腮腺癌,过去或者放弃治疗或者单靠手术刮除或放疗,很难得到治愈,而现在通过与神经外科合作可以将颅底骨与肿瘤整块切除,从而为 15% ~30% 的患者提供了治愈机会,使其得到了满意的治疗效果。

六、头颈肿瘤的综合治疗

头颈肿瘤患者大部分是中晚期,如果依靠单一的治疗手段很难达到理想的治疗效果,手术和放疗的密切配合是头颈肿瘤的理想的综合治疗方式。术前放疗可以提高患者的生存率,同时还可以提高患者的生存质量,通过术前放疗可以保留患者器官的功能,术后放疗可以增加放疗剂量提高生存率,并能增加局部控制率。通过分析下咽癌不同术前放疗的作用可以看出,术前 50Gy 的放疗剂量较 40Gy 的 5 年生存率高,并有望提高喉功能保留率。不仅在下咽癌,在口腔癌、颈段食管癌、副鼻窦癌及腮腺癌等生存率的提高均与放疗密不可分。晚期喉癌患者单纯手术 5 年生存率仅 50%,而综合治疗组 5 年生存率达到 68.2%,通过综合治疗提高了5年生存率。

目前，在头颈肿瘤的研究中，我国与国外相比前瞻性研究我们做的较少，从循证医学出发，应该进行更多的前瞻性研究，为头颈肿瘤的治疗规范化提供证据。

参考文献

1 张乃嵩，孙冀. 小儿分化型甲状腺癌的外科治疗策略. 中华小儿外科杂志，2004；25(1)：25～27

2 史业辉，钱碧云. 原发性甲状腺鳞状细胞癌27例分析，2004；31(8)：456～458

3 冯丽萍，陈波，等. 甲状腺癌颈淋巴结清扫术颈丛神经保留. 武警医学院学报，2004；13(3)：228～229

4 葛俊恒，赵瑞利，等. 侵及气道和消化道的晚期甲状腺癌的外科治疗. 中华耳鼻咽喉科杂志，2004；39(4)：237～240

5 张诠，郭朱明，等. 胸骨劈开进路甲状腺癌上纵隔淋巴结清扫术12例临床应用. 癌症，2004；23(7)：842～844

6 葛明华，王可敬，谭卓，等. 侧颅底恶性肿瘤的外科治疗. 中国耳鼻咽喉头颈外科，2004；11(3)：167～170

7 张宗敏，唐平章，徐震纲，等. 不同术前放疗剂量在下咽鳞癌综合治疗中的意义. 中华放射肿瘤杂志，2004；13(1)：1～3

8 葛俊恒，赵瑞利，胡俊兰. 晚期喉癌的综合治疗分析，中华耳鼻咽喉科杂志，2004；39(1)：20～23

9 王天铎. 喉癌喉部分切除术的现状. 临床耳鼻咽喉科杂志，2000；14：531～532

10 郭星，潘子民，费声重. 声门上水平喉部分切除术应用55例. 中华耳鼻咽喉科杂志，2000；35：39～41

11 秦永，韩德宽，李志光，等. 环状软骨上喉次全切除及其疗效. 中华耳鼻咽喉科杂志，2000；35(2)：81～184

12 张立强，滦信庸，潘新良. 保留喉功能的梨状窝内侧壁癌的手术治疗. 中华肿瘤杂志，2002；24：288～289

13 王晓雷，屠规益，唐平章. 喉功能保留的梨状窝癌外科治疗. 中华耳鼻咽喉科杂志，2000；35：282～285

14 李巍，季文樾，刘嵘. 声门型喉癌淋巴结转移相关因素的研究. 中华耳鼻咽喉科杂志，2003；38：304～306

15 林国础，邱蔚六，张志远. 舌体鳞癌 cN_0 患者颈淋巴结转移相关因素分析及处理. 中华口腔医学杂志，2003；38：5～8

16 中华耳鼻咽喉头颈外科杂志编委会中华医学会耳鼻咽喉科分会. 头颈恶性肿瘤颈淋巴结转移的治疗方案和手术命名，2005；40(2)：84～86

17 唐平章. 谈谈头颈外科的一期修复. 中华耳鼻咽喉科杂志，2003；38：1～2

18 毛驰，俞光岩. 545块头颈部游离组织瓣移植的临床分析. 中华耳鼻咽喉科杂志，2003；38：3～6

19 毛驰，俞光岩. 吻合血管的双游离瓣技术在大型头颈部缺损修复中的应用. 中华耳鼻咽喉科杂志，2003；38：129～131

我国第一部《循证肿瘤治疗学》专著问世

近日，国内第一部从循证医学角度撰写的《循证肿瘤治疗学》一书出版。该书由南京军区南京总医院肿瘤科陈龙邦教授和全军普通外科研究所刘福坤教授主编，江苏省肿瘤医院、第二军医大学东方肝胆医院等单位的专家共同参与编著。中国工程院黎介寿、樊代明两位院士为该书作序。我国恶性肿瘤新发病例每年多达120万以上。一方面，肿瘤医师正面临着众多肿瘤患者不断增强的治疗需求；另一方面，尽管治疗肿瘤的新技术、新药物、新疗法不断出现，但仍面临着相当多的恶性肿瘤疗效不理想的局面。原因在于对恶性肿瘤认识的局限性和治疗过度或治疗不足，而使相当多的肿瘤患者得不到规范化治疗。目前，临床医学正经历着从传统的经验医学向循证医学的转变。循证医学定义为“慎重、准确、明智地应用所能获得的最好研究证据来确定患者的治疗措施"。有关专家认为，《循证肿瘤治疗学》的问世，对临床肿瘤医师在治疗实践中应起到很好的启发借鉴作用。同样，也能使肿瘤患者和家属受益。

胸大肌肌皮瓣在复杂头颈部重建术中的应用研究

李树春 石胜利 徐成钧 刘文中 方凤琴 李振东 李延国

辽宁省肿瘤医院头颈外科 沈阳 110042

近年来头颈部晚期癌在临床上越来越多见,大剂量放射治疗后复发的病例也屡见不鲜。此类病例手术切除后必须有十分有效而可靠的重建手段才能既保证手术的根治性又能使病人快速而平稳地恢复健康,否则将给病人带来十分悲惨的后果。1979 年 Ariyan 在世界上首先发表了胸大肌肌皮瓣应用于头颈部重建的报道,从而为这种大范围头颈部癌切除后立即重建开辟了广阔的前景。自 1986 年初至今我科应用各种类型的胸大肌肌皮瓣于头颈部重建术中共计 241 例,除常规用于大范围的缺损重建外,从中发现它还有很多新用途,收到一些意想不到的良好效果,当然也得到某些刻骨难忘的经验与教训。

一、临床资料

自 1986 年 2 月至 2002 年 2 月,共计有 241 例患者接受了各种类型的胸大肌肌皮瓣或肌瓣重建手术。其中男 198 例,女 43 例。年龄 21 ~ 79 岁,中位年龄 58.9 岁。诊断为下咽癌 122 例、喉癌 51 例、口腔及口咽癌 30 例、腮腺和颌下腺癌 15 例、甲状腺癌 10 例、颈面部软组织恶性肿瘤 8 例、鼻咽癌 4 例以及其他肿瘤 1 例。241 例中属于大剂量放射(70 ~ 140 Gy)治疗后复发者 26 例,其中放射剂量超过 90 Gy 者有 5 例。组织病理学检查结果,鳞癌 195 例(占 81.0%),腺癌 10 例、甲状腺乳头状癌 6 例、甲状腺滤泡癌 4 例、黏液表皮样癌 4 例、纤维肉瘤 4 例、腺样囊性癌 3 例、横纹肌肉瘤 3 例、恶性混合瘤 3 例、腺泡细胞癌 2 例、基底细胞癌 2 例、及未分化癌、脂肪肉瘤、骨肉瘤、隆突性纤维肉瘤、低度恶性肿瘤等各 1 例。241 例中有 221 例可以进行 TNM 分类者中有 161 例属于 T_3 和 T_4(占 72.9%)。

241 例例患者所应用的胸大肌肌皮瓣的形式如表 1 所示,其中单纯岛状胸大肌肌皮瓣应用的最多有 207 例,皮岛最大者约 22 × 6cm,最小者约 5 ×4cm,多数在 7 ×5cm 或 8 ×6cm 范围。9 例岛状胸大肌肌皮瓣加胸三角皮瓣,均在同侧。通常用于巨大咽瘘和大剂量放射治疗后,需要同时切除受损的颈部皮肤者。根据颈部皮肤缺损的大小,胸三角皮瓣可做到 20 ×9cm 左右,首先提起胸三角皮瓣,然后再做岛状胸大肌肌皮瓣,后者修复咽腔,前者修复颈部皮肤。6 例岛状胸大肌肌皮瓣加游离皮瓣,分别用于颈部皮肤缺损较小者及修复眼眶缺损时,用游离皮瓣覆盖裸露较长的肌蒂。

表1　241例胸大肌肌皮瓣应用的形式

应用形式	例数
岛状胸大肌肌皮瓣	207
岛状胸大肌肌皮瓣+胸三角皮瓣	9
岛状胸大肌肌皮瓣+游离皮瓣	6
岛状胸大肌肌皮瓣+对侧胸大肌瓣	4
岛状胸大肌肌皮瓣+第5肋骨段	4
岛状胸大肌肌皮瓣+半侧喉气管瓣	3
单纯胸大肌肌瓣	8

表2　241例胸大肌肌皮瓣应用的部位及目的

应用部位及目的	例数(%)
重建下咽	133(55.2)
重建面颈部软组织缺损	23 (9.5)
重建口腔、口咽部缺损	22(9.1)
重建部分下咽及部分喉	14(5.8)
封闭巨大咽瘘	13(5.4)
重建全舌及口底	8(3.3)
重建颈段气管	7(2.9)
充填前上纵隔术后死腔及保护大血管	6(2.5)
预防喉癌大剂量放射治疗后组织坏死	5(2.1)
重建鼻咽术后缺损	4(1.7)
封闭眼眶区巨大缺损	4(1.7)
治疗重症乳糜瘘	2(0.8)

应用的部位及目的参见表2,其中重建下咽的133例中制成全管有8例,其中5例单纯用岛状胸大肌肌皮瓣,皮瓣的上边界长9～12cm,成管后与咽口吻合,下边界长约7～9cm,成管后与颈段食管吻合。另外3例应用岛状胸大肌皮瓣加半侧喉气管的复合瓣,重建全管缺损的下咽和颈段食管。术中在切除下咽癌的同时,注意保留健侧喉和气管及其外面附着的带状肌、甲状腺和甲状腺上下动脉。颈段食管被横断后,其断端的一半即与保留半侧气管下端吻合,余下的巨大咽食管瘘则用岛状胸大肌肌皮瓣封闭。做成近全管(即残存下咽黏膜最窄处在2cm以下)52例和半管(即残存的下咽黏膜最窄处在2cm以上)73例,这其中还包括4例因放射剂量超过90Gy而应用岛状胸大肌肌皮瓣加对侧胸大肌瓣者。22例被修补口腔、口咽缺损的病例中,包括有颊黏膜癌4例、舌癌5例、磨牙后三角区癌6例、齿龈癌4例、扁桃体软腭癌3例。其中4例牙龈癌患者的部分下颌骨被切除后,是用带第5肋骨段的岛状胸大肌肌皮瓣重建的,肋骨段的长度4～6cm。23例面颈部软组织缺损重建的患者中,包括腮腺癌12例、颌下腺癌3例和颈部皮肤及软组织肿瘤8例。14例被修复部分下咽及部分喉者中,垂直半喉切除6例、3/4喉切除4例和1/4喉切除4例。13例巨大咽瘘修补的患者中,有9例应用岛状胸大肌肌皮瓣加同侧胸三角皮瓣修复,2例应用岛状胸大肌肌皮瓣加游离皮瓣和2例单纯应用岛状胸大肌肌皮瓣。8例被进行全舌及口底重建的病例中有5例是口底癌患者,行全舌全口底和下颌骨槽型切除,另3例舌根癌患者行全舌口底切除,然后用岛状胸大肌肌皮瓣重建。7例颈段气管被重建的患者均为甲状腺癌侵犯气管的病例。6例用于保护前上纵隔大血管和充填术后死腔的病例中3例系甲状腺癌累及前上纵隔,行前上纵隔廓清后,用胸大肌瓣充填。另外3例喉癌术后造口复发患者,病变被切除后,颈段气管切除最低达到第9环,此时将岛状胸大肌肌皮瓣中间造洞,将气管断端拉出与皮瓣吻合,既有效地固定了气管的吻合口又保护了前上纵隔的重要结构。5例喉癌大剂量放射治疗后复发患者再次手术时,为了防止术后组织坏死,单纯应用胸大肌肌瓣覆盖到咽瘘缝合后的创口上。4例鼻咽癌患者均系放射治疗后复发的病例,实行了经颈-下颌入路的颅底手术在病变被切除后,应用岛状胸大肌肌皮瓣修复咽缺损。4例被修复的眼眶巨大缺损病例均系大范围眼睑睑板和皮肤癌患者,病变被广泛切除后应用带有长皮肤肌蒂

的胸大肌肌皮瓣覆盖，裸露的肌肉蒂面应用游离皮片覆盖，待创口愈合两周后断蒂，是241例重建术患者中唯一需要二期完成重建的病例，其余所有237例患者的重建均为一期完成。2例乳糜瘘患者都是左侧颈清扫术后发生的，每日引流量400ml以上，在术后2周仍不愈合，采用胸大肌瓣充填压迫法治疗成功。

二、结果

全部241例患者中术后出现各类并发症者共计69例（占28.6%），并发症发生的例数和频率参见表3。发生瘘管和感染的病例，均经保守治疗痊愈。在147例被重建下咽及下咽部分喉的患者中有1例用皮岛做成全管者术后发生了狭窄，需用胃造瘘维持营养。2例心脏病猝死，2例颈动脉破裂，其余143例均在术后短期内恢复了经口进食功能，钡餐透视下，通过顺利无梗阻和狭窄现象。

表3 241例胸大肌肌皮瓣重建术并发症种类

并发症	例数（%）
瘘　管	28（11.7）
创口感染	23（9.5）
皮岛部分坏死脱落	7（3.0）
皮岛全部坏死脱落	3（1.2）
肺感染	2（0.8）
颈动脉破裂	2（0.8）
心脏病发作猝死	2（0.8）
肋骨段脱落	1（0.4）
下咽狭窄	1（0.4）
合计	69（28.6）

在8例环型全管重建的病例中，5例应用岛状皮瓣者有1例狭窄，其余4例中有3例发生不同程度的咽皮肤瘘，仅有1例一期愈合未发生任何并发症。而另外3例应用岛状胸大肌肌皮瓣加一侧喉气管瓣重建环型全管缺损者，均一期愈合无任何并发症。10例皮岛部分坏死和全部坏死的病例中，被移植的肌蒂均未发生坏死，经保守治疗后创口二期愈合未影响患者的正常功能。皮岛全部脱落者均为女性。2例颈动脉破裂患者均为喉癌超大剂量（总量超过90Gy）放射治疗后复发的病例，虽然应用了岛状胸大肌肌皮瓣修复下咽而且均已成活，但术后不久创口裂开感染，先后在第7和第10日突然发生颈动脉破裂大出血，由于发现及时，经颈总动脉结扎成功止住了继续出血。1例出现偏瘫，1个月后创口愈合出院，另1例创口长期不愈合，带胃管出院疗养。另外3例放射剂量超过90Gy的患者，作者应用了岛状胸大肌肌皮瓣封闭下咽加上对侧胸大肌肌瓣覆盖的方法，再未发生任何并发症，创口均一期愈合。2例心脏病发作猝死者，术前均有冠心病史，术后一周内突发心肌梗死经抢救无效而死亡。在重建面颈、口腔、口咽、鼻咽、口底、气管、巨大咽瘘及前上纵隔的共计83例患者，均取得成功，其中4例岛状胸大肌肌皮瓣同时携带第五肋骨段的患者中，3例全部成活，1例骨段脱落。5例喉癌大剂量（70Gy以上）放射治疗后患者在喉被切除后，应用带蒂胸大肌肌瓣覆盖，术后未发生组织坏死等并发症。4例封闭眼眶缺损的病例，断蒂后皮岛均成活良好。2例重症乳糜漏患者，经胸大肌肌瓣填塞治疗后均在一周内痊愈。全组1年生存率85.3%（198/232），3年生存率71.4%（147/206），5年生存率50.8%（93/183）。

三、讨论

（一）关于胸大肌肌皮瓣在头颈外科临床的应用

我科早在20世纪80年代就已经开始了这方面的工作，特别是用它来重建下咽及颈段食管已经成为常规的治疗手段。这里需要强调的是由于下咽癌具有局部侵袭性生长和黏膜下扩展的特性,以及临床上多为晚期病例,因此根治性手术切除术及术后放射治疗,在下咽癌的治疗中仍扮演着重要角色。在下咽癌手术治疗中外科切缘必须在2cm以上,否则由于切除范围不够极易造成肿瘤复发。在如此大范围组织被切除后,器官的重建显得十分重要而迫切。与应用胃肠及游离组织瓣等具有较高死亡率和并发症发生率等重建方法不同,岛状胸大肌肌皮瓣具有简单易行、效果可靠、对病人负担轻微、并发症少以及手术时间短等优点。术中常常可以保留一窄条咽黏膜,再补用一个岛状胸大肌肌皮瓣,如此重建的下咽和颈段食管功能效果很好。有时遇到需要环形切除的病例,也可以应用胸大肌皮瓣重建,但是由于皮瓣肥厚又没有黏膜的分泌作用,因此功能效果差而且感染和形成瘘等并发症较多;有时还可能发生狭窄。早年有人曾试用胸大肌皮瓣和颈部皮瓣的复合形式来重建下咽环形缺损,但效果不理想。近年有人报道复合应用胸大肌皮瓣和喉气管瓣重建环形下咽缺损,取得良好效果,我们应用在3例病人身上,证实确实具有功能效果好、并发症少的优点。在临床工作中所见到的下咽癌患者,即使是较晚期的病例,对侧的喉和气管也是好的,都可作为重建的组织被保留下来,但术中必须细心保留该侧的甲状腺及其上下动脉和带状肌,以确保该侧喉气管瓣的血供。相信很多因下咽癌而被环形切除的患者,可以应用这种复合瓣来重建,从而避免了有凶险并发症和高死亡率的咽胃吻合术及结肠迁徙等手术方法。

(二)胸大肌肌皮瓣的用途

胸大肌肌皮瓣不但可以广泛用于头颈部手术缺损的重建,而且可以用在大剂量放射治疗后的组织上,防止术后组织坏死从而导致颈动脉破裂的危险。为了确保组织安全愈合,可以应用双侧的胸大肌皮瓣和肌瓣,或胸大肌肌皮瓣加上胸三角皮瓣等双重带有血供的组织来重建。喉癌术后造口复发,手术治疗十分困难,有时需将颈段气管向下切到9至10环,此时无名动脉也将被暴露,如果没有可靠的组织保护,极易造成动脉破裂导致病人死亡等并发症发生。自从应用了岛状胸大肌肌皮瓣,并将皮岛中间造洞,把气管断端与洞口的皮肤固定,既稳固了气管又保护了无名动脉,此后未再有类似的并发症发生。岛状胸大肌肌皮瓣与其他组织瓣复合形式重建头颈部术后缺损,既保证了大范围组织的重建又恢复了良好的器官功能。本文提到的如与咽黏膜、喉气管黏膜瓣、胸大肌皮瓣携带第五肋骨以及与胸三角皮瓣修复巨大咽瘘等均属此类。有人提出当应用胃上提重建下咽及颈段食管时,如果胃的体积不够,也可以联合应用胸大肌肌皮瓣进行复合重建。岛状胸大肌肌皮瓣向上可达到眼眶,本文4例皮瓣长达22cm,而且可以覆盖较大范围的组织缺损。还有2例用胸大肌瓣治愈了重症乳糜漏,术中将乳糜漏的创口稍事清理,把带血管蒂的胸大肌肌瓣将创口填紧固定即可,伤口很快愈合。综上所述可见胸大肌肌皮瓣用途十分广泛,而且临床发现其新的用途越来越多。

(三)常见的并发症

有瘘和感染,共计51例约占全部病例的21.2%。分析是大部分病例被重建区域在口腔及咽腔属于污染创口,其次皮瓣与黏膜创缘缝合的不十分严密,因而造成上述并发症的发生。所以,术前口腔清洁卫生和抗菌素的应用,术中仔细严密的缝合以及黏膜下组织与皮下组织的第二层加固缝合,乃是预防上述并发症的重要措施。3例皮岛坏死脱落的患者均为女性,是由于乳房较厚血供较差所致,因此对于乳房较大的年轻女性应用胸大肌肌皮瓣要慎重,最好选用斜方肌或背阔肌皮瓣。在241例胸大肌肌皮瓣重建术中有2例出现肺感染,当然不一定与胸大肌皮瓣的应用有直接关系,但是如果皮岛取得过大,关闭供区时创口牵拉过紧可导致胸廓舒展不良影响肺的功能和痰液的排出。近来有人报道应用胸大肌皮瓣可导致肺功能下降[13],因此术前有明显肺功能不全者应注意,尤其在应用双侧胸大肌皮瓣时更应慎重。颈动脉破裂是头颈部手术后少见的致命并发症,抢救不及时常导致患者死亡。常发生在大剂量放射治疗后的病例,采用双重保护方法常可避免此类并发症的发生,例如在应用胸大肌皮瓣重建下咽的同时,再应用非放射区域的对侧胸大肌瓣或胸三角皮瓣覆盖颈动脉。本组有2例冠心病发作猝死患者,提醒既往有心脏病史者在做大范围头颈部手术同时又进行胸大肌皮瓣重建时要慎重,应遵循心脏病患者的手术治疗原则,术前应给予适当的处理。

参考文献(略)

我国发现人体免疫新型细胞群体

人体抵御重大疾病侵袭新的“哨兵”,已经被我国科学家发现。由国家“973”重大基础研究规划免疫学项目首席科学家、第二军医大学教授曹雪涛领衔的课题组,联合浙江大学免疫学研究所,经过多年攻关,发现了一种对人体免疫功能具有重要和独特调节作用的新型细胞群体－－新树突状细胞亚群。这一发现,对与免疫相关性的疾病如癌症、肝炎、糖尿病等的防治以及提高器官移植的成功率提出了新思路。

这项原创性成果的论文近日刊登在国际一流的《自然－免疫学》杂志上,得到了国际免疫学领域权威科学家的认可和国际同行的高度评价。国际著名免疫学家肯·萧特曼教授在同期的《自然－免疫学》杂志上发表评述文章,认为“这是一项令这个领域的绝大多数研究者惊奇和关注的工作。这一发现是免疫学理论新的重要突破,将带动免疫学领域的发展”。

这是《自然－免疫学》杂志创刊以来首次刊登由中国科研人员独立完成的科研成果的论文。国际著名的《自然－免疫述评》杂志也以《树突状细胞:柳暗花明又一村》为题,介绍了中国科学家的这一重要发现。

树突状细胞被称为人体免疫系统的“哨兵”,在机体抵御或防御多种疾病的过程中有着重要的作用。这次新发现的细胞群体是一种新的树突状细胞亚群,与常规树突状细胞激活免疫功能不同的是,新型细胞可以抑制免疫功能,而且发现成熟树突状细胞可以在免疫微环境中进一步增殖和分化。

这一发现突破了树突状细胞为末期细胞的传统免疫学观念,提出了“成熟树突状细胞再增殖和再分化”以及“免疫微环境具有负向调节功能”的新理论,对进一步全面认识免疫系统起到了推动作用。同时,这一发现对某些严重危害人类健康的与免疫相关的重大疾病的诊断与防治具有重要应用价值。

免疫学是生物医学领域的前沿学科,是近20年来国际上发展最快的学科之一。曹雪涛领导的课题组瞄准免疫学科发展前沿,以树突状细胞作为突破口,取得了一系列创新性成果,自主发现了多条具有功能的全长新基因,申报专利40余项并获得了18项国家发明专利,荣获了国家自然科学二等奖和军队、上海市科技进步一等奖各1项,探索出应用树突状细胞疫苗治疗癌症的新方法,并经国家食品药品监督管理局的批准进入临床试用,先后在国际学术刊物发表英文论文100多篇,其中有5篇发表在国际著名的学术杂志《血液》上,在国际免疫学界产生了一定的影响。

❖ 泌尿生殖肿瘤 ❖

膀胱癌临床诊断和治疗的新进展

田　军　李长岭

中国协和医科大学　中国医学科学院　肿瘤医院泌尿外科　北京　100021

膀胱癌在世界范围内是一种较常见的恶性肿瘤，在美国男性居第四位，女性列第十二位，死亡率男性居第七位，女性列第十五位，年发病约53 200 例[1]。在泌尿男生殖系统的肿瘤中，膀胱癌的发病率在美国和欧洲位于前列腺癌之后，列第二位，而在我国，其发病率和死亡率均占首位。提高膀胱癌的临床诊断和治疗的水平，是延长患者存活期的关键。人们对膀胱癌的认识不断取得各种新的进展，而膀胱尿液生物学标志物的检测、腹腔镜技术及一些新型的化疗药物的应用，是近年来在膀胱癌诊断和治疗中发展迅速的几个领域，为膀胱癌的诊断和治疗提供了新的手段和途径，提高了膀胱癌的临床诊断和治疗水平。

一、膀胱癌尿液生物学标志物的检测进展

膀胱癌生物学标志物（Bladder Cancer Biomarkers，BCBs）是在肿瘤的发生、发展过程中，产生的相关生物学活性物质，可以通过尿液排出体外。虽然在临床上，膀胱镜和尿细胞学检查仍然是膀胱癌诊断和监测的金标准，但是尿液膀胱癌生物学标记物正日益受到重视，近年来新的标记物不断被发现并在临床使用。目前美国的食品药品管理局（FDA）已经批准了 4 种尿液生物学标志物用于膀胱癌的临床诊断和（或）监测，更多的标志物还在研究当中，其中一些有望在不久的将来用于临床。

1．FDA 批准的尿液生物学标志物

（1）荧光原位杂交（Fluorescence in situ hybridization，FISH）：2004 年底由美国 Vysis 公司生产的 UroVysion™ 试剂盒完成了 FDA 的评估，被批准用于膀胱癌诊断，该试剂盒使用荧光素标记的 DNA 探针，探测尿脱落细胞的 3、7、17 号染色体数目的异常和（或）9 号染色体短臂缺失（9p21）的畸变，有上述异常的细胞被认为是恶变的膀胱癌细胞。文献报道[2,3]，其诊断膀胱癌敏感性为 80%～90%，特异性为 90%～100%，初步研究还提示，FISH 对膀胱癌的复发具有预测价值，Kipp[4] 对 37 例卡介苗灌注治疗后的膀胱癌患者作 FISH 检查，12 例阳性的患者治疗后全部复发，其中 7 例进展为浸润性膀胱癌，25 阴性的患者，只有 13 例复发，2 例进展为浸润性膀胱癌（$P<0.001$）。Bollmann [5] 的进一步研究表明，膀胱癌患者尿液中的肿瘤细胞若为多倍体，则浅表性膀胱癌进展为浸润性膀胱癌的风险明显增加。FISH 诊断膀胱癌的特异性高于或与常规的尿脱落细胞学相当，而敏感性却显著提高，弥补了尿脱落细胞学的不足，有着广泛的应

用前景。但目前 FISH 应用于临床时间还较短,而其判断预后的价值也有待更多临床实践的检验。

(2)核基质蛋白 22(Nuclear matrix protein,NMP22):NMP22 是细胞核有丝分裂器的亚单位,与细胞分裂时染色质的分配有关。肿瘤细胞的有丝分裂旺盛,因此 NMP22 的含量明显增高。NMP22 诊断膀胱癌的敏感性为 80 ~ 90%,特异性为 90 ~ 100%[2]。新近的发表的一项研究[6],综合分析了 2 542 名膀胱癌患者的年龄、性别以及尿 NMP22 的检测值,并以上述三种因素建立了数学模型,该模型对预测浅表性膀胱癌复发的准确率达到了 84.2%。在临床诊断中,造成尿 NMP22 的假阳性的因素有:泌尿系统的炎症、肠管重建贮尿囊、泌尿男生殖系统的非尿路上皮肿瘤等。

(3)膀胱肿瘤抗原(BTA):膀胱癌细胞分泌的蛋白水解酶降解基底膜,产生特异性的高分子复合物可作为膀胱癌抗原检测出来。BTA 的检测方法先后经历了 3 代:Bard BTA、BTA State 和 BTA TARK 实验,其检测膀胱癌平均敏感性为 60%,特异性为 77%[2,3]。BTA 试剂盒检测快速,5 分钟即可显示结果。其局限性为,对泌尿系炎症、结石、尿路损伤或其他恶性肿瘤可呈假阳性。

(4)纤维蛋白和纤维蛋白原降解产物 FDP(Fibrin/Fibrinogen degradation products):文献报道 FDP 检测膀胱癌平均敏感性为 60%,特异性为 77%[2,3]。FDP 与对血尿、膀胱炎等有较高的假阳性率。由于产品质量的稳定性原因,目前该试剂盒在美国已停止生产。

2. 其它潜在的尿液生物学标志物

(1)核基质蛋白 BCL-4:BCL-4 是膀胱癌特异的核基质蛋白,在正常膀胱组织或其他肿瘤组织中不表达,提示了 BCL-4 可能是膀胱癌高敏感性、高特异性的肿瘤标记物。初步研究发现,尿 BCL-4 的水平对诊断膀胱癌的敏感性为 96.4%,特异性为 100%[2,3],目前一项多中心的临床前瞻性研究正在进行,以评估其临床使用价值。

(2)微卫星不稳定性(Microsatellite instability,MI):微卫星是人类基因组中 DNA 高度重复的序列,不编码蛋白质,功能仍在研究中。与正常组织相比,肿瘤组织的等位基因发生改变,即为微卫星不稳定性。初步研究发现,测定尿脱落细胞微卫星的不稳定性诊断膀胱癌的敏感性为 80 ~ 100%,特异性为 85% ~ 100%[2,3],MI 可能成为诊断膀胱癌的一种新方法。由于选择的位点和数量不同,微卫星 DNA 分析的阳性率不够稳定。

(3)透明质酸和透明质酸酶(Hyluronic acid and Hyluronidase,HA and Hase):肿瘤细胞能激活成纤维细胞使之合成透明质酸的水平增加,并可分泌透明质酸酶溶解细胞基质,帮助肿瘤细胞浸润、转移以及逃避免疫监测。膀胱癌患者尿 HA 和 Hase 含量较正常人和其他泌尿生殖系疾病的患者高 4 ~ 9 倍,其检测膀胱癌平均的敏感性为 91%,特异性为 84%,其中对高级别肿瘤诊断的准确性更高一些。Schroeder 等通过对 HA、Hase、细胞学和 BTA 的比较研究,认为 HA 和 Hase 有望用于膀胱癌的诊断[7,8]。

(4)细胞角蛋白(Cytokeratins,CK):在 20 多种人类细胞角蛋白中,目前发现 CK8、18、19 和 20 与膀胱癌密切相关,他们检测膀胱癌的敏感性为 30% ~ 80%,特异性为

70% ~85%[2,8]，其中 CK20 有严格的上皮特异性分布，主要分布在表皮、胃肠和尿路上皮细胞，CK20 与 Hase 联合检测膀胱癌的敏感性和特异性明显提高，分别为 94.7% 和 91.5%[9]。

(5)除了上述尿液生物学标记物外，一些初步研究提示，尿液中的尿端粒酶、血管内皮生长因子、Lewis 抗原、CD44 和存活素(Survivin)的含量与膀胱癌相关，有进一步研究的价值。

3. 尿液生物学标志在膀胱癌诊断中的价值和展望　尿液生物学标志物的检测简单、快速、无创，在一定程度上弥补了膀胱镜和尿细胞学检查的不足，提高了膀胱癌的早期诊断水平，并对预测患者预后有一定的帮助，在膀胱癌的诊断中体现了越来越重要的价值。但迄今为止，还没有尿生物学标志物能完全代替膀胱镜检查，每种标志物也都有其局限性，在临床使用中，应当根据各种标志物的特点，全面考虑造成其假阳性和假阴性的临床因素，以提高诊断的准确率。对于潜在的标志物还需要进行标准化前瞻性研究，验证其临床应用价值。

相信在未来，会有更多的、新的尿液生物学标志物用于膀胱癌的诊断和监测，并在分子水平为临床提供信息，将膀胱癌的诊断带入全新的阶段。

二、腹腔镜在膀胱癌治疗中的应用

上世纪 90 年代初期腹腔镜开始应用于泌尿外科，进行一些简单的手术，在膀胱癌的治疗中主要是用于盆腔淋巴结的切除活检，以判断是否有淋巴结转移，从而对肿瘤进行更精确的分期，指导进一步的治疗[10]。近年来腹腔镜在泌尿外科领域发展迅速，手术类型及范围比以往显著扩大，对于膀胱癌的治疗，目前已开展了腹腔镜下行根治性膀胱切除术(Laparoscopic radical cystectomy, LRC)+尿流改道以及膀胱部分切除术，且术式一直在不断的发展和革新。

1. 根治性膀胱切除术+尿流改道

(1)根治性膀胱切除的基本步骤：建立气腹和工作通道；清扫双侧盆腔淋巴结，范围为两侧到髂外动脉，近侧到髂总动脉，远侧到腹股沟韧带，后方到胃上动脉；切除膀胱时，先分离膀胱前列腺的后部至前列腺尖部，而后分离输尿管，分离膀胱的前壁和两侧壁，游离膀胱前列腺的前部，切断尿道，标本装入标本袋后取出体外。

(2)尿流改道：

体外制作储尿囊：早期报道的病例，由于体内重建储尿囊花费时间过长或操作太困难，储尿囊都是在体外制作的。术中将肠攀拉出体外制作储尿囊，再在腹腔镜下行输尿管-储尿囊吻合或储尿囊-尿道吻合。

完全体内尿路重建：随着腹腔镜器械的发展和外科医生手术技巧的提高，近年来已能使用腹腔镜缝合及原位打结技术，完全在体内完成尿路重建，无需开腹。目前文献报道的完全体内尿路重建的术式有直肠乙状结肠储尿囊术以及原位回肠代膀胱术。

Turk 等[11]报告了 5 例完全经腹腔镜操作的体内 LRC + 直肠乙状结肠尿囊的手术，手术时间 6.9 ~7.9 个小时(平均 7.4 个小时)，出血量 190 ~300ml(平均 245 ml)，患者术后 3 天开始进食，8 天拔除输尿管支架管，9 天拔除尿囊引流管。切除的淋巴结及手术切缘均未发现肿瘤。DeGer[12]总结了该术式的围手术期并发症和近期疗效，12 例患者平均手术时间为 485 分钟，术后尿频与上尿路梗阻的发生率与开放性手术类似，随访33个月，未发现肿瘤局部复发，3例患者发生远处转移，其中2例死亡。这种手术的缺点是肠道内的细菌可能造成泌尿系统的逆行感染。

Gill等[13]报道2例LRC+可控性原位回肠代膀胱术，手术时间分别是8.5和10.5个小时，失血量200~400ml之间，住院时间是5~12天，标本切缘阴性。2例患者完全可以控制排尿。随访5~19个月，1例死于肿瘤转移，另1例无局部复发和转移。国内中山大学附属医院报道一组33例膀胱癌患者[14]，行LRC+可控性原位回肠代膀胱术，手术时间5.5~8.5个小时，平均6.5个小时，手术出血200ml~1 000ml，平均460 ml，标本切缘均阴性，新膀胱的平均容量为296 +/-37ml，残余尿为32 +/-19ml，术后并发症的总发生率为18%(6/33)，包括2例尿外渗，2例肠梗阻，1例盆腔感染，1例膀胱室。随访1~21个月，未发现局部复发，1例术后9个月发现淋巴结转移。

(3)手助腹腔镜下根治性膀胱切除术+尿流改道：手助腹腔镜(Hand assisted laparoscopic，HAL)在下腹正中线作切口放入手套管(HandPort)，术者通过该手套管用手在腹腔内操作，如牵开、钝性分离，储尿囊可在体外也可在体内制作。Hemal[15]报道1例T3bN1M0的膀胱癌患者，4.3个小时完成手术，术后7天出院，化疗2个周期，随访25个月，未发现转移和复发。Taylor[16]同期对照了8例手助腹腔镜下根治性膀胱切除术和8例开放性手术，发现与开放性手术相比，手助腹腔镜手术的出血量较少，住院时间短，胃肠道功能恢复快，作者认为手助腹腔镜具有与腹腔镜同样的优点。

一些学者认为手助腹腔镜的优势是，医生可以用手直接触摸和协助分离组织和器官，不需要将标本粉碎，避免了可能造成的污染，此外对腹腔镜操作不熟练的的医生一定的帮助。但是也有学者认为，随着外科医生腹腔镜技术的日臻成熟，在腹壁额外作切口进行手助操作并无必要。

2. 膀胱部分切除术　这一手术文献报道不多，尚处于尝试阶段，其临床价值有待临床实践的检验。Mariano[17]利用腹腔内缝合技术，对6例膀胱癌患者腹腔镜下行膀胱部分切除术+局限性淋巴结切除术，平均出血量200ml，住院时间为4天(2到6天)，2例患者术后出现尿外渗，患者病理分期为pT_1-T_3a，平均随访30个月，1例复发、转移。

3. 腹腔镜手术与开放性手术的比较　腹腔镜手术的优点是切口小、患者恢复快、住院时间短。在腹腔镜开展的初期，手术时间明显长于开放性手术，随着外科医生手术技巧及熟练程度的提高和腹腔镜器械的发展，目前二者的手术时间已经接近。除了因人工气腹可造成皮下气肿、高碳酸血症外，腹腔镜手术的并发症与开放性手术并无显著差异，手术出血量也无统计学差异[18]。Puppo[19]总结了文献中100例的腹腔镜根治性全膀胱切除术，平均随访期为11.5个月，发现手术的安全性和近期肿瘤控制的效果与开放性手术相类似，远期疗效仍有待进一步观察。

4. 发展前景　近年来腹腔镜在膀胱癌的治疗中有了很大的发展，显示出一定的优越性。新材料、新器械的运用和大规模的临床研究是腹腔镜发展的两个重要方向。

腹腔镜手术的进步与相关器械和材料的发展密不可分，目前一些公司和机构正在研发装置到腹腔镜器械中的微型传感器，以及装置到操作钳上的微型机器，使术者可以了解更多的信息，手术操作更加安全易行。机器人辅助的腹腔镜手术系统已经用于根治性膀胱切除术，该系统在计算机的控制下，利用机器人辅助手术操作，简化了手术过程；新材料、新技术如可吸收微型钉、组织胶和激光组织焊接等技术，有望用于腹腔镜手术。在临床实践中，腹腔镜治疗膀胱癌的价值包括其适应证、安全性和对控制肿瘤的远期疗效，仍有待更多的临床经验的积累和检验；对泌尿外科医生来讲，也有待在手术中探索新的手术技巧。

相信腹腔镜技术潜力巨大，将为膀胱癌的外科治疗开辟了一个崭新的领域。

三、新型化疗药物在膀胱癌化疗中的价值

以往用于膀胱癌全身化疗和灌注化疗的药物主要有甲氨蝶呤、长春花碱、顺铂、环磷酰胺、5-氟脲嘧啶和阿霉素、丝裂霉素等药物，近年来一些毒性较低的新型化疗药物，如吉西他滨、紫杉醇和多西紫杉醇等开始用于恶性肿瘤的治疗，包括膀胱癌的全身化疗和灌注治疗，初步取得了令人鼓舞的疗效，为膀胱癌的化疗提供了新的治疗途径。

1. 新药的全身化疗　全身化疗在转移性膀胱癌和浸润性膀胱癌的治疗中有重要价值，对于转移性膀胱癌，全身化疗是唯一能够延长患者生存期之法[20]；而对浸润性膀胱癌长期随访结果表明，联合手术或放疗的辅助性和新辅助性化疗，可提高总体疗效并有助于保全患者的膀胱[21~23]。

晚期膀胱癌传统的标准化疗方案是MVAC方案（甲氨蝶呤、长春花碱、比柔比星/阿霉素、顺铂），这一方案的毒副反应较大，相关死亡率达2% ~3%[20,21]，部分抵消了其临床治疗价值。最近多个临床实验显示，以吉西他滨（gemcitabine）为代表的新型化疗药物治疗的毒副反应明显降低，一些新的方案还有可能取得更好的疗效。

（1）二联化疗：一项多中心的前瞻性临床Ⅲ期随机试验证实[24]，吉西他滨联合顺铂（GC方案）治疗晚期膀胱癌的疗效与MVAC方案相同，但安全性和耐受性却显著优于MVAC方案。该研究包括来自19个国家的405例患者，MVAC组202例，GC组203例，GC组患者予吉西他滨1 000mg/m^2，第1、8、15天静脉滴注，顺铂70mg/m^2，第2天静脉滴注，两组的治疗均每4周重复。MVAC组和GC组的RR分别为49%、46%，CR均为12%，中位总生存时间分别为14.8个月、13.8个月，均无统计学差异，但MVAC组的毒性反应明显高于GC组，两组的3/4级中性粒细胞减少分别为82%、71%，粒细胞缺乏性发热分别为14%、2%，3/4级感染分别为12%、1%，3/4级粘膜损害分别为22%、1%，脱发分别为55%、11%，相关死亡率分别为3%、1%。Doval[25]用GC方案治疗22例无法切除的膀胱癌患者，CR为4例（13.3%），PR为4例（23.3%），NC7例（23.3%），PD4例（13.2%），所有患者都能良好的耐受治疗。文献报道[26]，对一般状况较差、不能接受GC方案的患者，可以选用多西紫杉联合吉西他滨的治疗方案，即多西紫杉110mg/m^{2}吉西他滨1000mg/m^2，第1、15天静脉滴注，每28天为一个周期，疗效可能与GC方案类似。

在紫杉醇或多西紫杉联合顺铂治疗晚期膀胱癌的早期临床Ⅱ期试验中，文献报道其RR为52% ~62%，CR为13% ~16%，中

位存时间为 9 ~ 13 个月，无 4 级毒性反应[27,28]，上述方案的Ⅲ期临床研究正在进行中。近有报道将多西紫杉联合卡铂的方案用于膀胱癌的辅助治疗[29]，92 例根治性膀胱切除术后患者，分期为 $pT_{3b\text{-}4}$ 或 $N_{1\sim2}$，使用多西紫杉醇 175mg/m^2 静滴，卡铂 AUC = 5 静脉滴注，治疗每 3 周重复，平均随访 36.6 个月，3/4 级中性粒细胞减少和粒细胞缺乏性发热分别为 19% 和 7%，5 年生存率和无病生存率分别为 28.9% 和 29%。

（2）三联化疗：吉西他滨和紫杉醇联合卡铂或顺铂治疗晚期膀胱癌的方案，临床Ⅰ、Ⅱ期试验的结果较为满意。一组临床研究包括可评价患者 47 例[30]，使用吉西他滨和紫杉醇联合卡铂的方案，吉西他滨 800mg/m^2 于第 1、8 天静脉滴注，紫杉醇 200mg/m^2、卡铂 AUC = 5 于第 1 天静脉滴注，每 3 周重复，CR 为 32%，RR 为 68%，中位生存时间为 14.7 个月。3/4 级中性粒细胞减少、血小板减少与贫血分别为 73%、43%、25%。在吉西他滨联合顺铂与紫杉醇的一项研究中[31]，包括可评价病例 58 例，Ⅰ期试验中吉西他滨联合顺铂与紫杉醇有四个递增剂量，Ⅱ期试验的化疗方案为：吉西他滨 1 000mg/m^2、紫杉醇 80mg/m^2，均于第 1、8 天静脉滴注，顺铂 70mg/m^2 于第 1 天静脉滴注，每 3 周重复。结果 CR27.6%，RR 为 77.6%，Ⅰ、Ⅱ期研究中患者的中位生存时间为分别为 24 个月和 15.6 个月。

但新发表的一项临床随机研究[32]，对照了 GCP 方案（吉西他滨、多西紫杉醇和顺铂）和 GC 方案，GCP 组的毒性反应明显高于 GC 组，但疗效却无显著差别。试验包含 85 例晚期膀胱癌患者，GCP 组患者接受吉西他滨 1 000 mg/m^2，多西紫杉醇 170 mg/m^2，顺铂 35 mg/m^2，第 1、8 天静脉滴注，GC 组接受吉西他滨 1 000 mg/m^2，顺铂 70mg/m^2，第 2、4 天静脉滴注，两组的治疗均每 4 周重复。GCP 组和 GC 组的 RR 分别为 43% 和 44%，中位治疗失败时间分别为 32 周和 26 周，生存期为 61 周和 49 周，均无统计学差异（P = 0.05）。两组的 3/4 级中性粒细胞减少分别为 49%、35%（P = 0.05），3 ~ 4 血小板减少症分别为 36%、21%（P = 0.01）。这一研究结果提示，对新药的多药联合化疗，还应当进一步研究以确定其疗效和毒副反应。

2. 吉西他滨膀胱灌注治疗　浅表性膀胱癌目前首选的治疗方案是局部切除肿瘤后进行膀胱内灌注治疗，但复发率仍然高达 40% ~ 60%，其中 10% ~ 20% 的患者最终会进展到浸润性膀胱癌，5 年生存率仅 20% ~ 40%，预防和降低膀胱癌的复发是提高患者生存率的关键。人们也一直尝试将新的药物用于膀胱内灌注治疗。

目前吉西他滨已被用于膀胱内灌注治疗，但尚处于实验和临床研究阶段。动物模型显示[33]，对患膀胱癌的小鼠，膀胱内吉西他滨（0.5、2.5 和 10mg）灌注组小鼠膀胱的重量（61.4 +/− 24.1 mg）明显轻于磷酸盐缓冲液灌注组（106.2 +/− 50 mg）和未治疗组（105.5 +/− 46 mg），且小鼠无明显不良反应。临床Ⅰ期试验表明，患者能很好的耐受吉西他滨膀胱内灌注治疗。Palou[34] 报道 10 例 T_{a-1} 期膀胱癌患者行 TURB 后即刻灌注吉西他滨，5 例剂量为 1 500mg，另外 5 例为 2 000 mg，患者均无明显的全身症状，但有轻度的尿路刺激症状，2 例患者感轻度上腹部不适，1 例患者膀胱痉挛，所有患者血液常规和生化检查没有发现明显异常。临床

Ⅱ期试验初步显示，膀胱灌注内吉西他滨对膀胱肿瘤治疗有效。Gontero [35]选取39例膀胱癌患者，对膀胱内的单个肿瘤灌注吉西他滨40 mg/ml（2000 mg），每周1次灌注6次，2周后对肿瘤活检或行TURB，22例患者肿瘤完全消失，17例肿瘤无明显进展。

3. 结论与展望　新型化疗药物近年来已大量用于膀胱癌全身化疗的临床试验，其中GC方案已被证实疗效好且安全性较高，它将取代MVAC方案，成为新的治疗局部晚期和转移性膀胱癌标准化疗方案；其他以新药为主的全身化疗方案以及吉西他滨膀胱灌注治疗方案，初步的临床研究资料令人鼓舞，但仍有待于开展多中心、大样本、随机双盲对照的Ⅲ期临床研究，以进一步验证其临床实用价值。我们预期，更多的新型化疗药物和新的治疗方案在膀胱癌治疗中，将发挥更大作用，以降低浅表性膀胱癌的复发率，为浸润性膀胱癌综合治疗供新的手段，提高晚期膀胱癌的化疗效果及患者的生活质量。

参考文献

1 Jemal A, Clegg LX, Ward E, et al. Annual Report to the Nation onthe Status of Cancer, 1975 ~ 2001, with a Special Feature Regarding Survival Cancer, 2004; 101 (1): 3 ~ 27

2 Quek ML, Sanderson K, Daneshmand S, et al. New molecular markers for bladder cancer detection. Curr Opin Urol, 2004; 14(5): 259 ~ 64

3 Eissa S, Kassim S, El-Ahmady O. Detection of bladder tumours: role of cytology, morphology-based assays, biochemical and molecular markers. Curr Opin Obstet Gynecol, 2003; 15(5): 395 ~ 403

4 Kipp BR, Karnes RJ, Brankley SM, et al. Monitoring intravesical therapy for superficial bladder cancer using fluorescence in situ hybridization. J Urol, 2005; 173(2): 401 ~ 4

5 Bollmann M, Heller H, Bankfalvi A. Quantitative molecular urinary cytology by fluorescence in situ hybridization: a tool for tailoring surveillance of patients with superficial bladder cancer? BJU Int, 2005; 95(9): 1219 ~ 25

6 Shariat SF, Zippe C, Ludecke G, et al. Nomograms including nuclear matrix protein 22 for prediction of diseaserecurrence and progression in patients with Ta, T1 or CIS transitional cell carcinoma of the bladder. J Urol, 2005; 173(5): 1518 ~ 25

7 Ho SM, Cheng RY A promising bladder cancer detection assay: the HA-HAase test. J Urol, 2004; 172(3): 824 ~ 5

8 Eissa S, Kenawy G, Swellam M, et al. Comparison of cytokeratin 20 RNA and angiogenin in voided urine samples as diagnostic tools for bladder carcinoma. Clin Biochem, 2004; 37(9): 803 ~ 10

9 Eissa S, Kassim SK, Labib RA, et al. Detection of bladder carcinoma by combined testing of urine for hyaluronidase and cytokeratin 20 RNAs. Cancer, 2005; 103 (7): 1356 ~ 62

10 Laparoscopic pelvic lymph node dissection. Bowsher WG, Clarke A, Clarke DG, Costello AJ. Br J Urol, 1992; 70 (3): 276 ~ 9

11 Turk I, Deger S, Winkelmann B J et al. Laparoscopic radical cystectomy with continent urinary diversion (rectal sigmoid pouch) performed completely intracorporeally: the initial 5 cases. Urol, 2001; 165(6 Pt 1): 1863 ~ 6

12 DeGer S, Peters R, Roigas J, Laparoscopic radical cystectomy with continent urinary diversion (rectosigmoid pouch) performed completely intracorporeally: an intermediate functional and oncologic analysis. Urology, 2004; 64(5): 935 ~ 9

13 Gill IS, Kaouk JH, Meraney AM, et al. Laparoscopic radical cystectomy and continent orthotopic ileal neobladder performed completely intracorporeally: the initial experience. J Urol, 2002; 168(1): 13 ~ 8

14 Huang J, Xu KW, Yao YS. Laparoscopic radical cystectomy with orthotopic ileal neobladder: report of 33 cases. Chin Med J (Engl), 2005; 118(1): 27 ~ 33

15 Hemal AK, Singh I. Hand assisted laparoscopic radical cystectomy for cancer bladder. Int Urol Nephrol, 2004; 36 (2): 191 ~ 5

16 Taylor GD, Duchene DA, Koeneman KS. Hand assisted laparoscopic cystectomy with minilaparotomy ileal conduit: series report and comparison with open cystectomy.

J Urol,2004;172(4 Pt 1): 1291~6
17 Mariano MB, Tefilli MV. Laparoscopic partial cystectomy in bladder cancer-initial experience. Int Braz J Urol, 2004;30(3): 192~8
18 Hemal AK, Kumar R, Seth A, et al. Complications of laparoscopic radical cystectomy during the initial experience. Int J Urol,2004;11(7): 483~8
19 Puppo. Laparoscopic radical cystectomy. Curr Urol Rep, 2005;6(2): 106~8
20 Chester JD, Hall GD, Forster M, et al. Systemic chemotherapy for patients with bladder cancer--current controversiesand future directions. Cancer Treat Rev,2004;30(4): 343~58
21 Winquist E, Kirchner TS, Segal R, et al. Neoadjuvant chemotherapy for transitional cell carcinoma of the balder: a systematic review and meta-analysis. J Urol, 2004;171: 561~9
22 Madersbacher S, Thalmann GN, Fritsch JC, et al. Is eligibility for a chemotherapy protocol a good prognostic factor for invasive bladder cancer after radical cystectomy? J Clin Oncol,2004;15,22(20): 4103~8
23 Hussain SA, Stocken DD, Peake DR, et al. Long-term results of a phase II study of synchronous chemoradiotherapy in advanced muscle invasive bladder cancer. Br J Cancer,2004;1;90(11): 2106~11
24 Vonder Maase Hhansen SW, Roberts JT, et al. Gemcitabine and cisplatin versus methorexate, vinblastine, doxorubicin, and cisplatin in advanced or metastatic bladder cancer: result of a large, randomize, multinational, multicenter phase Ⅲ study. J Clin Oncol, 2000; 18 (17), 3068~77
25 Doval DC, Sekhon JS, Gupta SK. A phase II study of gemcitabine and cisplatin in chemotherapy-naive, unresectable gall bladder cancer. Br J Cancer,2004;19;90(8): 1516~20
26 Srinivas S, Guardino AE. A nonplatinum combination in metastatic transitional cell carcinoma. Am J Clin Oncol, 2005;28(2): 114~8
27 Dreicer R, Manola J, Roth BJ, et al. Phase II study of cisplatin and paclitaxel in advanced carcinoma of the urothelium: an Eastern Cooperative Oncology Group Study. J Clin Oncol,2000;18(5): 1058~61
28 Dimopoulos MV, Bakoyannis C, Georgoulias V, et al. Docetaxel and cisplatin combination chemothetapy in advanced carcinoma of the . urothelium: a multicenter phase II study of the Hellenic Cooperative Oncology Group Ann Oncol,1999;10: 1385~818
29 Bamias A, Deliveliotis Ch, Aravantinos G, et al. Adjuvant chemotherapy with paclitaxel and carboplatin in patients with advanced bladder cancer: a study by the Hellenic Cooperative Oncology Group. J Urol,2004;171(4): 1467~70
30 Hussain MV, Vaishampayan, Du W, et al. Combination paclitaxeln, carboplatin, and gemcitabin is an active treatment for advanced urothelia cancer. J. Clin Oncol, 2001;19(9): 2527~33
31 Bellmunt J, Guillem V, Paz-Ares L, et al. Phase I-II study of paclitaxel, cisplatin, and gemcitabine in advanced transitional-cell carcinoma of the urothelium. Spanish Oncology Genitourinary Group. J Clin Oncol, 2000;18(18): 3247~55
32 Lorusso V, Crucitta E, Silvestris N, et al. Randomised, open-label, phase II trial of paclitaxel, gemcitabine and cisplatin versus gemcitabine and cisplatin as first-line chemotherapy in advanced transitional cell carcinoma of the urothelium. Italian Bladder Cancer Group. Oncol Rep,2005;13(2): 283~7
33 Nativ O, Dalal E, Laufer M, et al. Antineoplastic effect of gemcitabine in an animal model of superficial bladder cancer. Urology,2004;64(4): 845~8
34 Palou J, Carcas A, Segarra J, et al. Phase I pharmacokinetic study of a single intravesical instillation of gemcitabine administered immediately after transurethral resection plus multiple random biopsies in patients with superficial bladder cancer. J Urol,2004;172(2): 485~8
35 Gontero P, Casetta G, Maso G, et al. Phase II study to investigate the ablative efficacy of intravesical administration of gemcitabine in intermediate-risk superficial bladder cancer (SBC). Eur Urol,2004;46(3): 339~43

前列腺癌的临床治疗现状与进展

韩苏军　李长岭

中国协和医科大学　中国医学科学院　肿瘤医院泌尿外科　北京　100021

前列腺癌是老年男性泌尿生殖系统常见恶性肿瘤。在美国,前列腺癌发病超过女性乳腺癌,成为最常见恶性肿瘤,其癌症致死仅次于肺癌。我国前列腺癌的发病远低于欧美各国,随着社会老龄化及检测手段提高,发病率已有明显增加,但仍远低于西方国家。前列腺癌生物特性复杂,潜伏癌发病率很高,50 岁为 30%,60 岁以上可达到 40%~80%。组织学上的潜伏癌大多数不发展为临床病变,10 年后仅 10%~20% 最终发展到临床期。雄激素依赖性前列腺细胞癌变后,仍具有雄激素依赖性,因此对于去雄激素治疗有效,但是去雄激素治疗不能治愈晚期疾病,癌细胞将由雄激素依赖性转变为雄激素非依赖性,最终导致患者死亡。

一、前列腺癌筛选

随着社会老龄化及 PSA 等检测手段的普及,局限性前列腺癌的检出率逐年增高。筛查的目的是为检测出早期局限性无症状的前列腺癌,并使这些患者能早期接受根治性治疗,以达到延长生存或改善生活质量的目的。通过普查可以筛选出部分局限性前列腺癌,但对于前列腺癌普查能否改善人群生存及生活质量仍有争议。目前缺乏对筛查出的前列腺癌的生物学行为的了解,部分学者认为其对任何治疗没有显示出生存的改善。相反这些治疗不但增加了社会及患者的医疗支出,还可以给患者带来治疗相关的并发症,如根治性手术或放疗相关的尿失禁、勃起功能障碍,观察、等待治疗可能产生的焦虑情绪,及内分泌治疗相关的性功能减退、骨质疏松等。目前,更多的学者支持早期的根治性治疗可以改善患者生存,但认为这种改善需要有 10 年以上的观察。

一项随机试验,695 例局限性前列腺癌患者随机进入观察等待组(WW)或根治性前列腺切除术组(RP),中位随访 6.2 年。结果提示在 RP 组中前列腺癌疾病特异性死亡率降低了 50%,在 WW 组中疾病出现局部进展甚至远处转移的风险增高,分别为增加了 40% 和 14%。但两组的总死亡率没有统计学差异,RP 组的尿失禁及勃起功能障碍等并发症明显增多,生活质量下降。此研究有一定局限性,且缺乏长期随访结果。

lu-yao 等对西雅图 94 000 例男性和康涅狄格州 120 621 例男性进行研究,随访了 11 年,在 PSA 筛查率,根治性前列腺切除率及放疗率方面西雅图分别为康涅狄格州的 5.39 倍,5.9 倍及 2.3 倍。但研究结果显示疾病特异性生存率并没有得到改善。

最近 POC 的一项包括 2 603 例局限性

前列腺癌患者的研究显示：WW 组、根治性放疗（RT）组和 RP 组的 10 年总死亡率分别为 48%、43% 和 19%；肿瘤特异死亡率分别为 16%、6% 和 4%。研究认为根治性治疗（手术或放疗）能降低总死亡率和肿瘤特异死亡率，支持局限性前列腺癌患者早期接受根治性治疗，但患者的预期生存需要达到 10 年以上。前列腺癌生物学行为特殊，大多数局限性前列腺癌自然病程发展缓慢。临床显示除非局限性前列腺癌患者预期生存超过 10 年，否则不会从根治性治疗中得益。

英国正在进行一项大型前瞻随机试验 ProtecT（prostate testingfor cancer and Treatment），研究计划在英国 9 个地区筛查年龄在 50 ~ 69 岁之间的男性 13 万人，随机将 2 000 例局限性前列腺癌患者分入三组治疗，分别为观察等待，手术和放疗。总结三组患者的 10 年生存率及生活质量。此研究将在 2008 年得到初步结果，可能对前列腺癌普查的价值有一个客观的评价。在美国（PLCO）和欧洲（ERSPC）也在进行类似的研究。

二、前列腺癌检测及诊断

目前，前列腺癌的检查主要是依靠直肠指诊（DRE），经直肠超声（TRUS）及前列腺特异性抗原（PSA）的联合诊断。前列腺活检是病理确诊的金标准。普查中检测出的多是 PSA 轻度增高的 T1c 期肿瘤。对于普查中检测出的 PSA 增高，但活检没有发现前列腺癌的人群，PSA 增高对其心理及生活质量的影响仍不清楚。

1. 直肠指诊（digital rectal examination, DRE） 是检测前列腺癌的主要手段之一，其准确性受操作者主观及临床经验等影响，敏感性为 55% ~ 69%，特异性为 89% ~ 97%，阳性预测值 11% ~ 26%，阴性预测值 85% ~ 96%，在全部患者中对器官局限性疾病的预测敏感性约 50%。在不同 PSA 水平 0 ~ 1. 0ng/ml，1. 1 ~ 2. 5ng/ml，和 2. 6 ~ 4. 0ng/ml，DRE 的阳性预测价值分别为 5%，14%，和 30%。

2. 影像学检查

（1）经直肠超声（Trans-rectal ultrasound scanning，TRUS）：是检测前列腺癌最主要的影像学手段。可了解前列腺体积，包膜侵犯（extracapsular extension，ECE）及精囊浸润（seminal vesicle invasion，SVI），并指导穿刺活检。TRUS 对前列腺癌诊断的敏感性和阳性预测值分别为 71% ~ 92% 和 30%，特异性 49% ~ 79%。TRUS 预测 ECE 的准确性为 58 ~ 86%，敏感性为 50 ~ 90%，特异性为 46 ~ 91%。TRUS 预测 SVI 准确性约为 78%，敏感性 22 ~ 60%，特异性 78%。最近报道将传统的二维超声图像重建形成前列腺三维图像，可以提高其预测分期的准确性。

Albertson 等对 3 690 例前列腺癌患者研究显示在 PSA 4 ~ 20ng/ml，或 Gleason score ≤6 分的患者中，CT 扫描淋巴结的阳性率分别为 12% 和 9%。当 PSA≥20ng/ml 和（或）Gleason score 8 ~ 10 时，CT 扫描淋巴结的阳性率分别为 20%。因此，对于高风险组前列腺癌患者应常规行影像学检查淋巴结。

3. 放射免疫显像　前列腺酸性磷酸酶（PAP）、前列腺特异性抗原（PSA）、前列腺特异膜抗原（PSMA）的单克隆抗体如 PAY-276、PSA-399、CYT-356 等均可与放射性核素如 111In、99mTc、131I 等结合形成标记抗体。其中针对 PAP、PSA 的抗体，放射免疫显像特异性差，PSMA 由于其在激素抵抗性前列腺癌及其转移灶中高表达，因此前景看好。如 ProstaScint? 试验，使用 111In-CYT-356 或 111In 标记的卡罗单抗，可与前列腺特异性膜抗原(PSMA)结合。该方法对病灶诊断的标准为直径≥5mm，其准确度、敏感性和特异性分别为 76%、44% 和 86%。

(1)正电子发射断层扫描(Positron emission tomography，PET)：通常使用的示踪剂为 18 F-脱氧葡萄糖(18 F-FDG)。其可在糖代谢活跃的肿瘤组织内被过多摄取并聚集，在 PET 图像上表现为病变局部异常浓聚。18 F-FDG-PET 显像在肿瘤病学中的应用价值已得到充分肯定，但在代谢活性相对较低的前列腺癌中的应用有一定限制。早期研究显示 PET 对良性前列腺增生与前列腺癌的区分不可靠。PET 用于预测疾病分期仍有争议，但是对转移病灶和复发病灶的鉴别有一定意义。有学者认为 18 F-FDG PET 显像有助于判断前列腺癌的恶性程度，并可诊断前列腺癌的远处转移。PET 对骨转移灶检测的灵敏度可达到 75%，但对淋巴结转移的预测较差。

(2)11C-CHOLIN-PET/CT：是一种新的有前途的诊断前列腺癌的方法，目前认为其对前列腺癌分期以及根治性治疗或内分泌治疗后生化复发的阳性病灶的诊断有帮助，并可以指导初次活检结果阴性，但仍怀疑有前列腺癌的患者进行二次活检。

4. 血清学检查

(1)前列腺特异性抗原(Prostate specific antigen，PSA)：是检测前列腺癌最重要的血清学瘤标，是普查前列腺癌的更有前途的手段之一，其敏感性为 70%，阳性预测值 26% ~52%。同时血清 PSA 还是前列腺癌治疗监测的重要的肿瘤标志物。

为了提高 PSA 对前列腺癌的预测价值，已经发展出多种 PSA 指标。如 PSA 速度(PSAV)，PSA 密度(PSAD)，年龄标化 PSA，游离 PSA(free-PSA)，复合 PSA(cPSA)，ProPSA(PSA 前酶学形式)及 BPSA(Benign PSA)等的应用均在不同方面、程度上提高了筛选前列腺癌的灵敏度和特异性。

PSA 对于预测疾病分期也有一定价值。研究显示①血清 PSA 阳性率随癌临床分期进展而逐步增高，A 期 63%，B 期 71%，C 期 81%，D 期 88%。②血清 PSA 小于 4ng/mL 的患者中有 64% 为器官局限性病变，淋巴结受累不到 1%；而 PSA 超过 50ng/ml 的患者仅有 9% 为器官局限性病变，淋巴结受累达到 27%。③血清 PSA≤10ng/ml 时，骨扫描的假阴性率仅为 0.0% ~0.5%，认为血清 PSA 是预测骨扫描阳性结果最好的指标。但各期之间血清 PSA 浓度有很大重迭，就某个体而言，血清 PSA 不足以确定临床分期。

(2)人腺体激肽释放酶(Human glandular kallikrein，hK2)：属于人组织激肽释放酶基因家族，在结构上有 80% 与 PSA 相同，并由相同的前列腺上皮细胞所分泌，但与 PSA 是相对独立的，其功能是将无活性的 PSA 前体转化为有活性的 PSA。有研究显示 hK2 在 T2 与 T3 期前列腺癌患者中表达有统计学差异，因此在预测器官局限性或非器官局限性前列腺癌方面的价值优于 PSA。

(3)前列腺癌的尿液检测：PCADM-1 仅在前列腺癌中表达，是针对前列腺癌的一种新的高度敏感的尿液标记物。一项包括 588 例前列腺癌病人的双盲实验显示 PCADM-1 的敏感性和特异性分别为 79% 和 83%，而相应的 PSA 检查敏感性和特异性分别为 < 50% 和 55%。

Upm3 测定法是以检测尿中的 DD3PCA3mRNA 的表达来诊断早期前列腺癌的一种新的尿液检测手段。Upm3 的总敏感性，特异性，阳性预测值和阴性预测值分别为 82%，76%，69% 和 90%。

谷光苷肽-S-转移酶（Glutathione-S-Transferase Pi）的尿液检测也有报道可作为早期前列腺癌诊断的临床工具。

5. 前列腺活组织病理检查　Gleason score 是最常用的前列腺癌病理分级系统。术前 Gleason score≤6，有 70% 为器官局限性前列腺癌。而术前 Gleason score≥7 时，仅有 34% 为器官局限性病变。

一般认为随着肿瘤体积的增大，出现包膜外侵犯（ECE）的可能性随之增加。但目前的影像学检查还不能准确的评估前列腺肿瘤体积。我们可以通过穿刺活检所得组织中的肿瘤比例来评估局部肿瘤的负荷。Sebo 等发现 6 针穿刺活检中不但活检组织中肿瘤的体积可以预测分期，而且病理为阳性的穿刺针比例数是预测分期更为准确的指标。当 1/6 针为阳性时，7.4% 具有 ECE。当穿刺针阳性数目比例≥2/6 时，出现 ECE 风险增加到 36%。目前对于 6 针穿刺活检对前列腺癌诊断是否充分仍有争论，有学者认为增加活检常规穿刺针数可以提高肿瘤的检出率，但这无疑增加了患者的痛苦。最佳活检常规穿刺针数仍需要进一步研究。

（1）淋巴结检查：CT 诊断淋巴结转移主要是根据淋巴结的大小。以异常淋巴结短径大于 1cm 为标准，CT 诊断的特异性大约为 90%，但敏感性较低，为 25% ~ 78%。Oyen 等报道联合 CT 扫描及 CT 引导下细针抽吸活组织检查对淋巴结转移检查的特异性达到 100%，可以考虑替代淋巴结切除活检。

MRI 诊断淋巴结转移也主要是依靠淋巴结的大小，但其价值优于 CT，特异性和敏感性分别为 98% 和 75%。

盆腔淋巴结切除仍是目前获得前列腺癌转移病理诊断的主要手段。有许多研究都在尝试预测阳性淋巴结以期望避免盆腔淋巴结切除，减少手术并发症。Alagiri 等提出 PSA ＜20ng/ml，Gleason score ＜ 8 的局限性前列腺癌患者可不必常规行盆腔淋巴结切除。近来，随着腹腔镜技术的迅速发展，腹腔镜切除盆腔淋巴结活检已逐渐开展起来。最近报道的放射性同位素引导的腹腔镜盆腔淋巴结切除术改善了淋巴结切除的可靠性和敏感性。

（2）逆转录聚合酶链反应（RT ~ PCR）：RT-PCR 技术是用于检测外周血和骨髓中表达有 PSA 的循环细胞的一项敏感的技术。在外周血及骨髓抽吸物中已经证实存在具有 PSA-mRNA 或 PSMA-mRNA 的循环细胞。有学者认为 RT-PCR 技术可以通过预测非器官局限性疾病来预测外科手术失败。但目前将其作为筛选手段仍在试验阶段并存有争议。

三、前列腺治疗

1. 前列腺根治术后 PSA 进展的补救性放疗　最近的研究显示对于前列腺根治术后生化复发的患者，补救性放疗是有效的治疗方法。放疗后 73% 患者可达到 PSA＜0.3ng/ml，其 5 年和 10 年生化无复发生存率分别为 55% 和 35%。放疗前低 PSA 水平（PSA＜1ng/ml）具有明显良好的治疗效果，支持补救性放疗的早期应用。

（1）前列腺癌的内分泌治疗：去雄激素

治疗为晚期前列腺癌的标准治疗,包括去势治疗(手术或药物),和抗雄激素药物治疗。去雄激素治疗可以使80%以上的晚期前列腺癌患者在主观及客观上得到改善,生活质量提高。但去雄激素治疗不能治愈本病,能否延长患者生存期仍有争议,通常在去雄激素治疗后12~18个月出现去雄激素治疗无效,疾病恶化,成为激素抵抗性前列腺癌(hormone refractory prostate cancer ,HRPC)。从治疗开始到患者死亡平均2.5~3年。此外,去雄激素治疗可带来包括潮热、乏力、精神抑郁、体力下降、骨质疏松、贫血、性欲减退等一系列副作用。因此内分泌治疗方案及开始的时间一直在讨论中。

(2)去势治疗:手术去势 即双测睾丸切除,操作简单,可以迅速降低血清睾酮(24小时内)达到去势水平。是前列腺癌的标准内分泌治疗,是因肿瘤骨转移出现脊髓压迫症状患者的最佳治疗方案。但其相关并发症较多,如100%患者出现性欲及性功能丧失(并由此可出现精神心理性病态),50%~60%出现潮热,50%以上出现骨质疏松,随之骨折等骨相关不良事件发生增加,10%~15%出现血色素降低、贫血。

(3)LHRH激动剂(LHRH agonists,LHRHa):为人工合成多肽,首次给药初期可出现血清睾酮水平升高,肿瘤症状加重。在3~4周时血清睾酮逐渐下降达到去势水平。目前在正常及恶变的前列腺细胞中均发现有LHRH受体。德国学者研究LHRH受体基因表达的结果显示:HRPC表达率100%,前列腺癌为55.3%,良性前列腺增生为46.3%。另外在LHRHa治疗中,血清睾酮达到去势水平之前既可出现抑制前列腺细胞生长的作用,有作者认为LHRHa及LHRH拮抗剂对于前列腺癌增殖有直接抑制作用,疗效可能优于手术去势。但在去势治疗后是否还需要使用LHRHa国内仍有争议。

(4)LHRH拮抗剂(阿巴瑞克,Abarelix):正在进行III期临床试验。LHRH拮抗剂可竞争性阻断LHRH受体,直接抑制垂体分泌LH,随之出现血清睾酮水平下降,在数天内即可达到去势水平,并且不引起睾酮增加、疾病加重。但该药物可以引发如组胺释放等一些副反应。有关该药物的临床效果及副反应仍需要大量试验证实,在未来可能有希望成为晚期前列腺癌的常规治疗药物。

(5)抗雄激素药物治疗:抗雄激素药物包括甾体类(如醋酸环丙孕酮,CPA)和非甾体类(如氟他胺、康士得等)药物。甾体类抗雄激素药物除具有直接抗雄激素作用,还有孕酮活性,可以负反馈抑制垂体释放LH和FSH,从而减少睾酮的分泌。非甾体类药物除具有直接抗雄激素作用外,还可以竞争性阻断雄激素与垂体雄激素受体的结合,刺激LH及睾酮的释放。

甾体类抗雄激素药物CPA对于前列腺癌是有效的且可逆的治疗药物。可以快速降低血清睾酮水平,达到治疗前的25%,但不能达到去势水平,主要副反应包括男性乳房发育(36%~47%),乳房痛(38%~39%),潮热(6%~13%),乏力(10%~12%),大约20%患者可以出现心血管毒性反应。荟萃分析显示CPA联合去势治疗并不能增加疗效。

雌激素(雌二醇)早期的研究显示雌二醇治疗晚期前列腺癌疗效确实,但该药物口服吸收后经肝脏代谢可影响肝脏合成各种凝血因子,产生严重的心脏并发症而限制了此药的应用。有作者认为雌二醇经肠外途径给药,避免进入门脉循环,可以明显降低心脑血管毒性。SPCG 的研究显示:916 例未经治疗的转移性前列腺癌患者随机接受雌二醇经肌肉注射给药治疗或全雄激素阻断(去势 + 氟他胺)治疗,比较两组疗效及心血管毒副反应均无明显差异。雌二醇经皮下给药治疗的疗效及副反应正在研究中。

非甾体类抗雄激素药物如氟他胺,康士得等已得到广泛应用。2001 年美国第一届国际前列腺癌新治疗方案研讨会特别介绍了单用康士得 150mg/d 治疗晚期前列腺癌的经验。根据欧洲两项研究有 1 300 例患者具有局部晚期或转移性前列腺癌,随机接受康士得 150mg/d 治疗和去势治疗,中位随访 6.3 年。研究结果显示在局部晚期无转移患者两治疗组生存率无明显差异。而对有转移的病人,去势治疗略优于康士得 150mg/d 治疗($P = 0.0246$),中位生存时间增加 42 天。最近,另一项包括 8 113 例局限无转移($T_{1\sim4}$,M_0,Nx)前列腺癌患者的随机、双盲、安慰剂对照临床试验,中位随访 5.4 年,结果也显示康士得 150mg/d 明显改善了局限性无转移前列腺癌患者的无进展生存期(PFS),对于局部进展期前列腺癌显示疗效更佳。可能因为随访时间不足够长,该研究未能显示对总生存率的改善。

最近欧洲肿瘤会议报告康士得 150mg/d 治疗可使前列腺癌进展性减少 42%,骨转移减少 33%,PSA 进展的危险减少 59%($P < 0.0001$)。此外康士得与 AR 的亲和力比氟他胺强 4 倍,且不降低体内雄激素水平,对性欲影响小,能维持较好的生活质量,并可延缓前列腺癌的进展,但患者的整体生存率仍得不到明显改善。其主要不良反应为男性乳腺发育及乳房胀痛,使用他莫昔芬治疗,可有效降低不良反应的发生。

近来的研究发现,雄激素非依赖性细胞的发生可能与体内某些细胞因子刺激雄激素受体(AR)有关,如 IL-6、TGF-β、IGF-1、EGFR 等,其中最引人注目的是 IL-6。目前初步认为 IL-6 是除雄激素外唯一能强烈刺激 AR 的细胞因子。IL-6 可在无或低浓度雄激素的条件下直接刺激 PSA 及 AR-mRNA 增高,促进 AR 基因表达,使 AR 活性增强,促使癌细胞增殖。因此目前认为在去雄激素治疗后,病人体内雄激素减少,随之引起的 IL-6 增高是促使雄激素依赖性细胞转变为非依赖性的重要原因。阻断 IL-6 受体(IL-6 ~ gp130)或使用 IL-6 单克隆抗体,均能在实验室内显着抑制肿瘤生长。研究显示在前列腺癌 DU-145 与 LNCap 细胞株中康士得可阻断 IL-6 对 AR 的作用,具有抗 IL-6 效应,因此预期康士得治疗晚期前列腺癌可能取得较好疗效。

抗雄激素单药治疗优点在于耐受性良好,对性功能影响小,对于已明确告知疾病情况并要求保留性功能的患者可考虑选择接受抗雄激素单药治疗。就疗效而言,目前,仅在无转移前列腺癌患者可接受单独康士得 150mg/d 治疗,疗效与去势相同。无论 CPA 还是康士得,均没有确切的证据显示抗雄激素单药治疗优于或等于去势治疗或雄激素联合阻断(CAB)治疗。去势治疗和 CAB 仍是大多数晚期前列腺癌的最佳治疗方案。

(6)联合雄激素阻断(Combined androgen blockade,CAB):许多大型临床试验或文献荟萃分析显示:就中位生存或无进展生存而言,联合雄激素阻断治疗晚期前列腺癌疗效略优于或等同于单纯去势治疗,对总生存有一定改善，但 CAB 组副反应相对较多。

Prehen D 认为老年人发生前列腺癌与体内雄激素减少有关。认为雄激素在前列腺有双重作用，低浓度时可刺激前列腺细胞增生、癌变，高浓度则抑制其生长。最近的一项动物试验显示 HRPC 中神经内分泌细胞明显增加，在补充雄激素时不但不能支持肿瘤生长，而且会抑制肿瘤生长。临床上采用间歇性抗雄激素治疗或抗雄激素撤除治疗，均可使雄激素再度与癌细胞接触，以延缓从癌细胞由雄激素依赖性转为非依赖性。雄激素在前列腺癌发生、发展及治疗中的作用仍有待进一步证实。

（7）激素抵抗性前列腺癌（HRPC）的治疗：HRPC 通常是指血清睾酮达到去势水平的前列腺癌患者在接受去雄激素治疗中间隔至少 2 周检测一次血清 PSA，有连续 2 次或 2 次以上的 PSA 升高，即前列腺癌细胞由雄激素依赖性转为非依赖性。大量资料显示，去雄激素治疗平均有效期为 12 ~ 18 个月，从首次 PSA 升高超过 4ng/ml 到出现症状进展的中位时间约为 6 ~ 8 个月，从 PSA 进展到患者死亡的中位时间为 12 ~ 18 个月。一旦 HRPC 患者出现症状，中位生存时间仅为 8 ~ 12 个月。目前针对 HRPC 的各种治疗手段主要在于改善患者生活质量，降低 PSA。对于总生存率的改善仍缺乏有效治疗手段。

（8）二线激素治疗：可使部分 HRPC 患者的 PSA 下降，主、客观症状得到一定缓解，但维持时间普遍较短，一般不超过 4 个月，并且没有证据显示可以改善总生存。

2. 化疗　既往以生存率和客观反应率为主要试验终点的研究认为前列腺癌属于化疗不敏感肿瘤。随着 PSA 的出现以及人们对生活质量逐渐重视，使用 PSA 指标及症状改善作为试验终点的研究逐渐增多，使对药物疗效的评估得到一些有意义的阳性结果。另外随着米托蒽醌、紫杉醇和多西紫杉醇等药物在前列腺癌的应用，前列腺癌对化疗的敏感性也明显提高。

研究显示雌二醇氮芥与其它抗微管药物（如长春碱、鬼臼乙叉甙、紫杉醇、多西紫杉醇等）合用可产生协同增效作用。以雌二醇氮芥为基础的联合化疗可使 40% ~ 50% 的 HRPC 患者 PSA 下降、症状缓解。

两项随机 III 期试验显示，在症状缓解、缓解持续时间、PSA 下降比例及肿瘤进展时间等方面，泼尼松联合米托蒽醌治疗明显优于单用泼尼松治疗。目前认为米托蒽醌联合皮质激素可作为 HRPC 的参考治疗方案。

紫杉烷类药物如紫杉醇及多西紫杉醇可抑制微管形成，并使细胞生存素（survival）及 bcl-2 磷酸化。从而抑制肿瘤生长，促进凋亡。临床研究显示紫杉醇单药治疗 HRPC，疗效低，副反应大。但当紫杉醇与其它有抗微管作用的药物和用可以提高疗效。如与雌二醇氮芥联合治疗 HRPC，客观缓解率可达 44.4%，大于 50% 的 PSA 下降率为 53%。一项 II 期研究显示，雌二醇氮芥、鬼臼乙叉甙联合紫杉醇治疗 HRPC，总反应率 45%，65% 患者出现大于 50% 的 PSA 下降。中位持续时间 3.2 个月，中位总生存 12 个月。并且耐受性良好。

多西紫杉醇（Docetaxel）单药治疗 HRPC，客观反应率 28%，PSA 下降 >50% 和 >80% 的患者分别为 45% 和 20%。与雌二醇氮芥联合使用，客观反应率 17% ~ 75%，31% ~ 92% 的患者 PSA 下降 >50%，53% ~ 88% 患者 Karnofsky 评分改善，疼痛缓解，症状得到控制。

最近的研究显示阿斯匹林可提高激素依赖性前列腺癌细胞抵抗化疗药的能力。因此在接受化疗前或化疗时应谨慎选用阿斯匹林。二磷酸盐治疗(Bisphosphonates)二磷酸盐可以抑制破骨细胞活性,减轻溶骨性骨转移所造成的疼痛。目前已证实其对前列腺癌骨转移疼痛也有缓解作用。二磷酸盐不但可以减少骨转移相关并发症如骨痛,病理性骨折的发生,也可以预防或延迟去势治疗后发生的骨相关不良事件,如骨质疏松、骨折等。唑来膦酸(zoledronic acid)是目前最有希望的二膦酸盐类药物之一,其针对于早期无症状 HRPC 患者的 III 期临床试验正在进行中。

3. 放射免疫治疗　放射性核素标记的抗体或受体配体可与前列腺癌细胞表面抗原或受体特异结合,利用核素发射的 β 射线来杀伤肿瘤。Kahn 等使用抗 PSMA 单克隆抗体 90Y-CYT-356 治疗 8 例前列腺癌术后复发病人,87.5%(7/8)病人 PSA 有所下降。最近 Dangshe 等已经筛选并制备出一个标有同位素及结合毒素的纯化的人抗 PSMA-IgG 单克隆抗体,准备用于人类前列腺癌治疗的临床试验。

4. 其它正在研究的药物　目前其他一些正在进行的实验中涉及的治疗包括基因治疗,瘤苗治疗,金属蛋白酶抑制剂,血管生成抑制剂,端粒酶抑制剂及信号转导抑制剂等。

(1)细胞表面受体抑制剂:许多肿瘤可以产生生长因子,进入自分泌循环,刺激肿瘤自身生长。前列腺癌细胞表面有生长因子受体(GFR)的过度表达。特异的阻断细胞表面生长因子受体可以出现短暂的生长抑制。但是由于肿瘤细胞表面有多种生长因子受体,并存在许多不同的自分泌环,因此对单一受体的阻断不能产生明显的临床效果。内皮素 A 受体(ETaR)及其拮抗剂阿曲生坦(Atrasentan)在前列腺癌中的作用已经被研究。EtaR 在前列腺癌细胞,特别是高分级和转移性前列腺癌细胞中表达上调。当循环中的内皮素激活相应的 EtaR 后,启动代谢途径,促进血管生成及细胞生长,并抑制细胞凋亡。有关 ETaR 拮抗剂的 I 期和 II 期临床试验显示阿曲生坦虽然没有改善生存,但缓解或延迟了转移性骨疼,改善了 HRPC 患者的生活质量。

细胞表面表皮生长因子受体(EGFR)抑制剂易瑞莎(Iressa)在肺癌的治疗中已显示出明确的疗效,但在 II 期研究中其对前列腺癌的疗效没有得到证实。随后的研究显示除少数 HRPC 外,多数 HRPC 均具有 EGFR 遗传性改变(EGFR 基因突变),导致对 Iressa 治疗敏感性下降。这就解释了为什么 II 期临床研究中 Iressa 治疗 HRPC 不成功。

(2)信号转导抑制剂:细胞表面表皮生长因子受体(EGFR)被循环配体激活后,受体的细胞外部分构象改变,伴随受体的细胞内结构改变,在酪氨酸激酶的作用下被激活,并产生促进细胞生长的临床效应。酪氨酸激酶抑制剂可以阻断随后的一系列反应,抑制细胞的生存及生长。但肿瘤细胞具有多种不同信号转导通路,其相互干扰造成肿瘤细胞的生长停滞不能被长久维持。

(3)反义寡核苷酸:为含有约 20 个脱氧核苷酸的 DNA 链,可和染色体 DNA 中含有互补链的特异位点结合,并影响其基因功能。针对癌细胞生长或凋亡基因的反义寡核苷酸可以阻断癌细胞的代谢途径。最近的研究显示反义 CK2-alpha 在体外试验中可降低前列腺癌 PC3-LN4 细胞中蛋白激酶 CK2 的表达并抑制其活性,从而诱导前列腺癌细胞的退化,而对正常前列腺上皮没有影响。

因有大量基因和细胞通路共同作用控制肿瘤的进展,单一靶向基因抑制可能不足以长期抑制肿瘤进展。最近 Kazuki 等报道了针对抗调亡基因 Bcl-2 和 Bcl-xL 的双特异性反义寡核苷酸可以在体外诱导 HRPC 细胞株 PC-3 的凋亡。与紫杉醇联合用时,增强了 PC-3 细胞对紫杉醇化疗的敏感性,将紫杉醇的半数致死量由 100nM 降低到 10nM。明显的抑制了癌细胞的生长,促进了凋亡。因此认为联合反义寡核苷酸和紫杉醇可能成为治疗 HRPC 有希望的一种策略。

(4)血管生成抑制剂　体外研究显示肿瘤生长超过 1 ~ 2 mm^3 时需要依赖有血管生长。已证实在前列腺肿瘤组织内微血管密度越高,出现转移的可能性越大,预后越差。许多物质都可刺激肿瘤细胞产生血管内皮生长因子(VEGF),包括组织微环境中的生长因子,如表皮生长因子(EGF),成纤维细胞生长因子(FGF),胰岛素样生长因子(IGF),IL-1b,IL-6,和血小板衍生生长因子(PDGF)。肿瘤组织内缺氧及炎症等代谢性应激也可导致 VEGF 产生。VEGF 可通过与内皮细胞表面的跨膜受体(主要为 VEGFR-2)结合而产生生物学效应。VEGFR-2 属于酪氨酸激酶受体家族,与 VEGF 结合后通过一系列信号转导和多种途径诱导肿瘤血管生成,随之为肿瘤的生长及转移提供可能。

抗血管生成包括①使用可溶性 VEGF 受体或抗-VEGF 单克隆抗体干扰 VEGF 与其受体结合。②使用小分子酪氨酸激酶抑制剂(TKIs)来阻断 VEGF 受体信号转导。Semaxanib (SU5416)是一种合成的 TKI,主要靶向为内皮细胞上的 VEGFR-2。

(5)生物反应调节剂:肿瘤细胞可以逃避自身免疫系统的识别。PSA 和 PSMA 为大分子糖蛋白,使用其一小部分肽段制成疫苗可以激活免疫系统特异性识别并杀伤表达有 PSA 或 PSMA 的细胞,即前列腺癌细胞。

树突状细胞(DC)作为抗原呈递细胞具有良好的特异性免疫反应启动作用。最近的研究显示增加活性 PSA 到 DC 培养基中可显著抑制 DC 的产生和成熟。PSA 在体外抗 DC 形成的作用提示前列腺癌中 PSA 可能具有的免疫抑制功能。针对 PSA 及 DC 的治疗可能改善前列腺癌的免疫治疗效果。

(6)5α 还原酶(5αR)抑制剂:5α 还原酶同工酶 I 型和 II 型在前列腺癌细胞中均有表达。随着前列腺癌的进展,I 型 5α 还原酶(5αR1)强染色的频度和范围呈上升趋势。单用 II 型 5α 还原酶(5αR2)抑制剂非那雄胺治疗的效果差。有作者认为 5αR1 和 5αR2 的双重阻止剂(度那雄胺,Dutasteride)能几乎完全抑制双氢睾酮的生成,伴随着细胞凋亡增加,微血管生成减少,潜在的抑制或延缓前列腺癌的进展。

四、前列腺癌预防研究(Prostate Cancer Prevention Trial,PCPT)

2003 年报道了有关非那雄胺(保列治)预防前列腺癌的前瞻性研究结果,9 060 男性进入研究,随机分为两组(非那雄胺组 4 368 人,安慰剂组 4 692 人)接受治疗,历时 7 年。结果显示非那雄胺可以降低 24.8% 的患癌率。前列腺癌发生率在非那雄胺组与安慰剂组分别为18.33%和24.45%。但结果同时显示:Gleason score7~10的高分级前列腺癌发生率非那雄胺组的高于安慰剂组,分别为6.4%和5.1%。此项研究提示非那雄胺能有效预防或延缓前列腺癌的发生,但同时有可能增加高分级前列腺癌的发生率,使用时应权衡疗效及风险。此外,还需要进一步研究了解Gleason score升高是否与非那雄胺治疗有关,并了解非那雄胺组中高分级前列腺癌的生物学行为。

五、总结

对于前列腺癌筛选的价值目前仍有争议。但若筛查出的早期局限性前列腺癌患者预期寿命大于10年,早期根治性治疗可以给病人带来生存价值。血清PSA目前仍是前列腺癌诊断及治疗监测最重要的肿瘤标志物。

抗雄激素单药治疗耐受性良好,对性功能影响小。去势治疗和CAB仍是大多数晚期前列腺癌的最佳治疗方案。联合雄激素阻断治疗晚期前列腺癌疗效略优于或等同于单纯去势治疗,对总生存有一定改善,但CAB组副反应较多。

激素抵抗性前列腺癌目前尚缺乏有效地治疗手段。新药物的使用及联合化疗已显示出一定的敏感性,但最佳方案仍在探索中。基因治疗及放射免疫治疗等逐渐得到人们的重视,疗效及副反应仍有待证实。

非那雄胺对于前列腺癌的预防作用得到证实,但使用时应谨慎的对待可能增加的高分级前列腺癌的发生率。

目前,人工神经网络(Artificial Neural networks,ANN)的发展可使前列腺癌的诊断及预后判断更加个体化,值得期待。

参考文献

1 Thompson IM. et al. N Engl J Med,2003;349(3): 213~222

2 Endothelin receptors as novel targets in tumour therapy. Bagnato A, Natali PG. J Transl Med,2004 May 27;2(1): 16

3 Antisense approaches in prostate cancer. Chi KN, Gleave ME. Expert Opin Biol Ther,2004 Jun; 4 (6): 927~36

4 Strohmeyer D, R? ssing C, Strauss F, Bauerfeind A, Kaufmann O, Loening S. Tumour angiogenesis is associated with progression after radical prostatectomy in pT2/pT3 prostate cancer. Prostate,2000;42: 26~33

5 A phase I trial of DNA vaccination with a plasmid expressing prostate-specific antigen in patients with hormone-refractory prostate cancer. Pavlenko M, Roos AK, Lundqvist A, Palmborg A, Miller AM, Ozenci V, Bergman B, Egevad L, Hellstrom M, Kiessling R, Masucci G, Wersall P, Nilsson S, Pisa P. Br J Cancer,2004 Aug 16;91(4): 688~94

6 Dendritic cell based vaccines: progress in immunotherapy studies for prostate cancer. Ragde H, Cavanagh WA, Tjoa BA. J Urol,2004 Dec;172(6 Pt 2): 2532~8

7 Ahmedin J, et al: CA Cancer J Clin,2002; 52(1): 23~47

8 Bartsch G, et al - Tyrol Prostate Cancer Screening Group: Prostate cancer mortality after introduction of prostate-specific antigen mass screening in the Federal State of Tyrol, Austria. Urology,2001; 58: 417~424

9 Barry MJ. Clinical practice. Prostate-specific-antigen testing for early diagnosis of prostate cancer. N Engl J Med, 2001; 344: 1373~7

10 Lilja H. Role of hK2, free PSA, and complexed PSA measurements in the very early detection of prostate cancer. Eur Urol,2001; 39 Suppl 4: 47~8

11 Holmberg L, et al. A randomized trial comparing radical prostatectomy with watchful waiting in early prostate cancer; Scandinavian Prostatic Cancer Group Study Number 4. N Engl J Med,2002; 347: 781~9

12 Steineck G, et al. Quality of life after radical prostatectomy or watchful waiting. Scandinavian Prostatic Cancer Group Study Number 4. N Engl J Med,2002; 347: 790

~6

13 Begg CB, et al. Variations in morbidity after radical prostatectomy. N Engl J Med,2002;346: 1138 ~44

14 Donovan J, et al. Improving design and conduct of randomised trials by embedding them in qualitative research: ProtecT (prostate testing for cancer and treatment) study. BMJ,2002; 325: 766 ~770

15 Johansson JE, et al. Natural history of early, localized prostate cancer. JAMA,2004; 291: 2757 ~8

16 Lu-Yao G, et al. Natural experiment examining impact of aggressive screening and treatment on prostate cancer mortality in two fixed cohorts from Seattle area and Connecticut. BMJ,2002; 325: 740

17 De Koning HJ, et al; European Randomized Screening for Prostate Cancer (ERSPC) Trial. ; International Prostate Cancer Screening Trials Evaluation Group. Large-scale randomized prostate cancer screening trials: program performances in the European Randomized Screening for Prostate Cancer trial and the Prostate, Lung, Colorectal and Ovary cancer trial. Int J Cancer,2002; 97 : 237 ~44

18 Thornton H, Dixon-Woods M. Prostate specific antigen testing for prostate cancer. BMJ,2002; 325: 725 ~726

19 Thompson IM, Pauler DK, Goodman PJ et al. Prevalence of prostate cancer among men with a prostate-specific antigen level < or =4ng/ml. N Engl J Med,2004; 350: 2239 ~46

20 Recker F, et al. Human glandular kallikrein as atool to improve discrimination of poorly differentiated and nonorgan confined cancer compared with prostatic specific antigen. Urology,2000; 55: 481 ~485

21 Haese A, et al. Human glandular kallikrein 2: A potential serum marker for predicting the organ confined versus non-organ confined growth of prostate cancer. J Urol May,2000; 163: 1491 ~1497

22 Sebo TJ, et al. The percentage of cores positive for cancer in prostate needle biopsy specimens is strongly predictive of tumor stage and volume at radical prostatectomy. J Urol,2000; 163: 174 ~178

23 Ghavamian R, Bergstralh EJ, Blute ML, Slezak J, Zincke H. Radical retropubic prostatectomy plus orchiectomy versus orchiectomy alone for pTxN + prostate cancer: a matched comparison. J Urol,1999; 161: 1223 ~1228

24 Grossfeld GD, Chaudhary UB, Reese DM, Carroll PR, Small EJ. Intermittent androgen deprivation: update of cycling characteristics in patients without clinically apparent metastatic prostate cancer. Urology,2001; 58: 240 ~245

25 Iversen P, Tyrrell CJ, Kaisary AV et al. Casodex (bicalutamide) 150-mg monotherapy compared with castration in patients with previously untreated nonmetastatic prostate cancer: results from two multicenter randomized trials at a median follow-up of 4 years. Urology,1998; 51: 389 ~396

26 Iversen P, Tyrrell CJ, Kaisary AV et al. Bicalutamide monotherapy compared with castration in patients with nonmetastatic locally advanced prostate cancer: 6. 3 years of followup. J Urol,2000; 164: 1579 ~1582

27 Pether M, Goldenberg SL, Bhagirath K, Gleave M. Intermittent androgen suppression in prostate cancer: an update of the Vancouver experience. Can J Urol,2003; 10: 1809 ~1814

28 Pilepich MV, Winter K, Lawton C et al. Phase III trial of androgen suppression adjuvant to definitive radiotherapy. Long term results of RTOG study 85-31. Proc Am Soc Clin Oncol 31-5,2003; 22: 381, abs 1530

29 Prostate Cancer Trialists' Collaborative Group. Maximum androgen blockade in advanced prostate cancer: an overview of the randomised trials. Lancet,2000; 355: 1491 ~1498

30 Scherr D, Swindle PW, Scardino PT. National Comprehensive Cancer Network guidelines for the management of prostate cancer. Urology,2003; 61: 14 ~24

31 Schmidt B, Wilt TJ, Schellhammer PF. Combined androgen blockade with nonsteroidal antiandrogens for advanced prostate cancer. Urology,2001; 57: 727 ~732

32 See WA, Wirth MP, McLeod DG et al. Bicalutamide as immediate therapy either alone or as adjuvant to standard care of patients with localized or locally advanced prostate cancer: first analysis of the Early Prostate Cancer program. J Urol,2002; 168: 429 ~435

❖ 妇科肿瘤 ❖

人乳头状瘤病毒脱氧核糖核酸检测进展

陈 汶 刘 彬 戎寿德 乔友林

中国医学科学院肿瘤医院/肿瘤所 北京 100021

人乳头状瘤病毒(HPV)型别有100多种,按其感染的部位分为皮肤型和生殖道型HPV。大约有35种型别与生殖道感染有关,约20种与肿瘤相关。依据与癌发生关系分为低危型HPV,如6、11、42、43和44型等可引起外生殖器湿疣、宫颈上皮内低度病变等;高危型HPV,包括HPVl6、18、31、33、35、39、45、51、52、56、58、59和66型等与子宫颈癌及宫颈上皮内高度病变的发生相关。HPV16、18型感染率最高[1],在检出的所有型别中HPV16占50%,其病理类型主要为子宫颈癌鳞状上皮细胞癌;HPV18占14%,在子宫颈腺上皮细胞癌占主要地位;HPV45占8%;HPV31占5%;其他型别占23%。

HPV感染已被流行病学和生物学证明是引起子宫颈上皮内瘤样变(CIN)及子宫颈癌的重要因素[2~3]。HPV可通过性生活传播,感染高峰年龄在18~28岁,检出期较短约2~3年,感染期也较短,一般8~10个月消失。HPV可反复感染,亦可不同亚型同时感染。由于高危型HPV感染常无明显临床症状,故很难引起人们的重视。只有当感染持续存在时才是子宫颈癌的主要风险因素[4],能够提高子宫颈癌风险250倍[5]。人群HPV染率随年龄上升而下降,在小于25岁时最高,大于35岁相对较低,但是子宫颈癌发病率随年龄上升而上升[6]。

中国医学科学院肿瘤医院肿瘤研究所[7]在子宫颈癌高发区进行了1 997例35~50岁妇女的高危型HPV感染率(24%)调查,大大高于国外报道同年龄组的感染率(5%~10%)。而且该地子宫颈癌患者高危型HPV感染率为100%,高度病变(包括CINⅡ和CINⅢ)的感染率约为97%,低度病变(CINⅠ)约为61.4%。但是并非所有的HPV感染者和CIN都会进展为癌,Nasiell[8]等等人随访了555例病理诊断为CINⅠ的病人,平均随访时间为43个月,结果62%的病人转为正常,22%维持原状,16%发生进展;对894例诊断为CINⅡ的病人随访65个月,发现其中54%的病人转为正常,16%维持原状,30%发生进展。

一、HPV的检测方法

随着HPV与子宫颈癌病因关系广泛被人重视,HPV检测方法也在不断地改进。如细胞学检查、斑点印迹法、荧光原位杂交法、Southern杂交法、多聚合酶链式反应(PCR)法和杂交捕获法等[9]。

(一)细胞学检查

上世纪70年代中期,细胞和病理学研究已证实在宫颈细胞涂片中的凹空细胞与HPV感染有关且具有很高的特异度,缺点为敏感性不高。因为在大多数HPV阳性的患者细胞涂片中都未发现凹空细胞。

(二)感染组织中HPV蛋白的检测

利用具有广泛交叉反应的抗病毒裂解膜蛋白血清检测感染组织中的病毒膜抗原有很高的特异性。病毒膜抗原和凹空细胞高度相关,HPV 阳性但细胞学正常的个体中很少发现病毒膜抗原。

(三)HPV 感染的血清学检测

它是一种利用病毒样颗粒检测血清中 HPV 特异性抗体的 ELISA 方法。但由于血清中的抗体滴度较低,很难被检测到。

(四)HPV 基因组检测

1. PCR 为基础的方法　是常用的 HPV 检测方法有很高灵敏度,只要标本中有 10 ~ 100 病毒基因拷贝即可检出。通过计算机辅助设计 HPV 各亚型引物而且能够有效特异地扩增相应的亚型。此外,使用 HPV 病毒高度保守序列作为 HPV 各型别的通用引物如:MY09-MY11, GP5 +/GP6 + 对于广谱扩增 HPV 各亚型是一种有效手段,PCR 扩增产物可通过多种方法验证 HPV 型别。

2. Southern 杂交法　该方法主要用酚氯仿抽提纯化细胞 DNA,通过限制酶消化、电泳、变性、转膜,放射性标记探针杂交。HPV 型别的鉴定是以杂交片段大小与杂交的严格性为基础。其灵敏度与杂交捕获实验类似,但存在着耗费人力,实验步骤复杂和使用放射性探针等缺点。

3. 原位杂交　使用放射性或非放射性的 DNA 或 RNA 探针标记细胞或组织切片,其检测最低限度为每个细胞 20 ~ 25 个病毒基因拷贝。原位杂交耗费人力,实验程序复杂,缺乏正常对照。因此不适于流行病学研究,但非常适于 HPV 相关的细胞和病理学研究。

4. 滤膜原位杂交　是最早用于流行病学人群试验的 HPV 检测方法,由于实验室间误差较大及稳定性差,目前已很少使用。

5. HPV DNA 分型检测　美国 Roche 公司的 Linear Array HPV 分型检测试剂盒能够检测肛门与生殖器标本的 HPV,共 37 种亚型,目前正在申请欧盟的体外诊断产品的 CE 认证。

6. RNA 混合探针检测

(1)放射性检测: ViraPap™ (Digene Corp., Gaithersburg, MD)是经美国 FDA 认证的第一个商业性 HPV 诊断试剂盒。使用 7 种 HPV 亚型的放射性探针包括 HPV-6, 11, 16, 18, 31, 33 和 35 型。目前已被杂交捕获替代。

(2)非放射性检测:第一代杂交捕获试验(HCT)采用试管法可检测 9 种高危型 HPV,包括 16, 18, 31, 33, 35, 45, 51, 52 和 56 型和低危型 HPV,包括 6, 11, 42, 43 和 44 型,其灵敏度类似于巴氏涂片。第二代杂交捕获试验(HC-Ⅱ)采用 96 孔平板法利用非放射性 RNA 作为探针可检测 13 种高危型 HPV,包括 16, 18, 31, 33, 35, 39, 45, 51, 52, 56, 58, 59, 68 型和 5 种低危型 HPV,包括 6, 11, 42, 43, 44 型。

HC-Ⅱ是美国 Digene 公司发展的目前美国 FDA 唯一批准的可在临床使用的一种检测 HPVDNA 的技术。

二、HPVDNA 第二代杂交捕获实验

1. 标本采集工具　可用阴道细胞刷或棉签。通常在巴氏涂片完成后进行宫颈标本收集,如果要进行阴道镜检查应当在醋酸或者碘染色前进行。或由受检对象自己采样,一般使用 15cm 长塑料杆尼龙头棉签:无论是在取样和检测时均不需医生参与,病人按照标准要求操作,将取样器插入阴道,直至遇到阻力(约 6cm),旋转 4 ~ 6 圈退出后放在装有保存液的试管中密封保存。或由医生为受检对象采样,使用 Digene 公司 HPV 锥形采样刷或棉签。如果受检对象同时做液基细胞学检查,可用其剩余液体进行 HPV DNA 检测。其中 ThinPrep (CYTYC

Con,Boxborough,MA)要求剩余液体应大于4ml,AutoCyte(Tripath Imaging,Inc.,Burlington,NC)利用制片后剩余细胞球,按试剂盒说明做前处理,然后做 HPV DNA 检测。

2. HC-Ⅱ检测　利用对抗体捕获信号的放大和化学发光信号的检测来检测 HPV DNA。基本原理为:碱性溶液破坏病毒 DNA 双链被释放并分解为核苷酸单链;DNA 单链与 RNA 探针结合为 RNA-DNA 杂交复合物;第一抗体(特异性抗体)将 RNA-DNA 杂交复合物固定在微孔壁上;结合有碱性磷酸酶的多个第二抗体与 RNA-DNA 杂交复合物结合;碱性磷酸酶作用与酶底物发光使信号放大,根据光的强弱可确定碱性磷酸酶的含量从而确定 RNA-DNA 的量。阳性诊断界值为 HPV DNA ≥1.0pg/ml。将杂交捕获实验(HC-Ⅱ)和 PCR 法比较,可见两者一致程度较高[10]。因此,HC-Ⅱ是目前较为理想的检测方法。见表1。

表1　PCR 法检测高危型 HPV 与 HC-Ⅱ的比较

截断值(pg/ml)	阳性率		Kappa 值
	HC-Ⅱ	PCR	
0.2	22.1	18.3	0.52(0.38,0.67)
0.5	15.9	18.3	0.58(0.43,0.72)
1.0	13.0	18.3	0.58(0.43,0.73)

三、HPV 检测的意义

(一)HPV 检测单独使用

1999 年中国医学科学院肿瘤医院肿瘤研究所在山西子宫颈癌高发区襄垣县完成子宫颈筛查方法研究,HC-Ⅱ也在评价范围内。医生采样后做 HPV 检测筛查 CIN Ⅱ以上病变的灵敏度和特异度分别为 95.2% 和 86.9%;病人自采样方式为 83.8% 和 85.9%。HPV 检测的灵敏度远大于细胞学和阴道镜方法[11],说明 HC-Ⅱ可以对治疗后高度病变的患者进行监测,评价治疗效果。其次,HPV 感染具有组织亲和性,主要局限于宫颈上皮病变区域。目前用于局部病变(CIN)治疗的方法很多,包括激光切除与激光烧灼、冷刀、冷冻治疗和 LEEP 治疗;使用 HPV 检测可评价上述治疗方法效果-有效的治疗可以在切除病变区域同时达到清除 HPV 感染的效果,如果治疗后 HPV 检测持续阳性,则要延长其随访时间。通常 CIN 在治疗后 2.5 年以内复发[12]。

有文献报道浸润癌的 HPV DNA 量显著高于子宫颈癌前病变和慢性子宫颈炎;而且还发现,不同级别的子宫颈癌前病变,由 CIN Ⅰ→CIN Ⅱ→CIN Ⅲ其 HPV DNA 含量呈递增趋势[13],说明子宫颈 HPV DNA 的含量可能与子宫颈癌的发生和发展有关,高水平的 HPV DNA 含量可能促进子宫颈从慢性子宫颈炎状态逐步进展到子宫颈癌。提示高负荷量的 HPV DNA 病人同样要延长随访时间。

(二)HPV 检测和细胞学检查联合应用

传统巴氏细胞涂片是一项筛查子宫颈癌的重要但不完美的方法。阴道镜下活检显示巴氏涂片常常低估宫颈病变程度,这部分人群中包括有极少数浸润癌和少于 25% 的高度病变(HSIL),尽管比例很小但是具有临床意义[14]。

HPV 感染可以用于预测将来的鳞状上皮内病变,同时检测方法具有敏感度和特异度较高,效率高,重复性好,同时不受采集样本的影响等优点,能够在一定程度上弥补巴氏涂片的不足。其次,HPV DNA 检测阳性预测值随年龄的上升而增加但是细胞学检查正好相反,两者联合应用可以达到互补的目的。因此,2003 年美国妇产医师学会(ACOG)[15]推荐了分类转诊方法。对 30 岁以上的妇女使用巴氏涂片进行粗筛,对细胞学诊断为 ASCUS/LSIL 的患者做 HPV DNA 检测,阳性者转诊阴道镜。细胞学联合 HPV 检测具有更高的阴性预测值(大于 99%),

能够比巴氏涂片更加准确衡量宫颈病变的有无,减少对不明意义非典型鳞状细胞和 HPV 阴性结果这组人群的忧虑,提供评价妇女风险状态的客观指标。使用 HPV 检测作为中间分诊指标决定病人是否需要转诊阴道镜,可以提高阴道镜检测的灵敏度[16](图1)并且降低监测的成本,减少医生和病人的不便。

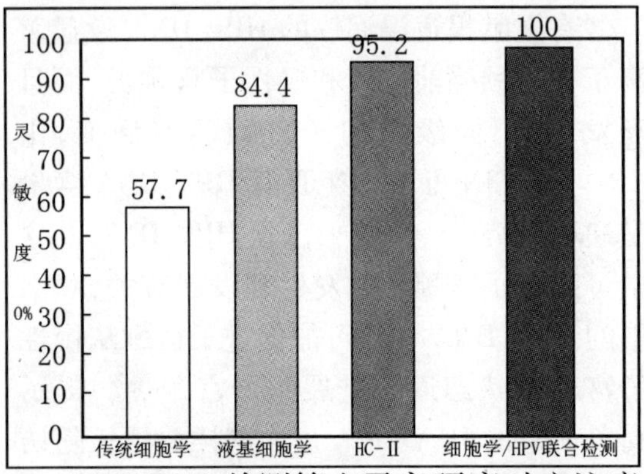

HPV DNA 检测筛查子宫颈癌时应注意 HPV 的流行是因人群而异,年轻妇女的感染常为一过性,只有高危型 HPV 持续感染,患子宫颈癌的危险性才会增加。所以 HPV DNA 检测的效果在较高年龄的妇女最佳。其次,HPV 试剂盒价格较高,尚不能成为我国广大妇女常规的临床检查项目,我们期待能尽快开发、研制出经济、高效、简便的 HPV 检测试剂盒应用于临床。

参考文献

1 Bosch FX, Manos MM, Munoz N, et al. Prevalence of Human Papillomavirus in cervical cancer: a world wide perspective. International biological study on cervical cancer (IBSCC) study group. J Natl Cancer Inst, 1995; 87: 796 ~ 802

2 Schiffman MH, Bauer HM, Hoover RN, et al. Epidemiologic cvidence showing that Human Papillomavirus infection cruses most cervical intraepithelial neoplasia. J Natl Cancer Inst, 1993;85: 958 ~ 964

3 Walboomers JM, Jaclbs MV, Manos MM, et al. Human papillomavirus is a necessary cause of invasive cervical cancer worldwide. J Pathol, 1999;189: 12 ~ 19

4 Woodman CB, Collins S, Winter H, et al. Natural history of cervical human papillomavirus infection in young women: a longitudinal cohorts study. Lancet, 2001;357: 1831 ~ 4836

5 Liaw KL, Glass AG, Manos MM, et al. Detection of human papillomavirus DNA in cytologically normal women and subsequent cervical squamous intraepithelial lesions. J Natl Cancer Inst, 1999;91: 954 ~ 960

6 Nobbenhuis MA, Walboomers JM, Helmerhorst T J, et al. Relation of human papillomavirus status to cervical lesions and consequences for cervical cancer screening: a prospective study. Lancet, 1999;354: 20 ~ 25

7 沈艳红,陈凤,黄曼妮,等. 我国山西省子宫颈癌高发区人乳头瘤病毒感调查. 中国医学科学院学报,2003;25: 381 ~ 385

8 Nasiell K, Roger V, Nasiell M. Behavior of mild cervical dysplasia during long-term follow-up. Obstet Gynecol, 1986;67: 664 ~ 669

9 IARC Monographs on Human Papillomaviruses, 1995: 49 ~ 57

10 Peyton C L, Schiffman M, Löorincz A T, et al. Comparison of PCR and hybrid capture-based human papillomavirus detection systems using multiple cervical specimen collection strategies. J Clin Microbiol, 1998; 36: 3248 ~ 3254

11 乔友林,章文华,李凌,等. 子宫颈癌筛查方法的横断面比较研究. 中国医学科学院学报,2002;24: 50 ~ 53

12 Kjellberg L, Wadell G, Bergman F, et al. Regular disappearance of the human papillomavirus genome after conization of cervical dysplasia by carbon dioxide laser. Am J Obstet Gynecol, 2000; 183: 1238 ~ 1242

13 李淑敏,章文华,吴令英,等. 人乳头状瘤病毒负荷量与子宫颈癌及其癌前病变关系的初步研究. 中华妇产科杂志,2004;39: 400 ~ 402

14 Cox JT, Lorincz AT, Schiffman MH, et al. Human papillomavirus testing by hybrid capture appears to be useful in triaging women with a cytologic diagnosis of atypical squamous cells of undetermined significance. Am J Obstet Gynecol, 1995;172: 946 ~ 954

15 ACOG Practice Bulletin. Cervical Cytology Screening. No. 45, August 2003. Iht J Gynaecol Obstet, 2003; 83: 237 ~ 247

16 Clavel C, Masure M, Bory JP, et al. Human papillomavirus testing in primary screening for the detection of high-grade cervical lesions: a study of 7 932 women. Br J Cancer, 2001; 84: 1616 ~ 1623

新辅助化疗在宫颈癌中的应用

隋丽华

哈尔滨医科大学附属第三医院妇科　哈尔滨　150040

新辅助化疗(neoadjuvant chemotherapy, NACT,又称先期化疗,术前化疗),是指在对恶性肿瘤实施局部治疗(手术治疗或放射治疗)之前,采取的全身化疗,以期提高疗效。NACT的目的是减少肿瘤体积,使手术易于施行,并控制亚临床转移。这种辅助化疗的时间不宜太长,一般给1~3个化疗疗程。通常认为新辅助化疗有以下优点:

(1)可避免原病灶切除后的1~7天内由于肿瘤总量减少而加速增殖;

(2)可避免体内残留的肿瘤在术后因血凝机制加强及免疫机制下降而易于转移;

(3)降低癌细胞活力,控制播散;

(4)可了解肿瘤对化疗敏感性;

(5)缩小肿瘤有利手术切除

(6)早期化疗可防止远处转移

由此可见新辅助化疗可使原发癌缩小,有利于肿瘤完整切除;可使体内微转移癌得到有效控制,减少复发或转移;降低癌细胞活力,减少术中播散及术后转移,对改善预后具有重要的临床意义。新辅助化疗能否提高肿瘤患者的长期生存率,至今尚无定论,应开展前瞻性的随机分组比较,才可能正确评定其疗效。

1. NACT的适应证　并非所有宫颈癌患者皆须施行NACT,多数学者认为NACT主要适应于巨块型(≥4cm)宫颈癌,Ib2期及IIa期者。Ib2期巨块型宫颈癌的预后较Ib1期的差,Ib1期(肿瘤<4cm)五年生存率为90%,而Ib2期者仅为60%~70%。这是由于Ib2期宫颈癌所伴随的危险因素增加,如淋巴结转移,脉管瘤栓,宫旁转移,深间质层浸润及肿瘤中心部乏氧区使放疗不敏感等。这些高危因素使局部复发率增高,生存率下降。因此巨块型宫颈癌是NACT的主要适应证,故NACT不宜在各期普遍应用。

2. NACT的化疗方案及疗程　目前NACT的方案很多,各家报道不一,文献中以顺铂(DDP)为基础的联合方案应用最多。如PVB方案DDP $50mg/m^2$, d_1,长春新硷(VCR)$1.5mg/m^2$ d_1,博莱霉素(BLM)$20mg/m^2$ $d_{1\sim3}$,每10天重复共3次,随后手术或放疗。有人采用DDP $40mg/m^2$每周1次,共6次,也有用DDP剂量稍大,每3周重复,一般2~3疗程后手术。关于给药途径,有采用静脉全身化疗,也有采用动脉插管化疗,或超声选择介入治疗。

3. NACT的疗效　据报道,新辅助化疗的反应率不同。Bolis等在术前用PI方案(DDP,IFO)治疗Ib~Ⅲ期宫颈癌,除取得69.9%的总反应率和5.1%的CR外,也发现其中24例术前CT诊断有盆腔淋巴结转移的病人,化疗后9例转为阴性,表明新辅助化疗可降低盆腔淋巴结转移率。Sardi等对行新辅助化疗的102例Ib期宫颈鳞癌进行7~9年随访,并取同期Ib期宫颈癌103

例作为对照,发现新辅助化疗对 Ib 期患者生存率无显著的影响,而 Ib2 期患者经新辅助化疗能明显提高手术切除率,降低病理高危因素(宫旁侵犯,脉管癌栓及区域淋巴结)发生率,从而提高生存率,降低局部复发率。但 Kumer 及 Bloss 等虽也发现新辅助化疗有较高的近期临床疗效,但均未见生存期延长,因而认为新辅助化疗无助于改善生存期。Panici 等分析 42 例宫颈腺癌后认为,新辅助化疗联合手术是指了局部晚期宫颈腺癌的较佳模式。

青岛肿瘤医院报道 45 例宫颈癌巨块型Ⅰb 期及Ⅱa 期用 DDP 为基础的 NACT 后再手术或放疗与未行 NACT 治疗的比较:NACT 组的总有效率为 82.4%,五年生存率 80%,较对照组明显提高,而且 NACT 组中的间质浸润及淋巴转移减少。NACT 组手术的病人没有切缘阳性者,认为 NACT 对年轻巨块型宫颈癌患者是有效并安全的,其毒副用也是可以耐受的。许多研究显示 NACT 使宫颈局部肿瘤缩小,这无疑有利于以后手术的进行,也可能会改善无瘤生存率。

蔡树模等人对复旦大学附属肿瘤医院 1995 年~1998 年的 157 例宫颈癌进行介入化疗和腔内放疗的比较研究,其中 76 例患者术前进行介入化疗,每位患者均做二次介入化疗,治疗 2 周后与放疗组评定近期疗效。结果显示,虽然两组在肿瘤体积变化和术后病理情况中无显著性差异,但巨块型肿瘤对新辅助化疗的总体反应优于腔内放疗。

迄今为止宫颈癌采用 NACT 的病例数并不是很多,大量病例有对比的研究更少。因此对 NACT 确切疗效与作用尚待更多的临床验证。

4. NACT 的时间和剂量对宫颈癌治疗很重要　新辅助化疗主要用于局部晚期宫颈癌,由于联合化疗对宫颈癌的有效率约为 50%,有一定的局限性,因而新辅助化疗的意义有赖于化疗的有效性。因为肿瘤对化疗不敏感,则新辅助化疗反而延误适宜治疗,且对病人带来化疗毒副反应。

对随机试验 Meta 分析表明,局限性晚期宫颈癌新辅助化疗的时间安排和剂量对成功治疗有重要意义:时间较短和剂量较强似乎更有效。《欧洲癌症杂志》上,英国伦敦医学研究理事会临床试验部的泰尔利(Jayne Tierney)和同事指出,新辅助化疗的利弊还不是很清楚,为更好地解决这一问题,他们对 21 个随机试验进行了检查及 Meta 分析。有新辅助化疗的放疗与没有新辅助化疗的相比后表明,化疗周期等于或少于 14 天、顺铂至少 $25mg/m^2$/周似乎对生存更有益,相反,周期较长和剂量较小则对生存有不良影响。新辅助化疗后继之以手术与单纯放疗的比较(5 个试验共 872 人)表明,化疗显著减少了死亡危险(危险比 0.65),但因为样本小及其他因素,研究者建议应慎重解释这些结果。并呼吁,进一步研究顺铂剂量和强度对局限性晚期宫颈癌患者的作用。

分析多项临床因素对选择新辅助化疗有一定帮助。Sardi 等经静脉给予 VBP 新辅助化疗,结果宫颈癌患者 4cm 肿块的总反应率为 94%,而 5cm 肿块的总反应率为 82%,6cm 肿块的总反应率只有 50%。随着肿瘤的增大,淋巴结的转移率和复发率明显增高。随着病期的剧增,化疗反应率下降。其次组织学分级和细胞类型也对化疗反映有一定影响。影像学手段(CT, MRI, PET)对分期起重要作用。也有学者研究生物学指标来预测化疗疗效,如化疗前 SCC 抗原≤5μg/ml 者,其化疗疗效明显优于 SCC > 5μg/ml 者,也有认为不管是鳞癌或腺癌,高 PCNA 指数(PI≥40.2%)新辅助化疗后肿块体积缩小明显。化疗前凋亡指数高,野生型的p53阳性细胞数所占比例高者,以及P-糖蛋白表达阴性者,化疗疗效明显。

5.不同新辅助化疗方案的比较　我们选取了哈尔滨医科大学附属第三医院2001~2004年中Ⅰb~Ⅱb期的宫颈癌共198例,其中102例接受新辅助化疗。年龄在27~45岁,中位年龄为37岁;FIGO分期Ⅰb期60例,Ⅱa期37例,Ⅱb期5例。鳞癌96例,腺癌5例,腺鳞癌1例。将102例Ⅰb~Ⅱb宫颈癌患者术前随机分为3组,接受不同化疗方案化疗1~2个疗程:采用"顺铂+5-氟尿嘧啶(PF)"组为43例;采用"顺铂+拓扑替康(PT)"组为26例;采用"顺铂+平阳霉素(PB)"组为33例。所有化疗药物均经静脉给药。其中三组顺铂均为60~70mg/m^2,连续5天静点;5-氟尿嘧啶总剂量为4g,持续96h静点,拓扑替康为1.5mg/m^2·d^{-1},连续4天静点;平阳霉素为30mg,持续48h静点;99例患者于化疗后10~14天行宫颈癌根治术;仅有3例病人在化疗2个疗程后,局部病灶改善不明显,改为放疗。

以宫颈局部病灶缩小和宫旁改善为有效,102例宫颈癌新辅助化疗总有效率为89.2%(91/102)。三组化疗方案有效率分别为86.0%、88.5%、84.8%,三组没有统计学意义。

三组病例在不同化疗方案新辅助化疗后,手术时间、术中出血量、以及宫旁或阴道切缘阳性率方面,均无明显差异。在化疗毒副反应上,"顺铂+拓扑替康"(PT)组主要为骨髓抑制,其发生率明显高于其它两组($P<0.01$),其中2例因Ⅲ度以上的骨髓抑制使手术延期至3周以后。而"顺铂+平阳霉素"(PB)组主要毒副反应为高热,发生率为51.5%,亦明显高于其它两组。"顺铂+5-氟尿嘧啶"(PF)组骨髓抑制仅有两例,另外有3例消化道症状比较明显。可见,对局部晚期的年轻的宫颈癌病人采用新辅助化疗可以取得良好的近期疗效,提高病人的生存质量。

6.治疗局部晚期宫颈癌新辅助化疗加手术优于放疗　英国MRC癌症研究中心的一项研究分析表明,与标准放疗相比,新辅助化疗加手术治疗局部晚期宫颈癌更有效。该研究共纳入872例患者,患者资料均来自1988~1999年期间全世界5项比较新辅助化疗加手术和单纯放疗疗效的随机对照研究。结果显示,总的说来,新辅助化疗加手术的疗效比单纯放疗显著好,死亡率降低了36%。这相当于5年死亡率减少了15%,生存率从45%增至60%。生存率的改善与同步化疗和放疗的结果相当。

由此可见,新辅助化疗治疗局部晚期宫颈癌适于Ib2期,病灶在直径5cm左右,影像学诊断无淋巴结转移者,以及一部分Ⅱ期患者。若病变超越以上范围,则应及早行同期放化疗,否则延误有效治疗,因此新辅助化疗尚不能作为常规应用。

参考文献

1　Nguyen HN, Nordqvist SR. Chemotherapy of advanced and recurrent cervical carcinoma. Semin Surg Oncol, 1999;16(3): 247~250

2　Duenas A, Mota A, Solorza G, et al. Neoadjuvant chemotherapy in patients with cervical carcinoma stages IB2 and IIA. Preliminary results in aleatorized study. Rev Inst Nal Cancerol(Mex),2000;46(1): 21~27

3　Keys HM, Bundy BN, Stehman FB, et al. Cisplatin, radiation and adjuvant hysterectomy compared with radiation and adjuvant hysterectomy for bulky stage IB cervical carcinoma. N Engl J Med,1999;340(15): 1154~1161

4　Eur J Cancer,2003;39: 2470~2486

妇科肿瘤的靶向治疗

曲芃芃

天津市中心妇产科医院　300000

化疗令很多肿瘤病人痛苦,因为化疗会带来恶心、食欲减退、脱发和白细胞减少以及贫血等不良反应。前不久,在两院院士大会上,孙燕院士对记者说,传统的化疗药物都具有细胞毒性,在杀伤肿瘤细胞的同时,也会对骨髓、消化道、肝、肾等某些正常组织和细胞带来损害。尽管如此,化疗等内科治疗仍是肿瘤治疗的重要手段之一。近年,针对某些受体、基因或关键物质的靶向治疗药物正在成为药物研的重要方向。这类药物主要作用于相关的肿瘤细胞上,不但提高了对肿瘤细胞的杀伤力,同时又减少对正常组织细胞的不良作有。目前国际上临床常用的抗肿瘤药物约有80余种。靶向治疗药物正在使肿瘤内科治疗从姑息性治疗向根治过渡。靶向治疗药物包括具有靶向性的表皮生长因子受体阻断剂,针对某些特定细胞标志物的单克隆抗体,针对某些癌基因和癌细胞遗传学标志的药物,抗肿瘤血管生成的药物,抗肿瘤疫苗以及基因治疗等等。它们的共同特点是:具有非细胞毒性和靶向性;具调节作用和细胞稳定性作用;毒性的作用谱和临床表现与现在常用的细胞毒类药物有很大区别;与常规化疗、放疗合用有更好的效果。在国内许多单位已用于内科临床治疗并取得了较好的疗效。国内妇科肿瘤的靶向治疗刚开始目前妇癌可临床应用的代表药物:

1. 美罗华　主要用于治疗非霍奇金淋巴瘤,进入人体后可与 CD_{20} 特异性结合导致B细胞溶解,从而抑制B细胞增殖,诱导B细胞凋亡,并提高肿瘤细胞对化疗的敏感性,有效率为43%。和CHOP并用,有效率可达90%以上,并且不引起骨髓抑制,只有轻微的生物治疗反应。

2. 赫赛汀　此药是信号转导抑制剂的代表性药物,已用于治疗乳腺癌。研究发现人类表皮生长因子-2基因(HER-2)不只是一个生长因子受体,而且是一个网络受体,在相当一部分的恶性肿瘤细胞转化上起了关键性的作用。应用赫赛汀治疗30位晚期乳腺癌病人,疗效满意,特别是将其与传统化疗联用,使部分原来应用化疗无效的病人获得缓解。

3. 表皮生长因子受体(EGFR)抑制剂　是一种糖蛋白的跨膜受体,在结、直肠癌、头颈部鳞癌,胰腺癌,肺癌,乳腺癌等肿瘤,通过促凋亡、抗血管生成、抗分化增殖和抗细胞迁等而实现抗癌作用的。

4. 格列卫　治疗慢粒白血病和胃肠道基质细胞癌,单药能使98%的病人获临床血液学缓解,一般在给药后3周内出现效果,目前我国已完成对格列卫的临床验证。

5.新疫苗向所有癌细胞宣战　美国 Rebecca and John Moores UCSD 癌症中心于日前宣布开始进行一项前列腺癌的新型疫苗人体试验。这个疫苗是利用病人本身的 B 淋巴球细胞所组成。将淋巴球细胞取出，并将它们进行基因改造，使其针对大部分癌症细胞的端粒酶(telomerase)产生免疫反应，之后再将这些细胞送回病人体内。这项最独特之处在于不需使用病毒载体将基因引导到体内。这样理论上就能降低可能产生副作用。

"转基因淋巴细胞免疫接种法"在 2000 年时首度发现可以当作各种癌症的治疗目标。研究人员找出了该基因引发免疫反应的关键序列，将这段序列置入制造免疫球蛋白的基因中。发现将这个基因与 B 淋巴球细胞放置一起培养后会自动进入细胞内。基因进入细胞的过程只需 60min，不需其和其它技术、工具辅助。这是一项全新的发现。

该研究另一个意外的发现是 B 淋巴细胞的选用。B 淋巴球细胞每秒可以制造 1 000 个抗体，因此当 B 淋巴球细胞被用来引发免疫反应时，就可制造出很多含有端粒酶片段的抗体当作抗原。

Zanetti 博士表示，我们使用一个原本就已存在的天然工具，我们不必去操纵细胞，这不仅让我们节省了时间，而且送回患者体内的细胞就几乎是自己的细胞。

6.血管生成与肿瘤的生长　肿瘤的生长有两个明显不同的阶段，即从无血管的缓慢血管生长阶段转变为有血管的快速增殖的阶段，在肿瘤侵袭前期，肿瘤细胞的生长主要依靠扩散取得营养；当肿瘤直径超过一定程度时，必须依靠所诱发的血管生成来维持其继续生长。有多种血管生成多肽和激活物，对肿瘤的生长和激活起作用。血管生成可使肿瘤获得足够的营养物质，是促成上述转变的关键环节，如果没有血管生成，原发肿瘤的生长不会超过 $1mm^2 \sim 2mm^3$。实验表明，将肿瘤细胞移植于无血管的兔眼角膜，移植物产生新血管，使肿瘤膨胀性长；如果该血管被阻断，则肿瘤生长立即受阻，肿瘤直径在 0.4mm 以内。Hori 等将具有分泌碱性成纤维细胞生长因子(bFGF)的细胞株移植于裸鼠后，再予以 bFGF 的特异性单抗，结果发现，与对照组相比，肿瘤的生长受到明显抑制，而同一抗体在体外却未发现对肿瘤细胞的直接作用，因此，认为这是由于血管生成受抑所致。在另一促血管生成的多肽，血管内皮细胞生长因子(VEGF)，也有类似的发现。Kawarada 等将人胰腺癌细胞株注入到实验鼠的脾内，然后予以抗血管生成药物，结果发现，癌细胞株的生长受到明显抑制。有关胰腺癌的其他实验中亦得到了类似的结论。可见，胰腺癌作为一种实体瘤，血管生成对其生长同样具有重要意义，抑制血管生成可能对癌肿具有治疗作用。

7.选择性 COX-2 抑制剂对肿瘤血管的生长影响不同　美国洛杉矶加利福尼亚大学科(UCLA)的研究人员报告称，他们发现一种广泛应用于治疗关节炎的药物—尼美舒利对人胰腺癌细胞生长有不同的调节作用，即刺激不表达 COX-2 的人胰腺癌细胞的血管生长；相反它抑制 COX-2 阳性的胰腺癌细胞的血管生长和肿瘤生长。

尼美舒利属于"超级阿司匹林"类药，主要通过阻滞 COX-2 抑制多种疾病(如关节炎甚至某些癌症)的炎症。

UCLA 医学院 Hirshberg 胰腺癌实验室的 Eibl 医师说，这是他们首次发现选择性 COX-2 抑制剂能刺激肿瘤生长，但其效果取决于该肿瘤是否表达 COX-2。研究显示，在胰腺癌细胞中，约 10% ~40% 为 COX-2 阴性，其他则为 COX-2 阳性。该结果提示在胰腺癌细胞的 COX-2 表达状况明确的基础上，有些病人可采用选择性 COX-2 制制剂治疗。

以上结果对病死率超过 95% 的胰腺癌病人具有重要意义。在美国，每年新发胰腺癌约 2.5 万例，胰腺癌已成为男女人群癌症死亡的第 4 和第 5 位死因。

Eibl 说，化学疗法迄今尚未获得明显生存效益，提示需要寻找新的分子目标，用于预防和治疗胰腺癌。在这项研究中，他们把 COX-2 阴性和阳性的人胰腺癌细胞注射到裸鼠的胁腹部，然后用尼美舒利治疗。结果发现，在 COX-2 阳性的小鼠，尼美舒利对血管生长所必需的血管内生长因子 VEGF 产生抑制作用；但对 COX-2 阴性的小鼠，该药却使 VEGF 水平升高。说明在 COX-2 阴性小鼠，伴随着胰腺癌细胞数量的增加，血管亦在增殖。

HPV 疫苗与宫颈癌研究进展

曾转萍　石菊芳[1]　武燕萍[2]　乔友林[2]

广东药学院流行病室　广州　510224

子宫颈癌位居全球妇女肿瘤发病的第二位，世界上每年有近 50 万的新发病例，导致近 20 万的死亡，宫颈癌是严重危害妇女健康和生命的恶性肿瘤[1~2]。近年来，子宫颈癌筛查方法取得了较大得进展，新发展的薄层液基细胞学和检测高危型 HPV DNA 的技术显著提高了宫颈癌以及癌前病变的灵敏度和特异度，使宫颈癌的发病率大幅度下降，但在宫颈癌的高发区，妇女依然遭受宫颈癌的困扰，如何从病因上根除宫颈癌、使人类真正免受宫颈癌的困扰，依然是宫颈癌预防和控制的主要方向。

现代医学检测诊断技术对宫颈癌发生率的影响依旧有限，原因是在缺乏筛查条件下，仍然有超过 90% 的子宫颈乳头瘤病毒（human papillomavirus，HPV）感染能自愈，子宫颈癌仅是在少部分妇女中发生，是 HPV 感染的很罕见的发展结果[4]。事实上，即使在发达的美国，50% 的子宫颈癌（每年大约 7000 人）也会发生在被筛查的人群当中。特别是子宫颈腺癌，它的发病在年轻妇女中多见，更难以预防。

目前已知，人乳头状瘤病毒的一些基因型，即高危型 HPV，可以引起宫颈癌或宫颈上皮内瘤样病变（CIN）。大量的 HPV 研究人类乳头瘤病毒感染与宫颈癌的关系得到了广泛验证，其归因危险达 90% 以上；虽然，无论是实验室还是大量的流行病学调查均提示感染 HPV 并不一定都得宫颈癌，但 HPV 阴性的妇女几乎不患宫颈癌，由此进一步证明 HPV 感染是宫颈癌发生的必要因素[5]。实践告诉我们重点放在一级和二级预防的科学家已把目标投向 HPV 疫苗的研究，使人类免受和 HPV 感染相关肿瘤的困扰。

（一）HPV 疫苗预防宫颈癌的必要性和可行性

目前的医疗手段对于与 HPV 感染相关病变的处理，仅能治疗 HPV 感染引起的病变但对于 HPV 感染本身仍然束手无策，用任何手段都无法将病毒彻底清除，因为 HPV 可以隐藏在阴道没有血液循环的黏液中，以躲避妇女的免疫系统的监视，所以有部分妇女虽然感染 HPV，但是她们的抗-HPV 抗体缺乏[6]。另外，HPV 还可潜伏在细胞内若干年，一旦机体的免疫力降低，潜伏的病毒又可复活，且与喉、食道、宫颈上皮、肛门及生殖道等的病变相关[2,7,8]。这些都决定了这个领域的预防发展方向仍然是探索和疫苗的研制、开发。

疫苗防癌早有先例，最典型的是 B 型肝炎疫苗预防肝癌。以台湾的新生儿为对象，1984 年开始强化 B 型肝炎疫苗计划，到 1992 年儿童 B 型肝炎的发病率就从 10.5% 下降到 1.7%，并伴随着 1/4 肝细胞癌发生频率的减少。计划到 2010 年，仅 0.1% 儿童携带 B 型肝炎，携带率下降 99%，同时亦期望与 B 型肝炎相关的肝癌发生频率有同样显著地下降[1]。

HPV 疫苗的研究自 1983 年，zur Hausen 实验室的研究人员提出了 HPV-16 型为代表的浸润前和浸润性子宫颈瘤形成的发病机制学说以来[7]，已经分离出近 20 种可能与子宫颈癌相关的乳头瘤病毒。致瘤性乳头瘤病毒的典型特征是检测中感染病毒的颗粒含量极低。这使科学工作者即使在解决了病毒致瘤复杂机理的情况下，仍然会因缺乏研究材料而阻抑早期疫苗的研究[1]。1991 年 Koutsky 等人终于证明了子宫颈癌的一个重要理论：子宫颈 HPV 感染一与宫颈癌有关一可用疫苗预防[9]。

在过去的三年中 Merck 和 GSK 两家公司进行的随机对照试验对疫苗的有效性，免疫原性和安全性进行了评价。结果显示疫苗预防 HPV 持续感染（针对特定型别）和宫颈癌前病变的有效率均达到 100%[10]。

（二）HPV 疫苗的研究

在过去的二十多年里，国际癌症研究机构（IARC）已经在二十多个国家作了大量的流行病学调查，其目标是为了揭示 HPV 在宫颈癌病因学中所起的作用。与此同时，HPV 感染的流行病学研究也同样需要引起重视，以便确保疫苗能够适应不同的人群，针对特定人群所研制的疫苗能够使其获得最大程度的保护，同时也为进行疫苗安全性和有效性的临床试验提供基础和疫苗的临床试验设计和其它的干预性预防措施提供基线资料。目前 HPV 疫苗的研究进入了三期临床试验，这些重要的研究都为后续的研究工作打下了很好的基础。

1. HPV 分型研究　HPV 疫苗有型的特异性。没有一种疫苗能抵抗所有感染，而且不同的地区或不同的人群其 HPV 型别的分布也不尽相同。因此要用 HPV 疫苗有效地预防宫颈癌，对不同地区和人群的 HPV 型别的进行流行病学调查研究尤为重要。

目前已经确定的 HPV 型别大约有 230 余种，依其侵犯部位不同可分为皮肤型和生殖道型，其中生殖道型 HPV 按与肿瘤发生的危险性高低可分为低危型和高危型，其中低危型 HPV 包括 HPV6、11、42、43、44 等型别，常引起外生殖器湿疣等良性病变；高危型 HPV 包括 HPV16、18、31、33、35、39、45、51、52、56、58、59、68 等型别，与宫颈癌及宫颈上皮内高度病变（CIN Ⅱ/Ⅲ）的发生相关，尤其是 HPV16 和 18 型[2~3]。

国际上进行了很多 HPV 分型的研究，特别是近几年进行的大样本的以人群为基础的研究。所用的 HPV 检测手段有 PCR、HC、HCII 等，测定型别也多少不一，Thomas 的研究测定的 HPV 型别多达 32 种。但我国的相关报道较少。

1996 年李洁用核酸印迹杂交技术对我国 14 省市自治区的 1 455 人进行了宫颈组织 HPV 的检测，结果显示我国宫颈癌以 16 型最常见，58 型次之，同时也得出 HPV 的分布有地理差异[15]。但该研究覆盖的主要高危型 HPV 只有六型（16、58、18、31、35、51），尚不能反映研究人群高危型 HPV 感染的全貌。

2. HPV 感染现患率的研究　2001 年美国克里夫兰医学中心与中国医学科学院肿瘤医院肿瘤研究所（CICAMS）在宫颈癌高发区山西襄垣和山西阳城进行了大样本的以人群为基础的宫颈癌研究。该研究用二代杂交捕获技术（HCII）对 13 种高危型 HPV 进行检测，两地的高危型 HPV 感染的现患率分别为 14.2% 和 24.0%。

2004 年 5 月 IARC 与 CICAMS 合作，在山西省阳城县进行了 HPV 感染基因型（和 CIN）的现患调查，在阳城现场对 942 名不同年龄组的妇女进行了 14 种高危型和 23 种低危型 HPV 的检测。研究初步显示：在宫颈癌高发的农村地区，高危型 HPV 的现患率为 16%，CIN 的现患率为 9.8%。HPV DNA 现患率的年龄分布呈‘V’字型。同年 12 月 IARC 与 CICAMS 再度合作，在深圳市进行人乳头瘤病毒感染和子宫颈癌的流行病学调查的研究。这是首次研究 HPV 以及其不同型别在移民人群中的现患率。更有意义的是可以进行中国农村地区（阳城县）和城市地区（深圳市）的 HPV 感染的流行病学比较。项目对 1 563 名符合条件的妇女进行了 44 种不同 HPV 型别的检测，HPV16、18 和 58 型内的基因序列的变异情况的检测等。研究尚在进行中。

通过这些研究可以了解到我国不同地区，不同人群的 HPV 感染现患率以及相应的 HPV 分型的数据，从而为将来 HPV 疫苗的人群研究提供了基线资料。

3. HPV 疫苗　科学研究结果证明：HPV 感染引起的宫颈癌可以通过接种诱导抑制性抗体的疫苗来预防；对于 CIN 患者则可以通过诱导细胞毒性 T 细胞进行免疫治疗阻止其进展为宫颈癌[4,11,12]。目前 HPV 疫苗研制分 2 类，即预防性疫苗（针对晚期）表达产物 L1 和 L2）和治疗性疫苗（针对早期基因表达产物 E6 和 E7）。多数公司和研究小组都以 L1 和 L2 为代表的病毒样颗粒（VLPs）为其研究目标。在 HPV 型别和感染状况有一定了解的情况下，关键是如何进行疫苗的研发。

（1）预防性疫苗：目前研究最多的是 HPV 病毒样颗粒（VLPs），它是 HPVL1 基因自我装配的产物，具有类似于病毒的良好的抗原性和免疫源性，可以刺激机体产生中和抗体，而不含 DNA，不会在机体内引发因为接种疫苗而导致的病毒感染，可以达到很好预防 HPV 感染的效果,因而也是最具应用前景的预防性疫苗。

1991 年 HPV-16 疫苗研究的成功,那就是在实验室中研制出乳头瘤病毒样颗粒。以后又陆续得到了其它型别的病毒样颗粒。

乳头瘤病毒样颗粒(VLPs)可诱导机体产生细胞免疫应答。VLPs 是一类空的、不能复制、没有感染性的颗粒,它在构像上保留了相应的抗原决定簇,这种抗原决定簇可以刺激机体产生对病毒壳蛋白应答的抗体。VLPs 与没有结构的病毒蛋白质嵌合将产生令人振奋的集预防与治疗于一身的疫苗。小鼠疫苗接种实验表明,纯化 VLPs 和嵌合 VLPs 都能产生病毒抑制性抗体,预防性增加 CD_8^+ T 细胞和激活细胞毒性 T 细胞受动器功能,进而产生强大的保护性和治疗性抗肿瘤免疫应答[14]。

来源于种系特异性的病毒样颗粒疫苗可保护动物免受疣病毒感染。由免疫学家们提出的问题是这些疫苗是否能保护高度易感性的子宫颈上皮细胞免受致癌性乳头瘤病毒感染。

Koutsky 等人[9]的研究证明:已接种疫苗的妇女不但可以预防与 HPV-16 相关的浸润癌前疾病(保护率 100%),而且还可以预防持续和暂时的 HPV-16 感染(保护率分别为 100% 和 91%)。这种疫苗不仅可以预防疾病的发生、发展,而且还可以阻止病毒在妇女生殖道的繁殖,不传染给新的性伴侣。

与宫颈肿瘤密切相关的高危型 HPV 以 16、18、45、31 和 33 等最为常见,针对 16 型 HPV 的疫苗占可以预防宫颈癌的 53.5%,针对以上五型的五价疫苗可以预防 83% 的宫颈癌,再加上 52 和 58 型,比例就可以达到 87%,显然疫苗覆盖的型别越多,可预防的宫颈癌的比例就越大。因为存在疫苗稳定性和成本效益等问题,目前的研究对象主要是针对 16 型的单价疫苗和针对 16 和 18 型的二价疫苗,针对其它型别的疫苗研究尚无免疫原性的数据能够证实其有效。

其它还有合成多肽疫苗,核酸疫苗以及针对 HPVL2 的多肽疫苗,但相关报道较少,而后者因为可以诱导交叉反映的中和抗体,但抗体滴度不够高所以还有待进一步的研究。

(2)治疗性疫苗:一旦 HPV 感染发生,抗体几乎不再可能清除被感染细胞。治疗性疫苗是通过 HPV 的 E6 和 E7 蛋白激发机体抗肿瘤的细胞毒 T 细胞(CTLs),即通过细胞免疫消除或遏制已经存在的病毒感染、与之有关的癌前病变以及癌症的进一步恶化。目前的治疗性疫苗主要包括重组蛋白疫苗、多肽疫苗、嵌合疫苗和核酸疫苗。

Rosales 进行的二期临床试验是在 17 个 CIN3 病人的宫颈组织中注射 MVAE2 重组疫苗,阴道镜结果显示:其中有 6 个病人的宫颈病变完全消失,7 个病人的病变面积下降了 60%,另外的 4 个病人下降了 25%。而组织学检查发现:3 个病人在接受 MVAE2 的治疗后其病变完全消除,11 个病人的病变下降了 50%,有两个病人病变降为 CIN2,另外两个降为 CIN1。而且所有的病人体内都产生了针对 MVAE2 的抗体和特异性的细胞毒反应。病毒载量也明显下降,这些都说明 MVAE2 在治疗宫颈 CIN3 病变中是一个很好的重组治疗性疫苗[16]。

核酸疫苗因为其价格要较其它几种疫苗为低,而且也没有冷链设备的要求,是一种较为理想的治疗性疫苗,在 Klencke 等所作的一期临床试验中,12 名 HLA 与 HPV 型别匹配的高度病变的病人接种了 DNA 疫苗，其中 10 名的免疫反应增强，有 3 名呈现部分组织学的反映。有五项临床试验的结果显示低剂量的质体 DNA（编码病毒或肿瘤抗体）可以增强癌前高度病变病人机体的 T 细胞反应[17]。

另外，VLPs 可以降低 T 淋巴细胞的反应性。32 名生殖道疣患者接种了针对 HPV6 的 VLPs 疫苗，VLPs 引发了迟发型超敏反应和针对 HPV6 LID 的 IgG 抗体的产生。经过 20 周的观察，有 25 名患者的疣体完全消退。证明提高机体对 HPV L1 的免疫性可以有效地控制 HPV 感染[18]。

因为肿瘤病人都有一定程度的免疫功能减退，免疫逃避以及免疫系统刺激效应物产生的困难，在一些年龄较大患者中存在预存免疫性的问题，某些治疗性疫苗在治疗前还必须得了解病人的 HLA 的基因型和肿瘤组织中 HPV 的基因型，到目前为止，治疗性疫苗尚无大的进展，治疗性疫苗仍面临较大的挑战。

4. 尚待解决的问题　至少 13 种型别的 HPV 与子宫颈癌的发生密切相关，而且它们都有型特异性，即能防御一种类型的疫苗不能抵御另一种。然而，大多数癌都是由几种 HPV 引起的。未来的 HPV 疫苗必须至少覆盖最常见的高危型，但仍有相当型别的 HPV 我们没有考虑进去，若增加型别的种类，是否存在 HPV 型别覆盖面扩大和每一型作用强度减小和维持时间缩短的矛盾？另外病毒样颗粒需要特殊的处理，其要求与肝炎疫苗一样。就这一观点来说，没有一种疫苗能抗所有感染。当然，也没有证据证明一旦肿瘤发生这一疫苗可逆转子宫颈瘤形成，而且保护的持续时间也依然不确定。

另外需要注意的是，虽然 HPV 疫苗研究已经取得了很大的成果，并不等于很快就可以用 HPV 疫苗来根除肿瘤，要完成一个大样本的前瞻性研究还需要几十年的时间，而在这段时间里，预防癌及癌前病变还是依靠各种筛查手段来实现。所以在公众宣传教育中不应该过多放大 HPV 疫苗的作用而让人盲目乐观。

（三）HPV 疫苗的预防前景

五种 HPV 类型-16，18，31，33，45 为大部分子宫颈癌的病因。如果妇女在进入性生活前接种这些类型的疫苗，他们患癌的概率将下降至少 85%，并且检查 HPV 的常规巴氏涂片的频率也将下降 44% ~70%[1]。因为多数癌变发生在 HPV-16 和 HPV-18 型，接种这五种疫苗对子宫颈癌的保护率将超过 95%。性活跃妇女是 HPV 感染的危险人群，不论任何年龄后果都一样。如果接种对象仅限于进入性生活前的年轻妇女，子宫颈癌发生率明显降低的效果则至少需 10 年时间。而且致癌性生殖道 HPV 可产生阴户癌、阴茎癌、喉癌、鼻咽癌、甲床癌、结膜癌及其部位的癌变，所以应对所有的人进行接种。目前，虽没有具体 HPV 疫苗的成本-效益分析，但这一既能预防肿瘤又能减少常规巴氏涂片检查频率的措施确会卸去健康保健系统的一大重担。

寻找 HPV 持续感染的原因和如何阻止 HPV 感染向 CIN 进展等方面，以及开发新的预防性和治疗性疫苗是目前研究主要方向。与此同时，HPV 感染的流行病学研究也同样需要引起重视，以便确保疫苗能够适应不同的人群，以及针对特定人群所研制的疫苗能够使其获得最大程度的保护，使宫颈癌有望成为第一个可预防和根除的恶性肿瘤。

多年来,我们医学战线上的科研和医务工作者历尽艰辛,运用有限的资源,按照不同地域、不同人群所能承受的保健标准,积极开展着子宫颈癌的预防与控制。现在,他们仍在坚持不懈地探索,走医学史上战胜的天花、脊髓灰质炎、百日咳的路径;在不远的将来,我们将看到子宫颈癌从根本上得到预防的举措,从病因上真正的远离子宫颈癌对人类妇女的危害。

参考文献

1 Crum CP. The beginning of the end for cervical cancer? N Engl J Med,2002;347(21): 1703~5

2 Perez LA. Genital HPV: links to cervical cancer, treatment, and prevention. Clin Lab Sci,2001;14(3): 183~6; quiz 193

3 Brentjens MH, Yeung-Yue KA, Lee PC, et al. Human papillomavirus: a review. Dermatol Clin,2002;20(2): 315~31

4 Debnath J, Mills KR, Collins NL, et al. The role of apoptosis in creating and maintaining luminal space within normal and oncogene-expressing mammary acini. Cell,2002; 111(1): 29~40

5 Mougin C, Dalstein V, Pretet JL, et al. Epidemiology of cervical papillomavirus infections. Presse Med, 2001; 30 (20):1017~23

6 可以预防子宫颈癌的疫苗.国外医学情报,2002;9: 32

7 Munger K, Howley PM, Human papillomavirus immortalization and transformation functions, Virus Res, 2002; 89 (2): 213~28

8 Hemminki K, Jiang Y, Dong C. Second primary cancers after anogenital, skin, oral, esophageal and rectal cancers: etiological links? Int J Cancer,2001;93(2): 294~8

9 Koutsky LA, Ault KA, Wheeler CM, et al. A controlled trial of a human papillomavirus type 16 vaccine. N Engl J Med,2002;347: 1645~1651

10 Franco EL, Harper DM, Vaccination agaist human papillomavirus infection: a new paradigm in cervical cancer control. Vaccine,2005;23: 2388~2394

11 Kabsch K, Alonso A, The human papillomavirus type 16 E5 protein impairs TRAIL-and FasL-mediated apoptosis in HaCaT cells by different mechanisms. J Virol,2002; 76(23): 12162~72

12 Steller MA, Update on human papillomavirus vaccines for cervical cancer. Steller MA. Curr Opin Investig Drugs, 2002;3(1): 37~47

13 Harald zur Hausen, Cervical carcinoma and human papillomavirus: on the road to preventing a major human cancer. Journal of the National Cancer Institute,2001;(93): 4

14 Da Silva DM, Velders MP, et al. Papillomavirus virus-like particles as anticancer vaccines. Curr Opin Mol The, 1999;1(1): 82~8

15 李洁,刘宝印,zur Hausen,等.中国妇妇女宫颈癌组织中人乳头瘤病毒感染及其地理分布的调查,中华试验和临床病毒学杂志,1996;10(1): 50~55

16 Rosales S, Gonzalez J, Hernandez EG, et al. Regression of carcinoma is situ(CIN3) is stimulated by therapeutic vaccination with MVA E2 recombinant vaccine. Book of abstracts, 22nd international Papillomavirus conference and clinical workshop,2005: Vancouver, P-238

17 Hedley M. ZYC101A: an overview of the preclinical and clinical development of a late-stage therapeutic designed to medically treat CIN2/3. Book of abstracts, 22nd international Papillomavirus conference and clinical workshop, 2005: Vancouver, P-233

18 Galloway DA. Papillomavirus vaccines in clinical trials. The lancet Infectious diseases, 2003;(3): 469~475

---

1 山西医科大学公共卫生学院流行病学教研室 太原 030001

2 中国医学科学院中国协和医科大学肿瘤研究所肿瘤流行病室 北京 100021

早期子宫颈癌的前哨淋巴结识别

李　斌　综述　章文华　吴令英　校译

中国医学科学院肿瘤医院妇瘤科　北京100021

早期子宫颈癌的治疗目前正面临挑战。一方面,随着外科技能的提高,广泛子宫切除＋盆腔淋巴结清扫术已成为当今治疗早期宫颈癌的常规术式得到广泛开展;另一方面,淋巴结清扫术所引发的并发症也愈发突出。如何选定合理的手术范围,避免过度治疗所致的并发症,从而提高患者的生活质量,为目前宫颈癌治疗的难点。近年来发展起来的前哨淋巴结(sentinel lymph node, SLN)活检技术为此提供了全新思路。

一、前哨淋巴结的概念和临床意义

SLN的概念最早于1977年被提出,当时Cabanas[1]在阴茎背侧进行淋巴造影时发现一种"特殊"的淋巴结,该淋巴结最先接受肿瘤部位的淋巴引流,为发生肿瘤转移的"第一站"淋巴结。Cabanas即将此种淋巴结命名为"前哨"淋巴结,并提出如能以可靠方法术中识别SLN,便可以通过SLN活检了解整个淋巴引流区域的肿瘤转移情况。对于SLN未发生肿瘤转移的病例,可免行大范围的淋巴结清扫手术,从而避免了并发症的发生。进入20世纪90年代以来,随着新型生物活性染料的问世及核医学技术的发展,SLN识别的临床研究在黑色素瘤和乳腺癌两个领域取得突破性进展,以前哨淋巴结活检术(sentinel lymph node biopsy, SLNB)取代传统的淋巴结清扫术已成为趋势所在。SLNB正在被推广到大肠癌、肺癌以及头颈部鳞癌等领域当中,其应用价值在妇科外阴癌诊治中也已初见端倪。

盆腔淋巴结转移不仅是影响宫颈癌患者预后的主要因素,而且是决定治疗方式的重要标准,术前及术中及时发现盆腔淋巴结在宫颈癌治疗中至关重要。现有的辅助检查方法,包括B超、CT、核磁共振,均不能准确地发现盆腔淋巴结转移。广泛性子宫切除及盆腔淋巴结清扫术为治疗早期宫颈癌的标准术式,也是目前发现盆腔淋巴结转移的唯一可靠手段。但是有相当一部分早期宫颈癌患者并不伴有盆腔淋巴结转移,文献报道Ⅰb期及Ⅱa期宫颈癌盆腔淋巴结转移率为19.8%及26.6%[2]。盆腔淋巴结清扫手术可导致多种并发症,如血管神经损伤、淋巴囊肿合并感染、盆腔粘连等,此外,尚有难以估计的免疫系统损害。正确地判断盆腔淋巴结转移,避免不必要的淋巴结清扫手术,是当今亟待解决的问题。在此引入SLNB,根据SLN性质来预测盆腔淋巴结转移情况,并以此为依据来决定手术范围具有重要的实用价值。

二、宫颈癌 SLN 识别的研究现状

近年来宫颈癌 SLNB 于各国先后开展，主要的 SLN 识别方法可归纳为以下 3 种：(1)生物活性染料示踪法；(2)放射性核素示踪法；(3)生物活性染料-放射性核素联合示踪法。SLNB 可通过(1)开腹手术；(2)腹腔镜手术；两种手术方式实施。

1. 生物活性染料示踪法　术前在宫颈局部瘤体周围注射一定量的生物活性染料，如美蓝、专利蓝 V (patent blue V)、异硫蓝(isosulfan blue)等，使肿瘤引流区域内的淋巴管、淋巴结着色，术中确定最先着色的淋巴结为 SLN，该方法是最早的 SLN 识别方法。Echt 等[3]首先尝试应用美蓝识别 SLN，由于注射方法不当，SLN 识别率仅为 15%(2/13)。O'Boyle 等[4]改进注射方法，术中采用加长注射针，在宫颈局部注射美蓝，同时行 SLN 识别。20 例患者中 12 例(60%)成功地识别出 SLN，8 枚转移淋巴结中 3 枚(38%)为 SLN。近期国内的一项研究表明，单独应用美蓝可将 SLN 识别率提高到 78%[5]。专利蓝 V 和异硫蓝与淋巴结结合的稳定性好，是较美蓝更为理想的淋巴活性染料，但国内尚缺乏此两种药物供应。单独应用染料方法进行 SLNB 具有简便易行的特点，但是剂量及时间难以掌控，SLN 识别率低，且根据淋巴结染色情况进行肉眼识别缺乏可靠性。

2. 放射性核素示踪法　术前于宫颈肿瘤周围组织内注射放射性核素标记的药物，如^{99m}Tc 标记的右旋糖酐或硫胶体，此药物被淋巴管吸收后，在 SLN 内高度浓聚。应用特殊仪器探测组织内的放射活性，可识别 SLN 的存在部位，并指导 SLNB。Verheijen 等[6]和 Lantzsh 等[7]尝试应用放射性核素示踪法进行术中 SLN 识别。术前于宫颈部位注射硫锝胶体，并行核素淋巴显像。术中运用 γ 探测仪对盆腔淋巴结进行探测，通过寻找高计数热点(hot spot)，来识别 SLN。应用放射性核素示踪法显著提高了 SLN 识别率，上述两项研究中的 SLN 识别率达到 80% ~ 93%。李斌等[8]以^{99m}Tc 标记的右旋糖酐为示踪剂，应用 γ 探测仪对手术中切除的离体淋巴结进行检测，SLN 识别率达到 100%。但在体内，肿瘤注射部位的高放射活性会对 γ 探头的探测造成干扰，使得 SLN 不易识别，为单独应用核素方法带来困难。

3. 生物活性染料-放射性核素联合示踪法　为了弥补单独应用一种方法造成的弊端，Malur 等[9]及 Levenback 等[10]开始尝试运用生物活性染料-放射性核素联合示踪法进行 SLN 识别。在 Malur 等[9]的研究中，作者对 50 例患者分为三组，分别采用染料法、核素法及染料-核素联合法进行 SLN 识别，三种方法的识别率分别为 55%、76% 及 90%，联合方法显著高于前者。Levenback 等[10]运用联合的方法，对 39 例早期宫颈癌患者进行 SLN 识别，识别率达到 100%。生物活性染料-放射性核素联合示踪法以其优势互补的特点，逐渐成为宫颈癌 SLNB 的主要方法。

4. 腹腔镜技术在 SLNB 中的应用　当今腹腔镜技术已经在妇科的各个领域得到广泛应用，一些国外学者也在积极探讨将 SLN 识别与腹腔镜技术结合，开展腹腔镜下的 SLN 活检，以最低限度的减少手术带来的损伤。Dargent 等[11]尝试运用腹腔镜对 35 例早期宫颈癌患者进行 SLN 活检，采用宫颈局部注射新型染料——专利蓝 V 使 SLN 染

色,再行腹腔镜检查并取 SLN 活检。结果显示,SLN 识别率为 100%。Kamprath 等[12]采用核素的方法进行腹腔镜下的 SLN 识别,宫颈部位注射硫锝胶体后,术者在特制的腹腔镜 γ 探头探测下,精确地识别 SLN,识别率达 93%。此后的几项研究结果则提示,腹腔镜下亦可同时运用染料-核素联合法进行 SLN 识别,识别率为 92~100%[13~15]。

表1　早期宫颈癌的 SLN 识别的研究

作者	病例数	分期	识别法	术式	SLN 识别率(%)	SLN 平均数(枚)	SLN 免疫组化	SLN(+)病例数(例)	假阴性率(%)
Echt[3]	13	Ⅰb	染料	开腹	15	1.5	未做	2	0
O'Boyle[4]	20	Ⅰb,Ⅱa	染料	开腹	60	1.9	未做	3	0
Dargent[11]	35	Ⅰa2,Ⅰb	染料	腹腔镜	100	1.8	未做	8	0
Verheijen[6]	10	Ⅰb	染料,核素	开腹	80	2.3	已做	1	0
Kamprath[12]	18	Ⅰ,Ⅱ	核素	腹腔镜	89	—	不详	1	0
Lantzsch[7]	14	Ⅰb1	核素	开腹	90	2	已做	1	0
Marlur[9]	50	Ⅰb,Ⅱ,Ⅳ	染料,核素	开腹腹腔镜	78	2	未做	5	17
Levenback[10]	39	Ⅰa,ⅠbⅡa	染料,核素	开腹	100	4.7	已做	8	11
Barranger[13]	13	Ⅰa2,Ⅰb,Ⅱa	染料,核素	腹腔镜	92	1.7	已做	2	0
Lambaudie[14]	12	Ⅰb1	染料,核素	腹腔镜	92	3.2	已做	2	9
Buist[15]	25	Ⅰb,Ⅱa	染料,核素	腹腔镜	100	—	不详	10	11
李斌等[8]	28	Ⅰa~Ⅱa	核素(离体)	开腹	100	4.6	未做	6	0
王华英等[5]	20	Ⅰb~Ⅱa	染料	开腹	78	1.2	未做	6	0
盛修贵等[16]	23	Ⅰ~Ⅱb	染料,核素	开腹	83	3	已做	5	17

三、早期宫颈癌中 SLN 的分布特点

1971 年,Plentl 等[17]对宫颈淋巴引流途径做了系统描述,即淋巴引流经宫颈间质→宫颈浆膜淋巴网→宫旁淋巴结→盆腔淋巴结(包括髂内、外及闭孔淋巴结)→髂总淋巴结→腹主动脉旁淋巴结。按照这个途径,宫旁淋巴结为宫颈淋巴引流最先到达的淋巴结,理论上最有可能成为 SLN。但在国内外多项研究中,SLN 主要分布在髂内、外及闭孔区,宫旁 SLN 占很小比例[4,8,10,11],如表 2。分析原因,Levenback[10]认为宫旁淋巴结体积较小,且解剖位置靠近宫颈,应用染料方法进行识别时,宫旁淋巴结与宫颈同时染色,无法区分;应用核素方法进行识别时,宫旁淋巴结受宫颈药物注射部位高放射性的干扰往往无法识别。根据 Benedetti-Panici 等[18]统计大部分宫颈癌淋巴结转移发生在髂血管周围及闭孔区,而宫旁淋巴结转移仅占 29%,与目前研究得出的 SLN 分布情况相符,宫旁 SLN 识别的实际意义有待进一步探讨。另外一些作者报道,部分 SLN 分布于髂总部位以及腹主动脉旁,但所占比例甚少。宫颈淋巴引流可否不经盆腔而直接进入髂总、腹主动脉旁淋巴结,目前尚存在争议。

表2 早期宫颈癌中SLN的分布

作者	SLN切除总数	腹主动脉旁SLN	髂总SLN	髂内、外，闭孔SLN	宫旁SLN
Echt	3	0	1	2	0
O'Boyle	23	0	4	15	4
Dargent	63	0	3	53	7
Verheijen	18	0	3	15	0
Lantzsch	26	0	0	26	0
Levenback	132	12	15	93	12
Barranger	21	0	1	20	0
Lambaudie	35	2	1	32	0
李斌等	123	0	3	120	0
盛修贵等	59	0	1	57	0

四、SLN对早期宫颈癌淋巴结转移的预测性

SLN是发生肿瘤转移的最高危淋巴结，作用如同"哨兵"，以SLN可预测整个淋巴结区域是否发生肿瘤转移。在李斌等[8]的研究中，SLN通过离体检测取得。6例患者发生淋巴结转移，11枚转移淋巴结均为SLN，敏感性及特异性达到100%，显示出理想状态下，SLN对宫颈癌的淋巴结转移具有准确的预测性。但在体内识别SLN的研究中，假阴性结果占一定比率。假阴性是指SLN阴性的情况下，非SLN发生转移。假阴性结果可导致对病情错误的估计和不正确的治疗。有些作者认为造成假阴性的原因是由于常规病理检查遗漏了SLN内微小转移灶，采用超薄序列切片结合免疫组化可提高准确性[6,7,10,13,14]。另有研究发现，癌栓阻塞淋巴管，示踪剂无法进入SLN，却流向其它淋巴结，可导致假阴性结果[9]。对于有明显淋巴结转移者，是否适合SLNB有待进一步探讨。

SLN活检术是近年来发展的新技术，其独具的精确性、微创性、安全性等特点符合当今肿瘤治疗的理念。在宫颈癌领域，SLNB的研究目前仍处于探索阶段，相应的技术方法有待进一步完善。未来的研究将着眼于提高SLN检出率和预测准确性，并进行大宗病例的临床实践。

参考文献

1 Canbanas RM. An approach for the treatment of penile carcinoma. Cancer, 1977; 39: 456～466

2 van Nagell JR, et al. Clinical invasive carcinoma of the cervix: clinical features diagnosis staging and pretreatment evaluation. In: Coppleson M, ed. Gynecologic Oncology. New York: Churchill Livingstone, 1992: 663

3 Echt ML, Finan MA, Hoffman MS, et al. Detection of sentinel lymph nodes with lymphazurin in cervical, uterine, vulvar malignancies. South Med J, 1999; 92: 204～208

4 O'Boyle JD, Coleman RL, Berstein SG, et al. Intraoperative lymphatic mapping in cervix cancer patients undergoing radical hysterectomy: a pilot study. Gynecol Oncol, 2000; 79: 238～243

5 王华英，孙建民，汤洁. 子宫颈癌根治术中的淋巴显影和前哨淋巴结识别. 中华妇产科杂志, 2004; 39: 7～9

6 Verheijen RH, Pijpers R, van Diest PJ, et al. Sentinel node detection in cervical cancer. Obestet Gynecol, 2000; 96: 135～138

7 Lantzsh T, Wolters M, Grimm J, et al. Sentinel node procedure in Ib cervical cancer: a preliminary series. Br J Cancer, 2001; 85: 791～794

8 李斌，章文华，刘琳，等. 前哨淋巴结检测对预测子宫颈癌淋巴转移的价值. 中华妇产科杂志, 2004; 39: 4～6

9 Malur S, Krause N, Kohler C, et al. Sentinel lymph node detection in patients with cervical cancer. Gynecol Oncol, 2001; 80: 254～257

10 Levenback C, Coleman RL, Burke TW, et al. Lymphatic mapping and sentinel node identification in patients with cervix cancer undergoing radical hysterectomy and pelvic lymphadenectomy. J Clin Oncol, 2002; 20: 688

~693

11 Dargent D, Martin X, Mathevet P. Laparoscopic assessment of the sentinel lymph node in early stage cervical cancer. Gynecol Oncol,2000;79: 411~415

12 Kamprath S, Possover M, Schneider A. Laparoscopic sentinel lymph node detection in patients with cervical cancer. Am J Obstet Gynecol,2000;182: 1648

13 Barranger E, Grahek D, Cortez A, et al. Laparoscopic sentinel lymph node procedure using a combination of patent blue and radioisotope in woman with cervical cancinoma. Cancer,2003;97: 3003~3009

14 Lambaudie E, Collinet P, Narducci F, et al. Laparoscopic identification of sentinel lymph nodes in early stage cervical cancer: Prospective study using a combination of patent blue dye injection and technetium radiocolloid injection. Gynecol Oncol,2003;89: 84~87

15 Buist MR, PijpersRJ, van Lingen A, et al. Laparoscopic detection of sentinel lymph nodes followed by lymph node dissection in patients with early stage cervical cancer. Gynecol Oncol,2002;90; 290~296

16 盛修贵, 李大鹏, 刘乃富, 等. 早期子宫颈癌前哨淋巴结检测的临床意义. 中华妇产科杂志,2004;39: 10~13

17 Plentl A, Friedman E: Lymphatic system of the female genitalia. The morphologic basis of oncologic diagnosis and therapy. Major Probl Obstet Gynecol,1971;2: 1~223

18 Benedetti-Panici P, Maneschi F, Scambia G, et al. Lymphatic spread of cervical cancer: an anatomical and pathological study based on 225 radical hysterectomies with systematic pelvic and aortic lymphadenectomy. Gynecol Oncol,1996;62: 19~24

利用社会力量实施深圳地区弱势群体的宫颈癌筛查

吴瑞芳

北京大学深圳医院"全国子宫颈癌早诊早治示范基地" 深圳 578036

子宫颈癌发病率居女性恶性肿瘤第二位。近年来,子宫颈癌发病率越来越高,且年轻患者呈明显上升趋势,对妇女健康及生命造成很大危害。子宫颈癌病因学研究证实生殖道人乳头瘤病毒(HPV)感染是发病的主要病因。目前,已经发现的和宫颈癌发生有密切关系的HPV亚型即高危型HPV至少有17种,高危亚型HPV持续感染可导致妇女宫颈癌癌前病变(CIN)和宫颈癌。根据子宫颈癌发展的自然史,如果我们能实施行之有效的筛查及防治手段,就可以有效的减少子宫颈癌对妇女及卫生系统的负担。

深圳坐落于中国的东南部,与香港接壤,是自1979年开始这个新兴移民城市,已成为中国最大、最发达的城市之一,是我国人口流动性最大的城市。深圳市的特殊环境与生活方式,造成妇女生殖道感染性疾病较多,医院内的宫颈癌年轻病人也越来越多。我们承担WHO课题,于2004年11月至2005年4月对深圳市华侨城社区1 000余例妇女的HPV感染与宫颈癌发病情况进行了调查。结果表明一般人群高危型HPV

感染率13.5%(150/1114),而服务业高危型HPV感染率高达30%以上;HPV感染者中宫颈鳞状上皮内瘤变(CIN)占31.3%,患者年龄较轻并且以低度病变为主。这一结果说明我市生殖道HPV感染及由此引起的宫颈癌癌前病变发病情况比较严重,而且患者多处于发病的早期阶段。鉴于这种情况,卫生局已经着手组织力量,进行宫颈癌普查及早诊早治工作,以预防和控制我市女性生殖道HPV感染和宫颈CIN,阻止宫颈癌癌前期病变发展成宫颈癌。然而,深圳市暂住和流动人口是户籍人口的6~7倍,其中存在高危因素又缺乏经济能力的比例远远超过户籍人口。她们是深圳市宫颈癌防治中的弱势群体。我院作为全国"子宫颈癌早诊早治示范基地",利用社会力量,吸收慈善捐款,设立"宫颈癌防治专项资金",与之共同组织宫颈癌早防早治的资助活动,实施对深圳市弱势群体的宫颈癌筛查的尝试。利用"子宫颈癌早诊早治示范基地"这一平台,共同捐助对弱势群体宫颈癌的预防和控制——其结果在近期内防止了妇女生殖道HPV的感染;从远期来看,控制宫颈癌癌前期病变的癌变过程,降低妇女子宫颈癌的发病率,也使有限的资源得到有针对性的合理应用。最后希望通过此项工作,能够尽量减少因病致贫及因病返贫事件的发生,促进我市的经济发展。

附:北京大学深圳医院宫颈癌早诊早治中心"宫颈癌防治专项资金"条例

第一条 宗旨

为了促进宫颈癌早诊早治工作的迅速发展,提高我市宫颈癌筛查的覆盖面,关心弱势群体,使广大妇女远离宫颈癌、健康一生,深圳意科涂料有限公司与北京大学深圳医院决定,共同进行宫颈癌早防早治的资助活动,并设立"宫颈癌防治专项资金"。为确保本资金合理而有效的使用,根据双方意愿,特制订本管理条例。

第二条 性质、任务

"宫颈癌防治专项资金"属于社会公益性的、非盈利为目的的专项资金。主要用途:

一、本中心进行的特定人群(主要指弱势人群)的宫颈癌筛查与早期诊断;

二、对无支付能力的宫颈癌患者的早期诊断与基本治疗;

第三条 资金筹集方式与来源

深圳意科涂料有限公司分10年无偿提供人民币共计100万元整,作为"宫颈癌防治专项资金"的基本金;北京大学深圳医院宫颈癌早诊早治中心作为国家"宫颈癌早诊早治示范基地"以成本价购买所需耗材,并无偿提供相关设备和技术力量。

第四条 组织

成立专项资金管理委员会全权负责资金有关工作。资金管理委员会设,主任1人,副主任1人,委员若干人,秘书1人。管委会每年定期召开会议。

资金管理委员会的职责是:

一、制定和修改资金工作条例和管理办法;

二、制定有关资金管理和使用的具体措施和实施细则;

三、听取并审议资金使用计划和工作报告;

四、审批资金的支出款项;

五、负责有关资助项目的组织、实施、监督和检查工作。

第五条 资金的使用和管理

一、资金的使用计划由资金管理委员会讨论通过;

二、资金有专项财务管理，实行专款专用，任何个人、组织均不得挪为他用；

三、资金使用需资金管理委员会主任签字批准；

四、资金受北京大学深圳医院财务监管部门的监督；

五、资金使用档案记载所有受助者有关资料及受益情况或治疗结局，资金所赞助的项目完成后均有书面项目总结。

六、受本资金资助所完成的工作发表有关论文、著作或成果报告时，均应注明受到本“宫颈癌防治专项资金”的资助，并将论文、著作或成果文件的复印件存入资金使用档案。

第六条　附则

本条例由资金管理委员会讨论通过，报北京大学深圳医院院办公会议批准备案。本条例自 2005 年 4 月 20 日签字之日起实施。

重视妇瘤患者生活质量

廖革望

湖南省肿瘤医院妇瘤科　郑州　450003

人们对肿瘤治疗过程与结局的期望，已从单纯的追求治愈到要求保持良好的生活质量，并憧憬于既治好肿瘤又不影响机体功能的完美明天。因此，如何妥善处理肿瘤治疗与生活质量的关系已成为国内外肿瘤学界研究的重点。

一、影响妇瘤患者生活质量的几大因素

1. 心理因素　癌症患者的心理状态

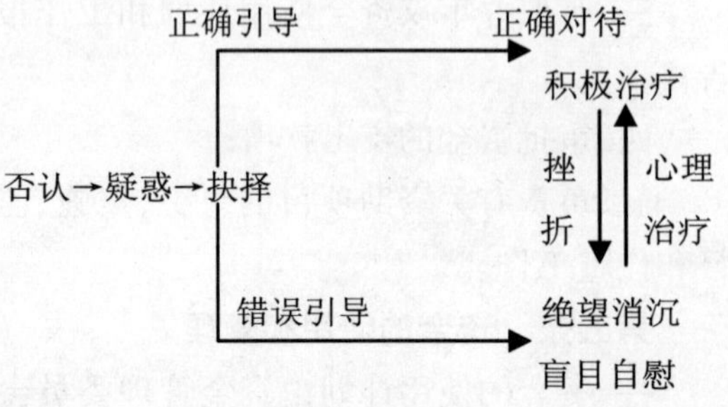

(1) 情绪障碍发生率高：河南李桢等 2002 年对 108 例癌症病人（初治，除外精神病家族史）进行手术前心理评估，对其中 61 例进行围术期心理干预，包括一般性心理支持，个别心理治疗，病人互助治疗，家庭社会支持，意念引导，结果：

A、癌症病人术前焦虑、抑郁、恐惧者 > 40%。

B、主要心理冲突：手术关、术后工作生活质量、亲属朋友的态度，术后生存时间。

C、干预组情绪障碍显著降低，优于对照组，但低于非癌症手术病人得分。

D、心理干预有助于改善病人不良心理，安全顺利度过手术关。

(2) 高龄患者以恐惧心理为主：王育才 2002 年对 143 例 > 70 岁患者手术治疗心理分析结论：

A、普遍存在"求生欲"与"手术恐惧症","宁可一死,不受一刀"是假,强烈要求治愈是真。

B、急症手术多易接受,占75.5%(108/143),危及生命的痛苦远远超过对手术的恐惧。

C、"死亡恐惧"导致盲目要求手术,占4.2%(6/143)。

D、出于无奈(久治不愈)被动型占20.3%(29/143)。

E、不愿手术或治疗的主要原因:孤独、对生活失去信心;期待"心诚则灵"奇迹在自己身上出现。

(3)年轻患者的心理分析:

A、焦虑心理(家庭、后代、容貌、功能、婚育)。

B、抑郁(工作、现有地位、疗效)。

C、仇视心理(命运不公、经济反差、受骗经历)。

D、绝望心理(偏见、社会歧视、伴侣弃义、久治不愈)。

(4)心理因素影响免疫功能:肿瘤病人的心理、行为问题及其与免疫功能的关系为近代心理神经免疫学的热门课题,苏州李建中等2002年对37例肿瘤患者和37例非肿瘤患者进行心理社会因素调查,并检测其免疫功能,结论:

A、情绪障碍(抑郁和焦虑)量表分值明显高于对照组。

B、体液免疫、细胞免疫、补体系统普遍低于对照组。

C、IgM、CD_3^+ 明显低于对照组($P<0.01$)。

D、肿瘤组IgM水平相对较高者:女性、外向性格,较好社会支持率,与受教育程度、病程、负性事件呈负相关。

对照组IgM较高者:倔强、脾气急躁、精力旺盛,社会支持好,病程长者。

E、CD_3^+↓↓:社会支持总分正相关,女性、高龄、易冲动、脾气躁、心境变换剧烈,情绪抑郁者,尤以抑郁情绪为甚。

对照组与抑郁无关。

抑郁情绪主要影响细胞免疫功能及NK活性。

总之:负性事件→IgM↓,情绪障碍→CD_3^+↓

2.器官损伤或缺失

(1)外形改变:

A、外阴癌术后的狭窄。

B、腹股沟盆腔淋巴清扫术后的下肢淋巴水肿。

C、放射治疗后的局部纤维化、疤痕挛缩。

D、各类人工造瘘口。

(2)器官缺失或受损

A、手术切除——永久缺失

B、放射治疗——永久性损伤

C、化学治疗——大都为可逆性损伤

D、物理疗法——暂时或永久性损伤

3.功能改变

(1)性活动障碍:部分性,完全性。

(2)卵巢功能改变:部分受损:影响月经、生育,可导致卵巢早衰。完全受损:去势综合征、骨质疏松、心血管疾患。

(3)对生育的影响:可逆性、不可逆。

(4)对日常生活造成明显影响的并发症:

A、手术或放疗造成的瘘。

B、物理、放疗、手术造成的重要脏器的穿孔。

C、放疗导致的股骨颈骨骨折或截瘫。

D、放疗所致的下肢浮肿与疼痛。

E、药物导致的肾衰、肺严重纤维化。

F、输血引起的输血病毒感染等。

G、化疗引起的顽固性骨髓抑制以及放化疗所致的白血病、肉瘤等。

上述诸多影响中，对患者最具杀伤力的是对生育功能、卵巢功能、性活动的影响以及瘘、股骨颈骨骨折、截瘫等。

二、改善妇瘤患者生活质量的临床探索

1. 心理治疗　生存期应从确诊之日算起（Mullen，New Engl Med，1981，313：270）

紧急生存期：确诊即面对死亡威胁。抑郁85%（面对死亡，失去生活信心）焦虑25%（疗效?，无助感）

热情接待，与此同时，对患者表现充分的尊重与理解。不回避事实，进行正确引导；并说明随着科技进步治疗效果在不断改善，以充分树立其自信心，使其安心接受治疗。

延长生存期：治疗过程中面临各种考验。焦虑、恐惧、紧张（治疗手段的恐惧、疗效?，安全系数、并发症等）。

处理：治疗前详细咨询，亲切关心、诚实朴素的态度。

充满自信的举止言行，以实例说明问题。

取得家属协助与关心，不要估计生存期。

安全舒适的就医环境，了解个性，区别对待。

指导按时复查，坚持必要的治疗。

逐步恢复正常的生活与工作，忌过分“关照”。

永久生存期：对如何回归正常生活感到疑虑、茫然。

处理：家庭生活指导。家庭、社会、工作单位合作。恢复正常上学、恢复正常工作，注意保健。

注意：在进行心理疏导时，与患者要建立以治疗目标为指向的职业性治疗关系，防止“过分卷入”而出现双重关系，要做到这一点，首先要学会将生活状态与工作状态进行分离，否则将会出现：

A、关心变成了操纵。

B、无法做到心理治疗中的保密。

C、使潜意识中的利己性助人动机反射出来，影响疗效。

D、过多了解了治疗师将导致病人对医师的一切产生移情，使其心情更为复杂。

2. 恰当的治疗方法　力争取得最好疗效，充分考虑不同年龄阶段、不同人群对生活质量的渴求程度，选择较稳妥的治疗方案，防肿瘤复发，忌过度治疗，注意个体化。

（1）外阴癌手术方式的改进：

传统：VIN：外阴单纯切除；癌：外阴广泛＋淋巴清扫（腹股沟或＋盆腔），现提倡个体化，尤其早期病例。可部分根治时注意减少对外形的破坏，需根治术时力争保留其最原始的生理功能（泌尿、性）。

A、VIN：病灶局部切除，局部广泛切除，单纯切除。

B、外阴癌病灶局部广泛切除。正常皮肤距病灶缘 >1cm。

C、前半部：前半部根治＋同侧清扫。

D、后半部：保留阴蒂，根治＋同侧清扫。

E、中心及其余癌：广泛＋双侧清扫。

a、切口的改进：蝶形→三独立切口。b、阴道黏膜与皮肤的缝合技巧。c、尿道口的缝合技术。d、淋巴清扫技术的改进。

近年注重前哨淋巴结的价值，个别文献认为其准确性近100%，并主张根据腹股沟深淋巴结检测结果决定术后的进一步治疗，

而传统的腹股沟淋巴结加盆腔淋巴结清扫于生存无益。同时应尽可能在术中保留大隐静脉,并避免对股鞘的损伤。奉行以上的手术原则,主要是为了达到缩小创伤、减轻局部变形、减轻下肢淋巴水肿以及性的延续、泌尿无痛苦等,加上近年开展的外阴带蒂肌皮瓣移植及外阴整形术,部分的改善了外阴癌患者的生活质量。

(2)宫颈癌:

①力保宫颈的安全

a、薄片技术:刷洗→生物膜过滤→细胞成份涂片→电脑阅片→专人读可疑涂片→发现病变。弥补了传统巴氏五级涂片的不足。

b、有关微生物检测:HPV、HSHⅡ、支原体、衣原体等。

HPV感染明显升高:西方26%、中国10%,不同的年龄阶段其感染率存在差异。

16、18、31、33、45、58型占70%,HPV感染具有一定的地域性。

低量HPV感染发生CIS为无HPV感染的3倍。

高量HPV感染发生CIS为低量感染的43倍。

HPV感染好发于前唇(2:1),侧角。

HSHⅡ:CIN增加2倍,原位癌增加8倍。

宫颈癌中35.5%存在四种以上感染。

性罪错妇女63.4%为HPV16、18感染。

处理:卫生宣教,净化环境,促进社会进步。

②尽可能保留宫颈

A. LEEP(Loop Electrosurgical Excison Procedure)的应用,由环状电烙活检术(Cartier,1984)发展而来,1989年Prendiville首先提及LEEP法,Huang 1999年治疗116例CIN,73例LEEP,43例锥切。两组对比,结论:LEEP省时、简单、安全、价廉、快捷。

应用指征:用于诊断:

a. 持续发现CIN Ⅰ级或CIN Ⅰ级无条件随访者(有不同看法)。

b. 疑宫颈不典型鳞状上皮(涂片与镜检不符)或有症状的宫颈外翻(非常规)。

c. 疑CIN Ⅱ级、CIN Ⅲ级(镜检不满意时)。

d. 疑原位癌或早浸(部分代替多点活检)。

用于治疗:部分CINⅡ、CINⅢ,原位癌(包括腺、鳞癌)。

e. 用于Ia1的治疗(Gurgel 1997;Winter 1998;日本九州医院,塚木直树,2001)。

f. 部分宫颈息肉、宫颈小肌瘤。

g. 久治不愈的慢性宫颈炎。

h. 尖锐湿疣刮除以及体表乳头状瘤、外痔等。

宫颈病变切除范围:

超过边缘1mm,深度7mm(累及腺体CIN深度为1.24~5.22mm),颈管深度15mm。

非癌病例切除深度个体化,要特别关注未育者颈管深度。

不良反应:出血9.6%,疼痛0.7%,宫颈管狭窄3.7%,灼伤,病变复发。

Z型电针已问世。

B. 传统的宫颈锥切术。

(3)留住宫体:Dargen 1987年4月~1996年12月采用LART治疗47例Ia1~Ⅱb宫颈癌,分娩13个,流产率25%,癌复发4.3%。Bumham 2000年报道1例33岁Ib1宫颈癌,术后2年剖腹产一健康男婴。国内实施有一定困难,近两年北京协和医院、上海复旦大学肿瘤医院、湖南省肿瘤医院等已用于少数病例，远期疗效有待随访。关键技术为：阴道子宫下段吻合，宫体下段环扎。否则难以完成正常妊娠。

保留宫颈癌生育功能指征。

a、早期；b、肿瘤直径 < 2cm；c、颈管阴性；d、术前 MRI、CT 等检查无子宫外浸润；e、具备腹腔镜手术条件，盆腔淋巴结阴性（亦有经腹淋巴结切除活检配合 LART）；f、要求保留生育功能且具有良好的顺应性及随访条件。

（4）保护卵巢功能

A、卵巢移植：

部位：乳腺、腋窝、腹股沟、腘窝。优点：远离放射野。缺点：费时、费劲，生活环境改变不利于保留卵巢功能。

B、卵巢移位：

腹直肌种植、腹直肌移位、结肠旁沟移位、乳腺移位。结肠旁沟移位要点：

a. 保留卵巢门处部分腹膜。

b. 游离足够长的卵巢血管蒂、腹膜后间隙。

c. 多针固定，防扭转、防止卵巢回缩腹膜后。

d. 防止血管扭曲、成角、过度牵拉。

2001 年 Morice 报道 107 例 Ⅰb 宫颈鳞癌中有 2 例卵巢转移，认为巨块型与宫颈宫旁血管淋巴管有癌浸润者不宜移位，我们 2005 年总结 371 例≤35 岁年青宫颈癌中有 2 例卵巢转移，并总结卵巢移位 45 例远期随访结果，认为Ⅲb、盆腔淋巴结明显转移者不宜移位。腺癌移位宜慎重。

（5）预防阴道短缩

A、术中切除长度的掌握

B、阴道延长术

a. 术时延长法：略

b. 术后扩张法（Yamamoto，2000 年，163 例）3-0DG 线缝穹窿止血，阴道旁 0 缝扎，3-0 关后腹膜，7 天折断端线并持续扩张，每日扩张、棉签压腹膜后间隙，每日局部纤维蛋白酶、胰蛋白酶或加用外用雌激素，4 周内光滑，30 天后可用或放模 2 ~ 4 月。

（6）减少手术并发症：

A、淋巴囊肿　a. 前哨淋巴结技术，提示较合理的清扫范围，减少对正常淋巴系统损伤。b. 电刀清扫，c. 不关后腹膜，d. 已形成者用导尿管从残端插入引流或穿刺。

B、膀胱麻痹和尿瘘　手术技巧的改进，缩短手术时间，手术范围的界定，保护局部血运，生物蛋白胶等新材料的应用。

C、下肢淋巴水肿　a. 保留髂血管旁淋巴管主干：髂外动脉外侧 2 ~ 3 条，髂外动脉内侧闭孔神经前方集合淋巴管 1 ~ 2 条。b. 广泛、次广泛的概念，防盲目扩大手术。

D、下肢及盆腔深静脉血栓 发生率：良性术后 6.2% ~ 29.1%，恶性 19.6% ~ 37.9%。危害：下肢功能障碍、肺栓塞。病因：血流缓慢，内膜受损，血液高凝状态等。高危因素：老年、肥胖、高血压、糖尿病、动脉硬化、静脉曲张、术前术中输血、术后止血药等。

诊断：下肢肿胀、疼痛、活动受限等。Homans 征（ + ），腓肠肌痛、多普勒检测、静脉造影等。

预防：注重高危人群，预防血液浓缩，尽量避免术中输血。术中轻柔操作，预防性抗凝，术后适当活动。

治疗：非手术：卧床、抬高患肢、抗炎、抗凝、溶栓、中医中药。手术：安放滤网、取栓。

（7）减少放疗严重并发症

放射性直肠炎，放射性膀胱炎，股骨颈骨折、截瘫。

A、放射治疗个体化 根据年龄、临床期别以及宫颈局部情况，结合患者经济状况制定治疗计划。

B、带铅板模具以及特殊病例铸模的应用。

C、模拟机定位。

D、组织间插植放射治疗。优点:作用更加直接、可靠,缩短照射时间,减轻副作用,减少了对邻近重要脏器的损伤,摧毁量可不计入 A 点总量,利于腔内放疗后的继续治疗。实施时根据不同肿瘤形态选用不同方案,主要掌握好进针的方向、深度、针间距以及设定最佳参考点,根据 TPS 优化图形结合临床情况适时调整治疗方案。

E、永久性组织间插植(粒子植入)。

F、三维适形放疗在妇瘤的应用。

盆腔手术、化疗或放疗后出现的复发或转移病灶,一直为妇瘤临床处理难点,再次手术将使病人承受重大创伤,且风险大、疗效不确切,三维适形放疗将部分解决这一难题,国内已于近年成功用于临床。我院已成功治疗多例卵巢癌、宫颈癌术后或放疗后盆腹腔转移复发的患者。为了提高放疗的准确性、科学性,在三维适形调强放疗的基础上,学者们提出了四维放疗甚至五维放疗的概念。

3. 卵巢癌

(1)早期发现:体检:1/10 万的早期发现率。肿瘤标志物检测,基因诊断。

预防性切除的概念。

A、非卵巢癌患者子宫全切时的卵巢切除。

B、有家族史的预防性切除。

(2)保留生育功能:

A、生殖细胞类肿瘤,不受期别限制。

B、上皮性 IaG_1 期,现在部分作者认为,Ic 期亦可考虑保留,Zannetta 报道 56 例 Ia、Ic,切除一侧卵巢 + 大网膜 + 阑尾 + 淋巴结 + 腹膜活检,术后 3 ~ 6 疗程化疗,20/56 妊娠,17 例为正常妊娠,认为 Ic 期尽管存在腹腔内转移的潜在危险,但并不意味着必须切除双附件。

C、I 期交界性卵巢肿瘤多主张保守治疗。

(3) I 期卵巢癌化疗的价值有限:意大利 GOG 278 例 I 期 G_1G_2,分术后化疗、复发再治两组,无瘤生存与 5 年生存率相似。Crispens2002 年 53 例低恶卵巢癌 13 例未化疗,其余化和(或)放疗生存率相似,I 期化疗仍有争议。特别是病人耐受性不好时,要尽量避免化疗对病人的伤害以及对生活质量的影响。

(4)手术范围的探讨:

A、淋巴清扫术的价值有限。

B、首次肿瘤细胞减灭术需个体化。文献报道残留灶 < 2cm,生存期 39 个月,此种病例要尽力切除干净。而残留灶 > 2cm 时,生存期仅 17 个月,术时宜酌情切除病灶。

C、合理采用二次细胞减灭术。

国内多所医院统计 145 例复发癌,认为 STRS(SCRS)术后如无确实有效化疗配合则无助于改善预后,手术的目的不在于治愈,而在于手术后更有效的化疗。

二次减瘤术的指征:化疗后大于一年复发,诱导化疗有效,病灶能被有效切除,术后能继续化疗,不符合上述条件者不宜选择此术式。年老体弱者可能弊大于利,防止不必要的手术严重影响患者生活质量。

D、二探术干扰患者生活质量,诊断价值有限,临床不宜单独应用。

4. 宫体癌

(1) 非手术治疗的可行性: Randall, Kaleu, Kim 等四篇文献报道 1997 ~ 2001 年期间用孕激素治疗分化好的腺癌 49 例,病变消失 35 例，治疗 EIN35 例，病变消失 31 例，49 + 35 例中共有 16 例受孕分娩，无复发死亡病例，认为孕激素治疗 EIN 有效率 83% ~ 94%，高分化腺癌 62% ~ 75%。协和医院报道孕激素治疗后 8 例妊娠，6 例在产后 2 ~ 13 年复发，复发率达 75%。认为Ⅰ期 G_1 及部分 G_2 可保守治疗，注意治疗后的定期诊刮 3 个月一次，治疗期限 3 ~ 21 月不等，平均 9 个月，治疗前腹腔镜检及淋巴活检，明确分期，生育后的进一步处理或不需生育者需长期密切随访。

（2）保留卵巢的可行性：国内王晓莉 2001 年 12 月首例报道 22 岁 $IbG_{1\sim2}$，坚决要求保留卵巢，行根治 + 腹主动脉旁活检 + 腹腔洗涤液细胞学检查，保留的卵巢快速切片阴性，予以保留卵巢，术后腹化 6 次全化 3 次，已健存 5 年。我院 2002 年 5 月对 1 例 IbG_2 期实施保留卵巢，术后仅化疗 1 疗程。健存至今已逾三年。

5. 其他的助孕技术　A、冻存受精卵，替代妊娠。用于子宫切除或盆腔放疗后的患者。

B、冻存原始卵泡，取卵巢皮质（内含原始卵泡）冻存后复活、培养、受精、种植，不适宜于 30 岁以上患者。

6. 子宫肌瘤的恰当处理　为什么要尽量保留子宫或宫颈？a、宫颈-垂体反射途径（内分泌功能）。b、关系卵巢的血液供应。田杰等 2003 年分析 50 例全切与次全切，检测 E_2、P、FSH、LH、T 及 DPD（骨钙素）等。E_2 全切组明显低于次全组，DPD/Cr 全切组明显高于次全组，认为次全对维持卵巢功能，降低骨质疏松有益。

（1）非手术治疗：

A、药物 a、GnRH-a（诺雷德）。b、米菲司酮。

B、期待疗法 适用于：a. 40 ~ 45 岁以上，有绝经迹象，较小的浆、壁肌瘤。b. 有月经异常但排除了宫内膜癌。c. 瘤大伴临床症状，但病人拒绝手术或不能手术又不愿服药者。

（2）介入（栓塞）治疗：始于 1995，Ravina 14/16 成功，肌瘤缩小 20% ~ 80%。栓塞剂：PVA 高分子聚乙烯醇微粒（国内不产）。

适应证：各年龄段自愿者、各类有症状者。慎用：有生育要求者。禁用：感染、过敏、并妊娠、盆块、子宫脱垂、重要脏器功能障碍。

现不宜常规应用的原因：肌瘤性质的界定；影响卵巢功能（早衰达 7/63 ~ 10/66）；远期疗效不肯定；严重并发症：盆腔脏器坏死、瘘、败血症以及费用高。

（3）肌瘤剔除术：

A、腹腔镜：黄浩 2002，107 例，肌瘤 2 ~ 6 个，体积 $1 \times 1 \times 1cm^3 \sim 10 \times 10 \times 10cm^3$。手术时间 100 ~ 110min。出血 20 ~ 250ml。a、难点：肌瘤遗漏，术中出血，肌瘤取出，疗后复发。b、适应证：< 40 岁，浆，肌壁间 < 5 个，< 6cm。

B、开腹手术

（4）其它术式：

A、保留宫内膜子宫部分切除术。1995，刘新民，21 例，20 例肌瘤 1 例腺肌瘤，术后均正常月经。要点：设计好子宫成形的切口适当多留正常宫壁组织，成形时再剪除恰当的手术时期、细致的缝合技巧，现已广泛用于临床。

B、非传统的保留宫颈手术。要点：保留子宫动脉上行支切除宫体。剔除宫颈内层重建宫颈。重塑小子宫。适应证：渴望保留宫颈的年轻患者。

C、不保留子宫内膜的子宫切除术。要点：保留子宫动脉，利于卵巢血运。

D、常规的子宫次全切除术：缺点：有可

能发生残端癌，适应于45岁以下良性病变需切子宫者。

E、子宫次全术同时行宫颈旋切术：用旋切器切除移行带及颈管组织，而保留宫颈大部分外层组织。保留下的宫颈外层组织很快修复并保持性功能。

7. 老年妇瘤病人的处理

(1)老年心理：孤独→自卑感，一叶孤舟，随风飘流。

A、影响老年生存的主要因素：移动受损。Hirvensalo 2001等调查了芬兰中部于韦斯屈莱市1 109名独立生活的老人，认为在影响老年生存的诸多因素中移动受损和丧失独立能力能预测死亡。

B、与死亡危险性有关：高龄、男性、哮喘、糖尿病、中风、心血疾病。

C、与丧失独立能力有关：高龄、女性、未婚、糖尿病、心血管病、骨骼肌病，早年(40～60)无体育活动。

(2)处理原则　有效、简单、痛苦少、损伤小，着重生命整体。潘凌亚等，2001，57例，70岁以上妇瘤手术，无一例死亡，认为70岁以上可耐受广泛术。姜桂英，2001，92例，>60岁妇瘤手术无死亡。金杭美，2001，304例，>60岁妇瘤手术，术后7天室颤死亡一例。俞华，2001，542例，>60岁宫颈癌放疗、疗效，并发症无差异，但要个体化。

8. 妇瘤微创术

(1)腹腔镜：已广泛用于临床肌瘤挖除、宫外孕、内异症、淋巴清扫、卵巢移位等，但广泛用于妇科各类恶性肿瘤的治疗尚需进一步探讨，理由：a. 视野受一定限制。b. 器械损伤引起的并发症。c. 全麻引起的并发症。d. 恶性肿瘤的转移。e. 手术切除的广度。f. 标本取出的完整性以及对病理诊断的干扰。

为了解决这些问题：a. 显微腹腔镜(针型)2mm。具有切口小、疼痛少，局麻的优点。缺点：视野小，有取代传统腹腔镜用于妇科疾病诊断的可能性。复杂手术再改用传统腹腔镜。b. 无气腹腔镜：特别的腹壁牵引器，方法简单，能减少术后并发症，减少心肺并发症。c. 经阴道注水腹腔镜，后穹注入生理盐水，局麻下进行。缺点：盆腔前半部观察效果欠佳。d. 血管闭合系统及超声刀、等离子刀的应用等。

(2)无生育要求内膜非癌顽疾的处理：a. 宫腔镜：电切、滚刨；b. 热水囊、射频治疗术；c. 微波子宫内膜去除术。

9. 女性激素替代治疗(HRT)

A、对HRT安全性的评价：与宫体癌的关系：康佳丽，2001，60例进行HRT，并测血清E_2，阴道B超宫体和内膜，诊刮+ER. PR，认为$E_2>45ng/L$，内膜厚度≥5mm时作内膜活检+ER测定，可对HRT对内膜的影响进行评价。60例中3例有增生。与乳癌无确切结论，美、英正开展大样本前瞻性试验。HRT乳癌者发病年龄稍偏早。早期、高分化率、PR(+)明显增加。腋淋巴转移率低，死亡率较未采用HRT者低。

B、HRT效果：王莹，2002，60例，CEE 0.625mg/日，能有效降低血液粘度，增加红细胞变形能力，改善微循环。吴宜勇，2002，236例，CEE 0.625mg～0.3mg/日，能有效防止骨丢失。

C、TAM类药物的评价：TAM与内膜癌有关，加孕激素不能阻断其作用。

总之，临床医师在对妇瘤病人进行诊疗时，一定要充分考虑到女性的生理特点与心理状态，选择较为稳妥的方案，以尽可能满足不同人群对生活质量的要求，为构建和谐社会作出应有的努力。

"WHO 全球子宫颈癌防治指南"

李　霓　乔友林

中国医学科学院肿瘤研究所肿瘤医院肿瘤流行病室　北京　100021

2004 年,由 WHO 生殖健康(RHR)和癌症控制部(PCC)、国际原子能署(1AEA)、全球子宫颈癌联盟(ACCP)、国际癌症研究所(1ARC)等单位召集全球 35 位专家合作起草了"WHO 全球子宫颈癌防治指南"。

该指南草稿提交中国(西太区),印度(东南亚区),埃及(东地中海区),津巴布韦(非洲区),立陶宛(欧洲区)和特立尼达(美洲区)六个试点国家的子宫颈癌专家审议,供最后修改定稿,用 5 种联合国官方语言印刷,全球散发推广。中国于 2005 年 2 月 3 日下午~2 月 4 日在深圳举行了"世界卫生组织全球子宫颈癌防治指南"专家研讨会。本次研讨会上,中国专家考虑全球不同经济水平地区的情况,对该指南进行了系统、全面、详细、充分的修订,提出了改进建议,并由中国专家代表于 2005 年 3 月 8 日在日内瓦召开的专家组会上报告。

"全球子宫颈癌防治指南"是 WHO 癌症控制公共卫生框架中的一部分,"其目的在于通过以循证医学为基础,系统、公平地执行癌症预防,早期检测,诊断,治疗和姑息治疗等策略,减少癌症的发病率和死亡率,提高患者的生活质量,最大限度地利用可以利用的资源"。该指南的编写以"WHO 章程:努力实现人人可享有初级卫生保健"、"开罗人口和发展国际研讨会上所制定的关于生殖卫生保健的权利"、"赫尔辛基声明和国际生物学研究论理学指南中所规定的公平,有益和自愿的伦理学原则"为原则,在科学证据的基础上推荐干预措施,在结合考虑国际癌症控制规划的基础上提出全球子宫颈癌防治策略。提倡在初级卫生保健水平上,通过提高生殖健康卫生服务水平来控制子宫颈癌危险因素的传播。同时,该指南指出只有在保证癌前及浸润癌得到妥善处置的前提下,筛查和早期诊断才能实现发病率和死亡率的降低。通过更好地培训卫生工作者,提供必要设施,组织不同队伍、服务体系、不同水平卫生服务人员之间更好的沟通,以及建设质量控制体系等措施,利用或发展资源以加强卫生基础建设。

该指南分为六个部分——缩写语列表、前言、各章节内容、专业术语表、附录以及操作程序指南。其主要内容包括子宫颈癌的背景、子宫颈癌自然史及其解剖学、子宫颈癌的预防、健康教育与咨询、子宫颈癌筛查、癌前病变的诊断和治疗、浸润癌的诊断和治疗以及姑息治疗。而每一个章节中,都包括:章节要点、章节内容简介、卫生工作者的职责、典型案例、临床工作中所涉及的基础背景信息、不同等级的卫生工作者所提供的服务的内容、咨询信息、章节涉及的操作程序指南以及补充信息与参考文献。

本指南在2004年初稿的基础上，以循证医学为依据，根据相关文献综述，各个国家多领域专家的建议，WHO官员的内部评估报告以及IARC提供的信息，总结近年来子宫颈癌研究进展。为全球子宫颈癌的防治工作提供了指导和依据，为子宫颈癌防治工作培训提供了范本和教材以及自学材料，为特殊情况处理提供证据，同时也为科研工作者的提供参考资料。与以往指南相比较，该指南更强调卫生体系中四个不同水平（社区诊所、初级卫生保健院、区级医院、中心医院）的卫生工作者各自的职责，及其相互之间沟通的重要性，以加强子宫颈癌的综合预防，筛查，治疗和姑息治疗。同时，章节内部的典型案例等内容的设计，更方便不同水平卫生工作者的理解和应用。

美研制出子宫颈癌疫苗

近日，美国科研人员研制出一种新型女性子宫颈癌抵抗疫苗，经临床试验证明有效率极高。至此，作为全球“女性第一杀手”的子宫颈癌将有望被被终身免疫、彻底根除。

有研究显示，每年全球范围内死于子宫颈癌的女性人数超过25万，而这种全新的疫苗对引起子宫颈癌发生的致病病毒有积极的预防作用。在整个临床试验的第二阶段，研究人员发现对那些在适宜的时期接受了全部三个疗程的女性试验者来说，这种全新疫苗对早期防治女性子宫颈癌的发生能够100%有效。

科研人员在介绍疫苗的药理机制时称，这种疫苗被接种后能够有效模仿人体泡状瘤病毒（HPV）中两种普通致病病毒的构成形式，引导人类自身免疫系统产生针对性抑制免疫抗体，对直接导致子宫颈癌发生的HPV16和HPV18病毒起到早期免疫作用。据不完全统计显示，因感染HPV16和HPV18病毒而引起子宫颈癌的病例数占整体女性发病率的70%以上。

另据最新研究资料显示，大约有80%以上的成年人，在生活过程中均有被HPV病毒感染的可能。虽然男性和女性都能成为这种特殊病毒的携带者，并通过性行为相互传播，但是只有女性才是HPV病毒最终的受害者，因为这些子宫颈癌致病病毒对于男性携带者而言并不会造成任何健康上的危害。大多数的女性会无法知道的情况下感染上这种HPV病毒，但是由于她们自身的免疫系统的抵抗作用，大部分人在数月之内她们体内的病毒便会被完全清除。但是如果人体免疫功能不全，则病毒就会部分存留下来，并为进一步发展称肿瘤提供可能。

尽管就目前医学检测水平而言，女性的定期子宫切片检查能够有效检测出癌症的早期病变，但是子宫颈癌仍然是时下女性的第一杀手。据介绍，如果这种子宫颈癌疫苗在今后几年内可用，女性在接种疫苗的年龄将成为下一步研究的主要课题。有研究人员建议，为了能有效体现疫苗的效用，应该在女性出现正常性生活之前，便及早进行疫苗的接种。但是这在另一方面则会产生籍由道德隐私等领域引发的争论。为此，医学家认为把这种特殊的疾病预防疫苗与其它人体疫苗一共进行接种将时解决问题的可选方案，但是更适宜的接种时期则被认为是人体免疫系统进入青春期以后。

美国新罕布什尔州达特茅斯港市医学院的研究人员黛安－哈珀博士，在临床上对年龄在15岁到25岁之间的1100名女性志愿者进行了疫苗的有效性试验。目前正在进行中的是疫苗有效性试验的最后阶段，作为试验主办方的美国著名制药公司默克药厂表示，如果一切进展顺利话，最早他们将在2005年拿到此种疫苗的最终药用许可证，正式投入临床应用。

该药在美国一经上市，亚洲的患者可以通过中国癌症信息库代购。

❖ 中医药肿瘤 ❖

中医药抗肿瘤转移的研究进展

王笑民

北京中医医院肿瘤科　北京　100010

肿瘤转移是复杂、多步骤的连续过程，包括癌细胞从原发肿瘤脱落，侵袭邻近组织，进入循环系统，穿透基底膜，浸润周边组织，在继发部位生长形成转移瘤。研究表明，肿瘤细胞与血细胞、毛细血管内皮、内皮下基底膜的相互作用，瘤细胞自身的粘连性，肿瘤转移相关基因及转移抑制基因的表达调控，瘤细胞的阿米巴运动能力，宿主内环境等因素都对肿瘤转移有影响[1]。由于转移是导致肿瘤治疗失败和患者死亡的主要原因之一，因此，采取有效措施，控制癌症转移，是提高癌症疗效的关键因素。开发针对转移过程和微小转移灶的抗恶性肿瘤药，是提高肿瘤治愈率、降低复发和死亡率、延长患者生命的重要途径。但目前尚无疗效显著的合成药物广泛应用于临床。而中医药在抗肿瘤转移方面表现有其独特的作用，因此探讨中医药防止肿瘤转移的治疗思路和方法，开发防止肿瘤转移的中药具有重要意义。

一、抗肿瘤转移的中医理论研究进展

（一）肿瘤转移的病因病机

《灵枢·百病始生》篇云："留而不去，传舍于胃肠之外，募原之间，留着于脉，稽留而不去，息而成积。"留者，瘤也。此可能是祖国医学对肿瘤转移的最早记载。历代医家对转移的病机认识，主要包括气滞、血瘀、痰凝、毒聚和正气内虚等方面。现代中医学者结合西医研究成果，对肿瘤转移复发的病因病机有了新的认识。徐振晔等[2]认为，免疫功能低下是恶性肿瘤复发、转移的关键，扶正中药可提高患者免疫功能、减少肿瘤细胞表面活性物质。邱佳信等[3]认为消化道肿瘤患者大多有脾虚表现，健脾益气法则可控制肿瘤的转移复发。郁仁存等[4]认为，肿瘤转移复发与人体脏腑功能减退、气血阴阳失调、正气亏虚以及机体抗病能力降低等内环境失去平衡有关，并认为瘀血内阻（类似于现代医学的血液高凝状态）是癌复发、转移的重要因素，活血化瘀药物对防止复发转移具有重要意义。刘宇龙等[5]认为复发与转移因素中，正气亏虚、正不抑邪是决定因素，加之痰、瘀、毒相互胶结，肝郁脾虚促进了转移的发生。由此可见，扶正培本、祛邪攻毒、化痰散瘀、疏肝解郁等法的合理应用，将有效地控制癌的复发和转移。

近十几年来，全国先后多次召开过中医及中西医结合防治肿瘤的学术研讨会，对肿瘤形成的病因、病机及病理进行了深入的探讨，并达成了基本共识，可用三个字概括："毒、虚、瘀"。肿瘤的根本病因是体内癌毒的存在;正气虚损是肿瘤发生的主要病机;瘀滞则是肿瘤的主要病理变化[6]。

(二)抗肿瘤转移的中医治则探讨

抗肿瘤术后转移治则治法目前应用与研究多集中在以下几方面。

1. 扶正培本法　大量实验资料显示,扶正培本可以提高患者免疫功能、抑制癌细胞的生成。临床报道,肺癌、胃癌、肝癌等患者术后应用中药的治疗组较不应用中药的对照组1,3,5年生存率中位生存期均有提高。上海肿瘤医院于尔辛教授通过实验研究和临床观察发现,健脾理气中药有抑制肝癌细胞增长及抗转移的作用[7]。中医认为:“脾为后天之本、五脏之母。”现代医学研究发现,脾与免疫功能密切相关。因此,健脾理气药物在扶正培本预防肿瘤转移中具有重要作用。

2. 活血化瘀法　活血化瘀是中医抗转移的主要法则。根据全国血瘀证标准分析,60%~80%的肿瘤患者合并血瘀证,而且血流变学指标提示了这一现象客观存在。以中医理论分析,肿瘤的成因与“气滞血瘀”有重要关联,而活血化瘀中药通过改善病人的血液高凝状态而达到降低肿瘤转移风险的目的。

3. 清肺化痰法　中医学所谓的“痰浊流窜”与恶性肿瘤的转移特性相吻合,因此,“防治转移、从痰入手”具有理论基础。闫洪飞[8]认为:以痰证理论来研究转移癌的特性,并以此指导临床实践,具有重要意义。临床上,淋巴转移癌、皮下转移癌肿的质地、特征等方面亦符合中医痰证的认识。现代医学研究亦证明许多有化痰散结作用的中药具有抗肿瘤活性。

4. 化湿利水法　基础研究发现,组织水肿是肿瘤侵袭、转移的常见现象。一方面瘤体组织水肿,瘤细胞间聚合力下降,有利于癌细胞脱离母体进入运转过程;另一方面,健康组织水肿可使纤维成份分开,组织间隙加宽,组织结构抵抗力减弱,有利于转移来的癌细胞侵袭和占据。应用健脾化湿、利水消肿药治疗水湿诸症能够减少组织水肿,可能为抗转移治疗提供一条有效途径。因此,化湿利水法在抗转移方面值得深入研究。

5. 熄风通络法　肿中瘤转移发生虽有一定的规律性,但转移灶的出现多数情况下是不可预知的,这与祖国医学中“风性善行而数变”的特性极其相似。从“风邪”立论,风挟痰、瘀,在体内无处不到,或阻于肺,或郁于肝,或动于肾,或流窜经络,痰、瘀可着而不行,变证从生。论其“风”,当责之于脏腑功能失调,气血阴阳亏虚,渐至虚风内生。因此,在应用调理脏腑、补益气血、活血化瘀等法的同时加用熄风通络的药物,亦可能在一定程度上防止转移的发生。

6. 清热解毒法、软坚散结法　是临床常采用防止术后转移的中医治则之一,中医的辨证论治主张根据患者的不同成因和不同症状应采用不同治则的用药。一些学者认为肿瘤转移是一个复杂过程,临床上有出现几种症候同时表现的情况,因此以一症为主,兼顾他症治疗效果为佳。王志学提出抗肿瘤转移的主要方法是扶正培本、活血化瘀、软坚散结、清热解毒等方法,李佩文提出软坚散结、清热解毒药有抑制和杀灭癌细胞的作用,在肿瘤转移运转过程中,便有机会让这类中药直接杀灭癌细胞。

7. 收敛固涩法　北京中医药大学王沛教授[9]等根据癌毒易扩散及耗正气的特性,提出应采用有收敛固摄作用的中药防治肿瘤转移的新观点。认为这类中药的作用机理是:一方面通过固摄正气,防止正气耗散，纠正正虚失固状态；另一方面通过固摄癌毒，防止和减少癌毒的扩散与转移。主张将固摄法与扶正解毒法结合起来，全面发挥中医药抗肿瘤及抗转移的作用。

（三）抗肿瘤转移的用药方法和时机

1. 扶正祛邪预防肿瘤术后转移　临床发现，肿瘤患者术后出现转移多在3年之内，若手术不彻底，转移出现的时间会更快。因而在这个时期，在治疗原则上，应把控制肿瘤转移作为“重中之重”。在手术后1年内侧重在术后调养上做文章。手术对机体造成的病理变化有虚实之分，因此，在治疗上又有扶正和祛邪之别。针对手术所造成的气、血、阴、阳虚损之证，采取益气、养血、补阴、温阳加以纠正，使癌瘤无藏身之所。而对因手术造成的痰、癖、毒聚的邪实之证，应予化痰解毒、活血化癖之法加以祛除，使机体不因痰、癖、毒之邪而造成机体功能失调，引发肿瘤的转移。

2. 扶正培本辅助放化疗　放疗为肿瘤常用治疗手段之一，目前的研究表明：放疗可导致正常组织的损伤、抑制机体的免疫功能，由此而增加了肿瘤转移的风险。在放疗过程中，应用用养阴生津、活血化瘀、清热解毒等法则，既可增加疗效有能降低毒性，而且通过最大程度地杀伤循环中的癌细胞而达到控制肿瘤转移的目的。

3. 预防肿瘤转移贵在坚持　某些肿瘤转移在确诊后的5年、10年，甚至20年后才出现。究其原因主要有三：一是随着患者年龄的增长，机体的衰老，正气渐亏，正不胜邪，转移癌“死灰复燃”：二是肿瘤细胞处在长期“休眠”状态，某些诱因使其苏醒；三是在临床上，多数肿瘤患者在出现肿瘤转移的时候，多有机体或情绪等方面的严重的打击，免疫力下降，出现转移。这一现象提示我们，在临床上对于肿瘤患者应定期复查、定期治疗。所谓的定期治疗，就是在肿瘤控制后的5年、10年，甚至在20年中，应不间断、分阶段地进行中医调理。重点放在中药防衰老方面，其中以补肾、活血化瘀法则最为重要，因为中医认为衰老的主要病理基础是以肾虚、血瘀为主，故预防衰老多注重于补肾、活血化瘀。在情志调摄方面，中医多通过舒肝、养血柔肝等治疗。

（四）依据转移癌的特点加以防治

临床观察发现，肿瘤对某个或多个脏器有特殊的转移倾向性。从尸检的结果来看，以肝脏最多，最常见转移到肝脏的肿瘤有乳腺癌，占全部乳腺癌的78.4%，大肠癌占72.7%，卵巢癌占66.7%，鼻咽癌占63,2%，胃癌占61.5%；其次是肺脏，为第二转移的好发脏器：乳腺癌有76.5%，肝癌有51,7%，鼻咽癌有48.9%，胃癌有42.2%，卵巢癌占40%[10]。另外，肉瘤、恶性黑色素瘤、大肠癌易转移到肺脏，可以认为肺是这些癌瘤的转移靶器官。以此类推，以肝脏为转移靶器官的癌瘤有结肠癌、乳腺癌、胃癌等，以骨为转移靶器官的癌瘤有前列腺癌、肺癌、乳腺癌等，以脑为转移靶器官的癌瘤有小细胞肺癌、乳腺癌等。在临床观察发现，即使是同一肿瘤，有的患者容易出现转移，而有些患者却未出现转移。有的患者甚至在未发现原发灶，或原发灶非常小的时候，就有了转移灶。同一肿瘤，转移的特点亦有不同，如直肠癌易出现肺转移，结肠癌则较易出现肝转移，非小细胞肺癌中的肺鳞癌以血行转移多见，而肺腺癌则以淋巴转移常见。

针对上述转移的特点，在中医治疗上，应根据“见肝之病，知肝传脾，当先实脾’，的古训，在肿瘤尚未转移或在临床上已考虑有该脏器转移征象时，在治疗上，选用对该脏器转移治疗有效的抗癌中药加以治疗，以冀达到“先安未受邪之地”之目的。其中，恶性黑色素瘤常发生肺转移，肺癌易发生肾上腺转移，符合中医的“母子相及”理论。大肠癌多出现肺转移，是肺与大肠相表里的有力佐证。以此为依据，从中找出转移癌内在的本质联系及机制，从而奠定了治疗肿瘤的中医理论。这是我们临床研究中应加以重视，并认真予以研究、思考的重要课题。

二、中药抑制肿瘤转移的机理

(一)抑制蛋白水解酶对基底膜和细胞外基质的降解

在肿瘤转移过程中，肿瘤细胞要多次穿过基底膜(basement membrane，BM)和细胞外基质(extracellular matrix，ECM)，所以 BM 和 ECM 的降解是肿瘤转移的关键步骤之一。BM 和 ECM 的降解依赖于肿瘤细胞和(或)肿瘤间质细胞分泌的一系列蛋白水解酶来完成，主要包括丝氨酸蛋白酶、半胱氨酸蛋白酶、天门冬氨酸蛋白酶和基质金属蛋白酶(matrix metalloproteinases，MMPs)四大类。降低这些酶的表达水平或活性有助于减少 BM 和 ECM 的降解，从而抑制肿瘤的侵袭与转移。

有研究报道，金荞麦 Fagopyrum cynvsum 提取物在 100mg/L 剂量下能明显抑制 B16-BL6 细胞的侵袭，在 200mg/kg 下能明显抑制 B16-BL6 飞黑色素瘤细胞在 C57/BL6 小鼠体内的自发性肺转移[11]。金荞麦能抑制 HT-1080 人纤维肉瘤细胞Ⅳ型胶原的产生，但对酶的活性无明显影响。刘炳亚等研究表明苦马豆素对胃癌转移有明显抑制作用，腹膜转移与肝转移的抑制率分别为 66.7% 和 75.0%，苦马豆素能抑制肿瘤细胞对 ECM 的侵润作用。其机制是增加金属蛋白酶组织抑制物(tissue inhibitor of metal-loproteinases，TIMP)基因的转录和抑制Ⅳ型胶原酶的表达[12]。有研究发现[13]，40μmol/L 和 80μmol/L 大黄素(emodin)处理人高转移巨细胞肺癌 PG 细胞 24h 后，细胞的侵袭能力分别降低到对照组的 76.9% 和 57.4%，MMP-2 和 MMP-9 的分泌量也显著下降，提示大黄素可通过抑制 MMPs 分泌而降低 PG 细胞的转移相关能力[13]。姜藻等[14]实验发现，10μmol/L 的紫杉醇(paclitaxel)即可使 H08910 卵巢癌细胞 MMP-2 和 MMP-9mRNA 表达降低。WesterlundA 等[15]也发现紫杉醇可明显降低人卵巢癌 Ovcar-3 细胞的粘附、迁移和侵袭能力，增加培养基中 TIMP-2 蛋白的含量。Shao ZM 等[16]实验表明，姜黄素(curcumin)对 MDA-MB-231 人乳腺癌细胞具有强烈的抗侵袭作用，这种作用可能与其下调 MMP-2 和上调 TIMP-1 有关。Lin LI 等[17]也发现 10mmol/L 姜黄素对人肝细胞癌系 SK-Heu-L 细胞迁移和侵袭抑制率可达到 17.4% 与 70.6%，姜黄素的抗侵袭作用与其剂量依赖性抑制 MMP-9 的分泌有关。

纤维蛋白溶酶原激活物(plasminogen activator，PA)是一种特异性的丝氨酸蛋白水解酶，可将非活性的纤维蛋白水解酶催化成有活性的纤维蛋白水解酶，后者可催化一系列蛋白质的降解，包括血纤维蛋白(flbrin)、纤粘连蛋白(fibronectin)及层粘连蛋白(laminin)等，其中尿激酶型 PA(urokinase-type plas-minogen activator，u-PA)被认为与癌细胞的播散密切相关。Santibanez JF 等[18]研究发现，天然的蛋白酪氨酸激酶抑制剂—金雀异黄素(genistein)和姜黄素能消除转化生长因子 β1(TGF-β1)诱导的 u-PA 高表达以及细胞迁移和侵袭。Ishii K 等[19]

发现棕榈科植物塞棕榈果（Serenoa repens，Palmae）的提取物可明显抑制人前列腺腺癌PC-3细胞的侵袭能力，其机理可能与其特定抑制u-PA的活性有关。

（二）抑制肿瘤细胞与基质成分的粘附

肿瘤细胞粘附是肿瘤转移的重要环节，介导粘附的细胞粘附分子（cell adhesionmolecules，CAMs）主要包括整合素家族（integrins）、选择素家族（selectins）、免疫球蛋白超家族（immunoglobulins）、钙粘蛋白家族（cadhefins）及透明质酸受体类（CD_{44}分子）等六大类。降低各种粘附分子的表达水平或减弱其活性均可抑制肿瘤转移。

林洪生等[20]实验发现，川芎嗪（ligustrazine）和苦参碱（rntL-trine）可明显抑制肿瘤细胞与内皮细胞的粘附以及粘附因子CD_{44}，CD_{49}的表达，减轻内皮细胞的通透性，维护内皮细胞的完整，阻断肿瘤细胞与基质的粘附而减少肿瘤转移。翁绳美等[21]观察来源于尖吻蝮蛇毒的具有凝血酶样酶活性的蕲蛇酶（acutobin）对黑色素瘤B16和肉瘤S-180细胞小鼠肺转移模型的影响，发现蕲蛇酶能显著减少小鼠肺表面转移瘤结节的数量，认为蕲蛇酶的抗转移作用与其影响瘤细胞与血管内皮的粘附及粘附后侵入毛细血管下组织的某一过程有关。周龙恩等[22]研究表明，0.01～0.1mg/L的紫杉醇即可明显抑制人乳腺癌高转移细胞MDA-MB-435与纤粘连蛋白或层粘连蛋白的粘附、对重组基底膜的侵袭和在三维胶原中的迁移。GUB等[23]研究发现，多烯紫杉醇（docetaxel）能抑制小鼠胃壁癌MFC细胞侵袭并穿过基底膜的能力，其抑制作用可能与多烯紫杉醇抑制MFC细胞与层粘连蛋白粘附有关。陈清勇等[24]发现茶多酚可明显抑制PG细胞与激活或静息血管内皮细胞的粘附，抑制粘附分子CD_{44}，CD_{54}的表达。孙婧璟壕等[25]研究表明，经丹参处理的SMMC-7721肝癌细胞ICAM-1表达明显低于对照组。丹参可抑制7721细胞的粘附能力，促使已粘附细胞的脱落，对早期和晚期裸鼠人肝癌切除术后的肝内和远处转移复发有防治作用。

（三）抑制血小板聚集

血液流变学发生改变，血液高粘、高凝状态，易导致肿瘤细胞与血小板、纤维蛋白等包裹形成瘤栓，在肿瘤细胞与毛细血管内皮细胞或内皮下基底膜部形成粘连桥，使肿瘤细胞易于逃避血液的剪切力和免疫监视，促进肿瘤细胞的侵袭与转移。活血化瘀类中药可改善血流动力学，降低肿瘤细胞与血管内皮细胞粘附并在循环中形成瘤栓的能力，减少肿瘤细胞从循环中游出的机会，从而抑制肿瘤转移。崔巍等[26]实验研究得出鸡血藤不仅有显著抑制肿瘤细胞的血小板聚集作用，且对聚集者复解聚作用明显（$P<0.001$），提示鸡血藤有可能成为又一抗肿瘤血行转移中药。汪钟等[27]研究认为，当归和川芎共有的有效成分之一阿魏酸钠能调节TXAZ/PGl2的水平，防止肿瘤细胞形成瘤栓，相反，若加抗纤溶止血剂则促进肿瘤转移的发生。赤芍有效成分赤芍801具有改善荷瘤小鼠高血粘度、减轻癌组织缺氧状态、增强机体防御功能、抗肿瘤转移等作用[28～30]。川芎的有效成分川芎嗪能显著抑制B16-F10黑素瘤的人工肺转移，并认为可能是通过降低动物血浆T XB2含量、改善实验动物高粘滞血症及增强NK细胞活性而发挥作用的[31]。

活血化瘀方药抗肿瘤血行转移作用的临床和实验研究虽已取得一定成绩，但研究结论并不一致，也有的研究认为活血化瘀方药对肿瘤血行转移无明显的抑制或促进作用。如有报道丹参酮Ⅱ-A磺酸钠对Lewis癌的生长及转移都不表现为促进作用[32]。川芎嗪不促进肿瘤转移[33]。谷铣之等报道，活血化瘀中药配合放射治疗鼻咽癌患者的近期肿瘤转移率与单纯化疗组无明显差异[34]。还有的研究则认为，活血化瘀方药对肿瘤血行转移有促进作用。韩俊庆等[35]用活血化瘀型中成药复春片合并放疗治疗鼻咽癌，发现用复春片组患者肿瘤血性转移率是对照组的2.67倍。有人观察了丹参、复方丹参、赤芍、当归、红花、鸡血藤、阿魏酸钠和川芎嗪等对小鼠肝癌细胞形成肺转移的影响，结果发现大多数有促进转移的作用[36]。傅乃武报道，丹参对大鼠Walker-256癌细胞的血行扩散和转移有明显促进作有[37]。

（四）抑制肿瘤血管生成

二十世纪90年代后随着人们对肿瘤微血管研究的深入，发现肿瘤转移的每一步都与微血管的形成密切相关[38]。实验证实，实体瘤只有具备了血管形成表型后才能恶性生长和发生成功的转移[39]。在肿瘤转移这个动态连续过程中，微血管的生成贯穿了这一过程的始终。因此，微血管的形成是肿瘤侵袭和转移的关键。大量实验研究表明，体内许多因子与微血管生成有关，如血管内皮生长因子（Vascular Endothelial Growth Factor，VEGF），成纤维细胞生长因子（Basic Fibroblast Growth Factor，bFGF），转化生长因子（Transforming Growth Factor，TGF），白介素-8（Interleukin-8，IL-8），基质金属蛋白酶（Matrix Metalloprotainase，MMP），血小板激活因子等。

人参皂甙Rg3（ginsenoside-Rg3）是近年来研究较多的抗血管生成药物之一。陶厚权等[40]研究发现，小鼠胃癌转移模型在给予人参皂甙Rg3灌胃后，肝和腹膜转移率、MVD均明显降低。潘子民等[41]用Rg3处理荷卵巢癌的严重联合免疫缺陷（SCID）鼠腹腔移植瘤模型，发现鼠体内无腹水形成，腹腔中肿块播散较小，肿瘤组织VEGFmRNA，VEGF蛋白水平和MVD均显著低于空白组和对照组。郭学良[42]研究发现多烯紫杉醇对HU-VEC增殖、迁移、小管形成和大鼠动脉环血管生成均有不同程度的抑制作用。

（五）对肿瘤细胞着床的影响

形成瘤栓的肿瘤细胞躲过血流的清除作用及机体的免疫监视后，可借助纤维蛋白附着于血管内皮细胞，穿出血管壁，并在局部生长形成转移灶。活血化瘀中药可通过激活纤溶酶，使瘤栓外围的附着物溶解，减少肿瘤细胞着床。自由基是影响肿瘤转移的另一重要影响因素。虽然自由基对肿瘤转移具体作用机制还不十分明了，但自由基可导致细胞膜的脂质过氧化，使组织发生损伤而更易受到肿瘤细胞侵袭。自由基还可降低机体免疫功能，为肿瘤的着床生长提供了有利条件。韩克起等[43]使用扶正抗癌方（CM）治疗大鼠转移性肝癌，发现CM同时具有升高SOD含量及抗转移作用。丹参对超氧阴离子自由基有清除作用，阻止膜脂质过氧化。丹参注射液对H_2O_2-Fe^{2+}体系中的羟自由基清除率为65%对黄嘌呤—黄嘌呤氧化酶体系中超氧阴离子清除率为100%，丹参酮11A磺酸钠亦有抗氧自由基作用。当归与川芎中的阿魏酸可减少H_2O_2含量，直接清除自由基，抑制氧化反应和自由基反应，可与生物膜结合保护膜脂质。对于自由基的清除及对细胞的保护从一定程度上减少了肿瘤细胞的着床生长。

（六）中药的生物反应调节剂作用

肿瘤转移的发生不仅取决于肿瘤细胞

自身的生物学特性，同时宿主的免疫状态也是重要的影响因素之一。现代中药药理研究证实，一些中药能调节机体免疫状态，发挥生物反应调节剂（biological response modifi-er，BRM）作用。因此，采用 BRM 增强机体免疫功能防治肿瘤转移日益受到人们的重视。但大剂量应用有许多不良反应，如大剂量 IL-2 可造成毛细血管渗漏综合征、体液储留及心律失常等副作用，一直未能有效得到解决。

研究发现，人参皂甙的肠内主要代谢产物 20（S）Pro-topanaxatriol（M4）具有明显的抗肿瘤转移活性。HasegawaH 等[44]实验表明，M4 对 2-chloroadenosine 预处理而增加的 B16-BL16 细胞肺转移的抑制作用强于对 anti-asialoUMl 预处理的影响，揭示 M4 的抗肿瘤活性源于 M4 提高 NK 细胞对肿瘤细胞的杀伤作用。香菇多糖（lentinan）是一种主要作用于宿主免疫系统的抗肿瘤药物。有关香菇多糖对进展期胃癌患者生存时间和生存质量影响的多中心前瞻性研究表明：香菇多糖治疗组（香菇多糖 + 喃氟啶 + 顺铂）的中位生存时间、1 年生存率均明显大于对照组（喃氟啶 + 顺伯）QOL 得分，特别是食欲和睡眠质量显著高于对照组[45]。以为香菇多糖与其他化疗药物合用治疗进展期胃癌可明显延长生存时间和提高生活质量。

（七）直接的细胞毒作用

某些抗肿瘤中药的作用机理之一是通过细胞毒作用，即损伤肿瘤细胞的 DNA 而发挥效力的，让这类中药在运转过程中直接杀灭癌细胞。一些中药还能激活巨噬细胞，促进吞噬功能来减少转移机会。药理实验证实，莪术挥发油制剂对癌细胞有直接的破坏作[46]。有人用莪术油处理 L615 细胞，可明显提高对瘤细胞的杀伤作用[47]冬凌草甲素乙素、大黄、人参、茯苓等均具有良好的损伤其 DNA 而抗白血病的作用[48]。

（八）影响肿瘤转移相关基因和肿瘤转移抑制基因的表达水平

肿瘤转移相关基因的激活或肿瘤转移抑制基因的失活均可导致或促进肿瘤转移。已发现的肿瘤转移相关基因有 ras，myc，CD_{44}，mtal 等，肿瘤转移抑制基因有 nm23，PTEN 等。某些中药有效成分可通过影响肿瘤转移有关基因的表达水平而抑制肿瘤转移。韩建勋等[49]研究发现，8-甲氧基补骨脂素（8-methoxypsoralen，8-MOP）可降低人粘液表皮样癌 MEC-1 细胞 H-ras 的表达，增强 nm23-Hl 表达，从而抑制肿瘤转移。

（九）影响肿瘤转移相关的信号传导通路

激活蛋白 1（activator protein，AP-1）是一种核转录因子，活化的 AP-1 通过调控下游靶基因的表达，参与细胞外基质降解、粘附、血管生成等肿瘤转移相关事件的发生，是与肿瘤转移密切相关的信号转导通路之一。Mitani N 等[50]观察到口服黄连素（berberine）可显著抑制 Lewis 肺癌（LLC）的自发性纵隔淋巴结转移，增强 CPTII（喜树碱类抗肿瘤药）对原位种植瘤的生长及淋巴转移的拼制作用，其机理与黄连素抑制 AP-1 的转录活性，抑制 u-PA 表达从而降低 LLC′细胞的侵袭能力有关。Ichiki K 等[51]现口服姜黄素能下调 AP-1 基因的转录水平，剂量依赖性抑制 LLC 细胞的淋巴结转移，其机制可能是通过下调 AP-1 转录水平，从而抑制 u-PA 及其受体（u-PAR）mRNA 的表达。

三、展望

中医药治疗肺癌转移的研究近年来虽取得一些成绩，但总的来说仍处于探索阶段，存在一些缺陷。比如，在实验和临床研究中缺乏统一的辨证和评价疗效的标准，因此，不少报道缺乏相互之间的可比性。

过分重视对单味药物的抗癌成分研究，忽视运用中医理论进行中药复方抗肿瘤转移的探究，不能全面反映中医药抗肿瘤治疗的特点。肿瘤的发生和发展是一个多因子、多步骤的复杂生物学过程，如果能利用中药复方成分多样性的特点，开发出可以多靶点作用于肺癌细胞，阻抑肺癌发生转移的有效方剂，那么这不仅在中医药抗肺癌转移方面产生突破性进展，而且对于深入阐明中医辨证施治及整体观理论，乃至促进中医药理论的发展都具有重要意义。

目前，中医药防转移的临床研究存在着较大的难度。其一，临床设计一般要求样本大，观察时间长。其二，转移相关因素复杂，即使是分期和病理类型相同的肿瘤，其转移情况也和手术方式，术后综合治疗的种类、时间、剂量、疗程、自身状况等因素有关。其三，转移灶的监测是临床研究抗转移的首要指标，转移灶出现的时间、部位、病理类型，特别是微小转移灶的出现，需要先进的仪器设备进行及时检测，患者的接受程度也给具体操作带来了困难。

参考文献

1 高进. 肿瘤学基础与研究方法. 北京： 人民卫生出版社，1999

2 徐振晔，刘嘉湘，韩明权，等. 中医阴阳平衡法治疗癌症. 上海中医药杂志，1992；3： 104

3 邱佳信，贾竭生，杨金坤，等. 健脾为主治疗晚期胃癌的探讨. 中医杂志，1992；8： 4715

4 郁仁存. 肿瘤研究. 上海： 上海科技出版社，1991： 126

5 刘宇龙，于雪梅. 癌复发与转移的病机及中医治疗探讨. 山东中医杂志，1995；10：435

6 杨新中. 对中医肿瘤病因病机与治疗的思考. 中国医药学报，1999；14(6)：57～60

7 汤钊猷. 现代肿瘤学. 上海医科大学出版社，1993： 390～395

8 闫洪飞. 中医药防治肿瘤转移的探讨. 上海中医药大学学报，2003；17(4)： 20～22

9 张健，李忠，王沛. 中医药抗癌瘤转移思路探讨. 第二届全国中医肿瘤学术研讨会论文集(杭州)，1999：7

10 刘振华. 肿瘤预后学. 北京： 科学技术文献出版社，1995

11 吴友仁等. 肿瘤防治. 北京： 中国科学技术出版社，1989：987～989

12 刘炳亚，林言箴等. 中华肿瘤杂志，1998；20(3)：69～170

13 王心华，甄永苏. 大黄素抑制人高转移巨细胞肺癌 PG 细胞的肿瘤转移相关性质. 癌症，2001；20(8)： 789～793

14 姜藻，张苏江，陈宝安，等. 紫杉醇对 H08910 卵巢癌细胞增殖及其基质金属蛋白酶(MMP-2. MMP-9)表达的影响. 药物分析杂志，2002；22(6)： 458～61

15 Westerlund A, Hujanen E, Hoyhtya M, et al. Ovarian-can cer cell invasion is inhibited by paclitaxel. Clin Fxp Metas, 1997；15(3)：318～328

16 Shao ZM, Shen ZZ, Liu CH, et at. Curcumin exerts multilple suppressive effects on human breast carcinoma cells. Int J Cancer, 2002；98(2)：234～240

17 Lin LI, KC YF, Ko YC, et al. Curcumin inhibits SK-Hep-Ihepatocellular carcinomai cell invasion in vitro and suppresses matrix metallo-proteinase-9 secretion. Oncol, 1998；55(4)：349～353

18 Santibanez JF, Quintanilla M, Martinez J. Genistein and curcumin block TGF-beta I-indueed u-PA expression and migratory and invasive phenotype in mouse epidermal keratinocytes. Nutr Cancer, 2000；37(1)：49～54

19 lshii K, Usui S, Sugimum Y, et al. Extract from Serenoa repens suppresses the invasion activity of human urological cancer cells by inhibiting urokinase-type plasminogen activator. Biol Pharm Bull, 2001；24(2)：188～190

20 林洪生，李树奇，裴迎霞，等. 川芎嗪、苦参碱对癌细胞与内皮细胞粘附及粘附因子表达的影响. 中国新药杂志，1999；8(6)： 384～386

21 翁绳美，刘广芬，王晴川. 蕲蛇酶抗小鼠实验性肿瘤转移作用研究. 蛇志，2000；12(3)： 5～6

22 周龙恩，刘红岩，徐少锋，等. 紫杉醇对 MDA-MB-435 人乳腺癌高转移细胞粘附，侵袭及迁移能力的影响.

中国药理学与毒理学杂志,2001;15(1): 51~55
23 Gu B, WU DZ, Li MJ, et al. Effects of docetaxel alone or in combination with batimastat against metastasis of mouse forestomach carcinoma. Chin J Pharmacol Toxicol, 2000;14(3):177~182
24 陈清勇,工彦刈,周建英,等.茶多酚对高转移性肺癌细胞与内皮细胞粘附及粘附分子表达的影响.中国微循环,2000;7(1): 17~9
25 孙婧璟,周信达,刘银坤.丹参对肝癌转移复发防治作用的研究.中国中西医结合杂志,1999;19(5): 292~295
26 崔巍,徐世杰,滕静茹,等.活血化瘀中药抑制肿瘤细胞-血小板聚集的实验研究.中国中医基础医学杂志,1997;3(1):27
27 汪钟,高友鹤,黄如松,等.阿魏酸钠是一种血栓素A2合成酶抑制剂.中国药理学报,1988;9(5): 430~433
28 胡素坤,李晓琳,王少君,等.赤芍801抗肿瘤作用的实验研究.中国医药学报,1990;5(3): 22~26
29 于俊阁.肿瘤细胞和血小板相互作用与肿瘤转移.国外医学・肿瘤学分册,1993,增刊
30 于俊阁.赤芍801对W256瘤人工血行转移的影响.中国癌证研究(英文版),1993;5: 226
31 刘锦蓉,叶松柏.川芎嗪抗肿瘤转移作用及其机理.中国药理学与毒理学杂志,1993;7(2): 149~152
32 刘明章,黄贻穗,肖伟琪.丹参酮Ⅱ-A磺酸钠对Lewis癌无促进生长与转移作用.中国药理学报,1991;12(6): 534~537
33 张珊文,章新奇.川芎放射增敏及放射保护作用的研究概况.中西医结合杂志,1990,10(11): 697~698
34 谷铣之.鼻咽癌放射治疗并用中药疗效初步总结.全国第一次活血化瘀学术会议论文汇编,1982:80
35 韩俊庆,陈延条,满运艳,等.复春片合并放射治疗鼻咽癌临床研究.中国中西医结合杂志,1995;15(12): 710~712
36 李学汤,王永泉,傅乃武.几种活血化瘀药物对小鼠肝癌细胞形成肺转移影响的初步实验观察.中医杂志,1980;21(8): 75~77
37 傅乃武.丹参对实验肿瘤生长和转移的影响及其作用原理的初步探讨.中华肿瘤杂志,1981;3(3): 165
38 李春海,李克勤.肿瘤微血管生成的机制与肿瘤侵袭和转移.中华肿瘤杂志,2000,22(3): 181~183
39 Hanahan D, Folkman J, Patterns and emerging mechanisms of the angiogenic swith during tumorigenesis. Cell, 1996;86(3): 353~364
40 陶厚权,姚明,邹寿椿,等.血管生成抑制剂Rg3对胃癌生长和转移抑制作用的实验研究.中华外科杂志 2002;40(8): 605~608
41 潘子民,叶大风,谢幸,等.人参皂甙Rg3对荷卵巢癌的严重联合免疫缺陷鼠的抗肿瘤血管生成作用的研究.中华妇产科杂志,2002;37(4): 227~230
42 郭学良,王杰军,高勇,等.多烯紫杉醇体外抑制血管生成的作用.复旦学报(医学版)2003;30(1): 59~62
43 韩克起,等.扶正抗癌方对大鼠一致性肝癌的抗肿瘤及抗脂质过氧化作用.中国中西医结合肝病杂志,1998;8(4): 209~211
44 Hasegawa H, Suzuki R, Nagsoka T, et al. Prevention of growth andmetastasis of murine melanona through enhanced natural-killer cyto-toxicity by fatty acid-conjugate of protopanaxatriol. Biol Pharm Bull, 2002;25(7): 861~866
45 Nalcano H, Namatame K, Nemxo H, et al. Amulti-institutional prospective study of lentinan in advanced gastric cancer patients with unresectableand recurrent diseases: effect on prolongation of survival and improvement of quality of life. Kanagawa Lentinan Research Group Hepatogastroenterol, 1999;46(28): 2662~2668
46 苏成业,刘金友,许洪霞等.3H-莪术醇在正常大鼠及肿瘤小鼠体内的代谢研究.药学学报,1980,15(5): 257
47 李佩文.中药预防肿瘤转移的临察及基础研究,中国中医药信息杂志,1996,3(12): 29
48 陈婷梅,祝彼得.抗白血病中药及天然药物的研究现状.中国中西医结合杂志,1995;15(5): 317
49 韩建勋,吴军正,李峰,等,5-甲氧基补骨脂素对MEGl细胞癌基因/抑癌基因表达的影响.实用口腔医学杂志,1999;15(6): 457~458
50 Mitani N, Murakami K, Yamaura T. et al. Inhibitory effect of berberine on the mediastinal lymph node metastasis produced by ortho-topic implantation of Lewis lung carcinoma. Cancer Lett, 2001;165(1):35~42
51 Ichiki K, Mitani N, Doki Y, et al. Regulaion of activator protein-lactivity in the mediastinal lymph node metastasis of lung cancer. Clin Exp Metastasis, 2000;18(7): 539~545

恶性肿瘤及白血病多药耐药性与中药逆转研究

陈信义 李冬云 叶霈智

北京中医药大学东直门医院肿瘤血液科 北京 100700

多药耐药(multidrug resistance,MDR)是指肿瘤细胞接触一种抗癌药物并产生耐药性后,同时对结构和作用机理不同的多种抗癌药物具有交叉耐药性。因此,MDR是肿瘤临床化疗失败的主要原因之一,也是当前肿瘤化疗中亟需解决的难题。

一、多药耐药发生机制

(一)细胞膜蛋白质异常改变

1. P糖蛋白 1976年,Juliano等首次发现了一种新的与耐药程度呈正相关的高分子糖蛋白,命名为P糖蛋白(Permeability glycoprotein,Pgp)。Pgp具有一种能量依赖跨膜药物外输泵功能,当肿瘤细胞与化疗药物接触时,脂溶性药物经浓度梯度进入细胞内,而Pgp则结合药物分子,其ATP结合位点同时连上ATP,ATP水解释能将药物从细胞内泵出到细胞外,使细胞内抗癌药物浓度下降,抑瘤效应因而减弱甚至消失。编码Pgp的基因称为mdr(mdr_1与mdr_2)。肿瘤细胞长期接触化疗药物后,mdr_1被诱导而扩增,并大量表达Pgp。但也有研究发现,在耐药程度低的细胞系中,可无mdr_1扩增,只有其mRNA表达增加,Pgp功能增强。mdr_1 mRNA或Pgp表达阳性患者化疗缓解率明显低于阴性患者,即使获得缓解,持续时间也较短[1,2]。

2. 多药耐药性相关蛋白 Cole等发现,在两种非Pgp介导的MDR细胞中有一种膜转运蛋白过度表达,称之为多药耐药性相关蛋白(Multidrug Resistance-associated Protein MRP)。该蛋白基因编码命名为MRP[3]。MRP在人体正常组织中也有表达,如肺、睾丸、肌肉等。MRP参与耐药株的早期形成[4],其介导MDR在低水平早期耐药起作用[5]。Brock等研究H69/VPl6细胞株时,在同一细胞系中可同时发现MRP和Pgp表达[6]。Versantvoort等发现MRP介导药物转运可受谷胱甘肽-S-转移酶(GST)水平调节[7]。

3. 肺耐药相关蛋白 肺耐药相关蛋白(Lung Resistance-associated Protein LRP),最早由Scheper等从无Pgp过度表达的人非小细胞肺癌细胞系SW-1573的MDR株SW-1573/2R120中发现,并因此而得名。其实LRP还可以在来源不同的肿瘤细胞系中过度表达[8]。

(二)细胞内酶异常改变

1. 磷酸激酶C(PKC) 是一种Ca^{++}、磷脂依赖性蛋白激酶,其正常生理功能为参与细胞内生物信息传递。在具有MDR表型的肿瘤细胞中,Pgp磷酸化与PKC关系密切,PKC水平及活性与mdr_1表达呈正相关性。因此,PKC可能是通过诱导mdr_1过度表达和加速 Pgp 磷酸化而导致 MDR 形成与发展。

2. DNA 拓扑异构酶Ⅱ　DNA 拓扑异构酶Ⅱ(DNA Topoisomerase Ⅱ,Topo Ⅱ)是活细胞不可缺少的核酶,主要在核内发挥生理作用,影响 DNA 结构,并与间期核基质、有丝分裂期染色体配对、染色体分离、基因重组和转录及 DNA 损伤与修复有密切关系[9]。Topo Ⅱ是化疗药物的重要靶酶,许多抗癌药物,尤其是 Topo Ⅱ抑制剂,常以独特方式改变酶功能或活性,使 DNA 断裂增加而发挥抗癌效应。肿瘤细胞内 Topo Ⅱ水平越高则对抗癌药物的敏感性越高[10];反之,肿瘤细胞内 Topo Ⅱ水平越低则对抗癌药物的敏感性越低。

3. 谷胱甘肽(GSH)与谷胱甘肽-S-转移酶　谷胱甘肽(GSH)是机体中含量较高的一种含巯基三肽,主要功能是保护氧化剂对巯基的破坏,防止细胞膜中含巯基蛋白质和含巯基酶被氧化。在谷胱甘肽-S-转移酶(GST)催化下,GSH 与化学药物结合,从而降低化学药物的细胞毒作用。此外,腺苷的合成酶(TS)、醛脱氢酶(ALDH)、过氧化物酶(MPO)的增加以及二氢叶酸还原酶(DHFR)的变异也可导致肿瘤细胞的耐药性的发生。

(三)其他因素

1. 激素受体含量和亲和力改变　皮质激素发挥作用时必先与胞浆中甾体蛋白结合进入细胞核内,启动基因转录,产生新的具有生理活性的蛋白而起效,耐药性肿瘤细胞中由于激素受体变异,导致使甾体受体蛋白减少或消失,造成皮质激素无从起效。

2. 细胞凋亡(Apoptosis)基因与细胞因子的改变　许多化疗药物是细胞凋亡的诱导剂,即可通过诱导细胞凋亡而抑制肿瘤细胞生长。由于与细胞凋亡的有关因子及基因如 NF-KB、bcl-2、bcl-x、erb2/neu、p53、c-fos、c-fun 等的改变,使细胞对化疗药物敏感性下降而产生耐药。

二、中药逆转研究

(一)单味中药

1. 汉防己　汉防己主要成分有汉防己甲素(Tetrandrine, TTD)、蝙蝠葛碱(dauricine, DRC)和蝙蝠葛苏林碱(DRS)等。TTD 又名粉防已碱,是目前报道最多的中药单体逆转活性成份。1992 年,何其扬等首次报道 TTD 能够逆转中国仓鼠上皮细胞对阿霉素耐药性。许文林等发现,10μmol/L 的 TTD 能显著增强 DNR 和 VCR 对白血病细胞杀伤效应,并有一定剂量依赖关系[11]。夏薇等研究证实,10μmol/L TTD 能明显增加红白血病细胞 K562/A02 对 DNR 敏感性,而对 K562/S 细胞影响不大[12]。潘启超等研究也证实,10μmol/L 的 TTD 可完全逆转 MCF-7/Adr 对 ADR 耐药性,逆转倍数达 100 倍,也能逆转天然耐 VCR 的人肝癌细胞(BEC-7402)的耐药性,其逆转倍数为 13 倍[13]。TTD 逆转机理主要为增加抗肿瘤药物在耐药细胞内积聚,而对敏感细胞作用并不明显。敖忠芳等用 K562/S 及 K562/A02 体外实验结果提示,TTD 是通过提高耐药细胞内 DNR 含量而达到逆转耐药效应[14]。叶祖光等证实,单用 TTD 对 MCF-7/Adr 作用明显强于 MCF-7,在 KB 与 KB_{V200}。中也有类似趋势。联合用药时,10μmol/L TTD 可以完全逆转 MCF-7/Adr 对 ADR 耐药性,其 IC_{50} 甚至低于敏感的 MCF-7 细胞,在 KB 细胞系中也有同样逆转效果,而且逆转效应呈剂量依赖关系[15]。何琪扬等研究结果显示,无细胞毒的 TTD 能明显增强 ADR 对抗药性细胞生长抑制[16]。流式细胞术分析细胞周期发现,阻断在 G_2M 期的抗药性细胞增多,但并不增强对敏感 HL60 细胞的毒性。荧光法测定发现,TTD 使细胞内 ADR 积聚增加。

DRC 结构类似 TTD。田晖、潘启超等发现，DRC2.5μmol/L、5.0μmol/L、10.0μmol/L 可使 VCR 对 BEL-7402 细胞毒分别增加 3.0、5.4 与 9.7 倍，在对 MCF-7/Adr 逆转研究中也获得了类似结果。其逆转机制主要增加化疗药物在细胞内积聚，而对 Pgp 阴性敏感细胞则无明显增效作用。5μmol/L DRC 逆转耐药性作用优于 VRP 3.6 倍。10.0μmol/L DRC 浓度能完全逆转 KB_{V200} 对 VCR 耐药性。并发现对天然耐 VCR 的 BEL-7402 细胞株亦有类似增敏效应[17]。

DRS 能明显增加 ADR 对 Pgp 阳性的 MCF-7/Adr 细胞敏感性，对 Pgp 阴性敏感细胞株则无明显增效。DRS 对 Pgp 表达阳性的 KB_{v200} 和天然耐 VCR 的 BEL-7402 细胞亦有增敏效应，但 DRS 逆转作用弱于 VRP。DRS 和 VRP 一样可能特异性阻断 Pgp 药物外排机制，使 MDR 细胞内药物积累增加。叶祖光等从汉防己中又获得一种新的双苄基异喹啉化合物 Ys-96，该化合物不仅能逆转抗氯喹株恶性疟疾耐药性，而且在体外能逆转 MDR[18]。

汉防己单体成分均属较弱的钙通道阻滞剂（CCB）之一的双苄基异喹啉类（BBl）生物碱。国外早有关于 BBI 生物碱逆转 MDR 的研究报道，如 Shiraishi 发现头花千金藤碱（CPR）能完全逆转 KB 细胞衍变的 MDR 细胞对 VCR、DNR 和放线菌素 D 耐药性，部分逆转 ADR 耐药性[19]。进一步实验发现，其是通过与细胞膜磷脂结合，干扰膜功能而逆转 MDR[20]。Chen 也报道[21]，厚果唐松草碱（TBL）是一种结构为二聚体阿扑菲 BBI 生物碱，TBL 对 P388/R-84 细胞有显著逆转效应，并能增加细胞内 ADR 积累和抑制 Pgp 光亲和标记物[^{3}H] azidopine 与 Pgp 结合。因此，BBI 作用机理既可能与钙通道阻滞、对抗与药物结合和向细胞外转运有关，又可干扰细胞膜功能。

2. 川芎　川芎嗪（Tetramethylpyrazine，TMP）是川芎主要有效成分之一，属酰胺类生物碱。谢佐福等研究结果表明，TMP 对 K562 和 K562/Adr 细胞 DNA 合成的抑制很小，100μg/ml 时仅 9.9%。但 TMP 能增强 K562/Adr 对 ADR 敏感性，而对 K562 影响不大。联合应用时则能显著提高 DNA 合成抑制率，推测 TMP 可能具有协同抑制核苷酸还原酶作用[22]。胡艳平等研究结果显示，TMP 与 ADR 合用后能显著增加 ADR 细胞毒作用，部分纠正 EAC/Adr 抗药性，0.25μg/mlTMP 对 ADR 的 IC_{50} 下降 52.16%。TMP 与 ADR 合用后可以纠正 EAC/Adr 细胞中 GST 活性，但并不影响 EAC 中 GST 活性[23]。王庆端等实验证明，TMP 与 ADR 合用时对 EAC/Adr 细胞具有明显生长抑制效果，TMP 与 ADR 合用能明显降低 EAC/Adr 内 GSTH-Px 活性，认为 TMP 降低 EAC/Adr 内 GSH-Px 活性可能是其逆转肿瘤耐药性机制之一[24]。梁蓉等研究发现，100mg/L TMP 和 3.2 mg/L CsA 均能降低耐三杉酯碱（HT）的 HL60/HT 细胞的 IC_{50}[25]。进一步实验发现，TMP 对具有 MDR 表型的 HL60/VCR 细胞株也有明显逆转作用。TMP 对 VCR 的逆转效果较好，对 DNR 较差[26]。张振玉等实验显示，TMP 对人胃低分化腺癌 MKN45 也有直接杀伤作用，抑制率约为 24.4% ~28.5%，而与化疗药物合用时，有明显增效作用[27]。TMP 与 BBI 一样是一种较弱的钙通道拮抗剂，它主要通过与细胞 Pgp 上某些药物受体结合，充当 Pgp 竞争性底物，减少药物外排，增加细胞内药物积聚，并可抑制 PKC 活性，下调 mdr_1 mRNA 表达水平。TMP 和 BBI 毒性大大低于 VRP 等西药，具有良好开发价值和临床应用前景。

3. 贝母　中医理论认为，痰在肿瘤形成机理中占有重要地位。胡凯文、陈信义等以此为理论依据，从化痰中药里筛选 MDR 逆转剂，并首次发现，贝母甲素和贝母乙素在无明显细胞毒剂量下，具有明显多药耐药逆转活性[28]。在体外浙贝母碱对 ADR 杀伤敏感细胞影响较小，而对 ADR 杀伤 MDR 细胞具有明显增敏作用，对 K562/A02 和 HL-60/ADR 逆转倍数分别为 5.7 和 5.6。其主要机制是浙贝母碱增加了 DNR 在耐药白血病细胞内蓄积水平，可使部分细胞耐药性得到纠正[29]。

4. 茶叶　茶叶提取物有一定的体外抑瘤活性，也能提高机体免疫功能及抵抗多药耐药性。潘宏铭等体外实验证实，茶多酚复合体（TP）对 SW1116/ADR 具有逆转作用。与 VRP 比较，茶多酚复合体对 ADR、表阿霉素（EPl）、柔红霉素（DNR）、VCR 四种化疗药物的增敏效果较差，而对 HHT、鬼臼异叉甙（VP16）、米托蒽醌（Mito）的增敏作用较好[30]。TP 与 ADR 合用时移植瘤抑制显著强于单用 ADR。尽管 TP 的体外逆转作用不如 VRP，但它是一种纯天然提取物，且 TP 可提高机体外周血白细胞，增强机体免疫功能[31]。因此，TP 仍将具有良好临床应用前景。

5. 雄黄　中药雄黄主要成分为硫化砷，对化疗药物耐药复发的急性早幼粒细胞白血病（APL）仍然有效，且有诱导细胞凋亡作用[32]。张晨等采用 K562 细胞株及相应耐 ADR 瘤株 K562 从 DR 为模型，观察了雄黄与化疗药物协同作用。尽管肿瘤细胞 Bcl-2 和 Pgp 均呈高表达，但对雄黄无明显抗药性，经加用雄黄后，细胞摄取 DNR 量显著增加，并可使 Bcl-2 和 Pgp 阳性表达率显著下调，提示雄黄也是一种良好的多药耐药逆转剂[33]。

6. 其它　胡凯文、陈信义通过实验研究证实，多数中药皂甙，如黄芩甙、栀子甙、芦荟甙、酸枣仁甙、三七甙、芍药甙和人参甙等，在常规剂量下体外对耐药和敏感株不具备杀伤活性，而部分具备极低逆转活性。而大黄酸、大黄素虽无逆转活性，但在体内完全能达到的浓度下，对耐药和敏感株均有很强的杀伤效果，且对耐药株作用更强。同属钙离子拮抗剂的盐酸水苏碱、苦参碱却无逆转活性。这一结果提示，钙离子拮抗剂逆转机理非常复杂。

（二）中药复方

1. 复方 R_1　张文卿等在这方面做了探索性工作，以 MTT 法粗略证实中药 R_1（由川芎、莪术、鸡血藤等活血化瘀药提取液）能增加 ADR 对耐药细胞 MCF_7/adr 的细胞毒性，克服其对 ADR 耐受性，而对 MCF，影响较小。荧光显微技术（FCM）检测显示，和亲代 MCF_7 相比，MCFT/adr 对 ADR 摄取减少，细胞内蓄积浓度下降。可以认为 R_1 是通过增加细胞内 ADR 含量及其滞留时间，减慢抗癌药物外排而达到治疗效应。应用识别 Pgp 膜内特异抗原决定簇的 $MoAbC_{219}$ 进行免疫细胞化学分析证明，MCF_7/adr 阳性率为 100%，而用 R_1 培养后，Pgp 表达下降[34]。进一步用 Western blot 检测也证明，R_1 可使 MCF_7/adr 细胞 mdr_1 mRNA 表达下降，但超过 1∶90 时 R_1 对耐药细胞 mdr_1 mRNA 表达影响程度达稳定状态[35]。因此，R_1 逆转机制之一可能在反转录和翻译水平影响了基因表达。

2. 复方三根制剂　用虎杖根、藤梨根、水杨梅根等提取的复方三根制剂，临床用于治疗消化道及妇科肿瘤有良好疗效。谢长生应用 MTT 比色法，观察复方三根制剂对 MDR 细胞的逆转作用时发现，复方三根制剂可部分恢复 K562/ADR 和 K562/VCR 耐药细胞对 ADR 的敏感性，而对 VCR 抗药性的逆转作用不明显；可增加 K562/ADR 和 K562/VCR 耐药细胞内 ADR 的积聚，并对外排 ADR 有一定影响；可部分下调 Pgp 的表达。显示复方三根制剂可部分逆转耐药细胞的抗药性[36]。冯正权认为复方三根制剂逆转多药耐药机制为在转录水平下调 MDR_1 的 mRNA,从而 降低多药耐药细胞 Pgp 的表达[37]。

3.拮新康拮 新康是含有钙拮抗成分较多的中药复方制剂,其主要成分莲子心含多种生物碱成分,化学结构与某些 Pgp 的光亲和标记物的结构类似,有膜调节作用。谢兆霞等[38]对 28 例患者的白血病细胞进行体外药敏试验,发现长春新碱与拮新康联用比单药长春新碱细胞毒性作用增强,说明拮新康在一定程度上能逆转长春新碱的耐药。黄程辉[39]研究显示,拮新康能抑制 K562/A02 细胞的增殖,降低细胞膜的流动性。拮新康干扰膜的功能可能直接与 Pgp 结合相关。此外,还具有钙通道阻滞剂样作用,通过阻断耐药细胞的药物外排过程而共同逆转 MDR。主要成分黄芪还通过降低 K562/A02 细胞膜的流动性从而影响 Pgp 的药泵功能。所以拮新康可能通过多靶点逆转多药耐药。

4.天佛参口服液 中药复方天佛参口服液(TFS)系中药复方制剂,由西洋参、天门冬、倒卵叶五加、佛手、蟾酥等药组成,在与化疗药物合用治疗复发性肿瘤时增效作用明显。杨国武等[40]研究发现,TFS 与 ADM 合用能抑制 K562/ADM 细胞生长($P<0.005$);使 K562/ADM 细胞内药物浓度升高;K562/ADM 细胞上 Pgp 表达下降,且 48h 后完全消失,呈时间依赖性。由此提示,TFS 在非毒性浓度下能逆转 K562/AD 耐药性,其机制与抑制 K562/ADM 细胞膜上 Pgp 高表达有关。

5.中药制剂 李大成通过体外细胞实验,对从 32 种中药制剂中筛选出 Ams-11、Pw-13、Tul-17 三种中药制剂,分析其逆转肿瘤细胞多药耐药性发现,在无细胞毒性的剂量范围内,这三种扶正祛邪的中药制剂均能明显增强多药耐药细胞对抗癌药物的敏感性,而且其逆转作用呈剂量依赖关系[41]。

6.复方 R_3 刘叙仪等从中药补骨脂中抽提出 R_3,实验证实该单味药多成分复方也有逆转 MDR 作用,在 1: 30 无细胞毒浓度下的 R_3 能使 MCF_7/adr 对 ADR 敏感性增加 720 倍,并与 VRP 有协同作用。同样 R_3 也能增加 Rho-123 在耐药细胞内浓度,可抑制 Pgp 表达[42]。补骨脂是一种常用补肾中药,毒性很低,其既有单独逆转 MDR 活性,又能与 VRP 协同调控 MDR,值得进一步研究。

三、中药逆转 MDR 展望

(一)目前存在的主要问题

中医药在逆转耐药方面取得了不少成绩,显示出初步的优势,但也存在许多不足,如药物谱窄,仅有少数几种单味中药或中药复方;尚无相应系统理论总结,筛选缺乏针对性;逆转作用靶点较单一,主要集中在 GST 及其相关酶活性和 Pgp 表达上;逆转作用机制尚不明确,尤其是分子机理上缺乏深入研究,也无相应理论支持。这主要因为中医药界从事逆转剂研究起步晚,技术力量不足所致。

现阶段探索中药成分逆转多药耐药性的研究以中药单体为主,是目前中药抗 MDR 研究的主流,且多数研究集中在产生耐药的某一种机制上,所以中药单体的逆转倍数较低是目前的突出问题之一。因为产生 MDR 的机制多种多样,新的机制在不断被发现,而且不同疾病、不同药物的 MDR 可有所不同,同一细胞可以有不只一种的耐药机制,所以只针对单一机制进行逆转研究,具有一定局限性,效果也必然受到相应影响。此外,现有中医药逆转 MDR 的研究 以基础研究和应用基础研究为主,临床研究较少,尤其缺乏具备一定规模的随机、对照临床试验作为客观、有力的依据。因此中药逆转 MDR 研究的可信程度受到影响，不易被西医学界的承认和接受。

（二）前景

尽管目前中药在逆转多药耐药方面的研究尚待进一步深入，但与西药相比，中药表现出的突出优势是毒副作用小、禁忌证少，临床应用安全，可以预见具有良好的开发前景。临床中药配伍应用时，宜按相须、相使的原则合用以增强疗效。由此笔者认为，尝试联合应用作用机制不同的中药单体是耐药研究的一条新思路。这样可以充分利用已有研究成果，弥补单体药物作用靶点单一、逆转倍数有限的缺陷，增强逆转作用强度，提高疗效。此外，中药复方多由天然中草药组成，可能通过多靶点、多机制发挥逆转作用。因此，根据辨证论治的思想，以临床有效的中医复方作为研究对象，筛选低毒、高效的复方逆转剂，开展多靶点、多角度研究，寻求耐药逆转的更大突破，可能成为一种行之有效的途径。我科肿瘤耐药课题研究小组自 1994 年开始进行中药抗白血病多药耐药性基础与临床研究，发现浙贝母中的活性成份在无任何毒副作用的情况下，表现出明显的多药耐药逆转活性。体外细胞培养及临床研究结果显示，浙贝母中有效活性成份可以在体外逆转急性白血病细胞 Pgp、MRP、LRP 高表达，并能在体内逆转这三种机制不同多药耐药蛋白的表达，提高 Pgp 高表达患者临床疗效，不但副作用小，而且有别于其他多药耐药逆转剂，具有明显的低毒、多机制、多靶点的特点。目前，逝贝母颗粒及复方浙贝母颗粒已分别申请国家中医药管理局课题和北京市首发基金课题，进行扩大病例的随机、双盲、多中心临床研究，以客观判定临床疗效，评价其临床应用前景。随着临床与实验研究资料积累、血清药理学、生物信息学、生物芯片技术等相关生命科学理论与技术发展，中医药一定能在逆转 MDR 方面做出自己的贡献。

参考文献

1 Chevillard S, Pouillart P, Beldjord C, et al. Sequential assessment of multidrug resistancephenotype and measurement of Sphase fraction as predictive markers of breast cancer response to neoadjunant chemotherapy. Cancer, 1996;77: 292

2 Decker DA, Morres LW, Levine AJ, et al. Immunohistochemical analysis of P-gycoprotein expression in breast cancer clinical correlation. Ann Clin Lab Sci; 1995;25

3 Cole SP, Bhardwaj G, Gerlach JH, et al. Overexpression of a transporter gene in a multidrug-resistance human lung cancer cell line. Science, 1992;258: 1650

4 Versantoort CHM, Withoff S, Broxterman HJ, et al. Resistance associated factor in humansmall-celllung-carcinoma GLC4 sublines with increasing adriamycin resistance. Int J Cancer, 1995;61: 375

5 Zamam GJR, Flens MJ, Vanleusden MR, et al. The human multidrug resistance-associated protein MRP is a plasma membrance drug-efflux pump. Proc Natl Acad Sci, 1994; 91: 8822

6 Brock DR, Hipfner BS, Nielsen PB et al. Sequential coexpression of the multidrug resistance genes MRP-and mdr1 and their products in Vp-(Etoposide)-selected H69 small cell lung cancer cells. Cancer Res, 1995; 55: 459

7 Versantvoort CHM, Broxterman HJ, Bagrij T, et al. Regulation by glyutathione of drug transport in multidrug-resistance human lung tumor cell lines overexpression of multidrug resistance-associated protein. Br J Cancer, 1995; 72: 89

8 Scheper RJ, Broxterman HJ, Scheffer GL, et al. Overexpression of a M (r) 110 000 vesicular in non-p-glycoprotein-mediated multidrug resistance. Cancer Res, 1993; 53: 1475～1481

9 Withoff S, Jong De S, Vries De EG, et al. Humanal DNA topoisomerase II: biochemistry and role in chemotherapy resistance. Anticancer Res, 1996; 16(4A): 1867

10 Vassetzly YS, Alghisi GC, Gasser SM. DNA topoisomerase Ⅱ mutations and resistance to anti-tumor drugs, Bioessays, 1995; 17: 767

11 许文林，敖忠芳，陈玉心，等. 汉防己甲素对柔红霉素和长春新碱增效作用的实验研究. 中华血液学杂志，1994;15: 256～257

12 夏薇，敖忠芳，朱广荣. 一种有效的肿瘤耐药逆转剂——汉防己甲素逆转白血病耐药细胞的实验研究. 南京医科大学学报，1995;15: 543～646

13 潘启超，田晖. 多种中药单体逆转肿瘤多药耐药性. 科学通报，1995;40: 1901～1904

14 敖忠芳，夏薇. 汉防己甲素逆转白血病细胞耐药的研究. 中华血液学杂志，1995;16: 235～37

15 叶祖光，孙爱续，李兰芳，等. 汉防己甲素对阿霉素或长春新碱耐药株人癌细胞的逆转抗药性作用. 中国中药杂志，1996;21: 369～371

16 HE QY, Meng FH, Zhang HQ. Reduction of doxorubicin resistance by tetrandrine and dauricine in harringtonine-resistant human leukemia (HL-60) cells. Acta Pharmacologica Sinica, 1996;17: 179～181

17 田晖，潘启超. 双苄基异喹啉生物碱蝙蝠葛碱与蝙蝠葛苏林碱逆转多药耐药性的比较研究. 癌症，1996; 6: 410～413

18 叶祖光，孙爱续，李春英，等. 双苄基异喹啉化合物对阿霉素或长春新碱耐药株人癌细胞的逆转抗药性作用. 中国中药杂志，1998;23: 427～428

19 Shiraishi N, Akayama S, Nakagawa M, et al. Effect of bisbenzylisoquinoline (biscoclaurine) alkaloids on multidrug resistance in KB human cancer ceils. Cancer Res, 1987; 47: 2413～2416

20 Akiyama S, Cornwell MM, Kuwano, et al. Most drugs that reverse multidrug resistance also inhibit photoaffinity labelling of P-glycoprotein by a vinblasting analog. Mol Pharmacol, 1988; 33: 144～147

21 Chen G, Ramchandran C, Krishan A, et al. Thaliblastine, a plant alkaloid, circumvent multidrug resistance by direct binding to P-glycoprotein. Cancer Res, 1993; 53: 2544～2547

22 谢佐福，沈世仁. 川芎嗪和羟基脲对阿霉素 K562 细胞株 DNA 合成的影响. 中华医学杂志，1993;9: 559

23 胡艳平，邓健，王庆端，等. 川芎嗪和维拉帕米纠正阿霉素对小鼠艾氏腹水癌的抗药性. 药学学报，1993;28(1): 75～78

24 王庆端，江金花，孙文欣，等. 川芎嗪逆转肿瘤抗药性与谷胱苷肽过氧化物酶的关系. 河南医科大学学报，1997; 4: 50～52

25 梁蓉，杨平地，陈协群. 川芎嗪和(或)环孢素 A 对 HL-60/HT 细胞耐药的逆转. 中华内科杂志，1999;4: 260～261

26 梁蓉，杨平地，陈协群，等. 川芎嗪对白血病 HL-60/VCR 细胞多药耐药的逆转及其机制研究. 中华血液学杂志，1999;6: 323～324

27 张振玉，王崇文，祝金泉，等. 川芎嗪及联用化疗药物对胃癌细胞杀伤作用的研究. 中国现代医学杂志，1999;1: 68～69

28 胡凯文，陈信义. 中药活性成分抗耐药肿瘤细胞体外筛选研究. 中国医药学报，1998;2: 10～12

29 胡凯文，郑洪霞，齐静，等. 浙贝母碱逆转白血病细胞多药耐药的研究. 中华血液学杂志，1999;12: 650～651

30 潘宏铭，胡汛，吴金民，等. 大肠癌抗多药性细胞株的建立及茶多酚复合体的逆转作用研究. 肿瘤. 1997;4: 213～216

31 胡先珍，张友会. 绿茶儿茶素对小鼠细胞免疫功能的增强作用. 中华微生物学和免疫杂志，1991;11(2): 9

32 白月辉，黄世林. 雄黄对 NB4 及 HL-60 细胞的促凋亡作用. 中华血液学杂志，1998;19: 477～480

33 张晨，黄世林. 雄黄抗白血病细胞多药耐药及其凋亡诱导关系的研究. 中国中医基础医学杂志，1999;12: 41～42

34 张文卿，刘叙仪，刘海英，等. 中药 R_1 对耐阿霉素人乳腺癌细胞系($MCF/_7^{ADR}$)多药耐受的逆转作用. 中药药理与临床，1994;(5): 16～21

35 张文卿，刘叙仪，韩复生，等. 中药 R_1 对耐阿霉素人乳腺癌细胞 P 糖蛋白表达的影响. 中药药理与临床，1996;(1): 18～21

36 谢长生，周维顺，冯正权，等. 复方三根制剂对 MDR 细胞株 K562/ADR 和 K562/VCR 逆转作用的研究. 中国实验方剂学杂志，2003;18(4): 237

37 冯正权，郭勇，朱宁希，等. 复方三根制剂逆转多药耐药的实验研究. 中国肿瘤，2003;11(6): 370～371

38 谢兆霞，谭达人，谢俊明，等. 拮新康的逆转耐药与抗肿瘤作用的研究. 中国现代医学杂志，1996; 6(4): 18

39 黄程辉，谢兆霞，秦群，等. 中药拮新康复方对 K562/A02 细胞的增殖及膜流动性的影响. 湖南医科大学学报，2003;28(5): 477～480

40 杨国武，党琦，李新民. 天佛参逆转 K-(562)/ADM 细胞株耐药性的作用及机制探讨. 现代中西医结合杂志，2002;11(19): 1865～1867

41 李大在，屈艺，刘柏林，等. 三种中药制剂 Ams-11、Fw-13、Tul-17 逆转肿瘤细胞多药性的研究. 华西医科大学学报，1998;29(1): 16～19

42 刘叙仪，孟松娘，杨敬贤，等. 中药 R_3 对耐阿霉素人乳腺癌细胞(MCF7ADR)多药耐药的逆转. 中国肿瘤临床，1997;24: 325～330

大肠癌中西医结合治疗进展

杨宇飞　许　云[1]

中国中医研究院西苑医院肿瘤科　北京　100091

一、概论

大肠癌泛指盲肠、全部结肠和直肠发生的恶性肿瘤，是常见的恶性肿瘤之一。大肠癌年发病超过50万，在世界范围内其发病率居恶性肿瘤的第4位[1]居内科肿瘤的第二位，发达国家和工业化国家的发生率高于发展中国家[2]，西方国家大肠癌在男性发病率占总的癌症发病率的12.6%，女性为14.1%，其他国家分别为7.7%和7.9%[2]。西欧、北美发达国家是大肠癌高发国家，居第二位发病率及死亡率的亚性肿瘤。大肠癌死亡率为40%，占癌症死良总数的1/10。我国有关资料显示，随着生活方式的改变，近10年来大肠癌的发生率在不同的地区已经上升到3～5位，目前在我国大城市已居第三位，而且有逐步增加的趋势。据上海市2000年恶性肿瘤的发病率统计，男性结直肠癌发病率为43.4/10万，女性为39.3/10万，男、女性结直肠癌发病率均位居第三。大肠癌的发病率随着年龄的增长而上升，国内的发病以40～60岁居多，中位发病年龄为50岁左右，比欧美报道要提前12～18年。在今后的相当长的一个时期，大肠癌的发病率会不断升高，已成为我国威胁生命健康的主要恶性肿瘤[3]。

二、大肠癌概况

大肠癌一般治疗包括：外科手术、化学治疗、放射治疗、中医治疗等。目前大肠癌的主要治疗是手术根治切除，手术切除率达到60%～70%，对于进展期或存在淋巴结转移的根治术后的病人通常接受辅助化疗或放射治疗，可使3年生存率提高约20%，5后生存率提高10%。对早期患者5年生存率可达70%以上，Ⅲ期患者5年生存率可达30%～60%，Ⅳ期患者则小于10%，加强术后随防可使治愈性手术后生存全面获益[4]。

三、中医在肿瘤治疗中的地位与作用

（一）中医综合治疗是我国肿瘤治疗的重要内容和特色

肿瘤的综合治疗是根据病人的机体状况，肿瘤的病理类、侵犯范围（病期）和发展趋向，有计划地、合理地应用现有的治疗手段，以期较大幅度地提高治愈率和改善病人的生活质量。这一概念由我国肿瘤学泰泰斗们40年前提出，并在近年有更进一步发展，强调重视病人机体和疾病两个方面，不排斥任何有效的方法，目的明确，是提高治

1　在读博士研究生

愈率和改善病人的生活质量，并明确提出“充分发挥中医传统的辨证论治、扶正被动邪的指导思想，提高综合治疗的水平从而对世界医学做出贡献是大有可为的[5]。”中医综合治疗是肿瘤综合治疗的重要组成成分，中医治疗和中西医结合治疗是我国特色，在抗肿瘤治疗上一直发挥着独特的作用，随着中医药现代化发展，中医治疗方法本身也愈加丰富多彩。为了正确应用中医各种治疗方法并现代医学有机结合，近年来，我们提出中医综合治疗肿瘤不仅是综合治疗肿瘤的重要组成部分，同时也要强调多种中医治疗方法的综合合理应用，其确切含义是在肿瘤治疗全过程中，以中医药理为指导，辨证论治，与现代医学治疗技术和手段有机结合，有计划地合理地应用各种治疗手段，最大限度地发挥中医整体治疗优势，力争中医在肿瘤的全程治疗，来恢复机体动态平衡，以期提高放疗和化疗的敏感性，最大限度地降低放化疗毒副作用，减少肿瘤转移和复发，使获得根治性治疗的肿瘤患者治愈，使晚期肿瘤病人的生活质量有所改善，延长其带瘤生存期[6]。这一概念，不仅是对肿瘤综合治疗内容的补充和更新，同时强调了中医各种治疗方法的有机结合、中医治疗贯穿在肿瘤治疗的全过程中，明确提出了中医治疗肿瘤的优势点。目前我国的大多数肿瘤患者在治疗过程中都或多或少地接受过中医治疗。接受正规的中医治疗，能否将中医和西医的治疗方法有机结合一起，扬长避短。使我国肿瘤治疗水平走在世界医学前列，这是中西医结合医务工作者多年的追求。目前，中西医结合这支队伍发展壮大，已成为中国医疗特色之一。

（二）中医综合治疗的内容

中医综合治疗有其丰富的内涵，传统中医口服汤药是治疗主体，也是最个体化的治疗，扶正祛邪的指导思想灵活地运用其中，也能在肿瘤治疗的全过程使用；口服中成药和静脉点滴中药制剂是近代中医治疗的重要补充，很多有毒的祛邪中药通过制成成药或静脉点滴制剂，减 lx 轻了毒性，增加了疗效。扶正的或扶正与祛邪相结合的这两类制剂也很多，是中医综合治疗的有力补充。还有一些如：中医食疗、中医五行音疗、针炙、气功等传统疗法，也起到很好的辅助治疗。以上这些方法的有机结合就构成了中医综合治疗的基本内容。

（三）中医治疗肿瘤的地位与作用

中医药治疗恶性肿瘤有数千年历史，经几代人的努力，尤其是近 20 年来在国内已形成一支力量雄厚的中西医结合队伍，这支队伍遍布于国内三级甲等中医院肿瘤科或西医医院中西医结合肿瘤科内，他们结合中医和西医治疗肿瘤的长处，在临床上灵活应用，不仅已成为我国肿瘤治疗的特色之一，也以得了较好的疗效。经过“六五”~“九五”国家攻关课题的实施，使中医治疗恶性肿瘤有了明确的定位点，并取得国内医学界的承认。中医治疗肿瘤内中西医界均已公认几个定位点：

1. 肿瘤手术切除后长期中医抗转移复发的治疗。

2. 中医药配合对放化疗的增效减毒作用。

3. 在肿瘤晚期：体能状态好，kps > 70 分者，行中西结合姑息性放化疗 + 中医增效减毒；体能状态差的，kps < 70 分，中医综合治疗可延长其生存期，提高其生存质量。

但以上结论还缺乏足够的多中心大样本的随机化临床研究证据和 Meta 分析结论，目前国家正组织力量在进行临床验证中。

四、大肠癌的中医综合治疗

(一)中医治疗原则

由于患者的个体差异,以及治疗过程中的症候演变不一,决定了大肠癌中医治疗应以辨证论治为原则。大肠癌为本虚标实之病症,本虚以脾肾亏虚为主,标实则多见湿热、气滞、血瘀、火毒。因此大肠癌的治疗原则应以益肾温阳,健脾理气治本,并以清利湿热、清热解毒、活血化瘀治标。在疾病整个治疗和演变过程中,邪正盛衰是不断变化的,因此在疾病的不同阶段,应灵活掌握扶正与祛邪的主次。中医治病历来强调阴阳平衡,这就要求临床医生在治疗过程中时时注意“阴阳平衡”这一治疗目标。所以大肠癌总的实施原则是辨证与辨病相结合,扶正与祛邪相结合,调整阴阳平衡。

1. 培补脾肾,扶助正气　肿瘤发病的最基本特点是正虚邪实,手术、化疗及放疗后更使元气大伤,因此扶正培本应贯穿在肿瘤治疗的全过程。正所谓:“癥积不能速除,正气亟待扶助。”就大肠癌而言,则应以培补脾肾为主,肾为先天之本,脾为后天之本,先天后天可相互促进、濡养、补充,脾肾之气充足,可充养脏腑,平衡阴阳,调动机体的抗癌能力。大量实验研究表明,补益类中药在抑瘤、抗转移及提高免疫功能方面有着确切的疗效。有研究表明,结肠癌脾虚证患者 p53, Bcl 2 蛋白的阳性表达率及表达水平均高于非脾虚组($P<0.05$)[7]张景岳谓:“健脾宜温养,治肾宜滋润,舍此二法,别无它法。”李杲指出:“温之、和之、调之、养之,皆补也。”在补益脾肾的同时还要注意调节脏腑的阴阳平衡,阳虚者以温养为主,阴虚者则以滋润为法。由于大肠癌患者一般均要接受手术及放、化疗,在病程中会导致不同的阴阳盛衰,临证时应注意,恰当适时地调整阴阳平衡。

2. 通腑攻下,祛邪解毒　大肠为六腑之一,主传化糟粕,泻而不藏,以通为用,气滞、血瘀、痰湿、热毒等阻于肠中,导致肠道阻塞不通,传化失司。传化之道不利,糟粕难以下行,邪毒不能排出体外,则成积聚。又因正气亏虚无力驱邪外出,邪毒越聚越深,邪毒胜于其内,进一步耗伤气血津液,正气损伤更甚,从而导致邪愈甚而正愈虚,正愈虚则邪更深的恶性循环。因此,当一部分病例术后发生局部复发或远处转移。在顾护正气的基础上,消除肠道肿块,通下腑中浊毒、瘀血等病理产物,辨施各种通下之法,是治疗大肠癌的重要环节。针对不同的病理因素而分别以软坚散结、清热利湿、活血化瘀、清热解毒、温阳通腑为治则。值得一提的是,肿瘤乃可见之物,中医认为肿瘤属性为阴,即《内经》所谓之“阳化气,阴成形”。肿瘤的形成又常与阳气不足、寒凝瘀滞有关,如《灵枢·百病始生》云:“积之始生,得寒乃生,厥乃成积矣。”《灵枢·水胀》既然寒邪是肿瘤形成的重要病理因素之一,那么温阳散寒法理所当然应成为肿瘤治疗中的重要方法,基于此,古代医家治疗大肠癌较为重视温阳散寒、通下寒滞之法。清热解毒药不可能从根本上消癌肿,减缓肿瘤生长的效果也不明显:而且长期使用苦寒药反而伤阳气、伤胃气,使病情转向恶化。尤其是长期采用放疗、化疗的晚期患者,多为气血两虚或阴阳俱虚,若此时再采用清热解毒法,予以大剂苦寒清泄之品,则会适得其反。寒毒积滞是大肠癌类病证的主要病机之一,因此,温以散寒、下以行滞的温下法,无疑是防治大肠癌的有效思路及方法之一。

3. 攻补兼施,防治复发转移　尽管大肠癌的西医治疗取得了长足的进展,但是近 50 年来大肠癌的 5 年生存率仍然在 50% 左右徘徊,其中的重要的原因是肿瘤的复发转移。在防治大肠癌的术手复发转移方面,尤其是Ⅰ、Ⅱ期患者术后不全主张放、化疗,可配合中医药治疗在防治上将发挥更重要的作用。对于大肠癌的复发转移,中医认为正气亏虚为根本内因,是余毒(残存的微转移病灶)侵袭,因此治疗应以扶正与祛邪兼施,攻不宜过,补不宜滞,两者相辅相成。具体临证则要辨证个体差异,视正邪盛衰而分扶正与祛邪的主 次。但扶助正气应注重培补先后天,即脾贤二脏。对邪毒的认识,目前多数学者认为多与瘀血关系最为密切,并以活血祛瘀为防治复发转移为主,并取得了一定疗效[8~10]。现代研究证实,血液循环障碍、血液粘滞的升高及肿瘤血管新生对肿瘤转移有直接影响作用,活血化瘀药物可以从抑制癌基因表达,降低血液高凝状态,减少肿瘤细胞着床,阻止血管新生等方面起到抗肿瘤、转移的作用[11~14]。虽然血瘀证候在肿瘤生长、侵袭和转移不同发展阶段都普遍存在,但它在不同发展阶段证候变化会有不同,它在肿瘤发展过程中所处的地位会有所改变,因而不同时期应用活血化瘀方药对肿瘤的最终发展也会有所不同。具体临证时,还应根据患者的具体情况,辨证地将活血化瘀与扶正培本、软坚散结、清热利湿、清热解毒、温阳通腑等药物灵活配合使用。

4. 顾护胃气,留存生机　大肠癌发展至晚期,邪毒弥散,正气衰败,患者全身状况很差,此时治疗最为棘手,如果仍一味攻邪,必大伤正气。中医认为,扶正必先顾护胃气,存得一分胃气则留得一分生机。脾胃为气血生化之源,化源乏竭,病必不治;若胃气尚存,则可挽留一息生机。此时用药宜以轻灵之品,以使气息流动,复苏胃气,苦寒伤胃、滋腻碍胃之品不可轻投,使胃气败绝。如兼见邪实较盛的状况,则应在攻邪的基础上佐加健脾益气,调畅气机的药物以顾护胃气。

(二)中医抗肿瘤治疗起放疗和化疗的减毒增效作用

放疗和化疗属于猛烈的祛邪之法,虽可使肿瘤减小或消失,但同时也易伤人体正气,造成免疫功能低下,影响远期生存率。大量临床和实验研究已证实,中医治疗在改善患者放疗或化疗时消化道反应、骨髓抑制、肝功能损害、免疫功能低下均有明显疗效,另外还有增效作用。[15]

1. 配合化疗用药　化疗初期,以健脾和胃止呕为法,可配合清热和胃、益气生津以减轻化疗所致的消化道反应,在辩证用药基础上酌加黄连、苏叶、陈皮、半夏、竹茹、砂仁、木香、太子参、白术等。化疗期间以益气养血为主,以补肾健脾养血生髓为法,在辩证用药基础上酌加炙黄芪、党参、白术、菟丝子、女贞子、旱莲草、鸡血藤、当归、阿胶、补骨脂等。化疗后期以益气养阴为法。如八珍汤酌加天冬、麦冬、沙参、女贞子、旱莲草等。

2. 配合放疗用药　放疗期间,可配合清热解毒、养阴益气之剂,稍佐活血,药如太子参、天麦冬、沙参、连翘、野菊花、生地、白芍、瓜蒌、石斛等。早期以活血化瘀为主,益气养阴为辅,桃红四物汤加丹参、泽兰、太子参、天麦冬、生芪等。中后期以益气养阴为主,活血化瘀为辅,八珍汤酌加天冬、麦冬、丹参、泽兰等。对于放射性直肠炎,中医辨证论治属于肝脾不和以痛泻药方加减,属于湿热内盛者,则以头翁汤或葛根芩连汤加减,重用车前子使湿热从小便分消。属于脾虚湿盛者,则以参苓白术散或补中益气汤加减;也可以脾肾阳虚四神丸加减。在以上诸方中注意加活血化淤药。

目前大肠癌的中医治疗方法有中药疗法、外治疗法、针灸疗法、气功疗法、按摩疗法、心理疗法、膳食疗法、中医五行音乐疗法等。这些治疗方法作为中医药特有的治疗大肠癌方法，既能祛邪抗癌，又能扶正固本，增加机体的免疫能力，减轻其他治疗的副作用，增加其他治疗的疗效，提高生存质量，延长生存期，但对肿瘤病灶的消除作用则较差。单一使用这些中医治疗方法均有一定的局限性和不足之处。因此，加强有机结合的综合治疗，与根治性手术配合对术后减少复发和转移起重要作用，或与局部姑息性放疗或化疗结合，尽可能控制癌瘤病灶包括转移灶，则可延长生存期，提高生活质量。根据肿瘤的类型、生物学特性、病灶的部位、病期以及患者的症状、体质情况，辨病与辨证相结合，综合现有的各种中医治疗手段，扬长避短，合理运用，以期提高治疗效果。目前，包括各种治疗手段的优化组合综合治疗，已成为肿瘤治疗的发展方向，已愈来愈受到广大医疗人员的重视。

中西医结合治疗大肠癌的临床和实验研究已经取得了令人满意的结果。刘氏用脾肾方配合化疗治疗大肠癌术后 96 例，与单纯化疗组相比，从化疗疗程、全身及消化道反应、血象变化等方面均优于对照组[16]；蒋氏以健脾活血为主的中药治疗大肠癌术后 40 例，结果 1、3、5 年生存率中药加化疗组分别为 92.5%、77.5%、67.5%，单纯化疗组为 90.0%、62.5%、45.0%（$P<0.05$）[17]。以益气养阴中药为主组成的长必安胶囊浸膏液灌胃，可明显降低裸小鼠 S1116 肠癌的肿瘤生长和肝转移发生率，并可干预多个肠癌相关基因的表达[18,19]尽管已经有多项研究，表明中医药在大肠癌综合治疗中发挥着积极的作用，但这些研究均非多中心、随机化、大样本临床研究，其可靠性如何，还有待进行大样本、多中心、随机化的前瞻性对照临床研究来证实中医药治疗大肠癌的临床疗效。

五、各期大肠癌中西医结合综合治疗参考策略

（一）Ⅰ、Ⅱ期大肠癌的中医综合治疗

Ⅰ、Ⅱ期大肠癌患者首先手术治疗，术前术后，可尽早接受中医个体化扶正治疗。

原则上Ⅰ、Ⅱ期结肠癌者不主张进行术后化疗，但高危的Ⅱ期患者（小肠梗阻、肠穿孔、肿瘤黏性、低分化、脉管瘤栓和神经周围受侵或手术切除淋巴结数不足 12 个）应行标准方案的术后化疗。Ⅱ期直肠癌患者后应行放疗。放、化疗同时均可加用中医扶正治疗减毒增效。放化疗后，可长期配合中医综合治疗扶正祛邪并举抗转移和复发，并长期随访至少五年。

手术完全切除的患者，Ⅰ期、Ⅱ期低危组术后可不必放疗和化疗，可长期加用中医综合治疗扶正祛邪并举抗转移和复发，并长期随访至少五年。

（二）Ⅲ期大肠癌的中医综合治疗

本期患者首先手术治疗，术后常规进行 6 个月 12 周期标准化疗；直肠癌患者进行"三明治"式放、化疗；局部晚期者可行术前放、化疗，再行手术治疗。在临床治疗上，我们主张各阶段加用中医治疗，除配合放疗和化疗的治疗如同前所述外，特别是体能不能接受西医放疗和化疗患者，可行纯中医综合治疗并配合最好的支持治疗。

总之，围手术期建议行中医扶正辅助治疗；放化疗期间配合中医扶正辅助治疗，放化疗后可长期中医综合治疗，起扶正祛邪并举，抗转移复发之效，并长期随访 5 年。

（三）Ⅳ期大肠癌的中医综合治疗

因为晚期大肠癌不能治愈，一切治疗均为姑息性，多数患者生存期不超过 20 月，医生有义务保护患者的利益，包括在法律道德

上有自主参加决策的权利。患者对治疗方式的喜恶变化很大,有拒绝副反应大的治疗,亦有愿意接受副反应以获得生机存会者。研究表明:只有53%的患者愿为1%的治愈机会去接受化疗的副反应,超过40%的人愿为增加3个月的生存期接受类似治疗[20]。基于以上结果,我们有必要为患者制定多套方案,向患者说明利弊,由患者来选择最后的治疗方案。基于中国国情,有相当多患者选择了单纯中医综合治疗,我们主张以个体化治疗方案,基于患者的体能状况、经济承受能力和患者及家属的意愿,其中体能状态(performance status;PS)好[指ZPS[1](Zubrod-ECOG-WHO)评分≤2或karnofsk评分≥60分,且发病的3个月内体重减轻少于5%的患者]。体能状态差[指ZPS≥2或KPS≤60分],且发病的3个月内体重减轻大于5%可根据患者意愿,或选择化疗加中医扶正综合治疗加最好支持治疗,或选择中医综合治疗加最好支持治疗。当一线化疗失败时,还可根据体能状态和意愿,或选择二线化疗加中医综合扶正治疗,加最好支持治疗,或选择中医综合治疗加最好支持治疗。体能状态差[有功能状态不好(ECOG2~4)]和3个月内体重减轻大于5%的患者),只能选择中医综合治疗加最好支持治疗[21]。

参考文献

1 Pisani P, Parkin DM, Bray F. et al the worldwide mortality from 25 cancer in 1990. Int J Cancer, 1999;83: 28~29

2 Peter Boyle, Js Langmang. ABC of Colorectal Cancer: Epidemiology. BMJ,2000;321: 805~808

3 全国肿瘤防治办公室. 中国试点市、县恶性肿瘤的发病与死亡. 北京:中国医药科技出版社,第一版,第二卷,2002: 24

4 American Cancer Society. Cancer facts and figures for African Americans 1998~1999, Atlanta(GA); American Cancer Society,1998

5 孙燕. 内科肿瘤学. 北京:人民卫生出版社,1999: 88

6 徐振晔,杨宇飞主编. 肿瘤中西医综合治疗. 北京:人民卫生出版社,2002: 535

7 吴苏冬,周冬枝,贾宗良,等. 结肠癌脾虚证 p53,Bcl 2和Bax的表达. 第四军医大学学报,2003;24(12):1111~1113

8 李秀荣,周延峰,焦中华,等. 消瘤平移合剂抗肿瘤术后转移的临床观察. 中国中西医结合杂志,2001;21(5):353~358

9 孙建立. 中医药抗肿瘤转移的临床和实验研究近况. 浙江中医杂志,1999;(10): 449

10 王志学. 癌转移的中医药预防思路. 国医论坛,2000;15(2): 22

11 张栋,简隆磊,苗华. 活血化瘀中药抑制肿瘤血行转移的分子机制. 山东生物医学工程,2000;19(1): 61~64

12 薛雨芳,陈群. 活血化瘀中药抗肿瘤血行转移的思路探讨. 广州中医药大学学报,1997;14(3): 207~213

13 李佩文. 中药预防肿瘤转移的临床及基础研究. 中国肿瘤,1999;8(1): 33~34

14 陈学东,王若光,邓冰湘. 肿瘤微血管生成机制与抗肿瘤活血化瘀药物筛选. 湖南中医药导报. 2001;7(5):235~236

15 张代钊主编. 中西医结合治疗放化疗毒副反应. 北京:人民卫生出版社,2000: 59~80

16 刘静安,张悦红. 中西医结合治疗大肠癌术后154例临床观察. 中草药,2000;31(5): 367

17 蒋益兰,潘博,仇湘中. 健脾消癌饮配合化疗治疗大肠癌术后40例总结. 湖南中医杂志,2001;17(5): 9~10

18 罗森飙,沈汉澄,鱼达,等. 长必安对结肠癌肝转移的干预作用. 肿瘤学杂志,2001;7(6): 326~327

19 罗森飙,沈汉澄. 长必安干预大肠癌转移的基因芯片研究. 浙江中西医结合杂志,2003;13(11): 670~672

20 Yellen SB, Cella DF. Someone to live for social well-being parenthood status and decision-making in oncology. J Clin Oncol, 1995;13: 1266~1264

21 蔡三军主编. 恶性肿瘤从书-肠癌. 北京:北京大学医学出版社,2005

中药治疗晚期非小细胞肺癌的疗效评价

林洪生

中国中医研究院广安门医院肿瘤科　北京　100053

为了对单纯中药治疗与化疗治疗的晚期原发性非小细胞肺癌者疗效进行确切评价,本试验将1998年2月至2000年2月在我院住院治疗观察的晚期非小细胞肺癌患者进行随访和近期的疗效如生存期、有效率、生活质量的再评价,现将临床试验观察总结如下。

(一)病例选择标准

明确诊断的晚期非小细胞肺癌(Ⅲb-Ⅳ)患者(初治或复治患者)。年龄35~75岁。

诊断标准　参见中国卫生部医政司《中国常见恶性肿瘤诊疗规范》,经病理组织学和(或)细胞学及相应检查确定诊断的原发性非小细胞肺癌。

(二)材料与方法

1.一般资料　共观察112例有明确病理诊断或细胞学诊断以WHO的TNM分期标准选择Ⅲb~Ⅳ期的非小细胞肺癌患者,全部为住院患者,病人分为两组:试验组(单纯中药),化疗组(对照),其中鳞癌57例,腺癌51例,腺鳞癌4例,男72例,女40例,最小年龄35岁,最大年龄75岁,平均年63.8岁。Ⅲb期患者24例,Ⅳ期患者88例,Karnofsky评分均在60分以上,两组比较无明显差异。患者在治疗前后各一周进行各项指标检查,治疗期间均按方案用药,不加其他抗肿瘤药物和特殊免疫制剂。

2.治疗方法

(1)近期疗效观察的治疗方法

试验组(单纯中药):

方案1:康莱特200ml/d+5% GS 500ml iv点滴×30天。肺瘤平15g Bid。

对症中药每天一副,42天为一疗程。

方案2:华蟾素20ml+5% GS 500ml iv点滴×30天,肺瘤平15g Bid。

对症中药每天一副,42天为一疗程。

方案3:肺瘤平20g Bid。

对症中药每天一副,连用42天为一疗程。

化疗组:

方案1:NP:PDD 30mg/m^2 $d_{1,2,3}$;NVB 40mg $d_{1,8}$21d×2

对症中药每天一副,42天为一疗程。

方案2:MVP:PDD 30mg/m^2 $d_{1,2,3}$

MMC 6-8mg/m^2 d_1

VDS 3mg/m^2 $d_{1,8}$

21×2

对症中医每一副,42天为一疗程

(2)远期疗效观察的治疗方法

试验组(单纯中药):治疗方法同前,用药42天休60天,间歇期服对症中药。

化疗组:化疗42天,休60天,间歇服对症中药。

病情重可提前用药,血象低,肝贤功能异常停用化疗。

以上治疗均在2个疗程以上方可评价。

3.评价方法

(1)瘤体变化按照卫生部《中国常见恶性肿瘤诊治规范》记载原发性支气管肺癌化疗疗效评定标准(缓解率),以患者入院治疗前后及治疗后一个月胸片或CT进行对照比较,以完全缓解(CR)、部分缓解(PR)、轻度缓解(MR)、稳定(SD)、进展(PD)进行疗效评定。

缓解率:胸片或CT中肿瘤最大直径乘以其垂直直径较治疗前缩小50%以上为有效,以下为无效,根据吸收程度可分为:CR:经X线片/和纤支镜检查,病灶全部吸收者;PR:病灶缩小>50%;MR:病灶缩小面积在25%和50%之间;SD:病灶缩小面积不到25%或增大不超过25%。PD(进展):病灶较治疗前扩大25%。两周期治疗后作疗效评价。有效率=CR+PR。

(2)症状改善:症状按轻,中,重分别记为1,2,3分;疗前症状与疗后症状分别相加,并进行比较

显效:治疗后积分比治疗前降低2/3以上。

有效:治疗后积分比治疗前降低1/3以上,但不足2/3。

无效:治疗后积分比治疗前降低不足1/3,甚至增加1/3。

(3)免疫功能变化:提高:较疗前提高≥10%,或由异常恢复正常为上升;较疗前下降≥10%。下降:或由正常转为异常者为下降。稳定:较疗前上升、下降不足10%者或均在正常范围内为稳定。

(4)卡氏评分(Karnofsky):升高:疗程结束后,较治疗前评分增加大于10分者。下降:疗程结束后,较治疗前评分减少大于10分者。疗程结束后,较治疗前评分增加或减少未超过10分者为稳定。

(5)体重变化:上升:在疗程结束后较治疗前体重增加≥1kg者。下降:在疗程结束后较治疗前体重减少≥1kg者。稳定:在疗程结束后较治疗前体重增加或减少未超过1kg者为稳定。

(6)血象:(包括白细胞总数、中性粒细胞数、血小板、血红蛋白)按WHO急性亚急性毒性标准(五级)疗后做统计学处理。

(三)试验结果

1.近期疗效　本组肺癌112例中,单纯中药组有效1例,占1.55%,化疗合并中药组9例,占19.15%,两组疗效相比 $P>0.05$。

表1　治疗后肺癌癌灶变化的比较

组别	N	CR	PR	MR	SD	PD	有效率	秩和检验
试验组	65	0	1	2	50	12	1.55	
化疗组	47	0	9	2	17	19	19.15	$P>0.05$

$P=0.6011$

(1)肺癌症状改善情况:临床观察结果表明,试验组(单纯中药组)治疗后,咳嗽、乏力、气短、汗出症状明显较改善($P<0.01$),疗效好于对照组(见表2)。咳嗽、食少的症状改善也优于对照组($P<0.05$)。发热、咳血症状改善与对照组基本相同。

表 2 肺癌症状改善的比较

证候	试验组(n=65)			化疗组(n=47)		
	疗前(例)	疗后(例)	有效率(%)	疗前(例)	疗后(例)	有效率(%)
乏力	55	23	59.18	33	30	9.09##
气短	48	22	54.17	23	18	21.74##
咳嗽	47	12	74.47	35	24	31.43##
发热	12	7	41.67	7	4	42.86
汗出	28	9	67.86	22	28	-27.27##
食少	21	13	39.00	16	27	-68.75#
咳血	4	2	50.00	2	1	50.00

试验组与化疗组比较,卡方检验:#; $P<0.05$,##: $P<0.01$。

根据中医证状积分比较,治疗组明显优于对照组($P<0.05$),见表3。

表 3 两组中医症状积分的比较

组别	n	显效	有效	无效	秩和检验
试验组	65	12	27	26	
化疗组	47	1	14	32	$P<0.01$

(2)生存状况:以治疗前后卡氏(Karnofsky)评分上升或下降及体重增加或减少情况的比较,来评价肿瘤患者的生存质量.从表4中可见,试验组治疗后卡氏评分升高例数较化疗组明显增多,统计学分析差异显著($P<0.05$)。由表5可见,试验组治疗后体重增加例数亦较化疗组体重组增加例数为多,统计学分析具有显著差异($P<0.05$)。

表 4 各组生存质量(Karnofsky)情况的比较

组别	n	提高		稳定	下降	秩和检验
		≥10	≥20			
试验组	65	16	6	37	6	
化疗组	47	0	4	21	22	$P<0.01$

* 治疗前患者的生存质量按 Karnofsky 活动状态分级进行评定

表 5 各组体重变化情况的比较

组别	n	提高	稳定	下降	秩和检验
试验组	65	11	47	7	
化疗组	47	4	32	11	$P<0.05$

(3)免疫功能提高情况:T细胞亚群、NK细胞的测定方法采用FACSAort流式细胞仪测定。

比较治疗前后对患者免疫功能的影响,肺癌试验组治疗后NK细胞明显提高,与化疗组相比差异显著($P<0.05$,见表6)。肺癌试验组治疗后CD_4/CD_8比值与化疗组相比,无为著差异(#$P>0.05$,见表7)。

表 6 治疗后自然杀伤细胞(NK细胞)各组变化的比较

组别	n	提高	稳定	下降	提高率%
试验组	51	15	25	11	29.41
化疗组	35	2	21	11	5.71#

秩和检验:$P=0.0252<0.05$。

表 7 治疗后CD_4/CD_8比值变化的比较

组别	n	提高	稳定	下降	提高率%
试验组	51	8	31	12	15.69
化疗组	35	4	20	11	11.43

秩和检验:$P=0.3779>0.05$。

(4)治疗前、后血象变化的比较:经治疗,试验组对白细胞影响不大,而对照组白细胞明显下降,两组比较差异显著($P<0.05$),说明中药对白细胞有一定的保护作用。

(5)近期疗效的综合评价:以往肿瘤的近期疗效均用瘤体大小作为评价标准,但不能客观全面的反映肿瘤患者的整体情况。目前以症状改善,生存质量,瘤体变化三个方面综合评价患者疗效,较之单一的瘤体变化更能客观反映患者的实际疗效。

综合评价标准

显效:①瘤体达到CR或PR,症状和卡氏评分有变化或无变化。

②瘤体达到 SD,症状显著改善,卡氏评分提高≥20 分 。

有效:瘤体达到 SD,症状改善或显著改善,卡氏评分提高≥10 分。

无效:达不到上述标准。

近期疗效的综合评价结果,见表 8。

表 8 各组近期疗效的综合疗效的比较

组别	n	显效	有效	无效	秩和检验
试验组	65	19	33	13	
化疗组	47	10	9	28	$P<0.05$

2. 远期疗效

(1)生存期观察:将 115 例患者进行长期随访,结果见表 9

表 9 肺癌治疗后生存期的比较

组别	1 年(%)	2 年(%)	中位生存期(月)	
试验组(65)	43(66.15)	8(12.31)	12.7	$P<0.05$
化疗组(47)	16(32.94)#	0(0)#	10.1	$P<0.01$

(2)肿瘤治疗后两个月瘤体变化比较:由于患者第二疗程均在我院治疗,其治疗两个月后病灶变化情况进行分析结果见表 10。

表 10 治疗后肺癌癌灶变化的比较

组别	n	SD	PD	稳定率	
试验组	65	44	21	67.69	$P<0.05$
化疗组	47	21	26	44.68	

(四)结果

本试验观察了 112 例晚期原发性非小细胞肺癌住院患者,试验采用分层随机分为试验组和化疗组,二组的性别、年龄及临床分期均无明显差异,故具有可比性。临床研究结果表明:

(1)远期疗效:试验组的一年生存期,两年生存期分别为 66.15% 和 12.31%,化疗组分别为 32.94% 和 0%,明显高于化疗组($P<0.05$)。二组中位生存期分别为 12.7 月和 10.1 月,试验组优于优疗组。

(2)瘤体变化:试验组有效率(PR + CR)为 1.55%,化疗组为 19.15%,相比,试验组有效率低于化疗组,稳定率高于化疗组,但无统计学意义($P>0.05$),说明单纯的中医药的试验组治疗不能提高缩小瘤体的疗效。

(3)改善临床症状:试验组总的临床症状改善率(明显改善 + 改善)明显高于化疗组($P<0.05$)。试验组 65 例肺癌患者的乏力,气短,汗出症状改善的有效率明显高于化疗组($P<0.01$),食少,咳嗽疗效也高于化疗组($P<0.05$),发热和咳血两组比较差异不显著($P>0.05$)。

(4)生存状况:中药能提高患者的生存质量和体重,试验组疗后 Karnfsky 评分和体重明显高于疗前(仅有个别人生存质量下降),而化疗组下降明显,$P<0.01$。

(5)免疫功能:112 例患者中 86 例行 NK 细胞及 T 细胞亚群检测,结果显示 NK 细胞提高率试验组为 29.41%、化疗组为 5.71%,$P<0.05$,T 细胞亚群检测结果(CD_4/CD_8)显示两组比较无明显差异($P>0.05$)。

(6)造血功能:二组病人每周观察血象一次,结果显示,试验组 WBC 治疗前后相比无明显变化,而化疗组疗后血象下降明显。显示试验组对 WBC 有保护作用;血红蛋白和血小板检测试验组略低于化疗组,但无统计学意义。

(7)肿瘤稳定情况 :2 个月后复查瘤体变化,试验组稳定率为 67.69%,化疗组稳定率为 44.68%,试验组明显优于化疗组($P<0.05$)。

(五)讨论

本试验通过对 112 例晚期肺癌患者进行了单纯中药治疗和化疗的分组临床研究,全部分组病人作二个疗程治疗观察,并进行了远期随访,通过瘤体变化,症状改善,卡氏评分,免疫功能以及瘤体稳定情况,一年生存，两年生存，中位生存时间进行分析，结果显示：近期疗效表明：中药治疗与化疗相比，瘤体缩小有效率低于化疗，但无统计学意义（ P >0.05）。在症状改善，生存质量提高，免疫功能提高方面优于化疗组（ P <0.05）。如果以瘤体变化，症状改善，生存质量提高，免疫功能提高多方面综合评价，中药治疗的试验组优于化疗组。远期疗效表明：中药治疗一年生存期，两年生存期明显高于化疗组，瘤体稳定时间（两个月）明显高于化疗组，中位生存提高3.7个月。通过以上结果说明，综合评价的近期疗效和远期疗效的评价结果相一致。

以往肿瘤的治疗疗效均以肿瘤大小变化来评定，较少考虑患者的全身情况，特别是晚期患者在较大剂量的化疗下，虽然肿瘤稳定或缩小，但因生活质量的下降，身体的虚 弱，导致其后肿瘤的迅速增大和患者的生存期缩短[1]。中医中药的治疗注重以人为本，治疗中常祛邪与扶正中药同用，达到邪去正不伤，故不但症状改善，生存质量提高并能延长生存时间[2~4]。相反若仅以肿瘤大小作为衡量标准，中医 治疗结果均可判定为“无效”。

随着化疗药“键择”等的推出，国内外专家更加注重肿瘤患者疗效的综合评价，注重肿瘤与症状改善，生存质量的整体评价[5~10]。但目前，不论是中医还是西医都缺乏一个国际或国内公认的综合疗效评价指标。

本文通过112例晚期肿瘤远期生存期随访，再次证明了近期疗效综合评定结果有其可靠性和客观性，也 说明晚期肺癌的中医治疗可以达较好的地改善病人生活质量效果[11~13]。

参考文献

1　林洪生，李树奇，朴炳奎. 中医治疗晚期肺癌的疗效评价方法. 中国肿瘤，2000；9(8)： 354 ~ 355

2　朴炳奎. 肺瘤平膏治疗晚期原发性肺癌临床观察：附339例临床分析. 中医杂志，1991；(4)： 21 ~ 23

3　唐文秀，张宗岐，林红生，等. 中医药治疗晚期原发性非小细胞肺癌临床观察. 中医杂志，1994；35(5)： 283 ~ 285

4　刘嘉湘，施志明，李和根，等. 益肺抗瘤饮治疗271例非小细胞肺癌临床观察. 上海中医药杂志，2000；35(2)： 4 ~ 6

5　孙燕主编. 内科肿瘤学. 北京：人民卫生出版社，2001： 661 ~ 667

6　Heine H Hanson 主编，王洲，李厚文译. Textbook of Lung Cancer. 沈阳：辽宁科学技术出版社，2001： 172 ~ 177

7　林丽珠. 生存质量在中医肿瘤学综合疗效评价中的作用. 中国肿瘤，2001；10(2)： 80 ~ 82

8　吴一龙主编. 肺癌多学科综合治疗的理论与实践. 北京：人民卫生出版社，2000： 113 ~ 128

9　张健，王沛. 生活质量研究与恶性肿瘤的中医疗效评价. 北京中医药大学学报，2000；23(2)： 67 ~ 69

10　陈志峰，刘少翔，候俊. 生存质量评价与中医药治疗恶性肿瘤疗效特点思考. 中国医药学报，1999；14(5)： 41 ~ 43

11　杨宇飞，朱尧武，吴煜，等. 中医药治疗恶性肿瘤综合疗效标准探讨及初步运用. 中国中西医结合杂志，1999；19(6)： 340 ~ 343

12　陈志峰，刘少翔，候俊. 生存质量评价与中医药治疗恶性肿瘤疗效特点思考. 中国医药学报，1999；14(5)： 41 ~ 43

13　陆志峰，李成柱，刘少翔，等. 中医药治疗原发性非小细胞肺癌疗效的Meta分析. 中医杂志，1999；40(5)： 287 ~ 289

乳腺癌潮热症状的中药治疗与实验研究

李萍萍

北京大学临床肿瘤学院　北京　100036

乳腺癌是女性最常见的恶性肿瘤，约50%左右雌激素受体(ER)和孕激素受体(PR)阳性的乳腺癌术后需要内分泌治疗。通过抑制体内雌激素水平可达到抑制乳腺癌细胞生长的目的。乳腺癌患者内分泌治疗后多会出现潮热、夜间苏醒等症状，这是由于体内雌激素水平下降产生的类似更年期表现。由于内分泌治疗一般需要2～5年，乳腺癌患者内分泌治疗后多会出现潮热症状。潮热症状持续时间较长，严重影响了乳腺癌患者的生存质量，因此，控制潮热症状成为乳腺癌患者生活质量的研究热点之一。激素替代疗法(hormone replacement therapy HRT)对绝经后的潮热症状有效，但最近的研究表明，长期应用HRT会使乳腺癌发生的危险性提高1.2～2倍[1]，故不能用于乳腺癌患者。某些选择性5-羟色胺再吸收抑制剂可改善潮热，但新近研究发现可能降低三苯氧胺(TAM)疗效[2]。因此乳腺癌潮热是临床上较困难的治疗问题，目前尚无有效方法，故多数患者求助于中医治疗。根据雌激素依赖性乳腺癌内分泌治疗特点和中医辨证治则选则中药，为此我们从临床和试验两个方面进行了研究。

按照中医辨证和有关实验证据，在临床经验的基础上，我们拟定了舒肝凉血方，对30例受体阳性乳腺癌、服用三苯氧胺的患者进行小样本观察。入组病例全部女性，均有病理诊断。平均年龄48岁(38～64岁)其中：ER、PR均阳性21例，占70%。ER(+)、PR(-)5例，占16%；ER(-)、PR(+)4例，占13%。从服用三苯氧胺到出现症状的时间平均2.4个月(1～5月)，按照Kupperman潮热分级法分为轻、重2级。≤5次/天为轻度，>5次/天为重度。用药3周后观察症状改善情况。16例(53%)重度患者转为轻度。14例(46%)轻度患者症状基本消失，在此基础上，我们进行了该方对体内雌激素影响的实验研究。该实验目的：观察中药舒肝凉血方对动物体内雌激素影响。

方法：将实验小鼠随机分为对照组、中药组、三苯氧胺(TAM)组和中药+TAM组。灌服中药21天后，用免疫法检测试验小鼠血清性激素水平变化，计算小鼠子宫重量指。同时取病理，观察小鼠子宫内膜的变化情况。

结果：中药舒肝凉血方可使实验小鼠血清雌激素水平明显下降，与对照组相比，差异有非常显著性($P<0.001$)。中药组子宫重量指数降低，但与对照组相比差异无显著性。病理结果显示，中药组与对照组比较，子宫内膜无明显改变。中药+TAM组与TAM组比较，前者可明显减轻TAM造成的子宫内膜增厚程度。三苯氧胺及舒肝凉血方体外对MCF-7细胞生长影响的结果显示，三苯氧胺、中药、三苯氧胺加中药均可抑制MCF-7细胞的体外生长，具有时间依赖性，加药72小时抑制作用最强，三组的抑制率分别为14.95%、10.28%和23.36%，与对照组相比均有显著性差异。用western blot及RT-PCR方法，从蛋白质水平及mRNA水平，检测各组细胞的表达未见显著性差异。

在蛋白水平，三苯氧胺组 ERα 蛋白表达上调，中药组 ERα 蛋白的表达水平降低，而中药加三苯氧胺组的 ERα 蛋白的表达却明显上调，高于三苯氧胺，有协同作用。说明中药可能影响蛋白的合成或降解，但可能还有其他的作用机制，使三苯氧胺的 ERα 蛋白表达上调，需进一步研究证实，提示我们对解决三苯氧胺耐药问题可能有重要意义。为临床用药提供了依据。中药与内分泌治疗药协同作用的机理与临床效果尚有待深入研究。

在此基础上我们进一步采用随机对照，双盲法进行临床试验。该临床试验正在进行中。为中药改善潮热症状的可靠性提供较高级别的临床证据。

中药改善潮热在临床上可收到较好的效果，但常用中草药中是否含有植物雌激素？植物雌激素在体内的作用机理如何？对雌激素依赖性乳腺癌的治疗有哪些影响？仍是目前正在研究的热点问题。植物雌激素(phytoestrogens)是类天然存在于植物中的具有双酚环(diphendic)结种的生物活性物质，其结种与雌激素非常近似，都具有两个芳香环，引起雌激素活性的羟基取代位置，目前已知植物雌激素主要有三大类：异黄酮类(isoflavone)、木酚素(lignan)和香豆雌酚(coumestrol)。据文献报道，有些常用中药也有雌激素活性。如人参，人参根皂甙和人参茎叶皂甙可明显增加老化大鼠血浆中雌二醇含量，使去势雌鼠出现强烈的雌激素作用。[3] 有专家对补肾药的实验研究表明，仙灵脾、菟丝子、肉苁蓉等可通过增强下丘脑、垂体、卵巢促黄体功能，使大鼠垂体前叶、卵巢、子宫重量明显增重[4]。此外乌鸡白凤丸亦有雌性激素样作用，可显著增加雌鼠子宫重量和雌二醇水平。[5] 国外也报道，当归、人参、蔓荆子等，有明显的植物雌激素活性，不适合乳腺癌患者使用[6]。

植物雌激素存在于植物性食品中，如大豆及其制品。大豆中异黄酮类化合物含量最丰富，国外有研究提出，异黄酮能影响癌症的进程，妇女在服用三苯氧胺时特别应避免服用大豆补充制品[7]。

植物雌激素在体内的作用较为复杂。有报 道 认为，植物雌激素可以与 ER 结合发挥微弱雌激素效应，也可与雌二醇竞争性结合 ER 表现出雌激素拮抗作用。植物雌激素的雌激素作用和抗雌激素作用，取决于剂量及机体的甾体雌激素状态。并与剂量有关。低剂量时，因其与雌激素竞争结合 ER，主要表现为抗雌激素作用，中剂量时可以产生一定的雌激素活性，高剂量时补充的异黄酮可以活化因此激素剂量不足未能活化的 ER，产生雌激素增加效应[8]。因此对于雌激素依赖性乳腺癌患者，应慎重或避免长期服用含植物雌激素的食品和草药。目前，这一领域的研究仍在探索中。

参考文献

1 Beral, D bull, T Key et al. Breast cancer and hormone replacement therapy: collaborative reanalysis of data from 51 epidemiological studies of 52705 women with breast cancer and 108411 women without breast cancer. Collaborative Group on Hormonal Factors in Breast Cancer. Lancet, 1997;350: 1047～1059

2 Steams V, Michael D, Johnson JM, et al. Active tamoxifen metabolite plasma concentration after coadministration of tamoxifen and the selective serotonin reuptake inhibitor paraxetine. J Natl Cancer Inst, 2003;95: 1758～1764

3 季宇彬. 抗癌中药药理与应用. 哈尔滨：黑龙江科学技术出版社 1 版，1993: 37

4 李柄如. 补贤药对下丘脑-垂体-性腺轴功能的影响. 中医杂志，1984;25(7): 63

5 陈奇. 中成药各方药理与临床. 北京：人民卫生出版社，1 版，1998: 522

6 Frances M Boyle. Adverse interaction of heabal medicine with breast cancer treatment, MJA, 1997;167: 1

7 Wendy A. Weiger, MD, PHD. Advising patients who seek complementary and alterative medical therapies for cancer. Annals of Internal Medicine 3 Dec, 2002; 137 (11): 889～903

8 马吉祥. 植物雌激素与肿瘤. 国外医学肿瘤学分册，2001;28(6): 416～419

恶性肿瘤中西医结合治疗进展

刘鲁明

复旦大学附属肿瘤医院　上海　200032

大量的肿瘤临床和实验研究已证明,中医药在肿瘤的防治和康复中具有重要的作用。中医药除对化疗、放疗具有显著的增效减毒作用;对肿瘤患者的免疫还起良好的调节作用,对肿瘤切除后的抗复发、抗转移作用,对肿瘤症状的良好治疗等作用之外;还有一定的抑制肿瘤细胞作用等等。

一、中西医结合抗肿瘤的发展趋势

中医药抗肿瘤治疗是我国的一种治疗方法。中医药治疗的理论基础和应用与西医药有着很大的不同。中医药治疗具有和谐阴阳、天人相应和辨证论治三大特点。但是,过去长时期常从消除肿瘤这一角度来寻找治疗方案,并没有发挥中医治病的特长。近年来,我国抗癌治疗中重视了研究中医、西医在抗癌治疗中各自的特点,发挥了中医所长,使癌肿疗效有了明显的提高。中西医结合抗肿瘤研究主要分为临床研究、应用研究和实验研究三个方面。

1. 临床研究　中西医结合抗癌的临床应用十分普遍,大量的临床报道提示:中西医结合可改善症状和生存质量,延长生存期,在一定程度上稳定和缩小肿瘤。与手术、放疗、化疗相结合可明显减少毒副作用,并提高远期疗效。近年来,中西医结合抗癌的临床应用又有新的进展,如辨证和辨病治疗相结合,中西医结合对癌肿的局部治疗和宿主的整体治疗相结合,中西医结合对症和对证治疗相结合,等等。从目前中西医结合的观点看,辨证论治的中药复方煎剂,常以整体治疗为主;而膏药、敷贴等则常以局部治疗为着眼点。实践证明,尽管中药对患者有着很好的整体调节作用,但对消除局部癌肿的作用远不如手术、放射治疗和化疗明显。取中、西医治疗之长,中西医结合可提高疗效,是中医抗癌治疗的主流疗法。

2. 应用研究　已有的研究包括单味中药有效成分及其衍生物的研究与按中医传统用药两方面。从中药中提取到的抗癌有效成分或其衍生物,已经不是按中医理论所使用的中药,从其药理作用、不良反应等方面来说,是属于抗癌的化疗药物,如由鬼臼(足叶草)、喜树和红豆杉中取得的VP16、喜树碱、紫杉醇等抗癌药物,已属西医范畴。在中医理论指导下对抗癌中药的研究,迄今在临床中应用的有靛玉红、鸦胆子制剂、斑蝥类制剂、蟾酥类制剂、米仁类制剂、石蒜、汉防己等的制品。对大鼠、小鼠的某些移植性肿瘤,不少中草药,如清热解毒类、活血化瘀类、软坚散结类,以及某些扶正中药,都具有一定的抗癌作用。从中医治疗癌肿的观点看,抗癌中药的筛选虽然取得不少成绩,但还存在不少问题有待研究:①单味的抗癌药物,不能取代中医传统用的复方,不仅应用方式不同,其疗效、不良反应亦不相同;②

中医在治疗肿瘤病时，习惯用的药物和抗癌筛选有效或无效的结果不相一致；而抗癌筛选认为有效的药物，临床应用往往并不有效。因此，抗癌筛选的结果，仅作为临床应用的参考。按照中医理论指导下应用的中药，其抗癌机理十分复杂，不完全能由目前应用的抗癌筛选结果所能解释。

3. 实验研究　中西医结合抗癌的实验研究主要指辨证论治的实验研究，即根据患者的症候、舌象、脉象，按照中医理论归纳、分析、用中药进行辩证论治。辩证论治是中医治疗癌肿最常用的原则。所用的处方，往往是多味药物组成的复方。而这些药物，在动物的抗癌筛选中，不一定有抗癌的作用。但作为多种药物组成的复方，治疗癌肿患者又可见到疗效。按照上海医科大学肿瘤医院于尔辛教授的实验思路和研究成果，在癌肿患者，既存在有癌，又具有症状、脉象、舌象等各方面的"证"的变化存在。癌肿与中医所谓的"证"。同时存在于同一患者体内，必然有内在的联系。或者，先出现癌，再在宿主体内引起一系列病理生理变化，成为"证"。或者，宿主体内原存在某些变化，先有了"证"，再在这个基础上，逐渐形成癌。也有可能，某些因素，使癌和"证"同时或先后出现。无论何种可能，两者同时存在，必然有某种相互联系和影响。治癌可使"证"发生变化，治"证——辨证论治，也会使癌发生变化。基于以上设想，按照目前的可能，在实验中，先形成某些"证"的模型动物，再移植肿瘤，或诱发肿瘤，成为癌和"证"并存的情况，再按辩证论治原则，治"证"，可以观察对癌肿的疗效，并进而探索其机理。由脾虚"证"模型的动物研究发现，采用健脾中药治疗荷瘤脾虚动物时，肿瘤出现潜伏期长、发展减慢且体积较小，宿主的全身情况亦好、生存期长。表明治"证"可以影响到癌的发展。用流式细胞仪观察发现脾虚组癌细胞的S期比例最高；健脾治疗后S期细胞比例明显下降，同时 G_1 期细胞比例也增加，细胞增殖指数也最低。这些结果提示，健脾药物对脾虚动物的移植癌肿确有一定作用。健脾治疗后，病理学检查显示，分裂象细胞减少，癌肿中有大量炎性细胞浸润。提示治"证"对癌细胞有影响。应用健脾药物后，T细胞活性可恢复至正常，T抑制细胞激活的现象也被消除。此外，脾虚小鼠荷瘤后，NK细胞活性也明显下降，健脾药物治疗可使之升高。脾虚动物的白介素-2水平也可下降，健脾药物可使之恢复。脾虚小鼠荷瘤后，白蛋白水平下降，球蛋白水平上升，健脾药物治疗可使之恢复。同样，脾虚荷瘤小鼠的肝糖原含量减少，健脾药物治疗可使之恢复。在用四氯化碳所致的大鼠肝损害时，谷丙转氨酶和甲胎蛋白都会升高，用健脾类药物后，两者升高的幅度都降低，恢复至正常的时间也缩短。提示治"证"对宿主有良好作用。此外，脾虚小鼠移植HAC后，NK细胞活性明显受到抑制。肿瘤明显增大。用单独的健脾药物治疗，NK细胞活性可上升，瘤体直径也会缩小。单独应用环磷酰胺（CTX）化疗，瘤体直径也会缩小，但NK细胞活性下降明显。健脾药物和CTX同用，不仅瘤体直径缩小非常明显，而且NK细胞活性的恢复也非常好。裸鼠接种人体肝癌，予以一次性 ^{60}Co 放射1 000cGy，癌肿生长显著减慢宿主生存期明显延长。提示治"证"药物与放疗和化疗药物有综合作用。存在的问题是"证"模型的可靠性与实用性。

二、中西医结合的思维方式

随着科学的进步和发展，新的医学临床思维方式必然不断产生。中医和西医因为有着不同历史背景，所以其思维方式大相径庭。

中医药学源于中华民族灿烂悠久的历

史文化，他 独特的理论体系和确切的临床疗效，为中华民族的繁衍和昌盛作出了重大贡献。中医学是一门重视经验积累、实践性强的医学，中医临床疗效是中医基础理论完善和创新的主要源泉。中医临床疗效和治疗价值一直是几千年来中医学赖以生存和发展的基础。中医药学最显著的特点是从人体整体出发，表现为"整体观念"和"辨证论治"。中医学认为人体是一个以五脏为中心，通过经络气血联系内外上下的有机整体；同时认为"人与天地（自然界）相应"，人与社会息息相关，不可分割。在生理或病理的情况下，机体内在脏腑气血阴阳的变化可以通过经络反映到人的体表，并以各种不同的临床证候体现出来，称之谓"有诸内，必形于诸外"。外在自然界正常的气候变化和适宜的地理环境以及良好的社会环境，有助于人体的健康；相反，自然界异常变化和社会动荡也可影响人体而发病。所以中医对疾病的认识，主要是来源于对自然界、社会环境和人体外在反应的大量周密观察，即通过望、闻、问、切，将收集到的各种资料进行综合分析，以推测机体阴阳变化（内在的病变），辨别疾病的寒热虚实，从而对疾病作出证候的判断。这种整体的、宏观的、"以表知里"的、相互联系的、动态变化的、综合、系统的分析认识疾病的方法，即整体观、系统观、辨证观的高度统一，是中医药学思维的基本特点。

与中医药学不同，西医则是建立在现代自然科学发展基础上的一门人体科学，现代医学临床思维的基本特征：主要表现为对人体的组织结构的解剖学认识；重视研究人体组织的病理生理变化；临床实践中重视病因病原学的检查；诊断方面注重疾病的客观表现与局部组织器官相关的病理损害，汲取和运用现代生物学、物理学、化学等学科具有的各种先进技术手段于疾病的诊治。强调疾病定性定位准确，局部与整体、结构与功能、内涵与外延一致，尽可能使反应疾病的有关指标定量化。

事实上，在中西医结合的临床实践中已逐渐形成了以"辨病与辨证相结合"、"整体辨证与微观辨证相结合"为主的新的临床思维。临床诊治疾病时，既充分利用现代科学各种先进技术和方法，发挥西医对疾病定性定位诊断上的长处，同时又按照中医学的理论和方法对疾病进行全面分析，结合对"证"现代研究成果的一些微观指标，作出相应的新的辨证诊断；将局部的病理变化和人体疾病过程中的整体反应和动态变化相结合，同时在治疗中采用中西药相结合。这种新型的思维方式，不仅克服了中医对疾病微观认识的不足，也弥补了西医过分强调疾病定性定位，轻视疾病过程中的机体整体反应及动态变化的弊端。

三、"辨病与辨证相结合"的治疗实践

中医和西医两种不同理论的结合，关键在于能否找到结合点。多年来，通过中西医结合实践和研究，中医和西医对疾病的认识的差距，正在逐步接近和缩小。例如中医看病参考西医的诊断和化验单和西医看病考虑中医是否有更好的办法的现象，在临床医师诊治工作中已司空见惯。尤其是临床以中医的"证"为突破口，进行了多学科、多途径、多层次的、大量艰苦的研究工作。

例如在临床上，重视资料的科学性，逐步摒弃了不能正确说明疗效的所谓个案报道，前瞻性的研究已经开展。据我院资料，随机比较了中药和化疗对晚期肝癌的效果。结果两组中位生存期相似，但化疗组肝破裂明显增加，副作用也较大。中药组生存质量较好，个别病例有生存二年以上者。为了进一步提高放射加中药组的疗效，设计了随机比较放射加中药和放射加中药再加阿霉素

的方案。结果表明，加入阿霉素未能增效，而副作用却明显增大。对过去被忽视的手术切除后的残癌，也进行了中西医结合治疗。在一组29例病例中，中位生存期达515天。等等。这些中西医结合的重要成果，都是“辨病与辨证’相结合的深入发展，也是“辨病与辨证”相结合认识上的飞跃和突破，已将中医的“辨证论治”的临床实践提高到一个新的阶段。

四、整体调整中西医结合治疗肿瘤

首先是探索抗癌的中药。从传统的成方、成药，到民间的各式验方，几乎都曾在临床探索过。据笔者所在单位试用过的几百种中草药，临床疗效有限。目前临床广泛使用的抗癌植物药，绝大多数来自国外。自然，从中药中提取抗癌有效成份，合成、半合成、或加以结构改造，仍是十分必要的。但值得注意的是，这种抗癌药制成以后，其应用规律是按现在化疗药物的使用规律，而绝不是在中医理论指导下的应用，实际已不是中医应用的中药。

如何在防治肿瘤中，发挥中医固有的特长，是值得探讨的课题。有两种模式，部分体现了中医的特色。

一种是所谓辨病加辨证的治疗模式。在辨证论治基础上，方剂中加入一些抗癌的中草药。采用这种治疗模式者颇多，临床报道有一定效果。

一种是中西医综合治疗，即在应用手术、放疗、化疗的同时或先后再应用中药，采用这类模式较多。据多数单位对各种不同肿瘤的报道，都可以达到提高治疗效果，减轻治疗中的毒副作用、改善生存质量和提高生存率。

为进一步提高中西医结合治疗的效果，可作如下的探索。

一是对癌肿辨证规律的探讨。各家报道的各种癌肿的辨证方案，都有差异。以肝癌为例，有辨之为血瘀、或热毒。或肝气郁结、或湿热交蒸等。肝癌之癌自是在肝，但按肝癌的各项症状，似均以脾胃为主，罕见肝的证候。我们曾提出肝癌之病在肝，但属标，而本在脾。因脾胃有病，由此而气滞、而湿、而热、而血瘀、而气阴两虚。治疗的重点当在调整脾胃。

辨证论治，不是对症用药，应该从癌前期到癌的形成，从癌的早期到终末期，一以贯之的判明病本所在，针对病本加以治疗。

临床和实验都证明，辨证论治是对癌肿患者的整体的调整。实验表明，荷瘤的脾虚模型鼠，用健脾为主的治疗，不仅对癌肿有一定的抑制作用，而且改善肝功能、改善免疫状态，对癌基因的过度表达可予以下调，对抑癌基因的表达则可上调，对癌细胞激素受体的表达有一定的调节作用，可以诱导癌细胞的调亡，对端粒酶也有一定的影响。确是对荷瘤宿主的整体调节。

整体调节十分重要。针对癌肿的局部治疗有其局限性。癌肿问题的关键是治疗后的复发和转移。整体调治有可望解决复发和转移问题。

目前西药中也有一些试图整体的药物，如免疫制剂、激素制剂和营养药品。但其优点是显然远不及中医中药，不能取代中医中药。而中医整体调治的主要方面是辨证论治，不是辩病论治。

五、中西医结合局部治疗肿瘤

肿瘤的局部治疗，目前仍以手术、放射、介入栓塞化疗、超声介入等为主。这些方法也可结合中医中药。

按照中医整体调治的思路来应用局部方法是有可能的。我们曾对肝癌作过尝试。肝癌对放射治疗并不敏感，我们以健脾理气的中药，对肝癌患者作整体调整，再行放疗发现肝癌对放射治疗的敏感性提高,两者结合有较过去传统报道为好的疗效。而且发现,肝癌,特别是伴有肝硬化时,放射治疗的方式与治疗其他癌肿时不同。这些现代医学技术为中医或中西医所自行掌握,将会有新的发现。

对癌肿局部治疗应用的中医理论,也应该与过去习惯的祛瘀活血、清热解毒理论有所改变。笔者认为,局部治疗所应用的中医理论,应是“塞因塞用”。肿瘤的成因,大都是“塞”,而其治,也应是“塞”。

从目前的临床实践看,也是这样。不少癌肿的介入治疗,所用的方法就是塞。肝癌的塞,就包括肝动脉化疗栓塞,肝动脉血供的阻断,门静脉血供的阻断,B超引导下的药物注入等。

一方面,寻找癌肿的辩证规律,对患者作整体调治,改善机体情况,预防复发和转移;一方面,以“塞因塞用”的理论为指导,采用种种现代医用技术,治疗癌肿局部,两者结合,既扩大了治疗的适应范围,使更广大的患者能接受治疗,又提高了治疗效果,增加了“治愈”机会者。

据我们20世纪60年代至今治疗肝癌的资料,大致有以下的结果。应用中药的疗效优于应用全身化疗者。单独的中药治疗,1年生存率约为30%以上,而全身化疗组,大致在10%左右。在中药治疗时,应用健脾为主的治则又优于其他治则。健脾组,1年生存率40%以上,5年生存率10%以上,而非健脾理气者,1年生存率不到20%,无5年生存者。

可见,肝癌的中药治疗有其优点。而在中药治疗时,按照肝癌的病本在脾胃论治,疗效又优于其他。肝内单个癌灶,小于10cm时,5年生存率可达40%以上。并有10年以上的生存者。大于10cm时,采用介入治疗及放射治疗,5年生存率仍可达20%左右。

中西医结合治疗胰腺癌一直是临床研究的难点。近年来,我们采用中医清热理气,化痰散结之法为主治疗胰腺癌取得疗效。2001年,我们回顾性将56例胰腺癌分为化疗加清胰消积中药组与单纯化疗组,结果显示:化疗组与中药化疗组治后生存率比较发现,中药化疗组治后治后1年生存率55.37%;2年生存率34.61%;3年生存率25.96%;中位生存期16.3月;而化疗组治后1年生存率21.95%,2年生存率7.31%,3年生存率为0%;中位生存期7.5月;两组差异显著($P<0.004$)。进一步分析发现,中药化疗组肿瘤缩小以及主症好转情况均明显优于化疗组($P=0.049$, $P=0.002$),提示单纯结合中药治疗组疗效明显优于中药加化疗组。中药治疗组病例还提示少数病人在服用中药一年以后,肿瘤有了明显的缩小,个别患者CT检查甚至发现剖腹探查证实的胰腺肿块基本消失,该患者目前已生存8年,仍然带瘤生存良好。2003年,我们对胰腺癌伴肝转移的31例患者进行了前瞻性研究,发现采用胰腺三维适形放疗和肝动脉灌注化疗结合清胰消积中药的16例病人,临床受益率为58.3%,客观有效率为25%,半年、1年生存率分别为66.7%、38.1%,中位生存期11.6个月,最长生存病例已达29月,目前仍然生存良好。2004年,我们又比较了以清胰消积为主中药及化疗分别治疗60例Ⅳ期胰腺癌的临床疗效,中药组1年生存率(34.37%)及中位生存期(6.076)明显优于化疗组(11.25%、4.17月)不良反应减轻($P<0.05$)。

已有现代药理研究表明,白花蛇舌草、绞股兰能显著抑制癌细胞的有丝分裂,并能增强机体免疫功能;半枝莲对多种动物移植性肿瘤均有一定抑制作用;蛇六谷的主要成分甘聚糖能有效地干扰癌细胞的代谢功能;

白豆蔻提取物可破坏肿瘤细胞外围防护因子，使癌组织容易被损害。我们前期动物实验证明，清胰消积方能抑制肿瘤生长及诱导肿瘤细胞凋亡，并能提高胰腺癌 G_0/G_1 期细胞比例，降低 $S+G_2/M$ 细胞比例及细胞增殖指数(PI 值)。提示其抑瘤作用可能通过阻遏 G_0/G_1 期细胞向 S 期的进展，降低进入增殖周期的细胞比例而实现。肿瘤细胞周期改变的生物学基础非常复杂，可能通路有凋亡相关基因的改变、细胞周期素、细胞周期依赖性蛋白激酶及其抑制物的改变，生长因子信号传导通路的变化等，而几乎所有癌基因、抑癌基因的生物学效应，最终都会聚到细胞周期机制上来。为了解清胰消积方对细胞周期调节作用的可能靶点，我们应用基因表达谱芯片分析了该方作用后胰腺癌基因表达的变化，发现共有 7 条基因在清胰消积中药作用后表达下调(干扰素诱导的蛋白 44、人类主要组织相容性抗原Ⅱ型 DRB3、休眠素 Q6、Ski 癌基因、真核细胞翻译延长因子 2、神经生长抑制因子反应调节蛋白、真核细胞翻译起始因子 2C1)。其中 Ski 癌基因已知与细胞周期调节及肿瘤发生具有高度相关性。

大量的临床实践表明，整体调整结合局部治疗，则疗效又能进一步提高.

参考文献

1 刘鲁明，杨宇飞主编. 肝癌中西医综合治疗. 北京：人民卫生出版社，2002

2 刘鲁明，杨宇飞主编. 肿瘤科中西药物手册. 北京：人民卫生出版社，2003

3 刘鲁明，宋明志主编. 于尔辛肝癌经验集. 北京：人民卫生出版社，2004

4 刘鲁明主编. 肿瘤科疾病临床诊断与鉴别诊断. 科学技术文献出版社，2005

5 于尔辛，刘鲁明，杨宇飞主编. 中西医结合癌肿研究进展. 上海科技文献出版社，(2005 待出版)

6 Liu LM, Wu LC, Lin SY, et al. Therapeutic evaluation on advanced pancreatic cancer treated by Integrative chinese and western medicine-Clinical Analysis of 56 Cases. Chinese Journal of Integrative Medicine. 2003; 9:39 ~ 43. (Oral / Poster Presentation) 1st International Conference for Integrative Oncology, NewYourk November, 2004: 17 ~ 19

7 Liu Luming, Shen Yehua, Chen Zhen, et al. Clinical evaluation on pancreatic cancer with liver metastasis treated by integrative traditional and western medicine: analysis of 31 cases. (Oral / Poster Presentation) 1st International Conference for Integrative Oncology, New York November, 2004: 17 ~ 19；第二届国际中西医结合、中医肿瘤学术研讨会论文汇编，广州；2004: 215 ~ 221

8 Liu Luming. Comprehensive therapy of pancreatic cancer by integrative traditional and western medicine. Chinese Journal of Integrative Medicine, 2004; 10(3): 236 ~ 237

9 沈晔华，刘鲁明，陈震，等. 中药与化疗治疗晚期胰腺癌的比较研究——附 60 例临床分析. 中医杂志，(2005 待发表)

10 陈培丰，刘鲁明，等. 清胰消积方抑瘤效应及诱导肿瘤细胞凋亡作用的研究. 中国中医药科技. 2000；7(3): 145 ~ 146

11 陈培丰，刘鲁明，等. 清胰消积方抑制肝癌腹水和肺转移作用的实验研究. 浙江中西医结合杂志. 2000；10(6): 340 ~ 341

12 陈培丰，刘鲁明. 中药蛇六谷抗癌活性及诱导癌细胞凋亡. 中国中医基础医学杂志，2000；6(9): 30 ~ 33

13 沈晔华，刘鲁明，姚明，等. 清胰消积方对实验性胰腺癌体内生长和细胞周期的影响. 中国中医基础医学杂志，(2005 待发表)

14 沈晔华，刘鲁明，陆燕，等. 清胰消积中药对实验性胰腺癌基因表达的影响. 中国癌症杂志，(2005 待发表)

国家级肿瘤治疗新药"复方万年青抗癌胶囊"问世

最近一种获的国家药品监督局批准文号(国药准 B20020717)的抗癌新药上市。该胶囊所含的虎眼万年青皂甙抗癌作用超乎异常的物质，该成份抗癌活性比目前临床使用的紫杉醇，阿霉素和喜树碱等抗癌药强十倍，甚至百倍。并且无副作用，将为众多癌症患者带来福音。

关注中晚期肿瘤患者生活质量

李佩文

中日友好医院中医肿瘤科　北京　100029

大量的中晚期肿瘤患者是临床医生所必须面对的现实,产生这种社会原因很多,例如:许多病人在确认时已是中晚期患者,因此所谓"三早"(早期发现、早期诊断、早期治疗)的美妙口号与现实还有相当大的距离。第二,许多肿瘤早期并无症状,患者无法早期主动就诊。第三,定期体验只有少部分人才能做到。第四,肿瘤疾病的治疗方法还缺乏如结核病那样特效的治疗,获得根治性治疗的机会有限。一些患者很自然地进入了中晚期阶段。从1997年以后,我国城市居民死亡原因顺位肿瘤已超过脑血管病,高居首位。中晚期肿瘤患者的临床特点:①体质较差,很难耐受"攻击性治疗",常是"猛药攻之,九死一生"。②手术和放化疗常规疗法多数已经用过,不再有重复使用的指征。③合并症和并发证症多。④求生欲望迫切,需要长期伴随治疗,又苦于医疗办法不多。

对中晚期肿瘤患者的处置比治疗早期癌更难。在治疗上有人提出为了防止"坐以待毙"而应"背水一战",宁可"九死一生"而防止"全军覆没"的策略。但近年来随着医学"人性化"的发展,认为生老病死是自然规律,不管是健康人还是肿瘤患者都应以"活得好"和"活得久"为最终目标;其中只有"活得好",有质量,才能谈上"活得久"。所以,对中晚期肿瘤患者治疗应持慎重态度。对某些不具再次放化疗指标的患者,而去追求肿瘤的局部完全消退是不现实的。况且,常规治疗不可能全部杀死癌细胞。早有人指出,肿瘤是自身长期慢性的病理产物,有效的治疗不一定要让癌细胞全部消失,例如小细胞肺癌较容易消失瘤体,但患者寿命并不一定长久,甲状腺癌、前列腺癌却可长期带瘤生存,甚至患者未必死于本病[1],更者,老年患者合并症较多,自然生存期短,肿瘤恶性程度又多偏低,若过度开展攻击性治疗,患者则会难以承受毒副反应,缩短生存时间,因此,治疗中应关注整体调整,扶助"正气"和"扶正与祛邪"兼顾。

生活质量(quality of life, QOL)是近年医学领域颇受重视的课题,自QOL引入医学范畴,则QOL成为对躯体、精神及社会适应能力的综合健康评价指标,对评价治疗方法和治疗效果都有益的,例如对肿瘤的治疗疗效评价时,常十分强调肿瘤的缓解率,如只强调肿瘤局部大小的变化,而对患者整体关注不够,其结果将导致耗费经济,生活质量下降,寿命并不延长,个人或社会并不受益。随着临床治疗学模式转向生物—社会学的模式，医学的重心，由以“病”为中心，转向以“人”为中心，临床医生更应关注整体，强调生活质量（其中包括患者的心理、精神及其社会适应能力），从而使治疗效果更加全面、切合实际。

如何关注中晚期肿瘤患者的生存质量?!

一、肿瘤患者需长期伴随治疗

肿瘤疾病不属于临床急症，随着治疗水平的提高，其生存时间都明显延长，多数肿瘤患者的生存期以“年”为单位统计。在这样较长的时间中，患者需要医疗救助，但是我国目前临床机制很少顾及整体统筹的治疗计划；一些专业化的治疗方法所需时间很短暂，如1～2月内完成，剩下的时间则缺乏再次治疗的指征，病人在迷茫中有病乱投医，常受骗上当，使生活质量下降，就肿瘤临床需要，应是“全科医生”，来制定合理的治疗方案，满足病人的长期伴随治疗，随时解决影响生活质量及并发症等诸多问题。

二、不轻视辅助治疗

目前临床常见的一些慢性病如心脑血管病、糖尿病、风湿病都难以根治，更不能苛求像手术切除阑尾、抗菌素治疗小儿肺炎那样彻底治愈，多数情况是长期带病生存的情况下求得较高的生活质量和较长的生存时间。中晚期肿瘤患者多不存在根治性治疗，辅助治疗已灰主要治疗手段，且常可获得良好的回报。以往在围绕手术治疗的同时，辅助放疗、辅助化疗都会发挥巨大的作用。如今支持治疗、对症处理、心理治疗，中西医调护等都加入辅助治疗成为综合治疗的重要手段。过去常用根治性治疗和辅助治疗分成两个阶段割裂开来，如今肿瘤需要综合治疗，辅助治疗对维护根治性治疗和提高患者生活质量是必不可少的，而不能分割的。

三、对症处理对提高生活质量有明显作用

中晚期肿瘤患者诸多的临床症状是影响QOL的重要因素，包括躯体的和精神的表现，免疫治疗、介入治疗及中医药在对症处理方面有较好的疗效，例如养心、安神、疏肝的中药可以调解患者的精神状态，改善睡眠，减少抑郁症的发生；活血、通络、行气的中药具有止痛效果；有补肾养血功能的黄精、何首乌、女贞子等中药有促进头发再生的作用:党参、白术、山药等益气健脾中药可促进食欲、缓解消化道症状；人参、当归、黄芪等益气养血中药有保护骨髓、恢复血象的功能等等。本人曾以元胡、地鳖虫等制成祛痛灵膏外用，治疗癌痛144例，有效率达79.2%，平均作用时间6.42h，从而缓解了癌痛症状，提高了生存质量[2]。

目前QOL量表都是以患者的主观感觉为依据。因此，临床症状，已成为影响QOL的重要因素，临床如以肿物大小变化来评价疗效，就会与QOL不相一致，甚至与生存时间也不一致，已认识毒副反应会降低QOL或缩短生存时间，因而临床应关注对症处理及建成息治疗。例如乳腺癌患者经过手术及放化疗，肿物可达到完全缓解，但是患者却因缺少一侧乳房而苦恼，加之治疗带来的脱发、萎黄、乏力、疼痛、厌食、上肢水肿等，

患者精神上蒙受着患病的焦虑和治疗损伤带来的双重打击，引起严重的心理障碍，从而影响 QOL，甚至会产生轻生的念头，救治效果可毁于一旦。曾有人对乳腺癌患者用症状自评量表进行心理评定，发现有 9 个因素高于对照组，差异有非常显著性[3]，其中尤以心理障碍明显影响生活质量，而心理障碍的纠正恰是诸多医院的薄弱环节。临床强调根治性治疗，忽视对症处理，使某些可完全缓解和部分缓解的病人生存质量明显下降，使一些能够放化疗的患者而失去机会。近年来对症处理的方法已明显增多，如多瑞吉外用可止痛 3 天，大大减少注射剂的使用次数，膦酸盐的应用使多发骨转移的疼痛明显缓解，孕酮类药物使厌食、疼痛及恶液质的发生显减，5-羟色胺受体拮抗剂的使用使止吐作用明显优于传统药物，粒细胞集落刺激因子的使用其升白细胞作用明是优于鲨肝醇和利血生，如此等等，对提高 QOL 发挥了巨大作用。

四、中医中药在维护和提高生活质量中的作用

中医药对提高肿瘤患者的 QOL 具有明显疗效。中医肿瘤临床用药注重顾全整体及纠正患者的脏腑、气血等诸多平衡，并且强调治病求本，对维护患者的 QOL 可发挥较大作用。中药的作用特点可有如下两方面：

1. 中医药具有双向调节功能　中医药的双面调节作用表现为两方面：一是对某些生化及免疫指标的过高或过低起到平衡作用，纠正机体的某些失调，从而对维护 QOL 有益；二是扶正与祛邪相结合，既有支持强壮作用，又有抗瘤效果，虽然中药作用缓慢，缩小肿瘤效果一般不如放化疗，但中药多不具有较大毒性，并能做到祛邪不伤正及扶正不助邪。例如人参是常用的补益气血药，但是人参提取物人参皂苷 Rg3 对裸鼠移植性肿瘤的生长有明显的抑制作用，实验证实，该药可把大量癌细胞阻滞在 G_1 期，使 S 期的细胞明显减少，并有增加细胞凋亡、诱导基因 p53、bcl-2 蛋白的作用，人参皂苷 Rg3 现已开发成抗肿瘤用药。又如益气健脾、补肾安神的刺五加也是补虚的中药，其动物实验也证明有明显的抗疲劳、耐缺氧，提高免疫的功能，但近年发现，刺五加的根和刺五加总苷对动物细胞移植或药物诱发肿瘤以及小鼠自发白血病都有抑制作用，刺五加多糖对小鼠 S180、人白血病 K562 细胞的体外增殖也有强烈抑制作用[4]。以刺五加和人参为主要成分的艾迪注射液，已在肿瘤临床中抗瘤及维护 QOL 中发挥了重要作用。再如中药薏苡仁具有甘补淡渗健脾的作用，其酯类提取物又具有类似脂肪乳的静脉高营养效果，但是其静脉制剂康莱特在动物实验与临床研究中均显示有抗肿瘤作用，现已广泛用于肝癌和肺癌的治疗，并对稳定瘤体、延长带瘤生存时间有一定影响，同时，在大样本临床观察中，有 92.7% 的患者 QOL 有提高，42.2% 的患者有体重上升，大部分血象低的患者恢复正常[5]，2004 年版国家医疗保险目录抗肿瘤中成药已多达 23 个品种，其中注射剂已达 9 种，较前有较大幅度上升。

2. 扶正中药可调节免疫功能，恢复患者

体力　中药中有一大类药物具有益气、养血、滋阴、助阳等补益功能，对虚弱的患者可提高 QOL。临床研究和动物实验均证实，这类药具有对放化疗减毒、保护骨髓、提高食欲、增强体力、改善睡眠及精神状况以及预防恶液质、延缓终末期肿瘤患者的衰竭等效果。例如我国和日本国早已报道人参养荣汤、六味地黄汤、十全大补汤等有提高血象、调整免疫功能、改善 QOL 的功效[6~7]。也有人以甲地孕酮为对照的配对试验总结 Karnofsky 评分等，证明扶正中药能改善患者恶液质状态，提高 QOL[8]。笔者曾观察以党参、黄芪为成分的参芪扶正注射液配合化疗治疗恶性肿瘤 279 例，症状改善率达 82.8%，NK 细胞及 T 细胞亚群也明显优于单纯化疗组[9]。笔者还总结了扶正培本中药治疗消化道肿瘤患者化疗副反应 2 205 例，以单纯化疗组 500 例为对照，结果显示，中药加化疗组在化疗完成率、血象、QOL 及 3 年生存率均优于单纯化疗组[10]。目前中成药的临床应用已不局限在中医方向，有统计某市 60% 中成药为综合医院所用，说明中药的扶正、补益效果正在被西医所重视，正在成为中西医结合提高生活质量的重要手段。

参考文献

1 Cullen MH, Billingham LJ, Woodroffe CM, et al. Metomycin, ifosfamide and eisplatin in unresectabie non-small-cell lung cancer: effects on survival and quality of life. Clin Oncl, 1999;10: 3188~3194

2 李佩文. 祛痛灵外用膏治疗癌痛 144 例分析. 中国中西医结合杂志，1994;(14): 616~617

3 吴晓玲，张冀蒙. 乳腺癌患者的心理健康与生存质量探讨. 国际中华心身医学杂志，1999;(1): 223~234

4 郑虎占，董泽宏，佘靖，主编. 中药现代研究与应用. 第1版，北京：学苑出版社，1998;2745~2746

5 李同度，刘爱国，秦叔逵，等. 康莱特注射液控制疼痛及提高晚期癌症患者生存质量期临床研究. 中国肿瘤临床，1999;(26): 372~376

6 李佩文. 中医药对维护肿瘤患者生活质量的作用. 中华肿瘤杂志，2002;24(2): 203~204

7 大川智彦. 人参养荣汤对恶性肿瘤患者放疗所致白细胞减少及自觉症状的有效性，癌的临床，1995;(41): 42~51

8 张静. 中药提高癌症患者生存质量的临床价值研究. 中华医学写作杂志，2000;(7): 735~737

9 李佩文，毕国文，刘宝宽，等. 参芪扶正注射液配合化疗治疗恶性肿瘤的临床观察. 中国中医杂志，2000;(25): 115~117

10 李佩文，贾立群. 扶正固本方药治疗消化肿瘤副反应 2 205 例分析. 中国中西医结合外科杂志，1993;(1): 37~38

颈动脉瘤手术有新入路

大连医科大学第一临床学院脑外科主任孙丕通教授等研究的课题《经颈内动脉海绵窦间隙入路行海绵窦段颈内 动脉瘤显微手术的临床研究》历经 12 年，现已成功地为 22 名患者进行了海绵窦段动脉瘤夹闭手术。专家认为该研究达到国内领先、国际先 进水平。

长期以来，海绵窦段颈内动脉瘤是神经外科医师手术的禁区，因 为直接切开海绵窦手术易大出血和损伤神经，手术操作极为困难。孙丕通在基础显微研究时发现在颈内动脉外侧有两个明显的硬膜皱襞，在动脉与硬膜之间存在间隙，并把它称为颈内动脉海绵窦间隙。进一步研究发现该部位手术易于分离，不易出血，安全可靠。这一发现为海绵窦动脉瘤的手术奠定了基础。他们将颈内动脉海绵窦间隙作为手术入路，治疗了 22 名患者，全部获成功。术后对患者进行脑血管造影，证实动脉瘤消失。

❖ 肿瘤现场研究 ❖

中国肿瘤防治数据库建设进展

曲宸绪 姜 勇 高国福 陈可欣[1] 贺宇彤[2] 姚树祥 王 铸 乔友林

中国医学科学院/中国协和医科大学肿瘤研究所流行病学研究室 北京 110021

肿瘤目前是我国居民第二大死因,严重影响人民健康。我国多年来在肿瘤防治研究方面进行了大量的投入,取得丰硕成果,但另一方面我国肿瘤研究长期处于分散状态,缺乏全国统一的信息交流途径,近年来当肿瘤研究不断深入,这种矛盾表现的更为突出,因为缺乏全国性的统一的信息交流机制,肿瘤防治信息难以被充分应用,不利于肿瘤研究中各单位的参与、协作。由于认识到肿瘤防治信息交流的重要性与紧迫性,1998 年秋全国肿瘤医院管理会议上,全国十几个省级以上肿瘤医院的院长们达成共识,认为恶性肿瘤已成为我国当前重大健康问题,非常需要相关资源数据的共享,促进研究成果的二次利用,应尽早建立全国性的肿瘤防治数据库。2001 年科技部设立专项课题以招标方式建立一套规范的、全国性的肿瘤防治数据库,同年中国医学科学院肿瘤研究所承担这个课题,利用医科院肿瘤研究所积累的大量数据及一些其他单位的数据,基于数据库技术及网络技术在国内开发建立了一个肿瘤数据的交换服务平台,实现肿瘤防治数据的共享。

(一)肿瘤研究信息交流的发展过程

我国肿瘤预治工作始于 20 世纪 50 年代后期,随着急性传染病的被控制,疾病谱出现变化,恶性肿瘤的危害日益严重。1969 年我国召开了首次全国肿瘤工作会议,揭开了全国有组织地防治肿瘤的序幕,经过多年的工作,现基本掌握了我国常见肿瘤的流行情况,制定了各肿瘤普查的初筛和优化筛查方案,培养了多学科、多层次的肿瘤专业队伍。

由于肿瘤学研究需要共同参与、分工协作,信息交流的重要性不断提升,70 年代以后,微机软件和硬件技术的发展,对大量数据进行精细加工,把数据变成信息并加以利用成为可能;当前计算机与网络的密切结合,信息的传播和利用更加便捷,计算机软件、硬件的发展实现了肿瘤数据的大量积累;新算法的出现、数据挖掘技术的开发提高了肿瘤数据的利用程度;网络技术的发展促进了肿瘤防治信息的交流和肿瘤防治工作的协作。如今,信息检索已成为肿瘤研究人员不可缺少的工具,MEDLINE(MEDLARS ON LINE)生物医学数据库,已成为国内医学研究者进行文献检索的常用工具,人类基因组计划(HGP)的实施使分子肿瘤学的研究受益非浅。

近几十年来,欧、美、日等国均投入巨资建立了恶性肿瘤的防治信息网络数据库。在美国,1971 年颁布“癌症法”,随后美国国家癌症研究所(NCI)便建立了全国肿瘤信息网(Cancernet),内容包括肿瘤防治的多方面信息,并在有条件的州市建立全国肿瘤发病死亡登记统计系统(SEER,1973)。这两套系统的建立,不仅对美国国内的肿瘤研究产生了极大影响,也为世界的肿瘤防治与研究提供了宝贵的信息。欧洲一些国家多采用数据共享政策与商业约束机制结合进行肿瘤数据的共享(英国、法国、德国)。另外一些国际性组织如 WHO、IARC 建立了肿瘤信息库、数据库,也为各国的肿瘤防治与研究提供了重要的参考。

但在国内,在我国肿瘤研究长期处于分散状态,肿瘤研究的信息交流不足。主要为表现为①研究成果实际应用的比例低、周期长;②研究单位各自为政,有时会造成重复研究;③群众对肿瘤的防治知识知之甚少;④行政部门缺乏及时、有效的医学信息,卫生资源得不到合理配置。一方面造成研究成果公开渠道有限,另一方面研究数据不能被不同的用户充分解读,所以目前国内的肿瘤信息的交流机制急需改进。

(二)中国肿瘤防治数据库建设的目标与现状

本课题的目标定位于建立全国性的肿瘤防治数据库,及时、准确地提供我国肿瘤发病死亡、治疗、预后和防治情况,促进资源共享,为制定和改进肿瘤防治策略与措施提供可靠依据,降低恶性肿瘤对我国广大人民群众的危害。三个主要任务为①建立全国肿瘤发病死亡数据库;②建立食管癌、肺癌、子宫颈癌预防与控制研究数据库;③建立肿瘤临床治疗信息数据库。

现已完成的工作有:

(1)肿瘤数据库元数据标准　肿瘤防治数据库的元数据标准的制定参照了中国可持续发展信息共享、美国 FDGC 地理信息、美国肿瘤地图等元数据标准,主要内容包括数据集标识信息、数据质量信息、数据集内容描述、数据集管理信息等方面内容。其中数据集标识信息包括:数据集中、英文名称,内容简介,更新日期,版本,语种,数据集类型等;数据质量信息包括对数据质量的评价;数据集内容描述包括数据集中主要字段名称及字段说明;数据集管理信息包括数据集负责人、负责单位名称,联系方式等。在此基础上开发了元数据工具操作工具,采用 HTML 表单界面,具有添加、浏览和修改元数据的功能。

(2)全国肿瘤发病死亡数据库　利用 20 世纪 70 年代全国性的(29 个省、市、区 8 亿 5 千多万人)、90 年代全国十分之一人群抽样研究(27 个省、区、市 1 亿 1 千多万人)两次大规模死亡回顾调查资料,建成全国 70 年代及 90 年代肿瘤死因数据库及肿瘤分布图库;根据全国十一个点恶性肿瘤发病死亡登记及其危险因素监测研究(约两千一百多万人),建立我国主要恶性肿瘤发病死亡登记数据库。用户可以查询肿瘤回顾调查的所有数据,并能够向用户呈现相应的统计图和统计表。实现死因分布地图电子版,用户可查询我国各种疾病的死因分布地图。

(3)人群防治数据　根据“六五”至“九五”期间,在河南、河北两省进行的食管癌营养干预试验、食管癌早诊早治及化学预防研究等食管癌防治队列研究;云南锡矿工人肺癌防治队列研究;山西子宫颈癌普查方法比较研究及防治研究等研究资料及结果,分别建立我国食管癌、肺癌、子宫颈癌预防与控制研究数据库。数据库包括子宫颈癌流行病学、病因学和临床医学研究等的情况介绍以及预防研究成果、研究文献,用户可以查询特定研究人群性别比例、疾病构成、危险因素在研究人群中的分布,可进行疾病危险因素模型分析。

(4)肿瘤临床数据库　肿瘤临床信息由两个部分构成①肿瘤医院介绍,包括国内 30 个省级以上肿瘤医院的介绍;②临床病案数据,收录医科院肿瘤医院和天津市肿瘤医院病案室所保存的肿瘤临床治疗信息和随访数据，现可以查询中国医学科学院肿瘤医院数据和天津市肿瘤医院数据的患者治疗效果、患者性别比例、收治肿瘤的分类构成、采用的治疗方法的比例及其治疗效果等人们关心的信息描述。

图1　县级行政区肿瘤地图

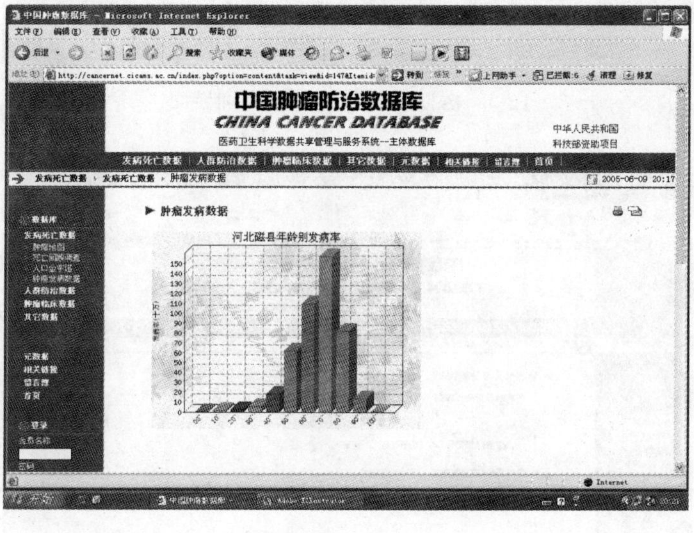

图2　肿瘤监测点人口年龄分布

5. 其它常用工具数据查询　为方便科研工作者，肿瘤防治数据库也收录了一些常用的工具数据，其中包括①国家行政区划编码②国家疾病分类编码（CCD）③疾病分类编码（ICD-10）④肿瘤学国际标准疾病代码（ICD_O），用户可以进行正向和反向的编码查询。

肿瘤防治数据库网站 cancernet. cicams. ac. cn 自 2002 年 2 月开通以来，一直公开免费浏览，迄今已有来自国内及美国、韩国、中国台湾、香港、加拿大、日本、新加坡、德国等地 23 000 多人次访问。

（三）问题与展望

医科院肿瘤研究所承担了国内、国际大量的肿瘤学研究任务，有丰富的资料，能代表一些前沿的研究方向，所以建立肿瘤防治数据库有其资源优势，但现有数据还远不能充分体现国家整体研究水平，所说仍有大量的后续工作需要完成，主要在于扩大数据量和扩展共享方式。当前国际上建立肿瘤数据库常见的做法主要有通过立法或建立相关条例，但在国内现在还缺少相关的法律或规定，在数据来源上没有保障，所以在整合其它来源的数据有一定的难度，目前科研数据当前大部分还是掌握在一些研究单位或个人手中，即使是政府资助的项目，也不愿主动共享。要获取这样的数据，目前我们只能靠我们自己的努力。

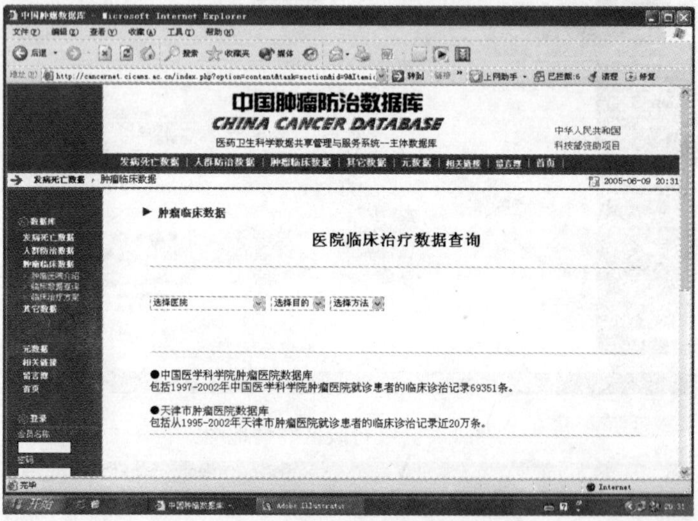

图3　医院临床治疗数据查询界面

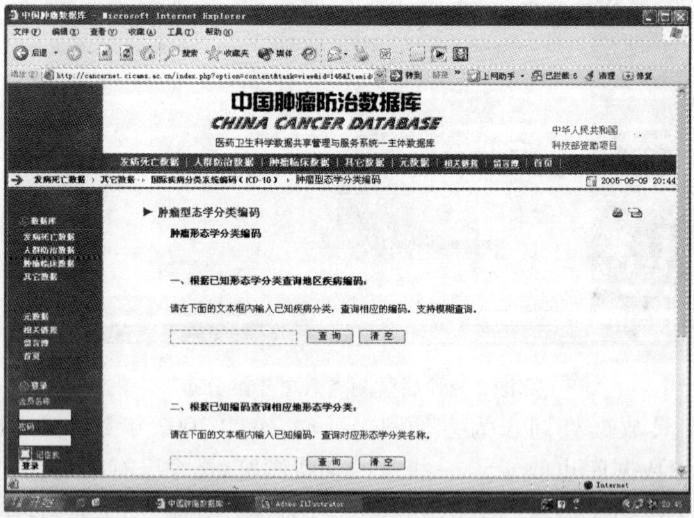

图4　疾病分类编码(ICD_10)查询结果

另一方面，国外针对隐私数据保护的立法和条例也较健全，如美国联邦卫生局早在1974 年就制定了《隐私保护条例》(A Privacy Act of 1974)，1996 年克林顿总统签署颁布《美国医疗保险及责任法案》(Health Insurance Portability and, Accountability Act, HIPAA)，2000 年美国健康与人力服务部(The U. S. Department of Health and Human

Services,HHS)根据HIPAA的规定发布《个人可识别健康信息隐私标准》(The Standards for Privacy of Individually Identifiable Health Information,Privacy Rule),是美国首次医学信息所建立的一套国家标准,内容涉及各种形式(书面、电子、口头)的医学隐私数据保护,并于2003年生效。而在我国,这一方面的规定还比较少见,这也给肿瘤防治数据的充分利用带来一定难度,目前只能采取保守的数据共享策略,并在技术方面投入更大的精力。

医学数据和信息的交流应是统一的、规范的,不仅因为对于隐私数据的处理应规范化,还将有利于数据的收集利用,避免产生新的交流障碍,因此不应局限在于肿瘤防治方面,而应有一个更大层面的医学数据或科学数据交流平台。我国科技部正在制定"医药卫生科学数据管理和共享服务系统"规划,计划建立基础医学、临床医学、公共卫生、中医药学、特种医学、药物与创新药物6个科学数据中心,这一计划为肿瘤防治数据库发展带来良好前景,有望解决目前所遇到的一些困难,但同时也意味着该数据库在数据共享的标准化和安全性还需要做许多改进。

总之,无论在肿瘤防治还是其它领域,信息、数据的交流正发挥着关键的桥梁作用,肿瘤防治信息的交流需要多方面、多单位的参与和协作,最终将多方受益。

参考文献

1 Parkin DM, Pisani P, Ferlay J. Global Cancer Statistics. CA Cancer J Clin,1999;49(1): 33~64

2 李连弟,鲁凤珠,张思维,等. 中国恶性肿瘤死亡率20年变化趋势和近期预测分析. 中华肿瘤杂志,1997; 19(1): 3~9

3 Rodrigues RJ, Information systems: the key to evidence-based health practice. Bulletin of the World Health Organization,2000;78(11): 1344

4 Humphreys BL, Powerful connections for public health: the National Library of Medicine and the National Network of Libraries of Medicine. American Journal of Public Health,1993;(11): 1633

5 Yin Ming, Wade TD, Lawler Heavner, et al. Computer-generated time lines for visualizing and editing epidemiological and biomedical data. Computer Methods and Programs in Biomedicine, 1998;56(1): 23~29

6 Forgionne GA, Gangopadhyay A, Adya M. Cancer surveillance using data warehousing, data mining, and decision support systems. Top Health Inf Manage, 2000; 21(1): 21~34

7 Yin Ming, Wade, Ted D, et al. Computer-generated time lines for visualizing and editing epidemiological and biomedical data. Computer Methods and Programs in Biomedicine,1998;56(1): 23~29

8 Forgionne GA, Gangopadhyay A, Adya M. Cancer surveillance using data warehousing, data mining, and decision support systems. Top Health Inf Manage, 2000; 21(1): 21~34

9 Sourav S Bhowmick, Sanjay Madria, Wee Keong Ng. Data Visualization Operators for WHOWEDA. Computer Journal, 2000;43(5): 364~385

10 Naomi miller, Eve-Marie Lacroix, Joyce E. B. Backus. MEDLINE plus: building and maintaining the National Library of Medicine′s consumer health Web service. Bull Med Libr Assoc,2000;88(1): 11~17

11 Timothy Bickmore, Andreas Girgensohn, Joseph W. Sullivan. Web Page Filtering and Re-Authoring for Mobile Users. Computer Journal,1999;42(6): 534~546

12 Dalphin ME, Brown CM, Stockwell PA, et al. The translational signal database, TransTerm, is now a relational database. Nucleic Acids Res,1998; 26(1): 335~337

1 天津医科大学附属肿瘤医院流行病学研究室 天津 300060

2 河北省肿瘤研究所 石家庄 050011

我国大肠癌防治现场研究

郑 树 蔡善荣 陈 坤 朱永良 张苏展 浙江大学肿瘤研究所 杭州 320009
马新源 嘉善县肿瘤防治所
沈永洲 海宁市肿瘤防治所

一、海宁与嘉善现场背景及概况

大肠癌在我国近几年发病率上升,5年生存率在60%左右,但治疗效果30年无显著提高。我国上世纪70年代以来,浙江大学肿瘤研究所课题组负责大肠癌防治“六五”、“七五”、“八五”及“九五”攻关研究,历时20余年,进行了现场到实验室,病因机制及干预阻断的系列研究。

在大肠癌中,大多数散发性大肠癌来源于早期存在的腺瘤和息肉,因此大肠腺瘤和息肉患者是大肠癌的高危人群。其中腺瘤到癌约需要5~15年时间。因此,大肠腺瘤和息肉作为大肠癌的癌前病变,为我们提供了干预的可能,其长达5~15年发展为癌的时间也为干预提供了时间和空间。

海宁市及嘉善县于1977年被卫生部确定为全国大肠癌防治现场,同时,成立了相应的肿瘤防治研究所和浙江医科大学肿瘤研究所大肠癌基地,建立了恶性肿瘤登记报告制度,借血吸虫病防治网建立了三级防癌网,在此基础上,开展了全死因登记报告工作,从而,形成了比较完整的疾病监测体系,积累了大量宝贵的流行病学资料。为肿瘤防治科研工作打下了良好的基础。

二、大肠癌现场工作回顾

(一)海宁

1977年浙江医科大学、浙江省肿瘤医院、海宁县卫生局等单位人员组成的浙江省大肠癌科研领导小组成立。在国家大肠癌高发现场海宁市,于1977~1980年两年中,用15cm直肠镜和直肠指检的方法对海宁市20余个乡镇30岁以上24.4万人群进行了全面普查,共发现了51例大肠癌,2357例腺瘤(检出率957.15/10^5),1719例腺瘤性息肉(检出率698.07/10^5),共计发现大肠癌高危人群(即腺瘤和息肉患者)4076例,建立了这4076例高危人群的队列。

1979年开始,浙江大学肿瘤研究所及海宁卫生局每隔3~5年共11批次对这4076例高危人群进行了20年的随访。共随访14252人次,总随访率达66.7%,检出腺瘤952例次,其中复发2次以上者共203例,肠息肉417例次,对历次检出的1369例腺瘤和息肉也及时进行了摘除。于1999年对海宁市人口及大肠癌的发病及死亡进行了统计分析。结果发现,上世纪90年代海宁市直肠癌的发病与死亡率分别为3.71/10万和2.98/10万,而70年代分别为6.27/10万和4.15/10万,分别下降59.17%与71.80%,海宁市筛检人群20年累积发病率与死亡率分别较期望下降31.42%和17.56%。

本研究将24万普通人群,缩减到4076

例大肠癌高危人群，建立队列，长期随访并干预阻断，取得明显防治效果，其最大特点为：用较小的投入获得了显著的效益，这对于我国疾病的防治尤为重要。

（二）嘉善

在嘉善县，自1972～1973年对嘉善县风桐等10个公社的25岁以上人群进行了直肠癌普查。1977年开展了1974～1976年三年全死因回顾调查，恶性肿瘤死亡率145.2/10万（调整死亡率130.6/10万），其中大肠癌死亡率26.2/10万（调整死亡率22.65/10万），居全国县级单位之首，1978年在嘉善县建立全国大肠癌防治研究现场。经过多项配对调查明确大肠癌的高危因素，明确了中国人大肠癌的高危因素，为界定大肠癌的高危人群提供了基础，为筛查及监控（随访）提供了目标人群。

在嘉善县进行了以普通人群结合高危因素与FOBT的联合序贯筛查方案的随机对照研究，随机将嘉善县21个乡镇分为筛查区和对照区（30岁以上共19.22万人）。结合运用危险因素数量化方法（AD值）、粪便隐血试验（FOBT）和60cm纤维肠镜对筛查区30岁以上的75 813人进行大肠癌筛查，在实际筛查的62 667人中，检出大肠癌34例，其中，早期大肠癌（Dukes A期和B期）占62.1%；检出高危人群4 299人，其中腺瘤和息肉363例。其8年随访统计结果表明，筛查区大肠癌8年累积死亡率较对照区低14.7%，其中直肠癌较对照区低31.2%。这表明，大肠癌筛查确实能降低其死亡率，达到循征医学原则中的一级依据。

由于每一筛查者需进行大肠癌危险因子的数量化值的计算，数据处理工作量大、烦琐，因此很难在基层推广。故对已获得的大肠癌高危因素又进行流行病学分析，制订了优化方案。具体方案如下。该方案已被纳入我国大肠癌筛查指南。

≥40岁，具有以下一项者可作为高危对象：①免疫法粪便隐血试验阳性；②一级亲属患大肠癌史；③本人有癌症史或肠息肉史；④同时具有以下两项及两项以上者：慢性便秘、慢性腹泻、黏液血便、不良生活事件史（如离婚、近亲属死亡等）、慢性阑尾炎史。

对高危对象作肠镜检查，阳性者根据治疗原则处理，阴性者每年复查1次FOBT，复筛检出肿瘤，按肿瘤治疗原则处理，检出息肉，切除后肠镜每3～5年复查一次。

对有遗传性大肠癌家族史成员亦提出了筛查方案。我国2003年召开了全国遗传性大肠癌协作组会议，制定了遗传性大肠癌的临床筛查方案。

三、现场工作为大肠癌病因机制研究提供基础

（一）现场环境和结直肠癌的关系

1. 环境有机氯污染与结直肠癌发病率的研究　应用生态学研究方法，在结直肠癌高发现场，随机抽取了11个乡镇，行政村、自然村，采集各自然村的大米和土壤样品，测定其中的六六六、滴滴涕、多氯联苯、五氯酚钠等各项指标，分析与各乡镇结直肠癌发病率的相关性，显示结直肠癌标化发病率与大米中总DDT含量有相关性。

2. 结直肠癌危险因素的队列研究　1989年5月至1990年5月在嘉善县的筛检区的10个乡镇的≥30岁人群共7万余人实施了以RPHA-FOBT和结直肠癌危险因素数量化方法作为初筛手段，以60cm纤维肠镜作精筛的多步骤序贯筛检方案。本研究在上述这一自然队列人群中，以病例对照研究方式，通过平均9.4年的随访观察，对结直肠癌可能有关的30个因素进行了逐一研究。证实少食新鲜蔬菜是结直肠癌的一个危险因素（$PR = 1.5$，$P < 0.05$）；饮用浅表水源者发生结直肠癌的危险性增加，各种浅

表水源的 RR 在 2.3～5.4 之间，$P<0.05$；肠息肉与男性结肠癌的联系强度高达 10.8 倍，阑尾炎史与结直肠癌的 RR 为 1.8，$P<0.05$；黏液血便史和大便潜血试验阳性者的结直肠癌发病率分别是阴性者 2.0 倍和 3.0 倍，P 均小于 0.05。

3. 谷胱甘肽还原酶(GSTs)基因多态性与结直肠癌易感性的病例对照研究　GSTTl 缺陷型基因型的个体中，携带 GSTMl 缺陷型发生结直肠癌的危险性是非缺陷型的 3.2 倍($P<0.05$)，患直肠癌的风险增加 9 倍。在吸烟人群中，GSTMl 和 GSTTl 缺陷型基因型的结直肠癌风险增加了 1.3～3.5 倍，P 均小于 0.05。

4. NAT2 多态性与大肠腺瘤复发的对照研究　用 1980 年建立的 4 076 例大肠癌高危人群癌前病变大肠腺瘤队列研究。从高危人群中随机抽取 52 例腺瘤复发二次以上者为复发组，另抽取 104 例无复发者为对照。发现 NAT2 野生型 Wt/Wt 频率在无复发组明显高于复发组，杂合型在复发组频率为 40/52(76.9%)，与无复发组频率比较，均具统计学意义($P<0.05$)。两组人群的 NAT2 多态性的不同，揭示 NAT2 野生型(Wt/Wt)可能是大肠腺瘤复发的保护因素，Wt/M* 或 M*/M* 基因型为危险因素。也在分子水平上进一步说明了红烧鱼经高温烹调后产生杂环胺类物质而致大肠癌的遗传基础。此外，并对代谢酶基因 NQOl 与 GSTs 等也进行了研究，发现与吸烟有协同作用。

(二)现场饮不洁水与大肠癌的相关病因研究

在海宁市进行的流行病学研究，结果显示饮用河浜水、池塘水的人群大肠癌的发病率明显高于饮用其它类型水源的人群，相对危险度 RR 高达 4.0 以上。这提示水源污染很可能是大肠癌的发病原因之一。已发现不洁水中存在的蓝绿藻可产生微囊藻类等毒素。在井水、自来水、河浜水及池塘水中，微囊藻毒素阳性标本(河浜水及池塘水)中的微囊藻毒素最高含量达到 1937.4pg/ml。河浜水与池塘水中的微囊藻毒素阳性率和含量均明显高于井水和自来水，各乡镇大肠癌发病率与当地浅表水源的微囊藻毒素含量存在正相关。

我们通过建立永生化的正常大肠干(Crypt)细胞为靶点，以观察微囊藻毒素和 H. pylori 菌 CagA 蛋白致正常大肠干(Crypt)细胞的转化作用。研究发现微囊藻毒素、幽门螺杆菌 CagA 蛋白可以致正常大肠干(Crypt)细胞转化，并在小鼠体内证实发生肝转移。在 CagA 转化细胞出现 Ras 基因细胞信息通路中的相关蛋白分子被激活，对错配修复基因 hMSH6 有抑制作用。微囊藻毒素对有丝分裂原激活的蛋白激酶(MAPK)和 Ras 基因信息通路等多个蛋白激酶有持续的激活作用。

四、对现有现场进一步工作建议，提供一级、二级预防的可行方案

1. 继续巩固现有现场管理　包括肿瘤登记制度、健康教育、人群健康检查体系(包括各种常见肿瘤的综合筛查)；

2. 加强一、二级预防　继续以高危人群作为筛查重要目标人群，逐年登记适应年龄人群，扩大初筛的目标人群，对我国目前常见恶性肿瘤，如胃、肺、肝、肠、乳腺、食道、宫颈等继续高危人群的监控，诊治癌前病变，达到一级预防的目的。

3. 开展化学预防　可从分子水平或形态学、或无创、微创等方法研究，建立有效的中间标记物，是当前在肿瘤防治研究的前沿问题。对高危人群进行通过化学预防等方法干预阻断；以基地为基础，取得经验，逐步推广。

(1)针对性优化生活方式

(2)选择安全有效的物质(健康食品)

(3)研究干预阻断的中间标记物,以评价干预阻断效率

(4)提出适合我国国情的有效的癌症预防方案

4.对已有病因巩固现有成绩,加强交流协作,进一步研究我国恶性肿瘤的发病机制;

5.结合我国不同现场,如食管癌、大肠癌、肝癌、鼻咽癌、宫颈癌、胃癌、乳腺癌等,不同肿瘤筛查经验,加强交流,并向全国推广。

参考文献

1 Whittemore A S, Wu-williams AH, Lee M, et al. Physical Activity, and Colorectal Cancer among Chinese in North America and China. JNCI,1990; 82(11): 915

2 郑树,周伦,余海,等.全国六地区大肠癌病例对照研究.肿瘤,1995;15(2增刊): 31~34

3 陈坤,裘聚良,张扬.大肠癌危险因素的Meta分析.浙江大学学报(医学版),2002;31(4): 254~258

4 焦登鳌,沈高飞,沈永洲,等.大肠癌的病例对照调查研究.中华流行病学杂志,1985;(5): 285~288

5 Kiss, l, Sandor J, Pajkos G, et al. Colorectal cancer risk in relation to genetic polymorphism of cytochrome P450 1A1, 2E1, and glutathione-S-transferase M1 enzymes. Anticancer Res,2000; 20(1B): 519~22

6 Kiyohara C. Genetic polymorphism of enzymes involved in xenobiotic metabolism and the risk of colorectal cancer. J Epidemiol,2000; 10(5): 349~60

7 刘希永,蔡善荣.代谢基因多态与大肠癌遗传易感性.国外医学肿瘤学分册,2000;27(1): 61~3

8 Butler W J, Ryan P, Roberts~Thomson IC, et al. Metabolic genotypes and risk for colorectal cancer increased risk in individuals with glutathione transferase theta 1 (GSTT1) gene defect. Gastroenterology, 1997; 112: A542

9 Harries LW, Stubbins MJ, Forman D, et al. Identification of genetic with susceptibility to bladder, testicular and prostate cancer. Carcinogenesis,1997;18: 641~6

10 Harrison DJ, Hubbard AL, MacMillan J, et al. Microsomal expoxide hydrolase gene polymorphism and susceptibility to colon cancer. Br J Cancer,1999;79: 168~71

11 Feng Y, Fretland AJ, Rustan TD, et al. Higher frequency of aberrant crypt foci in rapid than slow acetylator inbred rats administered the colon carcinogen 3,2'-dimethyl-4- aminobiphenyl. Toxicol Appl Phamacol,1997; 147: 56~62

12 Lang NP, Chu DZ, Hunter CF, et al. Role of aromatic amine acetyltransferase in human colorectal cancer. Arch Surg,1986;121: 1259~61

13 郑树,刘希永,曹江,等.代谢酶NAT2多态性与大肠息肉及腺瘤的复发.中华医学杂志,2001;82(15): 907~909

14 陈坤,蒋沁婷,俞维萍,等.谷胱甘肽转移酶基因多态、饮食暴露与结直肠癌关系的研究.中华消化杂志,2004;24(6): 377~379

15 蒋沁婷,陈坤,马新源,等.亚甲基四氢叶酸还原酶基因多态性、饮酒与结直肠癌关系的病例对照研究.中华流行病学杂志,2004;25(7): 612~616

16 Yongliang Zhu, Xian Zhong, Shu Zheng, et al. Transfromation of immortalized colorectal crypt cells by microcystin involving constitutive activation of Akt and MAPK cascade. caricinogenesis, 2005 年已接收

17 Yongliang Zhu, Xian Zhong, Shu Zheng, et al. Transfromed immortalized gastric epithelial cells by virulence factor Cag A of Helicobacter pylorithrough Erk mitogen-activated protein kinase pathway. oncogene, 2005: E-Published

可筛查12种肿瘤的蛋白芯片已用于临床

将2毫升血液倒到只有1平方厘米大的蛋白芯片上,4个小时后便可极其准确地告诉你12种肿瘤的筛查结果。据了解,蛋白芯片可以筛查的12种肿瘤包括肝脏、胰腺、胃肠、呼吸系统、前列腺、卵巢、膀胱及乳腺等部位的癌症。目前解放军306医院已将该方法用于临床。

据介绍,过去采用的放射免疫筛查法和酶连免疫检测法肿瘤检出率只能达到95%左右。而通常采用的抽血检测法,每排查一种肿瘤就要抽一次血。而采用蛋白芯片的检测方法,患者只需花费380元,大大节省了患者的经济支出。同时,该方法检测所需时间短,而且通过临床实践发现,其准确率和灵敏度均高于其他检测方法。

原发性肝癌高发现场二级预防的研究

张博恒 杨秉辉

复旦大学中山医院、肝癌研究所 上海 200032

原发性肝癌是全球三大肿瘤死因之一，我国的肝癌占全球的二分之一以上。肝癌的现场流行病学资料表明通过筛查可使肝癌早期发现，早期诊断，和早期治疗。并有机会降低人群的肝癌死亡率。

我国肝癌发生率约为20/10万。在高发现场，肝癌的发生率甚至可以高达近90/10万。肿瘤筛查的早期目标是发现早期病例，其中涉及很多因素，包括确定筛查的对象，筛查的手段，筛查的间隔时间；可疑病例的诊断。这些因素由专家提出，结合高发现场的具体情况，是能否顺利完成并达到筛查目标的关键，并确定肝癌的更高发的对象，选定HBV阳性者有助于提高筛查的效力。肝癌发生男女比例大致为3：1，男女的不同发生率，决定了其不同的筛查年龄划分。具体的年龄划分必须结合当地的经济情况。

肝癌经典的筛查手段是AFP和实时超声检查，AFP在肝癌中的阳性率不到70%，在早期肝癌中的阳性率不到60%，而早期肝癌的超声检出率达到90%以上，作为单一的筛查手段，超声的价值已经超过AFP，但超声医生必须进行规范化的培训。根据以往的经验，超声医生对AFP阳性病人和阴性病人重视程度不一，所以认为在有更好的筛查手段之前，仍可两者联合检测为妥。

筛查的间隔时间必须结合高发现场的实际，通常为3～6个月进行一次筛查能满意地达到筛查的检出率。然而在实际操作中，进行筛查的宣教是提高筛查率的一个重要内容，过于频繁的筛查必导致筛查对象过分的紧张，导致依从性的下降及成本增加，似不可取。所以在实际工作中，筛查的间隔控制在半年左右，比较合适。定期的筛查能使小肝癌的比例增加，组织很好的定期筛查，肝肿瘤的检测中位直径小于3cm。发现的可疑病例，应及时确诊，达到早期诊断。在高发现场工作中，往往存在诊而不治的问题，尤在经济相对不发达地区，这个问题尤为突出，是导致肝癌筛查能发现早期肝癌，但不能下降肝癌死亡率的主要原因。

依从性问题是所有肿瘤筛查中的共性问题，当地政府/卫生部门的支持，良好的组织，高效而积极的宣教，与筛查对象建立良好的关系等是提高的依从性的关键。

广西肝癌现场防治工作概况和展望

黄天壬　张振权

广西壮族自治区肿瘤医院　南宁　530000

目前广西居民的主要死亡原因中，恶性肿瘤居第3位；其中，肝癌居第1位。在全国范围内，广西是肝癌最高发的省（市、自治区）之一。广西每年大约有4万人死于恶性肿瘤（恶性肿瘤死亡率为80.48/10万），其中，肝癌占1.5万人左右（肝癌死亡率为27.31/10万）。男性肝癌死亡率是女性的3.6倍。肝癌死者，多数是主要劳动力，其死亡，对家庭、对社会都有严重影响。肝癌患者的预后极差，通常都以死亡作为最终转归，人们常用“死亡率”来表示肝癌在人群中的发生密度，因为，肝癌发生数与肝癌死亡数几乎是相等的。在广西，肝癌主要集中于桂西南地区，郁江与红水河的中段。桂北地区各县的肝癌死亡率，相对较低。广西其余各县、市，在上述高、低两者之间。

最近20多年来，我国各省（市、自治区）居民的肝癌死亡率均有不同的上升趋势。广西居民肝癌死亡率也呈上升趋势，20世纪90年代的肝癌死亡率（27.31%）比70年代（15.33%）增长了78.15%。“标准化处理”之后，其增长额度也达48,15%。在广西，系统的肝癌现场防治工作已进行了20多年。这个工作，目前正处于一个关键时期。

（一）癌症的发病死亡登记报告和监测

建立和进一步完善癌症信息登记系统，建立统一的癌症信息数据库，掌握癌症流行趋势，癌症疾病谱变迁。扶绥县是广西肝癌高发现场防治点，居民死亡与恶性肿瘤病例的报告、登记网络，由县、镇（乡）、村（居委会）三级的相应机构组成，覆盖全县。镇（乡）级与村（居委会）级的报告、登记机构的业务覆盖范围与相应的地方行政管辖范围完全一致，县级机构的业务覆盖范围则为整个扶绥县。恶性肿瘤病例的报告、登记的网络组成，县设肿瘤登记处.（在县肿瘤防治研究所内），各镇（乡）设肿瘤登记组（在镇卫生院防保组内），各村有登记员（村医兼任）。

肿瘤登记报告范围：全部恶性肿瘤（含白血病）和中枢神经系统肿瘤（含良性肿瘤）病例；任何原因（肿瘤、非肿瘤）死亡个例。

事实证明，只有将所有原因的死亡都纳入登记报告范畴，肿瘤死亡的登记报告才能保证将错报、漏报现象降低到最低的程度。单独作肿瘤一个病种的死亡登记报告，必然存在大量遗漏。

1981年之前，采用当时全国肿瘤防办制定的疾病分类方法（16大类）进行登记、报告；对于恶性肿瘤病例，采用“肿瘤病例报告卡”逐级往上报告；肿瘤死亡病例则采用“肿瘤死亡病例报告卡”报告。对非肿瘤死亡者，不采用个案报告卡上报。所有死亡个例，含恶性肿瘤死亡与非肿瘤死亡个例，都在“扶绥县居民全死因死亡登记簿”中登记。

1982年后，采用上海市肿瘤防治研究所设计的“恶性肿瘤病例报告卡”作肿瘤病例登记、报告；肿瘤死亡登记报告仍按过去办法进行；对于非肿瘤死亡者，也需填写死亡个案卡上报。1994年后，采用统一的“居民死亡医学证明书”作死亡登记、报告。

肝癌高发现场肿瘤登记报告的质量控制措施：

①全死因死亡登记报告制度，而非仅作恶性肿瘤死亡登记报告。此举是为防止恶性肿瘤死亡被误认为非癌死亡而漏报；

②死亡登记、报告资料完整性的数量控制：多年统计的结果显示，肝癌高发现场人口的总死亡率在 $6/10^3 \sim 7/10^3$ 之间。如果有某些年度、某些镇（乡）的死亡登记报告数字低于 $6/10^3$ 这个数量控制线，我们即认为可能存在较多的遗漏，要求采取补救措施；

③镇（乡）、村（居委会）各级的死亡数据及死者名单，须每年与同级公安（治保）部门、计划生育管理部门掌握的资料进行比对，相互补充。死因只以我们的资料为准；

④每一例恶性肿瘤死亡个案资料，原则上必须由县肿瘤登记处工作人员，到本县内的经治医院，核对其临床诊断、诊断依据、确诊时间、死亡时间等。对于到过南宁市内的上级医院诊治，而且，县内医院掌握的情况又确属存疑者，必要时将到南宁市内有关医院查找资料核对；此外，还必须向其亲属核实其出生年月、户口所在地。

⑤每年年末，县肿瘤登记处全体成员，都常规地分头到各乡、镇卫生院或村级卫生所，与当地负责肿瘤登记报告的医务人员，对当年报告、登记的所有死者的资料，进行全面复核。此工作被习惯地称为“死因复核”，但复核内容并不限于死因。此外，该工作中注重发现漏报，并作补充调查、报告。事实上，每年由此项工作发现的死亡漏报现象约为5%左右，都作了补充的登记、报告。

（二）肝癌危险因素监测

目前已经能比较明确的肝癌主要危险因素有3方面：

1. 饮用水源污染　研究结果揭示，广西肝癌高发区居民过去的饮用水源（塘水、沟水、浅层过滤井水等），普遍含有大量的铁、锰、砷等元素。其含量达到允许量的10多倍、几10倍，乃至百倍以上，枯水期更甚。而硒、锌两元素的含量比较缺乏。水源中有机物总量、化学耗氧量、生物耗氧量等指标严重超过允许值。此外，与水源中的蓝绿藻毒素量也有关系。

2. 黄曲霉毒素和其他一些霉菌毒素的摄入　过去曾对肝癌高发的乡（镇）作过饮食调查，当时居民口粮中的玉米颗粒，有80.4%可测出黄曲霉毒素；平均含毒素量为839.54PPb；超出国家卫生规定的居民主粮黄曲霉毒索含量标准（不超过15PPb）几十倍；玉米占当时居民口粮总量的40%；当地居民每人每年平均摄入黄曲霉毒素量为23.97毫克。此外，对某县4个行政乡镇（其肝癌死亡率分别为：88.72%、75.13%、11.80%和10.12%）居民每人每年平均摄入黄曲霉毒素量进行测定，结果分别为：45.341mg、15.129mg、0.990mg和0.994mg。这一结果显示：居民的黄曲霉毒素平均摄入量与肝癌死亡率几乎完全相关，而与其他癌症无关系，这个结果，在国标上很受重视。

3. 乙型肝炎病毒和其他一些病毒对肝脏的感染　在肝癌高发区，对已确定HBsAg（乙型肝炎病毒表面抗原）阳性、阴性的人员，进行过为期10年的随访研究。结果，10年间，HBsAg阳性人员患肝癌的危险度是阴性人员的24.21倍。而其他癌症危险度的差异很小。另外还揭示了,丙型肝炎病毒也是肝癌的重要发病因素之一,丙肝抗体阳性者发生肝癌的危险度是阴性者的3.00倍。

(三)肝癌综合预防措施策略和效果

针对这些明确的危险因素,在肝癌高发区,采取相应的预防措施,就能大幅度减少肝癌病例的发生数。减少病例发生的预防工作,我们常称之为“一级预防”。

现场采取的“一级预防”措施,主要有:

1.肝癌高发区饮用水源改造　水源污染与居民肝癌死亡率密切相关,得到了科学论证,赢得我国政府和世界卫生组织的高度重视。于是,广西肝癌高发区争取到了世界银行的大量贷款。利用这项贷款,在肝癌高发区得以全面改造其饮用水源。目前,预防现场的农村地区,已全部用上了管道系统提供的深层地下水、地下河水。以池塘水、沟渠水作为饮用水源的现象早已成为历史。这一情况在全国范围内,至今还不多见。

2.控制黄曲霉毒素的摄入　黄曲霉菌和其他一些有害霉菌主要滋生于玉米颗粒与花生颗粒中。初期研究获得了一些粮油防霉去毒措施,在肝癌高发区推广应用,取得了一些成果。后来,发现此法不能从根本上解决黄曲霉毒素的危害。于是作了预防策略性的根本变化,即通过政府行为,结合饮用水源改造,加大水利建设的力度,使相当一部分只能种植玉米、花生的旱地,变成了水田,种植水稻;另一部分不能改变的旱地,尽量不种植玉米、花生,而改种甘蔗,由政府建立足够的糖厂,来消化吸收当地所产甘蔗。农民以种植甘蔗所得经济收入,换取大米和食用成品油。通过这样大规模的耕作制度改革,使农民在增进其经济收入的同时,全面地、永久性地控制了当地居民对黄曲霉毒素和其他一些毒素的摄入,落实了这项极其关键性的防癌措施。

3.长期服用某些制剂预防肝癌　动物实验表明:绿茶与丹参,在致癌因素攻击的实验动物中,起一定的保护作用,在一定程度上降低了肝癌的危险度,可用于预防人类的肝癌。现场流行病学实验,对肝癌高危人群,给予绿茶制剂、丹参制剂后,结果绿茶制剂的预防效果指数为2.38,保护率为57%,差异有非常显著性;丹参制剂的相应数据为1.70、47%,差异也有显著性。提示了绿茶具有较好的预防肝癌的效果。

4.积极防治乙型病毒性肝炎　我国是世界上乙型肝炎病毒(HBV)的高流行区之一;1992年~1995年全国病毒性肝炎血清流行病学调查结果显示,我国居民HBV感染率为57.6%,HBsAg携带率为9.75%;广西居民HBV感染率为69.9%,HBsAg携带率为13.1%,均显著高于同期全国的平均水平。广西5岁以下儿童的HBV感染率为39.6%,HBsAg携带率为9.7%,也高于全国同期同类人群水平。在人群中推行乙肝疫苗接种,特别是大力推行对新生儿普种乙肝疫苗,是预防、控制乙肝流行的的根本性的策略和措施。10多年来,广西的乙肝疫苗预防接种工作,成绩显著。1992年广西5岁以下儿童乙肝疫苗接种率为17.1%,到了1999~2002年,已达到了75.9%,其中,全程接种率为73.1%,首针及时接种率为33.0%。由于存在种种的客观原因,虽经过了十多年的艰苦努力,但全广西的居民HBsAg携带率仍然高达10.0%左右,5岁以下儿童HBsAg携带率仍高达3.4%~6.1%,尤其是肝癌高发区,居民HBsAg携带率仍高达15.0%左右。因此,在全广西,病毒性肝炎仍然是现阶段最为突出的公共卫生问题之一;推行新生儿接种乙肝疫苗，其预防肝炎的效果已经得到国际公认。但其预防肝癌的效果，还需等到受接种的新生儿全面进入肝癌高发年龄段后，才能加以考察。这大约需等待20～30年以上的时间。

上述“一级预防”系列措施，取得了明显的效果。20年来，全国各地居民的肝癌死亡率都有不同程度的增长，全广西居民肝癌死亡率的增长额度达到了78.15%。但在肝癌重点预防现场（覆盖人口约38万），同期的肝癌死亡率已得到控制，没有出现同步上升；该地区肝癌发病率和死亡率波动范围，稳定于20年前的水平，且稳中有降。以全广西同期的大背景作为对照，重点预防现场实际上年避免了约150例肝癌死亡。同时，重点预防现场的肝癌患者的发病年龄也明显后移；发病年龄由原来平均30多岁，变成了目前平均43.2岁，后移了10岁左右。按每1例肝癌患者平均消耗治疗费用为1万元人民币计算，每年避免150例肝癌病人，就至少相当于节省了150万元治疗费用；此外，肝癌死亡人员的死亡年龄平均后移了10年左右，当地每年有200例左右的肝癌死者，按当地每个主要劳动力每年平均能创造5000元的收入计算，他们平均每人已为其家庭和社会多作了5万元的奉献。

除了上述“一级预防”措施之外，肝癌的诊断和治疗的研究也取得了重要的成就。在肝癌高危人群中进行筛查，使肝癌病例能得到早发现、早诊断、早期实施以外科手术切除为主的综合治疗，（简称“三早”），可以有效地增加肝癌患者存活的机会，大大延长其存活时间。这样，也能减少人群中肝癌的死亡。我们常把这种争取“三早”、减少患者死亡的工作，称为“二级预防”。

对“二级预防”工作发现的早期肝癌病例，及时给予以手术切除为主的综合治疗措施，治疗后1年、3年、5年生存率分别达到100.0%，64.7%和57.1%。对于肝癌而言，这样的疗效，可以说是划时代的。

外科手术为主的综合治疗措施研究取得的显著成果，证明了肝癌“筛查”工作的必要性。如果对查出病例，却不能提供有效的治疗，这种“筛查”将毫无意义。另外，如早期、晚期治疗，二者疗效差别不大，筛查的意义也很有限。能够有效地治疗所发现的病人，而且，早期发现、早期诊断、早期治疗的患者，预后明显优于一般的临床就医患者，这样的“筛查”，才是科学的、必须的。我们的小肝癌治疗研究，正好解决了这些关于肝癌筛查的关键问题。

过去的“筛查”发现的小肝癌病例，在医院治疗的肝癌病人数所占比例还少，但治疗效果好，且分散于全自治区甚至外省或境外；这样，其存活，对任何社区的肝癌死亡率，都不可能构成实质性的影响。即，目前，我们临床研究的成果，未能在公共卫生的范畴得到相应的体现。这些问题，都是“二级预防”工作实践给我们提出的、需要我们今后加以解决的问题。

广西肿瘤医院（研究所）的肿瘤现场防治人员，根据多年来现场防治研究经验，结合临床研究成果，在采取“一级预防”措施的同时，将“三早”措施引入肝癌高发现场防治范畴，减少高发社区的肝癌患者的死亡机率，进而减少社区居民的肝癌死亡率。也就是说，公共卫生工作与临床诊治工作有机结合，共同攻关。该项工作得到香港李嘉诚基金会和广西区人民政府联合资助。具体做法是：在桂西南与桂中的肝癌高发区，免费对肝癌高发社区的高危人群定期（每6个月）反复进行肝癌筛查。凡查获的适合手术的早期肝癌病例，为他们建立了“绿色通道”，优先安排其手术治疗，并减免其治疗费用1万元人民币，避免因经济问题影响早期治疗的大局。“肝癌高危人群”是指：①高发区内的男性居民、年龄为30～59岁、HBsAg阳性者、血清AFP值超过常量者、肝功指标超过常量者，②临床检查确认肝大、有明确的肝炎过去史者，③当地的肝癌高发家系成员，不分性别年龄。在项目中第一次“初筛”时，对象的年龄有所放宽。

项目确定的“高危人员”，将受到反复进行筛查，务必使陆续出现于其中的肝癌病例的绝大多数(80%)都能查获，获得早期治疗机会，从而有效地降低人群的肝癌死亡率。

附表 肝癌高发现场高危险人群初次筛查结果

	扶绥县		武鸣县		合山矿		合计	
筛查人数(人)	6 207		2 094		2 365		10 666	
HBsAg 阳性	1210	19.47%	414	19.77%	373	15.77%	1997	18.72%
AFP 阳性	34	5,58‰	8	3.82‰	8	3.38‰	50	4.690‰
ALT 升高	84	1.35%	40	1.91%	38	1.61%	172	1.61%
肝癌	10	$161.1/10^5$	3	$143.3/10^5$	2	$84.6/10^5$	15	$140.6/10^5$
肝硬化	24	3.87‰	3	1.43‰	2	0.85‰	29	2.72‰
肝炎	73	1.18%	24	1.15%	16	0.68%	113	1.06%
肝吸虫感染	392	6.32%	101	4.82%	11	0.47%	504	4.73%
肝血管瘤	82	1.32%	36	1.72%	32	1.35%	150	1.41%
肝囊肿	75	1.21%	45	2.15%	28	1.18%	148	1.39%
脂肪肝	65	1.05%	106	5.06%	112	4.74%	283	2.65%
肝内胆管结石	78	1.26%	44	2.10%	50	2.11%	172	1.61%

(四)广西癌症高发现场防治工作，还应在下列几方面有所加强

(1)建立和完善包括肝癌在内的癌症信息登记系统：建立统一的癌症数据库，加强对恶性肿瘤发病、死亡的监测和预报工作，特别对肝癌、鼻咽癌的预防监测现场点的肿瘤发病、死亡登记和报告等工作作指导。进一步明确癌症流行特征、流行趋势，阐明居民癌谱的变化，掌握癌情。以现有的癌症预防监测现场点的居民死亡和癌症发病的登记和报告工作为样板，争取在整个广西推行居民死亡癌症发病的报告、登记工作。

(2)积极开展防癌抗癌健康教育：提高公众对肝癌主要危险因素的知晓率，广泛宣传癌症早期发现、早期诊断及早期治疗的知识，使群众和医务人员重视肝癌的警示症状或(及)体征，是癌症早期发现的重要途径之一。充分发挥大众传播媒介作用，积极提供癌症防治宣传服务平台，进行癌症科普教育及咨询服务。充分利用每年4月份的“抗癌宣传周”，普及癌症预防与早诊早治知识。

(3)继续开展癌症危险因素的监测，探索新的癌症危险因素，探索致癌因素的致癌作用机制，为寻找有效的切实可行的防癌、抗癌措施提供科学理论依据。

(4)继续大力推行“一级预防”措施，更有效地降低高危人群患癌症的风险，保护日经暴露于致癌因素中的癌症高危人群，从而整体降低和控制人群癌症发病率。

(5)在肝癌高发现场，开展有规划的、系统性的“二级预防”工作，使肝癌患者获得“早发现、早诊断、早期得到以外科切除为主的治疗”。通过“二级预防”，进一步提高癌症高发区患者存活的机会，延长其生存期，与“一级预防”相结合，更有效地降低当地的癌症死亡率。

启东肝癌高发现场报告

陈建国　陈陶阳

江苏省启东肝癌防治研究所　启东　226200

(一)一般情况

1. 地理　启东市东临黄海、南靠长江，西与江苏海门市接壤；与上海市仅一江之隔。面积1 157平方公里。全市辖24个镇(乡)和启东经济开发区。著名的吕四渔港位于启东境内北部。境内的风景区“圆陀角”是全国最早看到日出的地方之一。

2. 经济　主要产业为农业、渔业和建筑业。全市国民经济与社会事业取得了长足的进步，1999年和2002年连续两度被评为江苏省文明城市。国民经济持续发展，2004年全市实现地区生产总值182.12亿元，比上年增长15.4%。全市人均地区生产总值15 921元，比上年提高18.9%。全年财政收入达13.07亿元，比上年增长30.5%。全年城镇居民人均可支配收入10 420元，比上年增长13.6%。全市农民人均纯收入5 453元，比上年增长12.1%。

3. 人口及卫生服务　启东市2004年平均人口数为113.9万人。其中男性56.3万人，女性57.6万人。男女性别比为98∶100。全市有全民医疗机构9个，卫生科研机构1个，卫生监督机构1个，疾病预防控制机构1个，妇幼保健机构1个，卫生进修学校1个，镇(乡)卫生所24个，非政府举办、非营利性的民营医院30个。取得《医疗机构许可证》的卫生服务站275个，基本形成了农村社区卫生服务框架体系。农村新型合作医疗健康发展，参保率达87.8%。全市已连续21年未发生脊灰病例、连续23年未发生白喉病例。儿童“单苗”接种率达98%以上，“四苗”接种率95%以上。

4. 居民自然死亡率与预期寿命　1974～2002年启东居民的年均自然死亡率约为6.5‰，其中在20世纪70年代的死亡率为6‰以下，到80年代为6.5‰左右，到90年代约为7‰(老年人口增加之故)。启东婴儿死亡率已从1974年的28‰下降到近年的(5～10)10‰。启东居民预期寿命从1970年代中期的72岁提高到2003年的76岁，提高了约4岁。

(二)高发现状

1. 危害程度　多年来癌症死亡约占启东居民死因的1/4，2004年达到了30%，居全死因之首(表1)。肝癌又居癌症之首，约占全部癌症的1/3强。人群分布符合高发区的流行病学特征，发病年龄在35岁后就可达到全人群的平均水平，发病高峰在50岁左右；最近25年男女性别比平均达3.34∶1。肝癌的5年生存率男性(OS: 3.26%，RS: 3.46%)和女性(OS: 4.11%，RS: 4.31%)在所有恶性肿瘤中均为最低。

表1 2004年启东主要死亡原因顺位表

疾病名称	死亡率	构成比	死因顺位
恶性肿瘤	220.47	29.87	1
脑血管病	167.44	22.68	2
呼吸系统疾病	108.70	14.73	3
心脏病	88.15	11.94	4
损伤和中毒外部原因	42.85	5.80	5
消化系统疾病	27.04	3.66	6
内分沁,营养和代谢疾病	12.99	1.76	7
精神障碍	7.73	1.05	8
泌尿生殖系统疾病	5.71	0.77	9
神经系统疾病	4.39	0.59	10
全部死因	738.16	100.00	

表2 2004年启东主要癌症死亡率

顺位	部位	死亡数	死亡率	构成比
1	肝　癌	888	77.97	35.36
2	肺　癌	553	48.55	22.02
3	胃　癌	310	27.22	12.35
4	结直肠癌	121	10.62	4.82
5	食道癌	111	9.75	4.42
6	胰腺癌	97	8.52	3.86
7	脑　癌	75	6.59	2.99
8	白血病	56	4.92	2.23
9	乳腺癌	51	4.48	2.03
10	淋巴肿瘤	45	3.95	1.79
	合计	2511	220.47	100.00

2. 流行趋势　启东1958～1971年死亡回顾调查资料表明,1958年肝癌的死亡率为20.45/10万,到1971年时超过49/10万,呈上升趋势。20世纪70年代开始,启东肝癌粗发病率一直在50/10万以上,80年代仍居高不下。可能由于诊断水平的提高和人口老龄化的影响,90年代开始达到60/10万～70/10万。从这个意义上来说,启东肝癌的流行仍然较为严重,近年粗发病率有升高的趋势。

但另一方面,启东肝癌的标化发病率似有所下降;30岁以下低年龄组的肝癌发病率有显著的下降。

3. 主要病因　已证明与启东肝癌有关的肝炎病毒主要为乙型肝炎病毒(HBV)。启东最近报道了对乙型肝炎表面抗原(HBsAg)携带者进行长期前瞻的研究结果,显示HBsAg阳性者发生肝癌的相对危险性(RR)为非携带者的13.69。其中男性的RR为11.98,女性的RR为17.06。同期观察的其它主要肿瘤的RR差异均无显著性。在启东的研究发现丙型肝炎病毒(HCV)在启东肝癌及正常人群中的感染率并不高,因此HCV可能不是启东肝癌的主要病因。

黄曲霉毒素B1(AFB1)的致肝癌作用也早已引起关注。启东居民历史上主粮以玉米为主,而由于当地气候潮湿,玉米霉变率高;在70年代多次进行的动物诱癌实验证实启东的霉玉米可以致癌。因此启东的研究表明AFB是重要的肝癌病因,在描述流行病学、分子流行病学研究及动物实验中均得到大量确认的证据。

遗传因素可能是启东肝癌的重要病因。现场的家族聚集性研究、肝癌的分离比和遗传度分析,以及基因研究均支持这样的观点,即肝癌的发生是遗传和环境共同作用的结果;肝癌可能存在某些杂合性缺失(LOH)、存在特定的或易感的基因;在多基因的基础上有主基因的作用。

在启东进行的流行病学调查显示不同饮水类型的居民肝癌发病(死亡)率差异有显著性(例如饮用宅沟、泯沟、河、浅井和深井水居民的肝癌发病率分别为141.40/10万,72.32/10万,43.45/10万,22.26/10万及0.23/10万)。有学者认为富营养化导致沟塘水中水中藻类疯长、释放藻类毒素;实验室研究证明这种毒素具有促进肝肿瘤的作用,并可与黄曲霉毒素 B1 一起诱发 HBVx 转基因鼠的肝癌。但在启东目前尚无进一步的证据。

(三)防治工作

1. 历史沿革　1972 年,启东成立了"启东肝癌防治研究领导小组",工作机构设在卫生防疫站内。来自上海、江苏、北京等地的专家在当地医务人员配合下,组成多学科的医疗科研队伍,连续数年驻扎启东,开始了肝癌防治研究工作。随着启东当地肝癌防治专业队伍的基本形成,1976 年启东肝癌防治研究所正式成立,下设流行病学、化学病因、病毒病因、细胞生物、肿瘤免疫、药物研究、诊断和治疗研究等科室(病房)。1999 年,"启东市肿瘤诊疗中心"挂牌,实行两块牌子、一个班子的体制。2005 年又增挂了"中美友好医院"的牌子。单位一贯坚持科研与临床并重发展,坚持以科研为基础,发展临床工作为重点,使科研和临床同步发展。

2. 病情调查　启东从 1972 年起开展肝癌的防治研究,先后进行了百万人口的 1958 ~1971 年的死亡回顾调查、自然人群的肝病普查、肝癌病例对照研究、动物及鸭子肝病的实验研究、肝病与呼吸道出院病人中 HAA(即"HBsAg")感染的调查随访等,后又组织了在南通地区所辖六个县 1968 ~1972 年 5 年死亡情况回顾调查。这些早期的研究,为确定启东肝癌的流行程度、在周边地区及在国内的相对发病(死亡)水平,确认启东为全国的肝癌高发区提供了科学依据和基础;也正式拉开了启东开展肝癌防治研究的序幕。

3. 癌症登记　启东自 1972 年开始执行恶性肿瘤(癌症)登记报告制度,1974 年建立居民病伤死亡原因登记报告制度。启东肝癌防治研究所流行病学研究室(对外称为启东癌症登记处)全面负责具体工作的实施。资料的收集主要依靠由村级卫生室、乡(镇)级卫生院、中心卫生院和市级医疗机构组成的全市各级"肿瘤防治网"。在 90 年代初,启东与上海、天津的癌症登记处均已成为国际癌症登记协会(IACR)的会员机构,1983 ~ 1987 年, 1988 ~ 1992 年及 1993 ~ 1997 年的资料已分别发表于国际癌症研究中心(IARC)编撰的《五大洲癌症发病率》第 6 ~8 卷。启东同时还参加了 IARC 组织的发展中国家的生存率研究以及国际疾病肿瘤学分类(ICD-O)的现场调查工作。2002 年获得全国肿瘤防治办公室、全国肿瘤登记中心授予的"全国肿瘤登记中心示范基地"的称号。

4. 早诊早治　1971 ~1977 年,启东应用 AFP 检测 200 多万人次,其中普查 178.69 万人中发现了 1 026 例肝癌,占同期启东肝癌发病数的 1/4 以上。其中现场普查发现的早期肝癌占 35.2%。经过积极的治疗,显示出了十分可喜的效果。由此,AFP 诊断肝癌、特别是发现早期肝癌的价值才真正体现出来,并在国际肿瘤界重新引起了关注和肯定。在现场工作的北京、上海、启东的三位医学科研工作者,还代表中国获得了美国癌症免疫奖、各获"早诊早治"金质奖牌一枚。

5. 病因干预　围绕启东肝癌的主要病因,启东现场在"六五"至"十五"期间开展了综合的预防干预研究。包括:

防治肝炎:启东自 1983 年起,开展了大规模的新生儿乙肝疫苗免疫接种工作。对免疫接种队列及同期对照队列共 8 万多人进行了 10 多年的随访,随访率达 90% 以上。结果显示乙肝疫苗 10 年保护率为 76%,说明乙肝免疫预防 HBV 感染具有长期保护效果。同时已经看到了免疫预防的中期效果：免疫组与对照队列相比，ALT 差别为 77%，慢性肝炎患病率大幅度下降；免疫组 ALT 持续异常且 HBsAg 阳性率显著低于对照组，两组间的差别为 90%。

控制黄曲霉毒素的摄入：从 80 年代中后期起，启东居民的膳食结构发生了很大的变化。根据抽样调查，1986 年启东居民以大米为主食的已占 97.4%，1997 年已达 99.2%。1998 年对某乡居民作主粮比例调查，全年口粮中食用玉米的比例仅占 0.5%，现场居民黄曲霉毒素的摄入量已经得到了极大的遏制。

改良饮水：20 世纪 70 年代以来，启东提出了饮用水井水化的要求，80 年代以来大力提倡饮用深井水（井深 250～320m）。据 1986 年调查，启东居民饮用深井水占 44.3%、浅井水 34.2%、河水 12.1%、沟塘水 9.4%；到 1999 年底，深井数增加到 270 多口，饮用深井水的人口达到 115 万，受益率为 98.0%。采取这些措施后，如果饮水中确实有某种（些）致癌物存在的话，相信通过改良饮水，未来的肝癌发病率会出现显著的下降趋势。

6.化学预防　适量补硒（Selenium）：调查发现，居民血硒水平与肝癌发病率呈负相关。现场试验证实，补硒可提高居民血硒水平，调节免疫功能，降低人群中肝癌发病率。“九五”期间对高危人群补硒前瞻三年，与对照比较，血硒、谷胱甘肽过氧化酶升高有显著差异；外周血 MN 检出率、LTDS 值显著降低。20 万人群实验证明，吃富硒盐[含亚硒酸钠(15 ± 4)mg/kg]观察三年，血硒水平为(0.125 ± 0.04)μg/ml，而对照为(0.099 ± 0.029)μg/ml，差别有显著意义。

口服吡噻硫酮（Oltipraz）：利用吡噻硫酮（奥替普拉）可以提高宿主组织中谷胱甘肽的水平的作用，中美研究人员在启东用吡噻硫酮对高危险人群进行干预的Ⅱ-b 期临床试验中，受试者服用 250mg/天或 500mg/周的吡噻硫酮，结果发现 500mg/周组与对照组相比，尿中 AFM1 排泄量可降低 51%（$P=0.030$）。证明了吡噻硫酮对黄曲霉毒素代谢的作用的影响。

口服叶绿酸（Chlorophyllin）：利用叶绿酸具有一定的抗氧化性、可对抗一些遗传毒性物质的致突变、减少黄曲霉毒素Ⅰ相代谢产物的形成的作用，中美协作在启东进行的一项随机的、双盲的、有安慰剂对照的化学预防试验中，180 名启东健康成人被随机分入到叶绿酸或安慰剂组中，服用剂量为 100mg，一天 3 次连服 4 个月；与服用安慰剂者相比，尿中黄曲霉毒素-N7-鸟嘌呤水平可下降 55%（$P=0.036$）。

饮用西兰花苗茶（broccoli sprout tea）：西兰花是芸苔属蔬菜，特别富含Ⅱ期酶诱导剂活性，其具有高含量的芥子油甙（glucosinolates），可被黑芥子硫甘酸酶以及人类的肠道菌群水解，成为异硫氰酸盐（isothiocyanates，潜在的诱导剂和抗癌物）。利用这一特性，在启东的预试验已初步证明西兰花苗茶可以达到安全、有效、廉价和实际可行的化学预防的方法，实验尚在进行之中。

7.二级预防　自 20 世纪 80 年代末以来，启东肝癌高发区选择“HBsAg 阳性、年龄在 30～59 岁的男性”这样一组肝癌高危险人群中每隔半年进行一次周期性筛检。肝癌的二级预防，主要是通过“三早”即早期发现、早期诊断、早期治疗来实现的。启东的研究显示筛检组的早期病人发现率高、而且生存率比对照高，1、3、5 年相对生存率筛检组分别为 23.7%、7.0%、4.0%，对照分别为

9.7%、4.0%、4.1%。这说明通过高危险人群的选择性筛检,可以早期发现病例,达到早诊早治。但尚未从死亡率的下降上看出筛检的效果,有必要继续观察。

8. 科研项目　1972～1978年,在启东肝癌高发现场进行了大量的流行病学调查、肿瘤登记和死因统计工作,掌握了启东肝癌流行情况;开展了地理环境、肝炎、黄曲霉毒素、亚硝胺、农药等肝癌可疑病因的研究。以血清甲胎蛋白检测方法用于全人群的肝病普查,使许多肝癌病人获得了早发现、早诊断、早治疗;初步建立了启东人体肝癌细胞系和肝癌宿主肝细胞系。自1979～2002年,启东肝癌防治研究所先后获准立项、实施各种科研项目共167项,其中部省级项目48项,国家级项目29项,国际协作项目14项。

9. 主要成果　启东肝癌防治研究所1979～2002年先后获科技成果(进步)奖76项。包括美国癌症免疫奖1项;国家科技成果(进步)奖6项;部(省)科技进步奖29项。先后在国内外学术期刊上公开发表各种学术论文约3000篇。

现场目前已积累20万例全死因死亡报告资料,6万多肿瘤登记报告病例资料,及5万多例肿瘤死亡报告资料。在80～90年代初为全市4万多名新生儿进行了乙肝疫苗预防研究,并建立了8万人(包括4万对照)的血清学随访队列。开展了200多万人次的血清学筛检普查,积累了20多年的临床病理及标本档案资料。已施行肝癌手术2000多例,切除率达56%,术后1年生存率达50%,3年生存率达26%,其中小肝癌5年生存率达50%。目前启东有存活10年以上的肝癌200多例,存活20年以上的约50例,存活30年以上的10余例。

(四)运行机制

1. 基本设施　启东肝癌高发现场的防治工作始终是在党和各级政府及卫生主管部门的领导下进行的。这些工作立足现场,因地制宜;从无到有、从小到大;经过一代人的努力,建成了适应肿瘤防治研究工作的现场科研基地,同时也发展成初具规模的医疗单位。本所现占地约30亩,建筑面积16000平方米,固定资产2000多万元。

设置了适应肝癌研究需要的实验室和必备的科研仪器设备,可以从事与肝癌相关的多学科的科学研究,包括病毒病因、生化检验、肿瘤标志物检测、免疫病理与实验病理等工作。备有CO_2培养箱、倒置显微镜、超低温冰箱、同位素计数仪、DNA扩增仪、切片机、自动脱水机、高速离心机等。

目前单位设肿瘤内科、外科、放射、介入、中医、妇科及门诊各科,拥有150张病床。备有直线加速器、超声聚焦刀、螺旋CT、光子刀、X刀、彩色超声仪、全自动生化分析仪等诊治设备。在肿瘤治疗方面,单位具备了专业肿瘤诊疗必须的综合治疗能力,形成了手术、化疗、放疗、介入、超声聚焦、中医中药等综合治疗体系。

2. 人员队伍与素质　本所目前有在编职工128人,具有专业技术职务者119人。20世纪70年代,当时在向“请进来”的老师学习的过程中,现场组建了一支自己的肿瘤防治专业队伍。以后大量的专业人员被“送出去”进修学习。通过协作研究,到国外进修学习、从事课题研究,提高了现场总体防治队伍的素质。

3. 网络建设　启东多年来大量的工作是在现场完成的,这主要是得益于覆盖全市的肿瘤防治网。①村级卫生室:收集恶性肿瘤基础资料、每月向乡卫生院报告并配合乡卫生院的诊治工作。②乡镇卫生院(卫生所):配有兼管肿瘤工作的领导,并有一名业务人员专职(兼职)具体负责接受村医生报告、收集肿瘤病例并及时上报、配合市区临床和科研工作。③市级机构:本所作为专业研究机构,申报承担各有关科研临床课题,从事常规诊治及资料的收集、整理、统计、分析。协调国内外现场科研课题的开展、对各下级机构人员具有指导、检查及业务培训的义务。并加强了基层医务人员的培训。80年代以来,已经成为经常性的制度。对长期从事肿瘤防治的基层人员,在退休时都给予一定的奖励并颁发荣誉证书。使启东的肿瘤防治网络做到"相对稳定,以老带新,逐年调正,不破不散"。

4. 资金来源　建所初期,本所性质为全民全额拨款单位,20世纪90年代后,由于工资、奖金等增加,拨款不再增加,因此出现资金来源短缺。好在当时已建立项目协作联系,项目招标能获得一定数量的经费,可以弥补不足。最近几年以来,事业费拨款进一步减少、2003年开始本所体制已转为医疗单位的模式在运作,人均拨款更少,经费主要来源于医疗收入及科研经费。其中的肿瘤登记及网络建设、培训费用只能由单位的自筹经费解决。

5. 协作交流　从20世纪80年代开始,本所在肿瘤登记、流行病学、病因、实验检测(实验室)、诊断以及临床研究(临床诊治)方面具有一定的影响力。同时,与国内外的医学院校、科研机构的协作联系继续巩固发展。因此,从"六五"至"十五",围绕启东现场的肿瘤研究课题,开展了广泛的协作研究,其中多数都是现场-临床-实验三结合的产物。还分别与中国医学科学院肿瘤研究所肿瘤医院建立了"肝癌研究合作中心"、与上海复旦大学中山医院建立了"肝肿瘤诊疗中心",与南通医学院建立了"教学科研基地"。

90年代以来,现场研究还吸引国际上的关注,在癌症防治研究中占有一席之地。例如启东曾先后与国际癌症研究中心、英国皇家癌症研究基金会、美国国立癌症研究所、美国约翰霍普金斯大学等建立了课题研究协作关系,先后接待来访的外宾200多人次,应邀出访美、英、法、日等国进行学术交流40多人次,扩大了对外交流和协作。

(五)面临困难

1. 重视和投入不够

2. 宣传不够或不恰当　许多癌症尽管深入的致癌机理可能尚不清楚,但主要病因已经初步了解。开展针对性的防治有可能降低许多癌症的发生。欧美国家经过多年的宣传与采取实际的防治措施,已使肺癌等疾病的发病率出现大幅度的下降。我国也已开始重视这方面的工作,并已经做了大量的工作。不过在现场,十分缺少恰当的预防方面的宣传。宣传媒体在公益性广告宣传上的支持不够。

3. 现场研究实验人员断层　本所在自身的人才培养和引进上缺少动力、支持和措施。原因有二:一是研究所作为医院体制定位,已引向自负盈亏的医院管理模式,把工作重心转向以治疗服务为中心,以经济考核为目标。二是预防研究及实验人员不仅无法充实,而且当在待遇和福利上出现明显的差别,造成分流。

4. 肿瘤诊疗活动不规范　总体说来,现场在肿瘤诊疗的设备和手段上相对不足,不能满足肿瘤诊疗的发展需要;但另一方面,医疗资源的重大浪费,不能优化发挥一个地区有限的财力经费所起到的最大的作用。

5. 肿瘤防治措施难落实　高发区现场的病因、早诊早治甚至是预防的原则方法已基本明确，根据这些已知的手段可望取得预防或早期发现的结果，但往往由于目前的防治体制、归口管理和经费等种种原因而导致措施的不到位和不落实。例如，甲胎蛋白诊断筛选肝癌的意义已经得到证明和认可，但在90年代以来因为经济的原因而无法实施了。癌症病人的治疗手段在完善和提高，但滥用诊疗手段、浪费患者钱财，片面追求经济效益而在错失最佳治疗时机。肿瘤患者的“三阶梯止痛”原则早已明确与强调，但晚期肿瘤患者的生存质量未见明显改善。

（六）发展设想

1. 加强肿瘤防治的宣传教育和健康促进　研究证明，肿瘤的发生主要与环境、膳食、行为、生活习惯等有关，因此有效地控制和改善环境，改变不良的饮食、行为、嗜好和生活习惯，可以有效地预防或延缓肿瘤的发生。在我国目前肿瘤防控宣传尚不普及的情况下，建议在肿瘤高发现场开展肿瘤的防治宣传和健康促进工作，重点是危险因素的预防（例如控烟教育、肝病预防、粮食防霉等）和早诊早治。把这些知识告诉群众，结合慢性病的社区干预，并且保证长期的、公益的肿瘤防治宣传的强度和频次，能起到以点带面的作用，具有社会和经济意义，并能够使肿瘤有效地达到预防和早期诊治的目的。

2. 加强人员队伍建设与培训　中国癌症预防与控制规划纲要（2004～2010）中，明确提出癌症防治是公共卫生的重要内容之一，应从公共卫生角度认识及推动癌症防治工作，将癌症防治与其他重大疾病的防治相结合。抓好典型示范，因地制宜地开展癌症预防及早期发现、早期诊断和早期治疗工作，提高癌症防治资源的利用效率。但目前我国农村癌症防治专业队伍力量十分不够、工作异常薄弱，对高发地区癌症的严重危害缺乏有效的对策，因此为落实《纲要》提出的要求，有必要在肿瘤高发区健全防治专业队伍、培训防治专业人员。

3. 理顺肿瘤防治归口体系　我国现场的肿瘤防治专业机构或诊疗中心，体制归属不一，建议把肿瘤防制纳入公共卫生体系，从体制上明确肿瘤防治的机构及职能、理顺领导和归属关系，以建立肿瘤防治的长效管理机制。省级要建立肿瘤防治技术指导小组并加强活动。由于肿瘤防治涉及较多的临床和预防专业技术，因此指导小组的构成除了考虑慢病防治、预防研究专家外，还应增加肿瘤临床诊治专业专家。同时建议建立巡回指导制度，在各高发区帮助沟通政府、主管部门及专业机构的联系，帮助各地因地制宜制订肿瘤防治规划、控制策略和发展方案，在推进肿瘤登记监测、肿瘤预防、早诊早治和规范的综合治疗工作中发挥积极的作用。

4. 发展和加强现场基地建设　我国曾有许多工作基础较好的肿瘤高发区。但目前可能都面临人员、编制、体制、经费和建设投入的严重不足的问题。重点工作应当包括：一级预防（肿瘤危险因素的控制与干预），二级预防（实施常见恶性肿瘤早诊早治的技术规范和实施方案）及三级预防（肿瘤病人的随访、康复指导和临终关怀）。建议国家和各省市区政府，以专项拨款或专项基金的形式，建立省市级支持、高发区地方扶持、专业机构自筹等相互协调的机制，加强县（市）级高发区肿瘤防治的支持力度。惟有如此，才可使肿瘤防治工作向可持续发展的方向继续推进。

山东临朐胃癌高发研究现场建设

刘卫东　赵洪军　马峻岭[1]　张　联[1]

山东省临朐县胃癌防治所　临朐　262600

(一)概况

山东省临朐县,面积1833平方公里,全县共有16个镇,2个街道办事处,963个行政村,2003年底总人口数85.9万人,其中城镇人口19.3万人,乡村人口66.6万人。

临朐县是我国北方胃癌高发地区之一,每年约有400多人死于胃癌。上世纪70年代全国肿瘤流行病学综合考察结果为恶性肿瘤死亡率108.79/10万,胃癌标化死亡率38/10万,占各类恶性肿瘤死亡的42%,居首位。1987年开始进行的肿瘤登记资料显示,恶性肿瘤发病及死亡率仍在100～142/10万之间,胃癌发病率为35～40/10万,当地胃癌以肠型为主,主要危害中年以上人群,男女比为3.3∶1,20多年来并无明显下降趋势,同时发现肝、肺癌有明显上升趋势。

1982年10月,临朐县卫生局始与北京大学临床肿瘤学院(暨北京肿瘤防治研究所)合作创建了胃癌防治研究现场,并于当年12月份进行了1980～1982年以胃癌死亡为主的全死因回顾调查。合作20多年来,以科研带动肿瘤防治工作,共同完成了国家"七五"、"八五"、"九五"科技攻关课题、国家863课题、国家973课题等多个研究项目和国际合作项目,取得了一定成果,参与研究的国内外专家及现场工作人员达100多人,受益人群达30多万。

在现场防治研究中,农民是最大收益者。临朐县原属贫困地区,农民生活水平较低,有许多不良的饮食生活习惯,通过我们的研究及宣传,使许多农民了解到胃病能够发展成胃癌,知道酸煎饼可能引起胃癌,目前大多数人已不再食用酸煎饼了。随着生活水平的提高,农民们不断改善饮食结构,改变不良卫生习惯,完善医疗保健措施。自1989年以来,我们共普查出百余例胃癌病人,其中早癌超过60%,及时安排住院手术并提供医疗费用。目前我们诊治的胃癌病人五年生存率达67%,十年生存率达50%,预防研究给本地农民群众带来更大的远期效益。

(二)胃癌防治研究工作开展情况

1.肿瘤发病登记　1987年,县政府成立临朐县肿瘤防治工作领导小组,并建立了县、乡、村三级肿瘤防治网,制订了全县肿瘤登记报告制度,于当年11月成立了胃癌防治的专门机构"临朐县胃癌防治所",首先派人到北京、上海肿瘤登记处学习,多次举办全县肿瘤登记及全死因登记培训班,在工作中不断探索,逐步达到中国肿瘤登记规范的标准。为提高登记报告质量,与国际接轨,按照全国肿瘤登记协作组的要求,于1997

年7月重新修订下发了《关于在全县开展全死因登记和肿瘤发病登记报告工作的规定》,制定了《临朐县全死因和肿瘤发病登记报告实施细则》。2002年10月被全国肿瘤防办授予"全国肿瘤登记中心基地"。肿瘤发病登记及死亡登记工作纳入医院综合目标管理考核范围,使肿瘤防治工作和发病登记报告制度逐步制度化、规范化,标准化。

2. 胃癌流行因素的研究　开展了胃癌流行因素研究并追踪观察,结果如下。

(1)危险因素:研究发现当地胃癌高发的主要危险因素有食用发酵酸煎饼、幽门螺杆菌(Hp)感染、高盐饮食、霉变食品、吸烟及胃病史、胃癌家族史等。尤其是Hp感染、吸烟、饮酒是使癌前病变进展到胃癌的重要危险因素。

(2)保护性因素,食用新鲜蔬菜水果较少也是当地胃癌高发的重要因素之一,食用葱蒜类蔬菜(大蒜、葱、韭菜等)具有明显预防胃癌的保护性作用;维生素C、β-胡萝卜素、硒和钙离子具有明显降低胃癌的保护性作用,以β-胡萝卜素和维生素C的保护性作用最强。

3. 胃癌及癌前病变发生规律的研究　1989~1994年我们对3 400例(35~64岁)居民进行了胃癌及癌前病变发生的前瞻性研究,利用胃镜检查和病理学方法初步确定当地胃癌高发的规律和影响因素,首次验证了人类胃癌形成的学说。我们还对胃癌低发区苍山县人群胃黏膜癌前病变进行了比较性研究,表明胃癌高低发区居民胃黏膜癌前病变发生率存在很大差别,食用大蒜是两地居民生活中明显的保护因素。

4. 胃癌防治研究

胃癌的一级预防:自1995年起我们与北京大学临床肿瘤学院在临朐县开展阻断胃癌的化学干预研究。通过提高体内维生素C、维生素E和硒的水平来达到阻断致癌性亚硝基化合物的内源性合成,提高体内抗氧化及细胞抗损伤能力;服用大蒜素降低体内终致癌物形成;针对胃癌发生的生物学因素进行抗Hp感染的药物治疗。经过8年的人群化学干预服药,并完成胃镜及病理学检查等,近期将会发表研究结果。

我们各种渠道积极开展胃癌预防的宣教,重点宣传不吃酸煎饼及霉变食物、降低吸烟率、低盐饮食、多吃蔬菜水果及豆奶制品、注重发展经济,提高生活水平等。随着研究的不断深入,宣传内容转变为胃癌的"三早",更通过充分发挥县、乡、村三级医疗预防保健网的作用,建议当地农民群众有病早查早治;建议有条件的医疗卫生单位从技术设备上提高胃癌早期诊疗水平。进入2000年后,随着幽门螺杆菌研究的深入以及胃癌癌前病变的化学营养干预研究进展,重点宣传根除幽门螺杆菌感染、补充维生素E、C,β-胡萝卜素、硒,大蒜素对控制胃癌发病的作用。

胃癌的二级预防:国家"九五"和"十五"期间,我们又开展了胃癌的二级预防研究。在另外4个乡镇17个村庄中对3 500多名高危人群进行胃癌的早诊筛查研究,用询问—计算机模式识别和检测胃癌相关抗原(Mg-7)、胃液潜血、Hp抗体等多项指标筛选高风险人群,以期摸索出一套适合中国广大农村、简便易行、符合卫生经济学效益的胃癌早诊筛查方案。

(三)现场管理及质量控制

提高现场管理水平,加强质量控制是做好现场工作的根本。从胃癌高发研究现场建立起，我们就十分重视现场管理及质量控制，为使肿瘤防治网络及肿瘤登记报告工作运转正常，县里各级党委、政府经常根据情况及时调整充实肿瘤防治领导组织，卫生主管部门经常检查各医疗卫生单位的肿瘤登记报告情况，将肿瘤防治工作纳入各医疗卫生单位年度综合目标管理考核内容，定期与经常性考核相结合。经过长期的胃癌流行病学现场工作，特别是多年的胃癌化学干预研究，摸索出了一整套的现场工作经验，使现场工作形成了“管理制度化、工作程序化、考核数量化”的模式，制订并生成了一系列的工作标准、制度及规范，如2003年受试对象胃镜检查到位率达99%以上；现场干预研究服药对象每月随访率均超过97%；服药依从率稳定在90%以上等。

（四）开展的国内、国际科研课题

目前正在进行的科研项目：①2002～2005与香港大学的合作课题：清除Hp与服用Cox-2抑制剂预防胃癌及癌前病变的化学干预研究。②2001～2005国家“十五”攻关课题：胃癌高发现场、高危人群优化筛检方案研究。

已完成的科研项目：胃癌及癌前病变随机化多因素的化学干预研究［1995～2003卫生部批文号：卫国合双发（1995）第648号］；②胃癌癌前病变转化及影响因素的研究（1989～1995中美协作项目，卫生部批文号：（89）卫科技第036号）；③饮食因素与胃癌关系的病例对照研究（1983～1986中美协作课题）；④“胃黏膜病变转归及细胞癌变的分子调控机理”（1999～2002国家973课题，G1998051203）；⑤“中国人类生物遗传资源的收集与保存”，分题：胃癌样品的收集与保存（1998～2000国家863课题，Z19-01-01-04）；⑥胃癌高发现场的综合防治研究（1996～2000国家八五科技攻关课题，96-906-01-04）；⑦胃癌高发现场化学病因因素的研究（1991～1995国家八五科技攻关课题，85-84-01-10）；⑧明确亚硝胺类化合物、真菌毒素等在人胃癌发病中的作用(1986～1990国家七五科技攻关课题，75-61-01-04）；⑨胃癌预防的人群研究，（1999～2002北京市胃癌重点学科）；⑩临朐县1980～1982年三年死亡回顾调查；⑪临朐县三年2000～2002）全死因回顾调查（2003～2004自选课题）。

（五）主要科研成果

通过在临朐胃癌高发现场的防治研究，取得了不少的成果，撰写了大量的学术论文及论著，在国内外重要学术杂志上发表科研论文达125篇总计为SCI引用800多次。被指定为全国胃癌高发研究现场及全国肿瘤登记中心基地。在潍坊市设有胃癌现场中心。

科研成果的所获奖项：

1988年北京市科技进步成果二等奖

1994年北京市科技进步成果二等奖

1994年中国抗癌协会一等奖

1995年卫生部科技进步成果三等奖

1997年国家科技进步成果三等奖

1999年国家科技进步成果二等奖

目前，由于我们胃病普查队多年的作用以及各级医院诊疗技术的提高，使胃癌病人的生存率明显提高，从长远来看，胃癌现场的建设及胃癌的防治研究将会给当地农民群众带来更大的效益。

1　北京大学临床肿瘤学院

深圳市子宫颈癌防治的现状与策略

刘植华

深圳市妇幼保健院　深圳　518000

子宫颈癌是严重威胁妇女健康的常见女性恶性肿瘤之一，其发病率在女性恶性肿瘤中居第二位，在过去的半个多世纪中，子宫颈癌的防治已经取得了明显的成效，早期发现和早期治疗已成为可能。如何将已有的研究成果运用于实际工作，降低子宫颈癌的发病率与死亡率，是我们面临的严峻挑战。

（一）子宫颈癌防治的重要共识

经过半个多世纪的努力，子宫颈癌的病因及自然病程已相对明确，干预手段已相对成熟，使子宫颈癌成为第一个可预防和根除的恶性肿瘤。

国内外实践证明有计划、有组织的健康人群筛查能够降低子宫颈癌的发病率与死亡率，目前在世界范围内，子宫颈癌主要危害的是那些无法得到或充分利用筛查的妇女。

根据国内外经验和目前所能掌握的技术水平，以及经济效益原则，子宫颈癌防治的重点在二级预防，即对健康人群进行子宫颈癌筛查，早期发现和治疗子宫颈癌及癌前病变。

据一些国家和地区报道，子宫颈癌的发病和死亡处于稳定水平且有增长的趋势，尤其是子宫颈癌的年轻患者开始增加。在我国也出现了子宫颈癌的年轻病例逐年增加的趋势。

（二）深圳市子宫颈癌防治的现状

1. 子宫颈癌的发病情况　深圳市是一个新兴的移民城市，人口年轻，与生殖道人乳头状瘤病毒（HPV）传播相关的性活动相对活跃，虽然还没有系统的流行病学资料，但总结深圳市妇幼保健院子宫颈疾病专科近年的临床资料，医院就诊人群中生殖道 HPV 阳性率达 21.86%，宫颈癌前病变（CIN）8.04%，子宫颈癌占 1.13%。近几年深圳市子宫颈癌监测报告的发病人数逐年增加，并且呈现年轻化，深圳市妇幼保健院宫颈门诊就诊病人宫颈癌患者平均年龄 41.3 岁。子宫颈癌已是一个不容忽视的问题。

2. 已开展的工作

（1）子宫颈癌防治网络建设：经过十多年的建设，一个良好的妇幼保健网络及慢性病防治网络已在深圳市建立并在不断的完善，能覆盖全市 539 万人口，为子宫颈癌早诊、早治提供良性互动平台。

（2）癌症发病与死亡登记：1999 年开始系统监测恶性肿瘤的发病及死亡情况，积累了宝贵资料。

（3）子宫颈癌的筛查：1999 年以来全市四家市级医院及部分区级医疗保健单位陆续成立了子宫颈疾病专科，进行子宫颈癌筛查及早诊、早治工作，发现和治疗了大量子宫颈癌癌前病变及早期子宫颈癌。

机会性筛查(对妇科就诊病人的筛查):每年对约25 000例以上妇科就诊妇女进行子宫颈癌筛查及早诊、早治。深圳市妇幼保健院子宫颈疾病专科近几年所进行17 000例次筛查,共发现子宫颈癌及癌前病变1 504例,其中子宫颈癌前病变1 372例(占91.22%),早期子宫颈癌18例(占1.19%),晚期子宫颈癌114例。

健康人群普查:结合健康体检,进行了小规模的健康人群普查。

(4)已为大规模普查作好人材及物资准备:结合机会性筛查的需求,每年举办子宫颈癌早诊、早治学习班1~2期,各医疗保健单位积极配备子宫颈癌筛查及早诊、早治的仪器、设备。机会性筛查同时也锻炼了队伍。这些工作的开展已为大规模普查作好了人材及物资准备。

目前,深圳市已经具备有相对成熟的子宫颈癌防治机构,具有开展子宫颈癌防治的基础设施及专业技术队伍,各医疗保健单位已在很好开展工作。只要对现有资源进行适当组合,非常有利于全市性子宫颈癌筛查及早诊、早治工作的开展。所需要的是进行该项工作的引导与推动。目前情况下是子宫颈癌防治中存在的问题,在深圳市子宫颈癌防治仅仅是处在一个良好的起步阶段,认为子宫颈癌的防治所缺乏的不是技术和条件,主要存在下列问题。

①缺乏有效的组织管理,现有卫生资源不能得到充分的利用;

②缺乏子宫颈癌防治的基本信息,如子宫颈癌的流行病学情况,完整的癌症发病与死亡登记信息等,影响政府部门决策;

③健康教育不足,对子宫颈癌普查、普治的重要性认知不够;

④缺乏一个有效的管理和制约机制,目前所做的工作大多数是医疗保健单位根据市场需要的自主行为,存在不规范的情况。

⑤经费的困扰。

(四)准备采取的策略

深圳市卫生行政部门已充分地认识到子宫颈癌防治工作的重要性,为了利用现有资源,由深圳市卫生局统一协调,深圳市妇幼保健院牵头、联合北京大学深圳医院、深圳市慢性病防治院共同开展子宫颈癌的筛查与早诊、早治。针对在子宫颈癌防治中存在的主要问题,采取积极的措施,促进子宫颈癌防治工作的开展。

(1)成立深圳市子宫颈癌防治领导小组和专家小组,对子宫颈癌防治进行有效的组织管理,充分整合和利用现有卫生资源。

(2)加强子宫颈癌防治的信息管理,掌握子宫颈癌的流行病学情况,进一步完善癌症发病与死亡登记,便于制定和调整子宫颈癌的防治规划,同时有利于评价子宫颈癌防治的效果。

(3)进一步完善子宫颈癌防治网络,所有进入网络的网点实行准入制,制订统一的实施细则和操作规范,对子宫颈癌防治进行规范化管理。

(4)加强健康教育,由市健康教育所统一安排和实施。

(5)积极探索子宫颈癌防治的管理机制,重点在经费的承担方式,子宫颈癌的防治与女性生殖道感染的防治相结合的措施,卫生资源的利用等方面,使子宫颈癌的防治能健康的可持续发展。

(6)子宫颈癌防治重点放在对子宫颈癌癌前病变及早期子宫颈癌的筛查,以大面积健康人群普查为主,机会性筛查为重要补充。

(7)子宫颈癌防治的推广方式应从试点开始,逐步推广,对现有的筛查方案进行充分的卫生经济评价。

盐亭县肿瘤高发现场防治的体会

王华余　陈君泽

四川省盐亭县肿瘤防治研究所　盐亭　621600

四川省盐亭县是全国消化道多种癌症集中高发地区,其食管癌、胃癌、肝癌发病和死亡率均居全国前 1 ~ 3 位,食管癌和胃癌发病率均在 100/10 万以上,肝癌为 70/10 万以上,严重危害当地居民的生命和健康。

1969 年 ~ 1970 年,发现盐亭地区恶性肿瘤高发,以食管癌为最高发,发病率为 118/10 万左右,死亡率在 85/10 万以上,同时胃癌也高发。于 1971 年 5 月在盐亭建立肿瘤防治工作队,以华西医大、中国医学科学院、四川省地理所、四川省粮科所等十多个医学及非医学单位的研究人员和本县部分医务人员组成的多学科协作研究,原卫生部副部长曹泽毅教授任首任领导,形成了盐亭县高发现场省内外、多单位、多学科大协作的局面。盐亭县食管癌高发现场的防治研究工作已持续了 36 年。自始至终以坚持和发展人群肿瘤防治、人群健康宣教、科学试验以"科研促临床、临床养科研、防治研并重"的方针。36 年来盐亭县人群食管癌发病率下降了 28.59%,死亡率下降了 18.82%;此外宫颈癌发病率下降了 79.91%,死亡率下降了 79.3% 左右;口腔癌、女性鼻咽癌发病率和死亡率也有不同程度的下降。

70 年代初,开展了着重对盐亭居民饮食习惯、地形地貌、水、土、河流、气象、岩石、小麦、玉米、谷子、酸菜、人体微量元素和鸡、牛食管癌等流行病学调查与实验研究,后又相继进行了回汉民和癌症家族史的对照调查研究、高低发区食管癌水土及微量元素的配对调查研究,同时建立和开展了以食管癌为主的肿瘤发病登记调查和居民全死因调查统计工作,县成立了肿瘤防治委员会,区、乡各级分别成立了肿瘤防治领导小组,建立了县、区、乡、村四级防癌网,培训了一大批县、区、乡、村四级防癌队伍;大力开展以食管癌为重点的全肿瘤的"三早"人群防治工作,利用食管拉网细胞学方法进行大规模的人群普查,与重庆长江橡胶厂合作研制改进的"76 型食管细胞采集器",获四川省重大科技成果奖,并推广应用于人群普查和临床诊断;同时开展了肿瘤的临床诊治和食管癌的外科治疗,从而改变了癌症的"不治之症"的局面,大大提高了临床治疗效果;在全县以广播、简报和防癌小册形式大力开展防癌及"三早"知识的宣教。70 年代后期,在流行病学和病因学调查研究的基础上,提出并实施了"改变不良生活习惯、改造环境污染、防霉、治疗癌前病变"等措施,开展了人群中草药治疗上消化道慢性炎症的预防研究。80 年代,我县相继开展了癌症社会因素的人群调查;进行了草药岩参治疗食管上皮重度增生阻断食管癌前病变的对比研究试验;进行了人群营养因素调查;加强肿瘤监测登记工作。90 年代,在营养学调查的基础上,提出了核黄素干预研究,相继在盐亭进行环境因素、经济流行病学和基因等方面的科研协作;开展了适合盐亭的防癌宣教模式的探索和研究,成立了盐亭县抗癌协会。2000 年后,召开了盐亭县肿瘤高发现场防治二十一世纪战略研讨会及所庆活动,总结经验,讨论和制订了盐亭县癌症高发现场防治的可持续发展的战略规划。

根据我们 36 年的现场防治实践,高发现场防治要持续坚持并得到发展,实现预期目标,我们的体会是:

(一)支持、保障措施

1. 长期稳定的政策性支持

2. 组织机构的稳定和发展

3. 防治技术支持与技术合作

(二)防治战略措施

坚持以预防为主,防、治、研相结合和坚持一级预防与二级预防相结合方针。

1. 病因学预防与病因学探索研究相结合 从 70 年代初开始,针对我县病因暴露情况,开展防癌宣教、改变不良生活习惯、改善营养膳食结构、改灶、改井、改厕、改造居住环境,整治污染源,加强有毒有害物质的管理,目前盐亭居民基本不吃酸菜,吃霉变食物少了,吃蔬菜、水果的多了,现已有 80% 的居民采用了密封井和自来水。由于原来的危险因素消除,新暴露的危险因素又逐渐被认识,需要我们不断地调查探索,因此,病因学预防与危险因素的不断探索交替进行是一个长期二艰巨的任务。

2. 阻断性预防试验与推广 从 70 年代开始,进行了多种中草药治疗食管重度增生阻断食管癌前病变的人群预防试验研究,取得了一定的效果。通过我们对岩参预防试验连续追踪观察 20 年,核黄素营养盐预防试验连续追踪观察 15 年,其远期降食管癌“两率”效果明显。2004 年将核黄素营养盐人群预防人群扩大到 15 万人群。

3. “三早”措施与癌前病变的临床防治 从 70 年代开始,应用食管细胞学诊断方法进行大规模的人群肿瘤普查,普查中发现了一批食管早期癌,通过及时手术治疗,其早期食管癌的 5 年生存率达到 89.2%。80 年代,采用纤维内镜与细胞学诊断方法相结合,大大提高了普查效果。通过早诊普查,不但发现了一批早期癌,同时发现了大批的癌前病变,为阻断性预防研究提供了重要调节和对象,同时开展了上消化道癌前病变的临床防治,对降低食管癌“两率”起到了一定作用。

(三)防治工作策略和途径

关键是各级领导层的支持,合作防治网络机构的建立健全,居民对癌症防治的重要性的认知、理解和重视,跳出小综合,实施大综合、大卫生预防策略。

(四)现场防治效果的监控

1. 建立与健全标准化肿瘤监测系统 采用全国规范化要求,正确收集和整理,及时分析研究肿瘤发病率和死亡率动态变化,是检测和评价防治效果的关键。

2. 建立癌症危险因素暴露水平的监测 定期进行环境和各种危险因素暴露水平,评价预防质量和效果。

3. 建立预防过程的监控措施 建立预防措施实施检测,及时分析评价预防过程的质量控制和措施正确性。

盐亭县高发现场防治工作经历了艰难曲折的 36 年,虽然取得了食管癌“两率”的下降,在病因学和发病学、防癌宣教研究方面取得了一定的成果,但癌症发病仍然很高,今后的任务还很艰巨,还必须在总结过去防治实践的基础上,认真研究现场防治措施与对策,探索现场防治发展的新路子,找出降低人群肿瘤发病率和死亡率的有效方法和措施。

近五年来广西肝癌高发现场防治工作汇报

梁安民　汪凯波[1]

广西壮族自治区肿瘤医院 广西壮族自治区肿瘤防治研究所　南宁　530000

近5年来,就广西扶绥县等地开展肝癌现场防治工作,简报如下。

一、广西肝癌高发现场的一般情况

1. 广西肝癌发病率、死亡率较高的县市主要集中于广西西南地区,以南宁市周边的扶绥、武鸣、隆安三县最为高发,其肝癌发生密度达到50~60/10万,其中扶绥县的个别乡村达到140/10万至160/10万;以此三县为中心,肝癌死亡率呈同心等高线分布,向外围递减。以壮族人群为主。

2. 据流行病学调查　上世纪90年代广西的肝癌死亡率为27.31/10万,比70年代的15.33/10万增长了78.15%,经标准化处理之后,其增长额度也达到48.15%。

3. 上世纪90年代的抽样调查资料表明,广西恶性肿瘤死亡率为80.84/10万,是70年代初期的2.1倍,而肝癌死亡率为27.31/10万,占广西恶性肿瘤死亡率的34.12%,其中,广西男性肝癌死亡率为41.80/10万,占男性恶性肿瘤死亡的40.35%;女性的肝癌死亡率为11.71/10万,占女性恶性肿瘤的21.44%,广西肝癌死亡发生的年龄多在50岁前后。目前,肝癌已是广西的常见病,多发病。

二、近年来开展的工作

（一）肝癌高发现场的一级预防

1. 继续对肝癌高发区饮用水的水质进行监测研究　包括污染的程度、污染水源的分布及其与村民肝癌死亡率的关系。目前在重点预防现场的大部分农村地区刚上了以管道系统提供的深层地下水和河水。但目前仍有少量边远的村、屯、寨尚需进行改造饮用水源,以争取尽快全部解决。

2. 改变对黄曲霉毒素污染的预防策略　随着对这一情况的多年深入调查,从源头上切断AFB1进入当地村民食物的途径,建议,通过政府行为,加大水利建没的力度,使相当一部分只能种植玉米、花生的旱地变成水田,种植水稻,改种甘蔗、果树等作物,这一工作已取得了一定的成效。

3. 进行绿茶,茶多酚、丹参预防肝癌的现场流行病学实验研究　结果显示:绿茶制剂的预防效果指数为2.38,保护率为0.57,差异有非常显著性;丹参制剂的相应数据分别为1.70和0.47,差异也有显著性。最近,我们改用从绿茶中提制的茶多酚进行科学实验初步研究,结果尚未显示出预期的预防效果,根据以往经验,服药预防的效果是逐年积累的。还在继续这一研究工作。

4. 由世界卫生组织资助　在广西肝癌高发的隆安县进行新生儿接种乙肝疫苗，其结果正在观察。

（二）在肝癌高发地区二级预防（早期发现、早期诊断、早期治疗）。

从2003年2月开始，在扶绥县、武鸣县等地开展肝癌筛查工作，具体情况如下。

1. 运行机制　首先动员以后举办业务培训班；筛查现场展开宣传，制订受检范围和原则及通知受捡人员准备检查。

2. 筛查对象的范围　确定第一次：凡男性25～55岁；女性35～50岁；HBsAg阳性者；有慢性肝病史者；有肝癌家族史者为对象；第二次：根据第一次筛查确定高危人群，每6个月检查一次，连续3年。

3. 检查内容　（1）进行肝癌流行病询查。（2）抽血化验AFP、HBsAg和肝功能等。（3）B超肝脏。（4）发放肝癌防治资料。

4. 2003年2月～2004年11月共筛查13 526人，结果如下表

附表　2003.2～2004.11月广西肝癌发现场13 256人筛查结果

发现的主要疾患	阳性率（人）	阳性率
肝癌	32	236.5/10万
HBsAg阳性	2450	18.1%
肝吸虫感染	957	7.0%
脂肪肝	685	5.1%
肝内胆管结石	287	2.1%
肝囊肿	268	1.9%
肝血管瘤	250	1.8%

5. 临床治疗工作　从2003年3月～2004年11月对筛查出的32例和其他县、乡镇医院进行体检发现的38例，共70例肝癌病人给予李嘉诚基金救助治疗。

三、今后工作计划与设想

（1）如果资金情况允许，我们将继续推行肝癌高发区高危人群的监测。对高危人群的监测及二级预防是肝癌防治有效手段。

（2）广西是西部地区和老、少、边、穷地区之一，肝癌防治应获得各方支持和重视。

（3）广西扶绥县肝癌高发现场已取得一定的研究成果，受到国内外同行的高度关注，建议有关部门应把这一肝癌高发现场纳入国家肿瘤防治计划中。

“粒子刀”肿瘤治疗新技术亮相

一种比伽玛刀科技含量更高的肿瘤新疗法“粒子刀”，日前被西南联合医院引入并用于临床。近日，在该院举行的“粒子刀”新技术新闻发布会上，北京医科大学有关教授称，使用“粒子组织植入治疗系统”（即粒子刀）可大幅度提高肿瘤区药物浓度，一次植入在给药区域产生的药物浓度及持续时间相当于静脉疗法的几十倍至几百倍，在肿瘤部位直接可以阻止细胞DNA、RNA生物合成，杀死癌细胞。“粒子刀”是通过粒子植入治疗计划系统的准确定位，确定粒子的位置和剂量，将放、化疗粒子直接植入到肿瘤体内外，在恶性实体肿瘤细胞周围形成包围圈，对恶性肿瘤进行交叉攻击，达到局部化疗、内放射治疗和微创手术完美结合的治疗效果。

加速林州食管癌高发现场建设

程同吉　连士勇　刘志才　陆建邦[1]　孙喜斌　李变云　程兰平　魏建荣

河南省林州市食管癌防治研究所/肿瘤医院　林州　456550

林州市位于河南省西北部，太行山东麓，西与山西平顺接壤，北与河北涉县为邻，全市面积2046平方公里，人口98万。林州市是食管癌高发区，20世纪60年代初年发病率为110/10万左右，90年代末为80/10万左右，是我国重点肿瘤防治现场之一。

我市的癌症防治工作，坚持科学发展观，以预防为主、防治结合，以食管癌早诊早治示范基地建设为契机，全面推进肿瘤防治工作。

（一）继续抓好三级防癌网建设，完善癌症信息登记系统

《中国癌症预防与控制规划纲要》（2004~2010）提出，要“完善癌症信息登记系统，建立统一的癌症信息库”。三级防癌网是我市开展肿瘤防治工作的一个重要网络，在肿瘤防治工作中发挥了重要作用，在信息化的今天，更要强化职能，重视人才培养，使其发挥更积极作用。强化机构建设及其职责，完善各级人员配置，并提高其业务和管理素质，以保证肿瘤控制工作贯彻实施。我市三级机构及其功能发挥如图1

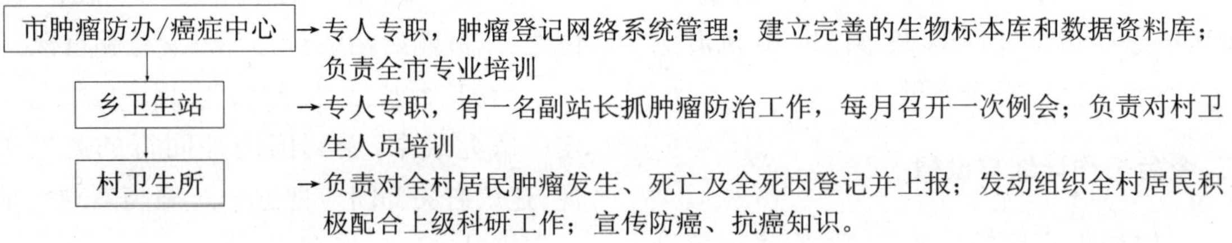

图1　林州市三级预防网及其功能

加强癌症发病、死亡和生存率等基本信息的收集和分析，为制定防治策略、评价防治措施提供可靠的科学依据。由于林州市各医疗单位的肿瘤诊断及治疗，特别是食管癌，胃癌的诊断及治疗，有一定的工作基础，易于收集和随访肿瘤病例。为了及时收集肿瘤发生和死亡相关信息，除依靠三级防癌网上报外，市癌症登记处还主动到市各医疗单位及殡仪馆收集复核肿瘤发病和死亡病例信息，使我们的肿瘤登记资料更加可靠、完整、准确。

按照林州市卫生局每年制定目标责任制，年底进行考核。市防办还制定了《林州市全死因及肿瘤防治研究质量监控细则》，其中包含各乡上报卡片的时间，数目及质量，并规定了定期、定量督促检查的方法和

次数。严格按照ICD-10和ICD-0编码原则，确保肿瘤登记与国际接轨。

(二)切实搞好食管癌早诊早治示范基地建设

为贯彻《中国癌症预防与控制规划纲要》(2004～2010年)及《河南省癌症控制规划》(2004～2010年)，加快林州食管癌高发现场开发与建设，积极开展食管癌早诊早治研究，规范食管癌早诊早治示范基地的建设、管理、考核、评价以及促进基地可持续发展机制的建立。以林洲食管癌防治研究所/肿瘤医院为基础，建立食管癌筛查及早诊早治中心，构建技术支持和服务平台。开展食管癌早期发现、诊断、治疗研究。使食管癌的早诊早治率在现有的基础上提高50%。

开展食管癌流行病学、病因学调查研究，建立人群研究队列和生物样品库，监测发病相关因素，开展健康教育及健康促进活动，普及防癌知识，使群众对食管癌的危险因素和早诊早治知晓率达到70%。开展经常性的癌症知识培训及食管癌早诊早治技术推广工作。2004年底，林州市已被国家确定为首批食管癌早诊早治基地，林州市正在积极组织和筹划基地建设有关事宜，成立食管癌早治基地领导小组，专家指导组和现场工作组，各类职责明确，2005～2010年各年度有计划，争取在五年之内探索出一条符合中国国情的食管癌早诊早诊方法。

(三)深化卫生科技体制改革，全面实现"创新、引进、推广"的癌症控制发展目标

构筑富有活力的新型癌症控制体系，全面推进体制创新、技术创新和管理创新。当前，我市肿瘤防治的重点是调整结构，分流人员，从体制上真正解决肿瘤防治机构重复设置、力量分散、重治疗轻预防等防治相脱节的状况。从林州实际出发，针对肿瘤防治工作的难点、重点学科建设、人才队伍建设等重大问题。在林州食管癌研究所肿瘤医院的基础上组建林州市癌症中心，中心的基本任务，一是组织协调全市肿瘤防治工作；二是开展肿瘤防治研究，为肿瘤预防和治疗提供技术支撑；三是为基层培养人员，进行技术指导和解决疑难；四是建立癌症监测和信息网络系统；五是开展防癌宣传，推进健康教育和健康促进活动；六是开展国际国内科技合作和交流。林州市癌症中心集癌症预防、治疗、科研、教学为一体，全方位推进高发现场的癌症预防控制工作。到2010年，使我市的食管癌防治水平，特别在食管癌早诊早治关键技术方面，达到国内国际先进水平，从而带动全省的肿瘤防治工作。

(四)重视人才培养引进，建设一支高水平的肿瘤防治队伍

充分发挥现有肿瘤防治队伍的积极作用，加快人才培养，加大继续医学教育力度，形成一个开放型、流动型、学习型的人才培养机制。继续医学教育是面向卫生技术人员的终身教育，它是卫生人力资源开发的主要途径和重要手段，是发展肿瘤防治队伍建设的重要内容。针对我市肿瘤防治队伍的现状和实际，建立培训基地，重点在"充实、培养，稳定、提高"上做文章。运用现代化的方法和手段，加快新知识、新理论、新技术的传播，以提高创新能力和整体素质。建设一支以高科技人才为骨干的、具有创新能力和团队精神的肿瘤防治队伍。(五)依托高校和科研单位，多渠道合作搞好现场科研工作

加强国际国内合作，以多种形式推进国际国内合作交流。努力争取参与国家、省、市重大防治研究项目，争取与中国医学科学院、郑州大学、省肿瘤医院肿瘤研究所建立长期合作关系，充分利用国内的基础数据、

科技信息、高新设备、互联网等共享资源，加强合作研究。

肿瘤高发现场具有丰富的病员和环境优势，而人才的馈乏和资金的短缺较为突出，高校和上级科研部门二者的协作可以最大程度的形成资源共享的良好局势，今后仍将保持和发展这种合作关系。

加强与中国医科院肿瘤研究所肿瘤医院的合作关系。中国医学科学院肿瘤研究所肿瘤医院在食管癌防治方面颇有建树，除有丰富的理论知识和科研实践经验外，且具有国际影响的专家与林州怀有深厚的感情，这种合作是全方位的，涉及到食管癌的基础研究、预防实践和临床研究。与郑州大学合作建立郑州大学林州肿瘤防治基地。

共卫生专业和临床医学各科及211工程都对林州市食管癌防治事业有极大的带动力，尤其对肿瘤登记报告工作和生物标本资料库、数据资料库的建设起到积极作用。

我们面临着新的机遇和挑战，要不断借鉴兄弟市县的成功经验，结合实际，勇于实践，大胆创新，与时俱进，在全国防办、全国肿瘤登记中心和省肿瘤防办的指导下，搞好林州市食管癌高发现场的建设，为全面建设小康社会提高人民健康水平多做贡献。

参考文献(略)

1　河南省肿瘤研究所　郑州　450008

实施食管癌早诊早治方法的探讨

张向东　孟凡书

磁县肿瘤医院　磁县肿瘤防治研究所　磁县　056500

我县是全国食管癌高发区之一。早在1973年，河北省委、省政府责成省卫生厅组织由河北医学院、河北省肿瘤医院、省肿瘤防办等多单位组成多学科肿瘤防治队伍，到磁县安营扎寨，进行了食管癌流行病学、病因学及预防研究工作。1991年，由中国医学科学院肿瘤医院肿瘤研究所、河北医科大学、河北医科大学第四医院、河北省肿瘤研究所一道，共同努力，以大量的现场研究资料及过硬的标书，一举成功争取并承担了国家“八五”、“九五”、“十五”食管癌攻关课题，三十余年来，我们工作卓有成效。

食管癌的“早诊早治”是降低死亡率、提高生存率的关键。随着我国肿瘤防治事业的发展，电子胃镜已成为诊断上消化道疾病的重要手段，内镜下碘染色是提高诊断率的主要措施。“十五”期间，在国家、省有关专家的指导下，利用内镜下碘染色方法在我县台城乡9个自然村进行了大面积的人群普查，现对普查后的早诊早治情况进行探讨。

(一)我院1999年对台城乡等9个自然村总人口12 048人，40～69岁人群中应普查的3 150人中实普查2 153人，普查率为68.35%。

本次普查采用日本产潘太克斯3000电子胃镜、联想电脑及图文打印系统，1.25%

碘液。对应检人群进行了胃镜下碘染色检查,普查人员年龄段与性别情况见表1。从表1可以看出男女分布均无显著差异,年龄分布符合当地情况;检出上消化道癌症患者103例。具体情况见表2;查出食管癌病变病理分类见表3:

表1 普查人员年龄段与性别情况

年龄段(岁)	男性	女性	合计
40~50	679	739	1 418
51~60	244	287	531
61~69	121	83	204
合计	1 044	1 109	2 153

表2 2 153例检出上消化道癌情况

	早期癌(例)	占检出人数(%)	中、晚期(例)	占检出人数	合计(例)	占检出人数(%)
食管癌	50	2.32	28	1.3	78	3.62
贲门癌	12	0.56	8	0.73	20	0.93
胃 癌	2	0.093	3	0.14	5	0.23
合 计	64	2.97	39	1.8	103	4.78

表3 2 153例检出癌前病变情况

	例数(例)	占检出人数(%)
重度不典型增生	176	8.17
中度不典型增生	251	11.66
轻度不典型增生	371	17.23
食管炎	818	38

本次胃镜下碘染色发现早期食管癌比不用碘染色发现早期食管癌在诊断方面有显著差异,故用碘染色诊断食管早期癌和癌前病变是目前诊断既方便又经验的检查法。

(二)早期食管癌治疗情况

(1)对本次检出的早期食管癌50例,行外科切除术38例;2004年对该38例病人进行随访,随访率为100%,目前健在37例,其中一例为意外死亡,5年生存率为97.6%。在2001年,对我院胸科1996~2000年食管癌切除术760例的本县患者随访调查,随访人数723例,随访率为95.1%。失访病例做为死亡计算,5年生存率为34.6%,比普查出的早期食管癌手术后高2.82倍。

(2)部分癌前病变和部分原位癌内镜下黏膜切除由河北医科大学第四医院治疗。

(三)讨论

我县30余年工作以来,已使磁县食管癌的发病和死亡呈下降趋势。应用电子胃镜下碘染色诊断食管病变,是目前可靠的方法,是提高食管癌患者的生存率、降低死亡率的有利措施。

设立示范基地的目的,在于如何在我国农村探索出一条食管癌早诊早治切实可行的办法,尽快降低食管癌发病率和死亡率。

工作中也发现胃镜普中有部分群众积极性不高分析原因有:

①应用电子胃镜普查费用高,且有痛苦。②部分农民文化素质水平低,健康意识不强。③平时不做健康检查,有症状后再查大多已为中晚期,而治疗后生存期偏低,即存在认识误区。④部分农民收入偏低,查出后因经济困难而得不到规范治疗或根本不治。⑤部分农民听信残言片语的误导,如治疗效果不佳。⑥部分农民思想陈旧,患了癌症怕别人知道而隐瞒,耽误最佳治疗时机。

经上分析原因,找到症结,准确解决办法有:

(1)行政干预:当地政府领导高度重视,严密组织是落实此项工作的保证。

(2)宣传:①充分利用现有媒体,反复播放;②将宣传资料制成磁带、光碟在各村传播;③制作宣传卡入户宣传;④张贴宣传标语和利用农村黑板报宣传;⑤发动在校学生利用各种宣传工具,广泛宣传,提高全民防癌、治癌意识。

(3)多渠道筹集资金,保证工作顺利开

展:①国家补贴;②当地政府设专项资金,为普查发现的早癌患者进行手术补贴,让农民治得起病,解除后顾之忧。③适当收取普查费,让健康人为患者买单。④医疗单位制定优惠、减免规定,尽量减轻患者负担。⑤积极推行新型合作医疗。

总之,在各级领导的支持和专家指导下,结合多年的预防和非常完善而坚韧的精神,我们有决心、有信心把此项工作做好。

癌症筛查中的一些基本问题

陆建邦　孙喜斌

河南省肿瘤防治研究办公室,河南省癌症及生命统计登记中心　郑州　450008

从理论上讲,癌症控制是可以达到的,或是可防止其发病,或是在发病后能够采取适当有效的治疗措施而得以治愈。然而,目前看来还没有一种方法获得完全成功,因此癌症控制还须相辅相成、互补不足才可完成。现今对某些癌症来说,通过筛查获得早期发现、早期诊断和早期治疗,降低发病率、死亡率,从而有效地控制癌症。

所谓癌症筛查,就是在"健康"人群中找出可疑者或癌症病人,才获得早期发现、早期诊断和早期治疗,以期得到较好的预后。

(一)癌症筛查的论理学

在一般的临床实践中,鉴于病人与医生间的关系特殊性,需要建立一种伦理原则以主导这种关系。例如,当一名患者为解除某种症状或治疗某种疾病时,医生只需要根据现代医学知识,发挥其专长并提供各种帮助。在此,医师仅需尽力服务,无需向病人许下一定能治好的诺言。但是,接受筛查者并不都是病人,而且其中的大多数人也不会成为病人。因此,接受检查者有时不仅没有得到好处,还会遭受一些损失。所以,癌症筛查的论理学问题就不得不引起重视。

在推行一项癌症筛查计划时,至少应保证对整个社会有益处,而应尽可能减少对某些个人造成损失。筛查应关心对整个社会的责任而不是针对某一个人。应考虑如何把有限的人力、物力公平地分配给整个社会以取得最大效益。这可能在发展中国家把有限的人力、物力从一个领域转移到另一个领域的特殊问题,可能会使人们的注意力从常规的医疗保护方面转移到筛查方面。在技术先进的国家也已注意到这个问题。例如,北美洲对50岁以上的妇女不进行常规乳腺癌筛查,其原因之一就是如果扩大到全社会普查,其费用太高。

(二)指导筛查计划的总原则

从疾病角度看,筛查应针对那些对群众健康危害严重、威胁生命的常见癌症,应是当前重大的公共卫生问题;应针对临床前期长、现患率高、自然史明确的癌症。

从癌症诊断和治疗的角度看,筛查发现的癌症应能迅速确诊,并能进行有效的治疗。

从试验方法看,筛查方法要敏感、特异,简单易行,方法安全,易为群众所接受。

从卫生经济学观点看,筛查成本要低,效益要高,供、需方都能长期投资,而不是一查了事的。

(三)癌症筛查效益的假说

癌症筛查是希望患者在出现临床症状前,或在肿瘤发生浸润前,借助于各种检查手段将其查出。由于某些患者在自然发病前即被诊断,有可能得到及时治疗而彻底治愈,籍此改变肿瘤的预后而达到降低发病率、死亡率的目的。

(四)筛查方法的评价

1. 比较方法　当某一群体接受筛查后,其结果可阳性 a+b 或阴性 c+d(见表1),在这两组中间,筛查诊断的正确性或误差有多大,可通过判定矩阵(Decision Matrix)统计学方法处理后进行综合评价;对所用方法与标准方法(金标准,应包含1年期随访结果)进行比较,再依据所得数值计算评价指标,方法如下:

表1　筛查方法与标准诊断方法真实性的资料归纳表

筛查方法	标准诊断方法		合计
	有癌(+)	无癌(-)	
有癌(+)	真阳性 a	假阳性 b	a+b
无癌(-)	假阴性 c	真阴性 d	c+d
合计	a+c	b+d	a+b+c+d=N

敏感性 = a/(a+c) ×100%

特异性 = a/(b+d) ×100%

误检率(假阳性率) = b/(b+d) ×100%

漏检率(假阴性率) = c/(a+c) ×100%

粗符合率 = a+d/N ×100%

校正符合率 = 1/4[a/(a+b) + a/(a+c) + d/(c+d) + d/(b+d)]100%

约登指数(Youden Index,即正确指数) = a/a+c+d/b+d=1

阳性预报值 = a/(a+b) ×100%

阴性预报值 = d/(c+d) ×100%

2. 评价指标

(1)反映筛查方法正确性的指标:任何诊断技术的价值都是基于它的正确性和效益。当评价一项筛查方法时,首先要考虑的是它的正确性,即所得结果与实际符合程度。反映正确性的四项基本指标是:敏感性、特异性、误诊率和漏诊率。敏感性是指某一检查方法在被检人群中检出所有癌症病人的能力;特异性是指某一种检查方法在被检人群中准确认识不是癌症人群的能力;粗符合率、校正符合率及约登指数是综合性的。正确指数是反映敏感性和特异性的一项综合指标,用敏感性加特异性减去100来表示。其值若等于或小于50,则筛查试验方法本身并不比随机好多少。

(2)反映筛查试验方法效力的指标:阳性预报值与阴性预报值是衡量筛查试验效力的指标,反映筛查阳性者中和阴性者中患癌与未患癌所占的比例数。它属于队列评定,不仅受敏感性与特异性的影响,而且也受人群患病率的影响。如人群现患率很低,筛查试脸的效力也会降低,即使使用特异性很高的试验方法也会出现相当多的假阳性。阳性预报值越高,所需费用亦越高,反之,阳性预报值低,筛查浪费较大,可能有假阳性。阳性预报值随着人群患病率和特异性的增加而增加,和试验方法的敏感性关系不大。阴性预报值接近1,表示没有筛查的必要。如果在低预报值的情况下筛查,不仅正确识别假阳性结果花费大,而且潜在的风险也大。低预报值的筛查很快就会失去信誉。

(3)筛查的可信度和有效度:信度和效度都好的筛查方法最值得应用和推广;信度好、效度差的筛查方法仍然可以应用;信度差、效度好的筛查方法很难应用;信度和效度都差的筛查方法根本不能采用。

（五）筛查中应注意的问题

癌症筛查是肿瘤控制过程中的一项重要措施，但是，由于对所查肿瘤、人群、间隔以及所采用的检测方法不当，往往事倍功半，劳民伤财、得不偿失。除了事先制定严格的筛查计划外，以下三种偏性在评价筛查效果时应引起高度重视。

1. 提前时间偏性（Lead Time Bias）　在日常工作中，常以肿瘤患者的生存期长短来评价筛查的效益，认为筛查出来的肿瘤病人，只要其生存期较自然发病的长，就说明筛查有效，延长了生存期，这是一种常见的误差。如不考虑筛查时间的领先因素，单纯的生存期延长，并不能说明筛查有效。所谓提前时间是指肿瘤自然发病与经筛查被检出而被提前诊断的时间。筛查虽可使这些肿瘤患者的生存期延长，但被延长的是被提前诊断的领先的时间，所以并不能延长患者的寿命，也不能改变其预后。

2. 样本病程长度偏性（Length Biased Sampling Disease distance）　在评价癌症筛查工作时，另一个容易出现的偏差就是常常以筛查检出的癌症数以及早期癌症病人的比例来说明筛查效益，但这一结果也往往不可靠。肿瘤的预后与不同的生物学特性有关，因此，即使病理类型相同的同一病理组织类型的肿瘤，其预后也因人各不相同。筛查期长可发现一些具有较长临床前期或终其一生根本也不会出现临床症状的肿瘤，即所谓过度诊断（Overdiagnosis）问题，如某些老年人的原位癌，筛查的方法愈灵敏，筛查间隔期愈长，此种肿瘤检出的机会愈多。由于此种肿瘤本身发展缓慢，检出时期又较早，肿瘤具有较长的生存期，即使筛查时未查出，未于治疗，也不会死于此种肿瘤，患者常因其他疾病而死亡。因此，在这种情况下，筛查检出的是一些病程期长、生长较慢、预后较好的肿瘤，而生长较快的肿瘤常被遗漏。

3. 选择偏性（Selection Bias）　由于筛查工作常在自愿的基础上进行，因此，接受筛查人群往往不能代表自然人群，而是自我选择的结果（Self Selected）。这些自我选择的个体常常是有肿瘤家族史或有某些癌前疾患的高危人群，其结果是筛查组的肿瘤检出率高于自然对照组的检出率也就不足为奇了。有些源于某些癌前疾患的肿瘤预后相对较好，如源于萎缩性胃炎的肠型胃癌或源于乳腺增生的导管癌等，这类肿瘤即使自然发病也有相当一部分能够治愈，这就是由于选择偏性掩盖了筛查组的预后较对照组为好的真相。

（六）癌症筛查的利与弊

由于筛查需要在一定数量的大范围人群中进行，又要经历一个较长时期才能观察其结果，因此，涉及的问题甚多。诸如，筛查对象的选择、筛查方法的确定、筛查间隔的考虑、筛查效果的评定以及最终能否降低某一种肿瘤的发病率、死亡率，能否取得较大的社会经济效益等一系列问题。所以，对于癌症筛查的利与弊，就存在着不同的意见，现归纳如下。

1. 筛查可能带来的好处　可改善检出肿瘤的预后；早期病例可做破坏性较小的手术，可得到早期治疗；检查后阴性者可感到放心等。

2. 筛查可能带来的不利方面　包括：筛查常可发现一部分临界性病变，对这类病变常施以不必要的过激治疗；检查后的假阴性患者，常因而放松了警惕，反而延误了诊断；某些筛查中发现的假阳性患者，常因此而精神紧张而虚惊一场；某些检查方法本身有一定危险性，也会给接受检查者带来一定的痛苦，尤其对于健康人群是不适宜的；浪费人力、物力等卫生资源。

(七)筛查肿瘤的选择

1.筛查肯定有效的肿瘤　一致公认对20~70岁的妇女,每隔3年进行一次宫颈检查和刮片检查,可降低宫颈癌的死亡率。

2.筛查效果尚不明确、还有争议的肿瘤

目前一般将乳腺癌的筛查对象定在40岁以上的妇女,检查方法仍以局部体检及χ线摄片为主,乳腺自我检查的效果尚未被肯定,各国仍在探索乳腺癌筛查最佳方案及新的检测手段。表2反映人群随机对照的研究结果,从数字可以看出,乳腺癌筛查效果仍无定论。其他还有胃癌、大肠癌、肝癌等。

表2　乳腺癌筛查随机对照研究结果比较

地区	随机检查人数		死于乳腺癌人数		相对危险度
	筛查组	对照组	筛查组	对照组	(95%CL)
瑞典马尔默	21088	21195	63	66	0.96(0.68~1.35)
加拿大	44925	44910	120	111	1.08(0.84~1.40)
合计	66013	66105	183	177	1.04(0.84~1.27)

3.认为筛查毫无效果的肿瘤　包括肺癌和食管癌等。

(八)小结

在考虑癌症筛查时,有许多基本问题需要解决。首先,所筛查的肿瘤必须是危害最重大的疾病;其次,要了解疾病的自然史,还要考虑群众的接受程度;最后,对于检查出来的肿瘤要有较好的治疗措施,当然,还要考虑到社会经济效益。总之,目前,对于多数肿瘤来说,筛查被认为是研究实验性的,尚不能推荐为公共卫生政策。

参考文献

1 Isobel dos Samoslia. Cancer epidemiology; Principles and Methods. IARC, Lyon,1999: 353~379

2 Olsen O, Gotzsche PC. Screening for breast cancer with mammography(Cohrance Review) In: The Cochrance Library, 1, Oxford Update Software,2002

3 Olsen O and Gotzsche PC. Cochrance review on screening for breast cancer with Mammography, Lancet,2001;358: 1340~2

4 D. Schottenfeld. JF, Fraument, Jr. Cancer Epidemiology and prevention LARC Lyon,1982

5 WHO:国家癌症控制纲要(中华人民共和国卫生部推荐).杭州:浙江科学技术出版社,1998

6 李连弟.中国常见恶性肿瘤筛查方案.北京:人民卫生出版社,1999

7 陆建邦.癌症筛查方法的评价。当代肿瘤学杂志,1995;2(2): 84~85

8 陆建邦,戴涤新,孙喜斌,等.食管癌胃癌常用筛查诊断方法比较。中国肿瘤临床,1994;21(6): 408~411

五十年来我国肿瘤流行病学工作的发展与成就

陆建邦

河南省肿瘤研究所 河南　郑州　450008

中国人民具有两千多年与癌症作斗争的历史。近50多年来,随着传染病的逐渐被控制和人口寿命的延长,加之一些不良生活方式、习惯的存在和环境污染的加重,癌症已成为我国人口死亡的最主要原因之一。根据国家20世纪90年代末公布的数字,我国城市人口癌症死亡率已达 140.47/10 万，农村人口为 111.57/10 万，占人口总死亡的 20% 以上。恶性肿瘤防治工作愈已显得十分紧迫和重要。

我国的肿瘤流行病学工作，与世界发达国家相比，起步较晚，从总体上来说，还很薄弱，发展也很不平衡。但因为她年轻，富有朝气，在我国常见恶性肿瘤流行病学研究，诸如：描述流行病学、分析流行病学以及实验流行病学等方面都已做了大量工作，得到了极大的发展，也取得了骄人的成绩。特别是老一代肿瘤流行病学工作者，他们上山下乡，深入高发现场，厂矿基层，不辞辛苦，孜孜追求，为我国肿瘤流行病学工作做出了巨大贡献，也为我们树立了光辉的学习榜样。具有中国特色的全国性流行病学调研大协作，积累了丰富而宝贵的科研资料。我国改革开放以来，国民经济迅速发展，人民生活水平不断提高。肿瘤流行病学工作，理所当然地应为国家为人民做出更大的贡献。为此，我们应总结经验，与时俱进，为肿瘤防治工作提供更好的服务。

自 20 世纪 50 年代末、60 年代初以来，我国许多地区都开展了肿瘤调查和普查，肿瘤流行病学的研究不断深入。1959 年，林县（现称林州）作为我国第一个食管癌高发现场在太行山区被发现和开发，之后江苏启东、广西扶绥作为肝癌防治试点；广东中山作为鼻咽癌防治试点；浙江萧山作为大肠癌防治试点，以及四川盐亭、河北磁县、山东临驹、湖北麻城等肿瘤高发现场相继建立起来，各个省区的肿瘤高发现场防治试点工作在发展我国肿瘤流行病学事业方面起到了积极地推动作用。

1972 年在林县现场进行了食管癌抽样调查；1973 年在广东和江苏启东分别进行了鼻咽癌和肝癌的普查和调查；1974 年在河南、河北、山西华北三省交界的太行山区开展了五千万人口食管癌死亡回顾调查；1975 ~1979 年，国家组织了全国（除台湾省外）的 29 个省、市、自治区含盖 395 个地（市）和 2 392 个县（旗）合计八亿五千多万人口的 1973 ~ 1975 三年恶性肿瘤及全死因回顾调查。这次调查运用了我国自己设计的抽样方法，先后动员了近百万医务人员，包括 56 种死因的调查和统计分析工作，绘制了迄今为止世界上最完整的肿瘤地图集《中华人民共和国地图集》（中、英文版）和《中国恶性肿瘤死亡调查研究》一书。这次组织的全国性调查以及地图集的出版曾被外国专家誉为世界的一大创举和奇迹。通过这次调查，基本摸清了我国常见恶性肿瘤的流行情况和分布规律，确定了防治重点及其相应高发区，为我国整体肿瘤防治事业奠定了坚实地基础。在此基础上又先后进行了食管癌、胃癌、肝癌、肺癌等恶性肿瘤的流行病学和病因学的多学科综合考察。1982 年进行了 20 个城市 49 个农村县的肿瘤抽样调查；1986 年完成了全国 17 个行业 456 个厂矿的职业肿瘤流行病学调查，这次调查规模最大、范围最广，对我国职业肿瘤的流行因素、发病情况和流行规律有了比较清楚的了解。通过这些调查，特别是全国三年死亡回顾调查，摸清了我国常见恶性肿瘤的流行情况和分布特点，确定了重点防治的 9 种恶性肿瘤及其高发区，为我国整个肿瘤防治工作奠定了基础。

我国常见的 9 种恶性肿瘤分别是，胃癌、食管癌、肝癌、肺癌、宫颈癌、肠癌、乳腺癌、鼻咽癌和白血病。这 9 种癌症死亡占到癌症总死亡的 90% 以上，是全国肿瘤防治的重点。除以上提到的林州、启东肿瘤高发现场外,还有山东临朐胃癌现场、云南个旧锡矿肺癌现场、江西靖安宫颈癌现场等,长期坚持至今,在肿瘤流行病学研究方面成绩卓著。

由苏德隆老一代流行病学家倡导和推动的于1981年在哈尔滨召开的第一届全国肿瘤流行病学学术会议和1984年在天津召开的全国肿瘤学术会议,对提高我国肿瘤流行病学研究水平起了极大的促进作用,对于改革开放后我国肿瘤流行病学研究工作注入了新的活力。

肿瘤发病、死亡统计是一项最基础的工作,也是我国肿瘤防治工作的重点。有计划的建立肿瘤发病、死亡监测网点,并逐步纳入卫生统计报告的法制轨道,对于了解癌症发病、死亡动态,制定疾病防治规划、考核防治效果以及科学研究都是十分必要的。1988年10月在河南郑州召开的“全国第一届肿瘤登记学术会议”和“第二届全国肿瘤流行病学学术会议”,有力的推动了我国的肿瘤登记报告工作。全国已有100多个市县实行了恶性肿瘤发病死亡登记报告制度,登记资料已被广泛应用于癌症发病趋势分析预测和流行病学研究,对我国肿瘤流行病学研究和发展起了极大的推动作用。

第三、第四届全国肿瘤流行病学学术会议分别于1995年5月和1999年6月在江苏南京与天津召开。学术会议总结了成绩,交流了信息,推动了肿瘤流行病学研究的进程。在全国新、老流行病学工作者的努力下,我国的肿瘤流行病学研究工作得到了极大的发展。

结合肿瘤普查开展的各种癌症的筛查试验研究正由人群特征、细胞、组织形态学向基因分子生物学水平发展;以人群为基础的肿瘤病例对照研究已逐渐为大家所采用;综合因素研究和队列前瞻性研究正向纵深发展;预防方法和以人群为基础的各项干预试验研究已在若干地区开展;计算机技术和先进的数据统计分析方法已在肿瘤流行病学调查研究中应用;肿瘤网络系统广泛建立;在20世纪末,我国肿瘤流行病学和肿瘤预防都有了可喜的进展。

在河南林州食管癌高发现场采取了防霉(防止食物霉变)、去胺(祛除食物、饮水中的亚硝胺)、改善营养、改良饮水、改变不良生活习惯以及治疗食管上皮增生等癌前病变等综合性预防措施,食管癌发病率、死亡率已逐步下降。在江苏启东肝癌现场采取了防止乙型肝炎、防霉去毒、改变饮食结构、改水以及积极治疗甲胎蛋白低持阳患者的综合性预防措施;启东还与国际卫生组织合作,通过接种乙肝疫苗预防肝炎来减低肝癌发病率的“肝癌免疫预防战略”,已看到保护率达到80%的近期保护效果。鼻咽癌、肺癌、胃癌、宫颈癌、乳腺癌、大肠癌等也都采取了相应的一级和(或)二级预防措施并取得了可喜的进展。

癌症不仅危害人民的健康和生命,而且严重影响社会经济和科技的发展。肿瘤防治工作已成为一件刻不容缓的大事。在新的世纪里,肿瘤流行病学更要当好肿瘤防治工作的侦察兵和先行官,为攻克人类顽敌癌症作贡献,为社会主义建设和人民健康立新功。

参考文献(略)

❖ 肿瘤其他 ❖

肿瘤基因-放射治疗的新策略

龚守良

吉林大学公共卫生学院卫生部放射生物学重点实验室　长春　130021

利用高效的抑癌基因和适宜的表达载体,采用 Egr-1(early growth response-1)基因的辐射诱导特性进行肿瘤基因-放射治疗,为临床肿瘤治疗开辟了新领域。近年来,由于 RNA 干涉(RNA interference, RNAi)技术的问世,又为肿瘤基因-放射治疗提供了新策略。也就是,应用小片段干扰 RNA(small interference RNA, siRNA)干涉技术,阻断 DNA 修复基因和抗凋亡基因,达到肿瘤基因-放射治疗效果。

一、Egr-1 启动子介导的肿瘤基因-放射治疗

肿瘤的发生、发展和转移是一个由多基因调控的复杂过程,寻找高效的抑癌基因和适宜的表达载体已成为肿瘤基因治疗的关键。根据肿瘤放射治疗的特点,应用 Egr-1 启动子介导的基因-放射治疗可明显抑制移植肿瘤的生长和转移,延长荷瘤动物生存时间,其体内抑瘤作用明显优于单纯放疗或基因治疗,且未见明显的毒副作用;以质粒或复制缺陷型腺病毒介导的 Egr-抗肿瘤基因导入瘤内均具有辐射诱导抗肿瘤基因表达增强的特性。

田梅等[1]克隆人野生型基因 PTEN/MMAC1 cDNA 序列,构建了辐射诱导表达载体 pEgr-hPTEN,稳定转染细胞株 SHG-44-sPTEN,联合 X 射线照射可明显抑制肿瘤细胞的恶性增殖,5 Gy 以内随吸收剂量的增加,抑制肿瘤效应更加明显[2]。杨建征等克隆小鼠 B7-2 基因编码区 cDNA 序列,构建了表达载体 pcDNA3. 1-Egr-B7-2,增强了放射治疗的抑瘤效应。朴春姬等[3]成功构建 pEgr-hTRAIL 表达质粒,体外稳定转染细胞 A549-shTRAIL,具有明显增强辐射诱导肿瘤细胞凋亡的作用。在构建抑癌单基因基础上,我室又构建了抑癌双基因,收到更理想的肿瘤基因-放射治疗疗效。金光辉等[4]克隆小鼠 mIL-18 编码区 cDNA 序列,构建了 pEgr-IL18-B7. 1 表达载体,联合放射治疗,可明显抑制肿瘤生长,双基因-放射治疗效果明显优于单纯放射治疗及单基因-放射治疗效果[5],其抑瘤机制可能与电离辐射对肿瘤细胞直接杀伤作用、抑制肿瘤局部血管生成及 IL-18 和 B7-1 提高机体抗癌免疫功能有关[6]。杨巍等[7]克隆小鼠内皮抑素(mEndostatin)编码区 cDNA 序列,构建了含 Egr-1 启动子的 IFNγ 和 mEndostatin 双基因表达载体,其结果表明单基因-放射治疗肿瘤明显优于单纯基因治疗或放射治疗,双基因-放射治疗的抑瘤作用明显优于单基因-放射

治疗,其抗肿瘤作用机制与辐射诱导双基因共表达增强及协同发挥抑瘤作用有关[8]。

由于复制缺陷型腺病毒载体介导基因转移具有导入效率高、可制备的病毒滴度高(> 10^{11} cfu/ml)及对分裂和非分裂细胞均有感染性等优点,重组腺病毒载体在基因-放射治疗中介导的基因转染效率、表达量以及体内抑瘤作用明显优于质粒载体。因此,我们在前期研究工作的基础上,为进一步提高基因-放射治疗肿瘤疗效,着手构建辐射诱导的双基因表达重组腺病毒载体,观察其辐射诱导表达规律及双基因-放射治疗的抑瘤效应。

二、抑制特异基因表达的强大工具——RNA干涉技术

RNAi是由靶基因序列同源的双链RNA(double strand RNA, dsRNA)而引发的序列特异性基因转录后沉默过程。果蝇中一种称为Dicer酶可以特异识别dsRNA,并将其切割成21~23个核苷酸组成的小片段干扰RNA(siRNA),作为效应介导子,与一个核酸复合物形成RNA诱导复合体(RNA inducing silence complex),后者激活可引起相同序列特异性的mRNA降解。RNAi现象是细胞中消除异常mRNA和抵御病毒、转座子等侵袭的有力防御反应,而迅速发展的siRNAi技术已使其成为一种强大的研究哺乳动物中选择性抑制特异基因表达和研究基因功能的工具[9]。

siRNA干涉技术是利用强大的阻断真核细胞中特异表达的功能,采用转录后剪切的机制将靶基因所对应的dsRNA导入生物体内,使相应的靶基因mRNA降解[10]。其最重要的特征之一是小量局部放大效应,即小量的dsRNA能够使大量的靶RNA沉默[11]。同时,还具有其他重要特征[9~11]:① RNAi是转录后基因水平的沉默机制,注射靶基因的内含子或启动子序列的dsRNA均无干涉效应,翻译抑制剂对RNAi不产生影响;② RNAi具有较高特异性,能够非常特异地降解与之序列相应的单个内源基因的mRNA;③ RNAi抑制基因表达具有很高的效率,相对少量的dsRNA就可以使其表型达到缺失突变的程度;④ RNAi有浓度、时间双重依赖性,干涉效应通常出现在注射dsRNA后6 h,可持续72 h以上;⑤ RNAi基因表达效应可以突破单个细胞界限,在不同细胞,甚至生物体间长距离传递和维持,并可传递给下一代。

RNAi技术问世后,相应的技术随之出现。众多研究者认为,通过质粒表达siRNA效果更佳,而且一些siRNA质粒表达载体已商品化生产。通过siRNA表达质粒选择标记证实,其质粒可以更长时间抑制目的基因表达,并由于质粒可以复制扩增,相比化学合成,可以显著降低siRNA成本,故既经济且又高效。另外,在基因表达恢复之前,RNAi现象将持续多个分裂周期。这有效解决了靶基因特异性阻断剂寻找难度大,用药剂量及毒副作用反应较大,疗效不完全,单个基因特异性相对较差,作用时间不持久,难于合成及价格昂贵等问题。RNAi也不同于传统DNA水平的基因剔除技术,而是在RNA水平上去除RNA,并拓展了反义寡核苷酸技术。因此,RNAi是一项理想的阻断特异基因表达技术,如将其用于阻断肿瘤细胞DNA修复途径关键调控基因,或阻断抗肿瘤细胞凋亡基因,会收到比特异性阻断剂更理想的肿瘤放射治疗效果[12]。

三、siRNA 干涉 DNA 损伤修复基因与肿瘤放射治疗[13]

电离辐射诱导细胞 DNA 损伤修复机制的研究表明,电离辐射可以诱导不同类型 DNA 损伤,并主要通过 4 条途径进行 DNA 损伤修复,对于大量 DNA 螺旋扭曲损伤或单链断裂常激活核酸切除修复或碱基切除修复途径;当 DNA 损伤较重,引起 DNA 双链断裂而激活非同源末端连接途径和(或)同源重组途径。研究表明,抑制 DNA 修复任一途径,均可提高放射治疗效果。例如,在较低水平,电离辐射诱导 DNA 损伤大多可以修复,但如抑制其 DNA 修复过程,则这些可修复损伤转变为不可修复损伤,诱导更多细胞凋亡。因此,抑制 DNA 损伤修复是提高放射治疗疗效的主要途径之一[14]。

已有人[15]采用 siRNA 干涉技术针对 DNA 修复过程关键调控基因 ATM、ATR 和 DNA-PKcs 构建 siRNA 干涉质粒,对人前列腺细胞株 DU145 和 PC-3 进行 3 ~ 6 Gy 的放射治疗。结果表明,特异靶基因 siRNA 干涉联合放射治疗组比单纯相同剂量放射治疗组,肿瘤细胞株辐射敏感性提高 3 倍以上,而且该方法明显好于应用高浓度特异阻断剂 wortmannin 或 LY294002 增强肿瘤细胞株辐射敏感性的效果。Xu 等[16]采用 DNA 修复蛋白 Mre-11 的 siRNA 干涉质粒转染人大肠癌细胞株,在转染后 24 h 与未转染组比较,Mre-11 蛋白降低约 70%,48 h 后才逐渐恢复;而转染后 24 h 与未转染组比较,辐射敏感性明显增强,48 h 后与未转染组无明显差异。

四、siRNA 干涉抗凋亡基因与肿瘤放射治疗

近年来,细胞凋亡分子调控机制研究取得了令人瞩目的进展。目前较为一致的观点认为,各种内源性或外源性(包括放射线和化学抗癌药物等)损伤因子诱发细胞凋亡主要存在 2 条调控途径,即死亡受体诱导的细胞外途径和线粒体介导的细胞内途径[17~20]。前者包括死亡因子配体及其受体,例如 FAS、TNF、TRAIL 及下游的 caspases 等;后者包括线粒体、凋亡复合体(apoptome)及效应的 caspases 等,其中 Bcl-2 基因家族在此途径中起重要的调控作用。两条途径是相互联系的,而且 p53 基因可能在其上游起调控作用。另外,一系列抑凋亡基因也被发现[17],例如胞内抗凋亡蛋白(XIAP)、survivin(存活素)、livin(生存素)、NF-κB 和 HSP70 等。因此,抑制抗凋亡基因,提高肿瘤细胞凋亡敏感性,一直是近年来放射肿瘤治疗学领域的研究热点。

关于 siRNA 干涉抗凋亡基因联合放射治疗肿瘤的研究已有报道。IGF 信号转导系统具有增殖、分化和存活细胞作用,其结合蛋白 IGFBPs 与其具有高亲和性,并诱导 IGF 活性。研究者应用 siRNA 干涉成神经瘤细胞株 LAN-5 和 SY5Y(N)中 IGFBP-5 mRNA,发现后者表达降低,细胞生长受抑,凋亡增加;并且,进一步增加 X 线照射诱导的细胞凋亡。作者认为,IGFBP-5 可能在成神经瘤放射治疗中成为新的靶点[21]。HPTIP(human mus musculus Pax2 transactivation domain-interacting protein)是一种维持基因组稳定性的重要基因,应用 siRNA 干涉技术证实,对于 ATM 介导的 p53 第 15 位丝氨酸磷酸化及电离辐射诱导周期素依赖蛋白激酶抑制剂 p21 上调需要 hPTIP,提示降低 hPTIP 水平可增加肿瘤细胞的敏感性[22]。应用 siRNA 技术试图阻断内源性 livin 基因表

达,可使 caspase-3 激活,增加对紫外线照射诱导的细胞凋亡率[23]。

五、问题与展望

辐射敏感启动子 Egr-1 基因的克隆及其功能的确定为临床肿瘤基因-放射治疗提供了新思路。目前,需要解决的问题是寻找肿瘤靶向的高效表达载体和具有显著杀伤作用的治疗基因。不同的肿瘤发生机制不尽相同,因此寻找针对所有肿瘤均有效的基因是件不易之事。

采用 siRNA 干涉技术特异阻断 DNA 修复基因和抗凋亡基因,使其发挥转录后功能沉默,从而提高肿瘤放射治疗敏感性,促进肿瘤细胞凋亡,有可能成为临床肿瘤基因-放射治疗的新策略。但是,会有许多问题需要解决,诸如 siRNA 对肿瘤组织干涉的特异性、体内和体外实验的差异及不同肿瘤产生不同的效应等。

肿瘤基因-放射治疗为恶性肿瘤的临床治疗提供了崭新的途径,并可适当地减低照射剂量,尽量减少辐射对肿瘤周围正常组织的损伤。此外,将化疗与基因-放射治疗联合治疗肿瘤也不失为临床肿瘤新治疗的新手段。

参考文献

1 田梅,金光辉,朴春姬,等.辐射诱导表达载体 pEgr-hPTEN 的构建及其体外抗肿瘤作用的研究.中华放射医学与防护杂志,2003;23(6): 423~426

2 杨建征,金光辉,田梅,等.小鼠 B7-2 基因的克隆、测序及其重组质粒的构建.吉林大学学报(医学版),2004;30(3): 333~335

3 朴春姬,田梅,刘林林,等.辐射诱导表达载体 pEgr-hTRAIL 的构建及其对肿瘤细胞的体外诱导凋亡作用.吉林大学学报(医学版),2005;31(2): 169~172

4 金光辉,田梅,金顺子,等.小鼠白细胞介素 18 基因克隆、测序及重组质粒 pIRES-IL18-B7.1 的构建.吉林大学学报(医学版),2003;29(2): 125~127

5 金光辉,刘树铮,杨建征,等.pEgr-IL18-B7.1 质粒辐射诱导表达特性及其联合辐射抗肿瘤作用.吉林大学学报(医学版),2005;31: 待发表

6 金光辉,刘树铮,杨建征,等.pEgr-IL18-B7.1 联合辐射抗肿瘤作用及其免疫学机制探讨.中国病理生理杂志,2005;21: 待发表

7 杨巍,刘林林,孙婷,等.小鼠内皮抑素基因克隆、测序及 pEgr-IFNγ-mEndostatin 重组双基因表达质粒的构建.吉林大学学报(医学版),2004;30(1): 17~19

8 Yang Wei, Li Xiuyi. Anti-tumor effect of pEgr-interferon-γ-endostatin gene-radiothyrapy in mice bearing Lewis lung carcinoma and its mechanism. Chin Med J. 2005;118(4): 296~301.

9 Mcmanus MT, Sharp PA. Gene silencing in mammals by small interfering RNAs. Nat Rev Genet, 2002;3(10): 737~74

10 Gitlin L, Karelsky S, Andino R. Short interfering RNA confers intracellular antiviral immunity in human cells. Nature, 2002;418(6896): 430~434

11 Vanitharani R, Chellappan P, Fauquet CM. Short interfering RNA-mediated interference of gene expression and viral DNA accumulation in cultured plant cells. Proc Natl Acad Sci USA, 2003;100(16): 9632~9636

12 Spencer JC, Michael JS, William GN, et al. Enhanced radiation and chemothyrapy mediated cell killing of human cancer cells by small inhibitory RNA silencing of DNA repair factors. Cancer Res, 2003;63: 1550~1554

13 刘光伟,龚守良.siRNA 与肿瘤放射治疗.国外医学·放射医学核医学分册,2004;28(4): 169~172

14 Parik SS, Mol CD, Tainer JA. Base excision repair enzymes family portait integrating the structure and chemistry of an entire DNA repair pathway. Structure, 1997;12: 1543~1550

15 Collis S, Swartz M, Deweese T. siRNA silencing of DNA repair facters results in enhanced radiation and chemothyrapy mediated killing of human cancer cells. Int J Radiat Oncol Biol Phys, 2003;57(2): S144

16 Xu M, Myerson R, Hunt C, et al. Treatment of cells with Mre11 siRNA increases radiation sensitivity and reduces heat induced radiosensitization. Int J Radiat Oncol Biol Phys, 2003;57(2): S144 ~ 145

17 Sun XM, et al. Distint caspase cascades are initiated in receptor mediated and chemical induced apoptosis. J Biol Chem, 1999;274: 5053 ~ 5060

18 刘光伟，龚守良. 细胞凋亡信号传导途径的研究进展. 吉林大学学报(医学版)，2004;30(3): 485 ~ 488

19 刘光伟，龚守良. 细胞凋亡的线粒体调控机制与电离辐射. 国外医学·放射医学核医学分册，2003;27: 90 ~ 93

20 龚守良，贾晓晶. 电离辐射的信号传递与细胞反应. 白求恩医科大学学报，2001; 27(6): 686 ~ 688

21 Tanno B, Cesi V, Vitali R, et al. Silencing of endogenous IGFBP-5 by micro RNA interference affects proliferation, apoptosis and differentiation of neuroblastoma cells. Cell Death Differ, 2005;12(3): 213 ~ 223

22 Jowsey PA, Doherty AJ, Rouse J. Human PTIP facilitates ATM-mediated activation of p53 and promotes cellular resistance to ionizing radiation. J Biol Chem, 2004; 279(53): 55562 ~ 55569

23 Crnkovic-Mertens I, Hoppe-Seyler F, Butz K. Induction of apoptosis in tumor cells by siRNA-mediated silencing of the livin/ML-IAP/KIAP gene. Oncogene, 2003; 22 (51): 8330 ~ 8336

肿瘤放射治疗技术进展

柏 森

四川省肿瘤医院 四川成都 610041

放射治疗是治疗恶性肿瘤的三大手段之一[1]。肿瘤放射治疗的基本目标就是最大限度提高肿瘤的控制概率，减少正常组织、器官的并发症概率，进一步提高肿瘤患者的生存率，提高生存质量。

近二十年来，放射治疗技术历经了巨大变化，并日渐成熟[2]。治疗设备方面，从钴治疗机到加速器，从铅挡块到多叶光阑，从物理楔形板到虚拟楔形板，从补偿器到各种调强放射治疗，从验证片到射野影像系统再发展到图像引导治疗技术，以及各种病人体位固定技术等产生了质的飞跃；病人影像方面经历了从常规模拟定位图像到模拟 CT 定位图像再到 ConeBeam CT 定位图像，从普通磁共振(MR)到功能性 MR、MRSI 再到 MR 模拟定位图像，从 SPECT 发展到 PET 再到 PET-CT，并产生了生物学病人影像及各类图像融合技术；照射技术的发展从二维照射到三维适形照射治疗，再到调强、图像引导放射治疗方式；在立体定向外科技术方面，从普通 γ 刀、X 刀发展到赛博刀(Cyberknife)。本文将简单介绍这些技术发展。

历史上，在 19 世纪末，伦琴发现 X 射线，贝克勒尔发现放射性，玛丽·居里发现镭，由此开创了放射医学[3]。1989 年，报道了第一例用镭治疗肿瘤的病例(皮肤癌)。

20世纪20年代至40年代称为放射治疗的千伏级(kV)时代,出现了剂量单位"伦琴",治疗时使用分次照射,开始研究照射剂量与生物效应之间的关系,并制造出能产生200kV能量的X射线真空管。放射治疗的范围扩展到表层癌症。1940年至1960年,出现了代替镭的人造^{60}Co放射源,发展了高能电子加速装置,如电子直线加速器和电子感应加速器,开始了延续至今的兆伏级(MV)放射治疗,可以治疗全身各部位的肿瘤。治疗剂量单位由照射剂量伦琴过渡到吸收剂量拉德。70年代后,随着各种工业技术特别是计算机技术的发展,开始使用CT数据进行病人治疗方案的准确设计,可以说是真正开始了现代放射治疗技术。1965年,日本学者高桥(Takahashi)提出了旋转治疗中的适形概念。随着图像技术的介入,80年代后期,逐步开展三维适形治疗。90年代初,NOMOS公司用MIMiC开展步进断层方式进行调强放射治疗,翻开了放射治疗新的一页。

现代放射治疗流程[4][5]一般是先选择病例,确定病人治疗体位及用辅助装置进行体位固定;采用CT进行断层扫描,或同时进行MRI、其它功能影像(如CT-PET)扫描;通过网络将病人影像数据传至治疗计划系统,进行病人影像登记,确定肿瘤区域;进行放射治疗计划设计;用各种物理、生物、临床指标评价放射治疗计划;进行治疗前验证,主要是剂量验证;采用独立的剂量验算系统进行治疗剂量验证计算;对复杂的治疗技术,采用兴趣点绝对剂量测量和兴趣面相对剂量分布测量,并与治疗计划系统计算结果比较,误差范围应控制在3%~4%以内,也可采用凝胶体剂量仪测量整体剂量分布;验证还包括治疗体位验证/修正,对体内兴趣器官生理运动的检测与修正;进一步可用电子射野影像检测射线穿透剂量分布,并与治疗计划系统计算结果比较来验证/修正治疗方案;治疗实施,治疗过程中定期验证、记录,并观察病人的急性放射治疗反应。

与放射外科的单次大剂量照射不同,从放射生物学效应考虑,绝大多数放射治疗需分次照射,治疗次数从几次到几十次不等。每次照射的体位要求与CT扫描或在模拟定位机上的体位严格保持一致,这就需要采用各种辅助材料进行体位固定。体位固定的好坏直接影响治疗质量。病人治疗体位固定应综合考虑人的舒适性、可重复性、每次治疗期间可维持性、对射线入射方向的限制,以及病人和固定装置与治疗机是否碰撞,附加固定材料(如热塑面膜、体架)对治疗的影响(如提高了皮肤剂量)。常用的固定设备有头枕、托架(分头部、头颈肩部、胸腹部)并辅之以热塑材料的膜(头膜、头颈肩膜、胸腹部膜)、泡沫材料成型材料固定、真空负压袋、治疗椅并辅之于热塑面膜固定、乳腺切线板托架及乳房固定带、鼻夹、口咬器固定等。头枕、托架最好采用对射线吸收率低的炭素纤维。在治疗次数少,固定精度要求高时,可采用有创方式固定。体位固定目前只能确保皮肤或骨形标志位置固定,不能显示体内器官生理运动(如肺呼吸)所引起的肿瘤或危及器官位置的改变。

放射治疗中病人的解剖和功能性影像包括CT、MRI、PET(主要是18F脱氧葡萄糖PET)、SPECT、MRS(核磁波谱)、fMRI(功能性MRI)等。病人影像数据经网络等媒介按DICOM3(或DICOMRT)协议格式传至放射治疗计划工作平台。放射治疗设计最重要环节之一就是根据病人影像精确地确定肿瘤位置包括原发肿瘤、区域转移淋巴结以及远处转移病灶。ICRU 1993 年公布的 50 号报告[6]和 1999 年补充的 62 号报告[7]对各种靶区器官体积进行了明确规定，包括大体积肿瘤（临床检查或影像检查所显示肿瘤范围、GTV）、临床靶体积（GTV 加亚临床病变体积、CTV）、计划靶体积（CTV 加安全边界，称为 PTV，其中安全边界又分为内在边界（IM，由生理运动和变化所引起）和设置边界（SM，由治疗摆位不精确所引起））、边界的叠加和组合、治疗体积（处方剂量所包围体积）、照射体积（认为对正常组织耐受量有意义的剂量照射的组织体积、IV）、危及器官（又分为“串联”、“并联”、“串并联”器官，称为 PRV）及其在治疗过程中的运动和不确定性。实际上肿瘤内存在生物学行为及放射敏感性不同的肿瘤亚群。近年来功能性影像技术及图像融合技术的发展使我们能更准确显示不同肿瘤亚群的解剖影像及其肿瘤生物学、肿瘤放射生物学特性，使我们能勾画出生物靶区（BTV），并可开展生物适形放射治疗（五维适形放射治疗）。

放射治疗方案设计过程包括病人影像的输入及处理；各种靶区、危及器官体积确定；按治疗要求设定靶区剂量分布；危及器官的剂量限制条件；剂量处方模式；采用自动优化或手工设计射野参数；用各种指标评价结果；生成所需要的各种控制文件。

放射治疗方案设计分为正向设计和逆向优化设计两种模式[8]。前者是人工设定各射野照射角度、射野剖面形状、楔形板度数及方向、射野权重，计算剂量分布，修改各种参数直至达到临床要求。然而，当需要调整射野内的强度分布时，可变参数太多，人工设计变得十分困难。于是，我们不得不采用优化算法，根据临床具体要求，让放射治疗设计系统计算出各射束的最优参数，人工修改确认结果，这就是逆向优化设计放射治疗方案。

放射治疗方案设计的基础是剂量计算数学模型。光子剂量计算主要考虑原射线和散射线在组织中能量沉淀产生的剂量，数学模型主要有付利叶卷积算法（FFT Convolution）、多网格叠加算法（superposition）、快速叠加算法、Clarkson 算法及蒙特卡罗方法（Monte Carlo）算法。电子线采用三维笔束算法等数学模型。

优化方法分为确定算法和随机算法。前者如梯度法，计算速度快但需选择合适的迭代初值，否则易陷入局部最小；后者如模拟退火法、遗传法等，理论上可求得全局最小，但计算时间较长。也有采用模拟动力学算法。放射治疗方案的设计及优化应贯穿于整个放射治疗过程的每一环节。常规的优化过程是先优化出射野通量分布，再转换成相应的多叶光阑子野并对其优化处理获得多叶光阑执行序列。有研究小组将两过程合并，直接优化多叶光阑各子野参数，此法被称为直接子野化优化[9]。该优化方法特点是子野数明显减少，执行效率提高。

治疗计划评价工具目前主要有 ICRU 参考点剂量、PTV 中最大最小剂量、PTV 中平均剂量、中位剂量、模剂量、剂量体积直方图（DVH）、各种靶区和危及器官典型剂量的照射体积、TCP 和 NTCP、等剂量分布等。

放射治疗的照射技术一般分为传统照射技术、三维适形照射技术、调强照射技术、图像引导照射技术、立体定向照射技术、质子照射技术和近距离照射技术等。

普通照射技术是用钴－60治疗机或医用直线加速器,规则野(方形或矩形)对肿瘤进行照射;固定方向或在旋转过程中照射;根据需要调整各照射野的剂量大小;用楔形板或其它简单方式修改照射野内剂量分布。

肿瘤放射治疗的原则是肿瘤治疗剂量尽可能高,正常组织器官接受剂量尽可能低。受其周边重要组织器官耐受辐射剂量的限制,普通照射技术很难进一步提高肿瘤的治疗剂量。大多数情况下肿瘤及其亚临床病灶的立体形态是不规则的,从某一个投影方向看,靶区投影形状是不规则的,这要求照射野的形状与之相符合,提高肿瘤周边正常组织器官器官的保护程度,提高肿瘤治疗剂量。这种照射技术被称为传统的三维适形放射治疗(CCRT)[10]。实现这种照射技术可通过采用适形挡铅和多叶光阑方式。前者是模室车间根据放射治疗计划系统生成的照射野形状用低熔点铅铸造专用挡铅模具,作为附加装置在照射时置放在射线源与病人之间,阻挡掉多余射线。该方式简单,成本低,易开展,易进行质量控制,但模室及放射治疗技术人员工作量大,工作效率低。多叶光阑从控制方式分为手动方式和电动方式;从安装位置可分为内置式和外挂式;从叶片宽度上分为常规多叶光阑、微型多叶光阑和混合型多叶光阑。常规多叶光阑和微型多叶光阑在等中心处投影宽度一般分别为1cm和2～3mm。多叶光阑叶片数从20～60对。电动多叶光阑工作效率高,减少了人为误差;但质量保证要求严格,射野有效半影(锯齿形)较大,叶片间和相对叶片端面存在射线漏射。由于进一步降低叶片宽度存在技术困难,故有采用虚拟增加叶片数方法来减小有效半影。

临床上我们希望照射剂量分布的立体形状与靶区(肿瘤)的立体形状尽可能一致。对于靶区立体表面为凸形,且重要器官与靶区位置关系简单,采用传统的三维适形放射治疗技术基本上能满足临床需要;但对于凹形靶区,特别是凹形区域内有需保护器官,或靶区与重要器官位置关系复杂,受重要器官耐受剂量的限制,传统三维适形技术往往不能满足临床要求,通过仔细修改照射野内射线强度分布,从而满足临床要求。这种照射技术被称为调强适形放射治疗(IMRT)[11]。产生强度调节射束的方法主要有:物理补偿器、静态多叶光阑调强、动态多叶光阑调强、旋转多叶光阑静态调强、断层式步进调强、断层式螺旋调强、电磁扫描方式调强、机械臂式加速器调强等[12]。

物理补偿器的原理是射野内设置厚度不同射线吸收材料以产生不同程度的衰减,得到所需的射线强度分布。物理补偿器技术简单、可靠,质量易保证,并可在钴治疗机上进行。但每个照射野需特制补偿器,治疗时需人工更换,工作效率低;吸收材料会改变射线能谱并产生额外散射。

静态多叶光阑调强(SMLC-IMRT)原理是在同一方向多个多叶光阑子野分别照射,所有子野叠加形成调强照射野。系统自动设置并验证每个子野形状;从一个子野变换到下一个子野的过程中最好不出射线;射线束开闭时剂量率稳定速度要快。这种调强治疗模式目前最常见,其质量容易得到保障,但质控工作量较大,操作时应注意叶片的位置精度、叶片的射线穿透性、叶片间的漏射线、叶片端面半影、小机器跳数时剂量率的稳定性、射野的均整性、对称性等问题。

动态多叶光阑调强(DMLC-IMRT)原理

是在照射野范围内,每对多叶光阑叶片间有一缝隙照射野,叶片向同一方向连续移动,左右叶片运动速度各不相同,照射过程中机架固定,射线保持稳定输出状态,这样,各个缝隙照射野叠加形成调强照射野。该调强方法工作效率较高,调强效果优于静态多叶光阑调强模式,但因叶片连续运动,叶片位置验证十分困难;剂量计算及产生控制文件需专门的软件系统。目前瓦利安的加速器可使用该调强模式。实际操作中应仔细考虑叶片间和叶片弧形端面的穿透射线、叶片间的漏射、辐射头的散射、每对叶片间的正常最小缝隙的效应,剂量率的稳定性。

旋转多叶光阑静态调强(IMAT)是静态多叶光阑调强的改进。其基本原理是将各个不同机架角度的调强野分成相同数目的子野,机架每一旋转过程中只进行相应序号的子野照射,多次旋转分别完成各相应序号的子野照射,各子野叠加后分别形成各个相应的调强照射野。对完成大数目且相互共面的静态调强射野,该调强方式效率较高,适形度也更好。

断层式步进调强(Tomotherapy,或称扇形束调强 FBMLC-IMRT),类似于普通 CT 扫描方式,采用特殊多叶光阑(MIMiC),形成扇形射束绕病人体纵向(机架旋转轴)进行旋转照射,完成一个薄层调强治疗,之后床前进一步,再旋转完成新薄层治疗。治疗床步进过程可在特殊装置帮助下手工进行,也可自动步进完成。其特点是临床适形度非常高,可安装在任何直线加速器上使用,但治疗效率较低,相邻薄层间可能出现不均匀剂量分布。实际工作中,应确保治疗床步进的精确性,治疗机架平衡测试和等中心位置验证,旋转过程中剂量输出的稳定性,安装准直器的轴向是否与加速器旋转轴对齐,检查叶片穿透、叶片间漏射尤其是叶片半影,定期监测调整叶片的开关速度。

为克服断层式步进调强相邻薄层间剂量冷热点问题,提高治疗效率,实时检测治疗图像并修正治疗体位误差,将短加速管安装在高速 CT 机架上,使用类似 MIMiC 的动态多叶光阑进行 360 度连续旋转照射,照射中治疗床也同步前移,类似螺旋 CT 扫描的螺旋式连续调强治疗,称为断层式螺旋调强(Spiral Tomotherapy)。该系统正逐步开始在临床使用。

电磁扫描方式调强是用两个垂直偏转磁铁控制电子束而实现射束的强度调节。由计算机控制偏转电流的大小,在几个微秒内射线细束扫描可形成 50cm × 50cm 的照射野。该方法已在 MM50 电子回旋加速器实现。这种控制方式也可实现电子束、质子束的调强治疗。理论上,这种调强模式具备其它调强技术不可比拟的优势,但目前锥形光子束在等中心的半宽度过大,质量保障工作也非常困难。

赛博刀是将一个 6MV 的长度较短的加速管安装在机械臂中,机械臂具有 6 个自由度,可在 X·线定位系统引导下,从任意空间角度照射有金属标记的肿瘤病灶。该技术治疗精度非常高。

放射治疗采用分次照射,肿瘤及周围正常组织的空间位置在治疗中以及治疗间会随时空变化而变化(如呼吸运动、膀胱充盈程度等)。不管采用什么固定技术,实际治疗时每次病人体位也有差别。通常采用拍摄验证片或用射野影象系统检查修正这种差别。正在发展的方法是在治疗过程中获取病人影像,根据治疗时肿瘤及器官的实际位置进行照射,即图像引导式放射治疗(IG-RT)。该技术又分为控制肿瘤器官运动和照射野跟随肿瘤器官运动(四维放射治疗,4DRT)两种方式。

控制运动技术有:控制等中心移动技术,可在线修正摆位时等中心的位移,也可根据多次检测结果离线修正肿瘤靶区位移,(适应性照射);将治疗机与影像设备结合在一起,每次治疗时采集有关的影像学信息,确定治疗靶区,做到每日一靶(影像学指导的放射治疗);呼吸门控技术(Gating),可消除呼吸运动对治疗的影响,如被动式呼吸门控、呼吸引导自控式门控。照射野跟随肿瘤器官运动技术,由CT的时间序列扫描和照射时照射野进行相应的时序控制组成。前者用高速CT扫描获得器官在一个生理运动周期内主要相位时的影像,选定某个相位为治疗相位并作相应处理,后者根据前者结果控制照射野只在选定相位进行治疗。

质子在与组织的相互作用过程中传递给组织的能量反比于质子速度的平方,故在质子射程末端附近,能量损失最大,其剂量吸收呈现布拉格峰吸收峰,通过扩展布拉格峰,可形成任何形状的靶区剂量分布。可以说质子放射治疗天生就是一种强度调节治疗。质子束的生物学特性与X线相似,但生物效应高于X线。一套质子治疗装置包括质子治疗加速器、束流输运系统、束流配送系统、剂量测量系统、患者定位系统、控制系统和辅助系统,以及与其配套的软件系统。

放射治疗的技术变得越来越复杂,因此,需要有一套综合的质量保证和质量控制(QA&QC)程序以确保准确实施这些复杂技术。质量保证与质量控制可分为机器日常质量保证控制、各治疗技术的质量保证控制、每病人治疗的质量保证控制和医生的质量保证控制等。

可以预见的是,随着其他学科和技术的发展,放射治疗技术将会进一步朝精确治疗方向发展,并将逐步提高肿瘤的局部控制率和长期生存率。

参考文献

1 胡逸民主编. 肿瘤放射物理学. 北京:原子能出版社,1999

2 《肿瘤放射治疗物理进展讲习班文集》. 中国成都,2004年8月(内部资料)

3 http://www.test.cvtcollege.org

4 蒋国梁主编. 现代肿瘤放射治疗学. 上海:上海科技出版社,2003

5 林世寅,钱剑杨主编. 肿瘤调强适形放射治疗技术及临床应用,2004年4月. 内部资料

6 ICRU. Prescribing, Recording, and Reporting Photon Beam Therapy, ICRU Report 50,1993

7 ICRU. Prescribing, Recording and Reporting Photon Beam Therapy (Supplement to ICRU Report 50), ICRU 62 Report,1999

8 AAPM. the AAPM 2003 Summer School. Intensity-Modulated Radiation Therapy: The State of the Art.

9 Tervo J. and Kolmonen P, A model for the control ofa multileafcollimator in radiation therapy treatment planning, Inverse Prob,2000;16: 1875~1895

10 Webb S. The Physics of Conformal Radiotherapy. Bristol and Philadephia: Iop Institute of Physics Publishing, 1997

11 Webb S. Intensity-Modulated Radiation Therapy. Bristol and Philadephia: Institute of Physics Publishing, 2001

12 IMRT Collaborative Working Group. Intensity-Modulated Radiotherapy: Current Status And Issues of Interest. Int. J. Radiation Oncology Biol. Phys, 2001;51: 880~914

肿瘤原发灶治疗与转移灶之间的关系

张贺龙　王文亮[1]

第四军医大学唐都医院肿瘤科　西安　710038

恶性肿瘤的一个主要特性是发生远处部位的转移,临床上大部分恶性肿瘤患者在确诊时往往已经发生转移。目前治疗恶性肿瘤的主要方法有手术、放射治疗、化学治疗和生物治疗。其中手术治疗和放射治疗主要用于祛除肿瘤局部病灶,化学治疗及生物治疗主要用于治疗全身的病灶。目前影响恶性肿瘤治疗效果的最主要因素是缺乏有效的治疗转移病灶的方法。而祛除局部可见病灶相对比较容易。恶性肿瘤是一种复杂的全身性疾病,对于恶性肿瘤的治疗必须采取综合措施,在治疗局部原发病灶的同时,应该考虑到转移病灶,考虑到原发病灶的治疗对转移病灶的生长可能产生的影响。

(一)肿瘤原发灶与转移灶之间的关系

肿瘤的原发灶与转移灶之间存在着比较复杂的关系,转移病灶癌细胞在基因表达和生物学行为等多方面都可能与原发病灶不同[1~3]。长期以来,人们应用手术,放疗,化疗等方法治疗肿瘤,一部分肿瘤患者得以治愈。但在临床及动物实验中,人们也观察到肿瘤也可对自身生长产生抑制作用。在一些肿瘤,如乳腺癌,结肠癌,骨肉瘤等,肿瘤局部原发病灶的祛除有可能导致其转移病灶的加速生长[4,5],归纳起来,肿瘤原发灶和转移灶之间的关系主要有以下几种:①肿瘤原发病灶对其转移病灶的肿瘤生长无明显的影响,肿瘤原发灶祛除后,转移肿瘤病灶仍以原来的方式生长;②肿瘤原发病灶的存在有利于其转移病灶的生长,肿瘤原发灶祛除后,转移灶逐渐消退;③肿瘤原发病灶对其转移病灶产生抑制作用,肿瘤原发灶祛除后,转移灶加速生长。本文主要论述第三种情况。

(二)肿瘤原发灶治疗和转移灶生长的关系的研究现状

治疗原发肿瘤病灶有可能影响其转移病灶的生长,这种现象早已被发现。动物实验发现,全部或部分祛除原发肿瘤病灶,可导致其转移病灶肿瘤细胞的加速生长[5,6]。除了应用手术方法外,应用其它方法如放疗治疗原发肿瘤,同样可能导致转移肿瘤病灶的加速增长。

Camphausen 等[7]将 Lewis 肺癌细胞接种到小鼠的右后肢皮下,待其生长至 $500mm^3$ 以上时开始进行局部放疗,直到局部肿瘤临床消失,放疗结束 18 ~ 21 天后处死小鼠。结果,治疗组的肺脏表面的癌转移灶数目平均为 53 个,肺脏重量平均为 0.66g。而非治疗组分别为 5 个和 0.22g,相差非常显著。证明应用放疗方法祛除局部 Lewis 肺癌,可导致其肺部转移病灶的快速增长。应用纤维肉瘤细胞 T241 进行同样方法的试验,也得到了同样的结论。同样的实验结论也被其他作者证实[8]。

Sckell 等[9]应用 PC-3 前列腺癌细胞也证实,原发肿瘤病灶能够抑制其远隔肿瘤病灶的生长,而且这种抑制作用会随着原发肿瘤病灶的增大而增强。手术祛除原发肿瘤后可使这种抑制作用逆转。

关于原发肿瘤治疗后对转移肿瘤的影响的研究主要集中在动物试验,临床相关研究很少。Demicheli 等[10]对 250 例没有接受手术和放疗及化疗的乳腺癌患者和 1 173 例只单纯接受了手术治疗的乳腺癌患者的生存情况进行了分析,结果发现,没有接受抬疗的患者只在第 4～5 年的时候出现一个死亡高峰,而接受了手术治疗的患者则在术后第 3～4 年和第 8 年出现两个死亡高峰。其他作者也观察到了这种双峰现象[11]。提示在某些病例,手术祛除原发乳腺癌病灶后,可能影响了乳腺癌转移病灶的生长特性,加速了转移癌的生长。

当然,肿瘤原发病灶与转移病灶之间的关系非常复杂。同样应用放疗方法治疗 PC-3 前列腺癌细胞,Hartford 等却发现虽然 PC-3 前列腺癌的原发病灶对其转移病灶的生长有抑制作用,但应用放疗方法治疗原发肿瘤病灶更能够抑制远处肿瘤病灶的生长。应用 FSA-Ⅱ肉瘤细胞进行实验也得到同样的结论[12]。提示宿主和肿瘤之间存在着复杂的关系,值得进一步深入研究。

(三)原发病灶祛除对转移病灶的影响的机理

肿瘤原发病灶的祛除导致其转移病灶加速增长的机制可能是:①共生免疫作用,即原发肿瘤病灶可诱导机体产生针对肿瘤原发病灶和转移病灶的免疫反应,原发灶的祛除可使这种免疫反应随之消失,转移病灶得以加速增长[13]。②原发病灶对营养物质的大量消耗。原发灶的祛除使体内营养物质增加,有利于转移肿瘤的生长[14];③肿瘤原发病灶的肿瘤细胞产生一些抗有丝分裂因子,直接对转移肿瘤病灶产生抑制作用。原发病灶的祛除使这种抑制作用消失,有利于转移病灶瘤细胞的生长[15]。但以上这些机制并没有在分子生物学方面得到证实。

近年来,肿瘤血管形成研究取得了较大的成就,为进一步阐明原发病灶祛除对转移病灶的影响的机理提供了帮助。

肿瘤的生长与血管生成密切相关。当实体瘤生长达直径 1～3mm 以上时,其继续生长就有赖于血管的新生。许多因子对肿瘤的血管生成有调节作用。调节作用有正负两方面。对肿瘤血管生成有促进作用的调节因子主要有:血管内皮细胞生长因子(VEGF),纤维母细胞生长因子(aFGF,bFGF)等,对肿瘤血管生成有抑制作用的因子主要有:angiostatin,endostatin 等。肿瘤的生长取决于这些正负调节因子的最终平衡结[16]。

O'Reilly 等证实 Lewis 肺癌可产生一种因子,这种因子对肿瘤的血管生成有抑制作用,并将其命名为 angiostatin。应用 angiostatin 进行替代治疗,可抑制肿瘤转移病灶的生长[17,18]。提出了原发病灶祛除对转移病灶的影响的机理的又一种可能机制,即肿瘤原发病灶除了可刺激其自身血管生成以外,还可以抑制其转移病灶或远隔肿瘤血管生长。也就是说,原发肿瘤产生一些血管生成促进和抑制因子,在原发肿瘤的周部,促进因子的作用大于抑制因子的作用,导致原发肿瘤的继续生长。而由于肿瘤血管抑制因子的半衰期较长的缘故,使得经过血液循环到达聚集在肿瘤转移病灶的抑制因子的作用大于来自原发肿瘤病灶和转移病灶自身产生的促进因子的作用,其最终的结果是抑制转移病灶的生长。祛除原发肿瘤病灶将导致这种抑制作用消失,转移病灶加速生长。

O'Reilly 等后来又证实一种血管内皮细胞瘤(EOMA)可产生另一种血管生成抑制因子,能明显抑制血管内皮细胞的生长,并将其命名为 Endostatin[19]。应用 Endostatin 同样也可明显抑制 Lewis 转移癌的生长。

Camphausen 等[7]动态检测接受放射治

疗小鼠的血液和尿液中的基质金属蛋白酶(MMP-2)来反映 angiostatin 的水平，发现血液和尿液中的 MMP 水平随着原发肿瘤的增大而增加，随着原发肿瘤的缩小而减少。在放射治疗原发肿瘤的同时给予 angiostatin 进行治疗，可有效阻止转移肿瘤的增长。说明 angiostatin 在原发瘤对转移瘤的抑制作用中发挥重要作用。

肿瘤的继续生长有赖于血管的生长，而血管的生长取决于血管床的血管生长正负调节因子的作用。所以，一些血管生长促进因子也可能在对转移瘤的作用中发挥作用。

Cannney 等发现在包含肝脏在内的放射治疗后的患者，肝脏活检组织中的 TGF-beita 较非治疗患者组增高，TGF-beita 能明显促进血管的新生[20]。Gorski 等发现放疗可增加肿瘤内的 VEGFmRNA 的水平[21]。提示这些血管生成促进因子可能在原发瘤对转移瘤的作用中发挥作用。

由于宿主和肿瘤细胞之间存在着复杂的关系，所以，应用不同的方法治疗原发肿瘤病灶后对转移病灶所造成的影响也可能不相同。如手术治疗一般是将原发肿瘤病灶全部即时祛除，这样，由原发肿瘤病灶所产生的肿瘤血管促进因子和抑制因子也都将随着原发肿瘤病灶的祛除而祛除。而放射治疗常会包括肿瘤周围的正常组织，而且，治疗过程中肿瘤细胞是逐渐死亡，死亡的肿瘤细胞仍留在机体内。所以，所产生的影响也可能与手术治疗不同。

至于其它的血管生成抑制因子，如催乳素，血小板因子 4，血小板反应素，层粘连蛋白等，在原发病灶治疗对转移病灶的影响的机理中的作用，尚需进一步研究[22~24]。

（四）临床指导意义

肿瘤治疗的目标是使患者得以治愈，或延长生存期，改善生活质量。但对有些肿瘤患者，应用手术，放疗等方法祛除原发肿瘤后，可导致转移病灶的加速生长，反而缩短了患者的生存期，得到事与愿违的结果，患者不仅承受了治疗过程中的痛苦，还要承受治疗的经济负担，而治疗的结果却是加速病情的发展。这对患者及其家庭恐怕是难以接受的打击。所以，临床上应积极采取措施，避免这种情况的发生。是否可以通过检测肿瘤患者血液或尿液中的 angiostatin 或 endostatin 等来预测局部原发病灶的治疗的结果，对于肿瘤分泌大量 angiostatin 或 endostatin 等的患者，在治疗局部原发病灶的同时，结合应用 angiostatin 或 endostatin 等进行替代治疗。

到目前为止，有关这方面的临床报道很少，还有很多的问题需要进行进一步的研究。如临床上到底有多少肿瘤患者会产生本文叙述的这种情况，哪些肿瘤容易发生，大概比例是多少，影响程度有多大。掌握了这些资料后，将有利于我们采取有效的预防治疗措施，减少这种情况的发生。这对患者是非常重要的。总之，恶性肿瘤是一种复杂的全身性疾病，肿瘤-宿主之间，宿主-肿瘤之间，肿瘤原发病灶-肿瘤转移病灶之间等都存在着复杂的关系。不仅肿瘤细胞在生长过程中会产生多种细胞因子，宿主细胞也会产生多种细胞因子，这些细胞因子对肿瘤的生长产生促进或抑制作用，肿瘤的增长则取决于这些细胞因子对肿瘤细胞的正负调节作用的净值以及其它的一些影响因素的综合作用。所以，在治疗恶性肿瘤的过程中，应充分考虑到这些影响因素，充分考虑到治疗对患者所带来的影响，并采取适当的补充治疗措施，以整体的观念对肿瘤进行治疗，而不应该仅仅局限在将可见肿瘤病灶祛除。

参考文献

1 Minn AJ ,Kang Y, Serganova I,et al. Distinct organ-specific metastatic potential of individual breast cancer cells and primary tumors. J Clin Invest,2005;115(1): 44 ~ 55

2 Sotillo-Pineiro E, Sierrasesumaga L, Patinno-Garcia A.

Telomerase activity and telomere length in primary and metastatic tumors from pediatric bone cancer patients. Pediatr Res,2004;55(2): 231~5. Epub 2003 Nov 19

3 Bron LP, Traynor SJ, McNeil EB, et al. Primary andmetastatic cancer of the parotid: comparison of clinical behavior in 232 cases. Laryngoscope, 2003;113(6): 1070~5

4 Clark WI, Elder DE, Guerry DIV, et al. Model predicting survival in stage I melonoma based on tumor progression. J Nalt Cancer Inst,1989;81: 1893~1904

5 Gunduz N, Fisher B and Saffer EA. Effect of surgical removal on the growth and kinetics of residual tumor. Cancer Res,1979;39: 3861~3865

6 Braunschweiger PG, Schiffer LM and Betancourt S. Tumor cell proliferation and sequential chemotherapy after partial tumor resection in C3H/HeJ mammary tumors. Breast Cancer Res Treat,1982;2: 323~329

7 Camphausen K, Moses MA, Beecken WD, et al. Radiation therapy to a primary tumor accelerates metastatic growth in mice. Cancer Res,2001;61: 2207~2211

8 Gorski DH, Mauceri HJ, Salloum RM, et al. Potentiation of the antitumor effect of ionizing radiation by brief concomitant eaposures to angiostatin. Cancer Res,1998;58: 5686~5689

9 Sckell A, Safabakhsh N, Dellian M, et al. Primary tumor size-dependent inhibition of angiogenesis at a secondary site: An intravital microscopic study in mice. Cancer Res,1998;58: 5866~5869

10 Demicheli R, Valagussa P and Bonadonna. Does surgery modify growth kinetics of breast cancer micrometastases? Br J Cancer, 2001;85: 490~492

11 Karrison TG, Ferguson DJ and Meier P. Dormancy of mammary carcinoma after mastectomy. J Natl Cancer Inst, 1999;91: 80~85

12 Hartford A, Gohongi T, Fukumura D,et al. Irradiation of a primary tumor, unlike surgical removal, enhances angiogenesis suppression at a distal site: potential role of host-tumor interaction. Cancer Res,2000;60: 2128~2131

13 Bashford EF, Murray JA and Cramer W. The natural and induced resistance of mice to the growth of cancer. Proc R Soc Lond, 1907; 79: 164~187

14 Prehn RT. the inhibition of tumor growth by tumor mass. Cancer Res,1991;51: 2~4

15 Ruggiero RA, Bustuoabad OD, Cramer P,et al. Correlation between seric antitumor activity and concomitant resistancce in mice bering nonimmunogenic tumors. Cancer Res, 1990;50: 7159~7165

16 Parangi S, O'Reilly M, Christofori G, et al. Antiangiogenic therapy of transgenic mice impairs de novo tumor growth. Proc Nalt Acad Sci USA, 1996;93: 2002~2007

17 O'Reilly M, Holmgren L, Shing Y,et al. Angiostatin: A novel angiogenesis inhibitor that mediates the suppression of metastases by a Lewis lung carcinoma. Cell, 1994;79: 315~328

18 O'Reilly M, Holmgren L, Chen CC et al. Angiostatin induces and sustains dormancy of human primary tumors in mice. Nature Med, 1996;2: 689~692

19 O'Reilly M, Boehm T, Shing Y, et al. Endostatin: An endogenous inhibitor of angiogenesis and tumor growth. Cell, 1997; 88: 277~285

20 Canney P and Dean S. Transforming growth factor B: a promoter of late connective tissue injury following radiotherapy? Br J Radiol,1990;63: 620~623

21 Gorski D, Beckett M, Jaskowiak N,et al. Blockade of the vascular endothelial growth factor stress response increases the antitumor effects of ionizing radiation. Cancer Res, 1999;59: 3374~3378

22 Clapp C, Martial J, Guzman R,et al. The 16-kilodalton N-terminal fragment of human prolactin if a potent inhibitor of angiogenesis. Endocrinology, 1993; 133: 1292~1299

23 Malone T, Gray 2G, Petro J,et al. Inhibition of angiogenesis by recombinant human platelet factor-4 and related peptides. Science, 1990;247: 77~79

24 Tolsman S, Volpert O, Good D, et al. Peptides derived from two separate domains of the matrix protein thrombospondin-1 have antiangiogenic activity. J Cell Biol, 1993;122: 497~511

---

1 第四军医大学肿瘤研究所

肿瘤休眠及其机制研究进展

车国卫　刘伦旭　周清华

四川大学华西医院四川省肺癌分子重点实实验室、胸心外科　成都　610041

肿瘤休眠(tumor dormancy)是临床上普遍存在的一种生物学现象,也是恶性肿瘤细胞的生物学特征之一,休眠细胞的长期存在是恶性肿瘤细胞难以彻底根治的主要原因,也是导致肿瘤复发和远处转移的根源,但其分子机制及调控机制却知之甚少。近年来,人们在探索肿瘤休眠发生,维持及消失的研究中,一是发现与肿瘤休眠相关的基因[1];二是肿瘤休眠是肿瘤转移过程中的限制性因素和转移效率低下的主要原因[2];三是抑癌基因及其产物可能参与了肿瘤休眠的诱导、维持及调控,癌基因及其产物可能参与了肿瘤休眠的再激活[3]。本文拟就肿瘤休眠及其机理进展简述如下。

一、肿瘤休眠的概念及其演进

Hadfield 等首先观察到在部分乳腺癌,黑色素瘤,直肠癌等实体瘤中,在原发肿瘤切除后 2 年以上,甚至 40 年以后出现复发或转移,而推测残存的肿瘤细胞很可能是进入了一种分裂停滞状态,并用休眠(dormancy)一词来描述这些长期存活而又没有明显增殖的恶性肿瘤细胞[4]。因此人们推测认为肿瘤细胞休眠是因为肿瘤细胞进入 G_0 期,细胞周期循环的停止。然而,Holmgeren 等[5]在研究血管生成与肿瘤生长的相关性过程中,发现了肿瘤体积之所以不增加,是因为增殖与凋亡取得了平衡。但从严格意义上讲肿瘤休眠是一个从临床提出的概念,指病人体内有肿瘤细胞存在,而长期(2 年以上)无增殖,临床上指无任何临床症状及阳性发现,而患者体内有少量肿瘤细胞长期处于静止状态,但这些肿瘤细胞仍具有增殖潜能。因而肿瘤休眠是肿瘤细胞在宿主体内长期存在而又没有明显生长的一种状态,一方面肿瘤细胞的增殖与凋亡相等时,可表现为肿瘤细胞群体的静止休眠状态;另一方面肿瘤细胞进入 G_0 期,暂时停止了细胞周期循环,也导致肿瘤休眠[6]。

但是目前对肿瘤休眠概念的认识仍有争议,首先从生物学范畴上看:休眠期肿瘤细胞是指处于细胞分裂周期的 G_0 期的肿瘤细胞,但肿瘤休眠时,是否所有的肿瘤细胞均在 G_0 期或是 G_0 期细胞到底占多大比例,还是肿瘤细胞一直在分裂?这些问题目前所知甚少。仅有报道休眠状态转移瘤中有 7% 的肿瘤细胞处于凋亡状态,而在处于生长状态的转移瘤中凋亡细胞仅占 2%[7]。另外肿瘤的复发与转移也与微小残存肿瘤细胞(指残存在肿瘤原发部位或其周围的少量肿瘤细胞)和微小转移(隐性转移)灶(原发灶以外远隔部位存在的少量肿瘤细胞团,原则上应有少数细胞核分裂相)有关,而这些在原发瘤切除后,仍残存在宿主体内的肿瘤细胞均可进入肿瘤休眠状态,可长时期(血管长入以前,也称无血管期,通常 3 ~ 30 年),不被机体所杀死,又没有明显的细胞群体数量增加,但他们仍具备活跃的增殖潜能,能再被激活,激活后开始增殖,最终导致肿瘤原位复发或(和)转移形成。

二、肿瘤休眠现象的证据

1. 健康人体内有肿瘤休眠细胞存在 通过尸检可以发现一些健康人体内存在肿瘤休眠细胞,如 Beckwith 和 Perrin[8] 在未加选择的儿童尸检中发现在正常肾上腺中存在典型的视网膜母细胞瘤的小细胞团,而且其检出率是临床视网膜母细胞瘤发病率的 40 ~ 50 倍。甲状腺正常的人在尸检时发现恶性结节的检出率为 2%,而甲状腺癌的发病率为百万分之六。也有资料表明前列腺癌中有一部分属隐匿性,在尸检时才发现,有人估计其实际发生率占男性所有肿瘤的 26 ~ 37%,为有临床症状者的 2 ~ 5 倍。

2. 肿瘤患者在“无病期”体内存在休眠期的肿瘤细胞 Lindermann 等[9] 报道直肠癌患者在术前骨髓检查发现有直肠癌细胞,行根治手术后,无病生存三年以上者达 63%(12/19),类似的现象也发生在胃癌、前列腺癌、乳腺癌[10 ~ 12]。许多恶性肿瘤患者,经根治手术成功治疗后,十几年后,二十几年后才复发的例子举不胜举,都是肿瘤休眠的佐证[3]。Demicheli 等[13,14] 的研究也支持乳腺癌细胞先休眠了一段时间,然后再增殖导致复发的。

3. 同种异体器官移植研究 有研究表明来源于曾患有肿瘤(如原发性肝癌)供体的“正常器官”肾脏移植成活后,受者患供体原发性肿瘤(肝癌)的概率增加。Penn 等[15] 报道 164 例接受患有肿瘤供体的“正常器官”移植成功后,44% 的受者发生与供者原发肿瘤相关肿瘤。1 例 36 岁因急性脑出血死亡女性患者,将心、肝、肾脏分别提供给 4 个受者,其中接受肝、肾移植的 3 例受者后来均发现绒毛膜癌[16]。

4. 实验证明肿瘤可以在体内休眠 各种动物休眠实验模型的建立,都是肿瘤休眠的佐证. 我们在体外克隆、筛选并建立人大细胞肺癌细胞株 L9981($nm23\text{-}H_1$ 基因缺失)及 NL9980($nm23\text{-}H_1$ 基因没有缺失)的基础上,建立了绿色荧光蛋白标记(GFP)的人大细胞肺癌自发性肺部高转移 L9981 细胞株和低转移 NL9980 细胞株实验动物模型,并发现 NL9980 细胞接种裸鼠 120 天,右腋下及肺内没有形成肉眼可见的明显结节,显微镜下及荧光显微镜下可以在原位及肺内发现仍存活的少量癌细胞,结节最大直径不大于 0.4 ㎜,这些细胞体外培养仍具有增殖能力。因此,可以认为这些肿瘤细胞处于休眠状态[17,18]。

三、肿瘤休眠动物模型的研究

建立肿瘤休眠动物模型是研究肿瘤休眠机制的基础,自 1959 年,Fisher 建立第一个 Walker256 癌肉瘤细胞肝内休眠模型以来,国内外陆续有多个肿瘤休眠动物模型建立。

一种是人为的,非自然方法建立的休眠动物模型,这类模型有:Gimbrone 等[19] 用 Brown-pearce 癌组织小块移植于易感兔的眼前房,癌组织小块长成类球后,若无血管形成可进入休眠状态达 2 年之久。Noble

等[20]用雌激素依赖性的 Nb 大鼠可移性乳腺癌体内接种后，在无激素作用下，肿瘤细胞可保持休眠直至受到雌激素激活时，荷瘤鼠与正常小鼠无法区分，而且终生可不发生肿瘤。Weinhold 等[21]用甲基胆蒽诱发的淋巴瘤 L5178Y-1 $\times 10^6$ 细胞皮下接种，待瘤结节长至直径 1cm 时，切除原发瘤，使宿主小鼠获得免疫力，间隔 7 天后，再用 5×10^6 L5178Y 细胞行腹腔内注射，为再次攻击，50 天以观察不到肿瘤生长。Ohnishi 等[22]给近交系的 SJL/J 小鼠注射抗 CD_4 单抗后，再接种 BCL-1 细胞，也在荷瘤鼠中建立了肿瘤休眠状态且可维持 11 周。Yefenof 等[23]用抗 BCL-1 的 IgM 过继免疫 BALB/B 小鼠后，再腹腔接种 1×10^6 BCL-1 细胞，70% 的小鼠 2 个月内无肿瘤生长。以上这些模型均有人为因素，对形成休眠状态所需的环境及宿主内在因素也无法区分。

另一种是 Sato 等[24]利用双向选择先从同一群体中筛选出肿瘤呈进行性生长的亚系，同时筛选出肿瘤呈休眠状态的亚系，以 2×10^9 艾氏腹水癌细胞背部皮下接种，在肿瘤休眠亚系小鼠中 1 周内形成直径为 1-3mm 的小结节，该结节至少可保持 3 个月内没有核分裂相，再移植于另一类亚系时，肿瘤细胞又呈进行性生长。另外是 Goodison 等[25]应用 GFP 标记具有相同基因型的人乳腺癌高转移细胞株（M4A4）和非转移的细胞株（NM2C5），接种于裸鼠乳腺内，自发形成肺癌转移，结果 NM2C5 细胞株的肺部转移灶在原发瘤切除 6 个月后，保持休眠状态的人乳腺癌细胞株肺内休眠的模型。以及周清华等[17,18]建立的 NL9980 人肺癌细胞株在肺内休眠的模型均为后一种肿瘤休眠模型。在这两个模型中均利用绿色荧光蛋白 GFP 标记技术和体内实时显微摄影术，对肿瘤休眠进行实时动态全程研究，为深入研究肿瘤生长-休眠-转移或复发各阶段和转归调控机理提供了较理想的模型和手段。

四、肿瘤休眠机制的研究

1. 肿瘤细胞的种类及分化程度与肿瘤休眠　腺上皮来源肿瘤如乳腺癌、甲状腺癌及前列腺癌，成人肾上腺癌及小儿神经母细胞瘤、视网膜母细胞瘤等休眠现象常见[26]。神经母细胞瘤及视网膜母细胞瘤，细胞分化程度高或增殖速率为零的静止期比例越高，休眠率越高，凋亡速率与增殖速率易达到平衡，提示细胞分化潜力越大，增殖速率越小，甚至为零，或增殖速率等于凋亡速率。而休眠率越高，则治愈率越高，由此可见二者的共同协调决定了肿瘤能否向休眠方向发展。

2. 宿主因素　宿主的年龄、精神状态、以及肿瘤所在 的组织器官均与肿瘤休眠密切相关，年龄 小于 6 个月的 Ⅳ 期神经母细胞瘤患儿，虽有骨髓、肝脏、皮肤的转移瘤，但在原发瘤切除后，残存在体内的肿瘤细胞可进入休眠状态[27]。为什么小儿神经母细胞瘤与成人肾上腺癌均有肿瘤休眠现象，肾上腺这一特殊部位，肿瘤休眠率为何高于其他器官？其机制尚未明了。临床上普查发现许多患者发现了肿瘤，虽然未经治疗，但是肿瘤并未明显发展，甚至最后肿瘤消失。但是也有部分病例，特别是有肿瘤休眠者，当患者突然知道了病情而出现了精神崩溃，肿瘤包块突然增大，患者短期内死亡。

3. 血管生成学说　肿瘤发生演进的早晚与其诱导间质血管增生能力密切相关，无血管期的肿瘤细胞群体囿于血供与营养的限制而处于静息状态，只有打破血管生成负调控的平衡才能增殖和远处转移。临床上大量原位癌的检出并长期静止而不进展，为本学说提供了有力的支持。

4. 肿瘤免疫学说　虽然大量的实验研究与临床观察均提示机体的抗肿瘤免疫对肿瘤休眠状态的维持可能起重要作用，但目前尚缺乏特异的、理想的动物模型，需要进一步研究免疫细胞、体液因子在肿瘤休眠机制中的地位。

5. 宿主微环境学说　综合宿主自身各种因素而提出的宿主遗传、免疫、激素、内分泌诸因素的协同作用学说，如细胞生长因子及其受体、性激素对激素依赖性肿瘤如乳腺癌的发展转归可能起决定性影响。有报道随年龄增长，宿主促性腺激素水平增高，如黄体生成素等，可促进血管内皮生长因子的释放从而促进某些肿瘤的生长。Folkmen 早先应用血管生成抑制剂阻断肿瘤血管新生成，体外及体内动物实验均提示血管生成抑制剂可抑制肿瘤生长、诱导并能维持长期休眠状态，证实了其确切疗效。联合应用抗肿瘤免疫治疗如抗体、肿瘤疫苗及树突状细胞等免疫生物学综合治疗可能会取得较理想的疗效。

6. 抑癌基因与肿瘤休眠　已发现 17 号染色体 70cm 区有一基因与控制恶性肿瘤的休眠有关，从基因水平揭示恶性肿瘤的休眠现象打下了基础。抑癌基因 p53，Rb，p16 去甲基化后被激活后而恢复功能，导致恶性肿瘤细胞增殖减少，凋亡增加；端粒酶的活性降低则端粒缩短，恶性肿瘤细胞生长受阻，凋亡速率增加，增殖速率减速，也是恶性肿瘤休眠的机制[28]。

7. 肿瘤休眠的信号通路及调控　Yefenof 等[29]观察到肿瘤细胞恶性表型到肿瘤休眠表型的转换，细胞大体形态及细胞周期都经历了巨大的变化，并且这种转变是由来自于细胞表面的特定信号的刺激决定的。作者认为深入研究肿瘤细胞增殖与凋亡相关信号传导通路机制，将为阐明肿瘤休眠机制以及制定有效的干预措施提供理论依据。Bcl 家族成员 Bcl-XL 过表达与人乳腺癌细胞株 MDA-MB-435 休眠和转移瘤形成率相关，尿激酶受体下调可诱导人 Hep3 肿瘤细胞进入休眠状态，这是由于降低了 ERK1-ERK2 信号通路所诱导的下游增殖效应所致。

五、肿瘤休眠的诱导与肿瘤休眠疗法

近年来的研究发现，血管生成抑制剂，免疫治疗和低剂量化疗等治疗方法能够诱导肿瘤休眠，显著改善了部分肿瘤患者的生活质量，提高了生存率，并在此基础上提出了肿瘤休眠疗法（Tumor dormancy therapy）。因此有效的诱导、维持肿瘤休眠或杀死休眠肿瘤细胞的治疗手段或药物的开发，可能是未来彻底根治肿瘤的希望之一。目前肿瘤休眠疗法只是在体外实验和肿瘤休眠动物模型体内实验显示了较好的治疗效果，但在临床实验中显示的效果有限。肿瘤休眠的目的在于使肿瘤细胞进入休眠状态（dormant state），延长肿瘤的 TTP（Time to progression），使肿瘤长期无变化（Prolonged no change）[30]。

1. 抑制肿瘤血管生成　通常认为在肿瘤生长体积超过 1-2mm^3 时即需要诱导血管生成以滋养其生长。因此，抑制肿瘤的血管生成不但在控制肿瘤休眠过程中起重要作用，而且在防治手术后微小转移灶的复发中也有重要意义。目前处于临床试验中有基质金属蛋白酶抑制剂，血管生成因子抗体，血管内皮细胞增殖抑制剂等，有些研究取得了令人鼓舞的成绩[31,32]。Sim 等[33]在多种小鼠移植瘤体内实验表明，Angiostatin 和 endostatin 能够诱导肿瘤休眠，周期性应用 Angiostatin 和 endostatin 能够明显延长肿瘤休眠时间，甚至消除转移灶。

2. 诱导肿瘤细胞凋亡　诱导肿瘤细胞凋亡的基因有 p53 等。恶性肿瘤细胞由于缺乏正常的细胞凋亡调节机制，呈持续性增长。而当肿瘤细胞凋亡与增殖处于平衡状态时，肿瘤的生长即处于休眠状态，可诱导肿瘤休眠的化疗药物有：5-Fu 类口服制剂 UFT 和聚酰胺抑制剂 DFMO。UFT 显著抑制裸鼠结肠癌、胃癌等多种细胞的生长，其抗肿瘤效果与凋亡指数呈正相关。在胃癌细胞株模型中 DFMO 既可抑制荷瘤小鼠的肿瘤血管生成又可诱导癌细胞的凋亡[34,35]。

3. 激素治疗　乳腺癌的增殖、生长依赖于雌性激素的作用，激素治疗为乳腺癌的治疗方法之一。虽然该疗法有效率低，但可长期持续应用，激素依赖性肿瘤，激素治疗虽不导致肿瘤细胞凋亡，但可降低肿瘤细胞的增殖活性，使肿瘤长期处于休眠状态。

4. 低剂量的化学治疗　当机体免疫力低下时，化疗的治疗效果差，常规的化疗对宿主的免疫功能产生很强的抑制作用，患者易出现恶病质，从而使肿瘤早期复发，休眠状态缩短，达不到延长生命的目的. 低剂量的化疗可选择性抑制 Ts 细胞，减少抑制性细胞因子的产生、增强肿瘤抗原的表达以及增加杀伤细胞在肿瘤部位的积聚，虽然肿瘤缩小不明显，但可增强机体的免疫力，延长肿瘤的复发时间，从而延长病人的生存期。为尽可能延长肿瘤休眠时间，所选择的化疗剂必须能长期使用，代表药物有 UFT 和喜树碱衍生物 CPT-11（irinotecan）。CPT-11 为 DNA 拓扑酶 I 抑制剂，临床试验表明对胃癌、结肠癌、子宫癌等多种肿瘤有效。UFT 单独应用时肿瘤缩小效果并不明显，常作为联合用药之一使用，结肠直肠癌术后服用 UFT 能抑制肿瘤微小转移灶的复发、延长肿瘤患者的无瘤期和生存期。长期低剂量口服 UFT，与标准的 5-Fu/LV 疗效相同，而副作用明显减少。低剂量化疗药物的主要对象为消化道肿瘤，这类肿瘤常规化疗不易使其肿瘤缩小、休眠治疗的主要目的是使肿瘤的 TTP 延长从而延长患者生存期[36]。Tanaka N 等[37]对一例胃癌术后一年复发患者应用低剂量的 5-Fu 和 UFT 治疗，患者生存 6 年，作者认为患者的术后生存与低剂量化疗诱导的肿瘤休眠有关。

5. 免疫治疗　早期认为肿瘤休眠主要依赖于细胞介导的免疫作用，近年来的研究表明机体的免疫状态与肿瘤休眠现象密切相关，免疫功能的改善可增强化疗的疗效，延缓肿瘤的复发。癌的免疫治疗包括特异性和非特异性免疫治疗，前者如肿瘤疫苗、树突状细胞免疫治疗，后者主要有非特异性免疫激活剂、细胞因子治疗。目前临床使用的非特异激活剂较多，如 OK-432，BCG，PSK，等。这些非特异免疫激活剂能诱导 Th0 细胞向 Th1 细胞分化，分泌多种细胞因子，增强机体的抗肿瘤作用。

6. 抑癌基因　Xu 等[38]报道休眠基因 restin 在体内表达的休眠蛋白可以明显抑制裸鼠肿瘤的生长。2000 年，Nagayama 等[3]发现野生型 p53 基因导入人甲状腺癌细胞 FRO（Wtp53 基因缺失），休眠 FRO 细胞可被外源性 VEGF 激活，可见 p53 基因通过抑制肿瘤血管生成诱导肿瘤休眠。2003 年,Lefter 等[1]通过微细胞染色体转导技术将 18 号染色体导入胰腺癌细胞(Smad4 功能有或无),结果表明 18q 是通过降低 VEGF 和 MMP-2 基因表达,诱居杂交癌细胞休眠而显著降低杂交瘤细胞裸鼠体内的成瘤性和肺部转移能力,因此推测肿瘤休眠的诱导能够逆转癌细胞恶性表型,同时也提示 18 q 存在一个控制肿瘤休眠的基因。

7. 信号传导药物 2001 年,Pogany 等[39]发现细胞外基质(ECM)导致人成纤维肉瘤细胞 HT1080,乳腺癌细胞 MCF-7,骨肉瘤细胞 OSCORT 的 DNA 合成能力下降,S 期细胞明显减少,证实了细胞外刺激所诱发的信号传导的变化能够诱导肿瘤细胞休眠。Aguirre Ghiso 等[40,41,42]于 1999 年, 2002 年, 2003 年,连续报道尿激酶受体下调可诱导人 Hep3 肿瘤细胞进入休眠,一方面是 uPA/uPAR/α5β1-Integrin 复合物减少,Erk1(2)/MAPK 信号传导通路受阻;另一方面降低 FAK 和 ERK 信号通路所诱导的下游增殖效应所致;且发现 ERK(MAPK)/ p38(SAPK)酶活性比值对人多种肿瘤细胞的休眠/增殖具有决定性作用,当 ERK(MAPK)/ p38 (SAPK)升高时促进肿瘤细胞的增殖,反之,则肿瘤细胞休眠。进一步的研究表明,在体内 uPAR 的升高激活 α5β1-整合素,可以使 ERK(MAPK)/ p38 比值增高;相反,小 GTP 酶和 cdc42 降低 ERK(MAPK)/ p38 比值。这是信号传导参与肿瘤休眠的强有力证据。2004 年, Ginkel 等[43]发现眼黑色素瘤小鼠生存期的延长,是由于酪氨酸激酶受体 Axl 通过其配基 Gas6 下调 Cyr61 的表达(CCN 蛋白家簇与肿瘤演进有关)使肿瘤休眠期延长。

六、问题与展望

肿瘤休眠是基于临床现象而提出来的一个概念,近半个世纪以来,尽管对肿瘤休眠的研究已取得了一此进展,但仍存在以下问题:一是肿瘤休眠的概念仍有争议;二是肿瘤休眠这一临床事件的细胞及其分子机制知之甚少;三是肿瘤休眠的动物模型存在过多的人为因素,现有模型只能用间接的方法证明肿瘤细胞尚未被清除,而是处于休眠状态;四是尚未见到用人实体瘤建立肿瘤休眠动物模型的报道;五是对休眠肿瘤细胞在体内的分布、细胞毗邻关系尚不清楚;六是癌基因和抑癌基因参与肿瘤休眠的诱导与激活的机制鲜有研究;七是对肿瘤休眠分子机制和细胞内信号传导的调节机理了解甚少。八是目前肿瘤休眠疗法只是在体外实验和肿瘤休眠动物模型体内实验显示了较好的治疗效果,但在临床实验中显示的效果有限。但是近年来,血管生成抑制剂,免疫治疗和低剂量化疗等治疗方法能够诱导肿瘤休眠,显著改善了部分肿瘤患者的生活质量,提高了生存率,并在此基础上提出了肿瘤休眠疗法(Tumor dormancy therapy)。因此有效的诱导、维持肿瘤休眠或杀死休眠肿瘤细胞的治疗手段或药物的开发,是未来彻底根治肿瘤的希望之一。

参考文献

1 Lefter LP, Sunamura M, Furukawa T, et al. Inserting chromosome 18 into pancreatic cancer cells switches them to a dormant metastatic phenotype. Clin Cancer Res, 2003;9(13): 5044~52

2 Barbour A, Gotley DC, Current concepts of tumour metastasis. Ann Acad Med Singapore,2003;32(2): 176~84

3 Nagayama Y, Shigematsu K, Namba H, et al. Inhibition

of angiogenesis and tumorigenesis, and induction of dormancy by p53 in a p53-null thyroid carcinoma cell line in vivo. Anticancer Res,2000;20(4): 2723 ~ 8

4 Alsabti EA, Tumor dormancy: a review. Cancer Res Clin Oncol,1979;95(3): 209 ~ 20

5 Holmgren L, O'Reilly MS, Folkman J, Dormancy of micrometastases: balanced proliferation and apoptosis in the presence of angiogenesis suppression. Nat Med,1995;1(2): 149 ~ 53

6 Murray C, Tumor dormancy: not so sleepy after all. Nat Med,1995;1(2): 117 ~ 118

7 Holmgren H, Antiangiongensis restricted tumor dormancy. Cancer Metastasis Review,1996;15: 241

8 Beckwith JB, Perrin EV, In suit neuroblastomas: a contribution to the natural history of history of neural crest tumors. Am J Pathol,1963;43: 1089 ~ 1092

9 Lindermann F, Schlimok G, Dirschedl P, et al. Prognosis significance of micrometastasis tumor cells in bone marrow of colorectal cancer patients. Lancet ,1992;340: 685

10 Schlimok G, Funke I, Pantel K, et al. Micrometastasis tumor cells on bone marrow of patients with gastric cancer: methodological aspects of dectection and prognosis significance. Eur J Cancer,1991;27: 1476

11 Riesenberg R, Obermedet R, Kriegmair K, et al. Immunnocytochemical double staining of cytoketain and prostate specific antigen in individual prostatic tumor cells. Histochemistry,1993;99: 61

12 Cote RJ, Rosen PP, Lesser ML, et al. Prediction of early replase in patients with operable breast cancer by detection of occult bone marrow micrometastasis . J Clin Oncol,1991;9: 1749

13 Demicheli R, Terenziani M, Valagussa P, et al. Local recurrences following mastectomy: support for concept of tumor dormancy. J Natl Cancer Inst,1994;86: 45

14 Hori T, Ido T, Tsubouchi H, Tumor dormancy therapy for hepatocellular carcinoma. Nippon Rinsho, 2001; 59 (suppl 6): 824 ~ 828

15 Riethmuller G, Klein CA, Early cancer cell dissemination and late metastatic relapse: clinical reflections and biological approaches to the dormancy problem in patients. J Semin Cancer Biol,2001;11(4): 307 ~ 311

16 Loh E, Couch FJ, Hendri Cksen C, et al. Development of donor-derived prosatate cancer in a recipient following orthotopic heart transplantation. JAMA,1997;277(2): 133 ~ 137

17 zhou QingHua, Che GuoWei, Qin Yang, et al. A study on the mechnism of nm23-H1 gene reversing the metastastic phenotype of the lung cancer Chinese Journal of lung cancer,2003;6(2): 141 ~ 143. ［周清华,车国卫,覃杨,等. Nm23-H1 基因逆转肺癌转移表型的实验研究 中国肺癌杂志,2003;6(2): 141 ~ 143 ］

18 Zhou QingHua, Wang YangPing, Che GuoWei, et al. The establishment of human giant lung cancer cell lines NL9980 and L9981 and their biologic feature,2003;6(6): 464 ~ 469.［周清华, 王艳萍, 车国卫,等. 人大细胞肺癌细胞系 NL9980 和 L9981 的建立及其生物学特性的研究. 中国肺癌杂志,2003;6(6): 464 ~ 469 ］

19 MA Gimbrone Jr and PM Gullino. Angiogenic capacity of preneoplastic lesions of the murine mammary gland as a marker of neoplastic transformation. Cancer Research, 1976;36(7): 2611 ~ 2620

20 RL Noble. Production of Nb rat carcinoma of the dorsal prostate and response of estrogen-dependent transplants to sex hormones and tamoxifen. Cancer Research,1980; 40(10): 3547 ~ 3550

21 KJ Weinhold and EF Wheelock . Cross-reacting antigens on L5178Y cells which serve as targets for cytotoxic T-lymphocyte lysis during establishment of the tumor dormant state. Cancer Res,1982;42(9): 3607 ~ 3616

22 Ohnishi K, Bonavida B, Regulation of B-cell lymphoma growth in syngeneic SJL/J mice, establishment of tumor dormancy following admistration of anti-CD4 monoclone antibody into tumor bearing mice. Leukemia,1993;90: 1829

23 Yefenof E, Picker LJ, Scheuermann RH, et al. Cancer dormancy: isolation and characterization of dormant lymphoma cells. Proc Natl Acad Sci U S A,1993;90(5): 1829 ~ 33

24 Sato NL, Fujisawa N, kato A, et al. Tumor dormancy and the effect of selected drugs on the tumor-dormant state. Lab Anim Sci,1992;42(6): 555 ~ 560

25 Goodison S, Kawai K, Hihara J, Prolonged dormancy and site-specific growth potential of cancer cells spontaneously disseminated from nonmetastatic breast tumors as revealed by labeling with green fluorescent protein. Clin Cancer Res,2003;9(10 Pt 1): 3808~14

26 Uhr JW, Scheuermann RH, Street NE, et al. Cancer dormancy: opportunitites for new therapeutics approaches. Nat Med,1997;3(5): 505~509

27 Markus Guba, Grigore Cernaianu, Gudrun Koehl, et al. A Primary Tumor Promotes Dormancy of Solitary Tumor Cells before Inhibiting Angiogenesis. Cancer Res,2001; 61: 5575~5579

28 Omotehara F, Nakashiro K, Uchida D, et al. Transcriptional actvation of cyclin-dependent kinase inhibitor, p21WAF1 gene by treatment with a defferentiation inducing agent ,vesnatinone in a human salivary gland cancer cell line. J Exp Clin Cancer Res,2003;22(1): 57~60

29 Yefenof E, Picker LJ, Scheuermann RH, et al. Cancer dormancy: isolation and characterization of dormant lymphoma cells. Proc Natl Acad Sci U S A,1993;90(5): 1829~33

30 Sasaki T. Tumor dormancy therapy-what do you think of this therapy? Gan To Kagaku Tyoho,2001;28(13): 1949~1954

31 Udagawa T, Fernandez A, Achilles EG, et al. Persistence of mictoscopic human cancers in mice: alterations in the angigenic balance accompanies loss of tuonr dormancy. FASEB J,2002;16(11): 1361~1370

32 Sano B, Sugiyama Y, Kunieda K, et al. Antitumor effects induced by the combination of TNP-470 as an angiogenesis inhibitor and lentinan as a biological response modifier on a rabbit spontaneous liver metastasis model. Surg Today,2002;32(6): 503~509

33 Sim BK. Angiostatin and endostatin: endothelial cell-specific endogenous inhibitors of angiogenesis and tumor growth. Angiogenesis, 1998;2(1): 37~48

34 Oki E, Sakaguchi T, Toh Y, et al. Induction of apoptosis if human tumor exnografts after oral administration of uracle and tegafur to nude mice bearning tumors. Br J Cancer,1998;78: 625~629

35 Hoff PM, Pazdur R. UFT plus oral leucovorin ;a new oral treatment for colorectal cancer. The Oncologist, 1998;3: 22~29

36 Naumovn GN, Townson JL, MacDonald IC, et al. Ineffectiveness of doxorubicin treatment on solitary dormancy mammaty carcinoma cells or late developing metastasis. Breast Cancer Res Treat,2003;82(3): 199~206

37 Tanaka N, Shimoda S, Takeda N, et al. Dormant chemotherapy by low dose FP and UFT-E in recurrent gastric cancer with long term surrival - a case report. Gan To Kagaku Ryoho,2002;29(2): 297~300

38 Xu Ren,Xin Li, Zhang JingMeiet al. Restin expressed in vivo Suppress the growth of tumors in nude mice. Acta Biochimica et Biophysica Sincca,2002;34(5): 571~575

39 Pogany G, Timar F, Olah J, et al. Role of the basement membrane in tumor cell dormancy and cytotoxic resistance. Oncology,2001;60(3): 274~81

40 Aguirre Ghiso JA, Kovalski K, Ossowski L. Tumor dormancy induced by downregulation of urokinase receptor in human carcinoma involves integrin and MAPK signaling. J Cell Biol,1999;147(1): 89~104

41 Aguirre Ghiso JA. Inhibition of FAK signaling activated by urokinase receptor induces dormancy in human carcinoma cells in vivo. Oncogene,2002;21(16): 2513~24

42 Aguirre-Ghiso JA, Estrada Y, Liu D, et al. ERK (MAPK) activity as a determinant of tumor growth and dormancy; regulation by p38(SAPK) . Cancer Res, 2003;63(7): 1684~95

43 van Ginkel PR, Gee RL, Shearer RL, et al. Expression of the receptor tyrosine kinase Axl promotes ocular melanoma cell survival. Cancer Res,2004;64(1): 128~34

---

1 国家自然科学基金重点项目(NO:30430300)和国家自然科学基金(NO: 30400199).

光动力治疗(PDT)肿瘤的临床应用

何明生　王方方

云南省第一人民医院血液科　昆明　650032

恶性肿瘤严重威胁人类健康的常见疾病。手术、化疗和放疗是传统的三大治疗肿瘤的手段。光动力疗法(photodynamic therapy, PDT)对靶组织及损伤程度具有选择性,可减少正常组织的损伤。PDT 的特点就是能够在细胞水平达到高效、微创、选择性治疗肿瘤。

一、PDT 的治疗机理

PDT 是 20 世纪 80 年代发展起来的一种治疗方法。它是在特定波长(如 630nm)的激光辐照下,肿瘤细胞及其周围新生血管组织内所含光敏剂从基态转为激发态,并将辐照能在细胞内转化为活性很强的单态氧。单态氧的瞬时强氧化作用,使肿瘤及其周围新生血管组织内的蛋白质凝结,从而杀死肿瘤细胞,并破坏肿瘤细胞周围的新血管组织。特异性光敏剂进入人体后,在肿瘤细胞及其周围新生血管组织内高浓度聚集,并长时间潴留,是形成生物光敏化作用和光动力效应治疗肿瘤的重要基础。

二、PDT 的临床应用

目前,肿瘤 PDT 主要用于治疗恶性肿瘤,同时对某些癌前病变和良性病变也有效,尤其对头颈部癌、膀胱癌、食道癌、肺癌、皮肤癌、直肠癌、脑恶性肿瘤、妇科恶性肿瘤、眼恶性黑色素瘤、视网膜母细胞瘤等癌症的诊治疗效更为突出。国内多家大医院已经开展了对眼、胃、肺、肠、膀胱、皮肤等组织器官的恶性肿瘤的治疗。

(一)实体恶性肿瘤的 PDT

1. 脑胶质细胞瘤　脑胶质瘤约占人颅内肿瘤的 45% ,手术、放疗、化疗等治疗方法都不能取得理想的效果,迫切需要寻找新的治疗途径。自 PDT 问世以来,人们对 PDT 治疗脑胶质瘤寄予了厚望。意大利的 Perria 等[1]较早报道了应用 PDT 治疗颅内肿瘤。Muller 和 Wilson[2]报告 PDT 治疗脑肿瘤 50 例,包括 45 例胶质瘤和 5 例实体转移瘤,有 12 例病人治疗后 CT 检查达到治愈或接近治愈,这些病人的中位生存期为 17.1 月,一年生存率 62% ,二年生存率 38% 。

2. 口腔颌面部癌　在第四届欧洲耳鼻咽喉科头颈外科年会上,Kuble 和 Tan 报道了该领域的新进展。其中由 Kuble 领导的有 6 个欧盟国家 15 个医学中心参加的合作研究,治疗原发口腔颌面部癌 108 例。PDT 后近期临床治愈率高达 87% ;一年和两年复发率仅为 18% 和 25% ,一年和两年生存率高达 97% 和 89% 。而由 Tan 领导的有美国、欧洲和印度 17 个医学中心参加的合作研究,治疗复发或再发的口腔颌面部癌 80 例。PDT 后近期临床治愈率达 58% ,一年生存率达 79% 。对于复发或再发的头颈肿瘤患者,经再次外科手术后的近期临床治愈率通常仅为20%,一年生存率也只有20%~25%。相比之下PDT具有明显优势,且PDT后患者容貌和器官功能都得到很好保护[3]。

3. 鼻咽癌　目前放疗为鼻咽癌首选治疗方法,但仍有相当比例的患者放疗后出现癌残留或癌复发,此时已难以再次放疗或手术,而PDT可作为一种选择的治疗方法。Kulapaditharom B等[4]从1994年~1998年PDT治疗13例鼻咽癌患者,其中6例控制在T_1~T_2期,中位无病生存期为25.8月(范围:5~61月)。PDT联合化疗或放疗治疗7例T_2期鼻咽癌患者,5例中有1例获得CR(存活期为40月);其余均获部分缓解(存活期为16~37月)。研究表明:PDT能有效地控制T_1~T_2期患者复发及病情进展;联合化疗治疗T_3~T_4期患者能延长2年存活期。孙振权[5]报道191例,其中120例为放疗后复发,71例为放疗后残留。PDT的近期显著有效率为89.5%;随访期满5年的130例中,3年和5年生存率分别为44.6%和25.4%。PDT延长了这部分患者的生存期,改善了患者的生存质量。

4. 食管癌　对于浅层损害的早期病灶,采用镜下PDT就可达到完全治愈。对于无法实施外科切除的阻塞性病灶,采用镜下PDT,必要时以放疗协同,或辅以食管支架,可达到缓解梗阻、控制病情、延长生命的目的,证明是一种较好的姑息疗法。Patrice等[6]报道54例食管癌患者PDT结果,14.5月(1~33月)后随访24例出现肿瘤组织完全坏死,无复发中位期为13.8~17.4月。PDT对于晚期食管癌严重吞咽困难疗效明显。Mc Caughan[7]报道77例,均为常规手段"无法治疗"的患者;Ⅰ期患者10例,PDT后近期临床治愈率达100%,平均随访期38月,全部健在;Ⅱ、Ⅲ、Ⅳ期患者的PDT后中位生存期分别为12、6.2、3.5月,梗阻缓解时间和生存质量不亚于已见报道的大多数疗法。

5. 支气管癌　采用镜下PDT治疗早期支气管癌,可达到完全治愈。对部分中晚期癌,采用PDT可达到疏通气管改善呼吸功能的姑息目的,或达到控制病情为外科切除创造条件的积极目的。Hayata等[8]报道26例,皆为肺功能很差无法接受常规治疗的早期癌。PDT后近期临床治愈率达100%,随访中9例死于其他原因,仅1例死于癌复发,16例无瘤生存,已活过5年者3例。任浙平等[9]观察腔内PDT加体外放疗治疗45例原发性中心型肺癌的疗效。治疗1月后PDT+放疗组获完全缓解率为66.7%(10例),单纯放疗组为20%(2例)。

6. 胸膜、腹膜间皮瘤　目前常规方法治疗胸膜间皮瘤疗效不好。PDT与外科切除结合,可明显提高疗效。Moskal等[10]报道40例,先进行外科切除,紧接着实施胸腔内的PDT。中位生存期和2年预期生存率分别是全组15月和23%,(Ⅰ、Ⅱ期)组36月和61%,(Ⅲ、Ⅳ期)组10月和0。对(Ⅰ、Ⅱ期)组,PDT与外科协同有效提高了生存结果;对(Ⅲ、Ⅳ期)组,此技术还有待改进。

7. 肝癌　临床上大量的中晚期肝癌患者不能行切除术,但现有的介入疗法效果又不太理想。近年新推出的超声引导经皮介入PDT,可实现肝肿瘤的大体积灭活,安全有效,而且创伤小、痛苦小、反应轻、恢复快,较易为患者所接受。曾超英[11]报道70例,多为难以手术切除或经其他治疗无效的患者,除2例为小肝癌外,其余均为大肝癌。所有患者共进行170次PDT,无1例出现肝穿大出血、胆汁性腹膜炎、肝功能衰竭等严重并发症,首次PDT后存活期均达5月以上。随访期1~5年,1、2、3年生存率分别为全组45.7%、21.4%、14.3%;连续3次以上治疗(治疗间歇期为30~40天)的28例为82%、50%、32%;肿瘤直径小于10cm且经连续 2 次以上治疗的 15 例为 86.7%、53.3%、40%，存活期超过 5 年者已有 3 例。

8. 胆管癌　近年报道，采用内镜下光纤照射进行进展期胆管癌肿瘤 PDT 获得明显效果，患者的症状减轻，生活质量得以改善，生存期延长，个别患者甚至重新获得了外科手术切除的机会。Ortner 等[12]采用 PDT 治疗 9 例无法手术切除的 Bismuth Ⅲ 和Ⅳ型第Ⅳ期胆管癌患者(7 天内胆红素减少量未达到 50%)。发现 9 例患者经 PDT 治疗后血清胆红素水平由平均 318 ±72 迅速减至 103 ±35μmol/L(P =0.0039)。5 例可见胆管肿瘤显著缩小(肿瘤长度从 12.70 ±6.26 减至 4.40 ±3.36cm，P =0.031)，其中 3/5 例在第 2 次 PDT 后，胆管镜检查无肉眼可见的肿瘤组织，组织学和细胞学检查均不见腔内肿瘤残余。PDT 后，中位数留院时间为 32 天，住院死亡率和 30 天死亡率是 0%，1 年存活率是 77.7%，中位数存活时期是 439 天，多数患者的死亡原因与肿瘤有关。

9. 胃癌　为了评价 PDT 在胃肠道肿瘤的根治性和姑息性治疗中的临床价值，Gahlen J 等[13]回顾综述了临床文献，认为对于胃肠道肿瘤，无论是作为首选的治疗，还是辅助的治疗，PDT 是一种有效、微创的治疗方法。Karanov SI[14]对单纯用血卟啉行 PDT 治疗的 10 例早期($T_1N_0M_0$)胃肠道肿瘤，进行了严格的长期随访，发现平均生存时间是 128 月，3 年生存率 100%，5 年生存率 92.3%。在第一阶段观察期间，最长生存时间可达 13 年 7 月。

10. 胰腺癌　近来英国学者报道，胰腺癌采用影像学引导经皮介入肿瘤 PDT 后，患者的生活质量获得明显改善，生存期延长。张波等[15]将人胰腺癌细胞株 SW1990 接种于裸鼠皮下，建立移植瘤模型。以血卟啉衍生物作为光敏剂，研究 PDT 治疗胰腺癌的效果。发现其中接受 PDT 治疗的 2 组裸鼠瘤体表面出现局部坏死，瘤内给药组体积减小最明显。免疫组化检测结果显示 PDT 组中，光照区肿瘤组织血管内皮广泛破坏，内皮细胞连接断裂，血管腔消失。研究表明 PDT 可使受照部位的血管内皮细胞和中性粒细胞释放较多的血栓素，引起血管收缩，血栓形成[16]。Bown[17]报道 16 例均为无法手术的胰头癌，肿瘤直径 2.5 ~6.0cm，PDT 后无治疗相关死亡发生，并发症也可接受。其中 14 名患者于 PDT 后 10 天出院，全组中位生存期 9.5 月(4 ~30 月)。

11. 直肠癌　据报道，应用肿瘤 PDT 治疗对失去手术机会以及经过手术或放疗、化疗后再复发的中晚期直肠癌，收到了较好的疗效。何立明等[18]应用 PDT 治疗 32 例中晚期直肠癌，其中 13 例用金蒸汽激光治疗，显效率为 38%，总有效率 77%；铜激光治疗 19 例，显效率为 21%，总有效率 58%。

12. 膀胱癌　膀胱移行细胞癌手术后复发率很高，其他手段疗效也不理想。在膀胱镜下先对明显肿块进行电切或强激光消融，紧接着对全膀胱进行生理盐水充盈下的 PDT，可在不损伤正常黏膜的情况下充分杀灭残留的癌细胞，使治疗后复发率降到最低。目前接受 PDT 治疗的多为经膀胱内治疗后无效或复发的难治性膀胱癌患者，作为全膀胱切除术的替代。Walther[19]总结国外多家医疗机构共 300 余例临床治疗报告显示，单用 PDT 治疗原位癌的完全缓解率(指膀胱镜检无病灶存在，活检癌细胞阴性，尿细胞学检查阴性)平均可达 66%。长期随访显示肿瘤复发的时间大约在术后 37 ~84 月。单用 PDT 治疗膀胱乳头状癌的完全缓解率达 54%，复发的中位数时间为 25 ~48 月。

13. 体表癌　PDT 临床研究的开创性工作是从体表癌的治疗开始的。在皮肤基底细胞癌、鳞状细胞癌的治疗中已成为重要备选方法,治愈率可达90 %以上,痊愈后外表可获得较好修复。徐世正等[20]给予88例皮肤癌[包括34例基底细胞癌(BCC)、32例鳞状细胞癌(SCC)、2例基底－鳞状细胞癌(BSCC)、9例Bowen病患者ALA－PDT 1～4次治疗后,所有基底细胞癌病例都获得完全反应(CR)。除1例腺样SCC(Ⅲ级)外,全部SCC病例(Ⅰ、Ⅱ级)经过3～6次治疗后CR。9例Bowen病经1～4次治疗后都获得CR。随访1～3年,BCC的复发率为11%(4/34),SCC为22%(7/22)。

(二)癌前病变的PDT

Barrett食管是发生在食管黏膜的一种癌前病变,其中病变长度大于3cm者,属食管癌的高危群体,应积极治疗。PDT以其选择性杀伤的优点,理所当然地成为治疗癌前病变的首选方法。因为它既不会像一般药物治疗那样难以奏效,也不会像强激光烧灼那样容易造成过度损伤。Overholt[21]报道100例Barrett食管患者,其中78例伴有重度异型增生,13例已发生浅表癌变。PDT实施于所有浅表癌变和重度异性增生病灶,以及52例Barrett病变。结果重度异性增生近期全部治愈,10例恶变病灶完全脱落,43例Barrett病变完全消失;随访时间4～84月(平均19月),经PDT已痊愈的病变黏膜疗效巩固。在48例未经治疗用于对照的Barrett黏膜中,有11例后来出现了重度异型增生,需要补充治疗。如果Barrett食管的患者能及时进行胃镜下的PDT,并对其中伴有食管裂孔疝者进行适当的外科修补,可显著降低食管癌的发生率。

(三)良性病变的PDT

1. 鲜红斑痣　鲜红斑痣是一种常见的先天性毛细血管畸形,发病率约为0.3% ,因其好发于头面颈等显露部位,严重影响患者的外观和心理健康。与其他治疗方法相比,PDT治疗鲜红斑痣可取得了较好疗效。Lin XX等[22]研究PDT治疗130例鲜红斑痣患者的疗效,PDT治疗后疗效极好、好、一般和差的比例分别为37.8%、53.7%、8.5%、0%。李伟等[23]对155例不同部位、不同类型鲜红斑痣患者行PDT治疗,总有效率97.4%,完全治愈率26.5%,基本治愈率45.8%,好转率25.2%,无效仅2.6%。

2. 老年性眼底黄斑病变　此病系眼底脉络膜血管异常增生,在老年人中发病率很高且病情常进行性发展,PDT治疗此病疗效较佳。近年来PDT在眼部新生血管应用最多的是年龄相关性黄斑变性(age-related macular degeneration ,AMD)的治疗。Miller等[24]报道了PDT治疗128例AMD所致脉络膜新生血管(CNV)的疗效及其安全性,研究证实了PDT可明显保存由于AMD而产生CNV患者的有用视力。欧洲和北美的AMD光动力治疗研究机构对AMD伴发CNV的609例患者进行了多中心的随机双盲对照临床实验研究。治疗12月的随访结果表明,苯丙卟啉衍生物单酸(BPD)治疗组在视力、对比敏感度、荧光造影等方面明显优于安慰剂组,BPD治疗对保护患者原有视力的作用更明显,治疗中很少发生眼部及全身并发症,证实BPD对AMD所致CNV的光动力治疗是安全有效的。对治疗后复发者,重复应用PDT并不影响视网膜的功能和结构[25]。

三、展望

肿瘤的现代治疗是多学科综合治疗的模式和手段,而PDT是肿瘤的综合治疗手段之一。在欧美和日本等发达国家,PDT已经成为或正在成为一些常见肿瘤的常规治疗手段,PDT还可作为肿瘤治疗的重要辅助治疗手段或姑息治疗手段,治疗肿瘤的临床适应证也不断扩大,疗效不断得到提高。但如何在肿瘤综合治疗中更好、更充分地发挥PDT作用,还有待在临床实践中不断探索而加以完善，使 PDT 为更多的肿瘤患者造福。

参考文献

1 Perria C, Carai M, Falzoi A, et al. Photodynamic therapy of malignant brain tumors: clinical results of, difficulties with, questions about, and future prospects for the neurosurgical applications. Neurosurgery, 1988;23(5): 557 ~563

2 Muller PJ, Wilson BC. Photodynamic therapy of malignant brain tumours. Can J Neurol Sci, 1990;17(2): 193 ~ 198

3 杨栋. 肿瘤光动力治疗研究进展. 应用激光，2003;23(6): 378 ~ 382

4 Kulapaditharom B, Boonkitticharoen V. Photodynamic therapy for residual or recurrent cancer of the nasopharynx J Med Assoc Thai, 1999;82(11): 1111 ~ 1117

5 孙振权，罗国仪. 激光光动力疗法治疗复发性鼻咽癌的研究-附 191 例分析. 中国激光医学杂志，1996;5(3): 134 ~ 136

6 Patrice T, Foultier MT, Yactayo S, et al. Endoscopic photodynamic therapy with hematoporphyrin derivative for primary treatment of gastrointesinal neoplasms in inoperable patients. Dig Dis Sci, 1990;35(5): 545 ~ 552

7 McCaughan JS Jr, Ellison EC, Guy JT, et al. Photodynamic therapy for esophageal malignancy: a prospective twelve-year study. Ann Thorac Surg, 1996;62(4): 1005 ~ 1009

8 Hayata Y, Yamamoto H, Kato H, et al. Photodynamic therapy in early stage lung cancer using an excimer dye laser. Nippon Rinsho, 1990; 48(1): 201 ~ 207

9 任浙平，杨雁飞，崔守仁. 体外放疗加腔内光动力疗法治疗肺癌. 黑龙江医学，1996; 9: 19 ~ 20

10 Moskal TL, Dougherty TJ, Urschel JD, et al. Operation and photodynamic therapy for pleural mesothelioma : 6-year follow-up. Ann Thorac Surg, 1998;66 (4): 1128 ~ 1133

11 曾超英，杨栋，黄萍，等. 光动力治疗肝癌远期疗效及影响因素探讨. 中国激光医学杂志，2000;9(3): 146 ~ 149

12 Ortner MA, Liebetruth J, Schreiber S, et al. Photodynamic therapy of nonresectable cholangiocarcinoma. Gastroenterology, 1998;114(3): 536 ~ 542

13 Gahlen J, Prosst RL, Stern J. Photodynamic therapy in the gastrointestinal tract . Possibilities and limits. Chirurg, 2002;73(2): 122 ~ 131

14 Karanov SI. Long-term results after photodynamic therapy (PDT) of $T_1N_0M_0$ gastrointestinal(GI) tumors. Hepatogastroenterology, 2002; 49(48): 1579 ~ 1581

15 张波，赵玉沛，张太平，等. 光动力疗法对裸鼠实验性胰腺癌治疗机制的研究. 中华普通外科杂志，2002;17(5): 263 ~ 264

16 Fingar VH, Wieman TJ, Doak KW. Role of thromboxane and prostacyclin release on photodynamic therapy-induced tumor destruction. Cancer Res, 1990;50(9): 2599 ~ 2603

17 Bown SG, Rogowska AZ, Whitelaw DE, et al. Photodynamic therapy for cancer of the pancreas. Gut, 2002;50 : 549 ~ 557

18 何立明，蔡心涵，郑树，等. PDT 治疗中晚期直肠癌 32 例. 齐鲁肿瘤杂志，1996;3(2): 153

19 Walther MM. The role of photodynamic therapy in the treatment of recurrent superficial bladder cancer. Urol Clin North Am, 2000;27(1): 163 ~ 170

20 徐世正，王秀丽，徐威，等. δ-氨基酮戊酸光动力疗法治疗皮肤癌的评估. 武汉大学学报(医学版)，2003;24(1): 86 ~ 89

21 Overholt BF, Panjehpour M, Haydek JM. Photodynamic therapy for Barrett's esophagus: follow-up in 100 patients. Gastrointest Endosc, 1999;49(1): 1 ~ 7

22 Lin XX, Wang W, Wu SF, et al. Treatment of capillary vascular malformation (port-wine stains) with photochemotherapy. Plast Reconstr Surg, 1997;99(7): 1826 ~ 1830

23 李伟，林晓曦. 铜蒸汽激光光动力疗法治疗葡萄酒色斑的临床评价. 实用美容整形外科杂志，2003;14(4): 189 ~ 192

24 Miller JW, Schmidt-Erfurth U, Sickenberg M, et al. Photodynamic therapy with verteporfin for choroidal neovascularization caused by age-related macular degeneration. Arch Ophthalmol, 1999;117(9): 1161-1173

25 Photodynamic therapy of subfoveal choroidal neovascularization in age-related macular degeneration with verteporfin: one-year results of 2 randomized clinical trials-TAP report. Treatment of age-related macular degeneration with photodynamic therapy(TAP) study group. Arch Ophthalmol, 1999;117(10): 1329 ~ 1345

❖ 肿瘤规范(参考) ❖

Recommendations for a Global Core Curriculum in Medical Oncology
肿瘤内科学全球核心教程推荐书

ESMO/ASCO 肿瘤内科学全球核心教程工作组成员:
Heine H. Hansen, Dean F. Bajorin, Hyman B. Muss,
Gunta Purkalne, Dirk Schrijvers, and Rolf Stahel
杨林译　储大同校

中国医学科学院肿瘤医院

ESMO/ASCO Task Force on Global Curriculum in Medical Oncology: *Heine H. Hansen*, *Dean F. Bajorin*, *Hyman B. Muss*, *Gunta Purkalne*, *Dirk Schrijvers*, *and Rolf Stahel.*

From the Copenhagen University Hospital, Copenhagen, Denmark; Memorial Sloan-Kettering Cancer Center, New York, NY; University of Vermont, Burlington, VT; Stradins University Hospital, Riga, Latvia; AZ Middelheim, Brussels, Belgium; and Universitatisspital, Labor fur Onkologie, Zurich, Switzerland.

The article was translated by Dr. Lin Yang and Dr. Da-Tong Chu.

原文载于 JOURNAL OF CLINICAL ONCOLOGY,2004;22: 4616~4625.

经 CSCO 与 ASCO 国际事务部协商,ASCO 同意授权《CSCO 通讯》(CSCO NEWS)刊登"肿瘤内科学全球核心教程推荐书"(Recommendations for a Global Core Curriculum in Medical Oncology)中文译本。《中国肿瘤临床年鉴》是 CSCO 支持并推荐的学术年刊。

（二）培训人员

1. 培训人员组成

2. 培训人员标准

（三）教育项目

1. 教育环境

2. 职业化-道德规范

3. 责任

4. 机构要求

(1)临床安排

(2) 医院设施

5. 技能和知识的更新

6. 对其他专业的理解

7. 设施

四、课程内容

(一)基础理论

1. 肿瘤生物学

2. 肿瘤免疫学

3. 病因学、流行病学、筛查和预防

4. 包括统计学的临床研究

（二）恶性肿瘤处理和治疗的基本原则

1. 病理学、实验医学、分子生物学

2. 分期方法

3. 治疗

(1)手术

(2)放射肿瘤学

(3)抗肿瘤药物

(4)生物治疗

(5)支持和姑息治疗

①支持治疗方法

A. 恶心呕吐

B. 感染和中性粒细胞减少

C. 贫血

D. 血小板减少

E. 骨髓和外周血干细胞

F. 器官保护

G. 黏膜炎

H. 恶性积液
I. 药液外渗
J. 肿瘤急症
K. 副癌综合征
L. 营养支持
②姑息治疗和临终关怀
A. 疼痛
B. 其他症状
C. 沟通
(6)康复
(三)各种肿瘤的处理和治疗
1. 头颈部肿瘤
2. 肺癌和间皮瘤
(1)小细胞肺癌
(2)非小细胞肺癌
(3)间皮瘤
3. 胃肠道肿瘤
(1)食管癌
(2)胃癌
(3)结肠癌
(4)肛门癌
(5)肝胆管癌
(6)胰腺癌
4. 泌尿生殖系肿瘤
(1)肾癌
(2)泌尿道上皮肿瘤
(3)阴茎癌
(4)前列腺癌
(5)生殖细胞肿瘤
5. 妇科肿瘤
(1)卵巢癌
(2)子宫癌
(3)宫颈癌
(4)外阴及阴道癌
6. 乳腺癌
7. 肉瘤

(1)骨肉瘤
(2)软组织肉瘤
8. 皮肤癌
(1)黑色素瘤
(2)基底细胞癌和鳞癌
9. 内分泌肿瘤
10. 中枢神经系统恶性肿瘤
11. 原发灶不明的肿瘤
12. 血液系统恶性肿瘤
(1)白血病
①急性白血病和骨髓发育不良
② 慢性白血病
(2)淋巴瘤
① 霍奇金病
② 非霍奇金淋巴瘤
③皮肤 T 细胞淋巴瘤
(3)浆细胞病
13. AIDS 相关恶性肿瘤
五、癌症的社会心理方面
六、病人教育
(一)遗传咨询
(二)健康维持
(三)长期并发症
1. 因治疗诱发癌症的危险
2. 内分泌功能紊乱
(四)化学预防方法/临床试验
(五)随访时的检查和时间间隔
七、生物伦理、法律和经济学方面的问题
(一)知情同意
(二)伦理
(三)法律问题
(四)成本效益
(五)利益冲突
(六)职业态度
八、技能
(一)抗肿瘤药物的使用

(二)骨髓针吸、活检和图像判读

(三)奥马耶贮器和腰椎穿刺

一、简介

世界上恶性肿瘤病人数量在持续增长。估计每年有一千万新诊断病例,二百万人正在接受治疗或是带瘤生存。过去的10年,医学技术的飞速发展和肿瘤细胞生物学基础知识的进步,对肿瘤遗传学、肿瘤筛查、早期诊断、分期和治疗产生了巨大的影响。

这些进步,促使个体肿瘤的治疗方面形成了更具协作性的综合治疗方法。因此,需要在外科、放疗科和肿瘤内科学等几个主要专业有一套建立在指南或教程基础上的正式的培训计划。

肿瘤内科学作为一个专业是1965年在美国临床肿瘤学会(ASCO)成立时建立的。1973年美国内科学会在美国建立了统一的肿瘤内科培训系统[1]。1997年,ASCO出版了一套培训基础材料,进一步推动了肿瘤内科学课程的发展[2]。

欧洲肿瘤内科学会(ESMO)于1989年在从事肿瘤内科工作的医生中开始了肿瘤内科学考试。为确保这些内科医生不断维持和更新作为提供优质服务要素的知识、技能和工作态度,1994年开始了肿瘤内科学继续教育计划,即ESMO-肿瘤内科医生资格再认证计划[3]。

建立这些资格认定体系的主要目的是提高病人治疗和关怀质量,设立肿瘤内科实践临床能力的标准,鼓励业内专家在其一生的临床实践中持续发挥优秀专业素质。

1998年,欧洲内科医生联盟承认肿瘤内科学是一个独立的学科。为适应这个新形势的需要,欧洲肿瘤内科学会出版了一套标准的肿瘤内科学资格认定和培训计划。目前,肿瘤内科学在欧洲14个国家已被承认为一个独立的专业。

在世界其他地区,肿瘤内科学教育和培训计划也已得到发展。

随着卫生保健加速国际化、人才交流以及国际间信息的快速流通,有必要建立一套具有国际化视野的通用指南,以满足那些为获取肿瘤内科从业资质的内科医生的临床培训需求。为此,ESMO/ASCO联合工作组提出了第1个肿瘤内科学全球核心教程推荐书。

二、肿瘤内科学培训的基本要求

基本要求为:总的培训期限是6年,包括先进行至少2年的内科学培训,然后再完成为期3~4年的肿瘤内科学培训。

3~4年的肿瘤内科学培训项目必须包括至少2年全日制各种肿瘤诊断和治疗方面的临床训练。

全日制临床训练指的是学员在一个标准的工作周内至少80%的工作时间和精力用于临床活动(病人治疗或教育)。这些活动包括对癌症病人进行的主要治疗,对普通内科或指定的肿瘤内科住院病区癌症病人的照看,肿瘤学会诊和会诊性查房,非卧床肿瘤病人的护理,定期举行的临床会议,治疗操作,复习影像学、病理学和其他诊断资料,直接满足病人的其他需要,参加国内和国际的学术会议以及阅读相关文献等。

临床活动也包括涉及与病人交流、关怀和治疗方面的研究。特别对期望在学术领域发展的肿瘤医生,强烈推荐应具有1年或以上的研究经历,甚至包括一些国际性的培训。

三、特殊要求

(一) 培训项目负责人

肿瘤内科学培训项目负责人必须具备监督和教育肿瘤内科学员的资格。也就是说,项目负责人必须有肿瘤内科学资格证明或拥有相应的资历。项目负责人将承担培训项目及相关活动的主要义务,其工作必须以肿瘤内科学培训项目主要培训地点为基地。

学员将有一个培训记录。项目负责人与学员联合署名,确认已圆满完成要求的培训项目,并获得了在课程培训中积累的专业能力。培训记录保留学员的成绩,并在年度评估时由项目负责人签名确认。对学员培训情况的评估将按年度评审的标准格式进行。

(二)培训人员

1.培训人员组成　肿瘤内科学培训项目的培训人员,包括培训项目负责人在内,由至少3名成员组成,这些人员必须为有资质证明的全日制的教学人员。

所有培训人员必须有肿瘤内科学资格证明或拥有相当资格,每人必须投入相当的时间(至少每周10小时)用于教学、研究、管理和(或)对学员的表现、进度和能力进行评价。

2.培训人员标准　教学人员必须证明他们对教学感兴趣,并在以下方面给学员做出表率:积极参与肿瘤内科临床实践;继续他们自己的医学教育;是地区、国家和国际学术社团的活跃会员;积极参与研究,并经常有研究结果的报告和发表。

(三)教育项目

组织肿瘤内科学教育项目,旨在为学员提供高水平的培训和实践机会,从而获得在该领域从业所需的专业能力。培训项目必须强调学术、自学和培养对临床问题认真分析及作出正确判断的能力。必须对学员在教育实践过程中进行适当的监督。

特别强调以下原则。

1.教育环境　肿瘤内科学培训项目必须提供一个有利于获取知识、技能、临床思维、以及培养肿瘤内科实践基本态度的学术环境。合适的资源和设施是实现这一目标的必须前提条件。不要为了服务的承诺而妥协实现教育目标和愿望。

2.职业观-道德规范　在肿瘤内科学培训期间,必须培养好职业观。除了掌握肿瘤内科学广泛的临床和技术上的技能外,学员还需要坚持职业道德。其涵义包括把病人的需要放在个人利益之上,对社会的需要负责,坚持对学术及相关研究高标准的追求。因此,应鼓励学员加入专业组织,投身社区项目和参与相关机构委员会。

3.责任　必须明确肿瘤内科学学员的责任。

4.机构要求

(1)临床安排:临床安排必须包括能在门诊和住院条件下观察和治疗各种肿瘤的机会。使学员有机会对急性和慢性病人进行连续观察以便学习癌症的自然病程,不同治疗方法的效果以及如何向病人告知病情,包括不良信息。

(2)医院设施:为完成整个培训项目,必须有运转正常的现代化住院设施,非卧床护理和实验室设施。尤其是在主要培训基地,必须有足够的病理学检查设备,现代放射诊断设备,核医学影像源,血库和血液治疗设备,临床药理学和肿瘤免疫学设备。除了放射治疗外,需要有普通外科的设备及其支持系统。培训项目还必须包括参加肿瘤综合治疗会议,根据临床试验规范(GCP)指南进行的临床试验。

5.技能和知识的更新　已具备肿瘤内科学资格的专业人员,还应通过参加课程、会议等继续医学教育项目或定期自学课程来更新技能和知识。

6.对其他专业的理解　肿瘤护理学、药剂学、康复治疗、姑息医学治疗、食物疗法和社会心理服务的知识也是很重要的。可使学员认识到其他专业治疗在癌症病人综合治疗中的作用。

7.设施　在一个内科教育项目启动之前,检查设施是否已齐备是教学机构应负的责任。

四、课程内容

肿瘤内科医生培训教育框架包括下述课程:

(一)基础理论

作为治疗恶性肿瘤的基础,学员必须掌握肿瘤生物学、治疗原则以及适当开展和解释临床研究的技能。

1.肿瘤生物学　学员应了解正常细胞的生物学行为以及肿瘤发生的基本过程。对基因的结构、组织、表达和调节有深入的理解,对细胞周期有基本的认识,了解癌基因对它的调控及其与治疗之间的相互作用是重要的。熟悉肿瘤细胞动力学、增殖、凋亡,以及细胞死亡与增殖之间的平衡关系。熟悉聚合酶链反应、染色体分析,和其他分子技术及肿瘤细胞生物学方面的技术。

2.肿瘤免疫学　具备有关细胞免疫和体液免疫的组成以及细胞因子对免疫系统调节方面的基础知识,了解肿瘤与宿主免疫系统之间的内在关系,包括肿瘤的抗原性、免疫介导的抗肿瘤细胞毒作用和细胞因子对肿瘤的直接影响。

3.病因学、流行病学、筛查和预防　对肿瘤发生的遗传和环境因素有所了解,具备流行病学病因和描述方面的基本知识。了解筛查和危险因素评估的基本原则,清楚所用检查手段的敏感性和特异性以及成本效益比,了解什么情况下筛查有明确的作用和什么情况下作用还不明确,熟知遗传筛查和咨询的原则和适应证。了解肿瘤预防的意义,以及采取什么样的一级、二级、三级预防措施预防肿瘤的发生。

4.包括统计学的临床研究　向学员提供临床试验设计和实施方面的教程。通过国际合作小组或内部临床试验计划了解这些试验的进展和实施。这方面的教程包括:Ⅰ、Ⅱ、Ⅲ期临床试验设计;与研究设计相关的伦理、规范和法律条文;评价疗效的标准;评估生活质量的方法;统计学的基础知识,包括统计方法、研究设计需要的病人数量、对数据的合理解释;毒性的评估和分级;伦理委员会的作用和功能;如何从病人那里获取知情同意;政府部门监督调节机制;指导研究经费申请书的书写和提供如何支持临床研究的信息;治疗的花费和治疗的成本效益比;对准备论文摘要、口头和演示报告以及撰写文章进行指导;能批判性地评价已发表论文的科学价值及其对日常临床实践的影响。

(二)恶性肿瘤处理和治疗的基本原则

恶性肿瘤处理需要多个不同亚专业的专门技术。因现代治疗学变得日益复杂,大多数肿瘤病人通过多学科综合治疗手段得到很好的治疗。学员应认识到每一亚专业对于疾病诊断、分期和相应基础病的治疗以及并发症方面的作用,学员应对各学科都有所了解以便对每一种处理方式的优点和局限性有一个正确评价。

鼓励学员参加跨学科会议。为了能制订治疗计划,学员应具备对可引起毒性和影像疗效的伴随疾病的评估能力,并熟知越来越多的老年肿瘤患者影响治疗的特殊情况。

1. 病理学、实验医学、分子生物学　学员应知道,明确肿瘤的诊断有赖于细胞学和组织病理学。应该有机会与病理医生一起观察活检和手术标本。应重视病理医生在确定肿瘤诊断及病变的严重性和范围中的作用。对新的病理技术有所了解,认识这些新技术在肿瘤患者分期和处理中的作用。了解什么样的实验检查适用于分期和随访。熟悉肿瘤标志物(肿瘤血清标志物、细胞膜标志物、DNA 标志物)的作用和局限性。

2. 分期方法　了解原发肿瘤 - 淋巴结 - 转移灶(T-N-M)分期系统,以及如何分期。掌握临床、放射医学和核医学影像手段在肿瘤病人诊断、分期和随访中的指征,学会通过这些方法来评价治疗的效果。

3. 治疗

(1)手术:通过与外科医生的交流,掌握手术的适应证和禁忌症,了解手术在肿瘤分期、根治和姑息方面的作用。熟悉保留器官的适应证,以及手术与其他治疗的顺序安排,了解手术作为主要治疗手段和作为放疗和(或)化疗的辅助手段的危险性和益处。了解术后的并发症。

(2)放射肿瘤学:熟悉放射生物学原理,治疗性和姑息性放疗的适应证。熟悉放射剂量的设计和测量原理。了解放疗与手术和(或)化疗序贯治疗的时机。熟悉放疗的急性和迟发性效应。

(3)抗肿瘤药物:熟悉抗肿瘤药物对于初治和复发肿瘤治疗的适应证和目的。了解这些药物在新辅助化疗、伴随性化疗、辅助化疗中的作用。掌握抗肿瘤药物作为放疗增敏剂的适应证。了解剂量的重要性和某些特殊抗肿瘤药物的治疗延迟。能够评估患者的内科伴随性疾病,从而更好的确定个体应用抗肿瘤药物治疗的危险 - 效益比。了解不同药物的药代动力学、药物遗传学和药理学方面的知识。了解不同抗肿瘤药物的毒性,包括长期毒性,如何根据器官功能的损伤程度来调整药物剂量和治疗时间,如何处理并发症。

(4)生物治疗:熟悉生物治疗的作用和适应证,包括细胞因子和造血生长因子。了解特殊副作用及处理、与化疗的联合应用。掌握分子靶向治疗的基本概念,如单克隆抗体、肿瘤疫苗、细胞治疗和基因引导性治疗。

(5)支持和姑息治疗:了解什么是抗肿瘤治疗期间的支持治疗并能够应用支持治疗。掌握不同支持治疗的适应证、局限性和副作用。了解什么是姑息治疗并能够判断什么时候给予姑息治疗,了解什么是姑息对症和临终关怀治疗以及如何运用到临床实践中。了解姑息对症也是肿瘤内科学的一部分,需要多学科的合作。

①支持治疗方法

A. 恶心呕吐:了解引起恶性肿瘤病人恶心、呕吐的各种原因,认识抗呕吐药的药理作用机制以及如何在日常临床实践中应用。

B. 感染和中性粒细胞减少:了解癌症病人感染和中性粒细胞减少性发热的诊断和治疗原则。了解如何治疗和预防感染。了解造血生长因子应用的适应证。

C. 贫血:了解输注红细胞的适应证和并发症。了解关于准备和输注这些红细胞产品的各种选择。学会正确应用促红细胞生长素。

D. 血小板减少:了解输注血小板的适应证和并发症。了解关于准备和输注血小板产品的各种选择。

E. 骨髓和外周血干细胞:熟悉骨髓和外周血干细胞的获得和冷冻保存方法。

F. 器官保护:熟悉应用器官保护方法和治疗手段。了解不同器官保护药物的适应证和不良反应。了解性腺保护技术,保证病人的生育能力(深低温保存技术)。

G. 黏膜炎:能鉴别黏膜炎是感染所致还是抗癌药物所致。学会应用止痛药物和经典的麻醉药对症治疗。

H. 恶性积液:了解腹水、胸水和心包积液的症状体征及治疗方法,了解治疗的适应证。会行穿刺放液治疗积液。

I. 药液外渗:了解预防是最重要的防止药液外渗的方法。了解药液外渗的诊断和治疗。

J. 肿瘤急症:能识别需要立即处理的临床征象(如脊髓压迫征,心包填塞)。对疑诊恶性肿瘤的病人,了解合适的获取组织学诊断的方法。了解在急性和慢性病程中什么样的治疗是合适的。

k. 副癌综合征:能识别每个器官系统恶性肿瘤可能产生的"远处效应"。能识别哪种恶性肿瘤最可能与某个综合征有关。应知晓各综合征的处理方式。

L. 营养支持:应了解肠内营养和肠外营养的适应证和并发症。

②姑息治疗和临终关怀:

A. 疼痛:擅长评价疼痛的部位和程度。熟悉世界卫生组织关于疼痛阶梯的知识,理解阿片类药物和其他止疼药物的药理学和毒性。能应用现有的方法处理疼痛并知道何时应将病人转去接受姑息性侵袭性方法止疼。

B. 其他症状:学员应能处理其他的症状(呼吸道,消化道,神经症状,皮肤和黏膜症状,食欲下降和恶液质,脱水等)。他们应掌握临终症状的处理。

C. 沟通:能与病人和其家庭成员进行沟通。向其告知坏消息并在不同情况下能举措得当。学会与治疗团队中其他专业人员(如护士、社会工作者、心理学家)进行沟通和合作。

(6)康复:应认识到物理疗法的作用,尤其是对术后病人。了解职业治疗、说话治疗和吞咽治疗的作用。

(三)各种肿瘤的处理和治疗

理解总治疗原则,应指导学员了解各类肿瘤的治疗和每种肿瘤的特殊情况。对每种肿瘤,了解流行病学、病理生理学、遗传学、症状和体征、诊断方法、治疗和随访,能与病人沟通和讨论这些问题。对每种肿瘤来讲,特殊问题的处理可能更重要。以下进行阐述。

1. 头颈部肿瘤　了解头颈部常规检查是如何进行的。了解每个部位肿瘤发生的危险因素和自然病程。为选择合适的治疗方法,应强调头颈部肿瘤的分期。分期需要进行腔镜检查。了解分期是选择手术和(或)放疗作为首选治疗的基础。了解在晚期疾病中化疗和姑息治疗的作用。了解保留器官可能是一种选择。了解这些病人需长期治疗和继发肿瘤的危险性。

2. 肺癌和间皮瘤　了解发生肺癌和间皮瘤的危险因素。

(1) 小细胞肺癌:熟悉局限期小细胞肺癌的综合治疗以及化疗在进展期病人中的作用。了解中枢神经系统治疗的适应证。

(2)非小细胞肺癌:熟悉不可手术非小细胞肺癌的判定标准以及在局限期病人中手术与非手术的分期。熟悉手术、化疗和放疗在局限期病人中的价值,并认识到通常应给予综合治疗。熟悉化疗和(或)放疗在晚期病人姑息治疗中的作用。

(3)间皮瘤:熟悉发生间皮瘤的危险因素,可手术的标准以及化疗的价值。

3. 胃肠道肿瘤

(1)食管癌:理解发生食管癌的危险因素。了解内镜在诊断和分期中的应用指征。学习营养支持的适应证,了解综合治疗的重要性,以及姑息性化疗和其他支持治疗方法的作用。

(2)胃癌:了解胃癌独特的危险因素。了解主要的手术方式,了解根治性手术可能的治愈作用和综合治疗的相关作用,以及姑息性化疗和其他支持治疗的作用。

(3)结肠癌:理解手术分期的重要性,并了解辅助治疗在结肠和直肠癌的适应证以及化疗在晚期转移性病人中的作用。了解遗传性结肠癌的类型、不同的播散方式和治疗方法。了解结直肠癌的危险因素,筛查及化学预防的基本原理,以及基因检测的作用。

(4)肛门癌:了解人乳头状瘤病毒与肛门癌的关系,知道综合治疗在保留器官手术中的作用。

(5)肝胆管癌:理解肝胆管癌的流行病学和危险因素。了解甲胎蛋白在诊断,疗效评价和筛查中的重要性。了解根治性手术在局限期病人中的适应证以及全身和经动脉化疗的作用。

(6)胰腺癌:理解发生胰腺癌的危险因素。了解胰腺癌遗传方面的特殊性,熟悉内镜和分子诊断在胰腺癌中的价值。了解在少数病人中手术有根治的作用,在其他病人中可能有姑息的作用。了解化疗在晚期病人中的姑息作用。

4. 泌尿生殖系肿瘤

(1)肾癌:了解肾癌的诊断,熟悉副癌综合征。了解手术在局限期病人中的根治作用,生物治疗在晚期病人中的姑息作用。

(2)泌尿道上皮肿瘤:了解发生泌尿道上皮肿瘤的危险因素,局限性和侵袭性疾病的区别,以及移行细胞癌易复发的特性。了解尿液细胞学和膀胱镜在分期和随访中的作用。了解膀胱内灌注治疗表浅性膀胱癌的作用,以及手术在早期侵袭性肿瘤中的作用。了解综合治疗在局限期泌尿道上皮肿瘤和转移性移行细胞癌治疗中的作用。

(3)阴茎癌:了解人乳头状瘤病毒在阴茎癌病因学中的作用。了解综合治疗可能的根治作用。

(4)前列腺癌:了解前列腺癌的流行病学和筛查,包括前列腺特异抗原在筛查和病人随访中的应用。了解组织学分级的重要性。了解观察、手术、或放疗在早期疾病治疗中的作用,了解在晚期病人中内分泌治疗和化疗的适应证。

(5)生殖细胞肿瘤:能根据国际生殖细胞肿瘤协作组分类标准对患者进行分类。熟悉肿瘤标志物在诊断、判断预后和随访中的用途。了解手术、放疗和化疗的作用。了解联合化疗在晚期病人中的根治作用。

5. 妇科肿瘤

(1)卵巢癌:了解卵巢癌具有可遗传的易感性。了解合适的手术方式在病人最初的分期和治疗及以后的全身治疗中的作用。了解化疗在病变局限者和晚期病人中的适应证。

(2)子宫癌:了解激素和激素治疗在内膜癌的发生中的作用。了解手术在早期疾病中的根治作用,以及放疗在稍晚期病人综合治疗中的作用。了解化疗和内分泌治疗在局限和转移性病人中的作用。

(3)宫颈癌:了解宫颈癌独特的危险因素。了解分期是选择手术和(或)放疗为根治性手术的依据。了解化疗联合放疗治疗局限期病人以及化疗治疗晚期病人的作用。

(4)外阴和阴道癌:了解母亲在妊娠期间服用雌二醇的妇女可发生阴道透明细胞癌。了解这些病人适当的监测和治疗方法。了解手术在早期疾病中的根治效果,以及晚期病人需要综合治疗。

6. 乳腺癌

在乳腺摄像、超声和核磁共振扫描方面有一定应用知识。了解病理和预后特点有助于治疗方法的确定,包括如何处理癌前病变。了解哪些因素会影响初始治疗的选择,包括受体状态。了解内分泌治疗和/或化疗对晚期病人的益处,了解辅助治疗的适应证。对选择化疗方案的作用进行回顾和理解。了解家族史的重要性以及基因检测和遗传咨询的意义。

7. 肉瘤

(1)骨肉瘤:了解发生原发骨肉瘤的易感状态和条件。了解骨肉瘤的各种病理类型以及保肢手术和辅助化疗的适应证、并发症,以及特殊类型肿瘤综合治疗的作用。

(2)软组织肉瘤:了解用于最初诊断的合适的手术方式以及保肢手术的适应证。了解化疗、手术、放疗的作用,包括胃肠道软组织肉瘤目前特殊的药物治疗的作用。

8. 皮肤癌

(1)黑色素瘤:了解发生黑色素瘤的危险因素以及原发肿瘤多样性的临床表现和癌前病变,如增生不良痣。能将皮肤良性病变和可能的恶性病变区别开来。了解肿瘤深度和其他预后因素在预后判断中的价值。了解在诊断和根治切除时需要什么样的手术方式。了解生物治疗在辅助治疗中的适应证,化疗可能的毒性和益处以及在晚期病人中的适应证。在黑色素瘤早期预防和早期发现以及高危人群咨询中有一定的应用知识。

(2)基底细胞癌和鳞癌:了解这些疾病的临床表现,了解其发生与日光暴露有关,也可能是肿瘤治疗的远期合并症。

9. 内分泌肿瘤　了解内分泌肿瘤特殊的诊断方法和治疗。了解内分泌肿瘤可能是由于特殊基因缺陷导致的某种肿瘤综合征的一部分。知道抗肿瘤药物在不同的内分泌肿瘤治疗中的作用。

10. 中枢神经系统恶性肿瘤　了解手术、放疗和化疗在中枢神经系统原发和转移性肿瘤治疗中的作用。

11. 原发灶不明的肿瘤　了解肿瘤组织病理学、病理分析和肿瘤标志物在指导诊断治疗中的作用。尤其认识到在某些情况下,姑息治疗可能改善生存。

12. 血液系统恶性肿瘤

(1)白血病:熟悉所有病理和分子生物学技术(细胞遗传学,免疫表型,多聚酶链反应)在白血病诊断中的应用。熟悉目前推荐的治疗以及这些治疗方法在成人和老年人急性淋巴母细胞性和髓性白血病中的应用。

①急性白血病和骨髓发育不良:熟悉发生白血病的危险因素,了解法-美-英分类及其在治疗和预后判断中的意义。了解骨髓移植在白血病病人中可能的用途以及其他不同治疗方法的价值。

②慢性白血病:能在外周血涂片上识别慢性白血病。除了解预期的治疗结果外,还应了解目前治疗慢性白血病的方法。了解骨髓移植的适应证。

(2)淋巴瘤:熟悉 Ann Arbor 分期和 WHO 分类,包括它的优点、不足和目前在分期分类上新的进展。

①霍奇金病:熟悉霍奇金病的分期和手术分期的适应证。熟悉放疗在早期疾病中的根治作用,了解化疗在Ⅱ、Ⅲ、Ⅳ期病人中的适应证。了解治疗的长期并发症,了解随访病人的相关事项。了解复发或耐药病人应用骨髓移植的适应证。

②非霍奇金淋巴瘤:了解淋巴瘤与 HIV 和免疫抑制的关系。熟悉 REAL 分类和国际预后因素指数。了解化疗的根治作用和骨髓移植在复发或耐药病人中的价值。了解不同类型低度恶性淋巴瘤,了解何时给予治疗和检查是合适的。了解放疗、手术和化疗,包括单克隆抗体在中度恶性淋巴瘤分期和治疗中的作用。了解高度恶性淋巴瘤领域的挑战和独特的临床特点以及强化治疗的作用。

③皮肤 T 细胞淋巴瘤:认识不同期别皮肤 T 细胞淋巴瘤的临床表现。了解免疫表型在诊断中的作用。了解补骨脂素和紫外线 A、放射治疗以及皮肤表面局部应用化疗药在初始治疗中的作用。了解化疗、生物治疗和放疗在晚期或耐药病人中的姑息作用。

(3)浆细胞病:了解如何鉴别浆细胞病,不明原因的单克隆 γ 球蛋白病,Waldenstrom's 综合征,巨球蛋白血症,浆细胞瘤,多发性骨髓瘤,POEMS(多发神经病,器官肥大,内分泌病,单克隆蛋白,皮肤改变)和浆细胞白血病。了解各种类型疾病治疗的适应证。

13. AIDS 相关恶性肿瘤　熟悉中枢神经系统肿瘤与免疫缺陷和 AIDS 的关系。了解 HIV

阳性人群恶性肿瘤发生率增高。了解这些肿瘤治疗的适应证以及由于同时合并内科疾病而导致毒性可能增加。知道常见机会性感染的预防和治疗。

五、癌症的社会心理方面

了解癌症的社会心理影响。

了解在疾病各个阶段目前可利用的资源以及对疾病进行干预的时机。

了解文化对疾病治疗的影响。

认识到与癌症诊断和治疗有关的精神冲突。

学会识别病人对疾病的适应性和非适应性行为。

识别在癌症诊断过程中病人和病人家庭可接受的处理方式。

了解临终关怀中涉及的问题。

了解癌症影响病人性功能,并可能由于疾病进展、治疗或心理因素导致性功能丧失。

熟悉精神类药物的适应证和用法。

具有丧失亲人全过程的相关知识。

熟知医生个人的应对能力。

了解在病人的综合治疗中如何协调发挥家庭成员、牧师安慰、护理支持、临终关怀医院和癌症病人支持团体的作用。

了解如何与病人及其家属沟通。了解如何告知不良信息并且在各种情形下举措得当。学会与治疗团队中其他专业治疗人员沟通与合作。

六、病人教育

(一)遗传咨询

能够评估病人和病人家属增加的发生癌症的危险。应该了解遗传筛查和咨询的原则。

(二)健康维持

告知病人和家属已知的继发肿瘤的危险因素,如饮食、吸烟、酒精和日光暴露。

(三)长期并发症

认识以下几种治疗方法的远期并发症:

1. 因治疗诱发癌症的危险 化疗后急性髓性白血病,放疗导致的肉瘤。

2. 内分泌功能紊乱 颈部放疗后甲状腺功能减低,化疗引起的不育。

(四)化学预防方法/临床试验

(五)随访时的检查和时间间隔

七、生物伦理、法律和经济学方面的问题

(一)知情同意

了解获得知情同意的要求。

(二)伦理

了解在进行医学研究过程中牵涉到伦理问题。

(三)法律问题

了解与抗癌治疗、设立生命支持系统以及撤除该系统有关的法律问题。

(四)成本效益

理解肿瘤治疗过程中医疗干预的成本效益问题。

(五)利益冲突

了解在职业活动中关于利益冲突方面详细定义的指南。

(六)职业态度

在对待病人和家属时表现出职业道德和人道主义精神。

八、技能

(一)抗肿瘤药物的使用

了解如何处方和安全应用抗肿瘤药物。有能力护理和使用静脉内置导管。了解如何管理和处置化疗药物和生物制品。

(二)骨髓针吸、活检和图像判读

应能行骨髓针吸和活检的操作。具有骨髓针吸和活检图像判读方面的经验,有骨髓图像判读方面的基本知识。

(三)奥马耶贮器和腰椎穿刺

应具有腰椎穿刺及经椎管给予化疗药物的操作能力。

有能力使用皮下埋置装置给予化疗药。能认识和解决这些皮下埋置装置导致的并发症。必须会经奥马耶贮器给予化疗药。

作者感谢来自以下学者的评论:

日本国立癌症中心的 Nagahiro Saijo;

阿根廷 Dr. Estevez S. A 研究所的 Eduardo L. Cazap;

印度 Opp Poddar Ayurvedic 医院的 Purvis M. Parikh;

法国的欧洲青年肿瘤内科学家 Fabrice Andre;

美国青年肿瘤内科学家 Andreea Nanci

参考文献

1 American Board of Internal Medicine: Requirements for dual certification in hematology and medical oncology, 1973

2 Training resource document for curriculum development in medical oncology. Adopted on February 20, 1997 by the American Society of Clinical Oncology. J Clin Oncol, 1998; 16: 372 ~ 379

3 Wagener DJ, Vermorken JB, Hansen HH, et a. The ESMO-programme of certification and training for medical oncology. Ann Oncol1998; 9: 585 ~ 587

❖ 鲜药专栏 ❖

以现代科学理论理解鲜中药作用的机理

刘玉琴

中国医学科学院基础医学研究所　中国协和医科大学基础医学院　北京　100021

一、药效源于加工方式与分子基础

以金龙胶囊为代表的现代鲜中药，筛选药用鲜活动物为原料，利用低温粉碎、细胞破碎、分子分级分离及反渗透浓缩等现代技术手段，基本提取其全部有效成分，以保持各有效成分的最大生物活性以及他们之间的最佳天然配比。整个工艺过程采用温和条件，不经强酸、强碱、高温及有机溶剂（或其它化学试剂）处理。

经生化分析，金龙胶囊中包含大量的氨基酸、维生素、矿物质和微量元素。除了能够提供人们充足和必要的营养外，核苷酸及肽、蛋白、多种活性酶等分子，有助于改善机体的物质代谢和能量代谢，加速受损组织的修复和促使病态细胞恢复正常生理功能。

治疗肿瘤的鲜中药金龙胶囊[国药准字Z10980041]有关参数如下：

1. 组分及分子量测定　采用可见紫外全波长扫描方法测得药液的最大吸收波长集中在210~300μrn之间，这正是肽键及肽分子中大多数发色基团的吸收峰位置，可见其中低分子及肽类物质占主要成分。

用SDS聚丙烯酰胺凝胶电泳及SephadexG—75分子筛凝胶过滤测定其分子量，范围在700~25 000之间，而90%左右均小于10 000。用高效液相色谱（HPLC）测该药组分，主要有8个吸收峰，低分子物质为主要成分，与上述方法测定的结果基本一致。

2. 游离氨基酸含量的分析　日立氨基酸分析仪测定结果显示含18种游离氨基酸，其中含人体必需的8种氨基酸成分均在其中。酸性氨基酸占27%，中性占57%，碱性占51%。

3. 酶活力的测定　含蛋白水解酶、淀粉酶、脂肪酶、精氨酸酯酶的活性。

4. 等离子光谱仪测定矿物质和微量元素　含有K、Na、Mg、Fe、Mn、AI、Cr、Cu、P、Zn等19种微量元素，但不含Cd、Mo及有害的Hg、Sb、Bi等元素。

5. 部分维生素检测结果表明　含有较多的B族维生素，也含有一定的维生素A。

6. 制剂分析表明　含有大量的核苷酸类物质，含量为471mg/100ml。

二、鲜药金龙胶囊配伍的中医理论与特点

中药配伍以整体观为指导，以君臣佐使为原则。君为主药，是针对主因主证起主要作用。臣药是辅助君药起加强作用。佐药一是治疗兼证，二是纠正君药的副作用，起

监督作用。使药作用有三，一是治疗兼证；二是调和诸药，发挥协调作用；三是引经作用，即靶向作用。

“金龙胶囊”由鲜守宫、鲜金钱白花蛇、鲜蕲蛇三味动物药组方，其中“守宫”味咸性寒，有小毒，可入血分，透筋达络、滋阴降痰、破瘀散结、解毒消肿，是治癌之要药，为方中君药；“金钱白花蛇”味甘性咸温，入肝经，功能通络、搜风、破瘀、解毒、散结、止痉，辅助君药以加强破瘀散结，解郁通络之效，故以为臣；蕲蛇，味甘咸性温，入肝经，性善走窜，内走脏腑，外彻皮毛，透骨通经散结，既可加强君药破瘀散结解郁，又可使臣药的通络解郁散结力量加强，方能以蕲蛇之温制约守宫之寒，使方中各药不寒不热，药性平和，又用其性善走窜，内走脏腑外彻皮毛筋骨之生物学药性，引诸药直达病所，故为方中之佐使药。三药合用共奏滋阴破瘀散结，解郁通络之功，既可扶助正气（气血），又可破瘀散结解郁祛邪。祛邪扶正兼顾，以祛邪为先，祛邪以扶正。

组方与原药材选用别具特点：首先是动物药组方，在传统中医药临床实践中对动物药的总结与评价是“血肉有情之品”，有植物药不可替代的疗效。再者，入药加工的原药材皆为鲜品，鲜活动物活体宰杀并立即进入加工程序。

中药有各自特有的作用靶点，对一定的组织器官具有特异性，这些作用特点的分子基础将是今后研究的方向。中药组方将不同的药物组合在一起，充分发挥不同药物的不同作用靶点，通过作用于不同的的途径，相互协调，发挥综合效应。

三、鲜药融入现代科学技术，保留传统特色并赋予新的内涵

“鲜药”应用历史悠久，在几千年祖国医学的实践和不断总结中形成了一个有特色的用药方法，但限于采摘、保存、贮藏、加工等条件，不能广泛的应用，更不可制成保持鲜活状态本质的药品。由传统医学的继承发扬，结合现代科学理论的指导，现代科学技术的应用，诞生了现代鲜药。

药物的剂型可影响药物的吸收、分布、代谢及排泄。药物加工、制备过程中影响药物在体内吸收、分布、代谢或排泄的因素包括：药物化学性质改变（形成酯类、盐类、络合物等）、药物物理性质改变（溶解速率、粒子大小、晶型、表面积等）、附加剂的性质用量及生物效应、用药方法、处方中其他药物的性质及剂型加工工艺过程（操作条件）等。胃肠屏障是有类脂体、蛋白质、脂蛋白以及多糖组成的高度复杂结构的生物膜，起着半透膜的作用，允许若干物质迅速通过，而对某些物质则阻止和防止通过。临床使用的口服药物，必须通过这道屏障。胃肠黏膜的作用，如同“类脂体筛”，能让脂溶性分子通过。水溶性极性分子小于4者，能扩散通过膜表面上充满水的小孔而被吸收。但大部分水溶性药物分子大于4者，胃肠黏膜上又有许多微量物质，如“载体”或“酶”等，协助水溶性分子的转运。

金龙胶囊富含多种成分，氨基酸、糖类、脂肪酸以及其他成分均为肌体所需要的物质，很容易通过这个屏障而被吸收。而且因其加工工艺的特殊性，保持了各成分活性状态，和天然的配比关系，有很好的组织相容性和亲和性，以胶囊剂型很容易经胃肠道吸收。现代鲜中药所提取的活性物质，来自健康、有活力、有药用价值的动物或植物，除有利于恢复和保持正常组织器官的功能外，还具有尚待认识特殊治疗作用。

四、现代鲜中药调节体内细胞信号网络

“金龙胶囊”的主要成分为氨基酸、多肽、核苷酸、酶、维生素及微量元素等。氨基

酸是生命的基本物质。金龙胶囊中含有其中的18种,其中包括人体必须而又无法在体内合成的8种氨基酸。

生理活性多肽是动物的重要活性成分之一。是沟通细胞间与器官间信息的重要化学信使。酶是生物催化剂,一切生命活动几乎都在酶的参与下进行,没有酶就没有新陈代谢。"金龙胶囊"中含有脂肪酶、淀粉酶、蛋白酶、精氨酸酯酶等多种酶类。

核苷酸与生物体的生长发育、遗传变异以及蛋白质合成等密切相关,"金龙胶囊"中所含的核苷酸成分,是改善机体代谢,抑制肿瘤生长、转移的重要活性成分。

维生素、矿物质及微量元素都是维持机体生理平衡的重要物质,共同参与和调节生命活动。任何一种缺乏或相互间的比例失调,都会导致疾病的发生,甚至生命的衰亡。"金龙胶囊"中含有19种常量及微量元素和多种维生素,它们对调节机体的平衡具有重要的意义。

除上述已测得的各有效成分外"金龙胶囊"功能成分,还可能有些未知成分,他们间有一个天然、合理的配比关系而从总体上发挥着协同作用。

人体不同组织、器官的细胞间以及不同细胞群体间相互信息的传递通过分子信号。细胞外的信号(分子)通过信号转导系统(一系列分子)引起细胞行为、功能的改变,包括:基因改变,酶活性变化,细胞骨架重塑,离子通透性改变,激素和蛋白的分泌,RNA和DNA的合成及细胞的死亡等。细胞间信号传递主要是通过内分泌、旁分泌、自分泌及信号受体方式进行。内分泌主要是激素和肽类。旁分泌主要是神经细胞间及神经细胞与肌肉细胞间的信号传递,主要是细胞因子。自分泌主要信号是细胞因子和生长因子类。总之,细胞所使用的信号分子是肽类、多肽类、氨基酸及其衍生物、脂肪酸及其衍生物和淋巴因子、趋化因子等。

一个信号分子可通过不同信号转导通路(细胞膜、浆、核)达不同靶点发挥效应。细胞功能有正性和负性调节信号通路,共同调节,平衡控制。细胞功能往往有相互作用的多条信号通路调节。由于多种基因的突变或活化、失活等改变,导致肿瘤细胞内的多信号传导通路发生了异常,如MARK信号通路、PI3K信号通路的等等。

金龙胶囊中具有多种信号分子,天然比例,可稳定正常信号通路网络并帮助恢复其传递功能。具有药用价值的信号分子可改变肿瘤细胞中异常活化的信号通路,起到改变肿瘤细胞的恶性行为。

以DPH为荧光探针,利用荧光偏振技术研究"金龙胶囊"对人红细胞膜流动性的影响发现,当药物与膜作用一定时间后,细胞膜的荧光偏振度及微粘度均随药物浓度的增加而降低,即表明红细胞膜的流动性随药物浓度的增加而增加。洗去药物以后,红细胞膜的流动性则不再变化。

利用核磁共振技术研究了"金龙胶囊"对人红细胞内Na^+浓度的影响。实验表明,利用DyPP)位移试剂,可以有效地将细胞内外的Na^+峰分开,因而可以用NMR动态研究活细胞内Na^+浓度的变化。测试结果表明,细胞内的Na^+浓度随药物浓度的增加而增加。研究结果都说明了"金龙胶囊"对人红细胞膜有着明显的影响。这可能是在药物的作用下,由于红细胞膜的流动性发生了变化,从而导致了膜蛋白构象的变化,进而影响细胞内外的物质交换、能量转换和信息传递,从而影响细胞的代谢。膜蛋白构象的变化还会影响Na^+-K^+泵的工作,致使Na^+的外向通量减少或内向通量增加,从而使胞内Na^+浓度增加。由于Na^+的流动和同向转运作用，推动了氨基酸和葡萄糖主动运输进入细胞，从而大大强化了细胞的新陈代谢过程。

五、金龙胶囊对肿瘤的治疗作用

肿瘤的发生发展与肌体免疫系统的关系，开始时免疫系统控制肿瘤细胞，最后肿瘤细胞不断演化出各种新的功能(特性)，克服这些束缚，发展为肿瘤组织。如在致癌因素作用下，正常细胞恶变后，可被正常的免疫监视功能清除，久之使肿瘤细胞产生逃逸机制避免被清除。进而肿瘤细胞获得促血管新生能力、侵袭能力、转移能力，至最后彻底破坏病人的免疫、神经内分泌、代谢，导致病人死亡。肿瘤细胞具备最显著的两个可遗传的特性是自主性(autonomy)和间变。所谓自主性指肿瘤细胞对正常细胞生长分化调控机制的不依赖性。间变(anaplasia)指肿瘤丧失了获得特化功能及特定组织形态的能力而缺乏分化。

1. 肿瘤是细胞增殖异常的疾病　一系列蛋白生长因子的不同组合调节着不同的细胞。这些生长基因打开或关闭细胞的正常分裂和繁殖。这些基因的异常或是突变则导致细胞的持续性与机体不协调的旺盛生长，形成肿瘤。过去十几年由于分子生物学的发展，已鉴定了许多这类基因。这些基因主要通过两种突变通路引起肿瘤细胞的失控分裂。其一为基因激活，即突变后基因呈高度活化状态，产物过度表达，细胞过度增殖形成肿瘤，这类基因称癌基因(oncogene)。基因激活往往呈显性效应。第二种突变通路是基因失活，这种突变呈隐性效应，需两条染色体的两个基因拷贝均被失活或删除，细胞方可摆脱有节制的生长。这种由于其丢失或失活而致肿瘤形成的基因称肿瘤抑制基因(tumor suppressor gene)。另外，肿瘤病毒DNA或RNA的插入引起基因变化，也可致细胞转化，形成肿瘤。

正常组织器官中存在稳定机制，在外伤时细胞增殖修复到原大小即停止生长，意味着正常情况下组织器官中存在这控制细胞增殖的机制，虽然我们尚不清楚这些机制的具体体现，但这些机制都有相应的分子基础。来自鲜活动、植物的鲜中药，如前所述，也包含了这些分子成分，可发挥相应的作用，对肿瘤细胞群体的增殖发挥调控作用。我们以往的实验也支持以上观点。金龙胶囊可明显调节抑制肿瘤的生长、复发和转移。

2. 肿瘤是细胞分化异常的疾病　在正常分化过程中，细胞不可逆地不断获得新特性，执行专有的功能而成为不同种类的组织细胞。从基因水平上看，分化过程中控制增殖的基因(原癌基)相继关闭，特化功能基因开启，随着细胞的分化成熟，其复制增生能力丧失。肿瘤细胞一般丧失其正常特化功能，而与未分化的组织相似，处于分化异常状态。

表1　金龙胶囊对复发肿瘤(U14)的抑制作用

	组　别	动物数	瘤重(g±s)	抑制率%	*P*值
第一批	对照组	10	2.24±2.14		
	化疗组	12	0.51±0.16	77.24	≈0.023
	金龙胶囊组	13	0.76±0.30	66.3	≈0.045
第二批	对照组	12	2.59±2.16		
	化疗组	11	0.97±0.15	62.5	≈0.024
	金龙胶囊组	16	1.17±0.19	54.8	≈0.040

表2　金龙胶囊对肿瘤(U14)转移的抑制作用

组别	动物数(只)	转移率(%)	抑制率(%)
对照组	10	50(5/10)	
化疗组	12	25(3/12)	50
金龙胶囊组	13	23(3/13)	54
对照组	12	50(6/12)	
化疗组	11	27.2(3/11)	45.6
金龙胶囊组	16	25 (4/16)	50

表3 金龙胶囊不同时间施药对肿瘤(U14)术后局部肿瘤复发的抑制作用

组别	动物数	平均瘤重(g)	抑制率%	P值
对照组	16	1.74±1.48	-	-
金龙胶囊术前组	14	0.57±0.94	67.3	≈0.009
金龙胶囊术后组	16	0.47±0.84	73.0	≈0.003
化疗术前组	16	0.11±0.24	93.7	≈0.000
化疗术后组	14	1.13±1.35	35.1	≈0.129

正常组织器官中也存在相应的维持其组织细胞保持分化状态、执行正常功能的机制。如在动物实验性肝大部切除后,肝细胞可增生,新生的细胞也会很快分化出正常肝细胞的功能。来自鲜活动、植物的鲜中药也包含了这种促使组织细胞正常分化的分子基础,也会对肿瘤细胞的分化发挥调节作用。诱导分化是目前肿瘤治疗的新领域,正越来越多地应用于临床。诱导分化属遗传学范畴,通过调节基因的表达状态,而改变细胞的行为。

实验结果证明,在金龙胶囊作用下,HL-60细胞形态上,分化细胞如中、晚幼粒细胞的比例增高,功能上具有NBT还原能力的细胞增多,细胞吞噬HRP的能力明显增强,其作用与维甲酸相似。恶性程度越高的肿瘤细胞自主性越强,细胞间的相互联系越少。金龙胶囊可增加细胞间信息的传递。表明金龙胶囊具有明显分化诱导作用。

表4 金龙胶囊对HL-60细胞的诱导分化作用

	3天				5天			
	对照	金龙胶囊(10^{-6})	金龙胶囊(10^{-9})	维甲酸(10^{-6})	对照	金龙胶囊(10^{-6})	金龙胶囊(10^{-9})	维甲酸(10^{-6})
早幼粒%	83.4	7.7	4	4	4.6	0.9	11.4	1.1
中幼粒%	15.1	53	75.6	84.2	88.4	62	78.2	66.6
晚幼粒%	1.4	39.1	20	11.4	6.9	36.9	7.3	32.3

(六)结论

现代鲜中药"金龙胶囊"因其独特的冷冻、粉碎、提取、冻干、及胶囊剂型,保持了药用动物体内各种分子的天然活性,这些分子可通过调节肿瘤细胞的代谢、信号通路等而调节其生长和分化,改变肿瘤细胞的恶性行为,起到治疗作用。

参考文献

1 鲍世铨,曾耀辉,李建生. 鲜动物药"扶正荡邪制剂"的基础及工艺研究以及对治病机制的初步探讨及与质量有关的理化性质研究. 中国肿瘤临床与康复,1998;5(增刊): 25~28

2 刘玉琴,李建生,赵雪梅,等. 肿瘤复发,转移动物模型的建立及鲜动物药蛇毒制剂疗效的初步观察. 中国中医基础医学杂志,1999;(2): 36~38

3 刘玉琴,顾蓓,董继红,等. 金龙胶囊(JLC)对肿瘤细胞诱导分化作用的研究. 中国肿瘤临床,2004;31(7): 380~383

4 刘玉琴,高进,赵雪梅,等. 金龙胶囊(JLJN)抑制癌细胞转移及复发的实验观察. 中国肿瘤生物治疗杂志,2001;8(1): 65~66

5 高进,刘玉琴,赵雪梅,等. 金龙胶囊对局部肿瘤切除后不同时间施药抑制术后复发及转移的研究. 中国肿瘤临床,2001;28(1): 53~56

扶正培本思想的现代认识与鲜药在肿瘤治疗中的作用

李　杰　林洪生　花宝金　李建生

中国中医研究院广安门医院肿瘤科　北京　100053

扶正培本是中医学重要的治疗法则，是防治肿瘤的主要治疗法则，是在中医整体观念和辨证论治精神指导下，对防治肿瘤具有重要的指导意义。但随着研究的深入，对扶正培本思想在肿瘤治疗中的作用和科学内涵还有待深入揭示。

一、扶正培本法治疗肿瘤的理论探源

祖国医学认为：恶性肿瘤是全身性疾病在局部的表现。中医对肿瘤的认识重视整体观念以及人体正邪的消长。《素问·刺法论》说："正气存内，邪不可干。"《素问·评热病论》云："邪之所凑，其气必虚。"说明疾病的发生是在人体正气不足的情况，邪气乘虚侵犯人体，才能发生疾病，正气在人体发病中占有主导地位。肿瘤的发病同样与正气的不足有密切的关系。如《灵枢·五变》曰："余闻百疾之始期也，必生于风雨寒暑，循毫毛而入腠理……或为留痹，或为积聚。"明确指出邪气乘虚入侵，日久气积血聚，而成积聚肿块之疾患。后世医家认识更加深入。金·张元素指出："壮人无积，虚人则有之。脾胃怯弱，气血两衰，四时有感，皆能成积。"《活法机要》明·李中梓认为："积之成也，正气不足，而后邪气踞之。"《医宗必读》张介宾亦云："凡脾肾不足及虚弱失调之人，皆有积聚之病。"以上的论述可见肿瘤的发生是由于人体正气不足，气血虚弱，导致阴阳气血失和，脏腑功能失调，在邪气的作用下，出现气滞、血瘀、湿聚、痰结等一系列病理变化，形成肿瘤。而肿瘤的发展同样是一个正虚邪实的过程，正气亏虚是肿瘤发生发展的根本原因。鉴于上述对肿瘤发病机理的认识，扶正培本治疗法则和方药应该是防治肿瘤的主要法则和有效的途径。

我国以中国中医研究院广安门医院肿瘤科余桂清主任为首的老一辈中西医结合工作者在国内率先开展了扶正培本法治疗肿瘤的研究。经过多年的临床实践认为：与现代医学的手术，放、化疗等治疗手段不同，中医药治疗肿瘤是在整体观念指导下，培补脏腑，气血阴阳不足，调整机体失衡状态，使内环境趋于稳定，增强患者体质和抗病能力而发挥作用。中医药的疗效特点，并非为直接清除瘤体、杀灭癌细胞，而是在保持瘤体稳定的前提下，使患者获得较高的生活质量和较长的生存时间。扶正培本法最能体现中医药治疗肿瘤的这一特点和优势，因此，也是治疗肿瘤领域应用最为广泛的法则。

多年来，我科的扶正培本法治疗肿瘤在国内外得到了广泛的应用并产生了重要影响，近年来，我科对扶正培本法的临床疗效和作用机制又进行了深入研究，其中在循证医学原则指导下，通过国家“十五”攻关课题多中心、随机、盲法进行了扶正中药延长肺癌患者术后生存期的观察，对扶正中药的临床疗效进行了新的验证，在国家自然科学基金的支持下从诱导细胞凋亡、激活树突状细胞、黏膜免疫等方面进行了扶正培本法治疗肿瘤的分子机制研究，使扶正培本的研究提高到一个更高的台阶。

二、扶正培本治疗肿瘤的临床研究

扶正培本是在中医药学阴阳五行、藏象学说的理论基础上形成的，是中医整体观念、天地人合一的观念、阴阳平衡观念的高度体现。扶正培本法不是单纯应用补益强壮的方药，而是应该把调节人体阴阳平衡，气血、脏腑、经络功能的平衡稳定以及增强机体抗癌能力。因而中医的“补之、调之、和之、益之”等都属于扶正范畴。总的原则是：“形不足者，温之以气；精不足者，补之以味”，“损其肺者，益其气；损其心者，和其营卫；损其脾者，调其饮食，适其寒温；损其肝者，缓其中；损其肾者，益其精”。所以对扶正培本法治疗应全面分析，根据辨证虚实而定。近几十年来，通过临床和实验研究，证明了扶正培本法有多方面的作用，概括为：可以改善肿瘤病人的临床症状，提高手术、化疗、放疗的效果，延长生存期；减轻放、化疗毒副反应，提高包括免疫功能在内的机体抗癌机能。70年代初以余桂清教授为首科研人员研制的健脾益肾冲剂（白术、党参、枸杞、贞子、补骨脂、菟丝子）能够提高胃癌患者的免疫功能，减轻化疗对消化系统、骨髓造血系统的毒副反应，提高化疗效果，延长了胃癌患者的生存期[1~2]。张代钊教授在健脾益肾、补气益血的基础上，兼用活血化瘀、清热解毒之品，创制了“扶正增效方”，配合放疗，可以提高肺癌治疗疗效。结果客观有效率为69.9%，明显高于单用放疗的40.7%（$P<0.05$），同时减轻了放疗的毒副反应[3]。朴炳奎教授针对晚期肺癌患者气阴两虚占多数的情况，并在益气养阴、扶正培本的基础上研制了清热解毒中药“肺癌平膏”，对晚期肺癌的免疫功能的提高，抑制肿瘤生长，延长生存期等方面均有较好的效果[4]。孙燕教授的贞芪冲剂，于尔辛教授的健脾理气辅助放射治疗肝癌，郁仁存教授的健脾补肾生血汤，刘嘉湘教授用滋阴生津、益气温阳法治疗肺癌，潘明继教授扶正生津配合放射治疗鼻咽癌等等，都是着重于扶正培本的研究，并取得了一定疗效[5~9]。

三、扶正培本治则作用机制的现代认识

近年来的研究显示：扶正培本治则在肿瘤治疗中最突出的特点是能够调动机体固有的抗癌能力，具有双向调节和保持平衡的作用。主要有以下作用：促进机体免疫功能，提高淋巴细胞增殖和网状内皮系统活力，从而增强对外界恶性刺激的抵抗力；保护和改善骨髓造血功能，提高血液细胞成分及保护心肝肾的功能；提高内分泌体液的调节功能，促进垂体—肾上腺皮质功能；调整肿瘤患者机体内环腺苷酸和环鸟苷酸等的比值，抑制癌细胞的生长；具有双向调节和提高机体物质代谢作用；减轻放化疗毒副反应，增强放化疗效果；预防肿瘤的发生和发展。此外，我们近期的研究显示扶正培本药物提高机体免疫功能抑制肿瘤生长的分子机制之一在于诱导肿瘤细胞凋亡。

已获得研究结果显示扶正培本治则发挥作用在于多方面、多环节、多层次，但发挥作用的主要机制还有待深入探讨。从宏观到微观，从整体到分子，全面认识才能客观评价其作用及机制。近年来鲜药的研究及在肿瘤治

疗中的应用带来我们一些新的启示，进一步丰富了扶正培本治则的科学内涵。

四、鲜药研究及在肿瘤治疗中的应用

近年来鲜药研究是现代中药研究的一个亮点，采用低温冷冻工艺制备出了鲜动物药金龙胶囊和鲜动植物中药金水鲜胶囊。两药在制备过程中保持了“鲜活”、“整体”和“天然”的特点，最大限度保持了生物体各有效成分的生物活性和他们之间合理的天然配比，更好地发挥了各组分之间的协同作用。经过近十年的临床研究显示：金龙胶囊和金水鲜胶囊对以肝癌为主的多种恶性实体肿瘤具有良好的作用外，还对系统性红斑狼疮、天疱疮、艾滋病等多种自身免疫性疾病也显示出一定治疗效果。

实践显示：中药治疗肿瘤的特点在于调整机体内环境的平衡，这也是中药作用的最大优势。肿瘤发生、发展的一个重要原因在于机体内环境的失衡，给肿瘤的生长创造了合适的微环境。根治性手术之后患者仍将存在一定复发、转移情况，其原因除了肿瘤细胞本身的生物学特性之外，失衡的机体内环境未得到根本的改善也是一个十分值得关注的问题。中医药以调整机体内环境，鲜动物药更使中医药的这一作用特点发挥到了新的、更高的层次。

根据生物进化论的观点，生物体体内各有效成分之间已达到了一个最佳状态。按照分子生态学的观点，保持其全部有效成分，能够最好地保持生物体内分子网络的生理平衡。依据生物化学及分子生物学的观点，生物体内只有具有生物活性的成分，才能有效地发挥其生理功能。依据生物进化与与亲缘性相关性研究，动物与人类机体内环境具有许多相同的物质基础，动物体内生物小分子与植物体内分子相比对于人类预防、抵御疾病具有更加重要的意义。金龙胶囊的研究结果充分体现了这一点，现代研究显示：金龙胶囊含大量低分子物质，分子量在10KD以下的占98%以上；还含有生理活性多肽、核苷酸以及蛋白水解酶、淀粉酶、脂肪酶和精氨酸脂酶等多种酶类，18种氨基酸、多种维生素、和微量元素等。这些活性成分均具有很强的生理功能，对于人体生命活动的调节起着十分关键的作用。该药具有多成分、小分子、高含量、高活性、配比合理、天然的特点，各有效成分不是单一地发挥作用，而是通过合理、天然的配比关系，从总体上发挥协同作用，集营养、代谢、免疫、肿瘤坏死因子等作用为一体，更佳的调整机体的平衡。

金龙胶囊、金水鲜胶囊是具有现代科学内涵的新型中药制剂，鲜中药治疗恶性肿瘤的特点和作用机理进一步阐释了和完善扶正培本理论。目前肿瘤发生的病因虽不十分清楚，但肿瘤的发生、发展普遍认为与多种因素有关。除恶性肿瘤细胞的生物学特性外，机体内环境的紊乱是一个重要的因素，所以，肿瘤的治疗应该针对多种因素、采用多种活性物质，多种治疗作用，作用多个靶点，达到整体综合治疗的目的。综合治疗，既是针对癌细胞的治疗，更主要的是针对机体内环境紊乱的调整与治疗。金龙胶囊、金水鲜胶囊有效成分的研究充分体现了这一点：在鲜动、植物体中含有大量的是小分子肽类物质，分子量小、易于人体吸收。其中，大量的氨基酸、维生素、矿物质和微量元素，能够提供人们充足和必要的营养，核苷酸及小肽、蛋白、多种活性酶，有助于改善机体的物质代谢和能量代谢，加速受损组织的修复和促使病态细胞恢复正常生理功能。金龙胶囊、金水鲜胶囊的作用机理：从宏观上讲，属于扶正荡邪，但所实现的整体综合调控机理与传统中药制剂不同，是在对“整体”不同的理解与认识，这里所讲的“整体”是在明确“单体”基础上的整体，只有理解了“单体”与“整体”的关系，才能认识鲜中药与传统中药本质的区别，才能理解综合治疗肿瘤的原则与指导思想。“整体是在了解单体基础上的整体；单体是在整体指导下的单体；整体、单体相互联系有机组合。”金龙胶囊、金水鲜胶囊的作用充分体现了扶正培本的思想，并赋予了新的科学内容。

五 扶正培本治则新的科学内涵

既往研究认为：扶正培本治则中“正”是指正气，亦称真气，是生命机能总称，但通常与病邪相对来说，指人体的抗病能力。“扶正”，即是扶助正气，增强体质，提高机体抗邪能力。“本”是指本元，即指人体阴精阳气、气血、脏腑的功能，尤以脾肾为人体生命之本。“培本”即培植本元，是治疗疾病的关键。扶正培本治则，是通过药物扶助正气和培植本元，使人体正气加强，祛除病邪，达到治疗疾病目的的一种治疗原则。随着鲜药研究的深入，肿瘤的发生和扶正培本治则又赋予了新的科学含义。

肿瘤的发生、发展与多种因素有关。其中机体的状态密切相关。机体状态“本虚”可以分为宏观和微观两个层次。从宏观上上讲：肿瘤患者多合并多脏器的受损，并不单纯是我们认为的机体免疫功能低下，老年患者多合并心脑血管疾病，年轻患者经过多程放化疗，也多会出现肝肾功能的损害，各个脏器的受损同时又加剧了肿瘤的发生发展，许多患者死亡的原因多是多脏器衰竭所致，因此肿瘤治疗除了不能单纯只针对肿瘤本身和机体免疫功能之外，还应针对机体的多脏器的损害，应用的药物应该能够调整机体各个系统如血液循环、免疫、呼吸等的功能，使机体各脏器功能达到一个稳态，对机体各脏器功能的调节应该是扶正的主要方面。扶正培本的根本也在于机体各脏器功能的协调和稳定。金龙胶囊、金水鲜胶囊作用充分体现了这一点，如金水鲜胶囊中的西洋参、冬虫夏草等现代研究显示均是可以作用循环、消化、内分泌等多个系统的中药，辨证应用可以有效调整机体各脏器功能的协调和稳定。

在微观上，肿瘤的发生根本在于机体的内环境的紊乱。机体内环境的紊乱是影响肿瘤的发生、发展与转移复发的一个重要因素。生活环境及饮食结构相同，但每个人的患癌的机率有所不同，其根本原因就在于机体内环境。人体具有一个强大的内环境调节系统，但在外界恶性刺激下，部分机体的调节能力会有所下降，为肿瘤发生发展创造了条件。此外肿瘤术后，机体内环境紊乱得不到纠正，肿瘤转移复发只是个时间问题，因此，调整机体内环境紊乱至正常水平，是预防和治疗肿瘤的重要前提。机体内环境紊乱主要体现在机体抗肿瘤相关的细胞因子及相关网络比例失调，鲜药通过补充人体所需的细胞因子，最大程度调整了机体的内环境紊乱，充分体现了扶正培本的思想，扶正培本治则也在分子水平得到了最大体现。

六、展望

扶正培本治则是中药治疗肿瘤应用最广泛和最有治疗优势的基本法则，鲜药研究赋予了扶正培本治则新的科学内涵，从宏观到微观，从整体到分子水平，全面调整机体内环境，必将中医药治疗肿瘤水平提高到一个新的层次。

金龙胶囊治疗晚期肝癌疗效观察

万冬桂　李　欣　贯立群

中日友好医院肿瘤科　北京　100029

金龙胶囊是一种由鲜活动物制成的抗癌中成药,主要成分为鲜活守宫,鲜活金钱白花蛇等。实验及临床研究表明该药具有较好的抗瘤和扶正作用。为更进一步了解该药的临床疗效,自2001年3月至2005年5月,我们采用金龙胶囊为主治疗晚期肝癌32例,与对照组比较疗效显著,现总结如下。

(一)材料与方法

1.一般资料　全组63例均为病理或临床确诊的晚期原发性肝癌患者,合并黄疸、腹水或远处转移者。其中男性47例,女性16例;年龄31~82岁,中位年龄50岁。术后或介入治疗后转移复发者29例,初治34例。有明确病理诊断者23例,包括肝细胞性肝癌18例和肝内胆管癌5例。63例患者依就诊顺序随机分为观察组32例,对照组31例。

2.方法　观察组服用金龙胶囊(建生药业有限公司生产)1.0g(4粒)/次,每日三次,连续用药不少于一个月,同时配合中草药辨证施治及静脉滴注胸腺肽或阿拓莫兰、美能等免疫、保肝治疗,大量腹水时适当配合利尿或腹穿放液以减轻腹胀症状;对照组治疗方法同观察组,但不服用金龙胶囊。治疗完成后一个月复查,评价近期疗效,并随访观察远期疗效。

3.疗效评定

(1)肿瘤疗效评定:参照世界卫生组织实体肿瘤客观疗效评定标准,分为完全缓解(CR),部分缓解(PR),稳定(SD),进展(PD)。临床受益率(CBR)为PR+SD。

(2)生活质量改善情况:以KPS评分为标准。提高10分以上者为有效。

(3)生存时间:治疗开始至死亡或末次随访时间,尚生存者观察到2005年5月。

4.统计学方法　两组率的比较用χ^2检验。

(二)结果

1.近期疗效　观察组32例中,CR 0例,PR 1例(3.1%),SD 23例(71.9%),PD 8例(25%),CBR为75%;一般情况改善(按KPS评分标准)提高10分以上者26例(81.2%)。对照组31例,CR 0例,PR 0例,SD 15例(48.4%),PD 16例(51.6%),CBR为48.4%;一般情况改善(按KPS评分标准)提高10分以上者16例(51.6%)。两组疗效及生活质量改善比较均有显著性差异($P<0.05$),观察组明显优于对照组。

2.生存期　观察组生存时间最短5个月,最长23个月,中位生存期11.4个月,一年生存率46.9%。对照组生存时间最短2个月,最长15个月,中位生存期7.2个月,一年生存率25.8%。两组比较有显著性差异($P<0.05$),观察组较对照组生存期明显

延长。

（三）讨论

原发性肝癌是我国最常见的恶性肿瘤之一，由于早期症状不明显，多数患者在明确诊断时已属晚期，有相当一部分病人不能手术或无法耐受介入治疗，治愈已不可能，而晚期肝癌的自然生存期仅2个月[1]，此时提高生活质量和延长生存期则为首要目标。古人提倡“中药鲜用”以及“生者尤良”的观点，是几千年来大量临床实践的经验总结。金龙胶囊是一种鲜活动物药制剂，主要成分为鲜活守宫，鲜活金钱白花蛇等，具有软坚散结，活血通络的功效，给药方便，毒副作用轻微，病人依从性好。据报道[2],[3]，该药对肝癌、肺癌、胃肠道肿瘤、恶性淋巴瘤等常见肿瘤有较好的扶正抗瘤效果，动物实验亦证明该药有较好的抗转移和提高免疫功能的作用[4]。本观察显示，对于晚期已不能耐受各种损伤性治疗的肝癌患者，金龙胶囊仍有较好的疗效，对于改善生活质量和延长生存期有较明显作用。

（四）病案举例

张某某，女，65岁，病案号020037。因上腹部胀满2年余，加重2个月于2004年4月10日收住中日友好医院肿瘤科。患者2003年1月始感上腹胀满，同年3月在北京大学人民医院经CT及手术病理确诊为肝内胆管腺癌，并先后于2003年4月至2004年1月在该院行6次介入治疗，病情进展。2002年4月我院门诊CT示肝内弥漫性小结节阴影，考虑肝癌术后复发，肝内广泛转移，大量腹水。入院时患者KPS评分30分，腹部胀满，食少便溏，胸闷憋气，呼吸困难不得平卧，下肢水肿，被迫卧床。舌淡红，苔少，脉细数。腹围116cm，体重82kg。B超提示肝内多发占位性病变，最大直径12×12cm；大量腹水，最大液面厚度12.0cm；门静脉右支可见2.2×1.7cm低回声。化验肝功ALT 98IU/L，AST 74IU/L，T-Bil 1.7mg/dl，ALP 257IU/L，GGT351IU/L。中医辨证：肝肾阴虚，脾虚水泛。治则：滋补肝肾，健脾利水，佐以解毒抗瘤。治疗：金龙胶囊每次4粒，每日3次，饭后服。基本处方：柴胡10g，山茱萸10g，制何首乌15g，生地15g，熟地15g，黄芪40g，炒白术10g，生薏仁15g，生麦芽15g，鸡内金15g，大腹皮15g，半枝莲15g，白屈菜10g，八月扎10g。随症加减治疗一个月，并配合胸腺肽免疫治疗和阿拓莫兰保肝，腹穿放液对症治疗，临床症状明显改善，食纳增加，腹水明显减少，腹围由116cm缩小到106cm，KPS评分由30分提高到60分，复查B超提示肝内多发占位性病变，最大直径11.7×7.7cm；腹水，最大液面厚度5.0cm。肝功ALT 29IU/L，AST 34IU/L，T-Bil 1.0mg/dl，ALP 240IU/L，GGT227IU/L。巩固治疗1年，2005年4月复查CT提示肝内弥漫性病灶较前明显减少缩小，腹水消失。化验指标ALT 20 IU/L，AST 43 IU/L，T-Bil 1.0 mg/dl，ALP 188 IU/L，GGT84 IU/L。患者精神好，偶需人帮助，生活基本能自理。随访至2005年5月，患者仍然健在。

参考文献

1 汤钊猷. 现代肿瘤学，第一版. 上海：上海医科大学出版社，1993，6

2 李杰. 金龙胶囊上市后Ⅳ期临床试验2660例总结. 中医肿瘤临床年鉴，2003：368～371

3 赵红星，张小莉. 金龙胶囊治疗晚期癌症疗效观察. 河南肿瘤学杂志，2003；16(3)：215～216

4 高进，刘玉琴，李建生. 鲜中药制剂金龙胶囊(JLC)抑制肿瘤复发、转移的实验研究. 中国肿瘤临床年鉴，2003：365～368

鲜壁虎(守宫)冻干粉诱导 C6 胶质瘤细胞凋亡的血清药理学研究

宋　萍　王学美　谢　爽　卜定方　富　宏　刘庚信

北京大学第一医院　北京　100000

动物药,作为一种天然药物,已经逐渐成为近年来抗肿瘤研究的热点。美国学者已从鲨鱼软骨中分离出血管生成抑制因子,并已经进入临床研究阶段[1]。同时,我国学者研究发现,蛇毒具有抑制肿瘤细胞增殖和诱导细胞凋亡的作用[2]。

壁虎在临床中主要用于治疗恶性肿瘤、淋巴结核、慢性瘘管、骨髓炎、血栓性脉管炎,对肝癌、白血病、癌性疼痛等方面效果尤为突出。但是,壁虎抑制肿瘤细胞的机制尚不清楚。我们采用血清药理学方法,在体外用含鲜壁虎冻干粉的血清,作用于 C6 胶质瘤细胞,观察了其对肿瘤细胞凋亡的影响。

(一)材料与方法

1. 主要药品与试剂　鲜壁虎即守宫(Gecko Swinhonis Gunther)冻干粉由北京雅泉中药研究所提供。C6 胶质瘤细胞株由中国医学科学院神经外科研究所提供;顺铂购自齐鲁制药厂;IMDM 培养基,胰蛋白酶购自美国 GIBCO 公司;胎牛血清购自中国医学科学院血液研究所;碘化丙啶(PI)为美国 SIGMA 公司产品 TUNEL 试剂盒购自宝灵曼公司;免抗小鼠 bcl-2, bax 抗体购自美国 Santa Cruz 公司。

2. 鼠血清制备　30 只雄性昆明小鼠(由北京大学实验动物中心提供),体重(30 ±2)g,随机分成 3 组。顺铂组,腹腔注射顺铂 1mg/kg,每 4 天 1 次;壁虎组,鲜壁虎冻干粉 36mg 溶于 0.5ml 蒸馏水中,每日灌胃;空白对照组,每日灌胃 0.5ml 蒸馏水。连续给药 20 天。在末次给药后 3h,下腔静脉采血,4℃下静置 2h,3 000r/min,离心 10min,取上清,0.22μm 膜过滤除菌,-20℃冰箱保存备用。

3. 细胞的形态学检测　C6 胶质瘤细胞培养 48h,用各组血清处理 72h,取 50μl 离心至载玻片,采用 Giemsa 染色,在光学显微镜下观察细胞形态的变化。细胞收集后,D-Hank's 缓冲液清洗 2 次,以 2.5% 戊二醛,1% 锇酸双固定用 Epon 812 常规方法包埋,制成半薄切片,甲苯胺蓝染色,光镜下定位。LKB-5 型超薄切片机切片,铀-铅双染色,透射镜下观察。

4. 流式细胞仪检测凋亡率　细胞处理如上。将细胞收集后,D-Hank's 缓冲液清洗 2 次,用 70% 冷乙醇固定 24h。细胞再次清洗后,加入 RnaseA(10mg/ml)和 PI(2mg/ml),37℃避光反应 30min,用流式细胞仪检测凋亡率,数据资料以 Cell Quest 软件分析。

5. TUNEL 检测细胞凋亡率　按照试剂盒说明步骤操作。随机选取 5 个高倍镜视野(>1 000 个细胞),在光镜下分别计数凋亡细胞数和总细胞数,计算凋亡率。凋亡率=(凋亡细胞数÷总细胞数)×100%。

6. 对bcl-2、bax基因蛋白表达的影响 采取S-P免疫组化法。分别用3组10%的血清处理细胞72h后,将细胞收集,PBS洗2次,离心至载玻片。用预冷的丙酮固定细胞15min,PBS洗片后,与0.3% H_2O_2 甲醇溶液于室温下孵育30min,阻断内源型过氧化物酶,然后用0.1% TritonX-100作用20min通透细胞。PBS冲洗2次,样品加入封闭血清放置1h,甩去血清,加一抗(稀释浓度均为1∶100),4℃过夜。次日PBS洗片后,滴加有生物素标记的二抗(1∶100),30min后加入辣根过氧化物酶标记的链霉素亲和素,作用30min,DAB显色,苏木素复染,封片。用PBS代替一抗作为阴性对照。

7. 统计学方法 采用SAS6.0软件进行分析。多组间数据比较,采用方差分析。两两比较采用 t 检验。

(二)结果

1. 形态学观察 壁虎组和顺铂组含药血清处理72h,细胞开始收缩变小,逐渐由长梭形短梭形,以至圆形,细胞间连接中断,胞浆内空泡增多,最后部分细胞漂浮。光镜下,观察到细胞皱缩,细胞膜无明显异常,胞浆出现大量空泡变性,核固缩浓染及凋亡小体形成。电镜下,核的变化突出,而细胞器未见明显损伤。细胞核表现为染色质边集、核固缩、核碎裂,可见胞膜包绕核碎片形成的凋亡小体。空白对照组血清处理后,在形态学上没有明显变化。

2. 流式细胞仪检测各组细胞凋亡率比较 血清浓度均为10%的情况下,72h后顺铂组的细胞凋亡率最高,为(47.37±4.97)%,其次壁虎组,为(36.86±3.19)%,与胎牛血清组比较,差异有显著性($P<0.01$)。空白对照组细胞凋亡率与胎牛血清组比较,差异无显著性($P>0.05$)。见表1。

3. TUNEL检测细胞凋亡率比较 10%壁虎血清作用72h的细胞凋亡率为50.73%($P<0.01$),顺铂组为59.03%($P<0.01$),空白对照组与胎牛血清组比较,细胞凋亡率无显著变化。见表1。

表1 各组细胞凋亡率比较(%,$\bar{x}\pm s$)

组别	n	细胞凋亡率	
		流式细胞仪	TUNEL
10%胎牛血清	10	1.79±0.12	1.86±0.09
空白对照	10	2.12±0.07	2.13±0.08
10%含壁虎血清	10	36.86±3.19*	50.73±4.79*
10%顺铂	10	47.37±4.97*	59.03±5.30*

注:与10%胎牛血清组比较,* $P<0.01$

4. 对bcl-2、bax基因蛋白表达的影响 见表2。

10%壁虎血清处理细胞72h后,bax蛋白表达有显著升高($P<0.01$),而bcl-2的表达与空白对照组比较差异无显著性($P>0.05$)。

表2 10%含壁虎血清对bcl-2、bax蛋白表达的影响(%,$\bar{x}\pm s$)

组别	n	bcl-2	bax
空白对照	10	58.45±3.52	55.37±5.49
顺铂	10	60.32±4.98	88.72±3.85*
壁虎	10	56.63±4.71	81.68±3.92*

注:空白对照组比较,* $P<0.01$

(四)讨 论

壁虎在临床应用时,通常取其干燥全体入药。曾有报道,壁虎含有多种蛋白质、肽类、19种微量元素[3]、18种氨基酸[4]。本实验结合“鲜者尤良”的理论,采用了鲜壁虎的冻干粉,减少了干燥过程中有效成分的丢失,使其药效能够得到充分地发挥。以鲜壁虎为主要成分的金龙胶囊突出的抗肿瘤效果,也验证了鲜动物药在临床具有的显著疗效。我们曾经采用鲜壁虎的提取物直接作用于 C6 胶质瘤细胞,发现可以抑制肿瘤细胞的增殖,并可引起肿瘤细胞凋亡[5]。但日本学者研究发现,有些中药粗制剂在体外有效,其含药血清却无效,可能是有效成分未被吸收或在代谢过程中失活[6]。而另一些中药,则是含药血清有效,但中药粗制却无效。考虑可能是药物经过消化后有效部位充分暴露或药物刺激机体产生的细胞因子变化所引起的作用[7]。因此,对中药这种多系统、多途径、多环节的药理作用的研究,采用血清药理学方法更具可靠性。

血清药理学方法,是 1988 年由日本学者首先提出的采用动物的含药血清进行体外实验的一种药理学实验方法[8]。这种研究方法避免了中药粗制剂直接加入体外实验系统造成的干扰,又因含药血清能反映药物刺激后,体内各种细胞因子的变化,从而通过血清药理学研究的结果更加接近于体内的药理作用。此次我们采用含鲜壁虎冻干粉的小鼠血清处理 C6 胶质瘤细胞后,从形态学、流式细胞仪检查和 TUNEL 检测,均说明含壁虎冻干粉的小鼠血清能够诱导 C6 胶质瘤细胞凋亡,与以往我们的研究结果一致。二者相结合,更加有力地证实了壁虎具有抑制 C6 胶质瘤细胞增殖和诱导肿瘤细胞凋亡的作用。

bcl-2 是一种胞内膜蛋白,主要在线粒体、光面内质网及核膜表达。在细胞凋亡的调控中,起抑制细胞凋亡的作用[9]。bax 基因是 bcl-2 同源基因,其过表达可拮抗 bcl-2 的保护效应而使细胞走向凋亡[10]。bcl-2 蛋白与 bax 基因蛋白的高表达可能是鲜壁虎诱导 C6 胶质瘤凋亡的重要分子机制。

尽管临床上疗效显著,但近 10 年来,关于其化学成分,研究较少。究竟哪种是发挥肿瘤作用的成分,需要继续进行药物化学方面的研究,此外是否是药物单独起作用,还是结合其他细胞因子的调节作用,有待于进一步论证。

参考文献

1 Cho J , Kim Y Sharks. a potential source of antiangiogenic factors and tumor treatments. Mar Biotechnol (NY), 2002; 4(6): 521 ~ 525

2 叶春玲,张海伟,罗英儒,等. 中华眼镜蛇诱导 HL-60 细胞凋亡及其机制探讨. 中国药理学通报,2003;19(2): 177 ~ 180

3 黄筱美. 蛤蚧与壁虎化学成分比较. 中成药研究,1987;(2): 29 ~ 30

4 陈明. 无蹼壁虎的薄层色谱与氨基酸分析. 中药材,1994;17(5): 21 ~ 22

5 谢爽,王学美,谢东泽. 鲜壁虎提取液抑制 C6 胶质瘤细胞增殖和诱导肿瘤细胞凋亡的研究. 肿瘤防治研究,2003;30(60): 458 ~ 461

6 Lwama H, et al. Fffect of shosaikoto, a Japanese and Chinese traditional herbal medical mixture , on the mitogenic activity of lipopolysaccharide: a new pharmacological testing method. J Ethnopharmacol,1987;21(1)45

7 Umeda M. Effect of certain herbal medicines on the biotrans formation of arachidonic acid: anew pharmacological testing method using serum. J Ethnopharmacol, 1988; 23(1): 91

8 田代真一 "血清药理学"と"血清药化学"—汉方の药理学か始きつ药物血中浓度测定の新しぃ世界,TDM 研究,1988;54(5): 11

9 Yang J, Liu X, Bhalla K, et al. Prevention of apoposis by bcl-2: release of cytochrome c from mitochondria bloched. Sci,1977;275: 1129 ~ 1132

10 Cheng EH, Kirsch DG, Clem RJ, et al. Conversion of bcl-2 to a Bax-like death effector by caspases. Sci 1977; 278: 1966 ~ 1968

现代抗癌鲜中药制剂“金龙胶囊”的工艺特点及科学依据

鲍世铨

清华大学生命科学与工程研究院　北京　100000

利用鲜药治病是中医药的特点之一,也是中医药的优点之一。在我国最早的药学专著《神农本草经》中就有“生者尤良”的记载[1]。早在秦汉时期,许多古代中医有用鲜药制成自然汁冲兑使用的习惯,也有许多吞食鲜活小动物治疗一些疑难杂症的病例。这是因为中药鲜用最能保持药物的天然特性。实践证明,这种临床应用的方法,能够取得很好的,甚至是奇特的效果。

由于鲜药在储存、加工、运输以及使用上有极大的不便,特别是一些动物药鲜用,患者很难接受,因此,鲜药的使用没有得到很好地继承和发展。究其根源,主要是受到科学技术条件的限制。

古人所说的“生”,我们所说的“鲜”,用现代科技术语来说,就是“生物活性”。因此,在中药采集、运输、加工、使用的整个过程中,都存在一个如何使用它的全部有效成分,即如何保持生物活性的问题。“金龙胶囊”就是继承和发扬中医药文化的一个范例。

(一)“金龙胶囊”的工艺特点

古人“中药鲜用”的特点是鲜活、整体和天然。“金龙胶囊”的加工制作工艺,就是利用现代科学技术尽量提取其全部有效成分,最大限度地保持其生物活性。

根据生物进化论的观点[2],生命在约35亿年前出现于地球上微生物生态系统就建立了。自那以后,地球上的生态系统经历了一系列不可逆的改变。在生物进化过程中发生的每一个进化改变,都被记录在遗传系统中,并顺序地附加到个体发育的过程中。依据分子进化的规律,功能上不重要的大分子或大分子的局部,在进化速率上明显高于那些功能上重要的大分子或大分子的局部。因此,生物体经过几十亿年的进化,体内各有效成分以及它们之间的相互关系达到了一个最佳状态。分子生态学认为[3],生物体内不同类型和来源的活性分子相互影响达到平衡状态时,则表现为生理现象。这种相互作用的分子平衡状态一旦失调,则呈现病理现象。由此可以推论,合理的配伍和全成分的提取,能够最好地保持生命体内分子网络的生理平衡。根据生物化学及分子生物学的观点[4,5]:生物体内只有具有生物活性的成分,才能有效地发挥其生理功能。

“金龙胶囊”工艺过程的特点是鲜活、整体和天然:原料取材于鲜活动物;提取其全部有效成分,以保持各有效成分间的最佳的天然配比;整个工艺过程利用现代技术手段及设备,采用温和条件,不经强酸、强碱、高温及有机溶剂(或其它化学试剂)处理,以最大限度地保持各组分的生物活性。利用这种新工艺制得的药物与利用中药传统的烘、烤、煎、熬方法制得的药物相比,其活性成分上有着很大的差异。

新工艺与传统工艺相比[6],"金龙胶囊"中的生物活性成分大大增加。氨基酸为传统工艺的 1.5 倍,多肽为 4 倍。分子量在 10000以下的小分子物质占 98% 以上。在用传统工艺制作的产品中,多数酶已经变性失活。

(二)"金龙胶囊"的主要活性成分及其生理功能

在动物个体及自然界生态体系中,广泛存在着大量的天然活性成分。其中,有的是动物防病自愈的本能基础物质,有的是平衡开关物质,有的是神经精神活动的调节物质,有的是化学信息物质。传统医学认为,含动物活性物质的动物药,是血肉有情之品。动物与人类的亲缘关系比植物更为接近,其机体的活性物质与人体容易发生"同气相求"的效应。正是这些来自动物原料本身的大量小分子物质具有低免疫原性及高渗透性等特点,易于被机体吸收利用,具有独特的疗效。

"金龙胶囊"的主要活性成分为:多肽、酶、核苷酸、氨基酸、维生素及无机元素等。

生理活性多肽是动物的重要活性成分之一。是沟通细胞间与器官间信息的重要化学信使,对癌症患者生命活动的调节起着十分关键的作用。一切生命活动几乎都在酶的参与下进行。没有酶就没有新陈代谢。各种疾病无不与酶的失调有关。"金龙胶囊"中含有脂肪酶、淀粉酶、蛋白酶、精氨酸酯酶等多种酶类。核酸和核苷酸与生物体的生长发育、遗传变异以及蛋白质合成等密切相关。"金龙胶囊"中所含的核苷酸成分,是改善机体代谢,抑制肿瘤生长、转移的重要活性成分。氨基酸是维持生命的基本物质。参与蛋白质组成的基本的氨基酸只有 20 种。金龙胶囊中含有其中的 18 种,其中包括人体必须而又无法在体内合成的 8 种氨基酸。维生素、矿物质及微量元素都是维持机体生理平衡的重要物质,共同参与和调节生命活动。任何一种缺乏或相互间的比例失调,都会导致疾病的发生,甚至生命的衰亡。"金龙胶囊"中含有 19 种常量及微量元素和多种维生素,它们对调节机体的平衡具有重要的意义[7]。

此外,"金龙胶囊"还含有丰富的类 CDI 因子,它能够阻止肿瘤周围新生血管网络的形成,使肿瘤细胞因切断提供营养和新陈代谢的渠道而死亡[8]。

(三)结论与讨论

现代鲜中药"金龙胶囊"由于在制备过程中保持了"鲜活"、"整体"和"天然"的特点,最大限度地保持了生物体各有效成分的生物活性和他们之间合理的天然关系。因此,"金龙胶囊"具有多成分、小分子、高含量、高活性以及配比合理等特点。

"金龙胶囊"大部分是小分子物质,易于被人体所吸收。它所含的大量的生物活性成分,均具有的很强的生理功能。上述已测得的各有效成分不一定是"金龙胶囊"功能成分的全部,还可能有其他未知成分,但所有这些成分都不是在孤立地起作用,而是由于他们之间有一个天然、合理的配比关系而从总体上发挥协同作用。

中医药学实际上早已不自觉地使用了系统论、控制论等现代科学理论。如宏观平衡、模糊逻辑、亚宏观调节等概念,在中医药发展的历史实践中，都可以看到它们的影子。中药抗癌治疗的特点和优势在于以整体治疗为主，按照辨证论治的规律使用复方，对患癌宿主有着很好的整体调节作用。这就是现代肿瘤免疫学中生物反应调节（Biological Response Modifier BRM）的理论和方法[9]。BRM 就是通过调节宿主对肿瘤细胞的生物学反应，改变宿主和肿瘤的关系，以提高对肿瘤的治疗效果。简言之，就是改变机体反应能力的整体治疗。中医抗癌治疗正是发挥营养、代谢、免疫、肿瘤坏死因子等作用在内的综合性治疗，改善全身状况，建立“不适应癌细胞增殖的环境”，从而有利于肿瘤的防治和康复。

因此，“金龙胶囊”是生物反应调节剂类的抗癌药物。它是传统中医药学与现代科学技术相结合的产物！

参考文献

1 明 · 缪希雍 撰. 神农本草经疏. 中国中医药出版社，1997

2 张 昀编著. 生物进化. 北京大学出版社，1998

3 向近敏 等主编. 分子生态学. 湖北科学技术出版社，1996

4 美 · Lubert Strye 著，唐有祺 等译. 生物化学. 北京大学出版社，1990

5 朱玉贤 等编著. 现代分子生物学. 高等教育出版社，1997

6 鲍世铨 等. 鲜动物药“扶正荡邪制剂”的基础及工艺研究以及对治病机制的初步探讨. 中国肿瘤临床与康复，1998；5(增刊)

7 张豁中 等编著. 动物活性成分化学. 天津科学技术出版社，1995

8 鲍世铨 等. 金龙胶囊的工艺特点及对作用机制的实验探讨. 中国癌症研究基金会鲜药学术委员会2001年学术年会论文集

9 曹世龙 主编. 肿瘤学新理论与新技术. 上海科技教育出版社，1997

对治疗癌症新药金龙胶囊上市后的再评价

高益民

首都医科大学中医药学院　北京　100000

金龙胶囊（以下简称金龙）[国药准字 Z10980041]是我国首例以鲜活药用动物为原料，采用现代化技术研制成功的中药新药。上市以来反馈信息良好，现从安全、有效、质量可控性等临床药学方面，进行再评价如下：

（一）安全性的研究

1. 急性毒性试验　按相当于人用量的 926 倍，一次性口服，观察 7 天，小鼠的体重、饮食、呼吸、活动均正常，未显示急性毒性反应。

2. 长期毒性试验　采用生药 48g/kg 、24g/kg 大、小两个剂量组，给大鼠口服连续四个月。结果一般状况、体重变化、血象分析、肝肾功能、重要脏器的肉眼观察以及病理检查，均未显示因药物导致的毒性反应。

3. 临床观察　Ⅱ期（包括Ⅲ期）临床试验中系统观察了金龙的不良反应，结果：

(1)治疗组与对照药对骨髓均未发现有毒副反应。金龙有提高患者血白细胞、血小板作用,治疗前后比较 $P<0.01$。

(2)治疗组与对照组均未发现对肝肾功能损害。金龙治疗后对原有肝损害者有明显的改善作用,治疗前后比较 $P<0.01$。

(3)治疗组与对照组对免疫功能无损伤作用。金龙治疗后,尚能提高患者的 NK 细胞活性、T 细胞亚群 CD_3、CD_4、CD_4/CD_8 的比值、降低 CD_8 的作用。治疗前后有非常明显差异($P<0.01$),对 NK、CD_4、CD_4/CD_8 的提高比对照组有明显差异。

(4)治疗过程中未发现呼吸抑制,心律、心率紊乱,咽干、便秘,及非肝病所致的出血倾向。

上述结果表明非但未发现金龙对肝肾、免疫功能、骨髓造血功能的损害,反而对白细胞、血小板的提高,对肝功能的改善,以及免疫功能均表现为良性作用。

上市后进行Ⅳ期临床试验,通过 2 066 例多种癌症患者,长期服用金龙后的观察,均未发现明显心电图、肝肾功能损害。少数患者有上腹不适、恶心、大便稀,个别有轻度腹泻,未做处理症状消失,仍可继续服药,足以说明金龙的安全性是可靠的。

(二)有效性的研究

1. 实验药理学研究

(1)抑癌作用:对大鼠瓦氏肉瘤(W_{256})、小鼠肉瘤(S_{180})、肝癌(H_{22}),平均抑瘤率分别为 39.1%、36.5%、44.9%;

(2)免疫调节:从整体水平(DTH 抗体分泌细胞),细胞水平(T、B 细胞增殖)分子水平(TNF),均能明显增强正常动物和荷瘤动物的免疫功能,并呈双向调节作用;

(3)减毒作用:能明显减轻环磷酰胺对肝脏、造血系统的毒性反应;配合放、化疗时,能减轻毒副反应,维持血白细胞、血小板一定的水平;

金龙上市后为了进一步探讨其作用机制,又进行了下述研究。

(1)抗复发、转移作用:对小鼠子宫颈癌(U_{14}),术后局部肿瘤复发两次抑制率分别为 54.8% 和 66.3%;对转移抑制率分别为 50% 和 54%。结果表明:金龙对癌瘤术后的复发与转移有显著抑制作用。

(2)应用细胞 CT 分析技术研究金龙对癌细胞的破坏作用,结果表明:金龙对肿瘤细胞有直接的破坏作用;合并使用环磷酰胺有非常明显的增效作用;

(3)应用流式细胞术(FCM)研究金龙对 U_{14} 癌细胞增殖周期的影响,结果表明:实验各组均可不同程度地抑制荷瘤细胞从 S 期向 G_2+M 期转化,使 DNA 合成期的荷瘤增多,分裂期的荷瘤细胞减少,提示金龙对肿瘤细胞生长作用的抑制点是阻断肿瘤细胞的有丝分裂期,从而阻滞肿瘤细胞的恶性分裂、增殖。

(4)采用鸡胚 CAM(绒毛尿囊膜)模型研究了金龙对血管生成活性的影响,结果表明:在一定剂量范围内,金龙能够抑制鸡胚 CAM 新生血管网络的形成。这是金龙防止肿瘤复发转移的一个重要原因。

(5)利用荧光偏振技术与核磁共振研究表明:可影响细胞膜流动性和细胞内钠离子浓度。

(6)金龙对慢性心力衰竭大鼠心功能的作用,实验结果表明:可改善心衰大鼠的收缩功能,增强左室与主动脉压,并具有降低肺动脉压、降低肺血管阻力指数、降低右心负荷作用,提示金龙可改善慢性心衰大鼠的心功能。

2　临床药理学研究　根据中华人民共

和国卫生部医政司编著的《中国常见恶性肿瘤诊治规范》制定的诊断标准,《中药新药临床研究指导原则》制定的疗效判定标准,结合临床进行综合评估,以临床症状、生存质量、生存期、癌灶四项标准为主。

(1)由上海中医药大学曙光医院牵头,中国医学科学院肿瘤医院、中国中医研究院广安门医院、中日友好医院等单位,按照GCP的要求进行了Ⅱ期(包括Ⅲ期)临床试验,系统观察了300例中、晚期原发性肝癌,与已知有效药肝复乐片作对照。结果,总有效率为74.5%(其中Ⅱ期肝癌76.32%,Ⅲ期肝癌72.58%),癌灶缓解率(CR+PR)为17.5%。两组对此,Ⅱ期肝癌u=3.71,$P<0.01$,Ⅲ期肝癌u=4.39,$P<0.01$,有非常显著性的差异。治疗组的症状改善率为74.5%,生存质量有效率74.0%,生存期有效率75%。

(2)上市后,根据循证医学的原则,进行了大数量、多中心开放性或(和)分组对照Ⅳ期临床试验,对2056例总疗效分析如下,见表1、2

①总疗效:见表1,2。

表1 单纯使用金龙(或和辨证中药)疗效分析表

病种	例数	有效率(%)	癌灶缓解率(%)	2年生存率(%)
原发性肝癌	202	69.17	19.17	18.3
胃癌	233	75.11	20.17	32.62
卵巢癌	176	75.4	33.5	76.14
非霍奇金淋巴瘤	168	83.21	47.54	45.90
子宫颈癌	114	45.7	34.2	91.23
大肠癌	186	84.88	31.4	45.35
食管癌	46	84.78	26.09	28.26
乳腺癌	59	82.5	—	100
膀胱癌	30	86.67	—	76.67

表2 金龙与化疗配合疗效分析表

病种	例数	有效率(%)	癌灶缓解率(%)	2年生存率(%)
非小细胞肺癌	541	73.33	46.89	—
胃癌	191	79.47	54.41	68.7(1年)
原发性肝癌	56	73.19	52.74	62.5
非霍奇金氏淋巴瘤	54	82.6	54.72	51.85

②金龙配合放化疗对生存质量(卡氏评分)的影响,治疗组(改善率69.8%)明显优于对照组(42.0%),$P<0.05$。

③金龙配合放化疗血白细胞的减少发生率,治疗组(48.4%)明显低于对照组(72.8%),$P<0.05$。

④单用金龙治疗肝癌,可以提高患者的CD_3、CD_4、CD_4/CD_8、NK细胞活性,与对照组比较$P<0.05$。

(3)试用艾滋病20例,治疗3个月,结果临床症状有改善,未发现毒副作用,血常规、肝功能均属正常,治疗期间也未发现严重并发症。对HIV病毒载量无明显影响,对提高免疫功能有比较满意的效果,小剂量组(3粒,一日3次)15例,提高CD_4有效率80.0%,大剂量(4粒,一日3次)5例反而有所降低,呈双向调节作用。

(三)质量可控性的研究

1.定性鉴别 取鲜守宫冻干粉、鲜蕲蛇冻干粉各0.2g,加水10ml使之溶解、滤过,分别取滤液适量加硝酸、钼酸铵试液适量,加热,放冷,按照《中国药典》2000年版(附录)薄层色谱法进行观察。

2.含量测定 每粒含蛋白质应不少于7.0mg。质量考察方法可行。

(四)分析与评价

1.安全性的评价 金龙是由守宫、金钱白花蛇等所组成,其中守宫,味咸,性寒,有小毒。入血分透筋达络,善破血散结解毒,又能通经活络而止痛。《本草求原》称其"咸寒,小毒,入血分,治血病……滋阴降痰,为瘰疬妙品,……且毒能攻毒,故治痈疽",滋阴为其扶正之功,破瘀散结,降痰解毒为其荡邪之效,故为本方君药。金钱白花蛇,《中国药典》2000年版称其"味甘、咸,性温,有毒。归肝经。功能祛风,通络,止痉。用于风湿顽痹,……瘰疬恶疮"。《本草纲目》称"白花蛇能透骨搜风,截惊定搐,为风痹、惊搐、癞癣恶疮要药,取其内走脏腑,外彻皮肤,无处不到也。"全方药少力专、配伍精当,突出破瘀散结,解郁通络之功。全方以攻为主,且能滋阴益精、扶正祛邪兼施。上述两药有毒或有小毒,经现代化工艺处理后,不但充分发挥"毒能攻毒"的作用,还免除了对人身的毒性。从动物实验(急性、长毒)到人体Ⅱ期(包括Ⅲ期)临床试验,经过了大数量、多中心遍布近15个省市,和30多家医院的社会性考察,仅有少数或个别人出现过上腹不适、恶心、便稀或轻度腹泻,未经处理均恢复正常,尚能继续服药完成治疗,不但未见明显心、肝、肾、血象损害,相反能提高血白细胞、保护骨髓抑制现象、改善肝功能,提高免疫功能,足以说明其安全性是可靠的,有的患者其至连续服药数年之久也未发现不良反应。

2. 有效性的评价　本品自被市卫生局批准为医院制剂到新药上市以来,历时20余年,仍然屹立而不衰,主要靠的是稳定的疗效。做为医院制剂时是多病种的预试,按GCP要求进行Ⅱ期(包括Ⅲ期)临床试验时,是以实体瘤肝癌为主试病种,通过300例随机分组双盲对照试验结果:金龙胶囊总的疗效为74.5%;病灶缓解率为17.5%,并且未发现新的转移灶;症候疗效为74.5%;生存质量提高有效率为74%;生存期总疗效(治疗组与开放组)78%,总的疗效还是比较满意的。另外,虽然以肝癌为主试病种,但是在Ⅳ期社会性考察阶段,对临床预试验的结果也得到重复验证,预试结果与Ⅳ期临床结果举例如下:肺癌为73.3%~78.8%、食管癌为73.9%~84.9%、肠癌为83.7%~84.9%、乳腺癌为81.0%~82.5%,先后无明显差异。说明其疗效是稳定的。

从实验药理学的结果来看:除了常规的抑瘤、调节免疫、放化疗减毒增效作用外,上市后还进行了抑制术后复发、转移作用的研究。同时还对其作用机理进行了探讨,初步结果表明:金龙能阻滞肿瘤有丝分裂,从而抑制肿瘤细胞增殖;能抑制鸡胚绒毛尿囊膜新生血管网络形成,从而抑制肿瘤复发、转移;可以影响细胞膜流动性和细胞内Na^+浓度,从而推动氨基酸和葡萄糖主动运输进入细胞,强化了细胞代谢功能。另外,细胞CT分析表明:金龙可以直接杀死癌细胞,并对环磷酰胺有增效作用。不但验证了实验药理学与临床药理学明显的对应性关系,而且对其抑瘤机制也进行了进一步探讨,阐明了部分作用机制,使之对其临床疗效的科学性和可靠性得到验证。

从对20例艾滋病患者的治疗结果来看,金龙不但能改善患者的虚弱状态,对于获得性免疫缺陷症的患者来说,T细胞亚群CD_4提高的有效率为80%,而且有明显的(0.75g/d)量效关系,在中药制剂中是极为少见和难能可贵的。从而也可推论金龙完全可以用于其他原因所引起的细胞免疫低下类病症。

3. 质量可控性的评价　中药新药的质量,取决于处方配伍、药材的品质和工艺的先进性,金龙的研制首先从医学理念上突破了传统观念,继承而不泥古,崇尚《神农本草经》"生者尤良"的观念,以中医药理论为指导,采用现代化科学技术,突破鲜活药用动植物的烘干、煎、煮等工艺,采用"低温冷冻现代生化分离提取制备工艺"研制而成,原料取材于鲜活动植物,整个工艺过程保持"鲜活"、"整体"、"天然"条件。以保证各有效成分之间的最佳天然配比和生物分子天然空间的结构,以及生物分子活性的天然状态。最大限度地保护天然药物分子的生态平衡。整个工艺过程采用恒温条件、不经强酸、强碱、高温及有机溶剂或其他化学试剂处理。创新工艺与传统工艺相比,产品中的生物活性成分大大提高,初步测定结果表明:总氨基酸含量,前者为后者的1.5倍,游离氨基酸含量,前者为后者的2.6倍;用高压液相色谱法测定的各组分子量,小于1万的物质,前者不低于98.6%,后者为86.2%;检测精氨酸酯酶的活性,前者有,后者缺。金龙的成品中含有多肽、核苷酸、蛋白水解酶、淀粉酶、脂肪酸和精氨酸酯酶等多种酶类,还有18种以上的氨基酸以及多种维生素、19种以上的常量和微量元素和CDI(细胞坏死因子)等。这些活性成分均有很强的生理效应,对于患者生命活动和病理状态的调节能起到十分重要的作用,由于本品从处方、选料到工艺流程均属合理、先进,且有原创性科学发明权,具有明显的高科技含量。稳定性实验和质量考察系统合理、可行,因此,金龙的质量稳定性和可控性是可以置信的。

(五)结语

金龙,是我国第一个被批准生产用于治疗癌症的鲜活药用动物新制剂,处方药少力专、配伍精当,工艺先进,质量可控稳定。他具有多成分、小分子、高含量、高活性、配比合理等特点。各有效成分之间有一个天然的配比关系,从整体上发挥协同作用。集营养、代谢、免疫、肿瘤坏死因子等作用于一体,调节阴阳平衡,符合现代肿瘤免疫学BRM理论及生物治疗模式。因此,可以认为金龙是"生物反应调节剂"类抗癌药物。其安全性和有效性均可以置信,属于原创性知识产权(受理号01120351·1)科学发明,具有明显的中药现代化意识和高科技含量。是中药现代化的典范之一。

参考文献

1 张昭,肖培根,等.浅议鲜用植物药的研究现状及发展方向.中草药,1998;29(11): 781~78

2 赵冰璐.略议鲜药的研究和应用.中医药信息,1999;16(2): 45~46

3 梁爱华,等.鲜地黄与干地黄和免疫作用比较研究.中国中药杂志,1999;24(11): 663~666

4 毛兆雄,等.浅谈鲜药的应用与开发.中药材,1995;18(10): 532~533

5 陶振兴.谈中药鲜用.时珍国药研究,1998;9(1): 82

6 郝近大.鲜药临床常用方法.基层中药杂志,1998;12(4): 57~58

7 国家药品监督管理局.中药新药研究技术要求,1999;4,22北京(内部资料)

8 郝近大.国内外鲜药研究的状况与展望.中国癌症研究基金会显要学术委员会2000年年会.论文汇编,2001,2(内部资料)

9 鲍世铨,等.金龙胶囊的工艺特点及对作用机制的初步探讨.中国癌症研究基金会显要学术委员会2000年年会.论文汇编,2001,2(内部资料)

10 高进,等."金龙"胶囊抑制癌细胞转移的研究.中国肿瘤临床与康复,1998,5(增刊): 43

11 吕维柏,王健,李健生."金龙"胶囊治疗艾滋病病毒感染患者20例初步报告(待发表)

12 李杰."金龙"胶囊上市后Ⅳ期临床实验2066例总结中国肿瘤临床(金龙胶囊论文专辑)

蛇毒的毒性测定及不同剂量对肿瘤术后复发转移抑制作用初步观察

李建生

中国癌症研究基金会北京鲜药研制中心　北京　100039

高　进　刘玉琴　薛克勋

中国医学科学院基础医学研究所　中国协和医科大学基础医学院　北京　100021

金龙胶囊实验证明对动物肿瘤的生长及转移有明显抑制作用[1]，蛇毒(Smahe Venom;SV)是金龙胶囊的主要活性成分之一，每粒胶囊含精氨酸酯酶一单位以上(1～2mg)，本文目的检查SV的毒性及不同剂量对手术后肿瘤复发和转移的观察。

(一)材料和方法

1.瘤源及动物　实验所用瘤株是小鼠子宫颈癌U14[2]，由本室自建的瘤株在液氮内保存备用，所有宿主动物为近交系615小鼠，购于中国医学科学院肿瘤研究所(为二级实验动物——动字京第9209M19号)。

2.肿瘤复发转移动物模型的建立　以5×10^5个U14瘤细胞接种于615小鼠左侧后肢爪垫皮下，按我组自建的模型[3]标准，于移植第10天切除原发瘤为模型。

3.蛇毒干粉呈黄色结晶状　易潮解，每次临用时用生理盐水配成混悬液使用，此鲜动物药由中国癌症研究基金会北京鲜药研制中心研制及提供。

4.蛇毒制剂急性毒性实验　选用昆明系小鼠，将蛇毒干粉以蒸馏水配制20mg/ml的悬液，用时摇匀。4只小鼠按蛇毒100mg/kg体重剂量灌胃，连续用药3天，观察动物7～14天，另用3只小鼠以200mg/kg体重的剂量灌胃，连续给药3天观察同上。

5.蛇毒制剂对肿瘤术后复发转移的影响　利用前述实验所确定的动物模型，以小鼠子宫颈癌(U14)腹水瘤细胞5×10^5/只移植于615小鼠左侧后肢爪垫皮下，共72只小鼠。肿瘤移植后10天，切除原发瘤，然后随机分为6组，进行实验。

①高剂量蛇毒组：蛇毒用量200mg/kg体重。方法与小鼠数同高剂量组。

②中剂量蛇毒组：蛇毒用量100mg/kg体重。于截肢后当日施药每天灌胃1次，共13只小鼠。

③化疗组：用环磷酰胺(CTX)做阳性对照，共10只小鼠。CTX用量40mg/kg体重，截肢后当日给药，隔日腹腔内注射(ip)1次。

④增效组：5mg/kg体重CTX，隔日ip用药与每日中剂量蛇毒同时用，共11只小鼠。

⑤低剂量化疗组：用CTX 5mg/kg体重隔日ip用药，共7只小鼠。

⑥对照组：用生理盐水(NS)等体积灌胃，共9只小鼠。

所有动物于接种肿瘤后26天处死，取肺，双侧腹股沟和窝淋巴结Bouin液固定，石蜡包埋、切片,HE 染色,观察肿瘤复发转移情况。

6. 转移抑制率按以下公式计算

$$转移抑制率 = (1 - \frac{约药组转移率\%}{对照组转移率\%}) \times 100\%$$

本公式按瘤重抑制率计算公式制[4]。

(二)结果与讨论

1. 蛇毒制剂急性毒性实验结果　4 只小鼠给予蛇毒 100mg/kg 体重连续口服 3 天,观察 7~14 天,小鼠未见任何不良反应。3 只口服 200g/kg 体重小鼠,观察 7~14 天也未见任何不良反应。表明该蛇毒在临床病人用量的 100~200 倍的情况下,未查见对小鼠有急性毒性作用。

2. 蛇毒对肿瘤术后复发转移的影响　全部小鼠 10 天时切除原发瘤,按以上材料方法中介绍分组实验,于接种瘤细胞后 26 天时即手术后 16 天全部处死。由于本模型为双向转移模型[2],故将淋巴结和肺转移情况分别计算,其结果见表 1。

表 1　各组肺及淋巴结转移及抑制转移率分布表

分组	动物数	淋巴结转移%	抑制转移率%	肺转移%	抑制转移率%	总转移率%	总抑制转移率%
对照组	9	88.9(8/9)		88.9(8/9)		88.9(8/9)	
化疗组	10	20(2/10)	77.6	10(1/10)	88.8	20(2/10)	77.6
高剂量蛇毒组	13	61.5(8/13)	30.9	53.8(7/13)	39.5	61.5(8/13	30.9
中剂量蛇毒组	13	61.5(8/13)	30.9	30.7(4/13)	65.5	61.5(8/13)	30.9
增效组	11	63.6(7/11)	28.5	45.4(5/11)	49	63.6(7/11)	28.5
低剂量化疗组	7	42.8(3/7)	51.9	28.5(2/7)	68	42.8(3/7)	51.9

从表 1 可见,10 天切除原发瘤,对照组 88.9% 的动物可因残存在体内的肿瘤细胞复发而形成肺及淋巴转移。环磷酰胺治疗可杀死大多数的残存肿瘤细胞,大大降低肿瘤在体内的术后复发转移率仅为 20%,抑制转移率为 77.6%。低剂量化疗组也明显降低转移率,总转移率为 42.8%,总抑制转移率为 51.9%。高剂量蛇毒制剂治疗可以降低残存肿瘤细胞在体内复发转移率转移抑制率可达 30.9%,中剂量蛇毒治疗抑制肺,转移抑制率可达 65.5%,但总转移率与高剂量组相同。低剂量化疗与中剂量蛇毒联合应用,肺转移率为 45.4%,抑制肺转移率为 49%,但总转移抑制率为 28.5%,不如分别应用疗效好。但两者联合应用对肺的复发转移抑制作用疗效好。但两者联合应用对肺的复发转移抑制作用与单独使用疗效相似,抑制转移率为 49%。中、高剂量蛇毒制剂对淋巴结的复发转移也有抑制作用,但不如化疗组效果好。本实验结果显示,利用该模型探索了蛇毒制剂对实验性手术切除原发瘤后,对术后转移的抑制作用,有明显的效果,对今后鲜动物药的抑制肿瘤复发和术后转移提供了有用的基础资料。

参考文献

1　高进,薛克勋,刘玉琴."金龙胶囊"抑制癌细胞转移的研究.中国肿瘤临床与康复,1998;5(增刊): 43~45

2　薛克勋,高岩,高进.小鼠子宫颈癌 U14 移植到近交系小鼠后生长特性和转移规律的研究.中华病理学杂志,1987;16(2): 140~143

3　高进,刘玉琴,薛克勋等.肿瘤手术切除和复发转移模型的建立和研究.见"2000 全国肿瘤学术大会教育集".北京:中国抗癌学会.中华医学会,2000;313~318

蛇毒对小鼠子宫颈癌(U14)抑制术后复发和术后转移的观察

李建生

中国癌症研究基金会北京鲜药研制中心 北京 100039

高 进 刘玉琴 薛克勋

中国医学科学院基础医学研究所 中国协和医科大学基础医学院

蛇毒是抗癌鲜动物药“金龙胶囊”的主要成分之一,实验证明对小鼠可移植性瘤株有明显抑瘤和抑制术后复发及术后转移的作用[1]。蛇毒制剂(Snake venom recipe;SN),(鲜活五步蛇等蛇毒)经过初步实验证明以100mg/kg体重组和200mg/kg体重组,抑制转移结果相同[5],故以下实验使用100mg/kg体重的剂量。

本实验采用具有淋巴道和血道双向转移的小鼠子宫颈癌U14模型[2],在小鼠的爪垫皮下移植后,待原发瘤生长到一定大小时,手术切除原发瘤后再以蛇毒鲜动物药制剂进行治疗,观察其对术后局部复发和术后转移的治疗作用。

一、材料和方法

1. 药物

①蛇毒:主要为鲜活五步蛇等的混合蛇毒,呈黄色结晶状,易潮解,临用前用生理盐水配成混悬液使用。由中国癌症研究基金会北京鲜药研制中心研制提供。

②环磷酰胺(CTX)为临床使用的针剂(上海华联制药有限公司出品)

2. 肿瘤模型 小鼠子宫颈癌(U14)由本实验室所建,液氮冻存备用,本瘤株一般在第7天开始转移,11天后可达80%~100%肺和淋巴转移,为双向高转移模型[2]。我们选用肿瘤细胞爪垫移植模型[6],在爪垫移植瘤细胞后第10天切除原发瘤。造成原发瘤被切除后,但体内仍有残存的瘤细胞存在,与临床肿瘤手术切除后患者情况相似。

3. 动物 本实验采用近交系615小鼠,同一性别,体重为22±2g。由中国医学科学院肿瘤研究所购进,为二级动物(动物京第9209M19号)。

4. 肿瘤细胞移植 瘤细胞从冻存的液氮内取出,复苏后,先接种于数只615小鼠的腹腔内,移植后7天抽出腹水,生理盐水调整瘤细胞数后,按6×10^5/0.05ml在每只小鼠的左后肢爪垫皮下接种(移植时避免细胞悬液外溢)。

5. 手术切除原发瘤 瘤细胞爪垫移植后按过去实验的结果在第10天切除原发瘤[5]。手术时先用丝线在小腿下端原发瘤上端结扎紧,再用剪刀或手术刀从踝关节处切除整个后肢爪垫(即切除原发瘤),手术时注意避免切口处流血。

6. 实验组

①蛇毒组:12 只动物,截肢后当日给药按 100mg/kg 体重给药,每只小鼠 0.3ml,每天 1 次经口灌胃给药,连续灌胃 15 天。

②化疗组:12 只小鼠,切除原发瘤后当日开始,环磷酰胺按 50mg/kg 体重 0.2ml 腹腔内注射,隔天 1 次,共 8 次。

③对照组:10 只小鼠原发瘤切除后,每天 1 次灌胃 0.3ml 生理盐水,连续灌胃 15 天。第二批重复实验分组和施药方法同第一批实验:蛇毒组为 15 只小鼠;化疗组为 11 只小鼠,对照组为 12 只小鼠。

7. 检查指标　治疗结束后观察以下指标

①局部复发瘤抑制率:各组动物同时全部处死(实验后 25 天,即手术后 15 天),从股骨上端切下整个左下肢称重,将荷瘤左下肢减去对侧下肢重量为瘤重,按下式计算复发瘤瘤重抑制率[4]。

$$复发瘤瘤重抑制率 = (1 - \frac{治疗组平均瘤重}{对照组平均瘤重}) \times 100\%$$

②转移抑制率观察:动物处死后取肺、同侧及对侧腹股沟淋巴结及同侧腋窝淋巴结。Bouin 氏液固定,石蜡包埋、切片、苏木素-伊红染色,组织学检查肺和淋巴结内的肿瘤转移情况及转移分级[6]。肺和淋巴结内转移抑制率的计算公式为:

$$转移抑制率 = (1 - \frac{治疗组转移率\%}{对照组转移率\%}) \times 100\%$$

二、结果与讨论

1. 蛇毒对术后局部复发瘤的抑制作用　局部术后复发瘤是指瘤细胞在爪垫皮下接种后 10 天,从膝关节处切除局部原发瘤后,少量残存的瘤细胞又在手术部位不断增殖生长而形成局部复发瘤。本实验共重复 2 次,2 次结果相似,对照组复发瘤最大的为(2.24 ±2.14)cm 和(2.59 ±2.16)cm;化疗组也有复发;平均瘤重为(0.51 ±0.16)g 和(0.97 ±0.15)g;瘤重抑制率为 77.24% 和 62.5%,与对照组相比 $P \approx 0.023$ 及 0.024。蛇毒治疗组其平均瘤重为(0.71 ±0.38)g 和(1.18 ±0.14)g,抑瘤率为 68.3% 和 54.4%,$P \approx 0.039$ 及 0.045。结果表明,无论是环磷酰胺化疗组或蛇毒治疗组均可明显降低 U14 在小鼠术后下肢局部复发。与对照组相比有显著差异。表明蛇毒对局部肿瘤复发有明显的抑制作用(表 1)(图 1,2)。

表 1　蛇毒对小鼠子宫颈癌(U14)术后局部复发瘤的抑制作用

	组别	动物数	局部复发瘤抑制率		
			平均瘤重 ±S (g)	抑制率%	*P* 值
第一批	对照组	10	2.24 ±2.14		
	化疗组	12	0.51 ±0.16	77.24	≈0.023
	蛇毒组	12	0.71 ±0.38	68.3	≈0.039
第二批	对照组	12	2.59 ±2.16		
	化疗组	11	0.97 ±0.15	62.5	≈0.024
	蛇毒组	15	1.18 ±0.14	54.4	≈0.045

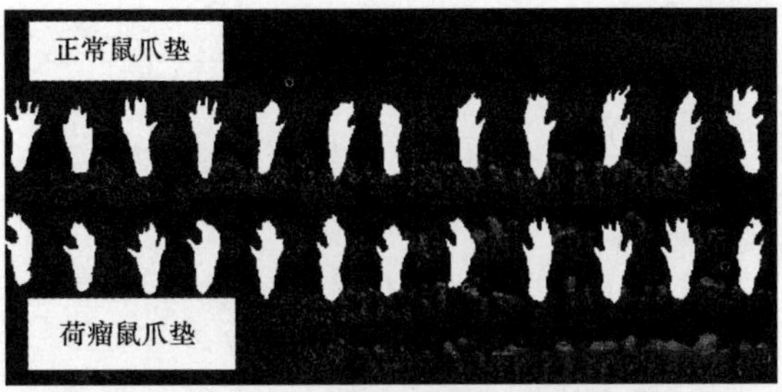

图 1　荷瘤小鼠与正常小鼠切除的爪垫大体标本

2. 蛇毒对原发瘤手术后转移的抑制作用　在原发瘤切除后，连续给药15天，在术后15天时全部处死小鼠；对肺和淋巴结内转移检查结果如下，对照组：淋巴结内转移为40%和50%，肺内转移30%和50%，总转移率为50和50%。化疗组；有2/12和3/11例淋巴结内转移占16.7%和27.2%；肺内仅1/12和0/11例转移占8.3%及0%，与对照组相比淋巴结转移抑制率为58.2%及45.6%；肺内转移抑制率72.3%及100%，总转移抑制率为45.6%和50%。表明环磷酰胺本实验中对小鼠子宫颈癌有很强的抑制肺和淋巴结转移的作用。蛇毒组：有2/12和1/15例淋巴结内转移，其转移率为16.7%及6.6%，与对照组相比淋巴结内转移抑制率为58.2及86.8%；肺内转移为0/12和3/15，转移抑制率为100及60%（见表2）。

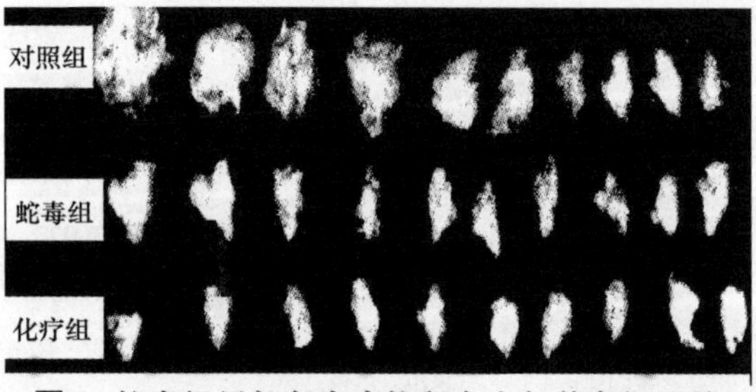

图2　蛇毒组局部复发瘤体积大小与其它组比较

本实验所用的模型为淋巴道合并血道转移的双向转移模型[2]。本实验用的蛇毒制剂对术后转移总抑制率效果明显。但在肿瘤手术后什么时间会出现淋巴结转移？什么时间出现肺转移？是否在复发后再发生转移等是个很复杂的问题，受诸多因素的影响本文尚无法做出统一解释。因此在两批实验中药物对淋巴结转移的抑制和对肺转移的抑制，效果并非完全一致，这又提出了一个新课题，尚待进一步深入研究。

从总的结果来看，该药对早期转移治疗优于晚期。本实验结果显示对手术后局肿瘤复发及术后转移的抑制均非常显著，对复发瘤抑制率从54%～68%；对转移抑制率从45%～66%，两者抑制效果相一致。说明在手术除体内存在残存瘤细胞外，也因局部肿瘤复发后，可能继续释放瘤细胞到体内进而形成远处转移。这种鲜动物药制剂主要对原宿主残存瘤细胞的抑制，还是对复发瘤释放的瘤细胞的抑制作用，这两者因果关系及其机理待深入研究。

最近从瑞士日内瓦第33届“国际发明及创新技术与产品展览”上获悉，香港理工大学成功研发治疗肝癌药物，有效抑制肝癌

表2　蛇毒对小鼠子宫颈癌(U14)转移的抑制作用

	组别	动物数	淋巴结内转移抑制率			肺内转移抑制率			总转移率转移数	
			转移率%	转移率%	转移抑制率%	转移数	转移率%	转移抑制率%	转移率%	转移抑制率%
第一批	对照组	10	4/10	40		3/10	30		50(5/10)	
	化疗组	12	2/12	16.7	58.2	1/12	8.3	72.3	25(3/12)	50
	蛇毒组	12	2/12	16.7	58.2	0/12	0	100	16.6(2/12)	66.8
第二批	对照组	12	6/12	50	6/12	50			50(6/12)	
	化疗组	11	3/11	27.2	45.6	0/11	0	100	27.2(3/11)	45.6
	蛇毒组	15	1/15	6.6	86.6	3/15	20	60	26.6(4/15)	45.8

细胞生长，且不对正常细胞造成伤害，并提出精氨酸消耗机制为基础治疗肝癌理论。肝癌细胞的生长必须摄取血液内的“精氨酸”，而“精氨酸酯酶”具有分解、清除“精氨酸”的作用，在“精氨酸酯酶”的作用下“精氨酸”变成尿素，随尿液排出体外，肝癌细胞由于没有养分，会被活活的“饿死”。临床应用时患者服药后不出现类似化疗的头晕、呕吐及脱发等副作用，肝癌指数下降1/3，肿瘤缩小，病情逐渐稳定，食欲增加。此研究理论与上述实验结果相吻合，其表述的临床效果与中国癌症研究基金会北京鲜药研制中心近万例肝癌患者治疗的临床效果相近。可以理解为，在鲜药抗癌机理上作出了一种诠释，提示了有益“鲜药”深入研究的方向。

参考文献

1 高进，薛克勋，刘玉琴．“金龙胶囊”抑制癌细胞转移的研究．中国肿瘤临床与康复，1998；5（增刊）：43～45

2 薛克勋，高岩，高进．小鼠子宫颈癌U14移植到近交系小鼠后生长特性和转移规律的研究．中华病理学杂志，1987；16（2）：140～143

3 高进，刘玉琴，薛克勋，等．肿瘤手术切除和复发转移模型的建立和研究．见“2000全国肿瘤学术大会教育集”．北京：中国抗癌学会．中华医学会，2000；313～318

4 潘启超，胥彬主编．肿瘤药理学及化学治疗学．广东：广东高等教育出版社，1989；432～437

5 刘玉琴，李建生，赵雪梅，等．肿瘤复发、转移动物模型的建立及鲜动物药蛇毒制剂疗效的初步观察．中国中医基础医学杂志，1999；5（12）：36～38

6. 高进．癌细胞转移模型的建立及应用．见高进主编“癌的侵袭与转移—基础研究与临床”．北京：北京医科大学中国协和医科大学联合出版社，1996；53～63

我国胃癌研究获重大成果

全军消化疾病研究所、解放军第四军医大学樊代明、张学庸教授等历经25年对胃癌研究，目前已经探索出适合我国国情的系列研究方法，在胃癌最危险的癌前病变、胃癌的血清学诊断、多药耐药相关分子的克隆和重组胃癌疫苗等方面，都获得了一系列重大成果。

绝大多数早期胃癌患者几乎没有任何特异性的症状，当病人就诊时已经处于晚期。但同时胃癌的癌前病变发展得相当缓慢，甚至是可逆的。如果能严密监测到癌前病变，或许可以避免癌症发生。

哪些是胃癌最危险的癌前病变？课题组通过免疫组化技术进行研究的结果显示，胃黏膜的肠化生和非典型增生在胃上皮组织的空间分布上与胃癌高度一致，应考虑更易于癌变。为研究能够早期检测的特异性生物标记，研究者依赖淋巴细胞杂交技术建立了28561株杂交瘤细胞，在国内外首次发现了“MGAgs胃癌抗原”。它们对胃癌有很高的特异性，在正常组织几乎不表达，而在胃癌组织中高表达。越来越多的证据表明，这种新的肿瘤抗原，有显著的诊断价值，经免疫组化染色证实，其组织学阳性率高于90%，用于检测胃癌血清中的MGAgs，阳性率可高达70%以上，比目前广泛应用的同类方法高15%。他们还将这种抗原用于高危人群的现场普查，结果显示在血清中有高滴度或阳性MGAgs的群体可以检测到胃癌，包括一些早期胃癌。此外还发现MGAgs阳性的患者，5年癌变率达30%，而没有MGAgs的患者很少癌变。

针对癌细胞可能产生的多药耐药问题，研究者全面研究了胃癌的分子机制，首次建立了4种对抗癌药物耐药的胃癌细胞系，发现了3种耐多药基因和相应的表达蛋白，并制备一种新的耐药分子MGrl-Ag的单克隆抗体，能够部分逆转胃癌细胞的变化。最近，他们又获得了大量与McAb匹配的克隆，成功产生抗血清。经免疫组化方法证实，抗血清可与人类胃癌组织有效结合，这不但为DNA重组胃癌疫苗的构建提供了基础，更重要的是该疫苗可有助于胃癌临床的生物治疗。

作 者 简 介

储大同，教授，主任医师，中国医学科学院协和医科大学肿瘤内科学专业首席科学家。毕业于首都医学院医疗系，1979年考取协和医科大学研究生，从师于宋少章教授研究恶性淋巴瘤的免疫球蛋白分泌规律。现任中国抗癌协会临床肿瘤学协作专业委员会(CSCO)主任委员，协和医科大学肿瘤医院临床药理基地和国家抗肿瘤药GCP中心副主任，伦理委员会主任。国家药品监督管理局(SFDA)专家委员会委员，国家药典委员会委员。

在恶性淋巴瘤的免疫球蛋白研究中，他创造性地改良了常规免疫电泳法，使很多微量分泌的单克隆免疫球蛋白均可被发现，从而大大提高了B细胞恶性淋巴瘤的检出率。1982年报道了国际上首例双副蛋白血症IgA型多发性骨髓瘤，填补了诊断上这一空白，引起国际上同行的重视。1984年他以访问学者身份赴美国德克萨斯州大学M. D. Anderson肿瘤中心临床免疫和生物学治疗系进行协作研究。由于具有长期中西医结合的临床工作经验，从植物中寻找生物反应调节剂(BRMs)的研究。经过三年的努力终于发现黄芪的成分F3可以提高LAK细胞的杀伤能力并且大大减少白介素-2的诱导剂量，从而为临床减毒或无毒使用白介素-2开辟了新的途径。引起国际生物免疫学界的极大重视。基于在这一领域里的多方面贡献，美国癌症研究学会(AACR)在1988年吸收他为正式会员，次年获得卫生部颁发的"孙氏鼓励医学科研基金"二等奖，并于1994年获此项目专利。对于晚期胃癌和食道癌的有效率在中间阶段性小结中分别达到60%和80%，目前在国内外都是领先的。他重视中药在肿瘤治疗中的作用，并配合生物治疗、化疗等手段综合治疗癌症，在肺癌、乳腺癌、食管癌、胃癌、黑色素瘤、肾癌等方面均取得较好的成绩。

目前他在国内外杂志和AACR、ASCO等重要会议发表论文一百余篇。编写和参与编写肿瘤治疗专著10余本。并任《临床肿瘤学杂志》主编，《中国肿瘤临床年鉴》、《癌症进展》常务副主编，著名国际肿瘤杂志《JOURNAL OF CLINICAL ONCOLOGY》中文版编委、亚太区杂志《CANCER REVIEWS》编委。2000年8月后又应邀出任著名国际肿瘤杂志《CANCER》的副主编，负责亚洲地区。2004年出任新成立的《ASIA PACIFIC JOURNAL OF CLINICAL ONCOLOGY》的轮值主编。是医学界著名的集临床和基础研究、中医和西医均有一定造诣的临床肿瘤内科专家。

罗荣城，1958年10月出生，广东省普宁市人。1983年毕业于上海第二军医大学医疗系(军医本科)，1989年在广州第一军医大学(现已更名为南方医科大学)获医学硕士学位。现任南方医科大学附属南方医院副院长兼肿瘤中心主任、教授、主任医师、博士生导师。还担任国家自然科学基金评审专家，广东省自然科学基金评审专家，中国抗癌协会肿瘤标志物专业委员会副主任委员，中国抗癌协会临床肿瘤学协作专业委员会(CSCO)常委，广东省中西医结合学会副会长兼肿瘤专业委员会主任委员，广东省肿瘤学会副主任委员，广州抗癌协会理事长兼生物治疗专业委员会主任委员，广州市肿瘤学会副主任委员，国家中西医结合学会肿瘤学会常委，全军肿瘤学会常委，广东省激光医学会副主任委员等学术兼职。主要从事临床肿瘤学医、教、研工作，在肿瘤生物治疗、化疗、放疗、中西医结合治疗和微创治疗等方面有较深造诣，是我国肿瘤生物治疗、多学科综合治疗和循证医学模式的积极倡导者和开拓者，在肿瘤生物治疗的临床应用和基础研究等方面作了大量的工作，具有较大的学术影响力，是国内肿瘤综合诊疗领域颇有建树的中青年专家。目前承担国家"973"基金课题、国家"863"基金课题、国家"十五"攻关课题、国家自然科学基金课题、广东省自然科学基金课题和中美国际合作课题等多种科研课题10余项，总金额在800万元以上，先后获得国家级和军队级教学成果二等奖各1项，军队科技进步二等奖2项，军队级和广东省三等奖5项，医疗成果奖2项，在国内外刊物上发表学术论文120余篇，出版专著5部。培养博士后1名，博士16人，硕士36人。

李金瀚，男，1937年出生，籍贯广东台山，1961年毕业于第四军医大学医疗系，1971～1972年在中医研究院西苑医院参加“中国第二期西医学中医学习班”。从事肿瘤临床化疗42年，中医药治疗肿瘤32年，是具有中、西医正规训练双重学历的中西医结合医师。1992～1999年任南方医院肿瘤科主任，教授、主任医师。现任中国抗癌协会肿瘤学临床协作专业委员会(CSCO)委员，广东省抗癌协会化疗专业委员会副主任委员、广东省抗癌协会肺癌专业委员会副主任委员、广东省中医药学会肿瘤专业委员会副主任委员、《中国肺癌杂志》常务编委、《癌症进展》杂志编委，世界肺癌研究会注册会员，发表学术论文92篇(其中有4篇肺癌论文在世界肺癌会议及美国ASCO会议上以Poster形式交流)。获军队科技进步三等奖及医疗成果奖7项。1993年被授予解放军总后勤部“优秀教师”称号，荣立三等功1次，著名肺癌专家。专业特长：①肿瘤化疗；②肺癌诊断及综合治疗；③中西医结合治疗。

张军一，男，主治医师 讲师，1987年毕业于第一军医大学军医系，1993年获医学硕士学位。毕业后一直在南方医院肿瘤中心临床一线工作，主要从事恶性肿瘤的生物治疗及综合治疗，在国内学术刊物上发表论文二十余篇，参与多项国家、省市及军队科研课题的研究，曾获广东省科技进获二等奖一项等。在实体瘤的大剂量化疗加造血干细胞移植和淋巴瘤放免治疗方面有较丰富的临床经验。现任广州市抗癌协会副秘书长，生物治疗专业委员会委员兼秘书。

尤长宣，男，1973年6月生，医学博士，现为广州南方医科大学附属南方医院肿瘤中心主治医师，讲师。毕业于第一军医大学。曾于2002～2003年应邀至美国阿肯色大学医学院基因治疗中心进行肿瘤生物治疗的国际合作研究，取得很好研究成果。在国内外学术刊物上发表论文十余篇，参与多项国家、省市及军队课题的研究，曾获军队科技进获二等奖一项。在肿瘤化疗、生物治疗及分子靶向治疗有较丰富的临床经验。

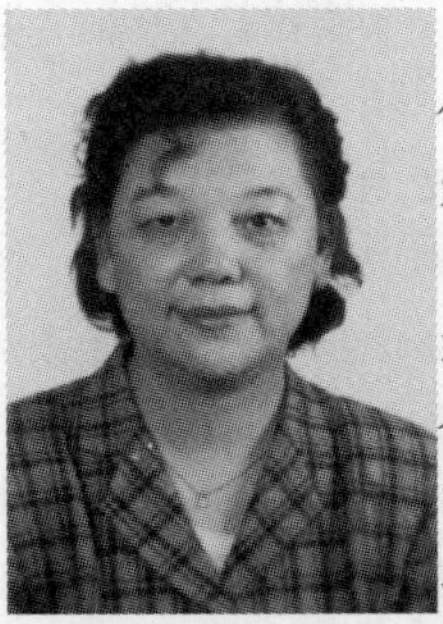

林洪生，女，1949年5月生，主任医师，博士生导师，中国中医研究院广安门医院肿瘤科主任、全国中医肿瘤医职中心副主任、国家中药管理局重点研究室主任、中国学会肿瘤专业委员会副主任委员、中国抗癌协会肿瘤传统医学委员会副主任委员、中国中西医结合会肿瘤专业委员会副主任、中国癌症基金会中医药专业委员会副主任、中国中医药学会康复学会副主任、中国癌症基金会监事、中西结合外科杂志编委、临床肿瘤学杂志编委、中华肿瘤杂志编委。

1976年毕业于北京中医药大学，一直从事中医中药的临床和科研工作，三十余年来积累了大量临床经验，在肿瘤内科治疗上，如肺癌、乳腺癌、淋巴瘤等病，特别是在肿瘤中西医结合治疗和康复疗养方面有较好的经验和疗效。为国家中医药管理局肿瘤重点学科带头人，国家中医药管理局肿瘤重点专科带头人，国家中医药管理局肿瘤重点研究室负责人中国中医研究院学术带头人，在中医肿瘤科研工作中，承担多项国家攻关课题和国家新药基金等课题，完成了十余项国家级课题和部局级课题，并获奖多项。曾经担任近二十项国家新的Ⅰ，Ⅱ，Ⅲ期全国临床试验组长并承担多种国外进口药的临床验证工作，以严谨科学态度和完整设计与结果获得好评。

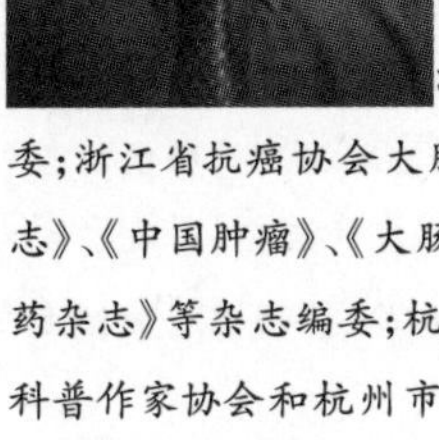

李德川，男，1985年毕业于上海医科大学。主任医师，教授。浙江省肿瘤医院腹部大肠外科主任；浙江省癌症中心大肠癌综合治疗协作组组长。浙江省医学会肛肠专业委员会副主任委员；浙江省中西医结合肛肠专业委员会副主任；浙江省中医药学会肛肠分会副主委；浙江省抗癌协会大肠癌专业委员会委员；《肿瘤学杂志》、《中国肿瘤》、《大肠肛门病外科杂志》、《中华实用医药杂志》等杂志编委；杭州市癌症康复会医药顾问；浙江省科普作家协会和杭州市科普作家协作作家。现负责省医学科技的研究基金课题2项；参与完成省医学科技研究基金课题1期，并获得2001年度浙江省医学科技进步三等奖。在全国性杂志上发表论文20余篇，参加《常见肿瘤的诊疗方法与评价》、《社区慢性病防治》等书的编写。业余创造并在报刊杂志上发表医学科普文章60多篇。曾获浙江省抗癌协会科普宣传先进工作者和浙江省省级机关青年新长征突击手称号。

梁安民,男,1944年7月出生,博士生导师、教授、主任医师。现为中国抗癌协会理事,全国肝癌专业委员会委员,中国肿瘤免疫与生物治疗专业委员会委员,广西抗癌协会副理事长、广西肝癌专业委员会主任委员,《中国医学文摘·肿瘤学》杂志副主编,《肿瘤学杂志》、《广西医学杂志》、《医学文选杂志》等编委。曾任广西医科大学肿瘤医院院长、广西肿瘤防治研究所所长、广西肿瘤医院肝胆乳腺外科主任。现带教研究生6名。曾获广西科学技术进步奖4项。先后应邀赴美国、丹麦、澳大利亚、乌克兰、日本、泰国、越南、新加坡等国家进行合作研究和学术交流。在国内外发表论文52篇。1996年获国务院院特殊津贴,1998年获广西区党委和政府颁发"广西革命和建设突出贡献"荣誉证书和荣誉勋章。2000年获国家人事部、卫生部授予的"全国卫生系统先进工作者"称号。2004年被评为广西卫生系统科技先进个人和广西医科大学模范教师。

赵广法,1963年7月出生,博士,副教授,硕士研究生导师。1985年7月毕业于蚌埠医学院医学系医疗专业,获学士学位,1992年7月第二军医大学长海医院普外科,获外科学博士学位,1992年7月~2000年9月在广州军区总医院普外科工作,1997年10月~1998年4月以访问学者身份在香港大学玛丽医院进修。2000年10月来复旦大学附属肿瘤医院腹部外科工作至今。

主要从事腹部肿瘤外科,能熟练地施行胃肠癌的各种规范性根治术,对肝胆胰肿瘤有丰富的经验,开展了左右半肝切除、右三叶肝切除、中肝叶切除、肝门胆管癌切除和胰头癌切除术等疑难手术。

目前正在承担上海市科委的重点课题:术中植入^{125}I射性粒子治疗直肠癌术后局部复发的研究。在各类杂志上共发表论文20余篇,参与编写专著2本、译著1本和教材1本。2003年被聘为《抗癌》杂志高级编委。

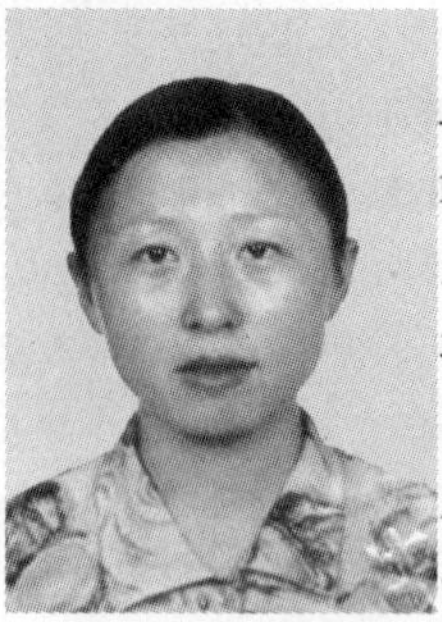

徐　烨,女,临床医学博士 复旦大学附属肿瘤医院主治医师。1992年7月毕业于上海第二医科大学,获医学学士学位。曾先后就职于上海第二医科大学附属新华医院麻醉科、上海市第一人民医院儿外科。2003年6月上海医科大学研究生院,肿瘤学硕博连读研究生,获医学博士学位,就职于复旦大学附属肿瘤医院腹部外科。2000年~2002年间赴美国哈佛大学医学院附属Brigham and Women's医院,从事博士后研究;完成研究并撰写的"肿瘤端粒酶的靶向治疗研究"获2002年美国泌尿医生年会论文比赛一等奖。

主要从事大肠癌临床诊治和研究工作,对于遗传性大肠癌的诊断与防治有较多体会。曾参与上海市重点科研基金研究项目-遗传性非腺瘤病性结直肠癌临床及分子生物学特征的研究;2003年获复旦大学临床成果奖一等奖、2003年获上海市卫生局成果三等奖、2004年获上海市科技进步三等奖。发表论文十余篇。参与编写《结直肠肛门肿瘤》。

蔡三军,临床医学博士 。1983年7月毕业于上海第一医学院医学系,获医学学士学位。毕业后供职于上海医科大学肿瘤医院腹外科。1989年7月于上海医科大学研究生院,获医学博士学位。1987年获Mamadi Sodeva Memorial Fundation奖学金,访问纽约MSKCC、洛杉矶UCLA、旧金山UCSF、休斯顿M. D. Anderson。1990年7月~1992年12月赴美国UCLA医学中心,从事博士后研究。1999年聘为复旦大学肿瘤医院腹外科主任医生,2003年被聘为复旦大学教授 、博士生导师。2005年被聘为复旦大学肿瘤医院大肠癌首席科学家、腹部外科行政副主任。担任中国临床肿瘤协作专业委员会(CSCO)常务执行委员、教育委员会主任;上医大青年专家协会常务理事、副秘书长;CSCO康莱特科研基金学术委员;《抗癌》、《肿瘤研究与临床》、《临床肿瘤学杂志》、中国肿瘤学年鉴编委;《实用肿瘤杂志》、《中国癌症杂志》特约审稿。

蔡三军教授具有广泛扎实的肿瘤学知识、临床经验和外科技术、技巧。对肿瘤根治性和姑息性手术的处理原则、肿瘤手术的无瘤、无菌、无血原则等有独到的见解。凭籍多年的肿瘤外科经验,对肿瘤的无瘤技术、电刀使用、根治规范性等理念有创新的发展。承担多项上海市重点研究项目,2003年获复旦大学临床成果奖一等奖、2003年获上海市卫生局成果三等奖、1999年和2004年二次获上海市科技进步三等奖。发表论文30余篇。主编《结直肠肛门肿瘤》、个人临床手术光盘《结直肠癌手术》;参与编写《中国肿瘤临床年鉴》、《现代临床肿瘤学》、《普通外科手术并发症预防与处理》、《大众抗癌新技术、新方法》。

王华余,1949年4月出生,消化内科副主任医师;曾任盐亭县人民医院副院长、院长,盐亭县卫生局局长,现任盐亭县卫生局党组副书记、盐亭县肿瘤防治研究所所长,长期从事消化疾病的诊治和盐亭肿瘤防治的管理工作。

李萍萍,女,主任医师、副教授、硕士生导师。1977年毕业于北京中医药大学。1978年起在北京市肿瘤研究所工作至今。1988~1990年在美国George Washington University药理系进修,访问学者;从事临床前药理研究。现任北京大学肿瘤学院中医科主任,中华中医学会理事,北京中医药学会肿瘤专业委员会主任委员,北京市中西医结合学会肿瘤专业委员会委员,北京市抗癌协会副理事长,中国抗癌协会肿瘤传统医学委员会委员,中国中西结合学会肿瘤专业委员会委员,中国抗癌协会康复与姑息专业委员会委员,ASCO美国临床肿瘤学会会员,UICC国际抗癌协会终生会员,ISOQOL国际生活质量研究协会会员。

主要从事中西医结合治疗中晚期肿瘤的临床和科研工作。特别是在中药配合化疗,减轻化疗的毒副作用,改善生活质量,延长生存期方面进行了系统的临床观察和实验研究。形成较系统的中西医结合治疗肿瘤方法。研制了如补气扶正,活血散结的益气消症冲剂,治疗乳腺癌的舒肝凉血汤,中药外敷治疗化疗药物引起的静脉炎,癌症引起的疼痛等,均取得明显疗效。受到患者欢迎。

美国回国后建立了中医科实验室。连续数年承担北京市自然科学基金和北京市中医局和北京大学医学部"985行动计划"项目课题。发表论文20余篇。其中3篇分别被美国NIH权威杂志INDEXMEDICUS、美国MEDLINE数据库和美国全球信息网络收录。

研究方向:中西医结合治疗肿瘤的临床疗效研究及改善肿瘤患者临床症状,提高生活质量的临床研究。

马　军,哈尔滨血液病肿瘤研究所所长、主任医师、教授,1979年日本东京大学研究生、1988年美国哥伦比亚大学研究员、中国临床肿瘤协作中心副主任委员、中华医学会血液学分会常委、国际血液学会委员,中华血液学杂志编委、黑龙江省医学会副会长,曾在英、日、中文杂志发表论文280篇,著书12本,获国家、省、市科技奖20项。在急性早幼粒细胞血病离治上首次采用序贯治疗,使急性早幼粒细胞白血病85%患者获痊愈,是国际公认的金标准方案。

张伯龙,1945年出生,主任医师,教授。1970年中国协和医科大学毕业,1978年北京协和医院内科研究生,1980~1984年英国皇家医学研究生院血液科研究生,获博士学位。1985~1993年北京协和医院工作,1994~2002年解放军总医院工作,2003年至今哈尔滨血液病肿瘤研究所副所长、骨髓移植中心主任。国内外发表专业文章60余篇,主编、副主编、参编专著30余部。

杨宇飞,女,医学博士,主任医师,博士研究生导师,学士毕业于北京中医药大学医疗系,博士研究生毕业于中国中医研究院,目前正致力于中医药治疗大肠癌的系统评价、中医药在早中期大肠癌术后抗转移复发的作用、中医药提高晚期大肠癌的生存期和生存质量的临床研究及中药药效学与人类基因组芯片技术的实验研究,已有阶段性成果。

现任中国中医研究院西苑医院肿瘤科主任。从事中西医结合血液肿瘤临床工作20余年,国内核心杂志发表学术论文30余篇,主编肿瘤医学专著五部,承担国家和省部级课题十余项,获奖6项。现为海淀区政协委员;北京市中西医结合学会肿瘤学专业委员会副主任委员;中国中西医结合学会肿瘤学和血液学专业委员会委员；中国中医药学会博士学术研究会全国委员；中国抗癌协会传统医学委员会委员；中国抗癌协会肿瘤临床协作专业委员会(CSCO)委员；中国癌症基金传统医学委员会委员。

党亚萍，女，长安医院 PET/CT 中心主任、核医学主任医师、教授、影像专业博士研究生。原在西安交通大学第一医院从事核医学临床、教学和科研工作近 20 年，在 ^{131}I 治疗甲亢和 SPECT 的临床应用和研究方面有较深造诣。2002 年调入长安医院，创建了我国第一家 PET/CT 中心，多次代表我国赴国外参加国际学术会议并获多项优秀论文奖，为我国在该领域的发展做出重要贡献。

曾转萍，女，1975 年出生，现在广东药学院流行病学研究室工作，主要从事肿瘤流行病学研究，于 2004 年硕士毕业。

张保宁，主任医师，教授，博士生导师。中国医科学院、中国协和医科大学肿瘤医院乳腺中心主任，腹外科副主任。国家“十五”科技攻关乳腺课题负责人。

从事外科临床工作35 年，擅长乳腺、消化道及软组织肿瘤的诊治，对触诊阴性乳腺癌早期诊断、乳腺癌保乳治疗及直肠癌保肛手术有深入研究。中、英文发表学术论文 70 余篇，科普文章 60 余篇，译文 7 篇，参加著书 6 部。多次荣获医科院，所、院医疗成就奖。

现任中华医学会肿瘤学分会委员。中国医学科学院、中国协和医科大学学术委员会委员。中华医学会北京分会肿瘤专业委员会常委，北京肿瘤学会乳腺癌学组委员。中华医学科科技奖和中华医学青年奖评审委员会委员。乳癌普查工作专家委员会委员。医学教育中心继续医学教育专家委员会委员。与美国协作研究的两项课题中方负责人。高校博士点科研基金资助研究项目负责人。并兼任医学杂志的副主任，常务编委，编委等职。

刘鲁明，1951 年 10 月出生，主任医师/教授/博士生导师，医学博士，复旦大学肿瘤医院中医科主任。1975 年毕业于上海中医药大学，1990 年上海医科大学，获医学博士学位。1990 年起在浙江中医学院附属医院肿瘤科工作，先后赴英国 London Hospital Medical College，美国 Cleveland Clinic Center 等地进修讲学。2002 年至今任复旦大学附属肿瘤医院任中医科/中西医结合研究室主任。目前为 NCI 国际中医肿瘤中心(International Center of TCM for Cancer)负责人，复于大学肿瘤医院国际整合医学肿瘤中心主任(International Center of Integrative Oncology，ICIO)，肝胆胰肿瘤首席专家。

先后负责承担多项国家级省级和国外合作科研项目：“以外放射为中西医结合治疗大肝癌”，“恶性肿瘤肝转移网血症以及参三七多肽作用研究”2 项；浙江省自然科学基金项目 2 项，浙江省科技计划项目 1 项，浙江省中医管理局科研项目 3 项。1997 年起联合负责承担国家重点科技计划项目 99－929－02－05“参麦注射液现代化示范研究”。2002 年 8 月主持上海市科委项目“治疗胰腺癌中药——清胰化积冲剂的研制”。2003 年起作为中方课题负责人主持美国国立癌症研究院(NIH)项目“International Center of TCM of Cancer”(1 R21 Ca108084－01)。

1990 年获上海市医学科技进步一等奖、1999 年获国家中医药科技进步三等奖、1994 年/1995 年/1996 年获浙江省中医药科技进步二等奖；2001 年获浙江省中医药科技进步二等奖、三等奖。发表论文 80 余篇。主编《肝癌中西医综合治疗》，《肿瘤科中西药物手册》，《肿瘤科疾病临床诊断与鉴别诊断》等著作 5 部。现任《中国癌症杂志》常务编委、《世界肿瘤杂志》、《中国中医基础学杂志》、《中西医结合学报》、《浙江省中西医结合杂志》编委。

穆兰花，1964 年生，现任中国医学科学院中国协和医科大学整形外科医院乳房整形美容中心副主任、副教授、硕士生导师、教育处副处长、中国抗癌协会临床肿瘤学协作专业委员会(CSCO)第二届执行委员会委员、《临床肿瘤学杂志》编委。1988 年毕业于广州中山医

科大学临床医学系，获医学学士学位，1997 年毕业于中国协和医科大学研究生院，获医学博士学位。先后于 1990 及 2000 留学比利时及美国，学习深造乳房整形与再造方面的先进理论和技术，发表论文二十余篇，编著学术论著 7 部，参与著书 3 倍。作为大陆第三位获得 2000 年度美国整形外科教育基金，直接主持院校重点基金资助项目、教育部留学回国人员科研启动基金资助项目、中国临床肿瘤学科学工金资助项目，参与卫生部、国家教委、院校基金的多项课题的研究。获第七届北京青年优秀科技论文二等奖。

专业特长：乳腺肿瘤术后修复与重建，乳房先天畸形的矫正，乳房缩小整形，乳房松垂矫正，乳头内陷矫正，男性乳房发育矫正，自体脂肪注射隆乳，假体植入隆乳等。

龚守良，1945 年 1 月生，男，吉林省长春市人，博士，教授，博士生导师。现任吉林大学公共卫生学院卫生部放射生物学重点实验室主任，神经内分泌学研究所所长。主要研究方向，电离辐射生物效应及肿瘤基因-放射治疗。

何明生，1957 年 12 月生，医学博士，副主任医师、副教授、内科学（血液病）专业硕士研究生导师。

任云南省血液学研究所常务副所长、细胞周期与血液肿瘤研究室主任、云南省第一人民医院血液科副主任医师、中华医学会云南省血液学会委员。

2000 年 1 月创建了云南省血液学研究所和细胞周期与血液肿瘤研究室；先后参加和主持国家自然科学基金课题、卫生部科学基金课题、云南省科技厅科学基金课题、云南省卫生厅科学基金课题、自选课题等 10 个项目；已招收血液肿瘤研究方向硕士研究生 6 名；至今在国内外杂志上发表论文 20 余篇。

2001 年起主持《生活新报》、《云南医药卫生信息》的《何博士信箱》栏目。

学术研究方向：

1. 肿瘤细胞周期、细胞诱导分化和细胞凋亡的调控机理及其血液肿瘤的发病机制及其与现代血液肿瘤治疗模式的关系的研究；2. 移植免疫机理及其干细胞移植治疗血液病和其他非血液系统疾病的研究；3. 肿瘤化疗方案与肿瘤细胞耐药、细胞周期、肿瘤异质性关系的研究；4. 基因芯片在血液系统疾病与肿瘤中的基础与应用研究；5. 云南天然抗癌药物筛选模型及其对肿瘤细胞周期和凋亡调控机制的研究。

李佩文，1942 年 2 月生，教授，硕士及博士生导师。现任中日友好医院中医肿瘤科，科主任。院高级职称委员会评委、学术委员会委员，任中华全国中医药学会肿瘤专业委员会副主任委员，中国中西医结合学会肿瘤专业委员会副主任委员，中华全国中医药学会康复医学委员会常务理事，中华医学会北京肿瘤学会副主任委员，中国癌症研究基金会传统医学委员会副主任，中国老年学会老年医学会肿瘤专业组组长，国家药品监督管理局新药评审委员，国家医疗保险药品咨询组专家，以化疗加中药治疗肿瘤为主要工作。注重研究化疗及放疗期间如何应用中药达到减轻毒副反应及增加疗效的目的。对于放化疗结束的患者，注重用中医及中西医结合的方法治疗肿瘤，注重扶正与祛邪兼顾，发挥中医药软坚散结的抗癌作用。对于中晚期的肿瘤患者，应用中西两种药物互相配合控制肿瘤发展、提高生存质量、减轻痛苦、延长寿命。对恶性积液、癌性疼痛探讨较多，并对中医舌诊及中药外用的机理和临床研究做了大量工作，并发表论文多篇，培养研究生十余名，研制成功院内制剂 5 种。目前承担中管局课题和九五攻关课题，瓦尔特基金课题等课题。主编专著 13 倍、参编书多部。曾获 1990 年，1995 年国家科技进步三等奖，中医药管理局科技进步一等奖，国家发明三等奖以及多次院科技进步获。

李霓，1978 年 1 月生，现今于中国医学科学院肿瘤研究所/肿瘤医院流行病室联合培养攻读博士学位，纽约医学院联合培养攻读博士学位，中国医科大学流行病科室研博连读，中国医科大学公共卫生学院攻读学士学位。

曾参加辽宁省乳腺癌调查。与世界卫生组织国际癌症研究所（IARC）合作，参加“中国妇女人乳头瘤病毒感染和子宫颈癌的流行病学调查”项目，进行山西省省阳城县宫颈癌的筛查。与美国卫生科技推广研究所（PATH）合作，参加“全球多中心子宫颈癌防治与快速筛查技术合作研究”项目，进行江西省修水县宫颈癌筛查。与世界卫生组织国际癌症研究所（IARC）合作，参加“中国妇女人乳头瘤病毒感染和子宫颈癌的流行调查”项目，进行深圳市宫颈癌的筛查。参加世界卫生组织国际癌症研究所（IARC）合作，参加“中国妇女人乳头瘤病毒感染和子宫颈癌的流行病学调查”项目，进行沈阳市宫颈癌的筛查。

刘文超，，满族，1962 年 10 月生。1986 年毕业于同济医科大学医学系。1997 年于第四军医大学获医学博士学位。现任第四军医大学西京医院肿瘤科副主任。主要从事肿瘤化疗、热化疗、生物治疗、造血干细胞在恶性肿瘤治疗中的应用以及新药临床试验。美国临床肿瘤学会会员、国际生物治疗学会会员、陕西省抗癌协会化疗专业委员会副主任委员、陕西省抗癌协会肿瘤药物专业委员会副主任委员。曾于美国内布拉斯加大学医学中心 Lied 移植中心做访问学者，日本大阪大学医学部肿瘤科客座研究员。以第一作者发表论文 20 余篇。主编了《现代肿瘤化疗手册》；参编了《肿瘤药物大全》。负责全军医药卫生科研基金、国家自然科学基金、陕西省自然科学基金等基金资助，获军队科技进步叁等奖。

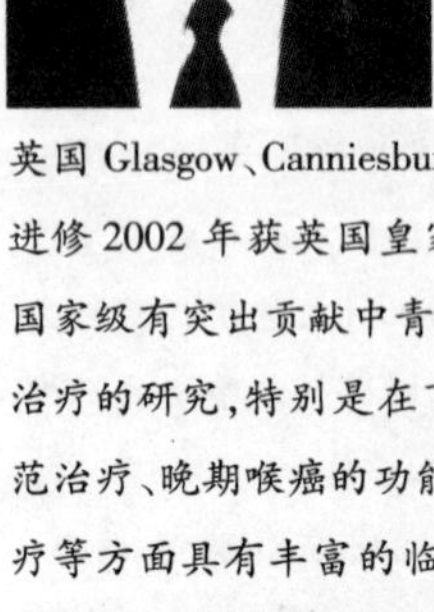

唐平章，男，教授，博士生导师。曾任中国医学科学院中国协和医科大学肿瘤医院副所院长所院长，现任外科学系主任，头颈外科主任。中华耳鼻咽喉科杂志杂志副主编，中国抗癌协会头颈肿瘤外科专业委员会副主任委员，国务院学位评定委员会成员等职，曾赴英国 Glasgow、Canniesburn 医院及美国华盛顿大学医学院进修 2002 年获英国皇家外科学院院士称号，1997 年荣获国家级有突出贡献中青年专家，主要从事头颈肿瘤的综合治疗的研究，特别是在下咽癌的综合治疗、甲状腺癌的规范治疗、晚期喉癌的功能保留及复杂的晚期头颈肿瘤的治疗等方面具有丰富的临床经验。曾获国家级科技进步三等奖、卫生部科技进步一等奖、三等奖。负责国家重大科技专项、自然科学基金重点项目、教育部博士点基金及首都医学发展科研基金等多项课题。先后在国内外专业杂志发表论文 60 余篇，参与多本专著的编写。

王思愚，广州中山大学附属肿瘤医院胸科副教授，硕士导师，中国抗癌学会肺癌专业委员会委员兼秘书长，中国抗癌学会临床肿瘤协作协会执行委员，《中国肺癌杂志》、《临床肿瘤学杂志》、《实用医学杂志》，《循证医学》编委。1988 年毕业于中山医科大学医学系，1997 年在澳大利亚 Royal Adelade Hospital 进修。在肺癌、乳腺癌多学科综合治疗方面有较深入的研究，承担多项省级以上的科研课题，至今已在国内外学术杂志上发表论文 80 多篇，其中 20 多篇为Ⅲ期非小细胞肺癌综合治疗方面的研究。“非小细胞肺癌纵隔淋巴结跳跃性转移的研究”论文参加 2000 年第八届国际肺癌大会，在大会发言，“提高局部晚期非小细胞肺癌手术生存率的系列研究”获广东省科学技术二等奖（2001 - 医 - 2 - 005 - R03）

戎铁华，男，1946 年生。1970 年毕业于原中山医学院。现任中山大学肿瘤防治中心党委书记、胸外科主任、教授、主任医师、博士生导师、食管癌单病种规范治疗首席专家、中山大学中山医学院肿瘤学教研室主任；中山大学肺癌中心主任，兼任中国抗癌协会食管癌专业委员会常委、中华医学会广东省肿瘤学会主任委员、常委、广东省抗癌协会食管癌专业委员会主任委员、中华医学会广东省胸心外科学会常委、普胸学组副主任委员、《癌症》杂志副主编等职。

从事胸外科临床研究与实践 30 余年，对胸部肿瘤如食管癌、肺癌、乳腺癌、纵隔肿瘤及胸壁巨大肿瘤等的诊断、外科手术及综合治疗有丰富的临床经验，尤其对食管癌的临床研究有更深的造诣。1991 ~ 1992 年在德国柏林 HecKenShown 肺科医院做访问学者，曾先后出访美国、加拿大、法国、葡萄牙、瑞士、澳大利亚、日本、英国、西班牙等国进行学术交流和研究。

在食管肿瘤的临床及基础研究方面有突出建树，先后主持国家 973 计划“食管癌家族易感性基因筛选及家系普查”的研究；国家恶性肿瘤“九五”攻关课题国家重点学科建设项目；卫生部课题及自然科学基金项目；广东省科委课题等多项国家级及省部级课题，在学科建设和发展中起主导作用。曾获广东省重大科技进步三等奖及广东省医学卫生科学进步二等奖。其主要研究方向有:1. 食管癌手术治疗方法的改进;2. 食管癌淋巴结转移规律的临床研究;3. 食管癌淋巴结转移的分子生物学研究;4. 食管癌个体化治疗方案的优化设计;5. 食管重建方法研究及组织工程人工器官的构建。

在国内外学术刊物上发表学术论文90余篇,主编及合编出版《临床肿瘤学》等6本专著。长期坚持在教学的第一线,先后培养硕士研究生12名、博士研究生16名。1995年获国务院科技人员"政府特殊津贴";1996年获广东省白求恩医务工作者称号。

夏建川,教授,博士生导师。1993年在哈尔滨医科大学获医学硕士学位;1998年于哈尔滨医科大学获医学博士学位;1998~2000年在中山医科大学做博士后研究工作,从事肿瘤遗传学的研究;2000~2003年受美国哈佛大学Dana-Farber肿瘤研究所邀请在该所从事肿瘤遗传学和肿瘤免疫学研究。主持并参与多项国家和省重大基础研究项目,发表研究论文20余篇,2003年6月回国,现在中山大学附属肿瘤医院生物治疗中心从事肿瘤的生物治疗研究。现任《癌症》杂志编委,国家药品监督局药品评审专家,主要研究方向为肿瘤的遗传学和肿瘤免疫治疗。

张贺龙,男,1964年生。第四军医大学唐都医院肿瘤科主任,第四军医大学肿瘤研究所副所长。主任医师,教授,医学博士,硕士研究生导师。1986年毕业并留校工作至今,先后获医学硕士和医学博士学位。近年来,重点研究了肺癌患者免疫功能的变化,肺癌患者癌基因和抑癌基因及其表达产物的检测的临床意义,肿瘤的基因诊断等。对恶性肿瘤的综合治疗有比较深入的研究。2001年作为访问学者赴日本从事肿瘤转移机制及治疗方面的研究,取得了较好的研究结果,回国后获国家和省部基金4项,近年在国内外发表论文40余篇。

韩宝惠,男,44岁,1994年复旦大学(原上海医科大学)肺病学博士学位。现任上海交通大学附属胸科医院肺内科主任、上海市肺部肿瘤临床医学中心第一副主任,博士导师、主任医师、上海市卫生系统学科带头人"百人计划"培养对象。任美国肿瘤临床协会会员,国际生物疗法与现代肿瘤治疗学会会员,全国肿瘤临床多中心学会执行委员,中华医学会上海分会肺科专科委员会委员,肺癌组组长,上海市欧美同学会医学分会理事。上海市医疗事故鉴定委员会委员,上海市医疗责任保险专家咨询委员会委员。曾在香港、美国进修,从事肺部疾病、肺部肿瘤的诊断及治疗临床研究20余年。先后参加上海市医学领先学科肺部肿瘤学、市医学重大课题、上海市肺部肿瘤临床医学中心的研究;获上海市卫生局科技进步三等奖。带教博士生2人,硕士6名。发表有关肺癌研究论文40余篇,参编学术专著10余部。目前致力于肺癌的诊断、多学科治疗及肿瘤免疫靶向治疗的新技术研究。

江泽飞,教授,主任医师。现工作于军事医学科学院附属医院(北京307医院)肿瘤中心,中国抗癌协会肿瘤临床化疗专业委员会常务委员,中国抗癌协会临床肿瘤学协作专业委员会(CSCO)执行委员,中国食品药品监督管理局(SFDA)新药审评专家,美国临床肿瘤学会(ASCO)会员。

从事肿瘤内科临床及基础研究工作,专业重点乳癌临床研究。在乳腺癌系统治疗方面积累了丰富的临床经验,尤其在乳癌的化疗、内分泌治疗和生物治疗方面有较深入的研究。曾在美国City of Hope国家医学中心肿瘤科和分子医学系从事肿瘤临床治疗和分子肿瘤学相关研究,曾应邀在纽约州立大学长岛癌症研究院作专场学术报告。2001年回国后致力于结合临床具体情况,引入国际最新治疗理念,开展乳癌临床研究,参加10多项国际协作抗癌新药临床研究,组织和参加国内多中心抗癌新药和乳癌治疗新方案临床协作。经常应邀在国内外学术会议,就乳癌为主的肿瘤治疗和研究新进展作专题学术报告,积极倡导和实践科学和人文结合的现代乳腺癌防治新理念。已在国内外学术杂志发表文章150篇,获军队医疗成果一等奖(第2署名)和二等奖(第4署名)各1项。

陈建国,男,江苏省启东肝癌防治研究所副所长,流行病学研究室(启东癌症登记处)主任、研究员。现为中华医学会会员,中国卫生信息学会肿瘤登记与监测专业委员会副主任委员,中国抗癌协会肝癌专业委员会委员,中国抗癌协会肿瘤流行病学专业委员会委员,南通市抗癌协会副理事长,南通市抗癌协会肝癌专业委员

会副主任委员，启东市肿瘤专业委员会主任委员。Asian Pacific Journal of cancer Prevention(APJCP)杂志编委。江苏省第九届政协会员。曾多次在世界卫生组织国际癌症研究中心(WHO/IARC，法国)进修、访问并任客座科学家(Visiting Scientist)，曾在美国约朝霍普金斯大学公共卫生学院进修访问，曾任加拿大莱克海德大学客座教授(Visiting Professor)。主要研究主向：疾病监测、医学统计、肿瘤流行病学、病因与预防研究。

李树春，男，1935.2生，主任医师，辽宁省肿瘤医院头颈外科主任，头颈外科临床。中国抗癌协会全国头颈外科科学会委员，中华医学会辽宁省耳鼻咽喉科会副主任委员，中国医科大学硕士研究生导师，辽宁省卫生系统高级职称评审委员会组长。科技工作简历及主要成果和著作：

中华人民共和国卫生部1995年科技进步三等奖(95301501)，同时被国家科委评为国家级科研成果。发表著作六部，发表论文16篇。自1986年以来先后到过日本、法国和香港等国家地区考查研修及多次参加国际和全国学术会议。

冯久贤，主任医师。1968年毕业于上海第一学院，1999年晋升主任医师。现任中国抗癌协会肿瘤标志物委员会常委。

研究内容：1.肺癌复发转移的分子机理及分子标志物；2.肺癌的发展及转移复发的蛋白质组学；3.高通量组织芯片的制备及应用；4。骨髓基质干细胞定向分化的调控。

杨学宁，男，1971年生，广东饶平人，副主任医师，医学博士，主要研究肺癌的多学科综合治疗。

徐兵河，男，医学博士。中国医学科学院、中国协和医科大学肿瘤医院内科副主任及乳腺病诊治中心副主任，国家新药临床研究基地临床药理室负责人，教授，博士生导师；兼职国家食品和药品监督管理局新药审评专家，中国医学科学院学术委员会委员，国家科技进步奖与技术发明奖医疗卫生组评审委员，美国临床肿瘤学会会员等职。《中国医学论坛报肿瘤学专刊》特约副主编，《癌症进展》、《肿瘤防治杂志》、《英国医学杂志中文版》、《中华医学杂志》等10多种杂志的编委或特约审稿专家。

在国内，是最早开展肿瘤耐药性研究的学者之一，对抗肿瘤药物耐药机制及其逆转进行了深入研究。在国际著名专业杂志发表论著12篇。在国内较早提出乳腺癌的个体化治疗，并在国家十五攻关课题资助下，对乳腺癌个体化治疗进行了探索性研究。率先在国内建立了血清Her－2的测定方法，利用Her－2、药敏实验、临床及生物学预后因素指导乳腺癌的个体化治疗并取得了显著效果。

在国内、外杂志发表论著80余篇，SCI收录12篇。参与12本专著的编写，主编《乳腺癌》一书。负责国家863重大科技专项、国家“十五”攻关子课题、教育部博士点基金、首都医学发展基金等多项课题的研究工作。

兼职国家食品和药品监督管理局新药审评专家，中国医学科学院学术委员会委员，美国临床肿瘤学会会员，中国抗癌协会临床肿瘤学协作专业委员会委员。《中国医学论坛报肿瘤学专刊》特约副主编及10多种杂志的编委或特约审稿专家。

曲家骐，教授，硕士研究生导师，1969年毕业于中国医科大学并留校任胸外科医生，1986年调到沈阳军区总医院组建胸外科。现任该院胸外科主任，沈阳军区胸心专业委员会副主任委员，沈阳区胸腔镜微创外科中心主任，辽宁省胸外专业委员会副主任委员，《中华外科杂志》等7种杂志编委和特邀编委。

从事胸外科专业30余年，在肺癌外科、气管外科、胸腔镜微创外科和肺气肿外科治疗方面成绩突出。

沈阳军区总医院胸腔镜手术开始于1993年，至2004年12月胸腔镜手术总例数1087例。

长期从事肺癌淋巴结转移规律的研究和局部晚期肺癌扩大切除。自1987年以来开展肺癌手术1300余例，其中气管、支气管心血管成形手术150余例。Ⅲ期肺癌5年生存率有了很大提高。

1997年肺减容手术应用于临床，迄今已开展肺气肿肺减容手术50余例，取得较好的近期效果。

2004年率先在东北地区成功开展了第一例肺移植手术，目前病人术后一年，生活良好。

1995年以来发表论文30余篇，参加5部著作编写，先后获军队科技进步二等奖2项，三等奖2项。沈阳军区联勤部评为“科技练兵先进个人”，“优秀共产党员”，荣立三等功。现享受国务院政府津贴和军队优秀专业技术人才岗位津贴。所领导的科室被予“沈阳军区联勤部基层建设先进单位”和“军区总医院全面建设先进科室。”

张博恒，男，1965年7月生。副研究员。1999年获复旦大学博士学位。长期从事肿瘤临床研究工作，现为中国抗癌协会肿瘤流行病学委员，国际临床流行病学网络成员。完成原发性肝癌筛查评价，获上海市科技进步二等奖，参与我国常见恶性肿瘤筛查规范的编写。同时在复旦大学肝内科工作，从事肝癌的综合治疗。曾在澳大利亚接受系统的临床流行病学和临床试验方面的学习，并在上海国际临床流行病学培训中心长期从事临床流行病学研究。专长于临床试验工作,尤以试验设、统计专长。发表了近40篇论文,副主编著作一本,参与10多部著作的编写。担任复旦大学循证医学中心/临床流行病学培训中心副主任,负责临床试验开作。

李苏宜,1962年10月生。硕士,现任东南大学肿瘤研究所所长,附属中大医院临床肿瘤中心主任,教授,主任医师,硕士研究生导师。1984年7月河南医科大学本科毕业,2002年5月加盟东南大学附属中大医院后任现职。

1992年起多次与承担主持河南省教委、自然基金项目、省科委、科技攻关题目、省卫生厅科研项目、省教育厅科技攻关题和河南医科大学青年教师基金项目等有关食道癌及消化系肿瘤临床课题和热疗技术与机理研究。

发表专业论文五十余篇,获得科研成果六项,参与编写专著五部。主要专业特长为临床肿瘤学,专业发展方向为恶性肿瘤病人化疗期间的代谢调理、代谢支持研究,恶性肿瘤热物理治疗增敏化疗机理的研究,中晚期食管癌综合治疗的临床研究。

主要兼任中国抗癌协会临床肿瘤学协作中心执行委员会委员,中华医学会肿瘤热疗专业委员会委员,江苏省中西医结合学会肿瘤分会副主任委员,中国抗癌协会江苏会肿瘤化疗专业委员会学术指导委员,中华医学会江苏分会肿瘤专业委员会委员,河南省抗癌协会理事,中国临床肿瘤年鉴、临床肿瘤学杂志、河南肿瘤学杂志编委。

陈信义,51岁。主任医师、教授。北京中医药大学东直门医院大内科主任、血液·肿瘤科主任、北京中医药大学第一临床医学院血液·肿瘤诊疗中心主任、博士生导师、博士后合作导师。

一、主要社会兼职与所获荣誉:国家食品药品监督管理局新药审评专家、社会劳动保障部国家医疗保险药物选审专家、国家重点新产品计划评审专家、国家基本医疗保险咨询专家、中华中医药学会肿瘤专业委员会副主任委员、中华中医药学会中医内科血液病学术委员会副主任委员等。

二、兼国家中医杂志编委,编审等职:曾获全国卫生战线精神文明先进工作者,中国百名杰出青年中医师,北京市优秀青年骨干教师,北京市爱国立功标兵等荣誉。

主要业绩:

中医内科及中西医结合血液、肿瘤疾病为专业特长。特别对骨髓增长异常综合征、再生障碍性贫血、难治性血小板减少性紫癜、缺铁性贫血、急性白血病、肺癌、肝癌等辨证施治有独特见解。近年来,从事中医药治疗难治性白血病、难治性血小板减少紫癜疗效显著和中医药预防/逆转肿瘤多药耐药研究。共培养硕士30余名,博士15余名,博士后2名。先后主持部国家九·五科技攻关课题,十·五攻关课题各1项,国家自然科学基金课题3项,卫生部科技基金课题3项,教育部高等学校博士点专项基金4项,国家中医药管理局科技基金2项,等等。获得科研成果与奖励6项,申请专利4项,开发中药新药2项(益中生血片、龙香平喘胶囊),发表临床与科学研究论文100余篇,主编4部著作,编著1部。目前,担任国家中医药管理局21世纪高等中医药院校全国规划教材《中西医结合肿瘤学》等。

朱志华,安徽省歙县人,1975年11月出生,1997年7月毕业于安徽省皖南医学院临床医疗系,获临床医学学士学位。1999年考入中山大学(原中山医科大学)肿瘤防治中心胸部肿瘤外科专业研究生,2002年6月获临床医学硕士学位,2005年6月获临床医学博士学位。主要从事胸部肿瘤如肺癌、食管癌、乳腺癌、纵隔肿瘤等的外科手术治疗及综合治疗。

杨劼,男,1960年出生于上海,1982年苏州医学院医学系本科毕业,学士学位。现为广东省佛山市第一医院人民胸外科主任医师,主任。中华医学会广东省胸心血管外科分会委员,佛山市医学会胸心血管外科分会主任委员,佛山市医学会理事。

组织协办《广东省第五届胸心血管外科年会》和《全国第六届胸腔镜学术会议及第七届胸腔镜微创外科学习班》,收到了预期效果。

能将国内外最新技术应用到临床实践中:如电视胸腔镜手术的应用,开展了难度较大的肺减容手术,食管平滑肌瘤切除,胸腺瘤切除等,电视纵隔镜在胸部疑难疾病诊治中的应用,并首创将电视纵隔镜应用到胸交感神经切断治疗手汗症和恶性胸腔积液,产生了明显的效应。

《电视胸腔镜手术应用》及《99MTC-Peopleomycin SPECT肺显像诊断肺癌的临床研究》分别获佛山市科技进步三等奖,I125放射粒子植入治疗局部晚期非小细胞肺癌获省卫生厅立项。在省级以上杂志发表著作、论文、综述50多篇,其中"24例肺癌脑转移的综合治疗"、"肺尖癌、肺上沟癌与Pancoast瘤、Pancoast综合征的区别和治疗"、"一种新切口在肺尖癌手术中的应用"等多编文章被连续录入《中国肿瘤临床年鉴》,"电视纵隔镜诊治胸部肿瘤"和"经肋间电视纵隔镜手术的临床应用"分别发表在《中华肿瘤杂志》和《中华胸心血管外科杂志》。

支修益,教授。1983 年毕业于首都医科大学医疗系。2002 年 10 月从美国迈阿密大学癌症中心学习回国后即调到首都医科大学宣武医院任胸外科主任,同时创建成立首都医科大学肺癌诊疗中心并担任中心主任。在肺癌的外科手术治疗及多学科综合治疗领域,特别是在中晚期肺癌和高龄肺癌病人的外科手术治疗、非小细胞肺癌术前新辅助化疗和术后多学科综合治疗方面具有丰富的临床经验。在国内率先开展Ⅲ期非小细胞肺癌术前新辅助化疗的临床研究和利用正电子发射断层显像(PET)结合电视纵隔镜和电视胸腔镜在可手术肺癌病人术前临床分期的临床研究,积极倡导并推广非小细胞肺癌的规范化诊断和治疗,在全国建立肺癌多学科综合治疗多中心协作网络。在改善肺癌病人生活质量和肺癌治疗卫生经济学研究领域有独特见解。

目前担任中华胸心血管外科学会北京分会常务副主任委员兼胸外科学组组长,中华医院管理学会临床卫生技术应用管理专业委员会副主任委员,首都中青年胸外科医师学术沙龙首席主持,中国癌症研究基金会理事兼胸部肿瘤咨询中心秘书长,中国抗癌协会学术部副部长、中国抗癌协会临床肿瘤协作专业委员会(CSCO)执委、北京健康教育学会副会长、北京医学奖励基金会副秘书长,国际肺癌协会(IASLC)理事,美国临床肿瘤协会(ASCO)会员。《中华中西医结合杂志》、《中国肺癌杂志》、常务编委,《中国胸心血管外科临床杂志》、《临床肿瘤学杂志》、编委,《中华医学杂志》、《中华外科杂志》、《中华结核呼吸病杂志》、《中华医学网络杂志》、特邀编委。在各种学术杂志和国际国内学术会议上发表学术论文 40 余篇。近年来参与策划并主持许多国际性、全国性和地区性的胸外科和肺癌专题学术研讨会。对推动我国胸外科和肺癌事业的学术交流、合作与发展起到积极作用。

周清华,四川大学华西医院肿瘤中心主任。

主要学术任职:享受国务院政府特殊津贴专家,中国癌症研究基金会理事,中国抗癌协会理事,中国抗癌协会肺癌委员会副主任委员,中国抗癌协会临床肿瘤协作专业委员会常委,四川省肺癌专委会主任委员,四川省肺癌协会副理事长,国际肺癌学会会员,美国临床肿瘤协会会员,美国癌症学会会员,《中国胸心血管外科临床杂志》常务编委,《中国肺癌杂志》执行主编,《中国癌症杂志》等 30 种期刊执行主编和编委。

赵平,中国医学院肿瘤医院肿瘤研究所所院长、大外科副主任,腹外科主任、博士生导师、院所学术委员会主席。

主要学术任职:中华医院管理学会肿瘤医院专业委员会主任委员,中国医学科学院学术委员会执委会副主任委员,全国肿瘤登记中心主任,中国癌症研究基金会副理事长,世界卫生组织合作中心主任,《中华肿瘤杂志》主编、《癌症进展杂志》主编。

吴一龙,广东省人民医院副院长、肿瘤中心主任。

主要学术任职:享受国务院政府特殊津贴专家,中国抗癌协会常务理事,中国抗癌协会肺癌专业委员会主任委员,临床肿瘤学协作中心副主任委员,广东省医学会肿瘤学会副主任委员,《循证医学》杂志主编,《中国肺癌杂志》等国内 10 几家杂志副主编或编委。

在国内首先提出肿瘤单病种首席专家制,建立了第一个真正意义的肺癌多学科综合治疗科。在肿瘤领域率先引进循证医学,并成为该领域的学术带头人。

2002 年负责起草的《局部晚期(Ⅲ期)非小细胞肺癌诊断和治疗共识》及卫生部主持制定的《全国肺癌诊治指南》,已成为国内肺癌诊断治疗的标准参考书。近年来多次应邀在国际学术会议上作大会演讲。

在国内发表论文 200 余篇,其中被国际 SCI、EI、Medline 收录的学术论文 10 篇,国内中华、中国系列杂志以第一作者发表学术论文 70 余篇。主编专著《肺癌多学科综合治疗的理论与实践》、《现代肺癌病理与临床》等。2004 年荣获全国首届"中国医师奖"。

张国庆,新疆医科大学附属肿瘤医院副院长、胸外科主任。

主要学术任职:中国抗癌协会中国西部肺癌协作中心常委,中国抗癌协会理事,新疆胸心血管外科学会副主任委员,新疆抗癌协会理事长,中华医学会肿瘤专业委员会委员,新疆医学会常委,《中华医学杂志》编委,《中华肿瘤杂志》编委,《癌症杂志》编委。

排名不分先后

❖ 大事记、纪要、信息 ❖

中国癌症研究基金会2004年大事记

2004年1月10日　在京召开中国癌症研究基金会四届二次常务理事会,何鲁丽主席到会,黄洁夫副部长出席了会议,彭玉理事长作工作报告。何鲁丽主席、黄洁夫副主席对基金会的工作给予了肯定,指出了基金会的工作重点以及如何发挥公益组织的作用。会议还讨论了2004年的工作计划。会议增补了乔友林、李建生、汪祥安、李翰明、孙长青、史安俐等6同志为本会理事。

1月10日　本会在京举行了迎春联谊会,彭玉理事长主持。

1月30日　受卫生部委托本会组织专家编纂了"中国癌症控制规划纲要"(2004年~2010年),已由卫生部颁发。根据卫生部的要求,组织专家编写了该纲要的"实施细则",到会专家有:董志伟、李连弟、陈君石、陈育德、王润田、王汝宽、孔灵芝、乔友林、尹松年等。

2月26日　本会受卫生部疾病控制司委托,在龙潭饭店召开"中国癌症示范基地研讨会"。研究讨论"示范基地建设及管理办法",彭玉理事长主持会议,国内部分癌症高发现场的负责人及专家参加会议。

3月1日　与雅芳(中国)有限公司讨论2004年的合作计划及2004年合作协议。

3月4日　在财政部进行"中国癌症研究基金会——雅芳爱心基金"的义诊活动。

3月11日　国务院颁布温总理签发的400号令,即"基金会管理条例"。

4月9日　为推动癌症防治宣传工作,本会在龙潭饭店召开"关爱生命,科学抗癌"科普宣传专家座谈会。京内部分肿瘤专家陆士新、张友会、王建璋、余宏迢、陈君石、李连弟、王汝宽等20多位知名专家出席会议。会议由董志伟副理事长主持,彭玉理事长致辞。

会议中心内容为:正确引导公众,科学抗癌,给正确导向,依靠群众,争取政府的支持与关注,专家参与,扎扎实实以三个代表的精神,要务实 ,走进社区,深入基层,力争企业的支持。

4月16日　本会与巴州·瑞琦鸿博爱生物科技发展有限公司联合在北京市东城区东四街道(社区)举办大型咨询义诊活动。活动主题"关爱生命 科学抗癌",同时邀请中国医学科学院肿瘤医院14位专家参加咨询义诊活动。向社区居民讲解抗癌防癌的科普知识,发放科普小册子,并到社区贫困居民家中送医送药,深受广大群众欢迎。

4月21日　意大利驻华使馆科技参赞科松与夫人来本会拜访,彭玉理事长接见,董志伟副理事长、余瑶琴常务副秘书长、乔友林理事参加会见。

4月23日　全国宫颈癌协作组成立大会在京举行,本会彭玉理事长、全国妇联副主席赵绍华出席成立大会。这个机构的成立是为落实"纲要"的精神而举办的。其目的是提高妇女健康水平,提高妇女抗癌防癌意识,同时在高发地区建立合作机构,为妇女提供科学的高水平的全方位的服务。

大会制定了协作组工作条例。

6月1日　今天开始执行国务院颁布的“基金会管理条例”。

8月14日　“中国癌症研究基金会——雅芳爱心基金”2004年活动在京港澳中心启动。此次活动将由北京出发，经南京、上海、深圳、广州到成都。该专项基金的乳癌专家参加义诊咨询活动。按计划雅芳公司2004年注入专项基金90万人民币。

8月20日　彭玉理事长向本会主席何鲁丽汇报了本会按“条例”要求提前进行换届工作，以及目前本会已经开始进行准备工作。即章程修订；理事确定原则；更名报告；注册资金的筹措工作等。

9月20日　卫生部批复：同意召开五届理事会。

9月24日　由本会、全军肿瘤防治中心、广东省肺癌防治中心、首都肺癌防治中心共同主办的“首届中国肺癌南北高峰论坛”在南京召开。论坛中心内容：

一、肺癌的预防与控制；二、肺癌的多学科综合治疗；三、肺癌的规范化治疗与循证医学；四、加强南北肺癌治疗的学术交流与合作。

10月11日　在京召开了四届三次常务理事会，通过了：

一、四届理事会工作报告；二、财务工作报告；三、章程修订；四、更名建议；五、召开五届理事会；六、同意以通讯方式召开四届二次理事会。

10月22日　全国肿瘤预防与控制培训班开学，彭玉理事长、阚学贵副理事长、余瑶琴常务副秘书长、孔灵芝处长参加了开学典礼并讲话，要求领会纲要精神，纲要是近期我国癌症控制与预防工作的指导方针，每个肿瘤防治机构应根据“纲要”的要求制定本地区的防治措施，以逐步实现“纲要”规定的目标。

国内外一些肿瘤专家先后报告了他们在肿瘤预防与控制方面所做的工作。

10月25日　本会五届理事会预备会议在京召开，到会代表选举产生了新一届19名理事及五届理事会领导机构，并通过本会邀请的名誉职务名单。

19名理事选举彭玉为理事长，选举阚学贵、刘谦、赵平、董志伟伟副理事长，选举董志伟为秘书长。

会议一致拥戴何鲁丽副委员长为本会主席，张文康、黄洁夫、王照华、吴孟超、孙燕为本会副主席。

会议一致诚邀陆士新院士等7人为本会顾问。

卫生部人事司王环增司长、宋峻处长到会祝贺并作了重要讲话，代表卫生部要求：(1)把握机遇，迎接挑战，加强民间组规范化法制化管理。(2)讲政治把握大局，紧紧围绕卫生部的卫生工作重点开展工作，服务大局，发挥自身优势，使基金会充满活力与生机。(3)依法办会。(4)逐步完善强化内部管理，加强自身建设，提高自律意识，加强财务管理，加强防范意识，使基金会健康发展。

10月26日　本会第五届理事会第一次会议召开，会上全体理事一致通过了：

一、董志伟秘书长所作的《中国癌症研究基金会工作报告》；二、余瑶琴常务副秘书长所作的《中国癌症研究基金会财务工作报告》;三、阚学贵副理事长所作的《中国癌症研究基金会章程修订报告》与新修订的章程;四、本会更名决定;五、近期本会工作框架;六、本会工作程序。

10月26日　本会成立20周年座谈会在京举行。彭玉理事长对基金会的情况作了简要回顾,并对今后发展作了简要介绍。吴孟超副主席、甄永苏院士、卫生部疾控司孔灵芝处长到会并讲话。与会人员肯定了基金会的成绩,提出了希望,祝愿基金会健康发展不断壮大。

11月4日　召开了五届理事会第一次理事长办公会,研究讨论贯彻五届理事会会议精神与本会近期工作计划。

11月10日　按时完成换证登记的准备工作,彭与理事长签发换证登记申请报告与工作报告并上报卫生部。

11月21日　在京召开"癌症筛查及早诊早治指南"专家评审会。

11月22日　在京召开癌症示范基地评审会,河南林州、河北磁县为首批食管癌防治示范基地;山西襄垣、广东深圳为首批子宫颈癌防治示范基地。并呈报卫生部疾控司批准。

11月26日　本会"换证登记申请报告"与"工作报告"经卫生部审批合格已交民政部社团司登记处。

12月10日　本会所属二级组织经清理整顿后,保留了四个专业委员会。

在中国癌症研究基金会全国肿瘤期刊研究会负责人舒味冰来京向基金会汇报该会工作。

2004年,中国癌症研究基金会中医药专业委员会,中国癌症研究基金会介入治疗专业委员会,中国癌症研究基金会鲜药学术委员会先后来本会汇报工作。

本会收回原投资青岛肿瘤康复医院的100万元;设在蚌埠的中国癌症研究基金会安徽肿瘤康复医院与北京桓兴肿瘤医院正在处理中。

12月29日　癌症早诊早治示范基地合同签订会议及签订仪式在北京举行,本会彭玉理事长、董志伟副理事长、余瑶琴常务副秘书长、卫生部疾控司慢病处处长孔灵芝、中国医学科学院肿瘤医院王国清教授、乔友林教授,首批被授予癌症防治示范基地的有河南林州食管癌防治示范基地、河北磁县食管癌防治示范基地;山西襄垣子宫颈癌防治示范基地、广东深圳子宫颈癌防治示范基地。山西、广东、河北省卫生厅有关同志以及四地区卫生局领导,四个基地负责人及有关专家参加会议与签约仪式。彭玉理事长主持会议,董志伟教授介绍相关情况,孔灵芝处长、王国清教授、乔友林教授讲话。

中国癌症研究基金会

2004年12月

中国抗癌协会临床肿瘤学协作专业委员会(CSCO) 2004～2005年鉴

为了便于学术交流和统一协调,根据《中华人民共和国社团管理法》、国务院《社会团体登记管理条例》和《社会团体印章管理规定》等法律法规,经过中国抗癌协会支持同意,并报请国家民政部审查批准和予以登记,中国抗癌协会临床肿瘤学协作中心于2005年5月20日正式更名为"中国抗癌协会临床肿瘤学协作专业委员会"。

更名前后的CSCO始终坚持"团结、协作、务实"的根本宗旨,确立"服务、协调和引导"的工作理念和作风,积极开展临床肿瘤学继续教育,宣传和推广肿瘤GCP和循证医学,组织协调多中心、多学科的协作研究,促进国际国内重要肿瘤学术组织和研究机构的往来交流,倡导临床学术界与医药企业的精诚合作,有力地推动了国内、外临床肿瘤学的学术交流和发展,为弘扬具有中华民族特色的临床肿瘤学事业做出了巨大贡献。尤其在2004～2005年度以孙燕院士为首的指导委员会和储大同教授为首的执行委员会的正确领导下,CSCO全体会员团结一致,脚踏实地,以继续教育和学术交流为中心,在学会管理、会员服务、国际交往、组织发展、基金评审和网络建设等多方面进行积极探索,取得了令人振奋的成绩!

一、积极开展学术和社会活动,推动国内临床肿瘤学发展

(一)成功举办了昆明大会

2004年4月1～5日在昆明国际贸易中心,与全国肿瘤防治研究办公室共同成功主办了第七届全国临床肿瘤学大会暨CSCO学术年会,受到业内瞩目。大会突出了分子靶向治疗及其研究进展,广泛涵盖或涉及了不同学科领域。一批国内外著名专家学者应邀出席大会并做了精彩讲座,吸引了来自全国各省、市、自治区的3500多名临床医师参加,其中港、澳、台地区的专家教授就有30多位。

(二)继续组织CSCO专家讲学活动,推向全国范围

CSCO专家讲学活动开展三年以来,所到地区引起很大反响,不仅提高了西部地区临床肿瘤学诊治研究水平,也促进了广大会员之间的友谊和交流。2004年CSCO扩大了讲学活动范围,将其推向全国。在大连、长春、南昌、厦门和武汉五个省市成功举办了"CSCO临床肿瘤学新进展学习班"。

(三)与ASCO携手在中国开展全球性的肿瘤综合治疗教程(MCMC)

由美国临床肿瘤学会(ASCO)主办、CSCO协办的多学科综合治疗肿瘤教程(Multidisciplinary Cancer Management Course, MCMC)经过两学会高层领导的多次磋商和悉心筹备,于2005年4月1－3日在西安胜利召开并取得了圆满成功。本次讲座创新性地以"对培训者进行培训(Train the Trainer)"为理念,邀请了美国、香港和国内的数十位肿瘤专家在外科、内科、放疗等多学科领域,系统讲述了循证医学为基础的综合治疗肿瘤规范。不仅使学员对肿瘤综

合治疗理念有了全新感悟和更深理解，也培养了中国本土的 MCMC 组织者和讲员，为在全国范围内推广 MCMC 奠定了坚实的基础。

（四）全面启动基金资助项目，努力鼓励和培养中青年骨干

在相关会员单位和广大会员的热情支持和积极参与下，创立 3 年的中国临床肿瘤学科学基金得到了长足的进步。除原有的“CSCO－康莱特基金”，CSCO 还于 2004 年 4 月与北京诺华制药有限公司联合设立了“CSCO-诺华教育基金”，专项用于资助临床肿瘤学医师赴国外短期进修或学术访问；2005 年 2 月与丽珠医药集团丽珠医药营销有限公司合作设立“CSCO-丽珠中医药肿瘤研究基金”，用于资助中医药治疗肿瘤的临床研究及相关论文发表、出版著作、进修学习和奖励科研成果等。

与此同时，基金还全面启动了资助临床研究、出国进修、专著出版等项目。经过自由申请和专家评审，最终确定资助临床研究项目 11 项，图书出版 1 项，出国进修人员 5 名，对培养肿瘤界新生力量起到了积极的推动作用。

（五）努力协助卫生主管部门进行专科医师准入制的工作

在 CSCO 指导委员会主任委员孙燕院士的领衔和主持下，卫生部委托中国医师协会开始了专科医师准入制的工作。工作组的 CSCO 委员们热心投入，已成功地开了二次工作会议，为该工作的顺利展开打下了基础。

二、全方位拓展国际交流合作，学习国外先进经验

（一）与 ESMO 建立了姊妹学会关系

经过双方领导的多次磋商与会晤，CSCO 与欧洲肿瘤内科学会（European Society for Medical Oncology，ESMO）共同决定于 2004 年 10 月公布互认互惠会员的姊妹学会关系。这是继 2003 年与美国临床肿瘤学会（ASCO）确立姊妹学会后又一次与国际顶级学会的强强联合！这样，我们就和主要的世界同行全面取得了互认互惠的平等地位和友好合作关系，成为我国肿瘤学发展历程中一个重要的里程碑。

（二）访问 EORTC，学习组织临床研究的经验

2004 年 11 月，CSCO 指导委员会主任孙燕院士和执委会主任储大同教授等一行 10 人的 CSCO 领袖代表团，在参加 ESMO 大会后顺访了位于布鲁塞尔的 EORTC 总部，受到了 EORTC 总监 Francoise Meunier 女士等 5 位高级领导的热情接待。双方就开展临床试验的环境、条件、程序和现状等问题相互交流了意见。

（三）与 ASCO 召开双边工作会议，进一步加强合作

ASCO 执行副主席兼首席执行官 Charles M. Balch 教授和国际事务部总监 Paula T. Rieger 女士专程来京，与 CSCO 指导委员会和执行委员会主要领导会晤，共同就中美肿瘤界目前的合作以及未来的发展等问题进行了热情友好的交流并达成了新的共识。

（四）协助 APJCO，成为重要的支持学会

CSCO 应邀成为《亚太临床肿瘤学杂志》（Asia Pacific Journal of Clinical Oncology，APJCO）4 个支持学会之一，负责协助组织稿件、推广和发行等。APJCO 的编委会由来自中国、澳大利

亚、新加坡和日本4个国家的优秀肿瘤专家组成，CSCO执委会主任储大同教授受聘为4位轮值主编之一，CSCO执委会副主任委员蒋国樑教授和执委会常务委员沈志祥教授、莫树锦教授受聘担任编委。

（五）与新加坡Johns Hopkins国际医学中心合作，派遣会员进修

CSCO于2004年上半年与新加坡Johns Hopkins国际医学中心达成合作意向，每年派遣2名中青年医师前往进修学习一年。相关费用由中国临床肿瘤学科学基金和新加坡Johns Hopkins国际医学中心共同资助。经过个人申请、专家推荐和电话面试，最终选定的2名医师已于2005年4月赴狮城进修，目前培训进展得非常顺利。

（六）获得版权编译中文版《肿瘤内科学全球核心教程推荐书》

应ASCO国际部邀请，组织翻译了ESMO/ASCO肿瘤内科学全球教程工作组编写的"Recommendations for a Global Core Curriculum in medical Oncology"（肿瘤内科学全球核心教程推荐书）。为全球肿瘤内科医师培训纲要的统一化、同步化和我国专科医师准入制的借荐打下了坚实基础。

三、扩建CSCO网站，全方位推广临床肿瘤学教育

2005中国肺癌防治策略高级论坛在京举行

由中国癌症研究基金会主办，首都医科大学肺癌诊疗中心和中国医学科学院肿瘤医院协办的2005中国肺癌防治策略高级论坛 于2005年1月21日在北京好苑建国酒店举行。全国人大常委会副委员长、中国癌症研究基金会主席何鲁丽教授，国家卫生部副部长、中国癌症研究基金会理事长彭玉教授参加论坛并致辞，论坛由中国癌症研究基金会副主席、中国工程院院士、中国医学科学院肿瘤医院内科孙燕教授、中国癌症研究基金会副理事长兼秘书长董志伟教授主持，卫生部疾控司孔灵芝处长、卫生部全国肿瘤防治研究办公室李连第主任，中国抗癌协会临床肿瘤协作中心主任委员、中国医学科学院肿瘤医院内科主任储大同教授，中国癌症研究基金会理事、首都医科大学肺癌诊疗中心主任、首都医科大学宣武医院胸外科主任支修益教授、上海市肺部肿瘤中心主任廖美琳教授、四川大学华西肿瘤中心主任周清华教授、上海肺科医院院长高文教授以及我国著名肺癌专家叶玉坤、赵志文、李泽坚、王天佑、李龙芸、石远凯、鲍云华、朴炳奎、游伟程教授等60余名我国著名肺癌专家学者和健康教育专家参加了此次高峰论坛。会议就我国肺癌发病现状与趋势、我国肺癌防治现状与对策、肺癌临床分期和外科治疗现状与策略、肺癌的化疗和靶向治疗新进展四个中心议题进行了专题研讨。论坛气氛热烈，与会专家就加快我国肺癌防治策略、重点地区高危人群筛查、肺癌的早诊早治工作、临床诊疗规范化和加强肺癌多学科、多中心临床协作研究发表了自己的观点，就政府主管部门、肿瘤防治专家和健康教育专家以及新闻媒体密切配合共同推进我国肺癌防治事业达成一致共识。全国人大常委会副委员长、中国癌症研究基金会主席何鲁丽教授在会上发表了重

要讲话。

随着我国人口自然增长率和人口老龄化进程加快、农村城市化和城镇工业化进程加剧，以及人类生活环境的污染与破坏和人们不良的生活方式等相关因素，特别是我国吸烟人口数量的不断逐年剧增，肺癌的高发病率和高死亡率已经成为全球关注的焦点问题。在我国的许多省市和地区，特别是北京市、上海市等现代化大都市，肺癌的发病与死亡近十来一直居恶性肿瘤之首位。上海市 1996 年统计男性肺癌发病率 74.76/10 万，2000 年其发病率已上升到 83.43/10 万；据国家卫生部全国肿瘤防治研究办公室提供的资料，预测自 2000 年至 2005 年间中国肺癌的发病人数将增加 12 万，男性将从 2000 年的 26 万增至 2005 年的 33 万，增加 26.9%；女性自 12 万增至 17 万。

烟草已被证明是肺癌发病的主要因素，我国吸烟人群的现状及趋势成为影响我国肺癌发病的主要因素，随着未成年烟民的不断增加，我国肺癌发病和死亡的问题将会更加突出。为进一步做好肺癌的预防工作，全社会应积极开展戒烟运动，医务工作者应率先开展戒烟活动！如何加强肺癌的三级预防工作、加强高危人群的筛查和中老年人群健康体检、重视肺癌防治知识的科普宣传和早诊早治工作是政府部门和肺癌防治工作者十分重要和艰巨的工作。

在肺癌高发地区、在肺癌高危人群中开展肺癌普查和重点人群筛查应列入政府和肿瘤防治机构的工作重点日程。医务人员参加肺癌防治知识科普宣教的作用十分重要！

令人遗憾的是，由于肺癌缺乏早期的典型症状，目前尚无更为有效的早期诊断手段，80%以上的肺癌患者到医院就诊时已属晚期，失去了外科手术和多学科根治性治疗的最佳时机。肺癌的总长期生存率一直在 9% ~14 % 左右。而早期肺癌外科手术的五年生存率可达 60% ~70 %。早期发现、早期诊断肺癌是一项十分紧迫的任务！随着我国改革开放和科技现代化、医学现代化进程的加快和近年来国内外肺癌学术领域交流的不断加强，我国在肺癌的临床诊断、外科手术技能、新一代抗癌药物及放射治疗设施的引进和研制方面同发达国家相比，差距已进一步缩小。最新的肺癌临床诊断和分期手段技术如螺旋 CT、肺代谢核素扫描 SPECT、PET 和 PET ~ CT、电视胸腔镜、电视纵隔镜在全国许多肿瘤中心和肺癌中心开展普遍使用，使肺癌治疗前临床诊断和临床分期的准确率进一步提高；新一代抗癌药物如泰素、泰索蒂、健择、和美新、开普拓、诺维本、宁得朗等在我国临床也早已普遍使用；新近两年在欧美、日本上市的生物靶向抗肿瘤药物 Iressa 在我国已应用 2000 余例；新的靶向药物 Alimta、Tarceva、Avastin 也即将进入中国临床。开展适形放疗、X-刀、γ-刀和氩氦刀治疗中晚期肺癌的医疗治疗中心已达近千家。可以肯定的讲：在这方面我们并不比发达国家差，然而，由于多种因素在临床工作中还存在着不规范的地方，专业学会制定的肺癌诊疗规范指南受到包括各地区经济发展水平、医疗水平等诸多因素未能得到很好地贯彻执行，致使有一些肺癌病人在不同的医院、不同的医疗中心、不同的科室、不同的肺癌医生那里得到不同的诊疗意见而困惑，致使肺癌病人和家属四处就诊求医、会诊咨询。这种状况极不利于肺癌病人的切身利益，也不利于规范医生的医疗行为和提高我国肺癌诊断治疗的整体水平。这次肺癌防治策略论坛既有卫生部门主管领导、肺癌防治研究机构的流行病和临床专家，也有健康教育专家和科普宣教工作者，这次论坛必将会对我国肺癌防治事业起到积极的推动作用。为进一步推动我国肺癌防治事业的发展,2005 年 9 月 23 ~24 日在北京人民大会堂将召开第二届中国肺癌南北高峰论坛,届时来自全国的肺癌防治专家将云集首都北京,共同研讨我国肺癌防治策略。

支修益执笔整理

全国宫颈癌防治协作组 2005 年深圳工作会议纪要

由中国癌症研究基金会主办的全国宫颈癌防治协作组 2005 年工作会议于 2005 年 2 月 2 日 ~5 日在广东省深圳市召开。本次工作会议的主要内容为总结 2004 年全国子宫颈癌防治协作组工作;提出 2005 年协作组工作计划;开展"世界卫生组织全球子宫颈癌防治指南"专家研讨会;同时举行全国子宫颈癌早诊早治示范基地挂牌仪式。出席本次工作会议和挂牌仪式的嘉宾主要有:原卫生部副部长、中国癌症研究基金会理事长彭玉女士、卫生部基妇司处长王斌、中国癌症研究基金会秘书长,原中国医学科学院肿瘤医院/研究所院所长董志伟教授;中华医学妇产科分会主任委员,北京协和医院妇产科主任郎景和教授、北京大学医学部副主任,深圳市北京大学香港科技大学医学中心常务副主任、中华医学会妇产科分会副主任委员,北京大学人民医院妇产科主任魏丽惠教授、中国医学科学院肿瘤研究所/协和医大肿瘤医院流行病教研室主任,美国比尔 · 盖茨宫颈癌防治研究项目中国项目负责人,世界卫生组织宫颈癌防治研究项目中国项目负责人乔友林教授、世界宫颈癌防治联盟专家,美国比尔. 盖茨宫颈癌防治研究项目总负责人 John Sellors 博士、全国宫颈癌协作组专家、广东省卫生厅及深圳市市委,卫生局及下属医疗系统有关领导等。

在本次会议上,乔友林博士做了"全国宫颈癌防治协作组工作报告",同时,还与 John Sellors 博士一起分别进行了"在中国进行子宫颈癌筛查措施的选择"报告以及"'WHO 全球子宫颈癌防治指南'评价研究项目"报告。乔友林教授在工作报告中总结到:2004 年 4 月 23 日,我们在北京成立了协作组,在深圳、重庆、郑州、广州、南昌、沈阳、上海、北京等各地相继成立了各种形式的子宫颈癌(病变)防治中心;积极举办宣传教育活动,普及宫颈癌防治知识;举办 2004 中国肿瘤预防与控制培训班培训专业队伍,制定了规范;完成"子宫颈癌防治示范基地建设及管理条例"的制定,建立子宫颈癌防治示范基地(试点);还开展了"全球多中心宫颈癌防治与快速筛查技术合作研究","WHO 全球子宫颈癌防治指南"评价研究项目等科学研究。对于 2005 年的计划,乔友林博士指出:在新的一年,我们将继续鼓励在有条件的地区继续建立 10 个子宫颈癌(病变)防治中心;进一步办好子宫颈癌防治园地,为公众和专业人员提供更多的子宫颈癌防治知识;结合每年一次的抗癌宣传周,举办大型宣传教育活动,积极普及宫颈癌防治知识;抓好专业队伍培训、推广子宫颈癌筛查及早诊早治指南;积极筹集资金,探索新的基金模式,力争再建立 4 ~8 个子宫颈癌早诊早治示范基地;同时还要开展更多的科学研究项目。

在 2005 年 2 月 3 日下午 ~2 月 4 日举行的"世界卫生组织全球子宫颈癌防治指南"专家研讨会上,与会专家考虑全球不同经济水平地区的情况,针对"世界卫生组织全球子宫颈癌防治指南”展开了热烈的讨论。对该指南进行了系统、全面、详细、充分的修订,提出了改进建议。

2005年2月3日上午举行了子宫颈癌早诊早治示范基地挂牌仪式。原卫生部副部长、中国癌症研究基金会理事长彭玉女士、卫生部基妇司王斌处长、广东省卫生厅涂新处长、深圳市副市长梁道行、深圳市卫生局党委书记周俊安、深圳市妇幼保健院院长侯庆中等有关领导做了发言致词。其中,卫生部基妇司王斌处长代表卫生部对本次活动作了高度评价,她指出:这个基地的成立既是对以前工作的一个充分肯定,同时也对今后的工作提出了要求和挑战。深圳示范基地的建立,将为在中国城市和较发达地区建立子宫颈癌的筛查模式,以及为其防治工作提供丰富经验。国家卫生部将密切关注示范基地的发展和相关工作的开展,希望基地的建立和发展能确实为我国宫颈癌的防治探索一条资金保障到位、技术服务规范、弱势群体得到保护的有效途径。

本次协作组会议在组织者和与会者共同努力下,取得了圆满成功。中国癌症研究基金会将继续积极与政府和社会各界通力协作,寻求多方途径,为中国肿瘤防治工作贡献自己力量。

李霓,鲍彦平,孟祥柱整理

记西安肿瘤多学科综合治疗(MCMC)高级培训班

四月的古都西安,全无了往年的乍暖还寒,古韵独守的兵马俑、大雁塔和秦城墙,处处沐浴着温暖的春风,尽情展现着中华民族的传统文化和渊博历史的特有魅力。美中两国临床肿瘤学会——ASCO与CSCO联合举办了亚太区首届肿瘤多学科规范治疗教程(Multidisciplinary Cancer Management Course, MCMC)高级培训班,更为千年的古城增添花絮新意。

MCMC教程是ASCO专门设计的公益性继续教育项目,主要是针对全球、尤其是发展中国家的临床医师讲授肿瘤专科诊疗基本知识,促进其合理应用多学科方法进行规范化综合治疗,从而提高专科诊疗水平和推动开展临床研究。本次MCMC高级培训班在我国西安成功举行,是继ASCO与CSCO达成互认互惠会员协议后,两个全球著名的临床肿瘤学专业组织又一次精诚合作的杰作,也体现了两国肿瘤专科医师之间的真挚友情。

会前两个学会高层领导和办公室人员就会议授课地点、时间内容、授课专家、方式、语言以及交通食宿等有关问题,多次进行了积极磋商和有效沟通。美国ASCO执行副主席兼兼席执行官Charles Balch教授亲自挂帅、率团来华,CSCO领导孙燕院士和储大同教授亲临西安,充分准备,足可以说明两个学会的高度重视,大会所有授课内容均经过双方事先的认真讨论修改,由精心挑选的两国20多位著名专家进行授课,他们多年来在临床肿瘤学领域里辛勤耕耘,取得了可喜的成就,拥有广泛的学术影响,更难能可贵的是非常热心社会公益事业。

2005年4月2日上午8时,ASCO-CSCO MCMC高级培训班在西安凯悦(阿房宫)大酒店学术报告厅胜利开幕。开学典礼由CSCO秘书长秦叔逵教授主持,美国ASCO Charles Balch教授、CSCO指导委员会主席孙燕院士、CSCO执行委员会主席储大同教授分别致辞,充分肯定了 ASCO 与 CSCO 的友好合作业培训班的顺利圆满奠定了科学务实、认真严谨的基调。

本次 MCMC 高级培训班的指导主任由储大同和 Tongy SK Mok 教授担任。为了与国际接轨，主要选择英语授课，极大地锻炼了我国 170 名与会肿瘤医师的综合能力。授课内容丰富，涵盖了肿瘤生物学、肿瘤内科学、放射治疗学和肿瘤外科学等多学科综合治疗，包括早期乳腺癌、局部晚期乳腺癌、肿瘤预防和普查、结直肠癌、胃癌、肺癌以及临床试验研究共十二讲内容。美国 ASCO 执行主席 Charles Balch 教授亲自授课，使与会的肿瘤医师深刻体会到：只有选择多学科规范化综合治疗方式才能有效地提高疗效。美国 Weill Cornell 医学中心的 Anne Moore 教授对肿瘤细胞生物学和分子生物学进行了报告，深入浅出，引人入胜，使大家对当年孙燕院士关于“21 世纪不懂得肿瘤分子生物学的临床医生将很难成为好医师”的论断有了更多的理解。Gradishar 教授对肿瘤内科学的历史和发展方向进行了系统报告，充分肯定了常见肿瘤全身治疗在肿瘤综合治疗中的地位，但同时强调成功治疗肿瘤往往要依靠肿瘤内科、外科和放疗科等多学科的通力合作。美国 Queens 肿瘤中心的 Kemeny 教授就肿瘤外科在肿瘤综合治疗中的地位进行了精辟论述，特别强调了成为一位肿瘤外科学家首先应该具备外科的理论基础和丰富经验，还必须接受针对肿瘤的预防、诊断、治疗和康复等多学科综合的专业训练，并不断临床实践和学习进步。Kemeny 教授还指出，遗传高危人群的预期性器官切除手术、根据肿瘤分子生物学行为对外科手术的精微修正、组织/功能保留性手术等应是肿瘤外科的未来发展方向。香港威尔士医院的 Tony SK Mok 教授着重报告了肿瘤的预防和普查，通过评价宫颈癌、胃癌、肺癌、前列腺癌及乳腺癌等预防和普查的成就，强调了肿瘤预防和普查的重要地位。香港 Benny Zee 教授则讲授了如何设计肿瘤临床研究和进行统计学分析，使许多临床医生受益非浅。我国肿瘤专家余子豪教授、吴一龙教授、秦叔逵教授、李晔雄教授、傅小龙教授、李进教授、于丁教授、蔡三军教授、王绿化教授、张力教授、徐兵河教授和沈坤炜教授等也分别就有关肿瘤的综合治疗进行授课，并对乳腺癌、肺癌、胃癌和大肠癌的个案病例与美国专家和与会医生进行了热烈的讨论，现场模拟、互动交流、生动活泼，既学到了新知识，又检验了培训成果。

ASCO 高层领导高度评价和接受了储大同教授的建议，即“对培训讲员进行培训”（Train the Trainer），在本次西安 MCMC 教程中首次推出“讲员培训课程（Train the Trainer Course）”，旨在培养中国本土的 MCMC 组织者和讲员，为在全国范围内推广 MCMC 奠定基础。ASCO 执行副主席兼首席执行官 Charles Balch 教授忍受着剧烈的结石性肾绞痛，坚持带病授课，在场的中国医师无不为之感动，万分敬佩。

培训会场上始终秩序井然，学术氛围浓厚，人人严肃认真，个个作风端正，实为国内罕见，令每一位与会者感触深刻，受益良多。浑然回首后，对肿瘤综合治疗理念的全新感悟和更深理解，完全达到了本次 MCMC 培训的预期目的。

整整两天的 MCMC 培训如期结束了，可它留给与会者的却不仅仅是肿瘤多学科规范化综合治疗的知识，更见闻了所有讲课专家的无私奉献的科学精神、严谨守诺的人格魅力，值得永久地回味和体会……

会后，ASCO 首席执行官 Charles B alch 教授特别致函，盛赞这是一次最出色的培训活动；

ASCO 国际事务部主任 Paula Rieger 和教育专员 Wanda T. Sheridan 女士分别来信,字里行间热情洋溢,表达了对本次培训活动和对中国医师的高度褒奖!可以相信,ASCO 与 CSCO 双方在未来将开展更为广泛的教育合作与学术交流,必将有力地推动两国乃至全世界临床肿瘤事业的蓬勃发展。

(通讯员:吴世凯 王 蕾)

2004 年全国肿瘤预防与控制培训班纪要

为进一步推动我国肿瘤预防与控制事业的发展,不断培养肿瘤战线上的公共卫生专业人才,经卫生部继续教育委员会批准,中国医学科学院肿瘤医院/肿瘤研究所和中国癌症研究基金会继 2003 年再次于 2004 年 10 月 22 日 ~24 日在中国医学科学院肿瘤研究所举办了国家级医学继续教育项目“全国肿瘤预防与控制培训班”。来自全国 16 个省 3 个直辖市 36 个单位的 69 名学员参加了培训。

本期培训班不仅聘请到我国的著名专家讲授该领域的最新研究进展,而且还邀请了国外著名学者美国国家卫生研究院/国立癌症研究所(NIH/NCI)癌预防教育培训部主任 Douglas L. Weed 博士,美国卫生科技推广研究所世界子宫颈癌防治联盟专家 John Sellors 博士和世界卫生组织(WHO)驻中国办事处高级官员 Cris Tunon 博士等 4 位外籍专家做国际癌症研究进展的精彩报告。中国癌症研究基金会彭玉理事长出席,卫生部疾控司孔灵芝处长发表了诚恳而鼓舞人心的讲话。培训班的课程从中国癌症预防与控制的宏观论述到食管癌、宫颈癌的二级预防,并引申就医学伦理学进行了探讨。

中国医学科学院肿瘤医院/肿瘤研究所教授董志伟主讲的《中国癌症预防与控制规划纲要(2004 ~2010)》,从癌症的本质、流行特点及对人类社会造成的沉重负担解读,总结归纳国内、外癌症预防与控制的经验与教训,提出了中国癌症的防治策略。三项指导原则:政府领导、全社会参与;预防为主、防治结合、与其他疾病防治相结合;重视农村、突出重点。十一项目标。并提出确定重点防治疾病的四项原则。董志伟教授在报告中用很大篇幅强调了促进癌症的“三早”工作,措施为组织全国专家制定“中国主要癌症的筛查及早诊早治指南”;制定“癌症早诊早治示范基地实施办法”;在全国范围内逐步推广子宫颈癌的筛查及早诊早治;在农村高发区分别建立癌症早诊早治的示范基地。

世界卫生组织(WHO)驻中国代表处吴岩伟博士主讲的《癌症预防与控制策略》一题,预示 2020 年全球癌症的新发病例将由 2000 年的 1 010 万例上升至 1 570 万例。提示肿瘤预防的策略为:烟草控制;健康饮食;感染预防;避免暴晒;安全工作场所。指出:确定肿瘤负担、制定可实现的目标、制定控制策略、确定优化领域、争取资源、加强医务人员培训,是国家综合控制肿瘤的规划。

美国国家卫生研究院/国立癌症研究所(NIH/NCI)癌预防教育培训部主任 Douglas L. Weed 博士介绍了《美国(发达国家)癌症预防与控制策略》。美国卫生科技推广研究所世界子宫颈癌防治联盟专家 John Sellors 博士主讲了《发展中国家子宫颈癌预防手段的选择》。他列举 IARC 子宫颈癌筛查项目中七种不同筛查方法的准确度。结论为:筛检和治疗服务要有机结合;需要对基层医院投资,改善卫生服务质量和水平;肉眼观察方法需要严格训练和监测;细胞学是一种良好的质量控制方法;HPV 检测是一种准确和可重复的方法(WHO/IARC, 2004),但仍需发展一种让发展中国家经济上可承受的人群筛查方法。

来自浙江省肿瘤防办汪祥辉教授和河南省肿瘤防办陆建邦教授分别详细讲述了本省的《癌症预防与控制规划》,经验和教训都给学员以启迪。

谈及癌症的一级预防,中国协和医科大学杨功焕教授用真实数据论述了《控烟与行为干预在肺癌防治中的作用》,强调肺癌防治中,控烟是第一位的。她谈到:全球每年有三百万人死于烟草,WHO 估计 2020～2030 年,每年会有一千万人死于烟草,而且 70% 会发生在发展中国家。50% 的长期吸烟者会死于烟草;50% 的长期吸烟者会在中年死去,大约会丧失 20～25 年的寿命。著名免疫学专家,中国医学科学院肿瘤医院/肿瘤研究所孙宗棠教授把实验室的研究和我国肝癌高发区启东现场的防治有机结合,生动介绍了接种 HBV 疫苗减少乙肝病毒感染的人口,论述了《肝癌的预防与控制研究进展》。

论证癌症的二级预防,由中国医学科学院肿瘤医院/肿瘤研究所王国清教授主讲《食管癌早诊早治研究进展》。他潜心食管癌前病变的研究,对 3 022 例内镜普查运用组织学为金标准诊断,呈现了鳞状上皮细胞不典型增生的演变趋势(呈宝塔式逐渐成倍递减向宝塔尖(癌)发展),提出了食管癌二级预防不同时期采取不同合理的治疗措施,对降低食管癌的发病率和死亡率所做的贡献。中国医学科学院肿瘤医院/肿瘤研究所乔友林教授主讲《子宫颈癌筛查与预防控制》,他讲述了近年来子宫颈癌在病因学研究方面取得的突破性进展:HPV 感染是子宫颈癌发生的必要条件 ,其相对危险度或危险度比值比高达250。归因危险百分比(ARP)超过 95% ,HPV 阴性者几乎不会发生宫颈癌(99% NPV)。他还介绍了目前子宫颈癌筛查方法的新进展:(1) 薄层液基细胞学和自动阅片系统:与常规巴氏涂片相比,薄层液基细胞学和自动阅片系统显著提高了识别高度病变的灵敏度(15% ～20%),降低了假阴性。(2) 第二代杂交捕获试验(HC2)检测 HPV-DNA:灵敏度和特异度分别为 95% 和 85% ,可用于粗筛高风险的人群。他乐观地指出:倘若合理运用以上筛查方法,就可查出 98% 以上的病人。全世界致力于 HPV 预防性疫苗的研究更加鼓舞人心,子宫颈癌有望成为人类第一个通过用免疫接种的方法来全面预防与控制的恶性肿瘤。

最后美国专家 Gwen Zahner 博士主讲《肿瘤预防与控制中的医学伦理学问题及典型案例分析》。学员们用热烈的掌声表达了自己的收获和心得。

"子宫颈癌筛查与早诊早治现场培训班"在山西省襄垣县子宫颈癌高发现场成功举行

世界卫生组织国际癌症研究所(WHO/IARC)与中国医学科学院肿瘤研究所共同主办的"子宫颈癌筛查与早诊早治现场培训班"于 2004 年 9 月 8 日～10 日在我国山西省襄垣县子

宫颈癌高发现场举行。此次现场培训班由医科院肿瘤所流行病学研究室筹备，比尔？盖茨基金会资助，请 WHO/IARC 的专家亲临现场授课并进行临床示范教学。

应中国医学科学院肿瘤研究所流行病学研究室主任乔友林教授的邀请，WHO/IARC 著名子宫颈癌筛查早诊早治专家 Rengaswamy Sankaranarayanan 医学博士来到中国，随他前来还有印度 Barshi 肿瘤医院教学主任 Vijay Keskar 医生。本次培训班的学员来自全国 8 省、4 市 30 名主治医师以上职称的临床妇科大夫。

紧张而内容丰富的培训学习为期三天，从宏观到微观描述了子宫颈癌早诊早治的临床意义与治疗方案，应用 2/3 的时间让学员亲临观摩、亲自操作。学员们观察、鉴别子宫颈癌的诊断分期，规范选择治疗的方案，掌握 LEEP 治疗的操作要领与技巧等一系列操作规程，并当场对实施治疗的病例进行讲评。由 Vijay Keskar 医生分批带领学员为患者实施治疗；暂不执行操作的学员在检查室观看现场录像，由 Rengaswamy Sankaranarayanan 教授同步讲授理论根据与操作要点。教授与学员共同参与，穿梭于两个检查室，第二天会诊时，再回放昨天每个医生的精彩操作，看着自己的操作录像再被提问、解答，学术气氛异常活跃。湖南省人民医院妇科主任李颉就感慨地说：平日再熟练不过的手术，可今日在国际大师与大家的评判下也显得踌躇，这种培训经历对我们临床指导与提高的意义太大了，尤其对规范子宫颈癌预防与控制工作收获匪浅。此次培训班还专为每个正式学员免费刻录了讲义及 LEEP 治疗与碘试验的图解光盘，赠予 Rengaswamy Sankaranarayanan 博士所著“A Practical Manual on Visual Screening for Cervical Neoplasia”，和“Colposcopy and Treatment of Cervical Intraepithelial Neoplasia”之作。培训班在颁发 WHO/IARC 培训结业证书中圆满结束。

本次免费在防治现场举办子宫颈癌筛查与早诊早治的培训班，为我国子宫颈癌高发区的妇科医生提供了与世界接轨的培训，为老区从未经历妇科检查的妇女进行子宫颈癌的筛查，并对检出病例给予免费治疗。目的是推动我国子宫颈癌筛查的诊治水平，以点带面普及子宫颈癌预防与筛查的范围，培养基层临床治疗的骨干力量，促进我国子宫颈癌的预防与控制。

《中国肿瘤临床年鉴》2004 卷审稿会会议纪要

《中国肿瘤临床年鉴》（以下简称《年鉴》）于 2005 年 5 月 28 日在广州南方医院内康复大厦五楼小会议室召开，会议列时一天，上午为审稿时间，下午 2 时正式召开审稿会议，讨论 2004 卷《年鉴》内容及有关出版事宜。参加会议人员有赵平主编，储大同、马军副主编，罗荣城、李进、叶玉坤三位编委，作者王思愚教授为邀请参加审稿，《年鉴》编辑部黄继臣、孟祥柱二位主任亦参加了会议。

会议由赵平主编主持，先由编辑部向会议汇报了本卷《年鉴》工作情况，根据 2005 年初召开的 2005 年编委会工作会议制定的 2004 卷编辑原则具体执行，即“编委组稿”和加重年鉴论文部分而淡化 2003 卷的后半部分即摘要，医学信息等部分的原则，安排本卷《年鉴》的方针。现已收到论文 48 篇，并请编委审阅。并指出据征稿计划，尚有近 80 篇论文尚未到位，而要做催稿工作。其次汇报了本卷编辑计划，增设执行编委制度，增设作者名录及作者简介内容。第三，本卷出版单位不变。第四，本卷内容以临床及预防为主，第五，本卷对重要会议信息（纪要、介绍）收集，大事记，有关规范等内容还急需补充。第六要求编委对《年鉴》彩业与发行予以支持。第七，2004 卷《年鉴》预计于 2005 年 8 月上旬出版。

赵平主编在编辑部汇报后就出版发表了意见，1. 关于《年鉴》的权威性问题：认为本卷《年鉴》已成立了由国内临床一线专家组成的编委会，其发行量 2003 卷已达 4000 册，但还有发展余地，即编委会人员还应根据实际予以发展，《年鉴》发行量还要扩大。除以上条件，权威性体现尚需得到国内肿瘤顶尖人士的评论与肯定，及有关权威人士的认可。因此，《年鉴》应在肯定已有成绩基础上要不断完善、努力，要认识自身创造条件，严格要求，实事求是的逐步提高。2. 提出了肺癌专业成立肺癌专题编辑专家委员会，以保证《年鉴》质量、稿源时非常有益的，希望其他专业也能效仿或创新，可发掘一批《年鉴》积极支持者。3. 建议征求肿瘤学界院士等权威人士对 2004 年度肿瘤防治工作的点评，指出问题，肯定成绩。

与会同志积极发言并进行了热烈、认真的讨论，对进一步做好 2004 卷《年鉴》提出了很好的建议，归纳如下：

1. 加强催稿工作，按计划做好出版工作。

2. 向肿瘤学界院士等权威人士发邀请函，征集对 2004 年肿瘤工作的点评（150 字左右），并附照片和介绍。提高《年鉴》的权威性。

3. 提高《年鉴》论文质量是提高权威性的基础，也是提高发行量的基本条件。因此要根据《年鉴》特点，明确论文撰写要求，认真做好邀稿工作。

4. 补充 2004 年内重要的肿瘤学术活动及项目的内容及纪要（或介绍）。

5. 补充 2005 年及 2006 年度国内外重要会议预告。

6. 增加国内肿瘤医师准入标准和欧美肿瘤内科医师准入规范的收录。

7. 加强对《年鉴》稿约及编辑内容、体列的规范性研究，做到制度化，逐步形成、编制《年鉴工作规范》。

8. 建立执行编委制，参加组稿、审稿编委均可列入。

9. 同意本卷《年鉴》出版计划，6 月 15 日截稿，8 月出版。

10. 同意本卷《年鉴》暂定出版 5000 册，要求进一步与发行单位合作，争取扩大发行量。

与会编委希望各编委积极支持编辑部工作，协助做好出版发行工作，马军、罗荣城编委在会上决定了彩页与购书数量，叶玉坤编委亦负责定购《年鉴》600 本。

编辑部同志根据会议意见，制定了工作计划，并明确分工。确保《年鉴》的质量和出版计划的落实。

黄继臣　孟祥柱　执笔

2005 年 5 月

《中国肿瘤临床年鉴》

为原始文献的科学年鉴

《中国肿瘤临床年鉴》12卷编者按语

2004年《中国肿瘤临床年鉴》(简称《肿瘤年鉴》)是第三届编委会主持下,执行新的编辑方针,《肿瘤年鉴》应为原始文集的第二卷。曾记得在上卷中由于转届的历史因素留下一些二次文献的文摘,而被误认未改版者有之,今重申本卷内容系原始文献,也包括少许摘登文在内。以原始文集的新面貌的2005《肿瘤年鉴》已于2005年8月出版了。

本卷《肿瘤年鉴》特色有;卷内重要文章均系编委们分专业组负责统筹安排,安排原则为近一年中进展多者则安排多,反之则安排少或可无,这是一与时俱进的原则,因此,既保证了选题与质量,又是一种良好运行的工作计划,若能进一步发展,如肺癌专业组已发展成为由国内肺癌学术领头人所组成的专家组来确定今年《肿瘤年鉴》内容,能保证在质量上具有代表性、与权威性。再者,如国内九大肿瘤均有专家组来组稿,则《肿瘤年鉴》就可完成早有的宿愿,即我国肿瘤界早已提出国内应有一本能代表国内的肿瘤学术平台的书刊,这就是《肿瘤年鉴》,三届编委会所确立的将《肿瘤年鉴》办成为国内肿瘤临床的权威性书籍的宗旨,也将实现,编辑部将不懈努力与配合,竭尽所能来完成这一光荣史命!

在编辑过程中,本卷主要文献不仅为“未发表过”的原始文献,就从其应用的参考资料分析,均是年内的或近1~2年内的资料,此不但是《年鉴》的需要也体现了本卷《肿瘤年鉴》主流内容与面貌一“新”的本质,卷内马军教授著的“2004年白血病治疗进展”与郑成竹教授著的“腹腔镜结直肠手术2004年回顾”是典型代表作,还有杨学宁博士所写的“2003~2004年度国内值得一读的肺癌文献”,并对此作了评述,是从另一角度指导读者去掌握新知识的又一代表作品,《肿瘤年鉴》需要他们应予推笃,让更多同类文章列于《肿瘤年鉴》之中。此外,卷内还有不少既总结成果同时又是当今“热点”内容探讨,如戎铁华教授著的“基于循证医学的非小细胞肺癌治疗决策”,此文对这一难题提出了他们自己的主张,这些也是科学年鉴必需的内容,我们希望由更多作者来提供。由此可见本卷《肿瘤年鉴》是多么贴近现实,是造就“精品年鉴”的一个试验。

由专家办年鉴,能把握方向,又能具体应对关注的、讨论的、需解决各类专题的,可给人们获得既清晰又是实践结论的学说,是一本“科学年鉴”的必要功能,也是“精品年鉴”的基础,只有如此,指导性、权威性才体现其中,这就是我们需要的平台,也是《肿瘤年鉴》追求的目标。

本卷《肿瘤年鉴》中首次推出了我国肿瘤高发现场研究成果。肿瘤防治事业是“防”、“治”二者有机组合地来控制、消灭肿瘤,仅依靠治疗常会获得相反的结果,愈治病人愈多的局面,一定要防治结合。我国建立并经数十年努力的肿瘤高发现场研究,已初显其对肿瘤的有力控制能力,明显减少了高发现场的发病率与死亡率。因此《肿瘤年鉴》不能对此忽视,肿瘤高发现场研究应有其在《肿瘤年鉴》的地位。

中国肿瘤临床对世界的贡献之一,就是中医药对肿瘤的贡献,现已被世界所公认,本卷《肿瘤年鉴》由杨宇飞教授组织了一批代表我国目前中医药对临床肿瘤研究、现状与发展的文献,可以反映我国中医药在抗肿瘤中的现状,也能使读者真实了解中医药在肿瘤临床研究中的地位与作用,可借以认真探索,今后应如何去对待与发展,和研究中医药在肿瘤防治中的功效。《肿瘤年鉴》今后应有更大的空间来扩展他们。

从编辑角度认为专家扶持了《肿瘤年鉴》,但从另立角度,《肿瘤年鉴》将造就专家,由此认为对每位作者应予介绍,我们稿约中早已通知请作者提供简介,并附有照片,但许多作者仍未有这方面的资料供给,虽已去信联系亦有无反映者,故本卷中作者简介栏有将部分作者简介未能登上者,还请愿谅,在今后来稿务必附上您的简介及照片。

本卷《肿瘤年鉴》在编辑中贯彻了编委会工作会议的意图,即加重临床肿瘤研究,现状方面的重要文献的安排,而相对删简了其他的一些内容,是一种科学年鉴模式的探索。《肿瘤年鉴》是一科学年鉴,不但有深度,也要有广度,更重要的是切近现状,相信经过不断的改革与充实,保证质量不断加固、上升,使《肿瘤年鉴》愈办愈好,愈合理规范。

本卷《肿瘤年鉴》自 2005 年元月十四日召开编委会工作会议,制订计划和决策方针至全卷出版时间不足 7 月,更者同年 5 月 28 日审稿会议至出版日期更显紧逼,更因各位编委均身兼数职,业务缠身,无法及时脱稿,编辑部工作处于被动,如能在今后处理得稍有所余地,也许就不会产生这双双受牵制的局面。编辑部虽在有限条件下,力争与作者、读者配合,力尽所能地努力工作,减少与尽力消灭编辑中的不规范或缺点,愿接受多方指正,目的是将《肿瘤年鉴》办得更好!为肿瘤界所欢迎!谢谢各位爱护与支持。

中国肿瘤临床年鉴编辑部

2005 年 7 月

《中国肿瘤临床年鉴》稿约

1.《中国肿瘤临床年鉴》以全国肿瘤学工作者以及其他卫生工作者与流行学者为对象。主要收录对年内我国肿瘤学发展新创，和对未来肿瘤学发展趋向、热点及重点的探索评述回顾性论文，也收录一些届年内具代表性的重要科研成果、先进经验与实践能密切联系结合的基础科研成果，以及肿瘤学界各类重大活动、事件、信息等报道。

2. 来稿要求具有了创新性、科学性、逻辑性、实用性和概括性。要求论点明确、资料可靠、文字精练、数据正确，并可读性强。

3. 文稿正文内标题分级编号采用：

一级标题为一、(二、三、……)。二级标题为(一)[(二)、(三)、……]。三级标题为1.(2.3. ……)。四级标题为(1)[(2)、(3)……]。文内标题为①[②、③……]

4. 文内图表力求少而精，避免与正文重复。统计图线条要清楚，标注完整。照片图要对比度和清晰度良好，于其背面注明图序和上下向，用另纸附上图题、图注，图中标注文字、符号与箭头，切勿实接在图(照片)上。计算机制图者应提供激光打印机图样(勿折)。病理照片要注明染色法和放大倍数。表格按统计学制表原则制作。缩略词在文中尽量少用，如用，首次出现处先用其全称，然后用括号注出中文或外文全称及缩略词。

5. 文内计量单位按《中华人民共和国法定计量法》单位的使用。组合符号中斜线，用负指数幂的形式表示如 mg/kg，用 $mg \cdot kg^{-1}$；$mg \cdot kg^{-1} \cdot d^{-1}$……等。血压仍用 mmHg。

6. 参考文献一般可省略；如用应控制在20条以内，以作者亲自阅读过的公开发表文献为限，以文中出现先后顺序排列，并于文内引用处后上方以方括号标出序数。书写格式如下：

[期刊]序号，作者姓名(不超过三人者全部列出，超过者只列前三名，后加“，等.”或“，et al.”——外文)，文题。刊名誉外文期刊用标准缩写，其间不用缩点)年；卷号(期号)：起止页码。

[书籍]序号. 主编姓名. 书名. 版序(第一版可不写). 出版地：出版社，年；起止页码

7. 来稿用打印件或用16开非红色方格纸以蓝黑墨水正楷书写(切勿用圆珠笔)，字迹端正，标点占一格，有纯文本式存盘可一并附寄来. 外文用打印并注明文种(英文可免)及大小写，正斜体等。

8.《年鉴》来稿，不必写文稿提要，文题下为作者姓名单位名称(包括具体科室)、单位所在地及邮编。以下为正文及参考文献。来稿附上第一作者简介。作者简介(出生年月、女性写性别、学历、职称、学位、专业、业绩、今后研究方向)可附1寸近照1张。如作者愿提供本人地址、邮编、电话、网址等亦可附上以便联系。

9. 按《著作权法》并结合具体情况，文向一律文责自负；刊登上本《年鉴》者赠当年《年鉴》一册；作者一旦投稿即被视为认同本稿约。编辑部保留有权修删。编辑部根据经济情况许可，对作者酌付稿酬。

10. 来稿请寄邮政编码：210009，江苏省南京市丁家桥87号东南大学院学院内《中国肿瘤临床年鉴》编辑部收，请勿寄个人：电话 025 - 83309756

图书在版编目(CIP)数据

中国肿瘤临床年鉴.2004《中国肿瘤临床年鉴》编委会编.—北京:中国铁道出版社,2005.6

ISBN 7-113-06517-1

Ⅰ.中… Ⅱ.中… Ⅲ.肿瘤-临床医学-中国-2004年-年鉴 Ⅳ.R73-54

中国版本图书馆CIP数据核字(2005)第042881号

书　　名:中国肿瘤临床年鉴
作　　者:《中国肿瘤临床年鉴》编委会
出版发行:中国铁道出版社(100054,北京市宣武区右安门西街8号)
责任编辑:罗桂英
印　　刷:华东有色地质勘查局研究所印刷厂
开　　本:787×1092 1/16 印张:32.25 字数:69.14千字 彩图:12页
版　　本:2005年8月第1版 2005年8月第1次印刷
印　　数:1~5000册
书　　号:ISBN 7-113-06517-1Z·605
定　　价:98.00元